HMH DIMENSIONES DE LAS CIENCIAS™

Biología

Houghton Mifflin Harcourt™

Stephen Nowicki, Ph.D.

Dean and Vice Provost for Undergraduate Education
Bass Fellow and Professor
Departments of Biology, Psychology, and Neurobiology
Duke University
Durham, North Carolina

Steve Nowicki has taught at Duke since 1989, where he directed a complete redesign of the introductory biology program. His research explores animal communication and sexual selection from an integrative perspective that includes a wide range of behavioral, ecological, developmental, genetic, and evolutionary approaches. Nowicki's research has been published in more than 95 articles in scientific journals, including *Science, Nature,* and the *Proceedings of the National Academy of Science*. He also coauthored the book *The Evolution of Animal Communication: Reliability and Deception in Signaling Systems*. In 2010 he was elected a Fellow of the American Association for the Advancement of Science.

Acknowledgments
Cover Credits
DNA strand ©Pasieka/Science Photo Library/Getty Images; *amoeba* ©Melba Photo Agency/Alamy; *dot pattern* ©Curly Pat/Shutterstock

Copyright © 2018 by Houghton Mifflin Harcourt Publishing Company

All rights reserved. No part of this work may be reproduced or transmitted in any form or by any means, electronic or mechanical, including photocopying or recording, or by any information storage or retrieval system, without the prior written permission of the copyright owner unless such copying is expressly permitted by federal copyright law. Requests for permission to make copies of any part of the work should be submitted through our Permissions website at https://customercare.hmhco.com/permission/Permissions.html or mailed to Houghton Mifflin Harcourt Publishing Company, Attn: Intellectual Property Licensing, 9400 Southpark Center Loop, Orlando, Florida 32819-8647.

Printed in the U.S.A.

ISBN 978-0-544-98008-2

3 4 5 6 7 8 9 0690 27 26 25 24 23 22 21 20 19 18

4500735748 A B C D E F

If you have received these materials as examination copies free of charge, Houghton Mifflin Harcourt Publishing Company retains title to the materials and they may not be resold. Resale of examination copies is strictly prohibited.

Possession of this publication in print format does not entitle users to convert this publication, or any portion of it, into electronic format.

Image Credit: ©HMH

CONSULTOR DE INGENIERÍA

Cary I. Sneider, Ph.D.
Associate Research Professor
Portland State University
Portland, Oregon

CONSULTORES DEL PROGRAMA

Elizabeth A. DeStasio, Ph.D.
Raymond H. Herzog Professor of Science
Department of Biology
Lawrence University
Appleton, Wisconsin

Paul S. Manos, Ph.D.
Professor
Department of Biology
Duke University
Durham, North Carolina

F. Daniel Vogt, Ph.D.
Professor
Department of Biological Sciences
State University of New York at Plattsburgh
Plattsburgh, New York

Kim Withers, Ph.D.
Assistant Professor
Department of Life Sciences
Texas A&M University-Corpus Christi
Corpus Christi, Texas

REVISORES DOCENTES

Scot F. Abel, PhD
Science Curriculum Coordinator
DC Everest School District
Weston, Wisconsin

Stacey Balbach
Lead STEM Teacher
Cuba City High School
Cuba City, Wisconsin

Katie Clous
Science Teacher
Lake City High School
Lake City, Michigan

Bridget Gardea
Science Teacher Specialist
Pomona Unified School District
Pomona, California

Anna George, PhD
Chemical Educator
Vermillion, South Dakota

Ryan Hainey
High School Biological Science Teacher
La Canada High School
La Canada Flintridge, California

Steve J. Harrison
Continuous School Improvement Director - Math, Science, Health & Human Performance
Appleton Area School District
Appleton, Wisconsin

Rebecca L Mackin
Science Teacher
Encina Preparatory High School
Sacramento, California

Steve Markley
Biology and Environmental Science Teacher
El Camino Fundamental High School
Sacramento, California

HMH **DIMENSIONES** DE LAS CIENCIAS™

Biología

DESPERTARÁ TU CURIOSIDAD

y te preparará para el año que viene, la universidad, tu profesión y la vida.

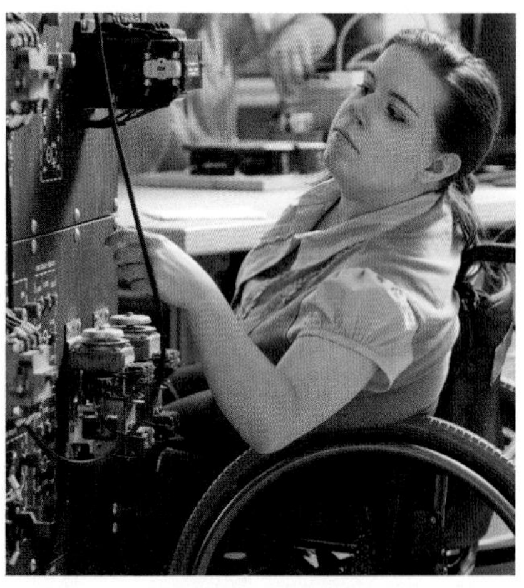

¿Qué imaginas para dentro de

DIEZ AÑOS?

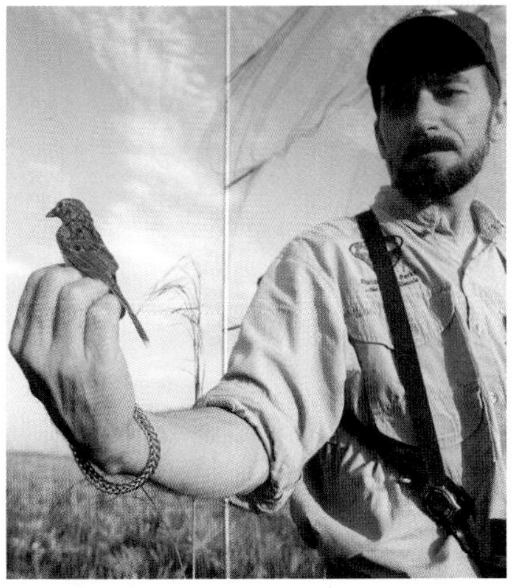

Image Credits: (tl) ©Jupiterimages/Getty Images; (tc) ©Monty Rakusen/Cultura/Getty Images; (tr) ©Huntstock/ Brand X Pictures/Getty Images; (cl) ©Thomas Barwick/Stone/Getty Images;
(cr) ©Hero Images/ Alamy; (bl) ©Jupiterimages/Getty Images; (bc) ©FatCamera/E+/Getty Images; (br) ©Joel Sartore/ National Geographic/Getty Images

Conviértete en científica.
HAZ CIENCIAS.

Diviértete y acércate a la biología como lo hace un científico de verdad.

Aprende

Reúne evidencias

Image Credits: (girl) ©Hugo Felix/Alamy; (t) ©age fotostock; (m) ©Goodluz/Shutterstock; (b) ©Erik Isakson/Tetra Images/Corbis

Conviértete en ingeniero.
RESUELVE PROBLEMAS.

Con buenas destrezas de resolución de problemas, tendrás éxito.

Diseña

Pon a prueba

Perfecciona las soluciones

Image Credits: (l) ©Corbis; (r) ©Bart Coenders/E+/Getty Images; (b) ©Tetra Images/Tetra/Corbis; (boy) ©Lisa F. Young/Alamy Images

Sé curiosa.
HAZ PREGUNTAS.

La solución comienza con una pregunta. ¿Cuál es tu pregunta?

Razona adecuadamente

Investiga

Supera los obstáculos

Image Credits: (girl) ©Kevin Peterson/Photodisc/Getty Images; (l) ©H. Mark Weidman Photography/Alamy; (r) ©HMH; (b) ©Frederic Cirou/PhotoAlto/Corbis

Tu respuesta.
TUS EVIDENCIAS.

HMH Dimensiones de las ciencias te deja a cargo de tu aprendizaje.

Trabaja en equipo

Desarrolla explicaciones

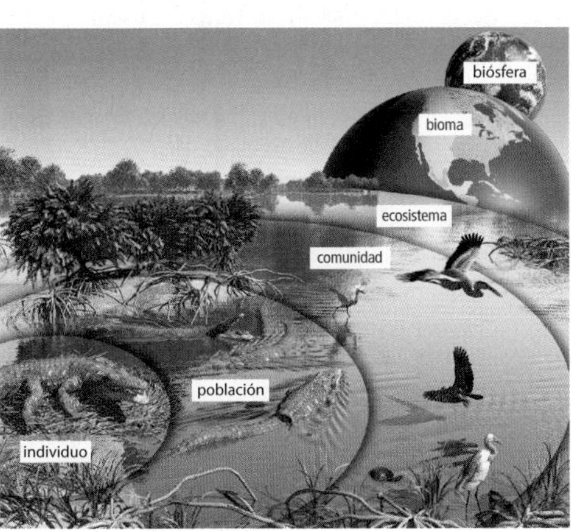

Defiende tu respuesta

Image Credits: (t) ©Thomas Barwick/Iconica/Getty Images; (m) ©Hero Images/Fancy/Corbis; (boy) ©David Pou/Houghton Mifflin Harcourt

TU programa

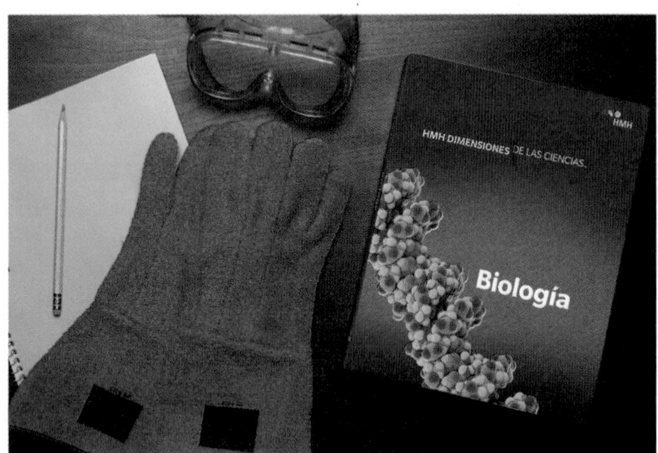

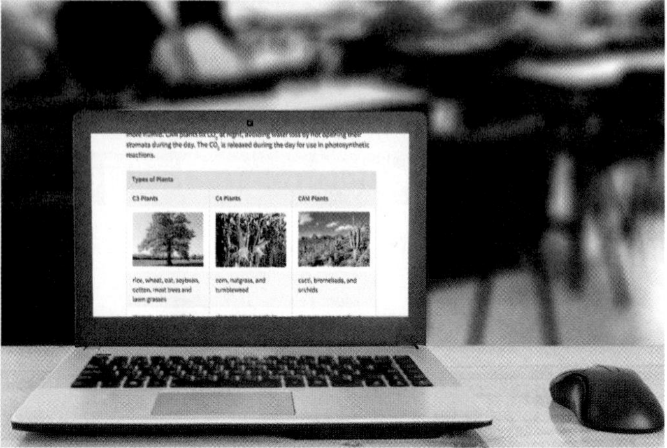

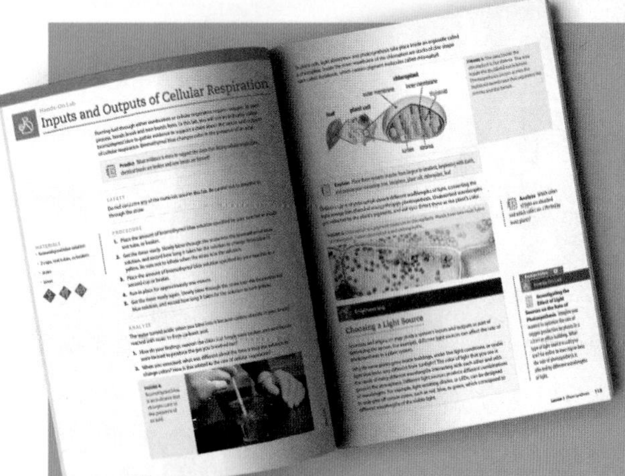

TU LIBRO

- Este libro nuevo e innovador te guiará mientras transitas el currículo para la próxima generación, incluido el programa de actividades de laboratorio.

Estas herramientas te ayudarán a tener éxito mientras aprendes ciencias:

PRÁCTICAS DE CIENCIAS Y DE INGENIERÍA
Manual en línea

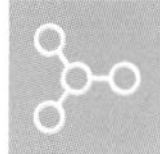

CONCEPTOS TRANSVERSALES
Manual en línea

ARTES DEL LENGUAJE
Manual en línea

MATEMÁTICAS
Manual en línea

EN LA SECCIÓN THING EXPLAINER se explican conceptos científicos complejos con imágenes y lenguaje sencillo.

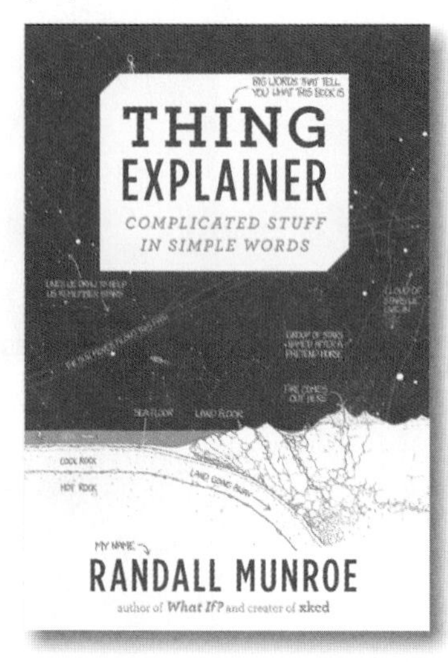

HMH DIMENSIONES DE LAS CIENCIAS

Biología

LIBRO INTERACTIVO DEL ESTUDIANTE EN LÍNEA

- Versión completa del libro del estudiante en línea, enriquecida con videos, actividades interactivas, animaciones, simulaciones, lugares para ingresar datos, dibujar y guardar tu trabajo.

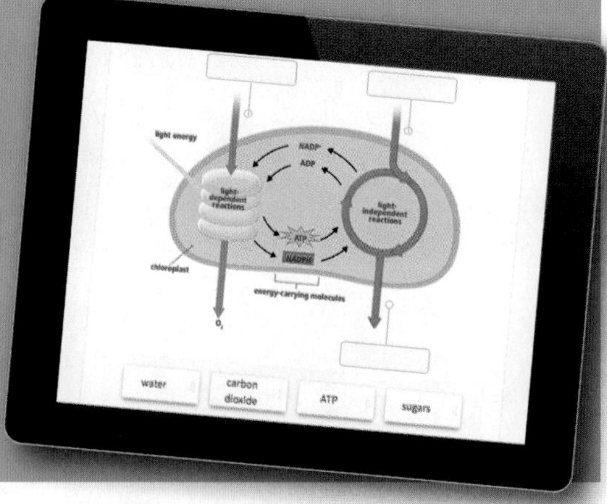

Image Credits: (tl) ©Houghton Mifflin Harcourt; (tr) ©GUNDAM_Ai/Shutterstock; (b) ©Sitade/iStockphoto.com/Getty Images

Contenido (lista abreviada)

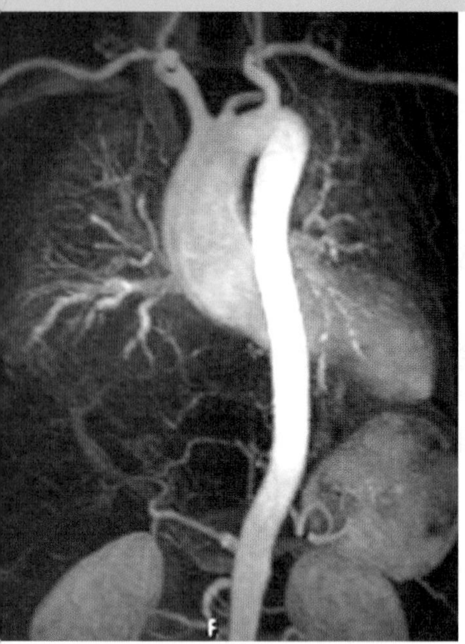

El corazón humano es uno de los componentes de un sistema orgánico más grande.

UNIDAD 1

Los sistemas orgánicos 2

UNIDAD 2

La química de los sistemas orgánicos 70

En la descomposición de la comida ocurren reacciones químicas.

Image Credit: ©Miguel A. Muñoz/Alamy

Los bosques de algas marinas kelp son ecosistemas acuáticos importantes.

UNIDAD 3

La materia y la energía en los sistemas orgánicos 114

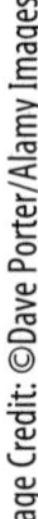

Image Credit: ©Dave Porter/Alamy Images

UNIDAD 4

Los ecosistemas: Estabilidad y cambio 180

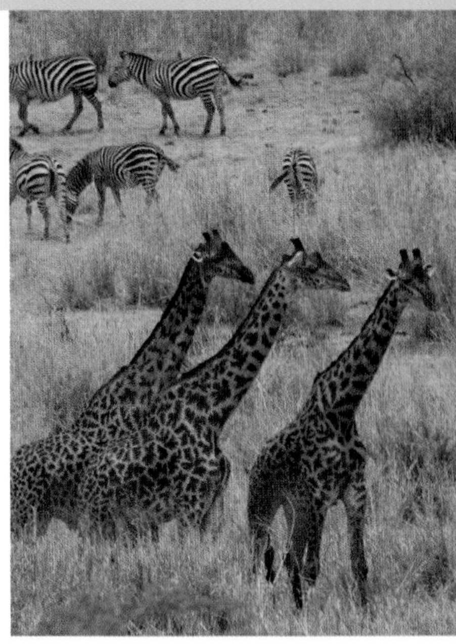

Las poblaciones son sensibles a los cambios en su medio ambiente.

Image Credit: ©National Geographic/Roy Toft/Getty Images

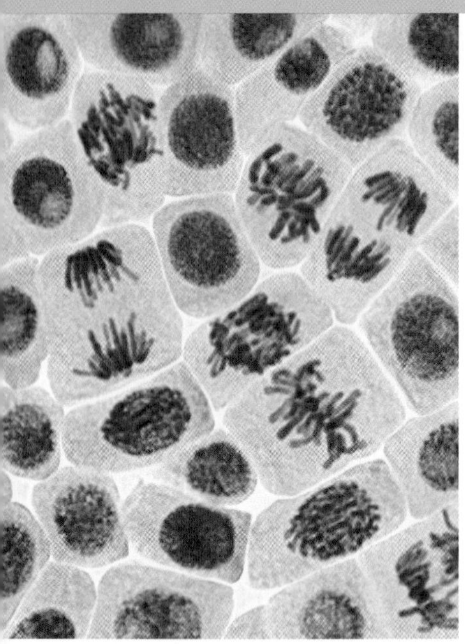

Estas células vivas se encuentran en distintas etapas de crecimiento y división.

UNIDAD 5

Las células: Estabilidad y cambio 220

Image Credit: ©Dimarion/Shutterstock

UNIDAD 6

La estructura y la función del ADN 256

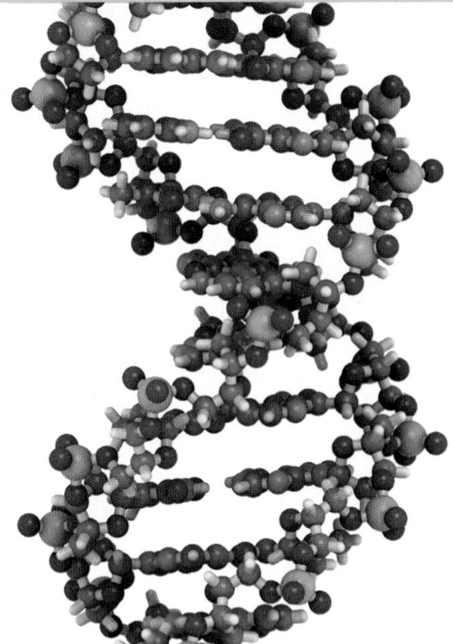

El ADN es una molécula esencial para todos los seres vivos.

Image Credit: ©Science Photo Library/MOLEKUUL/Getty Images

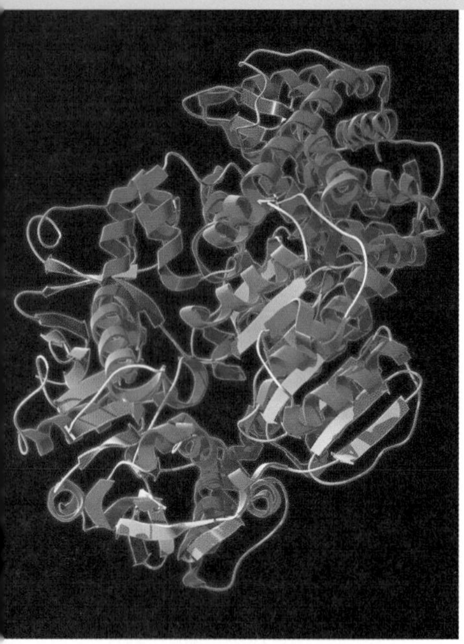

Algunas proteínas, como la Cas9, pueden usarse para modificar el ADN.

UNIDAD 7

La genética y la herencia 302

Image Credit: ©Evan Oto/Science Source

UNIDAD 8

Las evidencias de la evolución 380

Muchas especies desarrollan características únicas que les permiten sobrevivir.

Image Credit: ©WaterFrame/Getty Images

Los lémures son primates que viven únicamente en la isla de Madagascar.

UNIDAD 9

Los patrones de la evolución 416

Image Credit: ©Nazzu/Fotolia

UNIDAD 10

El impacto de los seres humanos sobre el medio ambiente 468

Existen redes de transporte que abarcan toda la Tierra y representan el alcance del desarrollo humano.

Image Credit: ©leeyjutung/Fotolia

Seguridad en el laboratorio

Antes de comenzar a trabajar en el laboratorio, lee las reglas de seguridad. Pide al maestro que te explique las reglas que no comprendas bien. Consulta estas reglas si más adelante tienes dudas sobre la seguridad en el salón de clases de ciencias.

Instrucciones

- Debes saber dónde se encuentran el extintor, la manta antiincendios, la ducha y la estación de lavado de ojos en el salón de clases.
- Lee todas las instrucciones y asegúrate de haberlas entendido antes de comenzar una investigación o una actividad de laboratorio. Si no entiendes cómo seguir un procedimiento o cómo usar un elemento del equipo, pregunta al maestro.
- Nunca comiences una investigación ni toques un elemento del equipo antes de que el maestro te indique que puedes comenzar.
- Nunca hagas experimentos por tu cuenta. Si quieres probar un procedimiento que no está incluido en las instrucciones, primero pide permiso al maestro.
- Si te lastimas o te haces daño, avísale inmediatamente al maestro.

Vestimenta

- Ponte gafas protectoras cuando uses objetos de vidrio, objetos filosos o sustancias químicas; cuando calientes objetos; y cuando trabajes con cualquier material que puede dispersarse en el aire y lastimar los ojos de alguien.
- Si tienes pelo largo o el pelo te cubre la cara, átatelo.
- Si llevas un suéter muy amplio, una bufanda o cualquier otra prenda suelta que pueda tocar una llama, una sustancia química o un elemento del equipo, quítatela.
- Observa todos los símbolos de seguridad que indiquen el uso de protección de los ojos, guantes y delantales.

Seguridad en el manejo de objetos calientes y fuego

- Mantén el área de trabajo limpia, ordenada y libre de materiales innecesarios.
- Para calentar sustancias, siempre debes usar elementos de vidrio borosilicato.
- Nunca intentes alcanzar algo pasando por encima de una llama o fuente de calor.
- Aleja de ti y de otras personas los objetos que se estén calentando.
- Nunca calientes una sustancia o un objeto en un recipiente cerrado.
- Usa guantes para el horno, pinzas o pinzas para tubos de ensayo para sostener objetos calientes.
- Nunca toques un objeto que se haya calentado. Si no estás seguro de si algo está caliente, manipúlalo como si lo estuviera.
- Después de calentar un tubo de ensayo, colócalo en un portatubos.
- No arrojes sustancias calientes a la basura. Espera que se enfríen y deséchalas en el recipiente que te dé el maestro.

Image Credits: (l) ©mihalec/Shutterstock; (r) ©Andrzej Tokarski/Alamy Images

Seguridad en el manejo de sustancias químicas

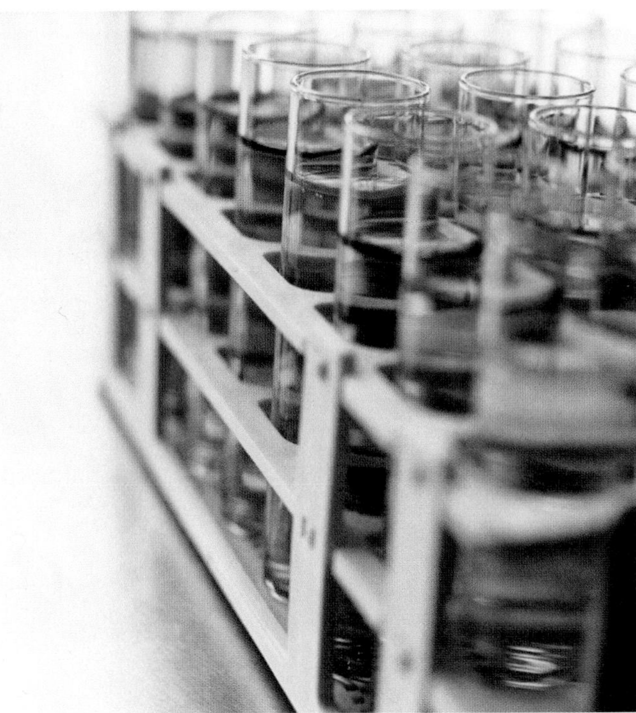

- Siempre ponte gafas protectoras cuando trabajes con cualquier tipo de sustancia química, incluso con sustancias que suele haber en el hogar, como el bicarbonato de sodio.
- Trabaja de pie cuando manipules sustancias químicas. Viértelas en el fregadero o en tu área de trabajo. Nunca lo hagas en el piso. Si derramas una sustancia química o si entra en contacto con tu piel, díselo al maestro inmediatamente.
- Si te entra una sustancia química en el ojo, ve a la estación de lavado de ojos inmediatamente.
- Nunca toques, pruebes o huelas sustancias químicas en el laboratorio. Si debes determinar su olor, sostén la sustancia química en su recipiente a 15 cm (6 pulg) de la nariz y, con los dedos, acerca los vapores del recipiente a la nariz.
- Mantén tapadas todas las sustancias químicas que no estés usando.
- Solo usa materiales de recipientes rotulados correctamente.
- Nunca uses más sustancias químicas de las que indica el procedimiento.
- Cuando diluyas ácido en agua, siempre agrega el ácido al agua.
- Nunca vuelvas a colocar sustancias químicas que no se usaron en los recipientes originales. Desecha las sustancias químicas que sobraron en el recipiente que te dé el maestro.
- Siempre lávate las manos después de manipular sustancias químicas.

Seguridad en el manejo de la electricidad

- Nunca uses lámparas ni otros aparatos eléctricos que tengan cables desgastados.
- Asegúrate de que no haya ningún cable en el piso con el que se pueda tropezar alguien.
- No dejes ningún cable colgando de un lado de un mostrador o de una mesa, porque alguien puede tirar del aparato o arrojarlo al piso.
- Nunca dejes cables colgando en un fregadero ni en otros lugares donde haya agua.
- Apaga todos los interruptores antes de conectar un aparato a un enchufe.
- Nunca toques aparatos eléctricos con las manos húmedas.
- Nunca intentes solucionar un problema eléctrico. Si hay algún problema, infórmaselo al maestro de inmediato.
- Desconecta los aparatos eléctricos tirando del enchufe, nunca del cable.

Image Credits: (l) © PhotoDisc / Getty Images; (r) ©gwmullis/iStockPhoto.com

Seguridad en el manejo de objetos de vidrio y filosos

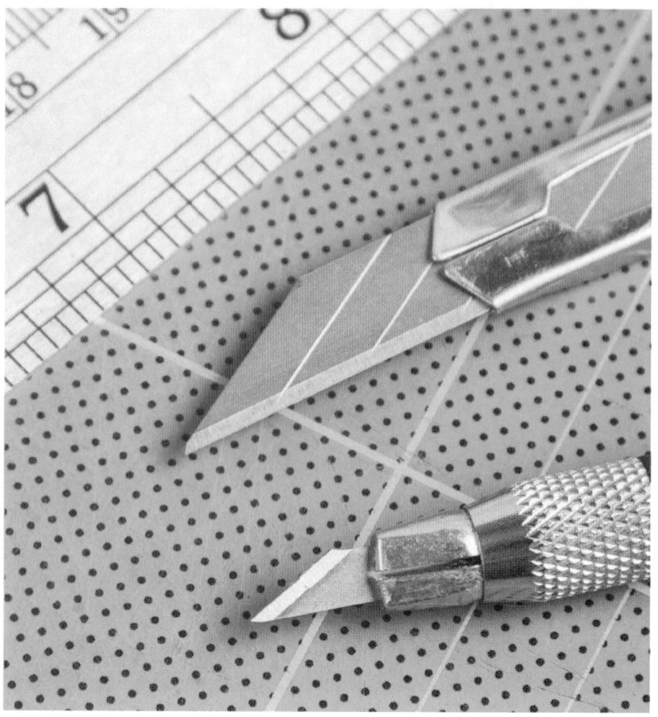

- No uses objetos de vidrio astillados o rajados.
- Si rompes un objeto de vidrio, díselo al maestro inmediatamente.
- Si usas un microscopio con espejo, no apuntes el espejo al sol, porque te puede dañar los ojos.
- Manipula con cuidado los cuchillos y otros instrumentos cortantes. Usa siempre protección de los ojos y corta lejos de tu cuerpo.
- Limpia los objetos de vidrio como te lo indique el maestro después de usarlos.
- Usa tubos de ensayo del tamaño adecuado para la cantidad de sustancias químicas que estés usando, y guarda los tubos de ensayo en un portatubos.

Seguridad en el manejo de animales

- Nunca hagas daño a los animales.
- Toca a los animales solo si es necesario. Sigue las instrucciones del maestro para el manejo de animales.
- Usa guantes cuando manipules animales o especímenes conservados.
- Los especímenes para disección deben estar bien colocados y sujetados.
- Nunca sostengas un espécimen con la mano para cortarlo.
- No abras recipientes que contengan organismos vivos a menos que te lo indiquen.
- Desecha los especímenes conservados como te lo indique el maestro.
- Lávate las manos con agua y jabón después de trabajar con animales o especímenes.

Limpieza

- Sigue las instrucciones del maestro para desechar o guardar elementos.
- Limpia tu área de trabajo y recoge lo que se haya caído al suelo.
- Lávate las manos.

Image Credits: (l) ©ThaiPrayBoy/Shutterstock; (r) ©Jason Searle/Shutterstock

Símbolos de seguridad

La seguridad es lo más importante en el salón de clases de ciencias. En todas las actividades del libro, se incluyen símbolos de seguridad para advertirte sobre materiales, situaciones o procedimientos que pueden ser peligrosos si no se respetan las reglas de seguridad. Aprende lo que debes hacer y lee todos los procedimientos antes de ir al laboratorio. Si tienes dudas, pregúntale al maestro.

ANIMALES Nunca hagas daño a los animales. Sigue las instrucciones del maestro para manipular determinados animales o especímenes conservados y lávate las manos con agua y jabón al terminar.

DELANTAL Ponte un delantal cuando trabajes con cualquier sustancia que pueda hacerte daño si se derrama sobre ti. Si es posible, permanece parado para evitar derrames en la falda.

ROTURAS Ten cuidado cuando manipules elementos que puedan romperse, como los objetos de vidrio y los termómetros. Siempre guarda los tubos de ensayo en un portatubos.

SUSTANCIAS QUÍMICAS Usa siempre gafas protectoras cuando trabajes con sustancias químicas y, si es posible, permanece parado para evitar derrames en la falda. Avísale al maestro de inmediato si derramas una sustancia química en el cuerpo, la mesa o el suelo. Nunca pruebes sustancias químicas o de cualquier tipo en el laboratorio y lávate las manos después de trabajar con ellas.

DESECHOS Sigue las instrucciones del maestro para desechar residuos, incluidas las sustancias químicas, los especímenes y los objetos de vidrio rotos.

ELECTRICIDAD Mantén los cables lejos del agua. No uses cables que tengan los extremos desgastados. Desconecta los aparatos cuando termines.

FUEGO Ponte gafas protectoras antes de encender llamas. Quítate la ropa suelta y átate el pelo. Presta atención a los objetos encendidos. Apaga las llamas apenas termines de calentar un objeto.

EMANACIONES Trabaja siempre en una área bien ventilada. Acerca los vapores a la nariz moviendo los dedos, en lugar de oler el recipiente directamente.

GUANTES Usa siempre guantes para proteger la piel cuando trabajas con sustancias que pueden ser dañinas y con animales.

LAVADO DE MANOS Lávate las manos con agua y jabón después de trabajar con el suelo, sustancias químicas, animales o especímenes conservados.

OBJETOS CALIENTES Usa gafas protectoras y nunca dejes de prestar atención a una sustancia que se esté calentando. Usa pinzas, agarraderas o pinzas para tubos de ensayo para sostener objetos calientes. Aleja los materiales que se estén calentando de ti y de otras personas. Pon los objetos calientes, como los tubos de ensayo, en un portatubos mientras se enfrían. Usa guantes para el horno cuando manipules objetos calientes de mayor tamaño.

PLANTAS No comas ninguna parte de una planta. No recojas ninguna planta silvestre a menos que el maestro te lo indique. Lávate las manos al terminar.

SUSTANCIAS TÓXICAS Nunca toques, pruebes ni inhales sustancias químicas, ya que la mayoría son tóxicas en altas concentraciones. Usa gafas protectoras y lávate las manos.

GAFAS PROTECTORAS Usa siempre gafas protectoras al trabajar con sustancias químicas o al calentarlas, y al usar cualquier material que pueda dispersarse y hacerte daño a ti o a otras personas.

OBJETOS FILOSOS Sé cuidadoso con tijeras, cuchillos, escalpelos y otros instrumentos cortantes. Usa gafas protectoras y corta lejos del cuerpo.

Image Credit: ©Hello Lovely/Corbis

Uso del Cuaderno de evidencias

A lo largo de las unidades y de las lecciones de ***HMH Dimensiones de las ciencias: Biología***, encontrarás símbolos del Cuaderno de evidencias en secciones importantes para que hagas una pausa y reflexiones. Las actividades del Cuaderno de evidencias representan oportunidades para que anotes observaciones y evidencias, analices datos y elabores explicaciones de los fenómenos.

El Cuaderno de evidencias es el lugar para reunir evidencias y anotar tus ideas a medida que avanzas en cada lección. El maestro puede indicarte qué formato debes usar, por ejemplo, un cuaderno digital o de papel. Independientemente del formato que uses, anotarás allí las evidencias que reúnas a lo largo de la lección para justificar tus respuestas a la actividad ¿Puedes explicarlo? También anotarás allí información importante de la lección, que te servirá luego para estudiar y crear tu propia guía de estudio al final de la lección.

Las siguientes páginas de la primera lección del libro te servirán para familiarizarte con las actividades principales del Cuaderno de evidencias que encontrarás a lo largo del curso.

Image Credits: (tl) ©E+/asiseeit/Getty Images; (tr) ©Hero Images/Getty Images; (bl) ©Weronica Ankarorn/Houghton Mifflin Harcourt; (br) ©drpnncpptak/Shutterstock

Reunir evidencias Anota observaciones u otras evidencias que hayas reunido a lo largo de la lección. La actividad de Reunir evidencias que aparece en la primera página de cada lección te recuerda que debes anotar las evidencias que puedas usar para justificar la afirmación que harás sobre la actividad ¿Puedes explicarlo?

Hacer un modelo Dibuja o crea otro tipo de modelo como ayuda para interpretar y comprender la información.

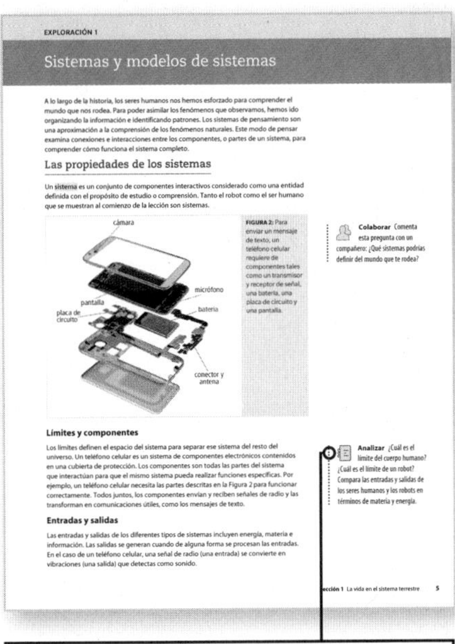

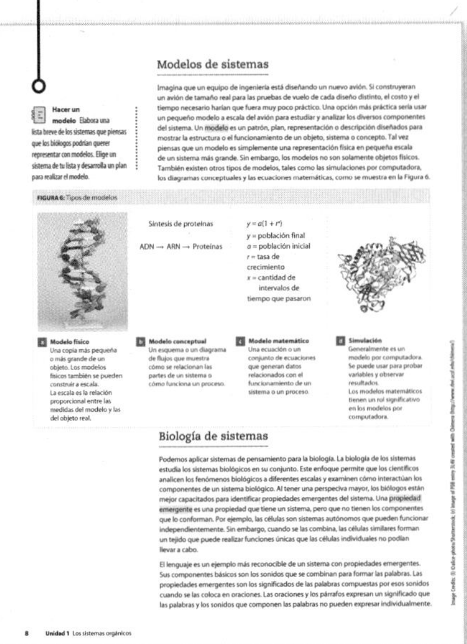

Predecir Haz una predicción o anota tu razonamiento inicial sobre una pregunta y vuelve a consultarla cuando hayas avanzado en la lección.

Analizar Interpreta datos u observaciones que hayas hecho sobre el texto o los elementos visuales.

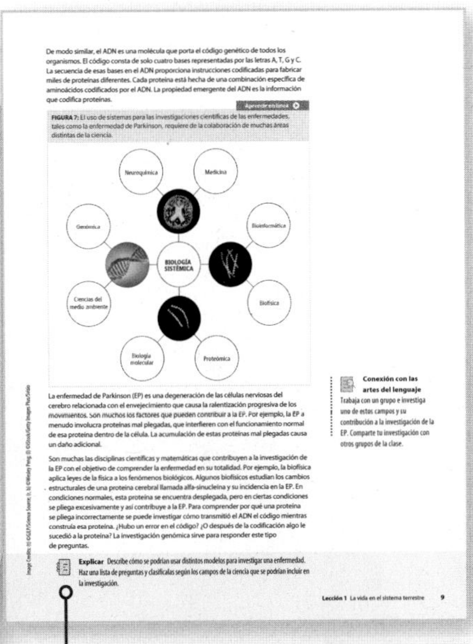

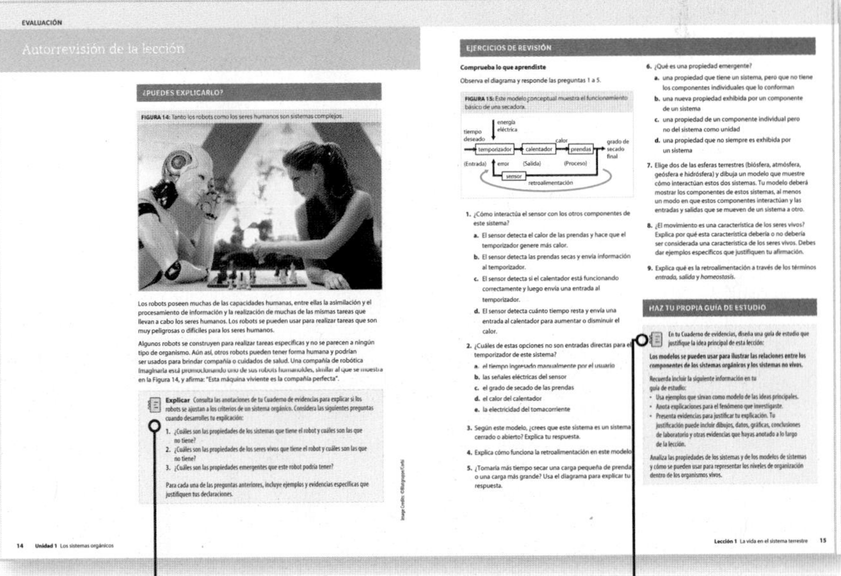

Explicar Sintetiza la información obtenida de las evidencias, los análisis y los modelos, y otros datos que hayas reunido a lo largo de una exploración.

Al final de cada lección, también se te indicará que uses las notas de tu Cuaderno de evidencias para elaborar una explicación y para hacer tu propia guía de estudio con las ideas principales de la lección.

Los sistemas orgánicos

El corazón humano es un componente dentro de un sistema orgánico más grande.

Image Credits: ©Living Art Enterprises/Science Source

FIGURA 1: Cada murciélago es un sistema orgánico.

A tu alrededor existen sistemas orgánicos y sistemas no vivos. Los sistemas no vivos nos ayudan a llevar a cabo muchas actividades, como los carros y los autobuses que sirven para ir a la escuela o los teléfonos celulares para comunicarnos. Los organismos, como los murciélagos, son ejemplos de sistemas orgánicos. En los murciélagos las células trabajan juntas para realizar todas las funciones necesarias para la vida. Por ejemplo, la estructura de las alas de los murciélagos sirve para mantener equilibrada la hidratación del cuerpo. Tanto los murciélagos como otros seres vivos y los componentes no vivos son parte de sistemas más grandes en la Tierra.

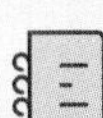

Predecir ¿Cómo crees que un sistema orgánico como el de los murciélagos realiza las funciones vitales y responde a los cambios en el medio ambiente?

PREGUNTAS GUÍA

Mientras trabajas en la unidad, reúne evidencias para responder las siguientes preguntas. En tu Cuaderno de evidencias, anota lo que ya sabes sobre estos temas y cualquier pregunta que tengas sobre ellos.

1. ¿Cuáles son los niveles de organización dentro del sistema terrestre?
2. ¿Cómo interactúan los sistemas en los seres vivos para mantener al organismo?
3. ¿Cómo se relacionan las estructuras de las células con las diferentes funciones y especialidades?
4. ¿Cómo han influido los avances tecnológicos en la salud humana y la sociedad?

PROYECTO DE LA UNIDAD

Investigar los sistemas vegetales

Para planear el proyecto de esta unidad, conéctate y descarga la Planilla de proyectos.

Una plántula es un sistema orgánico hecho de distintos componentes. Cultiva plántulas e investiga cómo interactúan con otros sistemas para sobrevivir y crecer en condiciones variables. ¿Puedes explicar los niveles de organización dentro de estas plántulas y el medio ambiente, desde las células hasta el ecosistema?

Image Credits: ©Visionary Earth/Shutterstock

1.1

La vida en el sistema terrestre

Ciertas condiciones hacen que la vida sea sostenible en la Tierra.

¿PUEDES EXPLICARLO?

FIGURA 1: Si bien el robot en esta imagen es conceptual, los robots se pueden programar para realizar tareas complejas, como jugar al ajedrez.

Reunir evidencias Mientras trabajas con la lección, reúne evidencias para hacer una afirmación sobre qué es lo que define a un sistema orgánico.

Los seres humanos han usado la tecnología desde tiempos remotos. En la actualidad la relacionamos rápidamente con los teléfonos celulares y las computadoras. Sin embargo, la tecnología también incluye objetos sencillos, como los tenedores o los bolígrafos. Básicamente, engloba cualquier herramienta, proceso o sistema que haya sido diseñado para solucionar un problema.

La tecnología robótica ha avanzado hacia la forma humana. Los robots pueden llevar a cabo muchas tareas, incluso algunas que son difíciles o peligrosas, pero también pueden brindar compañía y cuidados de salud. Observa a los jugadores de este juego de ajedrez. El robot y la persona tienen partes que realizan funciones similares y cuentan con un centro de control para guiar sus acciones. Ambos son sistemas que pueden realizar muchas de las mismas tareas.

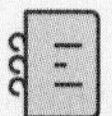

Predecir Imagina una compañía que vende robots como el que ves en la Figura 1. La compañía hace esta afirmación: "Esta máquina viviente es la compañía perfecta". Elabora un argumento para justificar o refutar esta afirmación. ¿En qué se parecen los sistemas orgánicos y los sistemas no vivos?

Image Credits: (t) ©StockTrek/Photodisc/Getty Images; (b) ©Blutgruppe/Corbis

Sistemas y modelos de sistemas

A lo largo de la historia, los seres humanos nos hemos esforzado para comprender el mundo que nos rodea. Para poder asimilar los fenómenos que observamos, hemos ido organizando la información e identificando patrones. Los sistemas de pensamiento son una aproximación a la comprensión de los fenómenos naturales. Este modo de pensar examina conexiones e interacciones entre los componentes, o partes de un sistema, para comprender cómo funciona el sistema completo.

Las propiedades de los sistemas

Un sistema es un conjunto de componentes interactivos considerado como una entidad definida con el propósito de estudio o comprensión. Tanto el robot como el ser humano que se muestran al comienzo de la lección son sistemas.

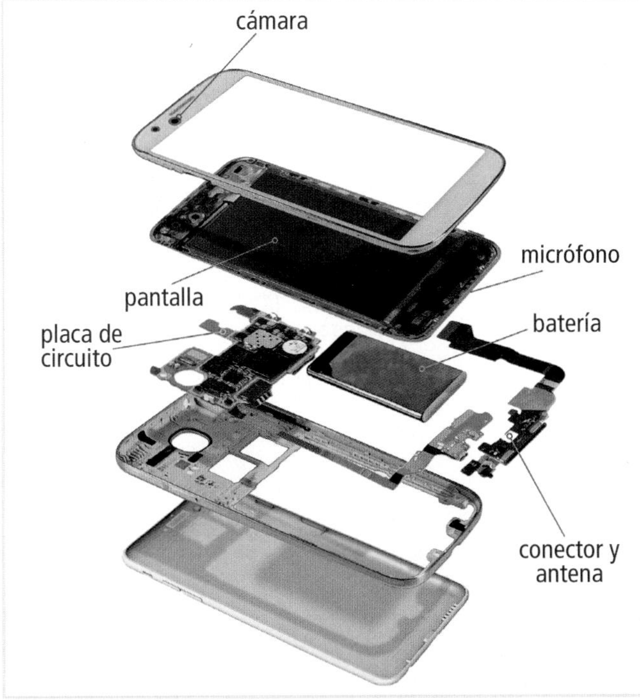

FIGURA 2: Para enviar un mensaje de texto, un teléfono celular requiere de componentes tales como un transmisor y receptor de señal, una batería, una placa de circuito y una pantalla.

Colaborar Comenta esta pregunta con un compañero: ¿Qué sistemas podrías definir del mundo que te rodea?

Límites y componentes

Los límites definen el espacio del sistema para separar ese sistema del resto del universo. Un teléfono celular es un sistema de componentes electrónicos contenidos en una cubierta de protección. Los componentes son todas las partes del sistema que interactúan para que el mismo sistema pueda realizar funciones específicas. Por ejemplo, un teléfono celular necesita las partes descritas en la Figura 2 para funcionar correctamente. Todos juntos, los componentes envían y reciben señales de radio y las transforman en comunicaciones útiles, como los mensajes de texto.

Analizar ¿Cuál es el límite del cuerpo humano? ¿Cuál es el límite de un robot? Compara las entradas y salidas de los seres humanos y los robots en términos de materia y energía.

Entradas y salidas

Las entradas y salidas de los diferentes tipos de sistemas incluyen energía, materia e información. Las salidas se generan cuando de alguna forma se procesan las entradas. En el caso de un teléfono celular, una señal de radio (una entrada) se convierte en vibraciones (una salida) que detectas como sonido.

Sistemas abiertos y cerrados

Los sistemas pueden ser categorizados de acuerdo con el flujo de entradas y salidas. En un sistema abierto, las entradas y salidas fluyen hacia adentro y hacia afuera del sistema. En un sistema cerrado, el flujo de una o más entradas y salidas está limitado de algún modo. Un sistema aislado es un sistema cuyas entradas y salidas están todas contenidas dentro del sistema.

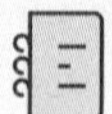

Analizar ¿Qué tipo de sistema es el cuerpo humano: abierto, cerrado o aislado? ¿Y el de un robot? Explica tu respuesta.

Controles

Entre los componentes de un sistema se encuentran los controles que sirven para hacer que el sistema siga funcionando bien a través del monitoreo y la gestión de las entradas y salidas. Los controles pueden ser automáticos, manuales o una combinación de ambos. Uno de los sistemas de control más importantes es la retroalimentación. La retroalimentación es información de un paso de un ciclo que actúa para cambiar el comportamiento del paso previo de un ciclo. Es decir que la retroalimentación es una salida que se convierte en una entrada. Un circuito de retroalimentación se forma cuando una salida retorna y se convierte en una entrada en el mismo sistema que generó la salida.

Sistemas y modelos de sistemas

Hacer un modelo Dibuja un diagrama sencillo que represente cómo respondería un termostato en una habitación donde la temperatura se elevara por encima de la establecida.

FIGURA 3: Un termostato se puede usar para controlar los sistemas de calefacción y refrigeración de un hogar.

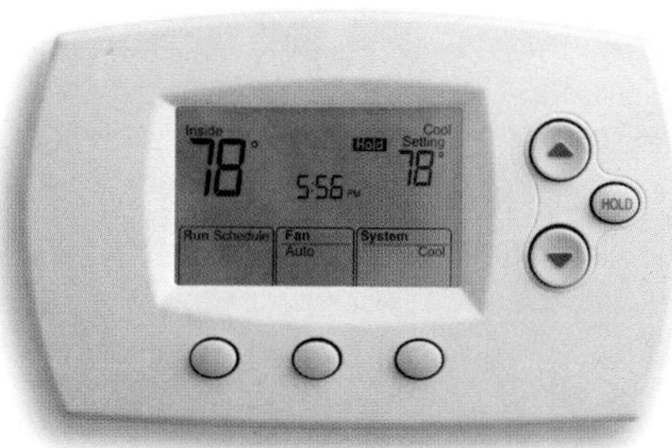

Algunos equipos de aire acondicionado y algunos calefactores tienen un sistema llamado termostato, como el que se muestra en la Figura 3. El termómetro dentro del termostato es el que mide continuamente la temperatura en la habitación. Si la temperatura del aire en la habitación sube por encima de la preestablecida, el termostato le indica al equipo de aire acondicionado que se encienda. Si la temperatura del aire en la habitación baja por debajo de la preestablecida, el termostato le indica al equipo de aire acondicionado que se apague.

Image Credits: ©iStock/Getty Images Plus/koinseb

La organización de los sistemas

Los sistemas pueden tener distintos tamaños y distintos niveles de complejidad. Por ejemplo, un termostato es un sistema pequeño y relativamente simple. El robot que juega al ajedrez es un sistema más grande y muy complejo. El sistema terrestre es aún más grande y, además, es una parte del sistema solar, de la Vía Láctea y del universo.

Los sistemas más complejos generalmente tienen más niveles de organización que los sistemas simples. Por ejemplo, los organismos, o los seres vivos, son sistemas que están formados por sistemas más pequeños tales como los órganos, los tejidos y las células. Dos organismos que interactúan también pueden crear un sistema, como es el caso de un pájaro que poliniza una planta. En una escala mayor, tú eres un sistema que es parte de un ecosistema, o comunidad de organismos, y su medio ambiente físico. También eres parte del gran sistema terrestre.

FIGURA 4: El colibrí y el cardo son dos sistemas que interactúan el uno con el otro. Son parte de un ecosistema, como un parque en la ciudad.

Como se mencionó antes, una salida de un sistema puede retroalimentarse dentro del sistema y así cambiar el modo en que el sistema puede llegar a responder. Del mismo modo, una salida de un sistema puede actuar como una entrada para un sistema completamente distinto, incluso hasta uno que no está relacionado con él. Imagina que ingresas en un edificio con aire acondicionado un día caluroso. El aire fresco se convierte en una entrada a tu sistema corporal a medida que los receptores de tu piel detectan el cambio de la temperatura del aire. Incluso podrías tener leves escalofríos: la respuesta del cuerpo cuando siente temperaturas frías.

Reunir evidencias ¿Cómo afectan al medio ambiente tus interacciones con los sistemas no vivos?

FIGURA 5: Un buzo y el *equipo de submarinismo* que usa son dos sistemas que interactúan.

Explicar El buzo es un sistema orgánico. El *equipo de submarinismo*, o *aparato autónomo de respiración subacuática*, es un sistema de intercambio de aire. ¿Cómo están interactuando estos dos sistemas?

Image Credits: (tl) ©Don Mammoser/Shutterstock; (tr) ©Ben Blankenburg/Fotolia; (b) ©Photographer's Choice RF/Georgette Douwma/Getty Images

Modelos de sistemas

Hacer un modelo Elabora una lista breve de los sistemas que piensas que los biólogos podrían querer representar con modelos. Elige un sistema de tu lista y desarrolla un plan para realizar el modelo.

Imagina que un equipo de ingeniería está diseñando un nuevo avión. Si construyeran un avión de tamaño real para las pruebas de vuelo de cada diseño distinto, el costo y el tiempo necesario harían que fuera muy poco práctico. Una opción más práctica sería usar un pequeño modelo a escala del avión para estudiar y analizar los diversos componentes del sistema. Un modelo es un patrón, plan, representación o descripción diseñados para mostrar la estructura o el funcionamiento de un objeto, sistema o concepto. Tal vez piensas que un modelo es simplemente una representación física en pequeña escala de un sistema más grande. Sin embargo, los modelos no son solamente objetos físicos. También existen otros tipos de modelos, tales como las simulaciones por computadora, los diagramas conceptuales y las ecuaciones matemáticas, como se muestra en la Figura 6.

FIGURA 6: Tipos de modelos

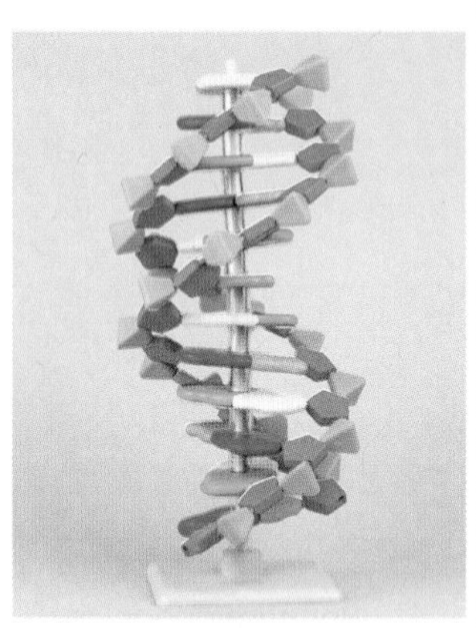

a **Modelo físico** Una copia más pequeña o más grande de un objeto. Los modelos físicos también se pueden construir a escala. La escala es la relación proporcional entre las medidas del modelo y las del objeto real.

Síntesis de proteínas

ADN → ARN → Proteínas

b **Modelo conceptual** Un esquema o un diagrama de flujos que muestra cómo se relacionan las partes de un sistema o cómo funciona un proceso.

$y = a(1 + r^x)$

y = población final

a = población inicial

r = tasa de crecimiento

x = cantidad de intervalos de tiempo que pasaron

c **Modelo matemático** Una ecuación o un conjunto de ecuaciones que generan datos relacionados con el funcionamiento de un sistema o un proceso.

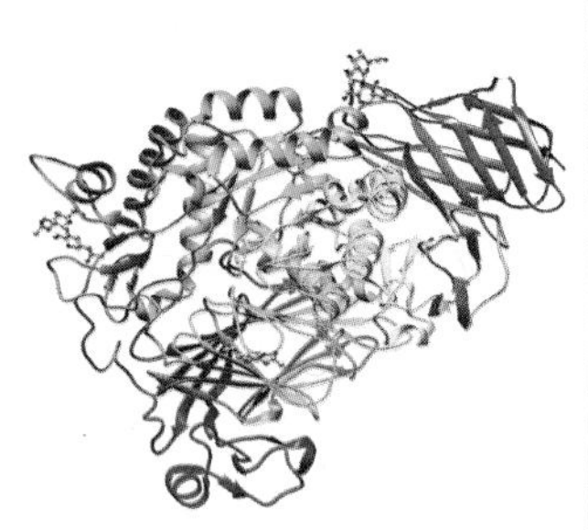

d **Simulación** Generalmente es un modelo por computadora. Se puede usar para probar variables y observar resultados. Los modelos matemáticos tienen un rol significativo en los modelos por computadora.

Biología de sistemas

Podemos aplicar sistemas de pensamiento para la biología. La biología de los sistemas estudia los sistemas biológicos en su conjunto. Este enfoque permite que los científicos analicen los fenómenos biológicos a diferentes escalas y examinen cómo interactúan los componentes de un sistema biológico. Al tener una perspeciva mayor, los biólogos están mejor capacitados para identificar propiedades emergentes del sistema. Una propiedad emergente es una propiedad que tiene un sistema, pero que no tienen los componentes que lo conforman. Por ejemplo, las células son sistemas autónomos que pueden funcionar independientemente. Sin embargo, cuando se las combina, las células similares forman un tejido que puede realizar funciones únicas que las células individuales no podían llevar a cabo.

El lenguaje es un ejemplo más reconocible de un sistema con propiedades emergentes. Sus componentes básicos son los sonidos que se combinan para formar las palabras. Las propiedades emergentes son los significados de las palabras compuestas por esos sonidos cuando se las coloca en oraciones. Las oraciones y los párrafos expresan un significado que las palabras y los sonidos que componen las palabras no pueden expresar individualmente.

Image Credits: (l) ©alice-photo/Shutterstock; (r) Image of PDB entry 3L4V created with Chimera (http://www.rbvi.ucsf.edu/chimera/)

De modo similar, el ADN es una molécula que porta el código genético de todos los organismos. El código consta de solo cuatro bases representadas por las letras A, T, G y C. La secuencia de esas bases en el ADN proporciona instrucciones codificadas para fabricar miles de proteínas diferentes. Cada proteína está hecha de una combinación específica de aminoácidos codificados por el ADN. La propiedad emergente del ADN es la información que codifica proteínas.

Aprende en línea

FIGURA 7: El uso de sistemas para las investigaciones científicas de las enfermedades, tales como la enfermedad de Parkinson, requiere de la colaboración de muchas áreas distintas de la ciencia.

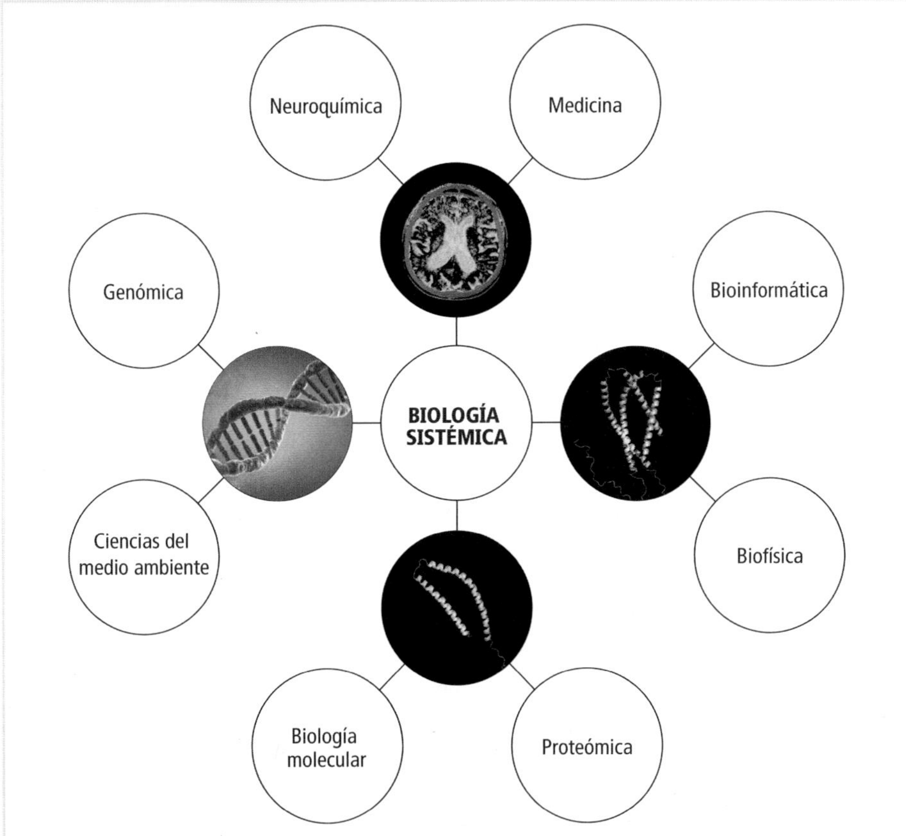

La enfermedad de Parkinson (EP) es una degeneración de las células nerviosas del cerebro relacionada con el envejecimiento que causa la ralentización progresiva de los movimientos. Son muchos los factores que pueden contribuir a la EP. Por ejemplo, la EP a menudo involucra proteínas mal plegadas, que interfieren con el funcionamiento normal de esa proteína dentro de la célula. La acumulación de estas proteínas mal plegadas causa un daño adicional.

Son muchas las disciplinas científicas y matemáticas que contribuyen a la investigación de la EP con el objetivo de comprender la enfermedad en su totalidad. Por ejemplo, la biofísica aplica leyes de la física a los fenómenos biológicos. Algunos biofísicos estudian los cambios estructurales de una proteína cerebral llamada alfa-sinucleína y su incidencia en la EP. En condiciones normales, esta proteína se encuentra desplegada, pero en ciertas condiciones se pliega excesivamente y así contribuye a la EP. Para comprender por qué una proteína se pliega incorrectamente se puede investigar cómo transmitió el ADN el código mientras construía esa proteína. ¿Hubo un error en el código? ¿O después de la codificación algo le sucedió a la proteína? La investigación genómica sirve para responder este tipo de preguntas.

Conexión con las artes del lenguaje

Trabaja con un grupo e investiga uno de estos campos y su contribución a la investigación de la EP. Comparte tu investigación con otros grupos de la clase.

Explicar Describe cómo se podrían usar distintos modelos para investigar una enfermedad. Haz una lista de preguntas y clasifícalas según los campos de la ciencia que se podrían incluir en la investigación.

Image Credits: (t) ©GJLP/Science Source; (r, b) ©Wesley Peng; (l) ©iStock/Getty Images Plus/Svisio

El sistema terrestre

Modelos de sistemas 

FIGURA 8: Modelo del sistema terrestre.

Explicar ¿La Tierra es un sistema abierto, cerrado o aislado? Explícalo.

Para comprender mejor a los seres vivos, podemos estudiar los sistemas en los cuales existen. Uno de esos sistemas es nuestro hogar: el planeta Tierra. El sistema terrestre está comprendido por materia, energía y procesos dentro de los límites de la Tierra. La Tierra está compuesta por sistemas más pequeños, como la biósfera, donde existen e interactúan todos los seres vivos. A su vez, la biósfera incluye muchos subsistemas pequeños de seres vivos en ambientes acuáticos y terrestres. La Tierra también existe dentro de sistemas más grandes, como el sistema solar y la Vía Láctea.

Tal como lo muestra la Figura 8, la materia permanece dentro del sistema terrestre, pero la energía entra en el sistema en forma de luz solar y existe en forma de calor. Dentro del mismo sistema, la energía luminosa se convierte en otras formas de energía que producen transformaciones de materia de una forma a otra a medida que circula por el sistema.

Organización del sistema terrestre

Los científicos usan un sistema modelo para comprender mejor las interacciones que se dan dentro del sistema terrestre. El sistema modelo, que se muestra en la Figura 9, organiza el sistema terrestre en cuatro sistemas interconectados, o esferas: la geósfera, la hidrósfera, la biósfera y la atmósfera.

La geósfera está compuesta por todos los materiales sólidos de la superficie terrestre, como las montañas, los continentes y el lecho marino, así como todo lo que se encuentra por debajo de la superficie terrestre. La hidrósfera es toda el agua de la Tierra, incluida el agua en forma de vapor, de hielo y el agua en estado líquido. La biósfera es el área de la Tierra donde existe la vida. La atmósfera es todo el aire que envuelve las superficies líquida y sólida de la Tierra.

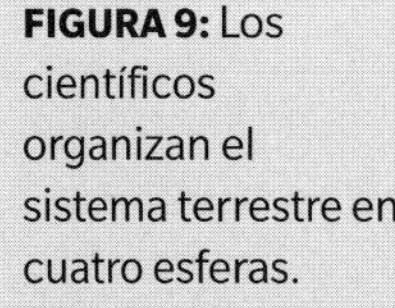

FIGURA 9: Los científicos organizan el sistema terrestre en cuatro esferas.

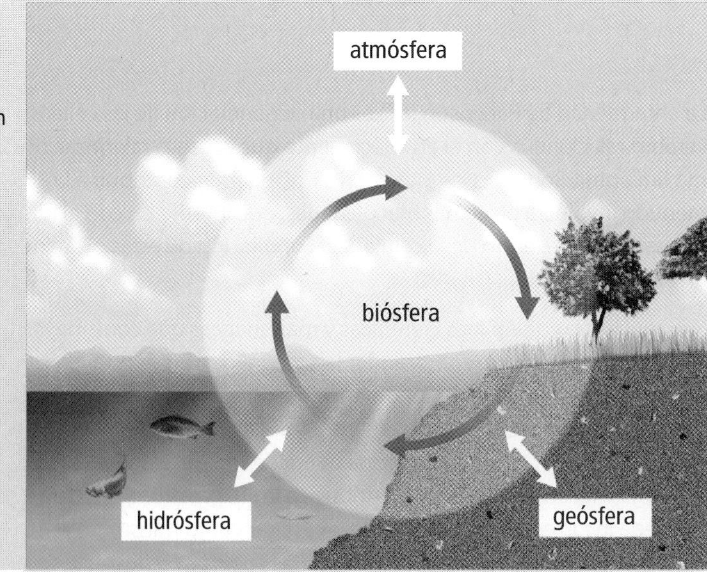

Explicar Este modelo muestra la biósfera en el medio del diagrama con flechas que la conectan con las otras esferas. ¿Por qué la biósfera está representada de este modo?

Organización de la biósfera

La biósfera terrestre está compuesta por ecosistemas. Los ecosistemas incluyen todos los componentes no vivos y los seres vivos, u organismos, de un área determinada. Entre los componentes no vivos se encuentran el clima, el suelo, el agua y las rocas que los organismos necesitan para sobrevivir. Las relaciones entre los organismos también se pueden clasificar. Los organismos de la misma especie que viven en la misma área conforman una población. El grupo de diferentes poblaciones de un área conforma una comunidad. Las comunidades existen dentro de sistemas más grandes denominados biomas. Los biomas son áreas regionales grandes o áreas globales caracterizadas por su clima y su vegetación. Algunos ejemplos de biomas son los desiertos, las selvas lluviosas tropicales, las tundras y las praderas.

Hacer un modelo Coloca estos términos en orden para ilustrar los niveles de la escala desde un organismo hasta el sistema solar: *población, biósfera, sistema solar, ecosistema, organismo, bioma, Tierra, comunidad.*

FIGURA 10: La región Everglades, en Florida, es un ejemplo de ecosistema acuático.

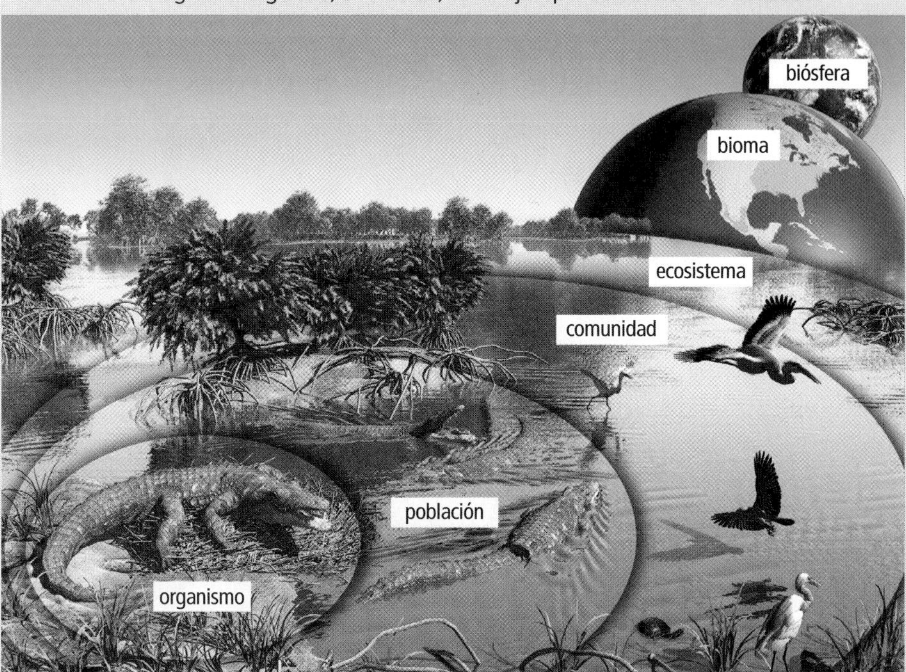

Aprende en línea
Práctica de laboratorio

La vida bajo el microscopio Observa el agua de la laguna bajo el microscopio y determina si los componentes son vivos o no vivos a partir de las características observables.

Los componentes vivos de un ecosistema se denominan factores bióticos. Los factores no vivos de los ecosistemas son los factores abióticos. Los componentes bióticos y abióticos de un ecosistema interactúan y son interdependientes.

FIGURA 11: Taiga es un bioma caracterizado por inviernos fríos y prolongados y veranos templados, breves y lluviosos.

Hacer un modelo Identifica los factores bióticos y abióticos en la Figura 11. Haz un modelo para ilustrar cómo interactúan esos factores en este ecosistema.

Image Credits: (b) ©age fotostock/Frank Pali/Getty Images

Características de los seres vivos

Los científicos usan una serie de características para definir a los seres vivos. En general, todos los seres vivos están conformados por una o más células, requieren una fuente de energía, crecen y cambian con el tiempo, se reproducen haciendo copias de sí mismos o cuando tienen descendientes y responden a los cambios de su medio ambiente. La homeostasis es el mantenimiento de condiciones internas constantes en un organismo determinado. Si bien la temperatura y otras condiciones del medio ambiente son siempre cambiantes, las condiciones dentro de los organismos suelen permanecer bastante estables. Mantener las condiciones internas estables es esencial para la supervivencia de un organismo.

Analizar Describe al menos dos sistemas biológicos. Explica cómo estos sistemas son independientes el uno del otro y cómo se conectan entre sí.

FIGURA 12: La mayoría de las plantas obtienen nitrógeno del suelo. La Venus atrapamoscas crece en suelos con poco nitrógeno y depende de los insectos que atrapa como fuente de nitrógeno.

Aprende en línea

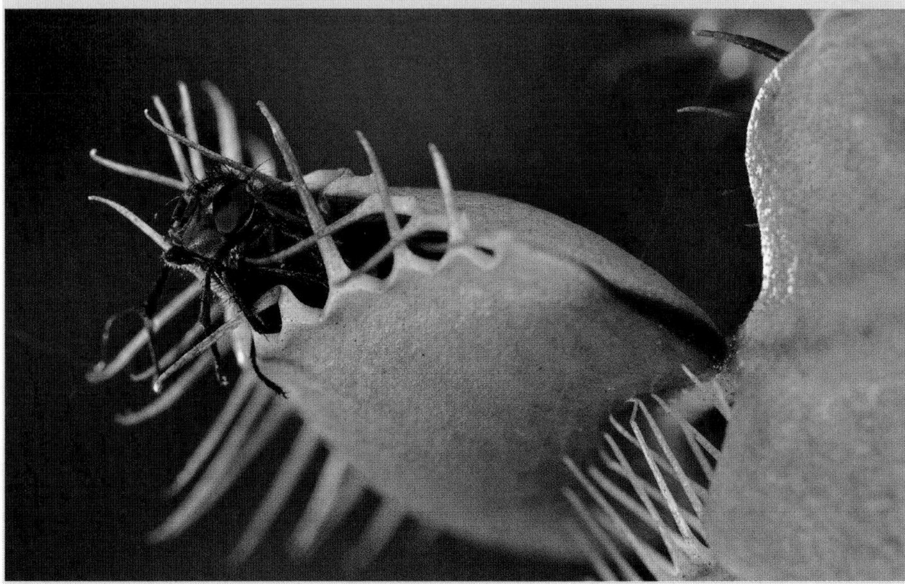

La Venus atrapamoscas de la Figura 12 es un ser vivo. Es una planta compuesta por células que trabajan juntas para realizar las funciones que la planta necesita para sobrevivir. Obtiene su energía del sol y los nutrientes que necesita de los insectos que digiere. Se reproduce tanto sexualmente, a través de la polinización, como asexualmente, a través de la propagación de sus rizomas (tallos similares a raíces) bajo el suelo.

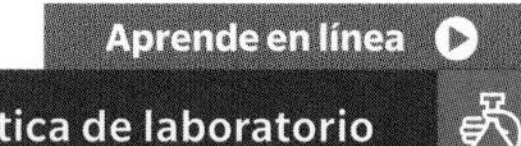

Práctica de laboratorio

El estudio de la vida Planea y lleva a cabo una investigación para determinar cómo afectan diferentes factores el número de seres vivos que se encuentran en una muestra de suelo.

El modo en que los científicos piensan las características de los seres vivos se ha modificado a medida que salen a la luz nuevas evidencias. Por ejemplo, existe un desacuerdo sobre si los virus están vivos o no. Los virus no realizan homeostasis y no pueden reproducirse sin un organismo huésped.

Otro modo de pensar sobre la vida es considerarla una propiedad emergente de un grupo de ciertos componentes no vivos. Las proteínas son bloques de construcción químicos cuando se encuentran en cualquier organismo, pero en sí mismas son componentes no vivos. En combinación con otras moléculas y un complejo grupo de reacciones componen seres vivos. Esto vale también para los virus, que están compuestos por una sola cadena de material genético rodeada por una cubierta de proteína. Algunos científicos afirman que los virus son componentes no vivos porque no están compuestos por células. Pero existen algunos unidos por una membrana. ¿Son los virus seres vivos o no? El debate continúa.

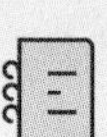

Explicar Usa evidencias y determina si el robot del comienzo de la lección reúne los criterios de un sistema orgánico. ¿Qué criterios reúne y cuáles no? ¿Tiene propiedades emergentes? Explica tu respuesta.

Image Credits: ©Francesco Tomasinelli/Science Source

Ingeniería

Hacer un modelo de sistema

Identifica el sistema

Ya sea que lo pienses o no, interactúas con sistemas todos los días. Una escuela, un salón de clases y un equipo atlético podrían ser tomados como modelo de sistema. En esta actividad, harás un modelo de un sistema que te resulte familiar y luego lo usarás para sugerir mejoras para ese mismo sistema. Puedes elegir uno de los siguientes sistemas relacionados con la escuela o puedes elegir uno que se te ocurra a ti:

- el servicio de comidas de la cafetería
- los visitantes que se registran en la oficina de ingresos
- los estudiantes que toman los autobuses para regresar a sus hogares
- los automóviles que abandonan el estacionamiento al final de la jornada escolar

Puedes crear el modelo de sistema tú solo o puedes hacerlo en colaboración con uno o más estudiantes.

FIGURA 13: La cafetería de tu escuela puede ser un modelo de sistema.

Haz un modelo

Haz un modelo del sistema que hayas elegido. Tu modelo debería mostrar lo siguiente:

- los componentes del sistema
- cómo interactúan los componentes
- las entradas y salidas del sistema
- los límites del sistema
- los controles del sistema y la retroalimentación

Identifica un problema

Identifica un problema de este sistema para el cual podrías sugerir soluciones. Por ejemplo, ¿el sistema se congestiona cuando muchas personas llegar a un lugar al mismo tiempo?

Sugiere una solución

Piensa ideas para solucionar este problema. ¿Cómo se podría mejorar la eficiencia de este sistema en cuanto a los siguientes elementos?

- tiempo
- costos
- materiales
- entradas y salidas

Considera los intercambios

Elige una de las soluciones que has sugerido y responde esta pregunta: ¿Cómo afecta esta solución propuesta a las otras partes del sistema?

¿Existe algún impacto social, cultural o ambiental causado por tu solución? Explica tu respuesta.

Revisa el modelo

Revisa tu modelo original para mostrar cómo integrarías al sistema la solución que sugeriste.

Conexión con las artes del lenguaje Prepara una presentación multimedia para convencer a las personas de que implementen tu solución. Una presentación multimedia debería usar gráficas, textos, música, videos y sonidos. Incluye tu modelo final, una explicación de la solución que estás proponiendo y los comentarios de los intercambios que tuviste en cuenta.

VIRUS: ¿ESTÁN VIVOS?

LA VIDA BAJO EL MICROSCOPIO

Conéctate y elige alguna de estas opciones.

Image Credits: ©Monkey Business Images/Getty Images Plus

Autorrevisión de la lección

¿PUEDES EXPLICARLO?

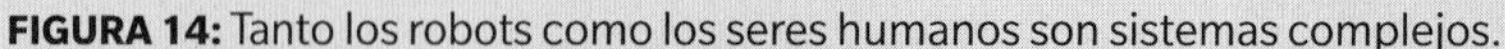

FIGURA 14: Tanto los robots como los seres humanos son sistemas complejos.

Los robots poseen muchas de las capacidades humanas, entre ellas la asimilación y el procesamiento de información y la realización de muchas de las mismas tareas que llevan a cabo los seres humanos. Los robots se pueden usar para realizar tareas que son muy peligrosas o difíciles para los seres humanos.

Algunos robots se construyen para realizar tareas específicas y no se parecen a ningún tipo de organismo. Aún así, otros robots pueden tener forma humana y podrían ser usados para brindar compañía o cuidados de salud. Una compañía de robótica imaginaria está promocionando uno de sus robots humanoides, similar al que se muestra en la Figura 14, y afirma: "Esta máquina viviente es la compañía perfecta".

Explicar Consulta las anotaciones de tu Cuaderno de evidencias para explicar si los robots se ajustan a los criterios de un sistema orgánico. Considera las siguientes preguntas cuando desarrolles tu explicación:

1. ¿Cuáles son las propiedades de los sistemas que tiene el robot y cuáles son las que no tiene?
2. ¿Cuáles son las propiedades de los seres vivos que tiene el robot y cuáles son las que no tiene?
3. ¿Cuáles son las propiedades emergentes que este robot podría tener?

Para cada una de las preguntas anteriores, incluye ejemplos y evidencias específicas que justifiquen tus declaraciones.

Image Credits: ©Blutgruppe/Corbi

EJERCICIOS DE REVISIÓN

Comprueba lo que aprendiste

Observa el diagrama y responde las preguntas 1 a 5.

FIGURA 15: Este modelo conceptual muestra el funcionamiento básico de una secadora.

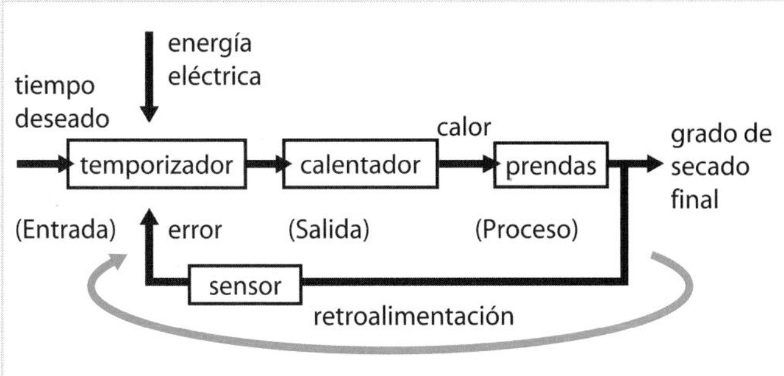

1. ¿Cómo interactúa el sensor con los otros componentes de este sistema?
   - **a.** El sensor detecta el calor de las prendas y hace que el temporizador genere más calor.
   - **b.** El sensor detecta las prendas secas y envía información al temporizador.
   - **c.** El sensor detecta si el calentador está funcionando correctamente y luego envía una entrada al temporizador.
   - **d.** El sensor detecta cuánto tiempo resta y envía una entrada al calentador para aumentar o disminuir el calor.
2. ¿Cuáles de estas opciones no son entradas directas para el temporizador de este sistema?
   - **a.** el tiempo ingresado manualmente por el usuario
   - **b.** las señales eléctricas del sensor
   - **c.** el grado de secado de las prendas
   - **d.** el calor del calentador
   - **e.** la electricidad del tomacorriente
3. Según este modelo, ¿crees que este sistema es un sistema cerrado o abierto? Explica tu respuesta.
4. Explica cómo funciona la retroalimentación en este modelo.
5. ¿Tomaría más tiempo secar una carga pequeña de prendas o una carga más grande? Usa el diagrama para explicar tu respuesta.
6. ¿Qué es una propiedad emergente?
   - **a.** una propiedad que tiene un sistema, pero que no tiene los componentes individuales que lo conforman
   - **b.** una nueva propiedad exhibida por un componente de un sistema
   - **c.** una propiedad de un componente individual pero no del sistema como unidad
   - **d.** una propiedad que no siempre es exhibida por un sistema
7. Elige dos de las esferas terrestres (biósfera, atmósfera, geósfera e hidrósfera) y dibuja un modelo que muestre cómo interactúan estos dos sistemas. Tu modelo deberá mostrar los componentes de estos sistemas, al menos un modo en que estos componentes interactúan y las entradas y salidas que se mueven de un sistema a otro.
8. ¿El movimiento es una característica de los seres vivos? Explica por qué esta característica debería o no debería ser considerada una característica de los seres vivos. Debes dar ejemplos específicos que justifiquen tu afirmación.
9. Explica qué es la retroalimentación a través de los términos *entrada, salida* y *homeostasis*.

HAZ TU PROPIA GUÍA DE ESTUDIO

En tu Cuaderno de evidencias, diseña una guía de estudio que justifique la idea principal de esta lección:

Los modelos se pueden usar para ilustrar las relaciones entre los componentes de los sistemas orgánicos y los sistemas no vivos.

Recuerda incluir la siguiente información en tu guía de estudio:

- Usa ejemplos que sirvan como modelo de las ideas principales.
- Anota explicaciones para el fenómeno que investigaste.
- Presenta evidencias para justificar tu explicación. Tu justificación puede incluir dibujos, datos, gráficas, conclusiones de laboratorio y otras evidencias que hayas anotado a lo largo de la lección.

Analiza las propiedades de los sistemas y de los modelos de sistemas y cómo se pueden usar para representar los niveles de organización dentro de los organismos vivos.

1.2

Los organismos: De las células a los sistemas corporales

Las células musculares tienen una estructura especializada que les permite contraerse.

¿PUEDES EXPLICARLO?

FIGURA 1: Entre bastidores, una bailarina espera a que le den el pie para entrar.

Reunir evidencias Mientras trabajas con la lección, reúne evidencias para explicar cómo interactúan los sistemas dentro de tu cuerpo para regular las funciones corporales generales.

Si alguna vez has actuado frente a un público, quizás hayas sentido "mariposas" en el estómago. Cuando sientes que algo va a suceder de determinada manera, puedes describirlo como una "corazonada". ¿De dónde vienen estas sensaciones? ¿Del estómago, del corazón, del cerebro o de todos esos lugares?

Los sistemas dentro de tu cuerpo interactúan para que asimiles información, tomes decisiones y realices tareas. A veces, estos sistemas llevan a cabo tareas sin que lo sepas, como bombear sangre, asistir en la respiración y descomponer alimento.

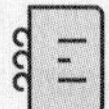

Predecir ¿Cómo crees que interactúan los sistemas dentro de tu cuerpo para producir sensaciones como las "mariposas" en el estómago?

Image Credits: (t) ©Biophoto Associates/Science Source; (b) ©MUJAHID SAFODIEN/AFP PHOTO/Getty Images

Sistemas que interactúan en el organismo

A lo largo del día, realizas muchas tareas diferentes. Cuando comes, duermes o hablas con un amigo, los sistemas dentro de tu cuerpo interactúan en niveles diferentes. Los científicos organizan a los organismos multicelulares en cinco niveles básicos, desde las células hasta estructuras cada vez más complejas. Estos cinco niveles de organización se pueden ver en el aparato respiratorio humano de la Figura 2.

Un tejido es un grupo de células similares que trabajan juntas para llevar a cabo una función específica. Por ejemplo, las células en el tejido epitelial de los pulmones tienen prolongaciones diminutas similares a los pelos llamadas cilios. Juntas, estas células ciliadas actúan como una cinta transportadora para sacar de los pulmones partículas extrañas y agentes patógenos. Los grupos de tejidos forman órganos como los pulmones, los senos nasales y la nariz. Cada uno de estos órganos tiene una función especializada en el cuerpo. Muchos órganos interactúan para desempeñar funciones a nivel corporal. En el aparato respiratorio, la nariz y los senos nasales filtran, humedecen y calientan el aire antes de que entre a los pulmones.

Colaborar Describe una tarea que realizas todos los días y que requiere la interacción de diferentes sistemas de tu cuerpo.

FIGURA 2: Los organismos multicelulares tienen una organización estructural jerárquica. Cada sistema, como el aparato respiratorio, está hecho de componentes que interactúan.

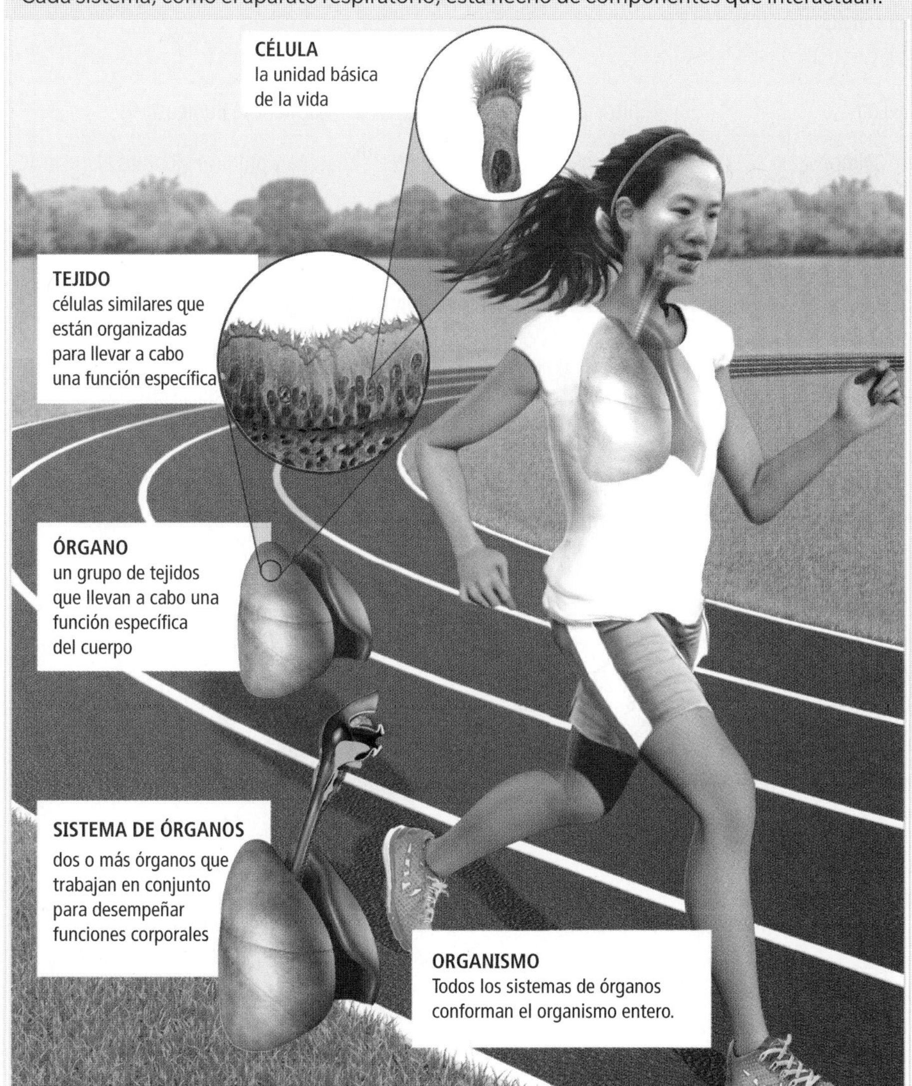

Analizar ¿Cómo interactúan las estructuras en el aparato respiratorio para proteger los pulmones? ¿Cómo afectaría una infección en los senos nasales al resto del aparato respiratorio?

Los sistemas de órganos

Un sistema de órganos son dos o más órganos que trabajan en conjunto para desempeñar funciones corporales. Los sistemas de órganos interactúan para mantener la estabilidad interna del organismo, es decir, la homeostasis. Por ejemplo, el sistema muscular interactúa con el sistema circulatorio para bombear la sangre y transportar el oxígeno y los nutrientes a las células. En la Figura 3, se pueden ver algunos componentes y funciones de los sistemas de órganos del cuerpo humano.

FIGURA 3: Sistemas de órganos en el cuerpo humano

Sistema	Órganos y otros componentes	Funciones primarias
Circulatorio	corazón, vasos sanguíneos, sangre, ganglios linfáticos, vasos linfáticos	transporta oxígeno, nutrientes, hormonas y desechos; regula la temperatura corporal; recoge el fluido que se derrama de los vasos sanguíneos y lo devuelve al sistema circulatorio
Digestivo	boca, faringe, esófago, estómago, intestino delgado, intestino grueso, páncreas, vesícula biliar, hígado	descompone y absorbe los nutrientes, las sales y el agua; transfiere materiales digeridos a la sangre; elimina algunos desechos
Endocrino	hipotálamo, glándula pituitaria, glándula tiroides, glándula paratiroides, glándulas suprarrenales, páncreas, ovarios, testículos	produce hormonas que actúan sobre tejidos diana en otros órganos para influir en el crecimiento, el desarrollo y el metabolismo; mantiene la homeostasis
Excretor	piel, riñones, vejiga	filtra la sangre y elimina desechos; mantiene la homeostasis
Inmunológico	glóbulos blancos, timo, bazo	protege contra enfermedades; almacena y produce glóbulos blancos
Tegumentario	piel, pelos, uñas, glándula sudorípara, glándula sebácea	protege contra la infección y la radiación UV; regula la temperatura corporal
Muscular	músculo esquelético, músculo liso y músculo cardíaco	produce movimientos voluntarios e involuntarios; asiste en la circulación de la sangre y el transporte de alimentos por el aparato digestivo
Nervioso	cerebro, médula espinal, nervios periféricos	regula la respuesta corporal a cambios en los medios ambientes internos y externos; procesa información
Reproductor	*masculino*: testículos, pene, glándulas y conductos asociados *femenino*: ovarios, trompas de Falopio, útero, vagina	produce y transporta células reproductoras; crea el ambiente para el desarrollo embrionario en las mujeres
Respiratorio	nariz, cavidad nasal, faringe, tráquea, pulmones	incorpora oxígeno para las células, expulsa dióxido de carbono y vapor de agua
Esquelético	huesos, cartílagos, ligamentos, tendones	mantiene y protege los órganos vitales; permite el movimiento; almacena minerales; en la médula ósea se producen los glóbulos rojos

Analizar Muchos sistemas de órganos interactúan con el sistema circulatorio. Si el sistema circulatorio de una persona no funciona correctamente, ¿cómo afecta esto a otros sistemas, como el respiratorio y el digestivo? ¿Qué sucede con la homeostasis, o la estabilidad interna, frente a estos desequilibrios del sistema?

Los órganos

Los sistemas de órganos llevan a cabo funciones complejas porque están compuestos por órganos que trabajan juntos dentro del sistema. Un órgano es un conjunto de tejidos que desempeñan una función especializada en el cuerpo. La Figura 4 muestra los órganos del aparato digestivo.

FIGURA 4: Los órganos son componentes que forman un sistema corporal, como el aparato digestivo. En general, un sistema de órganos está compuesto por órganos específicos para la función que cumple ese sistema.

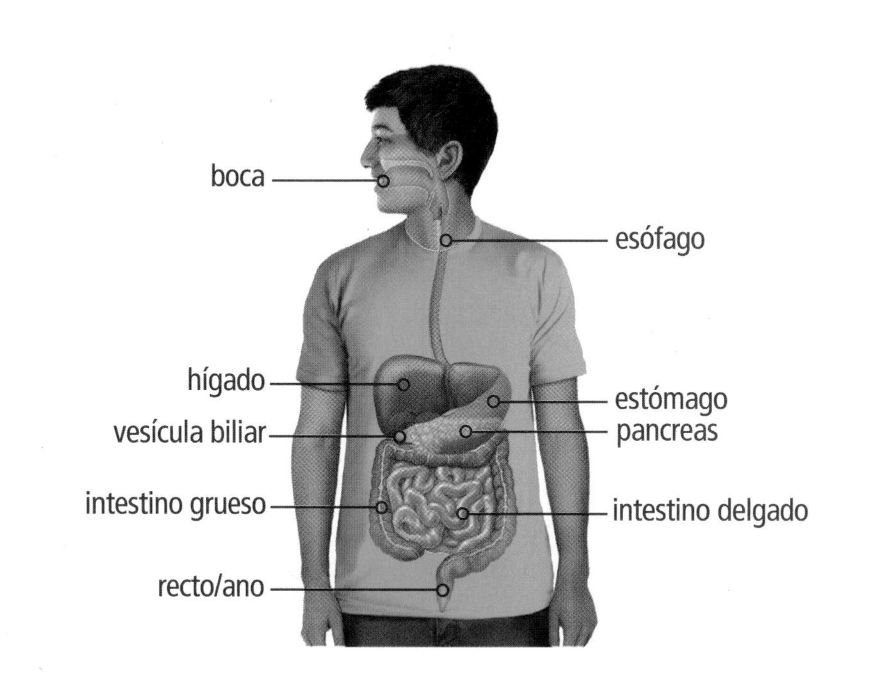

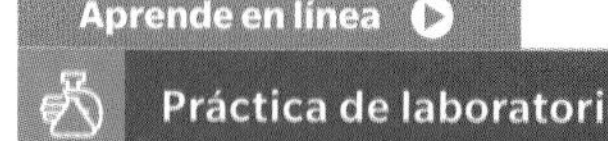

Práctica de laboratorio

Conectar la forma con la función Examina un muestra de las raíces, los tallos y las hojas de una planta para explicar cómo se relacionan las estructuras con sus funciones.

El aparato digestivo es un conjunto de órganos que descomponen comida en nutrientes y energía para que las células puedan usarlos. Cuando comes, la boca descompone la comida de manera mecánica al masticar, mientras que unas proteínas en la saliva llamadas enzimas descomponen la comida químicamente. Los músculos del esófago se contraen para mover la comida masticada hacia el estómago. El estómago hace una digestión mecánica y química para descomponer los alimentos en componentes nutritivos que el cuerpo absorbe y usa. Mientras los músculos del estómago revuelven los alimentos, el jugo gástrico, compuesto por mucosidad, enzimas y ácido, continúa la descomposición.

Predecir ¿Cómo será la interacción entre el aparato digestivo y el sistema inmunológico para proteger el cuerpo?

Los alimentos parcialmente digeridos pasan al intestino delgado, donde se digieren aún más. Los órganos como el hígado y el páncreas secretan químicos en la parte superior del intestino delgado. Estas sustancias químicas descomponen las partículas de alimento en nutrientes individuales que se absorben en las paredes del intestino delgado y pasan a la sangre. La comida que queda sin digerir pasa al intestino grueso, donde se absorbe el agua sobrante antes de que se excreten los desechos sólidos.

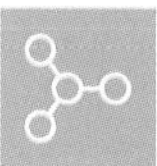

Sistemas y modelos de sistemas Haz un diagrama de flujo simple para ilustrar cómo interactúan los órganos del aparato digestivo para digerir la comida.

Los tejidos

Diferentes tejidos trabajan juntos para que un órgano como el estómago desempeñe la función de descomponer comida. Un **tejido** es un grupo de células similares que trabajan en conjunto para llevar a cabo una función específica, normalmente como parte de un órgano. En el cuerpo humano, los órganos están hechos de cuatro tipos generales de tejidos: el epitelial, el conjuntivo, el muscular y el nervioso.

FIGURA 5: Los órganos como el estómago están hechos de cuatro tipos principales de tejidos.

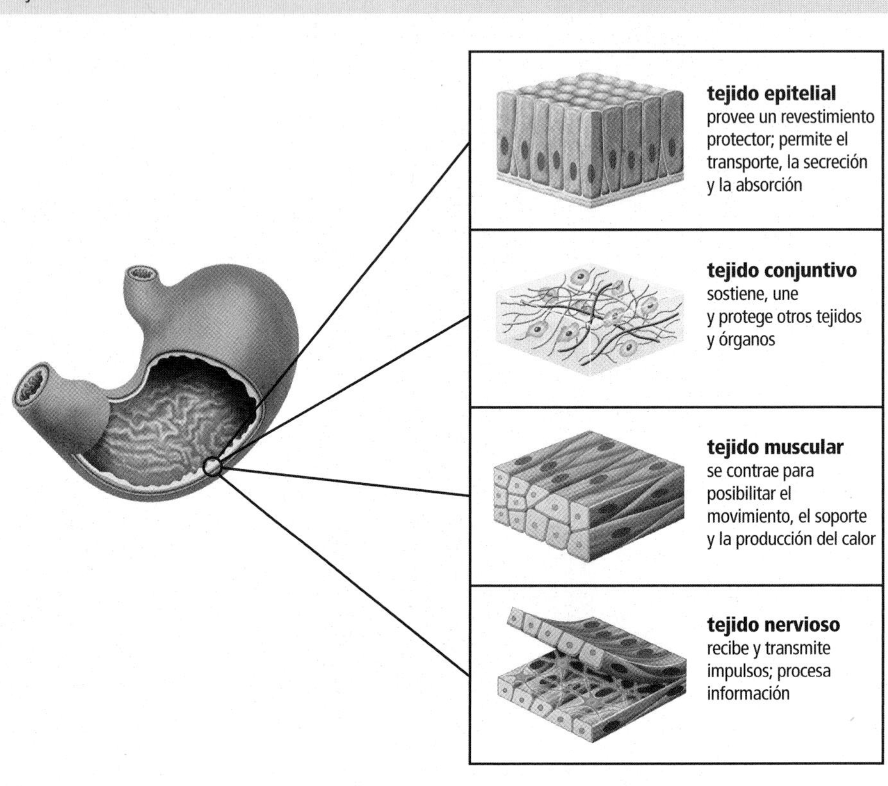

Reunir evidencias Un tendón es una banda de tejido que sujeta un músculo a otra parte del cuerpo, como los huesos. ¿Qué tipo de tejido es más probable que tengan los tendones?

Los tejidos del estómago lo asisten en el desempeño de su función en el cuerpo. Las señales del tejido nervioso estimulan el tejido muscular en el estómago para que se contraiga. Las paredes del estómago tienen tres capas de tejido muscular que se contraen aproximadamente cada 20 segundos. El tejido muscular del estómago se contrae de manera involuntaria, sin que lo pienses. El recubrimiento epitelial del estómago está compuesto por células que secretan ácido estomacal y absorben nutrientes. El tipo de tejido epitelial que recubre el estómago tiene células en forma de columnas. Este tipo de tejido brinda una extensa superficie para la absorción y la secreción.

El tejido conjuntivo brinda sostén y protección a las estructuras del cuerpo. Algunos tipos de tejido conjuntivo son fibrosos y fuertes. Otros tipos, como el tejido conjuntivo laxo, brindan sostén a los órganos internos y a los vasos sanguíneos circundantes. El tejido conjuntivo que rodea los vasos sanguíneos tiene la propiedad de la elásticidad. Esto es importante porque cuando se bombea la sangre por el sistema circulatorio, los vasos en este sistema se deben estirar para permitir el flujo de sangre.

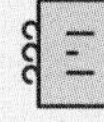

Analizar ¿Cómo interactúan el tejido nervioso y el tejido muscular del estómago para descomponer alimentos? ¿Por qué es importante que el sistema nervioso y el aparato digestivo trabajen juntos?

Las células y la diferenciación celular

Los seres humanos, como cualquier organismo multicelular, son conjuntos de células especializadas que trabajan juntas. Una célula es la unidad básica de la vida. Las células que conforman un organismo surgen de una sola célula que se divide sucesivamente para crear células nuevas. La diferenciación celular es el proceso mediante el cual las células adquieren una forma y una función determinada.

FIGURA 6: Todas las células en un organismo multicelular surgen de una sola célula. A medida que el organismo se desarrolla, las células adoptan estructuras únicas para desempeñar funciones especializadas.

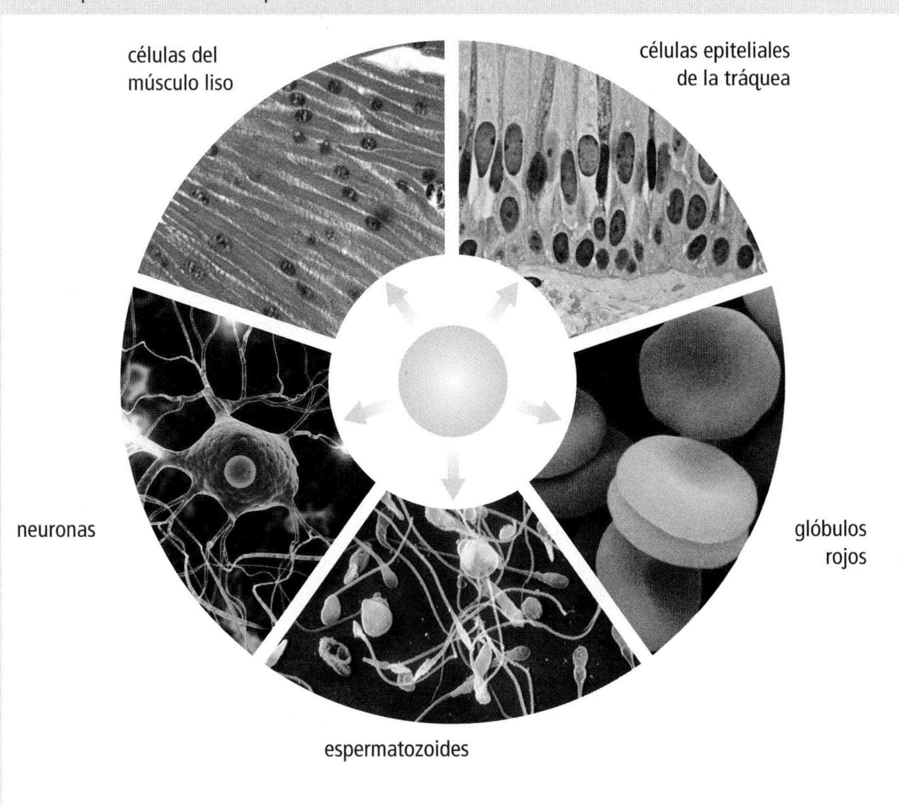

 **Ingeniería**

Los nanorrobots son robots microscópicos construidos a escala nanométrica. Los ingenieros están diseñando nanorrobots que contribuyen a suministrar medicamentos, se mueven por el torrente sanguíneo y llegan a áreas de difícil acceso, e incluso destruyen células cancerosas. Investiga un tipo de nanorrobot que se esté desarrollando en la actualidad. ¿Cómo afecta el propósito del nanorrobot a su diseño? Enumera algunas características estructurales que tiene o podría tener el diseño para cumplir con su propósito.

La especialización, que es posible gracias a la diferenciación, permite que diferentes tipos de células tengan funciones diferentes. Por ejemplo, los espermatozoides tienen una cola larga denominada flagelo que posibilita el movimiento. Algunas células epiteliales en la tráquea tienen prolongaciones similares a pelos que se denominan cilios. Estas estructuras hacen un movimiento de barrido para quitar de la tráquea partículas pequeñas. Las neuronas tienen prolongaciones que les permiten comunicarse con muchas otras células. Esto da lugar a la formación de redes de neuronas complejas e interconectadas, como las del cerebro humano. Nuestro cerebro tiene miles de millones de neuronas y billones de conexiones. Esto permite la comunicación entre las células del cuerpo y algunas funciones superiores como la memoria y el aprendizaje.

Conexión con las artes del lenguaje Los glóbulos rojos transportan oxígeno y nutrientes a las células. Para desempeñar su función, estas células deben unirse al oxígeno y viajar a través de pequeños vasos sanguíneos del sistema circulatorio denominados capilares. Los capilares son tan estrechos que los glóbulos rojos deben pasar "en fila". Escribe una explicación que aclare cómo la estructura de los glóbulos rojos les permite desempeñar su función.

Image Credits: (tl) ©Biophoto Associates/Science Source; (tr) ©Ed Reschke/Photolibrary/Getty Images; (cr) ©Science Photo Library/Alamy; (b) ©Manfred P. Kage/Science Source; (cl) ©Sebastian Kaulitzki/Alamy

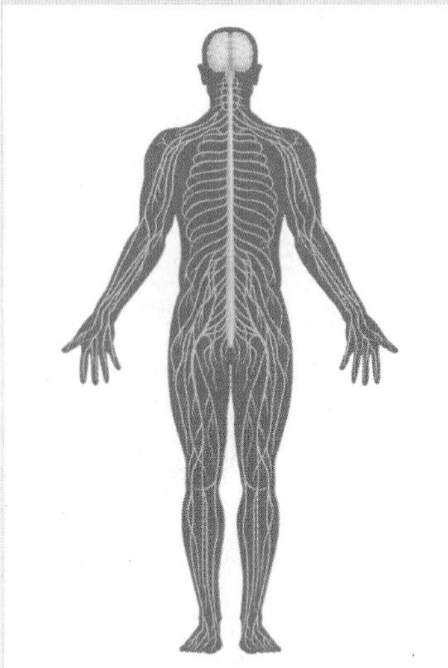

FIGURA 7: El sistema nervioso está conformado por el cerebro, la médula espinal y los nervios.

Las neuronas

El sistema nervioso es una red de nervios y órganos sensoriales que trabajan en conjunto para procesar información y responder al medio ambiente. La unidad básica del sistema nervioso es la neurona. Las neuronas son células especializadas que pueden enviar señales eléctricas y químicas que permiten al organismo percibir información, coordinar una respuesta y efectuar dicha respuesta.

Los seres humanos y otros organismos poseen tres tipos de neuronas: las neuronas sensoriales, las interneuronas y las neuronas motoras. Las neuronas sensoriales detectan estímulos y envían señales al cerebro y a la médula espinal. Las interneuronas en el cerebro y en la médula espinal reciben y procesan la información de las neuronas sensoriales y, luego, envían señales de respuesta a las neuronas motoras. Las neuronas motoras actúan cuando reciben la señal y estimulan los músculos para que se contraigan.

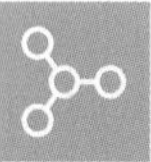

Sistemas y modelos de sistemas Dibuja un diagrama de flujo que ilustre cómo sería la interacción entre los tres tipos de neuronas para hacer que una persona levante un objeto.

La mayoría de las neuronas tienen tres partes principales: el cuerpo de la célula, una o más dendritas y un axón, como se muestra en la Figura 8. Las prolongaciones cortas y similares a ramas que parten del cuerpo de la célula se denominan dendritas. Las dendritas reciben mensajes electroquímicos de otras células. El axón es una prolongación larga de la célula que transporta señales electroquímicas desde el cuerpo de la célula hacia otras células. Las terminales ramificadas del axón se especializan en transmitir señales electroquímicas a otras células.

FIGURA 8: La neurona es una célula especializada dentro del sistema nervioso.

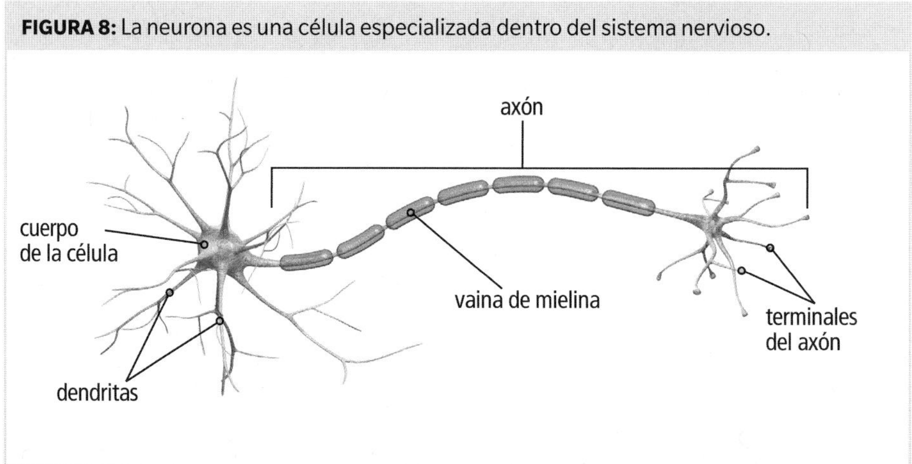

Así como los cables eléctricos están envueltos en un material aislante, muchos axones están envueltos en una cubierta de protección que se denomina vaina de mielina. Esta cubierta está formada por un conjunto de células que se envuelven alrededor del axón. La vaina de mielina protege el axón y acelera la transmisión de los impulsos nerviosos.

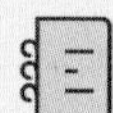

Analizar Las enfermedades como la esclerosis múltiple desintegran la vaina de mielina. ¿Cómo afectaría la desintegración de la mielina al funcionamiento de una neurona?

El sistema nervioso interactúa con todos los demás sistemas del cuerpo. Por ejemplo: cuando comes, el cerebro envía señales al aparato digestivo para que comience a producir químicos y a revolver los alimentos. Las neuronas también estimulan el tejido muscular en el aparato digestivo para que se contraiga, lo que ayuda a que el sistema digestivo mueva y descomponga los alimentos.

Células musculares

Los músculos son cúmulos de células musculares que se contraen cuando el sistema nervioso las estimula. La contracción acorta el músculo y, así, el hueso o el tejido unido al músculo se mueve. Algunos músculos, como los que se muestran en la Figura 9, se controlan voluntariamente, de manera que puedes elegir mover este tipo de tejido muscular. Este tipo de músculo se denomina músculo esquelético. Algunos músculos se controlan de modo involuntario: esto significa que se mueven como respuesta a señales nerviosas u hormonas, pero no puedes elegir moverlos. El músculo liso de los órganos internos y el músculo cardíaco del corazón se controlan involuntariamente.

FIGURA 9: Músculos esqueléticos

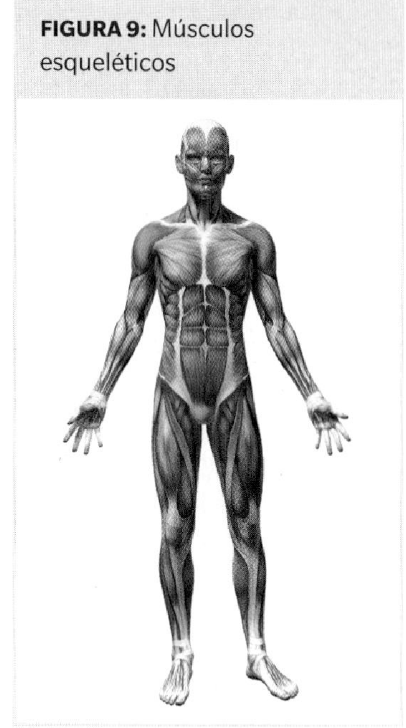

Colaborar Trabaja con un compañero y describe una actividad que requiera músculos que se controlan voluntariamente y otra que requiera músculos que se controlan involuntariamente.

La estructura especializada de las células musculares les permite contraerse. Los músculos esqueléticos están compuestos por largos cúmulos cilíndricos que contienen fibras musculares. Las fibras musculares son cúmulos de una única célula muscular fina denominada miofibrilla. Cada miofibrilla está hecha de varios sarcómeros. Un sarcómero es la unidad contráctil de la célula muscular. Los sarcómeros tienen filamentos delgados hechos de actina y filamentos gruesos hechos de miosina. Cuando una célula muscular está relajada, la actina y la miosina no están conectadas. Durante la contracción, la miosina se une a la actina y la atrae hacia el centro del sarcómero. Esto hace que el sarcómero se acorte y, así, la célula muscular se contrae. La contracción de muchas células musculares al mismo tiempo acorta el músculo entero.

FIGURA 10: La actina y la miosina trabajan juntas para mover el músculo. Durante la contracción, los filamentos de la miosina atraen los filamentos de la actina hacia el centro del sarcómero.

Aprende en línea

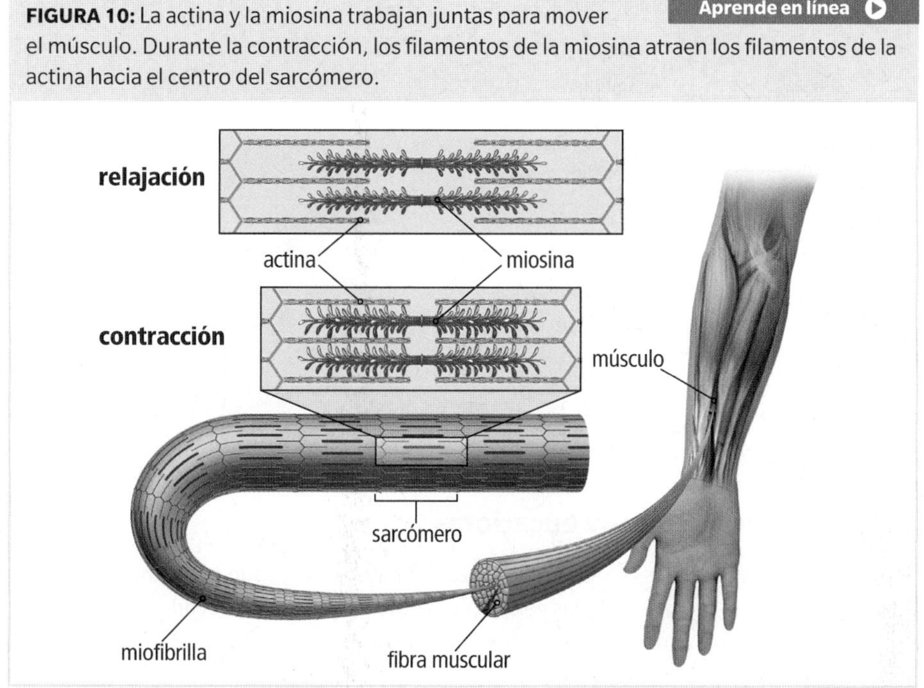

Explicar ¿Cómo interviene la estructura de la célula muscular en el desempeño de su función?

Hacer un modelo Construye un modelo para ilustrar cómo podría ser la interacción entre el sistema nervioso y el aparato digestivo para producir la sensación de las "mariposas en el estómago". ¿Qué órganos están involucrados? ¿Cómo interactúan cuando tienes esta sensación?

El sistema celular

Reunir evidencias Haz una tabla para anotar el nombre de cada organelo o estructura celular, su rol en el sistema celular y un elemento visual simple o una analogía que represente a ese organelo. A medida que leas cada sección, completa la tabla.

El nivel más básico de organización en los seres vivos es la célula. Los organismos pueden estar compuestos por una sola célula o pueden ser multicelulares. Las células en los organismos multicelulares están especializadas para desempeñar funciones diferentes. Nuestro cuerpo está hecho de billones de células de muchas formas, tamaños y funciones diferentes. Algunos ejemplos son las células nerviosas, largas y finas, que transmiten información; y las células cutáneas, cortas y gruesas, que cubren y protegen el cuerpo. Pese a esta variedad, las células de nuestro cuerpo comparten muchas características entre sí y con las células que conforman otros organismos.

La estructura celular

Todas las células están rodeadas por una membrana celular que controla el flujo de materiales hacia dentro y hacia fuera de la célula. Dentro de la membrana, la célula está llena de citoplasma. El citoplasma es una sustancia parecida a la gelatina que contiene materiales disueltos, como las proteínas y los azúcares. Estos elementos básicos se usan para hacer las estructuras celulares y se pueden descomponer para liberar energía que la célula usa para funcionar. Algunos tipos de células también tienen organelos: estructuras especializadas que cumplen procesos específicos dentro de la célula. Casi todos los organelos están rodeados por una membrana. En muchas células, el organelo más grande y más visible es el núcleo, que almacena información genética.

Analizar ¿Cuál es el límite que separa el sistema celular del medio que lo rodea? Explica la función de este límite.

FIGURA 11: Estructura celular básica

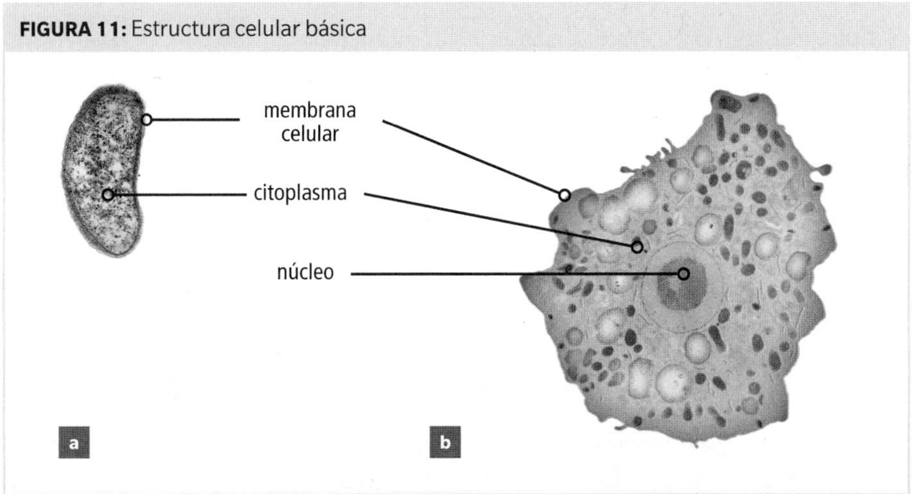

Las células procariotas y eucariotas

Los científicos clasifican las células en dos grandes categorías según sus estructuras internas: las células procariotas y las células eucariotas. Las células procariotas no tienen núcleo ni otros organelos cubiertos por membranas. En cambio, el ADN de la célula está suspendido en el citoplasma. La mayoría de las procariotas son organismos microscópicos unicelulares. Las células eucariotas tienen un núcleo y otros organelos cubiertos por una membrana. Las eucariotas pueden ser organismos multicelulares o unicelulares.

Explicar En la Figura 11, ¿cuál es la célula procariota y cuál la eucariota? Justifica tu afirmación con evidencias.

Image Credits: (l) ©Dr. Kari Lounatmaa/Photo Researchers, Inc.; (r) ©LSHTM/Photo Researchers, Inc.

La estructura celular animal

Al igual que tu cuerpo, las células eucariotas son estructuras sumamente organizadas. Están rodeadas por una membrana protectora que recibe mensajes de otras células. Tienen organelos cubiertos por una membrana que cumplen procesos celulares específicos, dividen ciertas moléculas en compartimentos y regulan el ritmo de sucesos claves.

FIGURA 12: Los organelos en la célula animal interactúan para ayudar a la célula a desempeñar sus funciones.

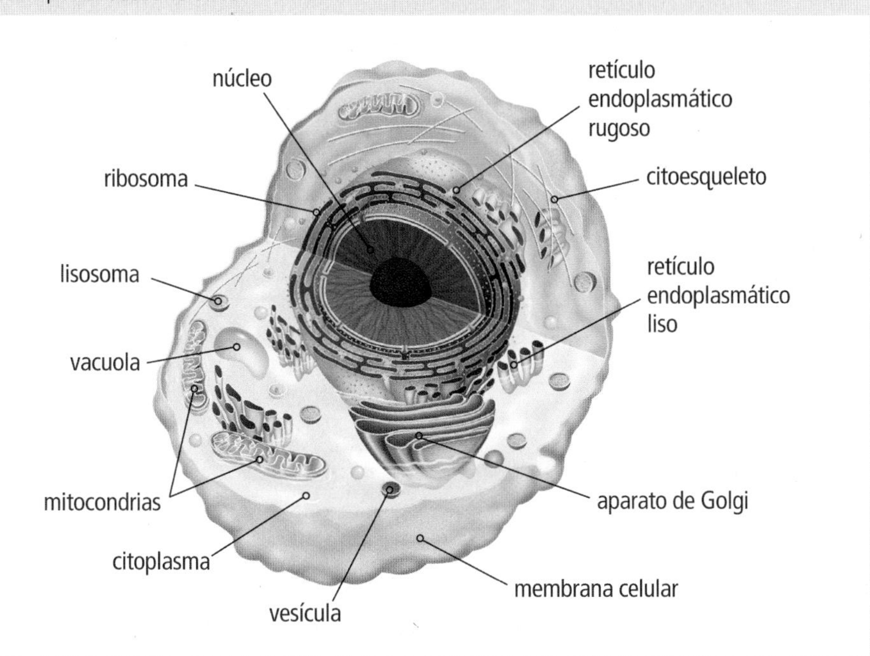

Analizar Describe en qué se parecen las estructuras del retículo endoplasmático, de la mitocondria y del aparato de Golgi.

La célula no es un revoltijo aleatorio de organelos y moléculas suspendidas. Al contrario: algunos organelos y moléculas están anclados a sitios específicos, lo cual depende del tipo de célula. Si se removiera la membrana de una célula, los contenidos no colapsarían ni saldrían como un chorro que forma un charco. El citoesqueleto le da forma a la célula, pero también mantiene su flexibilidad. Está hecho de pequeñas subunidades que forman hilos largos, o fibras, que se entrecruzan por toda la célula.

El citoplasma contribuye en gran medida a la estructura celular. En las eucariotas, llena el espacio entre el núcleo y la membrana celular. La parte líquida, sin contar los organelos, es en gran parte agua. El agua mantiene la estructura de la célula y provee un medio para que tengan lugar las reacciones químicas.

El núcleo

El núcleo es el depósito de la mayor parte de la información genética, o ADN, de las células. El ADN es una especie de plano con instrucciones para sintetizar proteínas, las cuales desempeñan la mayor parte del trabajo en la célula. El ADN se debe proteger con mucho cuidado pero, a su vez, debe estar accesible para que pueda usarse en el momento adecuado. Las moléculas que podrían dañar el ADN deben quedarse fuera del núcleo. Sin embargo, las moléculas que intervienen en la síntesis de proteínas a partir del código de ADN son muchas y, en ocasiones, deben acceder al ADN. La membrana, o envoltura nuclear, que rodea el núcleo tiene poros que solo permiten el paso entre el núcleo y el citoplasma a ciertas moléculas.

FIGURA 13: El núcleo tiene orificios llamados poros.

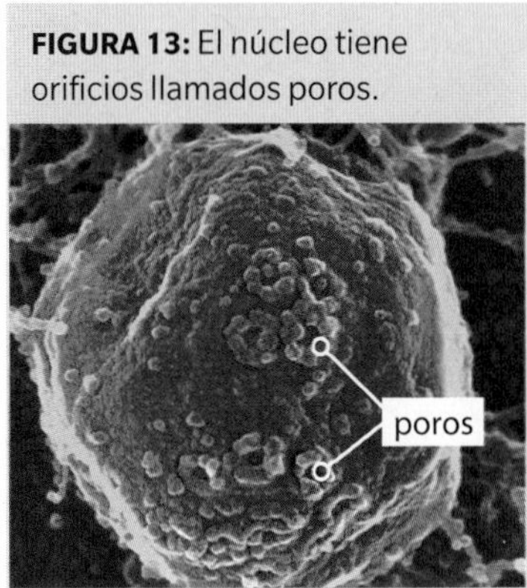

Estructura y función ¿Cuál es el propósito de los orificios controlados en la membrana nuclear?

Image Credits: (b) ©DR ELENA KISELEVA/Science Source

FIGURA 14: El RE rugoso lleva ese nombre porque tiene ribosomas en la superficie.

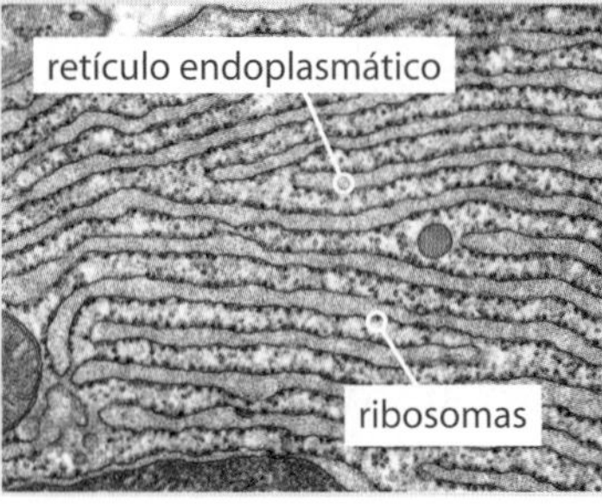

El retículo endoplasmático y los ribosomas

El retículo endoplasmático llena una gran parte del citoplasma de la mayoría de las células eucariotas. El retículo endoplasmático, o RE, es una red interconectada de membranas finas y plegadas. Numerosos procesos, entre ellos la síntesis proteica, ocurren en la superficie del RE y dentro del RE. En algunas regiones, el RE está repleto de ribosomas, organelos diminutos que participan en la síntesis de proteínas.

La superficie del RE que está cubierta de ribosomas se denomina RE rugoso porque, cuando se observa con un microscopio electrónico, parece arrugado. No todos los ribosomas están adheridos al RE; algunos se encuentran suspendidos en el citoplasma. En general, las proteínas sintetizadas en el RE se incorporan a la membrana celular o son secretadas. Por otro lado, las proteínas sintetizadas en ribosomas suspendidos normalmente se usan en las reacciones químicas que ocurren dentro del citoplasma. El RE que no presenta ribosomas en la superficie se denomina RE liso. El RE liso realiza una variedad de funciones especializadas, como la descomposición de drogas y alcohol.

Explicar Las neuronas tienen proteínas especiales en sus membranas celulares que les permiten generar una corriente eléctrica. ¿Dónde crees que se sintetizaron estas proteínas? ¿En los ribosomas adheridos al RE rugoso o en los ribosomas suspendidos en el citoplasma? Explica tu respuesta.

FIGURA 15: El aparato de Golgi procesa y distribuye proteínas.

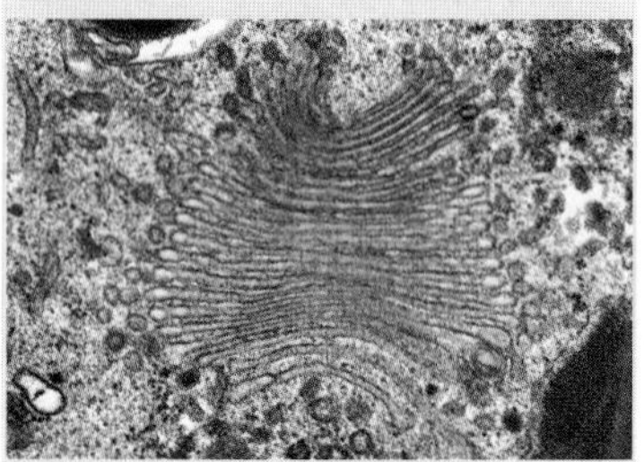

El aparato de Golgi

Después de la síntesis proteica, parte del RE se estira para formar una vesícula alrededor de la proteína. Con la protección de la vesícula, la proteína se puede transportar de manera segura al aparato de Golgi. El aparato de Golgi consta de montones de espacios separados por membranas que procesan, clasifican y distribuyen proteínas. Las membranas contienen estructuras denominadas enzimas que realizan cambios adicionales en las proteínas. El aparato de Golgi también empaqueta proteínas. Algunas de las proteínas empaquetadas se almacenan en el aparato de Golgi para su uso posterior. Otras se transportan a otros organelos dentro de la célula. Y otras son trasladadas a la membrana y secretadas al exterior de la célula.

Colaborar Comenta esta pregunta con un compañero: Si se comparara una célula con un sistema inorgánico, como un depósito que distribuye productos a clientes, ¿cuál sería la analogía apropiada para describir el aparato de Golgi?

FIGURA 16: Las mitocondrias abastecen la célula de energía.

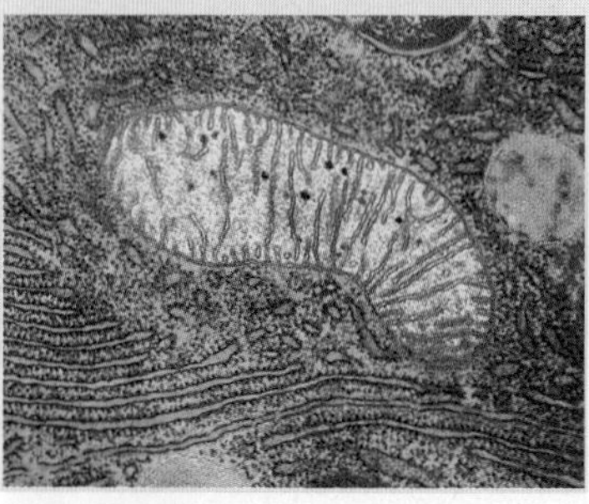

Las mitocondrias

Las mitocondrias abastecen la célula de energía. Las mitocondrias tienen forma de frijol y cuentan con una membrana doble parecida a la de los núcleos. Dentro de la membrana interior, una serie de reacciones químicas convierten las moléculas de lo que comes en energía utilizable. A diferencia de la mayoría de los organelos, las mitocondrias tienen sus ribosomas y ADN propios. Esto sugiere que, originalmente, fueron procariotas independientes que luego fueron absorbidas por células más grandes.

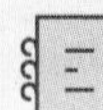

Predecir ¿Qué piensas que tiene más mitocondrias, una célula muscular o una célula cutánea? Explica tu respuesta.

Otras estructuras de las células animales son los lisosomas y los centríolos. Los lisosomas son organelos cubiertos por una membrana que contienen proteínas especiales denominadas enzimas. Estas enzimas descomponen y reciclan partes de célula viejas y desgastadas. Los centríolos participan en la división celular. Se abordarán en más detalle en otra lección.

Image Credits: (t) ©MedImage/Photo Researchers, Inc.; (c) ©SPL/Science Source/Photo Researchers, Inc.; (b) ©Bill Longcore/Photo Researchers, Inc.

La estructura celular vegetal

Las células vegetales tienen muchos de los mismos organelos que las células animales, pero también tienen marcadas diferencias. Dos diferencias importantes son las estructuras que permiten que la célula vegetal absorba la energía luminosa del sol y brinde un soporte más rígido a la estructura.

Aprende en línea

Práctica de laboratorio

Comparar células Usa un microscopio para investigar las similitudes y las diferencias entre las células vegetales y las animales.

FIGURA 17: Las células vegetales poseen estructuras especializadas que desempeñan funciones específicas, como la protección de la célula y la captación de energía.

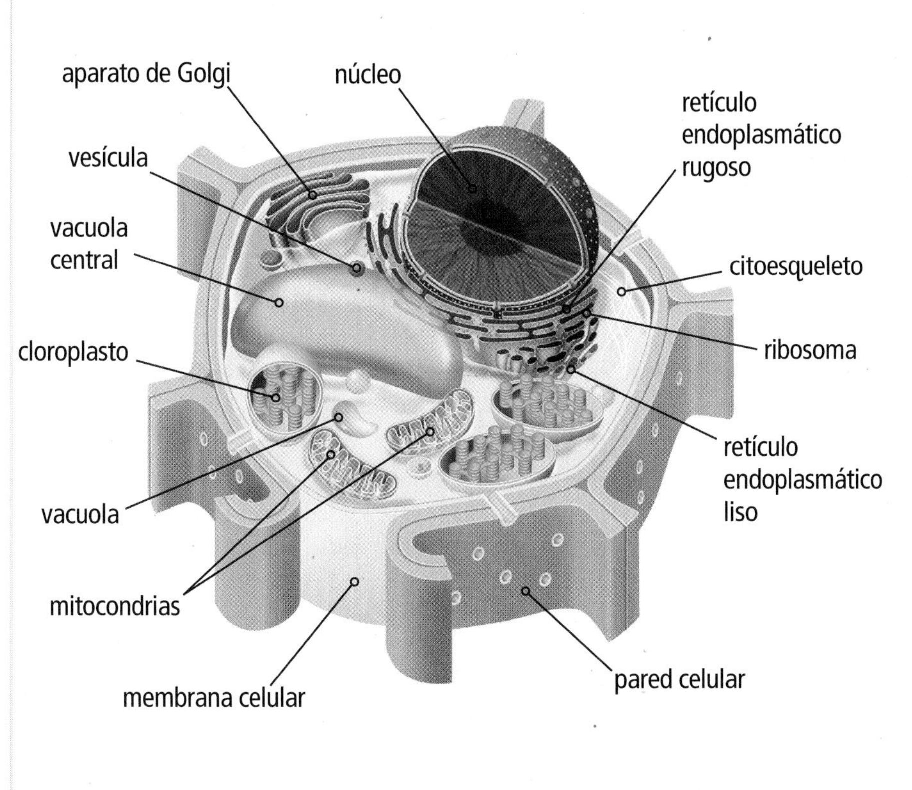

Explicar ¿Qué organelos tienen las células vegetales que las células animales no? ¿Cuál crees que es la función de estos organelos?

La pared celular

Las plantas, las algas, los hongos y la mayoría de las bacterias tienen una pared celular que rodea la membrana celular. La pared celular es una capa rígida que brinda protección, soporte y forma a la célula. Las paredes celulares de múltiples células se pueden adherir unas a otras para sostener un organismo entero. Por ejemplo, gran parte de la madera de un tronco consta de células muertas cuyas paredes celulares aún sostienen el árbol entero.

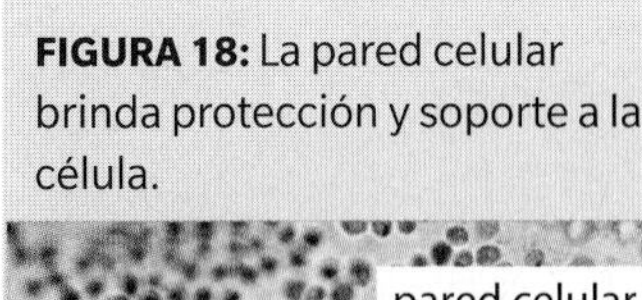
FIGURA 18: La pared celular brinda protección y soporte a la célula.

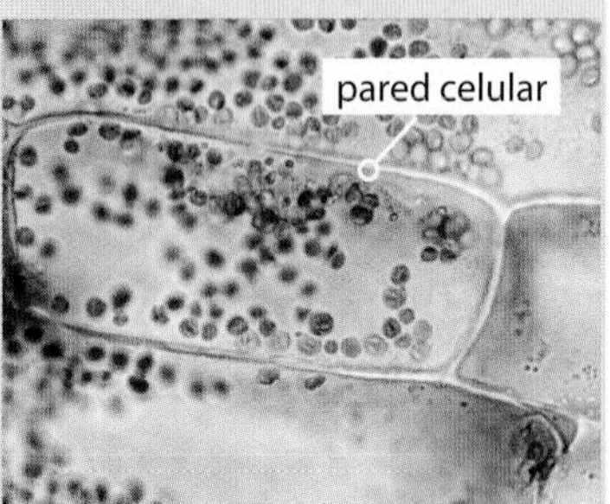

Analizar Las paredes celulares de las células vegetales tienen orificios, o canales. ¿Cómo se relaciona esta estructura con el funcionamiento correcto del sistema vegetal?

Image Credits: (b) ©Ed Reschke/Peter Arnold/Getty Images

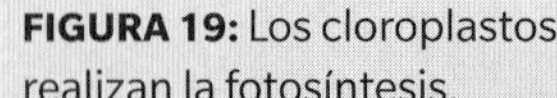

FIGURA 19: Los cloroplastos realizan la fotosíntesis.

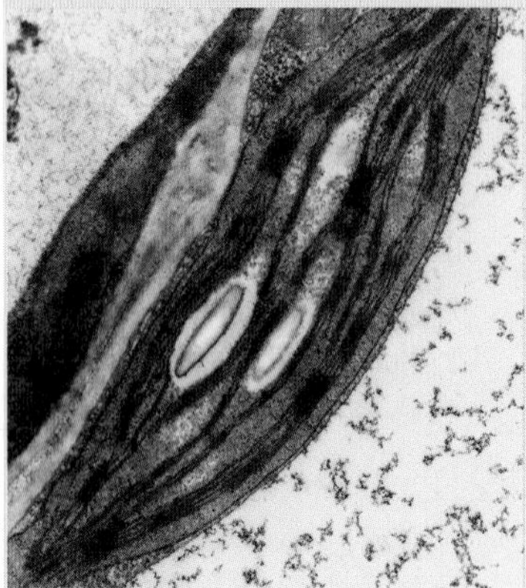

El cloroplasto

Los cloroplastos son organelos cuya función es llevar a cabo la fotosíntesis: una serie de reacciones químicas complejas que transforman la energía luminosa del sol en moléculas ricas en energía que la célula puede usar. Al igual que las mitocondrias, los cloroplastos están extremadamente compartimentados. Ambos tienen una membrana externa y una membrana interna. También como las mitocondrias, los cloroplastos tiene sus ribosomas y ADN propios. Los científicos han formulado la hipótesis de que, también, alguna vez fueron procariotas independientes que luego fueron absorbidas por células más grandes.

Colaborar ¿Dónde crees que se encuentra la mayoría de los cloroplastos en el sistema vegetal? ¿En las hojas, el tallo o las raíces? Presenta evidencias para justificar tu respuesta.

FIGURA 20: La vacuola almacena materiales que la célula necesita.

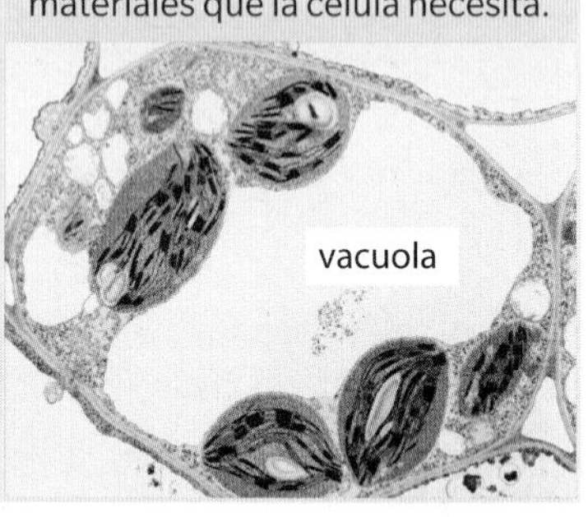

La vacuola

Una vacuola es un saco lleno de líquido cuya función es almacenar los materiales que necesita la célula. Estos materiales pueden ser agua, nutrientes y sales. La mayoría de las células animales tienen muchas vacuolas pequeñas. La vacuola central, que se muestra en la Figura 20, es una estructura exclusiva de las células vegetales. Está llena de un fluido acuoso que fortalece la célula y brinda soporte a toda la planta. La vacuola central también puede contener otras sustancias, entre otras, las toxinas que dañarían a los depredadores, los desechos que dañarían la célula y los pigmentos que le dan color a la célula, como los de los pétalos de una flor.

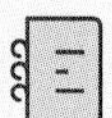

Analizar Cuando una planta se marchita, las hojas se secan. ¿Cómo se relaciona este fenómeno con la función de la vacuola en el sistema vegetal?

Explicar los límites del sistema celular

Predecir ¿Por qué crees que la estructura de la membrana celular permite la entrada de algunos materiales a la célula y deniega el acceso a otros?

La membrana celular es una estructura importante para el funcionamiento de la célula. La membrana celular, o la membrana plasmática, crea un límite que separa los organelos dentro de la célula del medio que rodea a la célula. A su vez, controla el paso de materiales hacia adentro y hacia afuera de la célula. La estructura de la membrana, compleja y de doble capa, posibilita un selectiva circulación de materiales, tales como los nutrientes, el agua y los desechos, hacia adentro y hacia afuera de la célula. De este modo, la membrana celular mantiene condiciones estables dentro de la célula, aun cuando las condiciones del ambiente circundante cambien.

Además, la estructura de la membrana celular permite a la célula comunicarse con otras células. Por ejemplo: una neurona posee estructuras especializadas en su membrana celular que colaboran con el envío y la recepción de señales químicas y eléctricas. La estructura de la membrana contribuye a que la célula desempeñe su función como parte del sistema nervioso. A su vez, el sistema nervioso contribuye a que el organismo interprete información del ambiente y responda adecuadamente.

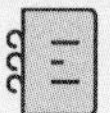

Explicar Haz una afirmación sobre cómo la organización en las células eucariotas permite a estas células desempeñar funciones especializadas en el organismo. ¿Cómo interactúan los componentes del sistema celular para desempeñar tareas específicas e interactuar con otros sistemas en el cuerpo? Justifica tus afirmaciones con evidencias y ejemplos.

Image Credits: (t) ©Biophoto Associates/Colorization by Mary Martin/Science Source; (b) ©Biophoto Associates/Colorization by Jessica Wilson/Science Source

Ingeniería

Hacer un modelo de los sistemas que interactúan en el cuerpo

En esta lección, has aprendido sobre los sistemas corporales y cómo interactúan en los organismos. Ahora es tu turno de hacer un modelo de la interacción de los sistemas corporales en un organismo. En esta actividad, crearás un modelo para demostrar cómo interactúan los sistemas dentro de un organismo para desempeñar una tarea de tu elección.

FIGURA 21: Los sistemas corporales interactúan para mantenerte saludable.

Define los sistemas

Elige una tarea que te interese, como correr, jugar videojuegos o hablar con un amigo. Piensa en los sistemas corporales que posiblemente estén involucrados en el cumplimiento de esa tarea. Por ejemplo, el hombre de la Figura 21 toma agua para rehidratarse después de haber estado al sol. Su sistema tegumentario, o piel, suda para evitar que se sobrecaliente. Cuando pierde agua a través del sudor, el sistema nervioso procesa información del cuerpo y envía señales que hacen que el hombre sienta sed. Para calmar la sed, el hombre bebe agua, que al final llegará al aparato digestivo. El agua atraviesa las membranas celulares y, finalmente, llega a la sangre que la transporta a las células.

Selecciona un modelo apropiado

Selecciona el tipo de modelo que te gustaría usar para ilustrar las interacciones de tus sistemas. Algunos tipos de modelos son: los conceptuales, los físicos, los matemáticos y los que están hechos por computadora. Tu modelo debe usar medios audiovisuales y materiales de manera eficaz. Debe mostrar que comprendes los conceptos que ilustras y debe cautivar el interés del público.

Realiza una investigación

Investiga para aprender más sobre cómo interactúan los sistemas corporales para desempeñar la tarea que elegiste. A medida que buscas información, anota las fuentes para entregarlas junto con el modelo final. Asegúrate de usar fuentes confiables. Por ejemplo, las instituciones gubernamentales o educativas son más confiables que los sitios web personales. Junto con el modelo final, entrega una lista de recursos en el formato específico que te indique el maestro.

Haz un modelo

El modelo debe incluir texto y medios audiovisuales que ilustren cómo interactúan los sistemas en diferentes niveles para ayudar a un organismo a desempeñar una tarea. Ten en cuenta los niveles de organización involucrados, como las células, los tejidos, los órganos y los sistemas de órganos. El modelo también debe demostrar cómo la energía, los materiales y la información fluyen dentro de los sistemas del organismo y entre estos.

Conexión con las artes del lenguaje Presenta el modelo a tus compañeros. Explica de qué modo ilustra las interacciones entre los sistemas que se necesitan para llevar a cabo la tarea que elegiste. Contempla el uso de ilustraciones, simulaciones o demostraciones para explicar con más claridad los procesos involucrados.

Una presentación multimedia combina texto, sonidos e imágenes. Una presentación multimedia exitosa incluye:

- un tema central claro y coherente;
- ideas presentadas con claridad y lógica;
- gráficas, texto, música, video y sonidos que respaldan puntos claves; y
- una organización apropiada al propósito y al público.

TEJIDOS Y CÉLULAS VEGETALES | COMPARAR PROCARIOTAS Y EUCARIOTAS | Conéctate y elige alguna de estas opciones.

Image Credits: ©Dennis Walsh/UpperCut Images/Getty Images

Autorrevisión de la lección

¿PUEDES EXPLICARLO?

FIGURA 22: Entre bastidores, una bailarina espera a que le den el pie para entrar.

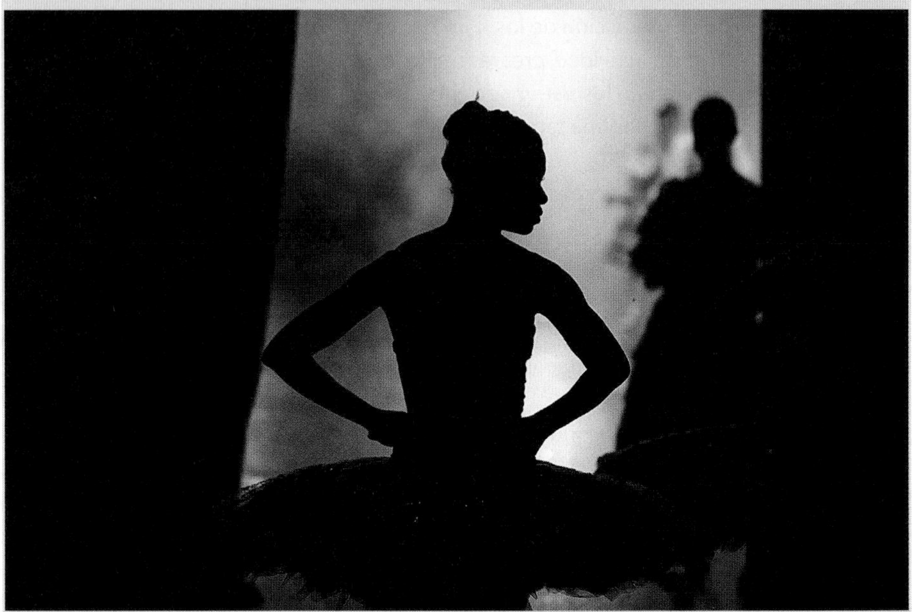

Unas investigaciones recientes han demostrado que el sistema nervioso y el aparato digestivo están estrechamente vinculados. Los nervios envían señales al aparato digestivo para que funcione cuando es necesario y, del mismo modo, el aparato digestivo envía señales al sistema nervioso. De hecho, los científicos se refieren a la porción del sistema nervioso asociada al intestino como nuestro "segundo cerebro" porque puede operar, sin ninguna entrada del cerebro, para continuar el proceso digestivo. El segundo cerebro contiene cerca de 100 millones de neuronas, más que la médula espinal o el sistema nervioso periférico. Por consiguiente, algunas de nuestras emociones pueden estar ligadas a los nervios en el aparato digestivo.

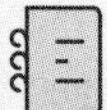

Explicar Usa los modelos del sistema nervioso y del aparato digestivo y las evidencias que reuniste en tu Cuaderno de evidencias para explicar por qué se producen sensaciones tales como las "mariposas" en el estómago. ¿Qué órganos crees que se comunican? ¿Cómo lo hacen? ¿Cuál es el propósito de esta comunicación?

1. Haz una afirmación.
2. Resume las evidencias que reuniste para justificar tu afirmación y explicar tu razonamiento.
3. Usa el modelo para ilustrar tu afirmación. Revisa el modelo, como sea necesario, según las evidencias nuevas que reuniste.

Image Credits: ©MUJAHID SAFODIEN/AFP PHOTO/Getty Images

EJERCICIOS DE REVISIÓN

Comprueba lo que aprendiste

1. ¿Cuál de las siguientes opciones describe correctamente la relación entre los tejidos y los órganos?
   - **a.** Varios órganos interactúan para que el tejido pueda desempeñar una función especializada.
   - **b.** En cada órgano, podemos encontrar un tipo de tejido especializado.
   - **c.** Los órganos están compuestos por diferentes tipos de tejidos que trabajan en conjunto.
   - **d.** Los tejidos compiten entre sí para desempeñar la función principal del órgano.

2. ¿Cuáles de los siguientes sistemas de órganos deben trabajar juntos para oxigenar las células del cuerpo? Elige todas las respuestas correctas.
   - **a.** el aparato digestivo
   - **b.** el sistema esquelético
   - **c.** el sistema inmunológico
   - **d.** el aparato respiratorio
   - **e.** el sistema circulatorio

3. La palabra *órgano* proviene del latín *organum*, que significa "instrumento" o "herramienta". Describe cómo se relaciona este significado con la definición de un órgano vivo.

4. Dibuja un diagrama que muestre la relación entre las células, los tejidos, los órganos, los sistemas de órganos y los organismos. El diagrama debe incluir medios audiovisuales y texto.

5. Explica cómo la estructura de una célula vegetal contribuye a mantener la forma del sistema vegetal.

6. ¿Qué organelos podemos encontrar en las células vegetales pero no en las animales? ¿Cuál es la relación de estas estructuras a nivel del organismo?

7. Enumera los principales sistemas de órganos que interactuarían para que una persona tocara el violín y explica cómo trabajarían juntos para que la persona pudiera cumplir con la tarea.

FIGURA 23: Los órganos como el estómago están hechos de cuatro tipos principales de tejidos.

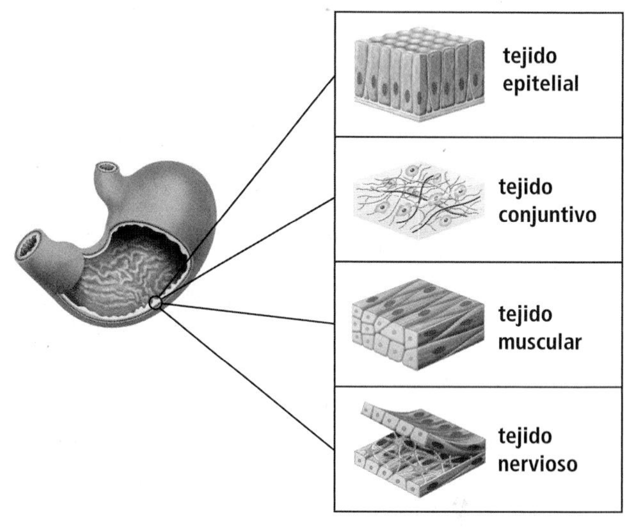

8. ¿Cómo interactúan los cuatro tipos de tejidos que se muestran en la Figura 23 para que el estómago descomponga los alimentos?

HAZ TU PROPIA GUÍA DE ESTUDIO

En tu Cuaderno de evidencias, diseña una guía de estudio que justifique la idea principal de esta lección:

Los sistemas de los organismos interactúan a niveles diferentes para desempeñar las funciones necesarias para la vida.

Recuerda incluir la siguiente información en tu guía de estudio:

- Usa ejemplos que sirvan como modelo de las ideas principales.
- Anota explicaciones para el fenómeno que investigaste.
- Presenta evidencias para justificar tu explicación. Tu justificación puede incluir dibujos, datos, gráficas, conclusiones de laboratorio y otras evidencias que hayas anotado a lo largo de la lección.

Piensa cómo la información de esta lección te puede servir para hacer un modelo de las interacciones dentro y entre los sistemas a niveles diferentes.

1.3

Los mecanismos de la homeostasis

Tu sistema circulatorio responde al aumento en el metabolismo celular con un incremento del flujo de glóbulos rojos que transportan el oxígeno a tus tejidos.

¿PUEDES EXPLICARLO?

Los tejidos, los órganos y los sistemas de órganos de tu cuerpo responden a una amplia variedad de condiciones. Por ejemplo, cuando sales de un edificio cálido al frío exterior, sientes el cambio drástico de la temperatura. La temperatura corporal debe permanecer estable en las dos condiciones para que puedas sobrevivir.

FIGURA 1: Tu cuerpo tiene sistemas de control que mantienen estable a su medio interno.

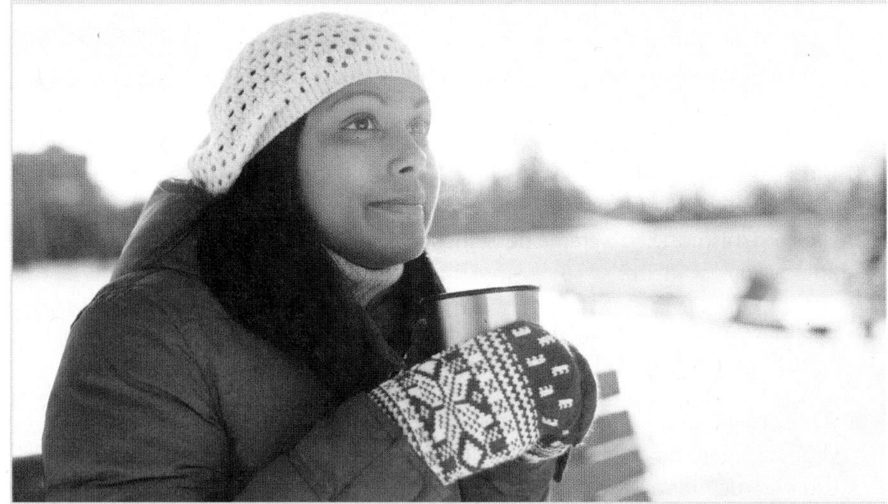

Cuando afuera hace frío, seguramente usas ropa de abrigo y bebes una bebida caliente para mantenerte en calor. Sin embargo, si sientes demasiado frío, el centro de control de la temperatura corporal se pone en acción. Los receptores en tu piel envían señales al cerebro, que activa tácticas de calentamiento como por ejemplo tiritar. Cuando tiritas de frío, tus músculos se contraen y se expanden de forma muy rápida, lo que libera energía y te ayuda a volver a entrar en calor.

Reunir evidencias Mientras trabajas con la lección, reúne evidencias acerca de las formas en que tu cuerpo responde a los cambios de las condiciones ambientales.

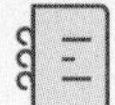

Predecir Muchas personas tiritan cuando tienen fiebre, a pesar de que su temperatura corporal es más alta de lo normal. ¿Por qué tu cuerpo responde a la alta temperatura interna como si tuvieras frío?

Image Credits: (t) ©Science Picture Co./Science Source; (b) ©Hero Images/Alamy

Sistemas de control en el organismo

Los factores externos e internos, como los cambios de temperatura, las infecciones, el estrés y la contaminación, desafían la estabilidad de un organismo. Así como una célula debe mantener condiciones estables, un organismo debe mantener la estabilidad a pesar de los cambios en su estado interno o en el medio en el que vive.

Sistemas de control

Afortunadamente, el cuerpo tiene muchos sistemas de control que mantienen estable a su medio interno. Juntos, estos sistemas de control son los responsables de mantener la homeostasis. La homeostasis es la regulación y el mantenimiento del medio interno dentro de los estrechos rangos que se necesitan para mantener la vida a nivel celular.

FIGURA 2: Los sistemas de control mantienen la homeostasis.

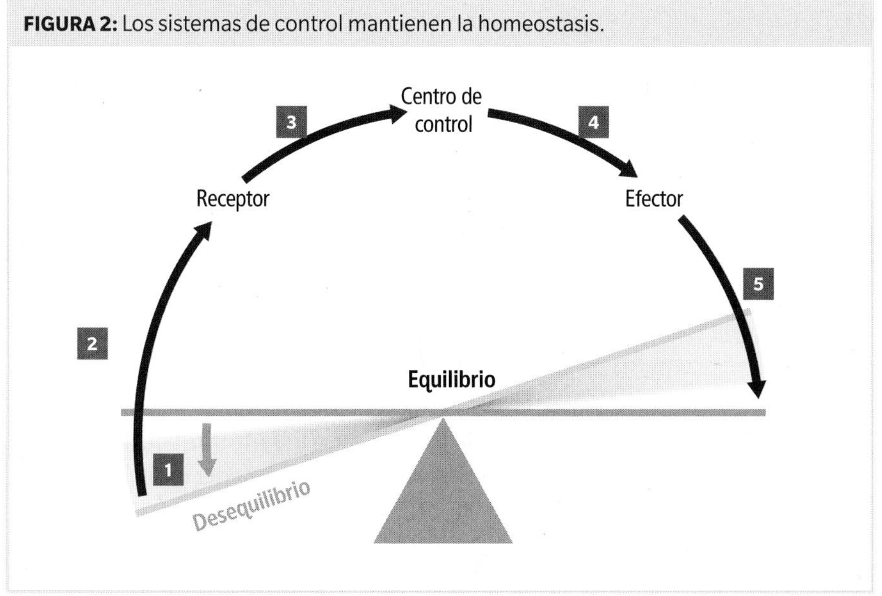

Como se muestra en la Figura 2, la homeostasis se produce a partir de los siguientes pasos:

1. Un estímulo es cualquier elemento del medio interno o externo que causa un desequilibrio en las condiciones internas de una célula, un órgano, un sistema de órganos o un organismo.
2. Los receptores detectan los estímulos. Hay miles de receptores internos, como también receptores especializados que detectan información sobre los cambios en el medio externo del organismo.
3. El receptor envía información a un centro de control, que a menudo se encuentra en el sistema nervioso central. El centro de control compara esa información con los puntos de ajuste. Los puntos de ajuste son los valores ideales para las condiciones en las que el cuerpo funciona mejor.
4. Si el centro de control detecta un alejamiento del punto de ajuste, envía mensajes a través de uno de los sistemas de comunicación del organismo. Los mensajes enviados por el centro de control llegan a los efectores, que llevan a cabo una respuesta.
5. La respuesta restaura el equilibrio, ya que devuelve las condiciones internas a sus puntos de ajuste.

Reunir evidencias Identifica un cambio en tu medio que pueda afectar la homeostasis. Usa los siguientes términos en tu respuesta: *estímulo, centro de control, punto de ajuste, receptores, efectores* y *desequilibrio.*

La homeostasis depende de la comunicación entre los receptores, el centro de control y los efectores. En el cuerpo humano, el sistema nervioso y el sistema endocrino son los responsables de la comunicación.

Hacer un modelo Observa el diagrama de los sistemas de control homeostáticos de la Figura 2 y explica por qué tiritar sirve para restablecer la temperatura corporal.

El sistema nervioso envía mensajes de manera directa entre el receptor y el centro de control, o entre el centro de control y el efector. En el cuerpo humano, el centro de control es el sistema nervioso central, que está constituido por el cerebro y la médula espinal. Algunas respuestas, como cuando tiritas, son generadas por la médula espinal y se denominan respuestas reflejas. La información que requiere más interpretación, como la entrada visual y la auditiva, es conducida a través del cerebro.

A diferencia del sistema nervioso, el sistema endocrino utiliza un método de comunicación menos directo, pero que aún así es rápido. Las hormonas son sustancias químicas que las glándulas endocrinas secretan en el torrente sanguíneo. Luego, las hormonas viajan por todo el cuerpo y actúan solo en aquellas células que tienen receptores para esas hormonas en particular.

Para mantener la homeostasis, los receptores de todo el organismo deben comparar constantemente las condiciones actuales con los puntos de ajuste apropiados. Los puntos de ajuste son, en realidad, rangos estrechos de condiciones aceptables en una célula u organismo. Si los receptores detectan algún cambio en una condición interna que hace que se desvíe del punto de ajuste, el centro de control le da instrucciones al efector. El efector actúa para restaurar el medio interno a su punto de ajuste. Esta interacción entre el receptor, el centro de control y el efector se conoce como retroalimentación.

Actividad práctica

Representar la retroalimentación

FIGURA 3: La retroalimentación te ayudará a mantener el equilibrio del libro sobre tu cabeza.

MATERIALES

- un libro de tapa dura de por lo menos 6" × 8"

¿Alguna vez perdiste el equilibrio y luego lo recuperaste? Si te ha pasado, significa que experimentaste la retroalimentación entre tu centro de equilibrio y tus músculos esqueléticos. En esta actividad, intentarás mantener un libro en equilibrio sobre tu cabeza mientras caminas.

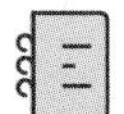

Predecir ¿Cómo deberás ajustar tu equilibrio para mantener un libro sobre tu cabeza?

PROCEDIMIENTO

1. Pon en equilibrio un libro de tapa dura sobre tu cabeza.
2. Camina 3 metros hacia adelante y hacia atrás; una vez con los ojos abiertos y luego con los ojos cerrados.
3. Camina siempre al lado de un compañero cuando tengas los ojos cerrados y quita todos los objetos en el camino.

ANÁLISIS

1. ¿Qué tipo de receptores te brindaron información sobre la posición del libro mientras caminabas?
2. ¿Cuál fue tu respuesta cada vez que el libro cambió de posición? ¿Te resultó más fácil o más difícil mantener el equilibrio con los ojos cerrados? Explica tu respuesta.

Image Credits: ©Rob Lewine/Getty Images

Retroalimentación negativa

Piensa en lo que sucedió en la actividad del equilibrio con el libro. Respondiste a los cambios de la posición del libro cambiando tu velocidad o moviendo tu cuerpo en la dirección opuesta hasta que el libro volvía a equilibrarse. Seguiste realizando ajustes para mantener el equilibrio hasta que quitaste el libro de tu cabeza.

Lo que experimentaste fue el resultado de la retroalimentación negativa. En la retroalimentación negativa, un estímulo causa un desequilibrio en una determinada dirección. Los receptores detectan este desequilibrio y envían información al centro de control. El centro de control evalúa la información y envía una señal a los efectores para que realicen un ajuste que vaya en la dirección opuesta al estímulo, lo cual devuelve el equilibrio al sistema.

¿Por qué este proceso lleva el nombre de retroalimentación? Los receptores también comprueban las nuevas condiciones que resultan de las acciones del efector y luego envían actualizaciones al centro de control. Luego, el centro de control indica las acciones adicionales que el efector debe realizar. Estos pequeños cambios hacen que las condiciones ronden el punto de ajuste y mantengan la homeostasis.

FIGURA 4: Diagrama de flujo de la retroalimentación negativa

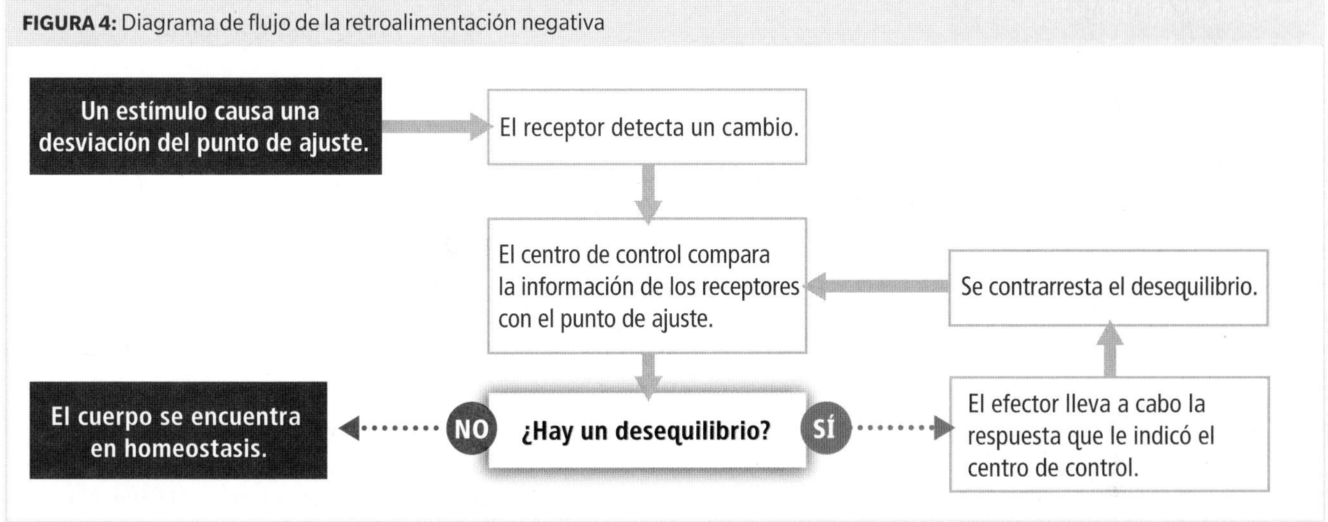

El termostato de una caldera es un ejemplo inorgánico de retroalimentación negativa. El termostato contiene un receptor (termómetro), un centro de control (microprocesador) y un efector (interruptor). El punto de ajuste es la temperatura programada. Cuando el termómetro detecta que la temperatura del aire es menor que el punto de ajuste, le envía una señal al microprocesador del termostato, cuya respuesta es encender el interruptor de la caldera.

Mientras el sistema de calefacción está funcionando, el termómetro continúa midiendo la temperatura del aire y enviando actualizaciones al microprocesador, que la compara con la temperatura deseada. Una vez que la temperatura del aire alcanza el punto de ajuste o lo sobrepasa, el centro de control apaga la caldera hasta que la temperatura ambiente vuelve a descender por debajo del punto de ajuste. Como resultado, la temperatura ambiente permanece dentro de un rango que abarca un par de grados por sobre y por debajo del punto de ajuste.

Tu cuerpo tiene su propio termostato interno. Los seres humanos necesitan mantener la temperatura corporal entre 36.7 °C y 37.1 °C (98.2 °F y 98.8 °F). Este estrecho rango se mantiene gracias a varios mecanismos. Dos de estos mecanismos son sudar para disminuir la temperatura cuando excede los 37.1 °C y tiritar para entrar en calor cuando la temperatura cae por debajo de los 36.7 °C.

Analizar A partir de la Figura 4, explica de qué manera el cuerpo usa la retroalimentación negativa para regular la temperatura corporal. Usa los términos *centro de control, estímulo, punto de ajuste, receptores, efectores* y *desequilibrio* en tu respuesta.

Retroalimentación positiva

Así como existe la retroalimentación negativa en los sistemas orgánicos, también existe la retroalimentación positiva. La retroalimentación negativa hace ajustes en la dirección opuesta a un estímulo, mientras que la retroalimentación positiva hace ajustes en la misma dirección que el estímulo. Los científicos a veces se refieren a la retroalimentación positiva como circuito de refuerzo, ya que amplifica el estímulo en lugar de contrarrestarlo.

¿Alguna vez oíste un chillido alto proveniente de un altavoz en un auditorio o durante un espectáculo? Este es un ejemplo de retroalimentación positiva. El sonido del micrófono se amplifica y se envía a través del altavoz. A veces, el micrófono recupera ese sonido nuevamente, lo amplifica y lo envía a través del altavoz otra vez. Este circuito se repite una y otra vez. En algún momento, escucharás el chillido agudo del altavoz.

FIGURA 5: Diagrama de flujo de la retroalimentación positiva

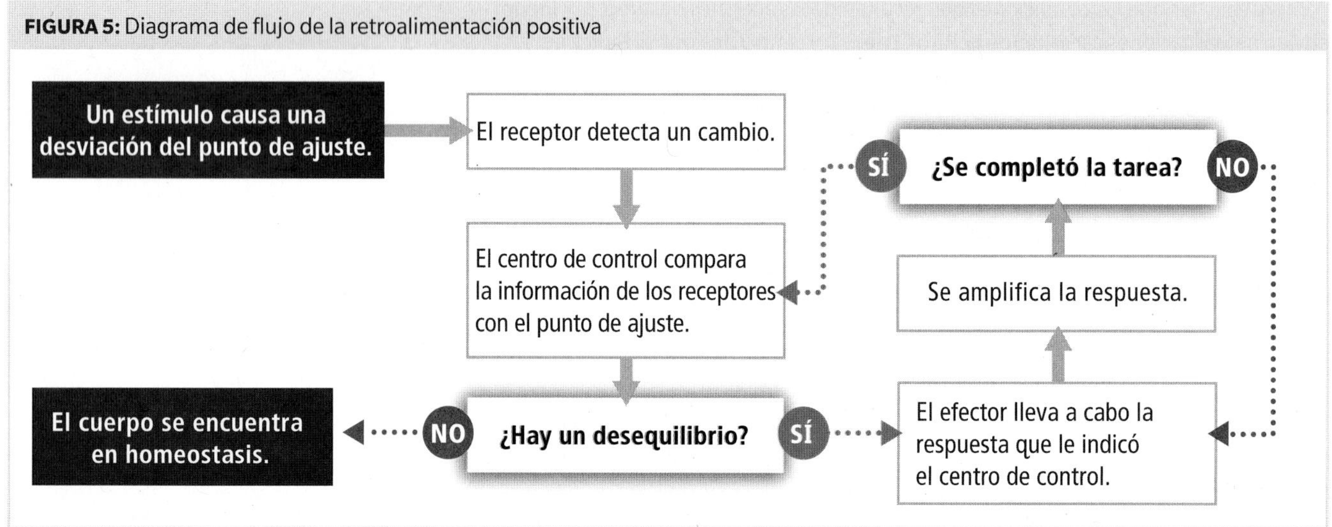

Colaborar La oxitocina es una hormona pituitaria que estimula los músculos del útero para que se contraigan durante el parto. También estimula a la placenta para que libere prostaglandinas, lo cual produce más contracciones uterinas. Con un compañero, explica por qué este proceso es un circuito de retroalimentación positiva.

La retroalimentación positiva es importante cuando se necesita un cambio rápido, como cuando te cortas un dedo. Tu cuerpo depende de la conservación del volumen sanguíneo y la presión arterial. Un corte produce pérdida de sangre, por lo que el cuerpo depende de la retroalimentación positiva para generar rápidamente un coágulo que detenga el sangrado. Esto ocurre cuando las plaquetas y los factores de coagulación estimulan la activación de más plaquetas y factores de coagulación en la herida. Una vez que el corte está curado, el coágulo ya no es necesario (e incluso podría ser peligroso si entrara en el torrente sanguíneo). El cuerpo utiliza entonces otro circuito de retroalimentación positiva para disolver el coágulo.

La retroalimentación positiva no es tan común en el cuerpo como la retroalimentación negativa, pero es importante para mantener la homeostasis. Por ejemplo, la retroalimentación positiva regula algunas hormonas. La liberación de una hormona puede estimular la liberación o la producción de otras hormonas o sustancias, que estimulan una mayor liberación de la hormona inicial.

Explicar El cuerpo depende de la retroalimentación positiva y negativa para mantener la homeostasis. Uno de estos procesos se utiliza para mantener el equilibrio hídrico en el cuerpo. ¿Qué tipo de retroalimentación restaura la homeostasis en el cuerpo cuando este se deshidrata? Usa las evidencias que reuniste en esta lección para justificar tu respuesta.

La homeostasis en el cuerpo humano

La homeostasis regula muchas cosas en los organismos, como la temperatura, el balance hídrico, los niveles de sal, el pH, los nutrientes y los gases. Debido a que todas estas cosas tienen puntos de ajuste, el cuerpo necesita diferentes circuitos de retroalimentación para cada una para poder mantener la homeostasis. Recuerda que en su nivel más básico, el cuerpo está compuesto por muchos grupos de células especializadas. Estas células se organizan en órganos, que a su vez se organizan en sistemas. Lo que afecta a un sistema de órganos afecta a todo el cuerpo. Esto significa que un desequilibrio en algún sistema de órganos afecta a todo el organismo.

Aprende en línea

Práctica de laboratorio

Retroalimentación negativa y positiva Analiza los datos y elabora gráficas que determinen si un proceso es un ejemplo de retroalimentación negativa o positiva.

Sistemas de órganos que interactúan entre sí

Todos los sistemas corporales interactúan para mantener la homeostasis, al igual que un grupo de bailarines interactúa para realizar un ballet con mucha coreografía. Si un bailarín se pierde, el resto de los bailarines también pierde el paso y el compás. Piensa en lo importante que es para el cuerpo tener una presión arterial saludable. La presión arterial es la fuerza con la que la sangre empuja contra las paredes de los vasos sanguíneos. Los receptores de los vasos sanguíneos y del corazón detectan los cambios en la presión arterial y le envían señales al cerebro. El cerebro estimula al corazón para que lata más rápido o más lento y así la presión arterial regrese al nivel correcto.

Las arterias son un tipo de vaso sanguíneo en el sistema circulatorio que transporta sangre rica en oxígeno a todo el cuerpo. Si la presión arterial es demasiado baja, el cerebro le dice al corazón que lata más rápido para aumentar la cantidad de sangre en las arterias, lo que aumenta la presión ejercida por la sangre en las paredes de estas arterias. Si la presión es demasiado alta, el corazón late más lento y reduce la cantidad de sangre en las arterias, lo cual disminuye la presión arterial. En este caso, los sistemas que trabajan juntos para mantener la homeostasis de la presión arterial son el sistema nervioso y el sistema circulatorio.

Causa y efecto

La presión arterial depende de cuán elásticas y desobstruidas estén las arterias y de la potencia de la contracción cardíaca. Cuanto menos elásticas sean las arterias y cuantas más obstrucciones reduzcan el flujo sanguíneo, con más fuerza deberá bombear el corazón. En consecuencia, aumentará la presión arterial. La presión arterial también aumenta naturalmente con la actividad física, el estrés y las emociones fuertes, pero debería disminuir nuevamente al descansar. Si la presión sigue siendo alta, podría haber un problema en el sistema circulatorio.

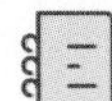

Predecir ¿De qué manera afecta a los sistemas de órganos en el cuerpo que la persona tenga la presión arterial demasiado alta o demasiado baja?

FIGURA 6: Arteria obstruida

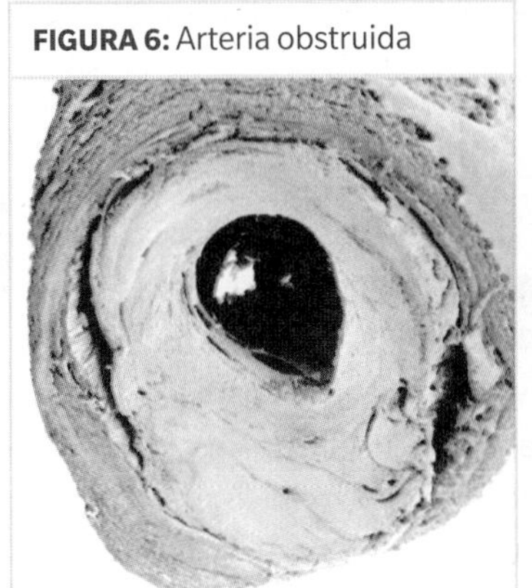

Image Credits: ©Colorization by: Mary Martin/Science Source

Mantener las concentraciones de glucosa

Las células del cuerpo humano dependen en gran medida de la glucosa, que suministra la energía necesaria para sobrevivir y crecer. Sin embargo, las concentraciones de glucosa en la sangre deben mantenerse dentro de un rango muy estrecho para tener una buena salud. Las necesidades de glucosa varían ampliamente según las actividades que esté realizando el cuerpo. Nuestros niveles de actividad cambian todo el tiempo, por lo que el cuerpo debe trabajar constantemente para mantener la homeostasis.

FIGURA 7: Los niveles de glucosa se regulan por medio de la retroalimentación negativa.

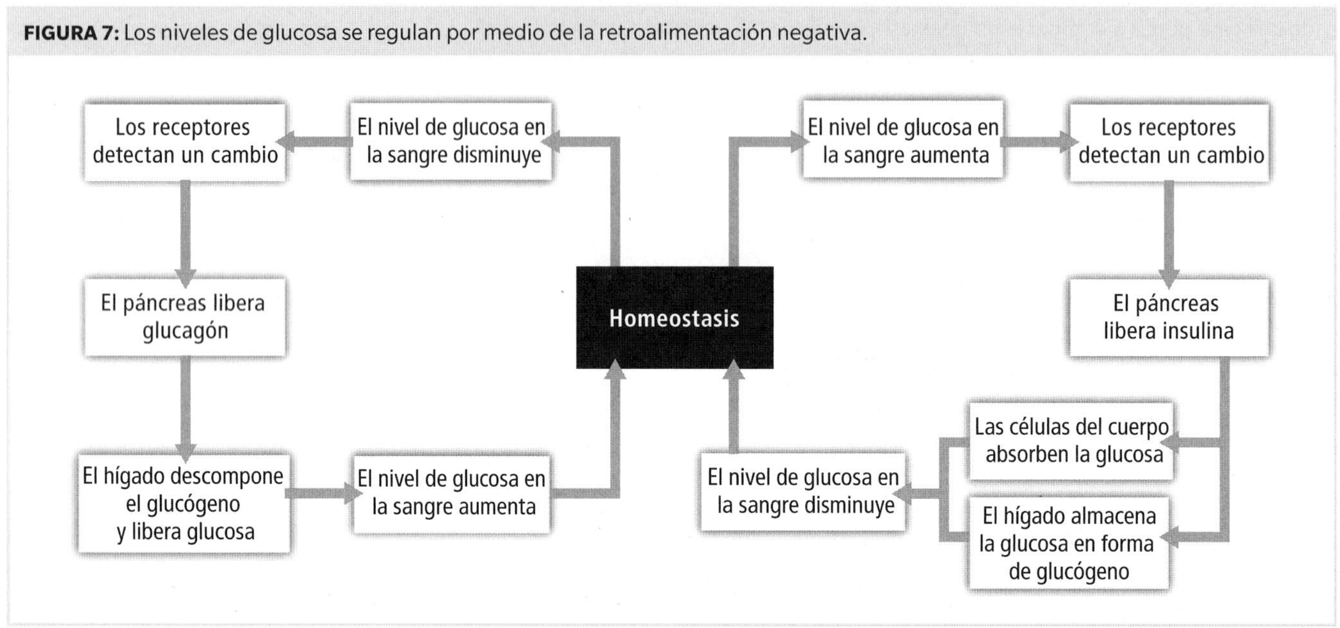

Los niveles de glucosa en la sangre se controlan mediante dos circuitos de retroalimentación, como muestra la Figura 7. Los dos circuitos dependen del sistema endocrino, que responde cambiando los niveles. Cuando los niveles de glucosa en la sangre suben, como cuando ingieres alimentos, las células beta del páncreas detectan este incremento y responden liberando insulina, que estimula a las células para que absorban la glucosa del torrente sanguíneo. También hace que el hígado almacene el exceso de glucosa en forma de glucógeno. Una vez que los niveles regresan al punto de ajuste, la secreción de insulina disminuye. Esta retroalimentación impide que los niveles de glucosa en la sangre excedan el punto de ajuste máximo.

El cuerpo tiene un segundo circuito de retroalimentación que mantiene el nivel de glucosa en la sangre al mínimo. Esos niveles de glucosa pueden disminuir después de un largo período sin comer o durante el ejercicio prolongado. Cuando el cerebro detecta niveles por debajo del punto de ajuste mínimo, les envía señales a las células alfa del páncreas para que produzcan glucagón. El glucagón estimula al hígado para que convierta el glucógeno en glucosa y la libere en el torrente sanguíneo. Si el hígado no libera glucosa, el cerebro envía una señal de hambre para poder obtener más glucosa.

Analizar ¿Por qué las retroalimentaciones de la insulina y el glucagón son ejemplos de retroalimentación negativa?

Aprende en línea

Práctica de laboratorio

Investigar la homeostasis y el ejercicio Investiga cómo hacer ejercicio afecta el sistema circulatorio, el aparato respiratorio y los niveles de transpiración.

Mantener las concentraciones de dióxido de carbono

Cada vez que haces ejercicio, te acuestas o te pones de pie, se modifican tus necesidades de oxígeno y nutrientes. Tu corazón se acelera o se desacelera y respiras más rápido o más lento según el nivel de actividad. El aparato respiratorio interactúa con el sistema nervioso para mantener la homeostasis. Los centros de control en el cerebro controlan los gases disueltos en la sangre, especialmente la concentración de dióxido de carbono (CO_2) y de oxígeno (O_2).

A medida que haces más actividad física, los niveles de CO_2 aumentan y la sangre se vuelve más ácida. Los sensores le avisan de este cambio al cerebro. El cerebro envía mensajes a través del sistema nervioso y el endocrino, que estimulan el diafragma y los músculos de la caja torácica para que trabajen más rápidamente. Esto te permite absorber más O_2 y liberar CO_2, lo cual lleva los niveles de tu cuerpo nuevamente a la homeostasis.

FIGURA 8: El sistema circulatorio

En los seres humanos, el intercambio de gases es un esfuerzo cooperativo del sistema circulatorio y el aparato respiratorio. El sistema circulatorio distribuye la sangre y otros materiales por todo el cuerpo, y así les suministra a las células nutrientes y oxígeno y arrastra residuos. Los vasos sanguíneos están organizados de manera tal que la sangre pobre en oxígeno y la sangre rica en oxígeno no se mezclen.

El sistema circulatorio tiene tres tipos de vasos sanguíneos: las arterias, las venas y los capilares. Las arterias transportan la sangre rica en oxígeno, u oxigenada, desde el corazón. Las venas son vasos sanguíneos que transportan la sangre pobre en oxígeno, o desoxigenada, hacia el corazón. Los capilares son los responsables de enviar el O_2 directamente a las células y de quitar el CO_2 y los desechos. Los capilares tienen una pared del espesor de una célula, lo cual permite que los materiales se muevan a través de ellos con facilidad. El sistema capilar conecta las arterias y las venas y, así, garantiza un camino continuo para el flujo sanguíneo en todo el cuerpo.

Una vez que las venas transportan la sangre desoxigenada al corazón, esta va inmediatamente a los pulmones, donde los gases se intercambian con el aire. Tal como se muestra en la Figura 8, al inhalar, el aire entra por la nariz o la boca y fluye a través de la tráquea hasta los bronquios. El aire continúa por unas ramificaciones más pequeñas llamadas bronquiolos y finalmente llega a unos pequeños sacos aéreos de paredes delgadas denominados alvéolos. Una red de capilares rodea cada alvéolo para absorber el O_2 y liberar el CO_2. Cuando exhalas, el CO_2 sale por la nariz o por la boca.

FIGURA 9: La difusión de los gases hacia dentro y hacia fuera de los alvéolos mantiene la homeostasis del oxígeno y del dióxido de carbono.

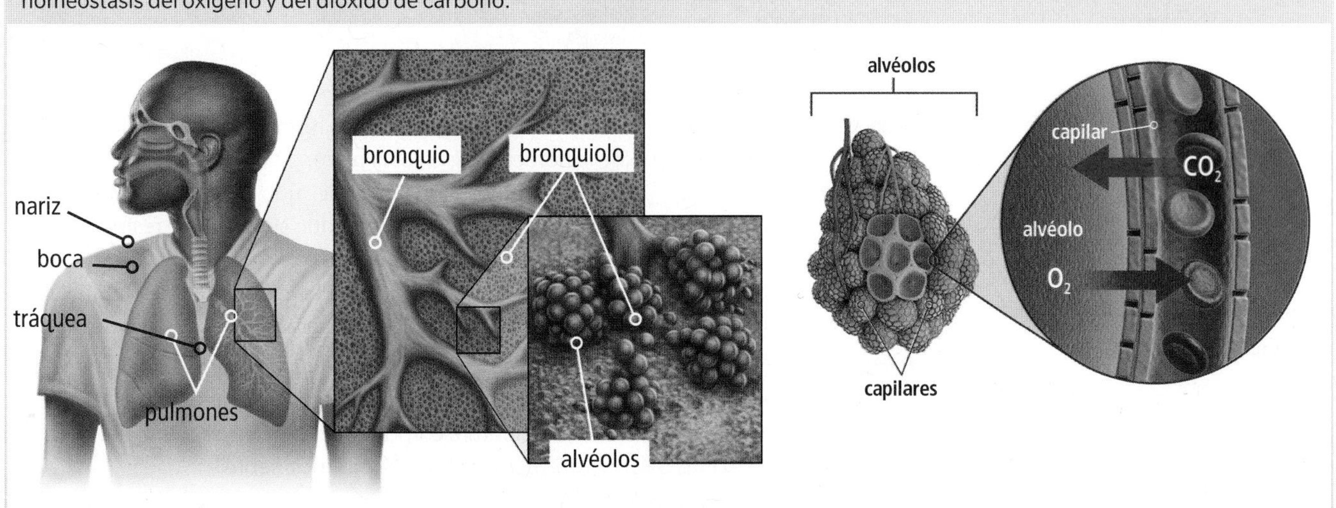

La homeostasis de los gases en la sangre se mantiene por medio de la difusión. Al inhalar, el aire tiene una mayor concentración de O_2 que la sangre en los capilares que rodean los alvéolos. Esto permite que el O_2 se difunda hacia la sangre por el gradiente de concentración. Desde allí, la sangre viaja al corazón, que la bombea por todo el cuerpo. La concentración de O_2 en la sangre es mayor que en las células, por lo que se difunde desde la sangre. El dióxido de carbono se difunde desde las células hacia la sangre. La concentración de CO_2 es mayor en las células que en la sangre porque las células producen CO_2 como desecho. Una vez en la sangre, el dióxido de carbono viaja al corazón y luego a los pulmones, donde se difunde por los alvéolos y se exhala.

Hacer un modelo Crea un diagrama de flujo que explique cómo se mantiene la homeostasis cuando realizas más actividad. ¿Cómo interactúan el aparato respiratorio y el sistema nervioso para mantener niveles apropiados de CO_2 y O_2 y evitar que la sangre se vuelva ácida?

Una alteración en la homeostasis

Los mecanismos homeostáticos por lo general actúan rápidamente, pero en algunas ocasiones un cambio en el entorno ocurre demasiado rápido o tiene una magnitud demasiado grande para poder ser controlado por los mecanismos de retroalimentación. Cuando esto sucede, la homeostasis se ve afectada. Estas alteraciones pueden ocurrir por varias razones, entre ellas el fallo de los sensores para detectar un cambio en el medio interno o externo, el envío o la recepción del mensaje equivocado, las lesiones graves o los agentes causantes de enfermedades, como las bacterias o los virus.

Un rinovirus, como el que se muestra en la Figura 10, puede alterar la química interna del cuerpo y causar un resfriado común. Esto da como resultado la alteración de uno o más mecanismos homeostáticos. Un mecanismo comúnmente interrumpido es la temperatura corporal, lo que provoca la fiebre. La fiebre ocurre cuando el hipotálamo aumenta el punto de ajuste para la temperatura interna. Esto hace que sientas frío, porque tu temperatura interna está por debajo del punto de ajuste. Tu cuerpo puede temblar para acercar tu temperatura interna a un nuevo punto de ajuste.

FIGURA 10: Un resfriado común se produce a causa de un rinovirus.

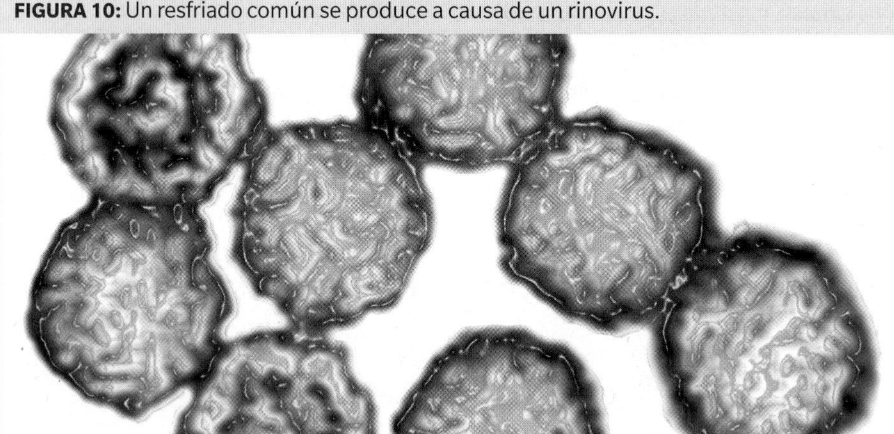

Efectos a corto plazo

Colaborar Comenta con un compañero si la respuesta de tu cuerpo frente a un resfriado común es un ejemplo de retroalimentación positiva o negativa. Justifica tu afirmación con evidencias.

Muchas alteraciones de la homeostasis son temporales. Un resfriado es un excelente ejemplo de una interrupción de la homeostasis a corto plazo. Cuando el virus entra por primera vez en tu cuerpo, puede reproducirse con tal rapidez que el sistema inmunológico no logra destruirlo. Cuando esto sucede, puedes experimentar síntomas de resfriado, como dolor de garganta o goteo nasal. Sin embargo, en tan solo unos pocos días, tu sistema inmunológico desarrolla anticuerpos que pueden destruir el virus y restaurar la homeostasis. El resfriado común solo produce daños perdurables en muy pocas ocasiones.

Recuerda que tiritar es la respuesta del cuerpo cuando disminuye la temperatura corporal. Cuando estás enfermo, tiritas porque tu cuerpo está intentando ajustarse a un nuevo punto de ajuste (más alto) para tu temperatura corporal y no porque haya una temperatura ambiental baja. En otras palabras, tu cuerpo tirita para producir fiebre.

Efectos a la largo plazo

Las alteraciones de la homeostasis a largo plazo pueden causar más daño que las alteraciones a corto plazo. Un ejemplo de alteración a largo plazo es el síndrome de Cushing. Este trastorno se produce por una elevación a largo plazo de la hormona llamada cortisol. El síndrome de Cushing puede producirse a partir de tumores en la glándula suprarrenal o la glándula pituitaria, o de un tratamiento a largo plazo con cortisona. El cortisol es una de las hormonas del estrés que tiene el cuerpo. Cuando permanece elevada durante largos períodos, interrumpe el metabolismo de la glucosa y de la grasa, la reacción inmunológica y el sueño, y también hace que la presión arterial aumente. Cada una de estas alteraciones puede conducir a otros trastornos, como la hipertensión, la diabetes, los derrames cerebrales y los infartos cardíacos.

Image Credits: ©James Cavallini/Science Source

Análisis de datos

Entender la diabetes

Recuerda que la regulación de los niveles de glucosa en la sangre se produce a través de la retroalimentación negativa. El circuito de la insulina es estimulado por niveles elevados de glucosa en la sangre, y el circuito del glucagón es estimulado por la reducción de los niveles de glucosa en la sangre.

La diabetes mellitus es una alteración a largo plazo de la retroalimentación de la insulina. El tipo 1 se produce cuando el sistema inmunológico del cuerpo destruye la capacidad de producir insulina que tienen las células beta en el páncreas. El tipo 2 se produce cuando la producción de insulina pancreática disminuye o cuando la insulina no puede transportar la glucosa de la sangre hacia las células.

FIGURA 11: Las respuestas de la glucosa, la insulina y el glucagón en la sangre ante una comida rica en carbohidratos.

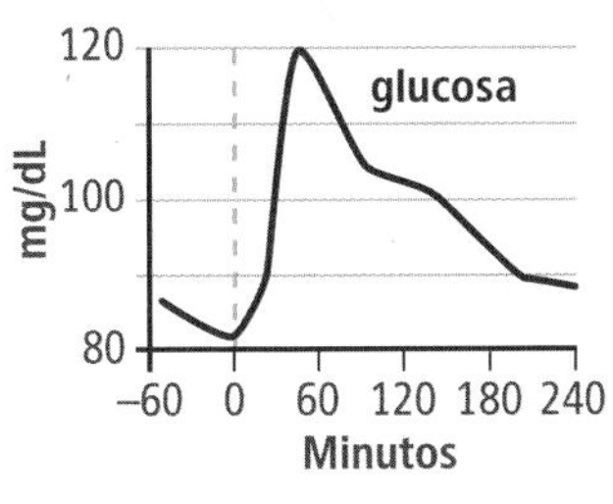

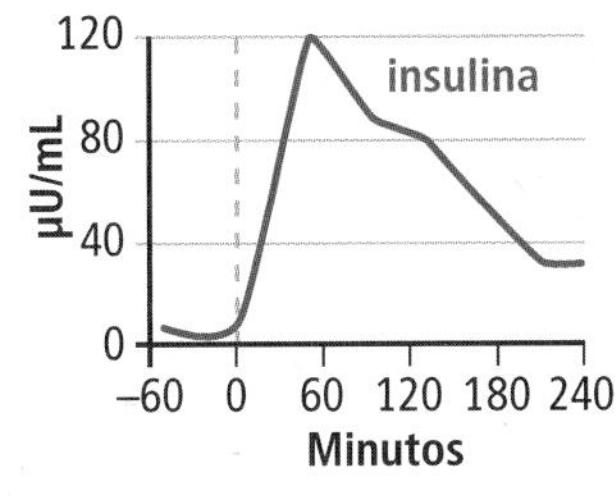

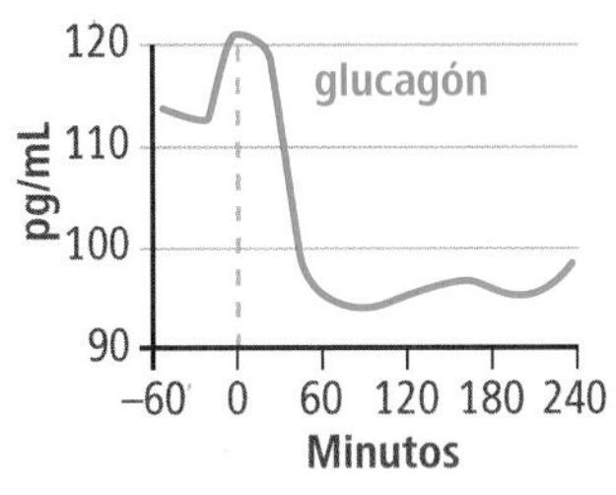

Dos variables están inversamente relacionadas cuando el aumento del valor de una de las variables se asocia con la disminución del valor de la otra variable. Por ejemplo, cuando alguien come, los niveles de insulina y de glucosa aumentan y el glucagón disminuye. Por lo tanto, los niveles de insulina y de glucosa tienen una relación inversa con el glucagón. Esta relación se puede ver en la Figura 11.

Analizar Responde estas preguntas en tu Cuaderno de evidencias:

1. ¿Cuál es la relación entre los niveles de glucosa en la sangre, los niveles de insulina y los niveles de glucagón en el torrente sanguíneo?
2. La diabetes tipo 1 se produce cuando el sistema inmunológico del cuerpo destruye la capacidad que tiene el páncreas de producir insulina. ¿Qué diferencia habría en estas gráficas si representaran a una persona con diabetes tipo 1?

La homeostasis es esencial para la salud de cualquier organismo y requiere la interacción de varios sistemas. Para mantener la homeostasis, algunos organismos pueden recurrir a métodos similares a los que usan los seres humanos y otros pueden necesitar diversos métodos específicos de su medio.

Explicar Elige un ejemplo de variable homeostática de esta lección. Explica la retroalimentación que mantiene la homeostasis para esa variable. Luego describe de qué manera se puede alterar la homeostasis de esa variable.

La homeostasis en otros organismos

Muchos de los procesos homeostáticos sobre los que has aprendido son iguales tanto en los seres humanos como en otros organismos. Sin embargo, algunos organismos usan otros mecanismos para mantener la homeostasis. Por ejemplo, no todos los mamíferos tienen glándulas sudoríparas en toda la piel y, por lo tanto, no pueden sudar para refrescarse. A medida que el sudor se evapora, el calor se va y la piel se enfría. Los perros jadean para compensar la falta de glándulas sudoríparas. Cuando jadean, las respiraciones cortas y poco profundas dirigen el flujo de aire hacia el recubrimiento húmedo de su tracto respiratorio superior. Esto produce el mismo efecto refrescante que el que tendría una brisa sobre tu piel sudorosa.

Predecir ¿Qué otros organismos crees que tienen mecanismos de homeostasis diferentes a los de los seres humanos? ¿Por qué esto sería una ventaja en su medio?

El intercambio de gases en las plantas

Las plantas absorben dióxido de carbono para la fotosíntesis y expulsan oxígeno como producto de desecho. En las plantas, como en los seres humanos, los mecanismos homeostáticos regulan el intercambio de gases. Los gases se intercambian a través de unas estructuras denominadas estomas. Los estomas son pequeñas aberturas, o poros, presentes en el reverso de las hojas de las plantas, que están rodeadas por unas células llamadas células guarda. Los estomas pueden estar abiertos o cerrados según las necesidades de la planta.

FIGURA 12: Los estomas permiten que las plantas mantengan la homeostasis.

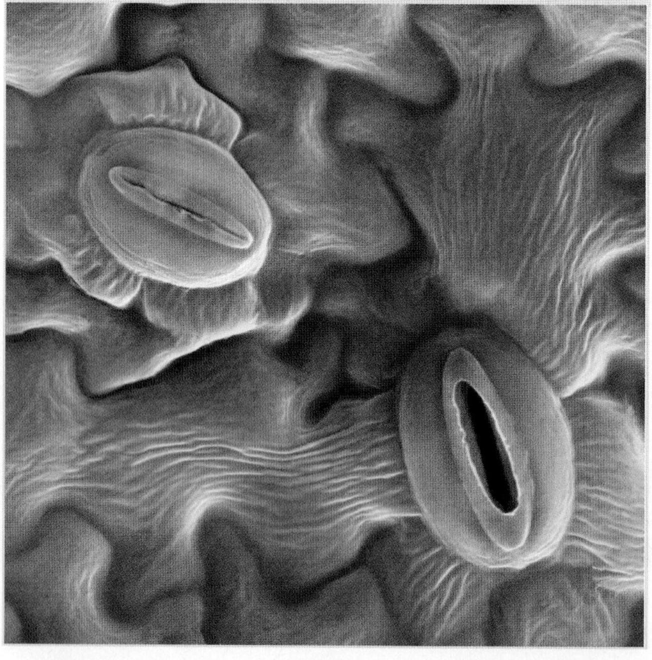

Cuando sale el sol, una proteína denominada fototropina absorbe algunas longitudes de onda de luz, lo que estimula una serie de reacciones que hacen que las células guarda se llenen de agua. Las células guarda se vuelven más rígidas, lo que hace que los estomas se abran. Mientras los estomas están abiertos para la fotosíntesis, la planta desprende vapor de agua. Desprender vapor de agua no es necesariamente malo para la planta. De hecho, le sirve para atraer agua hacia las raíces. También le permite expulsar el oxígeno producido durante la fotosíntesis.

En ambientes húmedos, la pérdida de vapor de agua no es un problema para las plantas. Sin embargo, las plantas que habitan ambientes secos o que atraviesan una sequía pueden tener dificultades para mantener el equilibrio hídrico porque pierden agua más rápidamente de lo que pueden recuperarla. Esto hace que la planta se marchite y también altera otros mecanismos homeostáticos que dependen de los nutrientes que el agua lleva a las raíces. Para contrarrestar esto, las raíces de muchos tipos de plantas liberan una hormona llamada ácido abscísico, o ABA, en respuesta a la disminución de los niveles de agua en el suelo. La acumulación de ABA en las hojas de las plantas provoca el transporte de agua fuera de las células guarda. Esto hace que las células se relajen y cierren los estomas.

Analizar Determina el estímulo, el receptor, la respuesta del centro de control y el efector que actúan en el intercambio de gases de las plantas.

Image Credits: ©Power and Syred/Science Source

Estabilidad y cambio

La respuesta de las plantas a la sequía

¿Cómo se adapta una planta al estrés hídrico reiterado o a largo plazo? En este caso, el mecanismo homeostático también comienza por las raíces. Uno de los efectos de la sequía es que altera la forma en que crecen las raíces de diversas plantas. Por ejemplo, cuando la planta colleja (*Silene vulgaris*) experimenta estrés hídrico moderado por una sequía, sus raíces crecen para buscar agua más profunda. Un porcentaje mayor de las raíces son delgadas, lo que les permite llegar a pequeños poros en el suelo en busca de gotas de agua. En otras especies vegetales, como el mirto (*Myrtus communis*), el porcentaje de raíces más gruesas es mayor en condiciones de sequía. Los científicos también descubrieron que las raíces de la colleja tienen más ramificaciones cuando se encuentra afectada por una sequía que en condiciones normales.

Las raíces comunes son relativamente blancas y flexibles. El estrés por sequía generalmente hace que las raíces se vuelvan más duras y de color café. Esto se debe a la presencia de una sustancia cerosa denominada suberina, el principal componente del corcho. Esta sustancia forma una tapa protectora en la punta de la raíz cuando esta entra en una fase de reposo debido a que la humedad del suelo permanece baja.

Otro cambio que se observa en las plantas afectadas por las sequías es el aumento del grosor de la corteza de la raíz, es decir, la capa externa de su tejido. Esto le sirve a la raíz para protegerse de la deshidratación.

Hacer un modelo Crea un modelo que demuestre cómo este mecanismo de retroalimentación les sirve las plantas para mantener la homeostasis durante las sequías.

FIGURA 13: El crecimiento radicular de la planta de la derecha ha sido afectado por una sequía.

La termorregulación

No todos los circuitos de retroalimentación implican impulsos nerviosos u hormonas. La termorregulación mantiene una temperatura corporal estable en diversas condiciones. A veces, la respuesta a un desequilibrio de la temperatura es un cambio de conducta. Este tipo de respuesta de retroalimentación es un ejemplo de cómo los animales de sangre fría, o ectotermos, controlan la temperatura corporal. A diferencia de los animales de sangre caliente, o endotermos, que utilizan procesos metabólicos para controlar la temperatura corporal interna, los ectotermos no cuentan con mecanismos fisiológicos para mantener una temperatura corporal constante. En cambio, el medio que los rodea es el que determina la temperatura corporal de estos animales. Cuando los ectotermos tienen demasiado frío, se trasladan a un ambiente más cálido. Cuando tienen demasiado calor, se trasladan a un ambiente más fresco. Esta conducta les permite mantener la homeostasis.

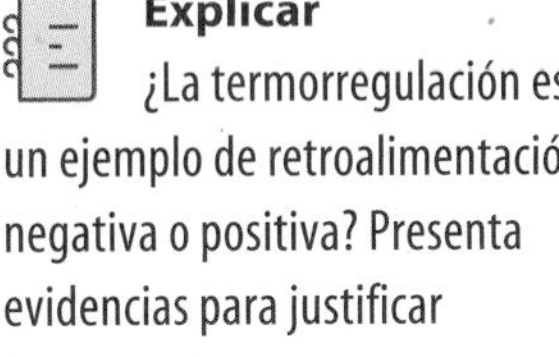

Explicar ¿La termorregulación es un ejemplo de retroalimentación negativa o positiva? Presenta evidencias para justificar tu respuesta.

Image Credits: ©marinagluxova 30/Fotolia

La osmorregulación

Cuando vives en un medio acuático, debes tener una estrategia para mantener los equilibrios del agua y la sal. Si vives en agua salada, tu medio está constantemente intentando deshidratarte. Si vives en agua dulce, tu cuerpo actúa como una esponja permanentemente sedienta. Los peces de agua salada y los de agua dulce han desarrollado estrategias para enfrentar estos problemas. Como parte de estas estrategias de prevención, los dos tipos de peces atraviesan un proceso homeostático denominado osmorregulación, que equilibra los niveles de líquido y de sal.

FIGURA 14: El tipo de ambiente acuático determina la estrategia de osmorregulación de los peces.

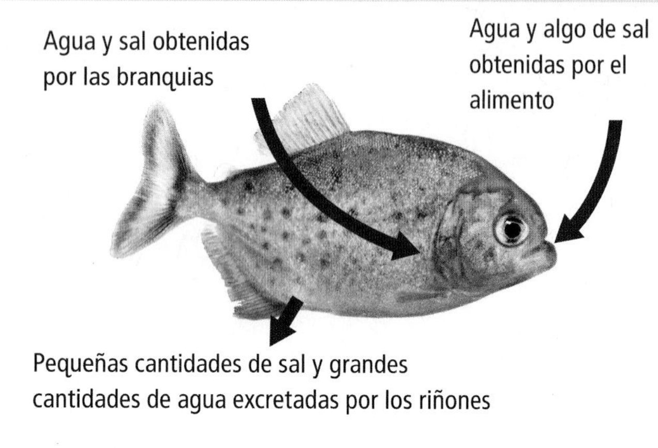

a Peces de agua dulce

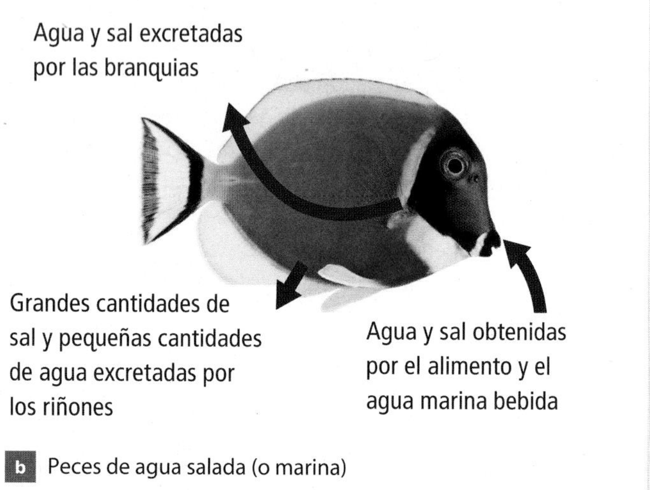

b Peces de agua salada (o marina)

Colaborar Un pez de agua salada nada hacia el delta de un río, donde la concentración de sal es menor que en el agua salada promedio. Esto alteraría su equilibrio osmótico. Con un compañero, explica qué deberá hacer el cuerpo del pez para restaurar la homeostasis.

Los peces en ambientes de agua dulce (Figura 14a) deben retener tanta sal como les sea posible para mantener el equilibrio osmótico. Sus riñones reabsorben la sal y excretan orina muy diluida para deshacerse del mayor exceso de agua posible. Al mismo tiempo, absorben la sal a través de las branquias y los alimentos y beben muy poca agua.

Por el contrario, cuando los peces marinos ingieren agua salada (Figura 14b), sus cuerpos intentan excretar o deshacerse de la mayor cantidad de sal posible para mantener el equilibrio osmótico. Los riñones ayudan a extraer la sal del cuerpo y la concentran en una orina muy salada, que luego es expulsada del cuerpo. Las branquias de los peces también excretan sal.

Por otro lado, los animales terrestres deben mantener el equilibrio osmótico en un medio seco. El principal objetivo que hay que lograr para la regulación osmótica es la conservación del agua. El funcionamiento de los riñones de los animales terrestres se parece al de un pez de agua salada. Es decir, se reabsorbe el agua necesaria y se excreta el exceso de iones salinos. Cuanto más seco sea el clima y más difícil sea obtener agua, más concentrada será la orina.

El tipo de desecho nitrogenado que los animales terrestres excretan también afecta su capacidad para mantener el equilibrio osmótico. Los peces excretan estos desechos en forma de urea, que es soluble en agua. La mayoría de los mamíferos también excretan urea. Esto significa que deben tomar suficiente agua para mantener el equilibrio osmótico a la vez que excretan lo suficiente para eliminar la urea de su cuerpo. Los reptiles, los anfibios, las aves y los insectos excretan estos desechos en forma de ácido úrico insoluble. Esto les permite conservar agua al producir orina altamente concentrada.

Explicar Crea un diagrama de flujo en el que representes un mecanismo homeostático en un animal y cómo se puede alterar. En tu diagrama de flujo, ten en cuenta el estímulo, el receptor, la respuesta del centro de control y el efector de la retroalimentación.

Image Credits: (l) ©Life on White/Alamy Images; (r) ©Martin Harvey/Alamy

Práctica de laboratorio

Investigar la homeostasis y el ejercicio físico

La temperatura, el ritmo cardíaco y la presión arterial de tu cuerpo deben permanecer dentro de ciertos rangos. Un aumento del nivel de actividad cambiaría estos valores y tu cuerpo debería hacer uso de la retroalimentación para llevarlos a los puntos de ajuste. El ejercicio físico afecta especialmente a los sistemas circulatorio y respiratorio, y los niveles de transpiración. Desarrollarás un experimento para poner a prueba el efecto del ejercicio físico en la homeostasis y crearás gráficas para analizar los resultados.

FIGURA 15: El incremento del ejercicio físico puede afectar la homeostasis.

Predecir ¿Cómo cambiarán los sistemas circulatorio y respiratorio, y los niveles de transpiración en respuesta al ejercicio físico? ¿Cómo se restaurará la homeostasis en el cuerpo?

PROCEDIMIENTO

Desarrolla un procedimiento para poner a prueba los cambios en el sistema circulatorio, el aparato respiratorio y los niveles de transpiración en respuesta al ejercicio físico, y cómo el cuerpo vuelve a las condiciones ideales después del ejercicio. Considera las siguientes preguntas para el procedimiento:

- ¿Cuál será el papel de cada miembro del equipo? No todos realizarán ejercicio físico.
- ¿Qué materiales necesitarás para el experimento?
- ¿Cómo medirás la respuesta al incremento de la actividad?
- ¿Cómo sabrás si los sistemas corporales se encuentran en un estado estable?
- ¿Cuántas pruebas experimentales necesitarás? ¿Cuánto durará cada una?
- ¿Qué variable cambiará y qué variables se mantendrán constantes?
- ¿Cómo anotarás los datos?

Tu maestro debe aprobar tu lista de materiales y el procedimiento antes de comenzar.

SEGURIDAD
Si la persona que realiza el ejercicio físico siente incomodidad en algún momento, detén el experimento y díselo a tu maestro inmediatamente.

ANALIZA

1. Realiza una gráfica de las mediciones de los cambios en los sistemas circulatorio y respiratorio, y en los niveles de transpiración mientras la persona hizo ejercicio.
2. Usa los datos y las gráficas para determinar los efectos del ejercicio físico en los sistemas circulatorio y respiratorio, y en los niveles de transpiración durante un período.
3. ¿Cómo mejorarías el procedimiento para reunir mejor los datos para responder la pregunta formulada? ¿Cometiste algún error que afectó tus resultados? ¿Qué más podrías medir para aprender más sobre el efecto del ejercicio físico?
4. ¿Cómo se relaciona la transpiración con la temperatura corporal y la homeostasis?
5. Desarrolla un circuito de retroalimentación para hacer un modelo que muestre la relación entre el ejercicio físico y el sistema circulatorio o el aparato respiratorio.

TRASTORNOS DEL SISTEMA ENDOCRINO | EXPLICAR LA HOMEOSTASIS | **Conéctate y elige alguna de estas opciones.**

Image Credits: ©Tom Carter/PhotoEdit

Autorrevisión de la lección

¿PUEDES EXPLICARLO?

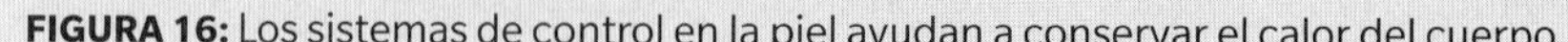

FIGURA 16: Los sistemas de control en la piel ayudan a conservar el calor del cuerpo.

En invierno, tomas medidas para que tu cuerpo mantenga su temperatura interna, como usar ropa de abrigo, beber bebidas calientes o tomar sopa. Tu cuerpo también tiene estrategias para mantener su temperatura interna cuando hace frío. Cuando la temperatura corporal está por debajo del punto de ajuste, el cerebro les indica a tus músculos que se contraigan y se expandan rápidamente. Estas contracciones, o temblores, generan calor, lo que hace que la temperatura corporal aumente.

Muchos de los virus y bacterias que causan enfermedades se reproducen mejor alrededor de los 37 °C, que es la temperatura corporal normal. Para defenderse de estos agentes, el cuerpo aumenta su temperatura interna por encima del rango normal. Esto les dificulta la reproducción a los virus o bacterias y tu sistema inmunológico puede luchar contra la enfermedad más rápidamente. Cuando tiembla, tu cuerpo está tratando de aumentar su temperatura interna para alcanzar el nuevo punto de ajuste. Cuando la infección se elimina, tu cuerpo regresa al punto de ajuste y la fiebre cesa.

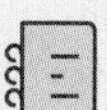

Explicar Consulta las anotaciones de tu Cuaderno de evidencias para explicar las siguientes preguntas. Usa las evidencias que reuniste en esta lección para justificar tus afirmaciones.

1. ¿Por qué tiritamos cuando tenemos fiebre?
2. ¿Esta respuesta es un ejemplo de retroalimentación positiva o negativa? ¿Por qué?
3. ¿Cómo altera la fiebre a la homeostasis? Usa los términos *estímulo*, *centro de control*, *punto de ajuste*, *receptores*, *efectores* y *desequilibrio* en tu respuesta.

Image Credits: ©Hero Images/Alamy

EJERCICIOS DE REVISIÓN

Comprueba lo que aprendiste

1. ¿Cómo funcionan los estomas en la mayoría de las plantas en relación con el intercambio de gases?
   a. Los estomas se cierran para evitar que el nitrógeno se escape.
   b. Los estomas se cierran para que se produzca la fotosíntesis.
   c. Los estomas se abren para absorber el dióxido de carbono y el oxígeno y expulsar el agua.
   d. Los estomas se abren para que el agua se acumule en la planta.

2. El sistema circulatorio y el aparato respiratorio trabajan en conjunto para proporcionar oxígeno y nutrientes a las células y eliminar los productos de desecho como el dióxido de carbono. Cuando necesitas *más* oxígeno, ¿cómo responde el sistema circulatorio?
   a. Se envía más sangre a los pulmones y menos al resto del cuerpo.
   b. Los vasos sanguíneos de los brazos y las piernas se contraen para conservar el oxígeno.
   c. El corazón late a un ritmo más rápido para igualar el aumento de la frecuencia respiratoria.
   d. La sangre se mueve más lentamente a través de los órganos para arrastrar más desechos.

3. ¿Qué pasaría en un día caluroso si tu cerebro no recibiera la información de entrada de que tu cuerpo empieza a calentarse?
   a. Empezarías a sudar.
   b. Tu cuerpo se sobrecalentaría.
   c. Empezarías a tiritar.
   d. No tendrías ninguna reacción.

4. Los gusanos planos son invertebrados de cuerpo suave. Algunos viven en ambientes de agua dulce. Según esta información, ¿qué puedes predecir sobre cómo el cuerpo de un gusano plano de agua dulce controla la osmorregulación? Elige todas las respuestas correctas.
   a. Elimina orina diluida.
   b. Elimina orina concentrada.
   c. Absorbe la mayor cantidad de sal posible de su alrededor.
   d. Elimina del cuerpo la mayor cantidad de sal posible.

5. Cuando se amamanta a un bebé recién nacido, la madre recibe la estimulación necesaria para producir leche. ¿Qué pasaría con el suministro de leche materna si la madre decidiera utilizar un biberón para alimentar a su bebé en lugar de amamantarlo? ¿Por qué?

6. Las personas que experimentan una pérdida de sangre grave experimentan un cuadro denominado shock hemorrágico. El shock ocurre cuando se reduce el volumen de sangre que va hacia el corazón. Este responde tratando de aumentar el bombeo de sangre, lo que puede ocasionar que el paciente se desangre y muera si no se trata a tiempo. ¿Es esto un ejemplo de retroalimentación negativa o positiva? Explica tu respuesta.

7. Muchos animales que habitan en el desierto son nocturnos. Esperan a que las temperaturas sean más frescas y la humedad sea mayor para buscar su alimento. ¿Cómo los ayuda esta conducta a regular el equilibrio hídrico?

8. ¿Qué pasaría con la homeostasis de la glucosa si el páncreas ya no pudiera producir glucagón?

9. El ejercicio físico aumenta los niveles de dióxido de carbono en la sangre. Esto afecta la homeostasis porque disminuye el pH de la sangre, lo cual es detectado por los receptores en el tronco encefálico. El tronco encefálico es el centro de control para el intercambio de gases. Según esta información, ¿qué mensaje debería enviar el tronco encefálico a los músculos del diafragma y la caja torácica para restaurar la homeostasis del pH de la sangre?

HAZ TU PROPIA GUÍA DE ESTUDIO

En tu Cuaderno de evidencias, diseña una guía de estudio que justifique la idea principal de esta lección:

La homeostasis es la regulación y el mantenimiento del medio interno dentro de un rango establecido que se necesita para mantener la vida a nivel celular.

Recuerda incluir la siguiente información en tu guía de estudio:

- Usa ejemplos que sirvan como modelo de las ideas principales.
- Anota explicaciones para el fenómeno que investigaste.
- Presenta evidencias para justificar tus explicaciones. Tu justificación puede incluir dibujos, datos, gráficas, conclusiones de laboratorio y otras evidencias que hayas anotado a lo largo de la lección.

Considera el papel que cumple la retroalimentación positiva y la negativa para mantener la homeostasis en un organismo.

1.4

La bioingeniería

Las prótesis son un ejemplo de bioingeniería.

Reunir evidencias Mientras trabajas con la lección, reúne evidencias para explicar cómo puede diseñarse un sistema inorgánico para trabajar junto con un sistema orgánico.

¿PUEDES EXPLICARLO?

FIGURA 1: Las tecnologías, como los marcapasos, pueden ser utilizadas para resolver problemas de salud.

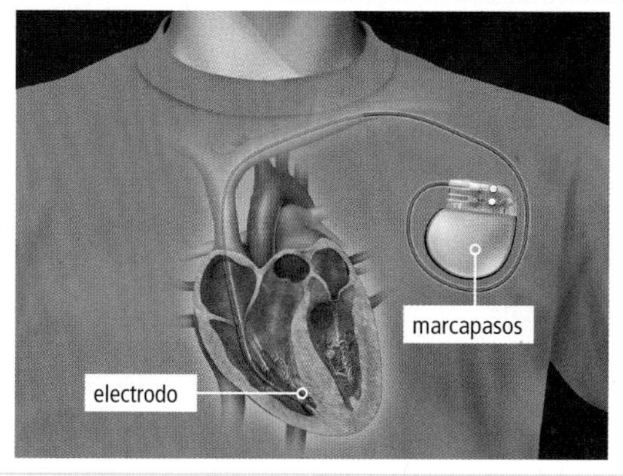

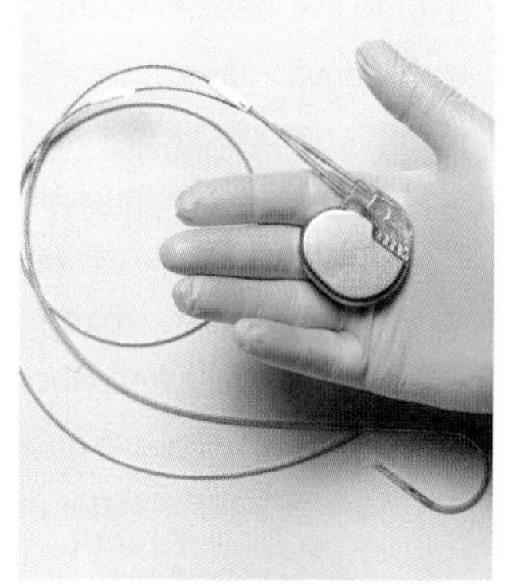

En un corazón saludable, los latidos rítmicos son el resultado de señales nerviosas calculadas cuidadosamente que se expanden por todo el músculo cardíaco. Estas señales hacen que el músculo se contraiga en una secuencia específica que obliga a la sangre a viajar por las aurículas y los ventrículos del corazón. Cuando estas señales no se emiten correctamente, el corazón puede latir lenta o erráticamente, o una o más cavidades pueden contraerse inadecuadamente. Si esto ocurre, un profesional médico puede colocarle un marcapasos al paciente.

Los marcapasos están diseñados para asistir o encargarse de las señales nerviosas que ocurren naturalmente en el corazón. Los primeros marcapasos portátiles a batería fueron desarrollados en la década de 1950. Un marcapasos moderno, como el de la Figura 1, consiste en una batería y una computadora en una carcasa y electrodos que entran al corazón. Los electrodos y la computadora trabajan en conjunto para controlar la actividad del corazón y enviar impulsos eléctricos cuando el ritmo del corazón es anormal. La batería provee de energía a los electrodos para estimular el músculo cardíaco.

Predecir Las baterías de los marcapasos no duran para siempre y, con el tiempo, necesitan ser recargadas o reemplazadas. ¿Qué tipo de características deberías considerar a la hora de diseñar una mejor batería para un marcapasos?

Image Credits: (t) ©MichaelSvoboda/E+/Getty Images; (br) ©Photographer's Choice/Peter Dazeley/Getty Images

La tecnología y los sistemas orgánicos

Cuando piensas en el término *tecnología*, probablemente pienses en un teléfono celular o en una tableta. La tecnología es la aplicación de conocimiento científico con fines prácticos. La tecnología incluye máquinas avanzadas, como las computadoras y el equipamiento robótico. Pero también incluye artículos más simples en los que tal vez no hayas pensado, como las gafas de sol, las tijeras y los lápices.

Colaborar Comenta con un compañero tres tecnologías que utilizaste para prepararte para la escuela hoy.

La tecnología y el cuerpo humano

En el curso de la historia de la humanidad, los avances de la ciencia y la tecnología surgieron mediante el proceso de la ingeniería. La bioingeniería aplica los conceptos de la ingeniería a los seres vivos. Mediante la bioingeniería y los avances científicos, la biotecnología se ha desarrollado de forma tal que permite que las personas vivan vidas más largas y saludables.

Analizar beneficios, riesgos y costos

Toda tecnología nueva tiene beneficios, riesgos y costos. Los bioingenieros deben analizar estas ventajas y desventajas cuando consideran cómo las tecnologías nuevas o mejoradas pueden impactar sobre los sistemas orgánicos. Se deben tomar decisiones con respecto a si los beneficios de una tecnología nueva son mayores a los costos y los riesgos asociados. Los beneficios son los efectos favorables de la solución, mientras que los costos y los riesgos son los efectos desfavorables. Uno de los costos puede ser el impacto sobre el medio ambiente. Un riesgo podría ser los efectos secundarios de utilizar un aparato médico. Los ingenieros deben hacer el balance de los beneficios, los riesgos y los costos de cada solución de diseño.

FIGURA 2: Un implante coclear envía señales de audio al cerebro.

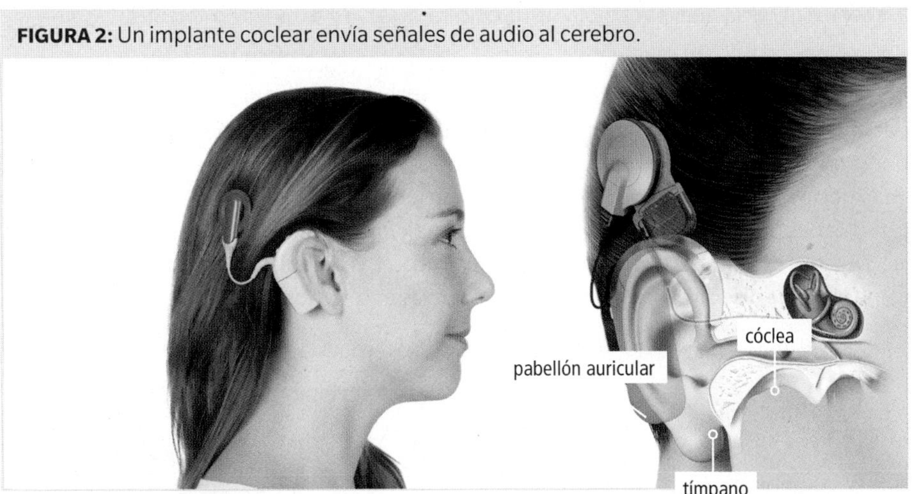

Por ejemplo, los implantes cocleares aumentan la capacidad auditiva en las personas que tienen el oído interno dañado. En un oído normal, el pabellón auricular (la parte externa del oído) conduce las ondas sonoras por el conducto auditivo. Las ondas sonoras luego desembocan en el tímpano y hacen que vibre. Estas vibraciones son amplificadas por el oído medio. Las células pilosas de la cóclea convierten las ondas en impulsos que el nervio auditivo transmite al cerebro.

Un implante coclear, como se muestra en la Figura 2, tiene un micrófono y un procesador de sonido, que recogen los sonidos del medio ambiente. Un transmisor y un estimulador convierten las señales del procesador en señales eléctricas. Una serie de electrodos implantados en la cóclea recolectan las señales eléctricas y las envían al nervio auditivo.

Analizar ¿De qué manera el proceso del implante coclear para transmitir sonido al cerebro imita el proceso utilizado por el oído?

Image Credits: (l) ©iStock/ELizabethHoffmann/Getty Images Plus

Los científicos y los ingenieros continúan modificando la tecnología para satisfacer las necesidades y las demandas de la sociedad. A menudo, esto incluye el aumento de los beneficios de la tecnología y la reducción de los costos y los riesgos. Para el implante coclear, los ingenieros pudieron aumentar los beneficios al mejorar la capacidad de reconocer sonidos. También pueden trabajar con científicos para disminuir la probabilidad de infecciones, lo que reduce el riesgo. Los ingenieros pueden encontrar nuevos materiales que reduzcan el costo en el medio ambiente y el costo del implante. Un reemplazo de los metales preciosos que se usan en las computadoras podría reducir el impacto ambiental de la minería y hacer menos costosos los implantes.

Investigación y desarrollo

Los científicos hacen preguntas para aprender más sobre los fenómenos y los ingenieros diseñan soluciones para los problemas relacionados con esos fenómenos. Este ida y vuelta entre científicos e ingenieros es parte de un proceso llamado investigación y desarrollo. Los estudios y las pruebas realizados durante este proceso generalmente llevan al desarrollo y la mejora de las tecnologías.

Explicar ¿Cómo se relacionan la tecnología y las ciencias de la vida en el campo de la bioingeniería?

En el caso del implante coclear, los científicos hicieron preguntas para saber más sobre el fenómeno de la audición. Pueden haberse preguntado: "¿Cómo interactúan el oído y el cerebro para detectar sonido?" o "¿Qué estructuras se ven afectadas en los pacientes que tienen pérdida de la audición?". Los ingenieros diseñaron el implante coclear con la información de la mecánica de la audición que surgió de la investigación científica.

Tecnología y sociedad

La tecnología ha influido mucho en la sociedad y la sociedad ha influido en el progreso de la tecnología. Las nuevas tecnologías cambian nuestros estilos de vida, nuestra alimentación y los espacios en los que vivimos. Asimismo, a medida que cambian las tendencias sociales, las fuerzas económicas y los valores culturales, emergen nuevas tecnologías que apoyan esos cambios. Estas nuevas tecnologías también pueden impulsar a la sociedad hacia nuevos cambios en la cultura, la salud y el medio ambiente.

Considera los avances del tratamiento médico en emergencias y de la tecnología. Antes de la década de 1950, muchas ambulancias eran simplemente el medio para transportar a un paciente al hospital. Las ambulancias tenían lugar solo para un paciente en la parte trasera, por lo que no se podían brindar cuidados médicos durante el transporte. Los cambios en las expectativas de la sociedad llevaron a la creación de vehículos con lugar suficiente para que quienes brindan servicios de emergencia pudieran atender a los pacientes, así como al surgimiento de nuevas tecnologías para salvar vidas. Las ambulancias modernas se siguen cambiando de diseño a medida que surgen nuevas necesidades médicas.

FIGURA 3: Con las mejoras tecnológicas, el tiempo de respuesta a una emergencia disminuyó.

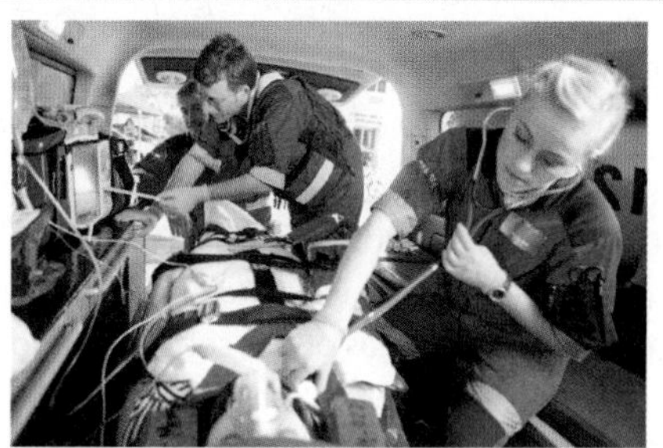

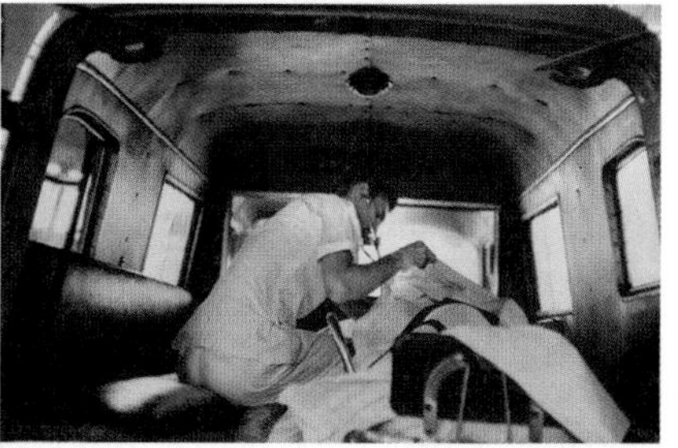

La ciencia como un esfuerzo humano ¿Qué cambios hicieron en la sociedad las mejoras en la tecnología médica en emergencias?

Image Credits: (r) ©A. Y. Owen/Time Life Pictures/Getty Images; (l) ©Zero Creatives/Cultura/Getty Images

Todas las nuevas tecnologías tienen riesgos y costos para las personas y para la sociedad, a pesar de lo grandes que puedan ser los beneficios. Por ejemplo, muchas vacunas son refrigeradas, lo que permite que sean efectivas por períodos de tiempo más largos. Sin embargo, la refrigeración es escasa en algunas partes del mundo, lo que dificulta que las personas accedan a las vacunas. Los refrigerantes también se suman al efecto del gas invernadero. En respuesta a esto, algunos investigadores están trabajando para producir vacunas que no requieran refrigeración.

Ingeniería

Agua potable limpia

FIGURA 4: Las sociedades de todo el mundo acceden a agua potable limpia mediante nuevos diseños de ingeniería, como los aparatos para transportar agua mejorados y nuevos pozos.

Muchas personas en el mundo no tienen acceso a agua potable. Deben caminar millas ida y vuelta de los pozos para llevar agua a sus hogares. Una vez que la transportan a sus hogares, el agua necesita ser filtrada para evitar enfermedades transmitidas por el agua, como el cólera. En respuesta a esto, los bioingenieros desarrollaron mejores sistemas de filtración de agua en los pozos, lo que hizo que el agua fuera más limpia y más segura. Los ingenieros también desarrollaron aparatos para facilitar el transporte de agua a grandes distancias, como se muestra en la imagen de la izquierda, en la Figura 4. Obtener agua puede llevar un día completo de trabajo y, a menudo, es el trabajo de las mujeres y las niñas jóvenes. Al disminuir la cantidad de tiempo que deben ocuparse del agua, las mujeres y las niñas tienen más tiempo para dedicarle a otras tareas, como la educación.

Colaborar Si te pidieran que diseñaras un aparato para transportar agua, como los cilindros de la Figura 4, ¿qué impactos en la sociedad, en la cultura y en el medio ambiente deberías considerar?

En algunos casos, al resolver un problema, los avances de la tecnología pueden causar nuevos problemas sociales y económicos. La tecnología médica ha hecho posible que muchos seres humanos vivieran vidas más largas. En algunos países, los períodos de vida más largos significan que la proporción de individuos mayores continúa aumentando y se necesitan más recursos para mantener a estas personas.

El medio ambiente también es una preocupación cuando se trata de nuevas tecnologías. Los suministros médicos desechables permiten utilizar nuevas herramientas estériles para cada paciente nuevo. Sin embargo, una vez utilizado, el material necesita ser desechado correctamente para impedir que los desechos sanitarios peligrosos puedan afectar a alguien.

Explicar ¿Qué biotecnología te gustaría que se desarrollara o se mejorara durante los próximos 50 años? Describe los beneficios, los riesgos y los costos potenciales de la tecnología y cómo impactaría en la sociedad.

Image Credits: (l) ©Hippo Water Roller Project; (r) ©ADEK BERRY/AFP PHOTO/Getty Images

La ingeniería en las ciencias de la vida

La ingeniería y la indagación científica incluyen una serie de principios y una secuencia general de sucesos. A menudo, las investigaciones científicas incluyen pasos tales como hacer preguntas, realizar predicciones e investigar los efectos de distintas variables. El proceso de diseño de ingeniería incluye ciertos pasos, como definir un problema, desarrollar posibles soluciones y optimizar las soluciones.

El proceso de diseño de ingeniería

El proceso de diseño de ingeniería es un método utilizado para desarrollar o mejorar la tecnología. El proceso es reiterativo, es decir, utiliza pasos que se repiten. Los ingenieros no siempre aplican estos pasos en el mismo orden. Pueden saltearse algunos en ocasiones o realizar otros pasos más de una vez.

FIGURA 5: El proceso de diseño de ingeniería es una serie de pasos que llevan al diseño o la mejora de la solución de un problema.

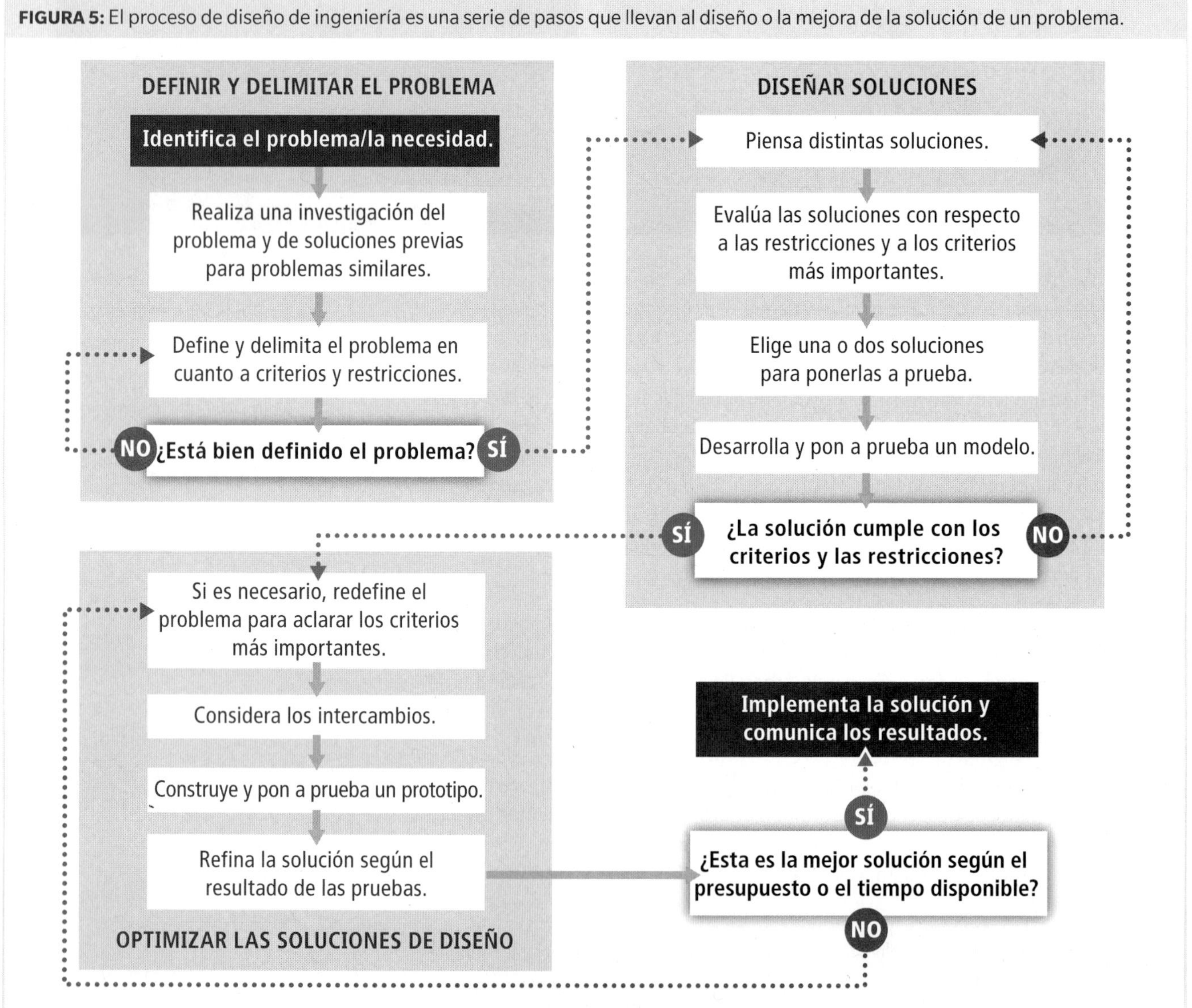

El seguimiento de una serie de pasos bien definidos garantiza que los ingenieros tengan un enfoque razonado y completo cuando diseñan la solución de un problema. En este proceso, los ingenieros primero deben identificar y definir el problema o la necesidad. Para hacer esto, tal vez tengan que realizar investigaciones o analizar datos para saber más acerca del problema. Deben identificar los aspectos que se esperan de la solución final, así como también los límites de la solución. Luego, los ingenieros comenzarán a diseñar soluciones. Durante esta etapa, evaluarán varias soluciones diferentes y elegirán solo una o dos opciones para comenzar a ponerlas a prueba. En la etapa de prueba, u optimización, se ponen a prueba los diseños mediante simulaciones en computadora y prototipos. Según los resultados de estas pruebas, los diseños pueden ser aceptados o refinados. Los ingenieros pueden incluso decidir elegir una solución diferente y comenzar el proceso de nuevo.

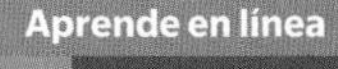

Práctica de laboratorio

Hacer un modelo del movimiento de las articulaciones
Utiliza el proceso de diseño de ingeniería para desarrollar modelos de las articulaciones en el sistema esquelético y poner a prueba su rango de movimiento.

Imagina que unos bioingenieros están diseñando un nuevo tipo de cadera artificial. Necesitarán investigar cómo funciona una cadera normal y qué tipos de materiales son seguros de utilizar. El cliente que contrató a los ingenieros puede pedirle al equipo que considere utilizar impresiones 3D para hacer el producto a la medida de cada paciente. También pueden decir que el diseño no puede costar más de $10,000. A los ingenieros se les ocurrirán muchas soluciones de diseño diferentes, pero solo se considerarán las que tengan un costo menor a $10,000. El diseño final puede no estar impreso en 3D, pero puede tener otros aspectos que lo hagan mejor. Los ingenieros deben considerar estos tipos de intercambios antes de presentar el diseño final.

Colaborar Con un compañero, comenta por qué es necesario que los procesos científicos y de ingeniería sean reiterativos, en lugar de seguir una secuencia fija de pasos.

Definir y delimitar el problema

El primer paso en el proceso de diseño de ingeniería es hacer preguntas que contribuyan específicamente a definir el problema. Estas preguntas ayudan a los ingenieros a entender los criterios para el diseño. Los criterios aclaran lo que debe lograr una solución exitosa y cuán eficiente y económica debería ser esa solución. Esos son los "deseos" que la solución debe cumplir. Los criterios pueden incluir muchos aspectos de un diseño, pero frecuentemente se consideran el costo, la seguridad, la fiabilidad y la estética.

Luego, los ingenieros delimitan el problema. La delimitación es el proceso de definir las limitaciones, o restricciones, de la solución. Las restricciones son las limitaciones de un diseño. Usualmente, las establece el cliente. Estas restricciones pueden incluir cosas como el costo, el peso, las dimensiones, los recursos disponibles y el tiempo. Las soluciones que no cumplen con las restricciones del diseño no son consideradas.

Los ingenieros, a menudo, deben equilibrar los criterios y las restricciones. Deben aceptar algunos riesgos en los intercambios, o concesiones, para obtener mayores beneficios. Los ingenieros también pueden renunciar a un beneficio para obtener otro y así evitar un riesgo potencial. Considera de nuevo el ejemplo de la cadera artificial. Los diseños que exceden la restricción de los $10,000 no son aprobados. El fabricante puede considerar un diseño que use materiales más típicos si se reduce un riesgo o se aumenta un beneficio que los materiales diferentes no logran. El beneficio del intercambio dependerá del problema definido por el ingeniero.

Analizar Una empresa está diseñando una silla de ruedas eléctrica y te contrata como ingeniero. Ellos te dicen que la silla de ruedas no puede costar más de $5,000. El diseño debe poder ser utilizado por personas con movilidad de manos limitada y no debería requerir la sustitución de la batería muy a menudo. En tu Cuaderno de evidencias, define el problema y luego haz una lista de los criterios y las restricciones de las posibles soluciones.

Ingeniería

Tecnología de corrección de la visión

FIGURA 6: Tanto PRK como LASIK corrigen la visión de las personas mediante un láser, pero la técnica utilizada dependerá de las necesidades del paciente.

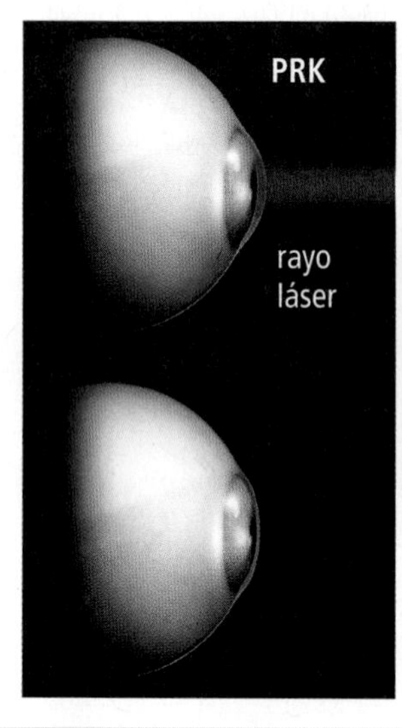

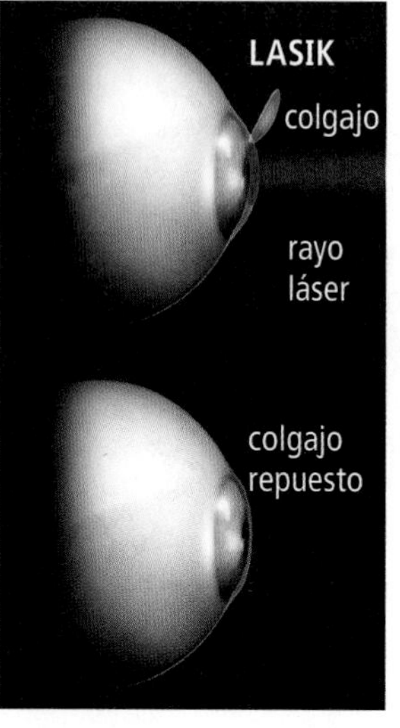

La corrección de la visión ha atravesado muchos cambios desde que las gafas aparecieron por primera vez en Italia, en el siglo XIII. Además de las gafas modernas, las personas con visión disminuida pueden comprar lentes de contacto o someterse a una cirugía para reparar la vista. LASIK y PRK son dos de las tecnologías más reconocibles desarrolladas para tratar problemas de visión. En la cirugía LASIK, un filo o láser forma un colgajo en la superficie exterior de la córnea. Luego, otro láser remodela la córnea. Con la técnica PRK, se remueve la capa de la superficie de la córnea y se remodela la base de la córnea. Los médicos y los pacientes deben sopesar los criterios y las restricciones antes de elegir una solución. La Figura 7 enumera varios de los criterios para cada una de estas tecnologías de corrección de la visión.

Analizar Analiza los intercambios entre cada una de las soluciones de ingeniería para las tecnologías de corrección de la visión en la Figura 7. ¿Cómo le explicaría un médico a un paciente los intercambios de cada opción? ¿Qué preguntas debería hacer un doctor para ayudar al paciente a elegir la tecnología que se ajuste mejor a sus necesidades y deseos?

FIGURA 7: Las tecnologías de corrección de la visión tienen intercambios tales como la seguridad, la fiabilidad, el costo y la estética.

Tecnología	Gafas	Lentes de contacto	LASIK	PRK
Seguridad	Brinda protección del sol y protección física para los ojos.	Brinda protección del sol, pero no protección física. Puede haber infecciones si los lentes no se limpian regularmente.	No puede brindar protección del sol ni protección física. El procedimiento por lo general es seguro. Tiempo de recuperación relativamente corto.	No puede brindar protección del sol ni protección física. El procedimiento por lo general es seguro. Tiempo de recuperación más largo.
Fiabilidad	Pueden perderse o romperse. Los lentes o los marcos pueden reemplazarse si es necesario.	Pueden perderse o romperse. Pueden reemplazarse si es necesario.	Los resultados son relativamente permanentes. Las gafas pueden volverse necesarias.	Los resultados son relativamente permanentes. Las gafas pueden volverse necesarias.
Costo	Los precios varían de decenas a cientos de dólares.	Los precios varían de decenas a cientos de dólares.	Los precios en general rondan los miles de dólares.	Los precios en general rondan los miles de dólares.
Estética	Vienen en muchos colores y formas. Pueden ocultar algunas características faciales.	Vienen en muchos colores. No ocultan características faciales.	No oculta características faciales. No puede cambiarse el color de los ojos.	No oculta características faciales. No puede cambiarse el color de los ojos.

Los ingenieros priorizan los criterios al decidir cuáles son los más importantes para cierto problema. Realizan intercambios entre ellos para empezar a aportar ideas de soluciones del problema. Los ingenieros incluso pueden redefinir el problema para aclarar los criterios más importantes antes de comenzar a diseñar y probar una solución. Recuerda que si una solución propuesta no cumple con las restricciones del problema, no avanzará en el proceso de diseño de ingeniería.

Diseñar soluciones

Luego de que los ingenieros identifiquen las restricciones y los criterios para resolver un problema, el siguiente paso es pensar ideas de diseño para una solución. Generalmente, los ingenieros y otros especialistas trabajan en equipos a la hora de pensar ideas. El líder del grupo presenta el problema que debe resolverse y alienta a que se sugieran todas las ideas posibles, aunque parezcan horribles.

Una vez que el equipo ha compartido varias ideas, puede utilizar una matriz de decisiones, o matriz de Pugh, para evaluar cada solución con respecto a los criterios del problema. En una matriz de decisiones, se le asigna un número, o peso, a cada criterio según su importancia. Cuanto más importante sea el criterio, más peso se le asignará. Luego, a cada diseño se le pone una calificación según qué tan bien cumple con esos criterios. La calificación de cada diseño se multiplica por su respectivo peso y se suman los resultados de cada multiplicación para que los ingenieros puedan determinar qué tan bien el diseño cumple con esos criterios. Pueden elegir llevar el diseño con la calificación más alta a la siguiente fase o pueden elegir aportar nuevas ideas si ningún diseño cumple con los requisitos.

FIGURA 8: Ejemplo de una matriz de decisiones para tres diseños de un sistema de filtración de agua, con pesos en una escala de 0 a 5.

Criterio de diseño	Peso	Diseño 1	Diseño 2	Diseño 3
Seguridad	5	4	1	5
Fiabilidad	4	2	3	4
Costo	2	1	2	1
Estética	1	1	1	0
Calificación total		31	22	43

La Figura 8 muestra cómo se puede completar una matriz de decisiones para tres diseños. En este ejemplo, cada columna representa un diseño de un nuevo sistema de filtración de agua que las personas pueden utilizar en sus hogares. La seguridad tiene un peso 5, lo que significa que es de extrema importancia. La estética, sin embargo, tiene un peso muy bajo, lo que significa que no es tan importante. Para determinar qué peso asignarle a cada diseño, los ingenieros deben elegir realizar un modelo o simulaciones por computadora para ver cómo trabajaría cada diseño en una situación típica.

Un bioingeniero podría utilizar una matriz de decisiones para evaluar una tecnología, como por ejemplo un nuevo diseño para una máquina de presión positiva continua en la vía aérea (CPAP, por sus siglas en inglés). Estas máquinas son utilizadas por personas que sufren de apnea del sueño, una condición en la que la respiración se inicia y se detiene durante el sueño. Las máquinas CPAP se utilizan mientras una persona está durmiendo y suministran una fuente constante de presión para ayudar a mantener abiertas las vías respiratorias. Es probable que los criterios para una máquina como esta incluyan seguridad y fiabilidad, pero también pueden incluir comodidad, facilidad de uso y nivel de ruido.

Ingeniería Realiza una matriz de decisiones para las tres máquinas CPAP que se muestran en la Figura 9. ¿Qué criterios crees que son importantes para esta máquina? ¿Cómo asignarías los pesos?

Una vez que se proponen varias soluciones, son evaluadas teniendo en cuenta los criterios y las restricciones establecidos para la solución deseada. Las soluciones que no cumplen con las restricciones deben ser rediseñadas para ser consideradas. En general, se seleccionan una o dos ideas que cumplan mejor con los criterios y con todas las restricciones, y esas ideas entran en la fase de optimización del proceso de diseño.

FIGURA 9: Ejemplos de diferentes diseños de CPAP

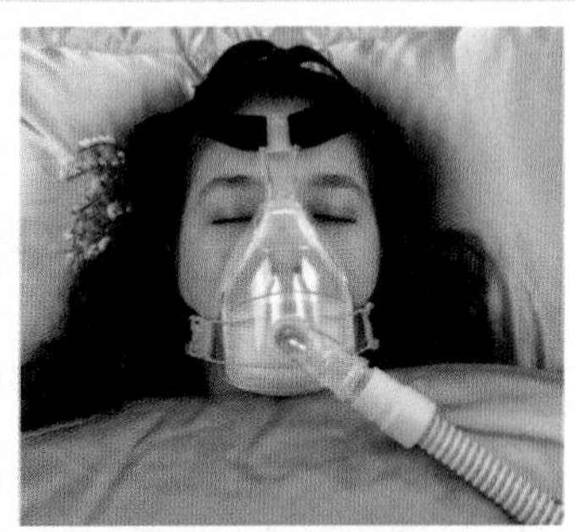

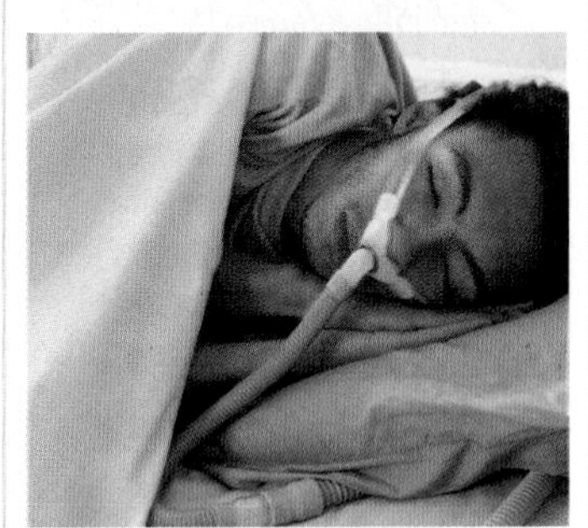

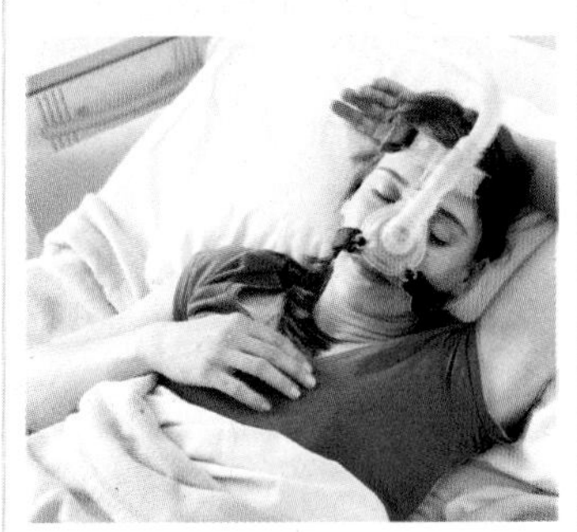

Image Credits: (t) ©Brian Chase/Shutterstock; (c) ©JPC-PROD/Shutterstock; (b) ©Phanie/Phanie/Superstock

Optimizar las soluciones de diseño

Cuando se han elegido una o dos soluciones, los ingenieros pueden crear un prototipo de la tecnología para probar aún más las capacidades y la efectividad del diseño. Un prototipo es la primera construcción de un diseño y puede no ser construido a escala o con los materiales definitivos. Como los resultados de las pruebas de los prototipos pueden llevar a que se realicen cambios de diseño, en general los prototipos se construyen con materiales más baratos que la versión final. De esta forma, los ingenieros pueden realizar muchas pruebas y construir muchas versiones de sus diseños. A medida que el diseño se vuelve más refinado y definitivo, los ingenieros pueden comenzar a usar los materiales finales para asegurarse de que la solución funcionará como se espera.

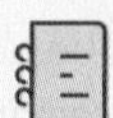

Analizar ¿Qué tipos de información pueden obtenerse cuando se construye un prototipo que no es el modelo exacto del producto final?

Ingeniería

Optimizar las prótesis

Uno de los desafíos más grandes a los que se enfrentan los diseñadores es la necesidad de pensar creativamente y de considerar seriamente nuevos diseños. A pesar de no ser tradicionales, estos nuevos diseños pueden ser lo que se requiere para resolver un problema o mejorar un producto existente. Van Phillips creó la prótesis de pierna/pie en forma de "L", la preferida por los corredores hoy en día. Su diseño dejó atrás las toscas prótesis tradicionales y favoreció el uso de materiales livianos hechos a medida para los atletas, como se muestra en la Figura 10.

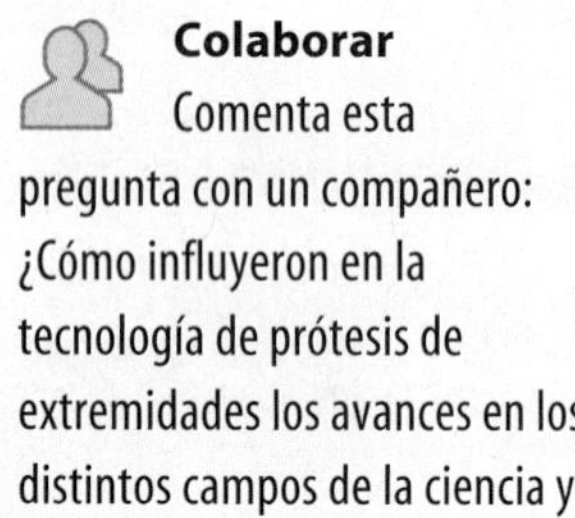

Colaborar Comenta esta pregunta con un compañero: ¿Cómo influyeron en la tecnología de prótesis de extremidades los avances en los distintos campos de la ciencia y de la ingeniería?

FIGURA 10: Los diseños de las prótesis de pierna han cambiado con el tiempo. A medida que se desarrollan nuevos materiales, se generan nuevas ideas.

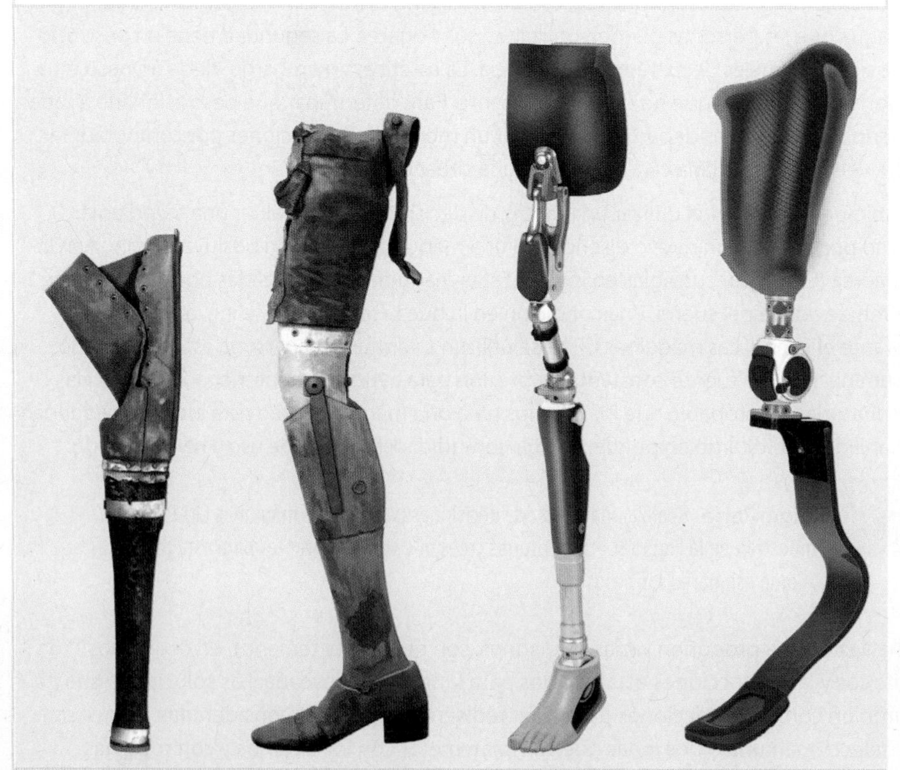

La prueba es una parte importante del proceso de diseño de ingeniería, porque les permite a los ingenieros recibir observaciones sobre su diseño. Los datos recolectados de las pruebas les dirán a los ingenieros si el diseño está funcionando como se esperaba. Los datos también pueden mostrar problemas de diseño que no se percibieron en las etapas previas del proceso. Los ingenieros revisarán estos problemas y determinarán cuáles necesitan ser reparados. Considerar los intercambios es una parte importante del proceso de optimización. Los problemas que no impacten gravemente en los criterios o las restricciones importantes pueden no ser corregidos si el intercambio es indeseable, como sería el aumento del costo del diseño. Sin embargo, si el problema es lo suficientemente importante, los ingenieros tal vez necesiten cambiar el diseño o aportar ideas de nuevos diseños para ocuparse de este asunto.

FIGURA 11: Los ingenieros pueden volver a un diseño o prototipo en el proceso de optimización.

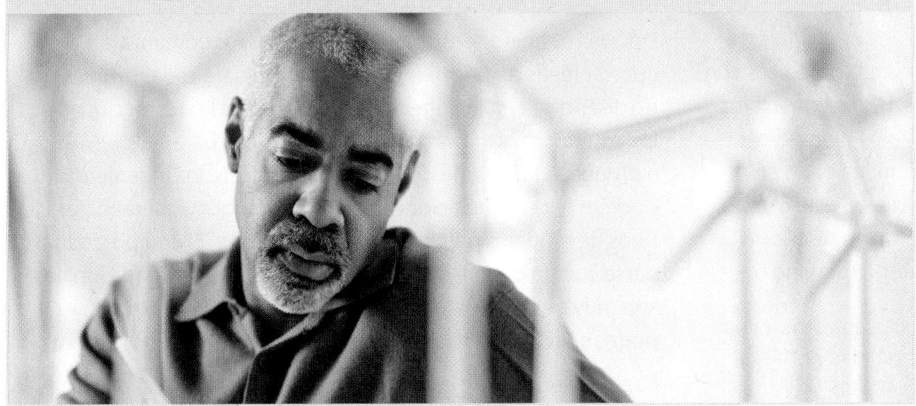

Los análisis del ciclo de vida son otra forma de evaluar un diseño. Un análisis del ciclo de vida intenta evaluar el costo real de una nueva tecnología o diseño. Considera los materiales y la energía utilizada para fabricar, transportar, utilizar y desechar un producto. Tal vez un diseño tiene varios beneficios con respecto a otro. Si el diseño es mucho más caro de producir, los fabricantes pueden abandonarlo y optar por otro diseño menos costoso. Si se deteriora rápidamente y debe ser reemplazado muy seguido, el diseño puede cambiarse por una alternativa más duradera.

El análisis del ciclo de vida también considera el impacto ambiental de los materiales y los desechos que se generan al producir ese diseño. Los ingenieros pueden considerar una alternativa si la fabricación de un diseño contamina. Si el producto no se puede desechar de forma segura, se puede considerar una opción biodegradable o reciclable.

Conexión con las artes del lenguaje

Investiga el ciclo de vida de distintos teléfonos celulares. ¿Se fabrican para que duren cuánto tiempo? ¿Cuáles son los requisitos de energía para fabricar un teléfono? Desarrolla tu propio análisis del ciclo de vida de un teléfono para determinar el verdadero valor de la tecnología.

Los ingenieros también pueden realizar un análisis costo-beneficio para evaluar aún más su solución de diseño. Un análisis costo-beneficio es un método para identificar las fortalezas y las debilidades de un diseño. El costo podría ser el costo monetario de producir el diseño. Si cuesta mucho fabricar el aparato y los beneficios no son lo suficientemente grandes, se puede dejar de lado la solución de diseño y optar por otro diseño menos costoso. El costo también podría estar relacionado con los factores ambientales. Si un diseño utiliza un metal muy raro y va a provocar minería a gran escala, el impacto ambiental puede superar los beneficios, especialmente si se puede usar un material diferente.

Una vez que se haya elegido y puesto a prueba un diseño final, los ingenieros comunicarán los resultados. Esto puede ser simplemente la presentación de la solución final al cliente para iniciar la producción. Si el diseño es nuevo y revolucionario o tiene importantes implicaciones, el equipo de ingeniería puede publicar un artículo periodístico que detalle el diseño para la comunidad científica.

Explicar ¿En qué aspectos crees que difiere el proceso de diseño de ingeniería de las biotecnologías, como los marcapasos, que se usa en el campo médico en comparación con el que se usa en otros campos de la tecnología, como en el desarrollo de un teléfono celular?

Image Credits: ©Tim Pannell/Corbis/Getty Images

Profesiones de las ciencias

Profesiones de la bioingeniería

La bioingeniería incluye una variedad de campos, como la ingeniería biomédica, la ingeniería celular, la ingeniería molecular, entre otros. Los bioingenieros utilizan los métodos de ingeniería y la ciencia biológica para diseñar y fabricar equipamiento, sistemas de computación y nuevos materiales que se utilicen en el campo de la biología.

Ingeniería biomédica

Algunos de los aparatos creados por ingenieros biomédicos son articulaciones y órganos artificiales, prótesis, lentes correctivos e implantes dentales, entre otros. Los ingenieros biomédicos todavía utilizan el proceso de diseño de ingeniería para desarrollar y optimizar las tecnologías médicas. En este campo, los ingenieros deben considerar siempre cómo un diseño va a interactuar con los distintos sistemas del cuerpo humano.

FIGURA 12: Los ingenieros biomédicos diseñan aparatos, tales como las extremidades protésicas. Esta extremidad protésica está diseñada para interpretar mensajes del sistema nervioso del usuario.

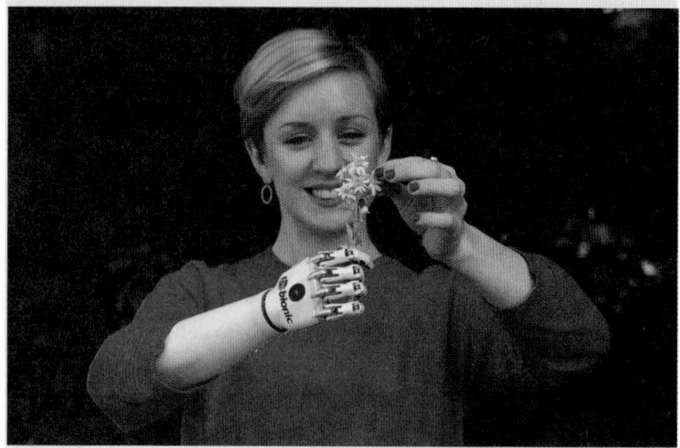

Una mano biónica, como la que se muestra en la Figura 12, puede interactuar con el sistema nervioso para interpretar las señales que indican sujetar algo. Sin embargo, el implante de este aparato podría provocar estrés en el sistema inmunológico, lo que provocaría que el cuerpo rechazara el aparato. A la hora de diseñar soluciones, los ingenieros biomédicos deben considerar todos los potenciales riesgos de salud.

Imagina que una empresa quiere desarrollar prótesis para nadadores profesionales a quienes les han amputado una pierna a la altura de la rodilla. La empresa necesita un diseño que pueda funcionar dentro de seis meses y quiere que cada prótesis cueste menos de $30,000. La prótesis debe durarle al nadador al menos cinco años antes de que alguna parte deba ser reemplazada. ¿Cómo resolvería este problema un equipo de ingenieros?

Primero, el equipo de ingenieros debe definir y delimitar el problema. La empresa ha indicado las restricciones: El diseño debe costar menos de $30,000, debe completarse en medio año y todos los componentes deben durar al menos cinco años. Los criterios para este problema podrían incluir el peso, la hidrodinámica en el agua y la seguridad de su uso.

Una vez definido el problema, los ingenieros comenzarán a aportar ideas de posibles diseños. Se evaluará cada propuesta de diseño y las soluciones que cumplan con las restricciones y los criterios más importantes serán elegidas para ser puestas a prueba. A la hora de desarrollar las prótesis, los ingenieros podrían hacer simulaciones por computadora y utilizar otros tipos de modelos para evaluar cada solución. El equipo podría darse cuenta de que los materiales de las prótesis tradicionales son muy pesados para una prótesis acuática. Por lo tanto, podrían investigar sobre materiales más livianos.

Luego, el equipo de ingenieros comenzará a poner a prueba y optimizar sus diseños. Construirán prototipos y hasta incluso podrían probar sus prototipos en los nadadores para obtener observaciones y datos sobre el diseño. En esta etapa, los ingenieros podrían darse cuenta de que su diseño genera demasiada resistencia en el agua y hay que rediseñarlo para que sea más aerodinámico.

Incluso si el cliente aprueba una solución, los equipos de ingenieros pueden continuar revisando los diseños y realizando mejoras. A medida que cambia la tecnología, surgen nuevas oportunidades para conceptos de diseño mejorados.

Con un equipo, desarrolla tu propio diseño de prótesis de pierna acuática. Imagina que estás trabajando con las mismas restricciones que se determinan en este ejemplo. Con tu grupo:

Define y delimita el problema En grupo, determina los criterios y las restricciones y define el problema de forma clara.

Diseña una solución Cada miembro del grupo debe proponer una potencial solución. Asigna pesos a cada criterio determinado por tu grupo y realiza una matriz de decisiones para evaluar cada diseño. Elige el diseño mejor calificado o aporta ideas adicionales hasta encontrar una solución que resuelva el problema que determinó tu grupo. Recuerda que puedes necesitar redefinir el problema si las soluciones de diseño no cumplen con los criterios o las restricciones. Cuando tu diseño final haya sido elegido, realiza un modelo, como un dibujo, de ese diseño y haz que el maestro lo apruebe antes de pasar a la siguiente etapa del proceso.

Image Credits: ©Laura Lean/PA Wire URN:23312103 (Press Association via AP Images)

Desarrolla un prototipo Usa elementos comunes de tu casa y del salón de clases y desarrolla un prototipo de tu diseño aprobado. Puedes utilizar elementos como rollos de toalla de papel, tubos de PVC, cartón, cinta adhesiva y otros elementos que puedas necesitar. Recuerda que un prototipo no necesariamente debe ser una réplica del producto final. Tu prototipo puede no estar hecho a escala o puede no ser impermeable. El prototipo debería poder demostrar cómo funcionará el diseño, pero no necesita funcionar completamente.

Optimiza el diseño Luego de construir tu prototipo, revisa tu diseño e identifica las áreas donde podría mejorarse. Repasa los criterios y las restricciones una vez más para asegurarte de que tu diseño resuelva el problema. Si sientes que tu diseño no funcionó, aporta ideas de nuevos diseños o de formas de cambiar aspectos de tu diseño. Podrías construir un prototipo adicional para probar las modificaciones.

Conexión con las artes del lenguaje Con tu grupo, investiga otros diseños de prótesis que ayuden a las personas a nadar. Luego, haz una presentación para el resto de la clase. En tu presentación:

- Incluye un resumen de tu investigación y de los diseños de prótesis que descubriste.
- Presenta un diagrama de tu diseño final a la clase.
- Explica los criterios más importantes que consideraste al diseñar tu solución.
- Finalmente, presenta tu prototipo y explica cómo tu diseño resolverá el problema.

Ingeniería celular

La ingeniería celular es un campo de la bioingeniería que combina el entendimiento de las funciones celulares, los sistemas biológicos y las prácticas de ingeniería para desarrollar tecnologías que mejoren la vida de las personas. Por ejemplo, los ingenieros celulares pueden estudiar las formas en que se pueden usar las células madre para mejorar la vida de las personas con problemas de salud, como la enfermedad de Parkinson o la diabetes.

La ingeniería de los tejidos utiliza aspectos de la ingeniería celular para desarrollar tejidos biológicos. A partir de células, se pueden crear tejidos enteros o porciones de tejido que pueden ser utilizados para reparar áreas dañadas del cuerpo. Los científicos en este campo incluso están tratando de hacer órganos enteros por medio de su conocimiento sobre la función celular, la ingeniería y los sistemas biológicos.

FIGURA 13: Los bioingenieros desarrollan tecnologías, como las máquinas de IRM, para ayudar a que los científicos puedan aprender más sobre los sistemas orgánicos.

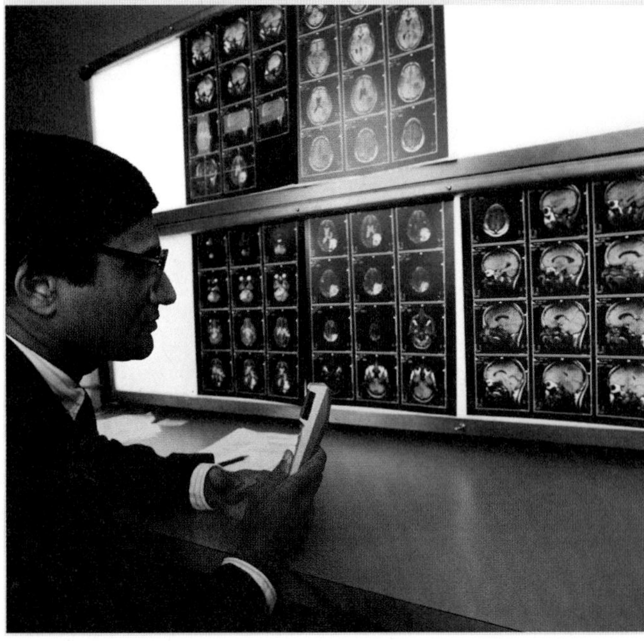

Ingeniería molecular

La ingeniería molecular es un campo de estudio altamente integrado que combina conocimientos sobre biología, química, mecánica y ciencia de los materiales. Los ingenieros moleculares estudian formas de construir mejores materiales y sistemas mediante el estudio de las propiedades moleculares de esos materiales.

En el campo de la biología, los ingenieros moleculares están estudiando la inmunoterapia. La inmunoterapia es el tratamiento de las enfermedades mediante la ampliación o minimización de la reacción inmunológica del cuerpo. Los ingenieros moleculares están desarrollando vacunas para aumentar la reacción inmunológica de los pacientes.

Los ingenieros moleculares también están investigando formas de manipular el material genético de un organismo. Esto podría permitirles tratar o curar desórdenes genéticos y modificar el índice metabólico y la estructura de las proteínas para crear nuevas funciones. Para realizar cambios en el material genético de un organismo, los ingenieros moleculares están desarrollando nuevas tecnologías para impulsar su investigación.

Conexión con las artes del lenguaje Escribe un artículo corto de estilo periodístico que compare y contraste los diferentes campos de la bioingeniería.

BIOIMPRESIÓN 3D | NANOTECNOLOGÍA | **Conéctate y elige alguna de estas opciones.**

Image Credits: ©Corbis

Autorrevisión de la lección

¿PUEDES EXPLICARLO?

FIGURA 14: Un marcapasos es un sistema inorgánico que funciona dentro de un sistema orgánico: el corazón humano.

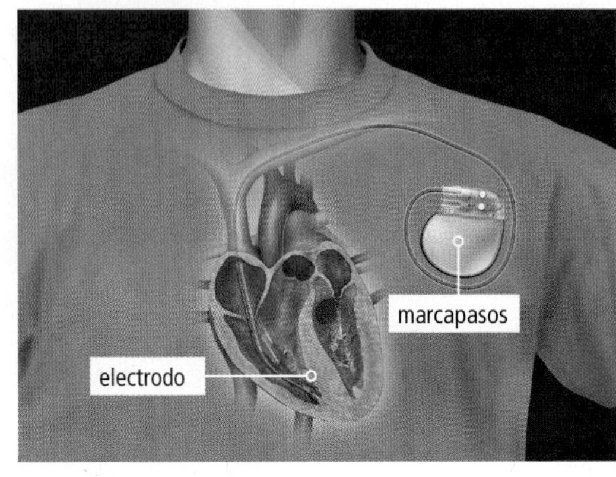

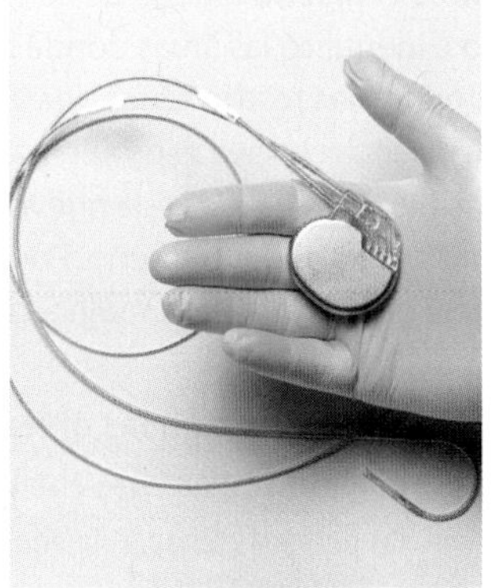

Los marcapasos generan señales eléctricas que estimulan el corazón cuando la actividad cardíaca es anormal. El marcapasos atravesó muchos cambios de diseño gracias a la tecnología mejorada y el avance del conocimiento médico desde su concepción inicial. A medida que las tecnologías mejoraron, los diseños se volvieron más pequeños. Con el progreso del entendimiento de la anatomía, las enfermedades del corazón y los sistemas biológicos, también progresó la eficiencia de los marcapasos. Científicos e ingenieros trabajan juntos continuamente para mejorar este diseño y muchos otros del campo médico.

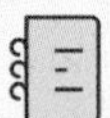

Explicar Con el tiempo, las baterías de los marcapasos deben ser recargadas o reemplazadas. ¿Qué tipo de características deberías considerar a la hora de diseñar una mejor batería para un marcapasos?

Para diseñar un nuevo componente para un aparato, los ingenieros aún utilizan el proceso de diseño de ingeniería. Este proceso es reiterativo, por lo que los pasos pueden no aplicarse en el mismo orden. Por ejemplo, a la hora de diseñar una nueva batería para un marcapasos, los ingenieros pueden empezar probando marcapasos y baterías ya existentes. Los datos recolectados en esas pruebas pueden ayudarlos a pensar nuevas ideas sobre cómo mejorar el diseño anterior.

El equipo de ingenieros tendrá distintas restricciones para mejorar un diseño que para crear uno nuevo. Por ejemplo, los ingenieros solo podrán desarrollar baterías que entren dentro del marcapasos ya existente y que funcionen con los componentes que ya están en el diseño. También pueden trabajar en un período de tiempo más corto y con un presupuesto más bajo que al desarrollar un nuevo diseño de marcapasos.

Al trabajar con pacientes, médicos y fabricantes, los ingenieros pueden identificar los criterios más importantes que deberán incorporar a su diseño. Tal vez, los pacientes preferirían tener una batería más fácil de recargar antes que una que dure algunos años más, pero que deba ser reemplazada. Una vez que los ingenieros han comprendido las limitaciones del diseño actual, las restricciones y los criterios importantes, pueden comenzar a desarrollar nuevos diseños.

Image Credits: (r) ©Photographer's Choice/Peter Dazeley/Getty Images

EJERCICIOS DE REVISIÓN

Comprueba lo que aprendiste

1. Imagina que eres un ingeniero que diseñó un prototipo para un cliente. Luego de probar el prototipo, descubres que no satisface las necesidades del cliente. ¿Cuál podría ser el siguiente paso en el proceso?

2. Un compañero y tú han aportado ideas para el diseño de un aparato implantado que ayuda a mantener los niveles de insulina controlados en una persona diabética. ¿Cuál sería el próximo paso en el proceso de diseño?
   a. ponerlo a prueba en un paciente
   b. construir un prototipo
   c. revisar el diseño
   d. evaluar el diseño

3. ¿En el diseño y la construcción de cuál de las siguientes tecnologías sería probable que interviniera un bioingeniero? Elige todas las respuestas correctas.
   a. válvula cardíaca artificial
   b. tableta
   c. articulación de cadera artificial
   d. sistema de posicionamiento global
   e. motor de carro
   f. robot quirúrgico

4. Una ingeniera biomédica está desarrollando una máquina de escaneo médico portátil para ser utilizada en áreas remotas o en situaciones en las que un desastre natural dificulta el acceso a las instalaciones de escaneo locales. Ella realizó una lista de los criterios y las restricciones para el nuevo aparato. ¿Cuáles de estas opciones se deberían clasificar como criterios? Elige todas las respuestas correctas.
   a. Transmite información de forma inalámbrica a las instalaciones médicas base.
   b. Una persona puede transportarla sin ayuda.
   c. Utiliza una batería recargable.
   d. Tiene un recipiente hecho de plástico de alto impacto.
   e. Genera escaneos CT de alta definición.
   f. Completa los escaneos rápidamente.

5. Una de las formas en que la sociedad influye en la tecnología es mediante regulaciones gubernamentales. Describe cómo las regulaciones gubernamentales pueden tener impactos positivos y negativos sobre la tecnología.

6. Realiza una matriz de decisiones para comparar tres modelos de un aparato, tal vez tabletas o teléfonos. Utiliza las siguientes preguntas para construir la matriz y evaluar los resultados:
   a. ¿Qué criterios de diseño son más importantes?
   b. ¿Cómo asignarías pesos a estos criterios?
   c. ¿Qué calificación obtendrían los diseños que compiten según cada criterio?
   d. ¿Qué diseño/s debería/n pasar a la siguiente etapa del proceso? ¿Por qué?

HAZ TU PROPIA GUÍA DE ESTUDIO

En tu Cuaderno de evidencias, diseña una guía de estudio que justifique las ideas principales de esta lección:

La bioingeniería es la aplicación de los procesos y las prácticas de la ingeniería a los seres vivos.

La ingeniería desarrolla y modifica soluciones tecnológicas para las necesidades de la sociedad.

Recuerda incluir la siguiente información en tu guía de estudio:
- Usa ejemplos que sirvan como modelo de las ideas principales.
- Anota explicaciones para el fenómeno que investigaste.
- Presenta evidencias para justificar tus explicaciones. Tu justificación puede incluir dibujos, datos, gráficas, conclusiones de laboratorio y otras evidencias que hayas anotado a lo largo de la lección.

Considera cómo influyen las soluciones de bioingeniería sobre el medio ambiente a la vez que satisfacen los deseos de la sociedad.

BOLSAS CON COSAS DENTRO DE TI

Las partes de tu cuerpo y cómo funcionan en conjunto

Como sabes, un sistema de órganos es dos o más órganos que trabajan en conjunto para desempeñar funciones corporales. Daremos un vistazo a varios sistemas de órganos en el torso humano.

RANDALL MUNROE
XKCD.COM

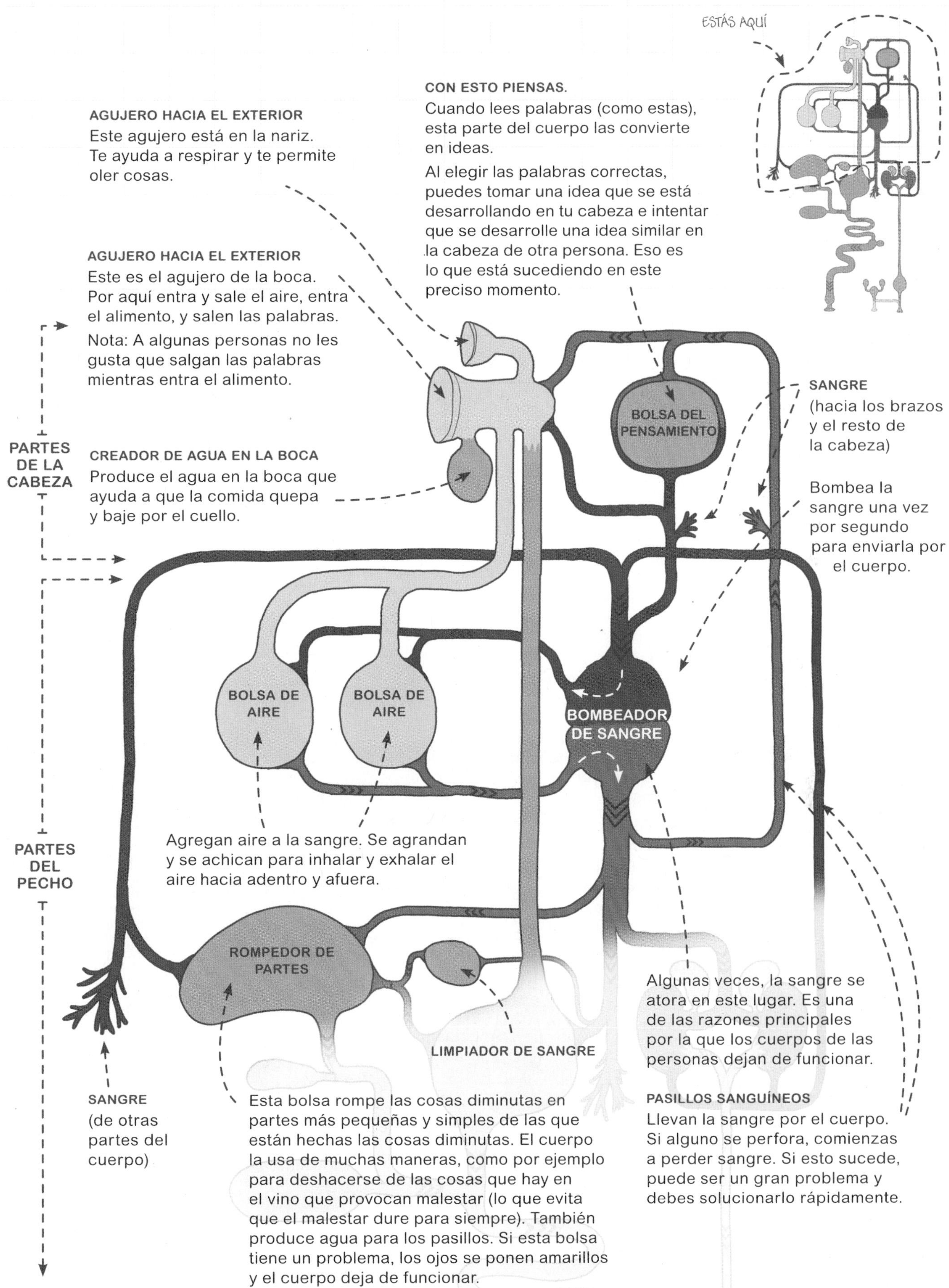
ESTÁS AQUÍ
AGUJERO HACIA EL EXTERIOR
Este agujero está en la nariz. Te ayuda a respirar y te permite oler cosas.
CON ESTO PIENSAS.
Cuando lees palabras (como estas), esta parte del cuerpo las convierte en ideas.
Al elegir las palabras correctas, puedes tomar una idea que se está desarrollando en tu cabeza e intentar que se desarrolle una idea similar en la cabeza de otra persona. Eso es lo que está sucediendo en este preciso momento.
AGUJERO HACIA EL EXTERIOR
Este es el agujero de la boca. Por aquí entra y sale el aire, entra el alimento, y salen las palabras.
Nota: A algunas personas no les gusta que salgan las palabras mientras entra el alimento.
SANGRE
(hacia los brazos y el resto de la cabeza)
BOLSA DEL PENSAMIENTO
PARTES DE LA CABEZA
CREADOR DE AGUA EN LA BOCA
Produce el agua en la boca que ayuda a que la comida quepa y baje por el cuello.
Bombea la sangre una vez por segundo para enviarla por el cuerpo.
BOLSA DE AIRE
BOLSA DE AIRE
BOMBEADOR DE SANGRE
PARTES DEL PECHO
Agregan aire a la sangre. Se agrandan y se achican para inhalar y exhalar el aire hacia adentro y afuera.
ROMPEDOR DE PARTES
LIMPIADOR DE SANGRE
Algunas veces, la sangre se atora en este lugar. Es una de las razones principales por la que los cuerpos de las personas dejan de funcionar.
SANGRE
(de otras partes del cuerpo)
Esta bolsa rompe las cosas diminutas en partes más pequeñas y simples de las que están hechas las cosas diminutas. El cuerpo la usa de muchas maneras, como por ejemplo para deshacerse de las cosas que hay en el vino que provocan malestar (lo que evita que el malestar dure para siempre). También produce agua para los pasillos. Si esta bolsa tiene un problema, los ojos se ponen amarillos y el cuerpo deja de funcionar.
PASILLOS SANGUÍNEOS
Llevan la sangre por el cuerpo. Si alguno se perfora, comienzas a perder sangre. Si esto sucede, puede ser un gran problema y debes solucionarlo rápidamente.

BOLSAS CON COSAS DENTRO DE TI

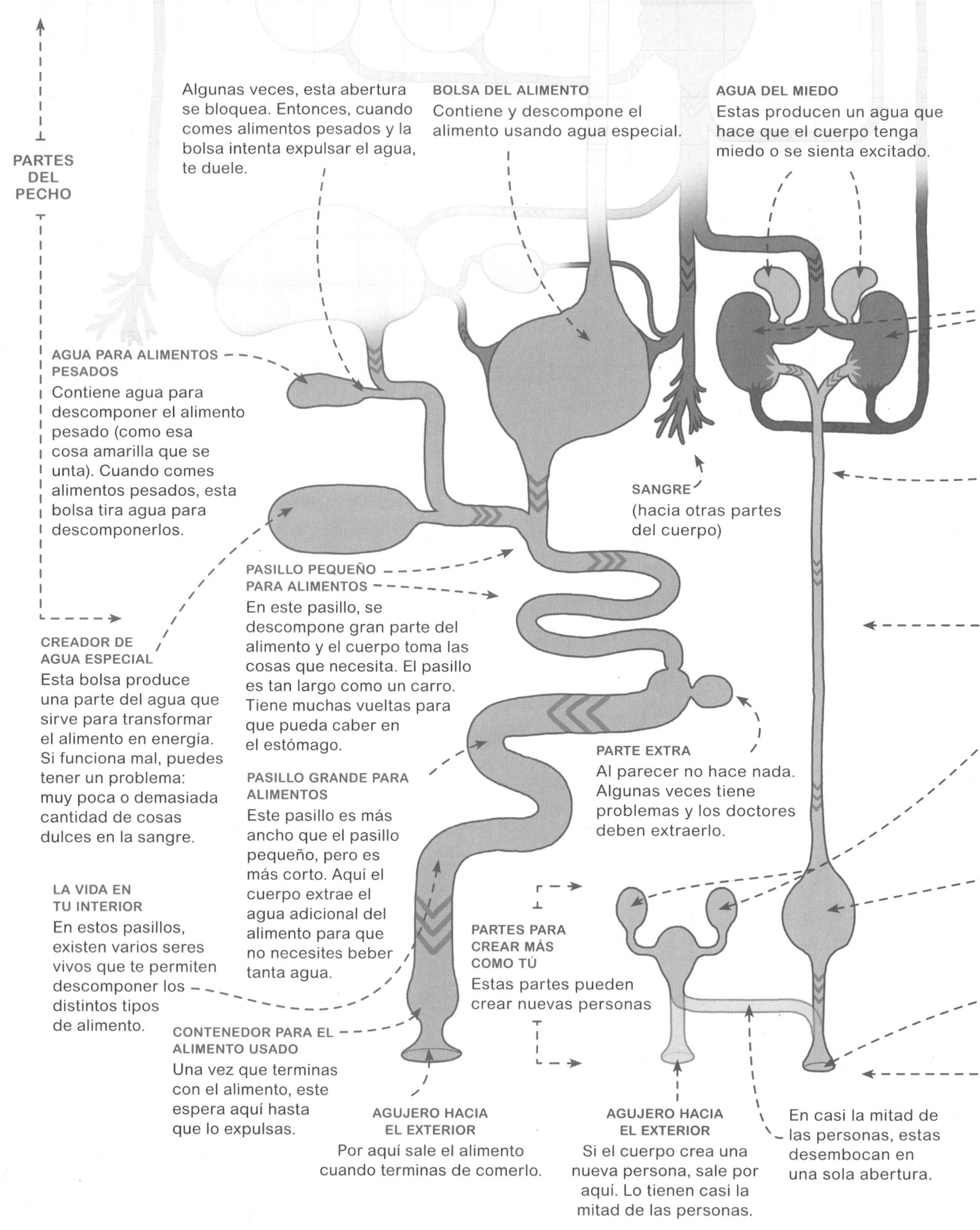

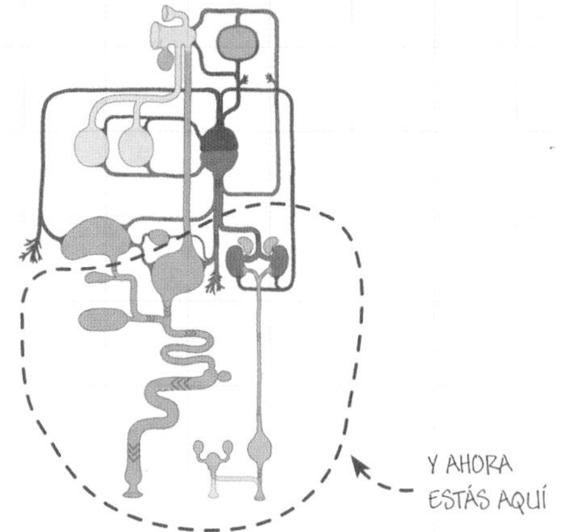

Conéctate para aprender más sobre *Thing Explainer*.

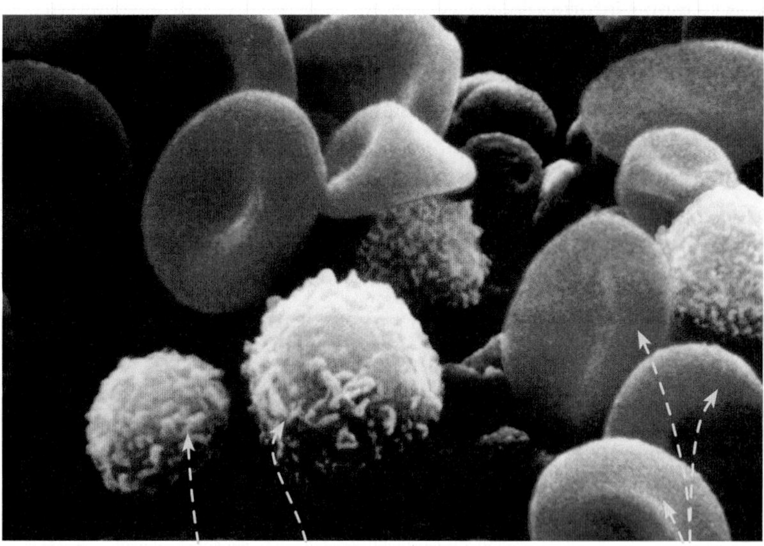

LIMPIADORES DE SANGRE

Buscan en la sangre cosas que ya no necesitas o de las que tienes demasiado (por ejemplo, cosas dulces de más, o cosas del doctor que hayas comido para sentirte mejor) y las envían para que el cuerpo las expulse.

PASILLO DEL AGUA AMARILLA

La mayoría del tiempo, el agua de los limpiadores de sangre es amarilla, pero al comer ciertos alimentos coloridos puede cambiar de color por un tiempo. (Si cambia a un color oscuro o rojo, puede significar que estás enfermo).

CONTENEDORES DEL PLAN DEL CUERPO

Estas partes contienen muchos planes para crear personas. Cada plan se hace con las partes de los planes que se usaron para crearte a ti.

Estas partes también controlan cómo se desarrolla la voz, el cabello y el cuerpo.

PARTES INFERIORES

CONTENEDOR DEL AGUA AMARILLA

Contiene agua amarilla hasta que la expulses.

AGUJERO HACIA EL EXTERIOR

El agua amarilla de la sangre sale por aquí.

COMPRIMIDOS

En la vida real, estas partes están comprimidas dentro del pecho de esta manera.

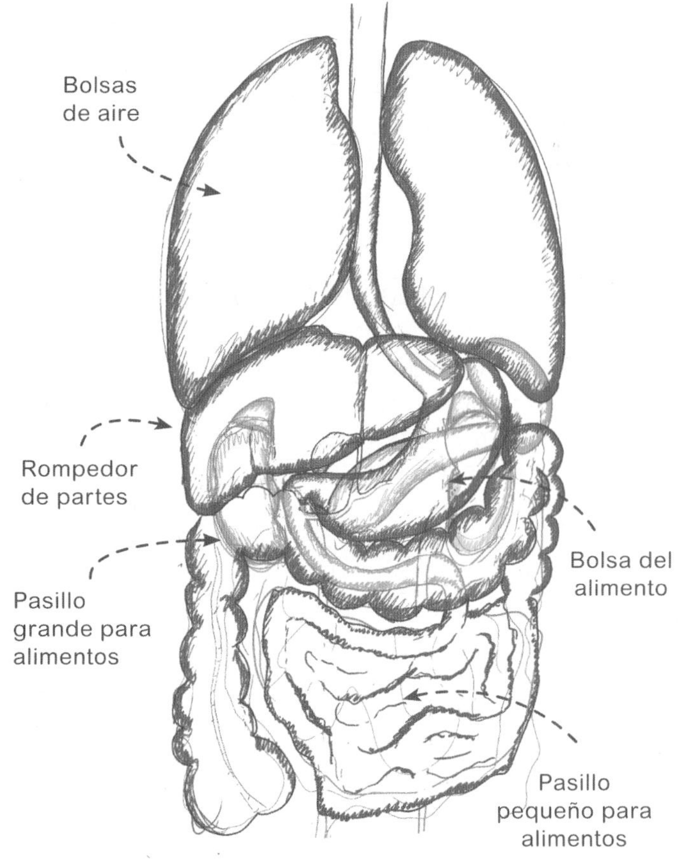

Image Credit: ©Kenneth Eward/BioGrafx/Science Source

Conexión con la tecnología

Los sistemas informáticos Las computadoras y las personas tienen más en común de lo que podrías pensar. Las computadoras son sistemas que utilizan hardware y software para almacenar, manipular y analizar datos. Las personas son sistemas orgánicos que utilizan sistemas más pequeños para sobrevivir y reproducirse. Las computadoras tienen muchos componentes que tienen una función similar a las estructuras humanas o a otros sistemas orgánicos. Por ejemplo, el procesador es el centro de control de una computadora, así como el cerebro es el centro de control de una persona. Las computadoras pueden formar parte de un sistema, o red, más grande, así como las personas forman parte de sistemas más grandes, tales como las poblaciones o los ecosistemas.

FIGURA 1: Las computadoras, como esta laptop, están hechas de componentes.

Busca recursos en la biblioteca y en Internet para investigar los sistemas informáticos. Crea y rotula un diagrama de un sistema informático que describa cómo la computadora está conformada por sistemas más pequeños, cómo se conecta con otros sistemas más grandes y cómo la información y la energía fluyen entre los sistemas. Haz una lista de preguntas que harías sobre la relación entre las personas y las computadoras basada en el diagrama que realizaste.

Conexión con la música

Tu cuerpo con la música ¿Alguna vez te sentiste calmado, entusiasmado o triste mientras escuchabas música? Esto se debe a que la música puede afectar tu humor. Múltiples estudios han demostrado que la música tiene otros efectos en el cuerpo humano, como el aumento de las habilidades cognitivas y la disminución de la presión arterial. La música puede incluso ser utilizada como terapia para disminuir los síntomas de enfermedades cardíacas.

FIGURA 2: Se ha descubierto que escuchar y tocar música tiene beneficios médicos y para la salud.

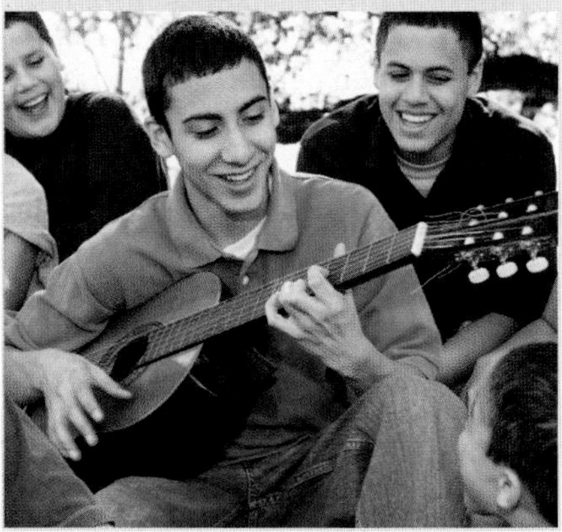

Busca recursos en la biblioteca o en Internet para investigar los efectos que puede tener en el cuerpo el hecho de tocar o escuchar música. Evalúa las afirmaciones y las evidencias que se brindan y crea un argumento ya sea a favor o en contra de utilizar la música como terapia médica. Escribe una entrada de blog para convencer a otras personas de tu argumento. Justifica tu argumento con evidencias de textos específicos de fuentes confiables y científicas.

Conexión con las ciencias de la Tierra

Los seres humanos en el espacio Vivir en el espacio es difícil para el cuerpo humano. Los medios ambientes con gravedad cero afectan negativamente el equilibrio, la coordinación, la fuerza muscular y la densidad ósea. El aislamiento en espacios limitados puede producir trastornos del sueño y del humor y mala nutrición. Los niveles de radiación en el espacio son más de diez veces mayores que los que se encuentran en la Tierra. Todos estos problemas deben ser resueltos para que los humanos puedan vivir de forma segura largos períodos de tiempo lejos de la Tierra.

FIGURA 3: El ejercicio en el espacio desacelera la pérdida muscular y la pérdida de minerales en los huesos.

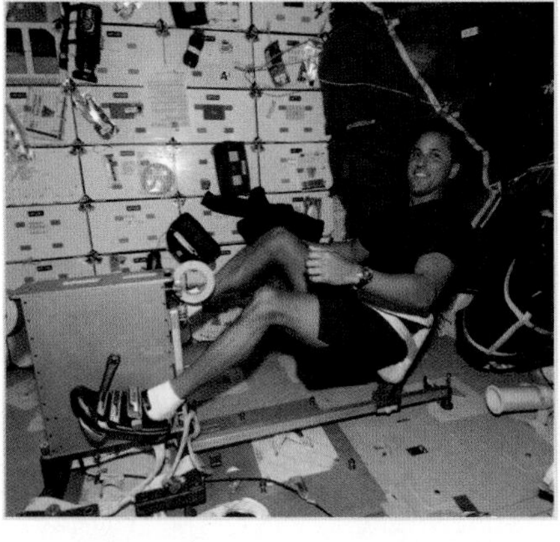

Los efectos del espacio sobre el cuerpo humano pueden reducirse con la ingeniería. Por ejemplo, algunos astronautas utilizan máquinas especiales para ejercitarse en el espacio. Colabora con un grupo para desarrollar una lista de criterios y restricciones en orden de relevancia que un ingeniero podría considerar para diseñar un aparato para combatir los efectos que genera el espacio en el cuerpo humano.

Image Credits: (t) ©Muriel de Seze/DigitalVision/Getty Images; (c) ©Corbis/Steve Hix/Getty Images; (b) ©Courtesy of NASA

SÍNTESIS DE LA UNIDAD

En tu Cuaderno de evidencias, haz un mapa conceptual, un organizador gráfico o un esquema con la información de las Guías de estudio que creaste para cada lección de esta unidad. Recuerda que debes fundamentar tus afirmaciones con evidencias.

Al sintetizar información, debes seguir los siguientes pasos generales:

- Busca la idea central de cada fuente de información.
- Establece relaciones entre las ideas centrales.
- Combina las ideas para mejorar tu comprensión.

PREGUNTAS GUÍA

Vuelve a leer las Preguntas guía que aparecen al principio de la unidad. En tu Cuaderno de evidencias, repasa y revisa las respuestas que habías dado a esas preguntas. A partir de las evidencias que reuniste y las observaciones que hiciste durante la unidad, justifica las respuestas.

PRÁCTICA Y REPASO

1. ¿Cómo la organización hace posible que el cuerpo humano lleve a cabo la amplia gama de interacciones necesarias para la supervivencia?

a. Las células son la base del cuerpo humano y cada célula puede realizar todas las interacciones necesarias para la supervivencia.

b. Los tejidos son el nivel más alto de organización en el cuerpo humano y son capaces de realizar tareas especializadas necesarias para la supervivencia.

c. Los niveles de organización posibilitan que las células, los tejidos y los sistemas de órganos se especialicen y realicen funciones específicas.

d. No hay superposición en la organización e interacción de los sistemas de órganos, lo que hace posible que el cuerpo humano lleve a cabo una amplia gama de funciones vitales.

2. Selecciona una relación similar a la siguiente: neurona : enviar señal eléctrica

a. célula cardíaca : célula muscular

b. célula muscular : contracción

c. sistema circulatorio : glóbulo

d. homeostasis : sistema endocrino

3. Un organismo descubierto recientemente contiene células con grandes sacos rellenos de fluidos en el medio. Teniendo en cuenta el conocimiento científico actual sobre la estructura y la función de los organelos celulares, ¿cuál es una función probable de estas estructuras en el nuevo organismo? Elige todas las respuestas correctas.

a. almacenar agua y desechos

b. almacenar información genética

c. producir azúcar

d. fortalecer la célula

Observa la información de la Figura 4 y responde la pregunta 4.

Concentraciones de cortisol en un período de 24 horas

FIGURA 4: Las concentraciones de cortisol cambian a lo largo del día.

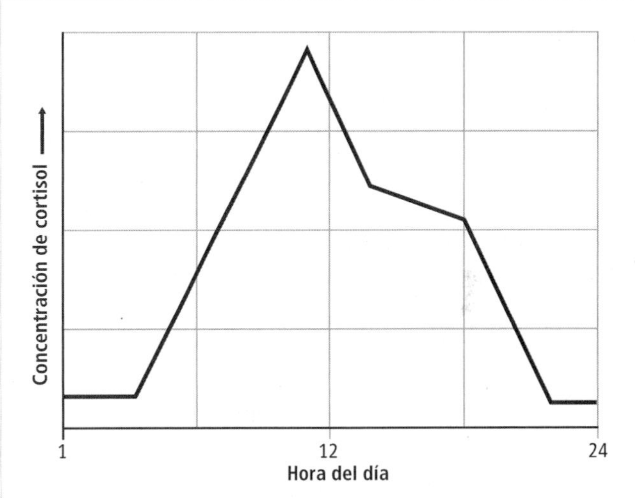

4. El cortisol se produce en ciertos momentos del día, como se muestra en la gráfica. El cortisol tiene una retroalimentación positiva en el Proceso A, lo que genera la Sustancia Z. ¿En qué momento del día la concentración de la Sustancia Z estará en su pico máximo si no hay otra retroalimentación en la Sustancia Z?

a. por la mañana

b. por la tarde

c. al anochecer

d. tarde por la noche

Observa la siguiente información y el diagrama y responde las preguntas 5 a 8.

La glándula pituitaria regula la concentración de agua en la sangre al liberar niveles más altos o más bajos de la hormona antidiurética (HAD). La HAD aumenta la cantidad de agua reabsorbida de la orina mediante túbulos en los riñones.

FIGURA 5: La glándula pituitaria controla la concentración de agua en la sangre.

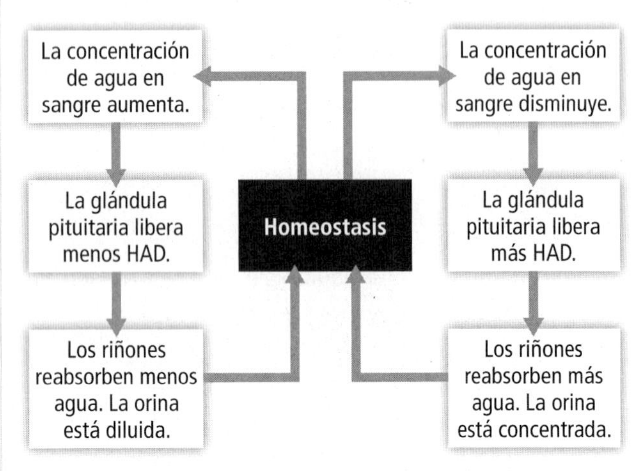

5. ¿Qué secuencia representa el flujo correcto de información en este circuito de retroalimentación?
   a. glándula pituitaria → túbulos renales → glándula pituitaria
   b. túbulos renales → glándula pituitaria → concentración de agua en sangre
   c. concentración de agua en sangre → túbulos renales → glándula pituitaria
   d. concentración de agua en sangre → glándula pituitaria → túbulos renales

6. ¿Cómo demuestra esta retroalimentación los múltiples sistemas corporales que trabajan en conjunto para mantener la homeostasis?
   a. La glándula pituitaria trabaja con los riñones para regular la concentración de agua en la sangre.
   b. La glándula pituitaria es parte del sistema endocrino, que interactúa con el aparato excretor y el sistema circulatorio para regular la concentración de agua en la sangre.
   c. La glándula pituitaria es parte del sistema nervioso, que interactúa con el aparato digestivo y el sistema inmunológico para regular la concentración de agua en la sangre.
   d. La glándula pituitaria mantiene la homeostasis, los riñones regulan la concentración de agua en la sangre y la sangre circula para llevar agua a las células.

7. Imagina un trastorno que impida a los túbulos renales reabsorber el agua de la orina. Dibuja un modelo que explique cómo este cambio afectaría la retroalimentación.

8. ¿Qué evidencia justifica tu modelo y tu afirmación para la pregunta 7? Presenta evidencias y explica tu razonamiento.

9. Imagina que una solución para un problema tiene calificaciones altas en todos los criterios, pero transgrede una de las restricciones. ¿Cuál es la relación entre la solución y el problema?
   a. La solución funcionará para el problema porque no debe cumplir con todas las restricciones.
   b. La solución podría funcionar para el problema si hay un intercambio entre los criterios y las restricciones.
   c. La solución no es viable para el problema tal como está definido y delimitado actualmente.
   d. La solución nunca será exitosa y debe ser abandonada.

10. Imagina que tu equipo está desarrollando tecnología para realizar una angioplastia menos invasiva, una cirugía que se utiliza típicamente para desobstruir arterias en el corazón. Tienes dos soluciones. Ambas soluciones son igualmente efectivas y seguras. La Solución 1 cuesta menos que la Solución 2. La Solución 2 está hecha con materiales reciclados y tiene menor impacto ambiental que la Solución 1. ¿Cuál es el siguiente paso probable para poder elegir entre las dos opciones?
    a. Priorizar el costo y el impacto ambiental para decidir qué solución es la mejor para este problema.
    b. Redefinir el problema y optimizar las dos soluciones para resolver el nuevo problema.
    c. Diseñar una solución menos costosa que tenga un menor impacto ambiental que las Soluciones 1 y 2.
    d. Añadir restricciones hasta que una solución deje de ser viable.

PROYECTO DE LA UNIDAD

Vuelve a tu proyecto de la unidad. Prepara una presentación con tu investigación y tus materiales para compartir con la clase. En tu presentación final, evalúa la firmeza de tus hipótesis, datos, análisis y conclusiones.

Recuerda estas sugerencias a la hora de evaluar:

- Observa las evidencias empíricas, es decir, las evidencias que se basan en observaciones y datos. ¿Las evidencias justifican la explicación?
- Considera si la explicación es lógica. ¿La explicación contradice alguna de las evidencias que has visto?
- Piensa en las pruebas que podrías hacer para justificar o contradecir las ideas.

Analizar el brote de una enfermedad

Greenfield, una pequeña ciudad en el sur de Texas, ha vivido un reciente brote de enfermedad que involucra inexplicables fiebres altas. Todos los síntomas que se informaron se muestran en la Figura 6. La ciudad no cuenta con la experiencia médica ni los recursos de laboratorio para diagnosticar correctamente la causa médica de las fiebres altas. Los residentes de la ciudad necesitan información sobre qué es lo que causa el brote, por qué están apareciendo los síntomas y cuántos casos futuros pueden ser prevenidos. La única cosa que parece fuera de lugar en Greenfield es la gran población de pulgas. ¿Qué información puedes brindarles a los residentes de Greenfield?

FIGURA 6: Síntomas clínicos presentados en los veinticinco casos de fiebre alta no diagnosticada, Greenfield, TX, 2016

Síntomas	Número de personas afectadas
Fiebre (temperatura corporal > 38.5 °C)	25
Malestar	19
Dolor de cabeza	17
Dolor muscular	16
Escalofríos	16
Erupciones	11
Sensibilidad a la luz	7
Confusión	3

1. DEFINE EL PROBLEMA

En equipo, escribe un enunciado que defina el problema que te han pedido que resuelvas. Anota todas las preguntas que tengas sobre el problema y la información que necesitas para resolverlo.

2. REALIZA UNA INVESTIGACIÓN

En equipo, investiga toda la información que te han dado sobre el brote en Greenfield. ¿Cuál es la enfermedad que más probablemente esté causando el brote?

3. DESARROLLA UN MODELO

Por tu cuenta, analiza el problema que has definido para la investigación. Realiza un modelo que demuestre cómo se transmite la enfermedad y cómo los sistemas corporales están trabajando juntos para combatir la infección. Tu modelo también debería demostrar por qué están apareciendo los síntomas y cómo la homeostasis está involucrada en la reacción inmunológica.

4. IDENTIFICA UNA SOLUCIÓN

Aporta una variedad de soluciones para el modo en que la ciudad puede evitar futuros brotes de esta enfermedad.

5. COMUNICA

Presenta lo que descubriste a los residentes de la ciudad y explica la causa más probable de la enfermedad, por qué los síntomas están apareciendo en relación con la reacción inmunológica y la homeostasis y las soluciones propuestas para prevenir futuros brotes. Tu presentación debe incluir imágenes y datos para justificar tus afirmaciones.

Una presentación completa debe incluir la siguiente información:

- un problema claramente definido, con preguntas de respaldo que sean respondidas al final de la presentación
- un modelo de transmisión de enfermedades y de reacción inmunológica en los seres humanos
- una recomendación que explique cómo resolver el problema y que utilice evidencias para justificar la solución
- imágenes y datos que apoyen aún más tu solución

UNIDAD 2

La química de los sistemas orgánicos

En la descomposición de la comida ocurren reacciones químicas.

Image Credits: ©Miguel A. Muñoz/Alamy

FIGURA 1: Este escarabajo bombardero está emitiendo un espray para defenderse.

Los escarabajos bombarderos guardan dos sustancias químicas en cámaras separadas de su abdomen. Cuando el escarabajo se siente amenazado, las sustancias químicas se mezclan rápidamente y producen un espray caliente y nocivo que detiene a la mayoría de sus atacantes. Aunque las sustancias químicas calientes pueden dañar o incluso matar insectos u otros animales que amenacen al escarabajo, esa nube química no daña al escarabajo bombardero.

Predecir ¿Cómo crees que los seres vivos, como el escarabajo bombardero, usan la química para mantener la homeostasis y sobrevivir en su medio ambiente?

PREGUNTAS GUÍA

Mientras trabajas en la unidad, reúne evidencias para responder las siguientes preguntas. En tu Cuaderno de evidencias, anota lo que ya sabes sobre estos temas y cualquier pregunta que tengas sobre ellos.

1. ¿Por qué el agua es indispensable para la vida en la Tierra?
2. ¿Qué propiedades del agua la hacen importante para los organismos?
3. ¿Cómo cambia la materia en las reacciones químicas?
4. ¿Cómo usan la química los organismos para sobrevivir?
5. ¿De qué materiales están hechos los organismos?

PROYECTO DE LA UNIDAD

La química del jabón y las manchas

¿Por qué algunas manchas son más difíciles de quitar que otras? ¿Por qué algunos jabones y limpiadores funcionan para cierto tipo de manchas pero no para otros? Descubre las propiedades químicas de diferentes manchas y de qué manera actúan los limpiadores en las estructuras y en los enlaces químicos para quitarlas. ¿Puedes predecir qué limpiadores quitarán cada mancha?

Para planear el proyecto de esta unidad, conéctate y descarga la Planilla de proyectos.

Image Credits: ©CB2/ZOB/Wenn.com/NewsCom

2.1

Enlaces químicos y reacciones químicas

El escalador, la montaña, la luna e incluso el aire están formados por materia.

¿PUEDES EXPLICARLO?

FIGURA 1: Se coloca una hamburguesa en ácido clorhídrico. Después de unas horas, el ácido descompone gran parte de la hamburguesa.

Aprende en línea

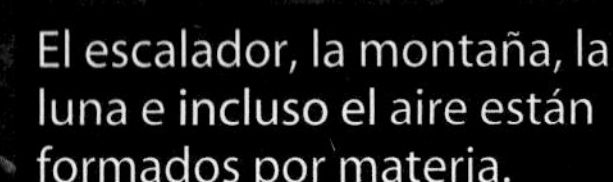

Reunir evidencias Reúne evidencias sobre la reacción química que está experimentando la materia de la hamburguesa.

Cuando comes, las reacciones químicas que ocurren en el tracto digestivo descomponen los alimentos. En la Figura 1, puedes observar los cambios que se producen en la hamburguesa cuando se la coloca en el vaso de precipitados con ácido clorhídrico (HCl). El ácido clorhídrico es un ácido fuerte que hay en el estómago. Puede descomponer la materia rápidamente, incluso puede descomponer metales como el aluminio y el cinc.

La digestión se produce gracias a las interacciones del ácido del estómago, las hormonas y otras sustancias químicas, junto con una red de nervios y músculos del aparato digestivo. Cada órgano contribuye a descomponer los alimentos. Por ejemplo, las glándulas salivales de la boca secretan una enzima que ayuda a digerir el almidón. Durante la digestión, el revestimiento del estómago secreta un jugo gástrico que contiene ácido clorhídrico y una proteína llamada pepsina. El jugo gástrico y la pepsina trabajan juntos para descomponer los alimentos rápidamente.

Predecir Cuando los alimentos se encuentran con el jugo gástrico del estómago, se producen reacciones químicas que ayudan a descomponerlos. Haz un diagrama que muestre lo que crees que le sucede a la materia, como los alimentos, cuando experimenta una reacción química.

Image Credits: (t) ©imageBROKER/Josef Beck/Alamy; (bl) (bc) (br) ©Science Photo Library/Rhys Lewis & Minh Tan Pham, AHS/DECD/age fotostock

Los átomos, los elementos y los compuestos

Los sistemas orgánicos requieren interacciones complejas, algunas de las cuales se pueden observar a una escala grande, o macroscópica. Para comprender mejor estas interacciones, debemos observar más de cerca y explorar la composición de los seres vivos a nivel molecular. Todos los organismos dependen de distintas sustancias y reacciones químicas. Para estudiar los seres vivos, debemos tener conocimientos básicos sobre química.

Átomos y elementos

Todos los elementos físicos que se te ocurran, ya sean vivos o inertes, están formados por partículas increíblemente pequeñas llamadas átomos. Un átomo es la unidad básica más pequeña de la materia. Billones de átomos podrían caber en el espacio que ocupa el punto final de esta oración. Aunque hay una enorme variedad de materia sobre la Tierra, todos los átomos tienen la misma estructura básica.

FIGURA 2: Los átomos están formados por tres tipos de partículas. Los protones tienen carga positiva, los electrones tienen carga negativa y los neutrones no tienen carga.

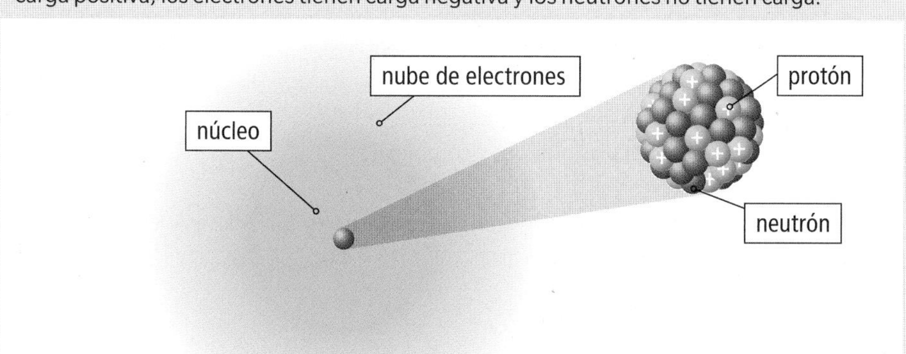

Un elemento es una sustancia formada por un tipo de átomo y no puede descomponerse en sustancias más simples mediante procesos químicos comunes. Todos los átomos de un elemento dado tienen un número específico de protones. Ese número nunca varía. Los átomos de distintos elementos tienen diferentes números de protones. Por ejemplo, todos los átomos de hidrógeno (H) tienen un protón, y todos los átomos de carbono (C) tienen seis protones. Dado que el número de protones nunca varía, muchas veces identificamos un elemento por el número de protones de su núcleo. Los científicos llaman número atómico al número de protones que hay en los átomos de un elemento dado. Los elementos están organizados en una tabla llamada tabla periódica.

 **Ingeniería**

Algunos elementos se encuentran en la naturaleza y son abundantes en la Tierra. Otros elementos son muy poco comunes o se sintetizan en laboratorios. Investiga los procesos que usan los científicos y los ingenieros para sintetizar o aislar los elementos poco comunes. ¿Qué tipos de elementos se han encontrado únicamente en un laboratorio? ¿Por qué no vemos esos elementos en la naturaleza? Crea una infografía en la que muestres lo que descubriste.

Enlaces químicos

Los electrones de un átomo giran alrededor del núcleo y ocupan distintos niveles de energía. Un átomo es más estable cuando su nivel de energía externo está lleno de electrones. Los átomos de algunos elementos, como el neón (Ne) y el helio (He), tienen sus niveles de energía externos completos y son elementos no reactivos. Pocas veces forman enlaces porque ya son estables. Los átomos de los demás elementos se vuelven más estables al formar enlaces con otros átomos, por eso, los átomos casi nunca existen por sí solos en la naturaleza. Por ejemplo, los átomos de sodio (Na) y de cloro (Cl) pueden enlazarse para formar cloruro de sodio (NaCl), también conocido como sal de mesa.

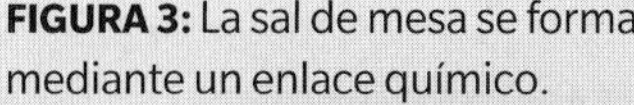
FIGURA 3: La sal de mesa se forma mediante un enlace químico.

Image Credits: (b) ©Jupiterimages/Thinkstock/Alamy

Enlaces iónicos

FIGURA 4: El cloruro de sodio es un ejemplo de enlace iónico.

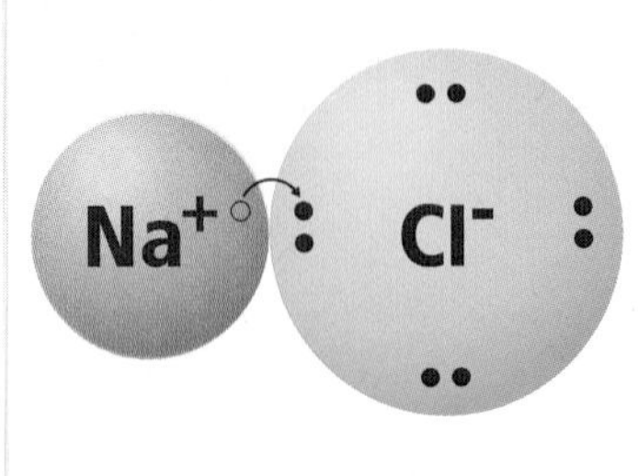

Una forma en la que algunos átomos se vuelven más estables es al ganar o perder electrones. Los átomos que han ganado o perdido electrones se conocen como **iones**. Los átomos que ganan electrones se convierten en iones con carga negativa. Los átomos que pierden electrones se convierten en iones con carga positiva. Los iones positivos y los negativos se atraen entre sí. Mediante esa atracción se forman los enlaces iónicos. Los enlaces iónicos son un tipo muy fuerte de enlace químico.

El cloruro de sodio (NaCl) es un ejemplo de un enlace iónico. Un átomo de sodio (Na) transfiere un electrón a un átomo de cloro (Cl). Cuando pierde su único electrón externo, el átomo de sodio se convierte en un ion de sodio con carga positiva (Na^+). Cuando gana un electrón, el átomo de cloro se convierte en un ion de cloruro con carga negativa (Cl^-). La atracción entre los iones Na^+ y Cl^- forma NaCl (ver la Figura 4).

Enlaces covalentes

FIGURA 5: Dos átomos de cloro forman un enlace covalente.

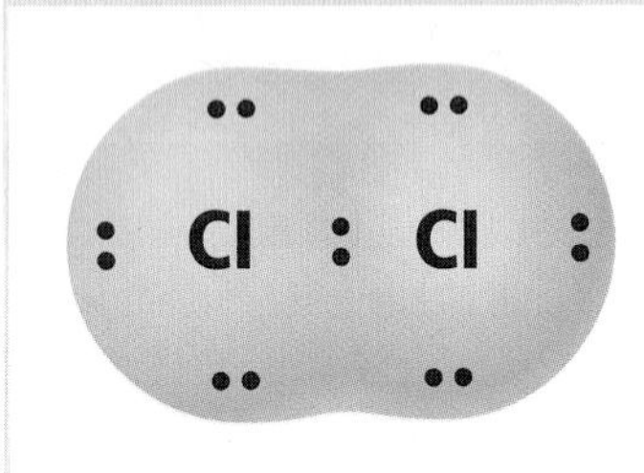

No todos los enlaces químicos se forman por la transferencia de electrones. Algunos átomos se vuelven más estables al compartir uno o más pares de electrones con otros átomos; eso se conoce como enlace covalente. Los enlaces covalentes generalmente son más débiles que los enlaces iónicos, pero aun así son muy fuertes. Según el número de electrones que tenga un átomo, dos átomos pueden formar varios enlaces covalentes o compartir varios pares de electrones.

Una **molécula** está compuesta por dos o más átomos unidos por enlaces covalentes. Una molécula de cloro (Cl_2), como se muestra en la Figura 5, comparte un par de electrones en un enlace covalente. Los enlaces covalentes permiten que los átomos formen moléculas muy grandes, a menudo con formas muy complejas. Muchas sustancias de los seres vivos están compuestas por moléculas grandes y complejas.

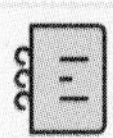

Analizar Crea un diagrama de Venn para comparar y contrastar los enlaces covalentes y los enlaces iónicos según sus electrones y su estabilidad.

Compuestos

Los **compuestos** son sustancias formadas por átomos de dos o más elementos diferentes unidos en proporciones específicas. Algunos compuestos comunes que están en los seres vivos son el agua (H_2O) y el dióxido de carbono (CO_2).

Hacer un modelo La fórmula química para el dióxido de carbono es CO_2. Según el modelo de la molécula de la Figura 6, ¿qué representa el 2?

FIGURA 6: El dióxido de carbono está formado por dos átomos de oxígeno, cada uno enlazado a un átomo de carbono. El agua está formada por dos átomos de hidrógeno, cada uno enlazado a un átomo de oxígeno.

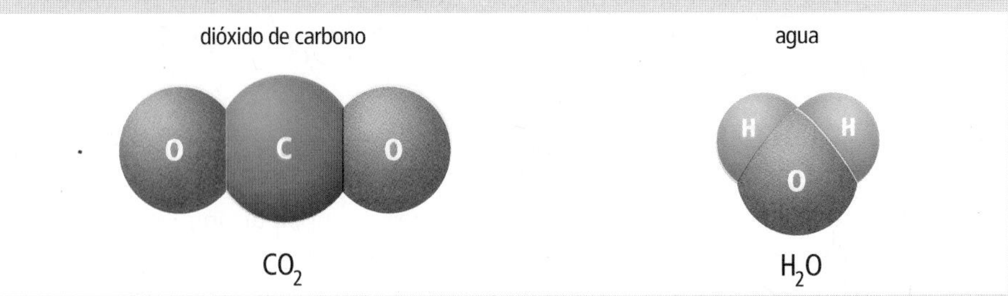

Los diagramas de las moléculas del CO_2 y del H_2O usan un tipo de modelo, conocido como el modelo de espacio lleno, para representar las moléculas. Los modelos de espacio lleno son diagramas tridimensionales que representan los átomos como esferas unidas unas a otras. Los átomos de distintos elementos generalmente se representan con diferentes colores.

Un modelo de espacio lleno es un tipo de modelo que los científicos usan para conceptualizar moléculas. Otro tipo de modelo, llamado modelo de barras y esferas, también usa esferas, pero usa barras para representar los enlaces entre los átomos. Un tercer modelo, mucho más simple, es la fórmula estructural. Este modelo usa letras para representar los átomos y líneas para representar los enlaces. En la Figura 7, se muestra el dióxido de carbono representado por medio de tres modelos moleculares diferentes.

Analizar Aunque los distintos tipos de modelos sirven para entender los fenómenos, todos los modelos tienen limitaciones. Describe un punto fuerte y una limitación de cada uno de estos modelos.

FIGURA 7: Tipos de modelos moleculares

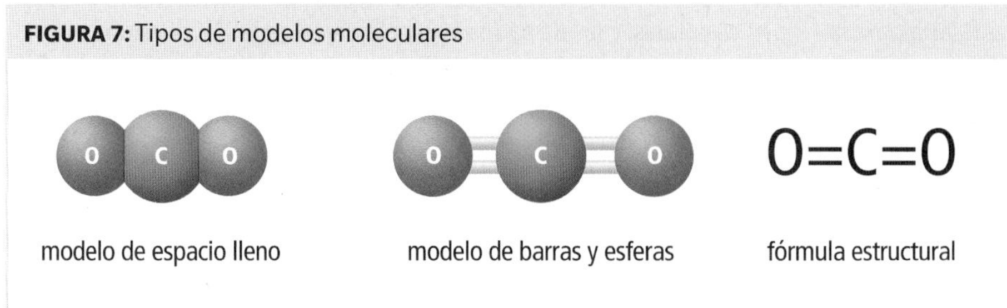

Las propiedades de un compuesto suelen ser distintas de las propiedades de los elementos que forman el compuesto. Por ejemplo, a 25 °C (77 °F), el hidrógeno y el oxígeno son gases extremadamente inflamables. Los tanques que contienen cualquiera de estos dos gases muchas veces incluyen símbolos de advertencia para prevenir explosiones. Sin embargo, cuando esos elementos inflamables están enlazados entre sí, forman el agua. A temperatura ambiente, el agua es un líquido, no un gas, y, lejos de ser inflamable, ¡muchas veces se usa para apagar incendios ocasionados cuando otros compuestos reaccionan con el oxígeno!

FIGURA 8: Los gases inflamables oxígeno e hidrógeno se combinan para crear un líquido no inflamable que es esencial para la vida en la Tierra: el agua.

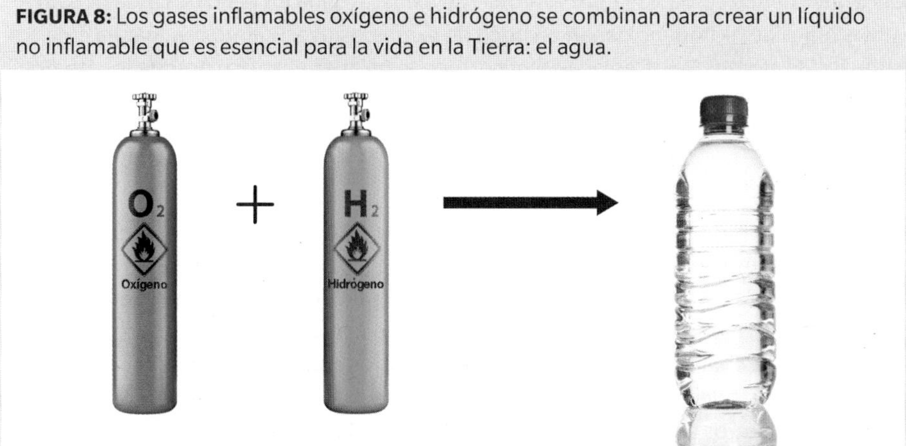

Cuando examines las fórmulas químicas de los compuestos, presta atención a las proporciones de los átomos de los elementos del compuesto. Por ejemplo, el agua (H_2O) tiene dos átomos de hidrógeno por cada átomo de oxígeno. Si cambia la proporción de oxígeno e hidrógeno, surge un nuevo compuesto con nuevas propiedades. El peróxido de hidrógeno (H_2O_2), por ejemplo, tiene dos átomos de hidrógeno y dos átomos de oxígeno. Están presentes los mismos elementos, pero en diferente proporción, entonces este compuesto tiene propiedades distintas a las del agua.

Explicar Piensa de nuevo en la hamburguesa que fue colocada en el ácido y responde:

1. ¿Cómo puede ordenarse la materia? Haz un diagrama para mostrar la diferencia entre átomos, elementos y compuestos.
2. ¿Cómo están unidos los átomos? ¿Cómo difieren los dos tipos principales de enlaces?
3. ¿Cómo crees que cambia el orden de la materia, como la materia de la hamburguesa, en las reacciones químicas?

Image Credits: (l) ©iStock/Getty Images Plus; (r) ©Digital Vision/Creative Crop/Getty Images

Las propiedades del agua

Reunir evidencias Mientras lees, anota evidencias para responder esta pregunta: ¿Qué características de una molécula de agua la hacen única?

Cuando tienes sed, necesitas beber algo con mucha agua. ¿Por qué el agua es tan necesaria para la vida? Tus células, y las de todos los seres vivos de la Tierra, están formadas principalmente por agua. La composición y la estructura de la molécula de agua le dan propiedades únicas que son esenciales para los seres vivos.

Moléculas polares

Una molécula de agua tiene dos enlaces covalentes y es un ejemplo de una molécula polar. Para entender las moléculas polares, puedes pensar en los polos de un imán. Al igual que los imanes, que tienen un polo norte y un polo sur, las moléculas polares tienen una región con un poco de carga eléctrica positiva y una región con un poco de carga eléctrica negativa. En un imán, los polos iguales se repelen entre sí, y los polos opuestos se atraen entre sí. Lo mismo sucede con los polos de las moléculas polares.

FIGURA 9: En las moléculas de agua, el átomo de oxígeno tiene un poco de carga negativa, y los átomos de hidrógeno tienen un poco de carga positiva.

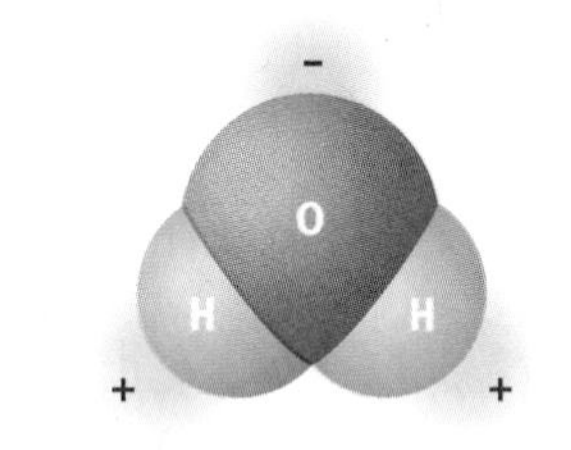

Las moléculas polares se forman cuando los átomos de la molécula no atraen con la misma fuerza los electrones que comparten. En una molécula de agua, el átomo de oxígeno tiene un mayor número de protones en el núcleo que atraen a los electrones compartidos con más fuerza que el único protón del átomo de hidrógeno. Como los electrones tienen carga negativa, el átomo de oxígeno gana un poco de carga negativa, y los átomos de hidrógeno ganan un poco de carga positiva. Cuanto más pareja es la carga de los átomos de un enlace químico, menos polar es el enlace porque los átomos comparten los electrones de manera más equitativa.

Enlaces de hidrógeno

Cuando un átomo de hidrógeno forma parte de una molécula polar, tiene un poco de carga positiva. Ese átomo ligeramente positivo es atraído hacia un átomo ligeramente negativo, muchas veces oxígeno o nitrógeno, y forma un enlace de hidrógeno. La vida depende de los enlaces de hidrógeno. Por ejemplo, los enlaces de hidrógeno son parte de las estructuras de las proteínas y de las moléculas de ADN. El enlace de hidrógeno es importante en otros sentidos, como se muestra en la Figura 10.

FIGURA 10: La tensión superficial del agua se debe a enlaces de hidrógeno que hacen que las moléculas de agua se unan, lo cual permite que esta araña camine sobre la superficie del agua.

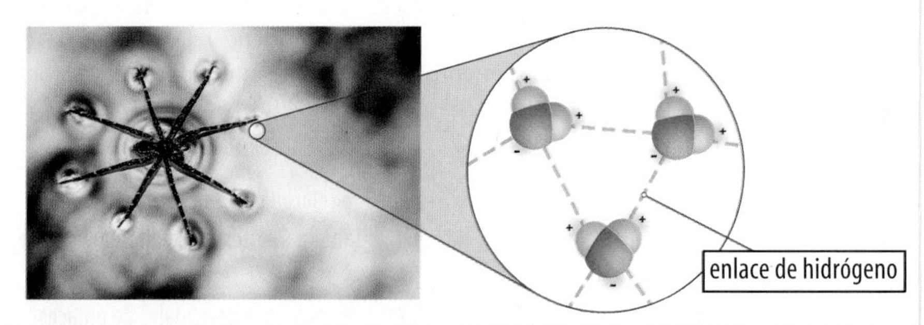

Image Credits: (l) ©Dominic Ruefenacht/EyeEm/Getty Images

Analizar ¿En qué se parecen los enlaces de hidrógeno y los enlaces iónicos?

Propiedades de los enlaces de hidrógeno

Los enlaces individuales de hidrógeno son casi 20 veces más débiles que los enlaces covalentes típicos, pero aun así tienen la fuerza suficiente para ejercer una influencia sobre las moléculas de agua. En consecuencia, se necesita una gran cantidad de energía para romper las interacciones de las moléculas de agua. Debido a los enlaces de hidrógeno entre las moléculas de agua, esta se encuentra en estado líquido a temperaturas que permiten la vida en la Tierra. Sin los enlaces de hidrógeno, el agua herviría a una temperatura mucho más baja porque se necesitaría menos energía para transformar el agua líquida en vapor de agua. Los enlaces de hidrógeno son responsables de otras propiedades importantes del agua.

Calor específico alto Los enlaces de hidrógeno dan al agua un calor específico significativamente alto. Eso significa que el agua resiste cambios de temperatura. Esa propiedad es muy importante en las células. Los procesos que producen la energía química que se puede usar en las células liberan una gran cantidad de calor. El agua absorbe el calor, lo cual ayuda a regular la temperatura de las células y mantener la homeostasis.

Cohesión La atracción entre las moléculas de una sustancia se llama *cohesión*. La cohesión de los enlaces de hidrógeno hace que las moléculas de agua se "peguen" unas a otras y produce la tensión superficial.

Adhesión La atracción entre las moléculas de diferentes sustancias se llama *adhesión*. Por ejemplo, las moléculas de agua pueden pegarse entre sí o a los costados de un tubo. La adhesión permite a las plantas a transportar agua desde las raíces hasta las hojas, pues las moléculas de agua se pegan a los costados de los tejidos por los que pasa el agua.

FIGURA 11: Cuando se pone agua y mercurio en tubos de vidrio, el agua se adhiere a los costados del tubo. El mercurio, por el contrario, forma una superficie redondeada sobre el líquido.

Explicar Como se muestra en la Figura 11, el agua se pega a los costados de un tubo de vidrio, pero el mercurio forma una superficie redondeada, similar a una burbuja, sobre el líquido. ¿Qué crees que es mayor en el mercurio: la cohesión o la adhesión? Explica tu respuesta.

El agua como solvente

Muchas sustancias se disuelven en el agua de tu cuerpo. Cuando una sustancia se disuelve en otra, se forma una solución. Una solución tiene dos partes: el solvente y el soluto. La sustancia de una solución que está presente en mayor cantidad y que disuelve a otra sustancia es el solvente. Un soluto es una sustancia que se disuelve en un solvente. La cantidad de soluto disuelto en una cierta cantidad de solvente es la concentración de una solución.

Aunque el agua es conocida como el "solvente universal", no todas las sustancias se disuelven en agua. Por ejemplo, las moléculas no polares, como el aceite, no se disuelven en agua. Las sustancias con estructuras similares se mezclan más fácilmente. Ese fenómeno se conoce también como "lo similar disuelve a lo similar". Por ejemplo, las moléculas no polares se disolverán en solventes no polares. Algunas vitaminas, como la vitamina E, son no polares. No se disuelven en el agua del cuerpo, pero sí se disuelven en sustancias no polares como los lípidos que forman la grasa del cuerpo. Por eso la vitamina E está clasificada como vitamina liposoluble.

Analizar La parte líquida de la sangre, llamada plasma, es casi 95% agua. Las moléculas como los azúcares y las proteínas se disuelven en el agua del plasma sanguíneo. ¿Cuál es el soluto y cuál es el solvente en el plasma sanguíneo?

Predecir ¿Por qué la capacidad para disolver muchas sustancias es importante para un solvente que se encuentra en los seres vivos?

Image Credits: ©Charles D. Winters/Science Source

Ácidos y bases

Algunos compuestos se separan en iones cuando se disuelven en agua. Un ácido es un compuesto que libera un protón, un ion hidrógeno (H^+), cuando se disuelve en agua. Un ácido aumenta la concentración de iones H^+ en una solución. Las bases son compuestos que quitan los iones H^+ de una solución. Cuando una base se disuelve en agua, la concentración de H^+ disminuye. La acidez de una solución, o la concentración de H^+, se mide con la escala de pH.

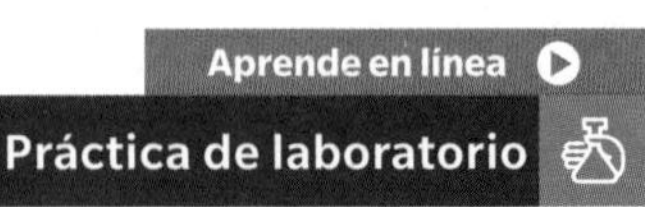

Investigar ácidos y bases Usa instrumentos para medir el pH de distintas sustancias, como alimentos y productos de limpieza.

FIGURA 12: El pH de una solución depende de la concentración de iones H^+.

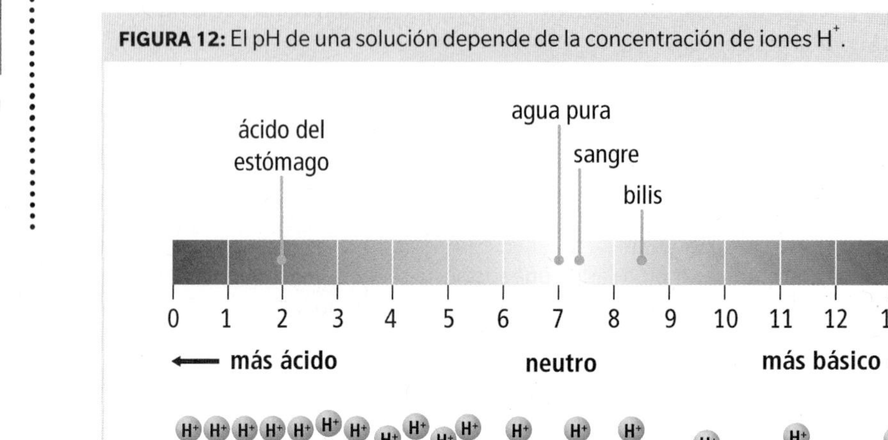

Analizar El jugo de limón tiene una alta concentración de iones hidrógeno. ¿Dónde crees que se ubicará en la escala de pH?

Para mantener la homeostasis, la mayoría de los organismos necesitan mantener su pH dentro de un rango limitado y cercano a neutro (pH 7.0). Sin embargo, algunos organismos necesitan un pH fuera de ese rango. Por ejemplo, la planta azalea crece muy bien en suelo ácido (pH 4.5), y un microorganismo llamado *Picrophilus* sobrevive mejor en un pH ácido de 0.7.

El pH se regula para cada uno de esos organismos. Una manera en que se regula el pH en los organismos es mediante soluciones amortiguadoras. Una solución amortiguadora es un compuesto que puede enlazarse a un ion H^+ cuando la concentración de H^+ aumenta, y puede liberar un ion H^+ cuando la concentración de H^+ disminuye. La solución amortiguadora mantiene un nivel más constante de iones H^+ y ayuda a mantener la homeostasis.

Explicar Explica de qué manera los enlaces de hidrógeno entre las moléculas de agua contribuyen a las propiedades que son importantes para la supervivencia de los seres vivos. En tu explicación, comenta la estructura de la molécula de agua y explica de qué manera contribuye a las propiedades únicas del agua. Por último, explica de qué manera esas propiedades se relacionan con el correcto funcionamiento y la supervivencia de los seres vivos.

Las reacciones químicas y las enzimas

Las reacciones químicas son importantes para todos los seres vivos. Las células vegetales crean compuestos al unir azúcares simples entre sí. Las células vegetales y las células animales descomponen los azúcares para obtener energía que pueden usar. Esas son solo algunas de las reacciones químicas que ocurren en los seres vivos. Las reacciones químicas transforman sustancias en sustancias diferentes al romper enlaces químicos y formar nuevos enlaces químicos, reordenando los átomos en el proceso.

Explicar Piensa en lo último que comiste. ¿Cómo sabes que los enlaces químicos de la comida se rompieron?

Hacer modelos de reacciones químicas

Para entender las reacciones químicas, necesitamos conocer las entradas y las salidas. Los reactivos son las sustancias iniciales de una reacción química. A medida que se produce la reacción, los enlaces de los reactivos se rompen y se reordenan para formar los productos de la reacción. Los productos de una reacción química son distintos a los reactivos: están presentes los mismos átomos, pero su reordenamiento produce sustancias con propiedades diferentes de las de los materiales iniciales.

Por ejemplo, el peróxido de hidrógeno, que se muestra en la Figura 13, es un compuesto muy reactivo. Puede que hayas usado una solución de peróxido de hidrógeno para limpiar una herida o una raspadura. Cuando ese compuesto hace contacto con ciertas proteínas de la sangre, se producen burbujas. Esa sustancia espumosa está formada por oxígeno gaseoso y agua. Las propiedades de esas moléculas son muy diferentes de las del peróxido de hidrógeno.

Las ecuaciones químicas son un modelo de lo que sucede en una reacción química. En una ecuación química, los reactivos están del lado izquierdo de la ecuación, y los productos están del lado derecho. Las reacciones químicas también son un modelo de la conservación de la materia. Eso significa que, en las reacciones químicas, no se crean ni se destruyen átomos, solo se reordenan. Todos los átomos de los reactivos seguirán presentes en los productos una vez que se complete la reacción.

La energía y la materia

FIGURA 13: Esta reacción química muestra que dos moléculas de peróxido de hidrógeno (H_2O_2) se descomponen para formar dos moléculas de agua (H_2O) y una molécula de oxígeno (O_2).

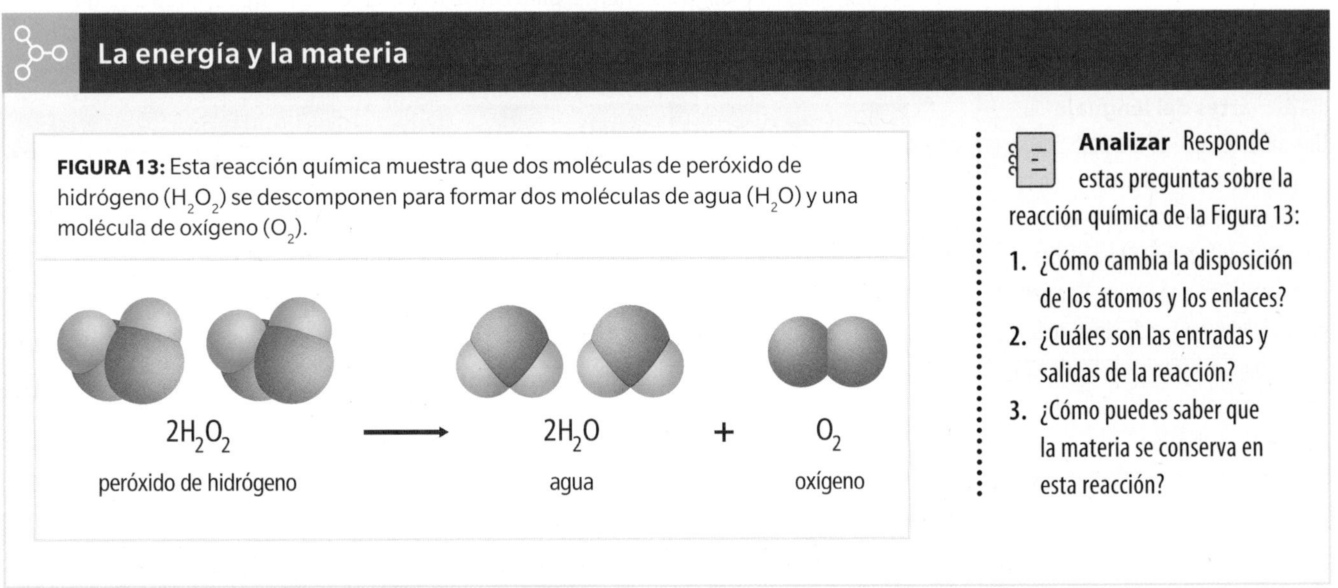

Analizar Responde estas preguntas sobre la reacción química de la Figura 13:

1. ¿Cómo cambia la disposición de los átomos y los enlaces?
2. ¿Cuáles son las entradas y salidas de la reacción?
3. ¿Cómo puedes saber que la materia se conserva en esta reacción?

Equilibrio químico

FIGURA 14: El ácido carbónico se disuelve en la sangre para que el dióxido de carbono pueda transportarse a los pulmones.

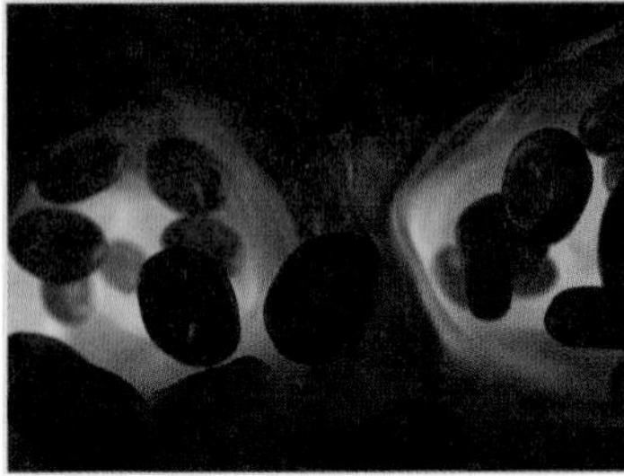

Algunas reacciones químicas van de reactivos a productos hasta que se consumen todos los reactivos. Es como una calle de un solo sentido. La reacción solo puede producirse en una sola dirección y es irreversible. Estos tipos de reacciones químicas tienen una flecha que señala los productos. Otras reacciones químicas son como una calle de dos sentidos. Pueden producirse en cualquier dirección, lo que significa que son reversibles. Esas reacciones químicas van en una dirección u otra según las concentraciones de los reactivos y los productos. Las flechas que señalan en ambas direcciones indican una reacción química reversible. Una reacción de tipo reversible permite que la sangre lleve dióxido de carbono. El dióxido de carbono reacciona con el agua de la sangre para formar un compuesto llamado ácido carbónico. Parte del ácido carbónico se descompone en agua y dióxido de carbono, que sale del cuerpo a través del aparato respiratorio.

En una reacción química irreversible, la reacción se produce en una dirección hasta que al menos un reactivo se consume por completo. En una reacción química reversible, la reacción avanza hasta un punto de equilibrio. En el punto de equilibrio, están presentes tanto los reactivos como los productos. La reacción química no se detiene, sino que continúa en ambas direcciones a la misma velocidad, de manera que la concentración neta de cada reactivo y producto no cambia. Si se quitan algunos de los productos de una reacción, la reacción química avanza en la dirección necesaria para restablecer el equilibrio de los reactivos y los productos. Una reacción reversible siempre mantendrá un equilibrio mientras haya reactivos y productos.

Analizar En términos de homeostasis, ¿por qué es importante que algunas reacciones sean reversibles?

Energía de activación

Todas las reacciones químicas implican cambios en la energía. Los reactivos deben absorber energía para descomponer sus enlaces químicos. Cuando se forman nuevos enlaces para crear los productos, se libera energía. Durante una reacción química, se absorbe y se libera energía. Algunas reacciones químicas absorben más energía de la que liberan, mientras que otras reacciones liberan más energía de la que absorben. Que una reacción química absorba o libere más energía depende de la energía de enlace de los reactivos y los productos. La energía de enlace es la cantidad de energía que se necesita para romper un enlace químico específico.

Se debe absorber algo de energía para comenzar una reacción química. La energía de activación es la cantidad de energía que debe absorberse para iniciar, o activar, una reacción química.

Conexión con las artes del lenguaje
Una analogía que se usa para describir la energía de activación la compara con la energía que se necesita para empujar una piedra hacia arriba en una colina. Una vez que la piedra está en la cima, rodará hacia abajo por sí misma. Escribe tu propia analogía para describir la energía de activación.

Energía de activación

FIGURA 15: El pico de la gráfica indica la energía de activación. Esta es la cantidad de energía que los reactivos deben absorber para romper sus enlaces químicos, de manera que la reacción pueda producirse.

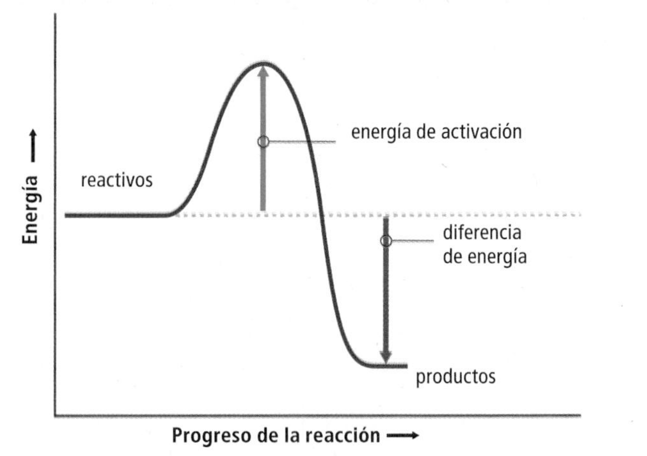

Image Credits: (t) ©Science Picture Co./ Science Source

Reacciones endotérmicas y exotérmicas

Las reacciones químicas pueden clasificarse según el resultado final de la reacción: si se absorbió o se liberó energía. La energía total de la reacción es la diferencia entre la energía absorbida cuando se rompen los enlaces y la energía liberada cuando se forman los enlaces. Cuando una reacción química libera más energía de la que absorbe, recibe el nombre de reacción exotérmica. En una reacción exotérmica, los productos tienen energías de enlace menores que las de los reactivos. El exceso de energía (la diferencia de energía de enlace entre los reactivos y los productos) muchas veces se libera en forma de calor o de luz. El prefijo *exo-* significa "fuera". En una reacción exotérmica, la energía es una salida.

Cuando una reacción química absorbe más energía de la que libera, se llama reacción endotérmica. En una reacción endotérmica, los productos tienen energías de enlace mayores que las de los reactivos. Se debe absorber energía para compensar la diferencia. El recipiente que contiene una reacción endotérmica en progreso generalmente se siente frío al tacto porque está absorbiendo energía de su entorno, incluida tu piel si estás tocando el recipiente. El prefijo *endo-* significa "adentro". En una reacción endotérmica, la energía es una entrada.

FIGURA 16: Una reacción química en una luciérnaga libera energía luminosa.

Explicar En el cuerpo de esta luciérnaga ocurren reacciones químicas que le permiten emitir luz para conseguir pareja. ¿Crees que la luz es el resultado de reacciones endotérmicas o exotérmicas? Explica tu respuesta.

Análisis de datos

Reacciones exotérmicas y endotérmicas

FIGURA 17: Se libera energía en las reacciones exotérmicas y se absorbe en las reacciones endotérmicas.

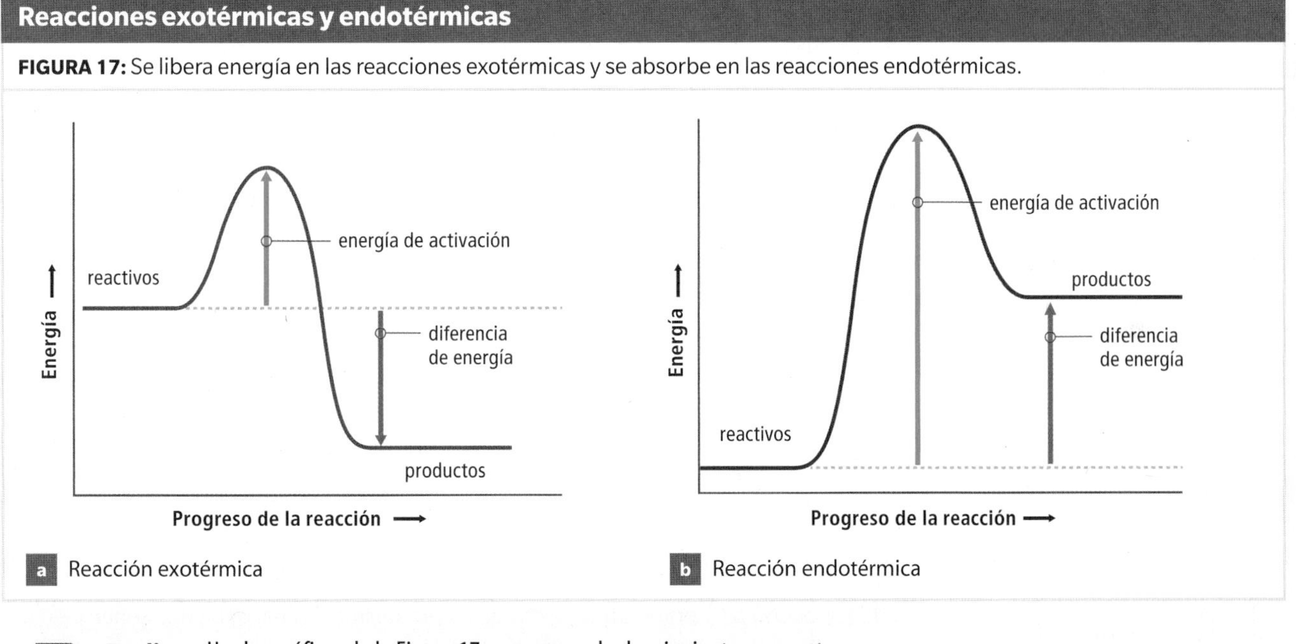

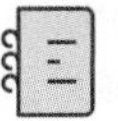

Explicar Usa las gráficas de la Figura 17 para responder las siguientes preguntas:

1. ¿En qué se diferencian las reacciones endotérmicas y las exotérmicas en cuanto a la energía?
2. ¿La energía de activación es parte de la diferencia total de energía de una reacción química?
3. ¿Por qué las reacciones exotérmicas se sienten calientes al tacto, mientras que las reacciones endotérmicas se sienten frías? Usa evidencias de las gráficas para justificar tu respuesta.

Todo el tiempo ocurren una gran cantidad de reacciones químicas en un organismo. La supervivencia del organismo depende de que algunas reacciones se produzcan lo más rápido posible a pesar de un medio restringido y las altas energías de activación.

Image Credits: (t) ©Moment/tomosang/Getty Images

Catalizadores

En los seres vivos, las reacciones químicas a menudo deben ocurrir rápidamente, pero algunas reacciones tienen una energía de activación alta que lo impide. Recuerda que la energía de activación es la cantidad de energía que una reacción química necesita absorber antes de comenzar. Muchas veces, la energía de activación proviene de un aumento de temperatura. Sin embargo, una vez que comienza, la reacción puede producirse lentamente. Para que cualquier reacción ocurra, las moléculas del reactivo deben chocar con la fuerza suficiente y en una orientación específica. Cuando la concentración de reactivos es baja, es mucho menos frecuente que se produzcan los choques con la fuerza y la orientación necesarias.

Sin embargo, la energía de activación y, por lo tanto, la velocidad de la reacción química, puede modificarse con un catalizador. Un catalizador es una sustancia que aumenta la tasa de reacción. Los catalizadores no cambian ni se consumen durante una reacción, de manera que no son parte de la ecuación. Los catalizadores proveen una forma alternativa de que ocurra la reacción, que requiere menos energía de activación.

Energía de activación con catalizador

FIGURA 18: Esta gráfica muestra cómo un catalizador modifica la energía de activación de una reacción. Observa que la diferencia total de energía no cambia como resultado de agregar un catalizador.

energía de activación
energía de activación con catalizador
reactivos
diferencia de energía
productos
Energía ⟶
Progreso de la reacción ⟶

Analizar Según la gráfica, ¿de qué manera un catalizador aumenta la tasa de una reacción química?

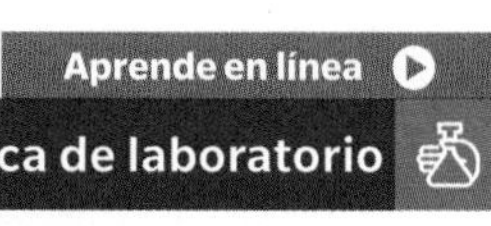

Experimenta con la catalasa Diseña y lleva a cabo una investigación acerca de cómo un factor afecta la actividad de la enzima catalasa.

Enzimas

Una forma de proveer la energía de activación necesaria para una reacción es aumentar la temperatura del sistema. Sin embargo, las reacciones químicas de los organismos deben ocurrir a la temperatura corporal del organismo, la cual debe mantenerse en un rango limitado. Además, los reactivos muchas veces están presentes en concentraciones bajas. Para reducir la energía de activación y hacer que los choques moleculares sean más eficientes, las células usan catalizadores biológicos.

Los catalizadores que usan los organismos se llaman enzimas. Las enzimas, como otros catalizadores, reducen la energía de activación y aumentan la tasa de las reacciones químicas. Eso es válido en reacciones tanto reversibles como irreversibles. Las enzimas participan en casi todos los procesos de los organismos, desde la descomposición de la comida hasta la producción de proteínas. Por ejemplo, durante la digestión, una enzima presente en la saliva, llamada amilasa, comienza a descomponer el almidón de los alimentos. En los intestinos, otra enzima llamada maltasa descompone la maltosa del azúcar y la convierte en moléculas de glucosa individuales.

La estructura de la enzima es importante porque la forma de cada enzima permite que solo ciertos reactivos se enlacen con la enzima. Los reactivos específicos sobre los que actúa una enzima se llaman sustratos. Así como una llave encaja en una cerradura, los sustratos encajan en los sitios activos de las enzimas. Por eso, si la estructura de una enzima cambia, quizá no funcione. Ese modelo de funcionamiento de las enzimas se llama el modelo de llave-cerradura.

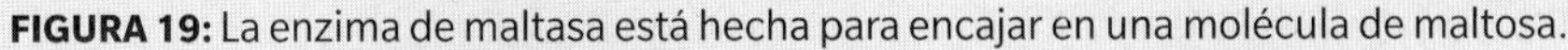

FIGURA 19: La enzima de maltasa está hecha para encajar en una molécula de maltosa.

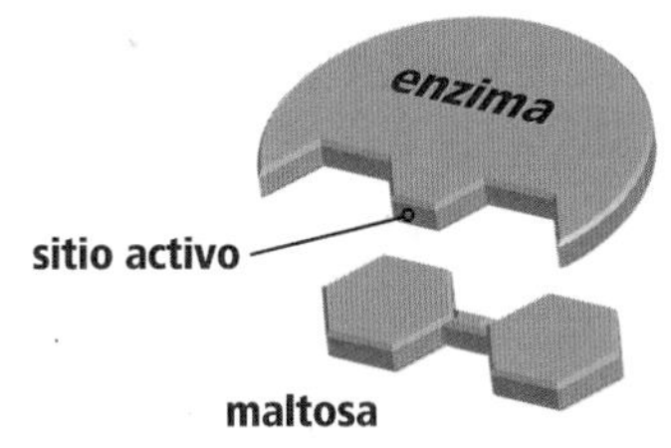

1 La maltosa del azúcar es el sustrato para esa enzima. La maltosa está compuesta de dos moléculas de glucosa enlazadas.

2 La enzima maltasa tiene una forma tal que solo la molécula de maltosa encaja en el sitio activo de la enzima.

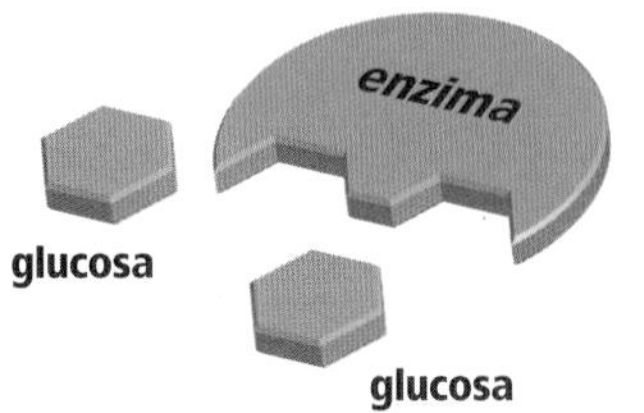

3 La enzima provoca una reacción química que descompone la molécula de maltosa en dos moléculas de glucosa.

El modelo de llave-cerradura es un buen punto de partida para entender el funcionamiento de las enzimas. Sin embargo, los científicos han descubierto que las estructuras de las enzimas no permanecen fijas. Por el contrario, las enzimas se flexionan levemente cuando se enlazan a sus sustratos. En términos de una cerradura y una llave, es como si la cerradura se flexionara alrededor de la llave para que la llave encaje mejor. La flexión de la enzima es una forma en la que los enlaces de los sustratos se debilitan. Esta explicación se conoce como el modelo de encaje inducido.

Hacer un modelo Haz un diagrama para mostrar de qué manera una enzima descompondría un sustrato según el modelo de encaje inducido.

Casi todas las enzimas son proteínas. Las interacciones entre las distintas partes de la proteína hacen que esta forme una estructura en 3D compleja. Esa estructura en 3D permite que una enzima funcione correctamente como un catalizador. Los cambios en las condiciones, como la temperatura y el pH, pueden afectar la forma y la función de la proteína. Las enzimas funcionan mejor en un rango de temperatura limitado, que es alrededor de la temperatura corporal normal del organismo. A temperaturas un poco más altas, los enlaces de hidrógeno de una enzima pueden comenzar a romperse. La enzima comienza a desenredarse y desplegarse, o desnaturalizarse, como se muestra en la Figura 20.

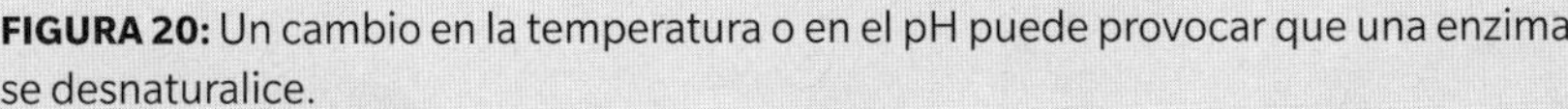

FIGURA 20: Un cambio en la temperatura o en el pH puede provocar que una enzima se desnaturalice.

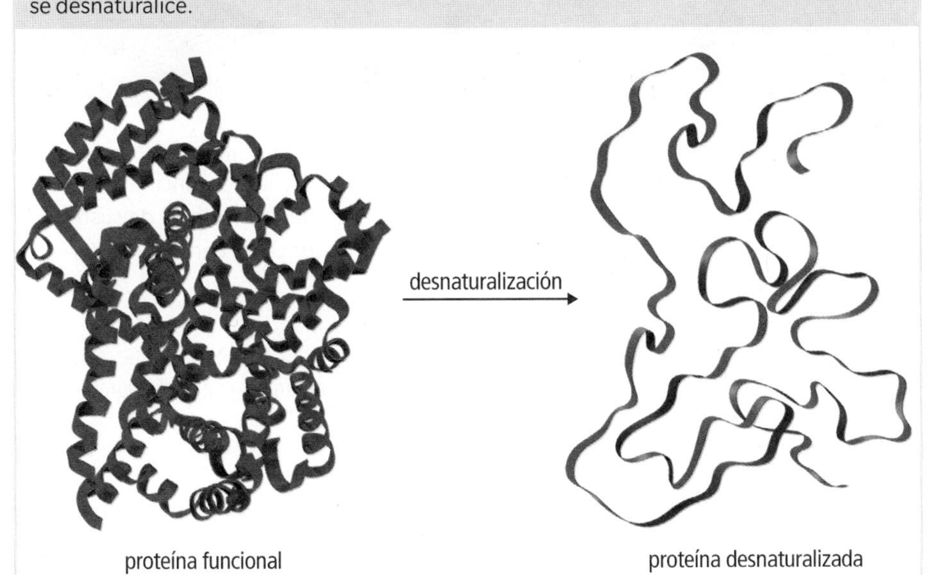

Explicar ¿Por qué tener fiebre muy alta es peligroso para los seres humanos? Menciona evidencias relacionadas con la estructura de la enzima y su función.

Un cambio en el pH también puede afectar los enlaces de hidrógeno de las enzimas y, por lo tanto, provocar la desnaturalización. Muchas enzimas funcionan mejor en el pH casi neutro que se mantiene dentro de las células del cuerpo. Si el fluido se vuelve más ácido o básico a medida que el pH cambia, las reacciones se vuelven más lentas. Si el fluido se vuelve muy ácido o básico, las enzimas pueden dejar de funcionar totalmente. No todas las enzimas tienen las mismas necesidades de pH. Por ejemplo, las enzimas del estómago funcionan mejor en condiciones ácidas. A su vez, algunas enzimas del intestino delgado funcionan mejor en condiciones algo básicas.

Predecir Al comienzo de la lección, observaste que el ácido clorhídrico descompone una hamburguesa. El ácido clorhídrico está presente en el estómago. ¿Cómo crees que las enzimas del estómago pueden resistir la desnaturalización de un medio tan ácido?

Puedes ver cómo sucede la desnaturalización cuando cocinas un huevo. A medida que el huevo comienza a cocinarse, las proteínas en la clara de huevo se extienden mientras se desenredan y se despliegan. Las moléculas de proteína entonces comienzan a unirse a otras moléculas de proteína para formar una red.

Colaborar Algunas sustancias químicas pueden usarse para cambiar el pelo de lacio a rizado. Con un compañero, comenta de qué forma eso puede estar relacionado con los enlaces químicos y la desnaturalización de las proteínas.

En algunos casos, las proteínas desnaturalizadas pueden renaturalizarse o recuperar su forma normal. Sin embargo, muchas proteínas no pueden recuperar su función normal una vez que se desnaturalizan. En el caso de la clara de huevo, las proteínas forman nuevos enlaces que hacen que la clara desarrolle ese gel blanco característico del huevo cocido.

FIGURA 21: Los cambios que suceden cuando se cocina la clara de huevo implican la desnaturalización de proteínas.

Dado que las enzimas son proteínas, los cambios en el pH y el agregado de calor pueden provocar que estas se desnaturalicen. Para que un catalizador funcione correctamente debe mantener la forma adecuada para aceptar la molécula de sustrato. La desnaturalización altera esa forma y el catalizador ya no funciona correctamente.

Image Credits: ©Fotokostic/Shutterstock

Explicar Responde estas preguntas para explicar cómo cambia la materia durante las reacciones químicas.

1. ¿Qué sucede en las reacciones químicas en términos de átomos y enlaces?
2. ¿Cómo se relacionan las entradas y salidas de energía con las reacciones químicas?
3. ¿Cómo ayudan las enzimas a que los seres vivos lleven a cabo reacciones químicas?

Práctica de laboratorio

Experimenta con la catalasa

Muchas reacciones químicas ocurren en las células de los seres vivos. Algunas de esas reacciones descomponen las moléculas de los nutrientes para obtener energía. Otras reacciones sintetizan todos los compuestos que las células necesitan para sobrevivir. Juntas, esas dos categorías de reacciones se llaman metabolismo. El metabolismo es el total de todas las reacciones químicas que ocurren en un organismo.

Los catalizadores son sustancias que aceleran las reacciones químicas porque disminuyen la energía de activación que se necesita para dar inicio a la reacción. En los organismos vivos, esas sustancias se llaman enzimas. Las enzimas son proteínas. Los reactivos sobre los que actúan las enzimas se llaman sustratos, y las sustancias que se obtienen como resultado son los productos. No sobreviviríamos sin enzimas porque las reacciones esenciales que nos mantienen vivos tardarían demasiado.

Energía de activación con un catalizador

FIGURA 22: Un catalizador disminuye la energía de activación de una reacción química.

Muchos factores influyen en el buen funcionamiento de una enzima. La temperatura, el pH y la presencia de inhibidores, como los metales pesados, pueden afectar la capacidad de una enzima de catalizar una reacción.

Una enzima importante es la catalasa. La catalasa se encuentra en muchas células y está muy concentrada en el hígado humano. La catalasa acelera la descomposición, o separación, del peróxido de hidrógeno (H_2O_2) en el cuerpo. El peróxido de hidrógeno es un subproducto de la respiración celular. Demasiado peróxido de hidrógeno en el cuerpo puede provocar la muerte. La catalasa puede acelerar la descomposición del peróxido de hidrógeno en agua inocua y oxígeno. Esa reacción química se muestra debajo.

$$2H_2O_2 \rightarrow 2H_2O + O_2$$

SEGURIDAD

El ácido clorhídrico y el hidróxido de sodio son corrosivos para la piel. Ten cuidado al verter esas sustancias químicas. El hígado crudo puede transmitir *E.coli*, así que asegúrate de usar guantes o pinzas para manipular el hígado y de lavarte muy bien las manos.

MATERIALES

- vaso de precipitados
- hígado de res
- pinzas, escalpelo y tenazas
- cilindro graduado, 10 mL
- hornilla
- ácido clorhídrico, diluido (1.0 M HCl)
- peróxido de hidrógeno, 3%
- hielo
- papel de pH y sensor de pH
- regla y tijeras
- hidróxido de sodio, diluido (1.0 M NaOH)
- tubos de ensayo y portatubos
- termómetro
- agua destilada

Elige un factor, como la temperatura o el pH, e investiga de qué manera afecta la actividad de la enzima catalasa.

Predecir ¿De qué manera crees que los cambios en ese factor afectarán las actividades de la enzima catalasa? Presenta evidencias para justificar tu razonamiento.

PROCEDIMIENTO

Diseña un procedimiento para investigar de qué manera el factor que elegiste afecta la actividad de la catalasa. Usa las siguientes preguntas como ayuda para escribir tu procedimiento. Si hay tiempo, puedes investigar más de un factor.

- ¿Qué variable cambiarías y cómo?
- ¿Qué variables se mantendrán constantes?
- ¿Cuántos procedimientos experimentales necesitarás? ¿Qué procedimiento te servirá de control?
- ¿Cómo medirás la actividad de la enzima?
- ¿Cuántas veces realizarás tu prueba y qué medidas de seguridad debes seguir?

Pida a tu maestro que revise tu procedimiento antes de continuar. Antes de hacer el experimento, crea una o más tablas de datos para tus mediciones y observaciones.

ANALIZA

Responde las siguientes preguntas en tu Cuaderno de evidencias:

1. ¿Cómo supiste cuándo había aumentado o disminuido la actividad de la enzima catalasa?
2. Haz una gráfica con tus datos y muestra todos los cálculos que completaste. ¿Qué patrones puedes identificar en los datos?

EXPLICA

Escribe una conclusión para explicar de qué manera el factor que pusiste a prueba afectó la actividad de la enzima. Incluye las secciones de abajo en tu explicación.

Afirmación ¿Tu predicción fue correcta? ¿Qué conclusión puedes sacar a partir de los datos?

Evidencias Da ejemplos específicos de los datos para justificar tu afirmación.

Razonamiento Explica de qué forma las evidencias que diste justifican tu afirmación.

MEJORA

Explica de qué manera mejorarías esta investigación si tuvieras que hacerla nuevamente.

Precisión y exactitud ¿El equipo que usaste tuvo el nivel de precisión necesario para llegar a una conclusión válida?

Propón modificaciones ¿Que mejoras harías en este procedimiento para obtener datos más precisos? ¿Por qué harías esos cambios?

ENZIMAS Y ATLETAS

INVESTIGAR ÁCIDOS Y BASES

Conéctate y elige alguna de estas opciones.

Autorrevisión de la lección

¿PUEDES EXPLICARLO?

FIGURA 23: El ácido clorhídrico es sumamente ácido. Está presente en el estómago y puede descomponer la materia alimentaria muy rápidamente.

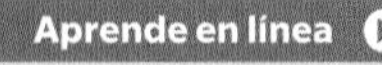

En el aparato digestivo, muchos órganos trabajan en conjunto para descomponer la comida en moléculas más simples. La digestión comienza en la boca, continúa en el estómago y se completa en parte del intestino delgado. En la boca, comienza la digestión mecánica cuando masticas. Los dientes trituran y machacan la carne hasta convertirla en pedazos más pequeños. A medida que masticas la comida, las glándulas salivales secretan la enzima amilasa, que comienza a descomponer las moléculas de almidón complejas en glucosa.

Una vez que se ha masticado la comida y se ha mezclado con la saliva, la lengua la lleva hasta el fondo de la boca para tragarla. La comida baja al estómago, donde continúa la digestión. En el estómago, el revestimiento del estómago secreta un jugo gástrico que contiene ácido clorhídrico (HCl) y una enzima digestiva llamada pepsina. Las proteínas se digieren en el estómago y en el intestino delgado, pero las grasas y los azúcares se digieren únicamente en el intestino delgado, donde otras enzimas, como la maltasa, continúan el proceso.

Cuando comes, el estómago produce ácido clorhídrico. Ese ácido tiene un pH de alrededor de 1.5. Las células del revestimiento del estómago producen una capa de mucosidad que protege a las células del ácido.

Explicar Consulta las notas de tu Cuaderno de evidencias para explicar de qué forma la materia, como una hamburguesa, cambia en una reacción química. Usa evidencias y modelos para justificar tu afirmación y responde las siguientes preguntas:

1. ¿Cómo puede ordenarse la materia y cómo hacemos un modelo de la disposición de la materia?
2. ¿Cómo cambian la energía y la materia en las reacciones químicas y cómo se puede hacer un modelo de esos cambios?
3. ¿De qué manera las propiedades del agua y la capacidad de modificar la velocidad de las reacciones químicas les permiten a los seres vivos llevar a cabo las funciones necesarias para la vida, como la digestión de la comida?

Image Credits: (l) (c) (r) ©Science Photo Library/Rhys Lewis & Minh Tan Pham, AHS/DECD/age fotostock

EJERCICIOS DE REVISIÓN

Comprueba lo que aprendiste

1. ¿Qué tiene en común toda la materia?

a. A temperatura ambiente es líquida.
b. Está formada por átomos.
c. Es visible.
d. Es neutra.

2. ¿Qué enunciado describe mejor a los compuestos?

a. Los compuestos son grupos de varios átomos del mismo elemento.
b. Los compuestos están formados por átomos de uno o más elementos enlazados entre sí.
c. Los compuestos rara vez existen en la naturaleza y suelen ser sintetizados por los seres humanos.
d. Los compuestos están formados por átomos que no suelen reaccionar unos con otros.

3. ¿Cuáles de las siguientes opciones son ejemplos de materia? Elige todas las respuestas correctas.

a. calor
b. luz solar
c. agua
d. césped
e. aire

4. El estómago de un animal contiene enzimas que descomponen la comida en moléculas más pequeñas para que las células del animal las puedan usar. Las enzimas llevan a cabo esta función al

a. participar en reacciones químicas.
b. aumentar la temperatura de la reacción.
c. disminuir la energía de activación.
d. bajar el pH.

5. Una reacción química avanza hasta que alcanza un equilibrio. ¿Cuál de los enunciados es verdadero cuando la reacción está en equilibrio?

a. Se usan todos los reactivos.
b. La reacción está completa y no se modificará.
c. Se usa un reactivo, pero uno o varios de los demás reactivos siguen presentes.
d. Tanto los productos como los reactivos están presentes.

6. ¿Cómo son las propiedades de los elementos en comparación con las propiedades de los compuestos que forman?

a. Las propiedades de los elementos pueden ser diferentes de las propiedades de los compuestos que forman.
b. Las propiedades del compuesto siempre son iguales que los elementos presentes en el compuesto.
c. Las propiedades del compuesto cambiarán solo si los elementos del compuesto se exponen al calor.
d. Las propiedades del compuesto son las mismas que las propiedades de los átomos individuales del compuesto.

7. ¿Cuál de las siguientes *no* es una propiedad del agua?

a. calor específico alto
b. cohesión
c. punto de ebullición relativamente bajo
d. adhesión

8. ¿Cómo afectan la temperatura y el pH a una enzima de la que depende una reacción química?

a. Pueden descomponer los reactivos.
b. Pueden descomponer los productos.
c. Pueden modificar la forma de la enzima.
d. Pueden hacer que la reacción química se revierta.

FIGURA 24: Se forman enlaces de hidrógeno entre moléculas de agua.

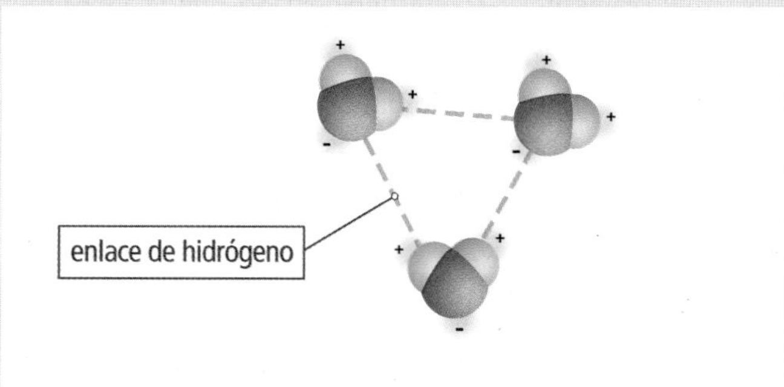

9. ¿Por qué la estructura de una molécula de agua genera enlaces de hidrógeno? Usa las evidencias que ves en la Figura 24 para justificar tu respuesta.

10. Habrás notado que el agua se pega a superficies como el vidrio. ¿Qué propiedad del agua es responsable de este fenómeno?

11. Explica por qué la formación de los enlaces de hidrógeno entre las moléculas de agua es importante para la supervivencia de los seres vivos.

FIGURA 25: El peróxido de hidrógeno se descompone en agua y oxígeno.

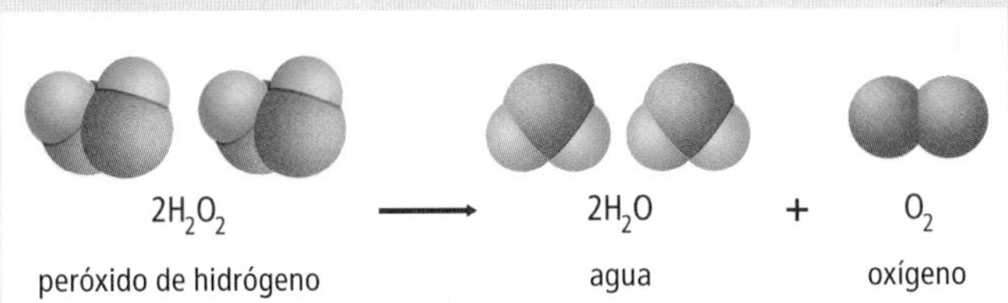

Observa la Figura 25 y responde las preguntas 12 y 13.

12. Describe qué sucede con los átomos y los enlaces en esta reacción química.

13. Explica de qué manera este modelo de una reacción química demuestra que la materia se conserva.

FIGURA 26: Una reacción progresa con la ayuda de un catalizador.

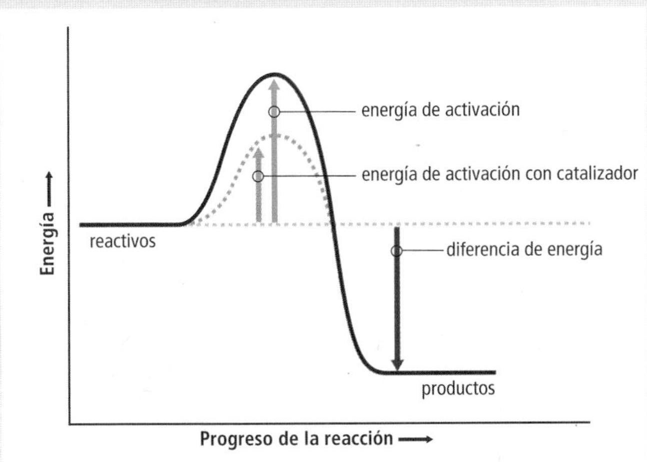

Observa la Figura 26 y responde las preguntas 14 y 15.

14. ¿Qué enunciado es verdadero respecto de un catalizador?

a. Un catalizador aumenta la energía de activación de una reacción química.

b. Un catalizador disminuye la diferencia de energía de una reacción química.

c. Un catalizador permite que los reactivos comiencen a un nivel de energía más alto.

d. Un catalizador disminuye la energía de activación de una reacción química.

15. ¿Esta gráfica muestra una reacción química endotérmica o exotérmica? Presenta evidencias para justificar tu respuesta.

16. ¿Cuál de estos enunciados sobre las enzimas es verdadero? Elige todas las respuestas correctas.

a. Las enzimas pueden ayudar a romper los enlaces químicos.

b. Las enzimas siempre cambian su forma cuando se unen a una molécula.

c. Las enzimas pueden descomponer una variedad de sustancias diferentes.

d. La forma de una enzima está relacionada con la forma del sustrato al que se enlaza.

HAZ TU PROPIA GUÍA DE ESTUDIO

En tu Cuaderno de evidencias, diseña una guía de estudio que justifique las ideas principales de esta lección:

Los seres vivos y los materiales inorgánicos que usan los seres vivos están hechos de materia.

En las reacciones químicas, los enlaces se rompen y se forman nuevos enlaces. Los átomos se reordenan, pero no se crean ni se destruyen.

Los cambios en la materia mantienen con vida a los seres vivos y los ayudan a mantener la homeostasis.

Recuerda incluir la siguiente información en tu guía de estudio:

- Usa ejemplos que sirvan como modelo de las ideas principales.
- Anota explicaciones para el fenómeno que investigaste.
- Presenta evidencias para justificar tus explicaciones. Tu justificación puede incluir dibujos, datos, gráficas, conclusiones de laboratorio y otras evidencias que hayas anotado a lo largo de la lección.

Ten en cuenta cómo cambia la materia durante las reacciones químicas y cómo influyen las condiciones externas en esos cambios.

2.2

Moléculas de carbono

Los materiales de carbono pueden adoptar muchas formas.

¿PUEDES EXPLICARLO?

FIGURA 1: Todos los seres vivos y muchos componentes no vivos están formados por compuestos que contienen carbono.

Reunir evidencias Mientras trabajas con la lección, reúne evidencias de cómo los átomos de las biomoléculas se separan y se reordenan para formar nuevas biomoléculas.

El universo está formado por muchos elementos diferentes. Uno de los elementos más importantes en los seres vivos es el carbono, que recibe el nombre de "elemento de la vida" porque sus átomos son la base de las biomoléculas, las moléculas que conforman los seres vivos. El carbono también está presente en algunos componentes no vivos. Sus propiedades permiten que forme millones de compuestos diferentes con propiedades muy distintas. Los átomos de carbono pueden ordenarse en moléculas que conforman tu comida y tu ropa. Los materiales de carbono también tienen muchas aplicaciones técnicas, como la electrónica, la óptica y el caucho de los neumáticos.

Predecir ¿Por qué el carbono es el componente central de tantos tipos diferentes de moléculas?

Image Credits: (t) ©TLaoPhotogra phy/Shutterstock; (b) ©Monkey Business Images/Shutterstock

Las propiedades del carbono

Se denomina química orgánica a la química de las moléculas de carbono porque los seres vivos producen casi todos los compuestos de carbono que se encuentran en la naturaleza. Antes se creía que solo los seres vivos podían producir compuestos de carbono. Ahora, los químicos orgánicos saben cómo sintetizar muchos tipos diferentes de compuestos de carbono para producir alimentos, materiales, medicamentos y muchas cosas más.

Predecir ¿Por qué crees que el carbono tiene una rama entera de la química dedicada a su estudio?

Si bien existe una gran cantidad de compuestos de carbono, aquellos que conforman a todos los seres vivos pueden dividirse en cuatro grupos principales: carbohidratos, lípidos, proteínas y ácidos nucleicos. Debido a su tamaño relativamente grande, esos compuestos orgánicos son llamados macromoléculas. Sus estructuras y funciones pueden ser diferentes en muchos aspectos, pero todos tienen una característica en común: contienen carbono.

La estructura de las moléculas de carbono

Los átomos de carbono son la base de la mayoría de las moléculas que conforman los organismos y participan en la mayoría de los procesos que sustentan la vida. La estructura atómica del carbono hace que tenga propiedades de enlace únicas. Esas propiedades le permiten formar enlaces covalentes, o enlaces que comparten pares de electrones. El carbono tiene cuatro electrones disponibles para compartir con átomos de otros elementos y formar enlaces covalentes. En las moléculas orgánicas, el carbono suele estar enlazado a los elementos hidrógeno, oxígeno, nitrógeno y fósforo.

Colaborar Trabaja con un compañero para comparar la forma de las moléculas de la Figura 2. ¿En qué se parecen? ¿En qué se diferencian?

FIGURA 2: Las moléculas de carbono pueden tener muchas estructuras diferentes, como cadenas rectas, cadenas ramificadas y anillos.

Cadena recta	Cadena ramificada	Anillo
ÁCIDO CÁPRICO	**ISOHEXANO**	**GLUCOSA**
Un ácido graso hallado en aceites vegetales como el aceite de coco y el aceite de palmiste, y también en la leche de algunos mamíferos. Se demostró que este ácido graso tiene propiedades antibacterianas y antiinflamatorias.	Un líquido claro usado para producir gasolina y pegamentos y como solvente para extraer aceites.	Un azúcar simple que es una fuente de energía importante para los organismos vivos.

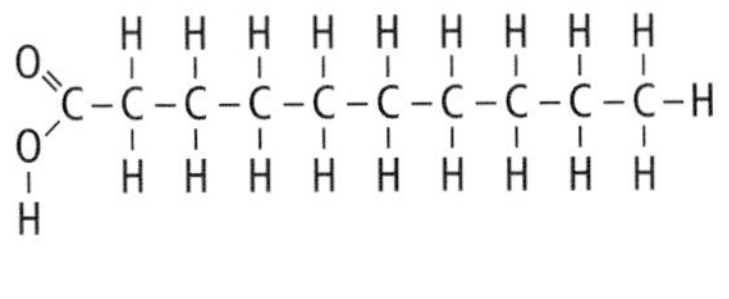

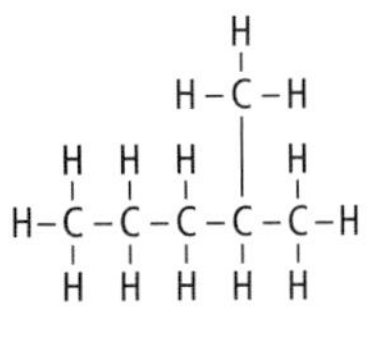

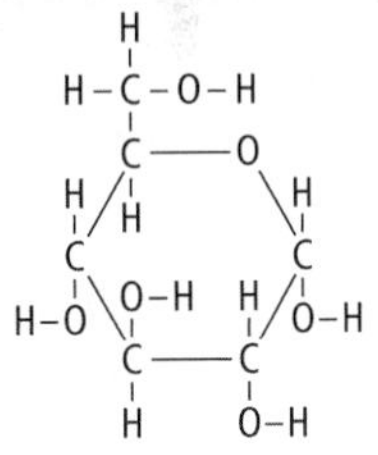

Analizar Según la Figura 2, ¿cuántos enlaces químicos forma el carbono? ¿Qué relación hay entre la cantidad de enlaces que puede formar el carbono y su capacidad para formar moléculas con muchas formas diferentes?

Los átomos de carbono pueden formar enlaces simples, dobles o triples. En las fórmulas estructurales, los enlaces dobles se representan con dos barras y los triples, con tres. Como puedes ver en la Figura 3, el átomo de carbono del dióxido de carbono forma un enlace doble con cada átomo de oxígeno. En el acetileno, cada carbono forma un enlace triple y uno simple. Ambos son gases de carbono con propiedades químicas diferentes. Tienen diferentes densidades, y el dióxido de carbono es inodoro, pero el acetileno tiene olor a ajo.

Predecir ¿Cuál crees que es el tipo de enlace covalente más fuerte? ¿Un enlace simple, uno doble o uno triple? Explica tu respuesta.

FIGURA 3: El carbono puede formar enlaces simples, dobles o triples.

Dióxido de carbono (CO_2)	Acetileno (C_2H_2)
O=C=O	H–C≡C–H
Gas incoloro e inodoro presente de manera natural en el aire (alrededor de 0.03 por ciento) usado por las plantas durante la fotosíntesis.	Gas incoloro que arde con una llama brillante y es usado para soldar. En su forma pura, tiene un olor dulce, parecido al del ajo.

Monómeros y polímeros

En la Figura 2, podrás observar tres características de los átomos de carbono. Una es que el carbono puede enlazarse consigo mismo o con otros átomos. La segunda es que la forma en que las moléculas de carbono se enlazan forma un anillo o una cadena larga de subunidades que se repiten. Un polímero es una molécula grande compuesta por subunidades llamadas monómeros que pueden ser los mismos, como en la molécula de celulosa de la Figura 4, o diferentes, como en las proteínas. La tercera característica es que suelen enlazarse con átomos de hidrógeno. Muchos compuestos contienen solo carbono e hidrógeno y son llamados hidrocarburos. Los enlaces covalentes de los hidrocarburos almacenan una gran cantidad de energía.

Conexión con las artes del lenguaje

Un polímero que quizá hayas oído nombrar es la seda. Las fibras de la seda, hechas por arañas y algunos gusanos, son muy fuertes y duraderas. En la actualidad, hay investigadores que intentan producir seda aún más fuerte alimentando a los gusanos de seda con materiales de carbono, como nanotubos de carbono. Los científicos esperan poder usar la seda mejorada en implantes médicos y productos electrónicos. Con un compañero, investiga sobre la seda mejorada con carbono y comenta las maneras en las que ese material podría influir en la sociedad.

FIGURA 4: La celulosa es un polímero formado por subunidades llamadas monómeros de glucosa.

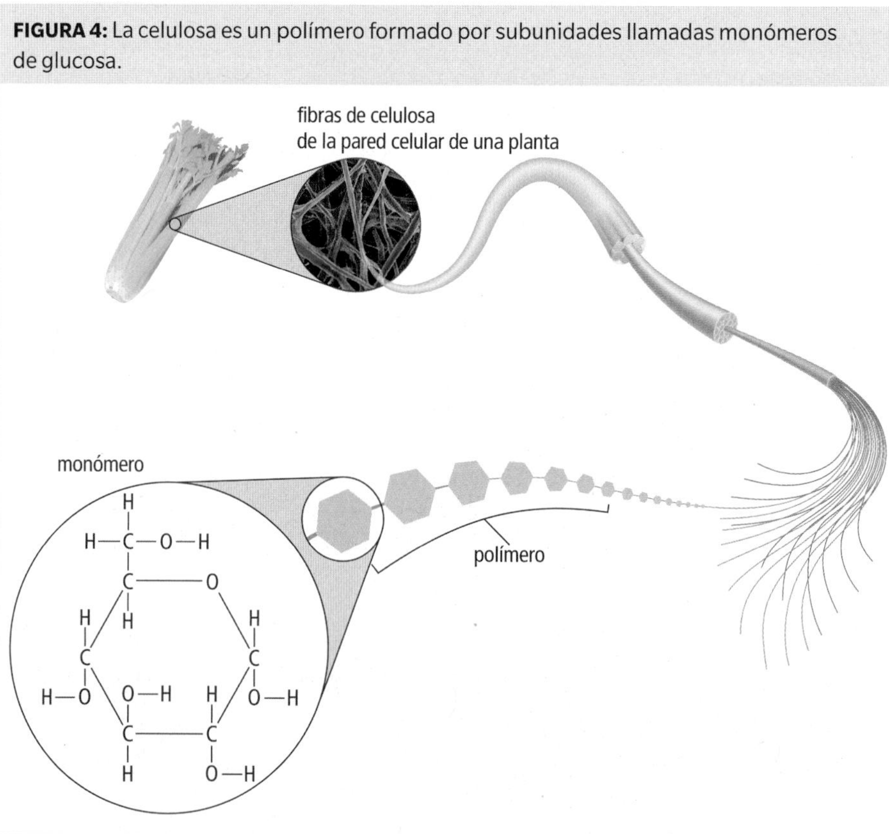

Ingeniería

Hacer polímeros

Los polímeros pueden formarse mediante el proceso de síntesis por deshidratación. Ese proceso involucra reacciones químicas en las que una molécula de agua (H_2O) es liberada al tiempo que un monómero se enlaza con otro. Un monómero aporta un ion hidrógeno (H^+) y el otro aporta un grupo hidroxilo (OH^-). Algunos polímeros pueden descomponerse mediante una reacción inversa llamada hidrólisis. Los enlaces entre los monómeros se rompen a causa de la adición de moléculas de agua.

En el cuerpo humano, unas enzimas llamadas hidrolasas usan la hidrólisis para descomponer polímeros. En la industria, la síntesis por deshidratación puede usarse para formar una amplia variedad de polímeros, como los que hay en el nailon y las telas de poliéster.

Explicar ¿Cuáles podrían ser las ventajas y desventajas económicas y medioambientales de hacer ropa con polímeros artificiales, como el nailon y el poliéster, y de hacerla con polímeros naturales, como el algodón?

FIGURA 5: La glucosa y la fructosa se deshidratan para formar sacarosa, comúnmente llamada azúcar de mesa.

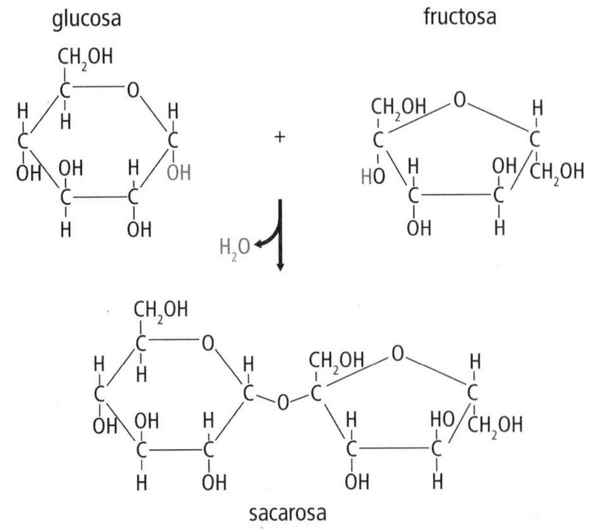

glucosa + fructosa → (H_2O) sacarosa

Isómeros

Las estructuras moleculares que has visto hasta ahora se ven planas, pero, en realidad, las moléculas son tridimensionales (3D). La disposición 3D de los átomos y los enlaces químicos dentro de las moléculas orgánicas es crucial para entender su química. Las moléculas que comparten la misma fórmula química, pero tienen una disposición de átomos o enlaces químicos diferente, se conocen como isómeros. Debido a que los átomos están conectados de maneras diferentes, los isómeros tienen distintas propiedades físicas y químicas. Por ejemplo, la glucosa y la fructosa son fuentes de energía para los procesos celulares. Sin embargo, la fructosa no se metaboliza tan fácilmente como la glucosa. La existencia de isómeros permite que haya una mayor variedad de compuestos orgánicos con distintas propiedades.

FIGURA 6: Los isómeros glucosa y fructosa comparten la fórmula química $C_6H_{12}O_6$.

Glucosa	Fructosa
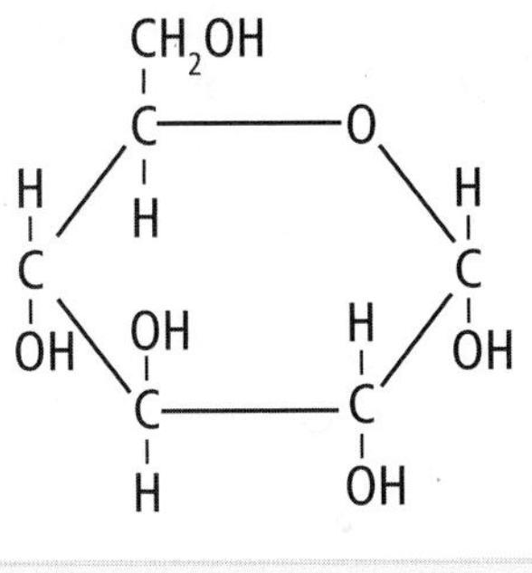	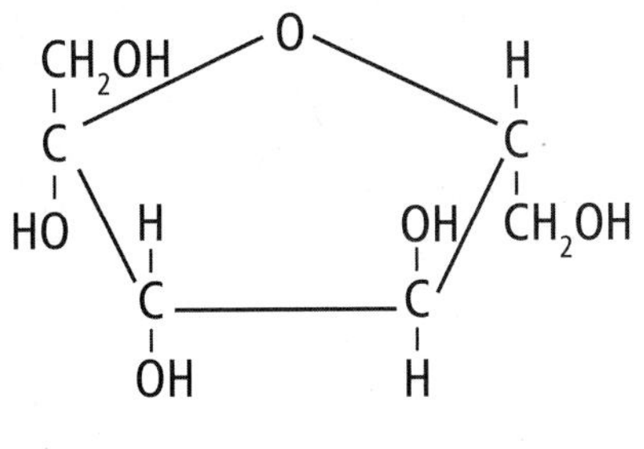

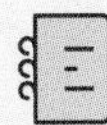

Explicar Compara y contrasta los diferentes tipos de estructuras de carbono en términos de sus estructuras, fórmulas químicas y funciones.

La estructura y la función de las moléculas de carbono

Las macromoléculas de carbono que hay en todos los organismos pueden ser clasificadas en cuatro tipos básicos: carbohidratos, lípidos, proteínas y ácidos nucleicos. Esas moléculas, a menudo llamadas biomoléculas, tienen estructuras y funciones diferentes, pero todas están formadas a partir de cadenas y anillos de carbono. Algunos organismos, como la mayoría de las plantas verdes, producen biomoléculas de alta energía mediante un proceso llamado fotosíntesis. Otros organismos obtienen moléculas de carbono mediante la alimentación. Todos los seres vivos descomponen moléculas orgánicas y las reordenan para formar nuevas moléculas que son necesarias para la vida.

La estructura y la función de los carbohidratos

Analizar ¿Cuáles de los carbohidratos que se muestran en la Figura 7 son monómeros y cuáles son polímeros? Explica tu respuesta.

Los carbohidratos están compuestos por carbono, hidrógeno y oxígeno. Los carbohidratos más básicos son los azúcares simples, o monosacáridos. Muchos azúcares simples tienen entre cinco y seis átomos de carbono. La glucosa, uno de los azúcares producidos por las células vegetales durante la fotosíntesis, es un azúcar de seis átomos de carbono. Los azúcares simples se enlazan para formar carbohidratos más grandes llamados polisacáridos. Un polisacárido que tiene dos azúcares combinados, como la sacarosa, se denomina disacárido.

FIGURA 7: La glucosa, la sacarosa y la celulosa son carbohidratos.

Monosacárido	Disacárido	Polisacárido
GLUCOSA	**SACAROSA**	**CELULOSA**
Un azúcar simple que es una fuente de energía importante en los seres vivos.	Un azúcar simple formado por un monómero de glucosa enlazado con un monómero de fructosa. Conocida como azúcar de mesa.	Un carbohidrato complejo con una estructura recta y rígida que conforma la pared celular: una fuerte capa externa de las células vegetales.

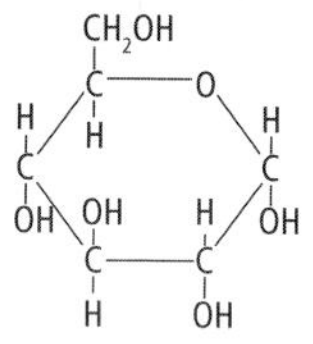

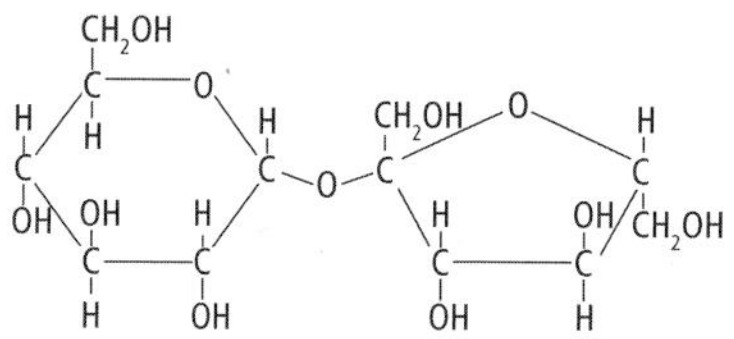

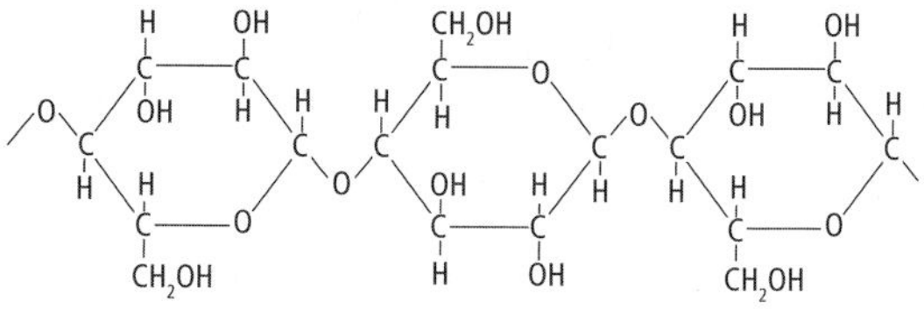

FIGURA 8: Alimentos ricos en carbohidratos

La energía contenida en los carbohidratos puede ser liberada y usada en procesos celulares esenciales. Los alimentos ricos en carbohidratos, como el pan, las pastas, las verduras, la fruta y los edulcorantes, contienen carbohidratos que el cuerpo descompone para liberar energía utilizable. El cuerpo puede descomponer y absorber fácilmente los carbohidratos simples, como la glucosa y la sacarosa. Los carbohidratos complejos están formados por cadenas de moléculas más largas y su descomposición es más lenta. Algunas fuentes de carbohidratos complejos son los granos integrales, las papas y las verduras. Los carbohidratos complejos suelen ser ricos en celulosa, o fibra, la cual no se puede descomponer en el aparato digestivo.

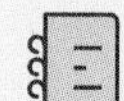

Predecir ¿Por qué le lleva más tiempo al cuerpo descomponer carbohidratos complejos que carbohidratos simples? ¿Qué relación tiene eso con sus estructuras moleculares?

Image Credits: (b) ©Elena Schweitzer/Shutterstock

La estructura y la función de los lípidos

Los lípidos se parecen a los carbohidratos en que tienen muchos elementos en común. A diferencia de los carbohidratos, los lípidos son moléculas no polares. Por lo tanto, la mayoría de los lípidos son insolubles en agua porque las moléculas de agua son polares. De ahí viene la frase "son como el agua y el aceite": algunos lípidos comunes son las grasas, los aceites y las ceras naturales. Los fosfolípidos y los esteroides también son lípidos. Algunos lípidos, como las grasas y los aceites, se descomponen para obtener energía que pueden aprovechar las células. Los fosfolípidos son importantes para la estructura de la membrana celular. Las ceras de las capas protectoras y los esteroides actúan como mensajeros químicos.

Los lípidos más simples son los ácidos grasos. Los lípidos más complejos suelen tener muchos ácidos grasos enlazados. Los ácidos grasos están formados por hidrocarburos de cadena larga que tienen dos átomos de oxígeno en un extremo. Los ácidos grasos se distinguen entre sí por la longitud de sus cadenas y por la cantidad de átomos de hidrógeno conectados a cada átomo de carbono. Como se muestra en la Figura 10, los ácidos grasos se representan de dos formas diferentes. Los esquemas de abajo representan las mismas moléculas que los de arriba, salvo que los elementos no se rotulan. Cada codo de la cadena representa un átomo de carbono, incluidos los extremos.

FIGURA 9: Las nutrias tienen una glándula que secreta aceite en su pelaje.

Explicar ¿De qué manera secretar aceite en su pelaje les sirve a las nutrias para mantener la homeostasis?

FIGURA 10: Los ácidos grasos pueden ser saturados o insaturados.

Ácido graso saturado	Ácido graso insaturado
Los ácidos grasos saturados se hallan principalmente en alimentos de origen animal y en algunas plantas. Suelen ser sólidos a temperatura ambiente. No hay enlaces dobles entre los átomos de carbono, por lo que esta molécula está "saturada" de átomos de hidrógeno. El ácido graso saturado que se muestra aquí es el ácido esteárico.	Los ácidos grasos insaturados se hallan principalmente en aceites vegetales y suelen ser líquidos a temperatura ambiente. Hay enlaces dobles entre algunos átomos de carbono, por lo que esta molécula no está saturada de átomos de hidrógeno y tiene una forma doblada. El ácido graso insaturado que se muestra aquí es el ácido linoleico.

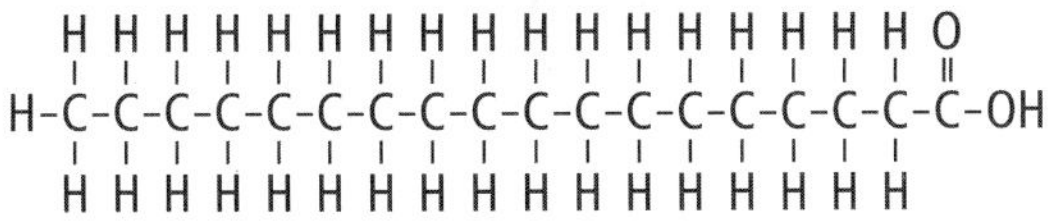

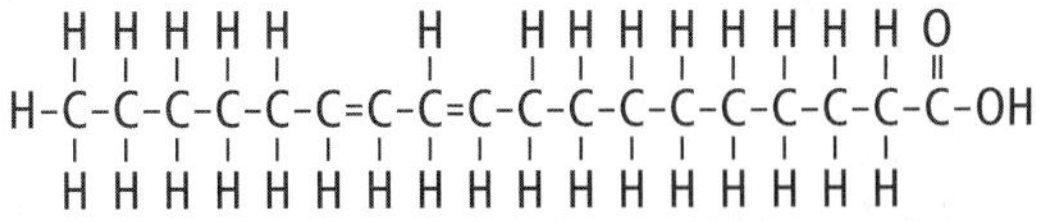

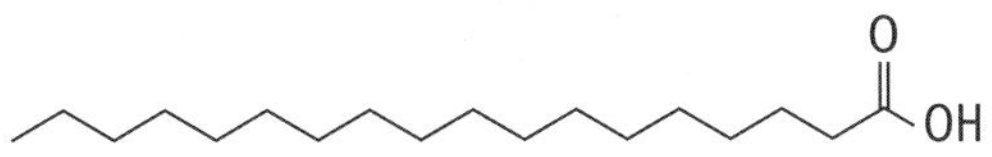

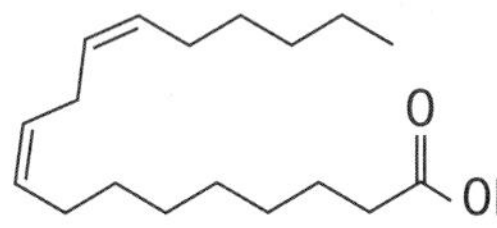

Colaborar Trabaja con un compañero para hacer una tabla que permita comparar y contrastar estos dos grupos de moléculas: carbohidratos y lípidos, y ácidos saturados e insaturados. Compara y contrasta los elementos que los conforman, la disposición de sus átomos y los tipos de enlaces que mantienen unidos a los átomos.

Las grasas y los aceites

Solemos pensar en las grasas como algo que debemos evitar en nuestra dieta. Sin embargo, las grasas y los lípidos cumplen muchas funciones en el mantenimiento de la salud general. Las grasas contienen 2.25 veces más energía por gramo que los carbohidratos, lo que implica que las grasas son una gran fuente de energía. También tienen una función importante en la absorción de algunas vitaminas y minerales. Las grasas son necesarias para construir y reparar membranas celulares y son una parte esencial de la vaina de mielina que rodea y protege los nervios. Las grasas también son necesarias en procesos como el movimiento muscular, la coagulación sanguínea y la inflamación.

FIGURA 11: Alimentos que contienen grasas y aceites

Image Credits: (t) ©neelsky/Shutterstock; (b) ©Lucas Sevilla Garcia/Shutterstock

Los fosfolípidos

Un fosfolípido es un lípido formado por glicerol, dos ácidos grasos y un grupo fosfato. La "cabeza" del fosfolípido está formada por una molécula de glicerol y el grupo fosfato. Los ácidos grasos conforman las "colas". La cabeza polar de un fosfolípido es soluble en agua, o hidrofílica, que significa "que ama al agua". Las colas no polares son insolubles en agua, o hidrofóbicas, que significa "que temen al agua". Cuando los fosfolípidos son colocados en un medio acuoso, se ordenan en dos capas. Las cabezas de fosfato hidrofílicas miran hacia fuera y las colas hidrofóbicas miran hacia dentro, en dirección opuesta al agua.

FIGURA 12: Un fosfolípido está formado por una cabeza hidrofílica y colas hidrofóbicas. La cabeza contiene glicerol y un grupo fosfato. Los ácidos grasos de las colas pueden ser saturados o insaturados.

fosfolípido

cabeza hidrofílica

colas hidrofóbicas

fosfato

glicerol

ácido graso saturado

ácido graso insaturado

Las membranas celulares están formadas por una doble capa de fosfolípidos. Las cabezas polares miran hacia fuera y las colas no polares, hacia dentro de la membrana. Como algunas de las moléculas que necesitan atravesar la membrana son polares, las colas no polares de los fosfolípidos normalmente las repelerían. Hay proteínas en la membrana que crean "canales" que permiten el paso de moléculas polares y no polares por igual de un lado al otro.

FIGURA 13: Los fosfolípidos son responsables de la naturaleza dinámica de la membrana celular. La membrana también contiene carbohidratos, colesterol y proteínas.

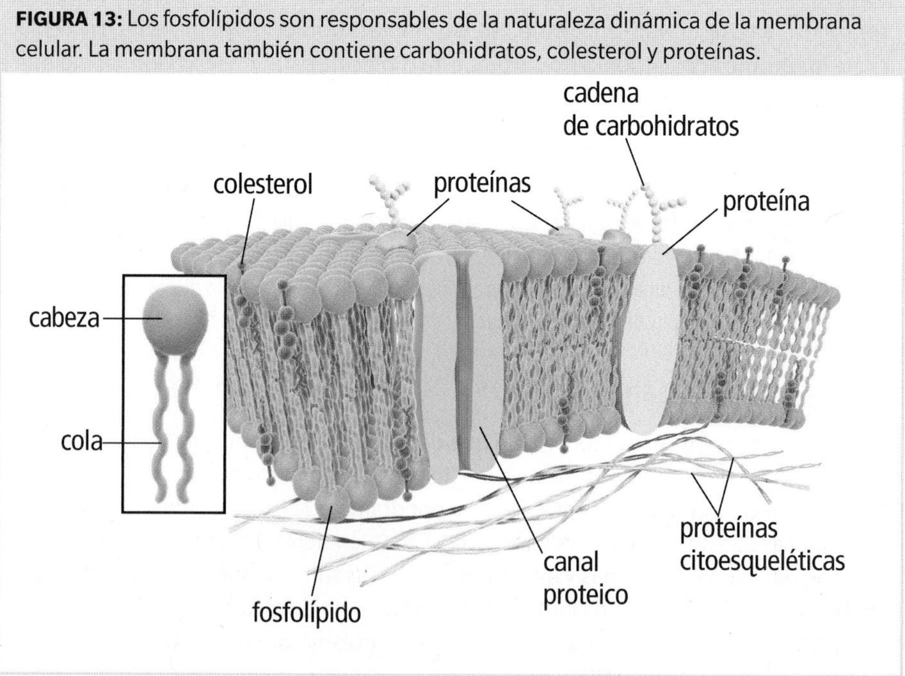

Predecir Las colas hidrofóbicas de los fosfolípidos evitan que el agua pase directamente a través de la membrana celular. ¿Por qué eso puede ser beneficioso para el mantenimiento de la homeostasis en una célula?

Las ceras

Las ceras se distinguen de los demás lípidos por sus largas cadenas de carbono, que son muy hidrofóbicas. Resisten el agua y son sólidas dentro de un rango de temperaturas. Las ceras forman las capas protectoras de muchos seres vivos, como los animales, las plantas, los hongos y las bacterias. Sus propiedades también hacen que sean bienes de consumo valiosos. Muchos productos contienen ceras, como los alimentos y los cosméticos.

Las abejas melíferas obreras producen cera con los carbohidratos que hay en la miel. Las abejas consumen la miel y unas glándulas especiales que tienen en su abdomen convierten los azúcares de la miel en moléculas de cera. Luego, la cera sale de la abeja a través de pequeños poros y se acumula en el exterior del cuerpo de la abeja. Las abejas obreras mastican la cera para dejarla suave y maleable, y al final la incorporan en la estructura del panal. Lo que hacen es descomponer las moléculas de carbono para producir otras moléculas diferentes.

FIGURA 14: Las ceras forman capas protectoras sobre las hojas.

Analizar Las ceras son un componente muy importante de la cutícula de la superficie superior de las hojas de algunas plantas. ¿Por qué las hojas de esas plantas podrían necesitar una cutícula cerosa?

Los esteroides

Por ahora, los lípidos que has examinado tienen una estructura prácticamente lineal. Los esteroides, sin embargo, son una clase de lípido con una estructura de anillos unidos. Todos los esteroides tienen cuatro anillos de carbono y varios de ellos tienen una cola corta. Los esteroides tienen regiones hidrofóbicas e hidrofílicas y son insolubles en agua.

El colesterol es un ejemplo de lípido con una estructura de anillos unidos. El cuerpo necesita una determinada cantidad de colesterol para funcionar adecuadamente. No todo el colesterol que hay en el cuerpo proviene de la dieta; las células pueden producir colesterol a partir de ácidos grasos. La capacidad de producir colesterol es importante porque este constituye una parte importante de las membranas celulares. El colesterol es el compuesto inicial en la producción de las hormonas esteroideas. Los esteroides a base de colesterol tienen muchas funciones: algunos regulan la respuesta del cuerpo ante el estrés; otros, como la testosterona y el estrógeno, controlan el desarrollo sexual y el sistema reproductor.

FIGURA 15: Una etiqueta nutricional muestra cuántos miligramos de colesterol hay en la comida. Las etiquetas nutricionales también muestran cuántos gramos de carbohidratos, grasas y proteínas hay.

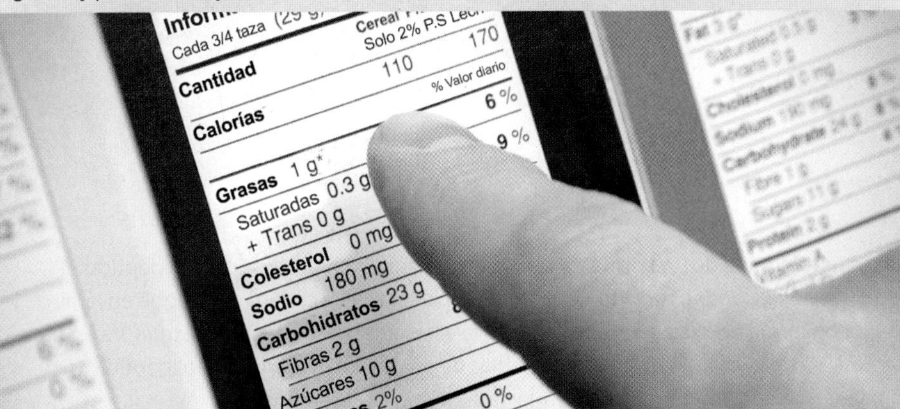

Explicar El exceso de colesterol está asociado con enfermedades cardíacas, por lo que las etiquetas de algunos alimentos tienen frases como "libre de colesterol". ¿Es necesario llevar una dieta completamente libre de colesterol? Explica tu respuesta.

Image Credits: (t) ©Oleg Shpak/Alamy Images; (b) ©Spauln/E+/Getty Images

La estructura y la función de las proteínas

Analizar ¿Qué relación hay entre los términos polímero y monómero y la estructura de las moléculas de proteínas?

Las proteínas suelen describirse como los cimientos de la vida. Tienen muchas funciones fundamentales en los organismos. Muchas proteínas funcionan como enzimas, que ayudan a regular las reacciones químicas de nuestro cuerpo. Las proteínas están compuestas por aminoácidos. Hay una gran variedad de aminoácidos, pero los organismos solo usan 20 para producir proteínas. Nuestro cuerpo puede producir 12 de esos aminoácidos básicos. Los demás provienen de los alimentos que comemos, como la carne, los frijoles y las nueces.

FIGURA 16: Las proteínas están formadas por aminoácidos unidos en una cadena llamada polipéptido.

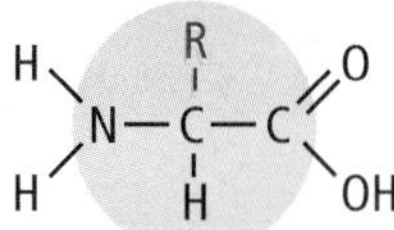

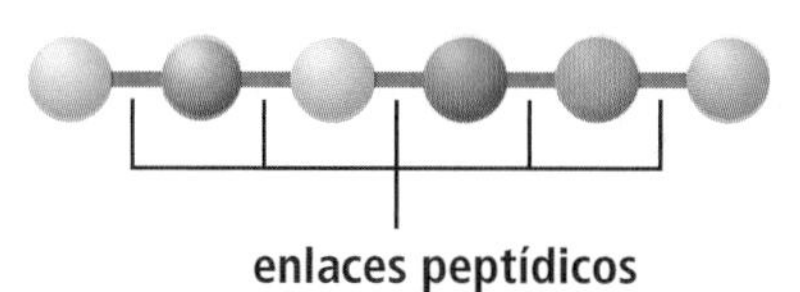

Los aminoácidos tienen un átomo de carbono enlazado a uno de hidrógeno, un grupo amino (NH_2) y un grupo carboxilo (COOH). Los aminoácidos tienen distintos grupos laterales (R).	Entre el grupo amino de un aminoácido y el grupo carboxilo de otro aminoácido, se forman enlaces peptídicos.	Un polipéptido es una cadena de aminoácidos ordenados con precisión que están unidos mediante enlaces peptídicos. Una proteína está formada por uno o más polipéptidos.

Las proteínas difieren en la cantidad y el orden de los aminoácidos. La secuencia específica de aminoácidos determina la estructura y la función de la proteína. La estructura de las proteínas puede tener tres niveles, y a veces cuatro: primario, secundario, terciario y cuaternario.

FIGURA 17: Hay cuatro niveles posibles en la estructura de las proteínas.

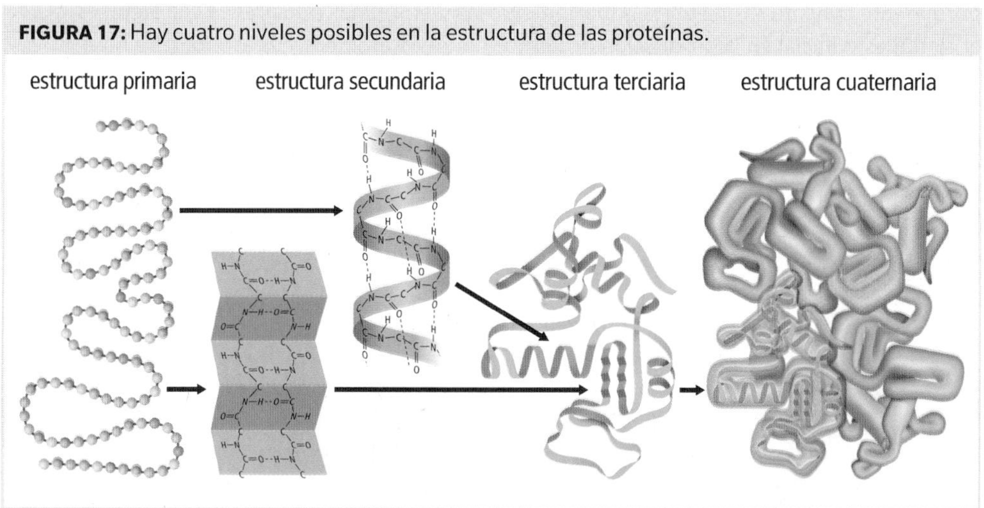

Predecir ¿Qué produciría un efecto más grande sobre la función de una proteína: un cambio en la estructura primaria, en la secundaria o en la terciaria? Explica tu respuesta.

La estructura primaria de una proteína es la secuencia de aminoácidos del polipéptido. Los puentes de hidrógeno entre los aminoácidos hacen que la cadena se pliegue en láminas y espirales con forma de zigzag, que conforman la estructura secundaria. La estructura terciaria es la forma 3D de la proteína. Muchas proteínas tienen múltiples cadenas polipeptídicas, o subunidades, que se combinan para formar la estructura cuaternaria.

Las enzimas y otras proteínas son sensibles a los cambios del entorno. Si se exceden los rangos normales de pH o de temperatura, la forma de las proteínas puede cambiar y su función puede verse afectada. Ese proceso, llamado desnaturalización, solo afecta estructuras secundarias, terciarias y cuaternarias: la secuencia de la proteína permanece intacta.

La estructura y la función de los ácidos nucleicos

La secuencia particular de los aminoácidos de una proteína está determinada por la secuencia de los monómeros de otro polímero biológico: el ácido nucleico. Los ácidos nucleicos están formados por monómeros llamados nucleótidos. Un nucleótido está compuesto por un azúcar, un grupo fosfato y una molécula que contiene nitrógeno, llamada base. Los nucleótidos de azúcar y fosfato forman el esqueleto de doble hélice del ADN. Las bases nitrogenadas forman pares específicos que se mantienen unidos por puentes de hidrógeno.

Hay dos tipos generales de ácidos nucleicos: ADN y ARN. La Figura 19 muestra la estructura de esos nucleótidos y de sus bases nitrogenadas. Los nombres de las bases nitrogenadas hacen referencia a los nucleótidos que contienen esas bases.

FIGURA 18: Modelo de nucleótido

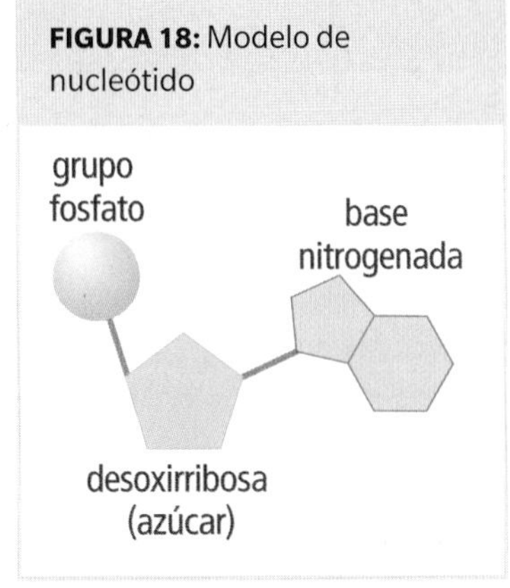

FIGURA 19: Tanto el ADN como el ARN son ácidos nucleicos.

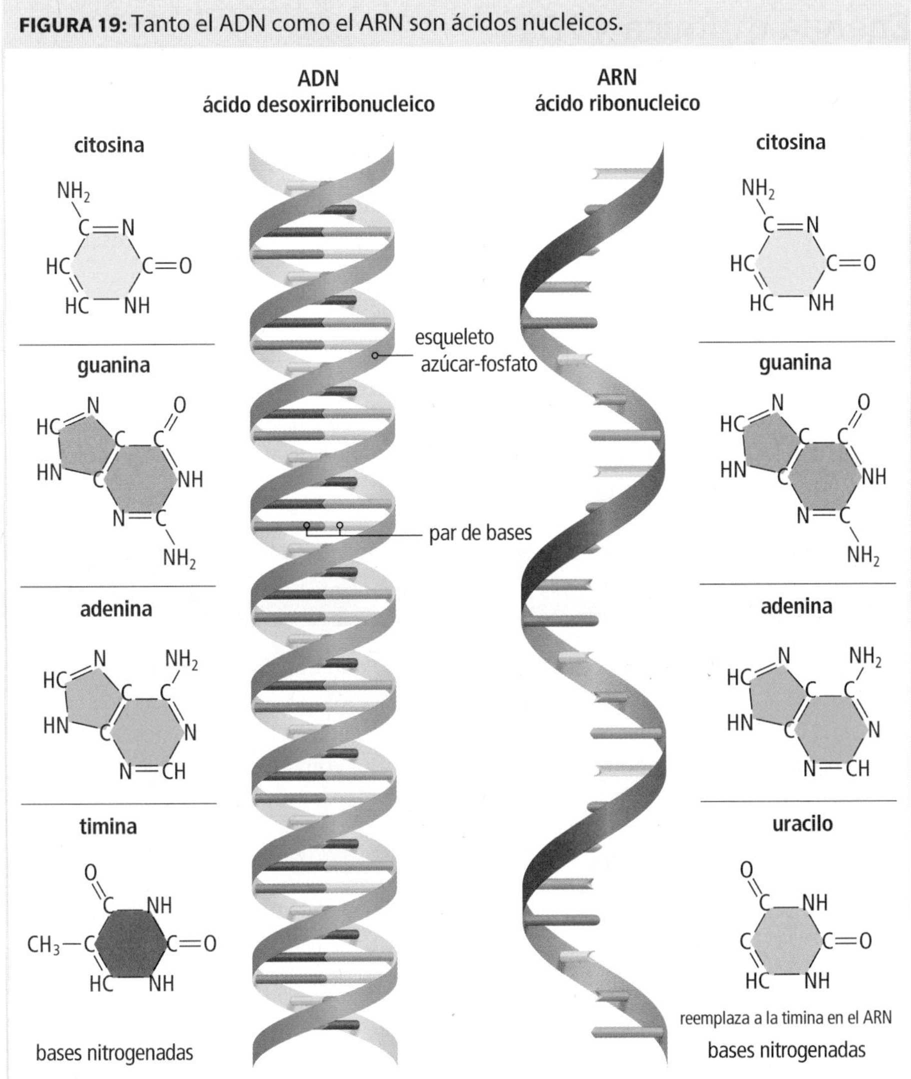

Colaborar Trabaja con un compañero para comparar y contrastar el ARN con el ADN en términos de estructura y bases nitrogenadas.

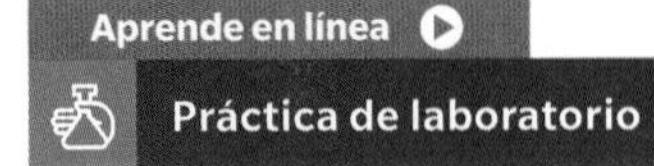

Hacer modelos de compuestos bioquímicos
Haz modelos de diferentes biomoléculas para comprender mejor cómo se ordenan los átomos en esas moléculas grandes.

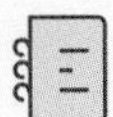

Explicar Usa las evidencias que has reunido para justificar o refutar la afirmación de que los seres vivos descomponen y reordenan moléculas de carbono. Para organizar tus ideas, haz un organizador gráfico para comparar y contrastar los cuatro tipos de biomoléculas principales en estos aspectos: composición química, estructura general y funciones principales.

La energía química

FIGURA 20: Cuando un ciervo come plantas, la energía de las moléculas de la planta es liberada mediante una serie de reacciones químicas.

Hacer un modelo Haz un diagrama de flujo simple que muestre cómo la energía se transfiere del sol a las células del ciervo.

Tus células necesitan energía para realizar procesos celulares esenciales. Esa energía proviene de los alimentos, pero no directamente. Primero, los alimentos deben ser digeridos. La digestión descompone los alimentos en moléculas. Algunas de esas moléculas almacenan energía en sus enlaces. Esa energía química solo puede usarse después de descomponer las biomoléculas mediante una serie de reacciones químicas conocidas como respiración celular.

Energía química y ATP

La respiración celular transfiere energía de las moléculas orgánicas, como la glucosa, a una molécula llamada ATP, o adenosín trifosfato. El ATP es la fuente de energía de las células: provee la energía necesaria para llevar a cabo procesos celulares como el bombeo de moléculas a través de la membrana celular y el control de las reacciones químicas. El ATP también provee energía para llevar a cabo procesos mecánicos, como la contracción de las células musculares.

La respiración celular se complementa con otro proceso llamado fotosíntesis. En ese proceso, algunos organismos como las plantas y las algas absorben energía de la luz solar y la usan para producir azúcares de alta energía. Cuando un animal, como un ciervo, come una planta, el cuerpo digiere la materia de la planta y transporta las moléculas hacia las células. La respiración celular convierte la energía de algunas de esas moléculas en una forma de energía que las células pueden usar.

La energía y la materia

La respiración celular es un proceso de muchos pasos que transfiere energía química de la glucosa al ATP, que provee energía para los procesos celulares. Además de glucosa, la respiración celular requiere oxígeno como reactivo. Los productos son ATP, dióxido de carbono y agua. También se libera calor como producto de la respiración celular.

Colaborar Trabaja con un compañero para responder las siguientes preguntas.

1. ¿Cuál es la entrada de energía en la respiración celular y cuáles son las salidas de energía?
2. Según este modelo, ¿la respiración celular es un proceso endotérmico o exotérmico? Explica tu respuesta.

FIGURA 21: Respiración celular

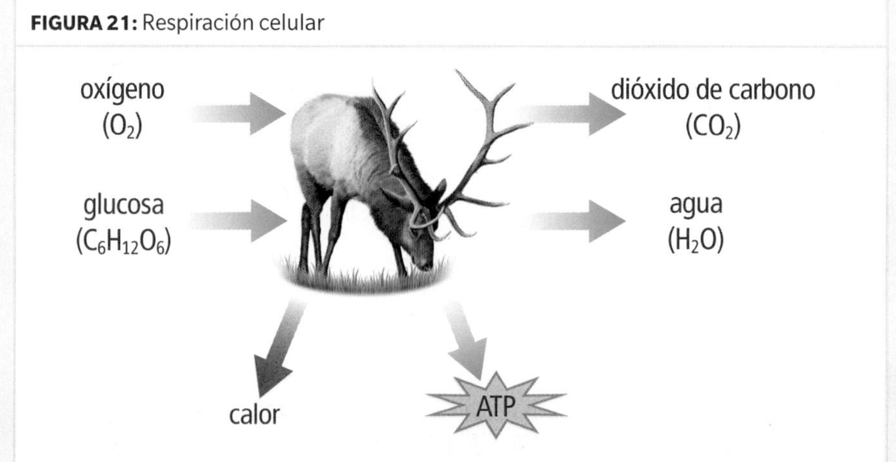

Image Credits: (t) ©Frank Pali/age fotostock/Getty Images

El ATP es una molécula compuesta por subunidades llamadas adenina y ribosa, y también por tres grupos fosfatos. Las uniones entre los grupos fosfato son enlaces de alta energía que almacenan energía química en una forma que las células pueden usar.

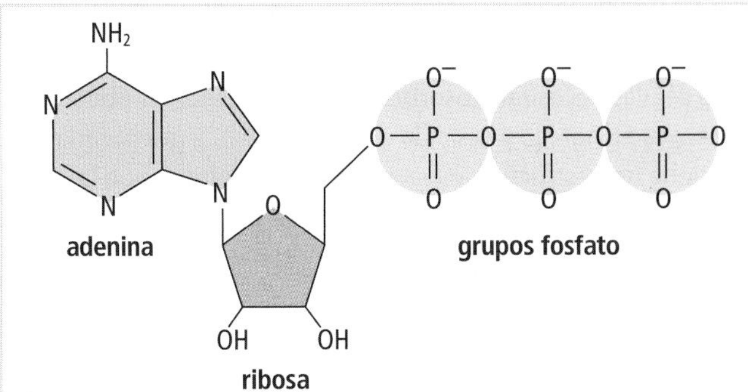

FIGURA 22: El ATP está compuesto por adenina, ribosa y tres grupos fosfato. El "tri" de trifosfato da cuenta de que hay tres grupos fosfato en la molécula.

El ATP se genera cuando las células llevan a cabo la respiración celular: la energía proveniente de la descomposición de biomoléculas se usa para agregar un grupo fosfato al adenosín difosfato, o ADP. La energía almacenada en el ATP se libera al romperse el enlace entre dos grupos fosfato. Así, se libera un grupo fosfato y el ATP se convierte en ADP, una molécula con menor energía. La energía liberada puede ser usada para impulsar procesos como el transporte de materiales, el desencadenamiento de reacciones y la producción de nuevas moléculas.

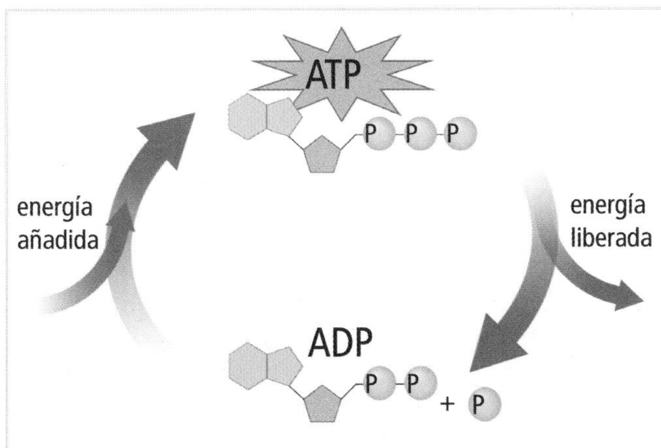

FIGURA 23: Las células usan la energía liberada en la descomposición de moléculas de carbono para agregar un grupo fosfato al ADP . Así crean ATP, una molécula con mayor energía. Cuando se elimina un grupo fosfato del ATP, se libera energía que se usa para llevar a cabo procesos celulares.

Conexión con las artes del lenguaje

Haz una analogía para explicar el papel del ATP en el almacenamiento y en la liberación de energía para los procesos celulares.

Analizar el contenido energético de los alimentos

La energía que hay en los alimentos se mide en Calorías. Una Caloría de los alimentos equivale a una kilocaloría o 1000 calorías. Las proteínas y los carbohidratos tienen 4 Calorías; las grasas, 9. La relación entre el número de Calorías en los alimentos y la cantidad de ATP que producen no es directa. El número de moléculas de ATP producidas depende del tipo de molécula que se descompone (carbohidrato, lípido o proteína).

Los carbohidratos se descomponen para producir ATP, pero el cuerpo no almacena muchos sino que usa la grasa para almacenar energía, porque es más densa en Calorías y puede proporcionar mayores cantidades de ATP por unidad de masa. Las proteínas almacenan casi la misma cantidad de energía que los carbohidratos pero, en general, el cuerpo no las descompone para producir ATP. Los aminoácidos de las proteínas son más necesarios para construir nuevas proteínas que para proporcionar energía.

Explicar Es un error común pensar que las proteínas son una buena fuente de energía. Explica qué tipos de alimentos representan las mejores fuentes de energía y qué relación tiene eso con la cantidad de ATP producida por tus células.

La membrana celular

Colaborar Piensa en otro sistema que controle las entradas y las salidas. ¿Por qué es necesario controlar las entradas y las salidas en este sistema?

Para mantener la homeostasis, las células necesitan absorber algunas sustancias y liberar otras. Pero ¿cómo controlan las células el ingreso y la salida de materiales? La membrana celular, o membrana plasmática, tiene una estructura especializada que permite que la célula controle el paso de materiales hacia dentro y hacia fuera de ella. Está conformada por diferentes tipos de moléculas de carbono, como lípidos, proteínas y carbohidratos.

Estructura de la membrana celular

La membrana celular consta de una doble capa de fosfolípidos. Las cabezas hidrofílicas de los fosfolípidos miran hacia el ambiente acuoso ubicado fuera de la membrana, y las colas hidrofóbicas miran hacia dentro de la membrana. Sin embargo, los tipos de sustancias que podrían pasar a través de la membrana y sus caudales de paso serían bastante limitados si la membrana estuviera compuesta solo por fosfolípidos. Para solucionar ese problema, la membrana celular también contiene carbohidratos, proteínas y colesterol.

Aprende en línea

Práctica de laboratorio

Hacer un modelo de la membrana celular Haz un modelo para investigar las propiedades de la membrana celular.

FIGURA 24: La membrana celular está compuesta por dos capas de fosfolípidos que tienen incorporadas otras moléculas, como proteínas, carbohidratos y colesterol.

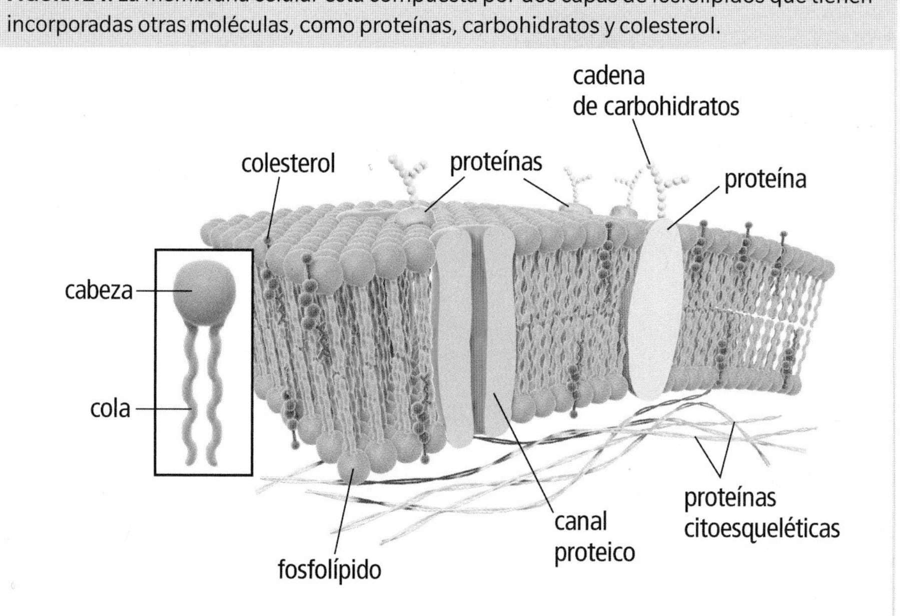

Una membrana celular necesita múltiples canales para que las sustancias puedan entrar y salir de la célula. Las encargadas de esa tarea son las proteínas. Algunas proteínas que están incorporadas a la bicapa fosfolipídica transportan materiales a través de la membrana. Otras, las enzimas, aceleran las reacciones químicas que ocurren en la membrana. Y otras actúan como receptores de moléculas específicas, como las hormonas.

Los carbohidratos de la membrana celular funcionan como tarjetas de identificación, que permiten que las células puedan distinguir un tipo de célula de otro. También permiten que células vecinas se adhieran unas a otras. El colesterol fortalece la membrana celular limitando el movimiento de los fosfolípidos, lo que evita que la membrana se vuelva demasiado permeable. El colesterol también protege la membrana celular de las bajas temperaturas y evita que se vuelva sólida si la célula experimenta temperaturas más frías de lo normal.

Explicar ¿De qué manera las estructuras que alberga la membrana celular ayudan a la célula a funcionar dentro de un sistema más grande?

Debido a su estructura, la membrana celular tiene la propiedad de la permeabilidad selectiva. Eso significa que deja pasar algunos materiales, pero no todos. Debido a la permeabilidad selectiva, la célula puede mantener condiciones estables pese a las condiciones cambiantes e impredecibles del exterior. Las moléculas y otros materiales atraviesan la membrana de diferentes maneras. Algunos de esos métodos requieren que la célula gaste energía, pero otros no. La forma en que una molécula específica atraviesa la membrana depende de su tamaño, de su polaridad y de la diferencia de concentración en el interior y en el exterior de la célula.

Hacer un modelo Dibuja un modelo que ilustre el concepto de membrana semipermeable.

Transporte pasivo

Las células dejan entrar y salir sustancias a través de la membrana celular casi continuamente. Si tuvieran que gastar energía para mover cada molécula, necesitarían una cantidad enorme de energía para sobrevivir. Afortunadamente, algunas moléculas entran y salen de las células sin que estas tengan que gastar energía, proceso que se llama transporte pasivo, y es el resultado de la difusión de moléculas a través de la membrana.

Difusión

La difusión es el desplazamiento de las moléculas en un fluido o un gas de una región de mayor concentración a otra de menor concentración. Se debe al movimiento natural de las partículas, que hace que las moléculas choquen y se diseminen. La concentración es la cantidad de moléculas de una sustancia que hay en un volumen dado. Un gradiente de concentración es la diferencia de concentración de una sustancia de un lugar a otro. En la difusión, las moléculas van de una región de mayor concentración a otra de menor concentración.

FIGURA 25: Transporte pasivo

Aprende en línea

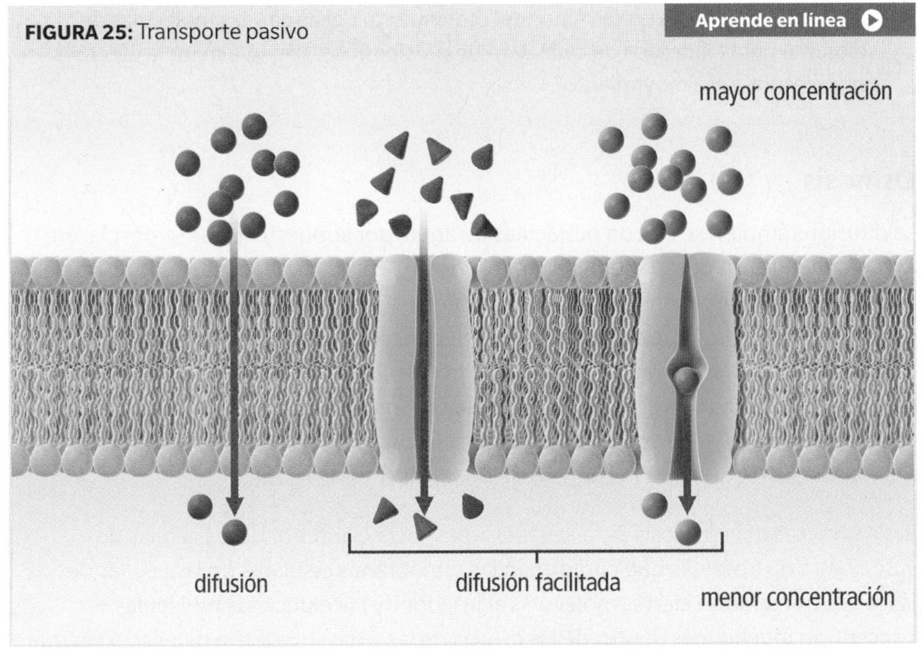

Analizar Compara y contrasta la manera en la que se desplazan las moléculas en la difusión simple y la difusión facilitada. Comenta el concepto de concentración y el modo de transporte a través de la membrana.

La difusión de algunas moléculas no puede hacerse sin ayuda. La difusión facilitada es la difusión de moléculas a través de una membrana por medio de proteínas transportadoras. Algunas proteínas forman aberturas, o poros, por donde pueden pasar las moléculas. Otras se enlazan de un lado de la membrana a moléculas específicas que deben transportarse. Cuando se enlazan a la molécula correcta, esas proteínas cambian de forma y eso permite que la molécula pase al otro lado a través de la membrana. Cada proteína de la membrana se especializa en un determinado tipo de molécula o partícula.

Práctica de laboratorio

MATERIALES

- vaso de precipitados mediano (3)
- colorante para alimentos
- hornilla
- hielo
- reloj
- agua

Calor y difusión

Puedes ver la difusión en acción cuando pones colorante para alimentos en agua. En este experimento, medirás la tasa de difusión en agua a tres temperaturas diferentes.

Predecir ¿Qué solución tendrá la mayor tasa de difusión, la caliente, la fría o la que está a temperatura ambiente? Explica tu respuesta.

PROCEDIMIENTO

1. Coloca la misma cantidad de agua en tres vasos de precipitados.
2. Coloca el vaso de precipitados 1 sobre la hornilla hasta que esté caliente, pero no hirviendo. Coloca el vaso de precipitados 2 en agua con hielo o en un refrigerador. Deja el vaso de precipitados 3 a temperatura ambiente.
3. Con el reloj listo, agrega una gota de colorante para alimentos al agua a temperatura ambiente. Anota cuánto tarda en dispersarse uniformemente en la solución. Repite el procedimiento con las otras dos soluciones.
4. Anota los datos en una tabla.

ANALIZA

1. ¿Cómo supiste que había difusión de moléculas en este experimento?
2. ¿En qué solución ocurrió más rápido la difusión?
3. Explica tus resultados en términos del movimiento del agua y las moléculas de colorante para alimentos de cada vaso de precipitados. ¿De qué manera afectó la temperatura a ese movimiento?

FIGURA 26: La ósmosis es el desplazamiento de agua hacia zonas de mayor concentración de soluto.

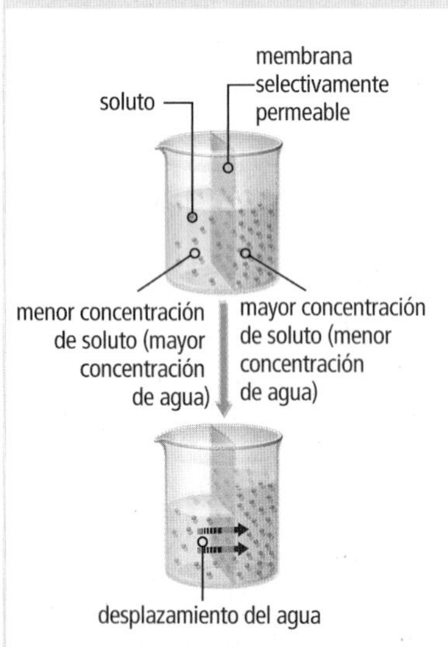

Ósmosis

La difusión también se da con moléculas de agua, por supuesto: estas se desplazan a través de una membrana semipermeable de una zona de mayor concentración de agua a otra de menor concentración. También se desplazan de una zona de menor concentración de la solución a otra de mayor concentración. Este proceso se denomina ósmosis. Es importante señalar que cuanto mayor sea la concentración de partículas disueltas (soluto) en una solución, menor será la concentración de moléculas de agua. La membrana solo es permeable a algunos solutos, así que el agua debe atravesar la membrana para equilibrar la concentración de las dos soluciones.

Las plantas usan la ósmosis para llevar el agua hacia el interior de las células de sus raíces. Las proteínas que conforman las membranas celulares de las células de las raíces transportan ciertas moléculas al interior de la célula. Esas moléculas se concentran mucho más dentro de las células de las raíces que fuera de ellas, y el agua sigue a las moléculas hacia dentro de las células. El agua siempre es atraída hacia zonas de mayor concentración de soluto.

Hacer un modelo Los glóbulos rojos explotan si se los coloca en agua pura. Dibuja un modelo que explique ese fenómeno. Rotula la membrana semipermeable, la concentración de soluto y el desplazamiento del agua en tu modelo.

Transporte activo

A veces, las células deben transportar una sustancia en contra de un gradiente de concentración para mantener la homeostasis. En esos casos, deben usar un proceso llamado transporte activo. El transporte activo lleva moléculas a través de una membrana de una zona de menor concentración a otra de mayor concentración por medio de proteínas de transporte. A diferencia de la difusión facilitada, la actividad de las proteínas de transporte debe ser impulsada por energía química. Se necesita una entrada de energía porque las proteínas de transporte deben vencer la tendencia natural de las sustancias a desplazarse siguiendo un gradiente de concentración. El ATP suele proporcionar la energía necesaria para el transporte activo.

Aprende en línea

FIGURA 27: Transporte activo

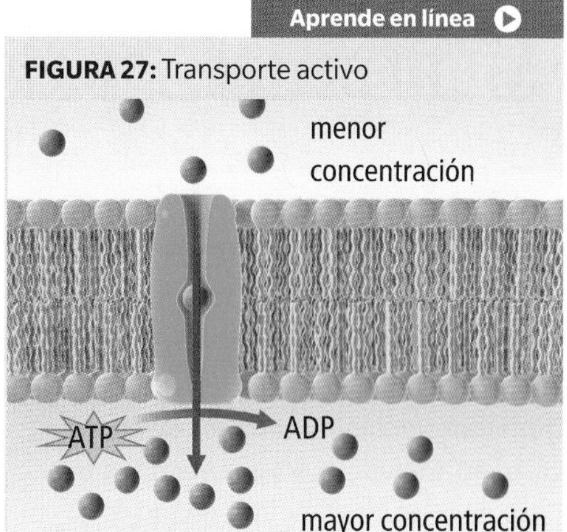

Analizar Haz una tabla para comparar el transporte pasivo con el transporte activo en términos de energía, concentración y el papel de las proteínas de la membrana.

Endocitosis

Las células también pueden usar energía para transportar sustancias grandes a través de la membrana celular mediante el uso de vesículas. La endocitosis es el proceso de introducir líquidos o moléculas relativamente grandes dentro de una célula envolviéndolas en una membrana. La membrana celular se pliega hacia adentro y encapsula la sustancia, y así forma una vesícula. Luego, la vesícula se fusiona con un lisosoma o con una vesícula similar. La membrana de la vesícula y su contenido se descomponen (si es necesario) y se liberan dentro de la célula.

FIGURA 28: La endocitosis permite que las células incorporen materiales.

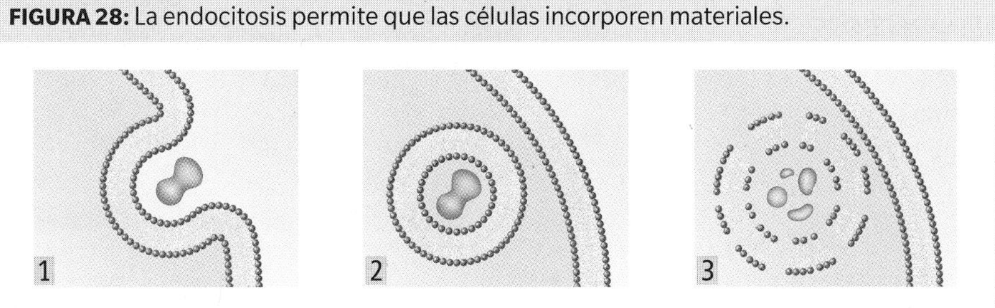

Exocitosis

La exocitosis es la liberación de sustancias hacia fuera de la célula mediante la fusión de una vesícula con la membrana. Primero, se forma una vesícula alrededor de los materiales que deben ser expulsados de la célula. Luego, la vesícula se dirige hacia la superficie de la célula, donde se fusiona con la membrana y libera su contenido.

FIGURA 29: La exocitosis permite que las células expulsen materiales.

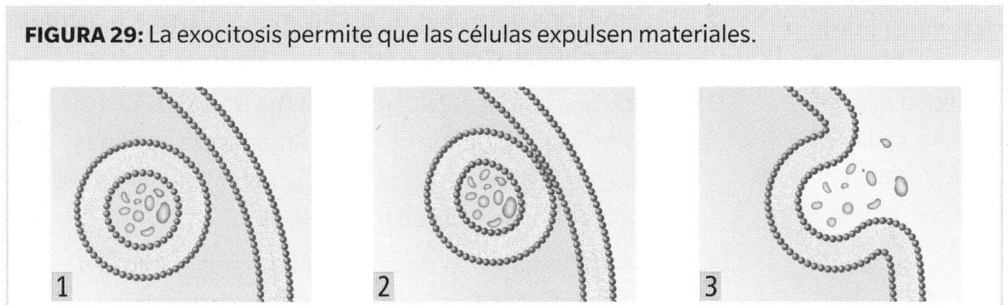

Predecir ¿Qué crees que llevaría a cabo la endocitosis, un glóbulo blanco que encierra materiales extraños o una célula que libera hormonas? Explícalo.

Explicar La fibrosis quística es una enfermedad que ocurre cuando una proteína que normalmente transporta iones a través de la membrana celular deja de funcionar correctamente. Una modificación de la estructura terciaria de la proteína impide que esta pueda transportar iones cloruro hacia fuera de las células. Por lo tanto, se genera una falta de agua en el exterior de las células, lo que provoca la formación de una mucosidad pegajosa en los pulmones. Explica la relación entre la difusión y la ósmosis con los síntomas de la fibrosis quística.

Análisis de datos

Los alimentos y la energía

¿Has escuchado el dicho "Somos lo que comemos" alguna vez? ¡Eso es cierto en muchos sentidos! Los seres vivos están formados por diferentes tipos de moléculas orgánicas o de carbono. Cuando nos alimentamos, nuestro aparato digestivo descompone los alimentos en moléculas más pequeñas que el cuerpo puede usar. Cuando se completa la digestión, el cuerpo absorbe nutrientes y los transporta a todas las células mediante el sistema circulatorio y el sistema linfático.

Una vez que el alimento ingresa en el cuerpo, puede descomponerse aún más para aprovechar su energía y formar nuevos tipos de moléculas. Por ejemplo, las moléculas de azúcar contienen los elementos necesarios para producir muchos otros tipos de moléculas orgánicas. Esos elementos pueden ser reordenados y combinados con otros elementos mediante reacciones químicas para formar nuevos productos, como proteínas, grasas y ADN.

La información de una etiqueta nutricional, como la que se muestra en la Figura 30, puede ayudarte a elegir bien y a comparar los valores de diferentes alimentos. La etiqueta que se muestra es de cereales.

Cantidad y tamaño de las porciones Esa medida varía de un producto a otro. En este caso, una porción equivale a $\frac{3}{4}$ de taza de cereales.

Calorías Las cantidades de la etiqueta hacen referencia a una sola porción. Si comes los cereales con leche, tendrás una cantidad diferente de calorías.

Nutrientes que hay que limitar Los estadounidenses suelen consumir demasiadas grasas saturadas, grasas trans, colesterol y sodio. Las grasas trans son un tipo de grasa que puede causar daño celular. Una dieta con mucha cantidad de esos nutrientes puede causar obesidad, la cual afecta a cada vez más estadounidenses de todas las edades. La ingesta en exceso de sodio puede elevar la presión arterial porque hace que el cuerpo retenga agua.

Nutrientes que hay que consumir Los estadounidenses necesitan consumir suficiente fibra, vitaminas y otros nutrientes todos los días. Observa que este producto tiene poca vitamina A y vitamina C, pero mucho hierro.

FIGURA 30: Las etiquetas nutricionales contienen información sobre las biomoléculas que hay en tus alimentos.

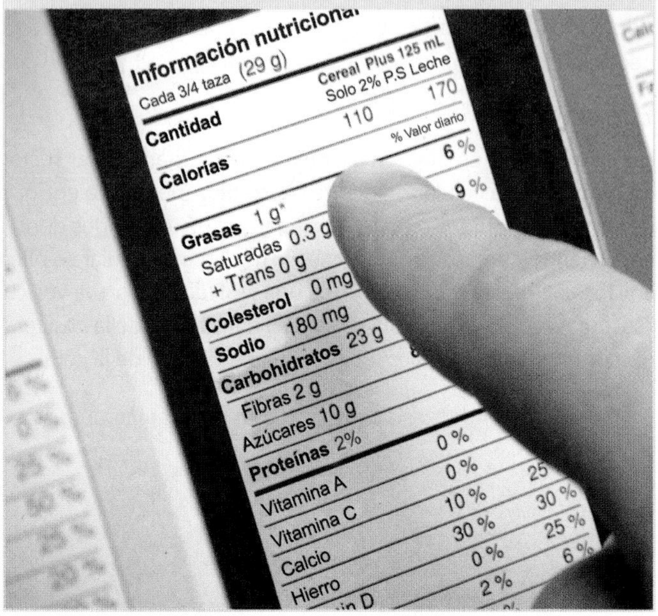

ANALIZAR

Usa la etiqueta nutricional de la Figura 30 para hacer los cálculos necesarios para responder las Preguntas 1 a 6.

1. La etiqueta muestra las calorías que hay en una porción de este alimento. Si comes dos porciones de este alimento, ¿cuántas calorías totales consumirías?
2. Si comes dos porciones de este alimento, ¿cuántos gramos de carbohidratos consumirías?
3. Los carbohidratos totales son la suma de los azúcares simples, el almidón y la fibra alimentaria que hay en un producto. Según la etiqueta, ¿qué porcentaje del total de carbohidratos se halla en forma de fibra?
4. Los carbohidratos contienen 4 calorías por gramo, las grasas contienen 9 calorías por gramo y las proteínas contienen 4 calorías por gramo. Calcula la cantidad de energía calórica que proporciona cada grupo de biomoléculas presente en una porción de este alimento.
5. La etiqueta indica que hay 0.3 gramos de grasas saturadas en este producto. ¿Qué porcentaje del total de grasas representan las grasas insaturadas?
6. Si una porción de este alimento equivale a 29 gramos, ¿qué porcentaje del alimento está compuesto por carbohidratos?

Image Credits: ©Spauln/E+/Getty Images

Las pautas sobre lo que debe tener una dieta saludable han cambiado con el tiempo. Quizá hayas visto la pirámide alimentaria, que ubica los carbohidratos en la base de la pirámide y las grasas, los aceites y los alimentos endulzados en la punta. En la actualidad, la dieta balanceada viene representada por un plato dividido en cuatro secciones principales: vegetales, proteínas, granos y frutas. Ese es un ejemplo de cómo distintos campos de la ciencia trabajan juntos para reunir nueva información y actualizar las pautas adecuadamente.

Conexión con las artes del lenguaje Investiga sobre las pautas nutricionales actuales. Usa fuentes científicas y gubernamentales. Ten en cuenta lo siguiente al llevar a cabo tu investigación:

- ¿Qué es una dieta balanceada?
- ¿Cómo se piensa una dieta balanceada?
- ¿Cómo han cambiado las pautas nutricionales con el tiempo?

Desarrolla un folleto informativo para compartir con tus compañeros. Tu folleto debe contener la información que investigaste.

Un texto informativo-explicativo es un análisis bien organizado sobre un tema. Ese tipo de texto explica los cómo y los porqué. Asegúrate de:

- incluir una introducción que presente el tema claramente y atraiga a los lectores
- organizar tus ideas para hacer conexiones y distinciones importantes
- incluir detalles que fundamenten tus ideas
- brindar una conclusión que justifique tu explicación

FIGURA 31: Los alimentos tienen energía y nutrientes que nuestro cuerpo puede usar.

PRÁCTICA

Lleva la cuenta de tus nutrientes

Anota los alimentos que comes en el transcurso de una semana. Anota la cantidad de carbohidratos, lípidos y proteínas que contienen los alimentos de cada comida. ¿Hay patrones en tus hábitos alimentarios?

HACER MODELOS DE COMPUESTOS BIOQUÍMICOS

FUNDAMENTOS DE LAS PLANTAS

INVESTIGAR LA ÓSMOSIS

Conéctate y elige alguna de estas opciones.

Image Credits: (t) ©Elena Schweitzer/Shutterstock; (c) ©Lucas Sevilla Garcia/Shutterstock; (b) ©alexpro9500/Shutterstock

Autorrevisión de la lección

¿PUEDES EXPLICARLO?

FIGURA 32: El carbono es esencial para la vida en la Tierra.

El carbono suele ser llamado "el pilar de la vida" debido a que los átomos de carbono son el componente central de la mayoría de las moléculas que conforman los seres vivos. Esas moléculas conforman la estructura de los seres vivos y llevan a cabo la mayoría de los procesos que mantienen a los organismos con vida. El carbono es tan importante porque su estructura atómica le da propiedades de enlace únicas entre los elementos.

Los átomos de carbono pueden ordenarse en moléculas que conforman tu comida y tu ropa. Los materiales de carbono también se usan para muchas aplicaciones técnicas, como la electrónica, la óptica y hasta el caucho de los neumáticos.

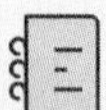

Explicar ¿Por qué el carbono es el componente central de tantos tipos diferentes de moléculas? Escribe una explicación que responda estas preguntas:

1. ¿De qué manera las propiedades del carbono le permiten formar una variedad de moléculas diferentes?
2. ¿Qué evidencias hay de que las reacciones químicas de las células de los organismos descomponen y reordenan moléculas de carbono?
3. ¿Cómo se transfiere la energía de las biomoléculas a los procesos celulares de los seres vivos?

Image Credits: ©Monkey Business Images/Shutterstock

EJERCICIOS DE REVISIÓN

Comprueba lo que aprendiste

1. Imagina que dibujas modelos de las cuatro biomoléculas principales. ¿Cuál de los siguientes enunciados describe en qué se parecerán los modelos?
   a. Todos se formarán alrededor de cadenas y anillos de carbono.
   b. Todos incluirán una cadena de aminoácidos.
   c. Todos tendrán cadenas de hidrocarburos conectadas solo por enlaces dobles.
   d. Todos incluirán un azúcar, un grupo fosfato y una base.

2. ¿Qué enunciados deberías incluir en una explicación de la relación entre el carbono, los aminoácidos y las proteínas? Elige todas las respuestas correctas.
   a. Los aminoácidos son polímeros formados por proteínas.
   b. Las proteínas son polímeros formados por aminoácidos.
   c. Las proteínas y los aminoácidos son polímeros porque contienen múltiples átomos de carbono.
   d. Los aminoácidos son monómeros compuestos principalmente por carbono, hidrógeno, nitrógeno y oxígeno.

3. Usa los siguientes términos para completar el enunciado que explica cómo los seres vivos obtienen energía y cómo usan las moléculas necesarias para la vida:

   ATP, glucosa, procesos celulares, respiración celular, fotosíntesis

   Algunos seres vivos, como las plantas y las algas, transfieren energía de la luz solar a moléculas de ______. Ese proceso se conoce como ______. Casi todos los seres vivos transfieren energía de esas moléculas a otra molécula llamada ______, que provee la energía para realizar ______. El proceso que produce esa molécula se conoce como ______.

4. Usa los siguientes términos para completar el enunciado que explica cómo las enzimas llevan a cabo reacciones químicas en los seres vivos:

   (los) enlaces, (la) forma, (las) proteínas, (la) temperatura

   La(s) enzima(s) es/son ______ que ayuda(n) a romper ______ químicos y también a formar nuevos. Las enzimas requieren condiciones ambientales específicas relacionadas con ______ y el pH para funcionar adecuadamente. Si esas condiciones no se cumplen, ______ de las enzimas puede(n) cambiar. Eso puede hacer que la enzima no funcione y no pueda llevar a cabo reacciones químicas.

FIGURA 33: Formación y degradación de ATP

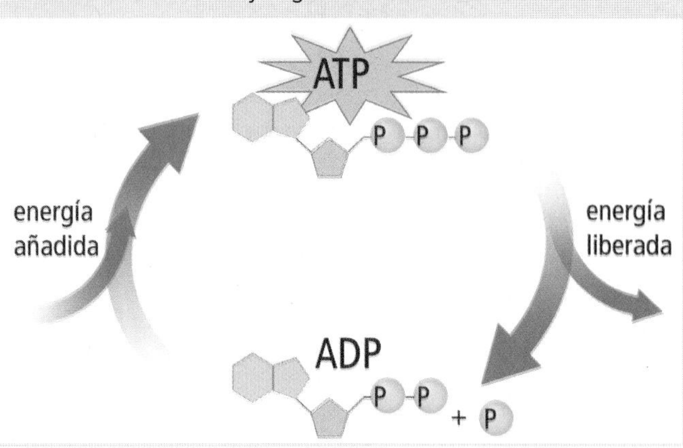

5. Usa el modelo de la Figura 33 para escribir una explicación de cómo el ATP almacena energía y cómo esa energía es liberada para ser usada en procesos celulares.

6. ¿Qué tipo de transporte a través de la membrana requiere ATP, la difusión facilitada o el transporte activo? Explica tu respuesta.

7. Haz un diagrama de Venn para comparar y contrastar los carbohidratos con los lípidos. Incluye términos relacionados con las estructuras moleculares, las funciones y el contenido energético de esas moléculas.

HAZ TU PROPIA GUÍA DE ESTUDIO

En tu Cuaderno de evidencias, diseña una guía de estudio que justifique las ideas principales de esta lección:

Los organismos están formados por moléculas de carbono.
Las moléculas de carbono se descomponen y reordenan en las células de los organismos para formar nuevas moléculas y obtener energía.

- Recuerda incluir la siguiente información en tu guía de estudio:
- Usa ejemplos que sirvan como modelo de las ideas principales.
- Anota explicaciones para el fenómeno que investigaste.
- Presenta evidencias para justificar tus explicaciones. Tu justificación puede incluir dibujos, datos, gráficas, conclusiones de laboratorio y otras evidencias que hayas anotado a lo largo de la lección.

Piensa en cómo los modelos de esta lección pueden ser usados para comparar y contrastar diferentes tipos de moléculas de carbono.

Conexión con las ciencias físicas

Grafeno La química particular de las moléculas de carbono tiene muchos usos en los sistemas inorgánicos. Por ejemplo, el grafeno es una sustancia formada por una red de carbono con forma de panal que tiene tan solo un átomo de grosor. El grafeno fue descrito por primera vez en 2004 y es un excelente conductor, extremadamente flexible y 100 veces más fuerte que el acero. Los científicos y los ingenieros recién están comenzando a aprovechar los muchos usos posibles que tienen el grafeno y los productos hechos con él.

FIGURA 1: Representación esquemática del grafeno

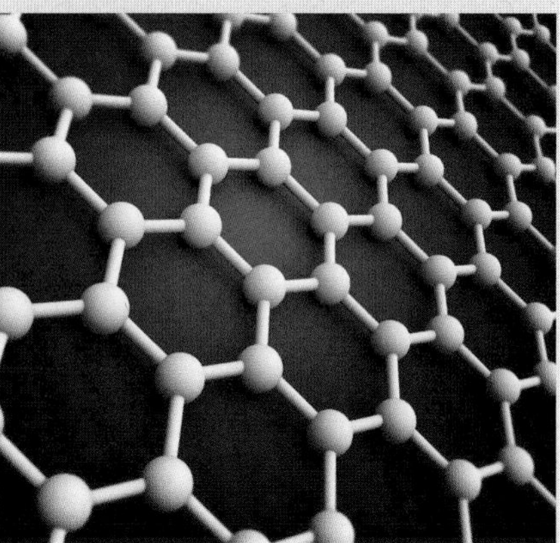

Busca recursos en la biblioteca y en Internet para investigar sobre las aplicaciones actuales y futuras del grafeno. Escribe una entrada de blog en la que expliques las aplicaciones que piensas que tendrían más beneficios. Justifica tus afirmaciones con las evidencias que obtuviste en tu investigación.

Conexión con el arte

La química de los pigmentos Los pigmentos son sustancias de color que se pueden usar para colorear otros materiales. Los pigmentos se han usado durante miles de años para añadir color a obras de arte, vestimentas, piel, textiles, decoraciones y otros materiales. Cada pigmento, ya sea orgánico o inorgánico, natural o sintético, tiene propiedades químicas particulares que determinan su color, durabilidad, adhesión y otros atributos. Las personas que usan pigmentos y tinturas eligen cuidadosamente aquellos con las características más apropiadas y útiles para la aplicación que les darán.

FIGURA 2: Un conjunto de pigmentos

Busca recursos en la biblioteca y en Internet para investigar sobre las propiedades químicas y los usos históricos de los pigmentos. Usa tus pigmentos favoritos para producir tu propia obra de arte (una pintura, una impresión u otro formato). Prepara un informe que describa la química y la historia de los pigmentos que elegiste para tu obra de arte.

Conexión con las ciencias de la vida

Formas de vida basadas en el silicio Todos los seres vivos de la Tierra dependen de la química de las biomoléculas de carbono. Sin embargo, el carbono podría no ser la única base posible para la vida. El elemento llamado silicio (Si) comparte muchas propiedades químicas importantes con el carbono, como la capacidad de formar cuatro enlaces por átomo. Algunos científicos han teorizado que podrían existir formas de vida basadas en el silicio, quizás en otros planetas con condiciones diferentes a las de la Tierra. Por ejemplo, algunos científicos creen que otros cuerpos planetarios, como Titán, podrían sustentar formas de vida basadas en el silicio.

FIGURA 3: Titán, una de las lunas de Saturno, tiene condiciones que, para algunos, podrían sustentar formas de vida basadas en el silicio.

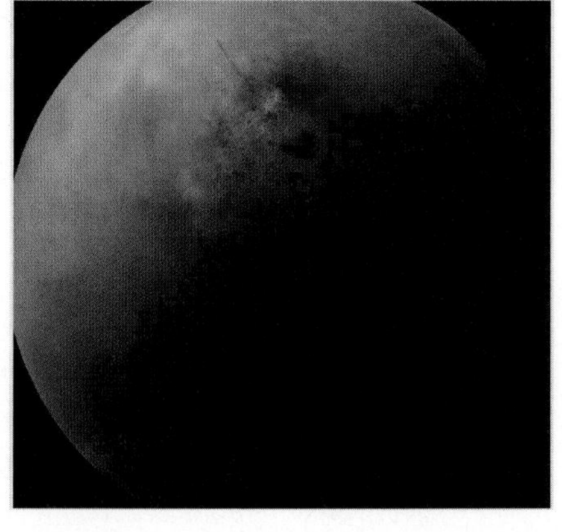

Busca recursos en la biblioteca y en Internet para investigar la teoría del silicio como base química de los seres vivos. Explica con evidencias si piensas que podría existir la vida basada en el silicio. En tu explicación, comenta las propiedades químicas específicas del silicio en comparación con las del carbono que podrían servir o no de base para la vida. Justifica tus afirmaciones con evidencias textuales específicas.

Image Credits: (t) ©yurkoman30/Fotolia; (c) ©Fotolia Premium/Fotolia; (b) ©NASA/JPL-Caltech/University of Arizona/University of Idaho

SÍNTESIS DE LA UNIDAD

En tu Cuaderno de evidencias, haz un mapa conceptual, un organizador gráfico o un esquema con la información de las Guías de estudio que creaste para cada lección de esta unidad. Recuerda que debes fundamentar tus afirmaciones con evidencias.

Al sintetizar información, debes seguir los siguientes pasos generales:
- Busca la idea central de cada fuente de información.
- Establece relaciones entre las ideas centrales.
- Combina las ideas para mejorar tu comprensión.

PREGUNTAS GUÍA

Vuelve a leer las Preguntas guía que aparecen al principio de la unidad. En tu Cuaderno de evidencias, repasa y revisa las respuestas que habías dado a esas preguntas. A partir de las evidencias que reuniste y las observaciones que hiciste durante la unidad, justifica las respuestas.

PRÁCTICA Y REPASO

Usa la información de la Figura 4 para responder la pregunta 1.

1. En la gráfica que se muestra en la Figura 4, la línea continua roja representa la energía de una reacción química. La línea punteada roja representa la energía de la misma reacción, en presencia de un catalizador. ¿Cuál de los siguientes enunciados describe mejor la función del catalizador?
a. El catalizador se consume durante la reacción.
b. El catalizador hace que la reacción sea más endotérmica.
c. El catalizador aumenta la concentración de reactivos.
d. El catalizador disminuye la energía de activación de la reacción.

Energía de activación con un catalizador

FIGURA 4: El efecto de un catalizador en una reacción química

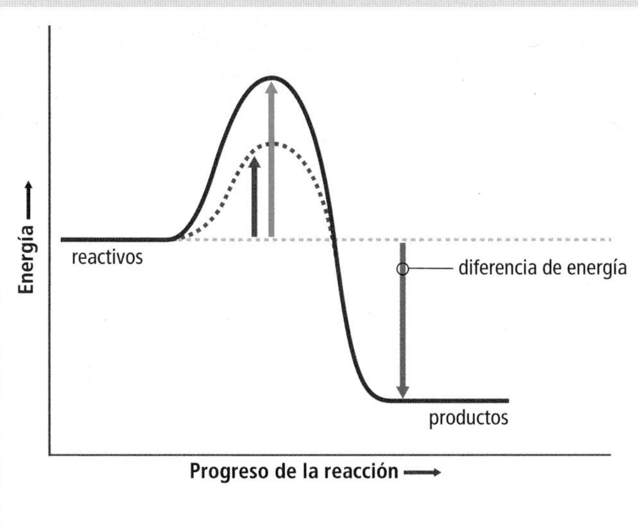

2. Los enlaces de hidrógeno son un factor importante para muchas propiedades del agua, como el punto de ebullición, el calor específico y la adhesión. ¿Cuáles de los siguientes enunciados serían verdaderos si los enlaces de hidrógeno entre las moléculas de agua no se formaran? Elige todas las respuestas correctas.
a. El agua tendría menos masa por volumen.
b. Las plantas serían menos eficientes en el transporte de agua desde las raíces hasta las hojas.
c. El calor producido por procesos bioquímicos sería más difícil de regular.
d. Habría menos agua en estado líquido sobre la superficie de la Tierra.

3. En grandes moléculas de hidrocarburos, como los ácidos grasos, los átomos que las componen están unidos por enlaces covalentes. ¿Pueden formarse moléculas estables similares mediante enlaces de hidrógeno? Explica tu razonamiento.

4. En nuestro cuerpo, la enzima amilasa presente en la saliva descompone moléculas de almidón en maltosa. En el intestino, la enzima maltasa descompone la maltosa en dos moléculas de glucosa. En tu Cuaderno de evidencias, desarrolla un modelo que demuestre el efecto que podría tener una deficiencia de la enzima amilasa en una persona.

5. Aprendes que dos azúcares son isómeros. Eso significa que tienen la misma fórmula química, pero se diferencian en la disposición de los átomos y/o enlaces. ¿Crees que los dos azúcares tendrán las mismas propiedades físicas y químicas? Explica por qué.

6. Una bicapa fosfolipídica es el componente central de las membranas celulares que las moléculas de agua no pueden atravesar libremente. ¿Qué características de la bicapa fosfolipídica evitan que el agua la atraviese libremente?
   a. Las regiones exteriores e interiores de la membrana son hidrofóbicas y mantienen afuera el agua.
   b. Las regiones exteriores e interiores de la membrana son hidrofílicas y encierran el agua dentro de la membrana.
   c. El exterior de la membrana es hidrofóbico y mantiene afuera el agua, aunque el interior es hidrofílico.
   d. El exterior de la membrana es hidrofílico, pero el interior es hidrofóbico, lo que impide el paso del agua.

7. ¿Es más fácil para tu cuerpo descomponer carbohidratos simples o carbohidratos complejos?
   a. Los carbohidratos simples son más fáciles de descomponer porque están formados por solo dos moléculas de azúcar.
   b. Los carbohidratos complejos son más fáciles de descomponer porque están formados por muchos azúcares encadenados.
   c. Los carbohidratos simples son más fáciles de descomponer porque están formados por muchos azúcares encadenados.
   d. Los carbohidratos complejos son más fáciles de descomponer porque están formados por solo dos moléculas de azúcar.

8. ¿Qué es probable que ocurra si los enlaces de hidrógeno del ADN se rompieran?
   a. La pérdida de los enlaces de hidrógeno causaría una mutación de ADN.
   b. Los enlaces de hidrógeno serían reemplazados por enlaces covalentes.
   c. La pérdida de los enlaces de hidrógeno separaría las dos cadenas de ADN.
   d. La pérdida de los enlaces de hidrógeno causaría que las dos cadenas de ADN se fusionaran.

9. La insulina es una proteína compuesta por dos cadenas polipeptídicas. Si una mutación provocara un cambio en uno de los aminoácidos de la estructura primaria de una de las subunidades de la insulina, ¿ese cambio también afectaría las estructuras secundaria, terciaria y cuaternaria de la proteína? En tu Cuaderno de evidencias, crea un modelo que muestre cómo cada nivel de la estructura de una proteína podría verse afectado por un cambio en la estructura primaria.

Usa la información de la Figura 5 para responder la pregunta 10.

FIGURA 5: Los modos de transporte pasivo incluyen la difusión y la difusión facilitada.

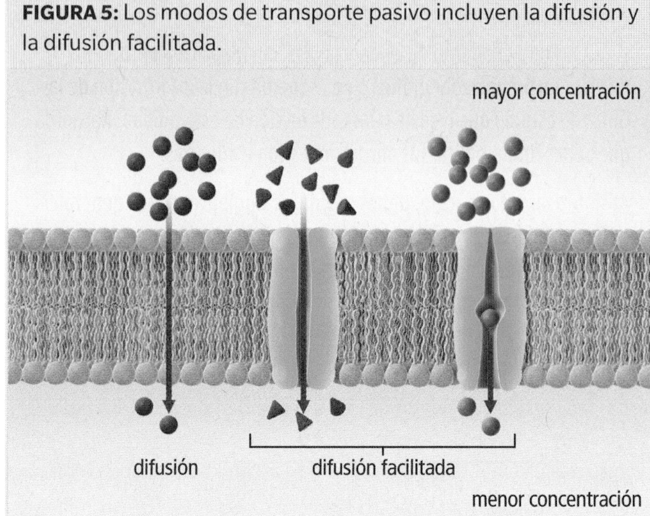

10. En la imagen de la Figura 5, las moléculas entran en la célula mediante formas de transporte pasivo. Si las moléculas alcanzan una concentración más alta dentro de la célula que fuera de ella, ¿cuáles de estas formas, de haber alguna, se puede seguir usando para transportar moléculas hacia dentro de la célula? ¿Hay otros métodos de transporte más adecuados para esta situación? Explica tu razonamiento.

PROYECTO DE LA UNIDAD

Vuelve a tu proyecto de la unidad. Prepara una presentación con tu investigación y tus materiales para compartir con la clase. En tu presentación final, evalúa la firmeza de tus hipótesis, datos, análisis y conclusiones.

Recuerda estas sugerencias a la hora de evaluar:

- Piensa en las propiedades químicas de las manchas y cómo esas propiedades afectan la efectividad de los jabones.
- ¿Tus predicciones coinciden con las observaciones que hiciste durante los experimentos? ¿Por qué?
- Piensa en modos en que podrías aplicar lo que descubriste para predecir propiedades de otras sustancias.

¿Cómo ayudan las enzimas a combatir la intolerancia a la lactosa?

La intolerancia a la lactosa es la incapacidad de digerir lactosa, un azúcar hallado en la leche y en otros productos lácteos. Más de dos tercios de los adultos sufren de intolerancia a la lactosa. Esta puede causar síntomas como dolor abdominal, gases, náuseas y diarrea luego de consumir productos lácteos. Se han desarrollado suplementos para asistir a aquellos que padecen intolerancia a la lactosa, pero ¿cómo funcionan esos suplementos?

1. PREGUNTA

Con tu equipo, define la pregunta específica que hay que responder. Identifica todos los factores que investigarás para responder la pregunta y las características que debería tener una respuesta completa.

2. PLANEA Y REALIZA UNA INVESTIGACIÓN

Con tu equipo, diseña y realiza un experimento para determinar el efecto que tienen sobre la leche los suplementos para la intolerancia a la lactosa (en forma de tabletas).

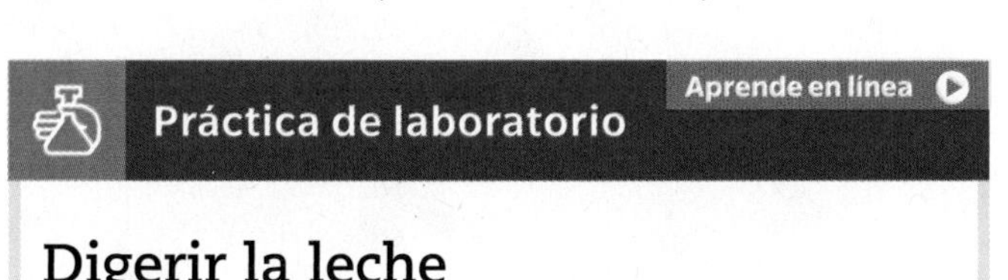

Práctica de laboratorio

Aprende en línea

Digerir la leche

Usa tiras reactivas de glucosa para determinar la presencia y la cantidad de glucosa en la leche. ¿Qué diferencias esperas encontrar entre la leche sola y la leche tratada con las tabletas?

3. ANALIZA LOS DATOS

Por tu cuenta, analiza la pregunta que has definido para la investigación. ¿Puedes caracterizar el efecto de las tabletas sobre la leche? ¿Qué relación tiene eso con el problema de la intolerancia a la lactosa en humanos? ¿Cuál podría ser la conexión?

4. REALIZA UNA INVESTIGACIÓN

Por tu cuenta, investiga la estructura de la lactosa, cómo se descompone dentro del cuerpo, qué provoca la intolerancia a la lactosa y qué tienen en común los suplementos con el proceso digestivo normal. ¿Cómo se relaciona esa información con tus descubrimientos experimentales?

5. COMUNICA

Escribe un informe que explique cómo funcionan los suplementos para la intolerancia a la lactosa, por qué algunas personas necesitan pastillas como esas y cómo se descompone la lactosa. Presenta tu informe, y relaciona lo que descubriste con lo que has aprendido sobre las reacciones químicas, el reordenamiento de los átomos, la ruptura de los enlaces químicos y la formación de nuevos productos.

REVISA TU TRABAJO

Una presentación completa debe incluir la siguiente información:

- un problema claramente definido, con preguntas de respaldo que sean respondidas al final de la presentación
- un resumen de resultados experimentales basados en observaciones
- una solución que describa el mecanismo de descomposición de la lactosa, la deficiencia específica en la intolerancia a la lactosa y la manera en que los suplementos contrarrestan los síntomas de las personas intolerantes a la lactosa

UNIDAD 3

La materia y la energía en los sistemas orgánicos

Los bosques de algas marinas kelp son ecosistemas acuáticos importantes.

Image Credits: ©Dave Porter/Alamy Images

FIGURA 1: Estos terrarios son medios ambientes autosostenibles.

Muchos terrarios son sistemas autosostenibles cerrados. Los organismos que habitan en estos terrarios son capaces de producir todos los materiales necesarios para la supervivencia. La Tierra también es un sistema cerrado. Se agrega o se pierde muy poca materia del sistema terrestre.

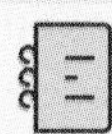 **Predecir** ¿Cómo crecen las plantas y los animales si no se añade materia nueva al sistema?

PREGUNTAS GUÍA

Mientras trabajas con la unidad, reúne evidencias para responder las siguientes preguntas. En tu Cuaderno de evidencias, anota lo que ya sabes sobre estos temas y cualquier pregunta que tengas sobre ellos.

1. ¿Qué necesitan las plantas para sobrevivir? ¿Cómo obtienen energía las plantas?
2. ¿Cómo obtienen los animales la energía para crecer?
3. ¿Cómo se transfieren la energía y la materia a través de los organismos y su medio ambiente?

© Houghton Mifflin Harcourt • Image Credits: ©aon168/Shutterstock

PROYECTO DE LA UNIDAD

Un bioma en una botella

¿Cómo circulan la energía y la materia por un sistema cerrado como el sistema terrestre? ¿Cómo sobreviven las plantas y los animales? Crea tu propio sistema biológico cerrado dentro de una botella e investiga cómo sobreviven las plantas y los animales sin que se agreguen materiales al sistema. ¿Puedes explicar de qué manera la botella representa la Tierra?

 Para planear el proyecto de esta unidad, conéctate y descarga la Planilla de proyectos.

3.1

La fotosíntesis

La materia se recicla y la energía fluye a través de los organismos y del medio ambiente.

¿PUEDES EXPLICARLO?

La colonización de otros planetas era una idea que antes se encontraba solo en las historias de ciencia ficción. Hoy en día, esta idea está más cerca de convertirse en un objetivo real. Uno de los problemas que deben resolverse antes de que los colonos abandonen la Tierra es el siguiente: ¿de dónde obtendrán alimentos los colonos? Una de las líneas de investigación consiste en averiguar qué se necesita para cultivar plantas en un ambiente diferente de la Tierra.

Reunir evidencias Mientras trabajas con la lección, reúne evidencias para describir las entradas y las salidas de materia y la transferencia y la transformación de energía en la fotosíntesis.

FIGURA 1: Los astronautas de la NASA y de todo el mundo han cultivado plantas en el espacio para aprender a cultivarlas algún día en otros planetas, como Marte.

Aprende en línea

Predecir Imagina que vas a colonizar otro planeta y que quieres cultivar plantas allí como fuente de alimento. ¿Qué necesitas llevar y qué preguntas harías acerca del planeta para mejorar tu lista?

Image Credits: (t) ©Pichugin Dmitry/Shutterstock; (b) ©NASA Kennedy Space Center

La materia y la energía en la fotosíntesis

Los sistemas orgánicos absorben la energía y la materia y las convierten en formas que pueden usar. Por ejemplo, las plantas son productores que captan la energía luminosa y la convierten en energía química para llevar a cabo procesos celulares dentro de la planta. La energía química toma la forma de enlaces químicos en las moléculas de azúcar. Cuando un consumidor, como un oso panda, come materia vegetal, obtiene esta energía y otros nutrientes que necesita para los procesos celulares y el crecimiento a través del proceso de digestión. Cualquier materia que no pueda digerirse se excreta como desecho.

FIGURA 2: Este oso panda es un consumidor que obtiene energía y nutrientes de las hojas que come.

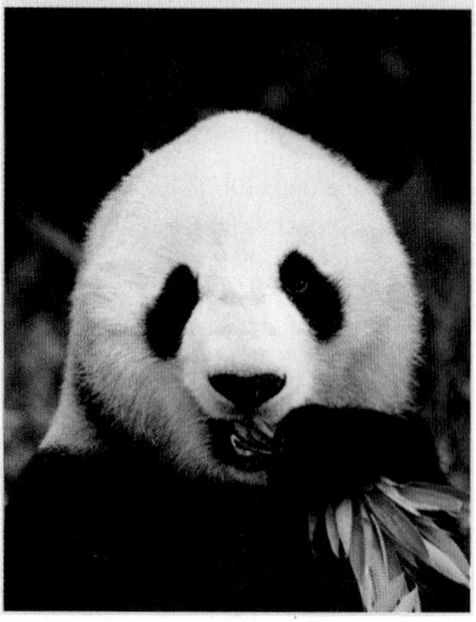

Hacer un modelo de la fotosíntesis

Las plantas, las algas y algunas bacterias utilizan un proceso llamado fotosíntesis para captar y transformar la energía luminosa del sol y almacenarla en moléculas de azúcar de alta energía. Tanto las células vegetales como las células animales utilizan los azúcares producidos por la fotosíntesis como fuente de energía. Sin embargo, la fotosíntesis no solo es importante para los organismos, sino que también ayuda a regular el medio ambiente de la Tierra. La fotosíntesis produce el oxígeno que respiramos y elimina el dióxido de carbono de la atmósfera terrestre.

Los organismos son sistemas vivos complejos. Los organismos viven e interactúan en ecosistemas, que son sistemas dentro de la biósfera. Todos los organismos desempeñan diferentes funciones en los ciclos de la materia y la transferencia de energía en su ecosistema. Para comprender mejor la relación entre los organismos y el medio ambiente, los científicos reúnen muchos tipos diferentes de datos.

Explicar Describe la transformación de la energía mientras se transfiere del sol al oso panda.

Colaborar Comenta con un compañero por qué sería beneficioso para la supervivencia humana tener plantas en un planeta donde los niveles de oxígeno son bajos y los niveles de dióxido de carbono son altos.

FIGURA 3: Este modelo muestra una planta dentro de un sistema cerrado. Los sensores miden las concentraciones de dióxido de carbono y oxígeno en la cámara. Las concentraciones de gas se muestran en partes por mil.

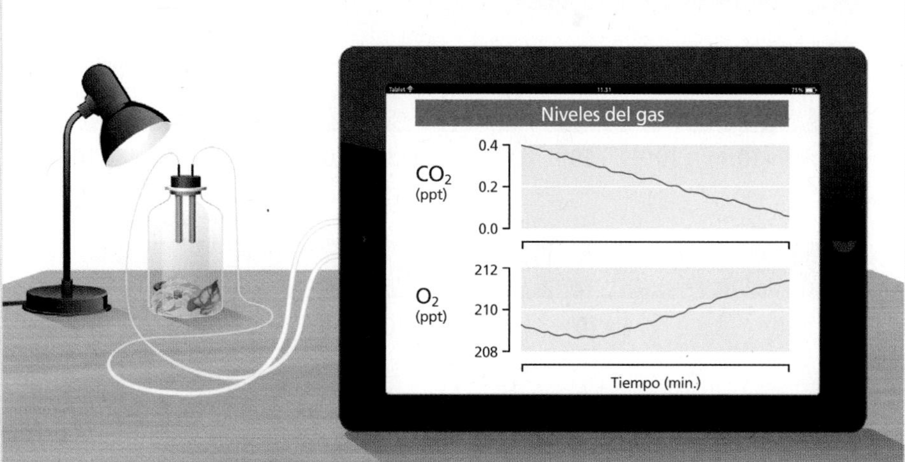

Reunir evidencias Identifica las entradas y las salidas de este sistema. ¿Cómo pueden estos datos ayudar a los científicos a comprender la relación entre las plantas y el medio ambiente?

Image Credits: (t) ©DLILLC/Corbis

La fotosíntesis es importante para la vida en la Tierra. Casi todos los organismos de la Tierra dependen de este proceso. Por lo tanto, la comprensión de la relación entre los organismos y la fotosíntesis es fundamental. Usar un equipo para medir la tasa de la fotosíntesis, por ejemplo, es una forma de estudiar el impacto que tienen los organismos en este proceso. El uso de modelos es otra forma de comprender procesos como la fotosíntesis. Los científicos pueden estudiar la relación entre los insumos y los productos.

La energía y la materia

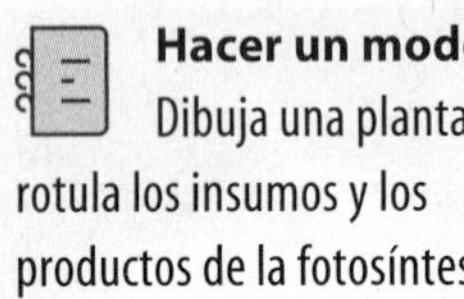

Hacer un modelo Dibuja una planta y rotula los insumos y los productos de la fotosíntesis. ¿Dónde deben colocarse los rótulos de las enzimas y la luz?

El proceso de fotosíntesis puede representarse de distintas maneras. Por ejemplo, una ecuación química es una forma de representar la fotosíntesis.

$$6CO_2 + 6H_2O \xrightarrow[\text{luz}]{\text{enzimas}} \rightarrow \rightarrow 6O_2 + C_6H_{12}O_6$$

Este modelo muestra los insumos y los productos como reactivos y productos. Las múltiples flechas indican que el proceso de fotosíntesis tiene muchos pasos. La luz y las enzimas se colocan sobre las flechas para indicar que deben estar presentes para que se produzca esta reacción. En esta ecuación, el dióxido de carbono y el agua son los reactivos, y el oxígeno y la glucosa son los productos. Las células vegetales usan la glucosa para formar carbohidratos complejos como el almidón y la celulosa, que la planta utiliza para el crecimiento y el mantenimiento.

La luz y la fotosíntesis

La luz es una forma de energía conocida como radiación electromagnética. La radiación electromagnética viaja en ondas de varias longitudes de onda, como puede observarse en la figura 4. Las plantas solo absorben la luz visible que se usa para la fotosíntesis. Incluso de la porción visible del espectro electromagnético, las plantas no absorben todas las longitudes de onda. La luz visible se compone de diferentes longitudes de onda que corresponden a diferentes colores de la luz.

FIGURA 4: El espectro electromagnético

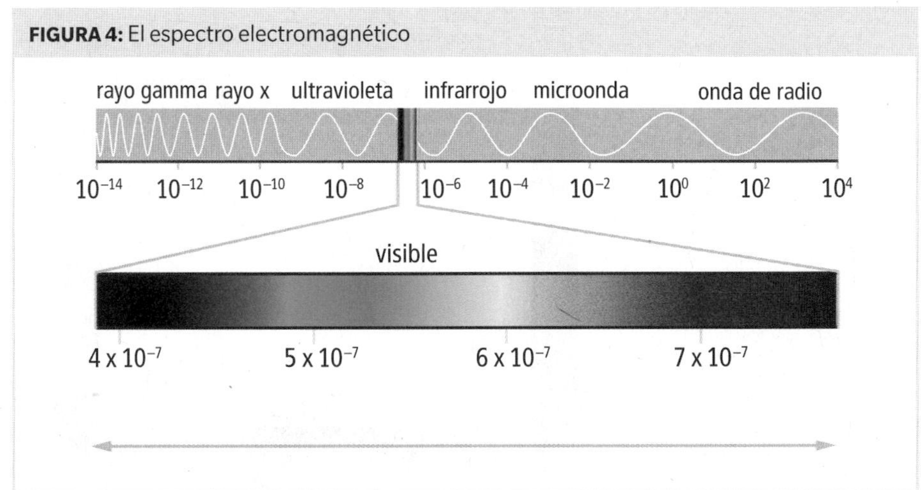

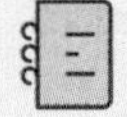

Analizar Piensa en la luz como una forma de energía y responde las siguientes preguntas: ¿Para qué se usan las microondas? ¿Para qué se usan las ondas de radio? ¿Qué crees que podría ocurrir si la luz visible fuera bloqueada de la Tierra? ¿Cómo afectaría esto a la fotosíntesis?

En las células vegetales, la absorción de la luz y la fotosíntesis tienen lugar dentro de un organelo llamado cloroplasto. Dentro de la membrana interna del cloroplasto hay pilas de sacos en forma de disco llamados tilacoides, que contienen moléculas de pigmento llamadas clorofila.

FIGURA 5: El área dentro del cloroplasto es el estroma. El área dentro del tilacoide se llama lumen. Las etapas de la fotosíntesis se producen a través de la membrana del tilacoide que separa el estroma y el lumen.

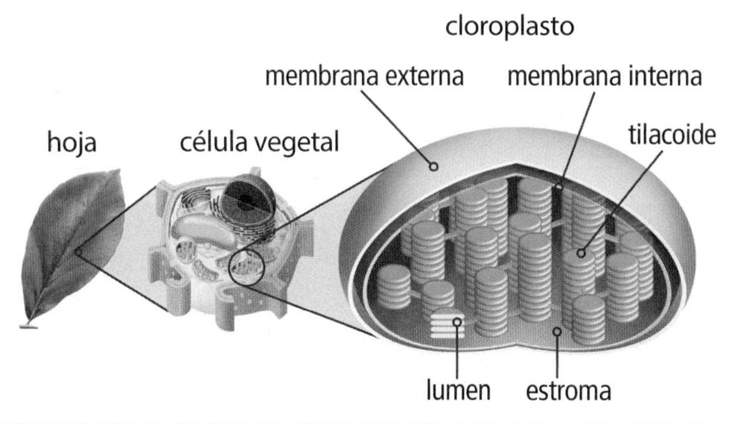

Explicar Coloca estos sistemas en orden de mayor a menor; comienza con la Tierra y explica tu razonamiento: árbol, biósfera, célula vegetal, cloroplasto, hoja

Diferentes tipos de clorofila absorben diferentes longitudes de onda de la luz y transforman la energía luminosa en energía química a través de la fotosíntesis. Los pigmentos de la planta reflejan las longitudes de onda que no se absorben y nuestros ojos las detectan como el color de la planta.

FIGURA 6: La clorofila es una molécula de pigmento en los cloroplastos. Las plantas tienen dos tipos principales de clorofila llamados clorofila *a* y clorofila *b*.

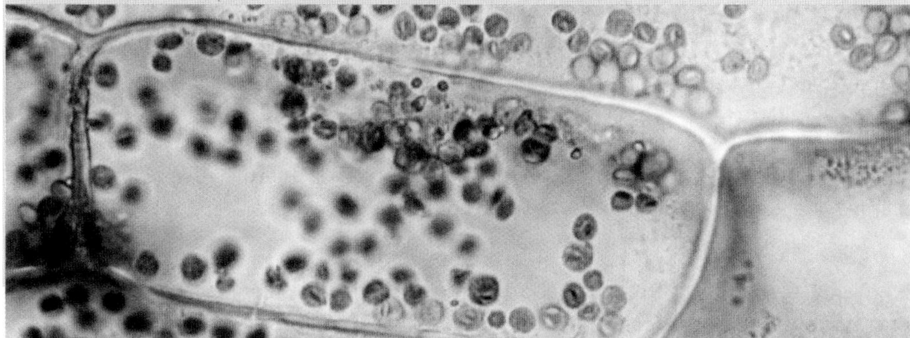
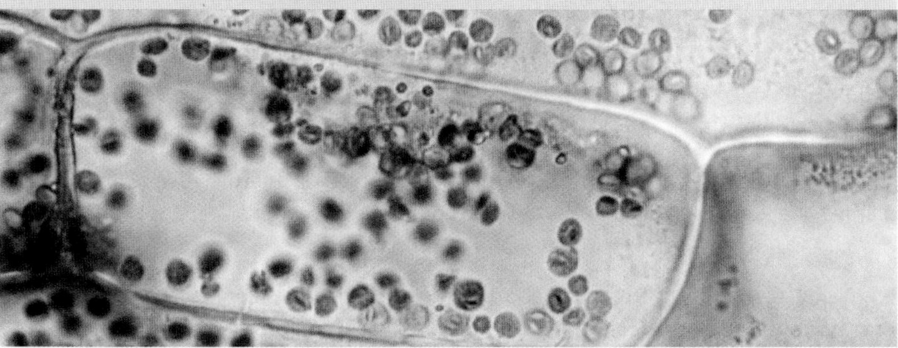

Analizar ¿Qué colores de la luz se absorben y qué colores refleja la mayoría de las plantas?

Ingeniería

Elegir una fuente de luz

Los científicos e ingenieros pueden estudiar los insumos y los productos de un sistema como parte de la optimización del sistema. Por ejemplo, diferentes fuentes de luz pueden afectar la tasa de la fotosíntesis en un sistema vegetal. Diferentes fuentes de luz emiten luz con una variedad de longitudes de onda. Se pueden diseñar diodos emisores de luz, o LED, para emitir solo determinados colores, como rojo, azul o verde, que corresponden a diferentes longitudes de onda de la luz visible. La aplicación de fuentes de luz específicas a las plantas es una forma de optimizar la tasa de la fotosíntesis.

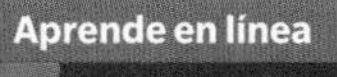

Aprende en línea

Práctica de laboratorio

Investigación de las fuentes de luz y la fotosíntesis Diseña un experimento para investigar el efecto de las diferentes fuentes de luz sobre la tasa de fotosíntesis.

Image Credits: (b) ©Ed Reschke/Peter Arnold/Getty Images

Comparar productores

No todos, pero la mayoría de los organismos dependen de manera directa o indirecta de la luz solar y de la fotosíntesis. Lugares como los océanos profundos y las cuevas oscuras tienen poblaciones muy desarrolladas a pesar de que nunca reciben luz solar. El agua muy caliente que se encuentra cerca de las grietas en el suelo oceánico, llamadas fuentes hidrotermales, es uno de estos ambientes. Estas fuentes liberan compuestos químicos como el sulfuro de hidrógeno (H_2S) que sirven como fuente de energía. Las fuentes hidrotermales sostienen un ecosistema denso formado por organismos completamente dependientes de las sustancias químicas que surgen del suelo oceánico.

FIGURA 7: Los microbios quimiosintéticos viven sobre o debajo del fondo marino y dentro de los cuerpos de otros animales de estas fuentes. Gusanos de tubo gigantes crecen en grupos alrededor de las fuentes hidrotermales.

La quimiosíntesis es el proceso de utilizar la energía química para producir azúcares a partir del dióxido de carbono para el almacenamiento de la energía. Al igual que las plantas que dependen de la fotosíntesis, los organismos quimiosintéticos producen su propio alimento, pero con distintas materias primas.

Los productores que viven alrededor de las fuentes hidrotermales llevan a cabo un proceso representado por la siguiente ecuación química. El proceso produce los carbohidratos que necesitan estos productores para tener energía.

$$6CO_2 + 24H_2S + 6O_2 \rightarrow C_6H_{12}O_6 + 24S + 18H_2O$$

Hacer un modelo Crea un organizador gráfico para comparar los insumos y los productos de la quimiosíntesis y de la fotosíntesis.

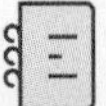

Analizar Piensa de nuevo en la pregunta sobre el cultivo de plantas en otro planeta y responde las siguientes preguntas:

1. ¿Qué insumos serían necesarios para que las plantas llevaran a cabo la fotosíntesis?
2. ¿Cuáles son los productos de las plantas que se necesitan para la supervivencia humana?
3. ¿Cómo se diferenciarían como fuente posible de alimento los productores que llevan a cabo la quimiosíntesis de los productores fotosintéticos?

Image Credits: (l) ©University of Washington/National Oceanic And Atmospheric Administration (NOAA)/OAR/OER; (inset) ©Ralph White/Corbis

Transformar la energía luminosa en energía química

Hasta ahora has visto que las plantas transforman la energía de la luz solar en energía química almacenada en los enlaces químicos de las moléculas de azúcar. Pero ¿cómo se produce esta transformación de la energía? Los cloroplastos en las células son como fábricas de compuestos químicos accionados por la energía solar. Transfieren la energía luminosa a las moléculas portadoras de energía llamadas ATP y NADPH. Las células usan estas moléculas como unidades de intercambio de energía para los procesos celulares. En las células vegetales se usan para convertir el dióxido de carbono en azúcares.

FIGURA 8: Se utilizan dos moléculas portadoras de energía en la fotosíntesis. El ATP almacena energía en un enlace fosfato-fosfato y el NADPH transporta electrones de alta energía.

$$\text{ADP} + \text{P} \rightarrow \text{ATP}$$

$$\text{NADP}^+ + \text{H}^+ + 2\,e^- \rightarrow \text{NADPH}$$

Predecir ¿Cómo crees que las células vegetales transfieren la energía de la luz solar a las moléculas portadoras de energía ATP y NADPH?

Fases de la fotosíntesis

La fotosíntesis se puede dividir en dos etapas: las reacciones dependientes de la luz y las reacciones independientes de la luz. Las reacciones dependientes de la luz tienen lugar dentro y a través de la membrana de los tilacoides, que están apilados dentro del cloroplasto. Las reacciones independientes de la luz ocurren en el estroma, el área que está alrededor de los tilacoides.

FIGURA 9: Las dos etapas de la fotosíntesis, las reacciones dependientes de la luz y las reacciones independientes de la luz, se producen en el cloroplasto.

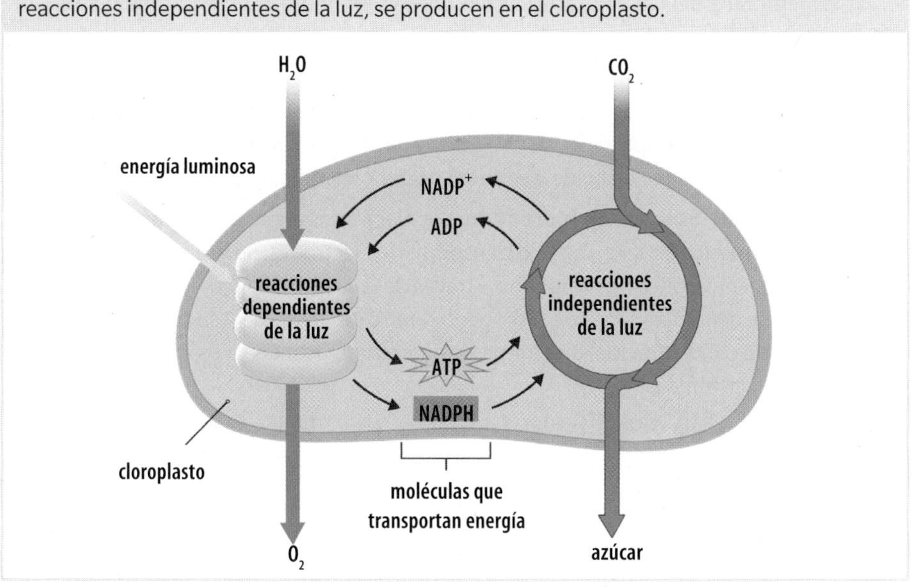

Reunir evidencias Examina el diagrama del cloroplasto. ¿Cómo ayuda a la célula la alternación entre las reacciones dependientes e independientes de la luz para la conservación de la energía y la materia? Usa las evidencias que ves en el diagrama para justificar tu respuesta.

Analizar Identifica los insumos y los productos de ambas etapas de la fotosíntesis. Especifica la energía y la materia en ambos casos.

Las reacciones dependientes de la luz

La parte de *foto* de la fotosíntesis se refiere a las reacciones dependientes de la luz. Las principales funciones de las reacciones dependientes de la luz son captar y transferir la energía. La energía luminosa se capta y se transfiere en la membrana del tilacoide mediante dos grupos de moléculas llamados fotosistema II y fotosistema I. Sus nombres indican el orden en que se descubrieron, no el orden en que se producen.

FIGURA 10: Las reacciones dependientes de la luz

Aprende en línea

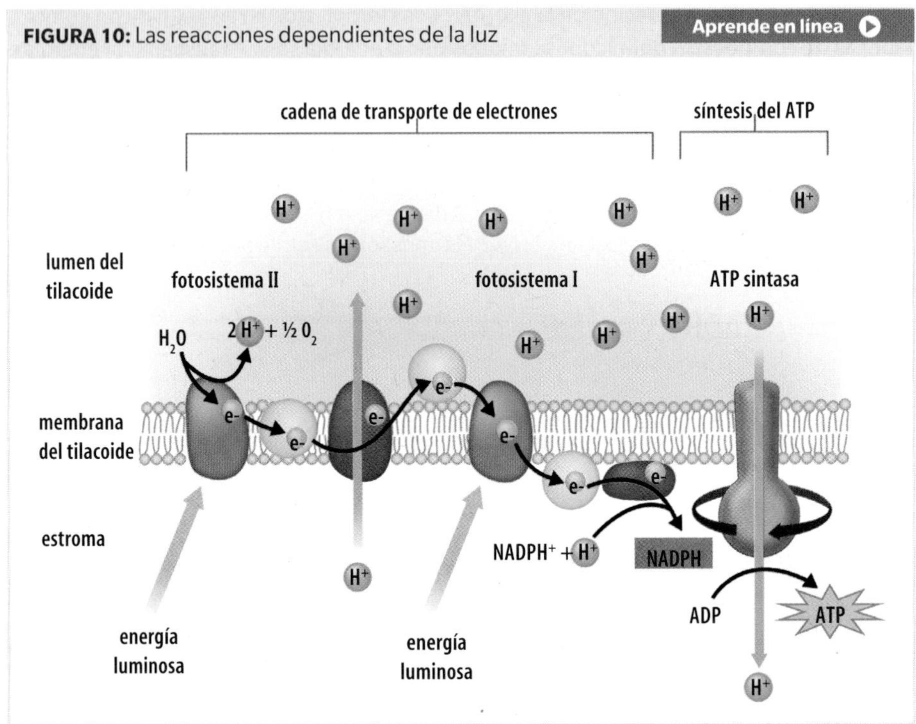

Las reacciones dependientes de la luz se resumen en las etapas siguientes.

1. **Se obtiene energía de la luz solar:** En el fotosistema II, la clorofila y otros pigmentos de la membrana del tilacoide absorben la energía luminosa, que se transfiere a los electrones (e^-). Estos electrones de alta energía salen de la clorofila y entran en la cadena de transporte de electrones, una serie de proteínas de la membrana tilacoidal.
2. **Se dividen las moléculas de agua:** Las enzimas descomponen las moléculas de agua, cuyos electrones reemplazan a los que salieron de la clorofila. Los iones de hidrógeno (H^+) quedan dentro del tilacoide y se libera oxígeno como producto de desecho.
3. **Se transportan los iones de hidrógeno:** Los electrones energizados pasan de proteína a proteína en la cadena de transporte de electrones. Se usa su energía para bombear los iones de hidrógeno a través de la membrana del tilacoide. Como resultado, se acumulan iones de hidrógeno dentro del tilacoide y se crea un gradiente de concentración, una forma de energía almacenada. Los electrones pasan al fotosistema I.
4. **Se obtiene energía de la luz solar:** En el fotosistema I, la clorofila y otras moléculas de pigmento en la membrana del tilacoide absorben energía de la luz solar. Los electrones energizados salen de las moléculas de pigmento.
5. **Se produce NADPH:** Mediante una enzima, los electrones energizados del fotosistema I se añaden al $NADP^+$ para formar NADPH, una molécula portadora de energía.
6. **Difusión de los iones de hidrógeno:** Los iones de hidrógeno se difunden fuera del tilacoide por el canal de la proteína ATP sintasa, impulsados por el gradiente de concentración. La ATP sintasa usa la energía del gradiente de concentración para incorporar un grupo fosfato al ADP y formar ATP.

Hacer un modelo Haz un diagrama de flujo simple para mostrar cómo se transfiere la energía de la luz al ATP en la etapa de la fotosíntesis dependiente de la luz.

Las reacciones independientes de la luz

La segunda etapa de la fotosíntesis utiliza la energía de las reacciones dependientes de la luz para producir azúcares. Como lo indica el nombre de esta etapa, las reacciones independientes de la luz no necesitan luz solar. Estas reacciones pueden tener lugar siempre que la energía esté disponible. Las fuentes de energía para las reacciones independientes de la luz son las moléculas de ATP y NADPH formadas durante las reacciones dependientes de la luz. Esta energía es necesaria para una serie de reacciones químicas llamada ciclo de Calvin, por el científico Melvin Calvin, quien descubrió el proceso. La parte de *síntesis* de la fotosíntesis se refiere al ciclo de Calvin. Sus reacciones químicas utilizan la energía transportada por el ATP y el NADPH producidos por las reacciones dependientes de la luz para producir azúcares simples.

FIGURA 11: Las reacciones independientes de la luz

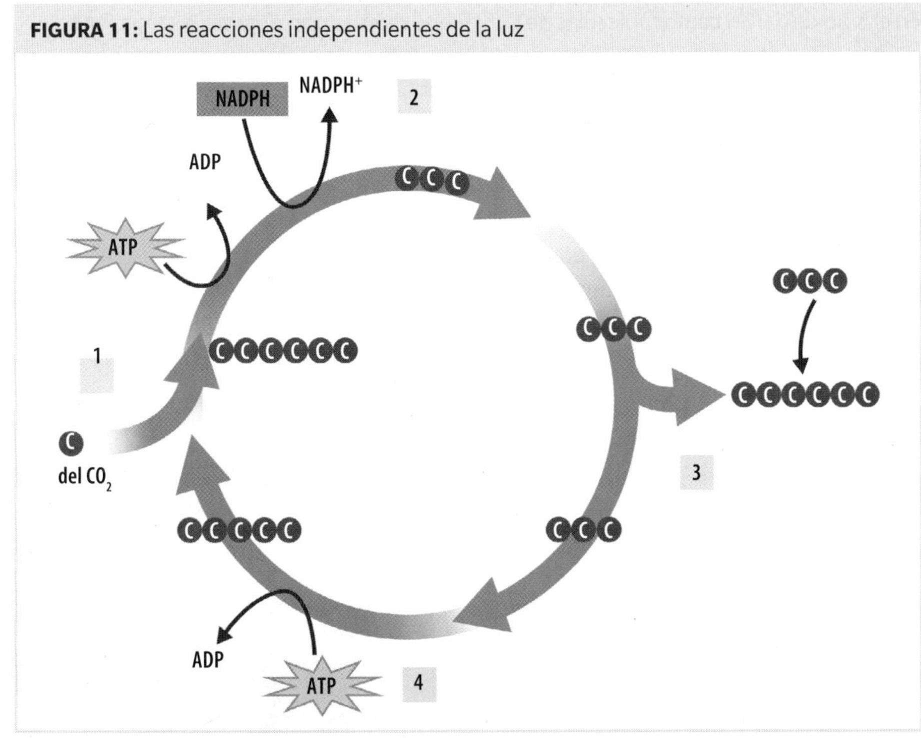

Colaborar Un error común es creer que la mayor parte del material de una planta proviene de la tierra o del agua. Explica de dónde proviene en realidad el carbono de los azúcares y menciona evidencias del ciclo de Calvin para justificar tu respuesta.

Las reacciones independientes de la luz se resumen en los pasos siguientes.

1. **Se añade dióxido de carbono:** Una molécula de CO_2 se agrega a una molécula de 5 carbonos que ya se encuentra en el ciclo, con lo cual se produce una molécula de 6 carbonos.
2. **Se forman moléculas de tres carbonos:** La molécula de 6 carbonos se divide y forma dos moléculas de 3 carbonos. El ATP y el NADPH proporcionan la energía para reorganizar estas moléculas de 3 carbonos en moléculas de mayor energía que también tienen 3 carbonos cada una.
3. **Salen moléculas de tres carbonos:** Una molécula de 3 carbonos de alta energía abandona el ciclo mientras el resto permanece. Se forma una molécula de azúcar de 6 carbonos a partir de cada dos moléculas de 3 carbonos que salen del ciclo.
4. **Se reciclan las moléculas de 3 carbonos:** La energía del ATP se usa para transformar cinco moléculas de 3 carbonos en tres moléculas de 5 carbonos, que permanecen en el ciclo de Calvin para aceptar nuevas moléculas de CO_2 que ingresan al ciclo.

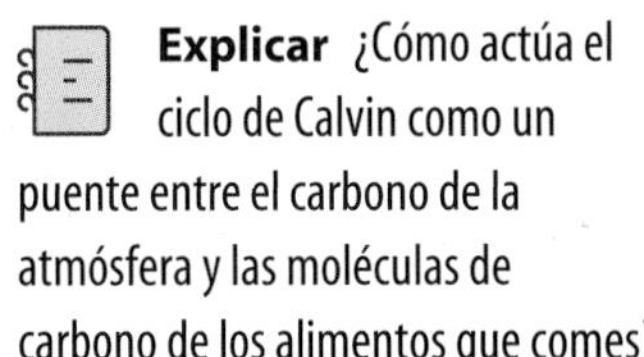

Explicar ¿Cómo actúa el ciclo de Calvin como un puente entre el carbono de la atmósfera y las moléculas de carbono de los alimentos que comes?

Hacer un modelo Desarrolla un modelo para ilustrar cómo la fotosíntesis transforma la energía luminosa en energía química. En tu modelo, muestra cómo la energía de la luz solar se transforma en energía almacenada en azúcares e identifica los insumos y los productos de cada etapa del proceso.

Investigación guiada

Distintos tipos de fotosíntesis

Explicar ¿Qué tienen en común los tres procesos de fotosíntesis en cuanto al carbono y a la formación de moléculas de carbono?

No todas las plantas llevan a cabo la fotosíntesis exactamente de la misma manera. Hay tres procesos diferentes de fotosíntesis que dependen del compuesto de carbono que se produce primero cuando el CO_2 entra en las reacciones independientes de la luz. Recuerda que las reacciones independientes de la luz, o el ciclo de Calvin, utilizan la energía del ATP y del NADPH para construir azúcares a partir de moléculas más pequeñas. El carbono ingresa en el ciclo de Calvin como moléculas de CO_2 que se reorganizan durante las reacciones químicas para formar azúcar. Al inicio del proceso se forman moléculas de 3 carbonos que salen del ciclo para formar azúcares de 6 carbonos. La formación de moléculas de 3 carbonos se produce en la mayoría de las plantas y, como consecuencia, estas plantas se denominan plantas C3. Este es uno de los procesos por los cuales el carbono se reorganiza en las plantas. Un segundo proceso produce moléculas de 4 carbonos que se forman al inicio del ciclo de Calvin. Estas plantas se llaman plantas C4. Por último, un tercer proceso utiliza CO_2 e incorpora el carbono en ácidos orgánicos llamados ácidos de las crasuláceas, que se denominan así por los tipos de plantas en las que se produce este proceso. Las plantas crasuláceas incluyen las plantas suculentas, o que almacenan agua, como el cactus.

Casi todas las plantas terrestres intercambian gases a través de aberturas llamadas estomas. El dióxido de carbono entra y el oxígeno sale por estas aberturas. A la vez, el agua que se absorbió a través de las raíces de la planta se transpira, o se emite como vapor de agua a través de los estomas abiertos. Por lo tanto, los estomas desempeñan una función importante en la regulación de la entrada de CO_2 y la salida de oxígeno como parte de la fotosíntesis, así como en la pérdida de agua en general.

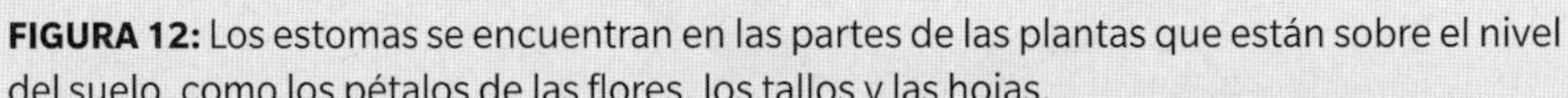

FIGURA 12: Los estomas se encuentran en las partes de las plantas que están sobre el nivel del suelo, como los pétalos de las flores, los tallos y las hojas.

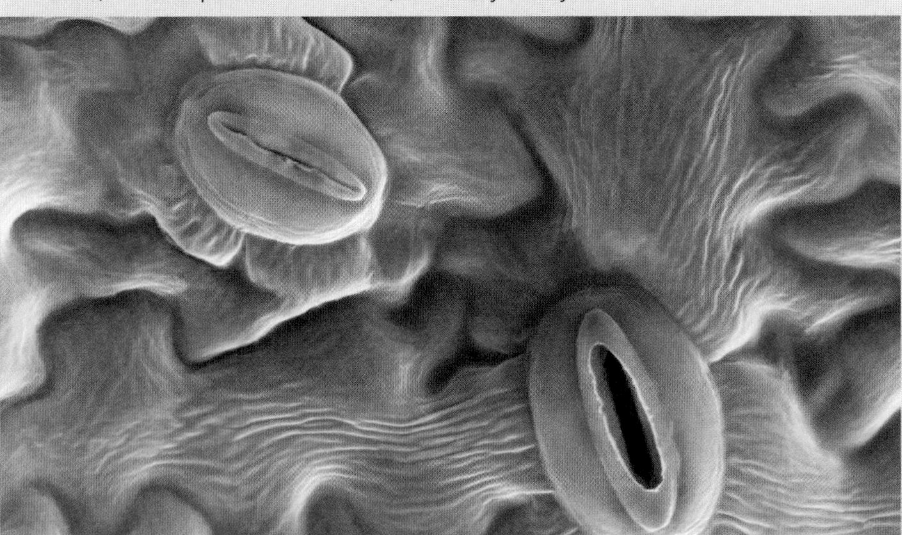

Los estomas no están siempre abiertos, sino que se abren o cierran en respuesta a la homeostasis de la planta. Así, ella puede conservar agua cuando es escasa. La pérdida se acelera con sol intenso, temperatura alta, aire seco o viento. Las variaciones entre las plantas C3, C4 y CAM se basan sobre todo en su adaptación a distintos climas.

Image Credits: ©Power and Syred/Science Source

Las plantas se pueden clasificar por la forma en que se adaptan sus procesos fotosintéticos a las condiciones ambientales. La mayoría de las plantas son plantas C3 y C4, que abren sus estomas durante el día y pierden la mayor parte del agua absorbida por sus raíces. Pero las plantas CAM están adaptadas para la vida en climas extremadamente calurosos y áridos. Estas plantas generalmente mantienen sus estomas cerrados durante el día para reducir la cantidad de agua que se pierde en la transpiración. Los estomas están abiertos a menudo durante la noche, cuando el ambiente es más fresco y más húmedo. Las plantas CAM fijan el CO_2 por la noche, y así evitan la pérdida de agua al no abrir sus estomas durante el día. El CO_2 se libera durante el día para usarse en reacciones fotosintéticas.

Predecir ¿Cómo esperas que cambie la abundancia de plantas C3 a medida que distintas regiones del mundo se vuelven más cálidas y más secas?

FIGURA 13: Los tres procesos de fotosíntesis

Las plantas C3	Las plantas C4	Las plantas CAM

arroz, trigo, avena, soya, algodón, la mayoría de los árboles y césped	maíz, juncia real y calamino	suculentas, cactus, bromelias y orquídeas
los estomas abiertos durante el día	los estomas abiertos durante el día	los estomas abiertos durante la noche

Conexión con las artes del lenguaje Realiza investigaciones adicionales para aprender más acerca de estas variaciones en la fotosíntesis. Prepara una presentación para explicar las diferencias entre las plantas C3, C4 y CAM. Incluye en tu presentación información acerca de la manera en que cada tipo de planta lleva a cabo la fotosíntesis y cómo las diferencias ayudan a las plantas a sobrevivir en diferentes ambientes. Usa textos, elementos visuales y componentes interactivos para que los conceptos de tu presentación sean más interesantes y fáciles de entender.

Una presentación multimedia combina texto con sonidos e imágenes. Una presentación multimedia exitosa incluye:

- un enfoque claro y coherente
- ideas que se presentan de forma clara y lógica
- gráficas, textos, música, videos y sonidos que apoyan los puntos clave
- una organización apropiada al propósito y al público.

INVESTIGAR LAS FUENTES DE LUZ Y LA FOTOSÍNTESIS | **EL COLOR DE LAS PLANTAS EN OTROS PLANETAS** | **Conéctate y elige alguna de estas opciones.**

Image Credits: (l) ©Image Source/Corbis; (c) ©I love photo/Shutterstock; (r) ©tonda/iStock/Getty Images Plus/Getty Images

Autorrevisión de la lección

¿PUEDES EXPLICARLO?

A medida que los científicos e ingenieros planean la siguiente fase de exploración espacial para viajar y colonizar otros planetas, deben idear formas para satisfacer las necesidades de los seres humanos. Los astronautas actualmente estudian cómo crecen las plantas en el espacio. Sus resultados permitirán a los científicos determinar la mejor manera de mantener vivas a las plantas hasta que lleguen al nuevo planeta. El siguiente paso en este proceso será determinar cómo pueden crecer las plantas en el ambiente del nuevo planeta.

FIGURA 14: Es importante cultivar plantas en el espacio no solo como una fuente de alimentos a largo plazo, sino también como una conexión con la vida en nuestro planeta Tierra.

Explicar Usa lo que has aprendido para explicar en mayor detalle cómo podrían cultivarse plantas en otros planetas. Incluye lo siguiente en tu explicación:

1. ¿Qué insumos necesitan las plantas para llevar a cabo la fotosíntesis y cómo se podrían proporcionar en otro planeta?
2. ¿Qué productos generan las plantas a partir de la fotosíntesis y cómo benefician estos productos a los seres humanos?
3. ¿Cómo transfieren las plantas la energía de la luz a moléculas de azúcar?
4. ¿Qué preguntas harías acerca del planeta para mejorar tu lista de materiales necesarios?

Image Credits: ©NASA Kennedy Space Center

EJERCICIOS DE REVISIÓN

Comprueba lo que aprendiste

1. ¿Cuáles de los siguientes son el resultado de la realización de fotosíntesis por parte de productores? Elige todas las respuestas correctas.
   - **a.** Logra que el oxígeno esté disponible para la respiración celular.
   - **b.** Vuelve a transferir el dióxido de carbono a la atmósfera.
   - **c.** Transfiere la energía de la luz solar a los consumidores.
   - **d.** Mueve el carbono por la biósfera.

2. Escribe la ecuación química general de la fotosíntesis. Asegúrate de mostrar la relación de la luz y las enzimas con la reacción.

3. Usa los siguientes términos para completar este párrafo: *NADPH, ATP, los tilacoides, la clorofila, los cloroplastos, los electrones.*

   La energía luminosa es absorbida por __ presente en las membranas de __, que son estructuras semejantes a los sacos dentro de __. La energía luminosa provoca la liberación de __, que se utilizan para hacer __. La energía de este proceso se utiliza para hacer __. Los electrones y la energía se utilizan para hacer azúcares que la planta almacena o consume para obtener energía.

4. Dibuja un diagrama de Venn para comparar la quimiosíntesis con la fotosíntesis.

FIGURA 15: Las dos etapas de la fotosíntesis, las reacciones dependientes de la luz y las reacciones independientes de la luz, se producen en el cloroplasto.

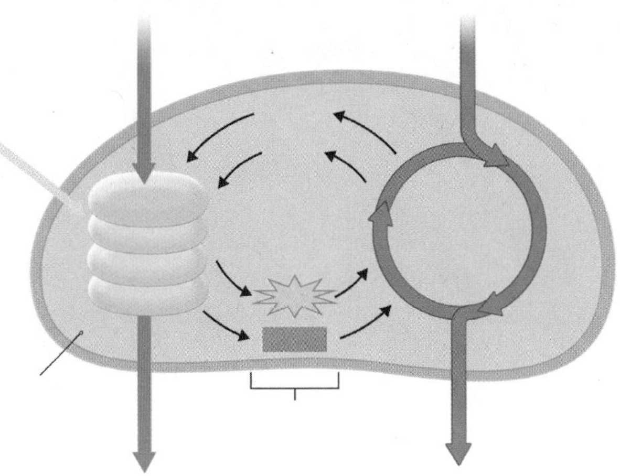

5. Dibuja el diagrama de la figura 15 y añade los siguientes rótulos para ilustrar la transferencia de materia y energía en la fotosíntesis: *NADPH, $NADP^+$, azúcares, luz, ADP, O_2, H_2O, ATP, CO_2*

6. Dibuja un ecosistema simple compuesto por al menos un productor y un consumidor. Agrega flechas y rótulos para mostrar cómo la energía y la materia fluyen del sol al productor y del productor al consumidor.

7. Dibuja un diagrama que muestre la interacción entre la luz y la clorofila. El diagrama debe mostrar cómo esta interacción provoca la transferencia de energía y electrones a través del fotosistema I y del fotosistema II.

8. ¿Es cierto que todos los organismos en la Tierra dependen del sol como su fuente de energía? Explica tu respuesta.

HAZ TU PROPIA GUÍA DE ESTUDIO

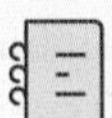

En tu Cuaderno de evidencias, diseña una guía de estudio que justifique la idea principal de esta lección:

La fotosíntesis es un proceso que utiliza la mayoría de los productores para transformar la energía luminosa en energía química almacenada.

Recuerda incluir la siguiente información en tu guía de estudio:

- Usa ejemplos que sirvan como modelo de las ideas principales.
- Anota explicaciones para el fenómeno que investigaste.
- Presenta evidencias para justificar tus explicaciones. Tu justificación puede incluir dibujos, datos, gráficas, conclusiones de laboratorio y otras evidencias que hayas anotado a lo largo de la lección.

Considera cómo los modelos de fotosíntesis que has utilizado en esta lección se pueden utilizar para explicar los cambios en la energía y en la materia. Explica estos cambios en términos de flujo de energía y de los ciclos de la materia dentro y entre los sistemas.

3.2

La respiración celular

Los carros necesitan energía para moverse. Una mezcla de oxígeno y gasolina, si se la enciende con una chispa, produce una pequeña explosión controlada en el cilindro del motor que mueve el eje.

¿PUEDES EXPLICARLO?

Los carros y tu cuerpo necesitan combustible. La mayoría de los carros usa la gasolina como combustible, que suele incluir etanol además de gasolina. Para que un carro o un cuerpo humano puedan usar el combustible, debe liberarse la energía en los enlaces químicos del combustible. Una reacción de combustión en el motor de un carro libera esta energía. Tu cuerpo usa una reacción similar, en la que libera la energía almacenada en los enlaces químicos del alimento que comes.

Reunir evidencias Mientras trabajas con la lección, reúne evidencias que prueben que, en el proceso de respiración celular, se rompen enlaces y se crean nuevos enlaces.

FIGURA 1: Encender una mezcla de etanol y oxígeno en el aire produce una reacción de combustión, que libera la energía en forma de luz y calor.

Aprende en línea

Predecir ¿En qué se parece el proceso de combustión de combustible en el motor de un carro a la forma en que las células de tu cuerpo liberan la energía almacenada en los alimentos?

Image Credits: (t) ©Cultura/Echo/Getty Images; (b) ©Houghton Mifflin Harcourt

La materia y la energía en la respiración celular

Combustible es cualquier material que reacciona para liberar energía para trabajar. No todos los combustibles son iguales. Tienen muchas estructuras químicas diferentes.

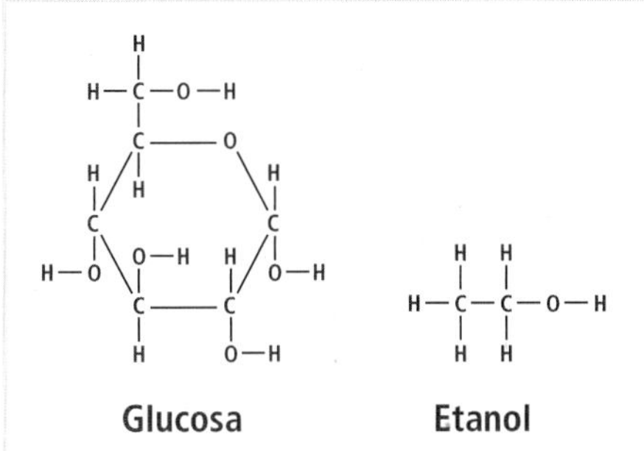

FIGURA 2: El etanol es un combustible hecho de material vegetal, como el maíz. Al ser una fuente de energía renovable, contribuye a reducir el uso de petróleo. La glucosa es un azúcar simple que los seres vivos usan para tener energía.

Analizar ¿En qué se parecen la estructura y las funciones de la glucosa y el etanol? ¿En qué se diferencian?

La energía en los sistemas orgánicos

Ya sea alimento para los organismos o combustible para los carros, casi toda la energía de la Tierra se origina en el sol. En el proceso de fotosíntesis, las plantas transforman la energía luminosa del sol en energía química en forma de glucosa. Cuando un organismo come una planta, la energía que la planta no usó puede ser usada por el consumidor.

Las plantas y animales antiguos que murieron se descompusieron y fueron enterrados debajo del suelo, rocas y, a veces, agua de mar. Estos organismos se descompusieron y formaron materiales orgánicos que almacenan energía sin usar. A lo largo de millones de años, el calor y la presión transformaron estos restos en los combustibles fósiles que usamos hoy en día. Los enlaces químicos se deben romper para liberar la energía almacenada. En los carros, la combustión provee la energía necesaria para romper estos enlaces y liberar la energía. En las células, un proceso similar, llamado respiración celular, libera la energía química de los azúcares y otras moléculas de carbono para sintetizar ATP cuando hay oxígeno presente.

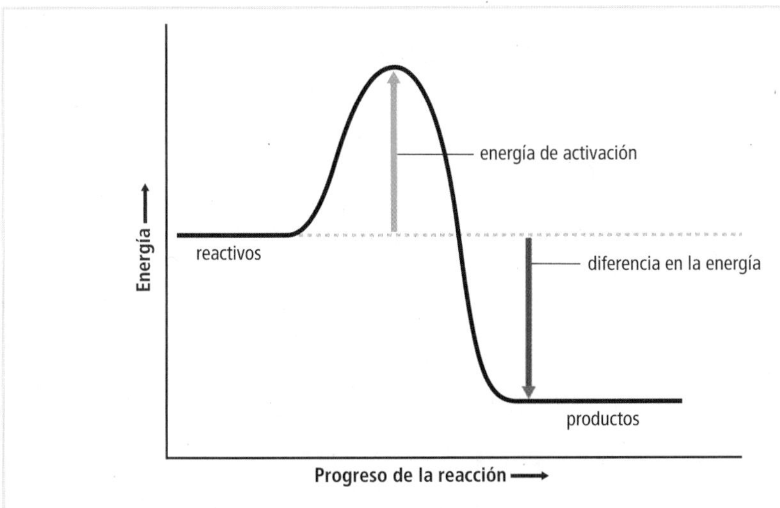

Reacción exotérmica

FIGURA 3: La energía de activación es la energía necesaria para iniciar una reacción química. Una reacción exotérmica libera más energía de la que absorbe. La respiración celular es una reacción exotérmica.

Reunir evidencias Explica por qué la respiración celular es una reacción exotérmica. Cita evidencias de la gráfica de la figura 3 para justificar tu explicación.

Práctica de laboratorio

La respiración celular y el ejercicio

Para quemar combustible a través de la combustión o la respiración celular, es necesario el oxígeno. En cada proceso, los enlaces se rompen y se forman nuevos enlaces. En esta práctica de laboratorio, usarás un indicador llamado azul de bromotimol para reunir evidencias que justifiquen una afirmación sobre las entradas y las salidas de la respiración celular. El azul de bromotimol cambia de color en presencia de un ácido.

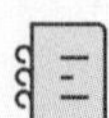

Predecir ¿Qué evidencias pueden justificar la afirmación de que durante la respiración celular se rompen enlaces químicos y se forman nuevos enlaces?

MATERIALES

- solución de azul de bromotimol
- vasos o vasos de precipitados (2)
- pajilla
- reloj

SEGURIDAD

No consumas ninguno de los materiales que uses en este laboratorio. Ten cuidado de no aspirar nada a través de la pajilla.

PROCEDIMIENTO

1. Pon la cantidad de solución de azul de bromotimol especificada por tu maestro en un vaso o un vaso de precipitados.
2. Prepara el reloj. Despacio, sopla a través de la pajilla en la solución de azul de bromotimol y anota cuánto tarda la solución en cambiar de azul a amarillo. Asegúrate de no inhalar cuando la pajilla está en la solución.
3. Pon la cantidad de solución de azul de bromotimol especificada por tu maestro en un segundo vaso o vaso de precipitados.
4. Corre en el lugar durante aproximadamente un minuto.
5. Vuelve a preparar el reloj. Despacio, sopla a través de la pajilla en la solución de azul de bromotimol y anota cuánto tarda la solución en cambiar de azul a amarillo.

ANALIZA

El agua se volvió ácida cuando soplaste dentro de ella porque el dióxido de carbono de tu respiración reaccionó con el agua para formar ácido carbónico.

1. ¿Cómo justifica lo que descubriste la afirmación de que se rompieron enlaces químicos y se formaron nuevos enlaces para producir el gas que espiraste?
2. Cuando hiciste ejercicio, ¿qué diferencia hubo en el tiempo que tardó la solución en cambiar de color? Explica por qué sucedió esto.

FIGURA 4: El azul de bromotimol es un indicador que cambia de color en presencia de un ácido.

Image Credits: ©Houghton Mifflin Harcourt

El proceso de respiración celular

Durante la respiración celular, la ruptura de glucosa y otras moléculas de carbono libera la energía almacenada en sus enlaces químicos. La energía almacenada se transfiere al ATP, al que podemos considerar como la "moneda energética" de la célula. En el proceso, también se libera energía en forma de calor. La liberación de calor es la causa de que la temperatura corporal de los mamíferos varíe entre 36 y 39ºC (97-103ºF).

La respiración celular es un proceso aeróbico, lo que significa que necesita oxígeno para llevarse a cabo. Algunos organismos pueden producir pequeñas cantidades de ATP a través de procesos anaeróbicos, es decir, procesos que no requieren oxígeno. Sin embargo, la presencia de oxígeno le permite a la respiración celular producir mucho más ATP a partir de cada molécula de glucosa. En la figura 5 pueden observarse las entradas y las salidas de la respiración celular.

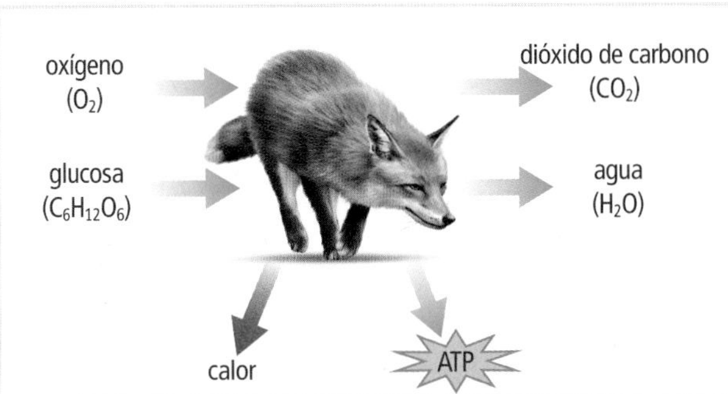

FIGURA 5: Las entradas y salidas de la respiración celular

Explicar ¿Cuál es el rol del organismo en este modelo de respiración celular? Explica tu respuesta.

Energía y materia La ecuación química balanceada para la respiración celular es:

$$C_6H_{12}O_6 + 6O_2 \rightarrow \rightarrow \rightarrow 6CO_2 + 6H_2O + \text{calor} + \text{ATP}$$

1. ¿Cómo representa esta ecuación la ley de conservación de la materia, que dice que la materia no puede ser creada ni destruida?
2. ¿Cómo representa esta ecuación la ley de conservación de la energía, que dice que la energía no puede ser creada ni destruida? Ten en cuenta el papel de la fotosíntesis en tu respuesta.

Mitocondria

La respiración celular se lleva a cabo dentro de un organelo llamado mitocondria (*mitocondrias* en plural), que se muestra en la figura 6. Las mitocondrias liberan la energía química necesaria para producir ATP. Tanto las células animales como las vegetales contienen mitocondrias, porque ambas llevan a cabo la respiración celular.

Colaborar Con un compañero, cita evidencias que justifiquen la afirmación de que las mitocondrias son las "centrales energéticas de las células".

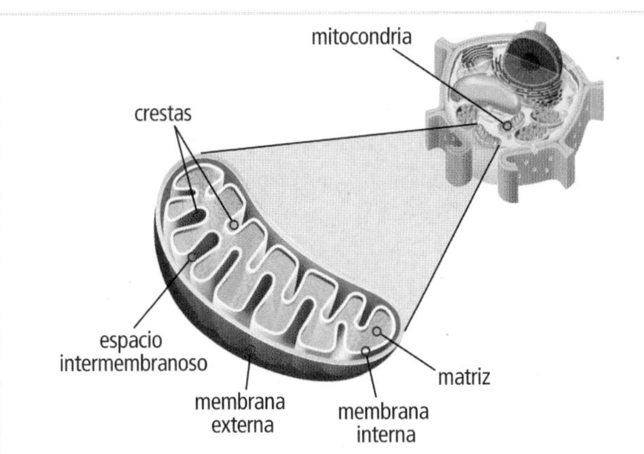

FIGURA 6: La mitocondria tiene una membrana interna con muchos pliegues, llamadas crestas. La membrana externa separa la mitocondria del resto de la célula. El espacio entre las dos membranas se llama espacio intermembranoso.

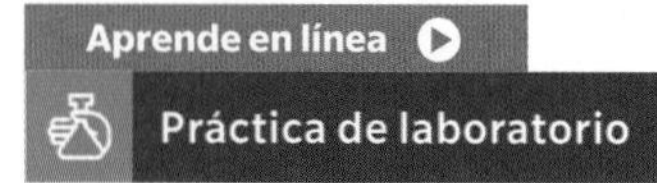

Investigar la fotosíntesis y la respiración celular Diseña un experimento para determinar qué organismos (los caracoles de estanque o la *Elodea*) producen dióxido de carbono y cuáles usan dióxido de carbono.

La respiración celular y la fotosíntesis

Casi toda la energía de los seres vivos proviene de la fotosíntesis, ya sea directa o indirectamente. Los productores absorben la energía luminosa del sol y la transforman con la fotosíntesis en una forma de energía o alimento disponible para usar. Esta energía luego pasa de los productores a los consumidores. Aunque solo los productores pueden llevar a cabo la fotosíntesis, los productores y los consumidores llevan a cabo la respiración celular. La fotosíntesis almacena la energía de la luz solar como energía química. Por el contrario, la respiración celular libera la energía almacenada en forma de ATP y calor.

FIGURA 7: Comparación entre la fotosíntesis y la respiración celular

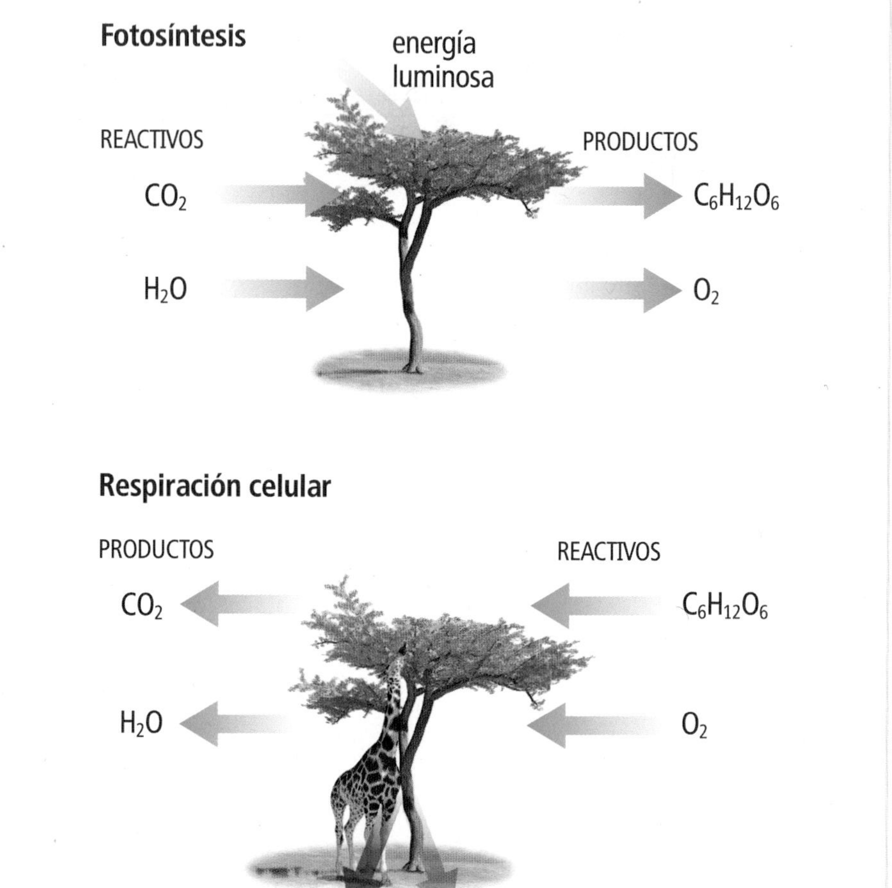

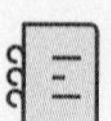 **Analizar** ¿Cuál es la relación entre las entradas y las salidas de la fotosíntesis y de la respiración celular?

Hacer un modelo Clasifica los siguientes términos según si ocurren durante la fotosíntesis o si ocurren durante la respiración celular. Luego, pon los términos en el orden correcto.

- absorción de luz solar
- producción de ATP
- producción de azúcares
- ruptura de azúcares

Usar la energía química

Una forma en la que los organismos mantienen la homeostasis es a través de la respiración celular, que libera energía para llevar a cabo los procesos celulares y ayuda a mantener la temperatura corporal. Los enlaces en las moléculas de los alimentos y de oxígeno se rompen y se forman nuevas moléculas que transfieren la energía en formas que el organismo puede usar. La respiración celular transfiere la energía química almacenada en los enlaces de la glucosa y otras moléculas al ATP.

Analizar Identifica las entradas y salidas de la glucólisis y las dos etapas de la respiración celular.

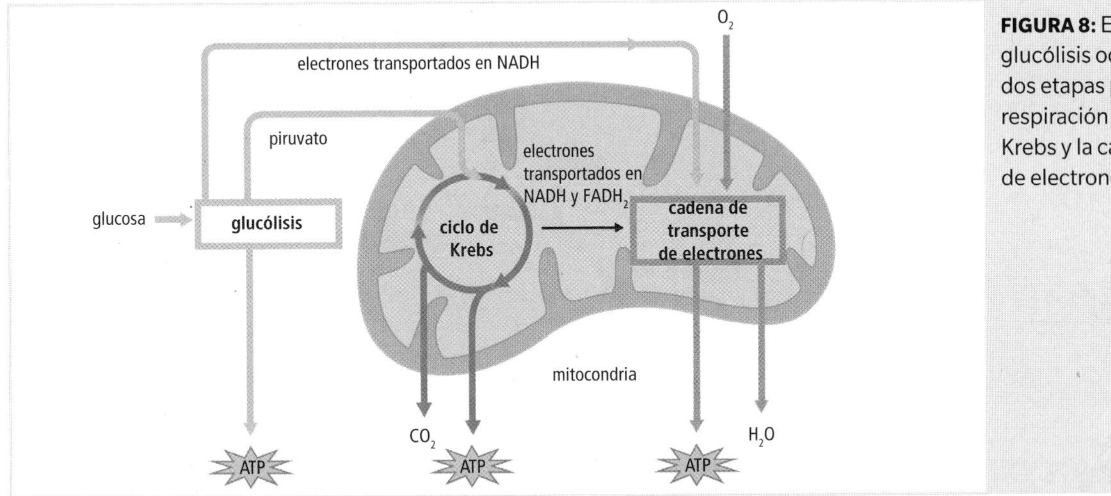

FIGURA 8: El proceso de glucólisis ocurre antes de las dos etapas principales de la respiración celular: el ciclo de Krebs y la cadena de transporte de electrones.

La glucólisis y las etapas de la respiración celular

La respiración celular se produce en la mitocondria. Antes de que suceda, sin embargo, la glucosa debe descomponerse para formar compuestos que la mitocondria pueda usar. Este proceso ocurre en el citoplasma de la célula. La glucólisis, como se ve en la figura 9, es un proceso anaeróbico que usa una serie de reacciones catalizadas por enzimas para romper la glucosa y obtener dos moléculas de tres carbonos, llamadas piruvato. Las mitocondrias usan las moléculas de piruvato para alimentar la respiración celular.

FIGURA 9: La glucólisis

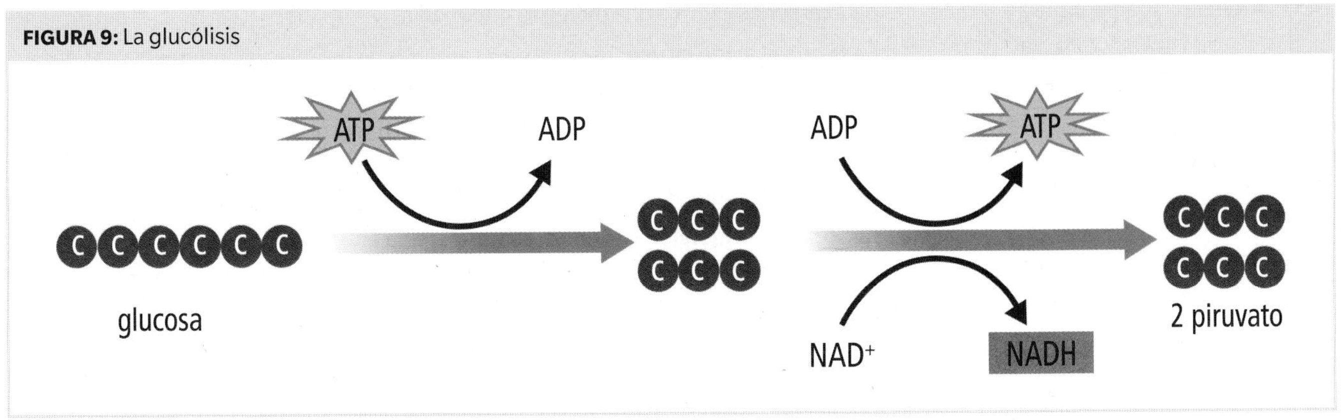

Reunir evidencias Resume las evidencias de que se rompen enlaces y se crean nuevos enlaces en la glucólisis.

El ciclo de Krebs

El ciclo de Krebs, a veces llamado ciclo del ácido cítrico, es el primer conjunto de reacciones de la respiración celular. Su función es completar la ruptura de la glucosa iniciada con la glucólisis y alimentar la producción de ATP. Esto se hace mediante la transferencia de electrones de alta energía a la cadena de transporte de electrones.

FIGURA 10: El ciclo de Krebs

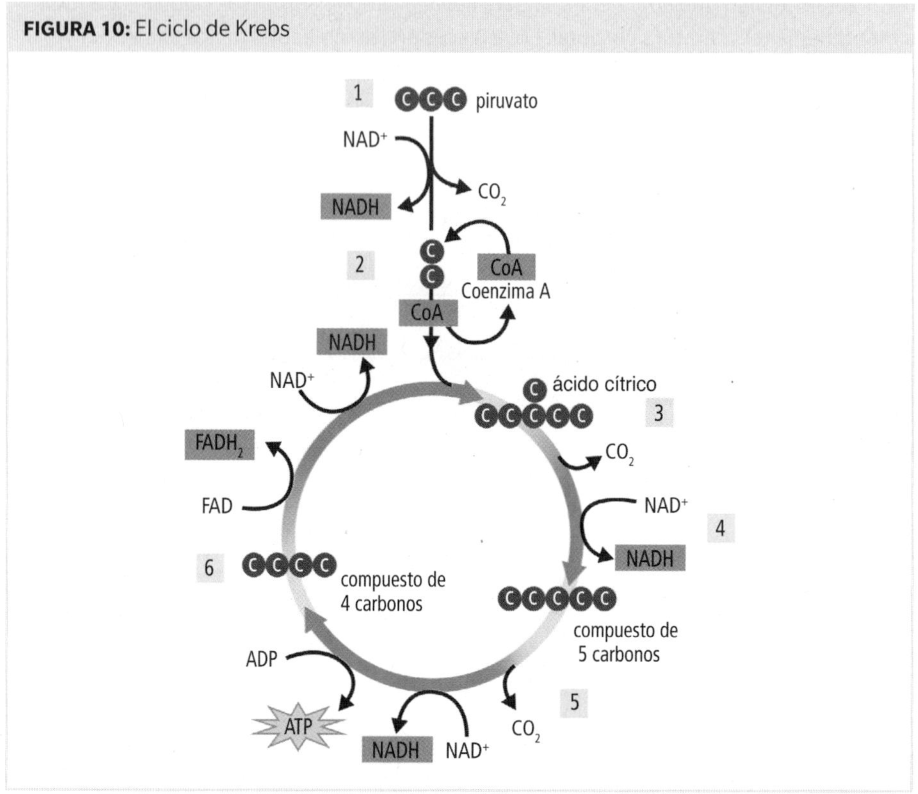

Los siguientes pasos son un resumen del ciclo de Krebs.

1. **Ruptura del piruvato:** Una molécula de piruvato de 3 carbonos se separa en una molécula de 2 carbonos y una de dióxido de carbono liberada como desecho. Los electrones de alta energía se transfieren al NAD^+ y se forma un NADH, que pasa a la segunda etapa de la respiración celular, la cadena de transporte de electrones.
2. **Se agrega la coenzima A:** Una molécula llamada coenzima A se enlaza con la molécula de 2 carbonos y forma una molécula intermedia.
3. **Se forma el ácido cítrico:** La parte de 2 carbonos de la molécula intermedia se une a una molécula de 4 carbonos para formar otra de 6 carbonos llamada ácido cítrico.
4. **Ruptura del ácido cítrico:** Una enzima rompe la molécula de ácido cítrico y se forma una molécula de 5 carbonos. Se forma una molécula de NADH, que sale del ciclo de Krebs. Se libera una molécula de dióxido de carbono como desecho.
5. **Ruptura de la molécula de cinco carbonos:** Una enzima rompe la molécula de 5 carbonos. Se forman una molécula de 4 carbonos, una molécula de NADH y un ATP. Se libera dióxido de carbono como desecho.
6. **Se reorganiza la molécula de cuatro carbonos:** Las enzimas reordenan la molécula de 4 carbonos y liberan electrones de alta energía. Se forman NADH y $FADH_2$, otro portador de electrones. Dejan el ciclo de Krebs y queda la molécula de 4 carbonos.

Analizar ¿De qué manera es el ciclo de Krebs como un puente entre la energía en los azúcares y las moléculas que transportan energía?

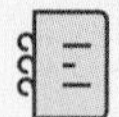

Explicar Durante la práctica de laboratorio, ¿qué producto del ciclo de Krebs causó el cambio de color de la solución de azul de bromotimol?

El ciclo de Krebs es una serie continua de reacciones. Finalmente, todos los átomos de carbono de la glucosa se convierten en dióxido de carbono, un desecho expulsado de la célula. El papel de los portadores de electrones NADH y $FADH_2$ es transferir electrones a la cadena de transporte de electrones en la siguiente etapa de la respiración. Estos electrones alimentarán la formación de ATP.

La cadena de transporte de electrones

La segunda etapa de la respiración celular, la cadena de transporte de electrones, usa las proteínas de la membrana interna de la mitocondria. Es similar a la etapa de la cadena de transporte de electrones de la fotosíntesis. La energía transportada por las moléculas de NADH y $FADH_2$ producidas en el ciclo de Krebs se usa para sintetizar ATP. Hay algunas enzimas involucradas en el proceso.

Hacer un modelo Haz un diagrama de flujo simple para resumir la transferencia de energía de las moléculas que transportan energía al ATP.

FIGURA 11: La cadena de transporte de electrones

Aprende en línea

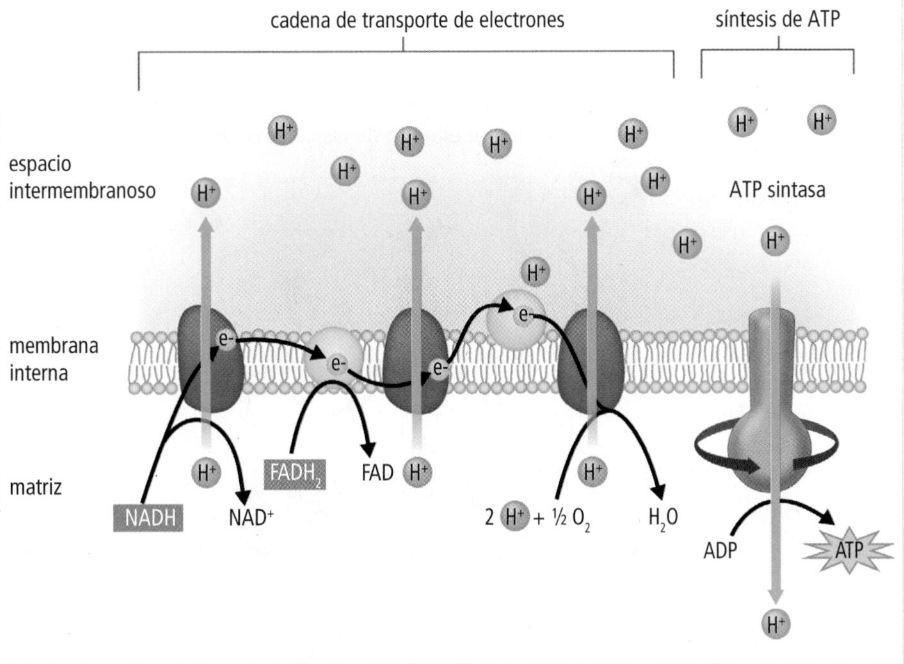

A continuación, se resume la cadena de transporte de electrones.

1. **Se transfieren los electrones:** Las proteínas dentro de la membrana interna de la mitocondria toman electrones de alta energía del NADH y el $FADH_2$.
2. **Se transportan los iones de hidrógeno:** Los electrones de alta energía viajan de proteína a proteína en la cadena de transporte de electrones. Las proteínas usan la energía de los electrones para bombear iones de hidrógeno a través de la membrana interna para producir un gradiente, como en la fotosíntesis. Los iones de hidrógeno se acumulan en el espacio intermembranoso.
3. **Se produce ATP:** Como en la fotosíntesis, el flujo de iones de hidrógeno se usa para producir ATP. Los iones de hidrógeno se difunden por un canal de proteínas de la membrana interna de la mitocondria. El canal es parte de la enzima ATP sintasa. La ATP sintasa le agrega grupos fosfato al ADP para formar moléculas de ATP.
4. **Se forma agua:** El oxígeno recoge electrones e iones de hidrógeno para formar agua. Las moléculas de agua se desprenden como desechos.

La glucólisis y la respiración celular, en conjunto, producen hasta 38 moléculas de ATP por cada molécula de glucosa.

Colaborar Con un compañero, comenta cómo la cadena de transporte de electrones depende del ciclo de Krebs. En tu comentario, ten en cuenta el papel de la energía.

La fermentación

Las células de tu cuerpo no pueden almacenar grandes cantidades de oxígeno para la respiración celular. La cantidad de oxígeno que provee la respiración es suficiente para tus células durante las actividades normales. Cuando haces mucha actividad, como jugar al básquetbol como se ve en la figura 12, tu cuerpo no puede capturar la cantidad necesaria de oxígeno para las células, a pesar de que respiras más rápido. ¿Cómo funcionan las células si no hay oxígeno para mantener en marcha la respiración celular?

La producción de ATP sin oxígeno continúa a través de los procesos anaeróbicos de la glucólisis y la fermentación. La fermentación no produce ATP, pero permite que la glucólisis continúe. La fermentación elimina los electrones de las moléculas de NADH y recicla las moléculas de NAD^+ para la glucólisis. ¿Por qué es importante este proceso? Porque la glucólisis, como la respiración celular, necesita una molécula para recoger los electrones. Necesita moléculas de NAD^+.

El papel de la fermentación es tan solo proveer un suministro constante de NAD^+ para el proceso de glucólisis. Si alguna vez sentiste que tus músculos te "ardían" al hacer mucho ejercicio, ese es el producto de la fermentación. El ácido láctico es el desecho de la fermentación que se acumula en las células musculares y provoca esa sensación de ardor. Cuando vuelve a haber oxígeno disponible, las células vuelven a la respiración celular. El ácido láctico se descompone y se elimina de las células rápidamente.

Analizar ¿Cuál es el rol de la respiración anaeróbica en los organismos? ¿Cuál es su rol en los ecosistemas?

FIGURA 12: Durante el ejercicio intenso o prolongado, los atletas pueden no ser capaces de mantener el nivel de oxígeno que sus cuerpos necesitan. Si las células no tienen el oxígeno suficiente, la respiración anaeróbica toma el control.

FIGURA 13: Las bifidobacterias viven en el tracto digestivo de los animales, incluso en los seres humanos.

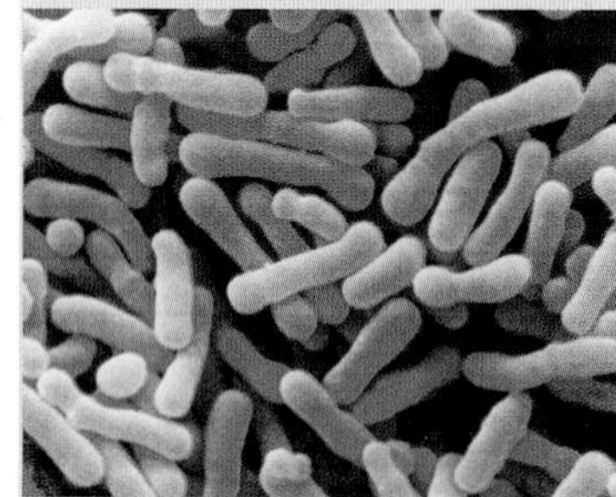

No todos los organismos dependen del oxígeno para la respiración. Los organismos que usan la respiración anaeróbica tienen un papel muy importante en un ecosistema, porque pueden vivir en lugares en los que la mayoría de los organismos no pueden vivir. Por ejemplo, hay microorganismos, como las bifidobacterias de la figura 13, que viven en el tracto digestivo de los animales y ayudan en el proceso digestivo. Deben obtener el ATP mediante procesos anaeróbicos porque no hay oxígeno disponible.

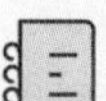

Explicar Resume las evidencias que reuniste para explicar cómo se reorganizan las moléculas y se transfiere la energía en el proceso de respiración celular.

1. Cita evidencias que justifiquen la afirmación de que se rompen enlaces y se forman nuevos enlaces en cada etapa de la respiración celular.
2. Explica cómo la energía se transfiere de los enlaces de las moléculas de alimento a los procesos celulares.

Image Credits: (r) ©MCMXCV/Larry Dale Gordon/ Image Bank/ Getty Images; (l) ©SCIMAT/Science Source

Práctica de laboratorio

Procesos aeróbicos y anaeróbicos de la levadura

La especie usada en esta investigación, *Saccharomyces cerevisiae,* es una anaerobia facultativa, al igual que otras especies de levadura. Puede descomponer azúcares mediante procesos aeróbicos o anaeróbicos, según haya o no oxígeno. Cuando no hay oxígeno presente, la levadura lleva a cabo la fermentación de etanol. Este proceso produce dióxido de carbono y etanol, un tipo de alcohol.

Predecir ¿Cómo puedes saber si se está llevando a cabo un proceso aeróbico o anaeróbico dentro de la botella?

FIGURA 14: Las levaduras son organismos unicelulares que pertenecen al grupo de organismos llamado fungi.

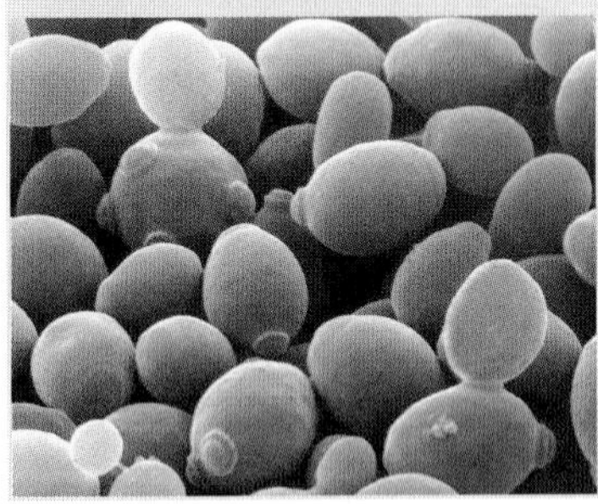

SEGURIDAD

Obtén y usa gafas protectoras para este laboratorio. No consumas ninguno de los materiales que uses en este laboratorio.

PROCEDIMIENTO

1. Infla el globo varias veces para estirarlo.
2. Con el embudo, vierte 150 mL de agua tibia en la botella. Seca el embudo.
3. Con el embudo seco, agrega 1 paquete de levadura al agua. Revuelve la mezcla despacio.
4. Con el embudo, agrega 1 cucharada (12 g) de azúcar a la solución de levadura, revuélvela, y cubre la botella con el globo rápidamente. Espera 5 minutos a que la mezcla reaccione.
5. Luego de 5 minutos, usa la cuerda, el marcador y la regla para medir la circunferencia del globo.
6. En una tabla de datos, anota la circunferencia del globo, junto con todas las observaciones sobre lo que sucede en la botella. Continúa observando y anotando los resultados cada 5 minutos durante los siguientes 30 minutos.
7. Tira los desechos según las instrucciones de tu maestro.

MATERIALES

- levadura seca activa (1 paquete)
- balanza (opcional)
- globo redondo
- embudo
- cilindro graduado
- marcador
- regla en centímetros
- cuerda, 30 cm
- azúcar granulada
- cuchara (opcional)
- reloj
- agua muy tibia (40°C)
- botella de agua de plástico de 500 mL
- bandeja para pesar (opcional)

ANALIZA

1. Describe las evidencias, si las hay, de que hubo respiración aeróbica en la botella.
2. ¿Cómo es el ciclo de la materia durante la respiración aeróbica? Explica cómo los reactivos se reorganizan para formar los productos. ¿Cuál es la fuente de energía, cómo se transfiere la energía y cómo se usa en la célula?
3. Describe las evidencias, si las hay, de que hubo fermentación en la botella.
4. ¿Cómo es el ciclo de la materia durante la fermentación? Explica cómo los reactivos se reorganizan para formar los productos. ¿Cuál es la fuente de energía, cómo se transfiere la energía y cómo se usa en la célula?

EVIDENCIAS DE ENDOSIMBIOSIS

INVESTIGAR LA FOTOSÍNTESIS Y LA RESPIRACIÓN CELULAR

Conéctate y elige alguna de estas opciones.

Image Credits: ©Andrew Syred/Science Source

Autorrevisión de la lección

¿PUEDES EXPLICARLO?

FIGURA 15: Como el etanol se quema de manera más limpia que la gasolina, se le agrega a la gasolina para reducir la emisión de gases invernadero producidos por los motores de combustión de los carros. Como la gasolina, el etanol contiene energía en los enlaces químicos que puede ser liberada mediante el proceso de combustión.

Aprende en línea

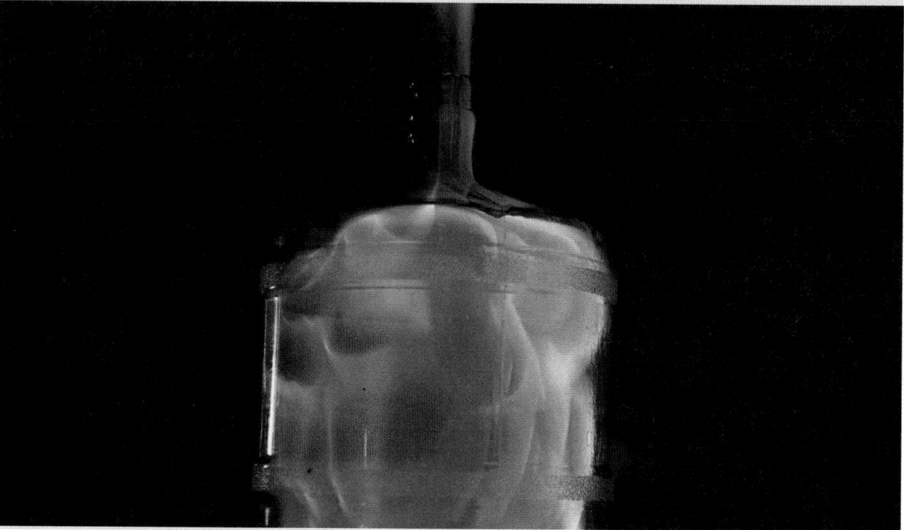

La combustión y la respiración celular son reacciones exotérmicas que tienen como resultado la liberación de energía. La energía se libera cuando los enlaces químicos que almacenan energía se rompen. La combustión es un proceso rápido que tiene como resultado la producción de energía en forma de luz y calor.

$$CH_3CH_2OH + O_2 \rightarrow \rightarrow \rightarrow 2CO_2 + 3H_2O + \text{calor}$$

En contraste, la respiración celular es un proceso lento, en el cual la energía se libera a lo largo de una serie de varios pasos. Esto hace que la energía esté disponible cuando las células del cuerpo la necesiten para llevar a cabo actividades celulares.

$$C_6H_{12}O_6 + 6O_2 \rightarrow \rightarrow \rightarrow 6CO_2 + 6H_2O + \text{calor} + \text{ATP}$$

Explicar Un científico llamado Antoine Lavoisier demostró que la respiración celular es un proceso de combustión. Recuerda que el motor de los carros usa una reacción de combustión para liberar energía. Elabora una explicación de por qué la descomposición del combustible en el motor de un carro es similar a la del alimento en las células de tu cuerpo. Responde las siguientes preguntas:

1. Observa con atención las ecuaciones de combustión y respiración celular, y compara las entradas y las salidas. ¿Cómo pueden distintas entradas tener como resultado las mismas salidas, según lo que sabes sobre los átomos y los enlaces químicos?
2. ¿Qué falta en el proceso de combustión que le impide ser un modelo perfecto de respiración celular? Explica tu respuesta.

Image Credits: ©Houghton Mifflin Harcourt

EJERCICIOS DE REVISIÓN

Comprueba lo que aprendiste

1. ¿Cómo fluye el carbono entre la fotosíntesis y la respiración celular?
   a. La fotosíntesis produce dióxido de carbono con la glucosa generada por el proceso de respiración celular.
   b. La respiración celular produce dióxido de carbono con la glucosa generada por el proceso de fotosíntesis.
   c. La fotosíntesis produce dióxido de carbono con el ATP generado por el proceso de respiración celular.
   d. La respiración celular produce dióxido de carbono con el ATP generado por el proceso de fotosíntesis.

2. ¿Cuáles de las siguientes opciones son las entradas, o reactivos, principales de la respiración celular? Elige todas las respuestas correctas.
   a. piruvato
   b. glucosa
   c. dióxido de carbono
   d. oxígeno

3. ¿Cuáles de las siguientes opciones son las salidas, o productos, principales de la respiración celular? Elige todas las respuestas correctas.
   a. agua
   b. energía
   c. oxígeno
   d. dióxido de carbono

4. Antes de la respiración celular, la glucosa debe descomponerse en el proceso de
   a. fotosíntesis.
   b. glucólisis.
   c. transporte de electrones.
   d. fermentación.

5. ¿Durante qué proceso se forma el ácido láctico cuando no hay suficiente oxígeno presente para que se lleve a cabo la respiración celular?
   a. la fermentación
   b. la glucólisis
   c. el ciclo de Calvin
   d. el ciclo de Krebs

6. Usa los siguientes términos para completar el enunciado: el *ATP*, *la respiración celular*, la *cadena de transporte de electrones*, la *glucólisis*, el *ciclo de Krebs*, *fotosíntesis*

   Los seres vivos requieren energía para crecer y reproducirse y llevar a cabo diferentes procesos celulares. Algunas células pueden capturar la energía del sol a través del proceso de __________. La energía se transfiere a los organismos a través de una serie de reacciones. A través del proceso de__________, se produce la moneda de energía de la célula, __________. Es un proceso en tres partes, que comienza con __________ en el citoplasma de la célula y continúa dentro de la mitocondria con __________ y, finalmente, __________.

7. ¿Cómo sabes que se conservan energía y materia durante el proceso de respiración celular? Explícalo.

8. La energía se transfiere de varias maneras durante el proceso de respiración celular. Da dos ejemplos de maneras en las que se transfiere la energía durante este proceso.

9. ¿Es necesario el oxígeno para la producción de ATP en tus células? ¿Por qué?

10. ¿Cómo se relacionan la fotosíntesis y la respiración celular?

HAZ TU PROPIA GUÍA DE ESTUDIO

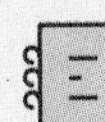

En tu Cuaderno de evidencias, diseña una guía de estudio que justifique la idea principal de esta lección:

La respiración celular es un proceso que rompe las moléculas del alimento para liberar energía para alimentar los procesos celulares en los organismos.

Recuerda incluir la siguiente información en tu guía de estudio:

- Usa ejemplos que sirvan como modelo de las ideas principales.
- Anota explicaciones para el fenómeno que investigaste.
- Presenta evidencias para justificar tus explicaciones. Tu justificación puede incluir dibujos, datos, gráficas, conclusiones de laboratorio y otras evidencias que hayas anotado a lo largo de la lección.

Considera cómo se reorganizan las moléculas y se transfiere la energía durante el proceso de respiración celular.

3.3

Modelos de materia y energía en los ecosistemas

Esta tortuga verde obtiene energía y materia al comer algas marinas.

¿PUEDES EXPLICARLO?

El fitoplancton es un conjunto de organismos unicelulares que viven en medios ambientes acuáticos. Para muchas especies de animales marinos, el fitoplancton es la principal fuente de alimento. El fitoplancton es un productor que usa la clorofila para realizar la fotosíntesis. La Figura 1 muestra un mapa mundial de la concentración de clorofila en el océano. Existe una relación directa entre una gran concentración de clorofila y una gran población de fitoplancton.

Reunir evidencias Mientras trabajas con la lección, reúne evidencias para explicar cómo fluyen la energía y la materia en los ecosistemas.

FIGURA 1: Concentración mundial de clorofila *a*

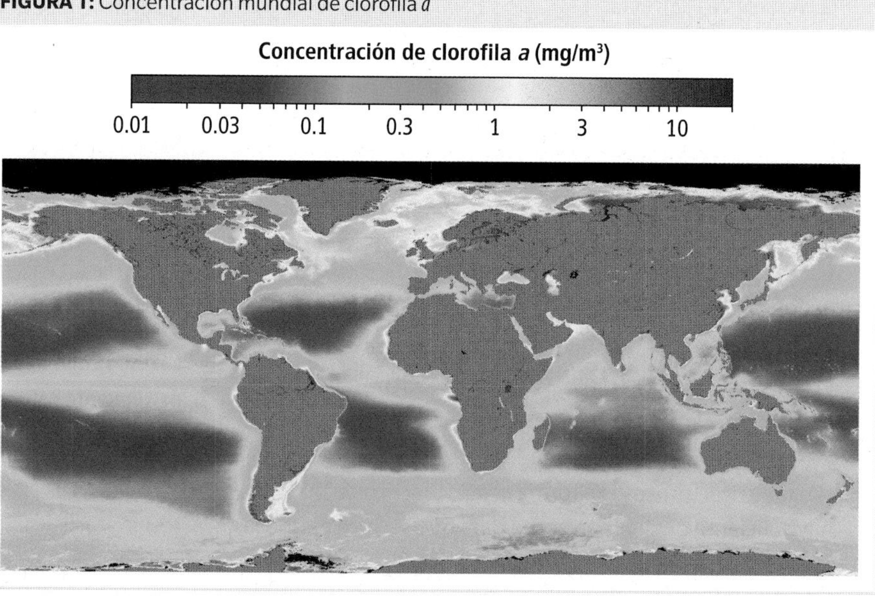

El fitoplancton produce alrededor de la mitad de todo el oxígeno que se encuentra en la atmósfera y utiliza una gran cantidad de dióxido de carbono durante la fotosíntesis. Los científicos descubrieron que la población mundial de fitoplancton está disminuyendo.

Predecir ¿Cómo podría verse afectado el flujo mundial de energía y materia por la disminución del fitoplancton?

Image Credits: (t) ©Nature/UIG/Getty Images; (b) ©SeaWiFS Project/NASA Goddard Space Flight Center

Introducción a los ecosistemas

Como sugiere su nombre, un ecosistema es un sistema: tiene fronteras, componentes, entradas y salidas. Todos los seres vivos requieren condiciones y recursos específicos. El zorro gris que aparece en la Figura 2 requiere determinados tipos de alimento, refugio, temperatura y otros factores para sobrevivir. Los zorros grises viven en madrigueras bajo tierra, en grietas en las rocas o en cuevas. Se alimentan de plantas, insectos y mamíferos pequeños, como ratones y conejos. Muchos tipos de parásitos internos y externos viven en el pelaje o dentro de los zorros grises, como las garrapatas y la tenia. Los coyotes se alimentan de los zorros grises, pero los zorros pueden subir a los árboles para escapar.

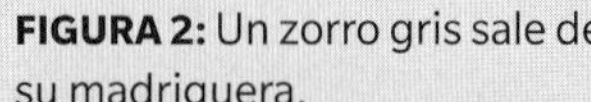

FIGURA 2: Un zorro gris sale de su madriguera.

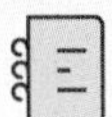

Analizar ¿Qué tipos de seres vivos y componentes no vivos conforman el ecosistema de un zorro gris?

Estructura de los ecosistemas

La región de Everglades, en Florida, que muestra la Figura 3, es un ejemplo de un ecosistema complejo difícil de estudiar en conjunto. Para comprender las complejas relaciones que constituyen los ecosistemas, los científicos los descomponen en pequeñas partes.

FIGURA 3: La región de Everglades, en Florida, es un ecosistema acuático que se encuentra en un bioma de bosque caducifolio templado.

Los ecólogos estudian los ecosistemas en distintas escalas. Pueden estudiar desde un caimán en particular para aprender más sobre los factores que afectan a su especie, hasta una población de caimanes. Una población es un conjunto de individuos de la misma especie que viven en la misma zona. El conjunto de muchas poblaciones de distintas especies se denomina comunidad. En la región de Everglades, los ecólogos estudian, por ejemplo, la interacción de los animales en una comunidad formada por caimanes, tortugas y aves que viven en un área determinada.

Conexión con las artes del lenguaje

Antes de ser una especie en peligro de extinción, los caimanes que habitan en la región de Everglades estuvieron al borde de la extinción debido a la caza desmedida. Busca recursos en la biblioteca y en Internet para obtener información y escribir un informe sobre la manera en que las actividades del ser humano afectaron los organismos, las poblaciones y las comunidades del ecosistema de la región de Everglades, en Florida.

Image Credits: (t) ©Photos.com/Jupiterimages/Getty Images

Un ecosistema incluye todos los componentes bióticos (vivientes), y abióticos (sin vida), de una zona determinada. La energía y la materia circulan por estos diversos componentes durante procesos como la fotosíntesis, la respiración celular y la descomposición. Al igual que otros sistemas, un ecosistema también tiene mecanismos de retroalimentación que mantienen el equilibrio y lo vuelven a establecer si se pierde.

Explicar ¿Cuáles son los componentes bióticos y abióticos del ecosistema en el que vives? ¿Cómo interactúan?

Los biomas y la biodiversidad

Un bioma es una comunidad regional o global de organismos adaptados a vivir en ese medio ambiente específico. Un bioma está constituido por muchos ecosistemas distintos en conjunto: por lo tanto, las modificaciones que se produzcan en un ecosistema pueden afectar considerablemente al bioma entero. A gran escala, toda la vida en el planeta Tierra es parte de la biósfera.

La biodiversidad está determinada por el número de especies distintas que viven en una región determinada. En una región con un alto nivel de biodiversidad, como una selva lluviosa tropical, conviven una amplia variedad de especies. La cantidad de biodiversidad que hay en una región depende de muchos factores, como la humedad y la temperatura, entre otros. Debido a la complejidad de las relaciones que se establecen en un ecosistema, cualquier cambio en un componente biótico o abiótico puede tener muchos efectos, grandes o pequeños, en las diversas especies.

FIGURA 4: Biomas del mundo

a Desierto

b Pradera tropical

c Pradera templada

d Selva lluviosa tropical

e Bosque caducifolio templado

f Selva lluviosa templada

g Taiga

h Tundra

Image Credits: (tl) ©tonda/iStock/Getty Images Plus; (tc) ©Oleg Znamenskiy/Fotolia; (tr) ©Anh Luu/Shutterstock;
(cl) ©E+/orirredmouse/Getty Images; (c) ©Photodisc/Getty Images; (cr) ©Corbis; (bl) ©Comstock Images/Getty Images;

Existen muchos biomas distintos. Los científicos clasifican a los biomas de varias maneras, por ejemplo según las condiciones climáticas y las comunidades de plantas del lugar. Por lo tanto, la biodiversidad de cada bioma es distinta y única. En la mayoría de los casos, las plantas y los animales que habitan un bioma no se encuentran en otros biomas. A pesar de que es posible categorizar a los biomas por separado, existe una conexión entre ellos. Cada uno se puede dividir en zonas más específicas. Por ejemplo, una pradera es un tipo de pradera templada. No son biomas los casquetes polares congelados ni los picos de montaña que se encuentran a mucha altura y están cubiertos de hielo y nieve, porque carecen de comunidades de plantas específicas.

Hacer un modelo Con lo que aprendiste sobre la fotosíntesis, la respiración celular y la estructura de los ecosistemas, haz un modelo que muestre el impacto de la tala de una selva lluviosa tropical en los biomas que existen alrededor. Considera cómo la pérdida de la selva lluviosa afectará la tasa de fotosíntesis y cómo la pérdida del hábitat afectará la tasa de respiración celular de los animales del bosque. Luego, haz un modelo que muestre cómo el cambio en la cantidad de CO_2 y O_2 puede afectar a los ecosistemas vecinos. ¿De qué otras maneras pueden verse afectados los ecosistemas por esta pérdida?

No todos los ecosistemas se encuentran en la tierra. Casi 71 por ciento de la superficie de la Tierra está cubierta de agua, donde habitan plantas y animales. Los ecosistemas que se encuentran en el agua se denominan *ecosistemas acuáticos*. Existen dos categorías principales: los de agua salada, o marinos, y los de agua dulce.

Colaborar Cuanto más alejado del ecuador está un ecosistema, menor es la biodiversidad. En grupo, comenta este patrón según los distintos biomas y características climáticas.

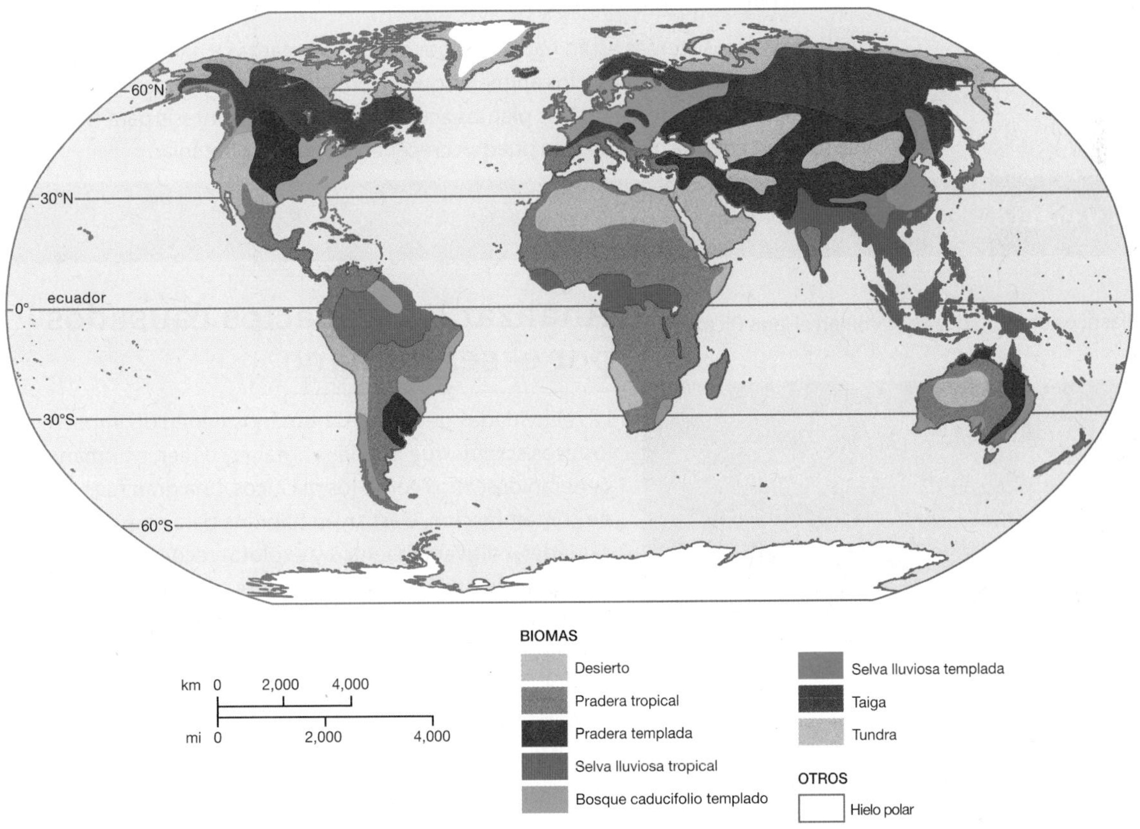

60°N
30°N
0° ecuador
30°S
60°S

km 0 2,000 4,000
mi 0 2,000 4,000

BIOMAS

Desierto
Pradera tropical
Pradera templada
Selva lluviosa tropical
Bosque caducifolio templado
Selva lluviosa templada
Taiga
Tundra

OTROS

Hielo polar

FIGURA 5: Los ecosistemas acuáticos, al igual que los terrestres, varían en tamaño, ubicación y componentes bióticos y abióticos.

1 lagos y lagunas
2 ríos
3 pantanos
4 estuarios
5 bosques de algas marinas kelp
6 arrecifes de coral

Analizar ¿Cómo se ve afectado el ecosistema de los arrecifes de coral por el aumento de la temperatura en los océanos?

La Figura 5 muestra algunos ecosistemas acuáticos. Los ecosistemas marinos incluyen el mar abierto, los arrecifes de coral, los bosques de algas marinas kelp y los estuarios. Los océanos se extienden desde las costas poco profundas hasta las grandes profundidades de las fuentes hidrotermales. La mayoría de los arrecifes de coral crecen en zonas tropicales. Los bosques de algas marinas kelp crecen en aguas frías y ricas en nutrientes. Los estuarios se forman cuando el agua dulce y el agua salada se mezclan.

Los ecosistemas de agua dulce incluyen los ríos, los riachuelos, los lagos, las lagunas y los pantanos. Los ríos y los riachuelos son corrientes de agua dulce. En cambio, los lagos y las lagunas son masas de agua estancada. Los pantanos son tierras que están saturadas por aguas superficiales durante, al menos, una parte del año.

Todos esos ecosistemas están habitados por grupos de plantas y animales únicos. Con frecuencia, las plantas y los animales que viven en esos ecosistemas son muy especializados. Recuerda que las plantas acuáticas usan la fotosíntesis para transformar la luz solar en energía, así que solo pueden crecer en donde hay luz solar.

Causa y efecto

FIGURA 6: Plásticos desechados contaminan el lago Bicaz, en Rumania.

Analizar los impactos causados por el ser humano

Las actividades de los seres humanos tienen un impacto en los ecosistemas que puede ser grave. Los seres humanos generan desechos como los plásticos, una gran fuente de contaminación. Destruyen hábitats para construir ciudades, cultivar alimentos y explotar recursos. La mayoría de esas actividades perjudican el aire, el agua, el suelo y la biodiversidad de los ecosistemas. ¿Cómo afectas a tu ecosistema?

Explicar Describe cómo el cambio de un factor biótico o abiótico puede influenciar todo un bioma. ¿Es posible que los cambios que se producen en los factores bióticos o abióticos sean los responsables de la disminución de las poblaciones de fitoplancton, que estudiamos al principio de la lección? Explícalo.

b) ©Alamy

El flujo de materia y energía en los ecosistemas

Todos los organismos necesitan una fuente de energía para sobrevivir. La energía es esencial para el metabolismo, es decir, todos los procesos químicos que producen o descomponen materiales en el cuerpo de un organismo.

FIGURA 7: Selva lluviosa tropical.

Predecir Describe dos maneras en las que la energía y la materia fluyen en el ecosistema de la selva lluviosa tropical que muestra la Figura 7.

La energía en los ecosistemas

Un cultivo en terrazas, como el que aparece en la Figura 8, es una manera sencilla de representar el flujo de energía en un ecosistema. La vida en un ecosistema requiere una entrada de energía. Según la ley de conservación de la energía, la energía no se crea ni se destruye, se transforma cuando fluye en un ecosistema, pero la cantidad no se modifica.

FIGURA 8: Las transformaciones en la energía se producen a medida que fluye en un ecosistema.

Explicar ¿Cuál es el flujo de energía en este cultivo en terrazas en términos de la fotosíntesis y la respiración celular?

La energía y la materia

Aprende en línea

La energía y la materia fluyen por los organismos

FIGURA 9: Un martín pescador se sumerge para atrapar un pez.

El martín pescador y el pez que aparecen en la Figura 9 son componentes de un ecosistema. Cada organismo desempeña un rol en la transferencia de energía y materia dentro de su ecosistema. Además del martín pescador y el pez, las plantas, el suelo y la temperatura también afectan el flujo de energía y materia. Al igual que en un cultivo en terrazas, la energía y la materia se transforman a medida que pasan por los distintos ciclos del ecosistema, pero no son destruidas.

Hacer un modelo ¿Cuál es la relación entre la energía y la materia en el martín pescador? Haz un modelo que represente el ciclo de la energía y la materia en este ecosistema.

Image Credits: (t) ©E+/oriredmouse/Getty Images; (b) ©FLPA/Alamy Stock Photo

Un ecosistema es una red compleja formada por la interconexión de componentes bióticos y abióticos. El cambio de un componente puede afectar a muchos otros. Imagina qué pasaría si hubiera un derrame de un elemento químico en el lago donde se alimenta el martín pescador. Si todas las plantas mueren, esto afectaría a los insectos que comen las plantas, a los peces que comen los insectos y al martín pescador que come los peces. Por lo tanto, un solo cambio puede desestabilizar un ecosistema entero.

Los seres humanos, al igual que otras especies, dependen del medio ambiente para sobrevivir. Si los habitantes de un pueblo cercano también comen los peces de ese ecosistema, se verán afectados por esos cambios. Los cambios en los factores bióticos y abióticos de un ecosistema impactan en todas las especies.

Las cadenas alimentarias

Las relaciones alimentarias son esenciales en la estructura y la dinámica de un ecosistema. Las cadenas y las redes alimentarias son formas prácticas de representar la compleja estructura de un ecosistema para comprender mejor la transferencia de energía entre los organismos. La forma más simple de observar cómo se transfiere la energía de los alimentos en un ecosistema es estudiar una cadena alimentaria, como la que aparece en la Figura 10. Una cadena alimentaria relaciona las especies según sus interacciones alimentarias. Esta sencilla secuencia muestra la conexión entre un productor y una cadena simple de consumidores en un ecosistema.

FIGURA 10: Las cadenas alimentarias permiten a los científicos comprender la transferencia de energía en un ecosistema.

Predecir ¿Qué pasaría en un ecosistema si repentinamente se eliminara a todos los descomponedores?

FIGURA 11: Los descomponedores desintegran la materia orgánica muerta, formada tanto por plantas como por animales.

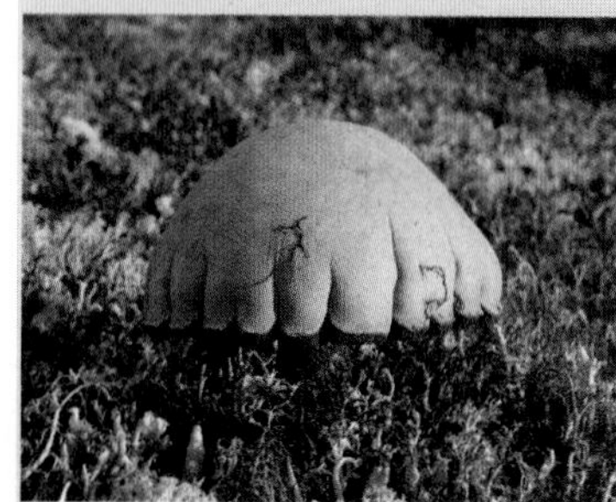

No todos los consumidores son iguales. Los herbívoros, como los conejos del desierto, se alimentan solo de plantas. Los carnívoros solo comen animales. El crótalo diamante occidental es un organismo carnívoro que se alimenta de conejos del desierto. Los omnívoros son organismos que se alimentan de plantas y animales. En un ecosistema de desierto, un ejemplo de omnívoro son las ratas canguro, que comen tanto semillas como insectos. Los detritívoros se alimentan de detritos, es decir, materia orgánica muerta. Las lombrices son detritívoros y se alimentan de la materia orgánica en descomposición en el suelo.

Los descomponedores desintegran la materia orgánica en compuestos simples. Algunos ejemplos de ese tipo de organismos son los hongos, ciertos microbios del suelo y las lombrices. Los descomponedores son muy importantes para la estabilidad de un ecosistema, porque devuelven al medio ambiente nutrientes vitales, que son consumidos por otros organismos.

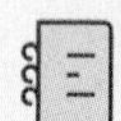

Hacer un modelo Dibuja una cadena alimentaria que incluya organismos que habitan en la zona donde vives. Identifica al productor y los consumidores, y describe el flujo de energía en la cadena alimentaria.

Image Credits: (bl) ©All Canada Photos/John E Marriott/Corbis; (tl) ©Patrick J. Alexander/U.S. Dept of Agriculture USDA Photography Center; (tc) ©Robert Harding World Imagery/James Hager/Getty Images; (tr) ©Getty Images

Niveles tróficos

Los niveles tróficos, que aparecen en la Figura 12, son los niveles de nutrición en una cadena alimentaria. El primer nivel trófico está ocupado por los productores. El segundo nivel está ocupado por los consumidores primarios, generalmente un herbívoro. En el tercer y el cuarto nivel se encuentran los consumidores secundarios y terciarios, que pueden ser omnívoros o carnívoros.

FIGURA 12: Cada organismo en una cadena alimentaria ocupa un nivel trófico distinto.

a Productor

b Consumidor primario

c Consumidor secundario

d Consumidor terciario

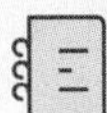

Explicar ¿Es completa la transferencia de energía de un nivel trófico a otro? Justifica tu respuesta con evidencias que obtengas de esta lección.

En una cadena alimentaria, la energía fluye del nivel trófico inferior al superior. La longitud de las cadenas alimentarias es limitada, porque en cada nivel trófico se produce una pérdida de energía en forma de calor. Los organismos usan la energía restante para realizar funciones como la respiración celular y el crecimiento. De esta manera, cada vez queda menos energía para el próximo organismo de la cadena. Al final, no alcanza la energía para que pueda haber otro nivel trófico.

Colaborar Piensa en una comida que comes normalmente. Comenta con un compañero en qué nivel trófico de la cadena alimentaria te encuentras.

Análisis de datos

El tamaño de la población

Un científico tomó muestras de un pequeño corte transversal de un ecosistema de pradera. En la siguiente tabla, se expresan los datos de cada nivel trófico.

Nivel trófico	Productores	Consumidores primarios	Consumidores secundarios	Consumidores terciarios
Total de la población	6,025,682	723,082	98,541	4

Analizar Responde las siguientes preguntas en tu Cuaderno de evidencias:

1. ¿Cómo cambia el tamaño de la población en cada nivel trófico de esta muestra?
2. ¿Cuál es la relación entre los niveles tróficos y el tamaño de la población?
3. Predice qué pasaría si se agregara un consumidor cuaternario al ecosistema.

Image Credits: (l) ©Patrick J. Alexander/U.S. Dept of Agriculture USDA Photography Center; (cl) ©Robert Harding World Imagery/James Hager/Getty Images; (cr) ©Getty Images; (r) ©Michael Fitzsimmons/iStock/Getty Images Plus

Las redes alimentarias

Las cadenas alimentarias no son unidades aisladas, sino que están relacionadas mediante redes alimentarias. Cada organismo del ecosistema puede alimentarse de varios organismos o ser fuente de alimento de otros, y formar parte de muchas cadenas alimentarias.

Reunir evidencias ¿Cómo se vería afectada la red alimentaria si se eliminara del ecosistema al pez ballesta? ¿Y si se eliminaran las algas?

FIGURA 13: Una red alimentaria está compuesta de varias cadenas alimentarias diferentes.

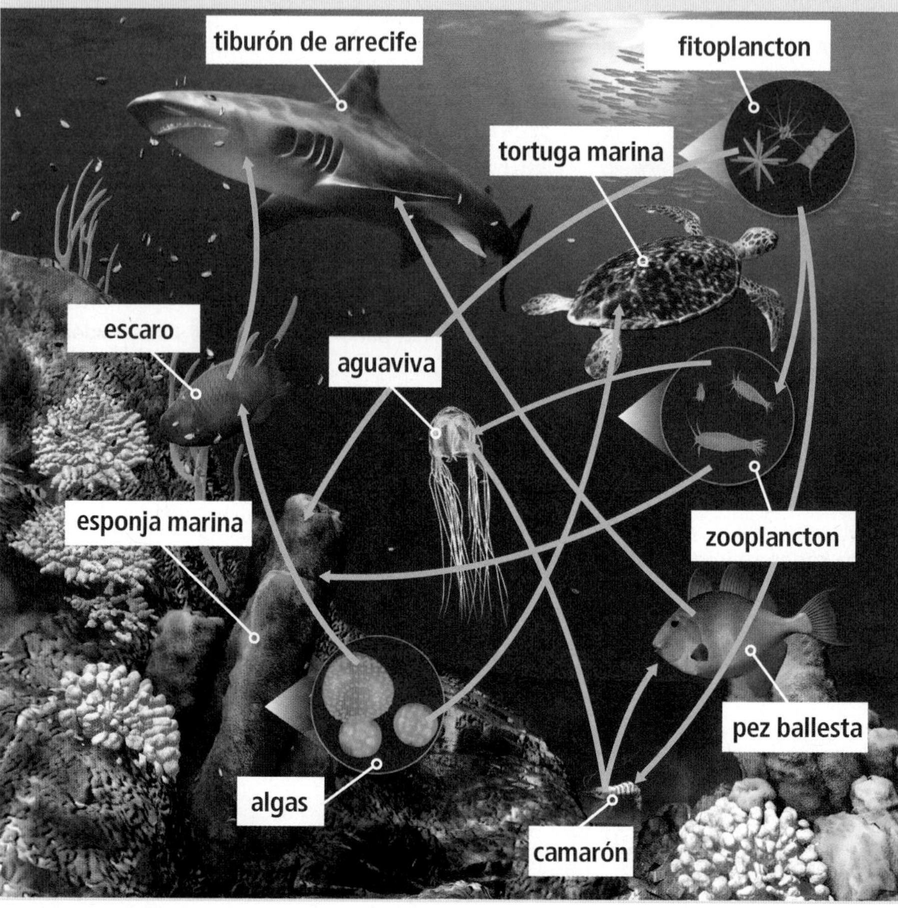

Hacer un modelo Expande la cadena alimentaria de la zona donde vives para armar una red alimentaria.

Una red alimentaria es un modelo que representa una red compleja de relaciones alimentarias entre niveles tróficos en un ecosistema. Una red alimentaria representa el flujo de energía en un ecosistema y, a veces, fuera del ecosistema. La estabilidad de una red depende de la presencia de productores, ya que forman la base de la red. En el caso de los ecosistemas marinos como los arrecifes de coral, las algas y el fitoplancton son dos de los productores que cumplen ese importante rol.

Explicar Con las evidencias reunidas en esta lección, responde las siguientes preguntas:

1. Los científicos usan las cadenas y las redes alimentarias para elaborar modelos que representen la transferencia de energía y materia en un ecosistema. Describe las ventajas y las desventajas de usar una cadena o una red alimentaria.
2. En el ejemplo del fitoplancton al principio de la lección, ¿cómo se vería afectada la red alimentaria del ecosistema por una disminución en la población de fitoplancton?

La distribución de materia y energía en los ecosistemas

Los ecosistemas obtienen la energía de la luz solar. Los productores usan la energía de la luz solar para producir alimento. Los herbívoros se alimentan de las plantas, pero queman parte de la energía en el proceso. La energía es emitida en forma de calor, que escapa al espacio. Los carnívoros se comen a los herbívoros, pero nuevamente parte de la energía se transforma en calor y, por lo tanto, el organismo no puede usarla. Cada nivel de la cadena alimentaria obtiene mucha menos energía que el nivel anterior. Afortunadamente, el sol brinda un flujo constante de energía al sistema, gracias a lo cual la vida continúa.

FIGURA 14: La energía y la materia se transfieren de un nivel trófico a otro, pero parte de la energía se pierde en forma de calor.

Reducción de la energía disponible

Cuando un consumidor se alimenta, la energía contenida en el alimento sufre una transformación. Parte de la energía se utiliza para la respiración celular, proceso que brinda energía para el movimiento y el funcionamiento del organismo. Otra parte se transforma en nueva biomasa, o crecimiento. Con respecto a la energía que queda, parte se emana al medio ambiente en forma de calor y el resto se elimina en forma de desecho, como muestra la Figura 15. A pesar de que la energía pasa por distintas transformaciones en este proceso, la cantidad total de energía no sufre variaciones, es decir, se conserva.

FIGURA 15: A medida que aumenta el nivel trófico, la cantidad de energía disponible se reduce, porque parte se transforma en calor o se elimina en forma de desecho.

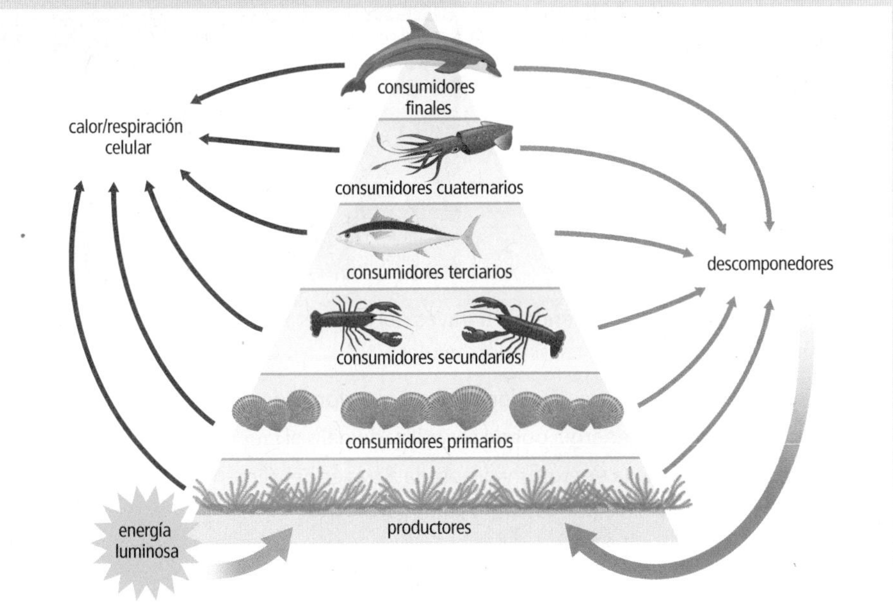

Analizar ¿Cuál es la diferencia entre los niveles tróficos con respecto a la cantidad de energía? Presenta evidencias para justificar tus ideas.

Image Credits: (tl) ©Patrick J. Alexander/U.S. Dept of Agriculture USDA Photography Center; (tcl) ©Robert Harding World Imagery/James Hager/Getty Images; (tcr) ©Getty Images; (tr) ©Michael Fitzsimmons/iStock/Getty Images Plus

Análisis de datos

Calcular la energía

PROBLEMA DE EJEMPLO

La energía se mide en calorías (cal), kilocalorías (kcal) y julios (J). Una oruga incorpora 1000 J de energía al alimentarse. Como no puede digerir toda la materia, pierde 500 J de energía en forma de desecho. Además, 320 J de energía se transforman en calor o se utilizan para el metabolismo. ¿Qué porcentaje de energía le queda a la oruga para generar biomasa, para el crecimiento?

FIGURA 16: Una gran cantidad de la energía consumida por la oruga se transforma en calor mediante la respiración celular o se elimina en forma de desecho.

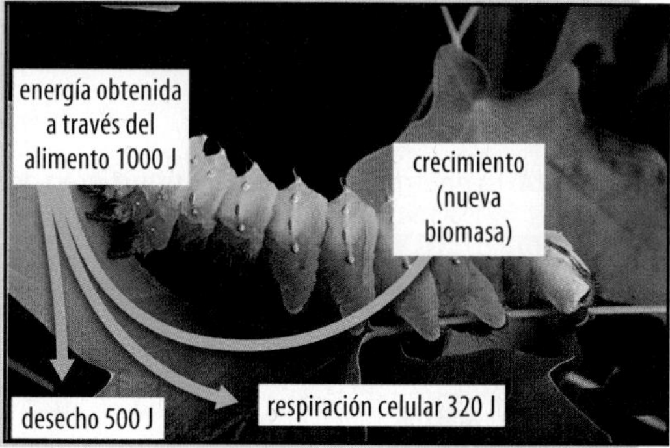

ANALIZA

Para determinar cuánta energía le queda a la oruga, réstale al total de energía consumida la cantidad transformada en calor y eliminada como desecho:

$$1000\text{ J} - 500\text{ J} - 320\text{ J} = 180\text{ J}$$

A la oruga le quedan 180 J para transformar en biomasa.

RESUELVE

Para determinar el porcentaje de energía utilizable, divide la cantidad de energía disponible por el total de energía y luego multiplícalo por el 100 por ciento:

$$\frac{180\text{ J}}{1000\text{ J}} \times 100\% = 18\%$$

Del total de energía que incorpora la oruga, un 18 por ciento queda disponible para el crecimiento, y el 82 por ciento sufre transformaciones. Solo un pequeño porcentaje de la energía se transformó en biomasa.

PROBLEMA DE PRÁCTICA

FIGURA 17: La mayor parte de la energía que la ardilla listada incorpora mediante el alimento también se transforma en calor o se elimina en forma de desecho.

La ardilla incorpora 1000 J de energía a través del alimento y pierde 177 J como desecho y 784 J mediante la respiración celular.

1. ¿Cuántos julios de energía quedan para ser transformados en nueva biomasa?
2. ¿Qué porcentaje de energía puede ser utilizado para el crecimiento?
3. ¿Qué porcentaje de la energía incorporada a través del alimento se usa para la respiración celular o se pierde como calor o desecho?
4. Haz un modelo que justifique el concepto de que la energía se conserva. Justifica tu afirmación con evidencias que obtengas a partir de este ejemplo.

Image Credits: (t) ©Photolibrary/Matt Meadows/Getty Images; (b) ©Sebastien Cote/iStockPhoto.com

Modelos de pirámide

El mismo patrón de distribución de la energía y la biomasa que existe en los organismos se encuentra en los ecosistemas. La biomasa es una medida de la masa seca total de los organismos de un ecosistema determinado, en el momento de la medición.

Los modelos de pirámide sirven para representar la productividad de un ecosistema y describir la distribución de la energía, la biomasa y el número de organismos. La productividad es el porcentaje de la energía que ingresa en el ecosistema que es incorporada a la biomasa en un nivel trófico determinado. Mediante la elaboración de un modelo de pirámide para representar la productividad de un ecosistema, los científicos pueden comparar la distribución de la energía, la biomasa y la cantidad de organismos entre los niveles tróficos.

Reunir evidencias
¿Qué información necesitan los científicos para determinar cuánta energía se trasforma en biomasa en los distintos niveles tróficos?

Pirámide de energía

La eficiencia trófica es el porcentaje de energía que se transfiere de un nivel trófico al siguiente. Recordemos que la transferencia de energía de un organismo a otro no es eficiente.

Una pirámide de energía representa la transferencia de energía desde los productores hasta los consumidores, que se encuentran en el nivel más alto de la cadena alimentaria. La pirámide muestra cómo se distribuye la energía disponible entre los niveles tróficos de un ecosistema. Una pirámide de energía típica tiene una sección muy grande en la base, que corresponde a los productores, y secciones cada vez más pequeñas, a medida que se sube. Debido a que la energía se transforma en calor que se emana al medio ambiente en cada nivel de la pirámide, cuantos más niveles hay en un ecosistema, mayor es la pérdida de energía. La energía utilizada por los productores excede ampliamente a la utilizada por los consumidores, que están sustentados por los productores.

En la pirámide de energía simplificada que muestra la Figura 18, la energía fluye de un nivel trófico al siguiente. En este ejemplo, solo un 10 por ciento de la energía producida se transfiere al siguiente nivel trófico. Cabe destacar que solo un 0.1 por ciento de la energía en el nivel de los productores se transfiere al nivel de los consumidores terciarios.

Análisis de datos

Según este modelo, si en el nivel de los productores hay 5000 J de energía, ¿cuántos julios de energía habrá en el nivel de los consumidores terciarios? A partir de esa información, explica por qué la pirámide de energía tiene esta distribución.

FIGURA 18: Un modelo ideal de una pirámide de energía de un ecosistema de pradera.

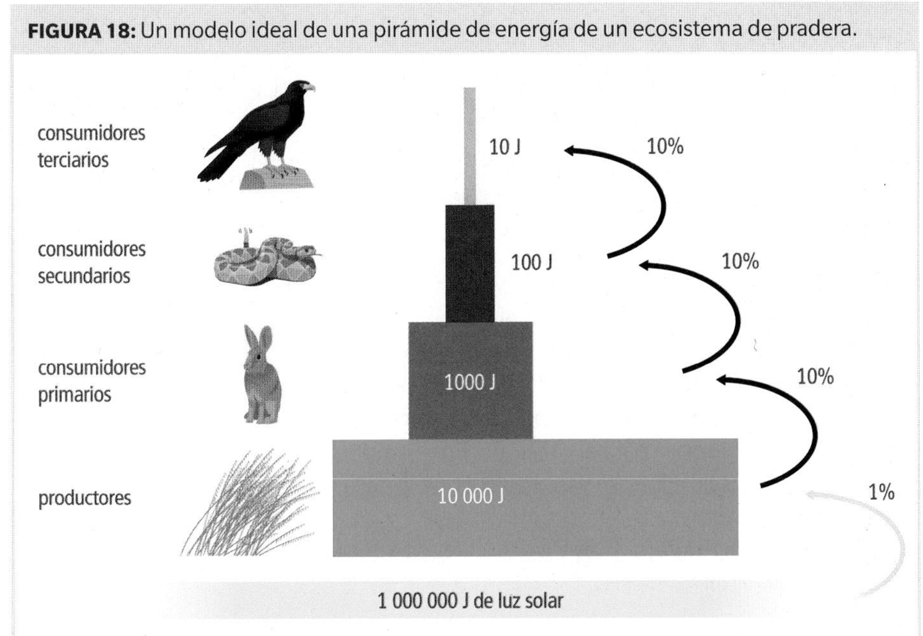

La pirámide simplificada de la Figura 18 muestra una eficiencia trófica del 10 por ciento en cada eslabón de la cadena alimentaria. Una pirámide simplificada les permite a los científicos elaborar modelos e hipótesis. La transferencia de energía entre los niveles tróficos, es decir, la eficiencia trófica, puede variar de 5 a 20 por ciento, según el tipo de ecosistema.

Los productores transforman en energía utilizable solo alrededor de un 1 por ciento de la energía de la luz solar porque no toda la luz solar llega a las hojas, no toda la longitud de onda de la luz es absorbida y la fotosíntesis y la respiración celular de las plantas requieren mucha energía.

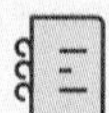

Reunir evidencias ¿Por qué existe un límite en la cantidad de niveles tróficos que puede haber en un ecosistema? ¿Se conserva la energía en un ecosistema?

Pirámide de biomasa

Una pirámide de biomasa, como la de la Figura 19, compara la biomasa de diferentes niveles tróficos. Esta pirámide muestra la masa de productores necesaria para sustentar a los consumidores primarios, la masa de consumidores primarios necesaria para sustentar a los consumidores secundarios, y así sucesivamente. La biomasa se mide como la masa total por unidad de área. Esta medida incluye a los organismos vivos y a la materia orgánica muerta. A medida que los organismos mueren y se descomponen, los nutrientes y la materia de sus cuerpos vuelven a formar parte de la pirámide de biomasa, a través de los descomponedores.

FIGURA 19: Una pirámide de biomasa representa la masa seca total de los organismos que hay en cada nivel trófico. En este ejemplo, la biomasa se mide en g/m^2.

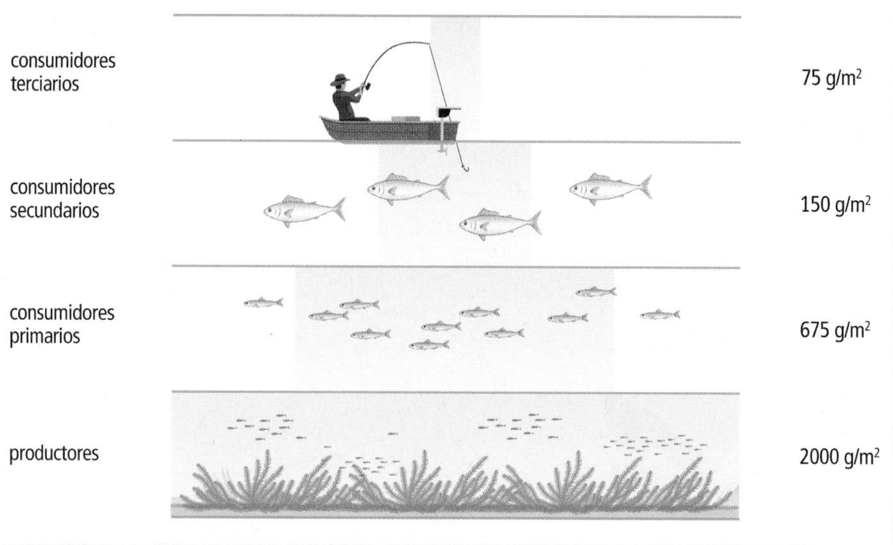

consumidores terciarios — 75 g/m^2
consumidores secundarios — 150 g/m^2
consumidores primarios — 675 g/m^2
productores — 2000 g/m^2

En estas pirámides, cuanto mayor es el nivel trófico, menor es la cantidad de energía y biomasa. En una pirámide de energía, el porcentaje de energía que se transfiere de un nivel trófico al siguiente es, aproximadamente, el mismo en todos los niveles. En una pirámide de biomasa, el porcentaje de biomasa que se transfiere al siguiente nivel depende de los tipos de organismos presentes en cada nivel y del nivel de consumo y la disponibilidad de biomasa para el consumo. Por ejemplo, para los herbívoros, la biomasa de una hoja está más disponible y es más útil que la de la madera.

Hacer un modelo Elabora un modelo que muestre la relación entre la biomasa y la energía en un ecosistema.

Pirámide de números

Una pirámide de números muestra los organismos individuales presentes en cada uno de los niveles tróficos de un ecosistema. La Figura 20 muestra dos ejemplos de pirámides de números. Este tipo de pirámide representa de manera efectiva el gran número de productores necesarios para sustentar incluso a unos pocos consumidores de los niveles superiores. Los ecosistemas varían en cuanto al número y a los tipos de organismos en cada nivel. Esos organismos también varían, no solo en las tasas de crecimiento y reproducción, sino también en la cantidad de biomasa que cada especie necesita para vivir y crecer. Un nivel trófico que contiene organismos que se reproducen y crecen rápidamente suele tener menos biomasa en un momento determinado que un nivel donde las tasas de reproducción y crecimiento son bajas. El tamaño de los organismos también influye en la forma de las distintas pirámides. Cuanto más grandes son los organismos, menor es el número necesario para sustentar el siguiente nivel trófico.

FIGURA 20: Una pirámide de números es una representación del número de organismos que hay en cada uno de los niveles tróficos.

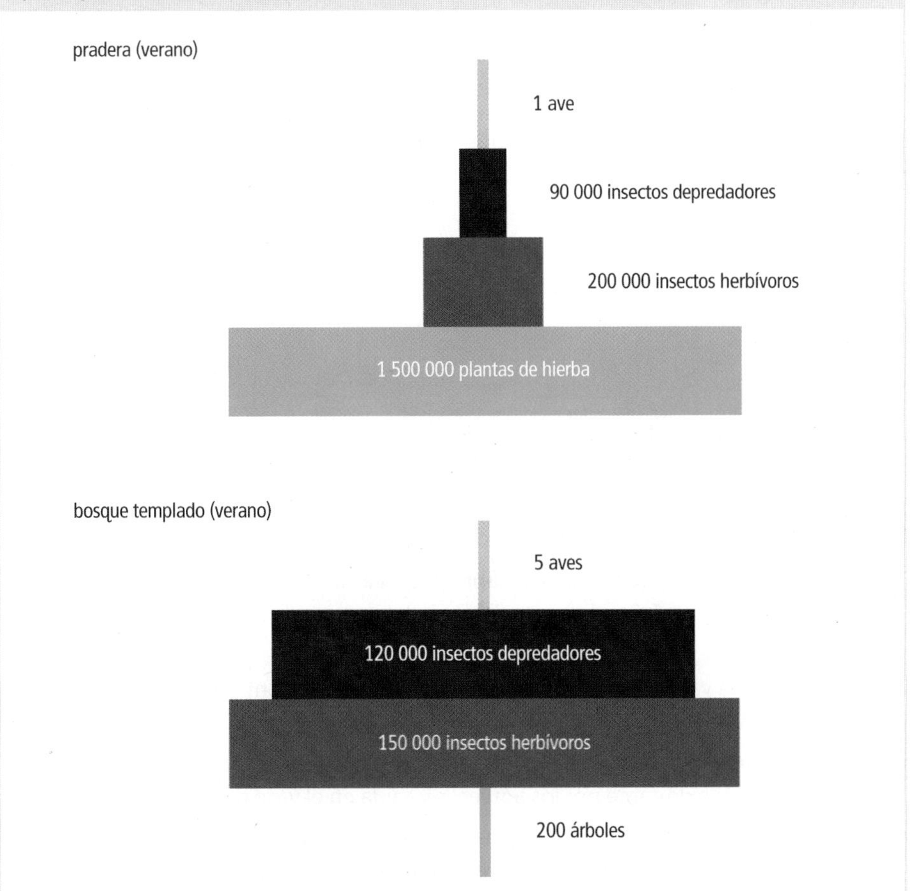

Analizar Según la pirámide correspondiente a la pradera, ¿qué cantidad de hierba sería necesaria para sustentar a 12 aves?

Piensa por qué una pirámide de números o una pirámide de biomasa pueden tener forma de rombo o estar invertidas. Un solo árbol en un bosque lluvioso sería ampliamente superado en cantidad por los consumidores primarios y secundarios, como los insectos y las aves, que viven en el árbol. Los escalones superiores de la pirámide de números serían más grandes que el escalón inferior, que representa al árbol. Si se agregara un consumidor secundario o terciario, como un cóndor, a la parte superior de la pirámide, la pirámide tendría forma de rombo.

Explicar Compara y contrasta las distintas maneras de representar el flujo de energía y materia en un ecosistema. Explica cómo usarías cada tipo de pirámide y qué información obtendrías si fueras un científico que estudia un ecosistema.

Actividad práctica

Biomagnificación

MATERIALES

- cuentas, grandes (16)
- vaso de precipitados, 500 mL
- marcador
- cinta de enmascarar
- vasos de papel (4 pequeños, 2 medianos, 1 grande)
- lápiz con punta filosa
- sal

El escurrimiento de cieno, pesticidas y fertilizantes provoca el ingreso de químicos nocivos en los ecosistemas. Los químicos ingresan en la cadena alimentaria y se acumulan en el cuerpo de los organismos mediante un proceso denominado biomagnificación. Para estudiarlo, los científicos miden la cantidad de químicos en cada nivel trófico en partes por millón.

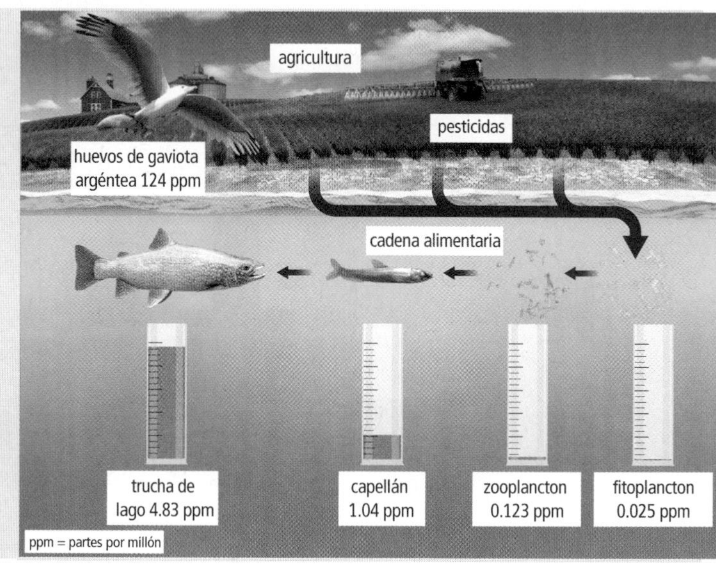

FIGURA 21: La biomagnificación en un ecosistema acuático.

Predecir ¿Cómo será la transferencia de las cuentas, o los contaminantes, de un vaso a otro? ¿De qué manera esta actividad representa el proceso de biomagnificación? ¿Cómo se magnifican los contaminantes a lo largo de la cadena alimentaria?

PROCEDIMIENTO

1. Rotula los vasos pequeños con la palabra "Capellán", los medianos con "Trucha" y el grande con "Gaviota". Con la punta del lápiz, haz un par de agujeros en la base de los vasos y cúbrelos con cinta adhesiva.
2. Llena todos los vasos hasta la mitad con sal. Pon cuatro cuentas en cada vaso pequeño.
3. Sostén los vasos pequeños sobre el vaso de precipitados y retira la cinta adhesiva. Deja que la sal se derrame por los agujeros y caiga en el vaso de precipitados.
4. Vierte los restos de dos de los vasos pequeños en un vaso mediano. Vierte los restos de los otros dos en el segundo vaso mediano. Repite el Paso 3 con los vasos medianos.
5. Vierte los restos de los dos vasos medianos en el vaso grande.

ANALIZA

1. ¿Cuál fue el patrón de transferencia de contaminantes entre los niveles tróficos?
2. ¿Por qué los consumidores terciarios tienen las mayores concentraciones de toxinas?
3. ¿Cómo afecta la biomagnificación a los seres humanos? Usa evidencias de esta actividad para justificar por qué es una cuestión preocupante.

 **¿QUÉ COMEN LOS CAIMANES?** | **¿HAY EFICIENCIA ENERGÉTICA EN TU DIETA?** |  **PRODUCTIVIDAD PRIMARIA ACUÁTICA** | **Conéctate y elige alguna de estas opciones.**

Autorrevisión de la lección

¿PUEDES EXPLICARLO?

FIGURA 22: Concentración mundial de clorofila *a*

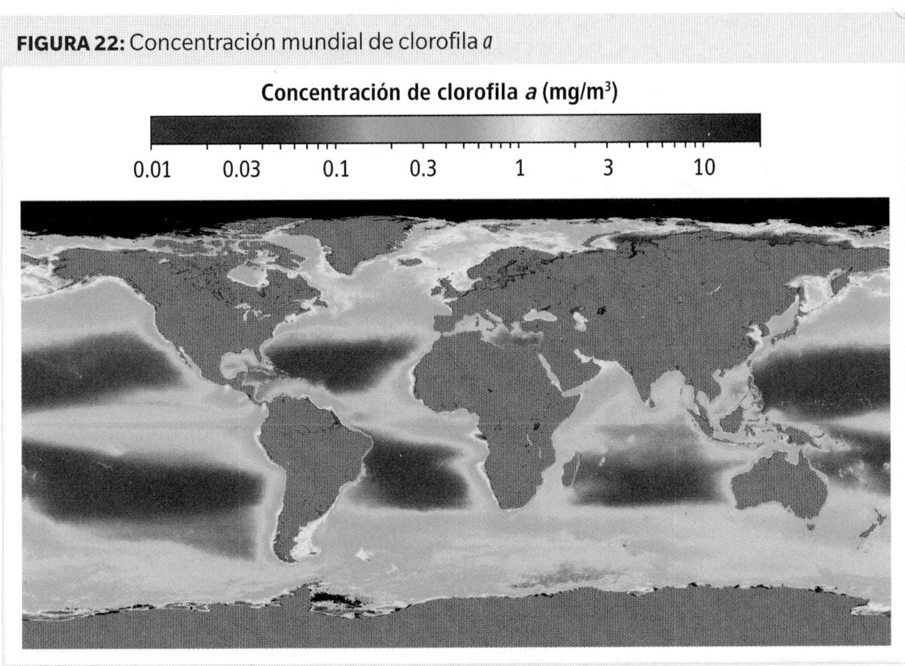

El fitoplancton es un conjunto de diminutos organismos fotosintéticos que viven en medios ambientes marinos. Es la base de la red alimentaria del ecosistema acuático y una parte esencial del flujo de energía y materia de los ecosistemas acuáticos. Debido a que participa de la producción de aproximadamente la mitad del oxígeno de la Tierra, el fitoplancton es importante para las redes alimentarias y las pirámides terrestres.

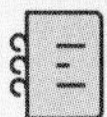

Explicar Consulta las notas de tu Cuaderno de evidencias para explicar cómo se representa el flujo de energía y materia en un ecosistema. A partir de esa información, responde las siguientes preguntas:

1. Explica la relación entre la población de fitoplancton y la concentración de clorofila.
2. ¿Por qué puede afectar la vida en la Tierra una disminución en la población de fitoplancton?
3. ¿Cómo podría este cambio afectar al flujo de energía y materia en la biósfera?

Image Credits: ©SeaWiFS Project/NASA Goddard Space Flight Center

EJERCICIOS DE REVISIÓN

Comprueba lo que aprendiste

1. En un ecosistema de pradera, ¿cuál de las siguientes poblaciones tiene la mayor cantidad de energía almacenada para ser utilizada por otros organismos?
   a. halcones
   b. búfalos
   c. perritos de la pradera
   d. hierbas de la pradera

2. ¿Cuál de las cadenas alimentarias describe correctamente la dirección del flujo de energía y materia en un ecosistema de bosque?
   a. fruta—insecto—gorrión—halcón
   b. halcón—fruta—insecto—gorrión
   c. insecto—gorrión—halcón—fruta
   d. insecto—halcón—fruta—gorrión

3. ¿Cuál es el orden correcto para que los siguientes términos estén del más pequeño al más grande?
   a. población, organismo, comunidad, ecosistema, bioma, Tierra, biósfera
   b. organismo, comunidad, población, ecosistema, bioma, biósfera, Tierra
   c. organismo, población, comunidad, ecosistema, bioma, biósfera, Tierra
   d. ecosistema, organismo, población, comunidad, bioma, biósfera, Tierra

4. Imagina un modelo de pirámide con un nivel para el productor, un nivel para el consumidor primario, un nivel para el consumidor secundario y un nivel para el consumidor terciario. ¿Cuáles de los siguientes enunciados son correctos?
   a. El sol es la principal fuente de energía de un ecosistema.
   b. La materia pasa por ciclos y generalmente se conserva dentro de un ecosistema o entre ecosistemas.
   c. La energía fluye por un ecosistema, pero solo una determinada cantidad de energía se transforma en biomasa.
   d. La energía fluye a través de los ecosistemas, pero parte se pierde en forma de calor.
   e. La materia y la energía se conservan completamente y se transforman en biomasa dentro de un ecosistema.

5. ¿Cuál es la relación entre una cadena alimentaria y los niveles tróficos?
   a. En una cadena alimentaria se demuestra que los organismos que se encuentran en los niveles tróficos más altos tienen la mayor cantidad de energía.
   b. Las cadenas alimentarias muestran el flujo de energía de un nivel trófico al siguiente.
   c. Una cadena alimentaria representa el flujo de energía en un solo nivel trófico.

6. Un consumidor ingiere 1500 J de energía por medio del alimento. El consumidor utiliza un 15 por ciento de la energía del alimento para formar nueva biomasa y el resto se utiliza en la respiración celular o se elimina en forma de desecho. A partir de esa información, responde las siguientes preguntas:
   a. ¿Cuántos julios de la energía obtenida mediante el alimento se transformaron en biomasa?
   b. ¿Cuántos julios de la energía obtenida mediante el alimento se transformaron en calor y se eliminaron en forma de desecho?
   c. ¿Qué porcentaje de la energía proveniente del alimento se convirtió en calor y se eliminó en forma de desecho?

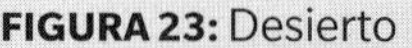

FIGURA 23: Desierto

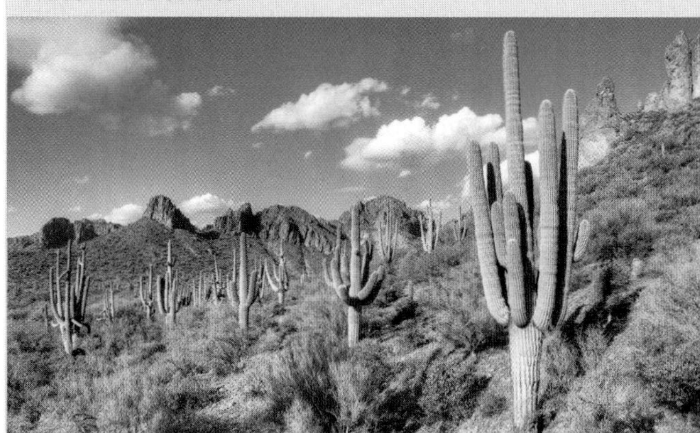

7. ¿Por qué se considera que el bioma de un desierto de América del Norte, como el desierto de Sonora, en Arizona (Figura 23), es el mismo que el de un desierto de África?

8. ¿Qué factores bióticos y abióticos influencian el flujo de materia y energía en los diferentes biomas?

9. ¿Crees que es posible que un bioma que es de cierto tipo pase a ser de otro tipo debido a las actividades del ser humano? Describe una situación en la que eso podría ocurrir.

Image Credits: ©tonda/iStock/Getty Images Plus/Getty Images

10. Un estudiante piensa que las poblaciones que se encuentran en los escalones superiores de una cadena alimentaria son más grandes porque consumen por completo a las poblaciones de organismos que se encuentran más abajo. A partir de evidencias obtenidas de esta lección, explica por qué el razonamiento de este estudiante es incorrecto.

FIGURA 24: Los conejos son herbívoros y los halcones son carnívoros.

a Consumidor primario

b Consumidor terciario

11. Piensa en la eficiencia trófica, es decir, el porcentaje de energía que se transfiere entre niveles tróficos, en un ecosistema. ¿Por qué la dieta de un herbívoro tiene más eficiencia energética que la dieta de un carnívoro? Usa el ejemplo del conejo y el halcón que aparecen en la Figura 24 para explicar tu respuesta.

12. Un ecosistema acuático está compuesto por 10,000 camarones de agua dulce, 1000 peces luna, 100 percas, 10 lucios y 1 águila pescadora. Dibuja una pirámide de números que represente este ecosistema.

13. Describe cómo la energía y la materia fluyen, interactúan y se modifican en el sistema terrestre.

14. En tu Cuaderno de evidencias, elabora un modelo que explique la relación entre los ecosistemas de río, el estuario y el océano. ¿Cómo fluyen la materia y la energía tanto dentro de cada uno de estos ecosistemas como entre todos ellos?

HAZ TU PROPIA GUÍA DE ESTUDIO

En tu Cuaderno de evidencias, diseña una guía de estudio que justifique las ideas principales de esta lección:

La vida en un ecosistema requiere una fuente de energía. Es posible demostrar el flujo de energía y materia en un ecosistema mediante cadenas alimentarias, redes alimentarias y modelos de pirámide.

Recuerda incluir la siguiente información en tu guía de estudio:

- Usa ejemplos que sirvan como modelo de las ideas principales.
- Anota explicaciones para el fenómeno que investigaste.
- Presenta evidencias para justificar tus explicaciones. Tu justificación puede incluir dibujos, datos, gráficas, conclusiones de laboratorio y otras evidencias que hayas anotado a lo largo de la lección.

Ten en cuenta cómo las cadenas alimentarias, las redes alimentarias y los modelos de pirámide describen el flujo de energía y materia a través de los niveles tróficos de un ecosistema.

Image Credits: (l) ©Robert Harding World Imagery/James Hager/Getty Images; (r) ©Michael Fitzsimmons/iStock/Getty Images Plus

3.4

Los ciclos de la materia y la energía en los ecosistemas

Ciclo de energía de los océanos y la materia a través del ciclo del agua.

¿PUEDES RESOLVERLO?

Los edificios con formas extrañas que se ven en la Figura 1 son parte de un centro de investigaciones ubicado en Arizona, llamado Biósfera 2. La estructura de vidrio y acero cerrada herméticamente es un lugar en el que los científicos estudian los ecosistemas de la Tierra para poder comprender mejor los ciclos del carbono y el oxígeno, la salud de los arrecifes de coral, el reciclaje del agua y mucho más.

Reunir evidencias Mientras trabajas con la lección, reúne evidencias para explicar la relación entre el ciclo de la materia y la transferencia de energía a través de los ecosistemas.

FIGURA 1: Biósfera 2 es un centro de investigación ubicado en Arizona.

El 26 de septiembre de 1991 ocho científicos investigadores iniciaron una aventura de dos años viviendo en Biósfera 2. Los investigadores, conocidos como "biosferianos", quedaron completamente aislados del medio ambiente exterior para simular que vivían en un ecosistema cerrado. Pero los resultados del experimento fueron inesperados. Los biosferianos se enfrentaron a problemas como alimentos inadecuados, niveles de oxígeno bajos y niveles de dióxido de carbono cada vez más altos. Estos desequilibrios generaron la muerte de muchas plantas y animales, lo que hizo evidente que los ecosistemas son mucho más complejos y dinámicos que lo que se pensaba.

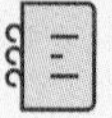

Predecir ¿Por qué crees que en Biósfera 2 los investigadores tuvieron problemas con los bajos niveles de oxígeno y los altos niveles de dióxido de carbono? ¿Cómo podrías resolver este problema?

Image Credits: (t) ©Onigiri studio/Shutterstock; (b) ©James Marshall/Corbis

Los ciclos de la materia en los ecosistemas

La Tierra es, en términos de energía, un sistema abierto, ya que obtiene energía del Sol. Sin embargo, la Tierra es un sistema cerrado en términos de materia. Toda la materia de la Tierra ha estado aquí, más o menos, durante miles de millones de años. La materia y la energía no pueden crearse ni destruirse; únicamente pueden tomar otras formas.

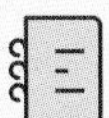

Predecir La materia y la energía se mueven a través de ecosistemas entre diferentes organismos. ¿De dónde proviene esta materia y cómo viaja a través de un ecosistema o a través de las esferas de la Tierra?

La energía y la materia en el sistema terrestre

El sistema terrestre incluye a toda la materia, la energía, los procesos y los ciclos dentro de la frontera de la Tierra con el espacio. La energía solar impulsa el ciclo de la materia en las esferas de la Tierra y en los muchos ecosistemas dentro de esas esferas. Los productores usan, aproximadamente, solo un uno por ciento de la energía solar que ingresa a la atmósfera de la Tierra.

Conexión con las matemáticas

Radiación solar

Cuando la radiación solar entra en la atmósfera de la Tierra, cerca de un 23 por ciento se absorbe en la atmósfera y cerca de un 48 por ciento en la superficie.

Colaborar Comenta con un compañero estas preguntas: Si la energía se conserva, ¿qué porcentaje de la energía solar debería reflejarse de vuelta hacia el espacio? ¿Cómo piensas que los ecosistemas de la Tierra serían diferentes si una mayor o menor cantidad de radiación solar fuera reflejada por la atmósfera?

FIGURA 2: La atmósfera de la Tierra absorbe y refleja la energía.

Al igual que la energía, la materia en el sistema terrestre es parte de un ciclo dentro y entre las esferas de la Tierra: la atmósfera, la geósfera, la hidrósfera y la biósfera. Una cantidad relativamente pequeña de materia se pierde en el espacio desde la parte superior de la atmósfera, pero los científicos en general piensan en el sistema terrestre como algo cerrado en términos de materia.

La materia también cambia su forma a lo largo de su ciclo a través del sistema terrestre pero, al igual que la energía, no puede ser destruida. Por ejemplo, los organismos metabolizan los alimentos a través de reacciones químicas. Estas reacciones rompen los enlaces y forman nuevos enlaces químicos entre los mismos átomos para producir nuevas sustancias. El organismo puede usar estas nuevas sustancias para crecer y para los procesos celulares. Una parte de la materia es excretada en forma de desecho, el cual se recicla en el medio ambiente. La cantidad total de materia en el sistema permanece sin modificaciones.

Image Credits: ©NASA Johnson Space Center

FIGURA 3: El sistema de la Tierra es cerrado.

La utilización de redes alimentarias y modelos en pirámide permite ver los ciclos de la materia a través de diferentes niveles tróficos en un ecosistema. A medida que un organismo consume a otro, esa materia se transfiere a niveles tróficos superiores. Cuando los organismos mueren, su materia regresa al ciclo a través de niveles tróficos inferiores. De esta forma, no hay creación de materia nueva, sino que la materia se mueve de forma continua a través y entre los ecosistemas, tal como se ilustra en la Figura 3.

El ciclo del agua

Los científicos hacen modelos de ciclos químicos específicos para mejorar su comprensión del ciclo de la materia en el sistema terrestre. El ciclo hidrológico, también conocido como ciclo del agua, es el recorrido circular que tiene el agua en la Tierra desde la atmósfera hasta la superficie, debajo de la tierra y de regreso hacia la atmósfera.

Tal como se muestra en la Figura 4, dentro del ciclo hidrológico, el agua se mueve mediante diferentes procesos entre reservorios, como los océanos o los lagos. Los reservorios son cualquier sitio donde se almacena la materia del ciclo. Las moléculas de agua podrían almacenarse en un reservorio como un glaciar durante un largo período de tiempo o por períodos cortos de tiempo, por ejemplo en una nube. La evaporación y las precipitaciones son ejemplos de procesos que mueven agua entre los reservorios.

Analizar Si la cantidad total de agua en la Tierra no cambia, ¿por qué es preocupante la reducción de la cantidad de agua dulce en el mundo?

FIGURA 4: El ciclo hidrológico transfiere moléculas de agua entre reservorios.

Aprende en línea

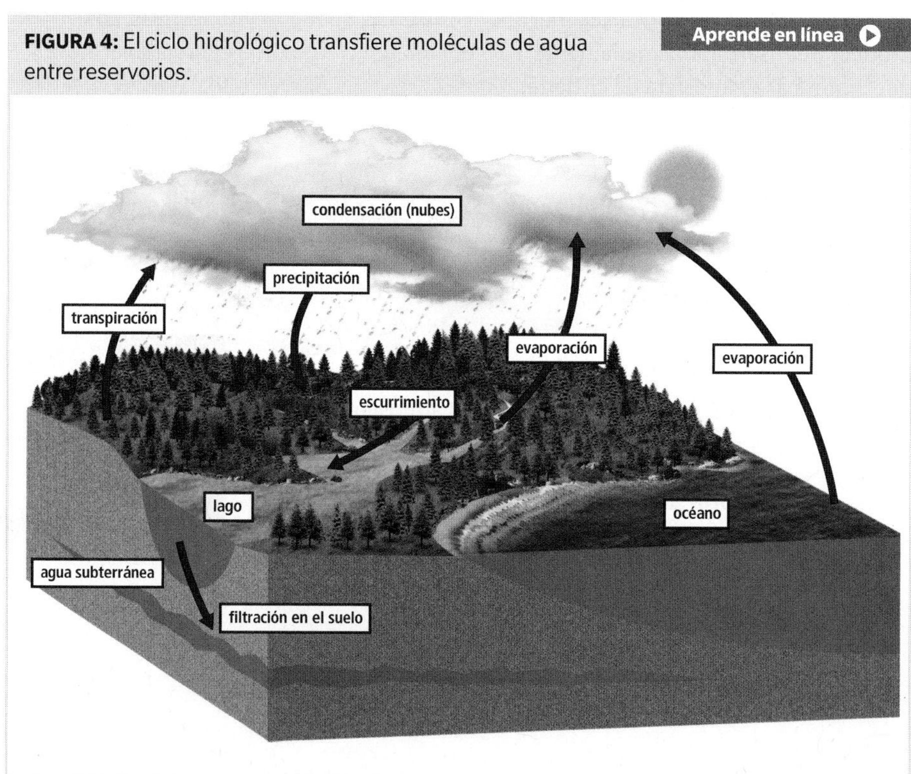

En el ciclo hidrológico, el calor del sol provoca que el agua se evapore de reservas como el océano y de la hojas de las plantas a través de la transpiración. A medida que el agua se eleva hacia la atmósfera, se enfría y se condensa en forma de nubes. El agua luego cae hacia la Tierra en forma de precipitaciones, tales como lluvia, nieve o granizo. Las precipitaciones se filtran en la tierra o fluyen hacia riachuelos o ríos. El agua termina en un reservorio, en donde se acumula, hasta que el proceso vuelve a comenzar.

Explicar Elige dos reservorios en el diagrama y para cada ubicación explica de qué manera el agua avanza en el ciclo a través del sistema.

Ciclos biogeoquímicos

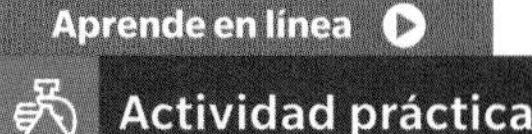

Actividad práctica

La química del agua en el invierno
Haz un modelo de las condiciones de un lago durante el verano y el invierno para determinar de qué manera el hielo superficial afecta la química del agua de un lago.

Muchos elementos son esenciales para el funcionamiento y el crecimiento de los organismos. Entre estos elementos se incluyen el oxígeno, el hidrógeno, el carbono, el nitrógeno y el fósforo. Al igual que el agua, estos elementos avanzan en el ciclo en el sistema de la Tierra, los ecosistemas y los organismos.

Un ciclo biogeoquímico es el movimiento de una sustancia química en particular a través de los componentes bióticos y abióticos de un ecosistema. El Sol y el calor de la Tierra brindan la energía que impulsa estos ciclos. Al igual que el ciclo hidrológico, la materia en los ciclos biogeoquímicos fluye entre las reservas en donde queda almacenada por un período de tiempo. En contraste con el ciclo del agua, los enlaces se rompen y los átomos se reorganizan en forma de nuevas moléculas en los ciclos biogeoquímicos. Los ciclos biogeoquímicos principales son el ciclo del oxígeno, el ciclo del carbono, el del nitrógeno y el del fósforo.

El ciclo del oxígeno

El oxígeno (O_2) es liberado hacia la atmósfera como producto de la fotosíntesis. La atmósfera sirve como reserva para el oxígeno hasta que un organismo lo toma para utilizarlo en la respiración celular. Los seres humanos y otros organismos también toman oxígeno como parte del proceso de respiración.

Colaborar Comenta con un compañero la manera en la que una sequía provocada por una reducción de las precipitaciones podría afectar el ciclo del oxígeno. Usa evidencias de lecciones anteriores para justificar tu respuesta.

FIGURA 5: El ciclo del oxígeno es impulsado por la fotosíntesis y la respiración celular.

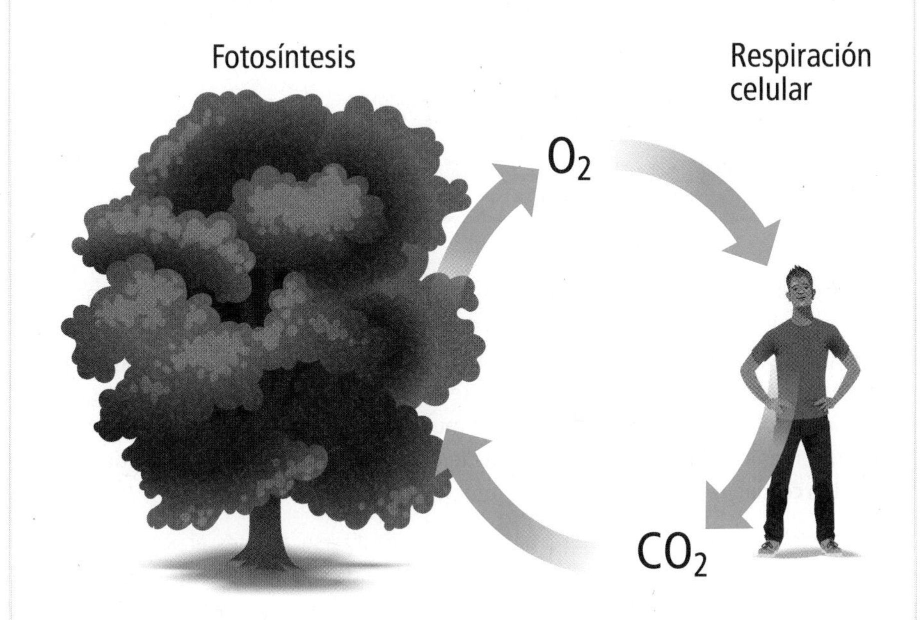

A una parte del oxígeno se la incorpora en componentes que permanecen en el organismo. Así, el organismo también se convierte en una reserva de oxígeno. El dióxido de carbono (CO_2) regresa a la atmósfera como subproducto de la respiración celular. El dióxido de carbono luego es tomado por las plantas para utilizarlo en la fotosíntesis, y el oxígeno es liberado nuevamente hacia la atmósfera. Cada ciclo de la Tierra interactúa con otros ciclos. Por ejemplo, el ciclo del agua interactúa con el del oxígeno, puesto que el agua es necesaria para la fotosíntesis.

Reunir evidencias En el proyecto Biósfera 2, la concentración de oxígeno disminuyó con el tiempo y el dióxido de carbono alcanzó niveles peligrosos. Describe una solución posible para este problema y explica cómo se relaciona con los procesos del ciclo del oxígeno.

El ciclo del carbono

Reunir evidencias Sin seres humanos, ¿podría haber acceso al carbono de estas reservas?

El carbono está presente en la mayoría de los componentes químicos que conforman a los seres vivos. También está almacenado en los componentes abióticos del sistema de la Tierra. Por ejemplo, el CO_2 en la atmósfera, los combustibles fósiles tales como el petróleo y el carbón, la materia muerta en el suelo y los componentes químicos en las piedras son todos reservas de carbono.

FIGURA 6: Procesos como la fotosíntesis y la combustión impulsan el ciclo del carbono.

Aprende en línea

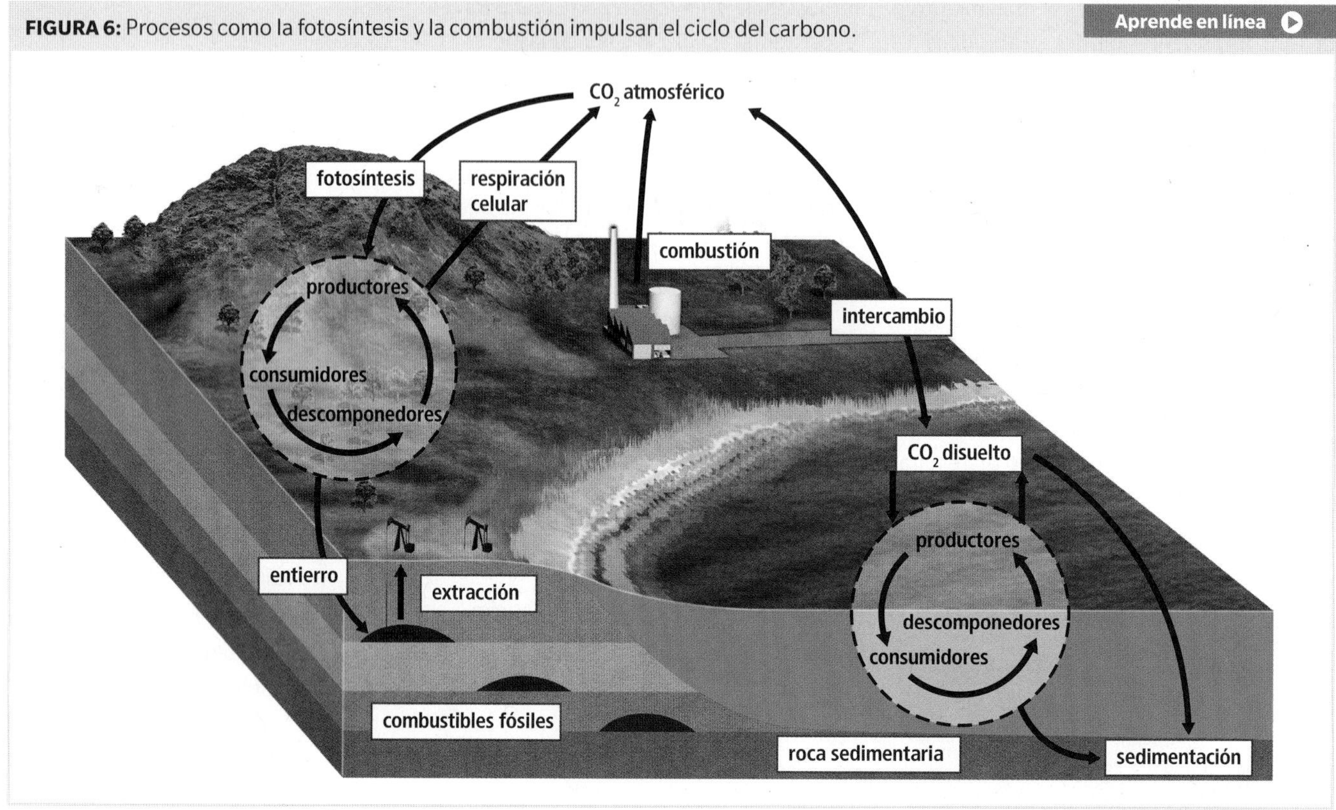

Los productores eliminan el CO_2 de la atmósfera a través de la fotosíntesis. Los organismos fotosintéticos incorporan el carbono dentro de los carbohidratos y los almacenan en sus tejidos. Cuando los consumidores se comen a los productores obtienen el carbono y almacenan una parte en sus tejidos y otra parte la liberan hacia la atmósfera a través de la respiración celular. Cuando los consumidores mueren, los descomponedores descomponen la materia orgánica y liberan el carbono nuevamente hacia la atmósfera a través de la respiración celular. El carbono es liberado también en el suelo.

Una parte del carbono de la materia orgánica puede fosilizarse. A veces, el proceso de entierro almacena el carbono en la corteza terrestre, donde tras millones de años, se convierte en combustible fósil. Desde el siglo XIX, los seres humanos han extraído y quemado este carbono, lo que libera una gran cantidad hacia la atmósfera.

El dióxido de carbono se esparce hacia el océano desde la atmósfera. Los océanos son sumideros de carbono: lo absorben y lo almacenan en grandes cantidades. El carbono ingresa al ciclo acuático biótico cuando las algas y el fitoplancton lo convierten durante la fotosíntesis. Una parte del CO_2 disuelto se utiliza en los procesos de sedimentación y entierro para formar distintos tipos de rocas sedimentarias. Estos procesos son muy lentos y se dan durante millones de años, pero conforman reservas de carbono extremadamente grandes.

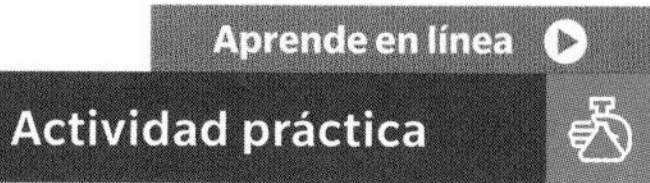

Aprende en línea

Actividad práctica

Pulmones del planeta
¿Por qué se los llama a los bosques lluviosos "los pulmones del planeta"? Investiga con el Dr. Mike y el Dr. Oberbauer para determinar si esta afirmación es válida mediante la medición de las tasas de fotosíntesis de la vida vegetal de los bosques lluviosos.

Hacer un modelo Haz un modelo que ilustre las funciones de la fotosíntesis y la respiración celular en el ciclo del carbono entre las esferas de la Tierra. Asegúrate de incluir en tu modelo las entradas y salidas para ambos procesos.

El ciclo del nitrógeno

Cerca del 78% de la atmósfera de la Tierra está compuesta de gas nitrógeno (N_2). Sin embargo, la mayoría de los organismos no son capaces de usar el nitrógeno en esta forma para construir moléculas orgánicas. El nitrógeno debe ser fijado o incorporado dentro de otras moléculas que los organismos puedan usar. Las bacterias, involucradas en muchos pasos del ciclo del nitrógeno, fijan el nitrógeno en el amoníaco, el nitrito, el nitrato y otros químicos que los organismos sí pueden usar. Como se muestra en la Figura 7, una gran parte del ciclo del nitrógeno ocurre bajo tierra.

FIGURA 7: El ciclo del nitrógeno está compuesto por muchos procesos que mueven el nitrógeno desde la atmósfera hacia la biósfera y luego nuevamente hacia la atmósfera.

Aprende en línea

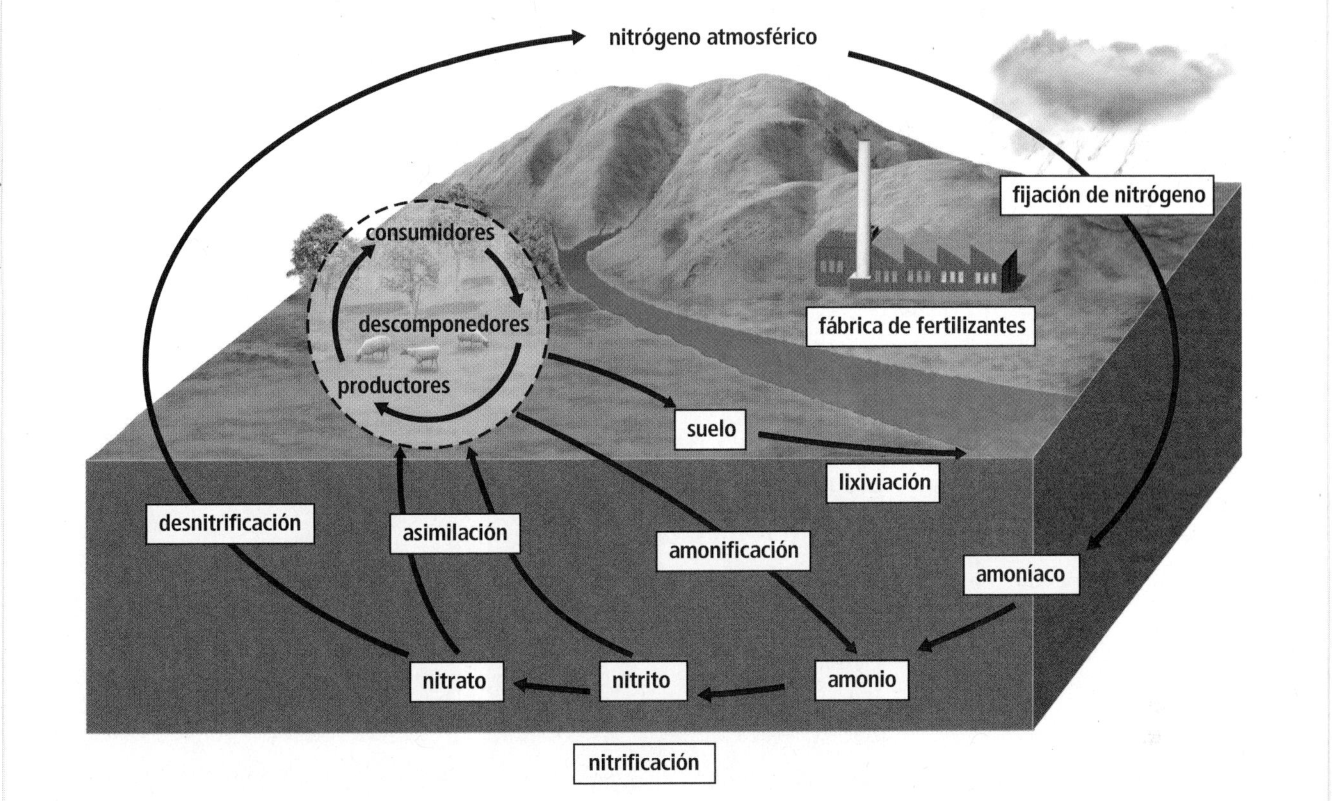

Ciertos tipos de bacterias convierten el nitrógeno gaseoso en amoníaco (NH_3) mediante un proceso llamado fijación de nitrógeno. Algunas de estas bacterias son aeróbicas, lo que significa que usan oxígeno. Otras son anaeróbicas, lo que significa que no usan oxígeno. En los ecosistemas acuáticos, esta tarea la realizan unos pocos tipos de cianobacterias. Algunas bacterias fijadoras de nitrógeno en la tierra viven en pequeñas prominencias, llamadas nódulos, en las raíces de plantas, como los frijoles y los guisantes. Otras bacterias fijadoras de nitrógeno viven libremente en el suelo. El amoníaco que liberan se transforma en amonio (NH_4^+) a través de la adición de iones de hidrógeno de los suelos ácidos. Las plantas absorben parte del amonio, pero la mayoría se usa para nitrificar bacterias como fuente de energía. Estas bacterias transforman el amonio en nitrato (NO_3^-) mediante la nitrificación.

Los nitratos que liberan las bacterias del suelo son absorbidos por las plantas a través de la asimilación, la cual los convierte en componentes orgánicos tales como aminoácidos y proteínas. El nitrógeno continúa a lo largo del ciclo a medida que los animales comen plantas o materia animal. Cuando los descomponedores descomponen excreciones animales o animales muertos y materia vegetal, el nitrógeno regresa al suelo en forma de amonio a través de un proceso llamado amonificación. Las bacterias desnitrificantes usan el nitrato como fuente de oxígeno, liberando gas de nitrógeno de vuelta hacia la atmósfera como producto de desecho a través de la desnitrificación.

Escala, proporción y cantidad

Las bacterias son organismos microscópicos, pero son esenciales para la vida en la Tierra. Usando evidencias del ciclo del nitrógeno, explica por qué la fijación microscópica de nitrógeno puede tener un impacto tan grande sobre la vida.

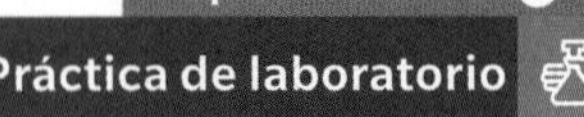

Aprende en línea

Práctica de laboratorio

Fijación de nitrógeno
Investiga el rol de las bacterias fijadoras de nitrógeno observando las diapositivas de los nódulos de raíz de legumbres.

La fijación del nitrógeno puede producirse a través de procesos biológicos desarrollados por tipos especiales de bacterias, pero también puede ocurrir a través de procesos industriales tales como la producción de fertilizantes. Una parte del nitrógeno entra al suelo como resultado de la fijación atmosférica que producen los rayos. La energía de los rayos descompone las moléculas de nitrógeno en la atmósfera. El nitrógeno se recombina con el oxígeno en el aire, lo que forma monóxido de nitrógeno. La combinación de monóxido de nitrógeno con el agua de lluvia forma nitratos, que el suelo absorbe. Los nitratos en el suelo pueden ser movidos por el agua y asentarse en los fondos de lagos, ciénagas y océanos en un proceso denominado lixiviación.

Analizar Los organismos en una pecera pueden sufrir daños en su salud en caso de que una gran cantidad de amonio de sus desechos se acumule en el agua. Explica por qué es beneficioso agregar bacteria y plantas en una pecera. Usa evidencias del modelo del ciclo del nitrógeno para justificar tu afirmación.

La energía y la materia

Las bacterias rizobios

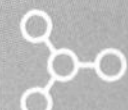

Reunir evidencias Las legumbres a menudo se plantan y se cosechan como cultivos. Cuando esto sucede, no se permite que las plantas se descompongan en el suelo. ¿De qué manera afecta la remoción de las legumbres del ecosistema al ciclo del nitrógeno?

FIGURA 8: Las bacterias fijadoras de nitrógeno viven en un nódulo de planta de guisante.

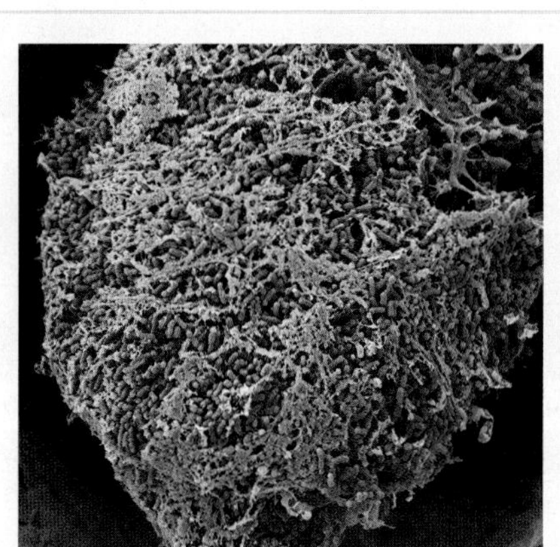

a Bacterias rizobios (coloreadas SEM)

b Nódulos de planta de guisante

Las bacterias fijadoras de nitrógeno viven en simbiosis o relación cercana con ciertos tipos de plantas, particularmente las de la familia de las legumbres. Las bacterias rizobios viven en los nódulos de las raíces de las legumbres, tal como se muestra en la Figura 8. La planta les brinda a las bacterias los nutrientes esenciales y, a cambio, las bacterias fijan el nitrógeno en amoníaco, el cual es absorbido por las plantas. La mayor parte del amoníaco que producen las bacterias permanece en las plantas, y una pequeña cantidad se libera al suelo hasta que la planta muere. Los descomponedores convierten las moléculas de amoníaco en otros componentes de nitrógeno y lo liberan en la atmósfera como gas nitrógeno.

El ciclo del fósforo

El fósforo es un elemento importante para los seres vivos. Es un componente de los grupos de fosfato en el ATP, el ADN y los fosfolípidos en las membranas celulares. El fósforo está en forma de sales de fosfato que se encuentran en los sedimentos de los océanos y en las rocas. Los procesos geológicos exponen estas rocas y el agua y el viento las descomponen haciendo que estén disponibles para las plantas y los animales.

Image Credits: (l) ©Steve Gschmeissner/Science Source; (r) ©Dr. Jeremy Burgess/Science Source

FIGURA 9: El ciclo del fósforo interactúa con el ciclo de la roca a través de procesos como el levantamiento geológico y la meteorización.

Aprende en línea

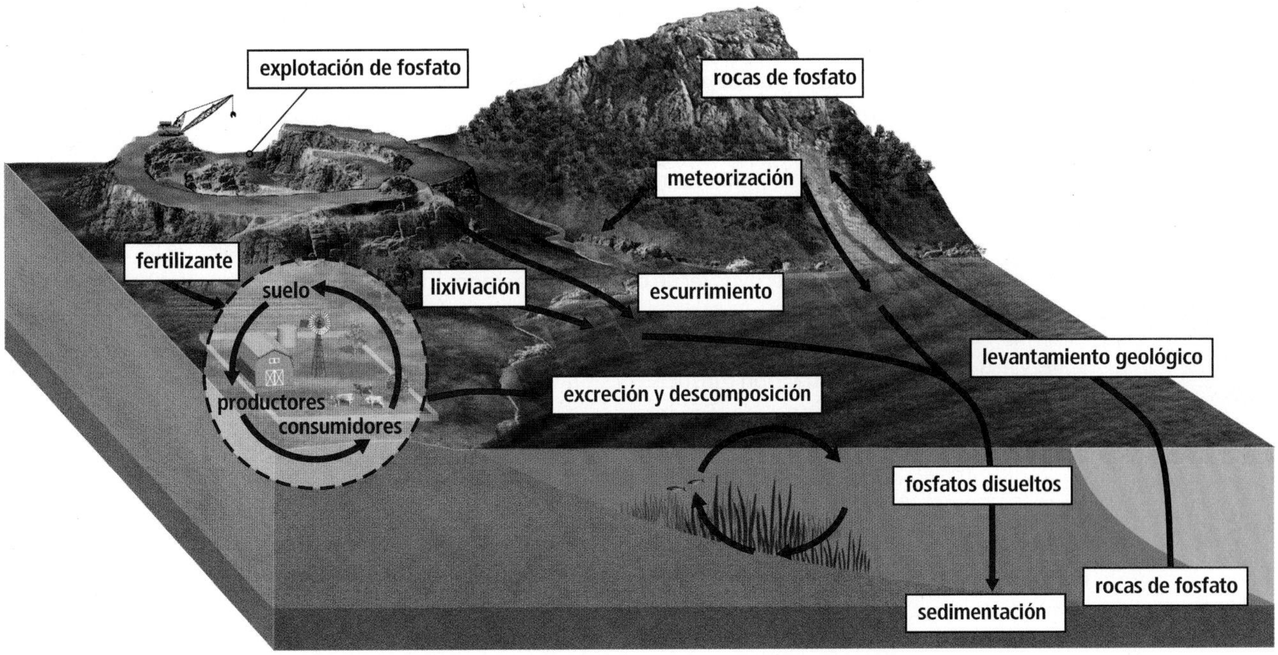

Analizar ¿Cuál de las esferas de la Tierra no forma parte del ciclo del fósforo?

Tal como se muestra en la Figura 9, la meteorización de las piedras de fosfato por la lluvia libera componentes de fosfato en el suelo y el agua. En la tierra, las plantas pueden absorber los componentes de fosfato del suelo y los consumidores obtienen fosfato al comer a los productores. Luego, los descomponedores devuelven el fosfato al suelo y al agua cuando descomponen la materia orgánica y los desechos de los productores y consumidores.

El agua puede transportar el fósforo a los sistemas acuáticos a través de escurrimientos y lixiviaciones. Los componentes del fósforo se disuelven en fosfatos, para así poder ser absorbidos por las algas y luego consumidos por otros organismos acuáticos. Algunos fosfatos disueltos se asientan en el fondo de los océanos en un proceso llamado sedimentación, por el que se convierten luego de millones de años en rocas de fosfato.

Algunos procesos geológicos dejan expuestas a la atmósfera las rocas de fosfato que están en el fondo del océano. Las rocas luego sufren la meteorización y liberan los componentes de fosfato nuevamente hacia el ecosistema, y así continúa el ciclo del fósforo. Los seres humanos también introducen fosfatos en el ecosistema, y los explotan para hacer fertilizantes y productos de limpieza. Los excesos de fosfato producto de las actividades de los seres humanos pueden entrar en los ecosistemas acuáticos a través de escurrimientos y lixiviaciones. En la mayoría de las masas de agua, hay una cantidad muy pequeña de fosfato disponible naturalmente y cualquier aumento puede producir grandes cambios en el ecosistema.

Colaborar

Comenta esta pregunta con un compañero: Cuando el agua en Biósfera 2 se contaminó debido a la gran cantidad de nutrientes, los investigadores hicieron un tratamiento del agua haciéndola correr a través de alfombrillas de algas. ¿Por qué hicieron esto, y cómo se relaciona esta acción con los ciclos del nitrógeno y del fósforo?

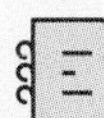

Explicar ¿Cómo se relacionan el ciclo hidrológico y los diferentes ciclos biogeoquímicos? ¿De qué manera puede un cambio en un ciclo afectar a todos los otros?

El impacto de los seres humanos en los ciclos de la Tierra

FIGURA 10: Isla de Pascua

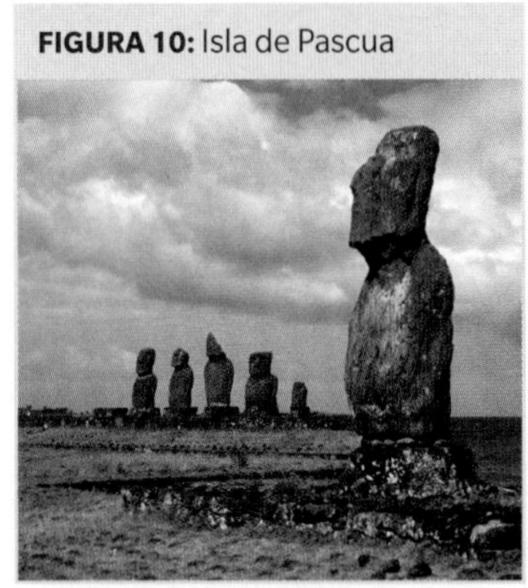

La Isla de Pascua, ubicada en el sudeste del océano Pacífico, fue habitada por primera vez entre el 400 y el 700 d. C. La colonia humana creció rápidamente en los 1000 años posteriores, en los que se talaron los bosques para obtener madera y construir botes. Los bosques fueron arrasados más rápido de lo que podían volver a crecer y, finalmente, la isla se quedó sin un solo árbol. Sin árboles, no había madera para construir refugios ni botes, el suelo quedó devastado y el hábitat de las poblaciones de animales de la isla se perdió. En una isla cuyos recursos estaban casi agotados y no había alimento, los habitantes desaparecieron. Hoy en día, una pequeña población vive en la isla. Los monumentos de piedra realizados por los primeros habitantes, que se muestran en la Figura 10, son una gran atracción turística.

Predecir ¿Qué efecto tuvo la población humana sobre la Isla de Pascua? ¿Cómo modificaron su ciclo natural de materia y energía?

Reunir evidencias A medida que leas, reúne evidencias para justificar o refutar la idea de que los átomos durante los ciclos biogeoquímicos se reorganizan.

Contaminación del aire

Sin la influencia de la actividad humana, los ciclos del carbono, el fósforo y el nitrógeno en el sistema de la Tierra permanecerían bastante estables. Los seres humanos agregan químicos sintéticos y materiales a la Tierra, y muchos no pueden integrarse a las funciones normales de un ecosistema. El efecto dañino de los contaminantes puede ser inmediato o a largo plazo, pero se acumula y afecta a funciones del ecosistema.

La contaminación del aire más común proviene de los productos de desecho de la combustión de combustibles fósiles, como la gasolina y el petróleo, que contienen carbono, nitrógeno y fósforo. La combustión de combustibles fósiles libera dióxido de carbono, metano, óxido nitroso y otros químicos que contaminan el aire. El esmog es un tipo de contaminación del aire provocado por la interacción de la luz solar con contaminantes que producen las emisiones de combustibles fósiles. El dióxido de nitrógeno en el esmog reacciona con el oxígeno para producir ozono, O_3. El ozono que producen las reacciones entre el dióxido de nitrógeno y el oxígeno tiende a permanecer cerca de la tierra, donde puede ser perjudicial para la salud humana y las funciones del ecosistema. Sin embargo, el ozono también existe de forma natural en la atmósfera superior. Allí actúa como escudo y protege a la biósfera de la Tierra contra los rayos ultravioletas dañinos de la luz solar.

FIGURA 11: La combustión de los motores contribuye a la contaminación del aire.

Floración de algas

La producción de fertilizantes y detergentes a través de la fijación de nitrógeno industrial y la explotación del fosfato ha aumentado enormemente en las últimas décadas. Cuando se agregan estos fertilizantes a los cultivos de alimentos o al césped, la lluvia provoca que un exceso de nitrógeno y fósforo se traspase hacia los riachuelos o lagos adyacentes. Al agregar nitrógeno en un ecosistema se altera el balance entre nutrientes, que puede producir aumentos en productores, como algas, lo que causa la floración de algas.

Este fenómeno afecta la salud general de un ecosistema y, en el caso de los ecosistemas acuáticos, causa el agotamiento del oxígeno mediante un proceso llamado eutroficación. Cuando las algas mueren, los descomponedores descomponen sus cuerpos y consumen oxígeno en el proceso. La falta de oxígeno daña a los organismos acuáticos y puede incluso provocar eventos de muertes masivas.

Image Credits: (t) ©Guido Cozzi/Atlantide Phototravel/Corbis; (b) ©Comstock Images/Jupiterimages/Getty Images

Causa y efecto

FIGURA 12: La eutroficación daña los ecosistemas acuáticos.

Exceso de fertilizantes

En muchas ciudades, los residentes fertilizan en exceso sus jardines. Los excesos de nitrógeno y de fósforo se filtran hacia los lagos, riachuelos y lagunas, lo que puede producir eutroficación, tal como se muestra en la Figura 12. Algunas ciudades hacen grandes esfuerzos para educar a sus ciudadanos acerca de la manera en la que deben evaluar sus suelos para aplicar simplemente la cantidad correcta de nutrientes cuando fertilizan sus jardines.

Hacer un modelo Haz un modelo que describa de qué manera la sobrefertilización conduce a la eutroficación. Luego usa tu modelo para sugerir una solución posible al problema.

El cambio climático

Las emisiones de dióxido de carbono que libera la combustión de combustibles fósiles ha provocado un aumento sustancial del CO_2 atmosférico, tal como se muestra en la Figura 13. La tasa a la que el dióxido de carbono entra en la atmósfera como resultado de las actividades humanas es mucho más alta que la tasa a la que otros procesos pueden eliminarlo. La combustión de combustibles fósiles y la tala total de bosques son dos ejemplos de actividades de los seres humanos que provocaron un aumento de los niveles de dióxido de carbono en la atmósfera de la Tierra.

Analizar A medida que aumenta la cantidad de dióxido de carbono en la atmósfera, una mayor cantidad de dióxido de carbono también ingresa al océano a través de la difusión. El dióxido de carbono reacciona con el agua para producir ácido carbónico, el cual hace que el pH del agua sea más bajo. ¿Qué efectos crees que podría tener esto sobre la vida marina?

CO atmosférico$_2$ en el Observatorio Mauna Loa

FIGURA 13: Los niveles de dióxido de carbono atmosférico se han elevado de manera sustancial desde 1960.

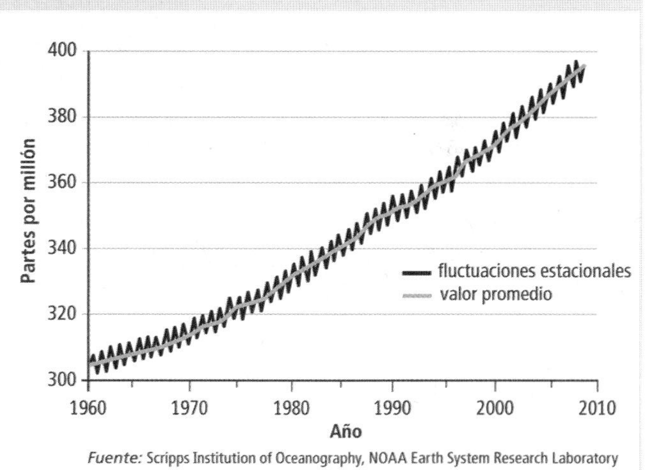

El dióxido de carbono es uno de los muchos gases invernadero, que actúan de manera similar a los invernaderos donde se cultivan plantas: permiten que la luz solar atraviese y brinde energía para el crecimiento vegetal, pero evitan que la radiación infrarroja, o el calor, escapen. El aumento de dióxido de carbono en la atmósfera ha sido vinculado al aumento de las temperaturas en el mundo, el cual tiene un efecto devastador sobre los ecosistemas. Se ha observado que algunas especies han empezado a moverse hacia nuevas zonas dado que los cambios en el clima hacen difícil que puedan vivir en su lugar de origen. Las concentraciones de dióxido de carbono cada vez más altas han achicado los casquetes polares y, como consecuencia, han provocado que los niveles del mar aumenten.

Explicar A muchos científicos les preocupa que la influencia que los seres humanos tienen sobre la biogeoquímica y los ciclos hidrológicos le cause daños a la Tierra que se prolonguen en el tiempo. Haz una lista de actividades que haces que afecten los ciclos. Explica cómo interactúas con el ciclo y cómo afectas a tu ecosistema. ¿Qué harías para reducir tu impacto?

Image Credits: ©Lance Rider/Shutterstock

Investigación guiada

Evaluar soluciones para atenuar el impacto de los seres humanos

Los científicos e ingenieros trabajan para desarrollar soluciones al impacto provocado por los seres humanos sobre los ciclos hidrológicos y biogeoquímicos. La combustión de combustibles fósiles para obtener energía tiene uno de los impactos más fuertes sobre estos ciclos. Encontrar alternativas a la energía de los combustibles fósiles es esencial para reducir el impacto de los seres humanos e introducir cambios que perduren en el tiempo.

Actualmente los ingenieros y científicos están investigando energías de tipo solar, eólica, hídrica, biológica y geotermal como alternativas posibles a los combustibles fósiles. Es probable que ya hayas oído hablar acerca de las granjas solares y eólicas. A la hora de considerar la implementación de nuevas fuentes de energía como estas, los científicos deben hacerse varias preguntas, entre otras:

- **Costos**: ¿La solución es eficaz en cuanto al costo? ¿Puede alcanzarse una solución parecida de una forma menos costosa y sin resignar la calidad?
- **Seguridad**: ¿La solución es segura para los seres humanos y otros seres vivos?
- **Confiabilidad**: ¿La solución podrá sostenerse a lo largo del tiempo bajo condiciones determinadas? ¿Necesitará grandes gastos de mantenimiento para poder sostenerse a lo largo del tiempo?
- **Estética:** ¿La solución mejora o atenta contra la belleza visual natural de la zona?
- **Impactos sociales y culturales**: ¿De qué manera impacta la solución sobre las sociedades de los seres humanos y sus culturas? ¿Hay preocupaciones acerca de estos impactos?

FIGURA 14: Estas turbinas eólicas capturan la energía del viento y la convierten en electricidad. La energía eólica es una fuente de energía alternativa a los combustibles fósiles.

- **Impactos ambientales** : ¿De qué manera la solución impacta sobre el medio ambiente? ¿Hay preocupaciones acerca de estos impactos?
- **Cumplir con los criterios**: ¿La solución resuelve el problema y satisface las necesidades de aquellos que usarán la nueva fuente de energía?
- **Evidencias para justificar la solución**: ¿Logra la evidencia proporcionada justificar las afirmaciones que se hacen acerca de la solución y de la manera en la que funcionará?

Conexión con las artes del lenguaje Elige una fuente de energía alternativa e investiga acerca de los impactos que tiene sobre los ciclos biogeoquímico e hidrológico o de qué manera reduce el impacto de los seres humanos sobre ellos. Escribe una entrada de blog en la que detalles tu investigación. Explica de qué manera la fuente alternativa de energía beneficiará a las poblaciones humanas en cuanto a las contrapartidas, como el costo, la confiabilidad y el impacto sobre la sociedad y el medio ambiente. Reúne evidencias de fuentes múltiples y describe las evidencias específicas de cada una de ellas.

PULMONES DEL PLANETA  FIJACIÓN DE NITRÓGENO  QUÍMICA DEL AGUA DE INVIERNO

Conéctate y elige alguna de estas opciones.

Image Credits: ©Malcolm Fife/Photodisc/Getty Images

Autorrevisión de la lección

¿PUEDES RESOLVERLO?

FIGURA 15: Biósfera 2

El centro de investigación Biósfera 2 fue construido originalmente con cinco ecosistemas separados: bosque lluvioso, océano, pantanos, pradera y desierto. Los científicos pensaron que al replicar los ecosistemas de la Tierra serían capaces de crear un ecosistema autosuficiente en el que los humanos pudieran vivir y cultivar sus propios alimentos. Sin embargo, y casi de inmediato, Biósfera 2 comenzó a sufrir la falta de oxígeno y elevadas concentraciones de dióxido de carbono.

Explicar Revisa las anotaciones en tu Cuaderno de evidencias para explicar de qué manera la materia cambia a medida que fluye dentro del sistema Biósfera 2. Usa esta información para contestar las siguientes preguntas:

1. ¿De qué manera la materia y la energía cambian sus formas a medida que avanzan en los ciclos a través de los ecosistemas y esferas de la Tierra?
2. ¿Por qué crees que los investigadores tuvieron problemas con la cantidad de oxígeno en Biósfera 2?
3. ¿Cómo podrías resolver este problema?

El experimento de Biósfera 2 jamás se recuperó. Los científicos construyeron estropajos de CO_2 para intentar eliminar los excesos de dióxido de carbono del aire y, finalmente, tuvieron que bombear oxígeno para mantenerse vivos. Los ecosistemas dentro de Biósfera 2 sufrieron y nunca florecieron tal como los científicos esperaban que sucediera. El propósito original del experimento fracasó: un grupo de personas no fue capaz de sobrevivir en un sistema autosuficiente. Sin embargo, los científicos sí aprendieron que los ecosistemas de la Tierra son extremadamente complejos y que la comunidad científica tiene mucho que aprender. En la actualidad, los investigadores usan Biósfera 2 como un lugar para estudiar los ecosistemas de la Tierra y mejorar la comprensión sobre los ciclos del carbono y el oxígeno, el reciclaje de agua y muchas cosas más.

Image Credits: ©James Marshall/Corbis

EJERCICIOS DE REVISIÓN

Comprueba lo que aprendiste

1. Los pasos del ciclo del ciclo del carbono están descritos a continuación. Coloca los pasos del sistema en el orden correcto.
   a. Los animales y las plantas liberan dióxido de carbono y agua como resultado de la respiración celular.
   b. Los animales y las plantas liberan dióxido de carbono y este se mueve hacia la biósfera.
   c. Las plantas usan el agua y el dióxido de carbono de la atmósfera para hacer azúcar y oxígeno a través del proceso de la fotosíntesis.
   d. Los animales y las plantas usan azúcar y oxígeno para el proceso de respiración celular.
   e. La respiración celular transforma azúcar y oxígeno en dióxido de carbono y agua.

2. ¿Cuál de los enunciados describe una diferencia entre los ciclos del carbono y del nitrógeno?
   a. El ciclo del carbono involucra únicamente a las plantas.
   b. El ciclo del nitrógeno necesita de un proceso llamado fijación, que es llevado a cabo por ciertas bacterias.
   c. El ciclo del carbono requiere temperaturas que estén por encima de los 27 °C (80 °F).
   d. El ciclo del nitrógeno se produce de principio a fin en el océano.

3. ¿Cuáles son los efectos potenciales de la introducción de demasiado nitrógeno y fósforo en un ecosistema acuático? Elige todas las respuestas correctas.
   a. Las poblaciones de peces aumentarían.
   b. Los organismos acuáticos morirían.
   c. El agua se tornaría más clara.
   d. El crecimiento de algas sería difícil de controlar.
   e. Los niveles de oxígeno aumentarían.

4. ¿Cuáles de los siguientes elementos son comunes para todos los ciclos biogeoquímicos? Elige todas las respuestas correctas.
   a. reservas y procesos
   b. un componente atmosférico
   c. fotosíntesis y respiración
   d. seres vivos como reserva
   e. el sol como fuente de energía
   f. puede verse afectado por las actividades de los seres humanos

5. Completa la oración escribiendo la sustancia correcta en los espacios en blanco.

   En el ciclo del carbono, el rol de la fotosíntesis es absorber ____________, y el rol de la respiración celular liberar____________.

6. Recientemente, algunas zonas de los Estados Unidos han experimentado un aumento de la cantidad de árboles debido a los planes de reforestación. Dibuja un modelo de "antes" y "después" para mostrar de qué manera el ciclo del carbono podría verse alterado luego de un plan de reforestación a gran escala.

7. Dibuja un diagrama del ciclo del agua y rotula cada uno de los procesos. Agrega flechas y rótulos para mostrar de qué forma la energía impulsa el ciclo y es transferida por medio de él.

FIGURA 16: Modelo de la biósfera

8. ¿Cómo está la materia cambiando su forma en el modelo de biósfera que se muestra en la Figura 16? ¿Cuántos tipos distintos de ciclos de la materia crees que se muestran en el modelo?

9. Existe evidencia de que el aumento de los niveles de dióxido de carbono en la atmósfera afectan al fitoplancton, que son pequeños organismos fotosintéticos en el océano. Explica de qué manera el ciclo del carbono podría verse afectado si se redujera la cantidad de fitoplancton.

10. Los descomponedores son una parte importante de muchos ciclos biogeoquímicos. Al descomponer la materia orgánica, algunos tienen respiración aeróbica y otros anaeróbica. Explica por qué los descomponedores son tan importantes para los ciclos de la materia en los ecosistemas. Menciona ejemplos específicos para justificar tu respuesta.

FIGURA 17: Las bacterias rizobios

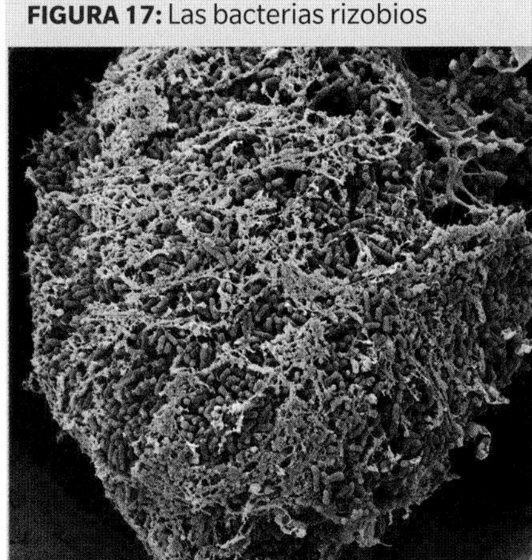

11. Explica el rol fundamental que estas bacterias, como las que se muestran en la Figura 17, tienen en el ciclo del nitrógeno. ¿Qué le sucedería al ciclo del nitrógeno si las bacterias ya no estuvieran presentes?

12. ¿De qué manera los ciclos biogeoquímicos de la Tierra podrían ayudar a que los científicos comprendan la historia antigua de la vida en el planeta?

13. Desarrolla un modelo que explique la forma en la que la energía de la Tierra impulsa los ciclos biogeoquímicos.

HAZ TU PROPIA GUÍA DE ESTUDIO

En tu Cuaderno de evidencias, diseña una guía de estudio que justifique las ideas principales de esta lección:

Los ciclos biogeoquímicos son procesos que mueven la materia a través y entre las esferas de la Tierra. La actividad humana puede tener impacto sobre estos ciclos.

Recuerda incluir la siguiente información en tu guía de estudio:

- Usa ejemplos que sirvan como modelo de las ideas principales.
- Anota explicaciones para el fenómeno que investigaste.
- Presenta evidencias para justificar tus explicaciones. Tu justificación puede incluir dibujos, datos, gráficas, conclusiones de laboratorio y otras evidencias que hayas anotado a lo largo de la lección.

Ten en cuenta la manera en que la materia y la energía, al moverse a través y entre los ecosistemas y las esferas de la Tierra, se transforman pero no se destruyen.

Image Credits: ©Steve Gschmeissner/Science Source

ÁRBOL

Un árbol y los seres vivos y los componentes no vivos que lo rodean

Como sabes, un árbol es un ser vivo complejo. Los árboles también proveen hábitats importantes para una gran variedad de otros seres vivos: una comunidad biótica. Estos componentes simbióticos conforman el ecosistema de un árbol. Aquí encontrarás un resumen en términos simples.

UN LIBRO QUE EXPLICA LOS CONCEPTOS MÁS COMPLEJOS CON LAS PALABRAS MÁS SENCILLAS

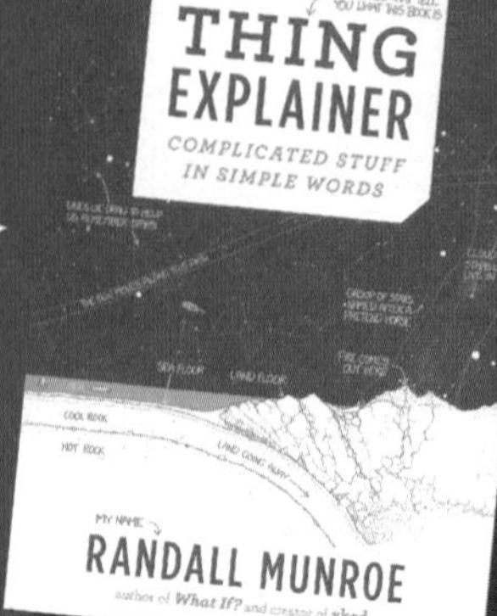

RANDALL MUNROE
XKCD.COM

LA HISTORIA DE UN ÁRBOL Y SUS VECINOS

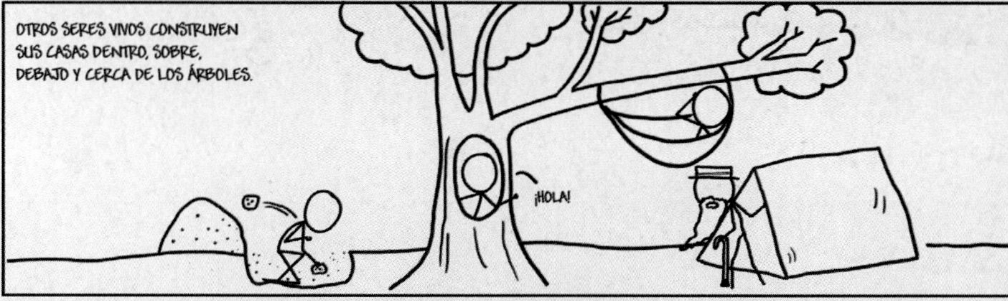

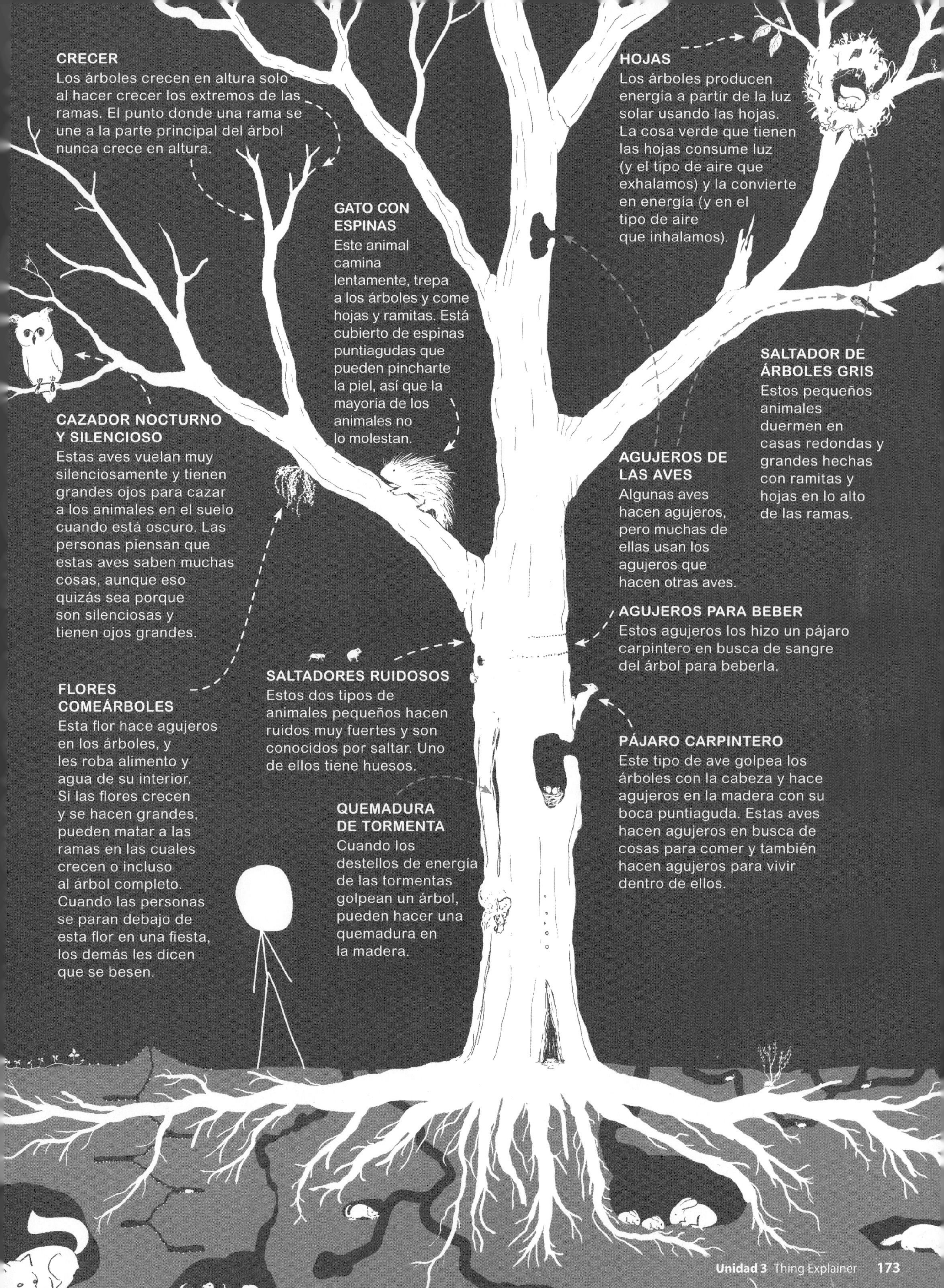

CRECER
Los árboles crecen en altura solo al hacer crecer los extremos de las ramas. El punto donde una rama se une a la parte principal del árbol nunca crece en altura.

HOJAS
Los árboles producen energía a partir de la luz solar usando las hojas. La cosa verde que tienen las hojas consume luz (y el tipo de aire que exhalamos) y la convierte en energía (y en el tipo de aire que inhalamos).

GATO CON ESPINAS
Este animal camina lentamente, trepa a los árboles y come hojas y ramitas. Está cubierto de espinas puntiagudas que pueden pincharte la piel, así que la mayoría de los animales no lo molestan.

SALTADOR DE ÁRBOLES GRIS
Estos pequeños animales duermen en casas redondas y grandes hechas con ramitas y hojas en lo alto de las ramas.

CAZADOR NOCTURNO Y SILENCIOSO
Estas aves vuelan muy silenciosamente y tienen grandes ojos para cazar a los animales en el suelo cuando está oscuro. Las personas piensan que estas aves saben muchas cosas, aunque eso quizás sea porque son silenciosas y tienen ojos grandes.

AGUJEROS DE LAS AVES
Algunas aves hacen agujeros, pero muchas de ellas usan los agujeros que hacen otras aves.

AGUJEROS PARA BEBER
Estos agujeros los hizo un pájaro carpintero en busca de sangre del árbol para beberla.

FLORES COMEÁRBOLES
Esta flor hace agujeros en los árboles, y les roba alimento y agua de su interior. Si las flores crecen y se hacen grandes, pueden matar a las ramas en las cuales crecen o incluso al árbol completo. Cuando las personas se paran debajo de esta flor en una fiesta, los demás les dicen que se besen.

SALTADORES RUIDOSOS
Estos dos tipos de animales pequeños hacen ruidos muy fuertes y son conocidos por saltar. Uno de ellos tiene huesos.

PÁJARO CARPINTERO
Este tipo de ave golpea los árboles con la cabeza y hace agujeros en la madera con su boca puntiaguda. Estas aves hacen agujeros en busca de cosas para comer y también hacen agujeros para vivir dentro de ellos.

QUEMADURA DE TORMENTA
Cuando los destellos de energía de las tormentas golpean un árbol, pueden hacer una quemadura en la madera.

ÁRBOL

QUEMADOR DE PIEL

Estas hojas tienen algo que hace que la piel se te ponga roja. Genera una sensación horrible, como si necesitaras rascarte la piel con algo puntiagudo; pero al hacerlo empeora todo.

Esta hoja-flor crece y forma largas líneas a lo largo del suelo o en los árboles. Algunas veces crece hacia arriba como un pequeño árbol en sí mismo. Al igual que con muchas cosas, sus hojas se agrupan de tres en tres.

MONTAÑA PARA ANIMALES

Esta es la tierra que las moscas caminantes sacaron del suelo mientras hacían los agujeros.

PUERTA

AGUJERO A CAUSA DE UNA RAMA ROTA

Cuando un árbol se lastima (como cuando se rompe una rama), el lugar donde se lastimó crece de forma diferente, al igual que como sucede con la piel cuando uno se corta. A veces, los animales entran por estos lugares y agrandan el agujero.

RAMAS DE TIERRA

A los árboles les crecen ramas por debajo del suelo, como las que crecen hacia arriba. Las ramas superiores obtienen la luz solar, mientras que las ramas del suelo obtienen agua y alimento de la tierra. Se extienden mucho (a veces más que las ramas superiores), pero normalmente no van tan profundo.

CASA PARA AVES

AGUJERO A CAUSA DEL FUEGO

Estos agujeros se deben a incendios que sucedieron hace muchos años. Las hojas y las ramitas en el suelo se quemaron, y el viento llevó al fuego contra este lado del árbol. El lugar quemado crece de manera diferente y, algunas veces, se puede convertir en un gran agujero.

PERRO PEQUEÑO

MOSCAS CAMINANTES

Estos animales pequeños viven en grandes grupos y hacen agujeros. La mayoría no tienen crías; cada familia tiene una madre que crea a todos los animales nuevos de la casa.

Normalmente no vuelan y no se parecen a las moscas hogareñas. Están en el mismo grupo de las moscas que en la espalda tienen una punta afilada que puede lastimarte.

MORDEDORES LARGOS SIN BRAZOS NI PIERNAS (QUE ESTÁN DURMIENDO)

Estos animales largos y angostos de sangre fría normalmente no pasan tiempo juntos y a veces se comen entre sí.

Sin embargo, durante el invierno, muchos de ellos (de diferentes clases) se reúnen y duermen enrollados en grandes agujeros debajo del suelo, donde está más caliente.

SALTADORES DE OREJAS LARGAS

CREADORES DE AGUJEROS LARGOS

CRECER
Los árboles crecen en altura solo al hacer crecer los extremos de las ramas. El punto donde una rama se une a la parte principal del árbol nunca crece en altura.

HOJAS
Los árboles producen energía a partir de la luz solar usando las hojas. La cosa verde que tienen las hojas consume luz (y el tipo de aire que exhalamos) y la convierte en energía (y en el tipo de aire que inhalamos).

GATO CON ESPINAS
Este animal camina lentamente, trepa a los árboles y come hojas y ramitas. Está cubierto de espinas puntiagudas que pueden pincharte la piel, así que la mayoría de los animales no lo molestan.

SALTADOR DE ÁRBOLES GRIS
Estos pequeños animales duermen en casas redondas y grandes hechas con ramitas y hojas en lo alto de las ramas.

CAZADOR NOCTURNO Y SILENCIOSO
Estas aves vuelan muy silenciosamente y tienen grandes ojos para cazar a los animales en el suelo cuando está oscuro. Las personas piensan que estas aves saben muchas cosas, aunque eso quizás sea porque son silenciosas y tienen ojos grandes.

AGUJEROS DE LAS AVES
Algunas aves hacen agujeros, pero muchas de ellas usan los agujeros que hacen otras aves.

AGUJEROS PARA BEBER
Estos agujeros los hizo un pájaro carpintero en busca de sangre del árbol para beberla.

SALTADORES RUIDOSOS
Estos dos tipos de animales pequeños hacen ruidos muy fuertes y son conocidos por saltar. Uno de ellos tiene huesos.

FLORES COMEÁRBOLES
Esta flor hace agujeros en los árboles, y les roba alimento y agua de su interior. Si las flores crecen y se hacen grandes, pueden matar a las ramas en las cuales crecen o incluso al árbol completo. Cuando las personas se paran debajo de esta flor en una fiesta, los demás les dicen que se besen.

PÁJARO CARPINTERO
Este tipo de ave golpea los árboles con la cabeza y hace agujeros en la madera con su boca puntiaguda. Estas aves hacen agujeros en busca de cosas para comer y también hacen agujeros para vivir dentro de ellos.

QUEMADURA DE TORMENTA
Cuando los destellos de energía de las tormentas golpean un árbol, pueden hacer una quemadura en la madera.

ÁRBOL

QUEMADOR DE PIEL

Estas hojas tienen algo que hace que la piel se te ponga roja. Genera una sensación horrible, como si necesitaras rascarte la piel con algo puntiagudo; pero al hacerlo empeora todo.

Esta hoja-flor crece y forma largas líneas a lo largo del suelo o en los árboles. Algunas veces crece hacia arriba como un pequeño árbol en sí mismo. Al igual que con muchas cosas, sus hojas se agrupan de tres en tres.

AGUJERO A CAUSA DE UNA RAMA ROTA

Cuando un árbol se lastima (como cuando se rompe una rama), el lugar donde se lastimó crece de forma diferente, al igual que como sucede con la piel cuando uno se corta. A veces, los animales entran por estos lugares y agrandan el agujero.

CASA PARA AVES

RAMAS DE TIERRA

A los árboles les crecen ramas por debajo del suelo, como las que crecen hacia arriba. Las ramas superiores obtienen la luz solar, mientras que las ramas del suelo obtienen agua y alimento de la tierra. Se extienden mucho (a veces más que las ramas superiores), pero normalmente no van tan profundo.

AGUJERO A CAUSA DEL FUEGO

Estos agujeros se deben a incendios que sucedieron hace muchos años. Las hojas y las ramitas en el suelo se quemaron, y el viento llevó al fuego contra este lado del árbol. El lugar quemado crece de manera diferente y, algunas veces, se puede convertir en un gran agujero.

MONTAÑA PARA ANIMALES

Esta es la tierra que las moscas caminantes sacaron del suelo mientras hacían los agujeros.

PUERTA

PERRO PEQUEÑO

SALTADORES DE OREJAS LARGAS

MOSCAS CAMINANTES

Estos animales pequeños viven en grandes grupos y hacen agujeros. La mayoría no tienen crías; cada familia tiene una madre que crea a todos los animales nuevos de la casa.

Normalmente no vuelan y no se parecen a las moscas hogareñas. Están en el mismo grupo de las moscas que en la espalda tienen una punta afilada que puede lastimarte.

MORDEDORES LARGOS SIN BRAZOS NI PIERNAS (QUE ESTÁN DURMIENDO)

Estos animales largos y angostos de sangre fría normalmente no pasan tiempo juntos y a veces se comen entre sí.

Sin embargo, durante el invierno, muchos de ellos (de diferentes clases) se reúnen y duermen enrollados en grandes agujeros debajo del suelo, donde está más caliente.

CREADORES DE AGUJEROS LARGOS

PIEL

La piel exterior de los árboles es el lugar donde sucede el crecimiento y por donde se traslada el alimento hacia arriba y hacia abajo. Si se corta un anillo entero de la piel alrededor del árbol, este morirá.

Los árboles crecen al agregar nuevas capas, y crecen de forma diferente en momentos distintos del año. Si cortas un árbol, podrás ver las capas antiguas y contarlas para saber cuántos años tiene el árbol.

METAL ANTIGUO

Cuando las personas usan metal para colocar carteles en los árboles, a veces el árbol crece alrededor del metal y se lo come.

Luego, muchos años después, si alguien necesita talar el árbol, la sierra puede golpear el metal y esparcir pequeños trozos puntiagudos por todas partes.

LADRONES DEL ALIMENTO DEL ÁRBOL

En lugar de tener ramas con tierra propias, estas flores crecen sobre las ramas con tierra de otros árboles y les roban el alimento.

Algunas de estas pequeñas flores ni siquiera tienen hojas verdes y no pueden producir su propio alimento a partir de la luz.

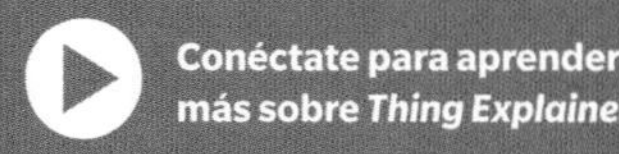

ÁRBOLES ALTOS Y ANCHOS

El mismo tipo de árbol puede crecer para ser alto o ancho. Si hay otros árboles alrededor, crecerán en su mayoría en altura, y cada uno intentará superar a los demás para alcanzar la luz solar. Si un árbol crece solo en el campo, extenderá las ramas hacia los costados para captar más luz.

CAMPO QUE SE CONVIERTE EN BOSQUE

Cuando las personas talan un bosque, a veces dejan algunos árboles (para que sea una zona fresca y con sombra, o porque el árbol es lindo) y esos árboles crecerán intentando llenar el nuevo espacio.

Si el bosque vuelve a crecer, los nuevos árboles (que pelean entre sí a medida que crecen) serán altos y angostos. Si encuentras un bosque de árboles altos y angostos y un árbol ancho con ramas bajas en el medio, quizás sea porque el bosque en el que estás era el campo de alguien hace cien años.

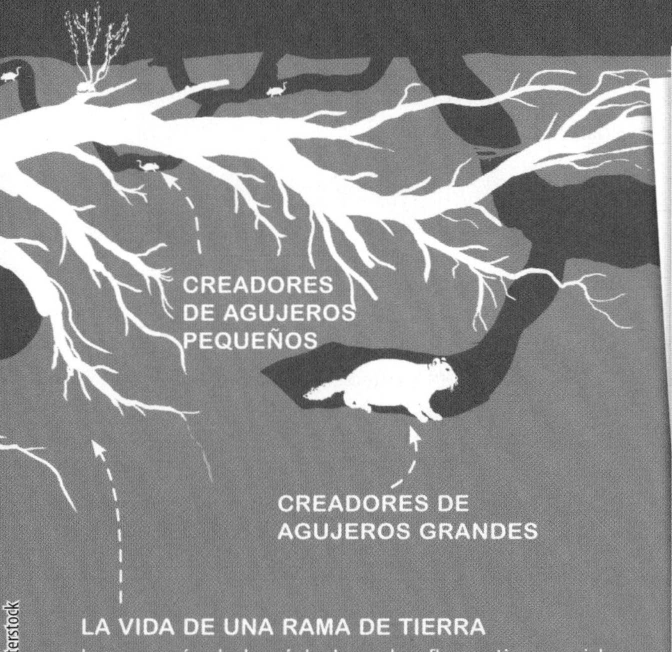

LA VIDA DE UNA RAMA DE TIERRA

La mayoría de los árboles y las flores tienen vida que crece en las ramas de tierra. Esta vida los ayuda a comunicarse con otros árboles y flores de alrededor. Incluso pueden usar esta vida para compartir alimentos o atacarse entre sí.

Si algo intenta comerse un árbol, este puede avisarles a los otros árboles mediante mensajes transmitidos por esta vida del suelo, y los otros árboles pueden producir agua dañina y otras cosas para convertirse en algo difícil de comer.

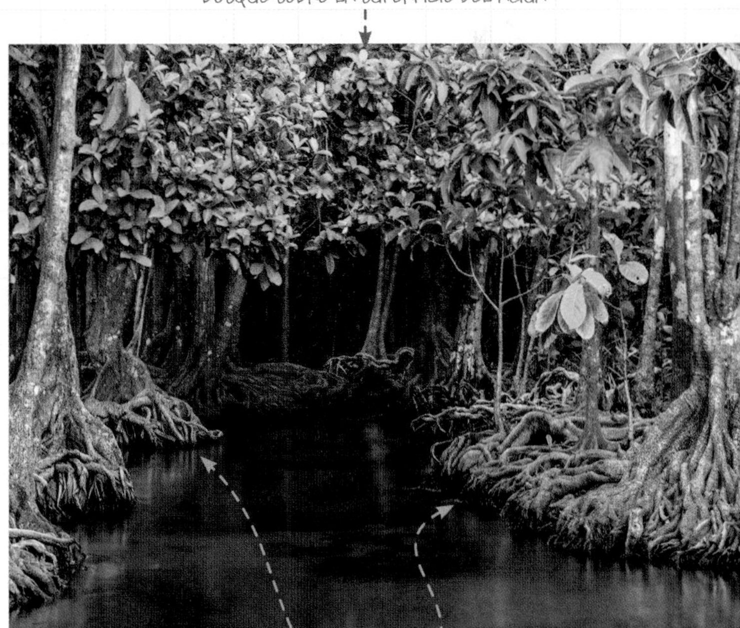

Image Credit: ©Alexander Mazurkevich/Shutterstock

Conexión con la ingeniería

Biocombustible de algas Los carros utilizan combustibles fósiles y liberan grandes cantidades de dióxido de carbono dentro de la atmósfera. El gas de dióxido de carbono es uno de los principales causantes de los gases de invernadero y de las temperaturas mundiales en aumento. Para contrarrestar este efecto en el medio ambiente, los ingenieros han estado investigando fuentes alternativas de combustible, como los biocombustibles de algas, que no emiten gases invernadero. Las algas atrapan, transforman y almacenan la energía solar como petróleo a través de la fotosíntesis. El petróleo puede luego ser procesado en forma de biocombustible.

Investiga sobre los biocombustibles de algas usando recursos de la biblioteca y de Internet. Escribe una entrada de blog en la que expliques los usos potenciales de los biocombustibles de algas. ¿Qué impacto podrían tener los biocombustibles sobre las emisiones de gases invernaderos generadas por los seres humanos?

FIGURA 1: Producción de biocombustible de algas.

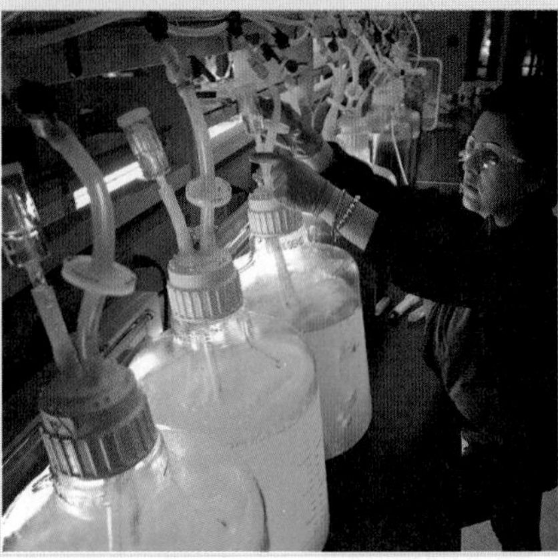

Conexión con los estudios sociales

BFF: Hurones de patas negras (BFF, por sus siglas en inglés) A medida que los colonos europeos se trasladaron hacia las Grandes Llanuras, convirtieron las zonas de praderas en tierras de cultivo. Estos granjeros y rancheros consideraron que los perritos de la pradera eran una molestia y los mataron en grandes cantidades. Los hurones de patas negras, que se alimentaban de estos perritos de la pradera, fueron durante este proceso casi erradicados. Estos hurones son una especie fundamental en el ecosistema y su salud es un indicador principal de la salud general del ecosistema.

La población de estos hurones ha sido sometida a un amplio programa de reproducción en cautiverio y está siendo introducida nuevamente a la vida salvaje con gran éxito. Investiga la historia de estos hurones y el significado de su reintroducción al ecosistema usando recursos de la biblioteca y de Internet. Haz un folleto para documentar la historia de los hurones de patas negras y explica cualquier tipo de repercusión que haya tenido para los granjeros y rancheros locales.

FIGURA 2: Hurones de patas negras liberados en su hábitat natural.

Conexión con las ciencias de la computación

Ecología computacional En años recientes, los avances en el software de creación de modelos de computadora y en la velocidad de procesamiento han permitido que los científicos estudien la complejidad de los ecosistema con mayor profundidad. Históricamente las redes alimentarias han sido presentadas como imágenes de productores y consumidores conectadas por una red de flechas de energía. Con el nuevo software, los científicos hacen modelos de cientos de interacciones entre las especies y construyen una red completa del ecosistema, tal como en la Figura 3.

Con un compañero o un grupo pequeño, revisen la red de ecosistemas que se muestra aquí. ¿Cuáles son los pros y las contras de hacer esta clase de modelos de computadora de un ecosistema? ¿Piensas que un ser humano sería capaz de analizar esta red sin una computadora? Por tu cuenta haz una lista de las preguntas que, si fueras un científico, harías en relación a este modelo. Comparte tus preguntas con tu compañero o el grupo. ¿Hicieron preguntas parecidas?

FIGURA 3: Red compleja de ecosistema desarrollada usando software de computadoras para hacer modelos de redes.

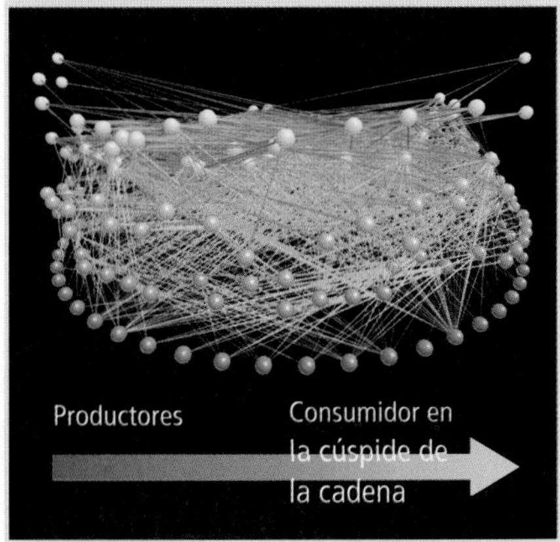

Image Credits: (t) ©David Maung/Bloomberg/Getty Images; (c) ©Kathryn Scott Osler/The Denver Post/Getty Images; (b)©Neo Martinez/Science Source

SÍNTESIS DE LA UNIDAD

En tu Cuaderno de evidencias, haz un mapa conceptual, un organizador gráfico o un esquema con la información de las Guías de estudio que creaste para cada lección de esta unidad. Recuerda que debes fundamentar tus afirmaciones con evidencias.

Al sintetizar información, debes seguir los siguientes pasos generales:

- Busca la idea central de cada fuente de información.
- Establece relaciones entre las ideas centrales.
- Combina las ideas para mejorar tu comprensión.

PREGUNTAS GUÍA

Vuelve a leer las Preguntas guía que aparecen al principio de la unidad. En tu Cuaderno de evidencias, repasa y revisa las respuestas que habías dado a esas preguntas. A partir de las evidencias que reuniste y las observaciones que hiciste durante la unidad, justifica las respuestas.

PRÁCTICA Y REPASO

FIGURA 4: La energía transferida a los electrones se mueve a través de reacciones que dependen de la luz.

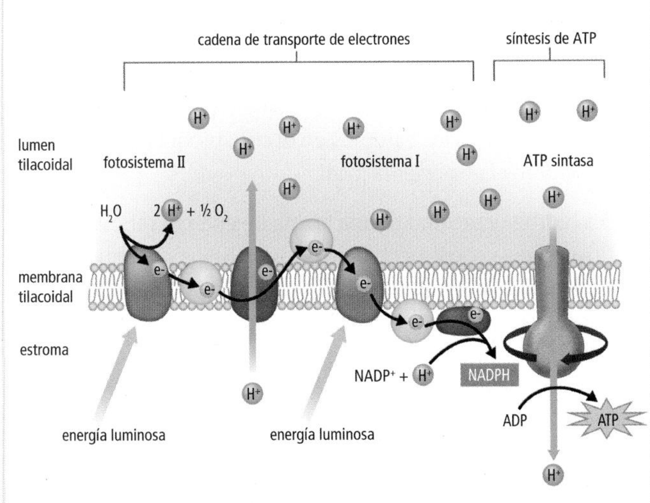

1. Los paneles solares capturan energía de la luz solar y la convierten en electricidad. A medida que la luz golpea los átomos de silicio de una célula solar, la energía se transfiere a los electrones. Los electrones son emitidos de los átomos de silicio y un campo eléctrico organiza los electrones en forma de corriente eléctrica. Compara de qué manera funcionan una célula solar y un cloroplasto a la hora de capturar y transferir energía.

2. La célula es un sistema en el cual se producen procesos tales como la fotosíntesis y la respiración celular para que la célula pueda sobrevivir. Si bien la fotosíntesis ocurre únicamente en ciertos productores, ¿de qué forma contribuye este proceso a la supervivencia de otros organismos, entre ellos los seres humanos?

3. Describe la relación entre respiración celular y fotosíntesis en términos de energía y de materia.

4. En una pirámide de números, el organismo de más alto nivel tiene el menor número de individuos en una comunidad ecológica. ¿Qué sucedería si la población de este organismo aumentara de manera significativa? En tu Cuaderno de evidencias, desarrolla un modelo que explique el efecto que este aumento tendría sobre los otros miembros de la comunidad.

Observa la información de la Figura 5 y responde la Pregunta 5.

5. Si el 90% de la energía se pierde en forma de calor entre los niveles tróficos, ¿cuánta energía hay disponible, aproximadamente, para los consumidores secundarios en esta pirámide de energía?

FIGURA 5: Energía en los niveles tróficos.

FIGURA 6: Los ciclos de la materia y la energía a través del sistema de la Tierra.

6. Haz un modelo en tu Cuaderno de evidencias para mostrar de qué manera un ciclo biogeoquímico está conectado a la transferencia de materia y energía a través de la cadena alimentaria. En tu modelo incluye contenido multimedia y texto para expresar los conceptos de productores, consumidores, descomponedores y el ciclo de materia y energía.
7. Un aumento de la energía puede cambiar la dinámica de un sistema. Explica de qué manera las alteraciones al ciclo del carbono pueden arrojar como resultado un aumento de la energía contenida en el sistema de la Tierra. Comenta de qué manera la adición de energía afectaría a los ciclos de la materia en otros ciclos biogeoquímicos.
8. ¿Por qué la cantidad de energía en un ecosistema depende de sus productores?
9. El ciclo del nitrógeno se basa en varios organismos que desarrollan funciones muy específicas. Un grupo esencial es el de las bacterias fijadoras de nitrógeno. ¿Cuál de los siguientes enunciados explica la manera en que el ciclo del nitrógeno se vería interrumpido si hubiera una explosión repentina de la población de bacterias fijadoras de nitrógeno?
   a. Una explosión de la población de bacterias fijadoras de nitrógeno reduciría los niveles de amonio en el agua.
   b. Una explosión de la población de bacterias fijadoras de nitrógeno aumentaría los niveles de nitrógeno en el agua.
   c. Una explosión de la población de bacterias fijadoras de nitrógeno provocaría que los niveles de oxígeno y dióxido de carbono disueltos en el agua se reduzcan.
   d. Una explosión de la población de bacterias fijadoras de nitrógeno provocaría que los niveles de amoníaco se eleven, lo que podría detectarse examinando los niveles de amoníaco en el agua.

FIGURA 7: Durante períodos de actividad agotadora o prolongada, los atletas deben mantener los niveles de oxígeno que sus cuerpos necesitan.

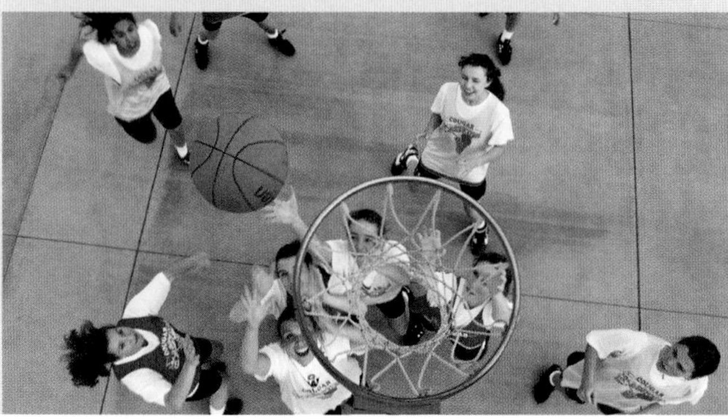

10. En tu Cuaderno de evidencias haz un modelo que explique por qué el contenido energético de las moléculas de alimentos tiene su origen en el sol.
11. El incendio en un bosque comenzó luego de que un grupo de campistas no pudieron extinguir por completo el fuego de su campamento. Los incendios en bosques liberan carbono, nitrógeno, fósforo y azufre, elementos que se encontraban aislados en la biomasa de los árboles, nuevamente hacia la atmósfera. En tu Cuaderno de evidencias crea un modelo que muestre de qué manera el carbono, el fósforo y los ciclos del nitrógeno en esa zona se verán afectados por el incendio en el bosque. Luego explica de qué manera los cambios en el ciclo biogeoquímico afectarán el ecosistema local.
12. La hidroelectricidad es una forma de energía renovable que involucra la construcción de diques en ríos y riachuelos. En las aguas que están por encima del dique suelen formarse lagos, ya que el dique restringe el flujo de agua. Aguas abajo, la cantidad de agua en general se ve reducida. ¿De qué manera afecta esta actividad el ciclo del agua y los ecosistemas locales? ¿Es la hidroelectricidad una fuente sustentable de energía?

PROYECTO DE LA UNIDAD

Vuelve a tu proyecto de la unidad. Prepara una presentación con tu investigación y tus materiales para compartir con la clase. En tu presentación final, evalúa la firmeza de tus hipótesis, datos, análisis y conclusiones.

Recuerda estas sugerencias a la hora de evaluar:

- Observa la evidencia empírica, evidencia basada en observaciones y datos. ¿La evidencia brinda justificaciones para la explicación?
- Considera si la explicación es lógica. ¿Contradice alguna evidencia que hayas visto?
- Piensa en pruebas que puedas hacer para justificar y contradecir las ideas.

Image Credits: (r) ©MCMXCV/Larry Dale Gordon/ Image Bank/ Getty Images

Análisis de la contaminación del agua

El pequeño pueblo de Lakeview está ubicado en las costas del Lago Piper. El pueblo depende del lago para la pesca de truchas, la observación de águilas y las actividades recreativas. Recientemente se construyó una planta de fertilizantes, H.T.C Fertilizantes, aguas arriba sobre el Río Águila, que alimenta al Lago Piper. El pueblo ha presenciado un aumento de la floración de algas en este lago. Les preocupa que la planta de fertilizantes esté derramando demasiado nitrógeno en el río y que la vida en él pueda verse afectada. ¿Tienen razón en el pueblo? ¿Debe la planta controlar la cantidad de desechos que se derraman en el río?

1. DEFINE EL PROBLEMA

Con tu equipo, escriban un enunciado que resuma el problema que les han pedido que resuelvan. Anota todas las preguntas que tengas acerca del problema y la información que necesites para resolverlo.

2. REALIZA UNA INVESTIGACIÓN

Con tu equipo, investiga la relación de causa y efecto entre el nitrógeno, la floración de algas y las poblaciones de peces. ¿Podría la planta de fertilizantes ser responsable por los cambios que el pueblo está experimentando?

3. ANALIZA LOS DATOS

Por tu cuenta, analiza la pregunta que has definido para la investigación. Haz un modelo que muestre de qué manera el exceso de nitrógeno avanza en el ciclo a través del ecosistema acuático. Tu modelo también debe mostrar cualquier tipo de efecto que el nitrógeno tenga sobre el ecosistema usando una red alimentaria, una pirámide de energía, una pirámide de biomasa y una pirámide de números.

4. COMUNICA

Preséntale tus descubrimientos al pueblo y a la empresa de fertilizantes y explica por qué o por qué no los escurrimientos que la planta genera afectan de manera negativa el ecosistema del lago. Tu presentación debe incluir imágenes y datos que justifiquen tus afirmaciones.

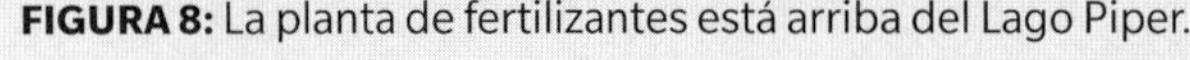

FIGURA 8: La planta de fertilizantes está arriba del Lago Piper.

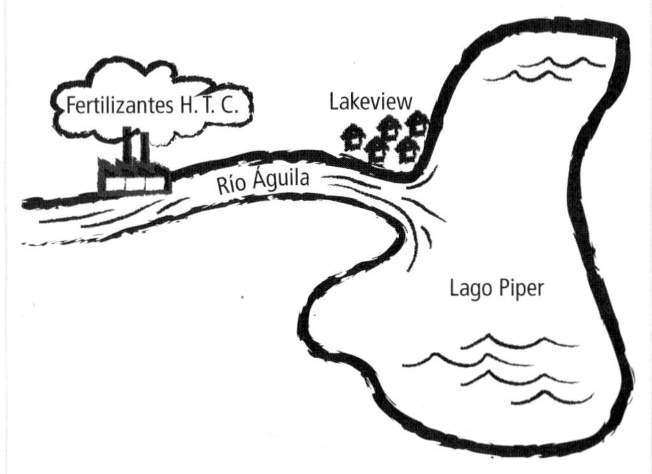

REVISA TU TRABAJO

Una presentación completa debe incluir la siguiente información:

- un problema claramente definido, con preguntas de respaldo que sean respondidas al final de la presentación
- un modelo del efecto del escurrimiento de fertilizantes
- una explicación que esté basada en tu análisis del escurrimiento y si está o no afectando de manera negativa el ecosistema del lago
- imágenes y datos que brinden mayores justificaciones para tus afirmaciones

UNIDAD 4

Los ecosistemas: Estabilidad y cambio

Las poblaciones son sensibles a los cambios en su medio ambiente.

Image Credits: ©National Geographic/Roy Toft/Getty Images

FIGURA 1: Las poblaciones de palomas pueden crecer demasiado.

Las palomas fueron domesticadas y criadas por las personas hace miles de años. Primero, se las usaba como portadoras de mensajes debido a su habilidad para encontrar el camino a casa, incluso a lo largo de grandes distancias. Hoy en día, sin embargo, la población de palomas ha crecido mucho y las aves dañan edificios, estatuas y monumentos. En las ciudades se usan alambres y redes para evitar que las aves se acerquen a los edificios. Estas estrategias logran que las aves se trasladen a otro lugar, pero no reducen la población. Algunas ciudades están buscando formas de controlar la natalidad y así reducir la población a números más razonables.

Predecir ¿Cómo crees que los cambios en el tamaño de la población pueden afectar la composición y la estabilidad de un ecosistema?

PREGUNTAS GUÍA

Mientras trabajas en la unidad, reúne evidencias para responder las siguientes preguntas. En tu Cuaderno de evidencias, anota lo que ya sabes sobre estos temas y cualquier pregunta que tengas sobre ellos.

1. ¿Cómo hacen los científicos para medir la población y los cambios en ella?
2. ¿Qué hace que las poblaciones y los ecosistemas se mantengan estables o cambien a lo largo del tiempo?
3. ¿Qué factores afectan a las poblaciones dentro de un ecosistema?
4. ¿Cómo afectan los cambios pequeños o drásticos a la estabilidad del ecosistema?

PROYECTO DE LA UNIDAD

Humedales a tu servicio

Los humedales son ecosistemas que tienen agua en la superficie del suelo o en sus cercanías en distintos momentos del año. Algunos ejemplos de humedales son las marismas y las ciénagas. Los humedales suelen formarse en los límites de cuerpos de agua, como lagos o ríos. ¿Cómo contribuyen los humedales a la estabilidad de los ecosistemas y las poblaciones? Haz un modelo de tu propio humedal e investiga los servicios que los humedales brindan a los seres humanos y al ecosistema. ¿Cómo puede la destrucción de los humedales cambiar la composición de las poblaciones y los ecosistemas?

Para planear el proyecto de esta unidad, conéctate y descarga la Planilla de proyectos.

Image Credits: ©Milkovasa/Shutterstock

4.1

La dinámica de una población

Muchas especies diferentes habitan el gran ecosistema de Yellowstone.

¿PUEDES EXPLICARLO?

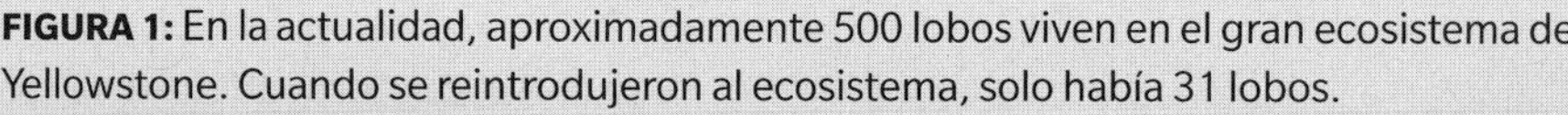

FIGURA 1: En la actualidad, aproximadamente 500 lobos viven en el gran ecosistema de Yellowstone. Cuando se reintrodujeron al ecosistema, solo había 31 lobos.

Reunir evidencias Mientras trabajas con la lección, reúne evidencias para explicar cómo interactúan las poblaciones en los ecosistemas.

El Parque Nacional de Yellowstone, ubicado principalmente en el noroeste de Wyoming, es el corazón del gran ecosistema de Yellowstone. El terreno escarpado y la abundancia de presas hacen de este ecosistema templado un medio ambiente ideal para los lobos. Sin embargo, debido a los esfuerzos de erradicación agresivos del siglo XIX y principios del XX, los lobos fueron cazados hasta que no quedó ninguno en el parque. En 1926, la última manada de lobos fue exterminada. Los científicos de ese tiempo no alcanzaban a entender el efecto de un cambio de esta magnitud en un ecosistema.

En 1995, un programa comenzó a reintroducir lobos al Parque Nacional de Yellowstone. Durante los primeros años desde que se restableció la población de lobos, estudios observacionales informaron que la diversidad de especies de plantas había aumentado, algunos pájaros cantores habían regresado y los ecosistemas acuáticos del parque habían cambiado.

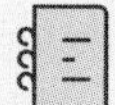

Predecir ¿Cómo puede la reintroducción de lobos al Parque Nacional de Yellowstone haber cambiado directa o indirectamente las poblaciones de tantas otras especies dentro de su ecosistema?

Image Credits: (t) ©Michael H Spivak/Moment/Getty Images; (b) ©SBTheGreenMan/iStock/Getty Images Plus

La densidad y la dispersión de una población

Si has viajado desde un área rural hacia una ciudad, puede que hayas notado un cambio en la densidad de población. Las ciudades tienen poblaciones más densas, mientras que las áreas rurales tienen poblaciones más dispersas o esparcidas. Las poblaciones de especies se miden de una manera similar. ¿Qué podemos aprender a partir de los datos de una población?

FIGURA 2: Las ciudades tienen poblaciones humanas densas.

Densidad de población

Puede que ya conozcas el término *densidad* en el contexto de la materia. Es la cantidad de materia en un espacio dado. La densidad de población es muy similar: es la cantidad de individuos que viven en un espacio definido. Cuando los científicos, como los biólogos de vida silvestre, observan cambios en la densidad de población a lo largo del tiempo, una de las cosas que estudian es si las causas están relacionadas con cambios ambientales o con variaciones naturales en la historia de la especie. Usan esta información para decidir si es necesario hacer cambios para que la población se mantenga saludable.

Una herramienta que usan los biólogos para tomar esta decisión es calcular la razón entre los individuos que viven en un área y el tamaño de esa área.

La densidad de población se calcula con la siguiente fórmula:

$$\frac{\text{cantidad de individuos}}{\text{área (unidades}^2\text{)}} = \text{densidad de población}$$

Para calcular la razón de la manada de venados que se muestra en la Figura 3, un biólogo primero tiene que calcular el tamaño del territorio de la manada. Luego, los científicos cuentan todos los individuos de esa población dentro del área definida.

Colaborar Trabaja con un compañero y comenta si el área donde vives tiene una población densa o dispersa. Explica tu razonamiento.

FIGURA 3: Los venados se reúnen en un campo para pastar.

Conexión con las matemáticas Una científica y su equipo contaron 200 venados en un área de 10 kilómetros cuadrados.

1. ¿Cuál es la densidad de población?
2. Diez años después, los científicos volvieron a la misma área y descubrieron que la densidad de población había descendido a 5 venados por kilómetro cuadrado. ¿Qué información pueden obtener los científicos sobre el hábitat del área a partir del descenso en la densidad de la población de venados?

Image Credits: (t) ©Robert Harding/Wendy Connett/Getty Images; (b) ©Tim Graham/Alamy

Dispersión de la población

Puedes haber notado que las personas tienden a separarse de diferentes formas. Algunas se reúnen en grupos grandes, otras en grupos de dos o tres personas y otras prefieren estar solas. También existen patrones en la forma en que diferentes poblaciones de organismos se separan entre sí. La Figura 4 muestra tres patrones principales de dispersión de la población: aglomerada, uniforme y al azar.

La dispersión aglomerada ocurre cuando los recursos están distribuidos de manera desigual dentro de un ecosistema. Los individuos se agrupan en lugares donde hay recursos disponibles. La dispersión aglomerada ayuda a proteger a los individuos de los depredadores y hace que encontrar pareja sea más fácil. La dispersión uniforme ocurre cuando los individuos de la misma especie deben competir por recursos y territorios limitados. La dispersión al azar es el patrón de distribución menos común. Ocurre cuando los recursos están distribuidos uniformemente en un ecosistema. En el caso de las plantas, este tipo de dispersión suele ocurrir cuando el viento o el agua esparcen las semillas al azar. Las semillas solo germinan si las condiciones son las adecuadas, lo que aumenta la aleatoriedad de la distribución.

Analizar ¿Por qué una población puede mostrar una dispersión uniforme? Piensa en las ventajas de tener un espacio definido.

FIGURA 4: Patrones de dispersión de la población

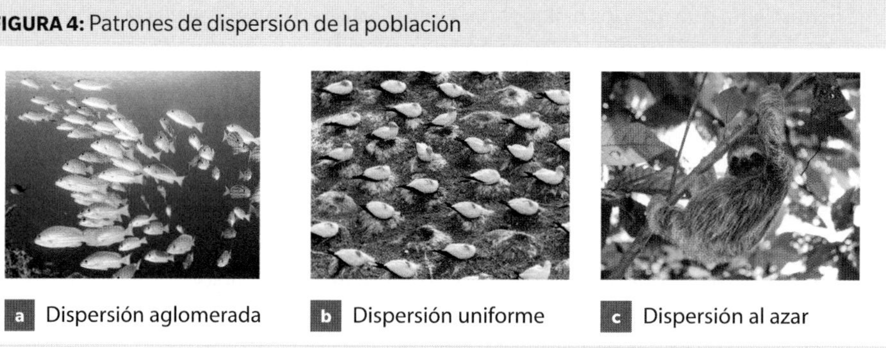

a Dispersión aglomerada b Dispersión uniforme c Dispersión al azar

Image Credits: (l) ©Rich Carey/Shutterstock; (c) ©Moment/Stoneography/Getty Images; (r) ©Vilainecrevette/Shutterstock

Hacer un modelo Dibuja un diagrama con una vista aérea de poblaciones con cada tipo de dispersión: aglomerada, uniforme y al azar.

Medir el tamaño de la población

Medir el tamaño de la población en un área grande puede parecer una tarea imposible. A veces, se pueden contar todos los individuos, especialmente si la especie vive en un área cerrada. Sin embargo, ¿qué pasaría si tuvieras que contar una población muy grande en un territorio de muchos kilómetros cuadrados? En este caso, los biólogos usan varias técnicas de muestreo para calcular el tamaño de la población.

Uno de los métodos que usan los científicos para medir el tamaño de una población de animales es la técnica de marcaje y recaptura. Los biólogos capturan individuos de una población, los marcan y luego los sueltan. Después de un período de tiempo, se captura una segunda muestra, y los biólogos buscan y cuentan los animales marcados y los animales capturados por primera vez. También pueden colocar collares con aparatos de radio o GPS para rastrear sus movimientos. Otro método es el muestreo por cuadrantes, en el que los ecólogos usan cuadrantes (generalmente cuadrados o rectángulos de un tamaño definido) para recolectar datos sobre los números de la población en un ecosistema. El muestreo por cuadrantes funciona mejor con especies inmóviles, como plantas y corales.

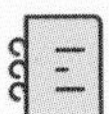

Práctica de laboratorio

Muestreo por cuadrantes

FIGURA 5: El muestreo por cuadrantes es más usado para medir poblaciones de plantas.

Usa un muestreo por cuadrantes para reunir datos sobre el tamaño de una población.

Predecir ¿El muestreo por cuadrantes provee un cálculo exacto del tamaño de la población dentro de un área definida?

MATERIALES

- calculadora
- cinta métrica
- cuadrante

PROCEDIMIENTO

1. Busca un cuadrante de muestreo. Mide, calcula y registra el área del cuadrante en una hoja o en tu cuaderno.
2. Párate en el borde del área que usarás como muestra y arroja el cuadrante al azar. Asegúrate de que el cuadrante no se superponga con otro.
3. Cuenta cuántos individuos de cada especie hay en el cuadrante. Anota los datos en una tabla. Repite el procedimiento tres veces.

ANALIZA

1. Combina tus datos con los de tus compañeros. Calcula la cantidad promedio de cada especie para cada una de las muestras.
2. Pídele a tu maestro el área de la parcela de muestra. Calcula cuántos cuadrantes entran en el área de la parcela de muestra. Multiplica este valor por la cantidad promedio de cada especie encontrada en un cuadrante para calcular la población de cada especie.

Escala, proporción y cantidad

1. Calcula la densidad de cada especie. ¿Qué especie tiene la mayor densidad? ¿Cuál tiene la menor? ¿Por qué crees que es así? Compara tus cálculos de población con el número de población real que te da tu maestro. ¿Tu cálculo fue exacto? ¿Por qué?
2. ¿Cómo puedes asegurarte de que el cálculo del tamaño de la población sea lo más cercano posible al tamaño real de la población?
3. ¿Por qué los científicos solo reúnen datos de una parte de la población en lugar de hacerlo con la población entera? ¿Cómo afecta esto a la exactitud del conteo final de la población?

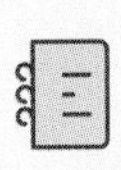

Explicar En el Parque Nacional de Yellowstone, los científicos rastrean y reúnen datos de muchas especies para estudiar la dinámica de las poblaciones dentro del parque y para controlar la salud de cada población. Describe los tipos de datos que los científicos deben reunir para estudiar los efectos de la reintroducción de una población, como la de los lobos, sobre otras poblaciones del parque.

Image Credits: ©Martyn F Chillmaid/Science Source

Patrones de crecimiento de una población

Predecir ¿Qué podría pasar con las poblaciones que no pueden obtener suficientes recursos?

Imagina que dejas una manzana en tu armario durante las vacaciones de invierno. Cuando regresas a la escuela, abres el armario y encuentras una nube de moscas de la fruta. Cuando te fuiste de la escuela, la población de moscas en tu armario era de cero: ¡ahora es de al menos 100! El ecosistema de tu armario sufrió un gran cambio en su población de moscas de la fruta. Por suerte, eso no es algo que suela ocurrir en tu armario, pero los cambios en los tamaños y las densidades de población en los ecosistemas son respuestas normales a los cambios en la disponibilidad de recursos.

Tamaño de la población

FIGURA 6: Una población de elefantes tiene tanto individuos jóvenes como viejos.

¿Cómo pueden los biólogos llevar la cuenta del tamaño de la población de una especie, como un grupo de elefantes? Para llevar la cuenta del tamaño de una población de manera precisa a lo largo del tiempo, hay que tener en cuenta cuatro factores: inmigración, emigración, nacimientos y muertes.

La inmigración y la emigración tienen que ver con la entrada y la salida de individuos en una población. Por ejemplo, si ocurriera una alteración cerca de un hábitat, algunos elefantes podrían inmigrar, o mudarse, a una nueva población. Luego, la competencia podría aumentar y algunos elefantes podrían irse de la población, o emigrar, a una nueva área.

Los nacimientos y las muertes también alteran el tamaño de la población a lo largo del tiempo. Los individuos tienen descendientes, lo que agrega miembros a la población. Algunos individuos mueren cada año, lo que reduce la población.

Explicar ¿Qué factores provocan un aumento en la población y qué factores provocan un descenso en la población?

La tasa de crecimiento de una población puede medirse con una ecuación que tiene en cuenta estos cuatro factores:

$$t = (n + i) - (m + e)$$

En esta ecuación, t = tasa de crecimiento de la población, n = tasa de natalidad, i = tasa de inmigración,` m = tasa de mortalidad y e = tasa de emigración. Podemos aplicar estos factores al ejemplo del ecosistema del armario. Una pequeña población de moscas de la fruta inmigró al armario en búsqueda de comida. La población aumentó debido al nacimiento de un nuevo grupo de moscas de la fruta. Las moscas que no murieron cuando les diste un manotazo por la sorpresa emigraron lejos del armario una vez que tiraste la manzana.

Resolución de problemas Como parte de un estudio a largo plazo sobre elefantes, un grupo de biólogos contaron los individuos de una población de elefantes cada primavera. Un año había 18 machos y 34 hembras. Durante el año siguiente, cada hembra dio a luz a un descendiente, de los cuales sobrevivieron 28. Los depredadores mataron 9 elefantes. Un proyecto de construcción eliminó 50 acres de bosque en un terreno cercano, por lo que 5 machos y 19 hembras inmigraron al área de estudio. La competencia por las hembras aumentó y 10 machos emigraron a un nuevo territorio en busca de pareja. Calcula la tasa de crecimiento de esta población.

Image Credits: ©john michael evan potter/Shutterstock

Curvas de supervivencia

Los biólogos también se han interesado en las estrategias reproductivas de las poblaciones. Las estrategias reproductivas incluyen conductas que aumentan las probabilidades de producir descendientes o conductas que aumentan la tasa de supervivencia de los descendientes después del nacimiento. El cuidado parental es un ejemplo de estrategia reproductiva y es especialmente importante en especies que producen descendientes que no pueden cuidarse solos. Al proteger a sus crías, los progenitores tratan de asegurar que sus descendientes se mantengan con vida hasta que puedan sobrevivir por sí mismos. Las estrategias reproductivas de una población pueden evaluarse con una curva de supervivencia. La Figura 7 muestra tres tipos de curvas de supervivencia.

Curvas de supervivencia

FIGURA 7: Hay tres tipos principales de curva de supervivencia.

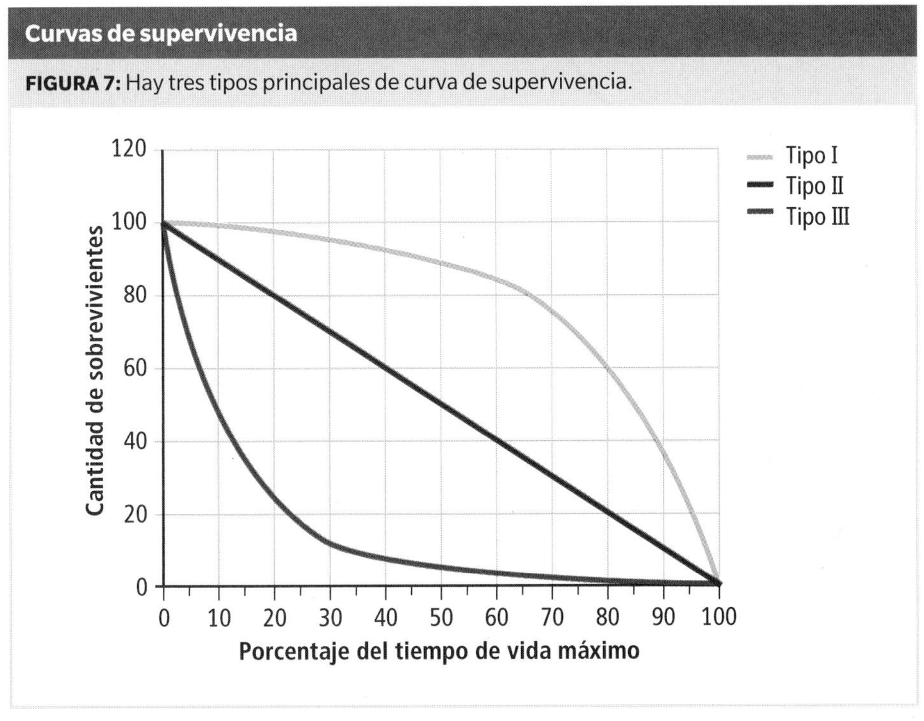

Una curva de supervivencia es un diagrama simplificado que muestra el número de individuos que sobreviven de un grupo medido de nacimientos. Al medir el número de descendientes que nacieron en un año y seguirlos hasta su muerte, las curvas de supervivencia dan información sobre la historia de vida de una especie.

Colaborar Trabaja con un compañero y comenta qué tipo de supervivencia muestran los seres humanos.

Algunas especies tienen pocos descendientes y muchos de los descendientes viven hasta la vejez. Los mamíferos y otros animales grandes muestran este Tipo I de curva de supervivencia. Otras especies tienen más descendientes, pero muchos de ellos no viven lo suficiente para reproducirse. Muchos invertebrados, peces y plantas muestran este Tipo III de supervivencia. Un pez puede desovar cientos o miles de huevos, pero solo un pequeño porcentaje sobrevivirá hasta la adultez.

Existe un tercer tipo de supervivencia, en el que la tasa de supervivencia se mantiene igual en todas las etapas de la vida de un organismo. En todo momento, estas especies tienen la misma posibilidad de morir, por una enfermedad o un depredador. Los organismos como las aves, los mamíferos pequeños y algunos reptiles muestran supervivencia Tipo II.

Analizar ¿Puede una curva de supervivencia usarse para determinar si una especie cuida o no cuida de sus descendientes? Explica tu respuesta.

Crecimiento exponencial y logístico

El crecimiento de la población depende del medio ambiente y de los recursos disponibles. La tasa de crecimiento de una población está directamente determinada por la cantidad de recursos disponibles. Una población puede crecer muy rápido o puede crecer lentamente con el tiempo.

Analizar De acuerdo con la gráfica de la Figura 8, ¿en qué período es más alta la tasa de crecimiento de la población?

FIGURA 8: Crecimiento exponencial

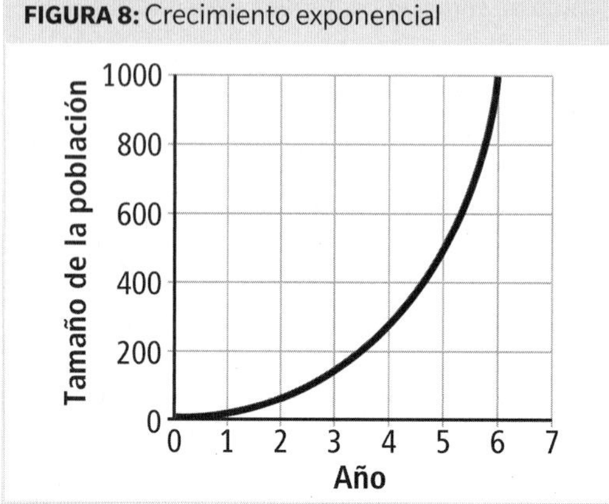

Crecimiento exponencial

Casi todas las especies que vivan en condiciones ideales de disponibilidad de recursos, espacio y otros factores aumentarán su población rápidamente. Este tipo de crecimiento, llamado crecimiento exponencial, ocurre cuando el tamaño de la población aumenta dramáticamente en un poco tiempo. Como muestra la Figura 8, una gráfica de crecimiento exponencial se ve como una curva en forma de J.

El crecimiento exponencial puede ocurrir cuando una especie se muda a un área deshabitada. Un ejemplo ocurrió en 1859, cuando un terrateniente australiano introdujo a su país 24 conejos para caza deportiva y los liberó en la naturaleza. Sin depredadores y con espacio y recursos abundantes, la población de conejos creció exponencialmente y se esparció en todo el país. Luego de muchos intentos fallidos de controlar la población, los funcionarios australianos calculan que la población de conejos hoy es de entre 100 y 200 millones.

Analizar De acuerdo con la gráfica de la Figura 9, ¿cuándo crees que habría menos competencia entre los individuos?

FIGURA 9: Crecimiento logístico

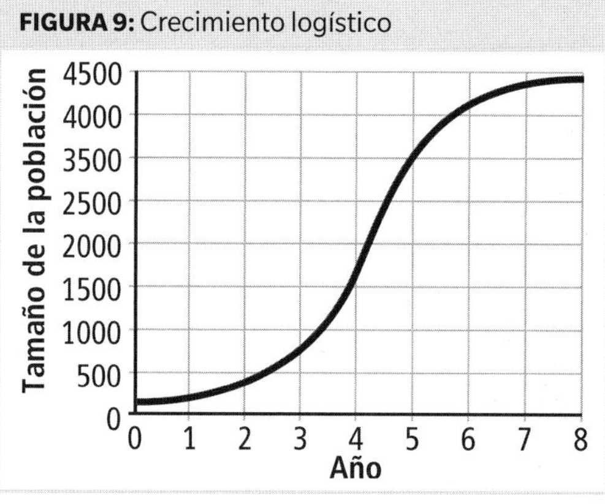

Crecimiento logístico

Cuando una población crece exponencialmente, los recursos son abundantes y no hay factores que interfieran con la supervivencia. Sin embargo, la mayoría de las poblaciones tienen recursos limitados y muestran un patrón de crecimiento logístico. Durante el crecimiento logístico, una población comienza con un período de crecimiento lento seguido por un período de crecimiento exponencial hasta alcanzar un tamaño estable. Una gráfica de crecimiento logístico tiene la forma de una curva en S, como en la Figura 9. Al principio los recursos son abundantes y la población crece rápido. Con el tiempo, disminuyen el crecimiento y los recursos, y el tamaño de la población se estabiliza.

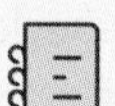

Explicar Cuando los lobos fueron reintroducidos en el Parque Nacional de Yellowstone, las poblaciones de muchas otras especies comenzaron a cambiar.

1. ¿Qué factores deberían medir los científicos para saber cómo cambió cada población a lo largo del tiempo?
2. ¿Cómo sabían los científicos si las poblaciones crecían o disminuían con el tiempo?
3. ¿Cómo puede la introducción de lobos cambiar los patrones de crecimiento de otras especies?

Factores que impiden el crecimiento de una población

Dado que las condiciones naturales no son ideales ni constantes, las poblaciones no pueden crecer para siempre. En lugar de eso, los recursos se agotan o el ecosistema cambia y causa que haya más muertes o menos nacimientos dentro de una población.

Capacidad de carga de población

La capacidad de carga de población de un medio ambiente es el tamaño máximo de la población de una especie que ese medio ambiente puede soportar de manera normal y constante con los recursos disponibles. Como se muestra en la Figura 10, cuando una población alcanza este límite, ciertos factores evitan que continúe creciendo. Estos factores incluyen la disponibilidad de recursos, como alimentos, agua y espacio, así como también la competencia entre individuos.

La capacidad de carga de población de un medio ambiente puede cambiar en cualquier momento. Por ejemplo, una inundación repentina y rápida podría reducir la disponibilidad de alimentos o de refugio en un ecosistema. Este cambio disminuiría la capacidad de carga de población del medio ambiente. Como resultado, el medio ambiente sustentaría menos individuos. Sin embargo, cuando las condiciones mejoren, la capacidad de carga de población aumentará y el medio ambiente volverá a soportar una población más grande de esa especie.

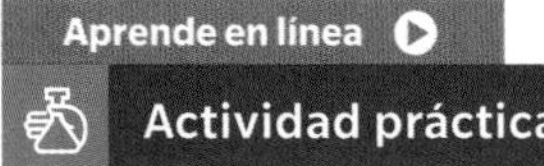

Haz un modelo de la capacidad de carga de población
Haz un modelo de la depredación y de los efectos de los cambios ambientales sobre una población y sobre la capacidad de carga del medio ambiente.

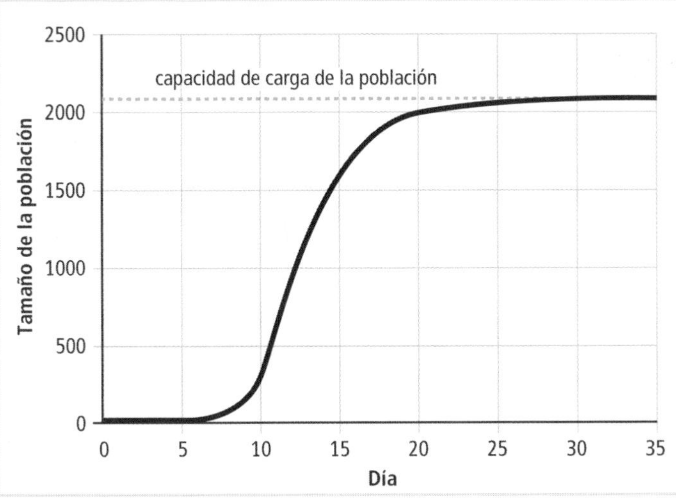

FIGURA 10: La capacidad de carga del medio ambiente limita el crecimiento de una población.

Predecir ¿Cómo podría cambiar esta gráfica si un ecosistema experimentara condiciones de sequía?

Factores limitantes

Muchos factores pueden afectar la capacidad de carga de población de un medio ambiente. El factor que más limita el tamaño de una población se denomina factor limitante. Existen dos categorías de factores limitantes: dependientes de la densidad e independientes de la densidad.

Factores limitantes dependientes de la densidad

Los factores dependientes de la densidad son factores que se ven afectados por la cantidad de individuos que hay en un área. Cuanto mayor es la población, mayor es el efecto. Los factores limitantes dependientes de la densidad incluyen:

Competencia Plantas y animales compiten entre sí por los recursos. Cuando una población se vuelve más densa, los recursos se agotan y eso limita su crecimiento.

Predación La relación entre depredador y presa en un medio ambiente es continua y cambiante. Las poblaciones de depredadores pueden verse limitadas por las presas disponibles y la población de presas puede verse limitada al ser cazada por los depredadores.

Parasitismo y enfermedades Los parásitos son similares a los depredadores porque viven de sus huéspedes, los debilitan e, incluso, pueden matarlos. Estos factores se esparcen más rápido en poblaciones más densas, lo que facilita su esparsión.

Análisis de datos

Interacciones entre alces y lobos en la isla Royale

Por más de 50 años, las poblaciones de lobos y alces de la isla Royale del Lago Superior fueron un ejemplo clásico de cómo las interacciones entre depredadores y presas limitan el crecimiento de la población. Como muestra la Figura 11, los cambios en los tamaños de las poblaciones se compensan. En otras palabras, toma pasa un tiempo hasta que un aumento o descenso en una población afecte a la otra. Con el tiempo, las poblaciones suben y bajan en un patrón.

Factores limitantes dependientes de la densidad

FIGURA 11: Interacciones entre depredadores y presas en la isla Royale

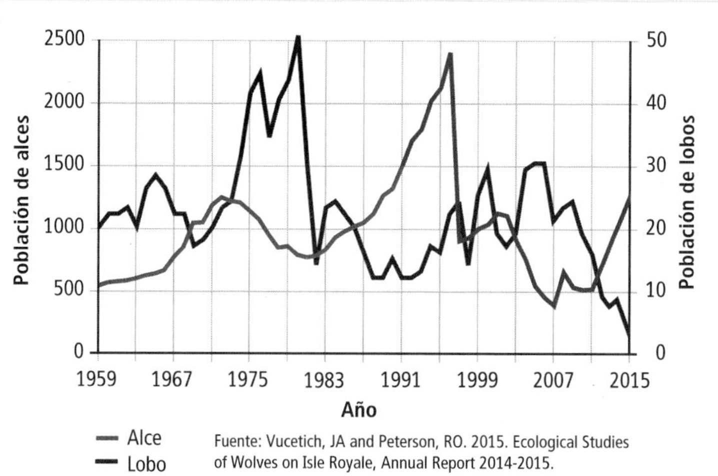

Analizar Observa la gráfica que muestra las interacciones entre alces y lobos.

1. De acuerdo con esta gráfica, ¿cuál es la explicación más probable para el aumento en la población de alces entre 1989 y 1995?
2. En 2016, la población de lobos en la isla Royale se redujo a solo dos individuos. ¿Cómo afectará la falta de lobos a la población de alces? ¿La población de alces crecerá exponencialmente? Explica tus respuestas.

Image Credits: (l) ©Rolf O. Peterson

Factores limitantes independientes de la densidad

Los factores independientes de la densidad son factores que pueden afectar a una población sin importar su densidad. Estos factores incluyen:

Tiempo Todos los sucesos relacionados con el tiempo como sequías, inundaciones, heladas o tormentas intensas pueden exterminar una población o destruir sus fuentes de alimento, agua o refugio.

Desastres naturales Las erupciones volcánicas, los terremotos, los tsunamis y los incendios generalmente provocan un descenso repentino en el tamaño de la población.

Actividad humana Hábitats e incluso ecosistemas enteros son degradados o destruidos por actividades humanas como la tala de bosques, el drenaje de humedales para el desarrollo urbano y la fragmentación de hábitats para la construir carreteras y cercas.

FIGURA 12: Los incendios forestales matan plantas y animales y obligan a poblaciones de animales a huir.

Aprende en línea

Factores limitantes Conéctate y mira una animación sobre los factores limitantes de un ecosistema.

Explicar ¿Por qué los incendios son considerados un factor limitante independiente de la densidad?

Las actividades humanas han tenido un efecto importante sobre las poblaciones. Por ejemplo, la introducción de especies no nativas ha reducido las poblaciones en muchas partes del mundo donde la biodiversidad es una parte importante de la estabilidad del ecosistema. Las especies no nativas son especies introducidas en ecosistemas en los que no viven normalmente. En algunos casos, las especies no nativas superan a una o varias especies nativas en la competencia por recursos. Debido a esta compleja conexión entre ecosistemas, estos efectos pueden alterar la red alimentaria del ecosistema. En casos extremos, una especie puede extinguirse.

Reunir evidencias Cuando los lobos fueron reintroducidos en el Parque Nacional de Yellowstone, los científicos notaron que las poblaciones de ciervos y coyotes disminuyeron. También notaron que las poblaciones de castores y sauces aumentaron. Describe los factores que pueden haber provocado estos cambios en las diferentes poblaciones y explica cómo afectarían estos factores a la capacidad de carga del medio ambiente para las poblaciones de cada especie.

Image Credits: ©Patrick Orton/Getty Images

Profesiones de las ciencias

Biogeógrafo

Los biogeógrafos suelen estar involucrados en la protección, la conservación y el manejo de recursos naturales. El lugar donde viven las especies de plantas y animales, cómo llegaron allí y cómo las afectarían las condiciones futuras son algunos de los temas que estudian los biogeógrafos.

La tecnología es un herramienta importante para los biogeógrafos. Usan un instrumento digital llamado sistema de información geográfica, o SIG, para hacer mapas con mucha información. El SIG puede usar cualquier dato relacionado con la ubicación, como el tamaño de la población, el tipo de terreno y la ubicación de infraestructura humana, como carreteras, cables de alta tensión y edificios. Los biogeógrafos usan el SIG junto con modelos estadísticos para hacer mapas y estudiar poblaciones, hábitats, ecosistemas y procesos ecológicos.

Muchos tipos y lugares de trabajo se relacionan con esta profesión. Una persona graduada en biogeografía puede trabajar como planificador urbano, como técnico en cartografía o como especialista en SIG. Los biogeógrafos trabajan para agencias de la ciudad, del estado o de la nación, para organizaciones sin fines de lucro u organizaciones privadas, o pueden trabajar en espacios académicos como profesores universitarios o investigadores.

La biogeografía usa conocimientos de diversas materias. Además de estudiar geografía y cartografía generales, o tomar cursos para hacer mapas, los estudiantes también pueden tomar clases de economía, ciencias de la computación, historia, matemática, ecología y biología evolutiva.

FIGURA 13: Los biogeógrafos usan instrumentos digitales como el Sistema de Información Geográfica (SIG) para estudiar la distribución de especies de plantas y animales.

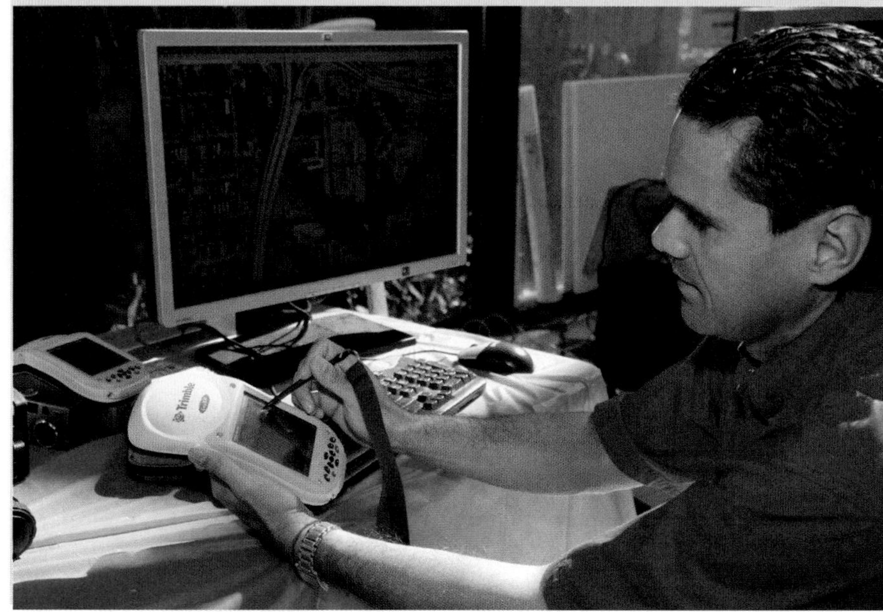

Los biogeógrafos a menudo comparten los resultados de sus investigaciones en informes técnicos o en presentaciones dentro de su agencia o ante el público. Por lo tanto, la profesión de biogeógrafo también requiere excelentes habilidades de escritura y comunicación, por lo que es muy útil contar con un buen manejo de las artes del lenguaje.

Como nuestro conocimiento sobre el cambio climático sigue creciendo, los biogeógrafos tendrán un rol importante a la hora de determinar cómo impactarán los cambios ambientales sobre la distribución geográfica de poblaciones de diferentes especies. La información reunida por los biogeógrafos puede usarse para solucionar a estos problemas y evitar que las especies se extingan.

Conexión con las artes del lenguaje Una agencia estatal para el manejo de la vida silvestre está considerando reintroducir linces rojos en un área forestada donde alguna vez proliferaron. Imagina que eres el biogeógrafo de la agencia. En base a tus conocimientos sobre las dinámicas de la población y la capacidad de carga, ¿qué preguntas harías y qué investigarías para determinar si el área que han elegido es apropiada para esta reintroducción? ¿Qué tipo de datos necesitarías? Desarrolla y registra un plan de investigación y determina qué preguntas necesitarías responder antes de realizar la reintroducción.

DENSIDAD DE POBLACIÓN Y CAPACIDAD DE CARGA DE POBLACIÓN | **CONTROL DEL CRECIMIENTO EXPONENCIAL DE ESPECIES NO NATIVAS** | **Conéctate y elige alguna de estas opciones.**

Image Credits: ©RosalreneBetancourt 1/Alamy

Autorrevisión de la lección

¿PUEDES EXPLICARLO?

FIGURA 14: La reintroducción de los lobos en el Parque Nacional de Yellowstone tuvo un impacto complejo en todo el ecosistema.

La exterminación de los lobos fue uno de los factores que cambiaron la ecología del Parque Nacional de Yellowstone desde 1926 hasta principios de la década de 1990. La desaparición del depredador permitió que la población de ciervos creciera. Los ciervos y los castores competían por los alimentos, como los sauces. Como las manadas de ciervos, más numerosas, redujeron la población de sauces, sobrevivieron menos castores. La disminución de diques hechos por castores redujo las marismas, que son el hábitat ideal de los sauces.

Explicar Consulta las anotaciones de tu Cuaderno de evidencias para explicar cómo la reintroducción de lobos al gran ecosistema de Yellowstone provocó cambios directos e indirectos en las poblaciones de tantas otras especies. Escribe un texto explicativo breve que cite evidencias de esta lección sobre las dinámicas de población para justificar tu respuesta.

Las interacciones dentro de un ecosistema, ya sea grande o pequeño, suelen ser muy complejas. Todas las especies de un ecosistema están conectadas. El impacto y las causas de un cambio en un sistema son difíciles de determinar. La exterminación y la posterior reintroducción de los lobos en Yellowstone tuvo el potencial para causar cambios. Sin embargo, investigaciones recientes dudan de su impacto real. Mientras al principio había evidencias de que el crecimiento de los álamos temblones y de los sauces había ocurrido justo después de la reintroducción de los lobos, estudios a largo plazo indican que no fue así.

Una investigación sobre los sauces de Yellowstone realizada por científicos de la Universidad Estatal de Colorado descubrió que la exterminación de los lobos había provocado cambios permanentes en la región. Cuando los lobos desaparecieron, los ciervos eliminaron casi todos los sauces de la región y la población de castores disminuyó. Sin castores, no había diques y las aguas que solían avanzar lentamente ahora corrían con rapidez. Como resultado, el nivel freático quedó muy por debajo del nivel necesario para que los sauces puedan sobrevivir. Incluso si la población de ciervos se redujera drásticamente por la reintroducción de lobos, las poblaciones de sauces no se recuperarían.

Image Credits: ©SBTheGreenMan/iStock/Getty Images Plus

EJERCICIOS DE REVISIÓN

Comprueba lo que aprendiste

1. ¿Cuáles de estos factores abióticos contribuirían a un patrón de distribución aglomerada en un ecosistema? Elige todas las respuestas correctas.
   - **a.** agua ilimitada
   - **b.** agua limitada
   - **c.** temperaturas altas
   - **d.** luz solar limitada

2. Una población de antílopes tiene una tasa de crecimiento negativa. ¿Cuál de estas condiciones debe ser verdadera para que la tasa de crecimiento de la población sea negativa?
   - **a.** nacimientos + muertes < inmigración + emigración
   - **b.** nacimientos + muertes > inmigración + emigración
   - **c.** nacimientos + inmigración < muertes + emigración
   - **d.** nacimientos + inmigración > muertes + emigración

3. Una población de chipes, un tipo de ave cantora, experimenta un período de crecimiento exponencial. ¿Cuáles de estos factores serían factores limitantes dependientes de la densidad que podrían disminuir la capacidad de carga del ecosistema para esta población de aves?
   - **a.** una especie competidora se instala en el bosque
   - **b.** un período con menos precipitaciones de lo normal
   - **c.** un constructor que tala árboles para un parque de oficinas
   - **d.** vientos fuertes que voltean la cuarta parte de los árboles

4. Una población de venados es desplazada por una gran inundación en su hábitat luego de una lluvia intensa. La inundación es un ejemplo de
   - **a.** un factor limitante dependiente de la densidad.
   - **b.** la capacidad de carga de población.
   - **c.** un factor limitante independiente de la densidad.
   - **d.** supervivencia.

5. Una población de roedores es introducida en una isla remota debido a un naufragio. Con el tiempo, la población alcanza la capacidad de carga de la isla. A esta altura, las tasas de natalidad y mortalidad son
   - **a.** relativamente iguales.
   - **b.** cada vez más bajas.
   - **c.** independientes de la densidad.
   - **d.** dependientes de la densidad.

Observa la gráfica y responde las preguntas 6 a 9.

FIGURA 15: Curvas de supervivencia

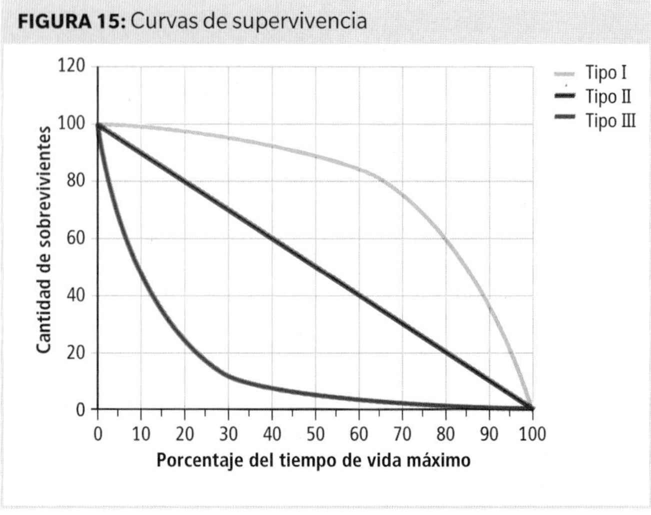

6. Una salamandra hembra pone cientos de huevos a la vez. Sin embargo, después del nacimiento, pocas larvas sobreviven hasta la adultez. De acuerdo con la gráfica, ¿qué tipo de supervivencia muestra la salamandra?
   - **a.** Tipo I
   - **b.** Tipo II
   - **c.** Tipo III

7. Un ave cantora tiene las mismas probabilidades de supervivencia en todas las etapas de su vida. De acuerdo con la gráfica, ¿qué tipo de supervivencia muestra el ave?
   - **a.** Tipo I
   - **b.** Tipo II
   - **c.** Tipo III

8. ¿Qué tipo de supervivencia se asocia con el cuidado parental?

9. ¿Cuál es la relación entre las curvas de supervivencia y las estrategias reproductivas?

10. Una manada de cebras tiene 9 machos y 62 hembras. Durante un período de un año, sobreviven 22 de los potros que nacieron y mueren 25 adultos. Seis hembras se unen a la manada. Tres machos y 11 hembras se van de la manada. ¿El ecosistema ha alcanzado su capacidad de carga para la manada? ¿Cómo lo sabes?

11. Dibuja una gráfica de crecimiento logístico. Rotula el punto en el que los recursos ya no son suficientes para sostener el crecimiento exponencial de la población. Explica tu razonamiento.

12. Una masa madre es una colonia de levaduras que los panaderos mantienen viva, a veces durante años. El pan se hace con una porción de la colonia, que se repone al agregar el mismo volumen de una solución de agua, azúcar y harina. ¿La masa madre es un modelo de crecimiento exponencial o logístico? Explica tu razonamiento.

13. Describe tres ventajas que podría tener un organismo individual al vivir en una población con un patrón de dispersión aglomerada.

14. Una población de algas que vive en una laguna está limitada en tamaño por la cantidad de luz solar que recibe la superficie de la laguna. ¿La luz solar es un factor limitante dependiente de la densidad o independiente de la densidad para la población de algas? Explica tu respuesta.

15. ¿Qué podría causar que un crecimiento exponencial ocurriera por un período corto de cuando se introduce una nueva especie en un medio ambiente lleno de recursos?

Observa la gráfica y responde las preguntas 16 a 18.

Factores limitantes dependientes de la densidad

FIGURA 16: Interacciones entre depredadores y presas en la isla Royale

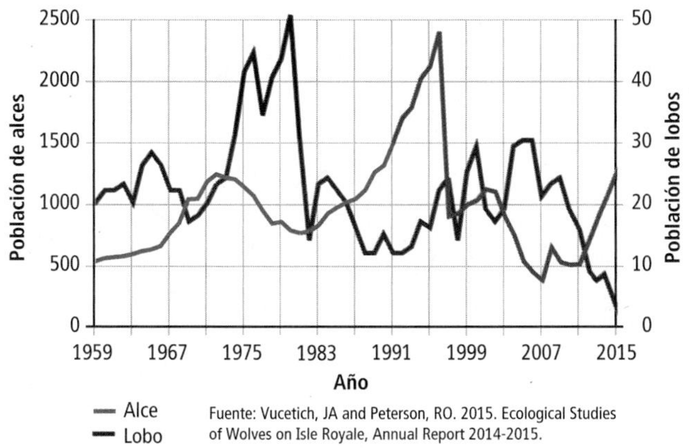

Población de alces: 0, 500, 1000, 1500, 2000, 2500
Población de lobos: 0, 10, 20, 30, 40, 50
Año: 1959, 1967, 1975, 1983, 1991, 1999, 2007, 2015

— Alce
— Lobo

Fuente: Vucetich, JA and Peterson, RO. 2015. Ecological Studies of Wolves on Isle Royale, Annual Report 2014-2015.

16. ¿Cómo afecta la población de lobos de la isla Royale a la capacidad de carga de la población de alces?

17. ¿Hay evidencias en los datos para sugerir que la población de lobos disminuyó? ¿Qué puede haber causado esta disminución en la población?

18. ¿Hay evidencias en los datos para sugerir que la población de alces disminuyó? ¿Qué pudo haberla provocado?

HAZ TU PROPIA GUÍA DE ESTUDIO

En tu Cuaderno de evidencias, diseña una guía de estudio que justifique la idea principal de esta lección:

Las poblaciones crecen en patrones predecibles y se encuentran limitadas por la disponibilidad de recursos.

Recuerda incluir la siguiente información en tu guía de estudio:
- Usa ejemplos que sirvan como modelo de las ideas principales.
- Anota explicaciones para el fenómeno que investigaste.
- Presenta evidencias para justificar tus explicaciones. Tu justificación puede incluir dibujos, datos, gráficas, conclusiones de laboratorio y otras evidencias que hayas anotado a lo largo de la lección.

Ten en cuenta cómo los factores ecológicos, tales como la disponibilidad de recursos, limitan el crecimiento de la población.

4.2

La dinámica de un ecosistema

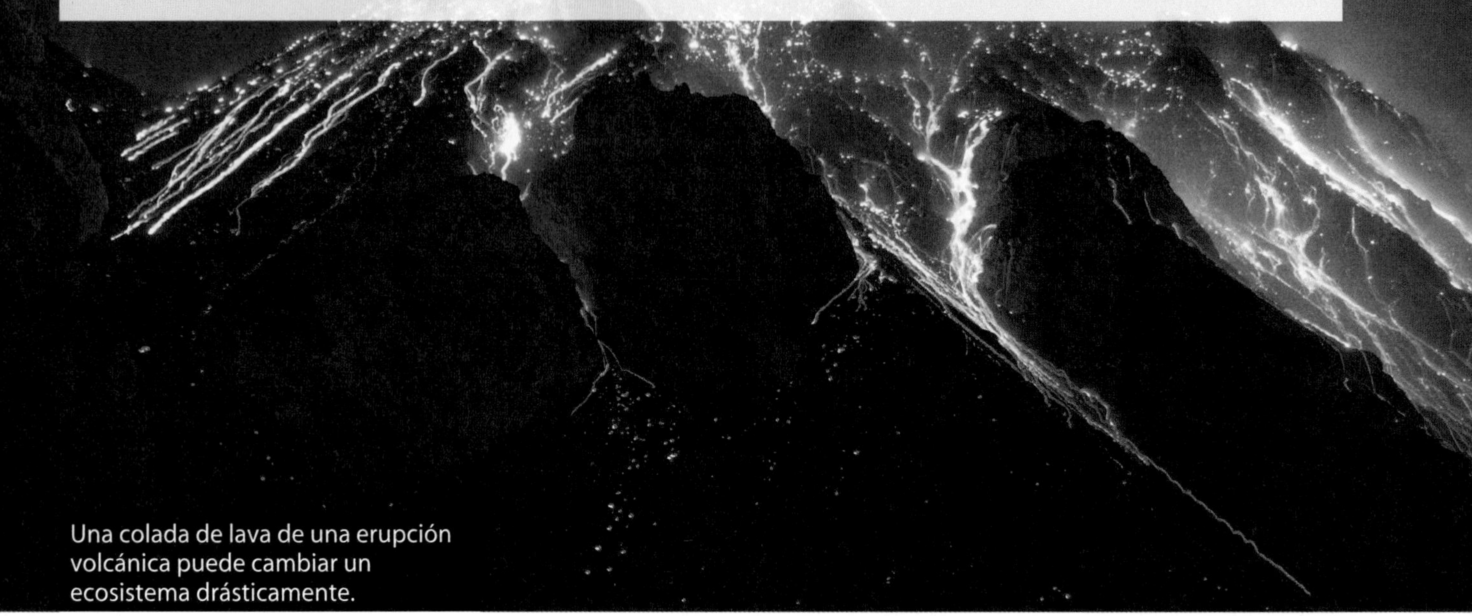

Una colada de lava de una erupción volcánica puede cambiar un ecosistema drásticamente.

Reunir evidencias Mientras trabajas con la lección, reúne evidencias para explicar cómo los ecosistemas mantienen la estabilidad a lo largo del tiempo.

¿PUEDES EXPLICARLO?

FIGURA 1: Una planta joven crece en la grieta de una placa de roca volcánica.

La lava fundida que fluye desde un volcán quema todo lo que encuentra a su paso. Cuando se enfría, deja atrás una capa de roca sólida. Sin embargo, con el paso del tiempo se establecerá un nuevo ecosistema en este paisaje aparentemente sin vida.

Predecir ¿Cómo crees que el ecosistema de un área puede restablecerse luego de una alteración tal como un volcán?

Image Credits: (t) ©Westend61/Getty Images; (b) ©Design Pics/Getty Images

Las interacciones de un ecosistema

Las maneras en las que interactúan los flamencos con otros organismos y con su medio ambiente son solo una pequeña parte de la ecología de un ecosistema de laguna tropical. Para comprender qué necesitan los individuos, las poblaciones y las comunidades para sobrevivir, los ecólogos estudian las interacciones entre las especies y el medio ambiente.

FIGURA 2: Los flamencos viven y se alimentan en grandes grupos.

Hábitat y nicho

Los flamencos viven en regiones tropicales y subtropicales del mundo. Prefieren los medios ambientes con lagos alcalinos o lagunas de agua salada y grandes marismas. Estas características ambientales son ejemplos del hábitat de un flamenco. Un hábitat incluye todos los factores bióticos y abióticos del medio ambiente donde vive un organismo. Para un flamenco, estos factores pueden ser los camarones y otros invertebrados de los que se alimenta, la salinidad del agua y la temperatura del aire.

Hacer un modelo Dibuja un modelo de tu hábitat. Piensa en todos los lugares que visitas con frecuencia y en las personas con las que interactúas. Inclúyelos en tu modelo.

Muchas especies viven en un mismo hábitat, pero cada especie ocupa un nicho ecológico diferente. Un nicho ecológico contiene todos los factores físicos, químicos y biológicos que una especie necesita para sobrevivir y reproducirse.

Los factores que conforman el nicho de una especie son:

Fuentes de alimento El tipo de alimento que consume una especie, cómo una especie compite con otras por el alimento y qué lugar ocupa en la red alimentaria son todos componentes del nicho de una especie.

Condiciones abióticas Un nicho incluye un rango de condiciones como la temperatura del aire y la cantidad de agua que una especie puede tolerar.

Conducta El momento del día en que una especie se encuentra activa y dónde y cuándo se alimenta y se reproduce también son factores en el nicho de una especie.

Un ecosistema es un conjunto de hábitats. Los organismos que ocupan estos hábitats tienen nichos separados, pero los nichos tienen ciertos factores abióticos y bióticos en común. Un hábitat es *dónde* vive una especie y un nicho es *cómo* vive la especie dentro de su hábitat.

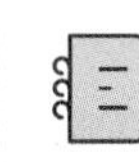

Explicar ¿En qué se diferencia un nicho de un hábitat?

Cómo se relacionan las partes de un ecosistema

Cada organismo de un ecosistema interactúa con otros organismos a medida que realiza sus actividades diarias. Los flamencos y otros animales se alimentan del plancton de las lagunas, de invertebrados y de poblaciones de peces. A su vez, ellos se convierten en alimento para carnívoros más grandes. Las plantas compiten entre sí por espacio, agua y nutrientes. Sin embargo, otros organismos forman lazos con otras especies para brindar u obtener refugio, para protegerse o para encontrar alimento. Estas interacciones entre especies suelen beneficiar solo a uno de los organismos de la relación, pero a veces, ambos organismos pueden beneficiarse.

Image Credits: ©Fabio Lamanna/Shutterstock

FIGURA 3: La rana es el depredador en esta relación.

Depredación y competencia

La depredación es el proceso por el cual un organismo, el depredador, captura y se alimenta de otro organismo, la presa. La rana de la Figura 3 es el depredador y el insecto es su presa. Sin embargo, si una serpiente se deslizara por allí, la rana podría convertirse en su presa. La depredación no se limita a los carnívoros; los herbívoros que se alimentan de vegetales vivos también son depredadores. La relación entre depredador y presa es importante para la transferencia de energía en las cadenas alimentarias.

Analizar ¿Los humanos son depredadores en su ecosistema? Explica tu respuesta.

La competencia ocurre cuando dos organismos compiten por el mismo recurso limitado, ya sea alimento, refugio, agua, espacio u otro factor biótico o abiótico que ambos organismos necesiten para sobrevivir. Siempre que dos organismos necesiten el mismo recurso en un hábitat, deberán competir por él. La competencia puede ocurrir entre miembros de diferentes especies o entre miembros de la misma especie, como las urracas azules que se pelean por un cacahuate en la Figura 4.

FIGURA 4: Dos urracas azules compiten por una fuente de alimento.

Colaborar Trabaja con un compañero y piensa en al menos dos razones por las que un organismo podría competir con otro organismo de la misma especie por un recurso limitado. Explica por qué estos dos organismos compiten por el recurso limitado en lugar de compartirlo.

La competencia por recursos limitados dentro de un ecosistema puede ser como el juego de las sillas: no hay suficientes sillas para todos y en cada silla solo puede sentarse una persona. Cuando la música se detiene, una persona queda bloqueada de las sillas por los jugadores restantes.

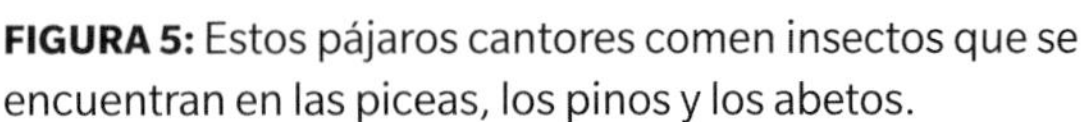

Estabilidad y cambio

FIGURA 5: Estos pájaros cantores comen insectos que se encuentran en las piceas, los pinos y los abetos.

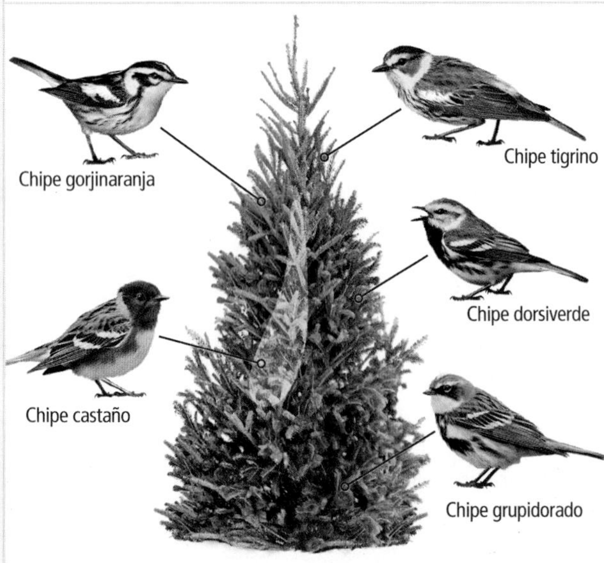

En ecología, el principio de exclusión competitiva establece que cuando dos especies compiten por los mismos recursos, una especie tendrá una mayor capacidad de obtener los recursos del nicho que la otra. Las especies que no los obtienen pasan a formar parte de otro nicho o se extinguen. Como resultado, ambas especies pasan a formar parte de nichos distintos, de tal forma que no compiten por el mismo recurso limitado.

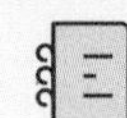

Analizar Observa el diagrama de la Figura 5 y responde las siguientes preguntas.

1. ¿Qué muestra este diagrama y cómo se relaciona con el principio de exclusión competitiva?
2. Supón que la punta de la picea se quiebra durante una tormenta de viento. ¿Cómo puede afectar a las aves la pérdida del nicho superior del árbol?

Image Credits: (t) ©Cathy Keifer/Shutterstock; (c) ©RooM/10kPhotography/Getty Images

Simbiosis

La simbiosis es una relación ecológica cercana entre dos o más organismos de diferentes especies que viven en contacto directo unos con otros. Existen tres grandes tipos de simbiosis: mutualismo, comensalismo y parasitismo.

FIGURA 6: Relaciones simbióticas

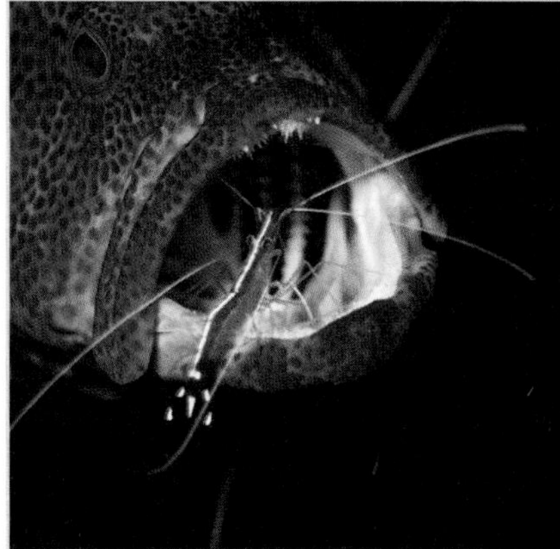

Mutualismo

El mutualismo ocurre cuando ambas especies se benefician de la relación. La polinización, que ocurre cuando un insecto poliniza una planta, es un ejemplo común de mutualismo. Otros ejemplos de mutualismo son las especies que proveen alimento o refugio, que ayudan en la reproducción o que brindan protección una a la otra. Un camarón que limpia la boca de un pez, como se ve a la izquierda, es un ejemplo de mutualismo.

Comensalismo

El comensalismo es la relación entre dos organismos en la que un organismo recibe un beneficio ecológico a partir otro, mientras que el otro no se ve beneficiado ni perjudicado. Una relación de comensalismo entre dos especies puede incluir un organismo que provee transporte o refugio al otro sin verse beneficiado ni perjudicado. Como se ve a la izquierda, una garceta come los insectos que remueve una vaca a medida que se mueve y se alimenta del césped. Esto es un ejemplo de comensalismo. La vaca no se beneficia ni se perjudica por las acciones de la garceta.

Parasitismo

El parasitismo es una relación en la que uno de los organismos se beneficia y el otro se perjudica. A diferencia de un depredador, que mata y come a su presa, el parásito se beneficia manteniendo vivo a su huésped por días o incluso años. La víctima, o huésped, satisface las necesidades del parásito. La salud del huésped suele deteriorarse debido a la pérdida de sangre o de nutrientes. Las agallas que producen los insectos en las hojas de las plantas son un ejemplo de parasitismo, como ve se aquí.

Reunir evidencias ¿Qué obtienen el camarón y el pez de esta relación ecológica? ¿Por qué el pez no come al camarón?

Explicar ¿Cómo puede resultar útil la simbiosis para la estabilidad de un ecosistema? ¿Cómo puede afectar la estabilidad de un ecosistema?

Image Credits: (t) ©John A. Anderson/Shutterstock; (c) ©Ernie Janes/Alamy; (b) ©iStock/leonikonst/Getty Images Plus

La biodiversidad en un ecosistema

FIGURA 7: Los arrecifes de coral son ecosistemas marinos donde viven muchas especies.

Los arrecifes de coral representan un pequeño porcentaje de los hábitats marinos, pero contienen la mayor diversidad de especies en el océano. Cuanto más diverso es un ecosistema, más probable es que se mantenga estable en el largo plazo. Si ocurre una alteración, como un incendio o contaminación, que afecte un ecosistema, la recuperación puede ser más rápida si ese ecosistema tiene más biodiversidad.

Biodiversidad

La complejidad de un ecosistema indica su nivel de biodiversidad. La **biodiversidad** se refiere a la variedad de especies dentro de un ecosistema. La biodiversidad mide la cantidad de especies diferentes, no la cantidad de organismos individuales que viven en un área. Un área con un alto nivel de biodiversidad, como un arrecife de coral, cuenta con una gran variedad de especies que viven cerca unas de otras. La biodiversidad depende de muchos factores, como la humedad y la temperatura. Las relaciones complejas en los ecosistemas suponen que un cambio en un solo factor biótico o abiótico puede tener una gran cantidad de efectos, grandes y pequeños, en muchas especies diferentes.

Análisis de datos

FIGURA 8: Los ecólogos analizan la riqueza (izquierda) y la uniformidad de las especies (derecha) para evaluar la biodiversidad del ecosistema.

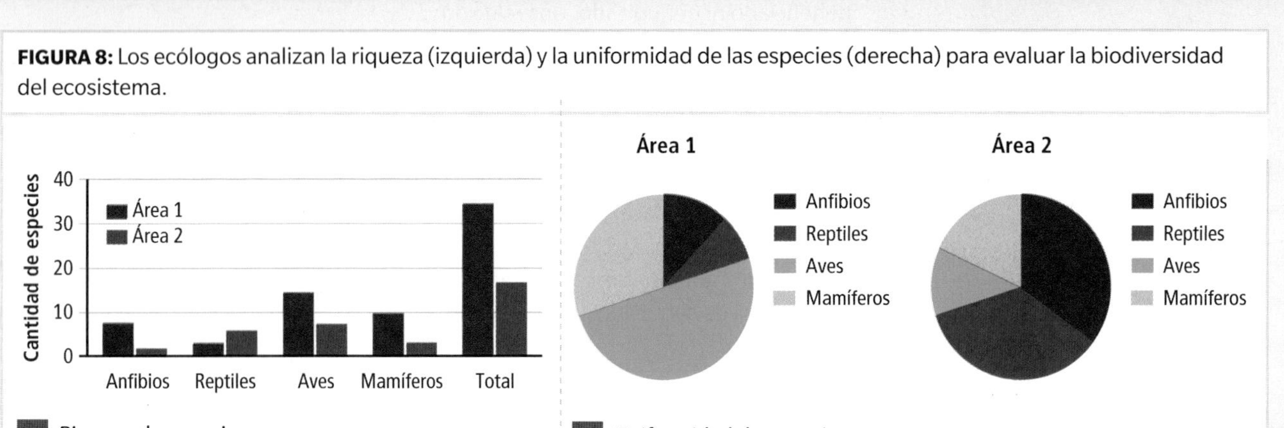

Existen muchas formas diferentes de medir la biodiversidad de un área. Dos factores que suelen tener en cuenta los ecólogos son la riqueza de especies y la uniformidad de especies. La riqueza de especies es la cantidad de especies por muestra de un área. Las áreas con una gran cantidad de especies diferentes tienen una gran riqueza de especies y, por ende, una biodiversidad alta. La uniformidad de especies mide la abundancia de especies diferentes que conforman la riqueza de especies. La uniformidad de especies considera la distribución relativa de la cantidad de especies dentro de un ecosistema.

Explicar Usa las gráficas de la Figura 8 para responder las siguientes preguntas:

1. ¿Qué podría ocurrir si una nueva especie de ave llegara al Área 1?
2. ¿Cómo afectaría esto a la riqueza y la uniformidad de especies del Área 1?
3. ¿Qué puedes concluir sobre la riqueza y la uniformidad de especies de estas dos áreas?

Image Credits: (t) ©Photographer's Choice/Georgette Douwma/Getty Images

FIGURA 9: Los científicos han identificado más de 30 puntos calientes de biodiversidad alrededor del mundo. Aprende en línea

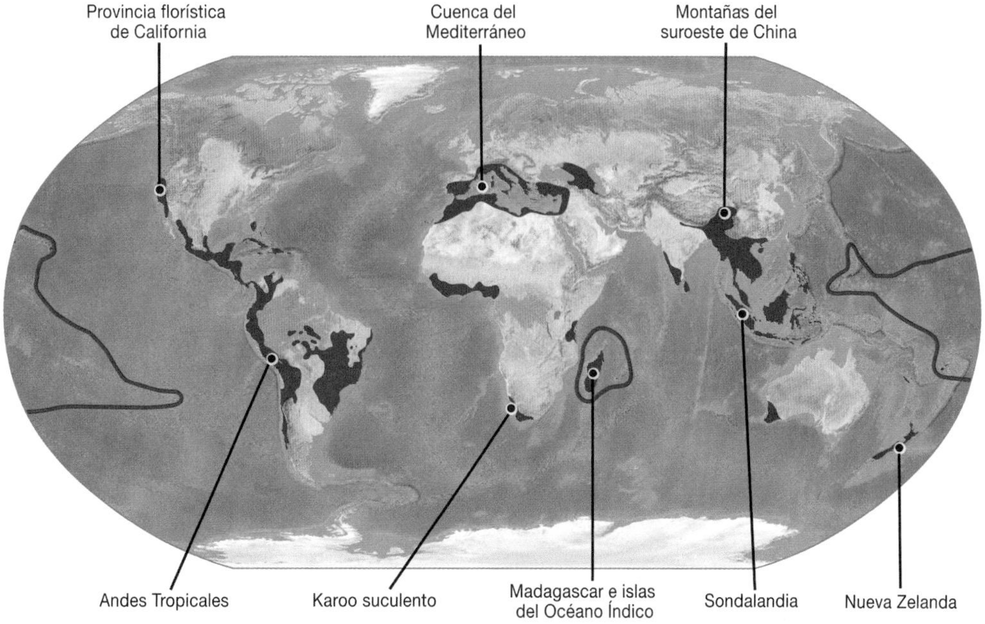

Provincia florística de California
Cuenca del Mediterráneo
Montañas del suroeste de China
Andes Tropicales
Karoo suculento
Madagascar e islas del Océano Índico
Sondalandia
Nueva Zelanda

Un punto caliente de biodiversidad es un área con un nivel particularmente alto de biodiversidad. La Figura 9 muestra un mapa global de puntos calientes de biodiversidad. Estas ubicaciones suelen contener especies que no se encuentran en ningún otro lugar del mundo. Un punto caliente ubicado en América del Norte es la Provincia Florística de California, un área con clima mediterráneo donde abundan las secuoyas.

Los científicos están trabajando en la protección de varios puntos calientes de biodiversidad. Deben preservar estas áreas para prevenir la extinción de algunas especies y proteger el ecosistema. Mantener tanta biodiversidad como sea posible hace que la biósfera sea más saludable y provee un hábitat más estable para plantas, animales y otras especies. Estas áreas también son importantes porque pueden contener indicios para nuevas medicinas y nuevos recursos. También pueden servirnos para comprender mejor la biósfera.

Analizar Los puntos calientes de biodiversidad se encuentran en todo el mundo. ¿Por qué los científicos no diseñan una solución para proteger todas estas áreas?

Ingeniería

Construcción de arrecifes de coral artificiales

Los arrecifes de coral de la Tierra son muy importantes para la estabilidad de los ecosistemas marinos. Desafortunadamente, muchos están en peligro debido a la actividad humana. Los corales vivientes dependen de la piedra caliza que depositaron sus predecesores para obtener los minerales necesarios para construir sus propios cuerpos. Sin embargo, la piedra caliza de los arrecifes existentes se está disolviendo debido a la creciente acidez de los océanos, causada por el cambio climático. Los ecólogos marinos combaten esta destrucción con arrecifes artificiales, como los que se muestran en la Figura 10, que usa corrientes eléctricas para atraer los depósitos de piedra caliza necesarios para los corales.

FIGURA 10: Arrecifes artificiales

Reunir evidencias ¿Cuál es la relación entre la biodiversidad y la estabilidad del ecosistema? ¿Cómo afectan los arrecifes artificiales a la estabilidad de un ecosistema marino?

Image Credits: (b) ©Zoonar GmbH/Dieter Möbus/Alamy

Especies claves

A veces, una especie tiene un efecto particularmente fuerte en todo un ecosistema. Esta especie se denomina especie clave. Lo que le ocurra a esta especie afectará a todas las demás especies dentro del ecosistema. Por ejemplo, cuando los castores de la Figura 11 construyeron el dique que atraviesa el arroyo, convirtieron el ecosistema terrestre en un ecosistema de agua dulce. Esto provocó la muerte de todas las plantas existentes y obligó a los animales terrestres a mudarse a nuevos territorios. Los nuevos habitantes de la laguna dependen de que los castores mantengan el dique. Si los castores desaparecieran, el dique fallaría. La laguna se drenaría y, con el paso del tiempo, el terreno volvería a convertirse en un ecosistema terrestre, como una pradera.

Colaborar Trabaja con un compañero y comenta por qué la protección de las especies claves puede proteger un hábitat en su totalidad.

FIGURA 11: Los castores son una especie clave para la creación y el mantenimiento de los ecosistemas de laguna.

FIGURA 12: Muchos agricultores usan pesticidas para controlar los insectos y las malezas y aumentar la cosecha de cultivos.

Factores que afectan la biodiversidad

Muchos factores pueden reducir la biodiversidad. Las actividades humanas pueden reducir la biodiversidad con rapidez. Los humanos necesitan alimento y gran parte de ese alimento proviene de las plantas que requieren grandes extensiones de tierra para ser cultivadas. El desarrollo de terrenos agropecuarios elimina la mayor parte de las plantas nativas y las especies animales de una región y las reemplaza por una o unas pocas especies de cultivo. Además, el pesticida puede afectar negativamente cualquier organismo nativo restante. La biodiversidad también disminuye cuando la tierra se despeja para la construcción de viviendas o complejos industriales.

La introducción de nuevas plantas y animales en un ecosistema es otro problema importante. Estas especies pueden reducir la biodiversidad si atacan a especies nativas o si compiten por recursos con especies nativas, como alimento o refugio.

Explicar ¿Cómo es que un fenómeno natural, como la erupción de un volcán en una isla oceánica, puede afectar la biodiversidad? ¿La biodiversidad que regrese a la isla será la misma que antes?

Image Credits: (l) ©Federico Rostagno/Shutterstock

Las alteraciones de un ecosistema

Un ecosistema es una compleja red de relaciones e interacciones entre organismos de un medio ambiente. En general, un ecosistema puede permanecer relativamente constante a lo largo del tiempo en condiciones estables. Sin embargo, un cambio en uno o más de los factores bióticos o abióticos puede alterar el ecosistema y provocar cambios. Un cambio producido por un agente físico, químico o biológico que repercute en el tamaño de la población o en la estructura de la comunidad se llama *alteración*. Las alteraciones pueden ocurrir en períodos de tiempo cortos y largos. El tipo y el tamaño de la alteración puede afectar cómo cambia el ecosistema. Por ejemplo, una ola de tsunami altera rápidamente un ecosistema costero, provoca inundaciones en los hábitats y satura el suelo de sal.

FIGURA 13: Un tsunami provoca graves inundaciones.

Analizar ¿Cómo puede cambiar la capacidad de carga de población de un ecosistema costero a causa de un tsunami? Explica con uno o más ejemplos.

Alteraciones naturales

Las alteraciones naturales son el daño o la destrucción que la naturaleza provoca en los ecosistemas. Los tornados, las erupciones volcánicas y los incendios forestales causados por rayos son ejemplos de alteraciones naturales. Estas alteraciones quizás afecten tan solo un área pequeña. Por ejemplo, un tornado causa una alteración natural en un camino relativamente estrecho, mientras que un incendio forestal o una inundación pueden causar alteraciones naturales en muchas millas cuadradas.

Alteraciones de origen humano

Las personas vivimos en el medio ambiente y muchas de nuestras acciones afectan los ecosistemas. Algunas alteraciones de origen humano son los asentamientos, la agricultura, la contaminación del aire y del agua, la tala total de bosques y la minería. Al igual que las alteraciones naturales, las alteraciones de origen humano pueden afectar áreas grandes y pequeñas. Destruyen hábitats, aniquilan productores y contribuyen a la pérdida de la biodiversidad. Sin embargo, algunas alteraciones son exclusivamente producidas por humanos y los cambios son prácticamente permanentes. Por ejemplo, las calles y las autopistas pueden fragmentar un ecosistema de manera permanente, cambiar la forma en la que poblaciones de especies interactúan con su hábitat y alterar el ciclo de los factores abióticos del ecosistema.

FIGURA 14: La tala total de árboles de un bosque supone la eliminación de todos los árboles.

Colaborar Trabaja con un compañero y comenta por qué los silvicultores pueden llegar a elegir una tala total en lugar de otro método para obtener madera para satisfacer las necesidades humanas. ¿Cuáles son las ventajas y desventajas de la tala total?

Image Credits: (t) ©Agencja Fotograficzna Caro/Alamy; (b) ©Karin Hildebrand Lau/Shutterstock

La estabilidad de un ecosistema

Las alteraciones modifican los ecosistemas, pero si un ecosistema se mantiene relativamente estable con el paso del tiempo, normalmente puede recuperarse de una alteración con mayor rapidez, adaptándose a los cambios o revirtiéndolos. Sin embargo, dos factores determinan qué tan bien se recupera un ecosistema: la resiliencia y la resistencia.

Aprende en línea

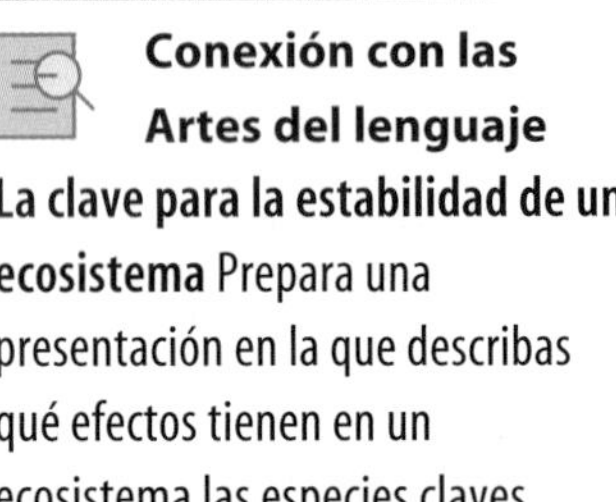

Conexión con las Artes del lenguaje

La clave para la estabilidad de un ecosistema Prepara una presentación en la que describas qué efectos tienen en un ecosistema las especies claves que elegiste.

FIGURA 15: Estos bosques antiguos han permanecido estables por muchos años.

Analizar Los bosques antiguos no han sufrido alteraciones durante cientos de años. Observa la Figura 15, ¿cuáles son algunas de las características de un ecosistema estable?

La resiliencia de un ecosistema

Aprende en línea

Actividad práctica 

Simular un incendio en un ecosistema forestal

Desarrolla o usa una simulación existente para examinar cómo los incendios afectan a las especies de los bosques. ¿Cómo pueden usarse las quemas prescritas para controlar la biodiversidad de un bosque, incluidas las especies amenazadas o en peligro de extinción?

Los ecólogos definen la resiliencia de un ecosistema como la capacidad para recuperarse después de haber sufrido una alteración. Esto significa que, aunque la estructura de un ecosistema se vea afectada, el ecosistema puede recuperarse rápidamente y volver a funcionar como lo hacía antes de la alteración. Por ejemplo, una pradera que suele sufrir incendios es resiliente, ya que las hierbas vuelven a crecer rápidamente y los animales regresan al poco tiempo de que se apaga el fuego.

La resiliencia de un ecosistema está determinada, en parte, por su nivel de biodiversidad. Un ecosistema complejo con muchas poblaciones de especies que cumplen con una misma función, como los productores, es más resiliente que uno que posee una cantidad limitada de especies que desarrollan cada función. Piensa en dos bosques: uno tiene una única especie de pinos maduros y el otro tiene muchos grupos de coníferas de distintas edades. Si ambos bosques sufren vientos fuertes idénticos, los pinos maduros se verán mucho más afectados por el quiebre y el desarraigo que el grupo de árboles de especies mixtas. El grupo de especies mixtas, con características y edades diferentes, contará con más árboles después del viento. Se recuperará y seguirá funcionando como un bosque mucho más rápidamente que el grupo de pinos de una única especie.

La biodiversidad aumenta la resiliencia de un ecosistema, pero solo hasta cierto punto. La diversidad genética de cada especie de un ecosistema también es importante. Las actividades humanas que alteran la biodiversidad o que aumentan el ritmo de cambio, como el uso de pesticidas y antibióticos, la pesca y la destrucción de bosques lluviosos, reducen la diversidad genética. Una reducción en la diversidad genética disminuye las probabilidades de que las poblaciones se adapten a las alteraciones abióticas de un ecosistema.

Predecir ¿Qué similitudes crees que encontrarías en un ecosistema altamente resiliente?

Image Credits: ©Zhukova Valentyna/Shutterstock

La resistencia de un ecosistema

La resistencia es la capacidad de un ecosistema de resistir cambios frente a una alteración. Algunos ecosistemas son altamente resistentes al cambio, mientras que otros no lo son. Los ecosistemas altamente resistentes permanecen prácticamente intactos luego de una alteración.

Hasta el ecosistema más resistente puede ser dañado al punto de no poder recuperarse. En el pasado, los bosques en las crestas de los montes Apalaches se han recuperado de vientos, nevadas e incendios reiterados, pero hoy en día están muriendo lentamente debido a los efectos de la lluvia ácida.

La resistencia y la resiliencia de los ecosistemas

FIGURA 16: Los ecosistemas resistentes no se ven modificados luego de una alteración, mientras que los ecosistemas resilientes se recuperan rápidamente. Esta gráfica muestra una versión simplificada sobre la respuesta de los ecosistemas resistentes y los ecosistemas resilientes frente a las alteraciones.

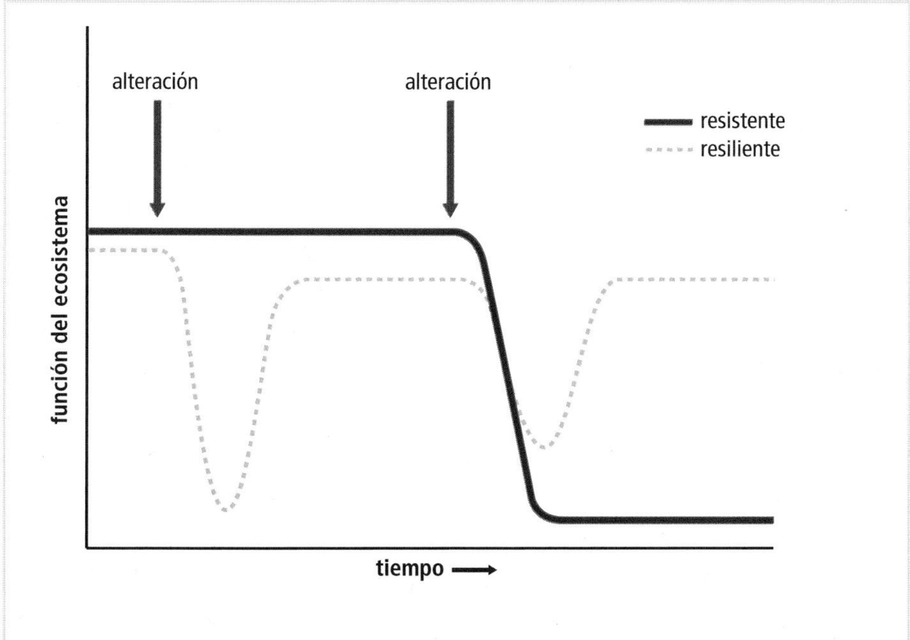

Explicar Los conceptos de resistencia y resiliencia de la gráfica pueden aplicarse a otras situaciones. Gracias a los avances científicos y la tecnología, contamos con muchos medicamentos para tratar enfermedades causadas por agentes patógenos. ¿Esto hace que los humanos sean una especie más o menos resiliente? ¿Esto hace que los humanos sean una especie más o menos resistente? Explica tu razonamiento.

Los ecosistemas resistentes no se ven afectados inicialmente por las alteraciones. Sin embargo, si las alteraciones son muy intensas, la estructura y la función del ecosistema puede verse afectada. Como puede verse en la Figura 16, luego de una segunda alteración, el ecosistema resistente no puede recuperarse con tanta facilidad. Un ecosistema resiliente suele verse afectado de inmediato, incluso por alteraciones de baja intensidad, pero puede recuperarse estructural y funcionalmente casi al mismo nivel en el que se encontraba antes de la alteración.

Image Credits: ©Dr. Jeremy P. Stovall

Reunir evidencias Vuelve a pensar en la erupción volcánica en la isla. Cuando la lava se enfrió, las plantas comenzaron a crecer. ¿Es este un ejemplo de un ecosistema estable? Usa evidencias del debate sobre ecosistemas resilientes y resistentes para justificar tu respuesta.

La sucesión ecológica

El área que rodea el volcán Kilauea en la isla de Hawái es un gran ejemplo de lo que le ocurre a un ecosistema cuando sufre una alteración devastadora. Lo que en un momento fue un exuberante ecosistema tropical ahora está cubierto por roca volcánica. Con el paso del tiempo, esta roca volcánica sufre una serie de cambios. La sucesión ecológica es la secuencia de cambios bióticos que regenera una comunidad dañada o que crea una comunidad en un área previamente deshabitada. Existen dos tipos de sucesión ecológica: primaria y secundaria.

Sucesión primaria

Analizar ¿De dónde vienen las especies pioneras?

La sucesión primaria, como se ve en la Figura 17, es el establecimiento y el desarrollo de un ecosistema en un área previamente deshabitada, normalmente una superficie de piedra lisa. El derretimiento de los glaciares, las erupciones volcánicas y los desprendimientos de tierra dan lugar al proceso de sucesión primaria. Los primeros organismos que se mudan a esta área son llamados *especies pioneras*. Estos organismos, como el musgo y el liquen, descomponen las rocas sólidas en trozos más pequeños. Una vez que las especies pioneras han creado suelo, las plantas, como las hierbas, pueden comenzar a crecer. Con el paso del tiempo, los arbustos y los árboles reemplazan las hierbas para formar un bosque. Este proceso continúa hasta que se establece una comunidad clímax.

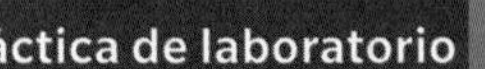

Práctica de laboratorio

Usar GPS en estudios ecológicos Realiza un estudio con muestras de vida vegetal de un área de tierra determinada. Hállala y elabora un mapa de la ubicación exacta con un GPS y analiza la información.

FIGURA 17: El establecimiento de una comunidad clímax puede tomar cientos de años. Esta imagen muestra el proceso de sucesión primaria en un bosque boreal.

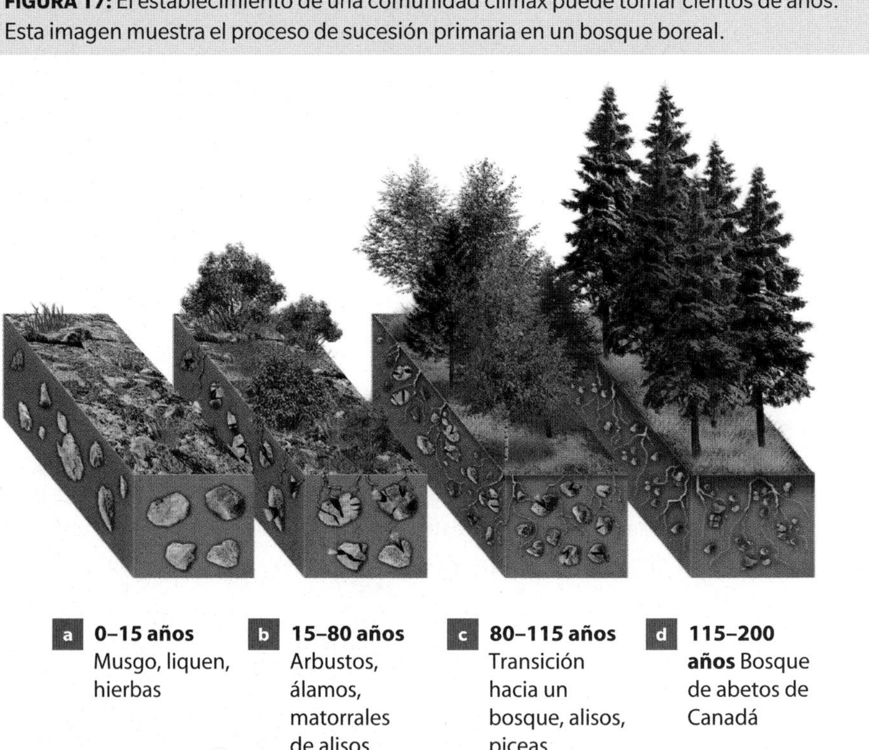

a **0–15 años** Musgo, liquen, hierbas

b **15–80 años** Arbustos, álamos, matorrales de alisos

c **80–115 años** Transición hacia un bosque, alisos, piceas

d **115–200 años** Bosque de abetos de Canadá

Explicar ¿Crees que los árboles altos siempre conforman la última etapa de la sucesión primaria de cada bioma? Explica tu respuesta.

Sucesión secundaria

La sucesión secundaria es el restablecimiento de un ecosistema en un área donde el suelo resultó intacto luego de un incendio o una inundación. Como ya hay suelo presente en el ecosistema, la sucesión secundaria alcanza la etapa de comunidad clímax mucho más rápido que la sucesión primaria. Las plantas, las semillas y otros organismos que sobrevivieron a la alteración comienzan el proceso de regeneración.

Como en la sucesión primaria, la biodiversidad del ecosistema aumenta a medida que la sucesión secundaria progresa. Un motivo del aumento de la biodiversidad es el regreso de los animales a medida que crece la población de plantas. Además, los animales traen semillas de plantas de otros ecosistemas en su pelaje y en sus desechos, lo que permite el crecimiento de nuevas poblaciones de plantas si las condiciones lo permiten.

Hacer un modelo Haz un modelo que muestre la diferencia entre la sucesión primaria y la sucesión secundaria. Asegúrate de que tu modelo explique cuánto tiempo dura cada etapa y por qué.

Análisis de datos

FIGURA 18: La riqueza de especies de un ecosistema está relacionada con su etapa de sucesión.

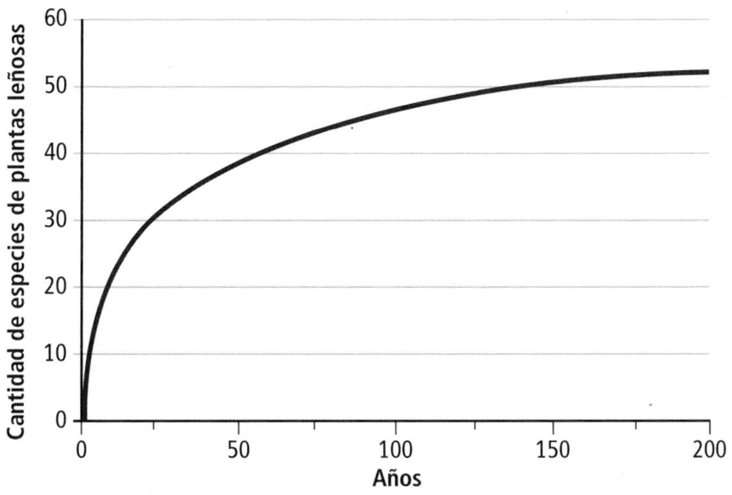

Cantidad de especies de plantas leñosas: 0, 10, 20, 30, 40, 50, 60

Años: 0, 50, 100, 150, 200

Analizar Piensa en cómo cambia un ecosistema durante la sucesión secundaria. Usa la gráfica de la Figura 18 para responder las preguntas.

1. ¿Cuándo aumenta la riqueza de especies al ritmo más rápido? ¿Por qué es esto posible?
2. ¿Por qué la riqueza de especies no sigue aumentando con el paso del tiempo? Explícalo.

La sucesión es un proceso continuo. Incluso luego de establecida la comunidad clímax, siguen ocurriendo cambios. Algunos cambios pequeños, como la caída de un árbol, reinician el proceso. Por este motivo, un ecosistema prácticamente nunca está establecido de manera permanente; los procesos de sucesión causan cambios en el ecosistema constantemente.

Reunir evidencias ¿Cómo afecta la sucesión ecológica a la biodiversidad? Justifica tu afirmación con las evidencias reunidas en esta lección.

Image Credits: ©Stephen Collins/Photo Researchers, Inc.

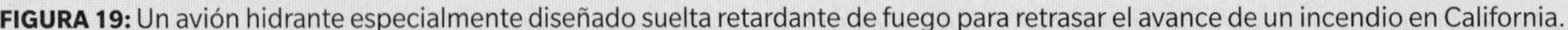

Conexión con las artes del lenguaje

FIGURA 19: Un avión hidrante especialmente diseñado suelta retardante de fuego para retrasar el avance de un incendio en California.

¿Deberíamos apagar los incendios forestales?

Los incendios pueden causar daños considerables en los ecosistemas forestales. Por eso, los bomberos trabajan duro para controlarlos y extinguirlos. Usan equipamiento pesado, como excavadoras, para detener la propagación del fuego. En ocasiones, usan aviones y helicópteros que llevan agua o retardante de fuego para apagar los incendios, como se ve en la Figura 19.

El incendio es una parte natural de muchos ecosistemas. Contribuye con el ciclo de los nutrientes al devolver los que se encuentran en las plantas al suelo. En algunos bosques, los incendios cíclicos eliminan los arbustos y, en la mayoría de los casos, no dañan a los árboles y a otros organismos del ecosistema. Debido a los esfuerzos por evitar incendios, abundan los arbustos y algunas especies de sotobosque. Cuando ocurre un incendio, los árboles se prenden fuego porque el sotobosque está demasiado crecido. Esto puede provocar un impacto catastrófico en la totalidad del bosque.

Luego de grandes incendios a fines del siglo XIX, los primeros conservacionistas comenzaron a preocuparse por el efecto que podrían tener los incendios forestales sobre los futuros suministros de madera. En 1905, convencieron al gobierno de los Estados Unidos de crear el Servicio Forestal de los Estados Unidos, que desarrolló prácticas de protección contra incendios para conservar lo que se conoce como bosques nacionales.

Tan solo cinco años después, ocurrió una serie de incendios que quemaron 3 millones de acres en una región que abarcaba tres estados. Este suceso fue llamado "El Gran Incendio de 1910" y modificó la mentalidad nacional sobre el control de incendios. Los oficiales forestales estatales y federales decidieron que la mejor manera de proteger los bosques nacionales era mediante la eliminación de cualquier tipo de incendio forestal. Con este fin, se promulgaron normas diseñadas para evitar los incendios por completo o, de ocurrir, apagarlos con la mayor rapidez posible.

Entonces, los conservacionistas y silvicultores no comprendían la importancia ecológica de los incendios en un ecosistema forestal. Creían que todo incendio dañaba la madera, un recurso económico importante. Prohibieron el uso del fuego para remover la maleza y mejorar el suelo. También construyeron caminos, torres de vigilancia y estaciones de guardabosques para facilitar la detección de incendios y responder rápidamente.

En la década de 1930, se creó un cuerpo de bomberos destinado a acudir donde ocurriera un incendio forestal. Con el avance de la tecnología, incorporaron aviones y helicópteros para transportar bomberos y lanzar sustancias químicas para apagar incendios. Hoy en día, el Centro Interagencial Nacional de Incendios (NIFC) coordina y asiste el despliegue, el entrenamiento y la

Image Credits: ©Shari L. Morris/Getty Images

certificación de bomberos, equipamiento y personal de apoyo a nivel nacional.

Luego de investigar, los científicos descubrieron que los incendios pueden ser provechosos para algunos ecosistemas y el Servicio Forestal comenzó a notar que suprimir los incendios provocaba una acumulación de combustible que los hacía mucho más peligrosos cuando lograban desencadenarse. Esto provocó un cambio en las normas que permitió el empleo de quemas prescritas para controlar las cargas de combustible en ciertos bosques según las necesidades ecológicas del área.

¿Cómo deciden los funcionarios dónde y cuándo deben combatir un incendio y cuándo no? Las características de los ecosistemas son fundamentales en estas decisiones. Por ejemplo, hay grupos de pinos contorta en las Montañas Rocosas que necesitan incendios periódicos fuertes e intensos para eliminar los árboles preexistentes y permitir el crecimiento de árboles nuevos. Otras plantas dependen de los incendios para sus estrategias reproductivas. Por ejemplo, las piñas de las secuoyas necesitan del fuego para abrirse y liberar sus semillas. El fuego también expone las franjas de suelo donde las semillas pueden echar raíces y abre el dosel forestal, lo que permite que la luz llegue a las plántulas y les permita crecer. Por otro lado, los incendios cercanos a poblaciones humanas requieren un apagado rápido para proteger la vida y la propiedad. A medida que el desarrollo humano ocupa lugares que antes eran silvestres, aumenta el potencial de que ocurra una catástrofe generalizada.

El clima también afecta las normas de control de los incendios. Sucesos naturales, como los vientos anuales de Santa Ana que soplan a lo largo de la zona costera del Sur de California y el norte de Baja California contribuyen al brote y la propagación de incendios forestales. Los rayos, las olas de calor y las sequías también aumentan las probabilidades. El cambio climático aumenta la gravedad de los fenómenos meteorológicos que contribuyen con los incendios forestales. Estos incendios aumentan la cantidad de carbono almacenado que se libera en la atmósfera. Todos estos factores requieren que los funcionarios sean flexibles a la hora de tomar decisiones.

Por último, están los costos del desarrollo de normas para el control de incendios. La lucha contra los incendios forestales es costosa en horas de trabajo, transporte y costos de equipamiento. También causan daños económicos en las comunidades y ponen vidas en riesgo. Los funcionarios deben considerar estos factores para determinar si aplicarán medidas para apagar los incendios o no.

FIGURA 20: Los incendios forestales pueden causar daños económicos importantes en las ciudades y en los pueblos.

Conexión con las Artes del lenguaje

Algunos legisladores creen que los incendios forestales naturales deben permitirse o que las quemas controladas deben usarse como un instrumento de control forestal. Otros creen que permitir incendios o realizar quemas controladas supone un riesgo para los bosques y las personas. Toma una posición respecto del permiso para realizar quemas controladas. Investiga las ventajas y desventajas de las quemas controladas.

Reúne información y escribe un ensayo de una página sobre tu posición. El ensayo debe explicar tu punto de vista y citar evidencias para justificar tus afirmaciones.

Luego de investigar y escribir el ensayo, participarás de un debate en el salón de clases. Tendrás la oportunidad de exponer y defender tu posición con la información de tu investigación. Asegúrate de escuchar a los estudiantes que están de acuerdo con tu posición y también a los que no, mientras compartes tus propios argumentos.

ESTUDIO DE CASO: SUCESIÓN SECUNDARIA EN EL MO. SANTA HELENA | **SUCESIÓN EN DIFERENTES ECOSISTEMAS** | **LA CLAVE PARA LA ESTABILIDAD DE LOS ECOSISTEMAS** | **Conéctate y elige alguna de estas opciones.**

Image Credits: ©EyeEm/Rob Lind/Getty Images

Autorrevisión de la lección

¿PUEDES EXPLICARLO?

FIGURA 21: Una plántula solitaria comienza el proceso de colonización de un terreno de lava.

Las erupciones volcánicas cumplen un papel importante en la formación de nuevos ecosistemas, pero las coladas de lava generan superficies de roca sólida donde ninguna forma de vida puede crecer. Sin embargo, a medida que esta superficie de roca sufra meteorización química y física, los seres vivos comenzarán a crecer gradualmente y a desarrollarse en ella. Con el paso del tiempo, la roca ya no será visible a medida que se cubra de suelo y vida vegetal.

El archipiélago de Hawái comenzó a formarse hace más de 70 millones de años debido a erupciones volcánicas en el medio del océano Pacífico. Con el paso del tiempo, el proceso de sucesión creó ecosistemas tropicales únicos. La sucesión de roca a vegetación altamente diversa toma una gran cantidad de tiempo. Cuando ocurren nuevas erupciones, el proceso de sucesión vuelve a empezar y al final se regresa a un ecosistema estable.

Explicar Consulta las notas en tu Cuaderno de evidencias y usa lo que aprendiste en la lección sobre la sucesión para explicar cómo una planta puede crecer en el medio de un campo de lava.

Image Credits: ©Design Pics/Getty Images

EJERCICIOS DE REVISIÓN

Comprueba lo que aprendiste

1. ¿Cuál de las siguientes es una característica asociada con el nicho de un organismo pero no con su hábitat?
   - **a.** el clima
   - **b.** la calidad del suelo
   - **c.** el lugar en la red alimentaria
   - **d.** la ubicación dentro del ecosistema

2. ¿Cuáles de los siguientes factores determinan la estabilidad de un ecosistema? Elige todas las respuestas correctas.
   - **a.** el proceso mediante el que se recupera luego de una alteración
   - **b.** la capacidad para funcionar durante una alteración
   - **c.** si una alteración es natural o humana
   - **d.** el ritmo de recuperación luego de una alteración
   - **e.** el nivel de biodiversidad de un ecosistema

3. Una epífita es una planta que crece en la superficie de otra planta, como un árbol. Obtiene agua y nutrientes del aire y de su entorno y no del árbol. El árbol no se ve afectado por la presencia de la epífita. ¿Qué tipo de relación tiene la epífita con el árbol? Explica tu razonamiento.

4. Cuando el *Paramecium aurelia* y el *Paramecium caudatum* son ubicados en un mismo cultivo y se les brinda un suministro constante de alimento en condiciones constantes, el *P. aurelia* siempre supera al *P. caudatum*, que eventualmente muere. ¿Qué factores impiden que el *P. caudatum* sobreviva en esta situación?

5. La sucesión ecológica luego de una alteración suele tomar cientos de años en el noroeste del Pacífico. Sin embargo, la sucesión luego de la erupción del Monte Santa Helena en 1980 ha progresado mucho más rápido debido a que algunas plantas y algunos animales se encontraban en áreas protegidas al momento de la caída de ceniza caliente y piedra pómez. ¿Qué conclusión puedes sacar sobre la velocidad de sucesión de este ejemplo?

6. Usa los siguientes términos para completar el enunciado: *resiliente, resistente.*
   Si un ecosistema es ____________, es generalmente estable a menos que una alteración lo modifique drásticamente. Cuando una alteración provoca un cambio, el ecosistema se recupera rápidamente si es ____________.

7. El Ecosistema A y el Ecosistema B tienen las mismas ocho especies, pero el Ecosistema A tiene una distribución de especies más uniforme que el Ecosistema B. ¿Qué ecosistema es más diverso? Explica tu razonamiento.

8. Los depredadores superiores suelen ser especies claves en sus hábitats. Explica qué ocurre con la biodiversidad de un ecosistema cuando se elimina deliberadamente un depredador superior del ecosistema en el que vive.

HAZ TU PROPIA GUÍA DE ESTUDIO

En tu Cuaderno de evidencias, diseña una guía de estudio que justifique la idea principal de esta lección:

Dentro de un ecosistema, los organismos interactúan entre sí y con el medio ambiente. La estabilidad de un ecosistema está determinada por su biodiversidad, su resiliencia y su resistencia al cambio.

Recuerda incluir la siguiente información en tu guía de estudio:

- Usa ejemplos que sirvan como modelo de las ideas principales.
- Anota explicaciones para el fenómeno que investigaste.
- Presenta evidencias para justificar tus explicaciones. Tu justificación puede incluir dibujos, datos, gráficas, conclusiones de laboratorio y otras evidencias que hayas anotado a lo largo de la lección.

Piensa en cómo las interacciones en los ecosistemas pueden usarse para analizar las dinámicas de los ecosistemas y predecir la manera en que los esfuerzos de conservación afectarán la estabilidad de estos ecosistemas.

UN LIBRO QUE EXPLICA LOS CONCEPTOS MÁS COMPLEJOS CON LAS PALABRAS MÁS SENCILLAS

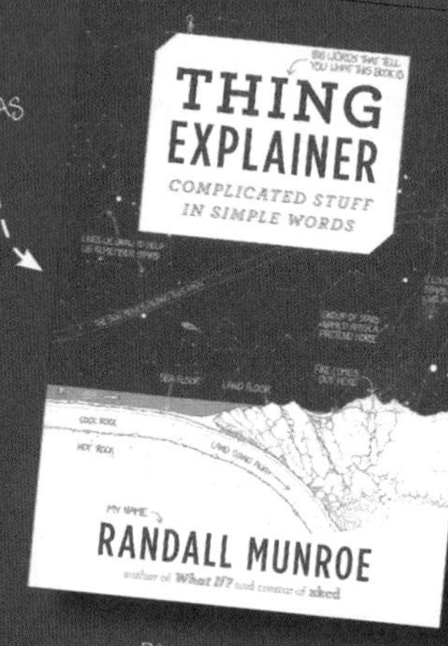

RANDALL MUNROE
XKCD.COM

CÓMO REGRESAN LOS BOSQUES

Cómo los árboles, las flores y los animales vuelven a poblar un terreno luego de un gran cambio

Luego de un desajuste en un ecosistema, los cambios bióticos regeneran la comunidad dañada o crean una comunidad nueva en una zona previamente deshabitada. Echa un vistazo a este proceso de cambio y renacimiento.

LA HISTORIA DE LOS BOSQUES CAMBIANTES

COSAS QUE LES SUCEDEN A LOS BOSQUES

Algunas veces, a los bosques les suceden cosas importantes que hacen desaparecer muchos árboles antiguos y animales que viven en el lugar. Cuando esto sucede, aparecen muchos árboles nuevos y flores para ocupar el espacio. Después de un tiempo, pueden volver a crecer árboles enormes.

Aquí se mencionan algunas de las cosas que les pueden suceder a los bosques:

FUEGO

En algunos bosques, cada tanto se producen incendios que queman muchas plantas y árboles, junto con ramas y hojas secas que se encuentran en el suelo.

PERSONAS

Las personas talan los bosques para hacer espacio o porque quieren usar la madera. La mayoría de los bosques antiguos de la Tierra fueron talados con el correr de los años.

VIENTO

Cuando se producen grandes tormentas, el viento puede tumbar muchos árboles, especialmente si la tormenta ocurre cuando los árboles tienen hojas.

SER DEVORADO

La mayoría de los animales que comen árboles son devorados por otras cosas. Si algo que come árboles se muda a otra parte del mundo donde no hay nada que lo devore, puede comer bosques enteros.

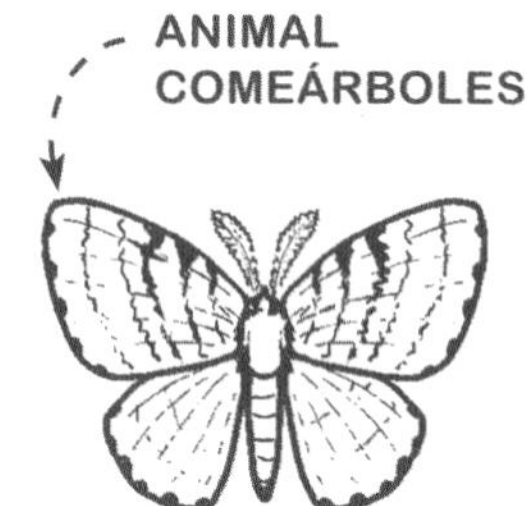

PEQUEÑOS AGUJEROS EN EL BOSQUE

En algunos bosques, viven animales pequeños a los que les gusta construir sus casas en charcas. Si no pueden encontrar una para usar, construyen una nueva talando árboles y levantando una pared que cruza el río.

El agua cubre parte del bosque, y los árboles que están cubiertos por el agua mueren. Cuando los animales se van, la pared se derrumba.

Cuando el agua de la charca desaparece, deja una zona descubierta entre los árboles. Con el tiempo, esta zona se llena de cosas verdes y vuelve a convertirse en bosque.

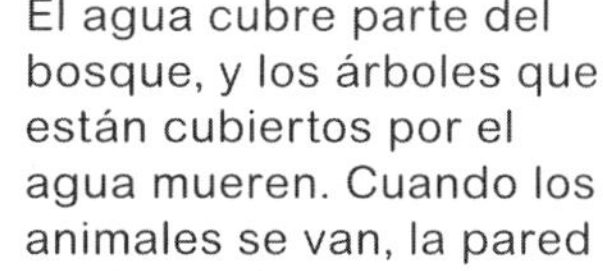

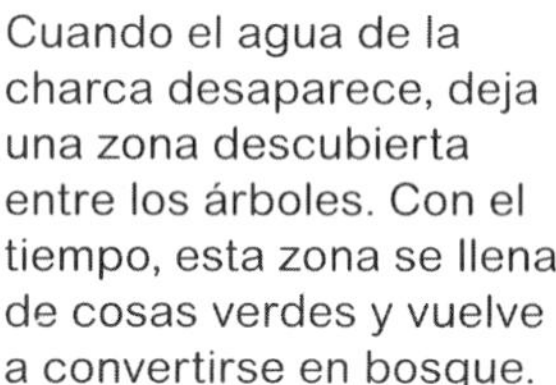

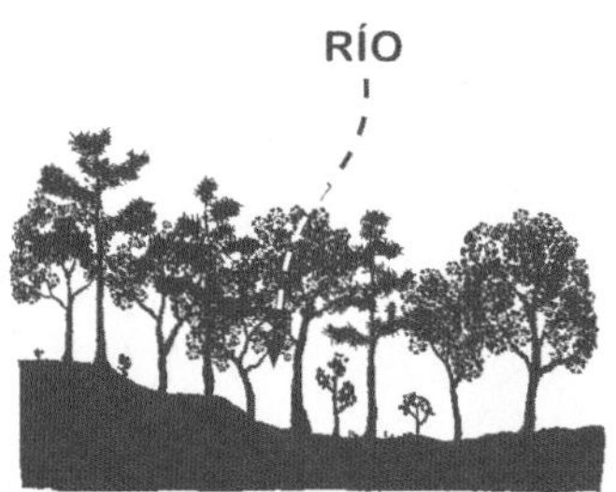

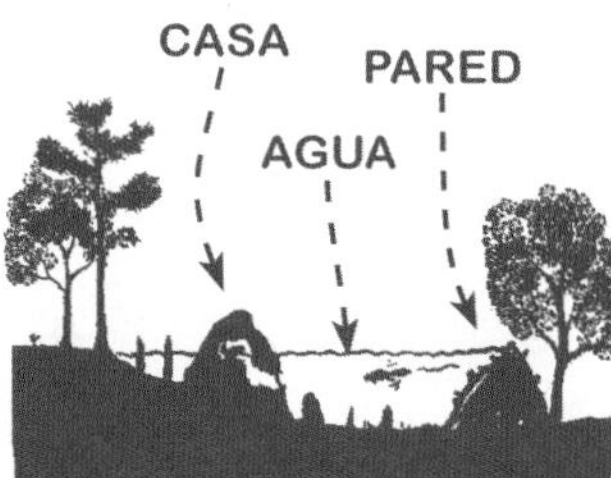

PROBLEMAS MÁS GRAVES

La vida no surge de la nada. Cuando se despejan los bosques y estos vuelven a crecer, algunos de los árboles nuevos crecen a partir de partes que se encuentran en el suelo y que aún están vivas. Otras cosas verdes llegan desde las fronteras, o las aves o el viento las transportan.

Pero si se produce un cambio muy importante, quizás no quede en la zona nada de vida que pueda volver a crecer. A veces, en los territorios que se encuentran en el mar, del suelo surge un fuego ardiente y las rocas comienzan a calentarse y a fluir como el agua. Si esto sucede, nada vuelve a crecer allí hasta que llegue nueva vida desde el otro lado del mar.

BOOM

UN BOSQUE DESPUÉS DE UN INCENDIO

¿QUÉ PROVOCA LOS INCENDIOS?

Las personas provocan la mayoría de los incendios en los bosques. Algunas veces, las personas arrojan al suelo cosas que están encendidas y se olvidan de ellas o encienden fogatas para sentarse alrededor y después no las apagan.

Otros incendios se inician sin ayuda de las personas. La mayoría de ellos se originan con los destellos de energía de las grandes tormentas, pero algunos se deben a las rocas calientes que salen de los agujeros que están en las cimas de las montañas.

ROCAS ESPACIALES

Las rocas gigantes que caen del espacio pueden provocar incendios, pero no es algo que suceda muy a menudo. Hasta donde sabemos, no han ocurrido estos incendios desde que las personas comenzaron a escribir las cosas que sucedían.

AAAAA

PROPULSOR DEL INCENDIO

Los incendios normalmente no los inician personas que no saben manejar naves espaciales, ¡pero podría pasar!

Si hay demasiadas ramitas secas o ramas muertas en el suelo, los incendios pueden hacerse más grandes y puede aumentar el calor. Estos incendios se pueden propagar hasta la copa de los árboles y arrasar con los bosques.

Estos incendios pequeños pueden ser buenos para los bosques, porque queman las hojas y las ramitas antes de que se apilen grandes cantidades.

Algunos incendios queman las hojas y ramitas secas que se encuentran en el suelo, pero no afectan a los árboles grandes.

Si pasa mucho tiempo sin lluvias, todas esas cosas secas hacen que los incendios sean más grandes y calientes.

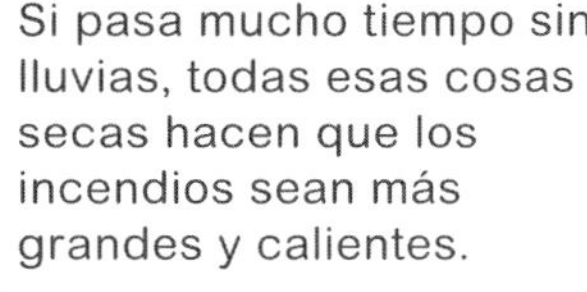

LOS HUEVOS DE LOS ÁRBOLES

Estas cosas caen de los árboles. Luego se abren y de ellas crecen árboles nuevos.

ÁRBOLES BEBÉS (POR DENTRO)

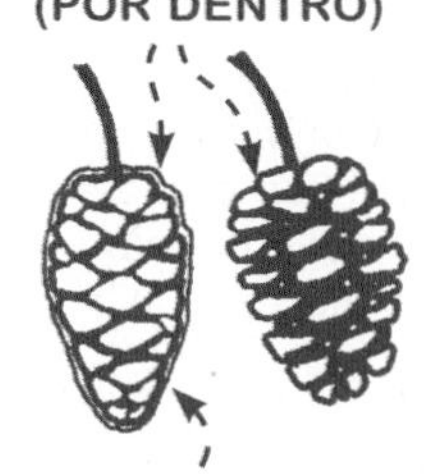

SUSTANCIA SUAVE

Los incendios destruyen los árboles altos que bloquean la luz hacia el suelo. Algunos árboles producen huevos que se quedan cerrados hasta que se inicia un incendio para así obtener mucha luz y crecer rápidamente.

Estos huevos están cubiertos con una capa de un material claro que evita que se abran. Cuando un huevo de árbol se calienta con el fuego, este material claro se suaviza y se cae, el huevo se abre y comienza a crecer el árbol.

Conéctate para aprender más sobre *Thing Explainer*.

ÁRBOLES A LOS QUE NO LES IMPORTA EL FUEGO
Algunos árboles son buenos para sobrevivir los incendios. Su corteza gruesa y resistente los mantiene a salvo del calor, y algunos mantienen casi todas las ramas cerca de la copa para que las hojas estén lejos de las cosas que se queman en el suelo.

AVES QUE ARROJAN LOS HUEVOS DE LOS ÁRBOLES AL VOLAR

EL REGRESO DE LAS COSAS VERDES
Las primeras cosas que crecen luego de un incendio son el césped y las flores, como las cosas que sacas del jardín. Son muy buenas para extenderse y crecen muy rápido.

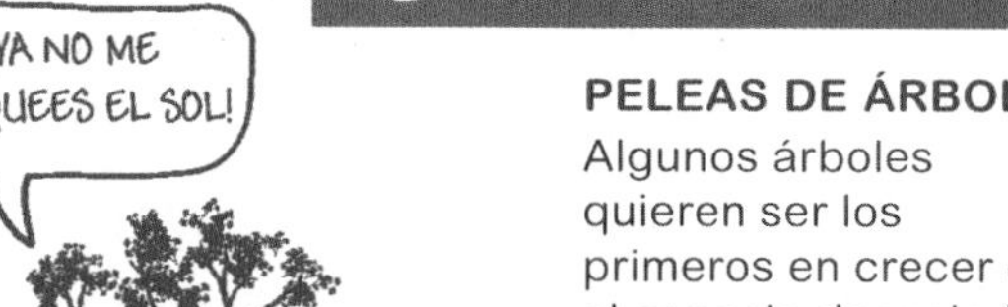

ÁRBOLES ESCONDIDOS
Algunos árboles y cosas verdes sobreviven al fuego incluso si las puntas o copas se incendian. Pueden volver a crecer a partir de los restos que quedan en el suelo.

PELEAS DE ÁRBOLES
Algunos árboles quieren ser los primeros en crecer en el espacio despejado que queda luego de un incendio. Si un árbol crece más que los que están a su alrededor, puede bloquear la luz del sol para los demás árboles y absorber más luz para sí mismo.

ÁRBOLES RÁPIDOS
En los primeros veinte o treinta años luego de despejado el bosque, crecen árboles rápidos. Estos evitan que la luz solar llegue al suelo, lo que provoca que el césped y las plantas pequeñas se mueran. Estos son bosques jóvenes.

AVES QUE COMEN ANIMALES PEQUEÑOS
A algunas aves que comen animales pequeños les gusta volar sobre los campos abiertos como este o posarse en los árboles cerca del borde. Cuando ven algo que corre en el césped, intentan atraparlo. Como a estas aves les gustan las áreas donde los bosques se conectan con las zonas abiertas, muchas veces se las puede ver en los árboles al costado de las grandes carreteras.

AVES QUE COMEN OTRAS AVES (ESCONDIDAS)
A los distintos animales les gustan diferentes bosques. En algunas zonas, a medida que los árboles se hacen más grandes, allí se mudan diferentes tipos de aves. Algunas aves saben volar muy bien a través de los árboles para atrapar a otras aves. Como estas aves se mantienen lejos de los bordes de los bosques, no se las ve tan a menudo.

ÁRBOLES LENTOS
Después de que crecen los primeros árboles, comienzan a crecer otros tipos de árboles. Estos árboles más recientes crecen lentamente y no necesitan tanto sol, así que pueden crecer a la sombra de los árboles más rápidos.

BOSQUES ANTIGUOS
Los árboles lentos crecen y reemplazan a los árboles rápidos. Esto lleva mucho tiempo, mucho más que la vida de una persona. Los bosques que son mucho más antiguos que los seres humanos más viejos son especiales. Tienen árboles y animales diferentes a los que hay en los bosques jóvenes. Muchos de esos bosques antiguos han sido talados, y algunas personas intentan salvar aquellos que aún quedan.

Conexión con las ciencias ambientales

Cerdos salvajes Los cerdos salvajes son descendientes de cerdos domesticados que se escaparon del cautiverio. Los cerdos salvajes pueden sobrevivir en muchos ecosistemas debido a la ausencia de depredadores naturales y a sus diversos hábitos de búsqueda de alimento. Los cerdos salvajes modifican los factores abióticos, como la estructura del suelo y los niveles de erosión. También modifican los factores bióticos de los ecosistemas, alteran las comunidades de plantas nativas y compiten por recursos con otros organismos en nichos similares.

FIGURA 1: Los cerdos salvajes pueden cambiar los ecosistemas.

Busca recursos en la biblioteca y en Internet para investigar la epidemia de cerdos salvajes en los Estados Unidos. Crea un anuncio de servicio público que informe a los terratenientes sobre la escala de la epidemia de cerdos salvajes y los impactos potenciales en el medio ambiente, que incluyen los cambios en las poblaciones y en los ecosistemas.

Conexión con el arte

Fotografía conservacionista ¿Has escuchado el dicho "una imagen vale más que mil palabras"? Los fotógrafos conservacionistas comparten esta idea y usan imágenes para resaltar los problemas del medio ambiente. Se usan imágenes naturales y preparadas para provocar una respuesta en el público y para promover la conservación. Cuando los cambios devastadores en los ecosistemas se documentan con imágenes, aumentan el apoyo y la participación del público en los problemas ambientales críticos.

FIGURA 2: Esta fotografía podría usarse para resaltar el impacto del calentamiento global sobre la población de osos polares.

¿Cuál es la diferencia entre la fotografía de la naturaleza y la fotografía conservacionista? Busca recursos en la biblioteca y en Internet para investigar la fotografía conservacionista y el trabajo de un determinado fotógrafo conservacionista. Prepara una presentación multimedia que explique el propósito de la fotografía conservacionista y menciona un fotógrafo que hayas investigado, algunos de sus trabajos y las explicaciones sobre los problemas de conservación que el fotógrafo resalta.

Conexión con los estudios sociales

Historia del medio ambiente Los impactos humanos en el medio ambiente de los últimos siglos han sido estudiados y documentados en profundidad. Queda claro que los humanos han modificado y desestabilizado muchos ecosistemas modernos. También hay evidencias de que antiguas civilizaciones, como la maya, la nazca y la rapanui de la Isla de Pascua, han modificado los paisajes de manera drástica. Estos cambios pueden no haber sido tan importantes como los impactos humanos modernos, pero pueden haber provocado la desestabilización de ecosistemas que llevó a la caída de estas civilizaciones.

FIGURA 3: Ruinas de la civilización maya.

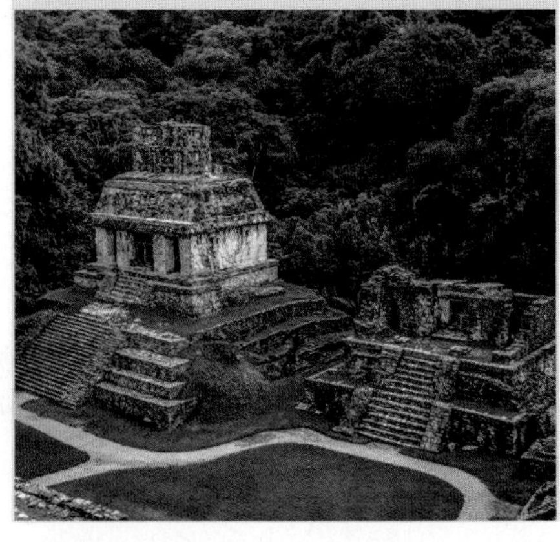

Busca recursos en la biblioteca y en Internet para investigar un ejemplo de una sociedad antigua cuya caída podría estar relacionada con los impactos humanos en el medio ambiente. Escribe un informe que brinde información sobre la civilización y que ponga a prueba las afirmaciones y las evidencias sobre los cambios en el medio ambiente que llevaron a la desaparición de la sociedad. Incluye una ilustración sobre los impactos potenciales que la sociedad tuvo en el medio ambiente con un modelo, una gráfica, un mapa u otro método.

Image Credits: (t) Photo provided by NASA/U.S. Dept of Agriculture (USDA); (c) ©National Geographic Magazines/RALPH LEE HOPKINS/Getty Images; (b) ©Diego Grandi/Shutterstock

SÍNTESIS DE LA UNIDAD

En tu Cuaderno de evidencias, haz un mapa conceptual, un organizador gráfico o un esquema con la información de las Guías de estudio que creaste para cada lección de esta unidad. Recuerda que debes fundamentar tus afirmaciones con evidencias.

Al sintetizar información, debes seguir los siguientes pasos generales:

- Busca la idea central de cada fuente de información.
- Establece relaciones entre las ideas centrales.
- Combina las ideas para mejorar tu comprensión.

PREGUNTAS GUÍA

Vuelve a leer las Preguntas guía que aparecen al principio de la unidad. En tu Cuaderno de evidencias, repasa y revisa las respuestas que habías dado a esas preguntas. A partir de las evidencias que reuniste y las observaciones que hiciste durante la unidad, justifica las respuestas.

PRÁCTICA Y REPASO

1. Durante el transcurso de un año, una población de 25 pingüinos aumentó en 5 pingüinos por nacimiento y disminuyó en 3 pingüinos por muerte. Además, 10 pingüinos adultos se sumaron a la población y 6 pingüinos adultos emigraron. ¿Cuál es la tasa de crecimiento anual de esta población?

a. 19
b. -8
c. -2
d. 6

2. ¿Cuáles de las siguientes opciones serían consecuencias de la expansión de una especie en un nuevo hábitat sin depredadores y con recursos distribuidos uniformemente? Elige todas las respuestas correctas.

a. crecimiento logístico
b. dispersión uniforme
c. crecimiento exponencial
d. supervivencia del tipo III
e. alivio parcial de factores limitantes dependientes de la densidad

3. ¿Qué tipo de interacción es la más responsable por la transferencia de energía en una cadena alimentaria?

a. la competencia
b. el mutualismo
c. el parasitismo
d. la depredación

4. ¿Cuál es la relación entre la cantidad de población y la capacidad de carga de población de una población estable?

a. La cantidad de población es igual a la capacidad de carga de población por nacimientos, muertes, inmigraciones y emigraciones.
b. La cantidad de población oscila en torno a la capacidad de carga de población a medida que los recursos y la tasa de crecimiento de la población cambian a lo largo del tiempo.
c. La capacidad de carga de población y la cantidad de población aumentan cuando los recursos son escasos y disminuyen cuando los recursos son abundantes.
d. La capacidad de carga de población y la cantidad de población son inversamente proporcionales. Un aumento en la capacidad de carga de población será acompañado por una disminución en la cantidad de la población.

5. Una especie invasora se muda a tres nichos que solían estar ocupados por tres especies nativas diferentes y supera a esas especies nativas en la competencia por los recursos. Esto resulta en un aumento en la cantidad de la población, que es mayor a la de las tres especies nativas combinadas. ¿Qué sucede con la biodiversidad del ecosistema?

a. La biodiversidad aumenta porque la cantidad de individuos aumenta.
b. La biodiversidad disminuye porque solo las especies nativas son tenidas en cuenta para la biodiversidad del área.
c. La biodiversidad permanece igual porque se ocupan los mismos nichos ecológicos.
d. La biodiversidad disminuye porque la cantidad de especies disminuye.

El Ecosistema A es resistente a inundaciones periódicas pequeñas. El Ecosistema B es resiliente a pequeñas y grandes inundaciones. Hubo una pequeña inundación que alteró a ambos ecosistemas y luego otra mayor. Esta gráfica indica la reacción general de ambos ecosistemas frente a las alteraciones.

Observa la Figura 4 y responde las Preguntas 6 a 8.

Resistencia y resiliencia de los ecosistemas

FIGURA 4: La resistencia y la resiliencia en los ecosistemas

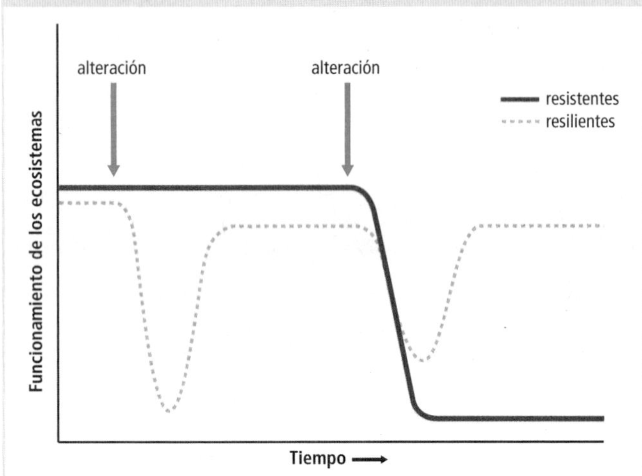

Fuente: ©Dr. Jeremy P. Stovall

6. ¿Cómo se relaciona la sucesión con la disminución del funcionamiento del ecosistema que se muestra en la gráfica?

a. Las disminuciones en el funcionamiento de un ecosistema representan el restablecimiento del ecosistema a un estado de sucesión anterior.

b. Las disminuciones en el funcionamiento de un ecosistema representan el progreso del ecosistema desde la sucesión hacia una comunidad clímax.

c. Las comunidades clímax causan disminuciones en el funcionamiento del ecosistema a medida que se estabilizan los tipos de especies y las cantidades de las poblaciones.

d. La sucesión termina cuando disminuye el funcionamiento del ecosistema.

7. ¿Qué ecosistema podría experimentar más períodos de crecimiento exponencial luego de las alteraciones? Explica tu respuesta.

8. ¿Qué características harían que el Ecosistema B fuese más estable? Elige todas las respuestas correctas.

a. consumidores resilientes terciarios

b. productores resilientes primarios

c. alto nivel de biodiversidad

d. estado de sucesión temprano

9. ¿Qué tipo de ecosistema se vería más afectado por una secuencia de fuertes lluvias generalizadas que provocasen inundaciones regionales en el transcurso de varios meses?

a. un ecosistema resiliente

b. un ecosistema resistente

c. ambos ecosistemas, resiliente y resistente

d. ninguno de los dos ecosistemas

10. Un factor limitante mantiene el tamaño de la población y puede ser independiente o dependiente de la densidad. ¿Cuál de estas es la mejor explicación para que un brote de una enfermedad sea considerado un factor limitante dependiente de la densidad?

a. La enfermedad solo afectará al tamaño de la población si la población tiene muy poca densidad.

b. La enfermedad se propagará al mismo ritmo en toda la población, sin importar la densidad de población.

c. Las enfermedades se propagan más rápidamente en una población de individuos que habitan muy cerca los unos de los otros.

d. La enfermedad no se propagará si los individuos se encuentran uniformemente dispersos en el medio ambiente.

PROYECTO DE LA UNIDAD

Vuelve a tu proyecto de la unidad. Prepara una presentación con tu investigación y tus materiales para compartir con la clase. En tu presentación final, evalúa la firmeza de tus hipótesis, datos, análisis y conclusiones.

Recuerda estas sugerencias a la hora de evaluar:

- ¿Los datos justificaron tu hipótesis?
- Observa las evidencias empíricas que reuniste a partir del modelo de pantano (evidencias basadas en observaciones e información). ¿Las evidencias respaldan tu afirmación y tu razonamiento sobre el impacto de los pantanos sobre las poblaciones y los ecosistemas?
- Piensa si las evidencias y la explicación tienen lógica. ¿Tu investigación contradice algunas de las evidencias?

Analizar la dinámica de población de las ardillas rojas

La ardilla roja del Monte Graham (*Tamiasciurus hudsonicus grahamensis*) es una subespecie de ardilla roja en peligro de extinción, endémica de las Montañas Pinaleño del sudeste de Arizona. Los datos sobre la población de esta ardilla pueden verse en la Figura 5. Usa esta información y haz tu propia investigación para determinar las tendencias de la población de ardillas rojas. Investiga si el hábitat de las ardillas rojas está en decadencia y si las alteraciones responsables por las fluctuaciones en la población de ardillas rojas son naturales o causadas por las personas. De acuerdo con tu investigación, determina si crees que la población de ardillas rojas del Monte Graham es resistente o resiliente a las alteraciones.

1. PREGUNTA

Desarrolla preguntas para guiar tu investigación y el análisis de los datos. Pon el foco de la investigación en las tendencias de la población de ardillas rojas del Monte Graham, cómo se relacionan estas tendencias con la pérdida del hábitat y cómo las causas de la decadencia del hábitat afectan a la población de ardillas rojas.

2. REALIZA UNA INVESTIGACIÓN

Investiga la población de ardillas rojas del Monte Graham. Busca recursos en la biblioteca y en Internet para investigar cómo le ha ido a esta especie en los últimos cincuenta años.

3. ANALIZA LOS DATOS

Analiza tu investigación y los datos de población. Haz una gráfica con los datos de población para visualizar las tendencias de la población de ardillas rojas. ¿Existen evidencias de alteraciones, de deterioros en el ecosistema o de resiliencia o resistencia en la población de ardillas?

4. ELABORA UNA EXPLICACIÓN

Usa tu análisis para responder las preguntas y elabora una explicación para los cambios en la población de ardillas del Monte Graham y su hábitat.

5. COMUNICA

Presenta lo que descubriste sobre las ardillas rojas del Monte Graham y su hábitat. Asegúrate de incluir si crees que la población de ardillas es resiliente o resistente frente a una alteración. La presentación debe incluir imágenes e información que justifiquen tus afirmaciones.

FIGURA 5: Promedio estimado de la población de ardillas rojas en el Monte Graham, 1987-2010.

Año	Promedio estimado de población	Año	Promedio estimado de población
1987	242	1999	530
1988	202	2000	484
1989	174	2001	270
1990	275	2002	292
1991	391	2003	293
1992	332	2004	276
1993	375	2005	289
1994	419	2006	285
1995	407	2007	305
1996	381	2008	273
1997	392	2009	259
1998	566	2010	216

Fuente: U.S. Fish and Wildlife Service. 2011. Draft Recovery Plan for the Mount Graham Red Squirrel (Tamiasciurus hudsonicus grahamensis), First Revision. U.S. Fish and Wildlife Service, Southwest Region, Albuquerque, NM. 85 pp. + Appendices A-D. [September 30, 2016] https://www.fws.gov/southwest/es/arizona/Documents/SpeciesDocs/MGRS/MGRS_dRecov_Plan_Revision_Final_May2011.pdf

Una presentación completa debe incluir la siguiente información:

- respuestas a las preguntas guía en la presentación final
- una gráfica que muestre la población de ardillas rojas del Monte Graham a lo largo del tiempo
- una explicación del estado actual de las ardillas y su hábitat, un comentario sobre las alteraciones que afectaron a la población y si la población ha demostrado ser resiliente o resistente a las alteraciones
- imágenes e información que justifiquen tu explicación

UNIDAD 5

Las células: Estabilidad y cambio

Estas células vivas se encuentran en distintas etapas de crecimiento y división.

Image Credits: ©Dimarion/Shutterstock

FIGURA 1: Esta micrografía electrónica de barrido del polvo doméstico muestra escamas de piel, fibras de tela, partes de un ácaro del polvo muerto y esporas de hongos.

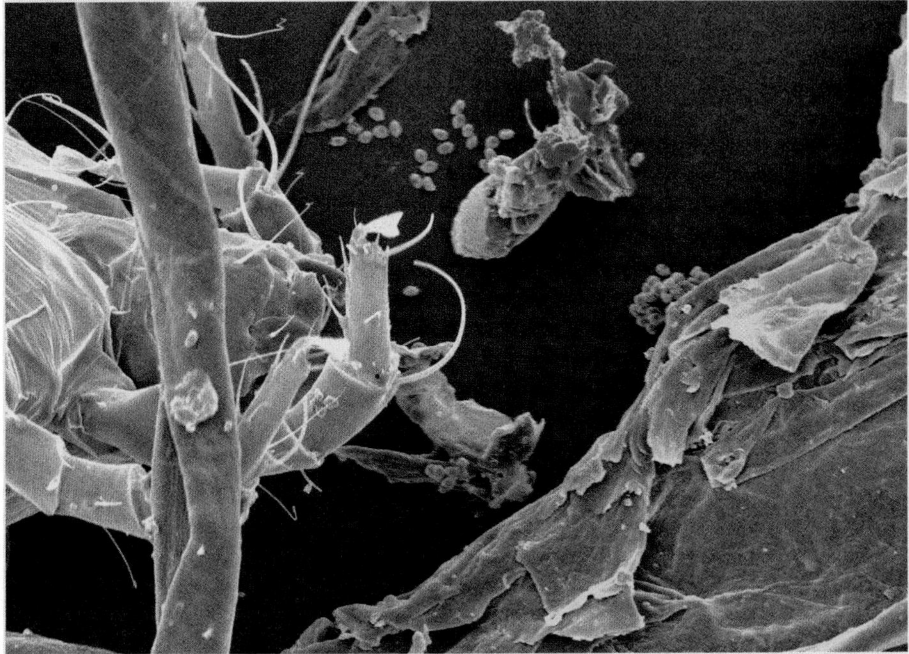

La piel constituye aproximadamente 16 por ciento de nuestro peso corporal. Las células de la piel se renuevan fácilmente y, como resultado, perdemos miles de ellas por hora. De hecho, perdemos tantas que se pueden encontrar en el polvo de nuestros hogares.

Predecir ¿Cómo crees que los organismos multicelulares, como los seres humanos, reemplazan las células que pierden?

PREGUNTAS GUÍA

Mientras trabajas con la unidad, reúne evidencias para responder las siguientes preguntas. En tu Cuaderno de evidencias, anota lo que ya sabes sobre estos temas y cualquier pregunta que tengas sobre ellos.

1. ¿Cómo equilibran los organismos el crecimiento y la división de las células?
2. ¿Cómo reemplazan las células dañadas o perdidas?
3. ¿Todas las células crecen y se dividen de la misma forma? ¿Y a la misma tasa?
4. ¿Cómo se desarrollan los organismos formados por muchos tipos de células a partir de una única célula?

PROYECTO DE LA UNIDAD

Clonación de la coliflor

Para planear el proyecto de esta unidad, conéctate y descarga la Planilla de proyectos.

Algunas plantas, como la coliflor, pueden generar una planta nueva completa a partir de fragmentos pequeños de la planta original. ¿Cómo hacen las plantas para generar células y estructuras nuevas? Cultiva tu propia coliflor a partir de un esqueje y observa cómo crece con el tiempo. ¿Qué procesos participan en la formación de una nueva planta?

Image Credits: ©SCIMAT/Science Source

5.1

El ciclo celular

Esta rana comenzó siendo una única célula que se dividió muchas veces hasta formar este organismo multicelular.

¿PUEDES EXPLICARLO?

FIGURA 1: Las ranas se desarrollan a partir de una única célula. Esta célula se divide en dos células, y cada una de ellas se divide una y otra vez, billones de veces. A medida que continúa este patrón, se desarrollan muchas células diferentes.

Aprende en línea

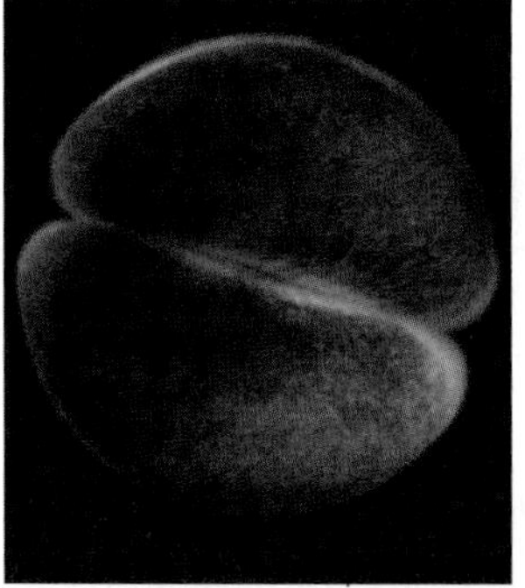

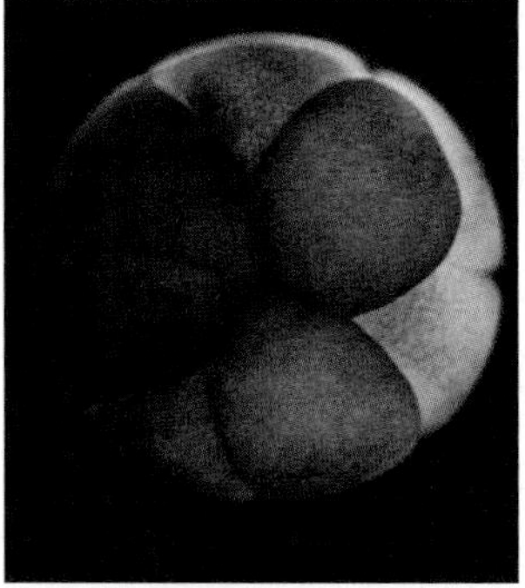

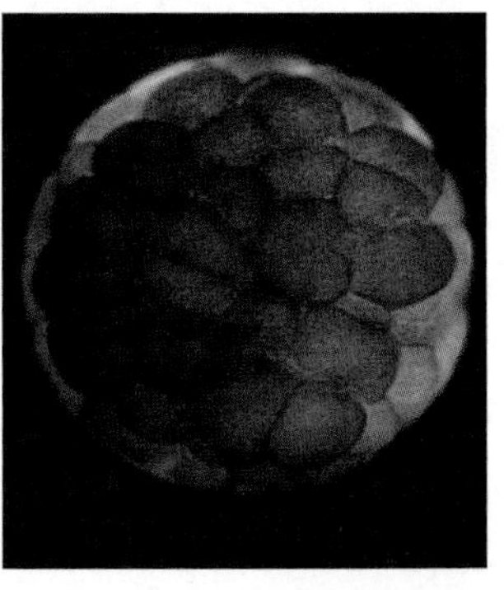

Reunir evidencias Mientras trabajas con la lección, reúne evidencias para explicar cómo se relaciona el ciclo celular con el crecimiento y el mantenimiento de los organismos.

Todas las células provienen de otras ya existentes. Esto se observa fácilmente en los organismos unicelulares, como las bacterias; algunos pueden reproducirse en tan solo 20 minutos. Los organismos multicelulares, como las ranas, se forman a partir de una célula que se divide una y otra vez hasta formar un organismo multicelular complejo. Algunos organismos se reproducen de manera asexual y crean clones genéticamente idénticos a sí mismos. Otros organismos, como los seres humanos, se reproducen sexualmente. Los organismos que se reproducen sexualmente se originan a partir de un óvulo fertilizado. Un espermatozoide y un óvulo se fusionan y forman una célula llamada cigoto. El cigoto se divide billones de veces hasta crear un organismo multicelular complejo.

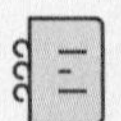

Predecir ¿Por qué no todos los organismos se generan a partir de una única célula? ¿Por qué las células se dividen, en lugar de agrandarse?

Image Credits: (t) ©Bill Byrne/Design Pics/Corbis; (bl) (bcl) (bcr) (br) ©Cytographics Pty Ltd./Image Bank Film/Getty Images

Introducción al ciclo celular

Los sistemas vivos atraviesan ciclos de condiciones estables y cambiantes. Por ejemplo, cuando las condiciones del ambiente exterior cambian, los mecanismos homeostáticos del cuerpo restauran la estabilidad interna. Las células también atraviesan ciclos de fases de estabilidad y cambio. Algunas permanecen en un estado relativamente estable, sin dividirse, durante largos períodos. Otras se dividen constantemente.

FIGURA 2: Una célula en plena división

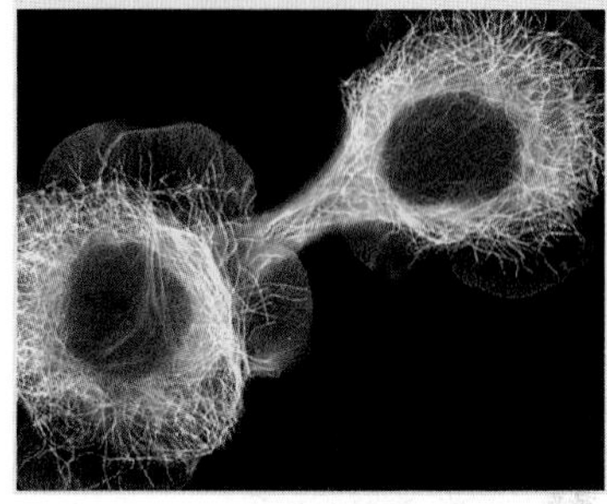

Las etapas del ciclo celular

El ciclo de vida de los organismos abarca el nacimiento, el crecimiento, el desarrollo, la reproducción y, finalmente, la muerte. Las células también tienen un ciclo de vida, y la división celular es solo una parte de ese ciclo. El ciclo celular es el patrón regular de crecimiento, duplicación del ADN y división celular que ocurre en las células eucarióticas, o células con núcleo. Este patrón se divide en etapas que obtienen su nombre de los primeros estudios sobre la división celular, cuando las observaciones científicas se limitaban a lo que mostraban los microscopios de la época.

Predecir Describe una situación concreta en que las células de un organismo necesiten dividirse.

Como los científicos no podían detectar actividad en las células que no estaban en plena división, separaron el ciclo en dos partes: una fase de reposo y una de división. La primera se denominó interfase, y la segunda, mitosis. La mitosis incluye un paso final para completar la división celular denominado citocinesis.

FIGURA 3: El ciclo celular

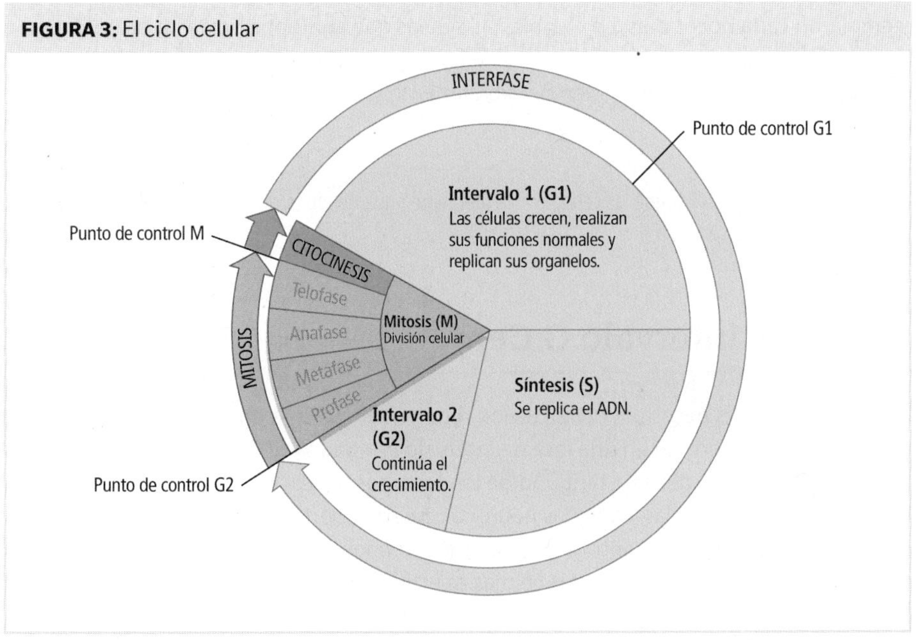

Con el tiempo, los científicos desarrollaron técnicas e instrumentos que les permitieron detectar el proceso de copia del ADN (síntesis del ADN). Como resultado, se corrigió la descripción del ciclo celular y se incluyó la etapa de síntesis del ADN. En ese entonces, todavía no habían podido observar actividad entre las etapas de síntesis y mitosis, y por eso los períodos entre ellas se denominaron "gap" o intervalo 1(G_1) y "gap" o intervalo 2 (G_2). Finalmente, los científicos descubrieron que durante la interfase las células experimentan un crecimiento y una preparación que son cruciales para la división a la vez que desempeñan sus funciones normales.

Analizar ¿Por qué es importante que se copie el ADN antes de que la célula se divida?

Image Credits: (t) ©Dr. Torsten Wittmann/Photo Researchers, Inc.

Hay puntos de control en el ciclo celular que evitan que las células avancen a la siguiente etapa antes de que se cumplan ciertas condiciones. Durante el intervalo G_1, la célula debe pasar un punto de control crucial antes de entrar en la etapa de síntesis. Este paso garantiza que el ADN esté relativamente intacto y se pueda replicar de forma apropiada. Este punto de control también permite que otras células le indiquen cuándo se necesita mayor división celular. El intervalo G_2 también tiene un punto de control muy importante. Todo debe estar en orden —la célula debe tener el tamaño adecuado, la replicación del ADN debe ser la apropiada— antes de que la célula atraviese las etapas de mitosis y división.

Colaborar Si el ADN en una célula está dañado, ¿qué crees que ocurre durante el punto de control del intervalo G_2?

Tasas de división celular

FIGURA 4: Las tasas de división de las diferentes células son distintas.

Tipo de célula	Tiempo de vida aproximado
Células de la piel	2 a 3 semanas
Glóbulos rojos	4 meses
Células hepáticas	10 a 18 meses
Intestino: revestimiento interno	4 a 5 días
Intestino: tejido muscular y de otro tipo	16 años

Fuente: Spalding y cols., *Cell* 122:1

Todas las células del cuerpo se dividen, pero la tasa de su división está relacionada con las necesidades del cuerpo respecto de cada tipo de célula. En las células humanas, por lo general, las etapas S, G_2 y M en conjunto duran aproximadamente 12 horas. La duración de la etapa G_1 es la que más difiere entre los distintos tipos de células. La tasa de división celular es mayor en los embriones y los niños que en los adultos. Los niños tienen ciclos celulares más cortos, y muchos de sus órganos aún están desarrollándose. Pero la tasa de división de las células también varía entre los distintos tejidos en el cuerpo adulto. Por ejemplo, el revestimiento interno del tracto digestivo sufre mucho desgaste. Las células de esa zona también encuentran toxinas que ingresan en el cuerpo por medio de la digestión. Como resultado, las células que revisten el estómago y el intestino se reemplazan cada pocos días. En cambio, las células que componen el resto del intestino (principalmente, músculo liso) y muchos de los órganos internos, como los pulmones, los riñones y el hígado, solo se dividen ocasionalmente, como respuesta a las lesiones o la muerte celular.

Analizar ¿Por qué las células de la piel tienen que dividirse con más frecuencia que las del hígado?

Etapa del intervalo G Cero (G_0)

No todas las células necesitan dividirse con regularidad. Se cree que las células que rara vez se dividen entran en una fase de intervalo denominada G_0. Continúan con sus funciones habituales, pero sin ninguno de los procesos necesarios que las preparan para la división. Algunas células, como las neuronas, pueden permanecer en el intervalo G_0 de manera permanente. Otras entran en esta etapa temporalmente, hasta que es necesario que se dividan. Un ejemplo de estas células es el linfocito, un tipo de glóbulo blanco que sirve para combatir las infecciones. Los linfocitos pueden permanecer latentes durante años, hasta que se identifica un organismo invasor. Una vez que ese organismo invasor se une a un receptor de un linfocito, esta célula comienza una serie de divisiones celulares rápidas para combatir la infección.

Explicar Haz una afirmación sobre cómo se relaciona el ciclo celular con el crecimiento y el cuidado de los organismos. Comenta sobre las etapas del ciclo celular, los mecanismos que lo regulan, y la relación entre ese ciclo y el crecimiento y cuidado de los organismos.

Factores que afectan el crecimiento de las células

Muchos factores influyen en el crecimiento y la división celular, entre ellos, el tamaño de la célula. Una célula animal típica crece hasta un máximo de 10 a 20 micrómetros. En general, el tamaño de una célula se expresa como una comparación entre dos cantidades: el área de la superficie y el volumen. La razón del área de la superficie al volumen de una célula es la relación entre el área de la superficie de la membrana celular y el volumen interno de esa célula.

Resolución de problemas

Calcular el tamaño de una célula

Una razón es una comparación entre dos números. Por ejemplo, imagina que hay 25 estudiantes en una clase: 10 varones y 15 mujeres. La razón de varones a mujeres es de 10 a 15. Y podemos expresarla de una de estas tres maneras:

10 a 15   10:15 $\frac{10}{15}$

Al igual que cualquier otra fracción, la razón se puede reducir. Para reducirla, se determina el mínimo común denominador. En el ejemplo anterior, el máximo común divisor es 5.

$$\frac{10}{15} = \frac{2}{3} = 2:3$$

PROBLEMA DE EJEMPLO

Analiza este problema de ejemplo sobre la célula A.

FIGURA 5: El tamaño de las células se mide por su área de la superficie y su volumen.

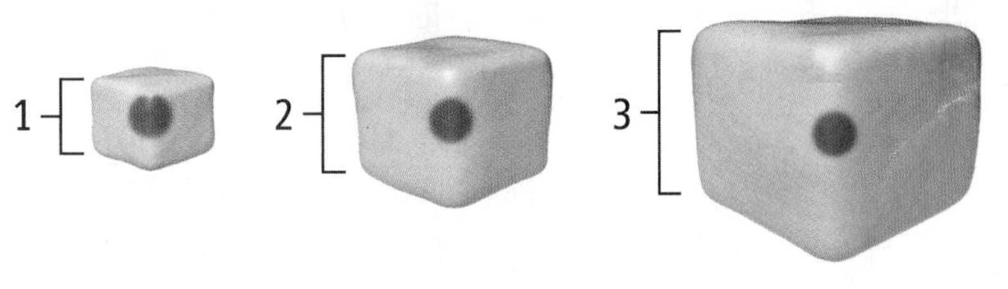

Calcula la razón del área de la superficie al volumen de la célula A.

1. Área de la superficie = longitud × ancho × número de lados = 1 × 1 × 6 = 6.
2. Volumen = longitud × ancho × altura = 1 × 1 × 1 = 1.
3. Razón del área de la superficie al volumen = 6:1.

RESUELVE

Calcula la razón del área de la superficie al volumen de las células B y C.

1. Calcula el área de la superficie de las células B y C.
2. Calcula el volumen de las células B y C.
3. Calcula la razón del área de la superficie al volumen de las células B y C.

Explicar Describe el patrón que observas en las razones del área de la superficie al volumen a medida que crece el tamaño de la célula.

Tamaño de las células

Aprende en línea

Práctica de laboratorio

Modelo de la razón del área de la superficie al volumen en las células Usa modelos de células para investigar cómo el tamaño celular afecta su capacidad para transportar materiales a través de la membrana y mantener la homeostasis.

Recuerda que el oxígeno, los nutrientes y los desechos atraviesan las membranas celulares, es decir, la superficie de la célula. Algunos de estos elementos se difunden pasivamente por la membrana, mientras que un tipo de proteínas especializadas se encarga de transportar activamente otros de ellos. Independientemente de cómo atraviesen la membrana, se los debe transportar en la cantidad y con la rapidez adecuadas para mantener la homeostasis. Si el área de la superficie no alcanza para que los materiales entren y salgan de la célula, esta puede ser incapaz de absorberlos o de expulsar los desechos de forma eficaz. Para que las células tengan un tamaño apropiado, el crecimiento y la división tienen que estar coordinados.

Explicar Haz una afirmación sobre por qué las células tienen que dividirse en vez de agrandarse. Explica cómo el área de la superficie y el volumen, así como el transporte a través de la membrana celular, se relacionan con el tamaño de la célula y la homeostasis.

Regular la división celular

Al igual que otros procesos celulares, el ciclo celular debe regularse. La regulación del ciclo celular tiene lugar mediante factores internos y externos que funcionan en conjunto para controlar cuándo y con qué frecuencia se dividen las células. Los factores internos provienen del interior de la célula e incluyen distintos tipos de moléculas que se encuentran en el citoplasma. Los factores externos provienen del exterior, ya sea de células cercanas u otras partes del cuerpo del organismo.

Un factor externo que regule el ciclo celular puede ser una señal física o química. Un ejemplo de una señal física —el contacto entre células— puede observarse en un cultivo monocapa de células de mamíferos. En estos cultivos, las células individuales se dividen hasta entrar en contacto con otras células. En este punto, se detiene la división. Los científicos aún no están seguros de por qué sucede esto. Una hipótesis es que hay receptores en la superficie de las células vecinas que se unen entre sí y, como resultado, los citoesqueletos celulares forman estructuras que pueden bloquear las señales de crecimiento. Además, muchas células liberan señales químicas que estimulan el crecimiento de otras células. Por ejemplo, los factores de crecimiento son un grupo amplio de proteínas que estimulan la división celular.

Cuando los factores externos se unen a los receptores en la superficie celular, pueden desencadenar factores internos que afectan el ciclo celular. Dos tipos de factores internos muy estudiados son las quinasas y las ciclinas. La quinasa es una enzima que, cuando se activa, transfiere un grupo fosfato desde el ATP a una molécula diana específica. Esta acción suele aumentar la energía de esa molécula diana, cambiar su forma, o ambas. Nuestras células tienen muchos tipos de quinasas, y estas enzimas casi siempre están presentes en las células. Las quinasas que ayudan a controlar el ciclo celular se activan por medio de las ciclinas, un grupo de proteínas que se crean y se destruyen rápidamente en momentos determinados del ciclo celular. Cuando se unen, estos dos factores hacen que la célula avance a diferentes etapas del ciclo celular. Las interacciones entre ciclinas y quinasas son fundamentales en los puntos de control del ciclo celular, ya que garantizan que la división celular se inicie y se detenga en el momento adecuado.

Hacer un modelo Crea un organizador gráfico para describir los distintos factores que influyen en la división celular. Incluye información sobre el ciclo celular, las tasas de división celular, el tamaño de las células y los factores internos y externos.

Apoptosis

Algunas células están programadas para morir en un momento determinado de su ciclo de vida o tras una cantidad determinada de divisiones. La muerte celular programada se conoce como apoptosis y ocurre cuando hay señales internas o externas que activan los genes que participan en la producción de enzimas autodestructivas. La apoptosis puede ocurrir en células que tengan ADN dañado o en aquellas que el cuerpo ya no necesita o que resultan dañinas. Normalmente, las células del sistema inmunológico ignoran a las otras células, pero existen células inmunitarias especializadas que reconocen las células apoptóticas. Esas células devoran de forma ordenada las células apoptóticas y reciclan sustancias químicas para usarlas en la formación de otras moléculas. La apoptosis también es un proceso importante en el desarrollo embriológico normal de los animales y los seres humanos.

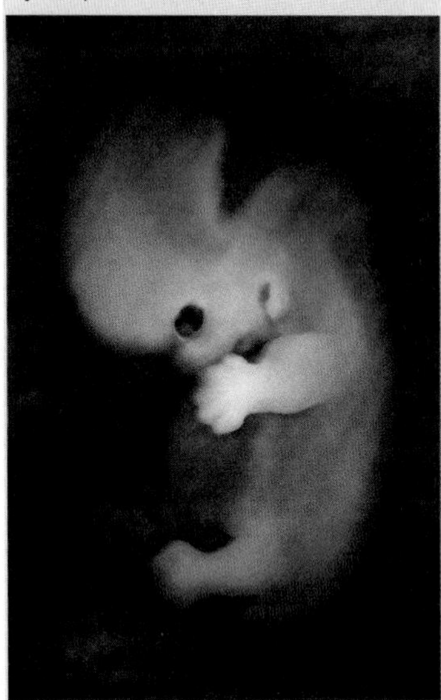

FIGURA 6: En las etapas tempranas del desarrollo, los embriones humanos tienen los dedos palmeados en las manos y los pies.

Colaborar Los embriones humanos tienen los dedos palmeados (en las manos y los pies) en las primeras etapas del desarrollo. La apoptosis tiene lugar en las células que están entre los dedos durante las etapas posteriores del desarrollo. Con un compañero, dibuja un modelo para mostrar cómo la apoptosis genera cambios en la estructura de los dedos durante esas etapas.

Cáncer

Cáncer es el nombre común que se le da a una clase de enfermedades caracterizada por la división celular sin control. Se produce cuando se altera la regulación del ciclo celular. Como no responden a los factores que regulan el crecimiento, las células cancerosas se dividen con más frecuencia que las sanas. Esto genera la formación de grupos de células desorganizados llamados tumores. Algunos tumores, que permanecen localizados, se pueden extirpar con éxito. Sin embargo, algunas células se separan de esos grupos y se desplazan hacia otras partes del cuerpo, donde crean nuevos tumores en un proceso llamado metástasis. Las células cancerosas son peligrosas porque no llevan a cabo las funciones celulares normales. Por ejemplo, en los pulmones, no se desarrollan para formar tejido sano y no realizan el intercambio de gases de forma correcta.

La células se vuelven cancerosas cuando se producen mutaciones en las secciones del ADN que codifican las reacciones a factores reguladores. Algunas mutaciones se deben a la radiación o la exposición a sustancias químicas, mientras que otras son heredadas. Las sustancias que promueven o producen el desarrollo de tumores cancerosos se denominan cancerígenas. Entre ellas, están el humo del tabaco y algunos contaminantes atmosféricos. Algunos tipos de cáncer se heredan cuando los genes anormales que los causan se transmiten de generación en generación.

FIGURA 7: Las células animales normales responden a los factores externos y dejan de dividirse cuando se tocan entre sí. Las cancerosas no responden a esos factores. El crecimiento canceroso que se muestra a continuación es una forma de cáncer de piel llamado melanoma.

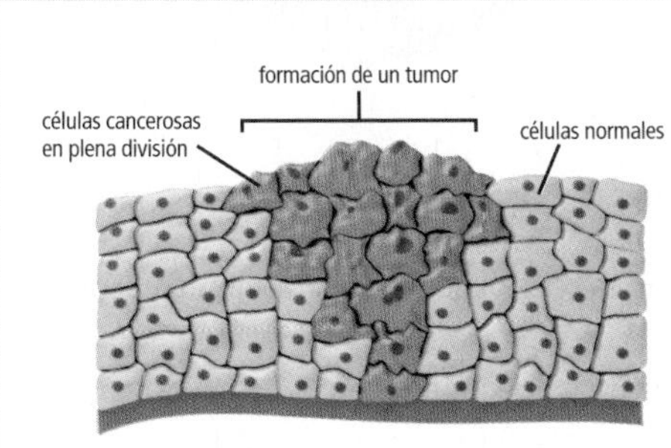

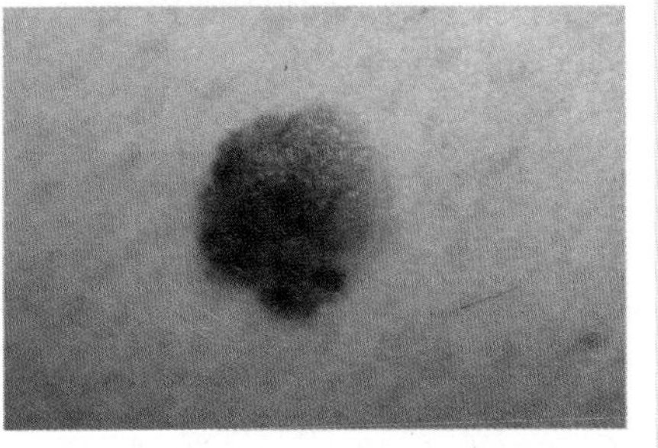

Explicar Describe las diferencias entre las células normales y las cancerosas que se muestran en la Figura 7.

Image Credits: (t) ©Anatomical Travelogue/Photo Researchers, Inc.; (br) ©Girand/Science Source

Analizar Una neurona sensorial que se conecta a los dedos de una jirafa tiene una longitud promedio de casi 4.6 metros. Usa lo que aprendiste sobre el área de la superficie y el volumen de las células para explicar por qué esta célula puede funcionar adecuadamente.

Breve historia de la teoría celular

En el pasado, los científicos dependían de instrumentos sencillos para aprender más sobre las células y su funcionamiento. Con el tiempo, los avances en la ciencia y la tecnología dieron paso a la creación de microscopios que no solo nos permitieron ver las células, sino también observar los procesos que ocurren dentro de ellas.

Antes del siglo XVII, no se sabía que existían las células y, por tanto, había otras formas de explicar los fundamentos de la vida. Todo comenzó a cambiar cuando el científico inglés Robert Hooke observó por primera vez un corcho con un microscopio. Hooke vio que el corcho estaba formado por compartimentos huecos diminutos, que le recordaron las pequeñas celdas de los monasterios; por eso, les puso un nombre que deriva de la misma palabra en latín: células. Sin embargo, tuvieron que pasar casi 200 años para que los científicos descubrieran la relación que existe entre las células biológicas y la vida.

Predecir ¿En qué campos hubo avances que probablemente hayan contribuido con los cambios en la tecnología del microscopio?

FIGURA 8: Las células observadas con el microscopio de Hooke son de corcho, un tejido vegetal muerto. La que se observa con el microscopio moderno está en proceso de división.

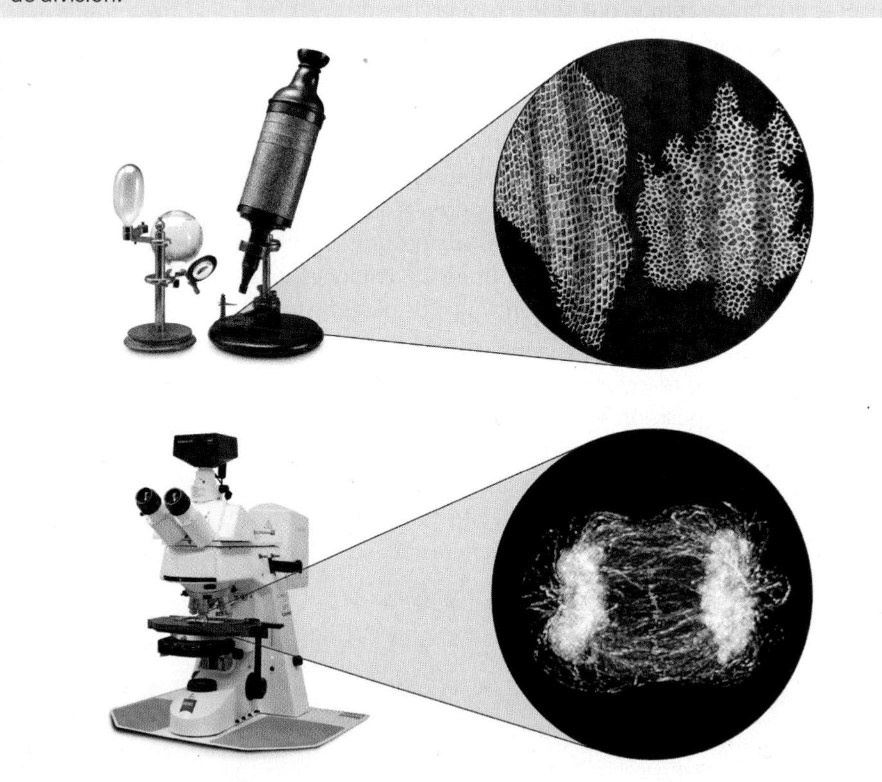

Teoría celular

La mayoría de las células son demasiado pequeñas para observarlas sin un microscopio. Las lupas ya existían cientos de años antes de que Robert Hooke desarrollara el microscopio, pero la calidad de esos instrumentos estaba limitada por la tecnología de pulido de lentes de la época. Por lo tanto, si bien Hooke había diseñado un microscopio de vanguardia para ese entonces, lo más probable es que no hubiera visto nada dentro de las células del corcho que estudiaba, incluso si hubieran estado vivas. Entonces, ¿cómo pudieron los científicos aprender tanto sobre las células? ¿Cuánto tiempo tardaron?

Image Credits: (tl) ©Photo by SSPL/Getty Images; (tr) ©Omikron/Photo Researchers, Inc.; (bl) ©Ted Kinsman/Science Source; (br) ©UNIVERSITY OF DUNDEE/DR PAUL ANDREWS/Science Source

FIGURA 9: Línea cronológica del estudio de las células

1595 Zacharias Janssen
Fabricante de lentes holandés que inventó el microscopio compuesto al colocar dos lentes en un tubo.

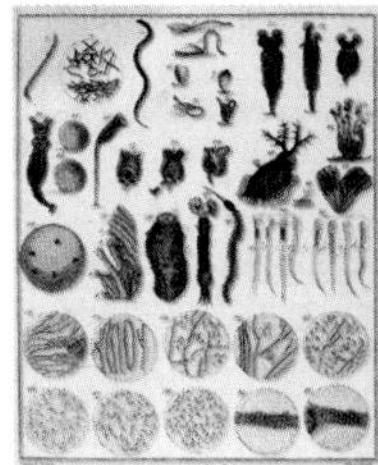

1674 Antonie van Leeuwenhoek
Comerciante holandés que desarrolló un microscopio más potente. Observó numerosos organismos unicelulares nadando en una gota de agua de laguna, y los denominó "animálculos".

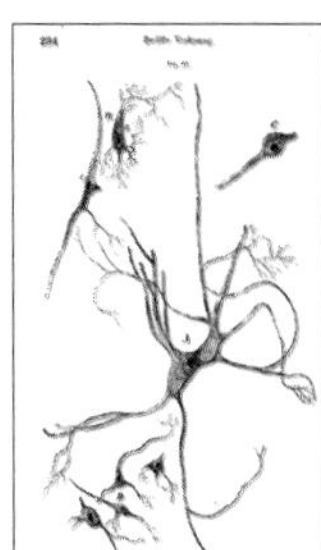

1855 Rudolf Virchow
Científico alemán que manifestó que las células provienen de otras células. También describió la estructura microscópica de algunas células, como las neuronas.

1665 Robert Hooke
Científico inglés que usó un microscopio compuesto de tres lentes para examinar láminas delgadas de corcho tomadas de un árbol de roble (Figura 8). Llamó "células" a los pequeños compartimentos huecos que observó.

1838 Matthias Schleiden
Botánico alemán que usó microscopios compuestos para estudiar tejidos vegetales y propuso que las plantas están compuestas de células.

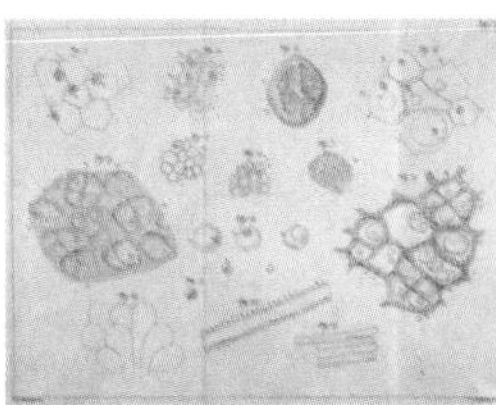

1839 Theodor Schwann
Fisiólogo animal alemán que notó similitudes estructurales entre las células vegetales y animales que había estado estudiando. Llegó a la conclusión de que todos los organismos vivos están compuestos de células y productos celulares.

Analizar Toma como ejemplo el desarrollo de la teoría celular y haz una afirmación sobre cómo la ciencia influye en la tecnología y viceversa.

La teoría celular es uno de los primeros conceptos unificadores que se desarrollaron en la historia. Theodor Schwann, influido por la obra de Matthias Schleiden y otros científicos, publicó el primer enunciado de la teoría celular. La teoría de Schwann sirvió para sentar las bases de todas las investigaciones biológicas que siguieron. Sin embargo, en la publicación, Schwann manifestó que las células se crean de manera espontánea mediante la formación de células libres. Cuando otros científicos estudiaron el proceso de división celular, se dieron cuenta de que esa idea de Schwann era incorrecta. La teoría celular es un ejemplo de una teoría que cambió con el paso del tiempo a medida que se realizaron nuevos descubrimientos.

Los principios fundamentales de esta teoría son:

- Todos los organismos vivos están compuestos de células.
- Todas las células existentes se producen a partir de otras células vivas.
- La célula es la unidad más básica de la vida.

Explicar Antes de que se desarrollara la teoría celular, muchos afirmaban que era posible la generación espontánea. En otras palabras, que la células surgían a partir de materia no viva, como el polvo o la carne en descomposición. Responde a esa afirmación con la ayuda de los principios de la teoría celular.

Image Credits: (tl) ©Photo by Universal History Archive/Getty Images; (b) ©Science & Society Picture Library/Getty Images; (tr) ©Universal History Archive/UIG via Getty Images

Práctica de laboratorio

Modelo de la razón del área de la superficie al volumen en las células

Las células deben transportar materiales a través de sus membranas para mantener la homeostasis. En esta práctica de laboratorio, usarás modelos de células para investigar la relación entre el tamaño de la célula y la homeostasis. Los modelos de células serán cubos de agar de diferentes tamaños. El agar es un material gelatinoso que se usa como medio para el cultivo de bacterias. El agar está impregnado con un indicador que se torna rosado al exponerlo a una solución básica. El indicador te permitirá medir la rapidez con que los materiales se difunden a través de la membrana del modelo celular.

SEGURIDAD

El hidróxido de sodio es corrosivo. Usa gafas protectoras y guantes, y desecha las sustancias químicas como te lo indique el maestro.

PROBLEMA

¿Cómo afecta el tamaño de una célula a su capacidad para mantener la homeostasis?

PREDICE

Haz una predicción de cómo la difusión de materiales hacia el interior de la célula cambiará a medida que el tamaño del modelo sea mayor. Explica tu razonamiento.

MATERIALES

- vaso de precipitados, 250 mL
- cilindro graduado, 100 mL
- cuchillo de plástico
- regla métrica
- toalla de papel
- agar con fenolftaleína
- solución de hidróxido de sodio (1.0 M HCl), 100 mL
- cuchara de plástico
- reloj

PROCEDIMIENTO

1. Para crear tres modelos de células, usa un cuchillo para cortar tres cubos de agar con fenolftaleína. Cada lado de la célula A debe medir 3 cm, los de la B deben medir 2 cm y los de la C, 1 cm. Usa la regla para realizar mediciones exactas.

FIGURA 10: Las células cúbicas muestran qué sucede con el volumen a medida que aumenta el área de la superficie.

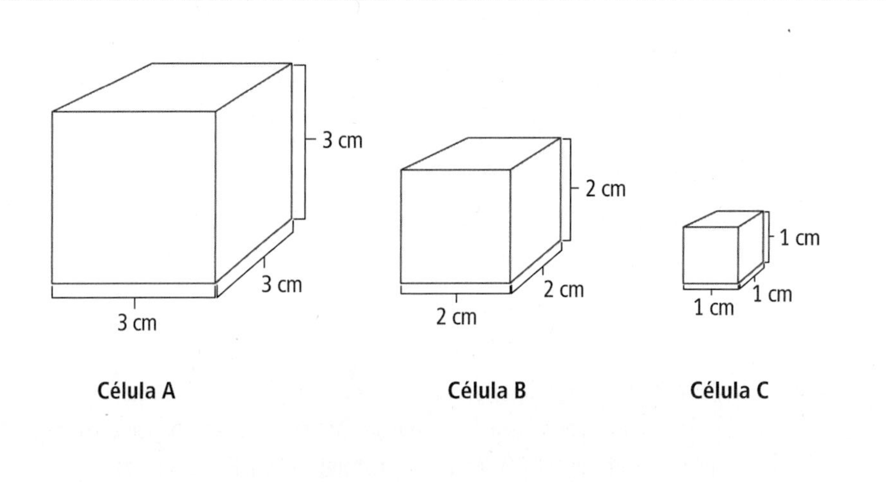

2. Calcula el área de la superficie total de cada célula. Anota los datos en la tabla.

   área de la superficie de un cubo = longitud × anchura × cantidad de lados

3. Calcula el volumen de cada célula. Anota los datos.

   volumen de un cubo = longitud × anchura × altura

4. Calcula la razón del área de la superficie al volumen de cada célula. Por ejemplo, si el área de la superficie fuera de 27 cm^2 y el volumen, de 9 cm^3, la razón del área de la superficie al volumen sería de 3:1. Anota los datos.
5. Coloca los modelos de células en el vaso de precipitados. Con cuidado, cúbrelas con la solución de hidróxido de sodio, que hará que el agar se torne rosado.
6. Deja que las células se impregnen con la solución durante cuatro minutos. Con la cuchara, revuelve las células varias veces durante ese tiempo.
7. Retira las células de la solución y, con cuidado, sécalas con la toalla de papel.
8. Con el cuchillo, corta cada cubo por la mitad. Mide la distancia (en cm) desde el borde de la célula hasta el borde interno de la línea rosada. Este paso muestra hasta dónde se difundió el hidróxido de sodio. Anota los datos.

ANALIZA

1. ¿Cómo cambia la razón del área de la superficie al volumen a medida que se agranda el tamaño de la célula?
2. Identifica qué célula se tornó rosada en mayor proporción y explica cómo se relaciona este fenómeno con el tamaño y la difusión celular.

EXPLICA

Escribe una explicación que aborde cada uno de los siguientes puntos.

Afirmación ¿Cómo se relaciona el tamaño de la célula con su capacidad para mantener la homeostasis al transportar materiales a través de la membrana? ¿Fue correcta tu predicción?

Evidencias ¿Qué evidencia obtenida de tus datos justifica esa afirmación?

Razonamiento Explica de qué forma las evidencias que diste justifican tu afirmación.

MEJORA

Explica si con el modelo que usaste en esta investigación lograste un nivel de precisión adecuado, y cómo lo modificarías para investigaciones futuras.

Precisión y exactitud ¿El modelo que usaste tuvo el nivel de precisión necesario para llegar a una conclusión válida?

Proponer cambios ¿Qué cambios le harías al modelo si tuvieras que volver a realizar esta investigación? ¿Por qué los harías?

MEDIR LA DIVISIÓN CELULAR | BIÓLOGO CELULAR: INVESTIGACIÓN DEL CÁNCER | Conéctate y elige alguna de estas opciones.

Autorrevisión de la lección

¿PUEDES EXPLICARLO?

FIGURA 11: Todas las plantas y los animales comienzan siendo una única célula. Esta célula se divide en dos células, cada una de las cuales volverá a dividirse. Este patrón continúa hasta que se forma un organismo.

Aprende en línea 

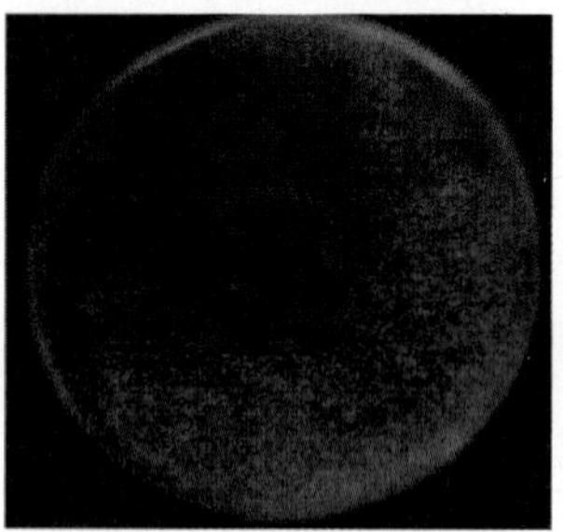
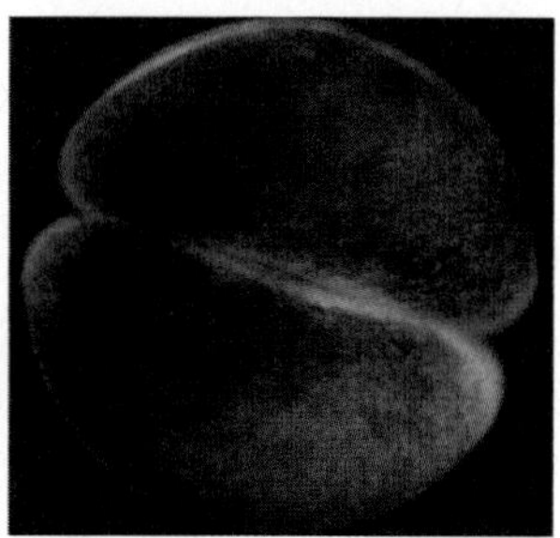
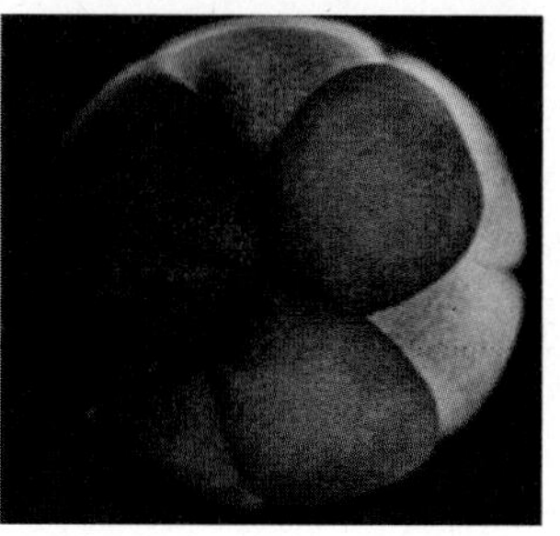
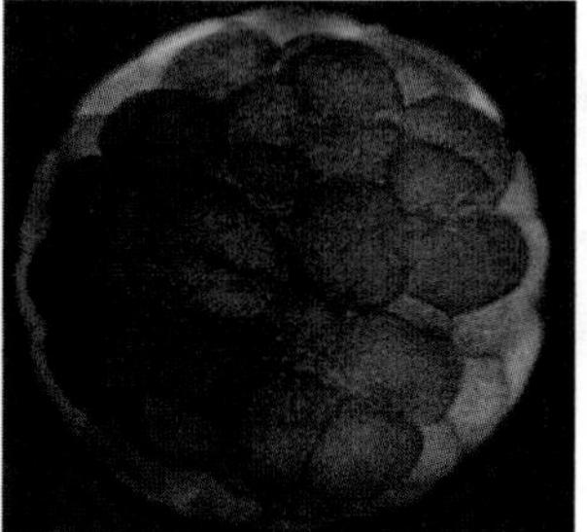

Las células tienen un ciclo de vida que se compone de períodos de reposo, crecimiento y división. Cuando se desarrolla un organismo multicelular, una célula se divide una y otra vez hasta producir las billones que componen al organismo. A lo largo de la vida de ese organismo, hay señales internas y externas que regulan el crecimiento y la división celular. Estos factores incluyen señales físicas y químicas, como también limitaciones en el tamaño de las células.

Explicar Consulta las notas de tu Cuaderno de evidencias para explicar por qué las células se dividen en lugar de agrandarse. En la explicación, responde las siguientes preguntas.

1. ¿Cómo se relacionan el ciclo y la división celular con el crecimiento, el desarrollo y el cuidado del organismo?
2. ¿Cómo influyen diferentes factores en el crecimiento y la división celular?
3. ¿Cómo influyó la tecnología en nuestro conocimiento de las células y la división celular?

Image Credits: (l) (cl) (cr) (r) ©Cytographics Pty Ltd./Image Bank Film/Getty Images

EJERCICIOS DE REVISIÓN

Comprueba lo que aprendiste

1. ¿Cuál de los siguientes *no* es un principio de la teoría celular?
   - **a.** La célula es la unidad básica de la vida.
   - **b.** Todos los organismos vivos están formados por células.
   - **c.** Todos los organismos están compuestos de muchas células.
   - **d.** Todas las células provienen de otras células.

2. ¿Qué término describe la fase de reposo en el ciclo celular?
   - **a.** mitosis
   - **b.** interfase
   - **c.** profase
   - **d.** telofase

3. ¿Cuál de los siguientes enunciados explica mejor cómo contribuyeron los avances tecnológicos al desarrollo de la teoría celular?
   - **a.** La comunicación entre los científicos mejoró.
   - **b.** Los microscopios permitieron que los científicos observaran las células.
   - **c.** Tener más conocimiento permitió a los científicos hacer predicciones.
   - **d.** La imprenta hizo posible que hubiera más libros acerca de las células.

4. ¿En cuáles de estas situaciones sería más probable que las células recibieran señales para entrar en la fase M del ciclo celular? Elige todas las respuestas correctas.
   - **a.** Un tejido necesita reparación.
   - **b.** Las células necesitan crecer.
   - **c.** El cuerpo necesita más células para defenderse.
   - **d.** Las células necesitan disminuir en cantidad durante el desarrollo.

5. Ordena estos enunciados para ilustrar la secuencia del ciclo celular.
   - **a.** Se produce la mitosis y una célula se divide en dos.
   - **b.** Se replica el ADN para hacer dos copias.
   - **c.** Se copian los organelos y la célula crece.
   - **d.** Hay un crecimiento adicional antes de que la célula se divida.

6. Imagina que una célula tiene seis lados y que cada lado mide 4 micrómetros (μm) de largo. Usa esa información para responder las siguientes preguntas.
   - **a.** ¿Cuál es el área de la superficie de la célula?
   - **b.** ¿Cuál es el volumen de la célula?
   - **c.** ¿Cuál es la razón del área de la superficie al volumen de la célula?
   - **d.** Si aumentara el tamaño de la célula, ¿qué efectos tendría ese cambio en el transporte de materiales a través de la membrana celular? ¿Cómo se relaciona eso con la capacidad de la célula para mantener la homeostasis?

7. Completa el enunciado con los siguientes términos:

   factores de crecimiento, *ciclinas*, *volumen*, *área de la superficie*

   Hay diferentes factores que regulan el crecimiento y la división celular. Las células tienen un tamaño limitado porque necesitan mayor _____ en comparación con su _____. Eso garantiza tasas adecuadas de circulación de los materiales dentro y fuera de la célula. El ciclo celular también está regulado por factores externos, como _____, e internos, como _____. Estos factores funcionan en conjunto para garantizar que la célula entre en la fase apropiada del ciclo celular en el momento correcto.

8. Usa un ejemplo para explicar cómo contribuye la apoptosis al crecimiento y el cuidado de un organismo.

HAZ TU PROPIA GUÍA DE ESTUDIO

En tu Cuaderno de evidencias, diseña una guía de estudio que justifique las ideas principales de esta lección:

El ciclo celular es una secuencia de cómo crecen y se dividen las células. Existen factores internos y externos que regulan el ciclo celular para garantizar que las células crezcan y se dividan en los momentos apropiados.

Recuerda incluir la siguiente información en tu guía de estudio:

- Usa ejemplos que sirvan como modelo de las ideas principales.
- Anota explicaciones para el fenómeno que investigaste.
- Presenta evidencias para justificar tus explicaciones. Tu justificación puede incluir dibujos, datos, gráficas, conclusiones de laboratorio y otras evidencias que hayas anotado a lo largo de la lección.

Ten en cuenta cómo los modelos ayudan a los científicos a aprender más sobre las células, el ciclo celular y el mantenimiento de la homeostasis.

5.2

Mitosis y diferenciación

Las células HeLa, un linaje de células cancerosas usado con fines de investigación, pueden dividirse infinitamente.

Reunir evidencias Anota observaciones que describan qué sucede con la parte amputada del planárido. ¿Cómo cambia con el paso del tiempo?

¿PUEDES EXPLICARLO?

FIGURA 1: Cuando se corta un planárido en varias partes, cada una se regenera hasta formar un organismo completo.

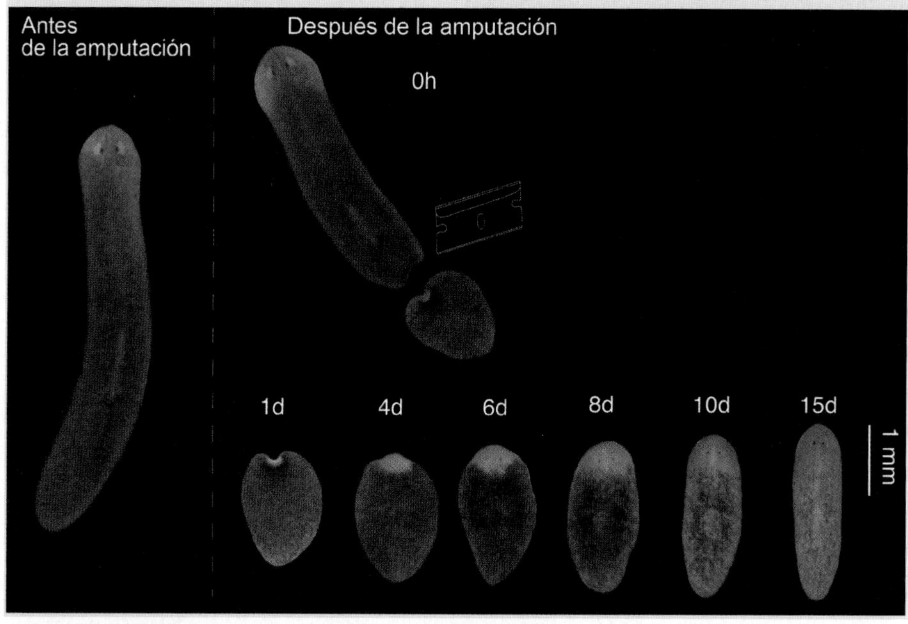

Los planáridos son gusanos planos de vida libre que suelen encontrarse en el agua dulce. Prefieren la oscuridad y es común encontrarlos debajo de las rocas en riachuelos y lagunas. Su cuerpo contiene sistemas de órganos simples, entre ellos un aparato digestivo, un sistema reproductor y un sistema nervioso sencillo. El sistema nervioso está formado por un cerebro pequeño y dos cordones nerviosos largos que se extienden a lo largo del cuerpo. Para los científicos, los planáridos son interesantes porque pueden regenerarse. Si se corta un planárido por la mitad, cada mitad se regenera hasta formar un planárido completo. Cada organismo resultante tendrá una cabeza, dos ocelos y un conjunto completo de órganos internos.

Predecir ¿Cómo crees que organismos como los planáridos regeneran partes de su cuerpo? ¿Qué beneficio puede brindar este conocimiento a los seres humanos?

Image Credits: (t) ©Dr. Torsten Wittmann/Science Source; (b) ©Cristina González-Estévez, Leibniz Institute on Aging (FLI), Jena, Germany

Los cromosomas

Una parte importante de la división celular es la replicación y la división del material genético de la célula. En todo organismo, el ADN es el material genético que contiene la información que determina sus características heredadas. Esta información brinda las instrucciones no solo para el crecimiento y desarrollo de las células, sino también para el organismo en su conjunto.

FIGURA 2: El ADN es el material genético que se encuentra tanto en las células procariotas como en las eucarióticas.

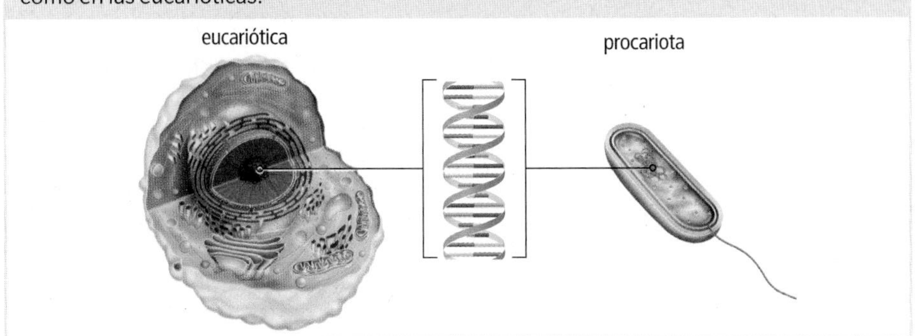

Analizar ¿Qué indica este modelo acerca de la estructura y la ubicación del ADN en células procariotas y eucarióticas?

El ADN y los cromosomas

Un cromosoma es un filamento largo y continuo de ADN formado por numerosos genes. Cada célula de tu cuerpo contiene 46 cromosomas. Si se lo estirara y se lo colocara derecho, de extremo a extremo, ¡el ADN de una sola de tus células mediría alrededor de 3 metros (10 pies) de largo! ¿Cómo es que cabe dentro del núcleo de una célula microscópica?

Colaborar Descríbele a tu compañero qué sucede con el cromosoma a medida que progresa la mitosis celular.

FIGURA 3: La estructura del cromosoma cambia cuando la célula se prepara para la división celular.

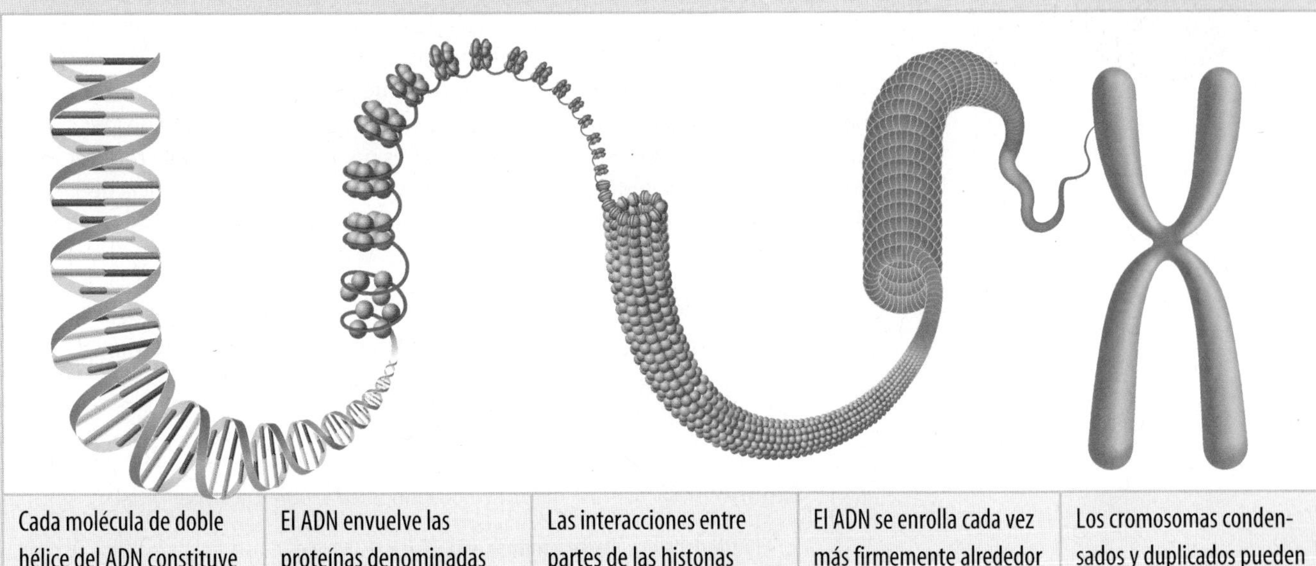

Cada molécula de doble hélice del ADN constituye un cromosoma.	El ADN envuelve las proteínas denominadas histonas en intervalos regulares, y así se forma la cromatina.	Las interacciones entre partes de las histonas compactan aún más el ADN.	El ADN se enrolla cada vez más firmemente alrededor de las proteínas organizadoras, y así se forma el ADN superenrollado.	Los cromosomas condensados y duplicados pueden alinearse y separarse durante la mitosis.
Interfase			Mitosis	

FIGURA 4: Un cromosoma duplicado está formado por dos cromátidas hermanas unidas en el centrómero.

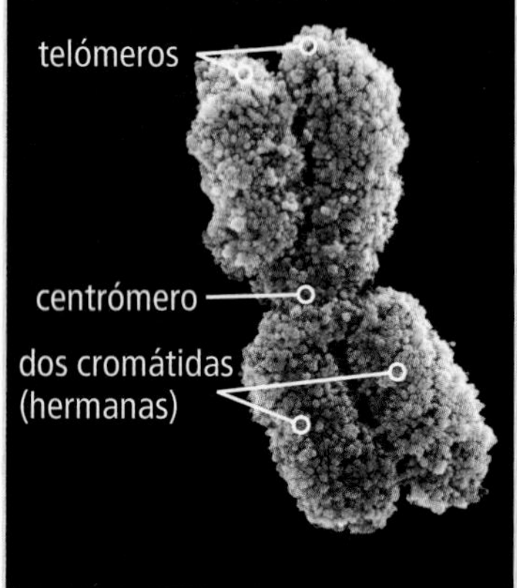

Durante la interfase, la combinación del ADN y las proteínas está suelta (puedes imaginarla como un plato de espagueti). Durante esta fase, las proteínas deben acceder a genes específicos para que la célula produzca proteínas específicas o copie la secuencia completa de ADN. Sin embargo, la estructura del ADN empieza a cambiar cuando la célula se prepara para iniciar la mitosis.

A medida que avanza la mitosis celular, la cromátida se condensa más. Continúa enrollándose más firmemente alrededor de las proteínas organizadoras hasta que, finalmente, forma bastones pequeños y gruesos. Recuerda que ya se copió cada uno de los cromosomas durante la etapa S anterior. Por lo tanto, el cromosoma parece una X cuyas mitades derecha e izquierda constituyen dos hélices dobles idénticas de ADN. La mitad de un cromosoma duplicado se denomina cromátida. Las dos cromátidas idénticas unidas se denominan cromátidas hermanas. Las cromátidas hermanas están unidas al centrómero, una región del cromosoma condensado que parece contraída.

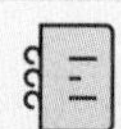

Hacer un modelo Crea un modelo para ilustrar los significados de los siguientes términos: molécula de ADN, cromosoma, cromatina, cromátida y centrómero.

Ingeniería

FIGURA 5: Se dice que las langostas son "inmortales" porque, al parecer, no mueren por envejecimiento.

¿Podemos hacer retrasar el reloj del envejecimiento?

Los extremos de los cromosomas forman estructuras denominadas telómeros, que están compuestos de nucleótidos repetitivos que no forman genes. Evitan que los extremos de los cromosomas se adhieran accidentalmente entre sí y previenen la pérdida de genes. Cada vez que se copia una nueva molécula de ADN, se pierde una sección corta de los nucleótidos. Es importante que los nucleótidos se pierdan en los telómeros, y no en los genes.

Se cree que existe una relación entre la pérdida de los telómeros con el paso del tiempo y el envejecimiento de los organismos. Sin embargo, algunos organismos, como las langostas, son capaces de regenerar los telómeros con ayuda de una enzima denominada telomerasa. Por lo tanto, las langostas se mantienen "jóvenes" toda la vida, crecen y mantienen un metabolismo fuerte hasta que mueren. Actualmente, los científicos estudian las maneras de controlar la longitud de los telómeros en los seres humanos. Estas aplicaciones podrían utilizarse para retrasar el proceso de envejecimiento, al evitar la muerte celular que es consecuencia de la pérdida de telómeros, o para tratar enfermedades como el cáncer, al evitar la reconstrucción de los telómeros de las células cancerosas.

Analizar Actualmente, los científicos estudian posibles maneras de utilizar la telomerasa para desacelerar el envejecimiento y combatir enfermedades como el cáncer. ¿Cómo podrían influir estas investigaciones en la sociedad?

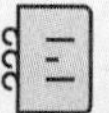

Explicar Responde las siguientes preguntas sobre el ADN y la división celular.

1. El ADN debe enrollarse y formar estructuras especiales antes de que la célula se divida. ¿Por qué crees que es necesario que el ADN tenga esta estructura antes de que se produzca la división celular?
2. Todas las células de tu cuerpo se originaron a partir de una única célula. ¿Qué indica esto acerca del ADN de todas las células de tu cuerpo?

Image Credits: (t) ©Science Source/BIOPHOTO ASSOCIATES/Getty Images; (b) ©Andrew J. Martinez/Science Source

EXPLORACIÓN 2

La mitosis y la citocinesis

Las células pasan la mayor parte del tiempo en la interfase del ciclo celular. La interfase desempeña un papel importante en la preparación de la célula para dividirse. Le da el tiempo crucial para la duplicación de los organelos y la replicación del ADN, y también para el crecimiento celular. Al final de la interfase, el ADN celular y los organelos se han replicado, y la célula ha alcanzado el tamaño necesario para dividirse.

FIGURA 6: El ciclo celular es un proceso ordenado de preparación para la división celular.

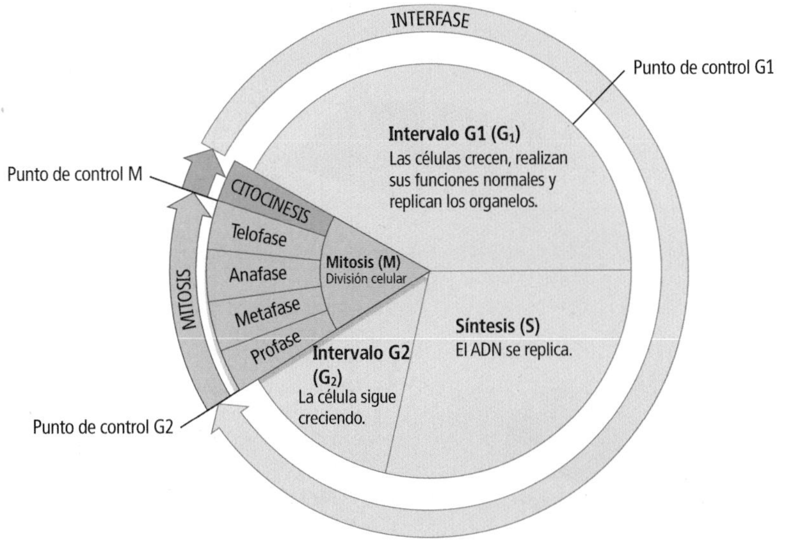

Explicar ¿Crees que este modelo del ciclo celular se aplica a todas las células? Explica tu respuesta.

Luego de la interfase, la célula experimenta la cuarta etapa del ciclo celular: la mitosis. La mitosis es la etapa en la que se produce la división celular. Al final de la mitosis, el proceso de citocinesis divide el citoplasma celular. El resultado son dos células hijas genéticamente idénticas a la célula original o progenitora.

Colaborar Comenta la siguiente pregunta con un compañero: ¿Cómo crees que la célula divide su ADN en partes iguales para que cada célula hija tenga una copia idéntica del material genético?

Existen estructuras especializadas denominadas centrosomas que intervienen en la mitosis de las células animales. El centrosoma es una región pequeña del citoplasma que produce fibras proteicas llamadas microtúbulos. Los centríolos son organelos cilíndricos formados por microtúbulos cortos. Antes de la división de una célula animal, el centrosoma, incluidos los centríolos, se duplica, y los dos nuevos centrosomas se trasladan a los extremos opuestos de la célula. Crecen microtúbulos desde cada centrosoma, y se forman las fibras del huso. Esas fibras se adhieren al ADN y le sirven para dividirse entre las dos células.

FIGURA 7: Los centrosomas contienen estructuras denominadas centríolos. Las fibras del huso se organizan en el centrosoma.

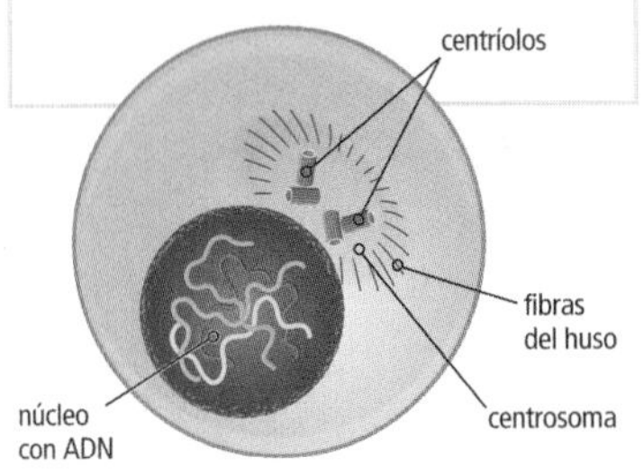

El ciclo celular en detalle

Aprende en línea

Actividad práctica

Mitosis animada Crea un rotafolio para hacer un modelo de las etapas de la mitosis en acción.

Los procesos combinados de la mitosis y la citocinesis producen dos células hijas genéticamente idénticas. La mitosis divide el núcleo de la célula en dos núcleos genéticamente idénticos, cada uno con su propio ADN completo. Este proceso tiene lugar en todas las células de tu cuerpo, excepto en las células sexuales, las que forman los óvulos y los espermatozoides, y las prepara para la citocinesis. Aunque la mitosis y la citocinesis son procesos continuos, los científicos los dividen en fases para que sea más fácil comprenderlos y comentarlos. Las cuatro fases principales de la mitosis son la profase, la metafase, la anafase y la telofase. La citocinesis comienza al final de la anafase y termina en la telofase.

FIGURA 8: El ciclo celular

Aprende en línea

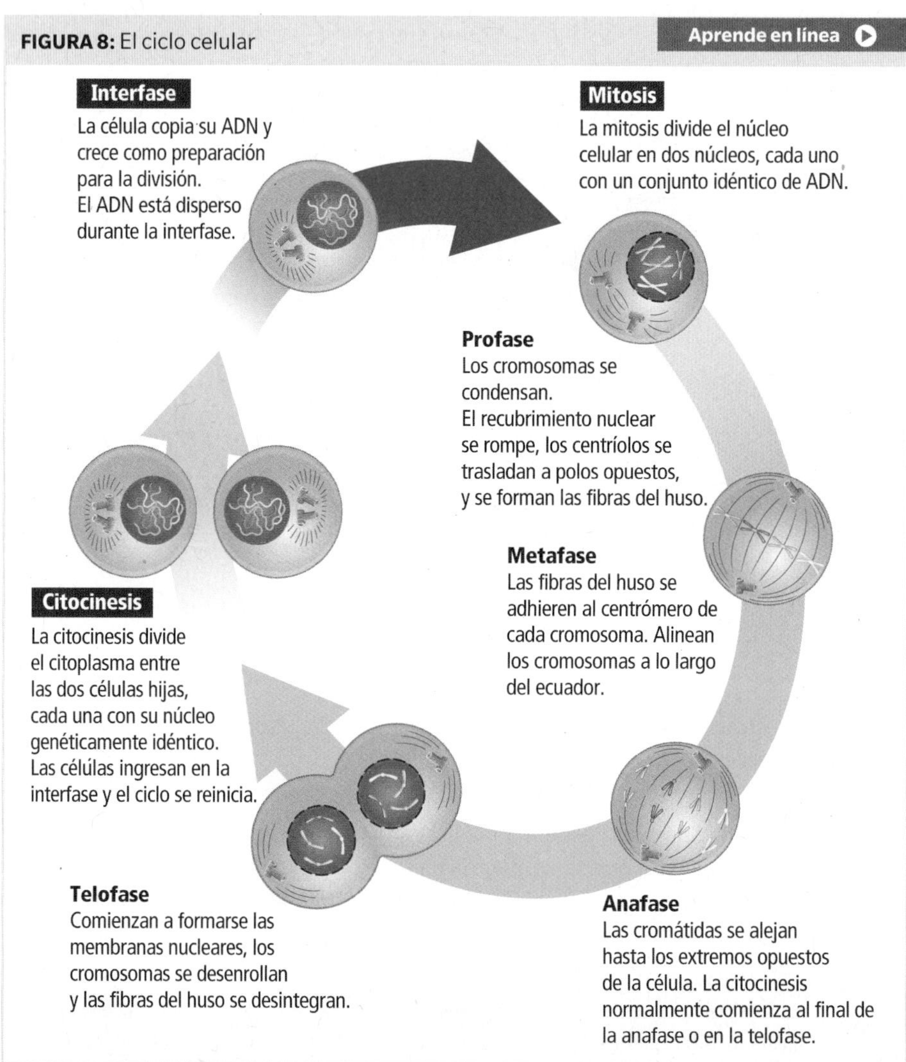

Analizar ¿Qué mecanismos garantizan que cada célula reciba un conjunto idéntico de ADN durante la mitosis? Usa las evidencias que ves en la Figura 8 para justificar tu respuesta.

Sistemas y modelos de sistemas

Observa el modelo del ciclo celular de la Figura 8 y responde las siguientes preguntas.

1. Las células humanas tienen 46 cromosomas. ¿Cuántos cromosomas deberían tener durante la fase G_2 del ciclo celular? ¿Cuántos deberían quedar en cada célula hija luego de la citocinesis? Explica tus respuestas.
2. ¿Cómo describirías las fases de la mitosis con tus propias palabras?

Reproducción asexual

La reproducción es un proceso que crea nuevos organismos a partir de uno o más organismos progenitores y puede producirse de dos maneras: sexualmente y asexualmente. La reproducción sexual implica la unión de dos células especializadas denominadas gametos (un óvulo y un espermatozoide), y cada una proviene de uno de los dos progenitores. La reproducción sexual requiere dos progenitores y más tiempo, pero produce descendientes genéticamente únicos, ya que tendrán una mezcla de los genes de ambos progenitores.

La reproducción asexual puede ser relativamente rápida, y los descendientes son genéticamente idénticos al organismo progenitor. Las procariotas y algunas eucarióticas se reproducen asexualmente. Recuerda que las procariotas no tienen núcleo. Por lo general, esto permite a las células procariotas dividirse más rápido. Como las procariotas son unicelulares, las células hijas resultantes son nuevos organismos unicelulares. En su mayoría, los descendientes resultantes son genéticamente idénticos entre sí y al progenitor unicelular original.

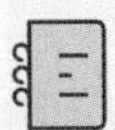

Predecir Si bien las bacterias y otros organismos unicelulares pueden producir descendientes genéticamente idénticos, aun así intercambian ADN de bacteria a bacteria algunas veces. ¿Cuál sería la ventaja de intercambiar ADN de esta manera?

Fisión binaria y mitosis

Las procariotas, como las bacterias, no solo no tienen núcleo, sino que tampoco tienen organelos y fibras del huso cubiertos por membranas. Además, las procariotas poseen mucho menos ADN que las eucarióticas. El ADN de la mayoría de las bacterias se presenta como un único cromosoma circular, en lugar de los cromosomas lineales que se encuentran en tus células.

Las bacterias se reproducen mediante un proceso denominado fisión binaria, que tiene varias diferencias con la mitosis. La fisión binaria comienza con la copia del cromosoma de la bacteria. Ambos cromosomas están adheridos a la membrana celular en lados opuestos de la célula. A medida que la célula crece y se alarga, los cromosomas se alejan. Cuando la célula tiene el doble de su tamaño original, comienza la citocinesis. La membrana se contrae y se forma una nueva pared celular entre los dos cromosomas, lo que completa la separación, y forma dos células hijas.

FIGURA 9: En la fisión binaria, la célula original se divide en dos células genéticamente idénticas.

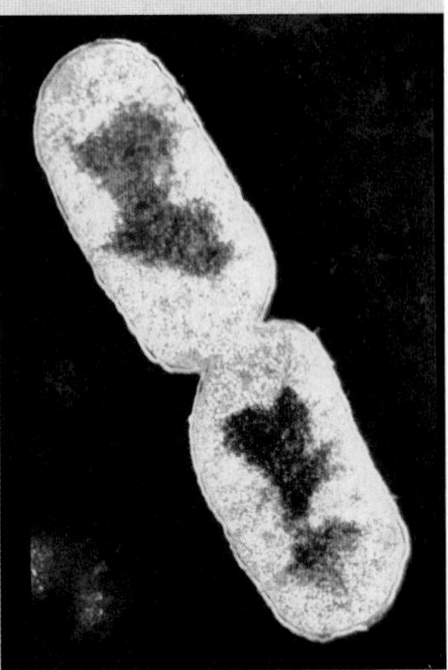

FIGURA 10: Modelos de la fisión binaria y la mitosis

fisión binaria

mitosis

el ADN se replica

la célula comienza a dividirse

la citocinesis divide el citoplasma

se crean dos células hijas

Hacer un modelo Dibuja un diagrama de Venn para comparar la fisión binaria y la mitosis.

Image Credits: (r) ©Photo Researchers, Inc.

Reproducción mitótica

Algunas eucarióticas también se reproducen asexualmente mediante la mitosis. ¿Alguna vez has cultivado una planta nueva a partir de un esqueje de un tallo? ¿O has visto a una estrella de mar que crece a partir del brazo de otra? Estos nuevos organismos son resultado de la reproducción mitótica y, por lo tanto, son genéticamente iguales al organismo progenitor. La reproducción mitótica es particularmente común en las plantas y animales simples. Se produce tanto en las células eucarióticas multicelulares como en las unicelulares. La reproducción mitótica puede adoptar distintas formas, según el organismo. Entre los tipos de reproducción mitótica se encuentran la gemación, la fragmentación y la reproducción vegetativa.

FIGURA 11: Formas de reproducción mitótica

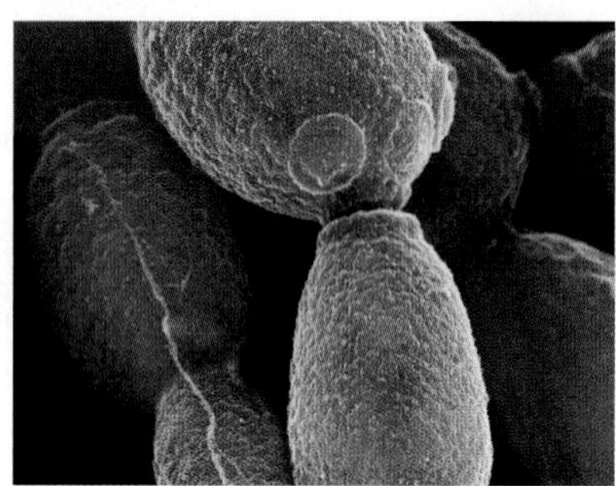

Gemación Una célula nueva genéticamente idéntica se forma en el cuerpo de la célula progenitora.

Reproducción vegetativa Las estructuras multicelulares de un organismo crecen hasta formar un nuevo organismo genéticamente idéntico.

Fragmentación Una parte de un organismo crece hasta formar un nuevo organismo genéticamente idéntico.

Colaborar Si quieres desarrollar un cultivo para consumo humano, ¿qué tipo de reproducción sería la mejor para la planta: sexual o asexual? Escribe tu argumento y explícaselo a un compañero.

Tanto la reproducción sexual como la asexual se aplican en la agricultura, la industria y la investigación científica. Los cultivos de alimentos, como las fresas y las almendras, son polinizados por las abejas. Las abejas y otros polinizadores ayudan a las plantas a reproducirse sexualmente y producir frutas. Los horticultores y jardineros usan la fragmentación y la reproducción vegetativa para producir nuevas plantas. Por ejemplo, un trozo de hoja de la violeta africana puede crecer y formar una nueva planta. Se puede obtener una planta de papas si se planta en el jardín un trozo de papa que tenga un "ojo".

La fisión binaria y la gemación también son ampliamente utilizadas en la industria. Muchas drogas, como las vacunas y la insulina, se producen mediante el cultivo de colonias de bacterias genéticamente modificadas para producir la droga. Millones de personas con diabetes utilizan insulina sintética, producida por bacterias o levadura genéticamente modificadas.

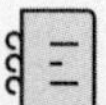

Hacer un modelo Haz un modelo para ilustrar cómo la mitosis genera dos células hijas genéticamente idénticas. Incluye los cromosomas en tu modelo y utiliza diferentes colores, materiales o símbolos para mostrar cómo la célula duplica, organiza y separa los cromosomas durante la interfase y la mitosis.

Image Credits: (l) ©SPL/Science Source; (c) ©Olena Ukhova/Shutterstock; (r) ©Ecostock RF/Lawson Wood/age fotostock

La diferenciación celular

Una célula cutánea puede dividirse para producir una nueva célula cutánea, y una bacteria puede generar otra bacteria. Pero ¿cómo se desarrolla un organismo complejo como tú? Tu cuerpo se formó a partir de un óvulo fecundado, o cigoto. Si el óvulo simplemente se dividiera para producir cientos de células idénticas, no se formaría un bebé.

FIGURA 12: Un espermatozoide y un óvulo se fusionan durante la fertilización y se forma el cigoto.

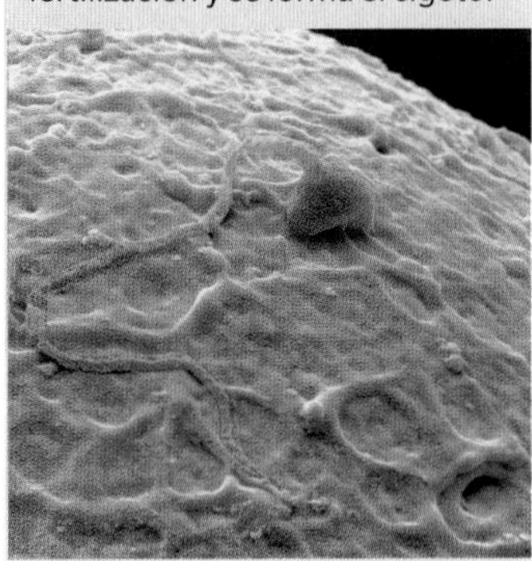

El desarrollo de los organismos multicelulares

El desarrollo embrionario comienza con la fertilización de un óvulo por medio de un espermatozoide, lo que genera un cigoto. El cigoto experimenta una serie de divisiones hasta que se crea una masa de células que luego se vuelven especializadas. La diferenciación celular es el proceso mediante el cual una célula se convierte en especializada para una determinada estructura y función durante el desarrollo de un organismo multicelular.

FIGURA 13: Diferenciación celular en las plantas y los animales

semillas de las hojas
célula apical
célula apical
célula basal
cigoto
adulto

cigoto
adulto

La ubicación de la célula en el embrión sirve para determinar cómo se diferenciará. En las células vegetales, la primera división de un óvulo fecundado es desigual, o asimétrica, tal como se muestra arriba. La célula apical, o superior, forma la mayor parte del embrión, incluido el punto de crecimiento para los tallos y las hojas. La célula basal proporciona nutrientes al embrión y sirve como punto de crecimiento para las raíces. Las células vegetales no migran fácilmente debido a sus paredes celulares, pero se adaptan a las condiciones cambiantes y continúan desarrollándose a lo largo de su vida. A medida que la planta crece, nuevas células continúan diferenciándose en función de su ubicación en la planta.

Analizar Compara los modelos de la diferenciación celular en las plantas y los animales. ¿Cuáles son las diferencias y las similitudes?

Aprende en línea

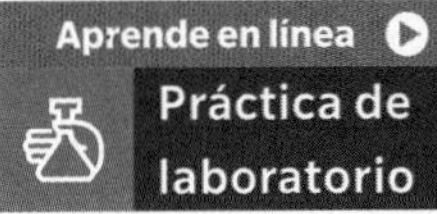

Haz un modelo de la inducción en embriones Diseña un modelo que muestre cómo la inducción de sustancias químicas desencadena la diferenciación celular en un embrión en desarrollo.

Image Credits: (t) ©Thierry Berrod, Mona Lisa Production/Science Source

En los animales, un óvulo experimenta muchas divisiones luego de ser fecundado. Las células resultantes migran a áreas específicas y comienzan a diferenciarse, y se forma una pelota hueca. Mientras el embrión se desarrolla, parte de la pelota se pliega hacia adentro y forma una capa interna denominada endodermo. En la capa externa, se forma una abertura llamada ectodermo. Algunos animales, como las medusas, desarrollan solo dos capas celulares. Los vertebrados, entre ellos los humanos, desarrollan una tercera capa celular, denominada mesodermo, entre las capas interna y externa. Este modelo estándar del desarrollo varía entre las especies.

FIGURA 14: Cada capa celular de la gástrula del embrión humano produce células que formarán diferentes tejidos y organismos.

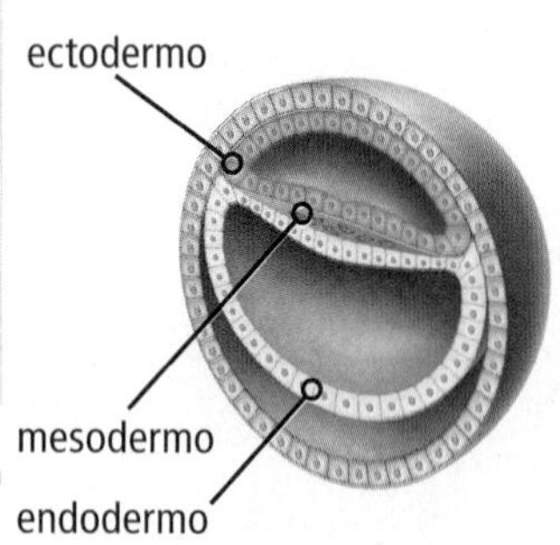

a La gástrula es la fase embrionaria en la que se desarrollan tres capas celulares: el ectodermo, el mesodermo y el endodermo.

b El ectodermo se transforma en la piel y el sistema nervioso. También forma el recubrimiento de órganos como la boca.

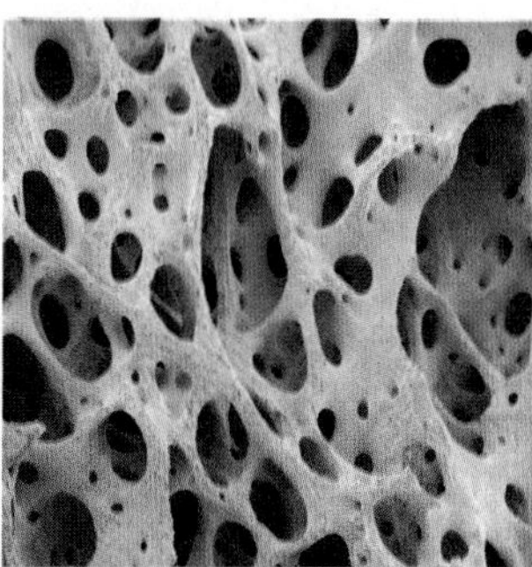

c El mesodermo se transforma en huesos, músculos, sangre y tejido conector. También forma órganos, como los riñones.

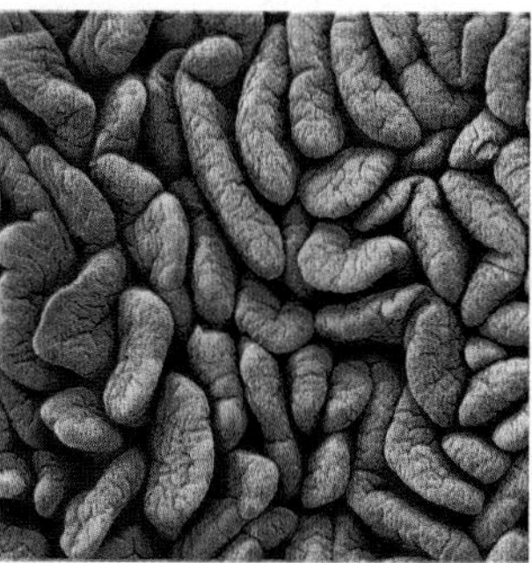

d El endodermo forma el recubrimiento de los órganos de los aparatos digestivo, respiratorio y excretor. También forma algunas glándulas.

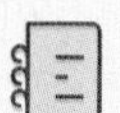

Explicar Al igual que el ciclo celular, el proceso de diferenciación celular está extremadamente regulado. Escribe un argumento sobre por qué la regulación del proceso de diferenciación celular sería particularmente importante durante las primeras etapas del desarrollo.

Las células madre

Las células especializadas se desarrollan a partir de un tipo de célula conocida como célula madre. Las células madre son un tipo único de célula que se puede convertir en una variedad de células especializadas mediante la diferenciación. Las células madre pueden dividirse y renovarse mediante la mitosis durante largos períodos y permanecen sin diferenciarse hasta que son necesarias. Cuando se necesitan, se dividen para formar una nueva célula madre y una célula especializada.

Predecir Describe una situación en el cuerpo humano en la cual una célula madre necesitaría dividirse en una nueva célula madre y una célula especializada.

FIGURA 15: Las células madre pueden desarrollarse para formar cualquier tipo de célula.

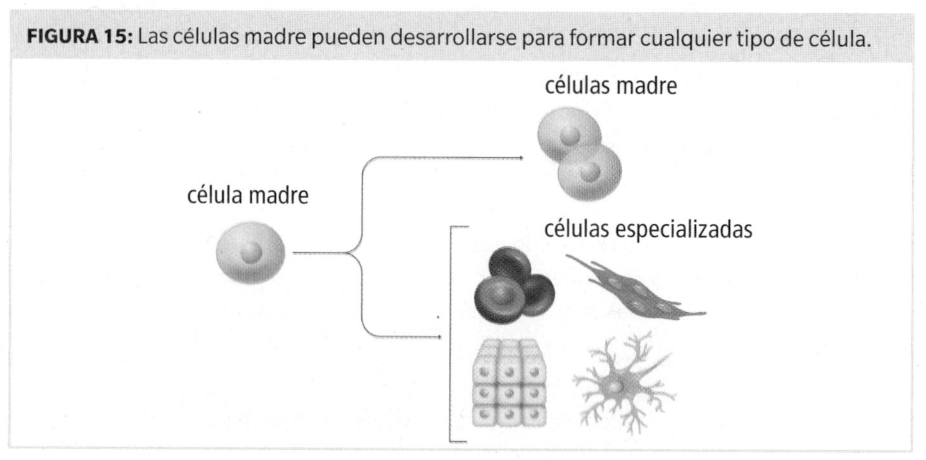

Image Credits: (tcl) ©ANDREW SYRED / SCIENCE PHOTO LIBRARY/Photo Researchers; (tcr) ©Science Photo Library/Susumu Nishinaga/Getty Images; (tr) ©Susumu Nishinaga/Science Source

Las células madre se clasifican según su potencial para convertirse en células diferenciadas de diferentes tejidos. En general, cuanto más diferenciada sea una célula madre, menor será la cantidad de tipos celulares que pueda formar. Las células madre también se clasifican, según su origen, en adultas o embrionarias. Las células madre adultas son células parcialmente indiferenciadas ubicadas cerca de las células especializadas de distintos órganos y tejidos. Su función principal es mantener y reparar las células especializadas de los tejidos y órganos, y la variedad de tipos de células especializadas que pueden producir es limitada. Las células madre adultas se encuentran en pequeñas cantidades en todo el cuerpo en adultos y niños, así como también en la sangre del cordón umbilical.

Las células madre embrionarias pueden formar cualquiera de los 200 tipos de células del cuerpo. Se pueden obtener de embriones donados de tres a cinco días de edad, los cuales son resultado de la fertilización in vitro. La fertilización in vitro es un proceso en el cual los óvulos son fecundados en el exterior del cuerpo de la mujer y experimentan varias divisiones en un cultivo. Los científicos también han desarrollado métodos para convertir células diferenciadas, como las células cutáneas humanas, en células madre embrionarias.

Analizar En la actualidad, los científicos pueden transformar las células cutáneas humanas en células madre embrionarias. ¿Cómo podría influir esta tecnología en la ciencia y en la sociedad?

Los investigadores estudian maneras de utilizar las células madre para tratar distintas enfermedades. Como las células madre pueden diferenciarse en otros tipos de células, tienen el potencial para reparar o reemplazar los órganos o los tejidos dañados. Por ejemplo, las células madre de la médula ósea generan glóbulos blancos y rojos. Desde hace muchos años, se realizan trasplantes de médula ósea para tratar la leucemia y el linfoma, dos tipos de cáncer que afectan a los glóbulos blancos. Los científicos también estudian el uso de las células madre para reparar el páncreas de los pacientes con diabetes tipo I, para que puedan producir cantidades normales de insulina. A un paciente con una enfermedad del corazón, se le podrían inyectar células madre en el tejido para reparar el daño y fomentar el crecimiento de nuevos capilares, y así recuperar la función cardíaca normal. Sin embargo, estos tratamientos conllevan muchos problemas técnicos que se deberán resolver con futuras investigaciones.

Colaborar Escribe una lista de ventajas y desventajas que tendrías que considerar para decidir si se debe usar un tratamiento con células madre o uno convencional para tratar una enfermedad como la diabetes. Compara tu lista con la de un compañero y marquen las coincidencias.

La expresión de los genes y la diferenciación celular

Todas las células de tu cuerpo contienen prácticamente el mismo ADN, pero no todas tus células son iguales. ¿Cómo es posible? Un gen es un segmento de ADN que almacena información genética. Si bien casi todas las células de tu cuerpo contienen un conjunto completo de genes, cada tipo de célula expresa únicamente los genes específicos que necesita para desempeñar su función.

Cuando un gen se expresa, o "se activa", las instrucciones de ese segmento de ADN se utilizan para generar proteínas que desempeñan funciones específicas en la célula. Cuando un gen "se apaga", o no se expresa, las instrucciones no se utilizan para producir proteínas. Durante el desarrollo, los genes se expresan de forma diferente en los diferentes tipos de células. El conjunto de genes que se expresan está determinado por el tipo de célula y su ubicación en el embrión u organismo. Al expresar algunos genes y no otros, cada célula genera las proteínas necesarias para su función y estructura específica en el organismo.

Hacer un modelo Haz un modelo para ilustrar cómo se desarrolla un organismo a partir de un cigoto hasta ser un adulto completamente maduro. Incluye en tu modelo imágenes y texto para explicar la fertilización, la división celular y la diferenciación celular.

INVESTIGACIÓN GUIADA

La regeneración de las extremidades

Al inicio de esta lección, viste cómo un planárido cortado a la mitad regeneraba su cuerpo. La regeneración es el crecimiento de una parte del cuerpo que se ha perdido. Esto es común en algunos organismos complejos, pero a medida que los organismos se vuelven más complejos, la capacidad de regenerar partes del cuerpo se vuelve menos frecuente. Por ejemplo, los seres humanos no tienen la capacidad de regenerar partes del cuerpo que hayan perdido. Sin embargo, los científicos creen que mediante el estudio de las especies que pueden regenerarse y la aplicación de ese conocimiento en los seres humanos, quizás algún día podremos regenerar extremidades perdidas.

Una especie que se estudia actualmente es el ajolote mexicano, un tipo de salamandra. Esta especie es inusual por su capacidad de regenerar distintas estructuras, como las extremidades, la piel, la mandíbula e incluso la médula espinal. Además, el ajolote es extremadamente resistente al cáncer y mantiene un aspecto juvenil durante toda su vida. En consecuencia, esta especie es objeto de muchas investigaciones científicas sobre la regeneración de extremidades y posibles tratamientos para enfermedades de los seres humanos.

Realiza tu propia investigación para descubrir cómo los científicos abordan este problema. Usa las siguientes preguntas para guiar tu investigación.

- ¿Qué clase de preguntas sobre la regeneración de extremidades se hacen los científicos?
- ¿Cómo se investigan esas preguntas?
- ¿Qué tipos de avances esperan lograr los científicos?
- ¿Qué han logrado hasta ahora?
- ¿Qué controversias ha originado este tipo de investigaciones?
- ¿Cómo podría esta investigación beneficiar a los seres humanos?

Mientras realizas la investigación, evalúa cuidadosamente las fuentes para asegurarte de que sean confiables. ¿Aportan datos verificables? ¿Son opiniones de uno o más expertos en este campo? ¿Hay suficientes evidencias para indicar que el éxito es viable?

FIGURA 16: Las salamandras, como el ajolote (*Ambystoma mexicanum*), pueden regenerar las extremidades que hayan perdido.

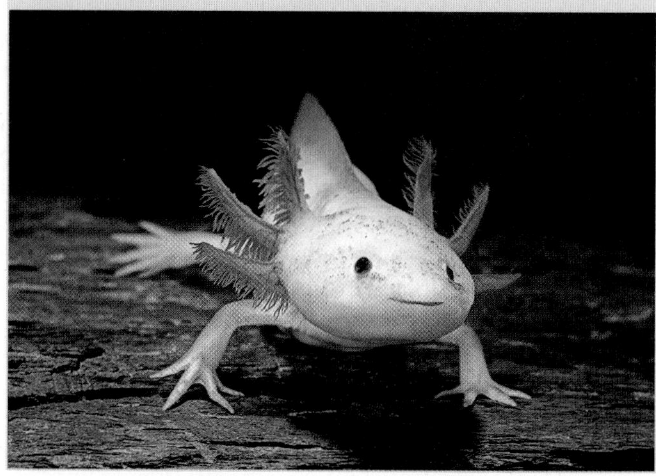

Conexión con las artes del lenguaje Crea una página web o un blog para explicar los últimos avances en materia de regeneración de las extremidades. Puedes elegir concentrarte en una especie o en una línea de investigación en particular. Incluye elementos de audio, visuales e interactivos para que los conceptos que expliques sean fáciles de comprender y más interesantes. Incluye una lista de fuentes con el formato especificado por tu instructor.

Una presentación multimedia combina texto, sonidos e imágenes. Una presentación multimedia exitosa incluye lo siguiente:

- un enfoque claro y coherente
- ideas presentadas de forma clara y lógica
- gráficas, texto, música, video y sonido que apoyen los puntos clave
- una organización acorde a su propósito y audiencia

CITOCINESIS EN CÉLULAS VEGETALES Y ANIMALES

LA MITOSIS BAJO EL MICROSCOPIO

HACER UN MODELO DE LA INDUCCIÓN EN EMBRIONES

Conéctate y elige alguna de estas opciones.

Image Credits: ©Paul Starosta/Corbis Documentary/Getty Images

Autorrevisión de la lección

¿PUEDES EXPLICARLO?

FIGURA 17: Un planárido puede regenerar partes del cuerpo que haya perdido, incluso todo el cuerpo.

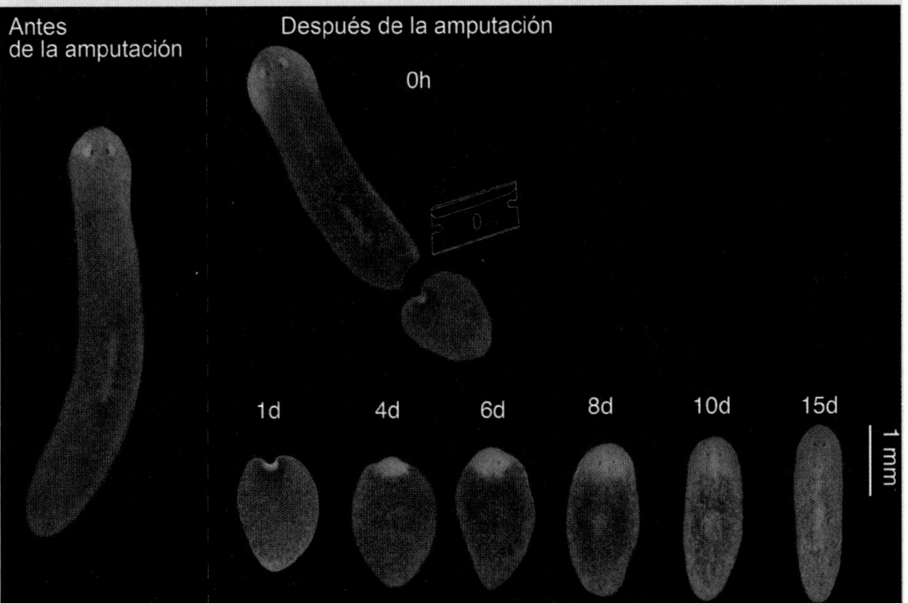

Los científicos estudian los organismos que pueden regenerar partes de su cuerpo o todo su cuerpo, como los planáridos, los tritones y las salamandras. Han descubierto que los planáridos tienen células madre en todo el cuerpo. Una de las razones por las que los planáridos son interesantes para los científicos es que, pese a ser organismos muy simples, tienen un sistema nervioso central cuyas funciones pueden restaurar durante el proceso de regeneración. ¡Hasta pueden regenerar tejido cerebral con las células madre! No importa el tamaño del fragmento del planárido. Incluso se puede restaurar un planárido completo de un trozo de 1/279 del animal original, que sería como regenerar un ser humano a partir de su nariz.

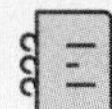

Explicar Escribe una explicación de cómo la división y diferenciación celulares ayudan a organismos como los planáridos a regenerar partes del cuerpo. Tu explicación debe responder las siguientes preguntas.

1. ¿Cuál es la función de la mitosis en la regeneración de los tejidos?
2. ¿Cómo participan las células madre en el proceso de regeneración?
3. ¿Cuál es la función de la diferenciación celular en el desarrollo del organismo?
4. ¿Cómo podría aplicarse el conocimiento de este proceso para ayudar a los seres humanos?

Image Credits: ©Cristina González-Estévez, Leibniz Institute on Aging (FLI), Jena, Germany

EJERCICIOS DE REVISIÓN

Comprueba lo que aprendiste

1. ¿Cuáles de los siguientes enunciados pueden usarse para describir un cromosoma? Elige todas las respuestas correctas.
   a. Un cromosoma es una hebra de ADN larga y continua.
   b. Las histonas son proteínas que solo aparecen durante la mitosis.
   c. Los cromosomas están enrollados de manera ajustada durante la mitosis.
   d. Los cromosomas flotan libremente alrededor de la célula de las eucarióticas.
   e. Los telómeros son regiones del cromosoma que carecen de genes.
   f. Cada cromosoma contiene solamente un gen.

2. Ordena los pasos para describir los cambios que se producen en la organización del cromosoma a medida que la célula avanza hacia la mitosis.
   a. El cromosoma se enrolla cada vez más firmemente y se forma el ADN superenrollado.
   b. Los cromosomas condensados y replicados se adhieren a la región contraída denominada centrómero.
   c. El ADN se envuelve alrededor de las histomas a intervalos regulares, lo que forma la cromatina.
   d. Las interacciones entre partes de las histomas compactan el ADN.

3. ¿En cuáles de estas situaciones sería más probable que el ritmo de la mitosis se acelere? Elige todas las respuestas correctas.
   a. Un tejido está dañado y necesita reparación.
   b. Un tejido debe reducir su tamaño durante el desarrollo embrionario.
   c. Una persona "dio un estirón" y está más alta.
   d. Un tejido pierde gran cantidad de células debido al desgaste.

FIGURA 18: Fases del ciclo celular

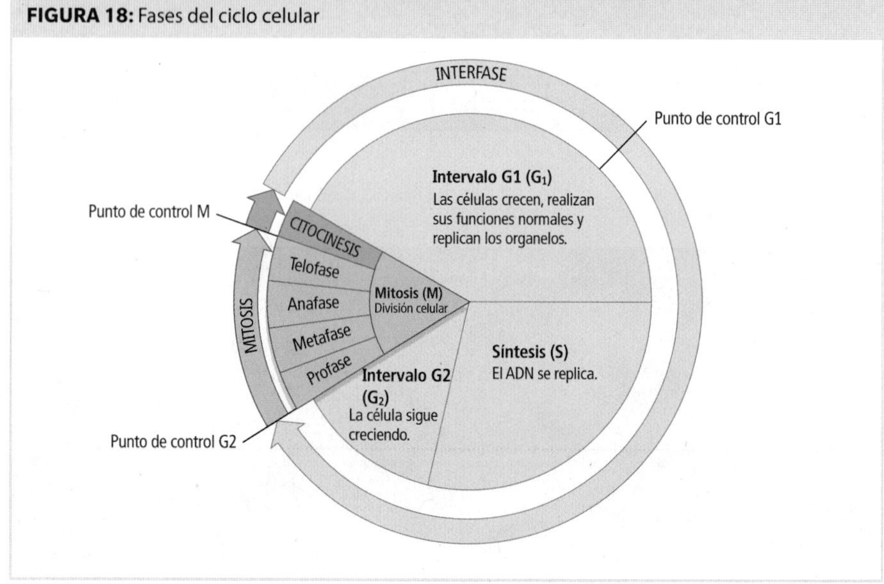

4. Identifica la fase de la mitosis que se describe en cada paso y luego ordena los pasos en forma correcta.
   a. La membrana celular se contrae y divide el citoplasma y su contenido.
   b. La membrana nuclear se reforma y los cromosomas se desenrollan.
   c. El ADN y las histomas se condensan; el núcleo comienza a separarse.
   d. Las cromátidas se separan y se trasladan a los extremos opuestos de la célula.
   e. Los cromosomas se alinean a lo largo del ecuador de la célula; las fibras del huso se adhieren a cada cromosoma.

5. ¿Qué sucesos ocurren en la mitosis, pero no durante la fisión binaria? Elige todas las respuestas correctas.
   a. duplicación de organelos
   b. división del citoplasma
   c. separación de cromosomas
   d. formación de un huso mitótico

6. Explica la relación entre las capas celulares embrionarias, la expresión de los genes, las proteínas y la diferenciación celular.

7. Observa la Figura 18 y explica cómo se prepara la célula para la división celular. ¿Qué sucesos ocurren antes de la mitosis y preparan la célula para que se divida?

8. Completa el enunciado con los siguientes términos:
   endodermo, ectodermo, mesodermo
   Cuando un embrión comienza a organizarse, primero se transforma en una pelota hueca con un agrupamiento chato de células en un extremo. La capa externa se denomina ____ y se convertirá en la piel y el sistema nervioso del organismo. El agrupamiento de células forma un tubo hasta el centro de la pelota, lo que se transformará en el recubrimiento interno del tracto digestivo y otros órganos. Esta capa se conoce como ____. Mientras se forma el tubo, algunas células del agrupamiento migran hacia la cavidad del embrión para convertirse en ____. Esta capa se transformará en músculos, huesos y órganos tales como los riñones.

HAZ TU PROPIA GUÍA DE ESTUDIO

9. Dibuja un diagrama que muestre cómo la mitosis genera un organismo multicelular. Explica cómo la diferenciación completa el desarrollo del organismo.

10. ¿Qué pasaría si en una célula se produjera la mitosis, pero no la citocinesis?

11. Dibuja un modelo para ilustrar cómo los pasos de la mitosis garantizan que cada célula hija reciba un conjunto idéntico de cromosomas. Incluye en tu modelo al menos tres conjuntos de cromosomas, pinta o sombrea los diferentes conjuntos de cromosomas para diferenciarlos. Incluye texto que explique cómo contribuye cada paso de la mitosis al proceso de separación de los cromosomas duplicados en una manera ordenada.

12. Usa estos términos para completar el enunciado sobre células madre y diferenciación celular:

    genes, neurona, proteínas, diferenciar

    Las células madre son un tipo único de célula del cuerpo que se puede _____ en una variedad de células especializadas. Una célula madre puede dividirse en dos nuevas células madre o en una célula madre y una célula especializada, como una _____. Nuevos avances científicos han permitido a los científicos convertir células cutáneas humanas en células madre embrionarias. Esto requiere la alteración de los segmentos del ADN denominados _____. Cuando estos segmentos del ADN se expresan, la célula produce _____, las que tienen funciones específicas en la célula.

13. Observa la Figura 19 y explica por qué las células madre son de gran interés para los investigadores que estudian tratamientos para las enfermedades de los seres humanos.

En tu Cuaderno de evidencias, diseña una guía de estudio que justifique las ideas principales de esta lección:

Los cromosomas son largas hebras de ADN que se condensan cuando la célula se prepara para dividirse.

La mitosis y la citocinesis originan dos células hijas con idéntico material genético.

La diferenciación celular es un proceso en el cual las células toman funciones especializadas en el organismo. Los distintos genes se expresan en distintos tipos de células.

Recuerda incluir la siguiente información en tu guía de estudio:

- Usa ejemplos que sirvan como modelo de las ideas principales.
- Anota explicaciones para el fenómeno que investigaste.
- Presenta evidencias para justificar tus explicaciones. Tu justificación puede incluir dibujos, datos, gráficas, conclusiones de laboratorio y otras evidencias que hayas anotado a lo largo de la lección.

Considera cómo pueden usarse modelos del ciclo celular para ilustrar el proceso que permite a una célula dividirse en dos células hijas genéticamente idénticas.

FIGURA 19: Las células madre pueden convertirse en distintos tipos de células mediante la diferenciación.

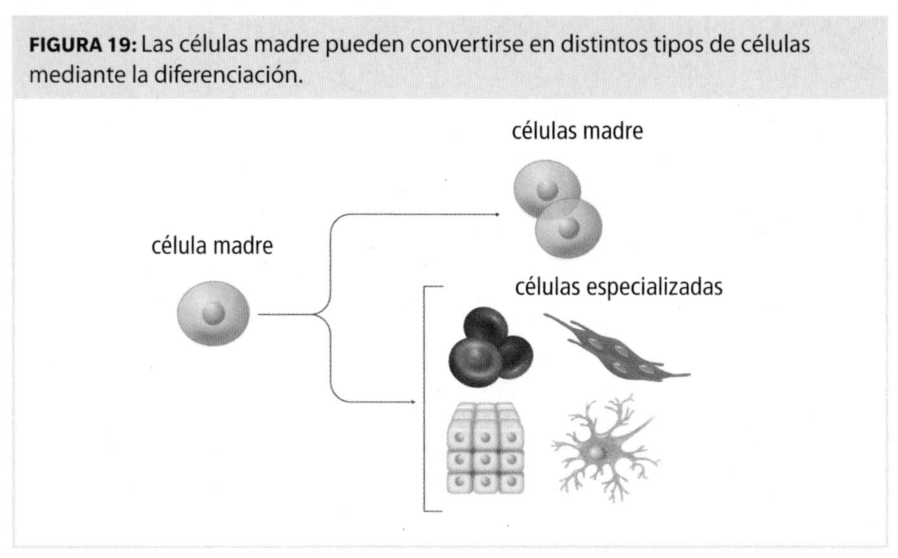

THING EXPLAINER DE RANDALL MUNROE

UN LIBRO QUE EXPLICA LOS CONCEPTOS MÁS COMPLEJOS CON LAS PALABRAS MÁS SENCILLAS

RANDALL MUNROE
XKCD.COM

BOLSITAS DE AGUA QUE FORMAN EL CUERPO

Las partes muy pequeñitas de las personas y de otros animales

Has aprendido que una célula es la unidad básica de la vida. Los organismos están compuestos de una o más células, necesitan energía para todas sus funciones, responden al medio ambiente y se reproducen transmitiendo la información genética a sus descendientes. Aquí encontrarás una descripción de las células animales en términos simples.

LA HISTORIA DE CÓMO ESTÁN COMPUESTOS LOS SERES VIVOS

TODO LO QUE ESTÁ VIVO SE COMPONE DE BOLSITAS DE AGUA. ALGUNOS SERES VIVOS ESTÁN COMPUESTOS DE UNA SOLA BOLSITA DE AGUA. ESOS SERES NORMALMENTE SON MUY PEQUEÑOS COMO PARA VERLOS.

OTROS SERES ESTÁN COMPUESTOS POR UN GRUPO DE BOLSITAS APRETADAS. TU CUERPO ES UN CONJUNTO DE MUCHÍSIMAS DE ESTAS BOLSAS QUE TRABAJAN JUNTAS PARA LEER ESTA PÁGINA.

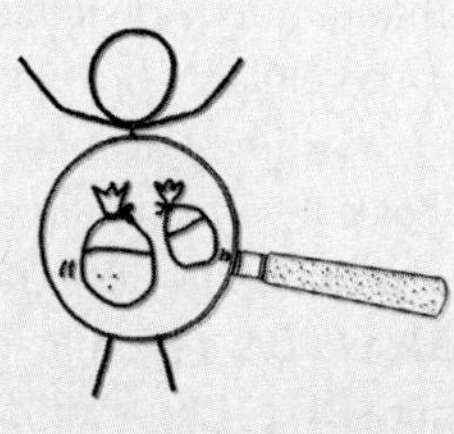

ESTAS BOLSAS ESTÁN LLENAS DE BOLSAS MÁS PEQUEÑAS. LA VIDA USA MUCHAS BOLSAS.

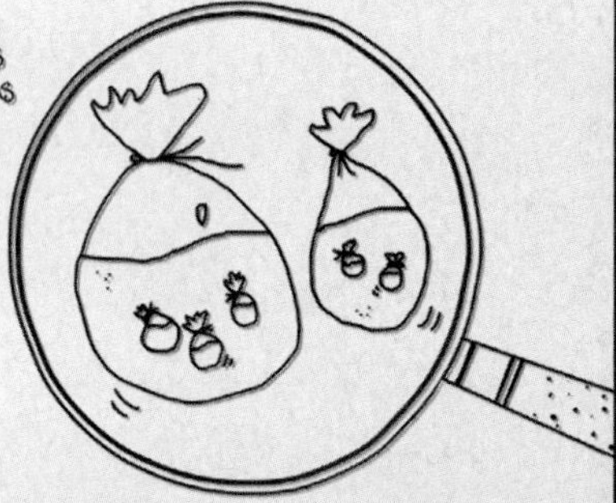

TODA LA VIDA ESTÁ COMPUESTA POR DIFERENTES TIPOS DE AGUA, Y UNA BOLSA EVITA QUE LAS COSAS QUE TIENE DENTRO ENTREN EN CONTACTO CON LAS COSAS DEL EXTERIOR. AL USAR LAS BOLSAS, LOS SERES VIVOS PUEDEN CONTENER LOS DIFERENTES TIPOS DE AGUA EN UN LUGAR SIN QUE TODO SE JUNTE.

ALGUNAS DE LAS BOLSITAS QUE VES AQUÍ ANTES FUERON SERES VIVOS POR SU CUENTA. HACE MUCHO TIEMPO, UNAS BOLSITAS VERDES APRENDIERON A OBTENER ENERGÍA DEL SOL. LUEGO QUEDARON ATRAPADAS DENTRO DE OTRAS BOLSAS, Y ESTAS SE CONVIRTIERON EN FLORES Y ÁRBOLES. EL COLOR VERDE DE LAS HOJAS VIENE DE LOS HIJOS DE ESAS BOLSITAS VERDES.

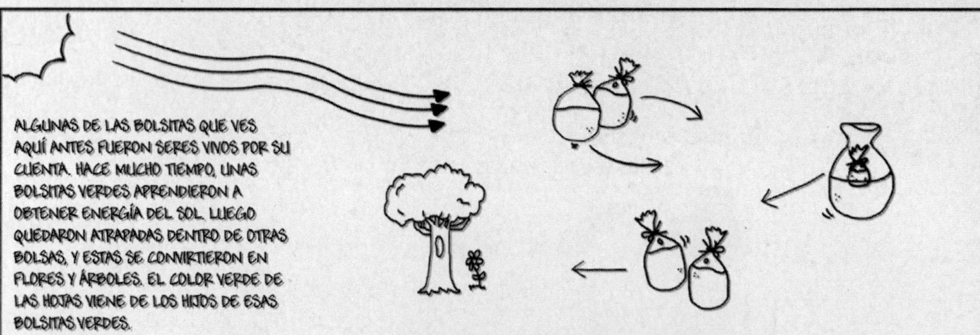

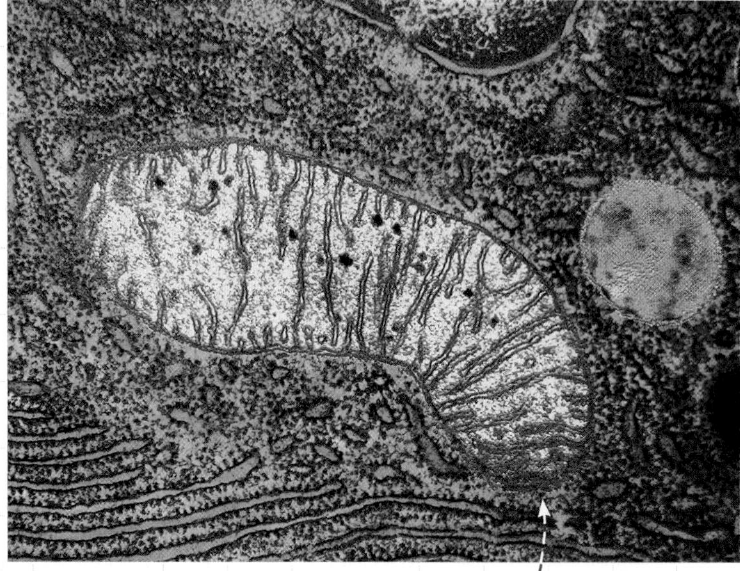

TAMAÑO

Estas bolsas casi siempre son demasiado pequeñas como para verlas. De hecho, son casi tan pequeñas como las ondas de luz con las que vemos:

AZUL
VERDE
ROJO

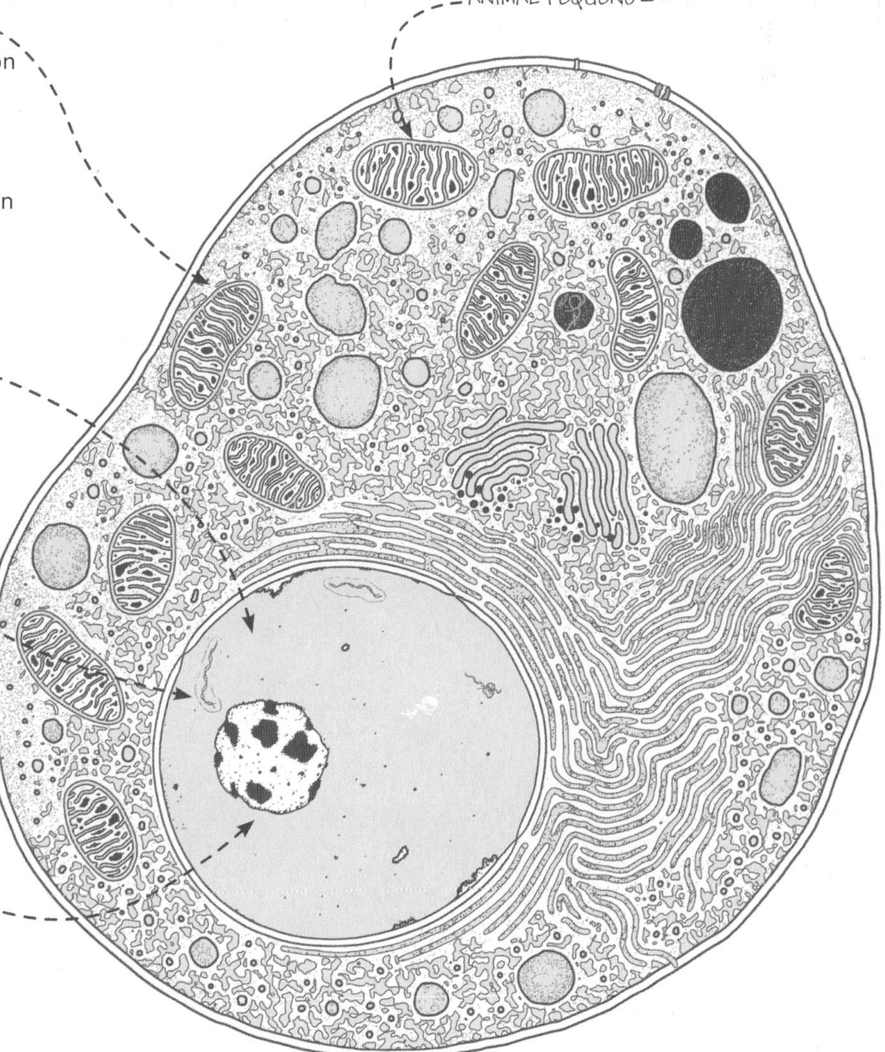

ANIMALES PEQUEÑOS

Estos son seres vivos (no son realmente "animales") que quedaron atrapados en nuestras bolsas de agua hace mucho tiempo, al igual que las cosas verdes en las hojas de los árboles. Ahora no podemos vivir el uno sin el otro. Ellos obtienen alimento y aire de nuestro cuerpo y los transforman en energía para nuestras bolsas.

INFORMACIÓN

Aquí se almacena la información para saber cómo crear diferentes partes del cuerpo.

LECTORES

Estas máquinas leen la información sobre cómo crear partes y la escriben en pequeñas notas que luego envían a través de los agujeros en la pared.

CREADOR DE MÁQUINAS

Esta parte crea las pequeñas máquinas que se ubican fuera del área de control.

Image Credit: ©Bill Longcore/Photo Researchers, Inc.

BOLSITAS DE AGUA QUE FORMAN EL CUERPO

PARED EXTERIOR
Las bolsas de agua que conforman a los animales tienen paredes blandas. Las bolsas de los árboles y las flores, los cuales no necesitan trasladarse como nosotros, tienen una capa exterior menos blanda.

ENTRAR Y SALIR
Ciertas cosas pueden atravesar la pared de la bolsa por sí solas. Otras solamente pueden atravesarla si la bolsa las ayuda, ya sea permitiendo que pasen por una abertura o convirtiendo parte de la pared en una nueva bolsa para contenerlas.

RELLENADOR DE BOLSAS
Esta máquina rellena las bolsitas y luego las envía hacia el agua. Algunas cosas del relleno se envían fuera de la bolsa grande hacia otra parte del cuerpo.

La máquina también rellena las bolsas con agua de la muerte y las marca muy atentamente antes de enviarlas hacia afuera, para que no se usen en el lugar equivocado.

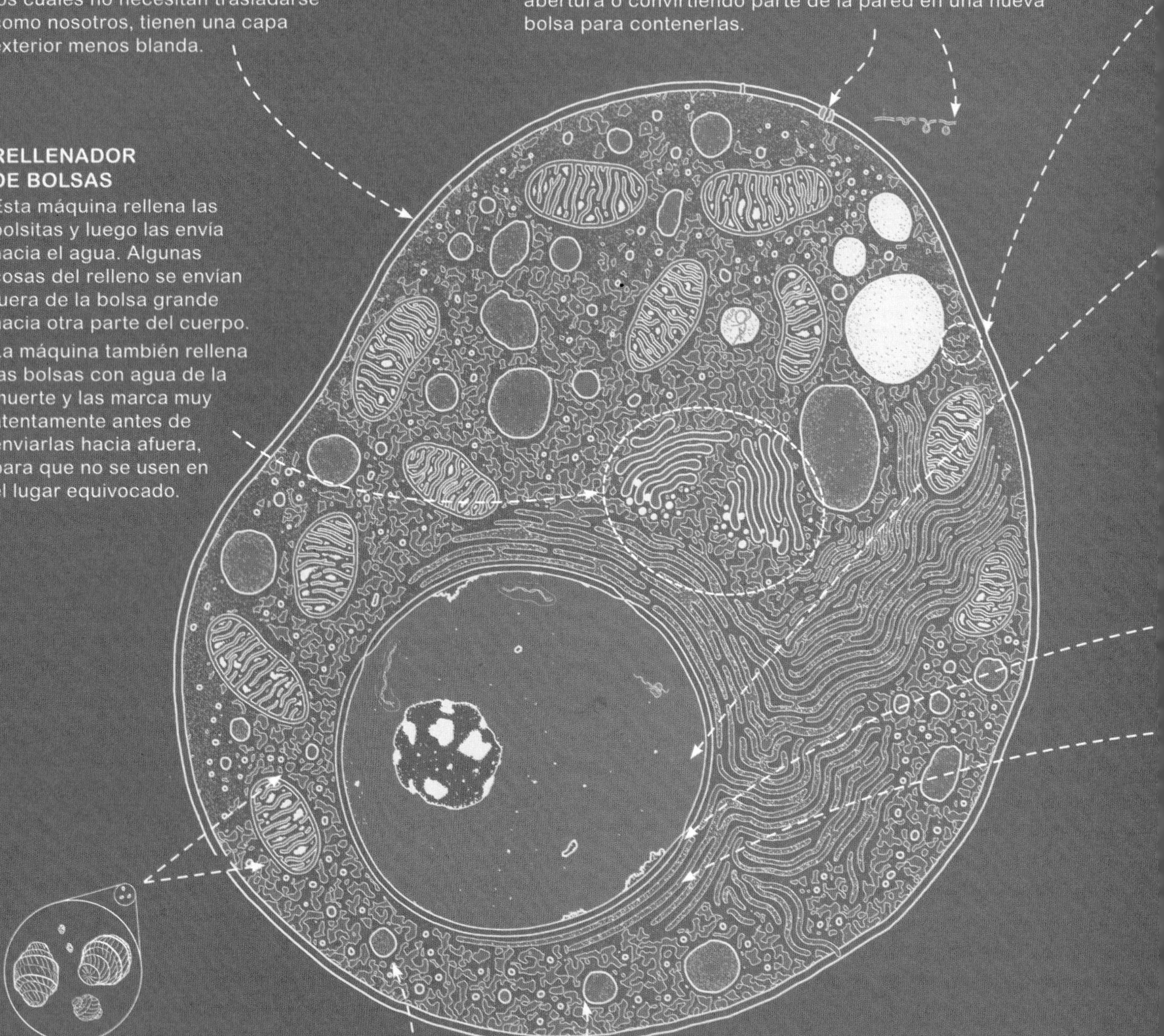

CAJAS EXTRAÑAS
En nuestras bolsas de agua, hay muchas de estas cajitas. No sabemos lo que hacen.

BOLSAS DE AGUA DE LA MUERTE
Estas bolsitas están repletas de un tipo de agua que descompone las cosas en pequeños pedazos. Si se coloca algo dentro de ellas, el agua lo descompone en las partes que lo conforman.

Si algo funciona mal, estas bolsitas se rompen y se esparce toda el agua dañina. Esto provoca que toda la bolsa que está a su alrededor se despedace y muera.

"Que las bolsas se despedacen" suena aterrador, ya que estás compuesto de esas bolsas. Pero si una bolsa tenía problemas, podría lastimarte. El agua de la muerte ayuda a eliminarla para que el cuerpo pueda crear una nueva.

ELEMENTOS QUE DAN LA FORMA A LA BOLSA
El espacio entre las partes de una bolsa está repleto de líneas muy delgadas parecidas a un cabello. Estas líneas son como los huesos de la bolsa: sirven para mantener la forma y hacen otras cosas.

Además, algunos de estos elementos tienen agujeros en el medio, y pueden trasladar cosas de un lugar a otro de la bolsa.

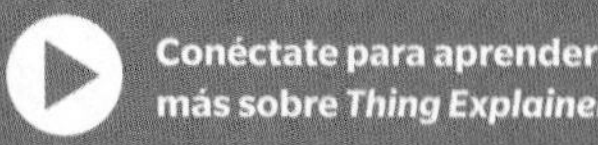

BOLSILLOS VACÍOS
Esta parte de la bolsa tiene bolsillos para contener las cosas que quizás se necesiten más adelante. También produce algunas cosas.

Una de las cosas que produce es ese líquido que ayuda a fortalecer los brazos y las piernas. A veces, las personas que quieren correr muy rápido se ponen dentro del cuerpo botellas de ese líquido y luego mienten al respecto.

ÁREA DE CONTROL
Esta área en el centro contiene la información sobre cómo crear las diferentes partes del cuerpo. Escribe la información en notas y las envía hacia la bolsa.

Las bolsas crean más bolsas al dividirse en dos. Cuando esto sucede, el área de control también se divide a la mitad, y cada mitad obtiene un conjunto completo de la información de la bolsa.

No todas las bolsas tienen estas áreas de control. Las bolsas que hay en la sangre humana no las tienen (lo que significa que la sangre no puede crecer), pero las bolsas en la sangre de un ave sí tienen esas áreas.

Es posible que el área de control alguna vez haya sido un ser vivo en sí misma, al igual que las cosas verdes en las hojas.

AGUJEROS DEL ÁREA DE CONTROL
A través de estas aberturas, salen las notas y los trabajadores.

PEQUEÑOS CONSTRUCTORES
Esta zona está cubierta por maquinitas constructoras que construyen partes nuevas para la bolsa. Los constructores se ubican fuera del área de control y leen las notas que se envían desde el interior, las cuales les indican qué construir.

Una vez que el constructor crea una parte, esta desaparece en la bolsa. Cada parte tiene un trabajo por hacer. Quizás su trabajo sea decirle a otra parte que es hora de dejar de trabajar. O quizás sea convertir una parte en otra. O tal vez sea hacer que otra parte haga algo diferente. O tal vez tiene un trabajo, pero espera hasta ver a otra parte para comenzar a trabajar.

Lo curioso es que nadie le indica a la parte hacia dónde ir. Solo aparece en la habitación con todas las demás partes, y se pasea hasta que encuentra a la parte que supuestamente debe atrapar. (¡O hasta que otra parte la atrapa a ella!) Esto parece raro, ¡y claro que lo es! Hay muchas partes, y todas se atrapan, se detienen y se ayudan entre sí.

El interior de estas bolsas es más difícil de comprender que casi cualquier otra cosa que exista en el mundo.

COSAS QUE TE HACEN ENFERMAR
Estas cosas pequeñitas pueden entrar en tus bolsas y tomar el control. Cuando lo hacen, usan la bolsa para crear más de ellas mismas.

Cuando el tipo de cosa que se muestra aquí entra a tu cuerpo, este comienza a calentarse, te duelen las piernas y debes recostarte. Todo el cuerpo se siente mal, y esto hace que detestes todo. Sientes que vas a morir, pero normalmente eso no pasa.

Decimos que toda la vida está hecha de bolsas, pero estas cosas no. Además, no pueden crear más cosas como ellas; para hacerlo deben conseguir una bolsa. Así que no sabemos si tiene sentido decir que están "vivas". Más bien son como una idea que se propaga.

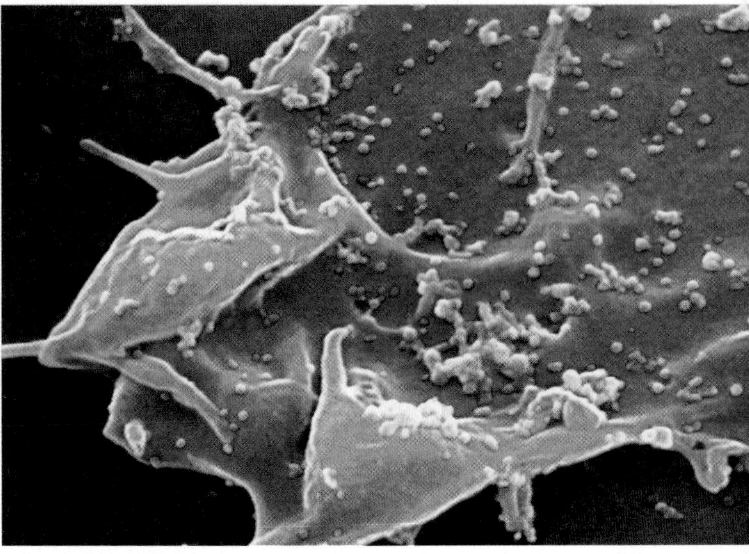

Image Credit: © Dr. Steve Patterson/Science Source

Conexión con las ciencias de la vida

Hacer un modelo del proceso de apoptosis Cuando un patógeno, como una bacteria o un virus, causa una infección, el cuerpo lanza una reacción inmunológica para combatir a los invasores. Parte de esta reacción implica la generación y activación específica de una gran cantidad de células inmunológicas para contrarrestar la amenaza. Pero, una vez eliminados la bacteria o el virus, también se deben destruir las células inmunológicas restantes.

Busca recursos en la biblioteca o en Internet para investigar cómo el cuerpo destruye el exceso de células inmunológicas tras una reacción inmunológica exitosa. Dibuja un modelo basado en evidencias para mostrar la función de la apoptosis y predecir los resultados posibles si muy pocas o demasiadas células responden a las señales de la apoptosis.

FIGURA 1: Una célula en proceso de apoptosis.

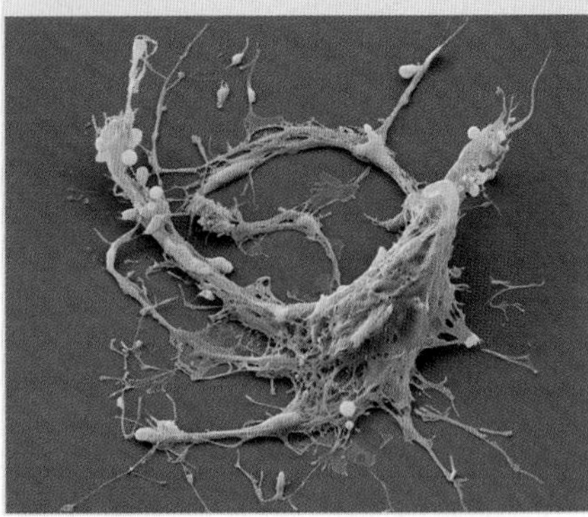

Conexión con el arte

Arte virtual con agar Desde el 2015, la Sociedad Americana de Microbiología patrocina una competencia pública llamada "Arte Agar". Científicos de todo el mundo envían sus obras de arte creadas a partir del cultivo de una o más bacterias o especies fúngicas en agar nutritivo en cajas de Petri. La tasa y el color del crecimiento dependen de la especie, la competencia y los nutrientes en el agar. Si se planea cuidadosamente, el crecimiento puede resultar en una obra de arte compleja.

Busca recursos en la biblioteca o en Internet para investigar las obras de arte hechas con agar. Haz un cartel u otra presentación de tu "arte con agar". Usa distintos colores e indica, a partir de tu investigación, qué especie contribuiría con cada color. Explica también cómo el crecimiento y la reproducción contribuyen a la obra, e identifica los factores que deberás considerar para cultivar diferentes especies juntas.

FIGURA 2: Un ejemplo de "Arte con agar"

Conexión con las ciencias médicas

Regeneración del corazón Algunos tipos de células del cuerpo, como las de la piel, pueden regenerarse mediante la división celular para reemplazar las células perdidas o muertas. Sin embargo, muchos otros tipos de células carecen de esta capacidad. Desde hace muchos años, las investigaciones sugieren que el músculo cardíaco es incapaz de regenerarse tras una lesión y que las células cardíacas pierden la capacidad de dividirse a una edad temprana. Estudios recientes cuestionan esta idea y dan a entender que algunas células musculares del corazón pueden ser capaces de dividirse tras una lesión en el tejido, pero a un ritmo muy lento.

Busca y lee al menos tres fuentes que describan investigaciones sobre la regeneración del corazón; al menos una debe defender cada postura del debate. Resume lo que descubriste en un informe y, a partir de la evidencia de tus fuentes, da tu opinión sobre si las células musculares del corazón pueden regenerarse en las personas adultas.

FIGURA 3: Músculo cardíaco

Image Credits: (t) ©Eye of Science/Science Source; (c) ©Microbial Art/Gregory Lab/Science Source; (b) ©Asa Thoresen/Shutterstock

SÍNTESIS DE LA UNIDAD

En tu Cuaderno de evidencias, haz un mapa conceptual, un organizador gráfico o un esquema con la información de las Guías de estudio que creaste para cada lección de esta unidad. Recuerda que debes fundamentar tus afirmaciones con evidencias.

Al sintetizar información, debes seguir los siguientes pasos generales:

- Busca la idea central de cada fuente de información.
- Establece relaciones entre las ideas centrales.
- Combina las ideas para mejorar tu comprensión.

PREGUNTAS GUÍA

Vuelve a leer las Preguntas guía que aparecen al principio de la unidad. En tu Cuaderno de evidencias, repasa y revisa las respuestas que habías dado a esas preguntas. A partir de las evidencias que reuniste y las observaciones que hiciste durante la unidad, justifica las respuestas.

PRÁCTICA Y REPASO

1. En los adultos, normalmente el hígado no aumenta de tamaño ni regenera sus células. Según esa información, se espera que la mayoría de las células adultas del hígado:

a. presenten mitosis regularmente

b. tengan cromosomas altamente condensados

c. repliquen a menudo el ADN de las células

d. se encuentren en la interfase, o fase de reposo

2. A medida que las células se agrandan, ¿qué sucede con la razón del área de la superficie al volumen? ¿Cómo afecta esto la capacidad de expansión de la célula?

3. ¿En qué proceso biológico se desencadena la apoptosis, o muerte celular programada? Elige todas las respuestas correctas.

a. cuando una célula sufre daño en el ADN

b. cuando un linfocito responde a una infección activa

c. cuando una célula madre se diferencia para formar una célula especializada

d. cuando se retiran ciertos tejidos durante el desarrollo embrionario

4. Explica la relación entre el ciclo celular y el desarrollo del cáncer.

5. Las ciclinas son proteínas que las células producen brevemente en etapas específicas del ciclo celular. Las ciclinas regulan la actividad de las proteínas quinasa, que ayudan a la célula a pasar a la siguiente fase del ciclo celular. Si se interrumpe la regulación de las ciclinas o quinasas, el proceso de división celular saldrá mal. En tu Cuaderno de evidencias, predice qué podría suceder si se produjeran ciclinas constantemente durante el ciclo celular.

6 Los telómeros son cuerdas de nucleótidos repetitivos que funcionan como "tapas" en los extremos de los cromosomas. A pesar de que las secuencias de los telómeros no contienen genes, ¿por qué son importantes durante la vida de un organismo?

a. Los telómeros permiten que las cromátidas hermanas se unan.

b. Los telómeros evitan la pérdida de genes cuando los cromosomas se replican.

c. Los telómeros regulan la expresión de otros genes en el cromosoma.

d. Los telómeros aumentan el ritmo de la división celular.

Observa la Figura 4 y responde la pregunta 7.

FIGURA 4: El ciclo celular

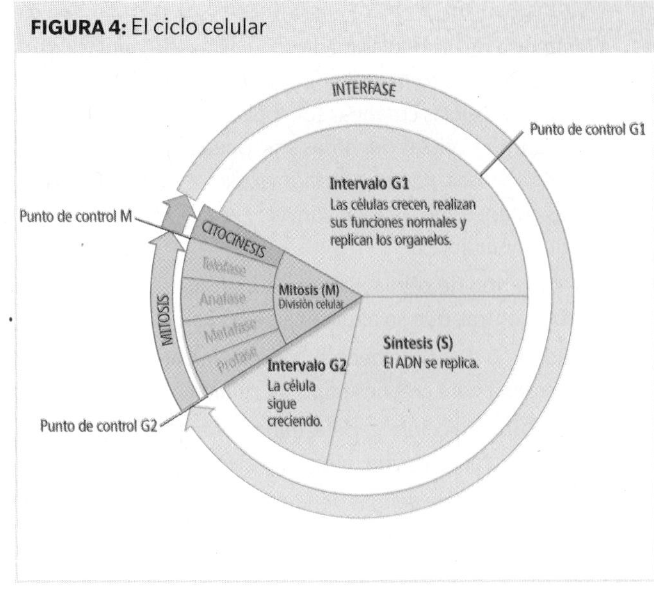

7. ¿El ciclo celular debe proceder siempre en la misma dirección o es posible que proceda en la dirección opuesta? Explica tu razonamiento.

8. ¿Cuál de los siguientes enunciados explica mejor por qué las células madre pueden usarse para tratar enfermedades como la leucemia, un tipo de cáncer de los glóbulos blancos?
   a. Las células madre no envejecen y se pueden dividir indefinidamente.
   b. Las células madre pueden diferenciarse para convertirse en cualquier tipo de célula.
   c. Las células madre son capaces de adherirse a las células dañadas e iniciar una secuencia de reparación.
   d. Las células madre contienen un conjunto completo de cromosomas, a diferencia de otras células del cuerpo.

9. ¿Cuáles son algunas de las ventajas de los organismos cuya reproducción es mitótica, en comparación con la reproducción sexual? Elige todas las respuestas correctas.
   a. La reproducción mitótica puede producirse sin un compañero.
   b. La reproducción mitótica origina descendientes con mayor diversidad genética.
   c. La reproducción mitótica es más rápida que la reproducción sexual.
   d. La reproducción mitótica permite que un nuevo organismo crezca a partir de un fragmento de otro.

10. Imagina que un organismo normalmente tiene 24 cromosomas. Si una célula de ese organismo se divide por mitosis, ¿cuántos cromosomas debería tener cada célula hija luego de la división celular? Explica tu respuesta.

11. A diferencia de las células madre, la mayoría de células del cuerpo no puede formar diferentes tipos de células. Por ejemplo, las células cutáneas solo pueden originar células cutáneas, y las células nerviosas solo pueden producir células nerviosas. ¿Qué enunciado explica mejor por qué las células cutáneas no pueden convertirse en células nerviosas?
   a. A cada tipo de célula le llega un mensaje diferente del ADN central, que se almacena en las células del ADN.
   b. Cada tipo de célula tiene solamente la parte del ADN necesaria para crear ese tipo de célula.
   c. Cada tipo de célula se determina por mensajes enviados desde el cerebro, que dirige el desarrollo.
   d. Ambos tipos de células tienen el mismo ADN, pero cada célula usa solamente una parte del mensaje del ADN.

12. Utiliza los siguientes términos para completar el enunciado que explica cómo la mitosis origina dos células genéticamente idénticas.

    condensa, las fibras del huso, la membrana nuclear, cromatina, la citocinesis, duplica

    Durante la interfase, el ADN está organizado de una manera dispersa llamada ____. Antes de que una célula se divida, cada cromosoma se ____ para que cada célula hija tenga un conjunto completo de ADN. A medida que la célula avanza hacia la profase, el ADN celular se ____ para formar cromosomas superenrollados. Además, ____ se separa, y los centríolos comienzan a trasladarse a los polos opuestos de la célula. En la metafase, los cromosomas se alinean a lo largo del ecuador de la célula, y ____ se adhieren a cada cromosoma. Los cromosomas se separan en la anafase. En la telofase, los cromosomas comienzan a desenrollarse, y las membranas nucleares empiezan a formarse. Finalmente, ____ divide el citoplasma, lo que origina dos células hijas genéticamente idénticas.

PROYECTO DE LA UNIDAD

Vuelve a tu proyecto de la unidad. Prepara una presentación con tu investigación y tus materiales para el resto de la clase. En la presentación final, evalúa la firmeza de tus hipótesis, datos, análisis y conclusiones.

Recuerda estas sugerencias a la hora de evaluar:

- ¿Los datos justificaron tu hipótesis?
- Observa la evidencia empírica: la evidencia basada en las observaciones y en los datos. ¿La evidencia justifica tu afirmación respecto de los procesos involucrados en la formación de una nueva planta?
- Considera si la explicación es lógica. ¿Tu investigación contradice alguna evidencia que hayas observado?

Comparar células normales con células cancerosas

El cáncer se produce en las células debido a cambios genéticos anormales y puede derivar en otras alteraciones genéticas, estructurales y moleculares. El ciclo celular típico de las células cancerosas presenta alteraciones en comparación con el de las células normales del mismo tejido. Los datos de la tabla se obtuvieron de seis muestras diferentes de tejido. Las muestras se recolectaron para determinar si el tejido en cuestión contiene células cancerosas. En esta actividad, deberás analizar los datos y hacer una afirmación sobre qué muestras es más probable que contengan células cancerosas.

FIGURA 5: Para cada muestra de tejido, se contó y registró la cantidad de células en cada fase.

	Muestra 1	Muestra 2	Muestra 3
Interfase	33	34	34
Profase	2	2	1
Metafase	1	3	2
Anafase	2	2	2
Telofase	1	3	1

	Muestra 4	Muestra 5	Muestra 6
Interfase	35	33	35
Profase	3	3	3
Metafase	1	2	2
Anafase	0	2	4
Telofase	1	3	3

1. PLANEA UNA INVESTIGACIÓN

Con tu equipo, formula un plan para analizar los datos. Determina cómo vas a comparar los datos, qué cálculos deberás realizar y qué tipo de gráfica será la más adecuada para mostrar estos datos. Puedes crear varias gráficas o grupos de cálculos para comparar los datos de distintas maneras.

2. ANALIZA LOS DATOS

Por tu cuenta, muestra el desarrollo de los cálculos que realizaste. Crea la(s) gráfica(s) necesaria(s) de acuerdo con lo que decidió el grupo. Puedes usar un programa informático, si es necesario.

3. EVALÚA LOS DATOS

Según lo que descubriste, ¿qué muestras es más probable que contengan células cancerosas? Compara lo que descubriste con el grupo. ¿Pudiste identificar algún otro patrón?

4. COMUNICA

Escribe un informe que explique tus conclusiones; debe incluir afirmaciones, evidencias y razonamientos. Tu afirmación debe indicar qué muestras es más probable que contengan células cancerosas, y debes explicar en detalle por qué el análisis de los datos justifica tu afirmación. Además, debes describir algunos de los factores que pueden haber dado origen a la transformación de las células en células cancerosas. ¿Qué relación hay entre el ciclo celular y el desarrollo de estos tipos de células? ¿Cómo se relacionan el material genético de una persona y el ambiente externo con el desarrollo del cáncer?

Una presentación completa debe incluir la siguiente información:

- un plan claramente definido para el análisis y la evaluación de los datos
- una conclusión clara basada en la evidencia y el análisis que la justifica
- una o más gráficas que muestren los datos que evaluaste en tu investigación
- una explicación de qué células es más probable que sean células cancerosas, con afirmaciones justificadas con evidencias

UNIDAD 6

La estructura y la función del ADN

El ADN es una molécula esencial para todos los seres vivos.

Image Credits: ©Science Photo Library/MOLEKUUL/Getty Images

FIGURA 1: Las malformaciones de las ranas pueden estar ligadas a errores en el código genético.

Todos los seres vivos usan el ADN para pasar información genética a la siguiente generación. La información genética dirige el desarrollo y la homeostasis de los organismos a través de un proceso de traducción del código genético en proteínas que tienen tareas específicas. El sistema genético tiene incorporados frenos y contrapesos para asegurar que la información se copie e interprete apropiadamente. Cuando el sistema funciona mal, puede causar enfermedades, malformaciones o hasta la muerte. Por ejemplo, algunas malformaciones de las ranas pueden estar relacionadas con información genética errónea. Sin embargo, no todas las mutaciones tienen un efecto negativo. Las alteraciones del ADN pueden ser neutras o beneficiosas para un organismo. Con el tiempo, la mutación puede llevar a la evolución de una población.

 **Predecir** ¿Cómo podría afectar a un organismo la alteración del flujo de información del ADN?

PREGUNTAS GUÍA

Mientras trabajas con la unidad, reúne evidencias para responder las siguientes preguntas. En tu Cuaderno de evidencias, anota lo que ya sabes sobre estos temas y cualquier pregunta que tengas sobre ellos.

1. ¿Cómo determinaron los científicos la estructura del ADN?
2. ¿Cómo se transfiere la información del ADN a rasgos observables?
3. ¿Cómo está regulado el flujo de información del ADN?

PROYECTO DE LA UNIDAD

Estudio de caso: Ranas con malformaciones

Se ha debatido mucho sobre las malformaciones y la disminución de las poblaciones de anfibios desde la década de 1990, cuando por primera vez se atrajo la atención nacional a los sitios donde se producían estas malformaciones en los Estados Unidos. Desde entonces, los estudios científicos han relacionado las malformaciones y la disminución de las poblaciones de ranas con varios factores. Cuando se combinan estos factores, pueden dar como resultado las tendencias observadas en las poblaciones de ranas. Investiga las malformaciones de las ranas y explora cómo el ADN controla la estructura, la función y la regulación de proteínas. ¿Puedes explicar cómo están relacionados los genes y las proteínas con la tendencia de malformaciones de las ranas?

 Para planear el proyecto de esta unidad, conéctate y descarga la Planilla de proyectos.

Image Credits: ©Suzanne L & Joseph T Collins/Science Source

6.1

Estructura y replicación del ADN

Esta cabra bebé obtiene su apariencia de la madre, gracias a la clonación de ADN.

¿PUEDES EXPLICARLO?

Reunir evidencias Mientras trabajas con la lección, reúne evidencias para explicar cómo determinaron los científicos la función y la estructura del ADN.

¿Cómo puedes sacar conclusiones acerca de algo que no puedes ver? Este ha sido un desafío a lo largo de la historia de la ciencia. A veces, los científicos deben usar evidencias indirectas.

FIGURA 1: En cada una de estas imágenes se ve una muestra de ADN con diferente nivel de detalle.

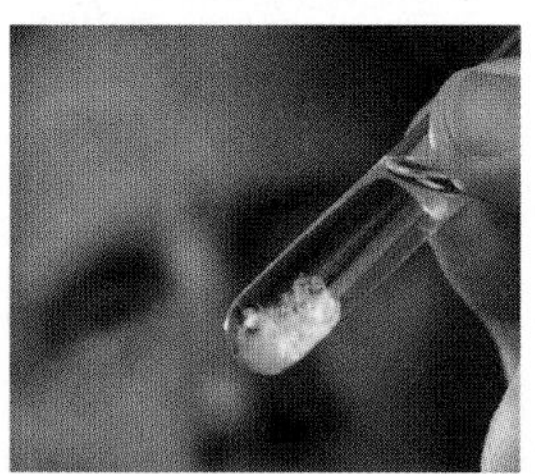

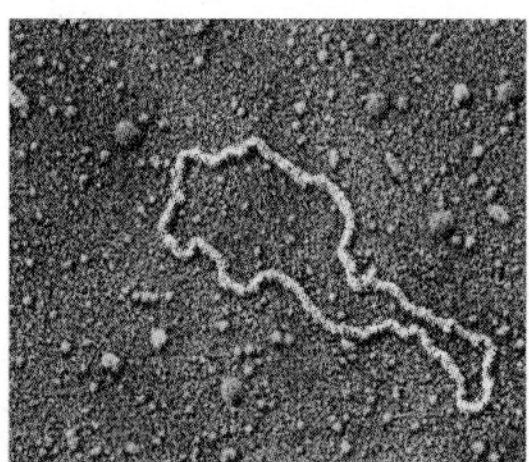

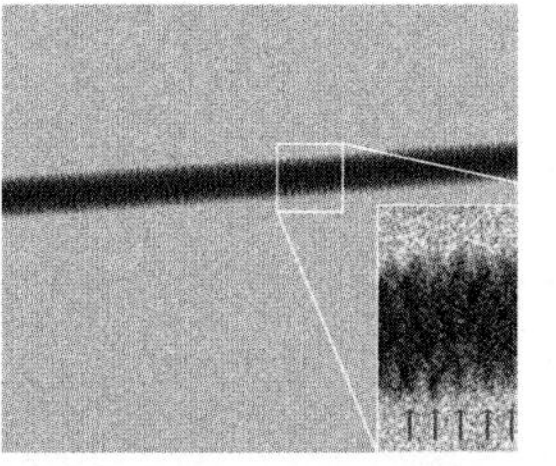

Entender la estructura y la función del ADN es un ejemplo de ese desafío tomado de la biología. Los primeros biólogos reconocieron que las características se transmitían de una generación a la siguiente, pero las moléculas responsables de este fenómeno eran demasiado pequeñas para ser vistas con los primeros microscopios. Lo notable es que los biólogos lograron reunir evidencias sobre la estructura de la molécula responsable de las características únicas de cada organismo. Con el tiempo, los científicos se basaron en el trabajo de otros, y, al mismo tiempo, la tecnología continuó mejorando. En la actualidad, entendemos mucho mejor el ADN, la molécula que contiene el código de la vida.

Predecir Teniendo en cuenta las imágenes qué se ven en la Figura 1, ¿cómo describirías la apariencia del ADN?

Image Credits: (t) ©Yawar Nazir/Getty Images (bl) ©Volker Steger/Science Source; (bc) ©Professor Stanley N. Cohen/Science Source; (br) ©Professor Enzo Di Fabrizio, IIT/Science Source

La función del ADN

Eres un ser único y no hay nadie igual a ti... ¡a menos que tengas un gemelo, por supuesto! ¿Por qué eres tan único? Tienes un conjunto de rasgos, o características distintivas, como el color del cabello, de los ojos, la forma de la cara y el tipo de cuerpo, que se transmiten de una generación a la siguiente. Los primeros científicos hicieron estas mismas observaciones. Pero quedaba algo por responder: ¿Cómo se transmiten los rasgos de una generación a la siguiente?

Analizar Como se ve en la Figura 2, las personas tenemos rasgos observables que nos diferencian a unos de otros. ¿Cuáles son algunos de los rasgos que tienes?

FIGURA 2: Se pueden observar rasgos únicos entre los seres humanos.

El código de genes para las proteínas

El ADN, o ácido desoxirribonucleico, es la molécula que almacena la información genética de todos los organismos. Es hereditario, lo que significa que se puede transmitir de los progenitores a sus descendientes. Eso explica por qué los descendientes pueden parecerse a sus progenitores y por qué los organismos de la misma especie comparten muchas características. Los científicos sabían que los rasgos eran hereditarios mucho antes de identificar el ADN y su función clave en la herencia.

El ADN también se usa para sintetizar otro ácido nucleico llamado ARN, o ácido ribonucleico, que a su vez sintetiza proteínas. Este concepto se conoce como el dogma central de la biología molecular. Recuerda que las proteínas cumplen una función decisiva en las funciones corporales. Las enzimas sirven para regular las reacciones químicas. Otras proteínas brindan el soporte estructural de las células. Las proteínas de la membrana celular transportan nutrientes a través de la membrana en respuesta al cambio de condiciones dentro o fuera de la célula. Cada proteína tiene una estructura y una función únicas en la célula; por lo tanto, hace falta una codificación muy precisa para construir cada proteína.

Predecir La quinesina es una proteína motora que transporta organelos y proteínas alrededor de una célula. Su estructura es fundamental para su función. ¿Qué le ocurriría a la estructura de la quinesina si el código de ADN estuviese dañado?

El mecanismo de la herencia

La genética estudia los patrones de herencia biológica y la variabilidad de los organismos. Gregor Mendel, un monje austríaco, fue uno de los primeros en contribuir a nuestro entendimiento de la genética. Sus experimentos sobre la reproducción de las plantas de guisantes permitieron identificar los factores que controlaban los rasgos. Mendel predijo que los rasgos se pueden heredar como unidades discretas que pasan de progenitores a descendientes. Sin embargo, se necesitaron muchos años para descubrir el ADN y explicar cómo codifica la herencia de rasgos individuales. Muchos experimentos concluyeron que el ADN es la molécula de la herencia.

Image Credits: ©MBI/Stockbroker/Alamy

Los experimentos de Griffith

En 1928, el microbiólogo británico Frederick Griffith estaba investigando dos tipos de bacterias que causan neumonía. Un tipo, llamado *S*, tiene una cubierta externa suave y lisa conformada por carbohidratos. El otro tipo, llamado *R*, tiene una superficie externa rugosa. Como se muestra en la Figura 3, cuando Griffith les inyectó a los ratones ambos tipos de bacterias, solo los mató la tipo S. Cuando Griffith les inyectó a los ratones la bacteria S muerta por calor, no resultaron afectados. Sin embargo, cuando les inyectó una combinación de bacteria S muerta por calor y bacteria R viva, los ratones murieron. Aún más sorprendente es que descubrió bacterias S vivas en la muestra de sangre tomada de los ratones muertos. Sin poder identificar el factor que transformó la inofensiva bacteria R en la bacteria S, que causa la enfermedad, Griffith llamó al material misterioso *principio transformador*. Este misterio sería una pregunta que deberían responder otros científicos.

Colaborar Con un compañero, comenta qué otras preguntas harías teniendo en cuenta los resultados del experimento de Griffith.

FIGURA 3: Diseño experimental de Griffith

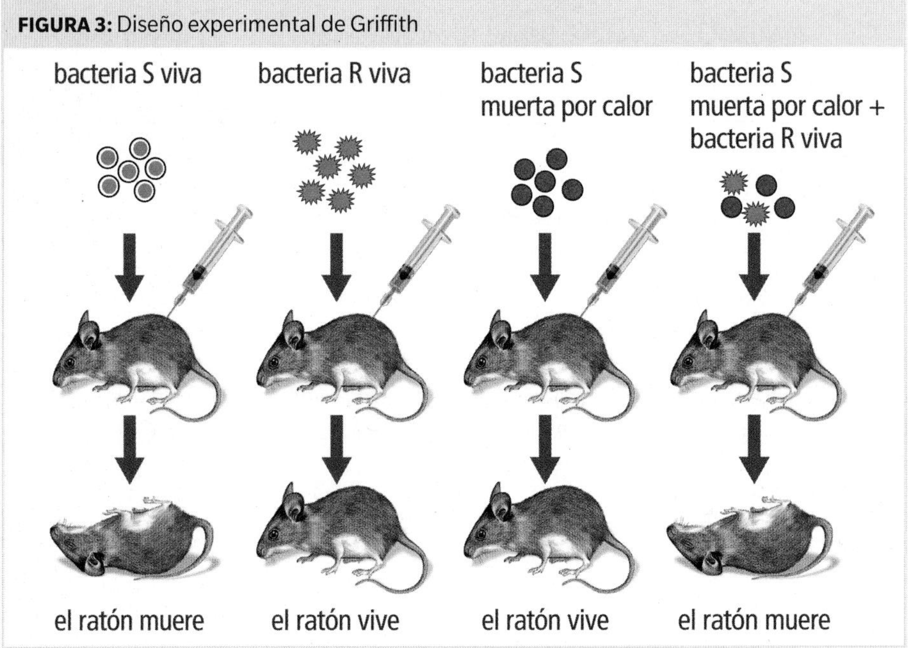

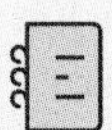

Analizar ¿Qué evidencias sugirieron que hay un principio transformador?

Los experimentos de Avery

Oswald Avery y sus colaboradores científicos estaban intrigados por el principio transformador de Griffith. El equipo de Avery trabajó durante más de 10 años para responder la pregunta sobre qué transformaba la cepa R. Los científicos empezaron trabajando con las células de la bacteria S muerta por calor. Usaron un detergente para descomponer la bacteria, lo que dio como resultado un extracto que contenía solo moléculas de proteína, ADN y ARN. Los experimentos iniciales mostraron que este extracto contenía el principio transformador.

Luego, el equipo de Avery usó enzimas para descomponer cada molécula por separado. Una vez degradada, cada muestra se mezcló con la bacteria de la cepa R para probar si se transformaba en la cepa S. Los resultados de este trabajo se muestran en la Figura 4.

FIGURA 4: Diseño experimental de Avery

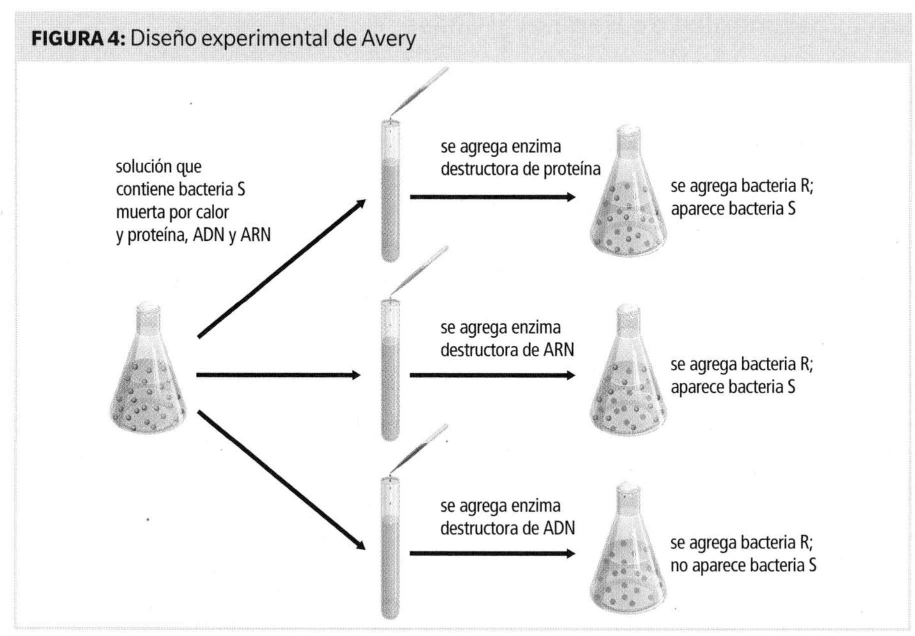

Explicar ¿Por qué el grupo de Avery destruyó cada tipo de molécula antes de agregarle la solución que contenía la bacteria R? ¿Qué puedes concluir de los resultados?

Avery y su grupo realizaron un análisis químico de la molécula denominada "principio transformador". En la tabla de la Figura 5 se ve el porcentaje de nitrógeno y fósforo y la razón de nitrógeno a fósforo de cuatro muestras.

Análisis de datos

FIGURA 5: Análisis químico del principio transformador

	% Nitrógeno (N)	% Fósforo (P)	Razón de N a P
Muestra A	14.21	8.57	1.66
Muestra B	15.93	9.09	1.75
Muestra C	15.36	9.04	1.69
Muestra D	13.40	8.45	1.58
Valor conocido para el ADN	15.32	9.05	1.69

Analizar ¿Cómo justifican los datos de la tabla la afirmación de que el ADN es el principio transformador?

El grupo de Avery también realizó pruebas químicas estándar que mostraron que el ADN estaba presente en el extracto y la proteína no. También se usaron enzimas para destruir diferentes moléculas, como lípidos y carbohidratos. Cada vez que se destruía una molécula, la transformación de la bacteria R en S aún ocurría, hasta que se destruyó el ADN. Cuando se destruyó el ADN, la transformación ya no ocurrió.

En 1944, Avery y sus colaboradores presentaron las evidencias que justificaban la conclusión de que el ADN debía ser el principio transformador, o material genético. Sin embargo, la comunidad científica siguió mostrándose escéptica respecto de si el material genético de las bacterias era el mismo que el de otros organismos. A pesar de las evidencias de Avery, algunos científicos insistían en que el extracto que hizo aún debía contener proteína. Aún quedaban más pruebas por hacer.

Los experimentos de Hershey y Chase

En 1952, dos biólogos estadounidenses, Alfred Hershey y Martha Chase, estaban investigando diferentes virus que infectan a bacterias. Estos virus, llamados bacteriófagos, están compuestos por un núcleo de ADN rodeado de una cubierta de proteína. Para reproducirse, los bacteriófagos se unen a la bacteria y luego inyectan material dentro de la célula. Hershey y Chase pensaron un procedimiento inteligente que usaba los elementos químicos presentes en la proteína y el ADN. La proteína contiene azufre, pero muy poco fósforo, mientras que el ADN contiene fósforo, pero no azufre. Los investigadores hicieron crecer fagos en cultivos que contenían isótopos radiactivos de azufre o fósforo. Luego usaron estos fagos marcados con radiactividad en dos experimentos.

En el primer experimento, infectaron las bacterias con fagos que tenían átomos de azufre radiactivos en sus moléculas de proteína. Luego, usaron una licuadora de cocina y una centrifugadora para separar las bacterias de las partes de los fagos que quedaban fuera de ellas. Cuando estudiaron las bacterias, no hallaron niveles importantes de radiactividad.

En el segundo experimento, Hershey y Chase repitieron el procedimiento con fagos que tenían ADN marcado con fósforo radiactivo. Esta vez, resultó evidente que había radiactividad dentro de la bacteria.

FIGURA 6: Diseño experimental de Hershey y Chase

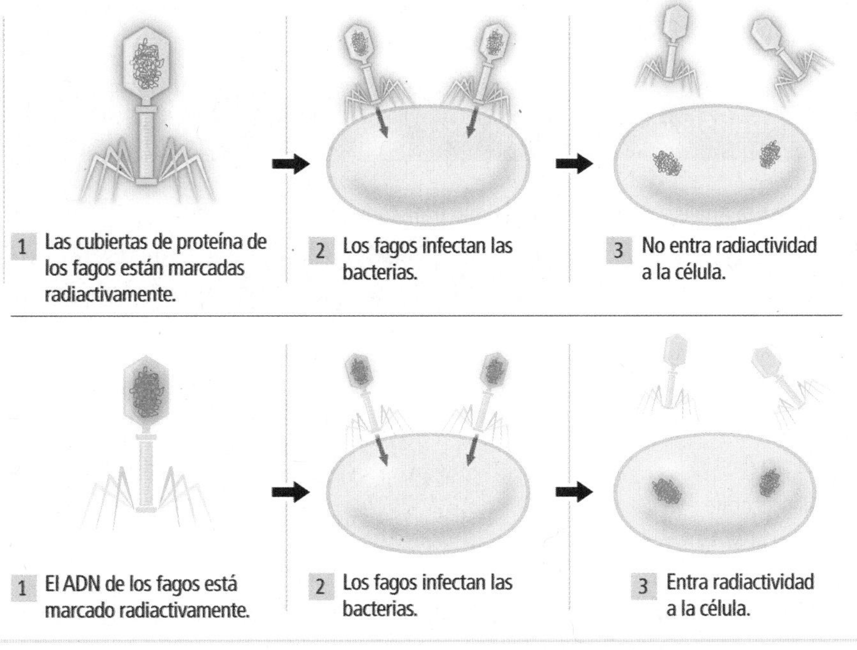

1 Las cubiertas de proteína de los fagos están marcadas radiactivamente.

2 Los fagos infectan las bacterias.

3 No entra radiactividad a la célula.

1 El ADN de los fagos está marcado radiactivamente.

2 Los fagos infectan las bacterias.

3 Entra radiactividad a la célula.

Analizar ¿Por qué los experimentos de Hershey y Chase justificaron la idea de que el ADN es el principio transformador?

Explicar

1. Dibuja una tabla para resumir cada experimento. Incluye información acerca de cómo los experimentos se relacionan entre sí, los datos clave y las preguntas que quedaron sin responder después de cada experimento.
2. Desarrolla un argumento para explicar por qué los datos de cada experimento justificaban o no justificaban la conclusión de que el ADN es la molécula de la herencia.
3. Los científicos suelen basarse en el trabajo de otros científicos y mejorarlo. Este proceso puede llevar un largo período. Explica cómo los avances tecnológicos afectan este proceso de construcción del conocimiento científico.

La estructura del ADN

Una vez que Hershey y Chase completaron sus experimentos con bacteriófagos, quedó claro que el ADN era responsable de la herencia de los rasgos. Lo que los científicos aún no entendían, sin embargo, era cómo el ADN almacenaba información genética. Para entenderlo, primero debían comprender cómo era la estructura molecular del ADN.

Nucleótidos

Los científicos saben desde la década de 1920 que la molécula de ADN es un polímero muy largo, es decir, una extensa cadena de subunidades que se repiten. Las subunidades, o monómeros, que componen el ADN se llaman nucleótidos, y se muestran en la Figura 7.

FIGURA 7: Estructura de los nucleótidos

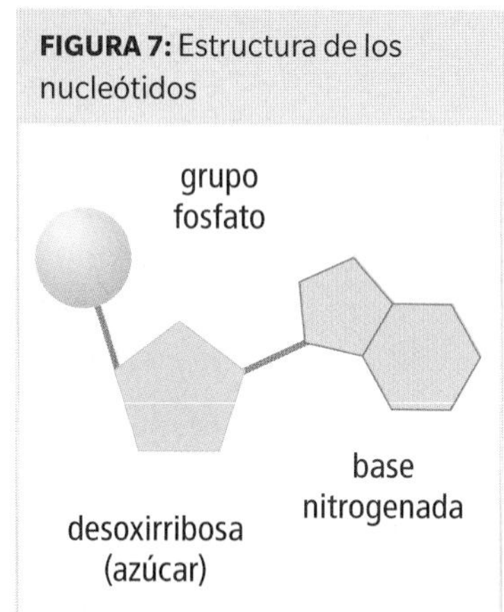

Una molécula de ADN humano contiene miles de millones de nucleótidos. Sin embargo, si dividieras todos esos nucleótidos en grupos de nucleótidos idénticos, obtendrías solo cuatro grupos. Los nucleótidos que componen el ADN se diferencian solo en sus bases nitrogenadas, es decir, bases que contienen nitrógeno. Las bases son citosina (C), timina (T), adenina (A) y guanina (G). Las abreviaturas sirven para indicar tanto las bases como los nucleótidos que contienen a las bases.

FIGURA 8: Los cuatro nucleótidos que componen el ADN

PIRIMIDINAS			PURINAS		
Nombre de la base	Fórmula estructural	Modelo	Nombre de la base	Fórmula estructural	Modelo
timina	O, NH, CH_3—C, C=O, HC, NH	T	adenina	HC, N, NH_2, C, C, HN, C, N, N=CH	A
citosina	NH_2, C=N, HC, C=O, HC—NH	C	guanina	HC, N, O, C, C, HN, C, NH, N=C, NH_2	G

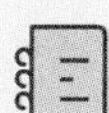

Explicar Usa información de la Figura 8 para responder las siguientes preguntas:

1. ¿En qué se diferencian las estructuras de las purinas de las estructuras de las pirimidinas?
2. ¿Cuál de las bases tiene una estructura más similar a la de la timina?

Determinar la estructura del ADN

Por mucho tiempo, los científicos creyeron que el ADN estaba formado por cantidades iguales de los cuatro nucleótidos y que el ADN de todos los organismos era el mismo. Esto hizo que fuera difícil convencerlos de que el ADN era el material genético. Creían que moléculas idénticas no podían llevar instrucciones diferentes a todos los organismos. Sin embargo, en 1950, Erwin Chargaff puso estas creencias en duda.

Los experimentos de Chargaff

Chargaff cambió la forma de pensar acerca del ADN mediante el análisis del ADN de varios organismos diferentes. Descubrió que las mismas cuatro bases se encontraban en el ADN de todos los organismos, pero la proporción de las cuatro bases era diferente en los distintos organismos.

Análisis de datos

FIGURA 9: Razones de los nucleótidos que llevaron a la formulación de las reglas de Chargaff

Fuente	Adenina a guanina	Timina a citosina	Adenina a timina	Guanina a citosina	Purinas a pirimidinas
Ser humano	1.56	1.75	1.00	1.00	1.00
Gallina	1.45	1.29	1.06	0.91	0.99
Salmón	1.43	1.43	1.02	1.02	1.02
Trigo	1.22	1.18	1.00	0.97	0.99
Levadura	1.67	1.92	1.03	1.20	1.00
E-coli k2	1.05	0.95	1.09	0.99	1.00

Analizar

1. Los números que se muestran en la tabla son razones. Por ejemplo, la razón de adenina a guanina en seres humanos es de 1.56 a 1, o de 1.56:1. El 1 se sobreentiende, por lo que no se muestra. ¿Qué puedes decir sobre estas razones?
2. ¿Cómo justifica el trabajo de Chargaff la idea de que el ADN es la molécula de la herencia?

FIGURA 10: Evidencias de rayos X

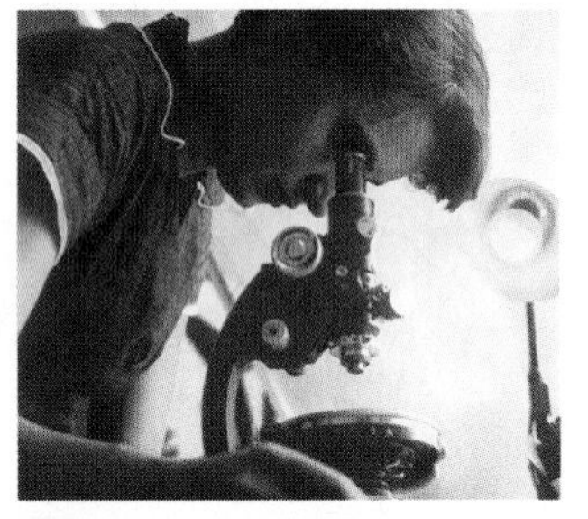

a Rosalind Franklin

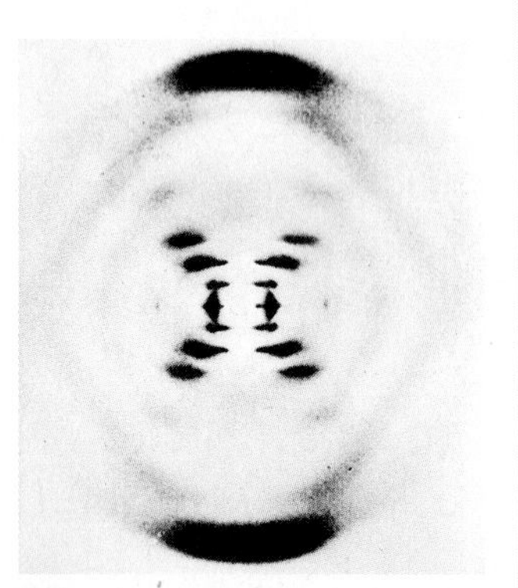

b Cristalografía de rayos X

Cristalografía de rayos X de Franklin

A principios de la década de 1950, la científica británica Rosalind Franklin estaba estudiando el ADN mediante una técnica llamada cristalografía de rayos X. Cuando el ADN cristalizado se bombardea con rayos X, los átomos difractan los rayos X en un patrón que se puede capturar en una película. Las fotografías de rayos X de ADN de Franklin muestran una *X* rodeada por un círculo. El patrón y el ángulo de la *X* indican que el ADN está formado por dos hebras, separadas por un espacio de ancho uniforme y dobladas en forma de hélice.

Colaborar Los resultados le hicieron pensar a Rosalind Franklin que la molécula de ADN tenía una forma de hélice o espiral. Con un compañero, comenta qué preguntas acerca de la estructura del ADN no lograron responder los resultados de Fraklin.

Modelo de ADN de Watson y Crick

Cerca del mismo tiempo en que Franklin trabajaba con la cristalografía de rayos X, el genetista estadounidense James Watson y el físico británico Francis Crick también estaban estudiando la estructura del ADN. Lo que impulsó su interés fueron los primeros trabajos de Hershey, Chase y Chargaff, además del bioquímico Linus Pauling. Pauling descubrió que la estructura de algunas proteínas era una hélice o espiral. La hipótesis de Watson y Crick era que el ADN también podría ser una hélice. Las cristalografías de Franklin, junto con sus cálculos, les dieron las pistas que necesitaban para desarrollar modelos como el que se muestra en la Figura 11.

Image Credits: (a) ©Science Source/Getty Images; (b) ©Omikron/Photo Researchers, Inc.

Watson y Crick comenzaron a trabajar en su modelo para determinar la estructura del ADN. Sabían que tenían que poder adaptarlo para justificar las evidencias proporcionadas por los rayos X de Franklin. Colocaron los esqueletos de azúcar-fosfato en el exterior y las bases nitrogenadas en el interior. Al principio, Watson pensó que A formaría un par con A, T con T y así sucesivamente. Pero las bases A y G son casi el doble de anchas que C y T, y eso hacía variar el ancho de la hélice. Esta disposición no estaba justificada por los datos de Franklin, que mostraban que el ancho de la molécula era uniforme. Al final, Watson y Crick descubrieron que, si emparejaban los nucleótidos de doble anillo con los nucleótidos de anillo simple, las bases encajaban perfectamente.

En abril de 1953, Watson y Crick publicaron su modelo de ADN en la revista *Nature*. Trabajaron con los datos de Franklin y construyeron un modelo de doble hélice en el que las dos hebras eran complementarias, es decir, si una hebra es ACACAC, la otra es TGTGTG. Los pares de bases de su modelo justificaban los resultados de Chargaff. Estas relaciones A-T y C-G pasaron a denominarse reglas de Chargaff.

FIGURA 11: James Watson (izquierda) y Frances Crick (derecha) usaron un modelo para descubrir la estructura del ADN.

Modelo de ADN actual

Con el avance de la tecnología, nuestra comprensión del ADN es cada vez más precisa. El modelo actual representa los nucleótidos del ADN de una sola hebra unidos por enlaces covalentes que conectan el azúcar de un nucleótido con el fosfato del siguiente nucleótido. Los azúcares y los fosfatos que se alternan forman los lados de la doble hélice, o el esqueleto de azúcar-fosfato de la molécula. La doble hélice del ADN está unida en el centro por enlaces de hidrógeno entre las bases. En forma individual, cada enlace de hidrógeno es débil, pero juntos, mantienen la estructura del ADN.

Analizar Al construir un modelo físico, Watson y Crick pudieron ver que la adenina encaja con la timina y la guanina con la citosina. ¿Cómo justifican los resultados de Chargaff el modelo de Watson y Crick?

FIGURA 12: Modelo de ADN

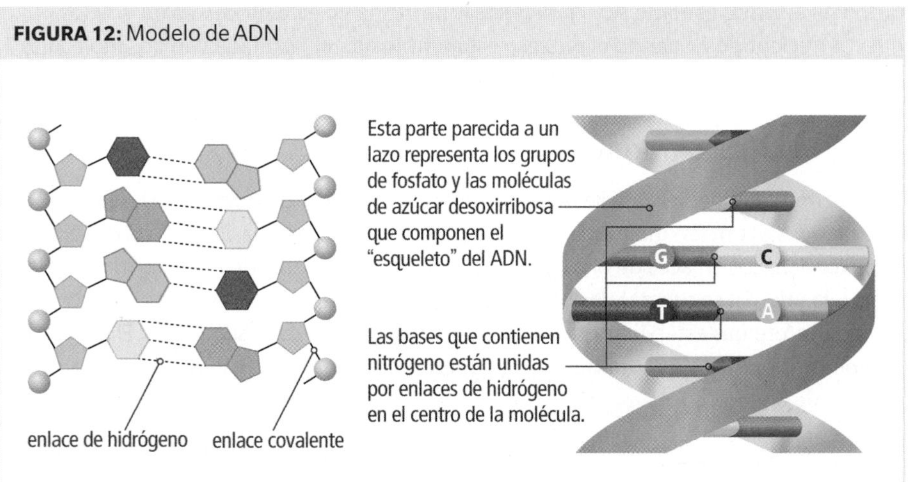

Predecir Observa los enlaces de hidrógeno entre los pares de bases en la Figura 12. ¿Qué pares de bases crees que se mantienen más unidos?

Como mostró el modelo de Watson y Crick, las bases de las dos hebras de ADN siempre siguen las reglas de Chargaff para los pares de bases: la timina (T) siempre está en pareja con la adenina (A), y la citosina (C) siempre está en pareja con la guanina (G). Estos pares ocurren debido al tamaño de las bases—una purina siempre está en pareja con una pirimidina—y la capacidad de las bases de formar enlaces de hidrógeno unas con otras. Como ejemplo de pares de bases, si una secuencia de bases en una hebra de ADN es CTGCTA, la hebra de ADN con la que forma el par será GACGAT.

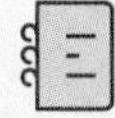

Hacer un modelo Usa una escalera como analogía para describir la estructura del ADN. ¿Qué serían los travesaños, o escalones, de la escalera? ¿Qué serían los costados? ¿Qué forma tendría la escalera?

Image Credits: (t) ©A. Barrington Brown/Science Source

La replicación del ADN

FIGURA 13: El ciclo celular

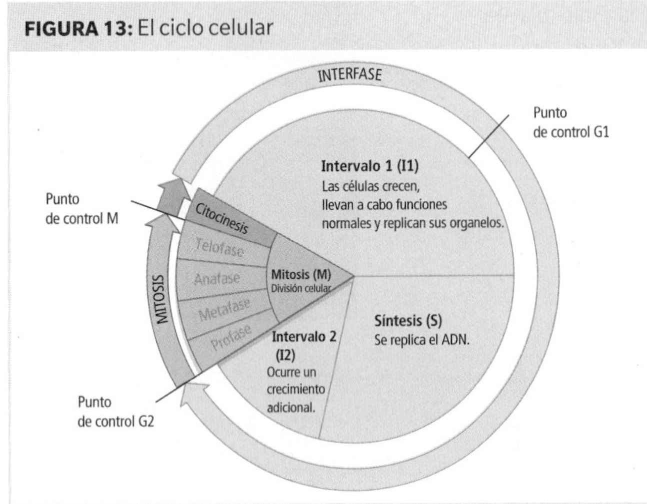

El proceso por el cual se copia el ADN durante el ciclo celular se llama **replicación**. Este proceso tiene lugar en el núcleo durante la fase S del ciclo celular. Después de que se separan las dos hebras de ADN, cada hebra se convierte en una plantilla para generar una nueva hebra de ADN. Como se preserva el orden de las bases, el ADN se replica siempre con exactitud. La replicación asegura que cada célula tenga un conjunto completo de información genética idéntica.

Explicar La palabra *síntesis* proviene de una palabra griega que significa "juntar o combinar". ¿Por qué la fase S se llama la *fase de síntesis*?

Procesos de replicación del ADN

El ADN almacena información genética; sin embargo, no se copia a sí mismo. Las enzimas y otras proteínas hacen el trabajo de replicación. Algunas enzimas dan comienzo al proceso rompiendo los enlaces débiles de hidrógeno que mantienen unidos los pares de bases. Así, "descomprimen" la molécula de ADN, que queda dividida en dos hebras separadas. Otras proteínas mantienen las hebras separadas mientras se las utiliza como plantilla. Los nucleótidos que flotan libres en el núcleo pueden entonces formar pares con los nucleótidos de las plantillas en cada hebra del ADN separado. Un grupo de enzimas llamado **ADN polimerasas** participa en este proceso para unir los nuevos nucleótidos. Cuando el proceso está terminado, el resultado son dos moléculas completas de ADN, cada una exactamente igual a la doble hebra original.

El ADN se descomprime

Una enzima llamada **helicasa** se une a la molécula de ADN y descomprime las hebras. Este proceso ocurre en muchos lugares a lo largo del cromosoma, llamado el *origen de la replicación*. Los enlaces de hidrógeno que conectan los pares de bases se rompen, la molécula original se separa y las bases de cada hebra quedan expuestas. Otras proteínas, llamadas proteínas estabilizadoras, unen y estabilizan las hebras separadas. El proceso de descompresión del ADN continúa en dos direcciones simultáneas, algo parecido a abrir el cierre de una maleta.

Estructura y función

El nombre de las enzimas puede explicar su función. El sufijo *-asa* indica que una proteína es una enzima. La raíz de la palabra, que antecede al sufijo, indica la molécula que conforma el sustrato para esa enzima. Una enzima involucrada en la replicación del ADN se llama helicasa.

FIGURA 14: Descompresión del ADN

Aprende en línea

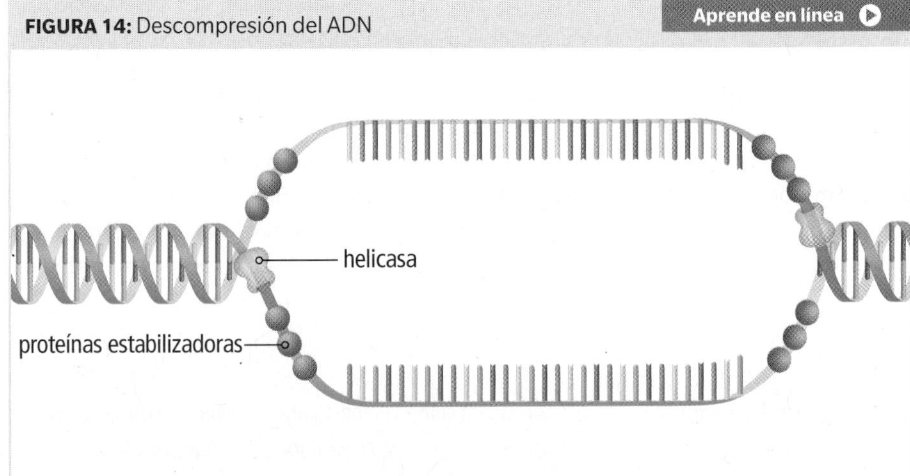

Formación de pares de nucleótidos

Una vez que el ADN está descomprimido, empieza el proceso de agregar nucleótidos a las plantillas de la hebra simple. Una enzima llamada *primasa* produce un cebador de ARN, un segmento corto de nucleótidos que da inicio al proceso de síntesis. El segmento cebador de ARN es necesario porque la ADN polimerasa solo puede agregar nucleótidos a una hebra existente.

En forma similar al proceso de descompresión, la replicación tiene lugar en ambas ramas al mismo tiempo. Uno por uno, los nucleótidos libres forman pares con las bases expuestas mientras las hebras plantilla se descomprimen. Empezando con el cebador, las ADN polimerasas ligan los nucleótidos y forman nuevas hebras con nucleótidos de ADN complementarios para cada plantilla. Como las dos hebras de la molécula de ADN están posicionadas en direcciones opuestas, hay diferencias en cómo se copia cada una. En la *hebra conductora,* resaltada en la parte superior de la imagen de la Figura 15, la replicación del ADN comienza en el cebador y continúa en una dirección mientras *la ADN polimerasa III* agrega nuevos nucleótidos. En la *hebra rezagada*, resaltada en la parte inferior de la imagen de la Figura 15, la replicación ocurre en forma discontinua y poco a poco en la dirección opuesta. En la hebra rezagada, los cebadores se unen en muchos puntos, así que muchas moléculas de ADN polimerasa III pueden agregar nucleótidos a cada cebador al mismo tiempo.

Conexión con las artes del lenguaje Usa una analogía para explicar la secuencia de sucesos de la replicación del ADN. Justifica tu respuesta con evidencias del diagrama.

FIGURA 15: Las ADN polimerasas ligan los nucleótidos para formar las nuevas hebras.

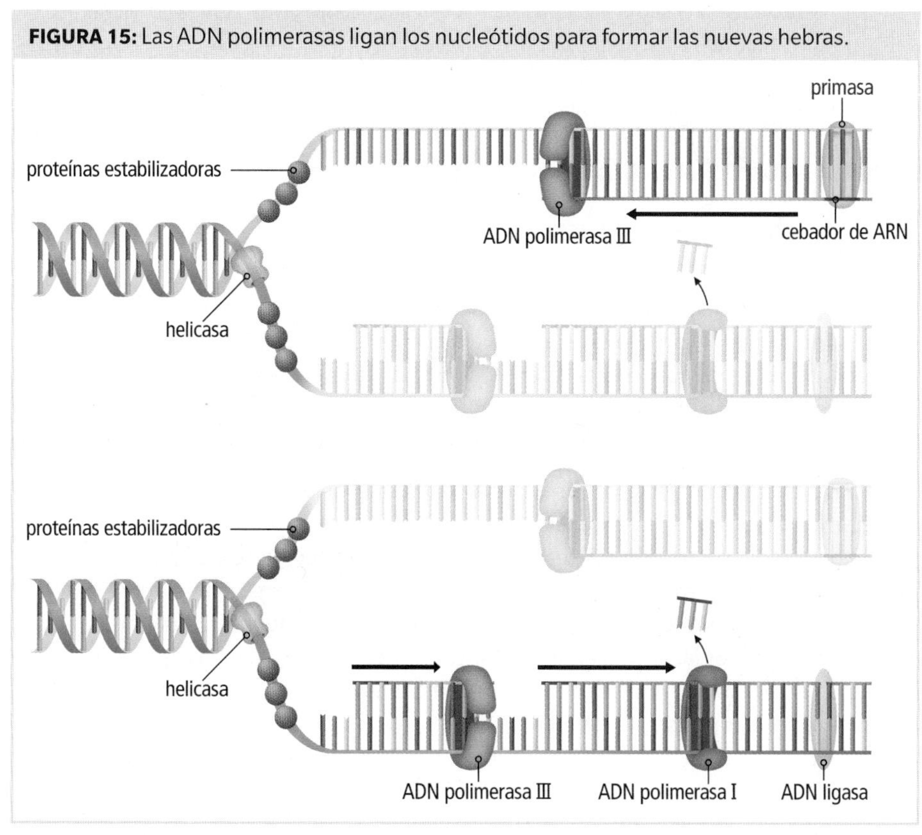

Una vez que se llenan las regiones abiertas en ambas hebras, una enzima llamada *ADN polimerasa I* elimina los cebadores de ARN de ambas hebras y los reemplaza por nucleótidos de ADN. En la hebra rezagada, se ligan entonces los fragmentos con una enzima llamada *ligasa.*

Cuando la replicación está completa, quedan dos moléculas idénticas de ADN. Cada molécula contiene una hebra de ADN de la molécula original y una hebra nueva. Este tipo de replicación se llama *semiconservadora,* porque cada nueva molécula de ADN conserva, o mantiene sin cambios, una hebra de ADN de la molécula original.

Hacer un modelo Haz un modelo de una molécula de ADN para explicar la replicación semiconservadora.

Replicación rápida y exacta

FIGURA 16: Orígenes de la replicación

En cada ser vivo, la replicación del ADN ocurre una y otra vez y se da con mucha rapidez. En células humanas, se agregan unos 50 nucleótidos cada segundo a una nueva hebra de ADN en un origen de replicación. Pero incluso a esa tasa, llevaría muchos días replicar una molécula de ADN si esta fuera como el cierre de una chaqueta, que se abre diente por diente. Para darle más velocidad al proceso, la replicación tiene lugar en cientos de orígenes de replicación a lo largo de la molécula de ADN, lo que permite que la replicación se complete en solo unas pocas horas en vez de días.

En general, la replicación ocurre sin inconvenientes. Pero, en ocasiones, se agrega un nucleótido errado a la nueva hebra de ADN. Este error se llama *sustitución de bases* y es un tipo de mutación puntual: una mutación que ocurre en un solo lugar de la secuencia de nucleótidos. Sin embargo, la ADN polimerasa puede detectar el error, eliminar el nucleótido incorrecto y reemplazarlo por el correcto. De esta forma, los errores en la replicación del ADN se limitan a cerca de 1 error cada mil millones de nucleótidos. Si la sustitución no se repara, puede cambiar en forma permanente el ADN del organismo. La anemia de células falciformes es un ejemplo de un desorden genético que resulta de la mutación puntual por sustitución de bases.

Predecir ¿Por qué es importante que la ADN polimerasa I revise y corrija las nuevas hebras de ADN antes de que la célula se divida?

Ingeniería

El arte del plegamiento de ADN

FIGURA 17: Modelo de ADN plegado

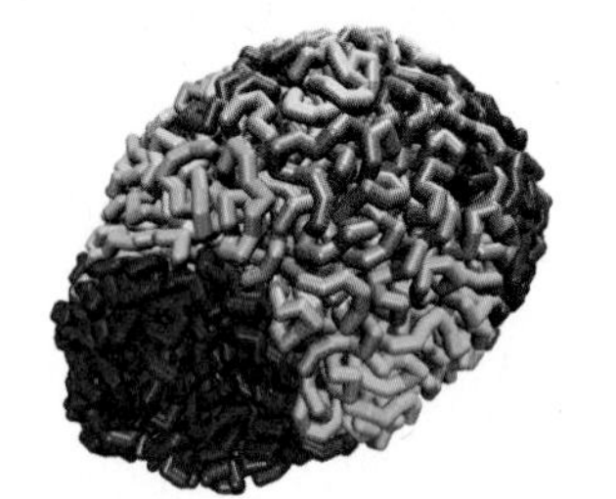

El cuerpo humano tiene habilidad para empacar. Logra albergar unos ocho metros de intestino delgado y grueso en el abdomen y apiñar unos 100,000 kilómetros de vasos sanguíneos, grandes y pequeños, dentro del cuerpo. No debería sorprendernos que la unidad más pequeña del cuerpo humano, la célula, tenga la misma capacidad asombrosa.

Hay unos 3 mil millones de pares de bases de ADN en el genoma humano. Si pudiéramos desplegarla, la hebra tendría unos 180 metros de largo y cabría en la cabeza de un alfiler. Para que eso sea posible, el ADN debe plegarse sobre sí mismo una y otra vez, sin enredarse. El problema se resuelve con la formación de unos 10,000 lazos precisos que no se superponen, como los de un moño. En lugar de unirse con nudos, los lazos se mantienen juntos por acción de proteínas especiales. Los lazos se arrugan para conservar espacio y se cubren de marcas químicas. Luego, se organizan en grupos según las marcas.

Explicar ¿Cómo contribuye la estructura del ADN a su replicación?

Image Credits: (b) ©A. Sanborn and E.L. Aiden

Práctica de laboratorio

Extraer el ADN

Mientras que los científicos usan kits de extracción de ADN disponibles en las compañías de biotecnología, tú mismo puedes extraer ADN usando ingredientes comunes que probablemente tengas en casa. Durante la extracción de ADN, se usa un detergente para abrir las células y que el ADN se libere en la solución. Luego, se agrega alcohol a la solución para que el ADN precipite. En esta actividad, extraerás ADN de una fresa. A diferencia de las células humanas, que contienen dos copias de cada cromosoma, una fresa tiene ocho copias de cada cromosoma en las células.

FIGURA 18: Las fresas tienen ocho copias de cada cromosoma en las células.

Predecir ¿Cómo se verá el ADN extraído de una fresa?

PROCEDIMIENTO

1. Coloca el alcohol en el congelador 24 horas antes de empezar la práctica de laboratorio.
2. Coloca la fresa en una bolsa plástica con cierre hermético. Cierra bien la bolsa.
3. Aplasta suavemente la fresa apretándola dentro de la bolsa cerrada durante 2 minutos.
4. Abre la bolsa con cuidado y agrega 1 cucharadita de agua, 1 cucharadita de jabón líquido para vajilla y una pizca de sal. Cierra bien la bolsa. Amasa durante 1 minuto.
5. Vierte la mezcla de fresa en un embudo cubierto con estopilla y colocado en un tubo de ensayo para filtrar los sólidos.
6. Retira el alcohol del congelador. Abre la cubierta del tubo de ensayo e inclínalo en tu mano. Muy lentamente, vierte una pequeña cantidad de alcohol dentro del tubo de ensayo hasta que haya una capa delgada flotando sobre la solución.
7. Observa el tubo de ensayo. Deberías ver que se forma una banda de material blanco y pegajoso justo debajo de la capa de alcohol. Introduce con suavidad la brocheta en el tubo de ensayo y gírala en el material blanco solo en una dirección. Enrolla el material alrededor de la brocheta, luego levántala con cuidado y sácala del tubo de ensayo.
8. Anota lo que observaste.

MATERIALES

- estopilla
- embudo
- alcohol isopropílico (91%)
- jabón líquido para vajilla
- sal
- fresa (1 por estudiante)
- cuchara de té
- tubo de ensayo con tapón
- agua
- brocheta de madera
- bolsa con cierre hermético, plástica, de un cuarto de galón

ANALIZA

Explicar Usa los resultados de esta actividad para responder las siguientes preguntas.

1. Describe la apariencia de tu muestra de ADN.
2. ¿En qué se parece y en qué se diferencia tu muestra de ADN de la del modelo de Watson y Crick?
3. La muestra de ADN provino de muchas células de fresa. ¿Crees que habrías podido obtener el mismo resultado en el experimento si hubieses extraído ADN de una sola célula?

EVIDENCIAS DE LA ESTRUCTURA Y LA FUNCIÓN DEL ADN | **TELÓMEROS Y ENVEJECIMIENTO** | **Conéctate y elige alguna de estas opciones.**

Image Credits: ©Tatiana Volgutova/Shutterstock

Autorrevisión de la lección

¿PUEDES EXPLICARLO?

FIGURA 19: Con tecnología avanzada, podemos observar directamente el ADN.

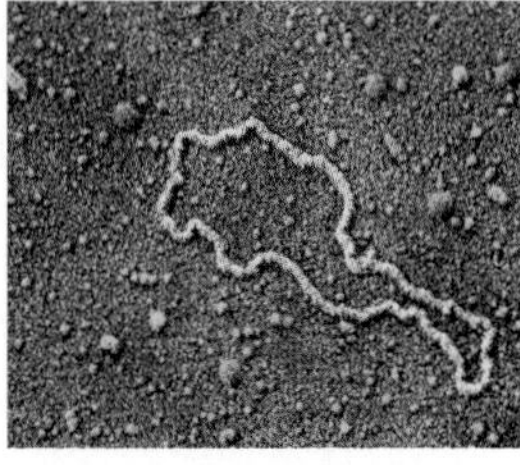

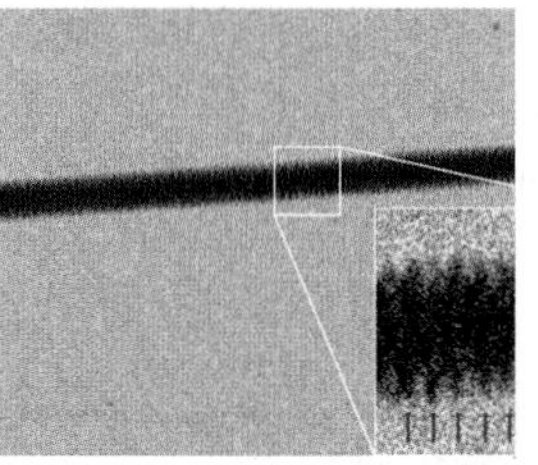

Las fotografías que se muestran representan imágenes del ADN en diferentes escalas. Los modelos actuales de ADN incluyen detalles específicos acerca de la forma y la composición química de esta molécula. ¿Cómo sabemos cómo se ve el ADN si incluso la mejor tecnología actual nos da imágenes limitadas?

Lo que sabemos sobre el ADN hoy es resultado del trabajo de muchos científicos que se basaron en el trabajo de otros. En cada paso del proceso, los científicos hicieron observaciones y preguntas, probaron ideas y compartieron datos. Los avances en tecnología permiten que los científicos expandan los descubrimientos y agreguen nueva información a nuestro conjunto de conocimientos. Por ejemplo, los descubrimientos de Frederick Griffith plantearon preguntas que Oswald Avery quiso responder. El trabajo de Avery, a su vez, proporcionó información valiosa que ayudó a Alfred Hershey y Martha Chase a probar en forma definitiva que el ADN es la molécula de la herencia. James Watson y Francis Crick se basaron en las reglas de los pares de bases de Erwin Chargaff y en evidencias que provenían de Linus Pauling para proponer la estructura en forma de hélice del ADN. El trabajo de Rosalind Franklin fue decisivo para la confirmación de que el ADN de hecho tenía forma de hélice doblada.

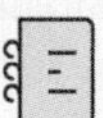

Explicar Consulta las anotaciones de tu Cuaderno de evidencias para explicar cómo describirías la estructura del ADN. Usa evidencias y modelos para justificar tu explicación y responde las siguientes preguntas:

1. ¿Cómo sirvieron para mejorar nuestro entendimiento de la estructura del ADN las investigaciones de científicos como Chargaff, Franklin, Watson y Crick?
2. ¿Qué otros métodos crees que se podrían usar para avanzar más en el estudio de la estructura de un objeto, como el ADN?

Image Credits: (bc) ©Professor Stanley N. Cohen/Science Source; (br) ©Professor Enzo Di Fabrizio, IIT/Science Source

EJERCICIOS DE REVISIÓN

Comprueba lo que aprendiste

1. ¿Cuál es la hebra de ADN complementaria para una hebra con una secuencia nucleotídica AACCCGGTTT?
   a. GGAAATTCCCT
   b. TTAAACCGGG
   c. TTGGGCCAAA
   d. CCGGGTTAAT

2. ¿Qué probó el trabajo de Avery sobre la identificación de los factores transformadores?
   a. El ADN está compuesto por cuatro nucleótidos diferentes.
   b. La molécula de ADN es una hélice de dos hebras.
   c. El ADN contiene información genética.
   d. El ADN bacteriano es intercambiable entre especies.

3. La replicación es un proceso crítico durante el ciclo celular. ¿En qué fase del ciclo celular tiene lugar la replicación?
   a. I_1
   b. I_2
   c. S
   d. M

4. ¿Qué conocimiento adquirieron los científicos sobre la base de la cristalografía de rayos X tomada por Rosalind Franklin?
   a. la secuencia de los nucleótidos
   b. cómo forman una plantilla las bases de los nucleótidos
   c. el papel del ADN en las mutaciones genéticas
   d. la estructura de doble hélice del ADN

5. ¿Cómo conecta el dogma central el ADN, el ARN y las proteínas?

6. ¿Qué predices que pasaría con la duración de un embarazo humano si hubiera solo un origen de replicación en cada cromosoma?

7. ¿Cuál es la función del paso de revisar y corregir de la replicación? ¿Qué podría pasar si este paso se salteara?

8. ¿Qué proceso usaron Watson y Crick para desarrollar su modelo de ADN y en qué se diferenciaba de los experimentos controlados que usaron Griffith, Avery y Hershey y Chase?

9. ¿Cómo explican las reglas de pares de bases la forma en que una hebra de ADN actúa como plantilla durante la replicación del ADN?

HAZ TU PROPIA GUÍA DE ESTUDIO

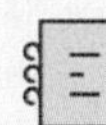

En tu Cuaderno de evidencias, diseña una guía de estudio que justifique la idea principal de esta lección:

El ADN codifica las proteínas y es responsable de los rasgos de un organismo.

Recuerda incluir la siguiente información en tu guía de estudio:

- Usa ejemplos que sirvan como modelo de las ideas principales.
- Anota explicaciones para el fenómeno que investigaste.
- Presenta evidencias para justificar tus explicaciones. Tu justificación puede incluir dibujos, datos, gráficas, conclusiones de laboratorio y otras evidencias que hayas anotado a lo largo de la lección.

Considera cómo la estructura única del ADN permite que se copie y que transmita rasgos de progenitores a descendientes.

6.2

6.2 Síntesis de proteínas

Así como las computadoras usan códigos para realizar tareas, el ADN usa códigos para hacer proteínas.

¿PUEDES EXPLICARLO?

FIGURA 1: La programación de computadoras es similar a la síntesis de proteínas.

Reunir evidencias Mientras trabajas con la lección, reúne evidencias que expliquen cómo el código del ADN se traduce al lenguaje de las proteínas.

Para poder usar la tecnología, los seres humanos tienen que “hablar” con las computadoras. Para ello, es necesario usar lenguajes especiales de programación. En lugar de usar palabras para comunicarse, las computadoras tienen su propio lenguaje compuesto por unos y ceros, que representan los estados “encendido” y “apagado”. A este sistema de lenguaje se lo conoce como código binario. Los lenguajes de programación permiten la traducción entre el lenguaje humano y el de las computadoras.

El código binario usa dos valores: 0 y 1. Sin embargo, las computadoras se pueden programar para que lleven a cabo millones de tareas distintas. El ADN también usa un código que solo contiene cuatro componentes representados por las letras A, T, G y C. Sin embargo, este “código de cuatro letras” les permite a las células producir miles de proteínas distintas.

Predecir ¿De qué manera crees que un código que consta de tan pocos caracteres puede codificar las instrucciones para construir miles de proteínas distintas?

Image Credits: (t) ©hiyusuke9/Fotolia; (b) ©E+/Steve Debenport/Getty Images

Introducción a la síntesis de proteínas

Has aprendido que el ADN determina los rasgos y los códigos de las proteínas, pero ¿cómo se traduce el lenguaje del ADN al lenguaje de las proteínas? La síntesis de proteínas es, en esencia, un proceso de dos pasos durante el cual la información fluye del ADN al ARN y luego a las proteínas.

El dogma central

Poco después de descubrir la estructura del ADN, Francis Crick definió lo que él llamó el "dogma central" de la biología molecular. Crick decía que la información fluye del ADN a las proteínas, pero no en la dirección contraria. A este flujo de información del ADN a las proteínas se lo denomina síntesis de proteínas. Crick propuso que, durante el primer paso de este proceso, la información fluye del ADN hacia una molécula intermedia de ARN. Entonces, durante el segundo paso, la información se transfiere del ARN hacia una molécula de proteína.

Recuerda que, además de conformar la plantilla necesaria para la síntesis de proteínas, el código del ADN también se puede copiar. La replicación es el proceso que se lleva a cabo durante el ciclo celular mediante el cual se copian las moléculas del ADN para que, cuando ocurra la división celular, cada célula nueva reciba la totalidad del ADN.

Hacer un modelo Crea un diagrama de flujo que ilustre el flujo de información en la síntesis de proteínas y en la replicación del ADN.

Los genes codifican las proteínas

Cada proteína viene codificada por un trozo de ADN denominado gen. Un gen es una porción del ADN que le envía a la célula las instrucciones necesarias para fabricar una proteína en particular. Los seres humanos tienen alrededor de 19,000 genes que codifican proteínas. Sin embargo, el número de genes no necesariamente se corresponde con la complejidad del organismo. Por ejemplo, la vid es un organismo bastante sencillo, pero tiene más de 30,000 genes según el conteo más reciente.

Los genes son las unidades más básicas de la herencia, pues determinan los rasgos del organismo. Ello se debe a que las proteínas que estos codifican llevan a cabo el trabajo de la célula. Algunas proteínas les dan estructura a las células, mientras otras catalizan reacciones o se comportan como mensajeros químicos.

FIGURA 2: Un gen es un segmento del ADN que codifica una proteína en particular.

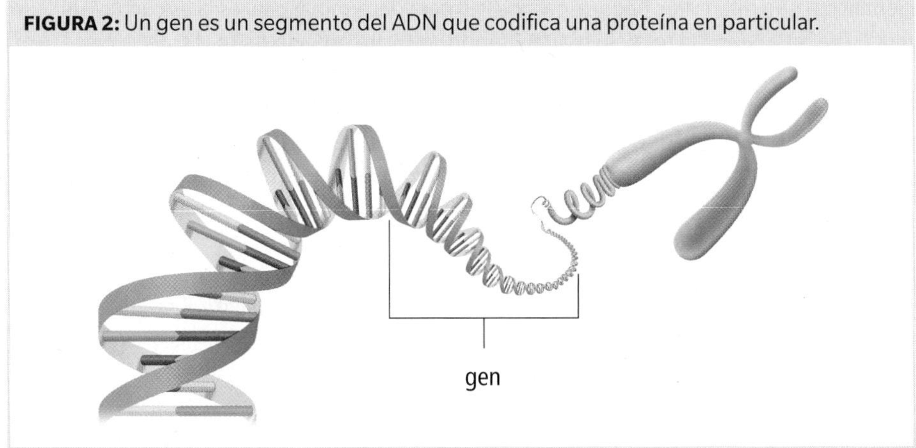

Explicar Imagina que un cromosoma se puede comparar con una novela. En ese caso, ¿con qué se puede comparar un gen?

Las proteínas conectan al ADN con los rasgos y llevan a cabo la mayoría de las tareas de la célula. Es por esto que tienen una gran influencia sobre la estructura y la función de la célula. Ya sea que estén catalizando reacciones químicas, transportando moléculas o combatiendo infecciones, las proteínas son componentes esenciales del sistema celular.

FIGURA 3: Las proteínas tienen muchas funciones distintas.

Función	Ejemplos
Almacenamiento	Albúmina (una proteína que se encuentra en las claras de huevo)
Transporte	Globina (una proteína que se encuentra en los glóbulos rojos)
Mantenimiento de la homeostasis	Hormonas (mensajeros químicos) Anticuerpos (componentes del sistema inmunológico que defienden al cuerpo de las bacterias y los virus)
Movimiento	Miosina (proteína motora que participa en el movimiento de los músculos) Kinesina (proteína motora que transporta materiales dentro de las células)
Estructura	Partes del citoesqueleto y las fibras musculares Queratina (proteína de la que están hechos el cabello, las uñas, las plumas y los cuernos)
Reacciones catalizadoras	Enzimas tales como la catalasa, la maltasa y la lactasa

Reunir evidencias Anota evidencias para explicar por qué a las proteínas se les llama "las mulas de carga" de la célula.

Estructura y función

Modelos de proteínas

FIGURA 4: Este modelo digital se puede usar para estudiar la maltasa (una enzima).

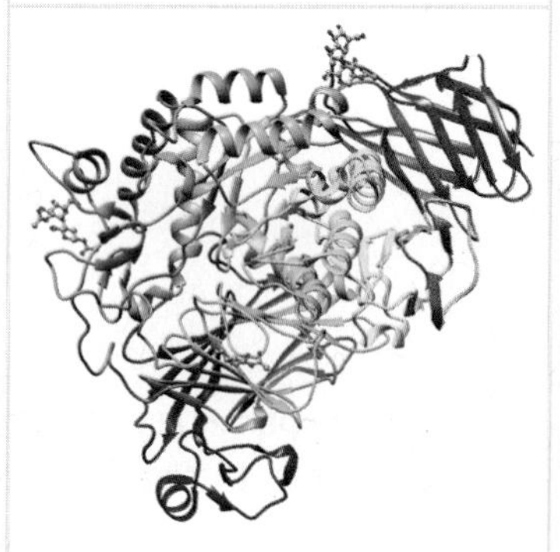

Todas las proteínas tienen una estructura específica cuya codificación la lleva a cabo un gen o un grupo de genes. La imagen en la Figura 4 es el modelo digital de la maltasa, una proteína que cataliza reacciones químicas. Tal como se puede inferir por su nombre, la maltasa descompone la maltosa (un carbohidrato) para convertirlo en las moléculas que constituyen la glucosa (un azúcar simple).

La estructura de una proteína le permite llevar a cabo una función especializada. La estructura de la maltasa le permite catalizar reacciones químicas particulares adecuadamente. Si se altera la estructura de la proteína, es probable que no pueda llevar a cabo su función. A los científicos les interesa particularmente la estructura de las proteínas porque estas participan en casi todos los procesos celulares. Los científicos usan diferentes tipos de tecnología para determinar cuál es la estructura de una proteína y hacer un modelo digital usando software especializado. Así obtienen un instrumento para hacer experimentos en el que simulan errores en la estructura de una proteína y pueden determinar cómo estos errores afectan la función de la proteína. Por ejemplo, los científicos descubrieron que algunas enfermedades humanas son el resultado de una proteína defectuosa. En los últimos años, la tecnología con la que se preparan los modelos digitales ha permitido que las investigaciones científicas sobre las proteínas avancen rápidamente.

Explicar ¿Qué tipo de preguntas puede hacer un científico al realizar una investigación usando un modelo digital de la enzima conocida como maltasa?

Image Credits: (b) Image of PDB entry 3L4V created with Chimera (http://www.rbvi.ucsf.edu/chimera/)

Las etapas de la síntesis de proteínas

El proceso mediante el cual se construyen las proteínas, el cual se basa en el código del ADN, tiene dos etapas principales: la transcripción y la traducción. La transcripción es el proceso de copia de una secuencia del ADN y su colocación en una molécula intermedia que se conoce como ARNm, o ARN mensajero. El ARNm funciona como una copia desechable del mensaje del ADN. Durante la traducción, el mensaje del ARNm se convierte en un polipéptido. Uno o más polipéptidos constituyen una proteína funcional.

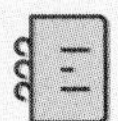

Predecir ¿Por qué crees que se necesita una "copia desechable" del código del ADN para que ocurra la síntesis de proteínas?

Recuerda que una célula procariota no tiene núcleo; el ADN "flota" libremente dentro de la célula. En estas células, la transcripción y la traducción ocurren en el citoplasma aproximadamente al mismo tiempo. La traducción del ARNm comienza mientras el ARNm todavía se está transcribiendo.

Sin embargo, en las células eucariotas, el ADN se encuentra dentro de la membrana del núcleo, así que estos procesos se llevan a cabo por separado en lugares y momentos diferentes. La transcripción ocurre en el núcleo de la célula, mientras que la traducción ocurre en el citoplasma. La separación de la transcripción y la traducción en las células eucariotas permite un mayor procesamiento del ARNm antes de que se traduzca a una proteína.

FIGURA 5: La síntesis de proteínas incluye los procesos de transcripción y traducción.

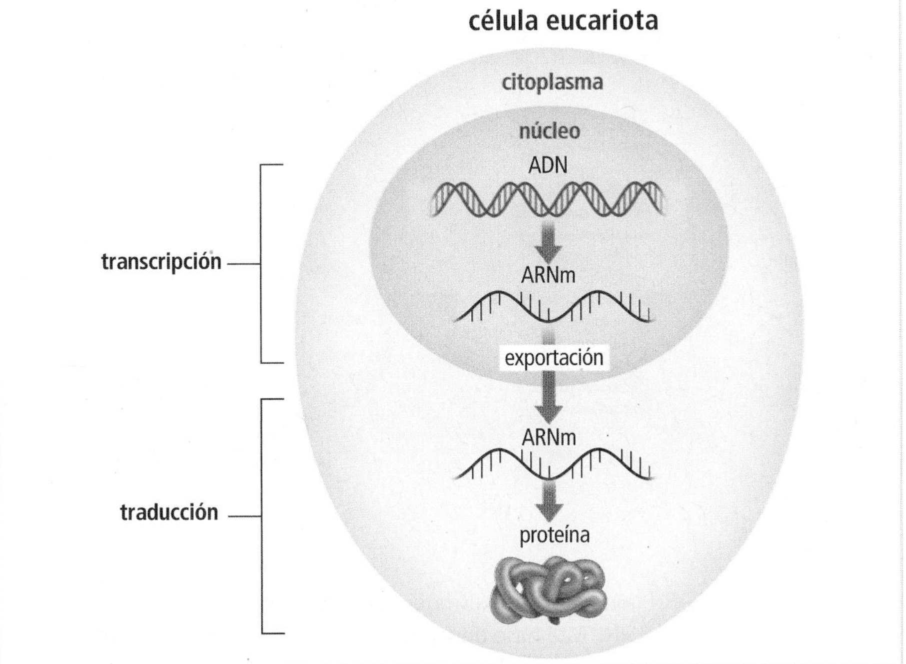

célula eucariota
citoplasma
núcleo
ADN
ARNm
exportación
ARNm
proteína
transcripción
traducción

Colaborar Imagina que el código del ADN se puede comparar con una receta de un libro de cocina. ¿Con qué se podría comparar el ARN? Escribe tu respuesta y luego compárala con la respuesta de un compañero.

Analizar Identifica con qué materiales comienzan y terminan la transcripción y la traducción.

El ARN de las células eucariotas tiene que pasar por una etapa de procesamiento antes de que se pueda exportar hacia el exterior del núcleo. Antes de que ocurra la traducción, el ARNm se "cose" para formar una nueva combinación de nucleótidos. Esta modificación extra del código del ARNm permite que se produzcan distintas proteínas a partir de un solo gen. De esta manera, la transcripción del ARNm se puede editar antes de que se traduzca.

Comparación del ADN y el ARN

El ARN se comporta como mensajero; lleva información del ADN que se encuentra en el núcleo a la síntesis de proteínas que ocurre en el citoplasma. El ARN es como una copia temporal del ADN que se usa y luego se descompone. La molécula de ARN es similar a la molécula del ADN, pero tiene unas diferencias claras. La Figura 6 ilustra cómo se comparan las estructuras de estas moléculas. Por ejemplo, el ADN contiene un azúcar conocido como desoxirribosa, mientras que el ARN contiene un azúcar conocido como ribosa.

FIGURA 6: El ADN y el ARN tienen algunas similitudes estructurales.

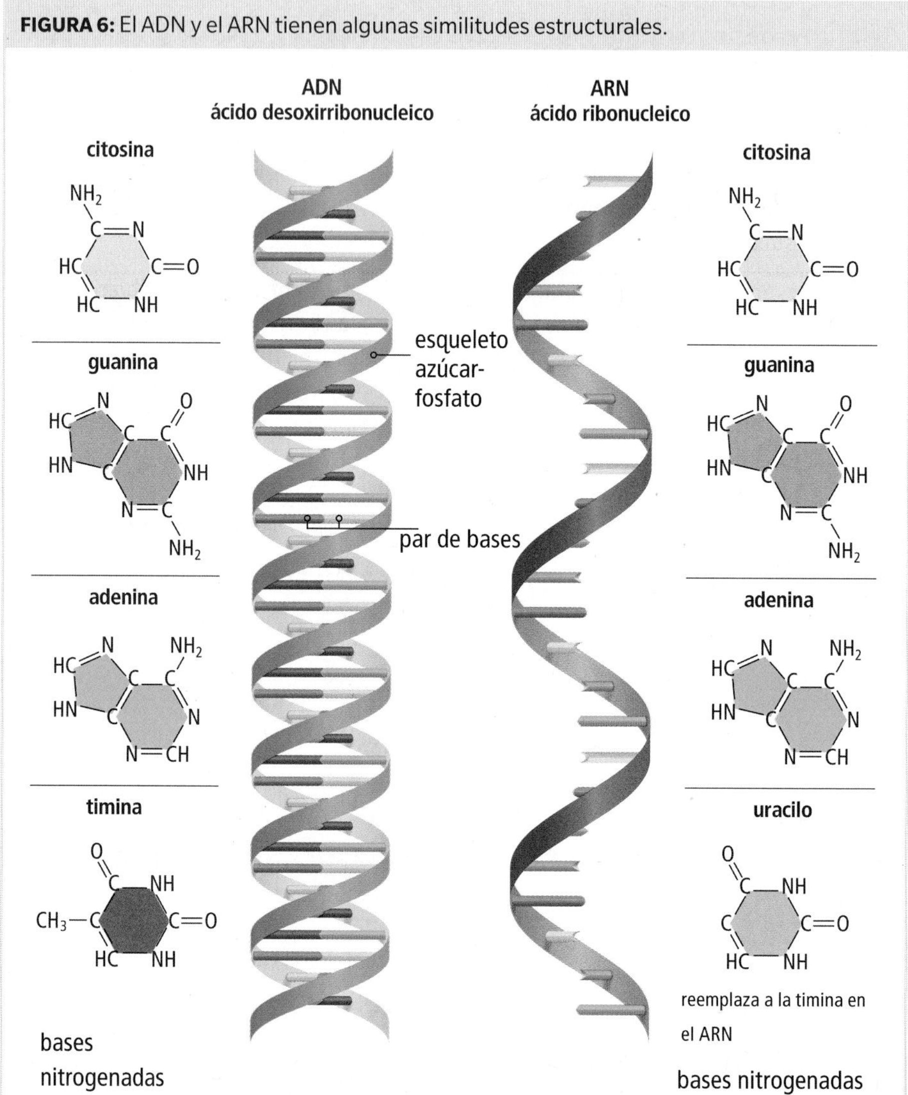

Conexión con las artes del lenguaje El virus de inmunodeficiencia humana, o VIH, es un retrovirus. Los retrovirus contienen ARN en lugar de ADN como material genético. Cuando el VIH infecta una célula, una enzima conocida como transcriptasa inversa usa el código del ARN para crear una hebra de ADN. Esta enzima no es muy precisa y comete muchos errores, lo que permite que el virus mute rápidamente. Usa recursos de internet para buscar información sobre el VIH y la transcriptasa inversa. Prepara un informe en el cual compares la síntesis de proteínas que ocurre en las células humanas con el proceso que usa este retrovirus para transcribir su material genético.

Como puedes ver, el ARN tiene una base nitrogenada, uracilo, la cual difiere de una de las bases presentes en el ADN. Esta base tiene una estructura similar a la timina, lo cual le permite formar pares de bases con la adenina. La estructura particular de una sola hebra del ARN también permite que algunos tipos de ARN formen figuras tridimensionales complejas. Debido a esto, algunas moléculas pueden catalizar reacciones de manera similar a como lo hacen las enzimas de proteína.

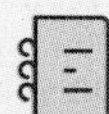

Explicar ¿Por qué es necesario el ARN para que ocurra la síntesis de proteínas?

EXPLORACIÓN 2

La transcripción

Para poder traducir el código del ADN a una proteína, se necesita una copia temporaria del código. Esta primera etapa de la síntesis de proteínas se llama transcripción. La **transcripción** es el proceso por el que se copia una secuencia de ADN para producir una cadena complementaria de ARN. En las células eucariotas, la transcripción ocurre en el núcleo de la célula.

Predecir La palabra *transcribir* significa escribir. ¿Por qué se usa la palabra *transcribir* para describir el proceso de producción de una secuencia de ARN complementaria a partir de una plantilla de ADN?

Los pasos de la transcripción

Durante el proceso de transcripción, un gen (no un cromosoma entero) se transcribe a un mensaje de ARN. Las polimerasas del ARN son las que catalizan la transcripción. Estas son enzimas que unen los nucleótidos para formar una cadena que constituye una nueva molécula de ARN.

Aprende en línea

FIGURA 7: Durante la transcripción, las enzimas usan la plantilla del ADN para fabricar una hebra de ARN complementaria.

hebra plantilla
complejo de transcripción
ADN
punto de comienzo
nucleótidos

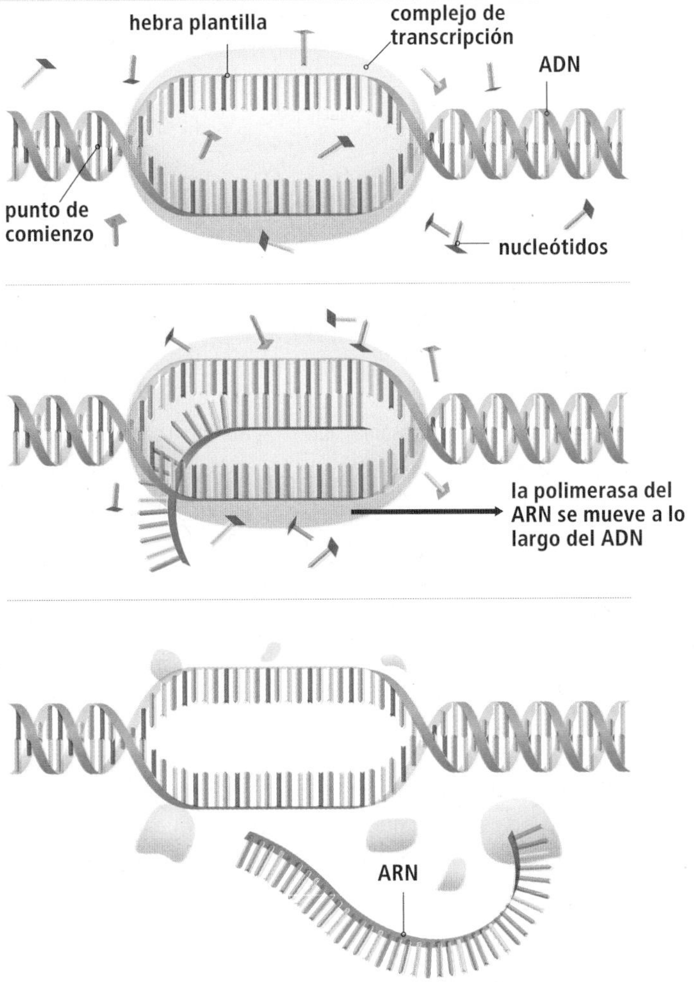

1 En las células eucariotas, un complejo de iniciación de la transcripción de gran tamaño, que consta de polimerasa de ARN y otras proteínas, se ensambla en la hebra de ADN y comienza a desenrollar un segmento de la molécula de ADN. El complejo se ensambla en una secuencia específica de nucleótidos a lo largo de la molécula de ADN que se conoce como promotor.

la polimerasa del ARN se mueve a lo largo del ADN

2 La polimerasa del ARN, usando una hebra de ADN como plantilla, construye una hebra complementaria de nucleótidos de ARN. El apareamiento de bases del ARN sigue las mismas reglas que el apareamiento de bases del ADN, excepto por el hecho de que es el uracilo y no la timina el que se empareja con la adenina. Por lo tanto, U se empareja con A y G se empareja con C. La hebra de ARN creciente cuelga libremente mientras se transcribe y luego la hélice del ADN se vuelve a unir.

ARN

3 La transcripción continúa hasta que un gen entero se haya convertido en ARN. La hebra de ARN se despega completamente del ADN.

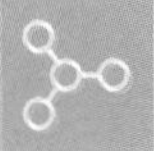

Estructura y Función Explica cómo la estructura de una molécula de ADN determina la estructura de una molécula de ARN durante la transcripción.

FIGURA 8: Estas hebras crecientes de ARN se están transcribiendo a partir de una sola hebra de ADN.

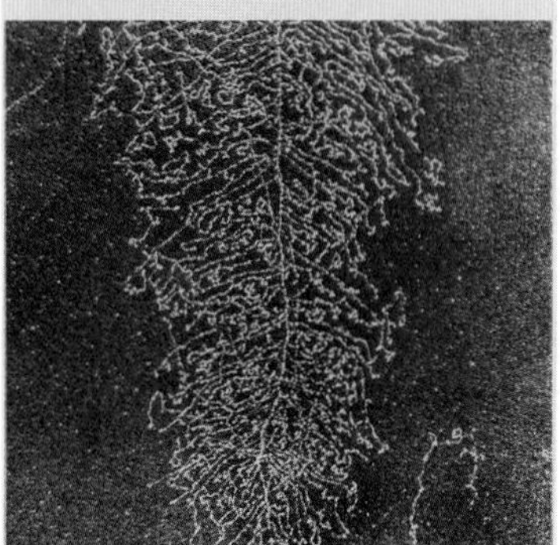

La transcripción puede producir cientos de miles de copias de ARNm, según las necesidades de la célula. La transcripción le permite a una célula ajustarse a diferentes exigencias porque produce un complemento de una sola hebra y de solo un segmento del ADN. Además, solo lo produce cuando la célula necesita ese segmento en particular. Se pueden transcribir muchas moléculas de ARN al mismo tiempo a partir de un solo gen para así producir más proteína. Una vez que la polimerasa del ARN ha transcrito una porción de un gen y ha continuado su camino, otra polimerasa del ARN se puede acoplar al principio del gen para volver a iniciar el proceso de transcripción. Este proceso puede ocurrir una y otra vez.

Analizar ¿Por qué la capacidad de producir múltiples transcripciones de ARN al mismo tiempo es útil para mantener la homeostasis en una célula?

La transcripción produce tres tipos de moléculas de ARN principales y cada una tiene una función particular. Solo una de ellas, el ARNm, es la que realmente codifica las proteínas. Una vez que el ARNm se enlaza al ARN ribosomal (ARNr) en un ribosoma, las moléculas de ARN de transferencia (ARNt), que contienen aminoácidos para pegarse a la proteína que está en desarrollo, comienzan a leerlo.

FIGURA 9: La transcripción produce tres tipos principales de ARN.

Tipo de ARN	ARNm	ARNr	ARNt
Modelo		ribosoma; subunidad grande; puntos de acoplamiento; subunidad pequeña	aminoácido; ARNt; anticodón
Función	Un mensaje intermedio que se traduce para formar una proteína.	Forma subunidades de ribosomas, que son las fábricas de proteína de la célula.	Transporta o le transfiere aminoácidos al ribosoma para contribuir a la producción de la proteína, la cual está en pleno crecimiento.

Hacer un modelo Escribe una secuencia de ARNm complementaria para la secuencia de ADN que aparece abajo. Recuerda que el ARN contiene uracilo en lugar de timina. Secuencia de ADN: TCA GGT ACG CTT

La próxima etapa principal de la síntesis de proteínas—la traducción—puede comenzar tan pronto se complete la transcripción. Sin embargo, la hebra de ARN se tiene que procesar antes de que pueda salir del núcleo en las células eucariotas. Este paso ocurre durante la transcripción, o justo después. Examinaremos el procesamiento del ARN en otra lección.

Explicar La transcripción y la replicación del ADN suelen compararse entre sí porque tienen muchas similitudes. Sin embargo, no tienen las mismas funciones. Prepara un organizador gráfico en el que compares y contrastes la replicación del ADN y la transcripción en términos de sus funciones, entradas y productos finales.

Image Credits: (t) ©PROFESSOR OSCAR MILLER/Science Photo Library

La traducción

Para completar la síntesis de proteínas, el lenguaje del ARNm debe traducirse al lenguaje de las proteínas. ¿Cómo puede traducirse un lenguaje conformado por apenas cuatro caracteres a un lenguaje de 20 aminoácidos? Al igual que las letras se unen para formar las palabras de un idioma, los nucleótidos también se unen para codificar aminoácidos.

Hasta ahora, has aprendido que la transcripción usa ADN para producir una hebra complementaria de ARN. En las células eucariotas, esta etapa de síntesis de proteínas ocurre en el núcleo. Cuando el ARN se procesa y sale del núcleo a través de los poros, entra en el citoplasma. Aquí es cuando el proceso de traducción decodifica el ARNm para producir una proteína. La traducción ocurre tanto en el citoplasma de las células procariotas como en el de las células eucariotas.

Colaborar En el lenguaje de todos los días, la traducción es la expresión de palabras en otro idioma. Menciona un ejemplo de un mensaje que se deba traducir.

Ribosomas

Una vez en el citoplasma, el ARNm se une a los organelos llamados ribosomas, que están formados por ARNr y proteínas. En las células vegetales y animales, los ribosomas pueden estar flotando en el citoplasma de la célula o pueden estar unidos a un organelo llamado retículo endoplasmático rugoso (RER). Mientras se están formando, las proteínas entran en el RER. Una vez adentro, las proteínas se pliegan en sus formas tridimensionales y algunas se modifican mediante la adición de cadenas de carbohidratos.

FIGURA 10: Célula animal

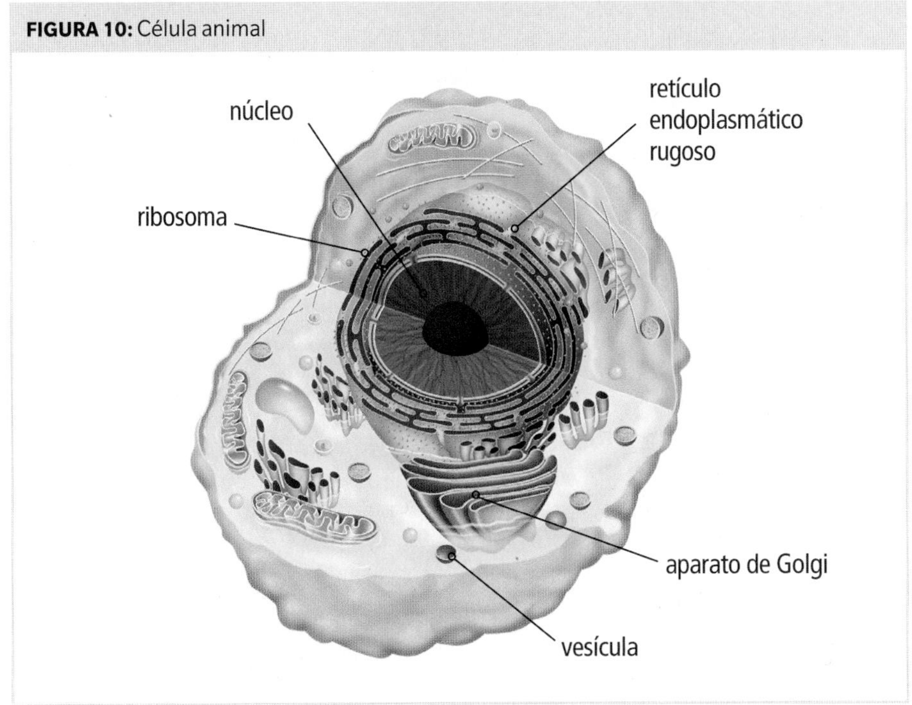

Hacer un modelo Grafica un diagrama de flujo para mostrar el flujo de RNA y las proteínas a través de la célula durante la síntesis de proteínas.

Después del RER, las proteínas generalmente van al aparato de Golgi para su procesamiento, clasificación y distribución. Algunas proteínas plegadas se almacenan en el aparato de Golgi para su uso posterior. Otras se transportan a diferentes organelos dentro de la célula. Finalmente, otras se transportan a la membrana, donde las vesículas que transportan las proteínas se unen con la membrana celular y liberan a la proteína fuera de la célula a través de la exocitosis.

Codones y aminoácidos

La traducción de ARN a proteínas es similar a lo que ocurre con un código de computadora. La información codificada en los ácidos nucleicos de una molécula de ARNm se "lee" en grupos de tres nucleótidos llamados codones. Esto es similar a la forma en que las computadoras interpretan los ceros y unos del código binario para que puedas usar un programa. Un **codón** es una secuencia de tres nucleótidos de ARNm que codifica un aminoácido. Los aminoácidos son las subunidades, o monómeros, que forman los polipéptidos. Uno o más polipéptidos forman una proteína.

FIGURA 11: Un codón es una secuencia de tres nucleótidos que codifica un aminoácido.

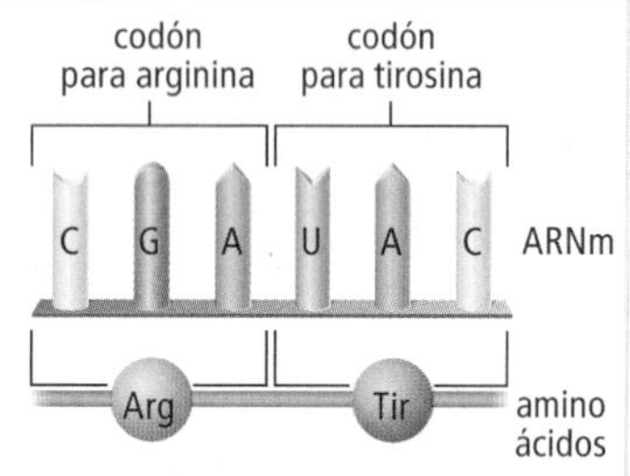

Conexión con las matemáticas Imagina que una molécula de ARNm del citoplasma tiene 300 nucleótidos. ¿Cuántos aminoácidos tendrá el polipéptido resultante?

Los científicos han determinado las secciones de las proteínas que vienen codificadas por cada combinación de nucleótidos del ARN y han usado esta información para desarrollar tablas de codones. Estas se usan para identificar los codones de ARNm que codifican los distintos aminoácidos y se leen desde el centro hacia afuera. Comienza con la primera letra del codón y elige la letra correcta en el centro del círculo. Luego, selecciona la segunda letra en el codón, luego la tercera y selecciona el aminoácido correcto. Observa que muchos aminoácidos están codificados por más de un codón.

Analiza Hay un codón de inicio, QUG, que señala dónde comienza la traducción. ¿Cuál aminoácido corresponde al codón de inicio?

FIGURA 12: Una tabla de codones muestra cuáles son los codones de ARNm que codifican cada aminoácido.

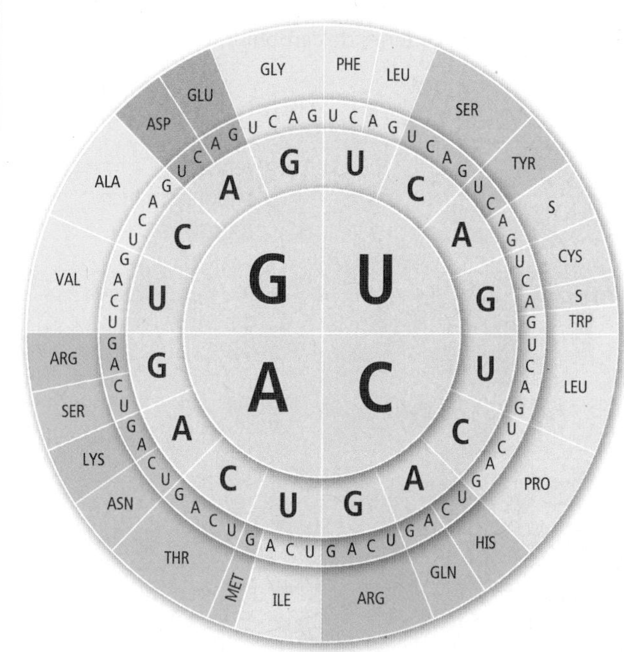

ALA = Alanina
ARG = Arginina
ASN = Asparagina
ASP = Ácido aspártico
CYS = Cisteína
GLN = Glutamina
GLU = Ácido glutámico
GLY = Glicina
HIS = Histidina
ILE = Isoleucina
LEU = Leucina
LYS = Lisina
MET = Metionina
PHE = Fenilalanina
PRO = Prolina
T = Terminación
SER = Serina
THR = Treonina
TRP = Triptófano
TYR= Tirosina
VAL = Valina

Aprende en línea

Actividad práctica

Hacer un modelo de la síntesis de proteínas y las mutaciones Haz un modelo de la traducción y la transcripción a partir del análisis de una secuencia de ADN y escribe los codones de ARNm y la secuencia de aminoácidos correspondientes. Luego, prepara un modelo de la proteína y pliégala hasta alcanzar su forma final. Por último, introduce una mutación y usa tu modelo para determinar cómo la mutación afecta la estructura de la proteína.

La mayoría de los organismos vivos y virus comparten el mismo código genético. Por ejemplo, un codón UUU codifica la fenilalanina cuando ese codón está presente en armadillos, cactus, levadura o seres humanos. La naturaleza común del código genético sugiere que los organismos se originaron de un antepasado en común. También significa que los científicos pueden insertar el gen de un organismo en otro organismo para crear una proteína funcional. Por todo esto, se dice que el código genético es casi universal. Sin embargo, hay algunas excepciones al el código genético. Por ejemplo, en una especie de bacterias, UGA codifica el triptófano en lugar de funcionar como un codón de terminación.

Pasos de la traducción

Aprende en línea

FIGURA 13: La traducción convierte el ARNm transcripto en un polipéptido para sintetizar una proteína.

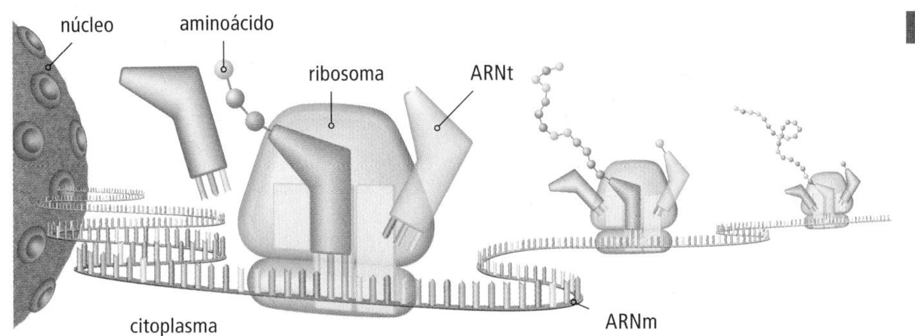

1 Antes de comenzar la traducción, una pequeña subunidad ribosomal se une a la hebra de ARNm en el citoplasma. Luego, un ARNt con metionina se une al codón de inicio AUG. Este enlace le indica a una gran subunidad ribosomal que debe unirse. El ribosoma se deja atravesar por las hebras de ARNm de a un codón por vez. El ARNt funciona como traductor entre el ARNm y los aminoácidos.

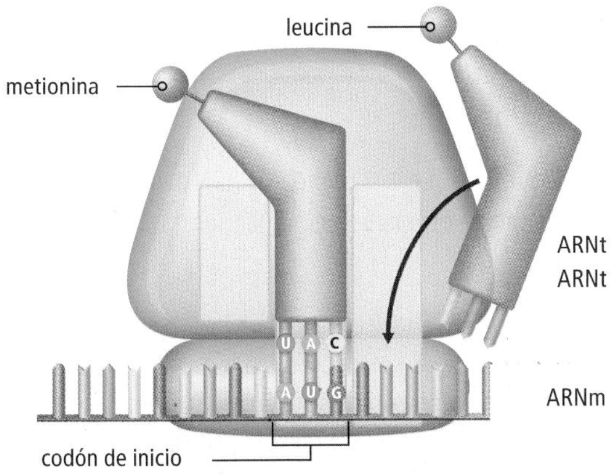

2 El codón expuesto en el primer sitio atrae una molécula de ARNt complementaria que porta un aminoácido. El ARNt se combina con el codón de ARNm y lo acerca a otra molécula de ARNt.

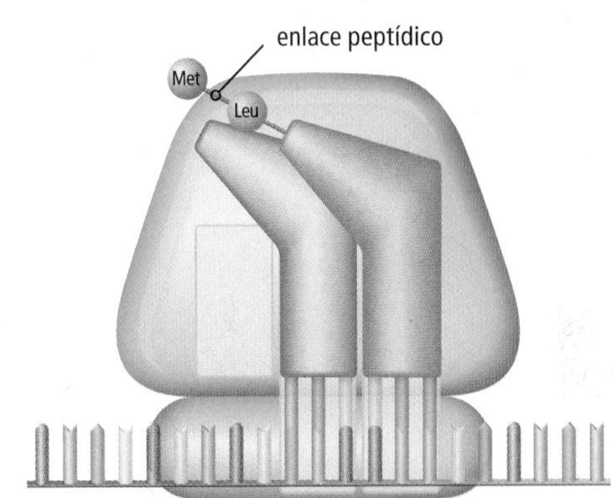

3 El ribosoma ayuda a formar un enlace entre dos aminoácidos y rompe el enlace entre el ARNt y su aminoácido.

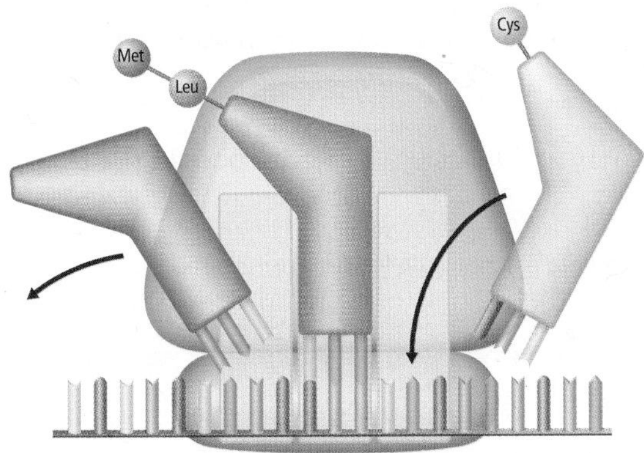

4 El ribosoma atrae la hebra de ARNm a lo largo de un codón. El primer ARNt se mueve al sitio de salida, donde se aleja del ribosoma y regresa al citoplasma para recoger otro aminoácido. El primer sitio está vacío nuevamente y deja expuesto el siguiente codón de ARNm.

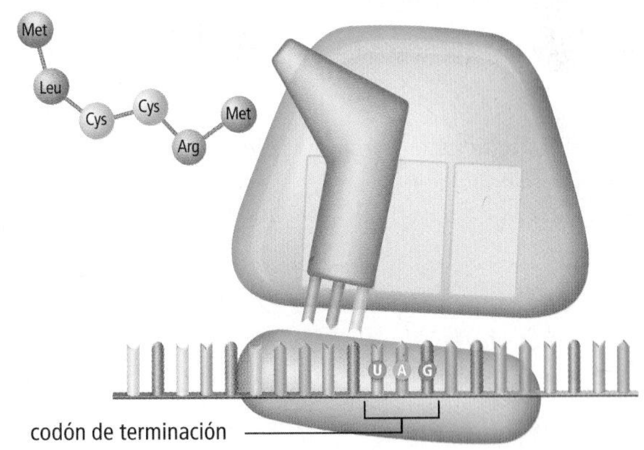

5 El ribosoma continúa traduciendo la hebra de ARNm y uniendo aminoácidos con la proteína que se está formando hasta que alcanza un codón de terminación. Luego el ribosoma libera la nueva proteína y se separa.

Explicar Un adaptador es un instrumento que transforma una entrada para que modifique su uso o tenga uno nuevo. Explica cómo la estructura de la molécula de ARNt hace que funcione como un adaptador para traducir el código ARNm a una secuencia de aminoácidos.

Mutaciones y proteínas

A veces una mutación cambia la secuencia de nucleótidos del ADN de un organismo. Las mutaciones que ocurren durante la replicación pueden clasificarse en mutaciones puntuales y mutaciones con desplazamiento del marco de lectura. En una mutación puntual, un nucleótido se ve reemplazado por otro diferente.

Estructura y función

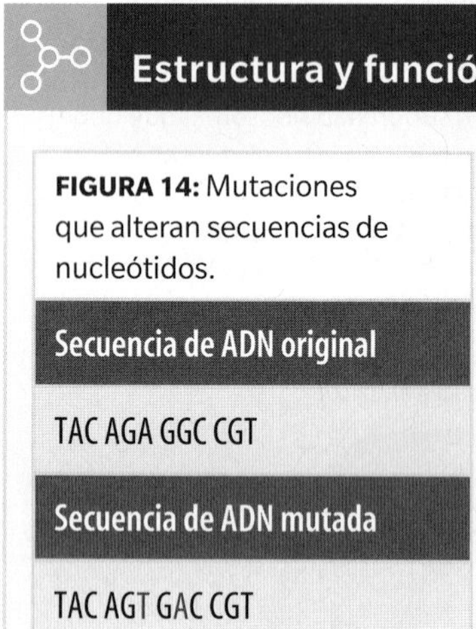

FIGURA 14: Mutaciones que alteran secuencias de nucleótidos.

Secuencia de ADN original
TAC AGA GGC CGT
Secuencia de ADN mutada
TAC AGT GAC CGT

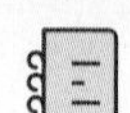

Explicar Determina la secuencia de aminoácidos que se formaría antes y después de dos mutaciones puntuales. Completa lo siguiente:

1. En la Figura 14 se muestran dos secuencias de ADN. Escribe la secuencia de ARNm complementaria para cada secuencia de ADN y luego usa la tabla de codones para traducir el código ARNm a una secuencia de aminoácidos.
2. Teniendo en cuenta las secuencias de aminoácidos que escribiste, ¿una mutación puntual siempre produce cambios en la secuencia de aminoácidos? Usa evidencias para justificar tu respuesta.
3. Sugiere una situación específica en la que la secuencia de ADN podría mutar, pero la estructura y función de la proteína resultante no cambiaría.

Los nucleótidos deben estar correctamente ordenados para que la proteína tenga la secuencia de aminoácidos correcta. Este orden se conoce como marco de lectura. Un cambio en el marco de lectura se llama mutación con desplazamiento del marco de lectura. Una mutación con desplazamiento del marco de lectura supone la inserción o supresión de un nucleótido en la secuencia de ADN.

Analizar ¿Puede haber una mutación con desplazamiento del marco de lectura que no afecte la estructura y función de la proteína resultante? Explica tu respuesta.

En la mutación por inserción, se agrega un nucleótido de más a la secuencia de ADN. En una mutación por supresión, se elimina un nucleótido de la secuencia de ADN. Como el ARNm se lee en grupos de tres nucleótidos, la inserción o supresión de un nucleótido puede afectar toda la secuencia de aminoácidos resultante. Por ejemplo, si se inserta una "o" de más en la oración: "Dos son más que uno", la oración se transforma en "Dos soo nmá squ eun o".

FIGURA 15: Las mutaciones con desplazamiento del marco de lectura cambian el marco de lectura, lo que provoca cambios en la secuencia de aminoácidos.

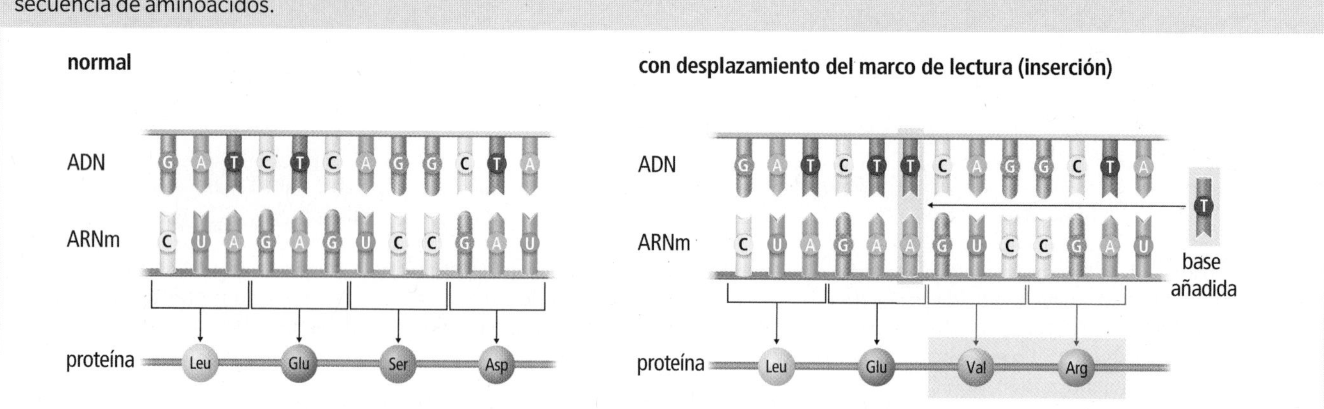

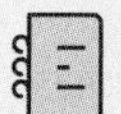

Explicar Resume lo que has aprendido hasta ahora para comenzar a elaborar una explicación sobre cómo se traduce el "lenguaje" del ADN al "lenguaje" de las proteínas. Elabora un organizador gráfico en el que compares las dos fases de la síntesis de proteínas teniendo en cuenta su función, en qué parte de la célula ocurre cada proceso y los productos resultantes.

Conexión con las artes del lenguaje

Crear una célula artificial

¿Cuál es la cantidad más pequeña de genes que un organismo necesita para sobrevivir? Esta es la pregunta que un grupo de científicos de California se propuso responder cuando hicieron las primeras células sintéticas. Bajo la dirección del biólogo Craig Venter, el equipo quería construir un set completo de genes, o genoma, e 'instalarlo' en una nueva célula, al igual que se instala el software en una computadora.

Al principio, el grupo descifró la secuencia del genoma de una bacteria conocida como *Mycoplasma genitalium*. Este pequeño microbio tiene un genoma más pequeño que el de cualquier organismo vivo que se conozca. Su ADN contiene instrucciones para producir solo 485 proteínas. Los científicos entonces procedieron a desactivar los genes uno por uno para determinar qué genes son necesarios para la vida. Como resultado de estas pruebas, los investigadores propusieron que 375 genes son esenciales para la vida.

Para poner a prueba la hipótesis que establece que un organismo puede sobrevivir solo con estos genes, Venter y su equipo comenzaron a construir un genoma completo enlazando segmentos de ADN. Se produjeron químicamente segmentos de ADN añadiendo uno de los cuatro nucleótidos (A, T, G y C) a una cadena de ADN en un orden específico. Entonces las enzimas enlazaron los segmentos.

Así, el grupo construyó un genoma completo. También incluyeron filigranas en las secciones del ADN que no codifican proteínas. Las filigranas usaron el código genético para formar palabras y frases. También sirvieron como señal de que el genoma era sintético y no se podía encontrar en la naturaleza.

La tasa de crecimiento lenta de *M. genitalium* hizo que el equipo decidiera cambiarla por otra especie de bacteria conocida como *Mycoplasma mycoides*. Los científicos sintetizaron el genoma de la nueva especie y lo implantaron en otra especie de bacteria. Así, alcanzaron su meta de crear una célula sintética. Sin embargo, el genoma se basó en una copia de un genoma ya existente y aún contenía más de 1 millón de bases de ADN.

El equipo llevó a cabo más pruebas para determinar qué genes eran absolutamente necesarios para la vida. Mezclaron y emparejaron diferentes segmentos de ADN para ver qué combinaciones lograban producir células viables. Así pudieron decidir qué genes iban a incluir en su diseño.

Venter y su grupo al fin pudieron diseñar una célula sintética llamada Syn3.0, que contenía solo 473 genes. La mayoría de los genes que tenían funciones conocidas participaban en la expresión del código del ADN: eran necesarios para que se llevasen a cabo la transcripción, la traducción, el plegamiento de proteínas, la modificación del ARN y la regulación del ARN. Un porcentaje más pequeño de estos se encargaba de la replicación del ADN, la división celular y otras funciones relacionadas. Estos genes posibilitaron que la célula Syn3.0 se replicara.

Aproximadamente un tercio de los genes tenía funciones desconocidas. Algunos se pueden encontrar en otros organismos, como los seres humanos, y los científicos quieren usar la célula Syn3.0 para estudiar estos genes y sus funciones. Las células sintéticas también se pueden usar para hacer productos como medicamentos y combustibles. Sin embargo, todavía quedan muchos retos por superar y dilemas éticos por considerar.

FIGURA 16: *Mycoplasma genitalium* tiene el genoma más pequeño que se conozca en un organismo vivo.

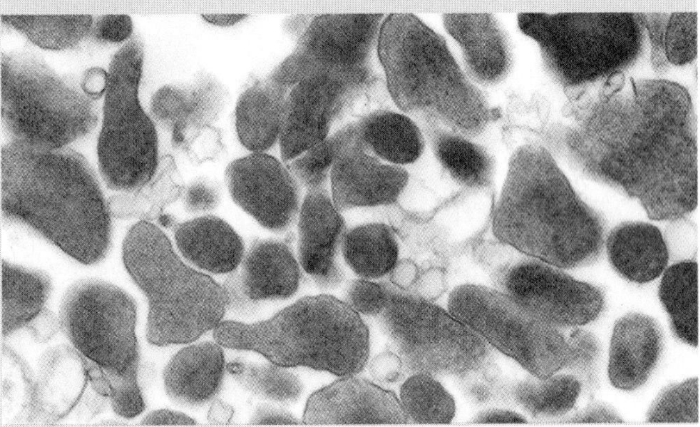

Conexión con las artes del lenguaje Investiga acerca de las células sintéticas y prepárate para comentar al respecto. ¿Cuáles son algunas de las posibilidades y problemas relacionados con el uso de células sintéticas para realizar investigaciones? Anota enunciados de evidencia para esta pregunta y la fuente de cada enunciado. Luego, sigue las instrucciones del maestro para participar en la discusión. Justifica tus afirmaciones con evidencias y cita las fuentes.

HACER UN MODELO DE LA SÍNTESIS DE PROTEÍNAS Y DE LAS MUTACIONES

EXPLORAR LA CRISTALIZACIÓN DE LAS PROTEÍNAS

Conéctate y elige alguna de estas opciones.

Image Credits: (r) ©Science Source

Autorrevisión de la lección

¿PUEDES EXPLICARLO?

FIGURA 17: Los programadores de computadoras desarrollan instrucciones codificadas que las computadoras usan para realizar una tarea. De manera similar, el ADN es el código genético que las células usan para llevar a cabo la síntesis de proteínas.

Ya has aprendido sobre el proceso celular que produce proteínas a partir del código del ADN. Este proceso guarda muchas similitudes con la manera en la cual los seres humanos traducimos nuestro lenguaje a uno que las computadoras pueden entender. El código binario que entienden las computadoras se compone de ceros y unos; a veces se lo llama código de máquina. Sin embargo, por lo general los programadores de computadoras no escriben los programas directamente con este código binario. En lugar de eso, usan lenguajes de programación como C++ o JavaScript, los cuales sirven como traductores entre el programador y la computadora.

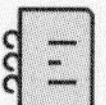

Explicar Consulta las anotaciones de tu Cuaderno de evidencias para responder las siguientes preguntas y explicar cómo se traduce el lenguaje del ADN al lenguaje de las proteínas y cómo se compara este proceso con la programación de computadoras.

1. ¿De qué manera el lenguaje de cuatro letras del ADN codifica las instrucciones necesarias para sintetizar miles de proteínas?
2. ¿Qué moléculas sirven como traductores en el proceso de la síntesis de proteínas?
3. ¿En qué se parece el proceso de síntesis de proteínas al proceso de programación de una computadora? ¿En qué se diferencia?

Image Credits: ©E+/Steve Debenport/Getty Images

EJERCICIOS DE REVISIÓN

Comprueba lo que aprendiste

1. Un estudiante tiene la intención de dibujar un modelo del ADN y un modelo del ARN. ¿Cuál de los siguientes elementos debe incluir el estudiante en el modelo del ADN pero NO en el modelo del ARN?

a. una doble hélice

b. el nucleótido uracilo

c. el azúcar ribosa

d. un grupo fosfato

2. ¿Cuál de las siguientes opciones es evidencia que justifica la afirmación de que el ADN se ha transcrito al ARN?

a. Se ha producido una copia temporal y complementaria del ADN.

b. Se ha producido una copia exacta y permanente del ADN.

c. Se ha producido una copia permanente y complementaria del ARN, la cual reemplaza al ADN.

3. ¿Cuál de los enunciados compara correctamente el impacto de las mutaciones con desplazamiento del marco de lectura y las mutaciones puntuales que experimentan los polipéptidos?

a. Las mutaciones puntuales tienen un mayor impacto porque siempre cambian la proteína que se produce.

b. Las mutaciones con desplazamiento del marco de lectura tienen un mayor impacto porque siempre sustituyen el primer nucleótido de un codón.

c. Las mutaciones con desplazamiento del marco de lectura tienen un mayor impacto porque cambian toda la secuencia de codones que les sigue.

d. Las mutaciones puntuales tienen un mayor impacto porque siempre provocan un cambio en la secuencia de aminoácidos.

4. Ordena los siguientes pasos para describir el proceso de transcripción.

a. La ARN polimerasa usa la hebra de ADN como plantilla para sintetizar una hebra de ARN complementaria.

b. La hebra de ARN crece hasta que se ha transcrito un gen completo.

c. El complejo compuesto por la ARN polimerasa y las proteínas se descompone.

d. El ADN se desenrolla y se forma una secuencia específica de nucleótidos a lo largo del promotor.

e. Un complejo grande que está compuesto por la ARN polimerasa y otras proteínas se ensambla en la hebra de ADN.

5. Dibuja un modelo en el que se muestre cómo los tres tipos de ARN interactúan para traducir un código de ARNm a una secuencia de aminoácidos.

6. ¿Cuál de los siguientes diagramas de flujo resume mejor el proceso de la síntesis de proteínas?

a. ARNr → ADN → ARNm

b. Proteína → ARNm → ADN

c. ARNm → ADN → proteína

d. ADN → ARNm → proteína

7. Completa los espacios en blanco del enunciado sobre las células eucariotas con los términos correctos. Algunos términos se pueden usar más de una vez.

el citoplasma, los aminoácidos, el núcleo, los ribosomas, ARNm, ADN, la proteína

La replicación del ADN ocurre en _____ de la célula y produce dos hebras idénticas de _____. La síntesis de proteínas se compone de dos etapas. La transcripción ocurre dentro de _______ y usa la plantilla del ADN para fabricar una hebra complementaria de _____. Esta molécula sale del núcleo y entra en _____ de la célula donde _____ leen a lo largo de la hebra de nucleótidos. Las moléculas de ARNt que transportan _____ entran al ribosoma. Las subunidades se enlazan para formar un polipéptido, el cual se modifica para formar _____ final.

HAZ TU PROPIA GUÍA DE ESTUDIO

En tu Cuaderno de evidencias, diseña una guía de estudio que justifique la idea principal de esta lección:

La síntesis de proteínas consiste de dos etapas. En la primera etapa, el código del ADN se transcribe para formar una hebra de ARNm. La hebra de ARNm luego se traduce a una secuencia de aminoácidos.

Recuerda incluir la siguiente información en tu guía de estudio:

- Usa ejemplos que sirvan como modelo de las ideas principales.
- Anota explicaciones para el fenómeno que investigaste.
- Presenta evidencias para justificar tus explicaciones. Tu justificación puede incluir dibujos, datos, gráficas, conclusiones de laboratorio y otras evidencias que hayas anotado a lo largo de la lección.

Considera cómo los modelos de la síntesis de proteínas se pueden usar para determinar las entradas y salidas de cada paso, así como en qué parte de la célula ocurre cada paso del proceso.

6.3

Expresión y regulación de los genes

El genoma humano tiene 3 mil millones de pares de bases. El genoma de la mosca de la fruta tiene 165 millones.

Reunir evidencias Mientras trabajas con la lección, reúne evidencias para explicar cómo se regula la expresión de los genes en las células.

¿PUEDES EXPLICARLO?

FIGURA 1: En la mosca de la fruta silvestre (izquierda), las antenas se desarrollaron normalmente. En la mosca de la fruta mutante (derecha), una mutación provocó la formación de patas en lugar de antenas.

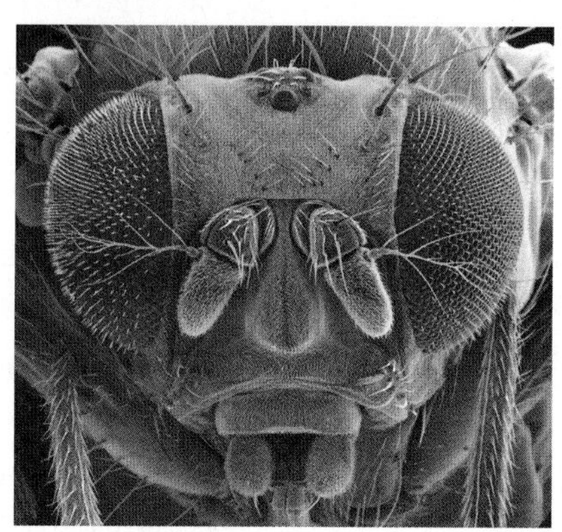

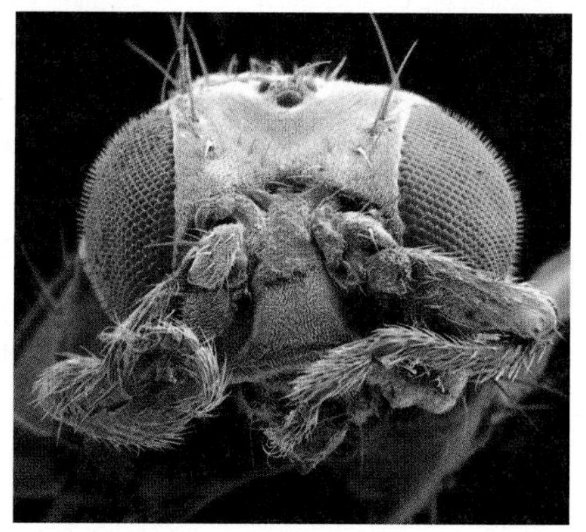

La mayoría de los organismos comparten un grupo de genes denominado homeosecuencia. Un subconjunto de genes de la homeosecuencia, denominados genes *Hox*, ordenan la formación de muchas estructuras corporales durante el desarrollo del embrión. Las mutaciones en estos genes pueden causar trastornos del desarrollo, entre ellos el crecimiento de partes del cuerpo en lugares inesperados, como se muestra en la Figura 1.

En la actualidad, se sabe que una gran variedad de animales, desde las moscas de la fruta hasta las medusas e incluso los humanos, comparten los genes *Hox*. Estos definen el patrón de desarrollo de principio a fin en los embriones animales, lo que explica por qué tantos animales lucen iguales durante la etapa embrionaria. Los genes *Hox* forman segmentos en una larva o en un embrión que se transforman en órganos y tejidos.

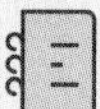

Predecir ¿Cómo pueden los cambios en los genes ser responsables de las mutaciones, como la mutación que hace que crezcan patas en lugar de antenas en una mosca de la fruta?

Image Credits: (t) ©James King-Holmes/Science Source; (bl) ©Andrew Syred/Science Source; (br) ©Eye of Science/Science Source

Regular la expresión de los genes

La mayoría de las células que conforman tu cuerpo tienen el mismo ADN. Los glóbulos rojos son una de las excepciones, ya que cuando están maduros no contienen más ADN. Sin embargo, el resto de tus células corporales, como los diferentes tipos de células que conforman cada uno de tus órganos, tienen el mismo ADN. Si tienen el mismo ADN, ¿cómo pueden ser tan diferentes unas de otras? La respuesta se encuentra en el hecho de que algunos genes, y las proteínas que codifican, controlan la expresión de otros genes.

FIGURA 2: Todos los genes tienen una ubicación o posición específica en un cromosoma.

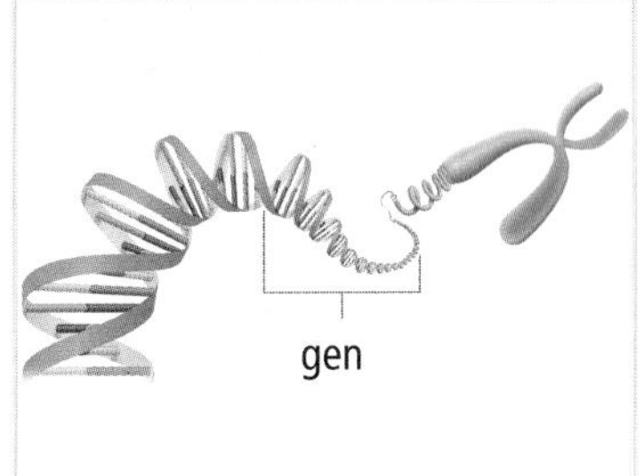

Expresión de los genes

Por lo general, un gen se considera "expresado" si ocurre la transcripción de ARNm. Sin embargo, el ARNm puede experimentar una modificación o descomponerse antes de que se traduzca en una proteína. La expresión de los genes es el proceso por el cual la secuencia de nucleótidos de un gen dirige la síntesis de proteínas. De este modo, las células usan la síntesis de proteínas para responder a las necesidades particulares y reaccionar a los cambios en su medio ambiente.

FIGURA 3: Síntesis de proteínas en células procariotas y células eucariotas

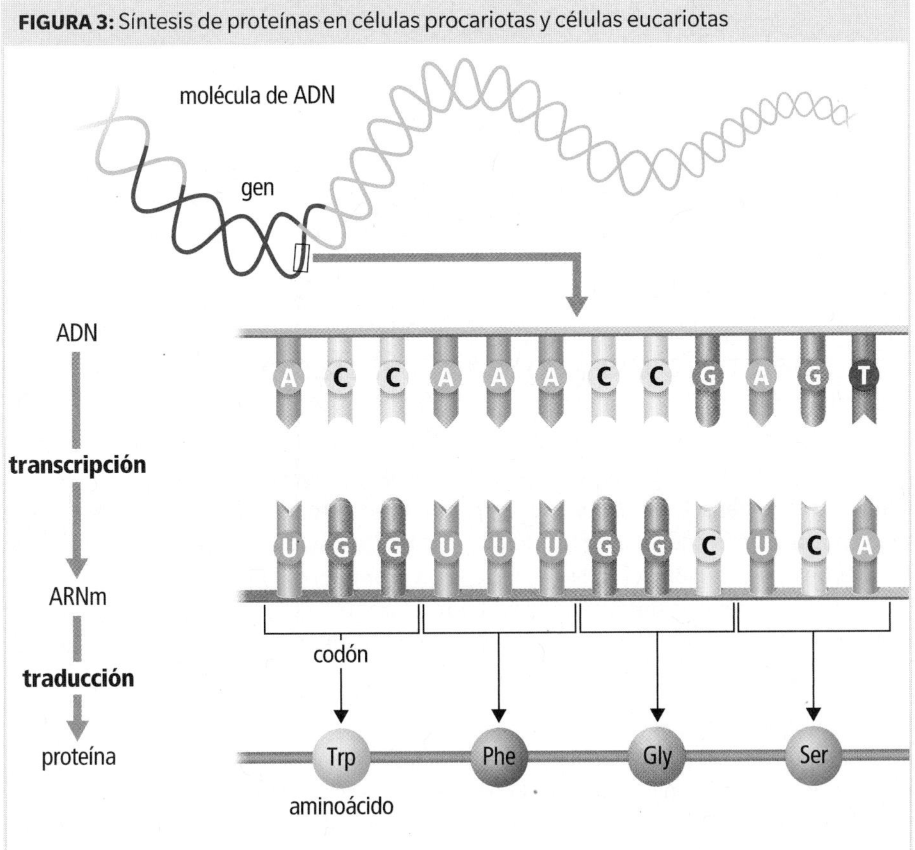

Explicar ¿Cómo se relacionan entre sí los genes, las proteínas y los procesos celulares?

Colaborar Trabaja con un compañero para comentar estas preguntas: ¿Qué significa el término "expresión" en el lenguaje cotidiano? ¿Cómo se relaciona el significado de esta palabra con el concepto de expresión de los genes?

Según el dogma central de la biología molecular, la información fluye en una dirección desde el ADN hacia el ARN y hasta las proteínas, lo que significa que hay múltiples pasos en el proceso donde la síntesis de proteínas puede ser regulada o controlada.

Tanto las células procariotas como las células eucariotas regulan la expresión de los genes, aunque lo hacen de forma diferente. En las células eucariotas, la expresión de los genes se regula en muchos pasos. Por el contrario, la capacidad de las procariotas de regular la expresión de los genes es mucho más simple.

FIGURA 4: En las células procariotas, tanto la transcripción como la traducción ocurren en el citoplasma aproximadamente al mismo tiempo. En las células eucariotas, donde el ADN está ubicado en el interior del núcleo, estos procesos ocurren en lugares y momentos diferentes.

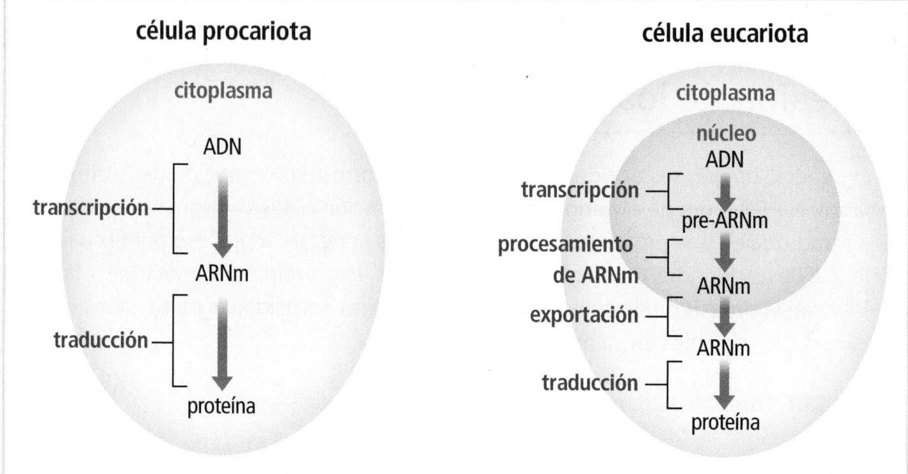

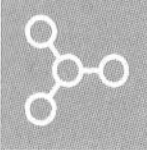

Estructura y función Usa el modelo de la Figura 4 para escribir una explicación acerca de cómo las diferencias de las estructuras celulares están relacionadas con las diferencias en la manera en la que se regula la expresión de los genes en las células procariotas y las células eucariotas.

Regulación de los genes en células procariotas

Debido a que la transcripción y la traducción ocurren al mismo tiempo en las células procariotas, la expresión de los genes en estas células se regula principalmente al comienzo de la transcripción. Las células procariotas controlan la expresión de los genes mediante operones que "activan" o "desactivan" los genes durante la transcripción. Un operón es una región del ADN que incluye un promotor, un operador y uno o más genes estructurales que sintetizan todas las proteínas necesarias para realizar una tarea específica. El promotor es un segmento del ADN que le permite a la enzima ARN polimerasa ubicar el punto de inicio para la transcripción.

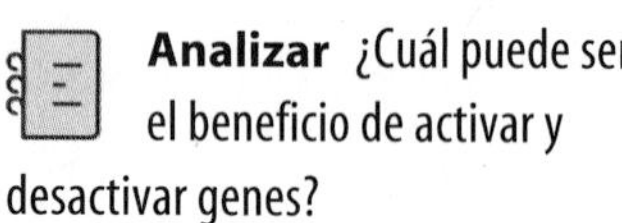

Analizar ¿Cuál puede ser el beneficio de activar y desactivar genes?

El segmento del ADN que realmente activa o desactiva los genes es el operador. Este interactúa con las proteínas que incrementan la tasa de transcripción o bloquea el proceso de transcripción. Las bacterias tienen mucho menos ADN que las células eucariotas y sus genes tienden a estar organizados en operones. El operón *lac* fue uno de los primeros ejemplos de regulación genética descubiertos en bacterias. El operón *lac* está formado por tres genes que sintetizan las enzimas que tienen una función en la descomposición del azúcar lactosa.

Reunir evidencias Mientras lees, anota la información que te sirva para explicar por qué las células procariotas controlan la expresión de los genes para responder a los cambios en su medio ambiente.

Los científicos franceses François Jacob y Jacques Monod descubrieron, en 1961, la capacidad que tienen las células de activar o desactivar determinados genes. Este importante avance en la comprensión del funcionamiento de los genes comenzó con un estudio acerca de cómo estos controlan el metabolismo de la lactosa en la bacteria *Escherichia coli*. Jacob y Monod observaron que los genes responsables del metabolismo de la lactosa se expresaban solo ante la presencia de la lactosa. Cuando no había lactosa, los genes se desactivaban. Al investigar el mecanismo que generaba este fenómeno, los investigadores descubrieron el operón *lac*, lo que les proporcionó una base para entender cómo se podían activar determinados genes cuando eran necesarios y se podían desactivar cuando no.

Aprende en línea

FIGURA 5: Regulación de los genes en células procariotas

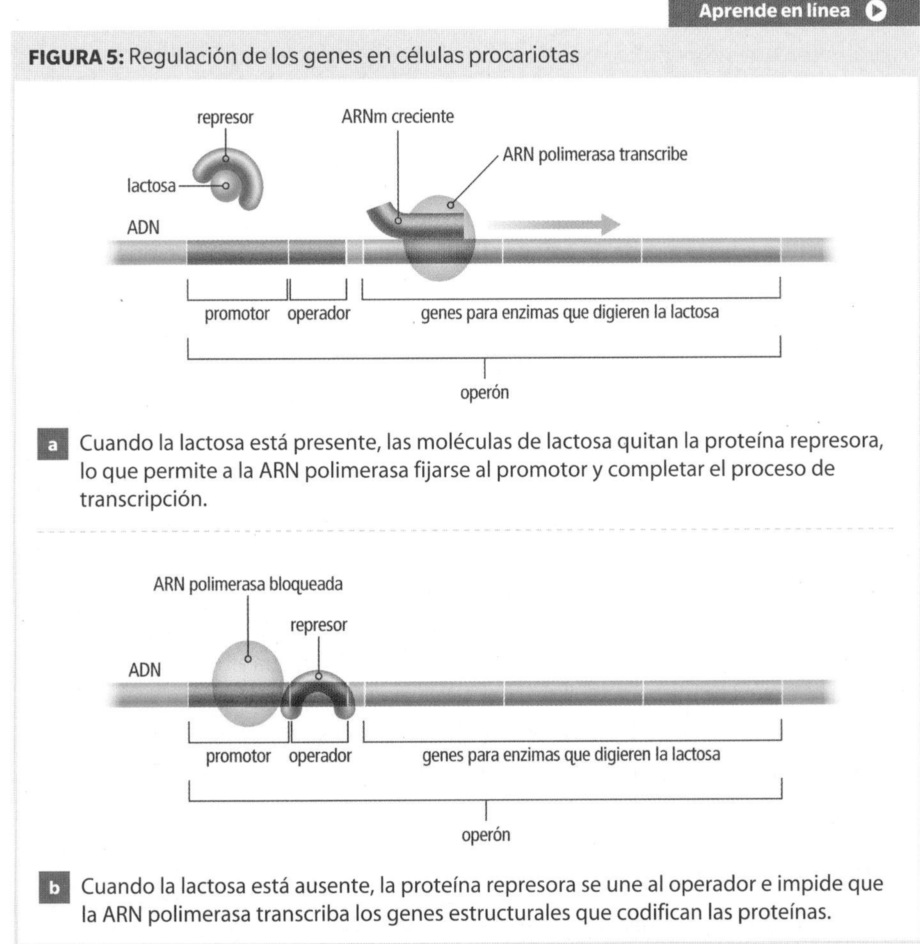

a Cuando la lactosa está presente, las moléculas de lactosa quitan la proteína represora, lo que permite a la ARN polimerasa fijarse al promotor y completar el proceso de transcripción.

b Cuando la lactosa está ausente, la proteína represora se une al operador e impide que la ARN polimerasa transcriba los genes estructurales que codifican las proteínas.

El operón *lac* actúa como interruptor. Cuando la lactosa está presente, el operón *lac* se activa para permitir la transcripción. La lactosa se une a la proteína represora, lo que cambia la forma de esta última y hace que se desprenda del operón *lac*. La ARN polimerasa puede transcribir el ADN en ARN. Este ARN se traduce para formar enzimas que funcionan juntas para descomponer la lactosa.

Cuando la lactosa está ausente, el operón *lac* se desactiva para impedir la transcripción de los genes *lac*, y de este modo ahorra recursos de las células. Las bacterias tienen una proteína que puede unirse específicamente al operador. Cuando la lactosa está ausente, la proteína se une al operador, lo que impide que la ARN polimerasa transcriba los genes. Debido a que la proteína bloquea (o reprime) la transcripción, se la denomina proteína represora.

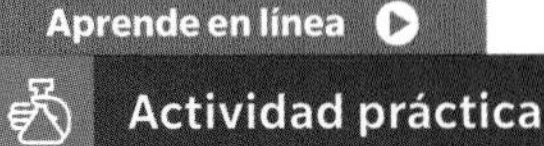

Representar operones procariotas Haz un modelo del operón *lac*. Luego usa tu modelo para mostrar cómo se regula la expresión de los genes en las células procariotas.

Conexión con las artes del lenguaje Haz una guía informativa que explique cómo el operón *lac* contribuye a que las células procariotas respondan a los cambios en su medio ambiente. En tu guía, explica las funciones de los genes, los promotores, los operadores, los represores y la ARN polimerasa.

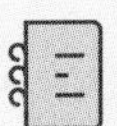

Hacer un modelo Imagina que una bacteria tiene un gen mutado que sintetiza una proteína represora con una malformación. Dibuja un diagrama de flujo en el que se muestre cómo esta mutación afecta la capacidad de la bacteria para digerir la lactosa.

Regulación de los genes en células eucariotas

La regulación de los genes es compleja por una razón: la complejidad asegura que el gen correcto se exprese en la célula indicada en el momento indicado. Las células dependen de la información codificada en su ADN para regular la síntesis de proteínas. En las células eucariotas, un mecanismo controla cuándo se expresa un gen, otro la cantidad de proteína producida, y otro cuándo se detiene la síntesis. Un gen también puede incluir otras secuencias de nucleótidos que actúan para controlar su expresión. Entre estas están los promotores y los operadores, que controlan el inicio de la transcripción.

Controlar la expresión de los genes

Debido a que el ADN y los ribosomas se ubican en el citoplasma de las células procariotas, tanto la transcripción como la traducción ocurren al mismo tiempo. Como resultado, la regulación de la expresión de los genes en las células procariotas se limita a unos pocos pasos durante la transcripción. Sin embargo, la organización celular y cromosómica de las células eucariotas es más compleja, lo que posibilita que regulen la expresión de los genes en muchos puntos durante la síntesis de proteínas.

Regulación pretranscripcional

Recuerda que en las células eucariotas el ADN de los cromosomas está unido firmemente alrededor de unas proteínas denominadas histonas. También se añaden compuestos químicos al ADN para facilitar la expresión de los genes. Todos estos compuestos químicos añadidos se denominan colectivamente epigenoma. El epigenoma determina la facilidad con que las enzimas de transcripción pueden acceder a regiones del cromosoma para activar o desactivar genes. Cuando las histonas o el ADN sufren una alteración química, el resultado puede cambiar la accesibilidad del ADN para la transcripción.

Los cambios epigenéticos pueden ser consecuencia de factores como la edad del organismo, las entradas del medio ambiente y los organismos que causan enfermedades. Los cambios químicos de las histonas o los nucleótidos del ADN pueden iniciar o finalizar la transcripción de una región del ADN. Los cambios epigenéticos son heredables, aunque no modifiquen el genoma.

Conexión con las artes del lenguaje Busca recursos en Internet para investigar algunos de los descubrimientos recientes en el campo de la epigenética. Escribe una publicación en un blog para explicar cómo el medio ambiente de una persona y el medio ambiente de sus antepasados pueden afectar la expresión de los genes.

FIGURA 6: Los cambios epigenéticos de los cromosomas varían mucho. En un tipo de modificación de la histona, la molécula de ADN se compacta, lo que la hace difícil de leer.

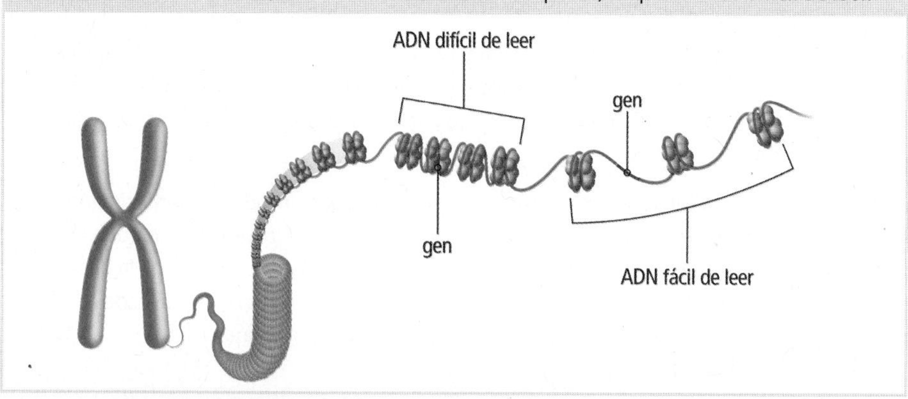

Predecir ¿Qué le sucedería a un organismo multicelular si todos los genes se expresaran en todas las células todo el tiempo?

Explicar ¿Cómo se relaciona la expresión de los genes con la firmeza con que el ADN se enrolla alrededor de las histonas?

Regulación transcripcional

Recuerda que un promotor es un segmento de ADN que facilita a la ARN polimerasa reconocer el sitio de inicio de un gen. En las células eucariotas, cada gen está controlado por una única combinación de promotores y otras secuencias reguladoras. La mayoría de las secuencias promotoras son únicas para el gen, pero otras se repiten en muchos genes de muchos organismos. Por ejemplo, la mayoría de las células eucariotas usan un promotor de siete nucleótidos que utiliza la secuencia TATAAAA, denominada caja TATA.

Las células eucariotas también tienen otros tipos de promotores que son más específicos para un gen individual. Las secuencias de ADN denominadas potenciadores aceleran la transcripción del gen, mientras que las secuencias denominadas silenciadores ralentizan la transcripción. Los factores de transcripción son proteínas que se unen a las secuencias de ADN y controlan la expresión de los genes. Los factores de transcripción pueden unirse a un promotor, a un potenciador o a otras secciones de ADN ubicadas cerca de un gen. Cuando están presentes los factores de transcripción correctos, la ARN polimerasa reconoce el tamaño inicial del gen y comienza la transcripción.

FIGURA 7: En las células eucariotas, los factores de transcripción se unen a los promotores y otras secuencias de ADN para facilitar a la ARN polimerasa reconocer el inicio de un gen.

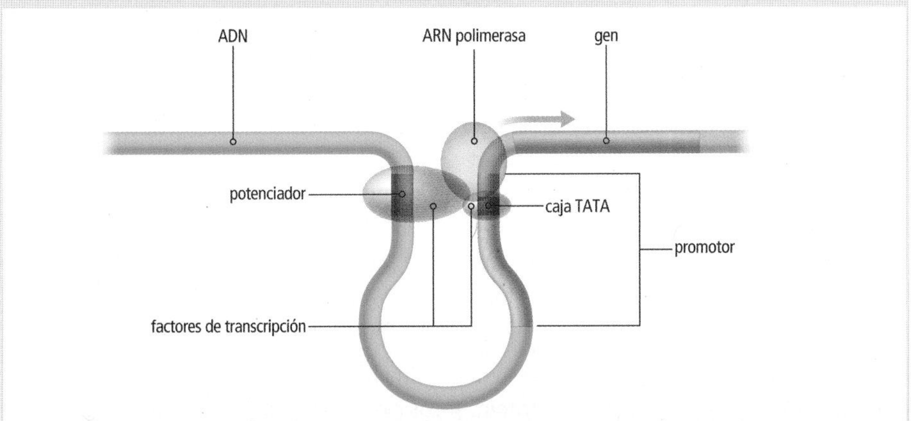

Explicar Los factores de transcripción se encuentran en diferentes combinaciones en diferentes tipos de células. ¿Cómo incide este hecho sobre la variedad de los tipos de células?

Ingeniería

Usar el ARN de interferencia para combatir enfermedades

A principios de la década de 1990, un grupo de científicos que trabajaban en la manipulación de la intensidad del color de las plantas de petunia observaron algo que era difícil de explicar. Al intentar incrementar la intensidad del color de la flor, los científicos modificaron genéticamente las plantas para sobreexpresar el gen de pigmentación de la flor para la enzima chalcona sintasa (CHS). Algunas de las flores que resultaron sí tenían pétalos del color morado intenso buscado, pero no todas. Algunas flores tenían pétalos morados y pétalos blancos, mientras que otras tenían pétalos completamente blancos. Las investigaciones posteriores permitieron descubrir que tanto la forma de CHS introducida como la forma natural se habían desactivado, o silenciado, en algunas de estas plantas.

Cuando se introdujo el gen del color intenso, las células usaron el ARN de interferencia (ARNi) para desactivar el gen. Pequeños segmentos ARN de doble cadena comenzaron reacciones que degradaron las moléculas de ARNm. En general, las células sanas no contienen ARNi, pero las células lo pueden usar para combatir infecciones o los efectos del daño a los tejidos. El estudio del ARNi puede dar lugar a nuevos tratamientos para enfermedades causadas por genes dañinos.

Analizar La enfermedad de Huntington es un trastorno hereditario que afecta al sistema nervioso y provoca la pérdida de la coordinación y la disminución de la función del cerebro. Esta enfermedad se ha relacionado con la mutación en el gen HTT. Imagina que quieres diseñar una tecnología de ARNi para silenciar este gen. Haz una lista de preguntas que necesitarías hacer para definir y delimitar el problema.

Regulación postranscripcional

La célula tiene muchos mecanismos que puede usar en cualquier etapa posterior a la transcripción para regular la expresión de genes. Uno es el procesamiento del ARNm, que lo edita similar a como un editor de cine corta y une las escenas de una película.

FIGURA 8: El procesamiento de las moléculas de ARNm suele ocurrir durante la transcripción del ADN o inmediatamente después.

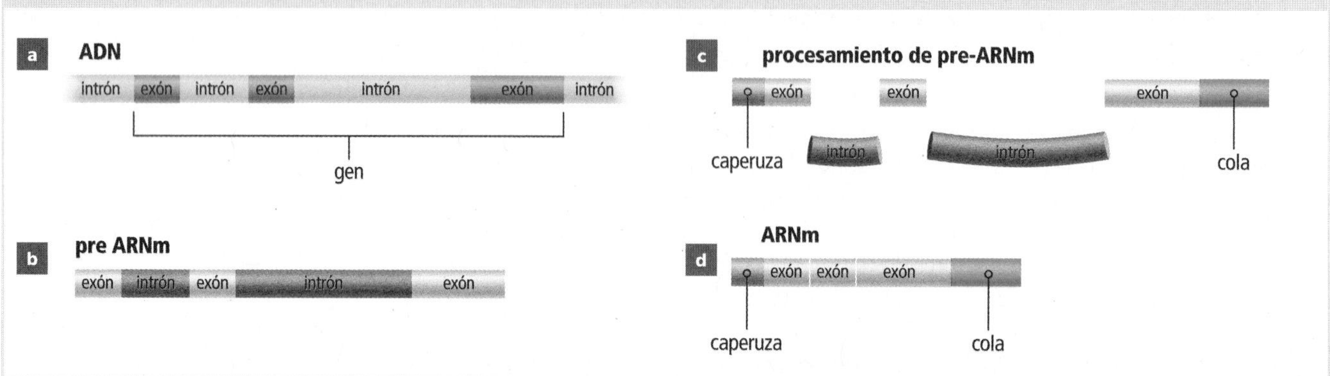

La célula realiza muchos cambios al ARNm después de la transcripción: añade un nucleótido especializado al comienzo de cada molécula de ARNm y forma una caperuza. Así, permite que la hebra de ARNm se una a un ribosoma e impide que se rompa demasiado rápido. Al extremo de la molécula se adosa una cadena de nucleótidos denominada cola que mejora la estabilidad y permite que la molécula de ARNm salga del núcleo. El "metraje extra" toma la forma de segmentos de nucleótidos, denominados intrones, que no están incluidos en la proteína final. Los segmentos de nucleótidos que codifican partes de la proteína se denominan exones. Los intrones aparecen entre los exones y se eliminan de la molécula de ARNm antes de que esta abandone el núcleo. La parte final de los exones se une mediante muchos mecanismos moleculares.

Los intrones son un ejemplo de lo que se denomina ADN no codificante, que son regiones del ADN que no codifican proteínas. Los científicos aún están determinando la función de las regiones no codificantes del genoma humano. Se cree que las regiones no codificantes pueden tener una función en la regulación de la expresión de los genes y en el apareamiento y la condensación de los cromosomas.

Colaborar ¿Por qué querrías editar una película después de filmarla? Con un compañero, comenta cómo esta analogía se relaciona con la transcripción y traducción de un gen.

Regulación traslacional

La traducción ocurre después de que el ARNm se dirige hacia el citoplasma, y es este proceso el que produce una proteína a partir de un aminoácido. En las células eucariotas, la expresión de los genes también se puede regular mediante cambios en el proceso de traducción. Estos cambios dependen mayormente de la estabilidad de la molécula de ARN. Por ejemplo, algunas proteínas específicas facilitan el inicio del proceso de traducción. Los cambios en estas proteínas pueden impedir que los ribosomas se unan al ARNm, que ralentiza o detiene la síntesis de proteínas. Estos mecanismos permiten a las células eucariotas controlar la producción de proteínas cuando las condiciones de la célula cambian rápidamente.

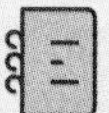

Analizar Haz un organizador gráfico que resuma los mecanismos que permiten a las células eucariotas controlar la expresión de genes en cada etapa de la síntesis de proteína. ¿Cómo se comparan estos mecanismos con los mecanismos de las células procariotas en cuanto a su estructura y función?

Factores que afectan la expresión de los genes

¿Qué determina si un gen se activa o se desactiva? Hay factores internos y externos de las células que pueden determinar la expresión de un gen. Cuando un organismo se está desarrollando, sus células expresan distintos conjuntos de genes para adoptar distintas estructuras. La expresión de los genes puede ser responsable de los cambios que ocurren una vez que el organismo ya se desarrolló. Cuando el medio ambiente cambia, puede ser necesario desactivar algunos genes, mientras que otros deben expresarse con mayor frecuencia.

Reunir evidencias Mientras lees, reúne evidencias para hacer una afirmación que explique cómo se relaciona la expresión de los genes con la diferenciación celular.

Factores internos

A medida que un organismo se desarrolla, sus células expresan distintas combinaciones de genes para adoptar distintas estructuras. Varios factores internos regulan este proceso. Un factor interno es la constitución genética del cigoto. Muchas de las instrucciones para la diferenciación están incluidas en el genoma del cigoto. Estos genes se expresan al comienzo del desarrollo embrionario e inician la diferenciación. Otro factor que afecta la diferenciación celular es la distribución desigual de las moléculas en el citoplasma del cigoto durante las primeras etapas de la división. A medida que las células se dividen, algunas adquieren concentraciones más altas de ciertas moléculas. Estas moléculas regulan la expresión de los genes y permiten determinar en qué tipo de célula se transformará cada una.

Las células de un embrión en desarrollo también influyen en las células de su alrededor mediante el envío y la recepción de moléculas difusibles que actúan como señales. Las señales también provienen de moléculas incrustadas en la membrana celular. Algunas de estas proteínas activan y desactivan los genes para dirigir el desarrollo de una célula. También hay otras moléculas que son enzimas que regulan la expresión de los genes mediante la descomposición rápida de proteínas formadas a partir de la traducción.

FIGURA 9: Durante el desarrollo embrionario, la diferenciación y el crecimiento celular forman tejidos y órganos como el ojo.

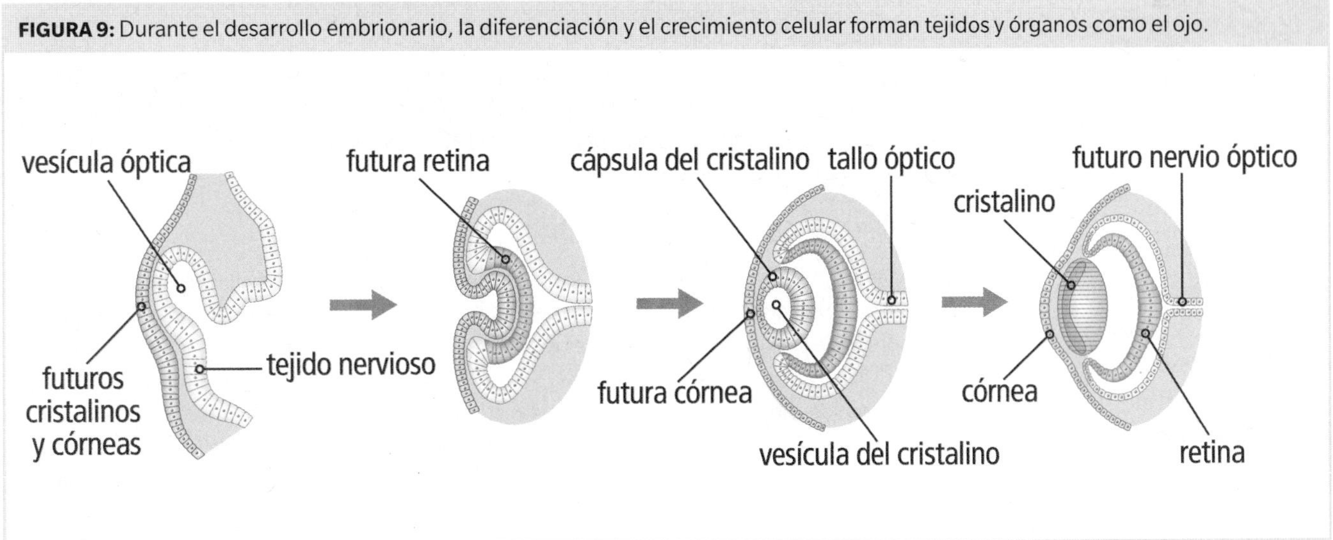

Estructura y función Haz una afirmación en la que digas cómo las células de un organismo pueden adoptar diferentes estructuras y funciones, incluso cuando todas tienen el mismo material genético.

Factores externos

Los factores del medio ambiente externo de un organismo también pueden afectar la expresión de los genes. Por ejemplo, cuando las concentraciones de oxígeno son muy bajas, se produce un factor de transcripción denominado factor inducible por hipoxia, o HIF. Este factor de transcripción intercede en importantes procesos de desarrollo como la apoptosis y el desarrollo de los vasos sanguíneos. En tejidos que experimentan bajas concentraciones de oxígeno, o hipoxia, el HIF permite la transcripción de los genes relacionados con el desarrollo de los vasos sanguíneos.

Luz y temperatura

Los factores del medio ambiente, como la luz y la temperatura, pueden afectar la expresión de los genes. Por ejemplo, el pelaje del zorro polar cambia de blanco durante los meses del invierno a gris-café en los meses de verano para adaptarse mejor a sus alrededores. Este cambio del color del pelaje se debe a diferencias en la secreción de melatonina. Durante el invierno, cuando el día es más corto, se secreta la melatonina, entonces el pigmento de la melanina no se produce y el pelaje del zorro es blanco. Durante el verano, cuando las horas del día son más largas, la secreción de melatonina se reprime, se produce melanina y el pelaje del zorro se vuelve gris-café.

Hacer un modelo Grafica un diagrama de flujo para ilustrar cómo los cambios en el medio ambiente externo conducen a cambios en la expresión de los genes que afectan el pelaje del zorro polar.

FIGURA 10: El zorro polar expresa diferentes colores de pelaje según la estación.

Los cambios de temperatura en el medio ambiente también pueden influir en la expresión de los genes. Los árboles y otras plantas tienen mecanismos para adaptarse a los cambios de temperatura, la mayoría de los cuales funcionan a través del control de la expresión de los genes. En condiciones de calor extremo, que pueden causar estrés en las plantas, múltiples genes interactúan para reducir el ritmo de la fotosíntesis y detener el crecimiento de las plantas. Al estudiar la relación entre la expresión de los genes y la fotosíntesis, los genetistas pueden trabajar para mejorar la estabilidad de las cosechas durante las condiciones del tiempo extremas.

Fármacos y compuestos químicos

Analizar ¿Por qué un feto en desarrollo es especialmente susceptible a las sustancias químicas que afectan la expresión de los genes?

A las mujeres embarazadas se les aconseja evitar varios fármacos y químicos, entre ellos el tabaco, el alcohol y muchos medicamentos. Estas sustancias pueden perturbar el tiempo normal de la expresión de los genes del feto en desarrollo. Por ejemplo, a finales de la década de 1950 y principios de la década de 1960, en ocasiones se recetaba un fármaco denominado talidomida. Sin embargo, los médicos descubrieron que este fármaco interfería con la formación de las extremidades en el desarrollo embrionario. Los hijos de las mujeres que tomaron este fármaco a menudo nacían con las extremidades más cortas y mal formadas.

Explicar Los investigadores han descubierto que el tejido canceroso de los tumores es por lo general hipóxico o deficiente en oxígeno. Como resultado, se está considerando el HIF como un posible instrumento en la lucha contra el cáncer. Explica cómo los enfoques relacionados con el HIF se pueden usar para suprimir el crecimiento de los tumores y cómo se relacionan estos mecanismos con la regulación de la expresión de los genes.

Image Credits: (l) ©BMJ/Shutterstock; (r) ©E+/DmitryND/Getty Images

Profesiones de las ciencias

Genetista

Genéticamente, los humanos y las moscas de la fruta son similares, ya que comparten muchos de los mismos genes y, en algunos casos, los usan de la misma manera. ¿Cómo lo sabemos? Los genetistas trabajan a la vanguardia de la ciencia y la tecnología en el estudio de los genes, sus funciones y sus efectos. No solo estudian cómo se heredan los genes, sino también el papel de los genes en la salud, las enfermedades y toda la duración de la vida.

Los genetistas usan la mosca de la fruta como organismo modelo para estudiar la genética. Su corta vida y pequeño tamaño, así como la facilidad con la que puede criarse y mantenerse en un laboratorio, la convierten en un organismo modelo para los estudios. Además, todo su genoma está contenido en apenas cuatro cromosomas, lo que ha permitido a los investigadores trazar el mapa completo de su genoma.

Muchas enfermedades conocidas de los seres humanos tienen una clara correspondencia con el código genético de la mosca de la fruta. Valiéndose del estudio de los sistemas, varios especialistas, como los biólogos moleculares, los genetistas y los matemáticos, pueden usar la información obtenida del estudio de la mosca de la fruta para comprender mejor estas enfermedades y muchas otras. Este mismo enfoque se puede usar para determinar los mecanismos responsables de muchas anomalías del nacimiento.

El estudio de la mosca de la fruta ha dado lugar a muchos descubrimientos importantes. Las observaciones de mutaciones extrañas presentes en las moscas de la fruta, como la formación de patas donde debería haber antenas o el desarrollo de pares de alas adicionales, permitieron a los genetistas el descubrimiento de la homeosecuencia. Las investigaciones posteriores de estas extrañas modificaciones corporales permitieron el hallazgo que indica que la mayoría de estos cambios son el resultado de las mutaciones en un solo conjunto de genes homeóticos, denominados genes *Hox*.

Los vertebrados, al igual que los seres humanos, también tienen genes *Hox*. Sin embargo, son un poco más complejos. En una mosca, cada segmento del cuerpo expresa solo un gen *Hox*. Por tanto, una mutación en un solo gen *Hox* afecta directamente el segmento del cuerpo correspondiente. Sin embargo, en los vertebrados, al desarrollo de cada segmento contribuyen dos y hasta cuatro genes *Hox*.

FIGURA 11: Los genes que determinan el plano corporal de la mosca de la fruta son variaciones de los mismos genes que determinan el de los humanos, pero estos están expresados en diferentes patrones.

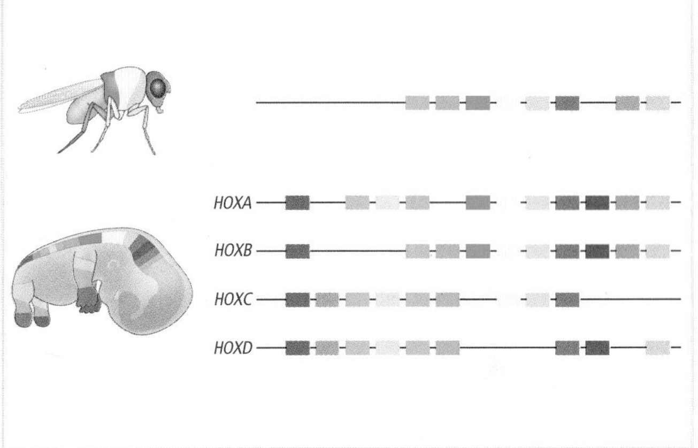

Los genes *Hox* tienen una función fundamental en la regulación de la diferenciación celular. Algunos genes *Hox* también actúan como supresores tumorales, lo que significa que pueden ayudar a controlar el crecimiento celular y evitar que las células crezcan o se dividan demasiado rápido.

Conexión con las artes del lenguaje

Haz un guía con información acerca de las profesiones para que un consejero de secundaria la entregue a sus estudiantes. En tu guía, incluye texto y otros elementos que expliquen en qué consiste la genética, y describe algunos de los temas que los genetistas están estudiando en la actualidad. Reúne evidencia de diversas fuentes, entre otros, artículos y revistas científicas. Asegúrate de citar apropiadamente las fuentes en tu guía informativa. Estas preguntas te guiarán en tu investigación:

1. ¿Cuáles son algunos de los temas que los genetistas están estudiando en la actualidad?
2. ¿Qué tipo de capacitación y educación se necesita para ser genetista?
3. ¿Cuál es la importancia de esta profesión para la sociedad y las futuras generaciones?
4. Si te convirtieras en genetista, ¿qué preguntas te gustaría responder a través de tu trabajo?

¿LOS GEMELOS SON EXACTAMENTE IGUALES? | ADN "BASURA" | GENES: VIDA DESPUÉS DE LA MUERTE | Conéctate y elige alguna de estas opciones.

Autorrevisión de la lección

¿PUEDES EXPLICARLO?

FIGURA 12: Una mosca de la fruta normal (izquierda) y una mosca de la fruta mutante (derecha).

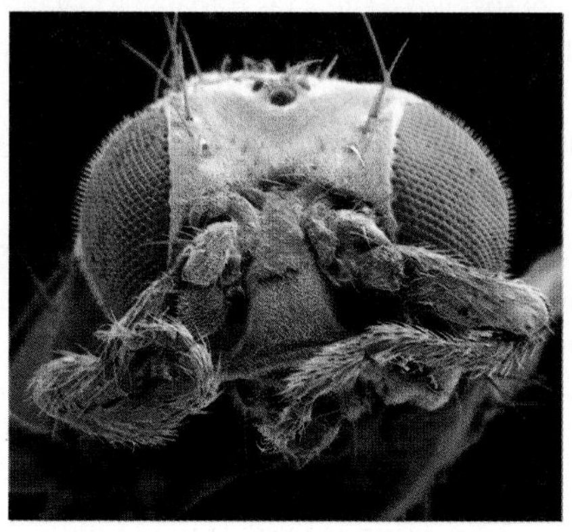

Los genes *Hox* codifican factores de transcripción que tienen una función importante en el desarrollo de las estructuras corporales. En el embrión en desarrollo, estos factores de transcripción contribuyen a iniciar y regular la diferenciación celular, la adhesión celular y la migración celular. Controlar el orden y el tiempo de estos sucesos es fundamental para el desarrollo apropiado del cuerpo. Como resultado, estos genes son muy similares, o se conservan, entre muchas especies diferentes.

Una mutación en una homeosecuencia genera una estructura en la posición equivocada. Por ejemplo, el efecto de una mutación en el gen *Antennapedia* determina si al segmento del cuerpo de un insecto le crecerán antenas o patas. En la mosca de la fruta silvestre, las antenas se desarrollan normalmente. En la mosca con una mutación en este gen, se desarrollan patas donde deberían estar las antenas. Sin embargo, el resto de la mosca se desarrolla normalmente. Aunque las patas mal ubicadas tengan una estructura normal, no funcionan apropiadamente. Las moscas con estas mutaciones generalmente no viven mucho tiempo.

Explicar Consulta las anotaciones de tu Cuaderno de evidencias para explicar por qué una mutación en los genes *Hox* genera malformaciones estructurales como la que se muestra en la Figura 12. En tu explicación, responde las siguientes preguntas:

1. ¿Cómo regulan la expresión de los genes en las células eucariotas los factores de transcripción? Haz un modelo para ilustrar el proceso y escribe una explicación para acompañar tu representación.
2. ¿Por qué una mutación en el gen *Antennapedia* afecta el desarrollo corporal de esta forma? ¿Cómo se relaciona este cambio en la estructura con la regulación de la expresión de los genes?

Image Credits: (l) ©Andrew Syred/Science Source; (r) ©Eye of Science/Science Source

EJERCICIOS DE REVISIÓN

Comprueba lo que aprendiste

1. ¿Cuál de los siguientes enunciados explica mejor por qué la expresión de los genes puede ser más compleja y sofisticada en las células eucariotas que en las células procariotas?
   a. Las células eucariotas usan un código genético más complejo.
   b. Las células eucariotas usan hebras dobles de ADN y hebras simples de ARN.
   c. La transcripción y la traducción están separadas en tiempo y espacio en las células eucariotas.
   d. La expresión de los genes en las células eucariotas consta tanto de la transcripción como de la traducción.

2. Los científicos han llegado a la conclusión de que la expresión de los genes es responsable de la diferenciación de las células de los organismos multicelulares. ¿Qué dos observaciones justifican mejor esta conclusión?
   a. Todas las células producen las enzimas necesarias para el metabolismo de la energía.
   b. El ADN de todas las células del cuerpo de un organismo es esencialmente idéntico.
   c. La expresión de los genes se puede regular mediante una amplia variedad de mecanismos.
   d. Las enzimas necesarias para la digestión son producidas solo por las células que recubren el tracto digestivo.

3. ¿Cuál de los siguientes es un ejemplo de procesamiento del ARNm?
   a. Los segmentos de ARN no codificante se añaden al comienzo de una secuencia de ARNm
   b. El ARN de doble hebra inicia reacciones que rompen las hebras de ARN
   c. Las enzimas descomponen las proteínas recién sintetizadas
   d. La ARN polimerasa se une a un promotor cercano a un clúster de genes

4. Haz un diagrama de Venn para comparar la expresión de los genes en las células procariotas y en las células eucariotas.

5. Aún no se ha determinado el papel de los intrones en el ARNm recién transcripto. ¿Cómo pueden los intrones contribuir a incrementar la diversidad genética sin incrementar el tamaño del genoma?

6. Usa los siguientes términos para completar el enunciado:

   promotor, gen, factores de transcripción, ARN polimerasa

   Una sección de ADN que codifica una proteína se denomina__________. Una enzima denominada__________ lee el ADN y produce ARNm en un proceso denominado transcripción. Unas proteínas especiales denominadas __________ayudan a esta enzima a unirse a un segmento de ADN denominado __________. Cuando los factores correctos están presentes en el núcleo, la ARN polimerasa puede comenzar la transcripción.

7. ¿Cuál sería el mejor mecanismo para mantener la homeostasis cuando las condiciones cambian repentinamente en la célula? ¿La regulación pretranscripcional, transcripcional o traslacional? Explica tu razonamiento.

8. ¿Cuál de las siguientes mutaciones afectaría más la estructura y función de una proteína, una mutación en un intrón o una mutación en un exón? Explica tu respuesta.

HAZ TU PROPIA GUÍA DE ESTUDIO

En tu Cuaderno de evidencias, diseña una guía de estudio que fundamente las ideas principales de esta lección:

La expresión de los genes es responsable por la diferenciación de células.

La expresión de los genes se regula de forma diferente en las células procariotas y en las células eucariotas.

Recuerda incluir la siguiente información en tu guía de estudio:
- Usa ejemplos que sirvan como modelo de las ideas principales.
- Anota explicaciones del fenómeno que investigaste.
- Presenta evidencias para justificar tus explicaciones. Tu justificación puede incluir dibujos, datos, gráficas, conclusiones de laboratorio y otras evidencias que hayas anotado a lo largo de la lección.

Considera cómo la estructura y función del ADN, el ARN y las proteínas hacen posible la regulación de la expresión de los genes. Explica cómo las alteraciones en esos procesos hacen posibles las mutaciones en los organismos.

Conexión con las ciencias de la computación

Almacenamiento de datos mediante ADN La cantidad de datos digitales en el mundo está creciendo a pasos agigantados. Las personas necesitan espacio para almacenar sus datos personales y las instituciones necesitan espacio para almacenar archivos de información. Los científicos han demostrado que es posible codificar información digital en una hebra de ADN y luego recrear esa información sin errores. Esta tecnología todavía se está optimizando, pero existe un potencial real de que el ADN sea una solución para las necesidades de almacenamiento de datos a largo plazo.

Busca recursos en la biblioteca o en Internet para investigar el almacenamiento de datos mediante ADN. Inventa un discurso de ventas para una compañía de archivos digitales que explique cómo funciona el almacenamiento de datos mediante ADN. Asegúrate de incluir información acerca de cómo la estructura y función del ADN es una manera segura de almacenar información. Piensa algunas preguntas que el cliente podría hacer, como "¿Qué barreras debe superar esta tecnología?".

FIGURA 1: Algún día, el ADN se podría usar para almacenar datos digitales.

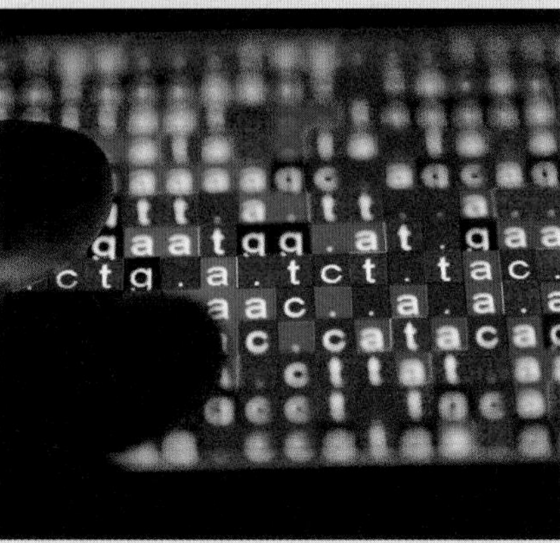

Conexión con los estudios sociales

Colaboradores del conocimiento científico En la carrera para descubrir la estructura del ADN participaron muchos científicos con distintos antecedentes. Las experiencias y la pericia de estos científicos les permitieron abordar el problema desde diferentes ángulos. La determinación de la estructura de doble hélice del ADN fue un logro importante, pero ese no fue el último descubrimiento relacionado con el ADN. Desde entonces, ha habido numerosos avances en el conocimiento científico relacionados con la estructura y función del ADN.

Busca recursos en la biblioteca o en Internet para crear una minibiografía de un científico que haya contribuido a nuestro actual entendimiento del ADN. Una minibiografía es un resumen corto, de dos o tres párrafos, que describe una persona. No elijas un científico cuyas contribuciones se hayan descrito en la lección. Asegúrate de usar recursos apropiados, cita evidencia de cómo los científicos colaboraron con otros y contribuyeron al conocimiento científico del ADN.

FIGURA 2: Muchas tecnologías, como la electroforesis en gel, han mejorado nuestra capacidad para manipular y estudiar el ADN.

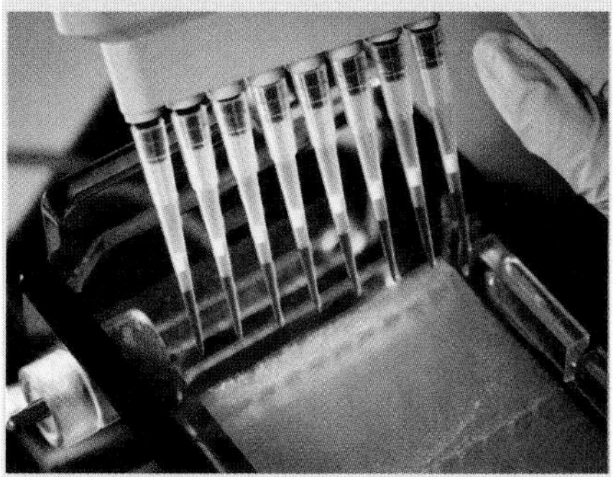

Conexión con las ciencias de la vida

ADN de cuatro hebras La estructura de doble hélice del ADN es muy conocida, por lo que puede ser sorprendente aprender que el ADN también puede adoptar otras estructuras. Un ejemplo es el ADN de cuatro hebras, que es común en genes cancerígenos. La molécula de cuatro hebras surge de una estructura de plegamiento diferente que se relaciona con las secuencias de ADN que son ricas en guanina.

Busca recursos en la biblioteca o en Internet para investigar acerca del ADN de cuatro hebras. ¿Cómo impacta el cambio en la estructura sobre la función de la molécula de ADN en la regulación de los genes, especialmente genes cancerígenos? Haz un modelo 3D tanto de la estructura de doble hélice como de la estructura de cuatro hebras de ADN. Luego, haz una presentación a la clase que explique las diferencias en las estructuras y las funciones de estos dos tipos de plegamiento de ADN, entre otras, los potenciales usos para la molécula de cuatro hebras.

FIGURA 3: El ADN puede formar una estructura de cuatro hebras.

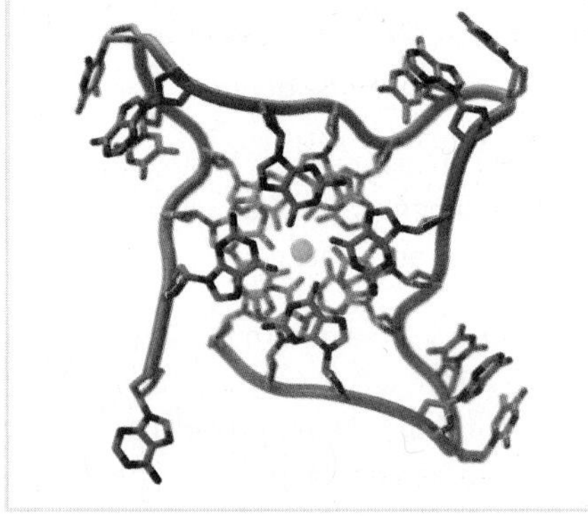

Image Credits: (t) ©iStock/jxfzsy/Getty Images; (c) ©Science Photo/Shutterstock; (b) ©Thomas Splettstoesser/SciStyle

SÍNTESIS DE LA UNIDAD

En tu Cuaderno de evidencias, haz un mapa conceptual, un organizador gráfico o un esquema con la información de las Guías de estudio que creaste para cada lección de esta unidad. Recuerda que debes fundamentar tus afirmaciones con evidencias.

Al sintetizar información, debes seguir los siguientes pasos generales:

- Busca la idea central de cada fuente de información.
- Establece relaciones entre las ideas centrales.
- Combina las ideas para mejorar tu comprensión.

PREGUNTAS GUÍA

Vuelve a leer las Preguntas guía que aparecen al principio de la unidad. En tu Cuaderno de evidencias, repasa y revisa las respuestas que habías dado a esas preguntas. A partir de las evidencias que reuniste y las observaciones que hiciste durante la unidad, justifica las respuestas.

PRÁCTICA Y REPASO

1. ¿Cuál es la función primaria del ADN?

a. almacenar información genética
b. traducir genes a proteínas
c. replicar información genética para cada célula
d. transcribir información genética en ARN que puede abandonar el núcleo

2. ¿Qué evidencias proporcionan los codones para justificar la ascendencia común de todos los organismos?

a. Casi todos los seres vivos usan codones para transcribir ARN a proteínas.
b. Los codones codifican aminoácidos que se encuentran en todos los organismos vivos.
c. Los codones de casi todos los organismos vivos codifican el mismo aminoácido.
d. Los codones se usan para iniciar y detener la traducción de proteínas en casi todos los seres vivos.

3. ¿Cómo colabora el epigenoma en la regulación genética?

a. El epigenoma controla cuáles secuencias de ADN se encuentran disponibles para la transcripción.
b. El epigenoma regula el procesamiento de ARNm después de la transcripción.
c. El epigenoma controla la secuencia promotora conocida como la caja TATA.
d. El epigenoma regula la traducción en el citoplasma.

4. ¿Qué elemento proporciona instrucciones para la diferenciación celular?

a. ARN
b. codones
c. genoma
d. rasgos

5. ¿Qué características describen a la transcripción y la replicación? Elige todas las respuestas correctas.

a. desenrolla el ADN de doble hélice
b. es controlada por enzimas complejas
c. produce un conjunto completo de información genética
d. ocurre dentro del núcleo de las células eucariotas

6. ¿Cuál es la conexión entre un codón y un aminoácido? Elige todas las respuestas correctas.

a. Un codón es una secuencia de tres nucleótidos que especifican un aminoácido particular.
b. Un codón está conformado por aminoácidos.
c. Cada ARNt se une a un aminoácido específico y tiene un anticodón que se une a un codón específico.
d. El ADN está conformado por codones y el ARNm está conformado por aminoácidos que se pegan a la hebra de ADN durante la traducción.

Observa la tabla y responde las preguntas 7 a 11.

FIGURA 4: El código genético empareja cada codón ARNm con su aminoácido o función.

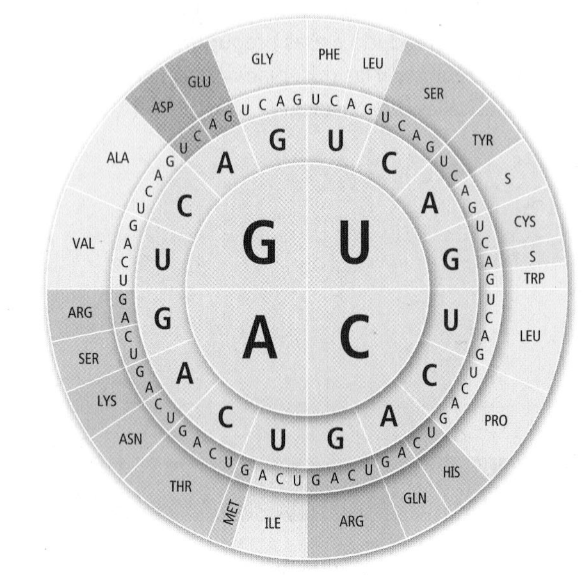

ALA = Alanina	LYS = Lisina
ARG = Arginina	MET = Metionina
ASN = Asparagina	PHE = Fenilalanina
ASP = Ácido aspártico	PRO = Prolina
CYS = Cisteína	P = Terminación
GLN = Glutamina	SER = Serina
GLU = Ácido glutámico	THR = Treonina
GLY = Glicina	TRP = Triptófano
HIS = Histidina	TYR = Tirosina
ILE = Isoleucina	VAL = Valina
LEU = Leucina	

7. ¿Qué aminoácido está representado por el codón CAG?

a. histidina
b. alanina
c. arginina
d. glutamina

8. ¿Qué sucedería si esta secuencia CAG del ADN experimentara una sustitución de mutación puntual? Elige todas las respuestas correctas.

a. La secuencia podría codificar un codón de terminación.
b. La secuencia podría codificar el mismo aminoácido.
c. La secuencia podría codificar un aminoácido diferente.
d. La secuencia completa del aminoácido de la proteína podría cambiar.

9. ¿Qué sucedería si una adenina reemplazara la guanina en la secuencia GTC del ADN?

a. La glutamina se convertiría en lisina.
b. La glutamina se convertiría en valina.
c. La glutamina permanecería igual.
d. La glutamina se convertiría en un codón de terminación.

10. ¿Cuáles aminoácidos serían probablemente los más afectados por una mutación puntual en la secuencia de ADN correspondiente? Sé específico y usa evidencias y tu razonamiento para explicar tu respuesta.

11. ¿Qué secuencia de ADN conduciría al codón CAG en el ARNm?

PROYECTO DE LA UNIDAD

Vuelve a tu proyecto de la unidad. Haz un trabajo final con tus materiales. Incluye una evaluación de tus predicciones, tu análisis y tus conclusiones.

Recuerda estas sugerencias a la hora de evaluar:

- Observa la evidencia empírica, evidencia basada en observaciones y datos. ¿Tus evidencias justifican tu explicación con relación a las malformaciones de las ranas?
- Considera si la explicación es lógica. ¿Contradice alguna evidencia que hayas visto?
- ¿Existen evidencias suficiente de fuentes creíbles para justificar tus conclusiones?

Investigar la fenilcetonuria

La fenilcetonuria (PKU) es un trastorno recesivo que se caracteriza por los altos niveles de fenilalanina en la sangre. La fenilalanina es un aminoácido que normalmente se descompone en componentes que el cuerpo puede aprovechar. En las personas que padecen PKU, la fenilalanina no se descompone y los aminoácidos se acumulan en la sangre. ¿Qué causa la incapacidad para descomponer la fenilalanina en las personas que padecen PKU? ¿Cómo afecta este cambio a la salud humana?

FIGURA 5: Una enzima especial es responsable de la descomposición del aminoácido fenilalanina.

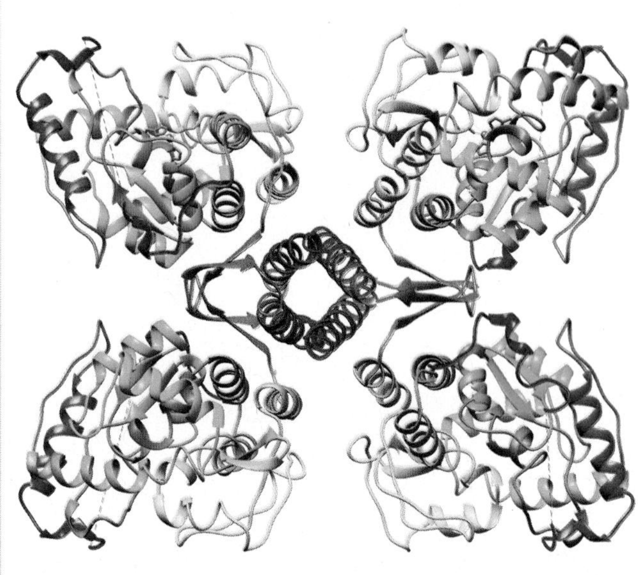

1. PREGUNTA

Con tu equipo, define un conjunto de preguntas que deben responder. Identifica todos los factores que investigarás para responder estas preguntas. Resume las características que debe tener una respuesta completa.

2. REALIZA UNA INVESTIGACIÓN

Investiga la fenilcetonuria. Busca recursos en la biblioteca o en Internet para investigar la relación de causa y efecto entre la estructura del ADN, la estructura de la proteína y los síntomas de la enfermedad. Mientras investigas, asegúrate de tomar notas acerca de las fuentes de tus evidencias para poder citarlas correctamente y compartirlas con otros.

3. HAZ UN MODELO

Usa las evidencias de tu investigación para hacer un modelo de la fenilcetonuria. Incluye el ADN, las proteínas y los síntomas en tu modelo. Puedes dibujar un modelo conceptual o construir una representación física con materiales comunes.

4. ELABORA UNA EXPLICACIÓN

Usa las respuestas a tus preguntas para elaborar una explicación acerca de la relación de causa y efecto entre la estructura del ADN, la estructura de la proteína y los síntomas de la fenilcetonuria.

5. COMUNICA

Presenta lo que descubriste en un póster que describa la fenilcetonuria, la enzima involucrada, el motivo por el que funciona mal y las posibles vías para abordar el problema. Tu presentación debe incluir imágenes y datos que justifiquen tu investigación.

Una presentación completa debe incluir la siguiente información:

- preguntas guía que se respondan en la presentación final
- un modelo que muestre la relación de causa y efecto entre la estructura del ADN, la estructura de la proteína y los síntomas de la fenilcetonuria
- una explicación acerca de cómo la estructura de ADN determina la estructura de las proteínas involucradas y, en última instancia, las características asociadas a la fenilcetonuria

Image Credits: ©RCSB Protein Data Bank

UNIDAD 7

La genética y la herencia

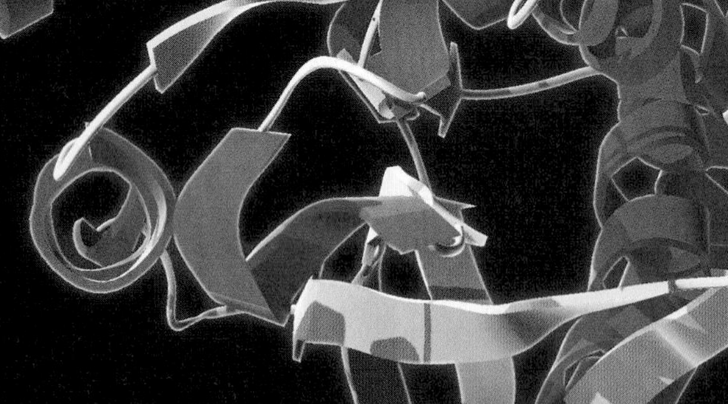

Las proteínas como Cas9 pueden usarse para modificar el ADN.

Image Credits: ©Evan Oto/Science Source

FIGURA 1: Los niños heredan rasgos de cada uno de sus progenitores.

En las familias, los niños suelen compartir características físicas (como el color de pelo, el color de piel y la forma del rostro) con uno o ambos progenitores. Estos y otros rasgos pasan de los progenitores a su descendencia, es decir, se heredan. Debido a estas características compartidas, normalmente se puede percibir que dos personas tienen un parentesco cercano, ya sean hermanos, padres e hijos o incluso abuelos y nietos. Sin embargo, excepto en el caso de los gemelos idénticos, incluso los individuos con un parentesco cercano tienen características únicas. Algunos niños pueden compartir características distintivas con sus progenitores, como el mentón del padre o los ojos de la madre, pero no todos los niños heredan el mismo conjunto de características.

Predecir ¿Por qué crees que los hermanos no se ven exactamente iguales si todo su ADN viene de la misma madre y el mismo padre?

PREGUNTAS GUÍA

Mientras trabajas en la unidad, reúne evidencias para responder las siguientes preguntas. En tu Cuaderno de evidencias, anota lo que ya sabes sobre estos temas y cualquier pregunta que tengas sobre ellos.

1. ¿Cómo se transmiten los rasgos de los progenitores a su descendencia?
2. ¿Por qué los descendientes de dos progenitores se ven distintos unos de otros?
3. ¿Cómo surge la diversidad de rasgos a lo largo de las generaciones?
4. ¿Cómo podemos determinar la probabilidad de que la versión expresada de un rasgo de un organismo pase a sus descendientes?
5. ¿Pueden los científicos alterar el material genético de otros organismos? ¿Cómo pueden los seres humanos usar esta capacidad?

PROYECTO DE LA UNIDAD

Investiga la herencia de enfermedades

Para planear el proyecto de esta unidad, conéctate y descarga la Planilla de proyectos.

Muchos rasgos y enfermedades pueden surgir debido a la genética o a causas ambientales. Investiga sobre la herencia de la enfermedad de Huntington. A partir de tu análisis, determina la posible causa o causas de la enfermedad de Huntington y el rol que pueden tener la genética y los factores ambientales.

Image Credits: ©pixelheadphoto digitalskillet/Shutter stock

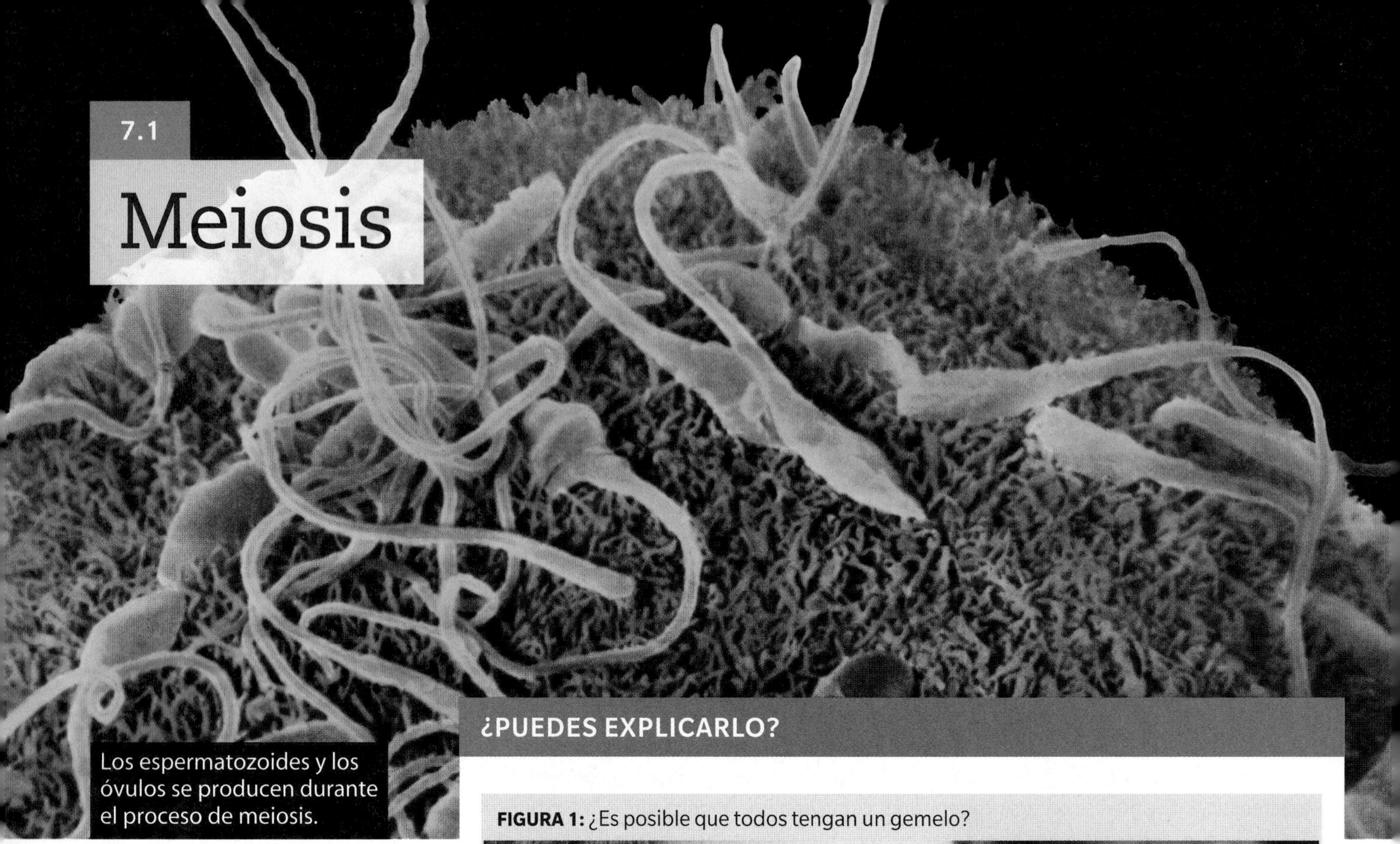

7.1

Meiosis

Los espermatozoides y los óvulos se producen durante el proceso de meiosis.

Reunir evidencias Mientras trabajas con la lección, reúne evidencias para explicar cómo la meiosis y la reproducción sexual aumentan la diversidad genética.

¿PUEDES EXPLICARLO?

FIGURA 1: ¿Es posible que todos tengan un gemelo?

Los seres humanos tienen rasgos característicos únicos que hacen que luzcan o se comporten de modo diferente entre sí. Excepto en los gemelos, hay una gran diferencia de rasgos físicos entre una persona y otra. Sin embargo, algunas personas creen que puede haber una copia exacta de sí mismas en algún lugar del mundo. Por ejemplo, algunos afirman haber encontrado a su "gemelo" en Internet. ¿Alguna vez te preguntaste si podría haber una copia de ti mismo en algún lugar del mundo? ¿Crees que es posible que alguien nacido de otro padre y otra madre pueda tener la misma composición genética que tú?

Predecir ¿Cuáles crees que son las probabilidades de que haya alguien en el mundo exactamente igual a ti?

Image Credits: (t) ©Dr. Yorgos Nikas/Science Source; (b) ©Design Pics Inc./Alamy

Los cromosomas y la meiosis

El ADN es el material genético presente en los organismos. El ADN codifica las proteínas y contiene la información que determina cuándo se crean las proteínas. En organismos complejos, hay largas hebras de ADN junto con proteínas almacenadas dentro de los cromosomas en el núcleo de la célula. Se pueden analizar imágenes como la de la Figura 2 para determinar un cariotipo, que muestra los 23 pares de cromosomas de las células humanas. Las estructuras de colores brillantes son pares de cromosomas altamente condensados que se forman durante la metafase de la mitosis.

FIGURA 2: Los cromosomas de una célula humana

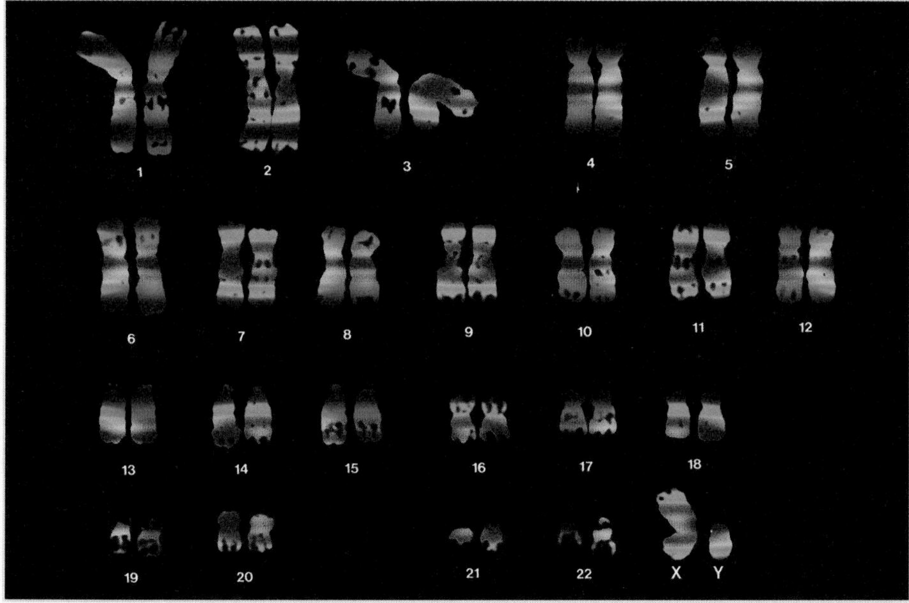

Colaborar Responde las siguientes preguntas sobre la imagen de la Figura 2. Compara tus respuestas con las de un compañero y escribe la información nueva que no hayas tenido en cuenta.

1. ¿Observas algún patrón?
2. ¿Cuántos cromosomas tienen las células del cuerpo humano?
3. ¿Qué diferencias encuentras entre los diferentes pares de cromosomas y entre los cromosomas de un mismo par?

FIGURA 3: Los pares de cromosomas homólogos incluyen un cromosoma heredado del padre y otro heredado de la madre.

La estructura de los cromosomas y sus funciones

A cada par de cromosomas de las células se lo conoce como par homólogo. Los cromosomas homólogos son dos cromosomas, uno heredado de la madre y el otro del padre, que tienen la misma longitud y apariencia general. Estos cromosomas tienen copias de los mismos genes, aunque ambas copias pueden diferir.

Analizar ¿Qué porcentaje de tu material genético es de tu madre y qué porcentaje es de tu padre?

Image Credits: (t) ©Biophoto Associates/Colorization by: Mary Martin/Science Source

Los autosomas y los cromosomas sexuales

Quizás hayas notado que todos los grupos de cromosomas de la Figura 2 están identificados con un número excepto uno, que está identificado con una X y una Y. En conjunto, los pares de cromosomas del 1 al 22 conforman tus autosomas, que son los cromosomas que contienen genes con características que no están directamente relacionadas con el sexo del organismo.

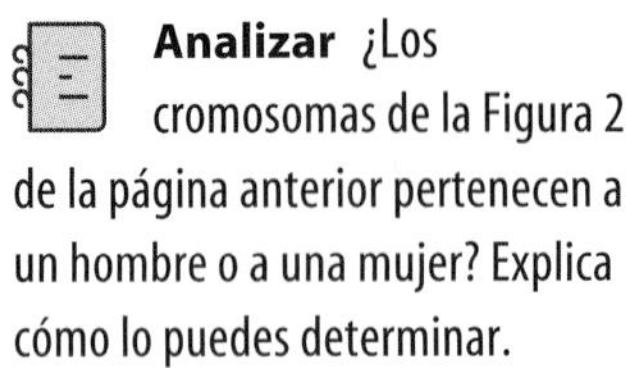

Analizar ¿Los cromosomas de la Figura 2 de la página anterior pertenecen a un hombre o a una mujer? Explica cómo lo puedes determinar.

La mayoría de las especies que se reproducen sexualmente también tienen cromosomas sexuales que controlan directamente el desarrollo de las características sexuales. Los seres humanos tienen dos cromosomas sexuales muy diferentes: X e Y. En la mayoría de los mamíferos, incluidos los humanos, el sexo del organismo viene determinado principalmente por el sistema XY. Un organismo con dos cromosomas X (es decir, XX) es femenino. Un organismo con un cromosoma X y uno Y (es decir, XY) es masculino.

FIGURA 4: Los cromosomas sexuales controlan el desarrollo de las características sexuales.

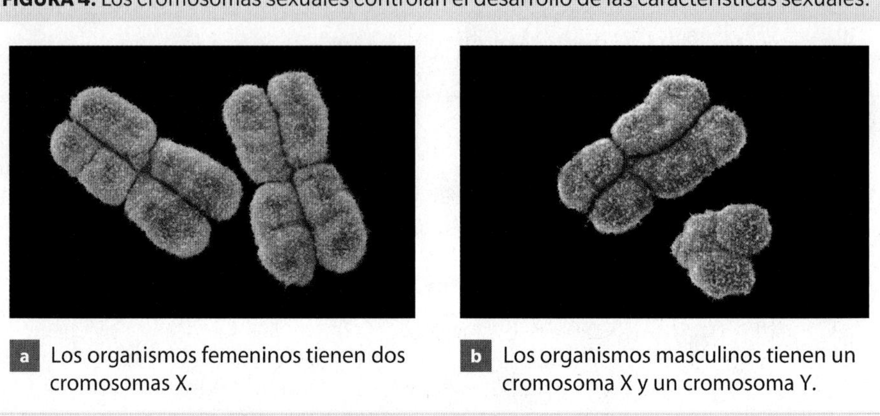

a Los organismos femeninos tienen dos cromosomas X.

b Los organismos masculinos tienen un cromosoma X y un cromosoma Y.

Las células corporales y las células germinales

Los 23 pares de cromosomas que analizaste previamente son de una célula corporal o somática. Las células corporales se llaman diploides porque contienen dos copias de cada cromosoma. Sin embargo, las dos copias no son iguales porque una es de la madre y la otra, del padre. Las células diploides pueden representarse como $2n$. En los seres humanos, el número de cromosomas diploides es 46.

FIGURA 5: Células corporales y gametos (las células no están a escala).

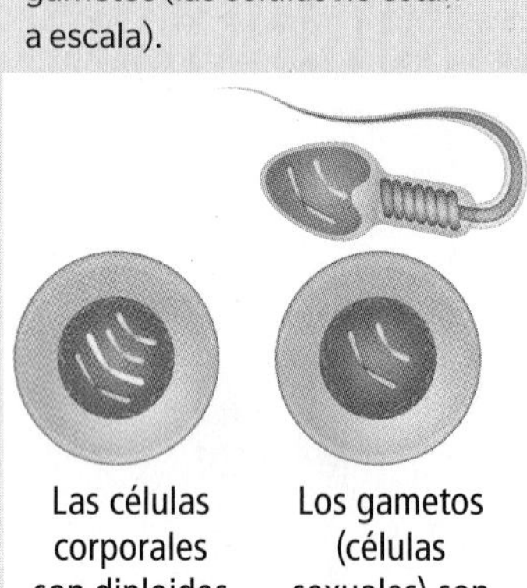

Las células corporales son diploides ($2n$).

Los gametos (células sexuales) son haploides (n).

Además de tener células corporales, el ser humano tiene células germinales en los órganos reproductores. Las células germinales forman gametos, o células sexuales. Las células sexuales masculinas son espermatozoides y las células sexuales femeninas son óvulos. A diferencia de las células corporales, los gametos tienen una única copia de cada cromosoma. Estas células se llaman haploides y pueden representarse como n. Por lo tanto, los gametos humanos contienen 23 cromosomas. Solo el ADN de los gametos se transmite a la descendencia de un organismo. El ADN de las células corporales, no.

La reproducción sexual implica la fusión de dos gametos de diferentes tipos, que genera descendientes que tienen una mezcla genética de ambos progenitores. La unión entre estos dos gametos se llama fertilización. Cuando ocurre la fertilización, los núcleos de un óvulo y de un espermatozoide se fusionan y forman un único núcleo.

Explicar Responde las siguientes preguntas sobre las células corporales y los gametos.

1. ¿Qué ejemplo se te ocurre de una célula corporal de tu cuerpo?
2. ¿Por qué los gametos tienen la mitad de un grupo de ADN? ¿Qué sucedería si tuvieran grupos completos de ADN? Explica tu respuesta.

Image Credits: (tl) (tr) ©Power and Syred/Science Source

El proceso de meiosis

Recuerda que las células corporales se reproducen durante parte del ciclo celular. Durante la mitosis y la citocinesis, el núcleo y el citoplasma se dividen y producen células hijas que son genéticamente idénticas a la célula progenitora. Las células germinales de los órganos reproductores experimentan el proceso de meiosis y forman gametos. La meiosis es una forma de división nuclear que divide una célula diploide en cuatro células haploides. Hay dos rondas de división celular: meiosis I y meiosis II. Este proceso divide el ADN y reduce el número de cromosomas de cada célula resultante a la mitad.

FIGURA 6: La meiosis tiene muchas etapas y produce cuatro células haploides a partir de una célula diploide.

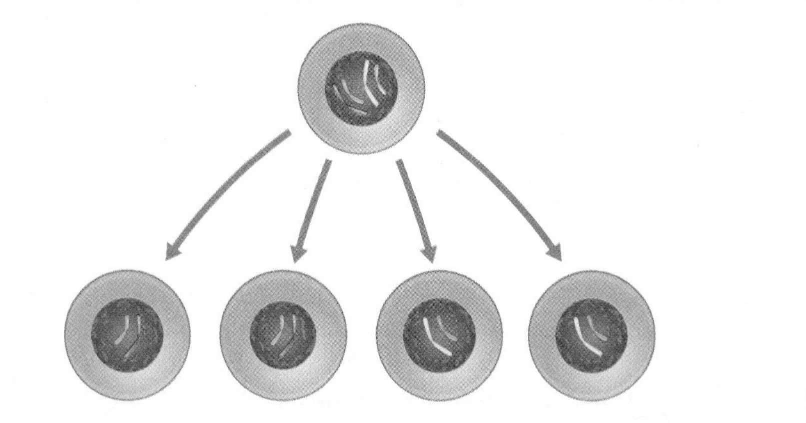

Predecir La meiosis divide una célula en cuatro células, pero cada célula resultante tiene la mitad de ADN que la original. ¿Cómo crees que puede ocurrir este fenómeno?

Los cromosomas y la replicación

Para entender la meiosis es necesario distinguir entre cromosomas homólogos y cromátidas hermanas. Como se muestra en la Figura 7, los cromosomas homólogos son dos cromosomas separados: uno derivado de la madre y otro del padre. Los cromosomas homólogos se parecen porque tienen la misma longitud y los mismos genes. Sin embargo, no son copias exactas el uno del otro. Por el contrario, una cromátida es la mitad de un cromosoma duplicado. Las cromátidas hermanas son los cromosomas duplicados que permanecen unidos (por el centrómero). Los cromosomas homólogos se dividen durante la meiosis I y las cromátidas hermanas se dividen y separan en nuevos gametos durante la meiosis II.

Analizar ¿Cuál es la diferencia entre el material genético de dos cromátidas hermanas y el de los cromosomas homólogos?

FIGURA 7: Los cromosomas homólogos son dos cromosomas separados, mientras que las cromátidas hermanas son cromosomas duplicados que permanecen unidos el uno al otro.

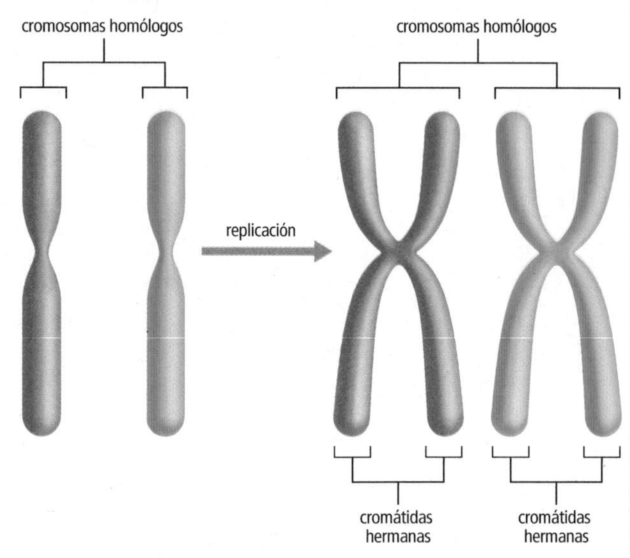

Meiosis I

Antes de que comience la meiosis, se copia el ADN durante la fase S. La meiosis I separa los cromosomas homólogos, lo que produce dos células haploides con cromosomas duplicados. La meiosis I puede describirse en fases distintas, cada una de las cuales es una serie de cambios graduales.

FIGURA 8: La meiosis I y la meiosis II están conformadas por cuatro fases cada una.

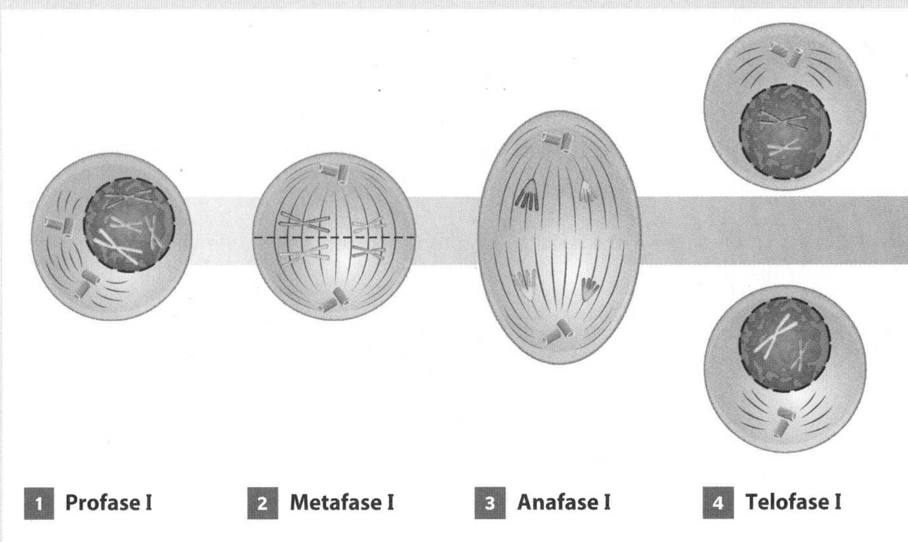

Aprende en línea 

Práctica de laboratorio

Haz un modelo de la meiosis
Haz un modelo para ilustrar cómo la disposición y la separación de los cromosomas durante la meiosis incrementan la diversidad genética.

1. Profase I Durante la primera fase de la meiosis, la membrana nuclear se rompe, los centrosomas y los centríolos se mueven hacia lados opuestos de la célula, y las fibras del huso empiezan a juntarse. Los cromosomas duplicados se condensan y los cromosomas homólogos se emparejan, aparentemente con precisión, gen por gen, a lo largo de toda la cadena. Los cromosomas sexuales también se emparejan entre sí y algunas regiones de su ADN también se alinean.

2. Metafase I Los pares de cromosomas homólogos se alinean al azar en el medio (o ecuador) de la célula, unidos a las fibras del huso. Como resultado, los 23 cromosomas (algunos del padre, otros de la madre) se alinean de cada lado del ecuador de la célula. Esta disposición mezcla las combinaciones de cromosomas y ayuda a crear y mantener la diversidad genética.

3. Anafase I Luego, los cromosomas homólogos emparejados se separan uno del otro y se mueven hacia lados opuestos de la célula. Las cromátidas permanecen juntas durante este paso y a lo largo de la meiosis I.

4. Telofase I La célula experimenta la citocinesis.

Después de la telofase I, la membrana nuclear se forma nuevamente en algunas especies y las fibras del huso se disgregan. Estos cambios ocurren durante un período intermedio entre la meiosis I y la meiosis II.

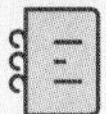

Analizar Observa el modelo de la meiosis I en la Figura 8. Usa el modelo para responder las siguientes preguntas:

1. ¿Cuáles son los productos de la meiosis I? Explícalo en términos del número de células y el material genético que contienen.
2. Describe la disposición de los cromosomas en la metafase I. ¿Por qué crees que los cromosomas se disponen de esta manera?
3. ¿Cuáles son los puntos fuertes y las limitaciones de este modelo?

Meiosis II

La meiosis II separa las cromátidas hermanas, lo que produce cromosomas que no están duplicados. El diagrama de este proceso se aplica a las dos células que se producen en la meiosis I. Es importante notar que no se copia ADN entre la meiosis I y la meiosis II.

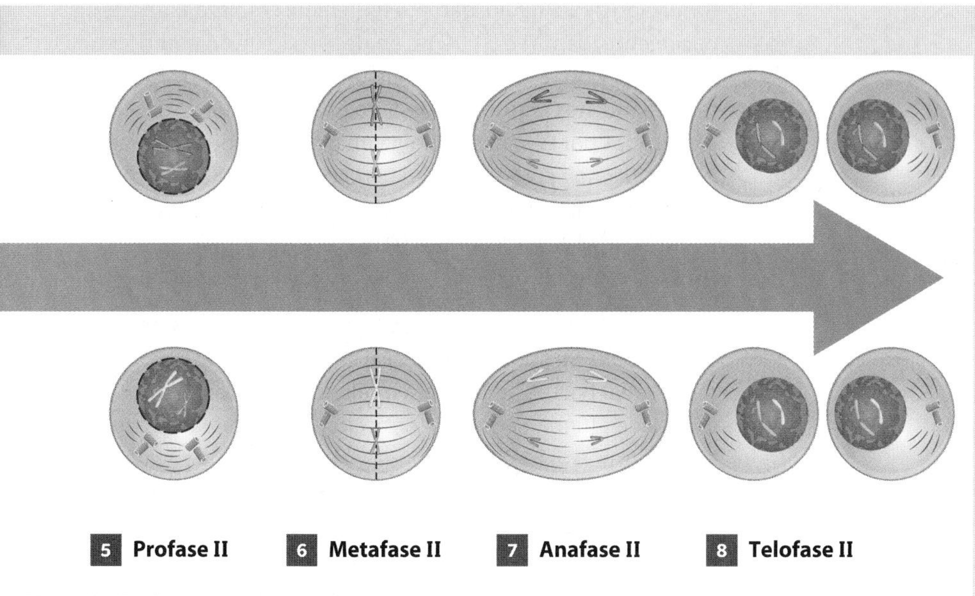

5. Profase II La membrana nuclear se rompe, los centrosomas y los centríolos se mueven hacia lados opuestos de la célula, y las fibras del huso empiezan a juntarse.

6. Metafase II Las fibras del huso alinean los 23 cromosomas en el ecuador de la célula. Cada cromosoma todavía tiene dos cromátidas hermanas en esta etapa.

7. Anafase II Luego, las cromátidas se separan y desplazan hacia lados opuestos de la célula.

8. Telofase II Finalmente, se forman membranas nucleares alrededor de cada conjunto de cromosomas en los extremos opuestos de la célula, las fibras del huso se rompen y la célula atraviesa la citocinesis.

Explicar Según este modelo, ¿todos los gametos producidos por un organismo tienen el mismo material genético? Justifica tu afirmación con evidencias.

Causa y efecto

FIGURA 9: La metafase en la mitosis

Comparar la disposición de los cromosomas

La mitosis, que ocurre en las células corporales, produce dos células genéticamente idénticas. Como la meiosis, la mitosis incluye una metafase. Sin embargo, la disposición de los cromosomas es diferente, lo que afecta la conformación genética de las células finales.

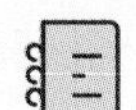

Explicar Responde estas preguntas sobre la metafase en la meiosis y la mitosis.

1. ¿En qué se parece y en qué se diferencia la disposición de los cromosomas en la metafase I y la metafase II de la meiosis? ¿Y respecto de la metafase de la mitosis?
2. ¿Cuáles son los productos finales de la mitosis y de la meiosis? ¿De qué manera afecta la disposición de los cromosomas durante la metafase a la composición genética de los productos finales?

FIGURA 10: Gametogénesis (las células no están a escala).

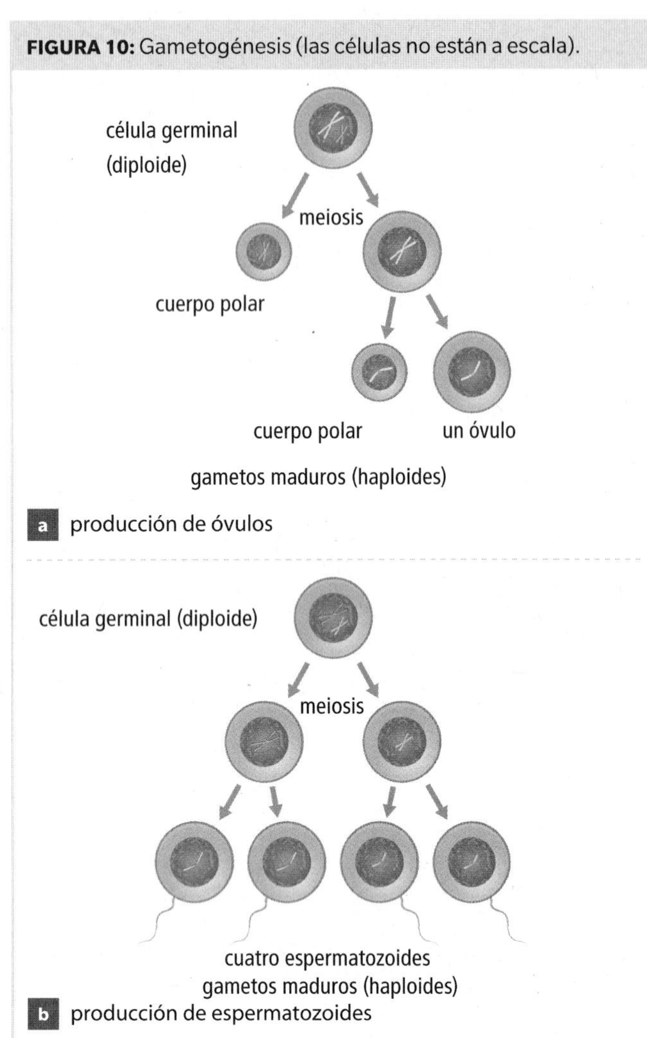

La gametogénesis

Las células haploides producidas por la meiosis no pueden ser fertilizadas hasta haber experimentado cambios adicionales para producir gametos maduros. Las etapas finales de este proceso, llamadas gametogénesis, difieren según el sexo. La formación de un óvulo, gameto femenino, empieza antes del nacimiento, dentro del cuerpo en desarrollo de un embrión femenino, y no termina hasta que un espermatozoide lo fertiliza muchos años después. Solo una de las cuatro células producidas por la meiosis origina un óvulo. Las otras células producidas son cuerpos polares y no pueden ser fertilizadas. Casi todo el citoplasma del cigoto y los organelos viene del óvulo. Como las mitocondrias transportan su propio ADN, el ADN mitocondrial del embrión es idéntico al de la madre.

El espermatozoide, gameto masculino, es mucho más pequeño que el óvulo. Su aporte principal al embrión es el ADN. Como debe nadar hacia el óvulo para fertilizarlo, la capacidad de moverse es fundamental. La formación del espermatozoide comienza con una célula redonda y termina con una célula alargada que puede moverse velozmente. Durante este proceso ocurren cambios significativos. El ADN se comprime y la mayor parte del citoplasma se pierde, lo que da como resultado una cabeza compacta. El espermatozoide desarrolla un flagelo con forma de látigo y un cuello con mitocondrias que le brindan la energía necesaria para impulsar el flagelo. Otros cambios, como la incorporación de proteínas a la membrana celular, también tienen lugar.

Analizar Haz un diagrama de Venn para comparar y contrastar la producción de óvulos y de espermatozoides.

Comparar la mitosis y la meiosis

La mitosis es un proceso de las células corporales, esencial para el crecimiento y desarrollo del organismo. En cambio, la meiosis ocurre en las células germinales.

Explicar Haz una tabla para comparar la mitosis y la meiosis en términos de cantidad y tipo de células producidas, material genético en las células y el papel que cumple cada proceso en el cuerpo. ¿Qué ocurre más frecuentemente en tu cuerpo: la meiosis o la mitosis? Explica tu respuesta.

FIGURA 11: La mitosis y la meiosis producen distintos tipos de células.

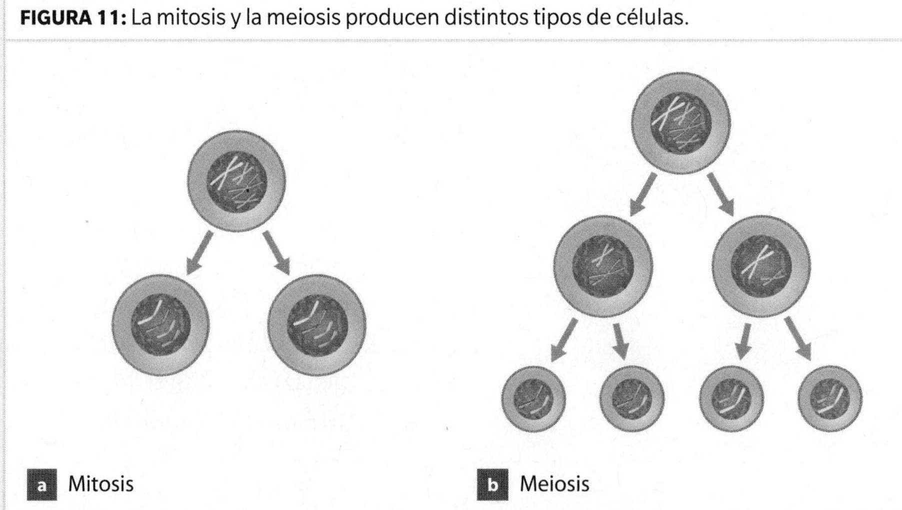

La meiosis y la variación genética

Una de las consecuencias más importantes de la meiosis y la reproducción sexual es el aumento de la diversidad genética dentro de la especie. La variación da cuenta de las diferencias en el material genético de los individuos de una población.

FIGURA 12: La variación genética es responsable de las diferentes versiones de rasgos que puedes ver en la descendencia de este gato.

Los mecanismos de la variación genética

La meiosis y la reproducción sexual aumentan la diversidad genética, o variación genética, dentro de una población. Los gametos tienen combinaciones de genes diferentes de las de sus células progenitoras debido al entrecruzamiento y a la transmisión independiente, los cuales ocurren durante la meiosis.

La transmisión independiente

Cuando los cromosomas homólogos se emparejan durante la metafase I de la meiosis, los cromosomas del padre y los cromosomas de la madre se alinean aleatoriamente a ambos lados del ecuador de la célula. Esta distribución de cromosomas es azarosa. La disposición de un par homólogo no depende de la disposición de ningún otro par homólogo. Por lo tanto, se la conoce como transmisión independiente.

FIGURA 13: La transmisión independiente

Aprende en línea

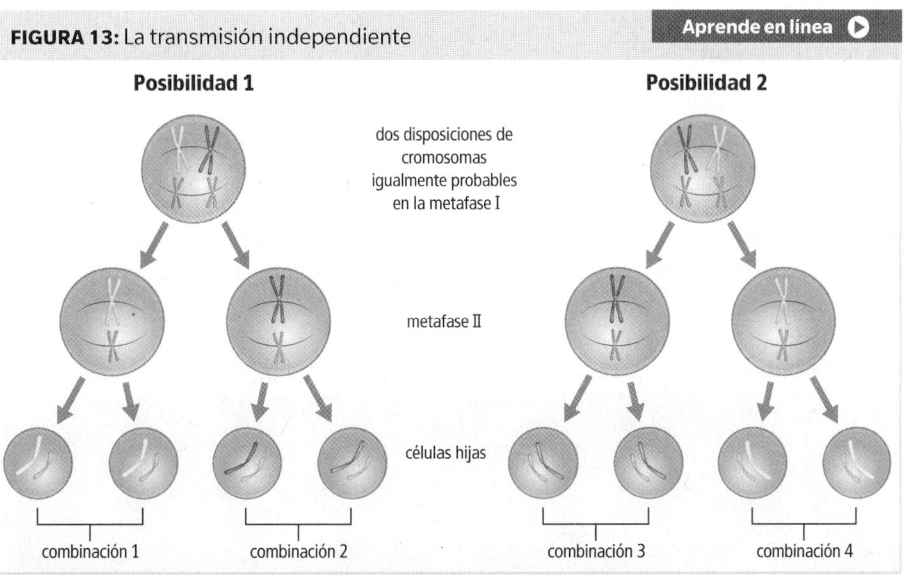

Resolución de problemas

Para determinar el número posible de combinaciones de cromosomas que pueden producirse por la transmisión independiente, puedes usar esta fórmula:

$$\text{Combinaciones} = 2^n$$

donde n = número de cromosomas diferentes.

1. ¿Cuál es el número de posibles combinaciones de cromosomas para una célula humana con 23 cromosomas distintos?
2. ¿Por qué tu respuesta a la Pregunta 1 respalda la afirmación de que la transmisión independiente aumenta la variación en la descendencia?

Image Credits: (t) ©Leonidovich/Fotolia

El entrecruzamiento

El entrecruzamiento es el intercambio de segmentos de cromosomas entre cromosomas homólogos, que sucede durante la profase I en la meiosis I y es un proceso controlado. En esta etapa de la meiosis, cada cromosoma ya está duplicado, las cromátidas hermanas todavía están conectadas y los cromosomas homólogos se han emparejado. Algunas cromátidas están muy cerca unas de otras. Parte de una cromátida de un cromosoma puede desprenderse y unirse al otro cromosoma. Como los entrecruzamientos producen nuevas combinaciones de genes, se trata de un ejemplo de recombinación genética.

FIGURA 14: El entrecruzamiento

Aprende en línea

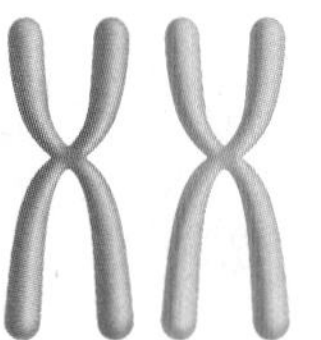

1 Dos cromosomas homólogos se emparejan uno con otro durante la profase I en la meiosis.

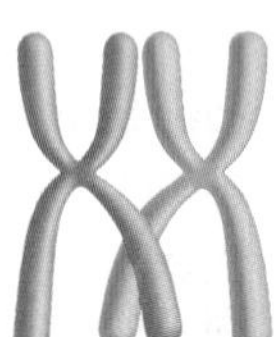

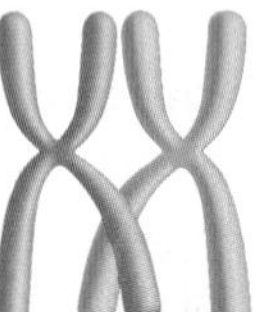

2 En esta posición, algunas cromátidas están muy cerca una de otra y los segmentos se cruzan.

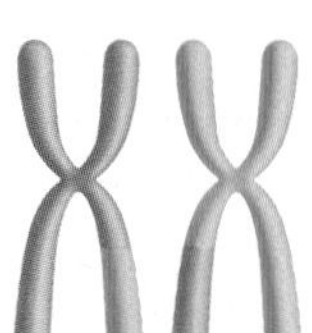

3 Algunos de estos segmentos se desprenden y se unen al otro cromosoma homólogo.

Explicar ¿Cómo contribuye el entrecruzamiento a la diversidad genética?

La fertilización

Una vez que se han formado los gametos maduros durante el proceso de gametogénesis, están listos para la fertilización. En la fertilización, dos gametos de distinto tipo se fusionan, lo que produce un cigoto con un conjunto completo de ADN: la mitad de un progenitor y la mitad del otro. El cigoto así conformado tendrá una combinación única de genes. La mezcla y combinación de material genético durante la meiosis y la fertilización es lo que produce la variación genética en los organismos con reproducción sexual.

FIGURA 15: La fertilización produce un organismo genéticamente único.

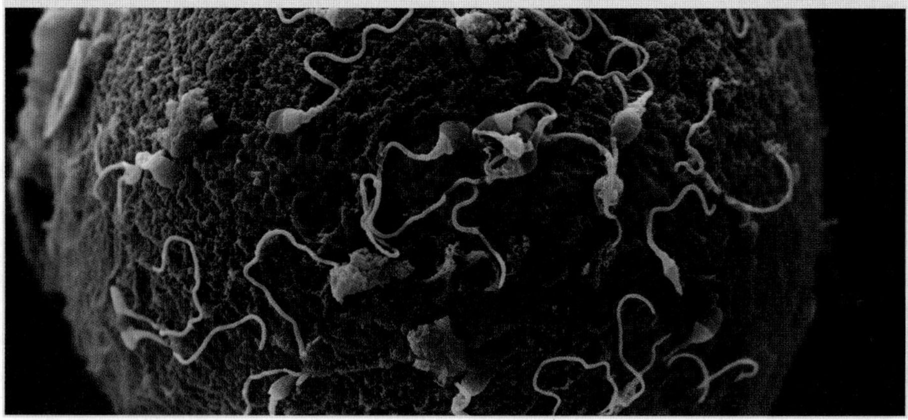

Explicar Usa lo que aprendiste sobre la meiosis y la reproducción sexual para explicar por qué los descendientes no son réplicas exactas de sus progenitores. Tu respuesta debe incluir comentarios sobre la reproducción sexual, la transmisión independiente y el entrecruzamiento.

Image Credits: (b) ©Eye of Science/Photo Researchers, Inc.

Investigación guiada

La duplicación de los genes y la variación genética

FIGURA 16: La duplicación de genes ha influido en los rasgos de los girasoles domésticos.

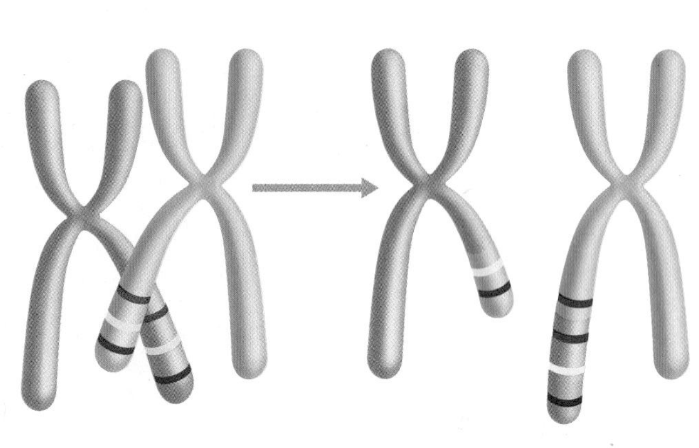

En la metafase I de la meiosis, los cromosomas homólogos intercambian segmentos de ADN a través del entrecruzamiento, lo que produce la variación genética de la descendencia de los organismos con reproducción sexual. A veces, durante los entrecruzamientos, los cromosomas homólogos no se alinean uno con otro correctamente. Si esto sucede, los dos segmentos entrecruzados pueden tener distintos tamaños. Como resultado, un cromosoma puede tener dos copias de uno o más genes, lo que se denomina duplicación de genes. El otro cromosoma puede no tener copia de ese o esos genes, lo que se conoce como deleción de genes.

La duplicación de genes ha ocurrido muchas veces a lo largo de millones de años de evolución eucariota. Por ejemplo, los girasoles domésticos tienen un gen duplicado que alarga el período de crecimiento de la planta. Lo interesante es que la duplicación genética no se debe a la domesticación. Las evidencias muestran que la duplicación ocurrió mucho antes de que los nativos americanos comenzaran a cultivar estas plantas como parte de sus prácticas horticulturales. Simplemente, los nativos americanos prefirieron esta variante de girasol.

Conexión con las artes del lenguaje Realiza una investigación para explicar cómo la duplicación de genes aumenta la variación genética. Comienza por elegir una especie específica para investigar y busca materiales que expliquen cómo la afectó la duplicación de genes. Cuando realices tu investigación, evalúa tus fuentes cuidadosamente para asegurarte de que sean confiables. ¿Presentan datos verificables? ¿Las opiniones pertenecen a un experto o a expertos en este campo? ¿Hay suficientes evidencias para respaldar las afirmaciones que se hacen?

Con tus propias palabras, escribe una explicación de cómo la duplicación de genes por entrecruzamientos desiguales ha influido en la variación genética de ciertas especies. Estas preguntas guiarán tu investigación:

1. ¿Qué especie investigarás y qué evidencias existen de que haya habido duplicación de genes en esta especie?
2. ¿Cómo influyó la duplicación de genes en los rasgos de esta especie?
3. ¿Cuál es la conexión entre la duplicación de genes y la evolución de esta especie?

INVESTIGAR EL NEXO GENÉTICO | REUNIR EVIDENCIAS DE LA DIVERSIDAD GENÉTICA | Conéctate y elige alguna de estas opciones.

Image Credits: (l) ©iStock/ogolne/Getty Images Plus

Autorrevisión de la lección

¿PUEDES EXPLICARLO?

FIGURA 17: ¿Cuáles son las probabilidades de que haya una copia genética tuya en algún lugar?

Ahora que has aprendido sobre la meiosis y la variación genética, piensa de nuevo en la posibilidad de encontrar una copia genética tuya. Según algunas estimaciones, el número de combinaciones genéticas posibles generadas por la meiosis es billones de veces mayor que la cantidad de personas que han vivido alguna vez en la Tierra. Solo la transmisión independiente genera millones de combinaciones posibles de cromosomas. Cada cromosoma contiene entre cientos y miles de genes. Cuando esos genes se mezclan durante la meiosis, resulta posible un número asombroso de combinaciones. Multiplica ese número por la probabilidad de que los gametos que te conformaron se mezclen, y verás que no es casualidad que haya tanta variación en la raza humana.

Explicar En general, ¿cuál es la posibilidad de que haya alguien en el mundo genéticamente idéntico a ti? Consulta las anotaciones de tu Cuaderno de evidencias para responder a esta pregunta con afirmaciones, evidencias y razonamientos. Tu explicación debe incluir comentarios sobre la reproducción sexual, la meiosis, el entrecruzamiento y la transmisión independiente.

1. Haz una afirmación.
2. Justifica tu afirmación con evidencias. Incluye los modelos y los ejemplos necesarios.
3. Explica de qué forma las evidencias que diste justifican tu afirmación. Por ejemplo, piensa en el número de combinaciones de cromosomas posibles generadas por la transmisión independiente. ¿Cómo respalda tu afirmación esta evidencia?

Image Credits: ©Design Pics Inc/Alamy

EJERCICIOS DE REVISIÓN

Comprueba lo que aprendiste

1. Los gametos de la mosca de la fruta tienen 4 cromosomas que representan 2^4, o 16, combinaciones de cromosomas posibles. ¿Cuántas combinaciones de cromosomas resultan de la fertilización entre el óvulo de una mosca de la fruta y un espermatozoide?

2. Un estudiante usa una cuerda para hacer un modelo de cuatro pares de cromosomas homólogos en una célula progenitora. Cada par de cromosomas es de un color diferente. ¿Qué modelo representaría mejor la composición genética de una célula hija producida por la meiosis?
   a. dos cuerdas, ambas con una combinación de colores diferentes
   b. dos cuerdas, ambas del mismo color
   c. cuatro cuerdas, todas con una combinación de colores diferentes
   d. cuatro cuerdas, todas del mismo color

3. ¿Cuál de los siguientes enunciados describe las diferencias entre la mitosis y la meiosis? Elige todas las respuestas correctas.
   a. La mitosis produce células diploides y la meiosis produce células haploides.
   b. La mitosis interviene en la reproducción asexual y la meiosis interviene en la reproducción sexual.
   c. La mitosis solo produce células corporales, mientras que la meiosis produce tanto células corporales como gametos.
   d. La mitosis produce células genéticamente únicas y la meiosis produce células genéticamente idénticas.
   e. La mitosis produce dos células hijas y la meiosis produce cuatro células hijas.

4. Describe dos evidencias que respalden la afirmación de que la reproducción sexual aumenta la variación genética.

5. Identifica el proceso que se muestra en la Figura 18. Luego, explica cómo la figura proporciona evidencias para respaldar la afirmación de que la meiosis aumenta la variación genética.

6. Haz una tabla para clasificar las descripciones de la lista según si hacen referencia a células diploides o haploides.
   - contienen un solo juego de cromosomas, cada uno de un progenitor
   - se representan como 2*n*
   - hacen posible la fertilización
   - son el resultado de la meiosis
   - contienen pares de cromosomas, uno de cada padre
   - se representan como *n*
   - son el resultado de la mitosis

7. ¿Por qué es importante que los gametos humanos tengan la mitad del conjunto de ADN en lugar del conjunto completo? Justifica tu afirmación con razonamientos científicos.

HAZ TU PROPIA GUÍA DE ESTUDIO

En tu Cuaderno de evidencias, diseña una guía de estudio que justifique las ideas principales de esta lección:

Las variaciones genéticas hereditarias se producen por combinaciones genéticas nuevas generadas a través de la meiosis y la reproducción sexual.

La transmisión independiente y el entrecruzamiento son procesos que contribuyen a la variación genética dentro de cada especie.

Recuerda incluir la siguiente información en tu guía de estudio:
- Usa ejemplos que sirvan como modelo de las ideas principales.
- Anota explicaciones del fenómeno que investigaste.
- Presenta evidencias para justificar tus explicaciones. Tu justificación puede incluir dibujos, datos, gráficas, conclusiones de laboratorio y otras evidencias que hayas anotado a lo largo de la lección.

Piensa en cómo los modelos y las explicaciones de esta lección pueden usarse para respaldar una afirmación sobre cómo la meiosis y la reproducción sexual aumentan la variación genética.

FIGURA 18: Este proceso ocurre durante la meiosis.

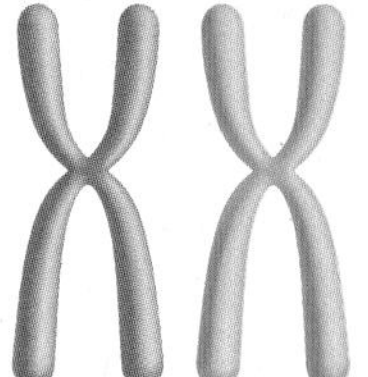

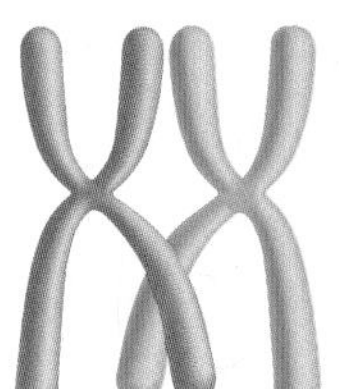

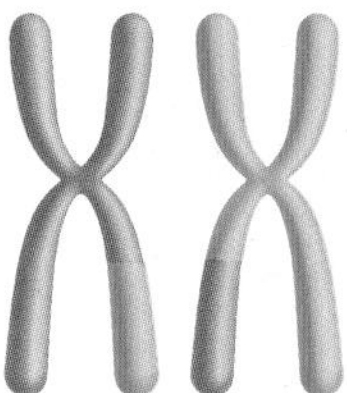

7.2

Mendel y el concepto de herencia

Estas bocas de dragón muestran la gran variedad de colores posibles dentro de esa especie. Este es solo un ejemplo de la infinita variación que se puede hallar en la naturaleza.

¿PUEDES EXPLICARLO?

FIGURA 1: Algunas personas sienten repulsión por ciertos tipos de verduras, como el brócoli. Otras nunca se cansan de comerlo. ¿Cuál es la causa de esta diferencia en las preferencias por los sabores?

Reunir evidencias Mientras trabajas con la lección, reúne evidencias acerca de cómo se heredan los rasgos a través de los genes que se transmiten de los progenitores a su descendencia.

Si la sola idea de un plato grande de brócoli te hace querer huir de la mesa, ten presente que no eres el único. A algunas personas no les gusta el sabor del brócoli. Sin embargo, muchos otros disfrutan del sabor de esta verdura. Los seres humanos tenemos variaciones en las preferencias por los sabores, así como tenemos variaciones en el color del pelo o de los ojos. ¿Qué explica estas diferencias? ¿Te gustan los mismos alimentos que a tus padres o hermanos? ¿Son los genes los que determinan tus preferencias en cuanto a los sabores, o ellas dependen de otras influencias, tales como el medio ambiente?

Predecir ¿Crees que las preferencias alimentarias se transmiten de padres a hijos, o el medio ambiente desempeña algún papel? Explica tu respuesta.

Image Credits: (t) ©Supachita Krerkkaiwan/Shutterstock; (b) ©Lasse Kristensen/Alamy

Los conceptos fundamentales de Mendel sobre la genética

Una consecuencia importante de la reproducción sexual es la variedad de rasgos que se produce por la redistribución de los genes. Estos rasgos son características distintivas que se heredan. Los científicos ya sabían que los rasgos de los organismos varían y que la descendencia se parece a sus progenitores, aunque no suceda siempre. Lo que seguía siendo un misterio era *por qué* variaban los rasgos.

FIGURA 2: Estos gatos muestran una variedad de rasgos heredados.

Colaborar Con un compañero, identifica al menos tres rasgos que varían entre los gatos que se muestran en la Figura 2.

El diseño experimental de Mendel

Lo que sabemos de la herencia proviene de las bases creadas a mediados del siglo XIX por un monje austríaco llamado Gregor Mendel. Sus experimentos con plantas de guisantes cambiaron la forma en que los científicos veían la transmisión de los rasgos. Los científicos de la época creían que los rasgos de los progenitores se mezclaban en la descendencia, como se mezclan dos colores de pintura. Sin embargo, esta idea no explicaba por qué los rasgos específicos de un extremo del espectro de rasgos se observaban en muchas generaciones sucesivas, sin estar todos mezclados ni "diluidos".

Mendel eligió trabajar con plantas de guisantes debido a su rápida tasa de reproducción y al hecho de que podía controlar su polinización fácilmente. Comenzó con plantas de raza pura como generación progenitora. Raza pura significa, por ejemplo, que si una planta con flores moradas se autofertiliza, solo producirá descendencia con flores moradas. En sus experimentos, Mendel controló la reproducción para impedir la autofertilización. Además, interrumpió el proceso de autofertilización para cruzar plantas con rasgos específicos. Luego observó los resultados de cada cruzamiento. Mendel también usó las matemáticas para analizar los datos experimentales reunidos de cientos de cruzamientos de plantas de guisantes.

Aprende en línea

Práctica de laboratorio

Investiga los rasgos y la herencia Planea y realiza una investigación para determinar cómo se hereda el albinismo en las plantas de tabaco.

FIGURA 3: Mendel quitó las partes masculinas de las flores y luego fertilizó las partes femeninas con el polen de otra planta.

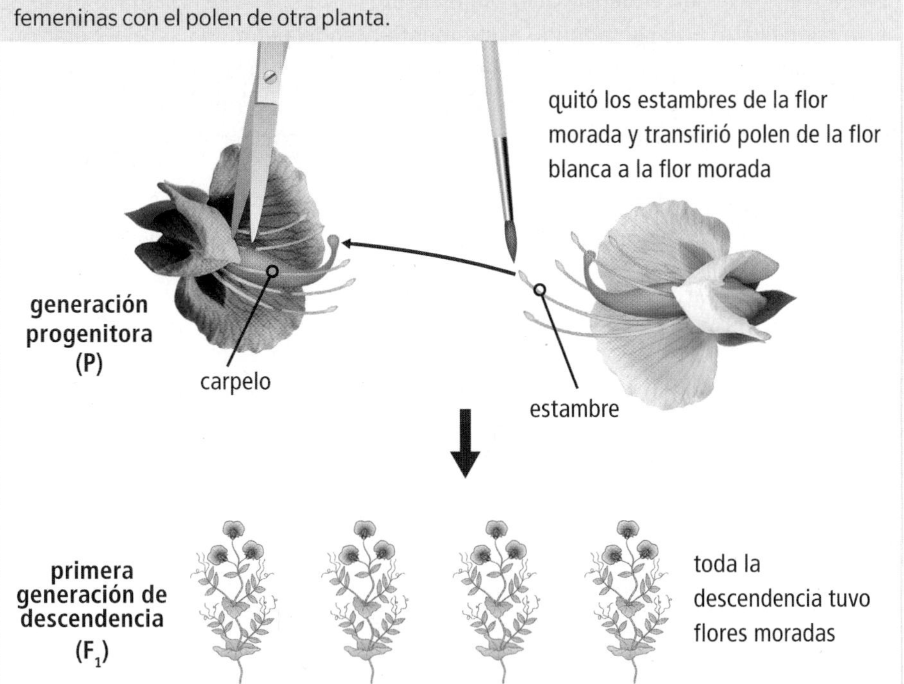

Analizar ¿Por qué Gregor Mendel polinizó las plantas él mismo en lugar de dejar que las plantas se autopolinizaran?

Image Credits: (t) ©Andrey Kuzmin/Fotolia

Las observaciones de Mendel

En sus experimentos, Mendel observó siete rasgos de las plantas de guisantes. Ahora sabemos que estos rasgos específicos están asociados a genes ubicados en diferentes cromosomas o suficientemente separados en el mismo cromosoma para permitir el entrecruzamiento. Sin embargo, Mendel no lo sabía. Los rasgos que estudió se muestran en la Figura 4. Cada rasgo muestra una característica simple, sin una forma intermedia. Por ejemplo, la planta es alta o baja, pero no de altura mediana. La elección de estos rasgos que ocurren o no fue crucial para que Mendel pudiera identificar los patrones que observó. Si hubiera elegido otros rasgos o una especie diferente, quizá no habría llegado a las mismas conclusiones.

FIGURA 4: Mendel trabajó con siete rasgos presentes en plantas de guisantes.

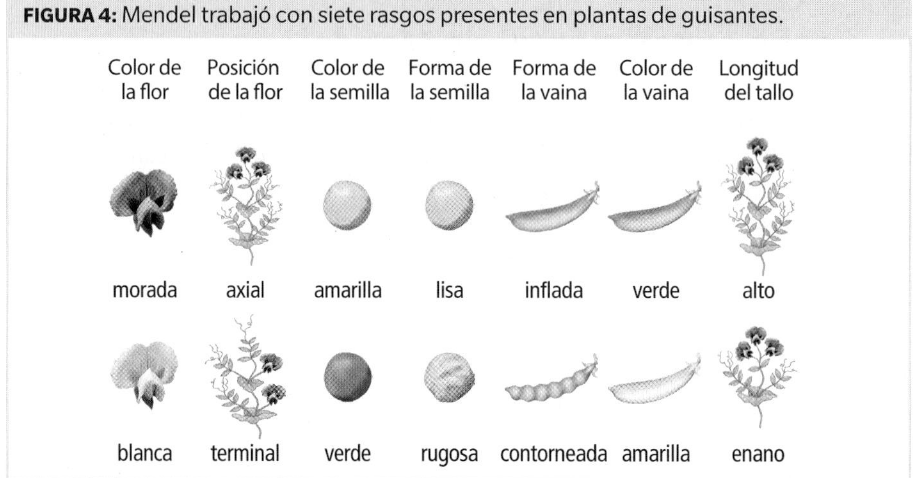

Explicar En la Figura 4 se muestran las características que Mendel observó antes de iniciar sus experimentos. ¿Qué pregunta harías sobre la manera en que se transmiten estos rasgos de una generación de plantas a la siguiente?

Un cruzamiento genético es el apareamiento de dos organismos. Al polinizar una flor hembra de una planta específica con el polen de otra, Mendel hizo un cruzamiento. Así pudo observar los resultados de cruzamientos específicos.

Dos de los cruzamientos experimentales de Mendel se muestran en la Figura 5. En el primero, cruzó una planta de guisantes de flores blancas de raza pura con otra de flores moradas de raza pura. Estas plantas originales son los progenitores, o la generación P. A la descendencia que resulta de ese cruzamiento se la llama primera generación filial, o F_1. En el segundo experimento, Mendel permitió que la generación F_1 se autofertilizara, lo que significa que esta vez él no controló la polinización. Recuerda que ambas plantas F_1 tenían flores moradas. La descendencia de estos cruzamientos, denominada generación F_2, tuvo un conjunto diferente de rasgos.

FIGURA 5: Las plantas de flores blancas y moradas de raza pura se cruzaron para formar la generación F_1. Las plantas F_1 luego se autofertilizaron y produjeron las plantas F_2.

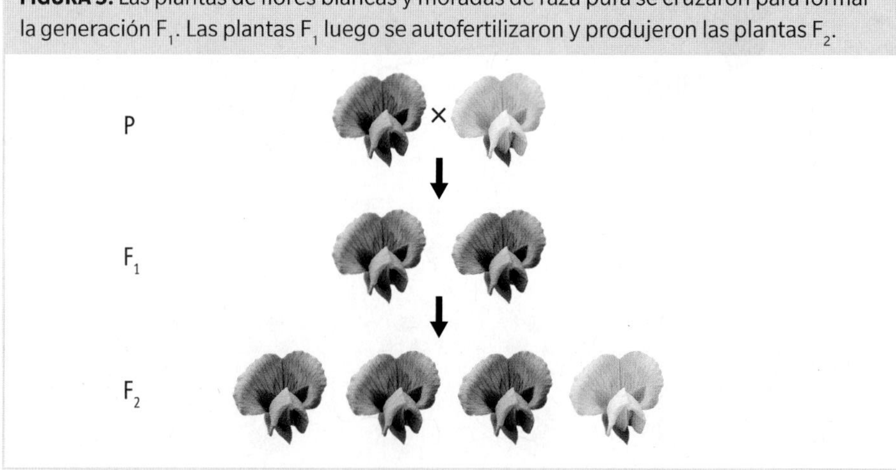

Colaborar Comenta estas preguntas con un compañero.

1. ¿Qué patrón surgió cuando se cruzó la generación P?
2. ¿Qué patrones surgieron cuando se cruzó la generación F_1?
3. ¿Qué crees que habría preguntado Mendel después de ver estos resultados?

Mendel realizó cruzamientos similares con las plantas de la generación F_1, que son monohíbridos. Un monohíbrido se produce al cruzar dos progenitores con diferentes variaciones de un rasgo. Mendel observó los rasgos originales en las plantas F_2. En todos los casos, en la descendencia de estos cruzamientos hubo muchas plantas con una versión de un rasgo y algunas plantas con la versión alternativa. Los resultados de estos cruzamientos se muestran en la Figura 6.

Análisis de datos

Los datos de Mendel

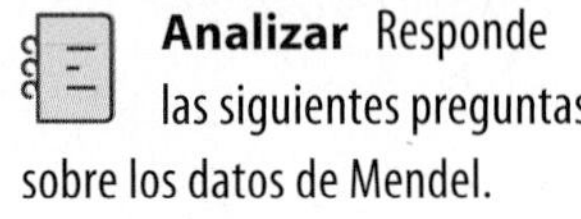

Analizar Responde las siguientes preguntas sobre los datos de Mendel.

1. ¿Qué patrones observas en los datos?
2. ¿Qué preguntas podría haber hecho Mendel después de ver estos datos?

FIGURA 6: Mendel permitió que las plantas híbridas F_1 se autofertilizaran, lo que dio como resultado la reaparición de algunos rasgos que previamente estaban ocultos.

Resultados del cruzamiento monohíbrido de Mendel			
Rasgos F_1	Dominante	Recesivo	Razón
Forma de los guisantes	5474 lisos	1850 rugosos	2.96:1
Color de los guisantes	6020 amarillos	2001 verdes	3.01:1
Color de las flores	705 moradas	224 blancas	3.15:1
Forma de las vainas	882 infladas	299 contorneadas	2.95:1
Color de las vainas	428 verdes	152 amarillas	2.82:1
Posición de las flores	651 axiales	207 terminales	3.14:1
Altura de las plantas	787 altas	277 bajas	2.84:1

Las conclusiones de Mendel

Después de cuidadosas observaciones de sus experimentos y de revisar los datos, Mendel se dio cuenta de que ciertos rasgos, como las flores blancas, no habían desaparecido; solo estaban temporalmente enmascarados. Tampoco habían sido alterados por otros rasgos ni se habían mezclado para formar un rasgo nuevo. Mendel llegó a la conclusión de que los rasgos se heredan como "factores" separados, o unidades independientes, que pasan de la generación progenitora a su descendencia.

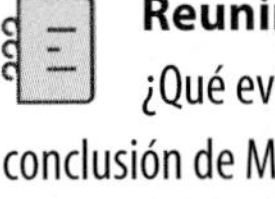

Reunir evidencias ¿Qué evidencias justifican la conclusión de Mendel de que los rasgos se heredan de la generación progenitora como unidades separadas?

Recuerda que cada gameto de un organismo diploide tiene solo una versión de un gen, porque los gametos son haploides, o tienen la mitad del número de cromosomas que las células corporales. Durante la meiosis, los cromosomas homólogos se separan y se depositan en los gametos. Dos gametos se fusionan durante la fertilización, por lo que el organismo resultante tiene dos copias de cada gen, una de cada progenitor. Esta información, con la que Mendel no contaba, se corresponde con sus resultados experimentales y sus conclusiones sobre la herencia. La separación de los alelos durante la formación de los gametos se denominó Ley de la segregación.

Explicar Durante la anafase I de la meiosis, las copias del mismo gen se separan cuando los cromosomas homólogos se mueven a lados opuestos de la célula. Estos cromosomas pueden o no contener la misma información genética. Presenta las evidencias de la meiosis para explicar de qué manera se produce la separación de los genes y por qué los gametos solo tienen una copia de cada gen. ¿Por qué el proceso de la meiosis justifica la Ley de la segregación?

FIGURA 7: Anafase I

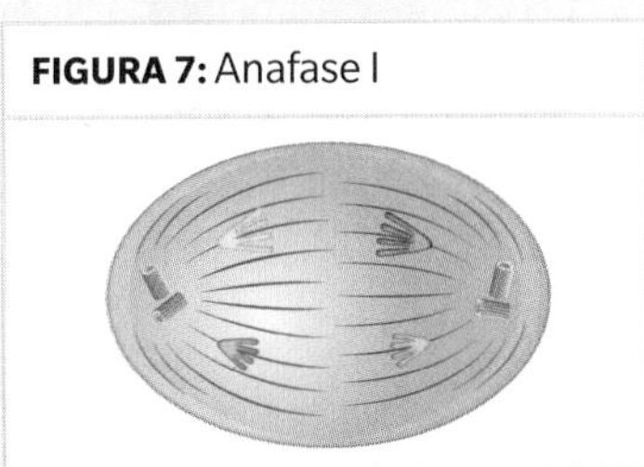

Rasgos, genes y alelos

En la actualidad contamos con mucha información sobre el ADN y los genes, que fue descubierta mucho después de Mendel. Su hipótesis de la existencia de un factor hereditario con información genética era correcta. Esos factores se llaman genes.

Genes y alelos

Un gen es un trozo de ADN que proporciona un conjunto de instrucciones a una célula para que esta fabrique una determinada proteína. Cada gen tiene un locus, que es una ubicación específica en un par de cromosomas homólogos. El locus es la "dirección" que indica dónde se halla ubicado un gen en un cromosoma. En las células humanas, hay 23 pares de cromosomas homólogos, lo que da un total de 46. Los genes situados en los cromosomas, que se transmiten a la descendencia durante la reproducción, son la base de la herencia. El hecho fundamental que reveló Mendel es que lo que se transmite de una generación a la siguiente no son los rasgos, sino los genes responsables de esos rasgos.

FIGURA 8: Los alelos son diferentes formas de un gen. Están ubicados en la misma posición en cromosomas homólogos.

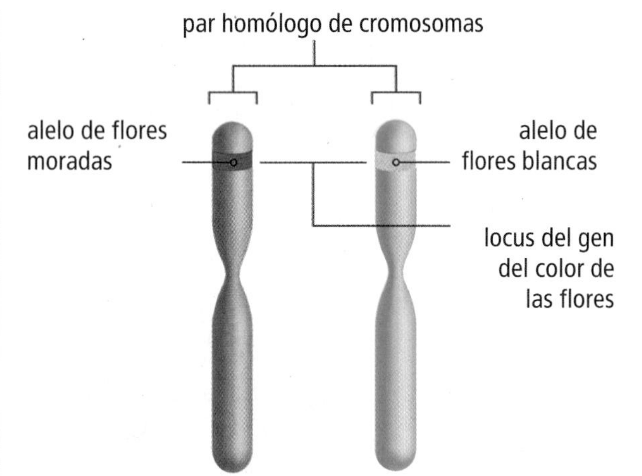

Los genes contienen información genética, que varía mucho de un organismo a otro debido a los diferentes alelos. Un alelo es cualquiera de las variantes o versiones de un gen que pueden darse en un locus específico. Las células humanas tienen dos alelos de cada gen, que se hallan en cromosomas homólogos. Tú recibes un alelo de un progenitor y un alelo de tu otro progenitor. Esto mismo se cumple para casi todos los organismos que se reproducen sexualmente, incluidas las plantas de guisantes. Los rasgos observados en los experimentos de Mendel, como el color de la flor o la altura de la planta, son el resultado de diversos alelos.

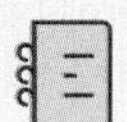

Explicar ¿Cuál es la relación entre un alelo y un gen?

FIGURA 9: Alelos homocigotos y heterocigotos

alelos homocigotos
rugoso
rugoso
alelos heterocigotos
rugoso
liso

Combinaciones de alelos

Las células del cuerpo contienen dos alelos de cada gen. Estos alelos pueden ser iguales o pueden ser diferentes. El término homocigoto describe dos alelos iguales en un locus específico. El término heterocigoto describe dos alelos diferentes en el mismo locus. Por ejemplo, puedes heredar un alelo de pecas de un progenitor y otro alelo de ausencia de pecas de tu otro progenitor. Lo mismo se cumple para las plantas de guisantes. Una planta de guisantes puede tener un alelo de flor morada y un alelo de flor blanca, lo que la hace heterocigota para ese rasgo.

Reunir evidencias ¿Qué pregunta podrías hacer sobre la forma en que se expresan los rasgos si un organismo tiene alelos heterocigotos de un rasgo?

Rasgos

Cuando describimos pares de alelos homocigotos o heterocigotos, nos referimos a la composición genética real de un organismo, que se denomina genotipo. Si una planta de guisantes tiene un alelo de semillas lisas y un alelo de semillas rugosas, se dice que es heterocigota. Ambos alelos componen su genotipo aunque un rasgo estará enmascarado. Las características físicas reales, o rasgos, de un individuo componen su fenotipo. La planta puede tener un alelo de semillas rugosas, pero el fenotipo que se expresa es de semillas lisas.

FIGURA 10: Cuando están presentes dos alelos diferentes de un gen, solo se expresa el alelo dominante.

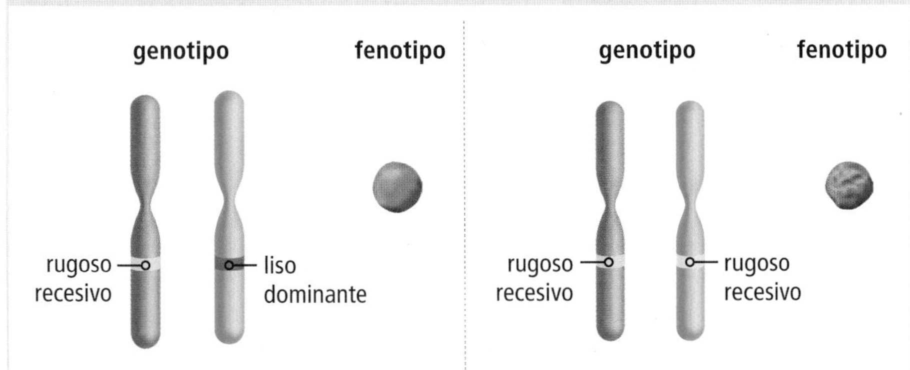

Reunir evidencias Según lo que sabes acerca de los estudios de Mendel sobre las flores moradas y blancas, ¿por qué el genotipo y el fenotipo pueden ser distintos?

A veces, solo un alelo del par influirá en el rasgo. Como demostraron los resultados de Mendel, en algunos casos un alelo puede ser dominante sobre otro alelo. Un alelo dominante es el alelo que se expresa si están presentes dos alelos diferentes o dos alelos dominantes. Un alelo recesivo es el alelo que se expresa únicamente si están juntas dos copias recesivas.

La combinación de alelos, o el genotipo, de un organismo suele representarse con un conjunto de letras. Como cada célula del cuerpo contiene dos alelos por gen, se necesitan dos letras para representar los alelos del par. Las letras mayúsculas representan los alelos dominantes y las letras minúsculas representan los alelos recesivos.

En los cromosomas que se muestran en la Figura 10, el alelo dominante, *L*, codifica para guisantes lisos. El alelo recesivo, *l*, codifica para guisantes rugosos. El fenotipo liso se producirá si una o dos copias del alelo dominante están presentes. Por lo tanto, las plantas que son homocigotas dominantes (*LL*) o heterocigotas (*Ll*) tendrán guisantes lisos. El fenotipo rugoso, por otro lado, solo se produce cuando están presentes dos copias del alelo recesivo. Únicamente las plantas con el genotipo homocigoto recesivo (*ll*) tendrán guisantes rugosos.

Analizar En las plantas de guisantes, *A* representa el alelo de una planta alta, que es un rasgo dominante, y *a* representa el alelo de una planta enana, o baja, que es el rasgo recesivo. Identifica si los genotipos *Aa*, *aa* y *AA* son homocigotos dominantes, homocigotos recesivos o heterocigotos. Luego identifica el fenotipo de cada uno.

Explicar Usa lo aprendiste sobre las contribuciones de Mendel a la genética para responder las siguientes preguntas.

1. Cuando Mendel cruzó dos plantas de flores moradas de la generación F1, halló que de cada cuatro flores, tres eran moradas y una era blanca. ¿Cuál de estos rasgos, morada o blanca, es más probable que sea el rasgo dominante? Explica tu razonamiento.
2. Escribe dos preguntas que podrías hacer para aprender más sobre la forma en que las preferencias alimentarias, como el hecho de que a alguien no le guste el brócoli, se transmiten de padres a hijos.

Más allá de la genética mendeliana

Al usar plantas de guisantes, Mendel pudo seguir los patrones dominantes y recesivos fácilmente predecibles de la herencia. Ahora sabemos que la expresión de la mayoría de los fenotipos es mucho más compleja. Son muy pocos los rasgos humanos que siguen la relación dominante y recesiva, o las leyes "mendelianas" de la herencia.

Los patrones complejos de la herencia

La teoría básica de la herencia de Mendel era correcta, pero su investigación no podría haber explicado la totalidad de las continuas variaciones de muchos de los rasgos. Una gran cantidad de rasgos son el resultado de alelos que tienen un rango de dominancia, más que de una estricta relación dominante y recesiva.

Dominancia incompleta y codominancia

A veces, los alelos muestran dominancia incompleta, en la que un fenotipo heterocigoto es un intermedio entre los dos fenotipos homocigotos. Este patrón genera un resultado combinado. Por ejemplo, el cruzamiento entre una boca de dragón de flores blancas y otra boca de dragón de flores rojas da como resultado una descendencia de flores rosadas. Otras veces, ambos alelos de un gen se expresan equitativamente y aparecen en el fenotipo. Estos alelos muestran codominancia y ambos rasgos se expresan completa y separadamente. Por ejemplo, cuando cierta raza de gallinas de plumas blancas se cruza con el fenotipo de plumas negras de la misma raza, sus descendientes tienen plumas moteadas en blanco y negro.

FIGURA 11: Dominancia incompleta y codominancia

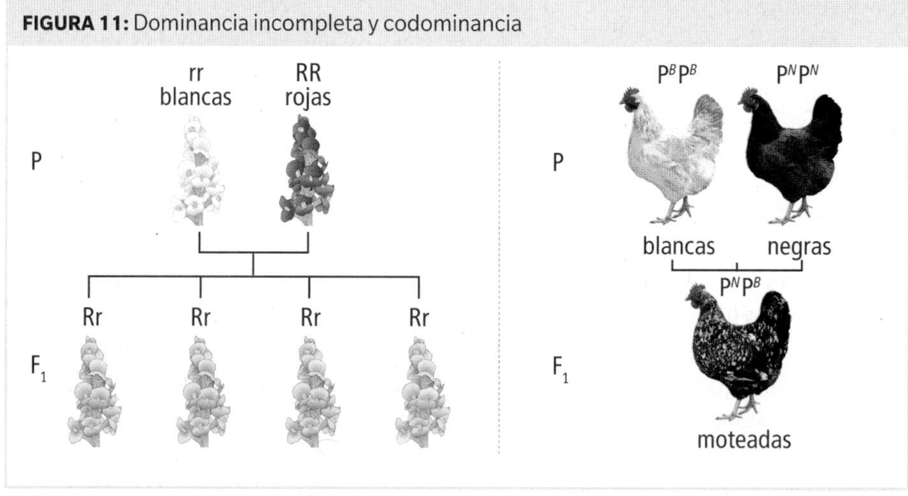

FIGURA 12: El grupo sanguíneo humano está controlado por un alelo múltiple y dos de esos alelos son codominantes.

antígeno A

antígeno B

ambos antígenos

ningún antígeno

Alelos múltiples

En algunos casos, hay más de dos alelos posibles en una población. El grupo sanguíneo humano es un ejemplo de alelos múltiples. Los tres alelos se llaman I^A, I^B, e *i*. Tanto el alelo I^A como el alelo I^B dan como resultado una proteína, llamada antígeno, que se ubica en la superficie de los glóbulos rojos. El alelo *i* es recesivo y no genera antígenos. Una persona que tenga el genotipo de I^Ai tendrá sangre de tipo A, y una que tenga un genotipo de I^Bi tendrá sangre de tipo B. Los alelos I^A e I^B también son codominantes, lo que significa que una persona que tiene el genotipo de I^AI^B tendrá sangre de tipo AB. Las personas que tienen el genotipo de *ii* tienen glóbulos rojos sin antígenos y sangre de tipo O.

Rasgos ligados al sexo

Recuerda que los seres humanos tienen 23 pares de cromosomas y que al último par se lo denomina cromosomas sexuales. Estos cromosomas, X e Y, contienen diferentes genes, que constituyen un patrón único de herencia. Muchos de los genes observados en el cromosoma X no tienen genes correspondientes en el cromosoma Y, simplemente porque el cromosoma Y es mucho más pequeño. Los varones solo tienen una copia del cromosoma Y, por lo que cualquier gen recesivo presente en un cromosoma Y se expresará. Todo gen recesivo de un cromosoma X también se expresará en los varones, porque no hay un segundo cromosoma X que enmascare la expresión del alelo recesivo. Los genes ubicados en un cromosoma X o Y se denominan genes ligados al sexo. Un ejemplo de un rasgo determinado por un gen ligado al sexo es el daltonismo rojo-verde, que ocurre con más frecuencia en los varones.

FIGURA 13: Las personas que padecen daltonismo rojo-verde no pueden distinguir entre los colores rojo y verde.

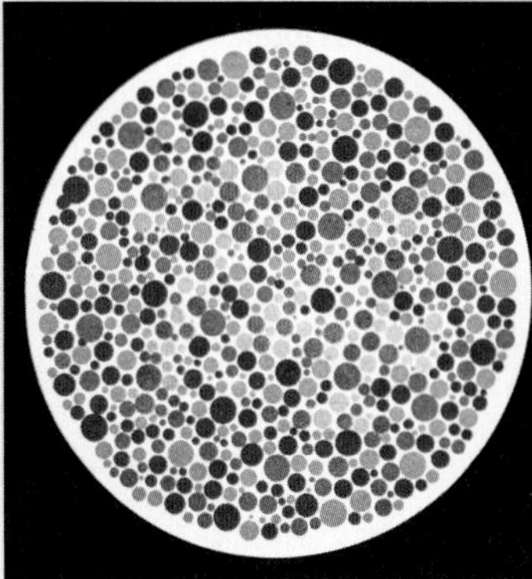

Las mujeres tienen el doble del número de genes presentes en un cromosoma X, pero no necesitan el doble del número de proteínas asociadas a ellos. Un proceso conocido como inactivación de X resuelve este dilema. Solamente un cromosoma X está activo, mientras que el otro está silenciado o tiene muy pocos genes activos. La inactivación de X da como resultado una expresión de los genes más equilibrada entre varones y mujeres.

Explicar El gen del daltonismo rojo-verde está ubicado en el cromosoma X. ¿Quién transmite el gen del daltonismo a los hijos: la madre o el padre? Explica tu respuesta.

Rasgos poligénicos

A diferencia de los rasgos que estudió Mendel, los rasgos de la mayoría de las plantas y los animales son en realidad el producto de varios genes. Muy pocos rasgos de los seres humanos están controlados por un solo gen. La estatura es un ejemplo de un rasgo poligénico, en el que múltiples genes contribuyen al fenotipo general observado. Los genes de la estatura que heredas de tu madre y tu padre se acumulan y es probable que la estatura final que alcances se deba en parte al efecto acumulativo de esos genes. Los científicos han descubierto más de 600 genes que influyen en la estatura. Estos rasgos complejos muestran un continuo de fenotipos, desde la estatura muy baja hasta la estatura muy alta. Los rasgos poligénicos suelen mostrar una curva en forma de campana cuando se los representa gráficamente. Muchas personas están alrededor de la media y muy pocas están en uno u otro extremo.

Epistasia

Otro rasgo poligénico es el color del pelaje de los ratones y otros mamíferos. En los ratones interactúan al menos cinco genes diferentes para producir el fenotipo. Dos genes dan al ratón su color general. Un gen afecta el sombreado del color y otro gen determina si el ratón tendrá manchas. Sin embargo, el quinto gen que interviene en el color del pelaje del ratón puede enmascarar a todos los demás. En casos como este, un gen, llamado gen epistático, puede interferir con la expresión de los demás genes. Se dice que los genes que modifican la expresión de otro gen muestran epistasia.

FIGURA 14: El albinismo de este ualabí es consecuencia de un gen epistático que bloquea la producción de pigmento.

En el albinismo, un único gen epistático interfiere con la expresión de los demás genes. El albinismo se caracteriza por la falta de pigmento en la piel, el pelo y los ojos. Un ratón que es homocigoto para los alelos que impiden la coloración del pelaje será blanco, independientemente de los fenotipos que normalmente provienen de los otros cuatro genes. Una persona que tiene dos alelos recesivos para el albinismo tendrá la piel, el pelo y los ojos muy claros, independientemente de los otros genes que haya heredado.

Image Credits: (t) ©Steve Allen/Brand X/Corbis; ©Artush/Fotolia

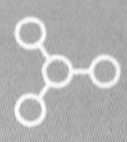

Causa y efecto

FIGURA 15: Varios genes diferentes interactúan para producir la gama de colores de los ojos humanos.

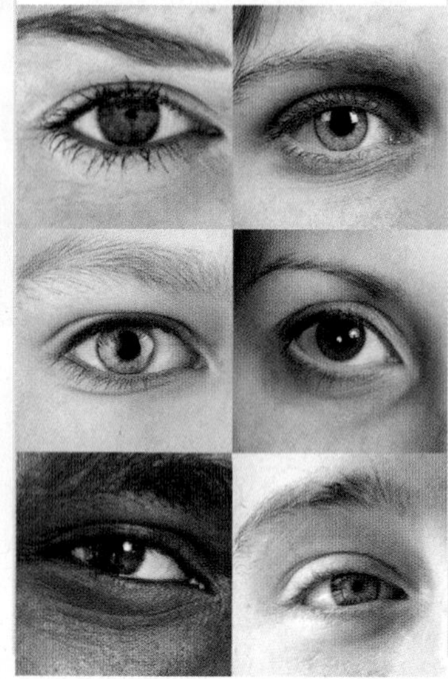

Los genes del color de los ojos

Otro ejemplo de epistasia se da en el color de los ojos de los seres humanos. Dos genes que se cree que son responsables del color de los ojos se llaman *OCA2* y *HERC2*, ambos se ubican en el cromosoma 15. El gen *OCA2* codifica para una proteína que interviene en el almacenamiento de pigmento en el iris. Esta proteína permite a las células almacenar melanina, el pigmento que influye en la coloración del ojo. Una mayor cantidad de esta proteína da lugar a ojos más oscuros, que pueden verse de color café. Una menor cantidad de la proteína da lugar a ojos más claros, que pueden parecer azules. Sin embargo, la expresión del gen *OCA2* puede ser activada o inactivada por una mutación en otro gen. Este gen, llamado *HERC2*, puede reducir la expresión del *OCA2* y hacer que se almacene menos melanina en el iris, lo que da como resultado ojos azules. Se sabe que varios otros genes contribuyen al color de los ojos, como los genes que dan lugar a los ojos verdes.

Analizar Haz un diagrama simple para representar la situación descrita en cada pregunta. Usa el diagrama como evidencia para justificar tus explicaciones.

1. Un niño hereda de su madre una copia funcional del gen *OCA2*, pero recibe una versión mutada de ese mismo gen por parte del padre. Predice el color de sus ojos. Explica tu respuesta.
2. Otro niño hereda dos copias funcionales del gen *OCA2*, pero también hereda dos copias del gen *HERC2* que suprime la expresión de los genes *OCA2*. ¿Qué puedes predecir sobre el color de los ojos de este niño? Explica tu respuesta.

Los genes y el medio ambiente

El medio ambiente también interactúa con los genes e influye en su expresión. Las influencias ambientales, como la temperatura, la dieta, la luz e incluso el pH, interceden en la expresión de innumerables rasgos de plantas y animales. Por ejemplo, el sexo de las tortugas marinas depende tanto de los genes como de su medio ambiente. Las tortugas hembras hacen nidos en la playa y entierran sus huevos en la arena. Los huevos que maduran en temperaturas más cálidas dan lugar al nacimiento de hembras. Los huevos que maduran en temperaturas más frías dan lugar al nacimiento de machos.

Los genes y el ambiente también interactúan para determinar ciertos rasgos humanos. Por ejemplo, la estatura de una persona está determinada por los genes, pero los factores ambientales, como el estilo de vida y la nutrición, también afectan a la estatura. Los estudios realizados en gemelos idénticos han demostrado que el medio ambiente del desarrollo temprano puede tener efectos duraderos. Un gemelo podría obtener más nutrientes que el otro debido a su posición en el útero de la madre. Esta diferencia puede dar como resultado diferencias de estatura y tamaño que duran toda la vida de los gemelos. Además, los gemelos criados en entornos con dietas y cuidados de la salud diferentes suelen tener estaturas y otros rasgos físicos diferentes.

Reunir evidencias ¿Cómo pueden influir los patrones de la herencia en las preferencias por los sabores? ¿Qué factores ambientales podrían influir en este rasgo?

Image Credits: (tl), (bl) ©PeopleImages/iStock/Getty Images Plus; (tr) ©Houghton Mifflin Harcourt; (cl) ©Bo Valentino/Shutterstock; (cr) (br) ©ARENA Creative/Shutterstock

Profesiones de las ciencias

La genómica: El estudio del genoma

La genómica es una rama de la biología que analiza la secuencia de ADN de organismos específicos y la compara con la de otros organismos con el objetivo de obtener información sobre la función particular de los genes. Los científicos de este campo pueden estudiar el código de ADN de un organismo, la longitud y el número de genes o la ubicación de los genes en los cromosomas. Les interesa hallar semejanzas y diferencias en el genoma de diversos organismos.

Para dedicarse a la genómica, es necesaria una formación sólida en biología molecular, matemáticas y estadísticas. Los especialistas en genómica analizan y presentan enormes cantidades de datos con computadoras. El uso de bases de datos biológicos informatizadas para su organización y análisis se llama bioinformática. La atención al detalle y una gran curiosidad también son cualidades esenciales tanto en esta como en otras áreas científicas.

Un área de la genómica llamada mapeo genético tuvo su inicio con el mapeo de un virus simple en 1977. Hasta la fecha, los científicos han mapeado el genoma de cientos de animales, como ratones, ranas y chimpancés. La secuencia de nuestro propio genoma se completó en 2003, como parte del Proyecto del Genoma Humano.

También se ha estudiado la secuenciación del ADN de las plantas. Las sandías, los betabeles azucareros, el arroz y el trigo cuentan con su mapa genómico. En la actualidad, los científicos suelen usar técnicas llamadas de secuenciación de nueva generación, más eficaces que las técnicas anteriores, con las que se obtienen millones de copias de ADN en un breve lapso. En el año 2000 se obtuvo la secuenciación del genoma de una planta: la Arabidopsis, una pequeña planta con flores de la familia de la mostaza. Todavía se usa como organismo modelo para la investigación de los procesos de las plantas con flores. Los especialistas en genómica y los biólogos botánicos investigan juntos los alelos variantes de la Arabidopsis para saber más sobre otras plantas, incluidas las que se usan como alimento. Conocer la secuencia del ADN de la Arabidopsis permite a los científicos usar esa información y compararla con otras plantas. La investigación del genoma del arroz y del maíz tiene como objetivo producir variedades que rindan más, sean menos susceptibles de contraer enfermedades y crezcan en condiciones de sequía.

FIGURA 16: La genómica intenta entender mejor nuestro código genético para descubrir cómo los genes influyen en nuestros rasgos, nuestra salud e incluso nuestro futuro.

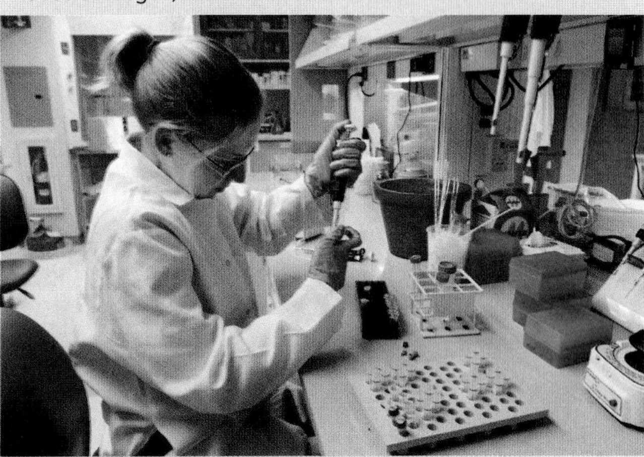

El estudio del genoma de los animales da a los profesionales de muchos campos de investigación información valiosísima sobre la manera en que podrían funcionar nuestros propios genes y lo que pasa cuando no funcionan bien. La secuenciación del genoma de las plantas da a los científicos información sobre cómo desarrollar cultivos más productivos. Los conocimientos adquiridos en el campo de la genómica sin duda tendrán efectos de gran alcance en las industrias, como la investigación farmacéutica, la asistencia médica y la agricultura.

Conexión con las artes del lenguaje
Escribe un informe breve para responder estas preguntas.

- ¿Crees que te gustaría ser genomista? ¿Por qué?
- ¿De qué organismo te gustaría estudiar el ADN y por qué?
- ¿Por qué crees que estudiar el genoma de otros animales podría proporcionar información valiosa?
- ¿Por qué los científicos podrían interesarse por el genoma de las plantas?
- ¿Cómo nos ha mejorado la vida la genómica?
- ¿Por qué los cambios en la tecnología podrían cambiar la forma en que estudiamos el genoma de los organismos?

COMENTARIO: SECUENCIAR TU PROPIO GENOMA | **EVALUAR AFIRMACIONES: EL COLOR DE LOS OJOS Y NUESTROS ANTEPASADOS** | Conéctate y elige alguna de estas opciones.

Image Credits: ©Emile Wamsteker/Bloomberg/Getty Images

Autorrevisión de la lección

¿PUEDES EXPLICARLO?

FIGURA 17: Tal vez si de niño te hubieran dado diferentes opciones de alimentos, tus elecciones alimentarias serían diferentes hoy.

A lo largo de esta lección, has explorado los rasgos heredados. Tanto los genes como el medio ambiente interceden en la formación de las personas. Tener una dieta saludable es una parte importante del crecimiento y la preservación de la salud a medida que envejecemos. Sin embargo, algunos alimentos no resultan tan atractivos para algunas personas. Los investigadores están estudiando cómo se desarrollan nuestras preferencias alimentarias: ¿es genética o viene determinada por el medio ambiente? Esta pregunta es un ejemplo del debate de larga data de "naturaleza vs. crianza". Los médicos y los científicos siempre han sostenido que los padres deben proporcionar una variedad de alimentos saludables a los niños de modo que estén familiarizados con estos sabores desde una edad temprana. Pero ¿tenemos genes que nos predisponen a que nos gusten o no, como en el caso del brócoli, ciertos alimentos? Varios estudios han vinculado un gen específico a un receptor de sabor que percibe al brócoli y a verduras similares como amargos, mientras que las personas que no tienen este gen no detectan el amargor. Este hallazgo tiene sentido desde un punto de vista biológico, ya que la recepción del sabor es un proceso bioquímico. Sin embargo, otros estudios sugieren que existe una especie de "ventana alimentaria" cuando los niños tienen tan solo cuatro meses de edad. Durante este lapso sensible, la exposición a diferentes alimentos puede influir en la elección de alimentos del niño más adelante en la vida. Algunos creen que este período crítico es el momento en que los niños deben ser expuestos a tantos alimentos y sabores diferentes como sea posible.

Explicar En lo relativo a cuestiones como las preferencias alimentarias, ¿de qué manera influyen la genética y el medio ambiente sobre los rasgos? En tu respuesta, comenta lo siguiente:

- ¿Cómo se transmiten usualmente los rasgos de los progenitores a su descendencia?
- ¿De qué manera las relaciones dominantes-recesivas pueden influir sobre el rasgo que se expresa en el fenotipo del organismo?
- ¿Cómo influyen otros genes y el medio ambiente en la expresión de los genes?

Image Credits: ©Lasse Kristensen/Alamy

EJERCICIOS DE REVISIÓN

Comprueba lo que aprendiste

1. ¿Cuál de las siguientes afirmaciones describe mejor la relación entre los genes y los rasgos?
   a. Los genes codifican para la producción de proteínas específicas. Estas proteínas dan lugar a diferentes rasgos.
   b. Los genes y los rasgos funcionan juntos para producir proteínas.
   c. Los rasgos contienen instrucciones para la producción de proteínas y los genes son el resultado observable de esas proteínas.
   d. Los genes se expresan según las instrucciones de los rasgos.

2. ¿Por qué Mendel quitó los estambres de algunas plantas de guisantes durante sus primeros experimentos? Elige todas las respuestas correctas.
   a. para impedir que se produzca la reproducción
   b. para controlar qué plantas progenitoras tenían permitido reproducirse
   c. para impedir la autofertilización de las plantas de guisantes
   d. para permitir que las plantas de guisantes se reprodujeran asexualmente

3. La generación F_1 de plantas de guisantes de Mendel era heterocigota. ¿Qué significa esta afirmación?
   a. Todas las plantas de la descendencia tenían el rasgo recesivo.
   b. La mitad de las plantas de la descendencia tenía el rasgo dominante, mientras que la otra mitad tenía el rasgo recesivo.
   c. La descendencia tenía dos alelos idénticos del mismo gen.
   d. Las plantas tenían dos alelos diferentes del mismo rasgo.

4. ¿Cuál de los siguientes enunciados describe mejor por qué no se observa un rasgo recesivo en la descendencia de un cruzamiento entre un progenitor homocigoto dominante y otro progenitor homocigoto recesivo?
   a. La descendencia será heterocigota y el alelo dominante enmascara la expresión del alelo recesivo.
   b. Los alelos recesivos se mezclan con alelos dominantes para formar un rasgo intermedio.
   c. La descendencia probablemente será homocigota dominante para este rasgo y, por lo tanto, mostrará el rasgo dominante.
   d. Los alelos dominantes destruirán los alelos recesivos.

5. ¿Cuál de las siguientes preguntas se puede responder con la Ley de la segregación de Mendel?
   a. ¿Por qué en la descendencia de una planta homocigota alta (*AA*) y una homocigota baja (*aa*) todas las plantas parecen altas?
   b. ¿De qué manera pasan los rasgos de una generación a la siguiente?
   c. ¿Cómo puede una planta que es heterocigota para la altura (*Aa*) tener descendencia tanto alta como baja?
   d. ¿Por qué las plantas de guisantes altas no tienen todas, además, flores moradas?

6. Usa las siguientes palabras para completar este enunciado: *fenotipo, genotipo, heterocigoto, homocigoto, rasgos, alelos, genes*
   Los cromosomas contienen _____, que ayudan a determinar los _____ de un organismo. Los genes vienen en variantes llamadas _____, y puede que los dos progenitores no tengan el mismo tipo de alelo. La combinación real de genes que un organismo recibe de sus progenitores se dice que es su _____, mientras que el rasgo que se expresa como resultado se conoce como su _____. Si un descendiente recibe el mismo tipo de alelo de un gen determinado de cada progenitor, se dice que es _____ para ese rasgo. Si los alelos son diferentes, es _____.

7. Explica por qué un alelo recesivo solamente puede expresarse cuando el organismo es homocigoto.

HAZ TU PROPIA GUÍA DE ESTUDIO

En tu Cuaderno de evidencias, diseña una guía de estudio que justifique la idea principal de esta lección:

Tanto los genes como el medio ambiente influyen en la expresión de los rasgos que se transmiten de los progenitores a su descendencia.

Recuerda incluir la siguiente información en tu guía de estudio:
- Usa ejemplos que sirvan como modelo de las ideas principales.
- Anota explicaciones para el fenómeno que investigaste.
- Presenta evidencias para justificar tus explicaciones. Tu justificación puede incluir dibujos, datos, gráficas, conclusiones de laboratorio y otras evidencias que hayas anotado a lo largo de la lección.

Ten en cuenta cómo funcionan los genes para producir los rasgos, cómo interactúan los diferentes genes y cómo el medio ambiente influye en los genes.

7.3

Rasgos y probabilidad

El color del maíz, *Zea mays*, es un rasgo heredado.

¿PUEDES RESOLVERLO?

FIGURA 1: Un criador de gatos cruzó una gata de color anaranjado con un gato de color negro.

a Gata

b Gato

c Gatita color pardo de la camada

Reunir evidencias ¿Qué puedes determinar del hecho de que solo los gatitos heredaron el fenotipo de la madre?

Los criadores de animales seleccionan a los animales que cruzan según las características que desean. Imagina un criador de gatos que desea una camada de gatitos en la que la mitad tenga el pelaje completamente anaranjado y la otra mitad, completamente negro. El criador decide cruzar una gata anaranjada con un gato negro. La camada resultante está formada por tres gatitos anaranjados y tres gatitas pardas. El pelaje pardo es una mezcla de los pelajes anaranjado y negro. El criador logró obtener gatitos completamente anaranjados, pero no hubo gatitos negros en la camada.

Predecir Responde las siguientes preguntas en tu Cuaderno de evidencias:

1. ¿Por qué la camada de gatitos no fue mitad negra y mitad anaranjada?
2. ¿Por qué hubo solo gatitas de color pardo?

Image Credits: (t) ©Kaj R. Svensson/SPL/Photo Researchers, Inc.; (bl) ©adogslifephoto/Fotolia; (bc) ©Eric Isselée/Fotolia; (br) ©Eric Isselée/Fotolia

Predecir las próximas generaciones

Las pruebas que hizo Gregor Mendel con plantas de guisantes de raza pura de flores blancas (*mm*) y de flores moradas (*MM*) produjeron una generación heterocigota morada (*Mm*) F_1. Cuando las plantas F_1 se autopolinizaron, reaparecieron las flores blancas. Las plantas F_2 eran un cuarto *MM*, la mitad *Mm* y un cuarto *mm*.

FIGURA 2: Las plantas moradas de la generación F_1 se autopolinizaron y produjeron la generación F_2.

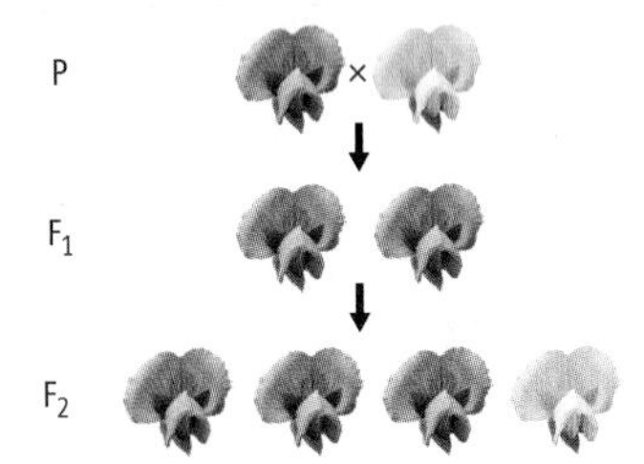

Predecir Si cruzaras dos plantas de la generación F_2, ¿qué procedimiento seguirías para determinar los genotipos de la generación siguiente?

Hacer modelos de cruzamientos genéticos

A principios del siglo XX, varios científicos británicos ampliaron el trabajo de Mendel. Uno de ellos, R. C. Punnett, exploró cruzamientos genéticos con gallinas y otras especies. El modelo que desarrolló rastrea los alelos que cada progenitor puede donar para predecir el resultado de los cruzamientos.

FIGURA 3: El vizsla común tiene el pelaje liso, pero el vizsla de pelo crespo tiene el pelaje crespo.

a Vizsla de pelaje liso

b Vizsla de pelaje crespo

La textura del pelaje de los perros es una característica que se hereda. Algunos perros, como el vizsla, pueden tener el pelaje liso o crespo, y este rasgo es controlado por un gen. El alelo del pelaje crespo es dominante, y se lo designa *C*, y el alelo del pelaje liso es recesivo y se lo designa *c*.

Imagina que un criador de perros quiere cruzar dos vizslas de pelo crespo y que ambos perros son heterocigotos para el rasgo. Cada progenitor es heterocigoto para el rasgo de pelaje crespo, así que cada uno tiene dos alelos diferentes para la textura del pelaje. Durante la meiosis, los alelos se separan en gametos. Hay dos gametos posibles por cada progenitor, uno para cada alelo que contiene el macho o la hembra.

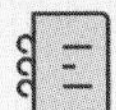

Analizar ¿Qué alelos puede transferir cada progenitor vizsla heterocigoto en sus gametos?

El genotipo de un organismo indica qué alelos contiene el organismo para una cierta característica. Cada gameto contiene un alelo por cada rasgo en el ADN de un organismo. Punnett descubrió una relación entre los gametos de los progenitores y el genotipo de sus descendientes. Usó esta relación para desarrollar una tabla simple, ahora conocida como el cuadrado de Punnett, que predice todos los genotipos posibles de los descendientes que sean el resultado de un cruzamiento específico. Este modelo es una manera rápida y fácil de determinar el resultado probable de un cruzamiento.

Image Credits: (l) ©tmart_foto/Fotolia; (r) ©scarlet61/Fotolia

FIGURA 4: Se usa un cuadrado de Punnett para hacer un modelo del cruzamiento de dos progenitores con genotipos conocidos.

Aprende en línea

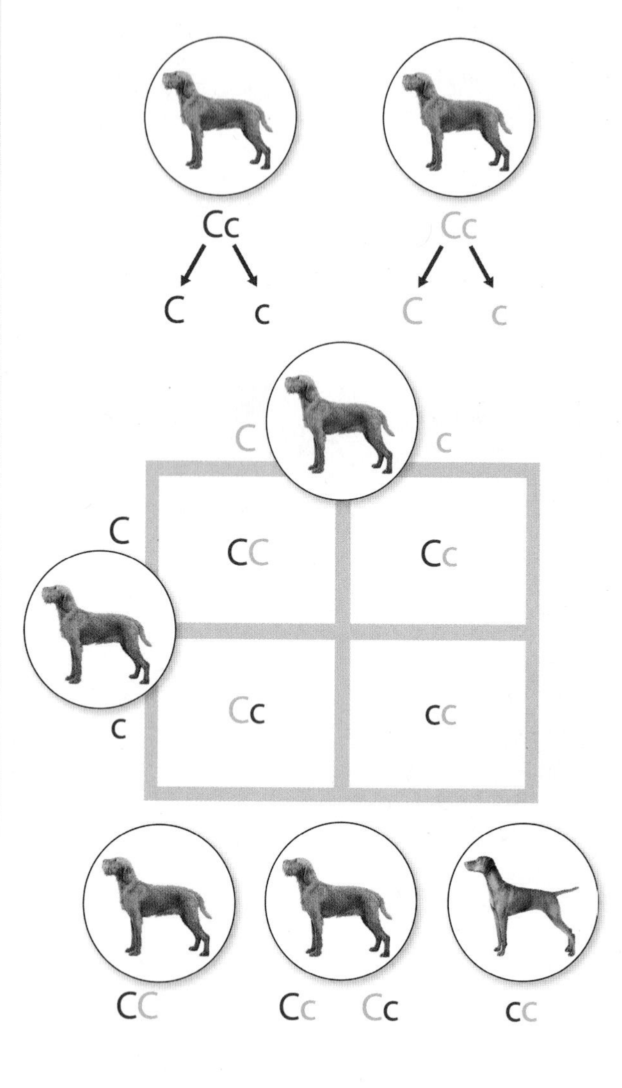

En la Figura 4 se muestra un modelo del cruzamiento entre dos vizslas heterocigotos de pelo crespo. Como cada progenitor dona un gameto a cada uno de sus descendientes, los gametos tendrán un alelo dominante del pelaje crespo (*C*) o un alelo recesivo del pelaje liso (*c*).

Para completar un cuadrado de Punnett, divide un cuadrado en cuatro secciones iguales. Escribe los alelos de cada progenitor en el exterior del cuadrado, un conjunto sobre las columnas y un conjunto a la izquierda de las filas. Escribe primero el alelo dominante.

Luego, rellena cada casilla del cuadrado de Punnett con el alelo del progenitor de la parte superior de la columna y el alelo del progenitor del comienzo de la fila. Cuando las completes, cada casilla tendrá un alelo de cada progenitor.

El cuadrado de Punnett completado muestra tres genotipos posibles de tipo de pelaje: homocigoto dominante (*CC*), heterocigoto (*Cc*), u homocigoto recesivo (*cc*). Según estos genotipos, podemos predecir que hay una probabilidad de uno entre cuatro de que se presente el genotipo *CC*. Hay una probabilidad de dos entre cuatro de que se presente el genotipo *Cc*. Finalmente, hay una probabilidad de uno entre cuatro de que se presente el genotipo *cc*.

En este cruzamiento, tanto el genotipo homocigoto dominante como el heterocigoto tendrán pelaje crespo. Solo el genotipo homocigoto recesivo tendrá pelaje liso.

Conexión con las matemáticas El alelo del pelaje crespo (*C*) es dominante sobre el alelo del pelaje liso (*c*). Usa el cuadrado de Punnett para responder las siguientes preguntas:

1. ¿Qué porcentaje de los cachorros tendrá el mismo genotipo que los progenitores, *Cc*?
2. ¿Qué porcentaje de los cachorros tendrá el fenotipo de pelaje crespo?
3. ¿Qué porcentaje de los cachorros tendrá el fenotipo de pelaje liso?

Un cuadrado de Punnett representa procesos complejos enfocándose en rasgos deseados y no en un genoma. Al tomar las letras que representan el genotipo de los progenitores y colocarlas en el exterior del cuadrado de Punnett, se puede ver la segregación de los cromosomas homólogos y posiblemente de diferentes alelos durante la meiosis. Cada gameto contiene una sola versión del gen y existe la misma probabilidad de que un gameto contenga un alelo u otro.

La asignación de los alelos a las casillas vacías representa la fertilización. Así como los gametos haploides se unen para formar un cigoto diploide, los alelos de los progenitores se unen para formar pares de letras en el cuadrado de Punnett. Los pares de letras representan posibles genotipos de los descendientes. Este es el verdadero valor de un cuadrado de Punnett. Al hacer modelos de estos procesos se puede predecir el genotipo de los descendientes de un cruzamiento específico.

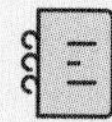

Analizar ¿Qué representan las letras ubicadas arriba y al costado del cuadrado de Punnett?

Calcular probabilidades

Los científicos usan una rama de las matemáticas denominada *probabilidad* para determinar qué posibilidades hay de que la descendencia nazca con determinadas características. La probabilidad es la posibilidad de que ocurra un resultado, como que un perro nazca con el pelo duro. Esta ecuación sirve para determinar la probabilidad de que ocurra un suceso:

$$\text{probabilidad} = \frac{\text{número de maneras en que puede ocurrir un suceso específico}}{\text{número total de resultados posibles}}$$

Una manera fácil de explorar la probabilidad es lanzar una moneda. Cada lanzamiento tiene dos resultados posibles: cara o cruz. La probabilidad de que salga cara es una entre dos, o $\frac{1}{2}$. La probabilidad de que salga cruz también es una entre dos, o $\frac{1}{2}$. Se suele expresar en una escala de 0 a 1: 0 es un resultado imposible y 1 es un resultado seguro.

Piensa en qué ocurre si lanzas dos monedas al mismo tiempo, como en la Figura 5. Los resultados de los dos lanzamientos son independientes, así que el resultado de una moneda no influye sobre el resultado de la otra. Puede salir cara o cruz al lanzar cualquiera de las dos monedas. Calcula la probabilidad de que dos sucesos independientes ocurran juntos multiplicando la probabilidad de los sucesos individuales. La probabilidad de lanzar cara es $\frac{1}{2}$. Por lo tanto, la probabilidad de lanzar dos caras juntas es $\frac{1}{2} \times \frac{1}{2} = \frac{1}{4}$.

FIGURA 5: Un cuadrado de Punnett refleja la probabilidad de que dos sucesos independientes ocurran al mismo tiempo.

	$\frac{1}{2}H$	$\frac{1}{2}T$
$\frac{1}{2}H$	$\frac{1}{4}HH$	$\frac{1}{4}HT$
$\frac{1}{2}T$	$\frac{1}{4}HT$	$\frac{1}{4}TT$

Las probabilidades son promedios, no números exactos. Si lanzas una moneda dos veces, no siempre saldrá una cara y una cruz; pueden salir dos caras o dos cruces. Cuantas más veces repitas un suceso, más cerca estarás del promedio descrito por la probabilidad.

Conexión con las matemáticas Usa la Figura 4 y determina las probabilidades.

1. ¿Cuál es la probabilidad de un genotipo *Cc*? ¿Y de un genotipo *CC*?
2. ¿Cuál es la probabilidad de que nazca un cachorro con pelo liso?

En el cruzamiento de la Figura 4, ¿qué sucesos deberían ocurrir para producir un cachorro heterocigoto? El padre podría donar el alelo dominante (C) y la madre, el alelo recesivo (c). También podría ocurrir el suceso inverso. Ambos sucesos producirían un cachorro heterocigoto y ambos tienen la misma probabilidad de ocurrir.

La probabilidad de un suceso que puede ocurrir de más de una manera es igual a la suma de las probabilidades de que ocurran los sucesos individuales. Entonces, la probabilidad de que un espermatozoide con un alelo dominante fertilice a un óvulo con un alelo recesivo es $\frac{1}{4}$. La probabilidad de que un espermatozoide con un alelo recesivo fertilice a un óvulo con un alelo dominante también es $\frac{1}{4}$. Por lo tanto, la probabilidad de producir un heterocigoto se puede calcular así $\frac{1}{4} + \frac{1}{4} = \frac{1}{2}$. En otras palabras, hay una probabilidad de una entre dos de que nazca un cachorro heterocigoto (CC) para el pelo crespo.

Patrones

El patrón de la herencia que se observa en los organismos que se reproducen sexualmente se explica por la probabilidad, por lo que las probabilidades son particularmente útiles para analizar algunos principios matemáticos presentes en la herencia.

Explicar ¿Cómo puede ayudarte un cuadrado de Punnett a explicar el fenotipo de los gatitos del principio de la lección? Usa lo que sabes sobre la meiosis para justificar tu respuesta.

Determinar el tipo de cruce genético

FIGURA 6: Caballo Bashkir rizado

En la mayoría de las razas de caballos, el pelaje liso es dominante sobre el pelaje rizado. El alelo recesivo es responsable de los pelajes naturalmente rizados que aparecen ocasionalmente en algunas razas de caballos. Como el gen es recesivo, estos casos son raros. En unas pocas razas de caballos, como en los caballos Bashkir, el alelo del pelaje rizado, *R*, es dominante y el alelo del pelaje liso, *r*, es recesivo.

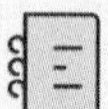

Predecir Imagina que cruzaste un caballo Bashkir de pelaje liso con un caballo Bashkir de pelaje rizado. ¿Cómo podrías determinar los posibles resultados de este cruzamiento?

Analizar la herencia de un rasgo

Todos los cruzamientos genéticos analizados hasta ahora se han referido a un rasgo, desde el color de las flores en las plantas de guisantes hasta la textura del pelaje en los perros. Un cruzamiento que examina un rasgo es un cruzamiento monohíbrido. Hay tres tipos básicos de cruzamientos monohíbridos: el cruzamiento homocigoto-homocigoto, el cruzamiento heterocigoto-heterocigoto y el cruzamiento heterocigoto-homocigoto.

FIGURA 7: Cruzamiento homocigoto-homocigoto

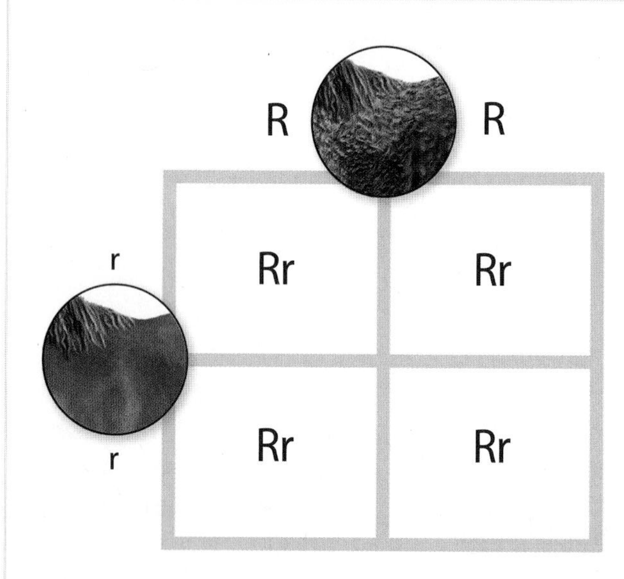

Cruzamiento homocigoto-homocigoto

Se produce un cruzamiento homocigoto-homocigoto cuando se cruza un progenitor homocigoto dominante con un progenitor homocigoto recesivo. Imagina que se cruza un caballo Bashkir que es homocigoto dominante para el pelaje rizado (*RR*) con un caballo Bashkir que es homocigoto recesivo para el pelaje liso (*rr*).

El cuadrado de Punnett de la Figura 7 representa los posibles resultados del cruzamiento. Como se observa, un cruzamiento homocigoto-homocigoto siempre da como resultado descendientes heterocigotos, porque un progenitor solo puede donar alelos dominantes y el otro solo puede donar alelos recesivos. El único resultado posible del cruzamiento es un alelo dominante y un alelo recesivo, que es una combinación heterocigota. Para el cruzamiento que se muestra en la Figura 7, todos los descendientes tendrían el genotipo heterocigoto, *Rr*. Tendrían pelaje rizado porque el alelo dominante del pelaje rizado, *R*, está presente en todos los genotipos. Cada descendiente también llevará el alelo recesivo del pelaje liso, *r*.

Conexión con las matemáticas La probabilidad se mide en una escala de 0 a 1. Para un cruzamiento homocigoto-homocigoto, determina las siguientes probabilidades:

1. Probabilidad de obtener descendientes homocigotos recesivos
2. Probabilidad de obtener descendientes homocigotos dominantes
3. Probabilidad de obtener descendientes heterocigotos

Image Credits: (t) ©Mark J. Barrett/Alamy

Cruzamiento heterocigoto-heterocigoto

Imagina que quieres cruzar dos caballos Bashkir heterocigotos de pelaje rizado. Cada caballo tiene el genotipo *Rr* y puede transmitir tanto el alelo dominante del pelaje rizado como el alelo recesivo del pelaje liso. La probabilidad de que cada progenitor done un alelo dominante a los descendientes es $\frac{1}{2}$. La probabilidad de que cada progenitor done un alelo recesivo a los descendientes también es $\frac{1}{2}$.

En la Figura 8 se muestra el cuadrado de Punnett para este cruzamiento heterocigoto-heterocigoto. De cada progenitor, la mitad de los descendientes recibe un alelo dominante (*R*) y la otra mitad recibe un alelo recesivo (*r*).

FIGURA 8: Cruzamiento heterocigoto-heterocigoto

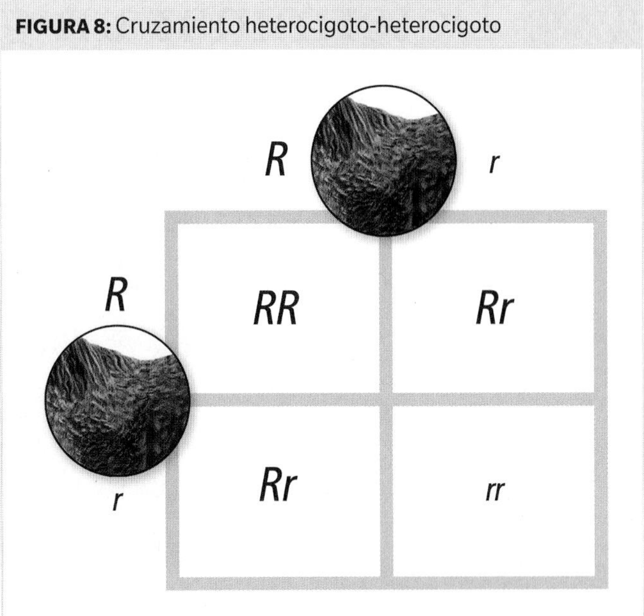

Conexión con las matemáticas En el cruzamiento heterocigoto-heterocigoto de la Figura 8, ¿cuál es la probabilidad de obtener descendientes con genotipos homocigotos dominantes, heterocigotos u homocigotos recesivos?

Este tipo de cruzamiento para un rasgo único siempre da como resultado una razón genotípica de 1:2:1, lo que significa que $\frac{1}{4}$ de los descendientes tendrán el genotipo homocigoto dominante, $\frac{2}{4}$ tendrán el genotipo heterocigoto y $\frac{1}{4}$ tendrán el genotipo homocigoto recesivo. La razón fenotípica es 3:1 entre los fenotipos dominantes y los recesivos. En otras palabras, de los posibles fenotipos de los descendientes, $\frac{3}{4}$ tendrán el fenotipo dominante y $\frac{1}{4}$ tendrán el fenotipo recesivo.

Cruzamiento heterocigoto-homocigoto

Ahora imagina un cruzamiento heterocigoto-homocigoto entre un caballo Bashkir heterocigoto con pelaje rizado (*Rr*) y un caballo Bashkir homocigoto recesivo con pelaje liso (*rr*). Del progenitor homocigoto, los descendientes recibirán un alelo recesivo, *r*. Del progenitor heterocigoto, la mitad de los descendientes recibirá un alelo dominante, *R* y la mitad recibirá un alelo recesivo, *r*.

En la Figura 9 se muestra el cuadrado de Punnett para este cruzamiento heterocigoto-homocigoto. Este cruzamiento da como resultado dos descendientes con el genotipo *Rr* y dos descendientes con el genotipo *rr*.

FIGURA 9: Cruzamiento heterocigoto-homocigoto

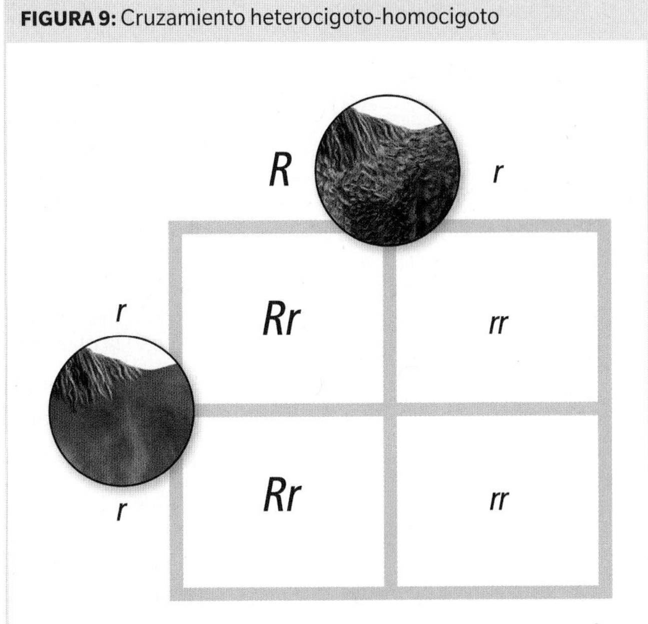

Conexión con las matemáticas ¿Cuál es la probabilidad de que los descendientes de este cruzamiento tengan un genotipo heterocigoto? ¿Y de que tengan un genotipo homocigoto recesivo?

Un cruzamiento heterocigoto-homocigoto siempre produce genotipos de los progenitores en una razón genotípica de 1:1. Para el cruzamiento de la Figura 9, la probabilidad de obtener descendientes con el genotipo heterocigoto y la probabilidad de obtener descendientes con el genotipo homocigoto recesivo son ambas $\frac{1}{2}$. En este caso la razón fenotípica también es 1:1, porque la probabilidad de que cada tipo de pelaje ocurra es $\frac{1}{2}$. Entonces, en este cruzamiento, la mitad de los descendientes tendrá pelaje rizado y la mitad tendrá pelaje liso.

Analizar En tu Cuaderno de evidencias completa un cruzamiento entre un caballo heterocigoto (*Rr*) y un caballo homocigoto dominante (*RR*). ¿Los resultados fueron los mismos?

Actividad práctica

Determinar un genotipo

FIGURA 10: Los duraznos y las nectarinas son la misma especie, *Prunus persica*.

MATERIALES

- papel
- lápiz

Los duraznos tienen pelusa, mientras que la nectarina es una variedad de durazno con piel lisa. Un alelo dominante, *G*, es la causa de la pelusa. Todos los duraznos tienen al menos una copia de este alelo. Las nectarinas provienen de árboles que son homocigotos recesivos (*gg*) para la pelusa.

Imagina que tu empresa vende plántulas de duraznos y de nectarinas. Has desarrollado un nuevo tipo de árbol muy popular. Para atender la demanda, debes aprender el genotipo que usas para la reproducción. Preparas un cruzamiento de prueba entre un ejemplar con un fenotipo dominante, pero un genotipo desconocido y un ejemplar homocigoto recesivo.

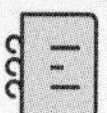

Predecir ¿De qué manera te ayudará el cruzamiento de prueba a hallar el genotipo desconocido de la planta?

PROCEDIMIENTO

1. La planta A produce duraznos. Debes determinar su genotipo. La planta B produce nectarinas con piel lisa y un genotipo conocido de *gg*. Cruzas la planta A con la planta B.
3. El cruzamiento produce doce plantas. Seis producen duraznos y seis producen nectarinas, ambas en la primera fructificación.
4. Usa los cuadrados de Punnett para determinar el genotipo de la planta A.

ANALIZA

Responde las siguientes preguntas en tu Cuaderno de evidencias:

1. ¿Cuál es el genotipo de la planta A? Explica cómo llegaste a la respuesta.
2. La planta A se cruza con una planta que tiene un genotipo de *GG*. ¿Cuáles son los posibles genotipos y fenotipos de la descendencia?
3. La planta A se cruza con una planta que tiene un genotipo de *Gg*. ¿Cuál es la razón entre los fenotipos dominantes y recesivos de los descendientes?
4. En términos del genotipo, ¿es la planta A la mejor alternativa para producir la mayor cantidad de plántulas de durazno? ¿Por qué? ¿Qué genotipo sería el mejor?

Image Credits: Georgia Department of Economic Development

Analizar la herencia de dos rasgos

Un cruzamiento dihíbrido examina la herencia de dos rasgos. Piensa en los guisantes que se muestran en la Figura 11, que pueden ser amarillos o verdes y redondos o arrugados. El alelo amarillo, *A*, es dominante con respecto al alelo verde, *a*. El alelo redondo, *R*, es dominante con respecto al alelo arrugado, *r*. En la Figura 12 se muestra un cruzamiento entre dos plantas heterocigotas (*AaRr*). Cada gameto recibe un alelo para el color del guisante y un alelo para la forma del guisante. Cada alelo de color de guisante tiene la misma probabilidad de emparejarse con cada alelo de forma de guisante. Hay cuatro combinaciones posibles de alelos en los gametos dihíbridos heterocigotos. La probabilidad de producir cualquiera de los cuatro gametos es de una entre cuatro.

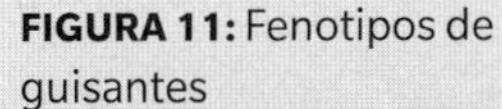
FIGURA 11: Fenotipos de guisantes

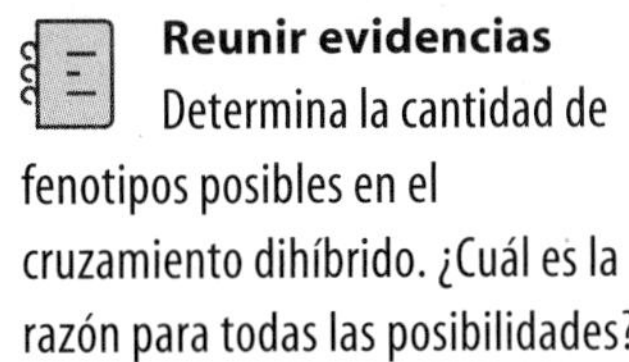
Reunir evidencias Determina la cantidad de fenotipos posibles en el cruzamiento dihíbrido. ¿Cuál es la razón para todas las posibilidades?

FIGURA 12: Cruzamiento dihíbrido entre dos plantas de guisantes heterocigotas.

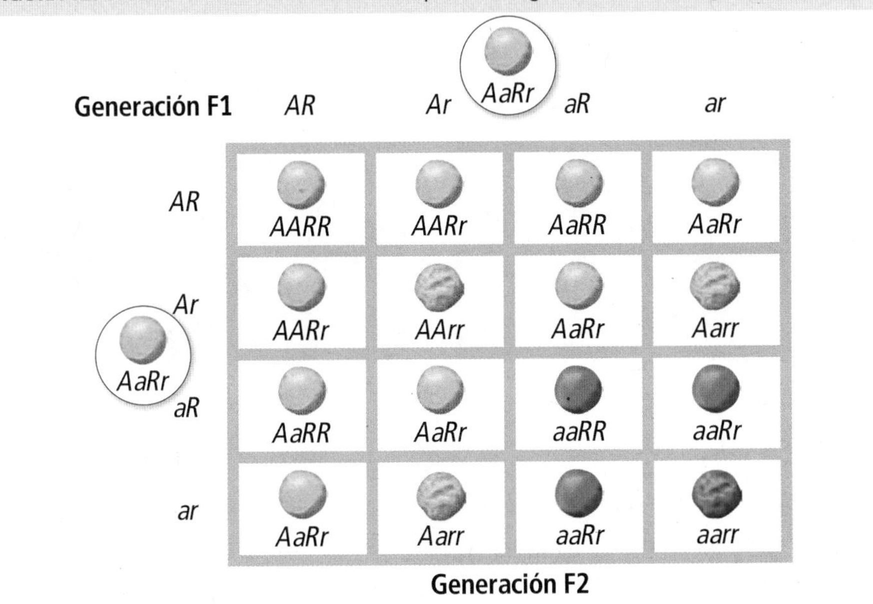

Conexión con las matemáticas Usa el cuadrado de Punnett para responder las siguientes preguntas:

1. ¿Cuál es la probabilidad de que se produzca una planta heterocigota para ambos rasgos? ¿Cuál es la probabilidad de producir una planta con guisantes amarillos y redondos? ¿Por qué varían las probabilidades?
2. Haz un cuadrado de Punnett para el cruzamiento dihíbrido *AaRr* y *aarr*. ¿En qué se diferencian las probabilidades de este cruzamiento de las de la Pregunta 1?

En este cruzamiento, la probabilidad de producir descendencia que exprese ambos rasgos dominantes es $\frac{9}{16}$. La probabilidad de producir descendencia que exprese un rasgo dominante y uno recesivo (amarillo y arrugado o verde y redondo) es $\frac{3}{16}$. Finalmente, la probabilidad de producir descendencia que exprese ambos rasgos recesivos (verde y arrugado) es $\frac{1}{16}$. Puedes ver estas posibilidades en la Figura 12. Hay nueve guisantes amarillos y redondos, tres amarillos y arrugados, tres verdes y redondos y uno verde y arrugado. Por lo tanto, un cruzamiento dihíbrido heterocigoto-heterocigoto da como resultado una razón fenotípica de 9:3:3:1.

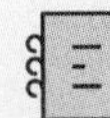
Explicar ¿Por qué los cuadrados de Punnett son un modelo útil para los científicos que estudian los rasgos y los desórdenes genéticos? ¿En qué otros tipos de profesiones podría ser útil este modelo?

Image Credits: (t) ©Martin Shields/Alamy

Herencia vinculada con el sexo

Los descendientes de los seres humanos tienen la misma probabilidad de ser de sexo masculino (XY) o femenino (XX). La madre dona un cromosoma X, así que el cromosoma donado por el padre es el que determina el sexo de la descendencia. El padre podría donar un cromosoma X, en cuyo caso el descendiente sería de sexo femenino, o un cromosoma Y, en cuyo caso sería de sexo masculino, como se muestra en la Figura 13. La probabilidad de cada sexo es $\frac{1}{2}$.

FIGURA 13: Las mujeres donan un cromosoma X a sus descendientes, mientras que los varones pueden donar un cromosoma X o uno Y.

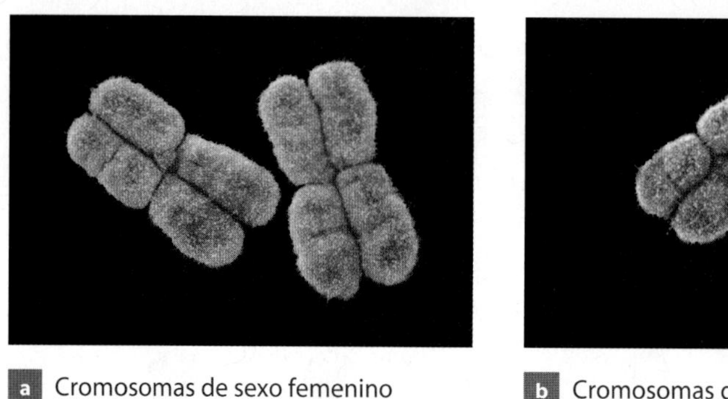

a Cromosomas de sexo femenino

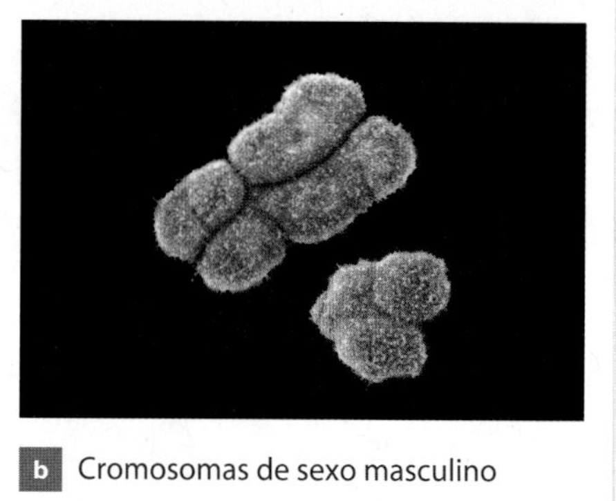

b Cromosomas de sexo masculino

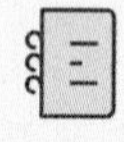

Predecir ¿De qué manera se verían afectados los rasgos heredados que se comentaron en esta lección si esos alelos estuvieran en un cromosoma sexual? ¿Cambiaría la probabilidad de la herencia?

Expresar rasgos vinculados con el sexo

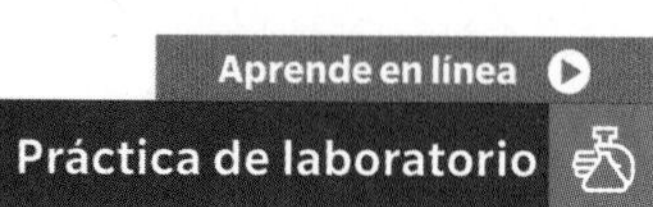

Herencia vinculada con el sexo Usa un modelo para determinar el patrón de herencia para los rasgos vinculados con el sexo.

Los genes ubicados en los cromosomas sexuales son genes ligados al sexo. Estos genes siguen un patrón de herencia denominado *herencia vinculada con el sexo* y no siempre están conectados a características sexuales. Todos los otros genes aparecen en autosomas o cromosomas no sexuales y siguen patrones de herencia autosómicos. Son pocos los genes que aparecen tanto en el cromosoma X como en el Y, por lo que los varones, que tienen un solo cromosoma X, a menudo expresan genes ligados a X.

Para impedir la doble expresión de rasgos ligados al sexo en las mujeres, los embriones femeninos pasan por el proceso de inactivación de X. Durante este proceso, un cromosoma X de cada célula pasa a ser inactivo de forma azarosa al principio del desarrollo. Toda la descendencia de esas primeras células tiene el mismo cromosoma X inactivo. Este proceso no afecta el fenotipo de los embriones femeninos homocigotos porque sus dos cromosomas X tienen el mismo alelo. Los embriones femeninos heterocigotos sí pueden verse afectados por la inactivación de X, según los genes que estén involucrados.

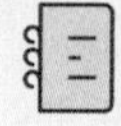

Analizar Imagina una enfermedad recesiva ligada a X. X^A representa el alelo dominante y X^a representa el alelo recesivo. ¿Cuáles son los diferentes tipos de gametos que pueden producir una mujer heterocigota y un hombre con un alelo dominante?

Image Credits: (l) ©Power and Syred/Science Source; (r) ©Power and Syred/Science Source

Analizar la herencia de los rasgos vinculados con el sexo

Las células cónicas del ojo humano tienen moléculas sensibles al color llamadas *fotopigmentos* que normalmente responden a la luz roja, azul o verde. El tipo más común de daltonismo, el rojo-verde, genera anomalías en los fotopigmentos de las células cónicas verdes o rojas. Los genes responsables del daltonismo rojo-verde están ubicados en el cromosoma X, así que este es un rasgo vinculado con el sexo.

Reunir evidencias ¿Qué genotipos masculinos y femeninos producen visión normal y cuáles producen daltonismo?

El alelo dominante que produce la visión normal está representado por el superíndice *C* (X^C). El alelo recesivo responsable del daltonismo rojo-verde está representado por el superíndice *c* (X^c). En mujeres heterocigotas, la presencia de un alelo dominante es suficiente para evitar la expresión de uno recesivo.

Cuando uses un cuadrado de Punnett para hacer un cruzamiento vinculado con el sexo, coloca los cromosomas femeninos arriba del cuadrado y los cromosomas masculinos a la izquierda del cuadrado. Los cruzamientos vinculados con el sexo siguen a los cromosomas sexuales *y* al rasgo de interés simultáneamente. Estos caracteres están vinculados y, por lo tanto, siempre aparecen juntos como una letra mayúscula para el cromosoma sexual y un superíndice para el rasgo de interés.

FIGURA 14: Cruzamiento entre una mujer heterocigota para el daltonismo rojo-verde y un varón con visión normal.

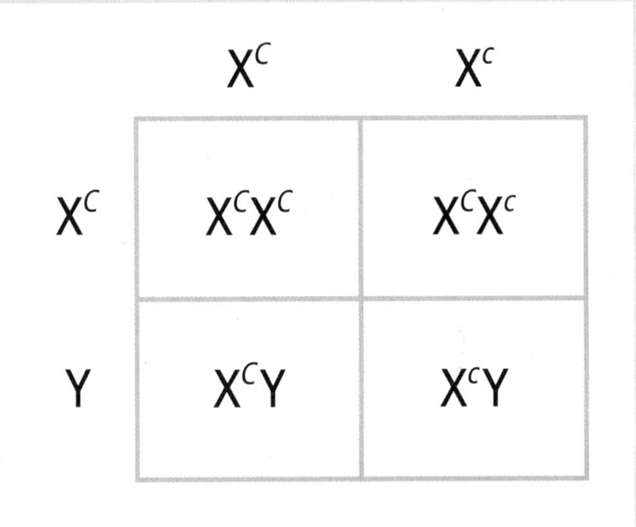

Conexión con las matemáticas Usa el cuadrado de Punnett de la Figura 14 para determinar las probabilidades de que una pareja tenga un descendiente con daltonismo, un hijo con daltonismo o una hija con daltonismo.

La mayoría de los rasgos vinculados con el sexo aparecen en el cromosoma X. Por lo tanto, los patrones de herencia vinculados con el sexo se deben a diferencias en la expresión del cromosoma X. Un descendiente varón afectado requiere un solo alelo recesivo, mientras que una descendiente mujer afectada requiere dos alelos recesivos. Por lo tanto, es menor la probabilidad de que una descendiente mujer sea homocigota recesiva. Por el contrario, es más probable que sea portadora heterocigota del rasgo recesivo.

Los cruzamientos vinculados con el sexo son similares a los monohíbridos, pero hay una diferencia clave: el rasgo y el cromosoma sexual son heredados como una unidad y no pueden separarse. Entonces, en un varón no afectado por una enfermedad vinculada con el sexo que tenga el genotipo X^CY, el alelo normal, *C*, y el cromosoma X siempre se heredan juntos.

Ingeniería

Para las personas afectadas por un trastorno hereditario o portadoras de él, la decisión de tener hijos puede ser muy difícil. El asesoramiento genético ayuda a tomar una decisión informada, puesto que predice la probabilidad de que una pareja determinada tenga un hijo con una enfermedad heredada. Los asesores genéticos usan la genética mendeliana, los pedigrís y las pruebas genéticas para hacer un modelo de los posibles resultados para los futuros progenitores.

Explicar ¿En qué se diferencian las razones genotípicas y fenotípicas de los rasgos vinculados con el sexo y las de un cruzamiento monohíbrido?

Análisis de datos

Pedigrís

Mucho antes de que el análisis del ADN permitiera determinar los genotipos de modo analítico, los científicos estudiaban los patrones de herencia con pedigrís. Un pedigrí es un árbol genealógico que rastrea un rasgo en muchas generaciones.

El patrón de herencia de la hemofilia se puede hallar con un pedigrí. Se trata de un trastorno vinculado con el sexo que provoca hemorragias que no se pueden controlar porque el cuerpo carece de uno o más factores de coagulación. Puede ser mortal si no se trata.

En los pedigrís, se usan símbolos que representan relaciones entre individuos. La Figura 15 es un pedigrí que rastrea la hemofilia en tres generaciones. Los cuadrados representan varones; los círculos, mujeres. Las líneas directas indican una relación. Los hermanos aparecen de izquierda a derecha, en orden de edad decreciente, y están conectados con una línea horizontal. Los padres y los hijos están conectados con una línea vertical.

Las figuras sombreadas completamente representan a los individuos con el rasgo de la hemofilia. Los varones afectados deben tener el alelo de la hemofilia en el cromosoma X, representado por X^h. Los varones no afectados deben tener un alelo normal allí, X^H.

Las figuras sombreadas por la mitad son los portadores. No hay mujeres afectadas en la segunda generación, por lo que todas deben tener al menos un alelo normal para este gen. Además, su padre solo puede pasar el alelo de la hemofilia a sus hijas, por lo que todas las de la segunda generación son heterocigotas, X^HX^h, y portadoras del gen de la hemofilia.

FIGURA 15: Pedigrí que rastrea la hemofilia a través de tres generaciones.

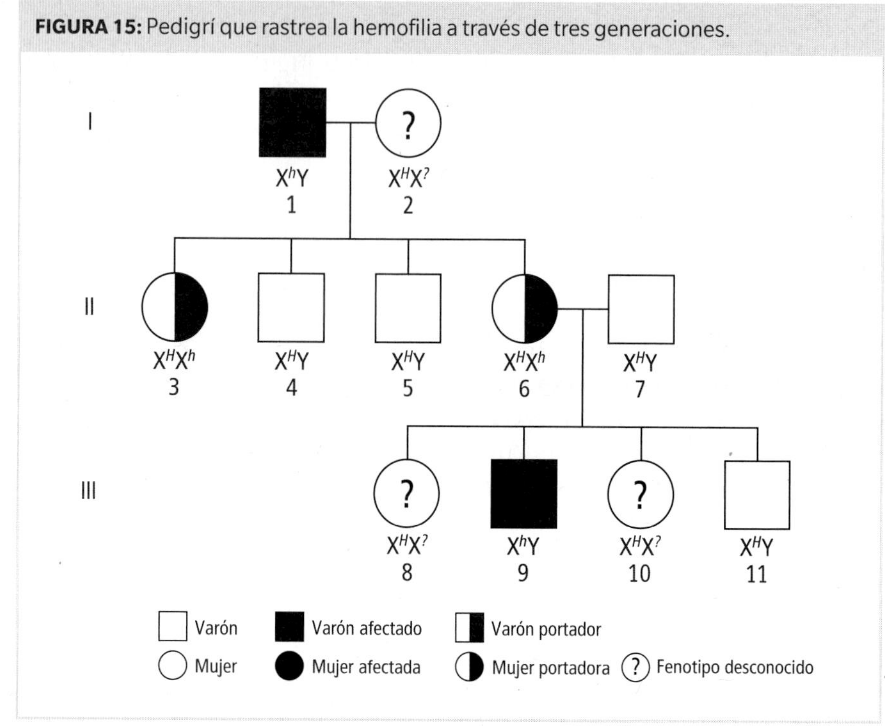

Es imposible determinar el genotipo de la Mujer 2. Puede ser una portadora que transmitió un alelo normal a todos sus hijos o una homocigota dominante para el gen. El alelo desconocido del cromosoma X es $X^?$.

Tampoco es posible determinar el genotipo de las Mujeres 8 y 10. El padre solo puede donar un alelo dominante; la madre, uno dominante o uno recesivo. Por tanto, las hijas pueden ser homocigotas dominantes o heterocigotas. El alelo desconocido del cromosoma X es $X^?$.

Análisis de datos Usa el pedigrí para responder las siguientes preguntas.

1. ¿La hemofilia es un rasgo dominante o recesivo? Justifica tu afirmación con evidencias.
2. ¿Cuántas portadoras del gen hay en la segunda generación y cuál es su genotipo?
3. Imagina que el Varón 9 se casó con una mujer portadora. ¿Cuál es la probabilidad de que tengan una hija con hemofilia? ¿Y un hijo o una hija que no tenga hemofilia? ¿Y un hijo o una hija que tenga los fenotipos de los progenitores? Presenta evidencias para justificar tu respuesta.

CRUZAMIENTOS GENÉTICOS

MODELOS DE CRUZAMIENTOS MONOHÍBRIDOS Y DIHÍBRIDOS

LA CRIANZA DE ANIMALES

Conéctate y elige alguna de estas opciones.

Autorrevisión de la lección

¿PUEDES RESOLVERLO?

FIGURA 16: Los gatitos con pelaje pardo son el resultado del cruzamiento de una gata anaranjada con un gato negro.

a Gata   b Gato   c Gatita parda de la camada

Recuerda al criador de gatos del principio de la lección. El criador esperaba producir una camada de gatitos en la que la mitad fueran anaranjados y la otra mitad, negros. Para lograrlo, el criador cruzó una gata anaranjada con un gato negro. Cuando los gatitos nacieron, tres eran machos y tres eran hembras. Como se esperaba, la mitad de los gatitos tenía el pelaje anaranjado. Sin embargo, los gatitos restantes tenían un pelaje que era mezcla de anaranjado y negro, denominado *pardo*. Para colmo, los gatitos anaranjados eran todos machos y los pardos eran todas hembras.

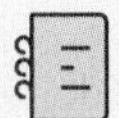

Explicar Consulta las anotaciones de tu Cuaderno de evidencias para responder las siguientes preguntas:

1. ¿Por qué la camada de gatitos no fue mitad negra y mitad anaranjada?
2. ¿Por qué había solo hembras de color pardo?
3. ¿Qué alelos fueron transmitidos por cada progenitor en este cruzamiento? ¿Qué alelos recibieron los descendientes machos? ¿Qué alelos recibieron los descendientes hembras?

El color pardo de los gatos usualmente se expresa solo en las hembras, lo que nos indica que el gen que controla los colores negro y anaranjado está ubicado en el cromosoma X. Los machos tienen un cromosoma X con un alelo para pelaje anaranjado (X^N) o uno para pelaje negro (X^n). Entonces hay dos genotipos posibles para los machos: X^NY o X^nY. Como los machos solo tienen una versión del alelo, siempre expresarán ese alelo. En cambio, las hembras tienen dos cromosomas X. Por lo tanto, pueden ser homocigotas para el pelaje anaranjado (X^NX^N), homocigotas para el pelaje negro (X^nX^n) o heterocigotas (X^NX^n).

Recuerda que en las hembras un cromosoma X de cada célula está inactivo. La inactivación de X no afecta a las hembras homocigotas (X^NX^N y X^nX^n) porque el mismo alelo se expresa independientemente del cromosoma X que esté activo. La inactivación de X afecta a las hembras heterocigotas (X^NX^n) porque es aleatorio. El color expresado por cada célula depende de cuál de los dos cromosomas está activo. El pelaje negro aparece en las porciones de piel que tienen un alelo inactivo X^N. El pelaje anaranjado aparece donde el alelo X^n está inactivo. Las porciones de distinto color aparecen al azar, lo que da a estas hembras su característico patrón de color pardo.

Image Credits: (l) ©adogslifephoto/Fotolia; (c) ©Eric Isselée/Fotolia; (r) ©Eric Isselée/Fotolia

EJERCICIOS DE REVISIÓN

Comprueba lo que aprendiste

Usa la siguiente información para responder las preguntas 1 a 3.

Se cruzaron dos vizslas heterocigotos de pelo crespo. Los genotipos de su descendencia posible se muestran en el cuadrado de Punnett de la Figura 17.

FIGURA 17: Cruzamiento heterocigoto-heterocigoto

	C	c
C	CC	Cc
c	Cc	cc

1. ¿Cuál es la razón fenotípica entre descendencia de pelaje crespo y descendencia de pelaje liso?

2. ¿Cuál es la razón genotípica entre descendencia homocigota dominante y descendencia heterocigota y descendencia homocigota recesiva?

3. ¿Qué genotipo tiene un 100% de probabilidad de expresar un alelo recesivo?

Usa la siguiente información para responder las preguntas 4 y 5.

La distrofia muscular de Duchenne es una enfermedad recesiva ligada a X que causa la degeneración y el debilitamiento de los músculos. La condición normal se representa con el superíndice *D*, y el alelo que causa la distrofia muscular de Duchenne se representa con el superíndice *d*.

4. Dibuja un cuadrado de Punnett para mostrar un cruzamiento entre una mujer homocigota dominante y un hombre con distrofia muscular de Duchenne.

5. ¿Qué combinación de genotipos de los progenitores es más probable que dé como resultado hijas portadoras?

Usa la siguiente información y el cuadrado de Punnett de la Figura 18 para responder las preguntas 6 a 8.

El rasgo de las flores moradas en las plantas de guisantes (*M*) es dominante sobre el rasgo de las flores blancas (*m*).

FIGURA 18: Cruzamiento recesivo heterocigoto-homocigoto

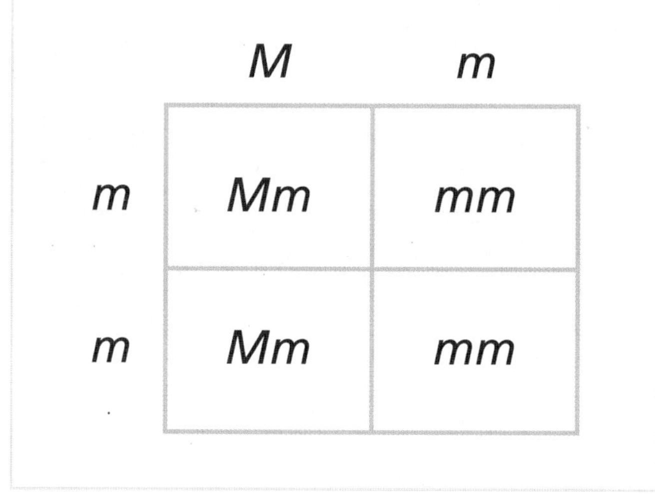

	M	m
m	Mm	mm
m	Mm	mm

6. ¿Cuál es la probabilidad de que el progenitor heterocigoto done un alelo recesivo *m*?

7. ¿Cuál es la probabilidad de que el progenitor homocigoto recesivo done un alelo recesivo *m*?

8. ¿Cuál es la probabilidad de que ambos progenitores donen un alelo recesivo *m*?

9. ¿Por qué el genotipo conocido de un cruzamiento de prueba siempre es homocigoto recesivo? Justifica tu afirmación con un ejemplo.

10. Para cada par, calcula la probabilidad de producir un genotipo homocigoto recesivo. Después coloca los pares en orden de probabilidad creciente.
    - **a.** *Aa* × *aa*
    - **b.** *aa* × *aa*
    - **c.** *Aa* × *Aa*

11. Se cruzaron progenitores de genotipo *AABB* y *aabb* y produjeron todos heterocigotos con el genotipo *AaBb*. Se cruzaron los heterocigotos de la generación F_1 y produjeron una razón fenotípica de 9:3:3:1. ¿De qué manera esta secuencia de sucesos justifica la ley de transmisión independiente?

Usa la siguiente información y el pedigrí de la Figura 19 para responder las preguntas 12 a 14.

Este simple pedigrí rastrea un trastorno recesivo autosómico a lo largo de tres generaciones. Este trastorno no está vinculado con el sexo y sigue los patrones de herencia mendelianos. El alelo dominante es *A*, y el alelo recesivo que causa el trastorno es *a*.

FIGURA 19: Pedigrí recesivo autosómico

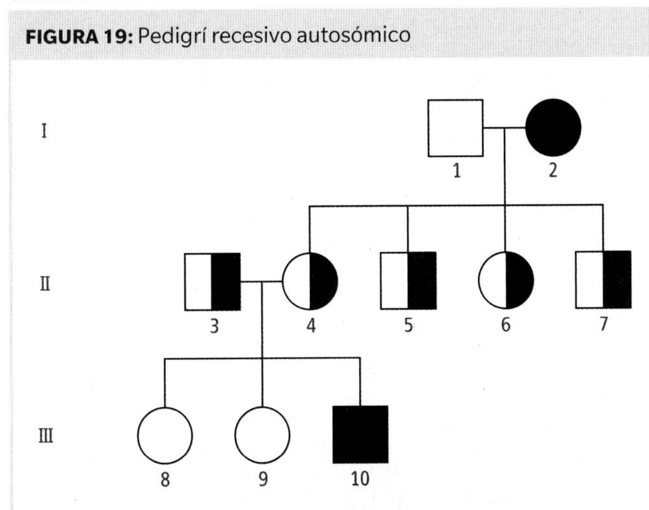

12. Los cuatro hermanos de la segunda generación tienen el mismo genotipo. ¿Qué es?

13. ¿Cuál es el genotipo más probable del padre en la primera generación?

14. ¿Cuál es el genotipo de ambos individuos afectados?

15. Imagina que una planta puede tener pétalos de flores con rayas o pétalos de flores de un solo color. El color liso (*Z*) es dominante sobre el patrón rayado (*z*). ¿Qué cruzamiento de progenitores daría la siguiente razón de descendencia? 1 homocigoto dominante (*ZZ*): 2 heterocigotos (*Zz*): 1 homocigoto recesivo (*zz*).
    - **a.** homocigoto dominante–homocigoto recesivo
    - **b.** homocigoto dominante–homocigoto dominante
    - **c.** homocigoto dominante–heterocigoto
    - **d.** heterocigoto-heterocigoto

Usa la siguiente información para responder las preguntas 16 a 18. Haz un cuadrado de Punnett de cada cruzamiento para justificar tus respuestas.

En las plantas de guisantes, el color amarillo de la semilla (*A*) es dominante sobre el color verde de la semilla (*a*); las semillas redondas (*R*) son dominantes sobre las semillas arrugadas (*r*).

16. ¿Cuál es la probabilidad de que los progenitores con los genotipos *AaRR* y *AARR* produzcan un descendiente con el genotipo *AARR*?

17. ¿Cuál es la probabilidad de que los progenitores con los genotipos *aarr* y *AaRr* produzcan descendencia con el genotipo *aarr*?

18. ¿Cuál es la probabilidad de que los progenitores con los genotipos *AARR* y *aarr* produzcan descendencia con el genotipo *AaRr*?

HAZ TU PROPIA GUÍA DE ESTUDIO

En tu Cuaderno de evidencias, diseña una guía de estudio que justifique las ideas principales de esta lección:

La expresión de los genes determina el fenotipo de un organismo.

Los cuadrados de Punnett se pueden usar para determinar la probabilidad de que la descendencia exprese ciertos rasgos.

Si los genes están vinculados con el sexo, los machos expresarán el alelo que se encuentra en el cromosoma X, mientras que las hembras expresarán el alelo del cromosoma X activo. Si el gen está ubicado en el cromosoma Y, solo se expresará en los machos.

Recuerda incluir la siguiente información en tu guía de estudio:

- Usa ejemplos que sirvan como modelo de las ideas principales.
- Anota explicaciones de los fenómenos que investigaste.
- Presenta evidencias para justificar tus explicaciones. Tu justificación puede incluir dibujos, datos, gráficas, conclusiones de laboratorio y otras evidencias que hayas anotado a lo largo de la lección.

Hay una relación de causa y efecto entre el ADN de un organismo y su fenotipo. Piensa en otras relaciones de causa y efecto, como el efecto que el ADN de un progenitor tiene en su descendencia.

7.4

Las mutaciones y la diversidad genética

Las mutaciones pueden afectar la secuencia de los nucleótidos de tu ADN. Se usan técnicas de revisión para detectar estos cambios.

Reunir evidencias Mientras trabajas con la lección, reúne evidencias para explicar cómo las mutaciones aumentan la diversidad genética.

¿PUEDES EXPLICARLO?

FIGURA 1: Normalmente, los glóbulos rojos tienen forma circular. Una mutación de una proteína llamada hemoglobina hace que los glóbulos rojos tengan forma de hoz, o falciforme.

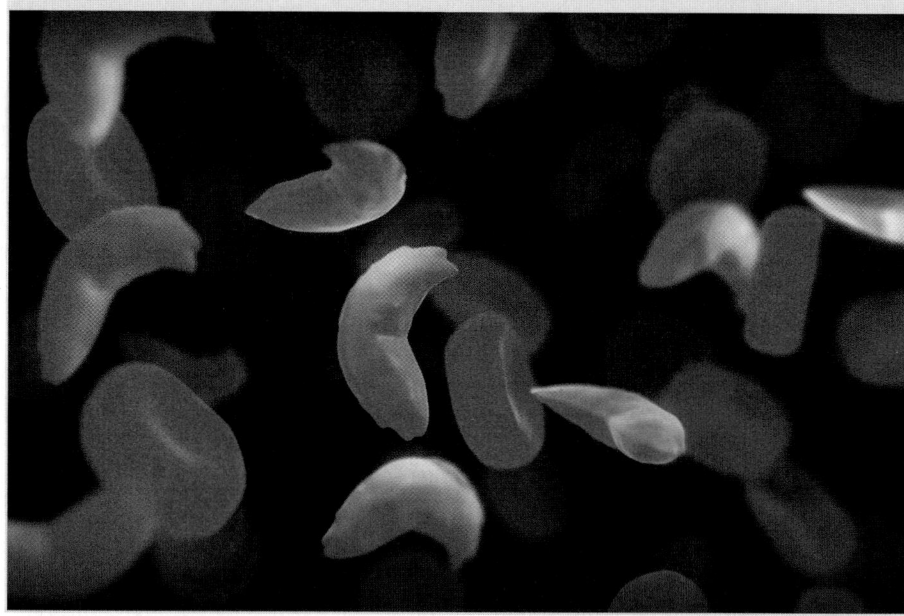

Cuando piensas en mutaciones, quizá imaginas potentes habilidades sobrehumanas o efectos negativos sobre el cuerpo. Algunas mutaciones pueden ser beneficiosas, mientras que otras pueden ser dañinas. Por ejemplo, la anemia de células falciformes es una enfermedad causada por una mutación que afecta a los glóbulos rojos. El resultado es la anemia, es decir, la escasez de glóbulos rojos sanos en el cuerpo. Otros síntomas son los siguientes: fatiga, dolor, inflamación de manos y pies, y retraso en el crecimiento. El alelo de la anemia de células falciformes, HbS, causa la enfermedad y puede ser transmitido por los progenitores a su descendencia. A pesar de los daños que produce, el alelo HbS aún aparece con una frecuencia relativamente alta en algunas partes del mundo. Generalmente, estas áreas están cerca del ecuador terrestre e incluyen partes de África y del Mediterráneo.

Predecir ¿Por qué crees que el alelo HbS es más común en algunas partes del mundo que en otras? ¿Qué crees que causa este patrón?

Image Credits: (t) ©Kevin Curtis/Science Source; (b) ©Science Picture Co./Getty Images

La mutación genética

Las instrucciones de tu ADN determinan de qué estás hecho y cómo funciona tu cuerpo. El ADN tiene el código del que están hechas las proteínas que forman la estructura del cuerpo y llevan a cabo los procesos vitales. Los cambios del ADN, o mutaciones, pueden provocar enfermedades como la anemia de células falciformes. ¿Cómo y por qué ocurren las mutaciones?

Las causas de las mutaciones

Las mutaciones pueden ser genéticas o cromosómicas. Las mutaciones genéticas son cambios en la secuencia de ADN de un solo gen. Generalmente, las mutaciones genéticas ocurren durante la replicación del ADN. La ADN polimerasa tiene incorporada una función de revisión que las repara, pero hay algunos errores de replicación que no puede arreglar. Estos errores aumentan con el tiempo y pueden afectar el funcionamiento de la célula. Muchos estudios indican que las mutaciones de las células somáticas y la disminución de la capacidad de autorreparación del cuerpo podrían contribuir al envejecimiento.

Los mutágenos son agentes del medio ambiente que pueden cambiar el ADN o aumentar la frecuencia de mutación en los organismos. Algunos mutágenos son naturales, como los rayos ultravioletas (UV) de la luz solar. Algunas sustancias químicas también han sido relacionadas con las mutaciones, como las que se encuentran en alimentos y cosméticos. Los mutágenos biológicos incluyen las bacterias y los virus.

Colaborar Cuando el dentista te saca una radiografía, te coloca una pechera de plomo sobre el cuerpo. Escribe por qué crees que es necesario y explícaselo a un compañero.

FIGURA 2: La radiación, las sustancias químicas y los agentes infecciosos son mutágenos que pueden cambiar el ADN.

Radiación		Sustancias químicas			Agentes infecciosos	
Rayos X *(usos médicos)*	UV *(de la luz solar)*	Alimentos procesados y conservantes	Productos de limpieza y cosméticos	Carcinógenos *(por ejemplo, cigarrillos)*	Virus *(por ejemplo, HPV)*	Bacterias *(por ejemplo, H. pylori)*

Una mutación causada por un mutágeno es el dímero de timina. Recuerda que, en el ADN, la adenina siempre está emparejada con la timina. La luz UV puede hacer que dos nucleótidos vecinos de timina rompan los enlaces de hidrógeno con la adenina y se unan entre ellos, lo que forma un dímero de timina. El dímero hace que el ADN se pliegue, lo que interfiere con la replicación. Las células tienen mecanismos para corregir estas mutaciones. Una enzima elimina el dímero de timina, otra reemplaza la sección dañada y una tercera enlaza el nuevo segmento a su lugar. A veces, este proceso no es eficaz. Cuando estas mutaciones no son corregidas en los genes que regulan el crecimiento de las células y los tumores, pueden provocar cáncer.

FIGURA 3: Dímero de timina

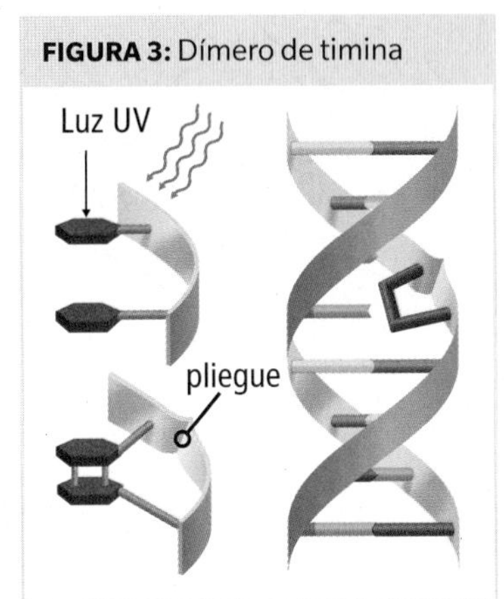

Explicar Algunos medicamentos contra el cáncer aprovechan las propiedades mutagénicas. Hay un tipo de medicamento que se mete entre los nucleótidos del ADN. Explica cómo este medicamento podría hacer que las células cancerígenas pierdan su capacidad para funcionar y reproducirse.

Las mutaciones puntuales

Una mutación puntual es aquella en la que un nucleótido es sustituido por otro. En otras palabras, un nucleótido incorrecto toma el lugar del correcto. Con frecuencia, este tipo de error es detectado y solucionado por la ADN polimerasa. Si no, la sustitución puede cambiar permanentemente el ADN de un organismo.

Conexión con las artes del lenguaje

Investiga una enfermedad humana causada por una mutación y escribe una entrada de blog en la que expliques cómo se está trabajando para tratarla. ¿Qué se ha hecho para aumentar la conciencia sobre esta enfermedad? ¿Qué están haciendo los científicos para tratar la enfermedad? ¿Qué tipo de tratamientos se han propuesto hasta ahora y cuáles parecen más prometedores?

Causa y efecto

Examinemos algunas mutaciones y determinemos sus efectos en la secuencia de aminoácidos. Recuerda que, en la síntesis de proteínas, se transcribe el código de ADN para crear una hebra de ARNm, que luego se traduce en una secuencia de aminoácidos mediante los codones. Algunas mutaciones afectan la secuencia de aminoácidos, lo que puede afectar la estructura y función de la proteína resultante.

FIGURA 4: Una tabla de codones muestra cuáles son los aminoácidos que corresponden a cada combinación posible de bases de ARNm.

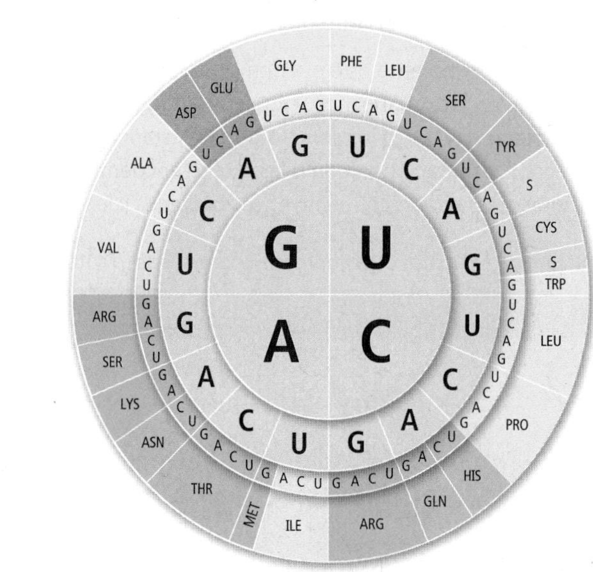

FIGURA 5: Secuencias de ADN normales y mutadas

	Secuencia normal	Mutación 1	Mutación 2	Mutación 3
ADN	CTC	CAC	ATC	CTT
ARNm	GAG	GUG	UAG	GAA

Analizar Usa la tabla de la Figura 4 para analizar las secuencias de ADN de la Figura 5.

1. Determina el aminoácido que corresponde a cada secuencia de ARNm.
2. ¿Qué mutaciones cambiaron la identidad del aminoácido en comparación con la secuencia normal?
3. Si tuvieras que inventar nombres para los tres tipos de mutaciones que analizaste, ¿cuáles serían?

Las mutaciones que cambian un codón, pero no la identidad de los aminoácidos en una proteína, no afectan la secuencia de aminoácidos de esa proteína. Este tipo de mutación a veces se denomina "mutación silenciosa", porque no cambia la estructura ni la función de la proteína. Sin embargo, a veces la sustitución de una base cambia un codón y forma un aminoácido nuevo. Esto se denomina mutación de "contrasentido". Si una mutación genera un codón de "terminación", entonces la proteína no se completará, lo que se denomina mutación "sin sentido". En ambos tipos, la secuencia de aminoácidos ha cambiado y la estructura y la función de la proteína pudo haber sido alterada.

FIGURA 6: La hemoglobina tiene cuatro subunidades, cada una con un átomo de hierro al que se adhieren las moléculas de oxígeno.

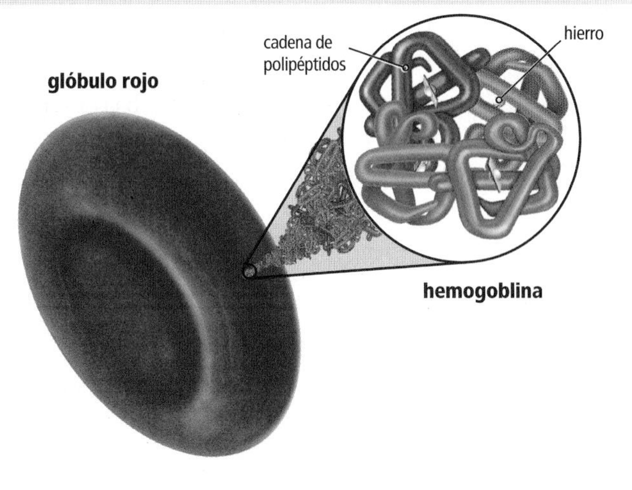

La anemia de células falciformes es causada por una mutación puntual que altera el gen que codifica la proteína hemoglobina en los glóbulos rojos. La hemoglobina está hecha de cuatro subunidades que contienen hierro. Esto permite que los glóbulos rojos transporten las moléculas de oxígeno de los pulmones a las células, porque las moléculas de oxígeno se adhieren a los átomos de hierro. En los alelos HbS, el ácido glutámico es sustituido por valina. La proteína sintetizada con el gen mutado tiene una estructura distinta que la proteína hemoglobina típica.

El ácido glutámico es un aminoácido con carga negativa que atraen los aminoácidos con carga positiva. Esta interacción entre aminoácidos sirve para que la proteína mantenga su forma. A diferencia del ácido glutámico, la valina no es atraída por aminoácidos con carga positiva. Entonces, en lugar de agruparse para formar la estructura de la Figura 6, las subunidades de hemoglobina forman cadenas largas y rígidas. Esto da como resultado glóbulos rojos con forma de hoz.

FIGURA 7: La anemia de células falciformes es causada por una mutación que altera la estructura de la hemoglobina.

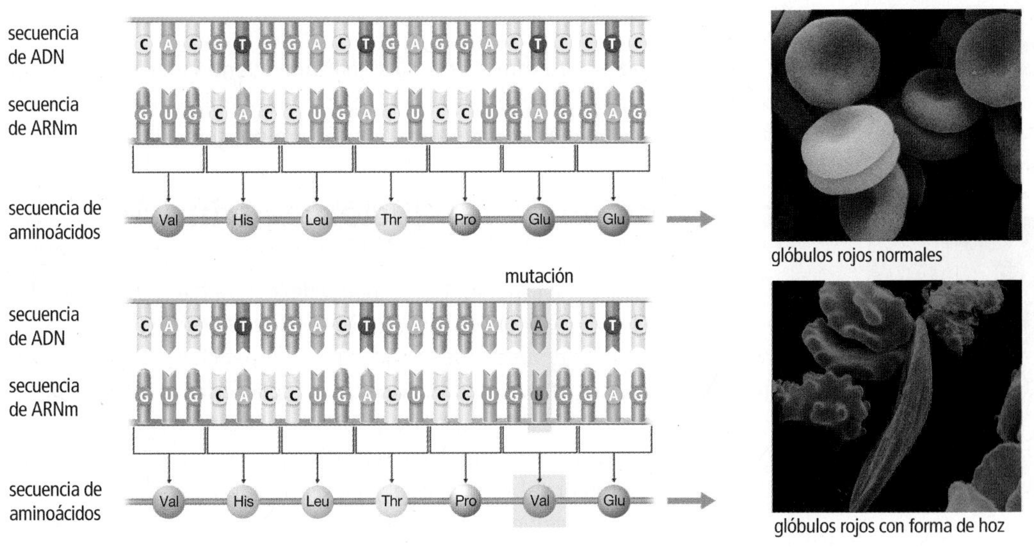

Cuando estos glóbulos rojos se apilan, pueden obstruir los vasos sanguíneos. Esta mutación provoca anemia y también fatiga y los otros síntomas de la anemia de células falciformes. Las células no obtienen suficiente oxígeno para producir la energía que el cuerpo necesita para mantenerse saludable.

Hacer un modelo Haz un diagrama de flujo para ilustrar cómo el cambio de un nucleótido de una hebra de ADN da lugar a los síntomas de la anemia de células falciformes.

Image Credits: (cr) ©Dr. Tony Brain/Science Source; (br) ©Jackie Lewin, Royal Free Hospital/ Science Photo Library/ Photo Researchers

Las mutaciones con desplazamiento del marco de lectura

Una mutación con desplazamiento del marco de lectura implica la inserción o deleción de uno o más nucleótidos en la secuencia de ADN. Esta mutación cambia el marco de lectura, o la organización de los nucleótidos en codones. Para comprender cómo afecta esta mutación a una hebra de ARNm, imagina una oración corta de "codones" de tres letras:

DOS SON MÁS QUE UNO

Si quitamos, o borramos, la letra *S* de la primera palabra ("DOS"), todas las letras que siguen se mueven una posición a la izquierda. La oración ahora dice:

DOS ONM ÁSQ UEU NO...

Ahora la oración ya no tiene sentido. Lo mismo sucedería si se agregara o insertara un nucleótido: todas las letras se desplazaran a la derecha, como se muestra en la Figura 8.

FIGURA 8: Las mutaciones con desplazamiento cambian el marco de lectura, lo que cambia la secuencia de aminoácidos después de la mutación.

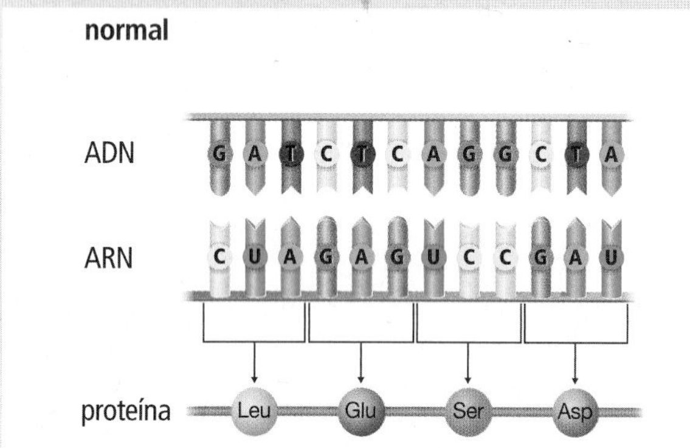

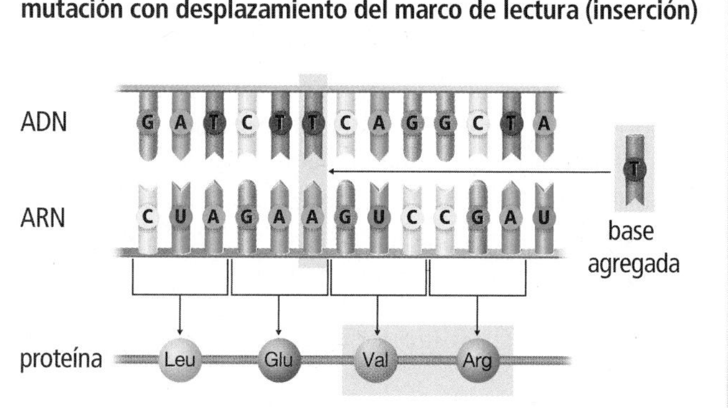

Aprende en línea

FIGURA 9: La expansión de repetición de trinucleótidos forma un bucle de nucleótidos duplicados.

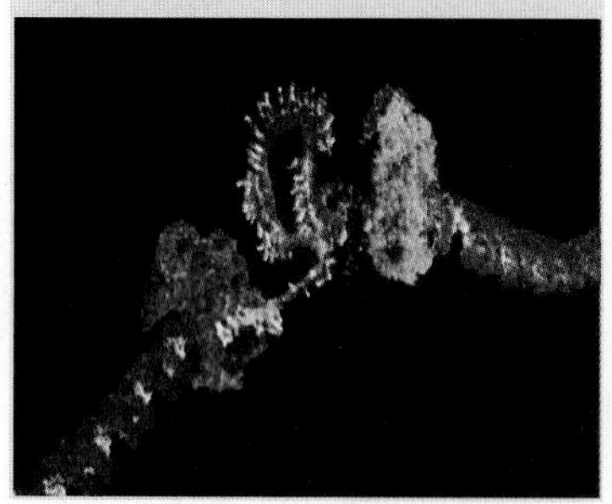

Una secuencia de nucleótidos pierde su significado cuando una inserción o deleción desplaza a todos los codones por un nucleótido. Este cambio desorganiza el marco de lectura, lo que da lugar a codones que codifican aminoácidos diferentes.

La expansión de repetición de trinucleótidos

Las mutaciones con desplazamiento del marco de lectura también pueden ocurrir en secciones del ADN que constan de repeticiones de nucleótidos, como CAG CAG CAG. Estos segmentos repetidos se conocen como repeticiones de trinucléotidos, porque involucran a tres nucleótidos. Durante la replicación, la ADN polimerasa puede "equivocarse" y hacer copias duplicadas de una secuencia repetida. Esto forma un bucle en "horquilla" de ADN que sobresale de su hebra complementaria. Cuando se replica esta hebra, el bucle se integra al ADN, lo que genera una doble hebra de ADN más larga. Esta expansión continúa a medida que las células se dividen y el ADN se replica.

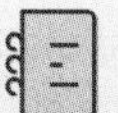

Analizar Las personas que padecen anemia de células falciformes tienen dos copias del alelo HbS. Las personas que tienen una sola copia son portadoras y no padecen la enfermedad.

1. ¿Es dominante o recesivo el alelo de la célula falciforme? Explica cómo puedes determinarlo.
2. Si dos portadores tienen hijos, ¿cuál es la probabilidad de que uno de ellos tenga la enfermedad?

Image Credits: (b) ©HHMI BioInteractive

La mutación cromosómica

Las mutaciones cromosómicas son cambios de los segmentos de los cromosomas o de cromosomas enteros. Pueden cambiar la cantidad de material genético o la estructura de un cromosoma y generalmente suceden durante la mitosis y la meiosis.

La duplicación de genes

Durante la meiosis, los cromosomas homólogos intercambian segmentos de ADN a través del entrecruzamiento. Si los cromosomas no se alinean, un segmento de un cromosoma puede romperse y unirse al otro cromosoma. Como resultado, habrá un cromosoma con dos copias de un gen o genes. Este proceso se denomina duplicación de genes. El cromosoma que perdió el segmento experimentó una deleción de genes.

FIGURA 10: El mono pigatrix tiene enzimas digestivas que evolucionaron como resultado de un proceso de duplicación de genes. Estas enzimas le permiten digerir hojas y frutas.

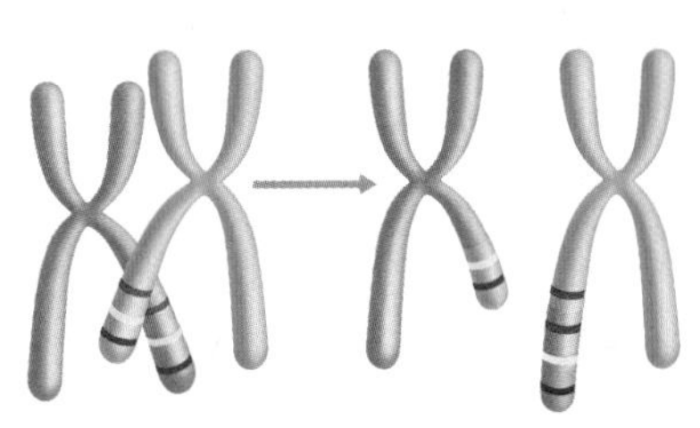

Las mutaciones pueden tener efectos negativos, pero también pueden aumentar la variación genética, es decir, la variedad de rasgos entre los individuos de una población. La duplicación de genes ha sucedido muchas veces en la evolución de los organismos eucarióticos. Cuando ocurre, hay múltiples copias de un gen. En consecuencia, una copia del gen puede codificar proteínas funcionales, mientras que otras copias son "libres" de acumular mutaciones. Los genes mutados pueden codificar proteínas con estructuras nuevas, que pueden tener funciones nuevas en el organismo.

Hacer un modelo Dibuja un modelo de cómo la duplicación de genes y las mutaciones pueden crear un gen con una función nueva a través de varias generaciones.

La ingeniería

A veces se duplica el genoma completo. Este tipo de error puede dar como resultado la poliploidía, o multiplicidad de copias del genoma. La duplicación del genoma ha ocurrido en la evolución de muchas plantas de cultivo, como la fresa, el trigo y las plantas de mostaza.

Los científicos pueden usar sustancias químicas para inducir la poliploidía en las células. Estas sustancias interfieren en la formación de microtúbulos y alteran la separación de los cromosomas durante la mitosis. Como resultado, una célula hija recibe un conjunto doble de cromosomas. Esta técnica ha sido usada para manipular rasgos como el tamaño de las flores, así las plantas resultan más atractivas a los consumidores.

Analizar Imagina que quieres inducir químicamente la poliploidía para producir una planta con frutos más grandes. Escribe una lista de preguntas que harías para definir y delimitar el problema.

FIGURA 11: La poliploidía en plantas

Nombre Común	Número de cromosomas
Plátano	3N= 33
Papa	4N = 48
Trigo blando	6N = 42
Boysenberry	7N = 49
Fresa	8N = 56

Image Credits: (tr) ©nattanan726/Shutterstock

La translocación de genes

FIGURA 12: La translocación de genes

1 17
normal

1 17
translocado

La translocación es otro tipo de mutación cromosómica. En la translocación, un segmento de un cromosoma pasa a otro cromosoma no homólogo. Con frecuencia, las translocaciones son recíprocas, lo que significa que dos cromosomas no homólogos intercambian cromosomas entre sí. En la Figura 12, hay una translocación entre el cromosoma 1 y el cromosoma 17. Esta acción se conoce como translocación balanceada, porque el intercambio de segmentos no destruyó genes y no hubo ganancia ni pérdida de material.

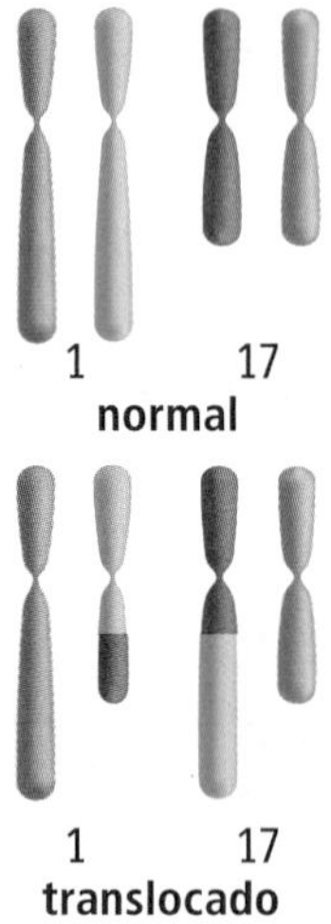

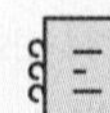

Predecir Muchas personas con mutaciones de translocación balanceada no están al tanto de que las tienen hasta que intentan tener hijos. ¿Cómo puede ser posible?

Las mutaciones por no disyunción

Las mutaciones por no disyunción ocurren cuando uno o más cromosomas homólogos no se separan durante la anafase de la meiosis. Los gametos resultantes no tienen el mismo número de cromosomas y pueden tener más o menos cromosomas que la célula progenitora.

FIGURA 13: Puede usarse un cariotipo para identificar una mutación por no disyunción.

1 2 3 4 5 6 7 8 9 10 11 12
13 14 15 16 17 18 19 20 21 22 X Y

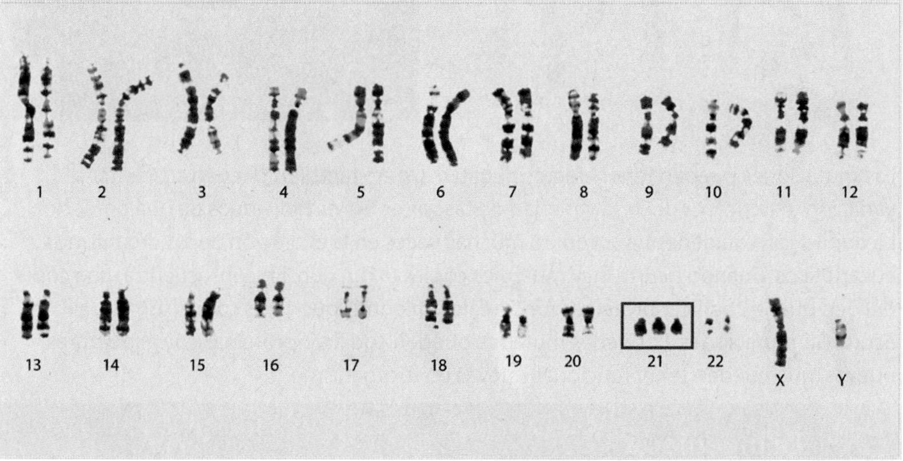

FIGURA 14: Las personas que padecen síndrome de Down tienen tres copias del cromosoma 21, lo que se denomina trisomía 21.

Algunos ejemplos de trastornos humanos causados por la no disyunción son el síndrome de Down y el trastorno de Klinefelter. El síndrome de Down se presenta en personas que tienen tres copias del cromosoma 21. El trastorno de Klinefelter es causado por un cromosoma X adicional en las células de los varones. Recuerda que los varones tienen un cromosoma X y uno Y. Un varón con este trastorno podría tener tres cromosomas: XXY. Esta mutación afecta la capacidad de aprendizaje y el desarrollo sexual de los varones. El síndrome de Turner es otro ejemplo de un trastorno causado por la no disyunción. Las mujeres que padecen este síndrome tienen solo un cromosoma X en lugar de dos. Esta carencia del cromosoma X interfiere en el desarrollo de las características sexuales secundarias de las mujeres.

Hacer un modelo Dibuja un modelo para ilustrar cómo podría ocurrir una mutación por no disyunción durante la anafase I o la anafase II de la meiosis.

Explicar Haz una tabla para organizar y describir los principales tipos de mutaciones sobre los que has aprendido hasta ahora. Luego, usa la tabla como ayuda para escribir una explicación de estas preguntas: ¿Cuándo es probable que una mutación aumente la variación genética? ¿Cuándo es probable que una mutación tenga efectos dañinos?

Image Credits: (bl) ©Huntstock/Disability Images; (br) ©L. Willatt/East Anglian Regional Genetics Service/Science Source

Los efectos de la mutación

Ya has visto cómo el alelo de la anemia de células falciformes, HbS, causa la enfermedad y puede ser transmitido por los progenitores a su descendencia. Que una mutación como esta sea heredada o no depende del tipo de célula en que ocurre la mutación. Si una mutación es transmitida, puede o no afectar al fenotipo, o la expresión física de un rasgo en el organismo.

Los impactos en la descendencia

Hay dos grandes tipos de células en el cuerpo: las células corporales y las células germinales. Las células germinales intervienen en la formación de gametos. Las células corporales, o células somáticas, son todas las demás células del cuerpo. Las mutaciones suceden en ambos tipos de células, pero solamente las mutaciones en las células germinales pasan de los progenitores a su descendencia. Las mutaciones en la línea germinal afectan al fenotipo de la descendencia. A menudo el efecto es tan perjudicial que la descendencia no se desarrolla bien o muere antes de que pueda reproducirse. Otras mutaciones, aunque menos severas, a menudo dan lugar a fenotipos menos adaptativos. Pocas veces una mutación da lugar a un fenotipo más beneficioso.

Explicar ¿Una mutación en una de tus células musculares pasaría a tu descendencia? Presenta evidencias para justificar tu explicación.

FIGURA 15: Las mutaciones pueden ocurrir en los gametos y en las células corporales.

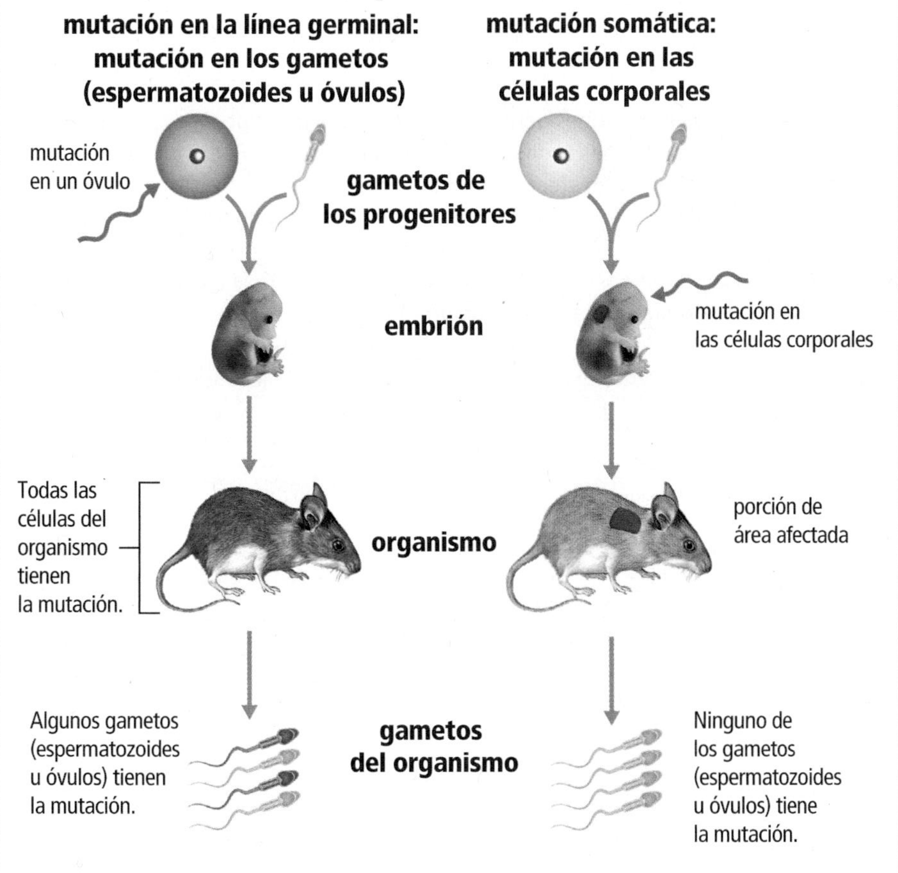

Los efectos sobre el fenotipo

Las mutaciones cromosómicas afectan a muchos genes y tienen un gran efecto sobre el organismo. Una mutación puede romper un gen e inactivarlo, o crear un nuevo gen híbrido con una función nueva. Los genes translocados también pueden quedar bajo el control de promotores nuevos.

Las mutaciones genéticas, aunque de una escala menor que las mutaciones cromosómicas, también pueden tener un gran efecto en el organismo. Hasta una mutación en una región no codificante puede causar problemas. Recuerda que las secuencias de ADN, como los promotores y los potenciadores, interactúan con los factores de transcripción y la ARN polimerasa para comenzar la transcripción. Por lo tanto, una mutación que afecta a cualquiera de estos elementos también podría afectar la expresión de uno o más genes.

Colaborar ¿De qué manera una mutación que afecta un elemento regulador, como un promotor, el factor de transcripción o un potenciador, afecta la expresión de un gen? Comenta los posibles resultados de las mutaciones que afectan a estos elementos. ¿Se expresará el gen? De ser así, ¿cómo cambiaría su expresión?

FIGURA 16: Un promotor es un segmento de ADN que se une a las proteínas que ayudan a iniciar la transcripción de un gen.

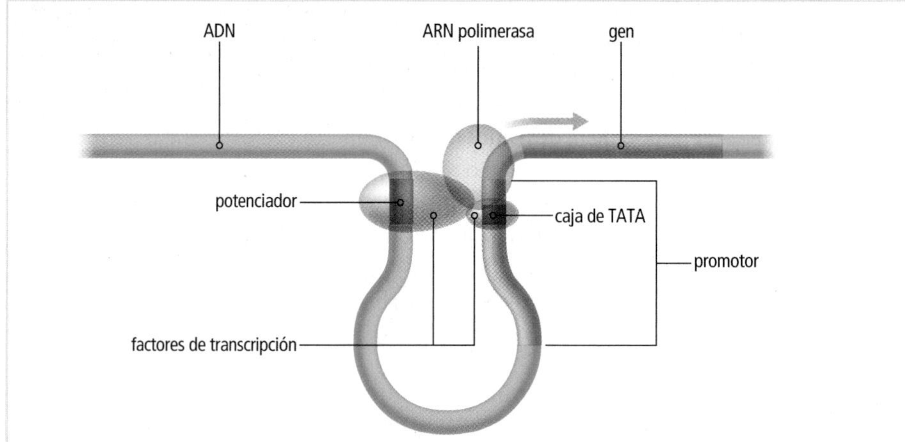

Sin embargo, muchas mutaciones genéticas no afectan el fenotipo de un organismo. Recuerda que muchos codones codifican el mismo aminoácido. Por lo tanto, algunas sustituciones no tienen ningún efecto, especialmente las que ocurren en el tercer nucleótido de un codón. Si AAG cambia a AAA, la proteína resultante igual tiene el aminoácido correcto, lisina. De manera similar, un aminoácido incorrecto puede afectar poco a una proteína si tiene casi el mismo tamaño o casi la misma polaridad que el aminoácido original o si está lejos de un sitio activo.

Causa y efecto 

¿La mutación de un intrón afectaría la estructura y la función de la proteína resultante? Explica tu respuesta.

FIGURA 17: En el procesamiento de ARNm, los intrones son eliminados de la hebra anterior al ARNm.

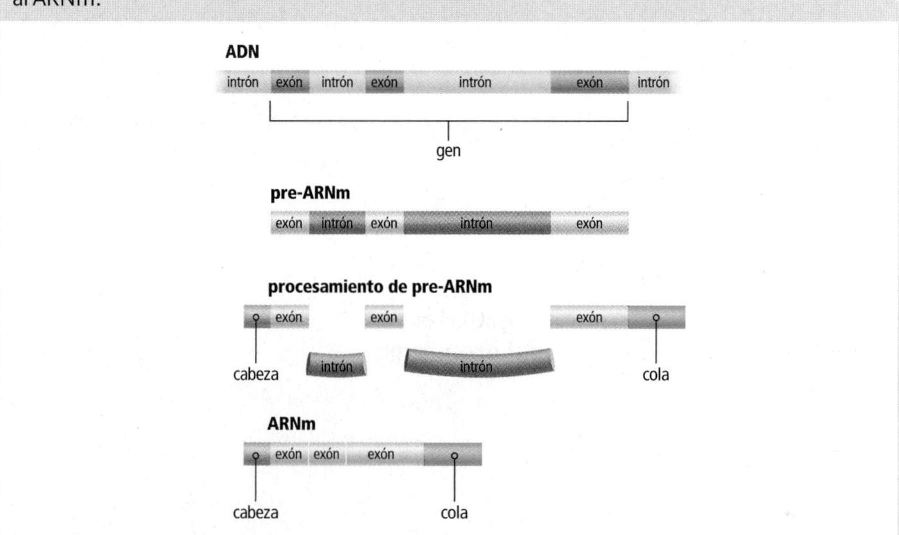

Los efectos sobre la diversidad genética

La variación genética, o diversidad genética, es la variedad de genes dentro de una población. Si bien la recombinación genética por medio de la reproducción sexual es una gran fuente de diversidad genética, las mutaciones en las células germinales son la fuente principal de diversidad genética en el genoma de un organismo. La diversidad genética es la base de un proceso llamado selección natural, en el que los factores ambientales "seleccionan" los fenotipos que permiten a los organismos sobrevivir y reproducirse mejor. Por ejemplo, un individuo puede tener un fenotipo que le permita al organismo atraer más parejas que otros individuos. Este individuo tendrá más oportunidades de pasar sus genes y, en el transcurso de muchas generaciones, su fenotipo podría extenderse más en la población.

FIGURA 18: Las mutaciones aumentan la diversidad genética, que es la base de la selección natural.

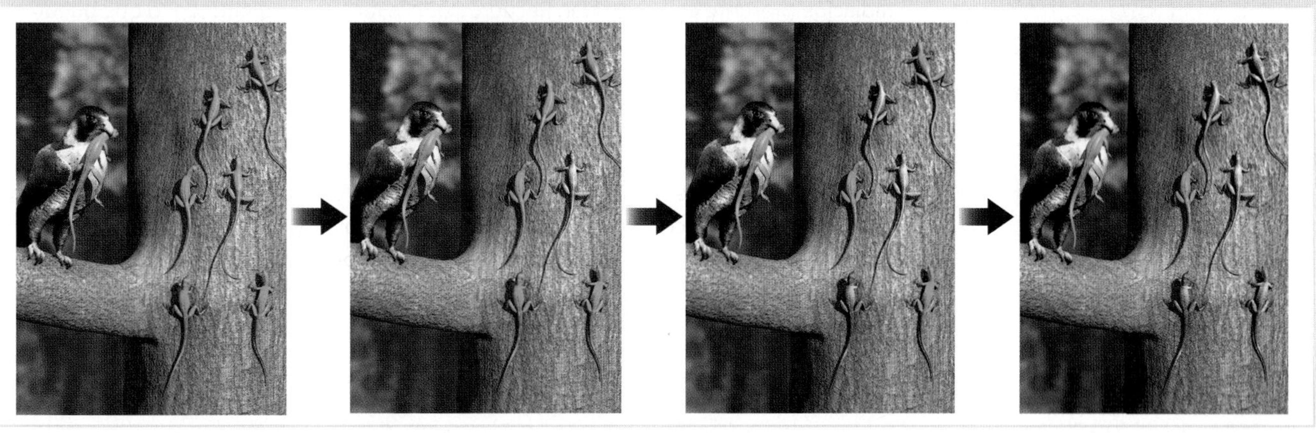

Analizar Supón que en estas lagartijas el fenotipo café es el resultado de una mutación. ¿Por qué este fenotipo se ha vuelto más frecuente en la población con el tiempo?

Cuando las mutaciones producen fenotipos menos adaptativos, la selección natural suele eliminar esos alelos mutantes de la población. Los fenotipos menos adaptativos pueden hacer que a los organismos les cueste sobrevivir o reproducirse. Los factores ambientales "des-seleccionan" estos rasgos, por lo que tienden a estar menos extendidos en la población con el tiempo.

FIGURA 19: Se ha demostrado que una mutación en humanos protege contra la arterioesclerosis coronaria.

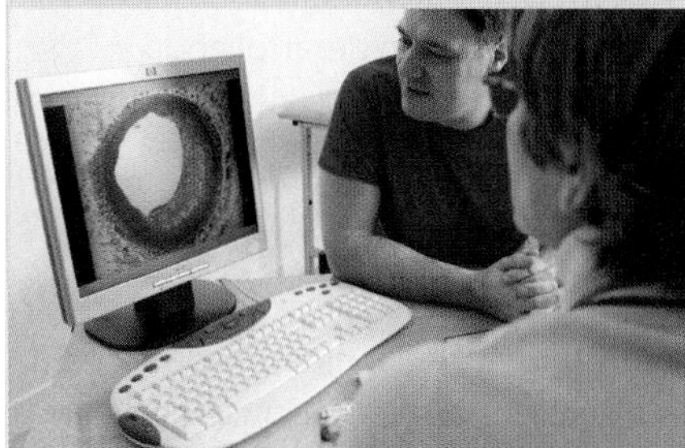

A veces, una mutación da lugar a un fenotipo más beneficioso. Estas mutaciones son favorecidas por la selección natural. Por ejemplo, se ha demostrado que hay un tipo de mutación por deleción en humanos que protege contra la arterioesclerosis coronaria, una enfermedad que se caracteriza por el endurecimiento y engrosamiento de las paredes arteriales.

Explicar Dos especies de conejos ocupan una zona en la que se dan las cuatro estaciones. El primer tipo de conejo tiene pelaje blanco en invierno y pelaje café en primavera. La otra especie tiene pelaje café durante todo el año. ¿Cuál de estos tipos de conejos tiene un fenotipo más beneficioso? Explica tu respuesta.

Explicar En algunos casos, las mutaciones que tienen efectos perjudiciales siguen apareciendo en ciertas poblaciones humanas. ¿Por qué sigue apareciendo una mutación que tiene efectos perjudiciales en una población dada?

Image Credits: (b) ©Universal Images Group/Photo By BSIP/Getty Images

Ingeniería

Poner a prueba tejidos para protegerse de la radiación UV

FIGURA 20: La ropa protectora de UV protege al usuario de daños a la piel debidos a la radiación solar.

Cuando nuestro cuerpo está expuesto a niveles moderados de radiación por la luz solar, puede responder bronceándose o quemándose. La exposición activa la producción y la liberación de un pigmento café llamado melanina. Este pigmento actúa como una pantalla solar natural y sirve para bloquear la luz *ultravioleta* (UV), un tipo invisible de radiación presente en la luz solar. Recuerda que la luz UV es un mutágeno que puede dañar los tejidos de la piel. La exposición prolongada a la luz UV puede provocar cáncer de piel, debido a mutaciones en el ADN de las células de la piel. El tipo de daño más común es la formación de dímeros de timina, o pares de bases de timina enlazados en el ADN. Estas mutaciones interfieren tanto en la replicación como en la traducción.

La ropa protectora de UV está diseñada para proteger a las personas de la luz UV. En esta actividad, trabajarás con tus compañeros para desarrollar un sistema de pruebas que se pueda usar para identificar tejidos adecuados para fabricar ropa protectora de UV. Este sistema debe ser fácil de usar y debe costar menos de cien dólares. Además, el sistema de pruebas debe permitir que el usuario pruebe hasta 100 pedazos de tejido en una jornada de trabajo de ocho horas. Por último, el sistema debe ser liviano y portátil, para que una persona pueda transportarlo.

MATERIALES

- tejidos (3 tipos)
- placas, papel
- cuentas o papel sensibles a UV
- luz UV, caja o luz solar

DEFINE Y DELIMITA

Escribe un enunciado que identifique el problema para el que estás diseñando la solución. ¿Cuáles son los criterios y las restricciones para un sistema de pruebas eficiente?

DISEÑA

En equipo, piensen ideas para solucionar el problema. Hagan una matriz de decisiones para elegir la solución que cumpla mejor con los criterios. Una vez que hayan elegido una solución posible, hagan un prototipo de su sistema de pruebas.

PON A PRUEBA

Hagan una prueba para reunir información que muestre si el sistema funciona bien. Si la solución no cumple con los criterios, regresen al diseño. Sigan desarrollando y probando soluciones hasta estar seguros de que la solución cumple con los criterios y las restricciones más importantes.

COMUNICA

Escribe una explicación para comunicar los resultados. ¿Cuál es el mejor tipo de sistema para probar estos tejidos? Presenta evidencias para justificar tu explicación. Incluye un diagrama de la solución final que eligió tu equipo.

p53: EL GEN SUPRESOR DE TUMORES | **LAS MUTACIONES Y LA SALUD HUMANA** | **INVESTIGAR EL MELANISMO** | **Conéctate y elige alguna de estas opciones.**

Image Credits: ©Maya Kovacheva/Alamy

Autorrevisión de la lección

¿PUEDES EXPLICARLO?

FIGURA 21: La deformación en "forma de hoz" de los glóbulos rojos sucede cuando las moléculas desoxigenadas de HbS forman cadenas largas o polímeros. Estos polímeros obligan a las células a cambiar de forma.

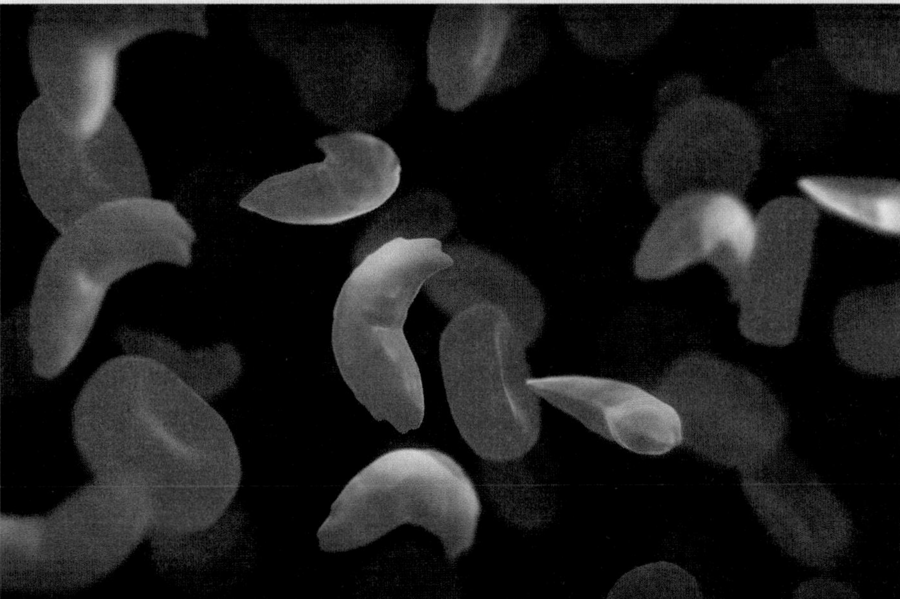

El alelo de la anemia de células falciformes está relacionado con la resistencia a la malaria, una enfermedad causada por un parásito que se transmite de una persona infectada a otra a través de mosquitos. Los individuos que tienen esta enfermedad pueden experimentar inflamación cerebral, dificultad para respirar, insuficiencia hepática y renal, anemia y un nivel bajo de azúcar en sangre. Las técnicas médicas modernas pueden diagnosticar y curar la malaria, pero, si no se la trata a tiempo, las complicaciones pueden causar la muerte.

Se ha observado que las personas que padecen malaria, pero que también son portadoras del gen de la anemia de células falciformes (HbS), no experimentan las etapas graves de la enfermedad. Por lo tanto, en ausencia de tratamientos médicos modernos, ser portador de uno de estos genes los protege de las consecuencias fatales de la malaria. Según los Centros para el Control y Prevención de Enfermedades, el HbS puede aportar una protección del 60% contra la malaria.

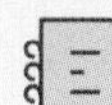

Explicar ¿Por qué el alelo HbS es más común en algunas poblaciones que en otras? Responde las siguientes preguntas en tu explicación.

1. ¿Por qué los cambios del ADN generan cambios en la estructura de los glóbulos rojos de los portadores del alelo HbS?
2. El fenotipo que corresponde al alelo HbS, ¿es perjudicial, beneficioso o ambos? Explica tu respuesta.
3. ¿Por qué la frecuencia del alelo HbS es más alta en áreas cercanas al ecuador terrestre, como algunas partes de África y del Mediterráneo?

Image Credits: ©Science Picture Co./Getty Images

EJERCICIOS DE REVISIÓN

Comprueba lo que aprendiste

1. Un estudio acerca de los efectos de un mutágeno sobre las bacterias tuvo los resultados que figuran a continuación. Algunos cultivos bacterianos fueron expuestos al mutágeno y otros no. ¿Qué cultivo es más probable que haya sido expuesto al mutágeno?

Cultivo	Cantidad de bacterias mutantes
A	0
B	350
C	10
D	4
E	3

2. La epidermólisis ampollar es una enfermedad caracterizada por una piel muy delicada que se ampolla fácilmente al ser raspada o expuesta hasta a la fricción más leve. La enfermedad es causada por una mutación de contrasentido. ¿Qué enunciado describe la mutación que causa la epidermólisis ampollar?
   a. La mutación es el resultado de la terminación prematura de una proteína.
   b. La mutación es causada por un cambio en uno de los aminoácidos.
   c. Esta mutación es el resultado de un cambio del marco de lectura.
   d. Esta mutación es causada por la duplicación del genoma.

3. Para luego comprender el código genético, los científicos necesitaban saber que un codón está compuesto por tres nucleótidos. Esta situación es un ejemplo
   a. de la naturaleza acumulativa de las evidencias científicas.
   b. de que los científicos hacen inferencias a partir de datos.
   c. del modo en que las teorías pueden dar lugar a leyes científicas.
   d. de la capacidad de los científicos para formular hipótesis.

4. Los individuos con trisomía X tienen tres cromosomas X en las células. ¿Qué enunciado se puede usar para describir este trastorno? Elige todas las respuestas correctas.
   a. Este trastorno es causado por una mutación cromosómica conocida como mutación no disyuntiva.
   b. Este trastorno es el resultado del intercambio de material genético entre dos cromosomas homólogos.
   c. Esta mutación se debe a que los cromosomas no se separaron durante la anafase de la mitosis.
   d. Esta mutación es causada por una translocación balanceada, un tipo de mutación cromosómica.

5. ¿Cuáles de las siguientes opciones pueden cambiarse durante la meiosis? Elige todas las respuestas correctas.
   a. secuencia de las bases
   b. número de aminoácidos
   c. número de cromosomas
   d. secuencia de los genes

6. ¿Qué procesos intervienen en la herencia de los genes mutados? Elige todas las respuestas correctas.
   a. meiosis
   b. fertilización
   c. mitosis

7. Las sandías se exponen a un mutágeno para producir una variedad que tiene cuatro sets de cromosomas. Luego, la nueva variedad se cruza con una sandía normal para producir una variedad sin semillas. ¿Qué tipo de mutación interviene en la producción de sandías sin semillas?

8. Rachel Carson fue una de las primeras ecólogas en advertir acerca del uso indiscriminado de pesticidas y otros mutágenos y toxinas potenciales. ¿Por qué la presencia de mutágenos químicos en el medio ambiente puede afectar la conformación genética y el crecimiento de una población?

FIGURA 22: Tabla de codones

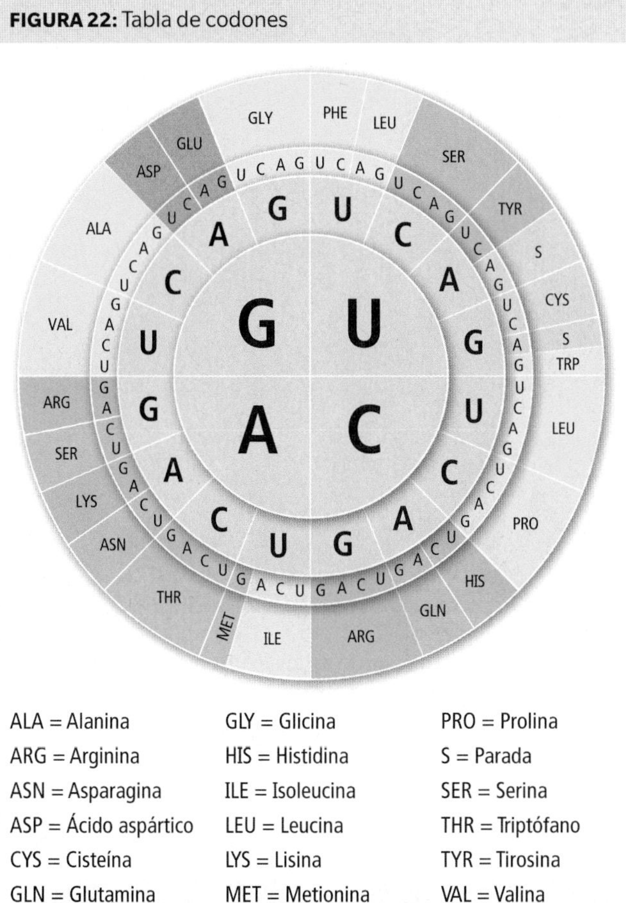

ALA = Alanina	GLY = Glicina	PRO = Prolina
ARG = Arginina	HIS = Histidina	S = Parada
ASN = Asparagina	ILE = Isoleucina	SER = Serina
ASP = Ácido aspártico	LEU = Leucina	THR = Triptófano
CYS = Cisteína	LYS = Lisina	TYR = Tirosina
GLN = Glutamina	MET = Metionina	VAL = Valina
GLU = Ácido glutámico	PHE = Fenilalanina	

9. Observa esta pequeña parte de una secuencia de ADN:

GTG–GAC–TGA–GGA

Usa esta secuencia y la tabla de codones de la Figura 22 para hacer un modelo que muestre cómo sucede una mutación con desplazamiento del marco de lectura y cómo afecta la secuencia de aminoácidos.

10. La enfermedad de Huntington afecta las funciones cerebrales. Los individuos que padecen esta enfermedad no pueden controlar el movimiento del cuerpo. Además, experimentan problemas emocionales y la pérdida de habilidades cognitivas. Esta enfermedad es causada por una repetición de trinucleótidos que involucra los nucleótidos CAG. ¿Qué causa esta mutación y cómo afecta a la proteína sintetizada por el gen mutado?

11. ¿Un progenitor puede transmitir una mutación en un riñón a sus hijos? ¿Por qué?

12. Explica cómo contribuyen las mutaciones a la diversidad genética.

HAZ TU PROPIA GUÍA DE ESTUDIO

En tu Cuaderno de evidencias, diseña una guía de estudio que justifique las ideas principales de esta lección:

Una mutación es un cambio en la secuencia de ADN de un organismo, que puede suceder espontáneamente o como resultado de la exposición a un mutágeno.

Las mutaciones contribuyen a la diversidad genética, porque cambian la conformación genética de los organismos y así se produce la variedad.

Las mutaciones pueden afectar o no el fenotipo de un organismo.

Recuerda incluir la siguiente información en tu guía de estudio:

- Usa ejemplos que sirvan como modelo de las ideas principales.
- Anota explicaciones para el fenómeno que investigaste.
- Presenta evidencias para justificar tus explicaciones. Tu justificación puede incluir dibujos, datos, gráficas, conclusiones de laboratorio y otras evidencias que hayas anotado a lo largo de la lección.

Piensa en el modo en que las mutaciones pueden dar lugar a cambios del ADN en el nivel celular y en el nivel de los organismos y explica cómo cada uno de estos cambios pueden o no provocar modificaciones en los fenotipos en situaciones reales.

7.5

Ingeniería genética

Los álamos temblones pueden hacer brotar árboles idénticos y nuevos de sus raíces para reproducirse.

¿PUEDES EXPLICARLO?

Muchos organismos, como las medusas, brillan cuando se los expone a determinadas longitudes de onda de luz. La fluorescencia ocurre cuando un organismo absorbe la luz y luego la emite, por lo que parece brillar. Puedes adquirir peces cebra para disfrutarlos en tu acuario. Pero hay un truco: los peces cebra no brillan naturalmente.

FIGURA 1: Los peces cebra recibieron modificaciones genéticas para brillar en muchos colores.

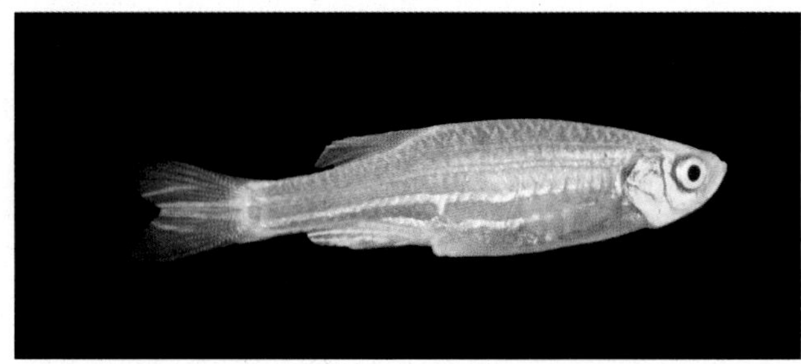

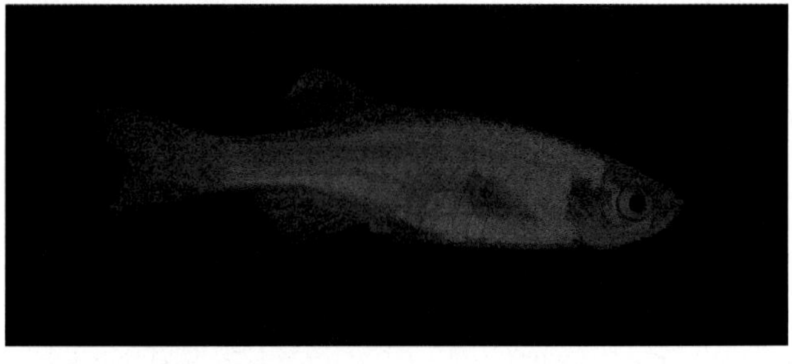

Reunir evidencias Mientras trabajas con la lección, reúne evidencias para explicar cómo se puede insertar un gen de un organismo en el genoma de un organismo no relacionado.

Los peces cebra fluorescentes son el resultado de décadas de investigaciones científicas. Los investigadores de la Universidad Nacional de Singapur que estudiaban la proteína verde fluorescente (GFP, por sus siglas en inglés) que causa la fluorescencia en las medusas insertaron en peces cebra el gen que codifica la GFP. El resultado fue un pez cebra que emitía luz verde.

La Administración de Alimentos y Medicamentos (FDA, por sus siglas en inglés) de los Estados Unidos aprobó la venta de peces cebra fluorescentes como mascotas en los Estados Unidos. La FDA decidió no regular los peces cebra modificados debido a que no se los consideraba alimentos. Además, no existían investigaciones que indicaran que las variedades fluorescentes pudieran ser más peligrosas que las variedades originales en caso de un escape accidental.

Predecir ¿Qué significa cambiar el genoma de un organismo? ¿El pez cebra fluorescente es una clase nueva de animal?

Image Credits: (t) ©tharathep lomchid/Shutterstock; (bl) (br) ©Ted Kinsman/Science Source

Aislar genes

La enfermedad de Huntington daña las células nerviosas del cerebro. El inicio de la enfermedad de Huntington suele darse en la madurez, sin indicios de la enfermedad hasta que surgen los síntomas. Para las personas que tienen un progenitor con la enfermedad de Huntington, el cuadrado de Punnett y el análisis genealógico pueden indicar la probabilidad de padecer la enfermedad, pero no son un diagnóstico definitivo. Para la enfermedad de Huntington y para muchas otras, se puede analizar el material genético y determinar si una persona padece o es portadora de una determinada enfermedad.

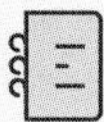

Reunir evidencias ¿Te someterías a un análisis para determinar la probabilidad que tienes de padecer determinadas enfermedades? ¿Por qué? Si lo hicieras, ¿qué desearías que ocurriera con tu información genética? ¿Debería compartirse con investigadores científicos, tu seguro médico o tus futuros empleadores? Explica tu razonamiento.

Análisis genético

El **análisis genético** analiza el ADN de una persona para determinar el riesgo de que padezca o transmita un desorden genético. Los genetistas buscan anomalías en el material genético, desde los cromosomas completos hasta los genes individuales. También es posible buscar proteínas que indican una enfermedad determinada. Como las proteínas reflejan los patrones de ADN de los genes, este es un método indirecto para analizar el material genético. Si bien este análisis sirve para detectar desórdenes genéticos, no se pueden detectar todas las enfermedades.

FIGURA 2: Las micromatrices de ADN se usan en el análisis genético.

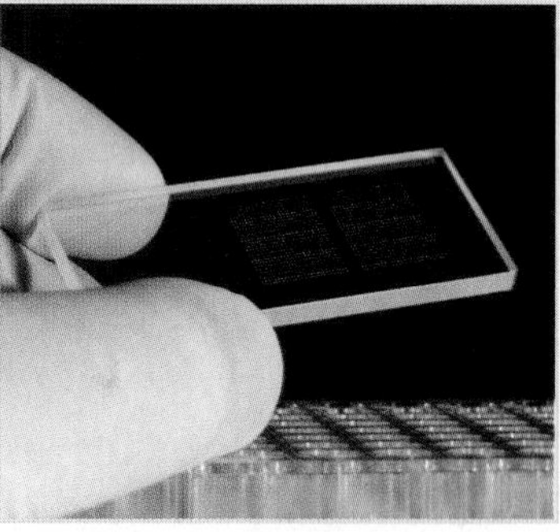

Analizar ¿Por qué el análisis genético no puede identificar todas las enfermedades? ¿En qué se diferencia heredar la fibrosis quística de desarrollar una enfermedad cardiovascular debido a una dieta deficiente y a la falta de actividad física?

Hay miles de análisis genéticos, cada uno dirigido a determinado gen o región genómica. Una micromatriz de ADN permite estudiar muchos genes, o sus expresiones, al mismo tiempo. Se trata de un chip pequeño que se impregna con todos los genes que están en estudio, que se organizan en un patrón de cuadrícula. Cada bloque de la cuadrícula es tan pequeño que un chip de una pulgada cuadrada puede contener miles de genes. Estas micromatrices, como la de la Figura 2, les permiten a los investigadores hallar qué genes se expresan en qué tejidos y en qué condiciones.

Colaborar En grupo, comenta los beneficios, los riesgos y las limitaciones del análisis genético. ¿Por qué es importante identificar los portadores de una enfermedad genética? ¿Cómo se debe usar y proteger la información genética?

Replicar genes

Identificar los genes específicos que causan las enfermedades a través de análisis genéticos no es simple. Los científicos pasan años buscando los genes, entre los 20,000 y 25,000 que tiene el genoma humano, que se asocian a determinada enfermedad. Las cantidades pequeñas de secuencias objetivo recolectadas de los pacientes se deben amplificar muchas veces para producir la cantidad necesaria para analizar. La invención de la **reacción en cadena de la polimerasa** (RCP) fue decisiva, porque permitió obtener en horas, no en días, las grandes cantidades de ADN necesarias para el análisis genético.

Image Credits: ©dra_schwartz/iStockphoto.com/Getty Images

FIGURA 3: Los pasos de la reacción en cadena de la polimerasa. **Aprende en línea**

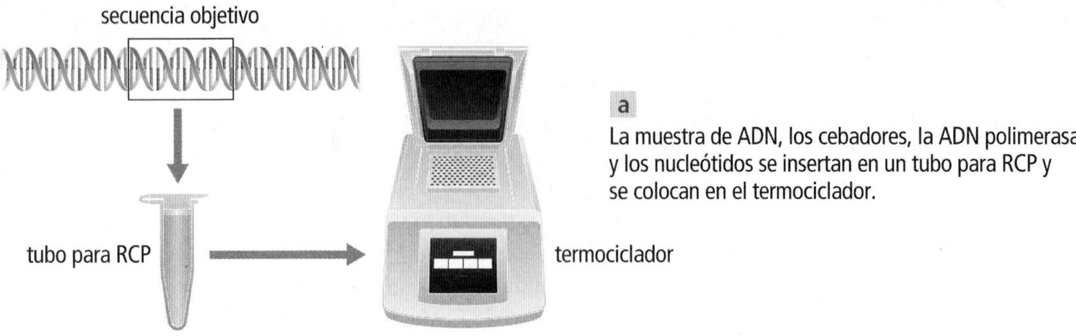

a La muestra de ADN, los cebadores, la ADN polimerasa y los nucleótidos se insertan en un tubo para RCP y se colocan en el termociclador.

Ciclo 1

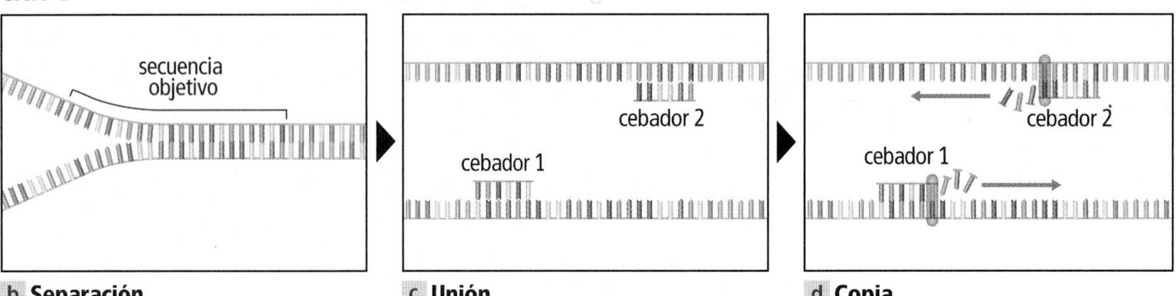

b Separación

Se eleva la temperatura hasta los 95 °C (203 °F) para separar las cadenas de ADN.

c Unión

La temperatura se enfría a 55 °C (131 °F) y los cebadores se unen a las cadenas de ADN.

d Copia

La temperatura se calienta hasta los 72 °C (152 °F). La ADN polimerasa ubica los cebadores y comienza a sintetizar una cadena complementaria. Continúa sintetizando la cadena de ADN hasta que alcanza el final de la cadena.

Ciclo 2 Se repiten los mismos tres pasos en el Ciclo 2 y en cada ciclo subsiguiente: separación, unión y copia.

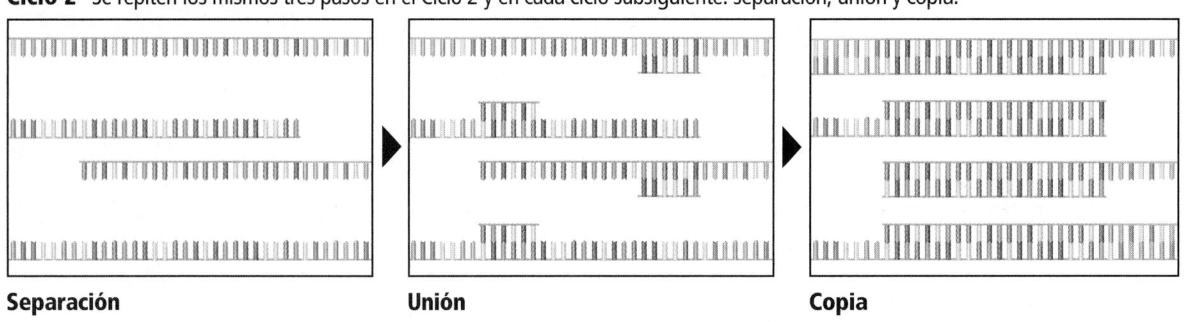

Separación **Unión** **Copia**

Ciclo 3

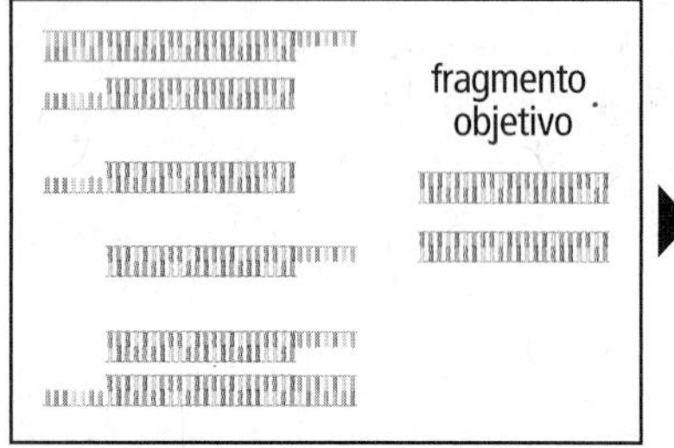

Al final del Ciclo 3, se han sintetizado los fragmentos que solo incluyen el ADN objetivo.

Ciclo 4

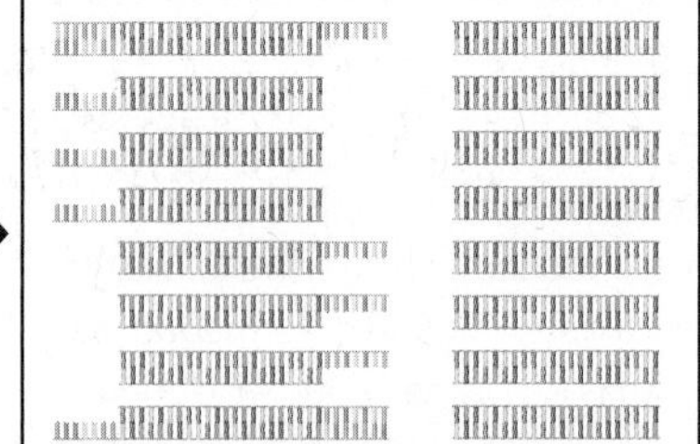

Al final del Ciclo 4, se han sintetizado 8 fragmentos objetivo.

Ciclo 30

Al final del Ciclo 30, se han sintetizado más de mil millones de fragmentos objetivo.

En la Figura 3a, se muestra el comienzo de un análisis de RCP. Se extrae el ADN de los núcleos de la célula y se insertan en un tubo para RCP, junto con los cebadores, la ADN polimerasa y los nucleótidos. El tubo se coloca dentro de un termociclador, que regula automáticamente la temperatura de la solución.

Los pasos de la reacción en cadena de la polimerasa son tres:

Separación El termociclador calienta la muestra hasta que las cadenas complementarias de ADN se separan (Figura 3b). La separación ocurre a aproximadamente 95 °C (203 °F).

Unión Luego, el termociclador se enfría hasta los 55 °C (131 °F) (Figura 3c), y los cebadores se unen a las cadenas de ADN separadas. Los cebadores son segmentos cortos de nucleótidos que permiten que un tipo específico de ADN polimerasa se una a las cadenas de ADN. Para cada reacción son necesarios dos cebadores. Un cebador se une al comienzo del segmento objetivo de una cadena de ADN. El otro cebador se une al comienzo del segmento objetivo de la cadena de ADN complementaria.

Patrones

La replicación del ADN produce una cadena de ADN complementaria, mientras que la RCP amplifica una sección objetivo de ADN copiando solo esa sección. ¿En qué se parecen la replicación del ADN y la RCP? ¿En qué se diferencian?

Copia El termociclador se calienta hasta los 72 °C (162 °F) (Figura 3d). A esta temperatura, la ADN polimerasa se une a los segmentos de los cebadores y comienza a agregar nucleótidos complementarios. Los nucleótidos libres que se agregan a la solución funcionan como materiales básicos para la fabricación de nuevas hebras de ADN. La síntesis de ADN continúa hasta que la ADN polimerasa alcanza el fin de la hebra y se desprende. Así se produce una hebra de ADN complementaria y se completa el primer ciclo de RCP.

Colaborar Con un compañero, túrnense para explicar y hacer un modelo de cómo los tres pasos de la RCP producen secuencias de ADN. A medida que describes los pasos a tu compañero, explica la importancia de los siguientes términos: *ADN polimerasa, nucleótidos, cebadores, separación del ADN, unión de los cebadores, síntesis de ADN* y *termociclador.* Luego, tu compañero hace la explicación y un modelo del proceso. Sigan turnándose hasta que ambos comprendan bien los pasos de la RCP.

El ciclo se repite una segunda vez. El termociclador se calienta hasta los 95 °C y las cadenas de ADN se separan. El termociclador se enfría hasta los 55 °C y los cebadores se unen a los sitios objetivo. Por último, el termociclador se calienta hasta los 72 °C. La ADN polimerasa se une a los segmentos de los cebadores y usa los nucleótidos libres para sintetizar una cadena de ADN complementaria.

El termociclador sigue calentando y enfriando la solución automáticamente. El primer fragmento de la secuencia objetivo de ADN se sintetiza después del tercer ciclo. Después de treinta ciclos, se sintetizan más de mil millones de fragmentos de ADN objetivo. Los ciclos de RCP continúan hasta que se produce una cantidad adecuada de ADN objetivo.

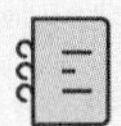

Analizar ¿Por qué es necesario ir cambiando la temperatura en el proceso de RCP? Presenta evidencias para justificar tus afirmaciones.

La reacción en cadena de la polimerasa fue inventada en 1983 por Kary Mullis, quien compartió el Premio Nobel de Química en 1993. Este invento solucionó dos problemas que tenía Mullis. Primero, en su laboratorio estaban tratando de crear un nuevo uso para los oligonucleótidos, o segmentos cortos de ADN, que producían. En la RCP se usan oligonucleótidos como cebadores. Segundo, se tardaban varias semanas en realizar un análisis genético y otros análisis de ADN. La RCP disminuyó enormemente el tiempo necesario para amplificar una muestra de ADN.

Explicar Describe la relación que existe entre el análisis genético y la reacción en cadena de la polimerasa. ¿Cómo posibilitó la técnica de la RCP el análisis genético a gran escala?

La clonación y la ingeniería

FIGURA 4: Estas plantas de cereal pueden crecer en suelos con poca cantidad de agua.

Con el aumento de la población mundial, aumenta la demanda de alimentos. Los períodos largos de sequía en muchas regiones del mundo amenazan a la producción de alimentos, porque muchos cultivos comerciales no están adaptados a los climas secos. Para mantener la producción, los científicos crearon plantas resistentes a las sequías.

Reunir evidencias Otras estrategias para cultivar alimentos en climas secos son la conservación del agua, las prácticas de agricultura sustentable y el uso de fertilizantes mejorados. Haz una lista de los criterios que se pueden usar para evaluar los cultivos resistentes a las sequías y otras posibles soluciones.

Clonación de organismos

FIGURA 5: Algunas plantas producen "brotes", descendientes genéticamente idénticos.

Muchas plantas producen descendientes genéticamente idénticos, o clones, mediante la reproducción asexual. Desde hace miles de años, los seres humanos plantan esquejes de plantas para producir clones. Cuando se planta el descendiente, o "brote", de una planta araña como la de la Figura 5, crece una planta idéntica. Los seres humanos clonan las plantas con ciertos rasgos deseados, como frutas más grandes o sabrosas. Con el tiempo, esos rasgos aparecen más seguido en la población nueva.

Las bacterias producen clones mediante la fisión binaria, un tipo de reproducción asexual. En la fisión binaria, se replica un cromosoma de bacteria. La célula se divide en dos células hijas que son genéticamente idénticas a la célula madre. La producción de clones asegura que los rasgos beneficiosos, como la resistencia a los antibióticos, se propaguen rápidamente en la población de bacterias.

La clonación tiene una tasa de éxito baja en los organismos más complejos, como los animales vertebrados. Sin embargo, los avances en la ingeniería genética han hecho posible la producción de clones artificiales de mamíferos. En las siguientes secciones se describen los avances en la clonación.

FIGURA 6: Proceso de duplicación de embriones.

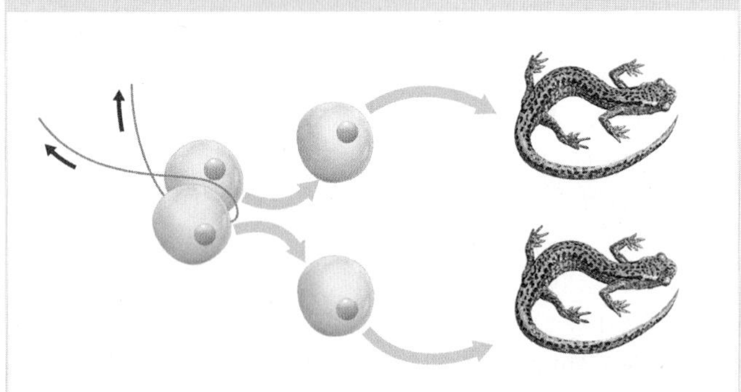

Duplicación de embriones

En 1903, Hans Spemann separó las células de los embriones de salamandra de dos células. Las células separadas siguieron desarrollándose y produjeron dos salamandras (Figura 6). Spemann determinó que los vertebrados se pueden "duplicar" para formar organismos idénticos. Así se demostró que las células embrionarias tienen un conjunto completo de material genético. Entonces, cada célula tiene el potencial de crecer hasta convertirse en un organismo completo.

Transferencia nuclear

La clonación de mamíferos supone el reemplazo del núcleo de un óvulo no fertilizado con el núcleo de una célula del animal que se está clonando. El óvulo se implanta en una madre sustituta para que se desarrolle de la misma manera que lo haría durante un embarazo normal. El resultado es un descendiente clon. En la Figura 7, se muestran algunos de los hitos en la transferencia nuclear.

Image Credits: (t) ©iStock/Marccophoto/Getty Images; (c) ©Guy Jarvis/Houghton Mifflin Harcourt

FIGURA 7: Hitos en el avance de las técnicas de clonación.

Aprende en línea

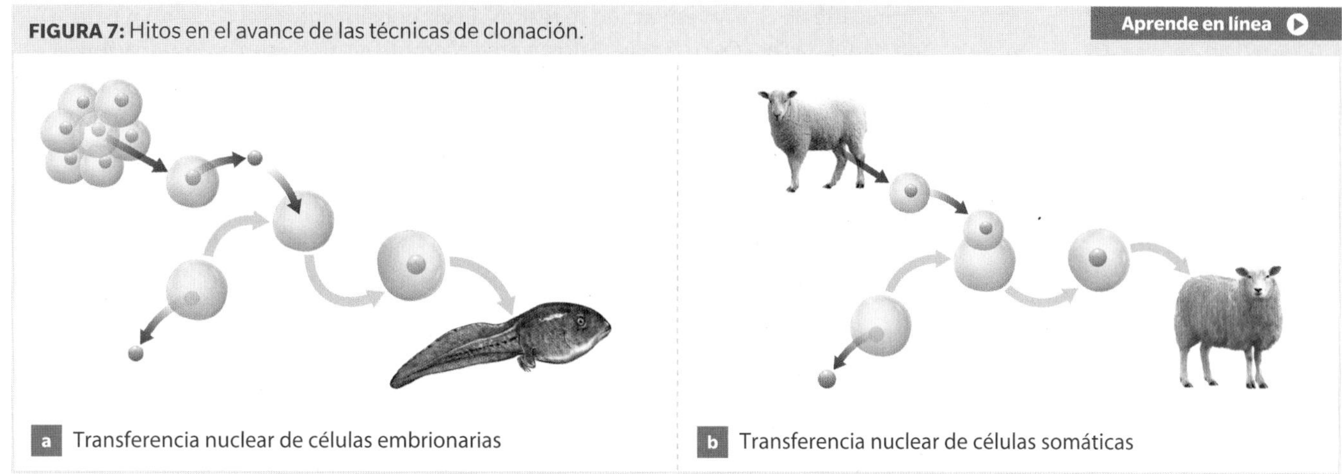

a Transferencia nuclear de células embrionarias

b Transferencia nuclear de células somáticas

En 1952, Robert Briggs y Thomas King realizaron la primera transferencia nuclear exitosa (Figura 7a). Insertaron el núcleo de una célula embrionaria de rana en un óvulo sin núcleo. El óvulo se desarrolló hasta convertirse en renacuajo. Mediante este experimento, se demostró que la transferencia nuclear se podía usar para clonar organismos.

Más adelante, los científicos adaptaron los métodos de transferencia nuclear para producir clones de otros animales, incluidos los mamíferos. Las investigaciones posteriores posibilitaron técnicas nuevas que permitieron el uso de otros tipos de células como donantes de núcleo, lo cual eliminó la necesidad de usar embriones.

En 1996, la oveja Dolly se convirtió en el primer mamífero clonado a partir de una célula somática o corporal (Figura 7b). Las células somáticas están diferenciadas, por lo que muchos genes que no son necesarios para la función de la célula están desactivados. Estos genes se deben reactivar para que la clonación funcione. De los 277 intentos de este experimento, solo Dolly sobrevivió.

La clonación después de Dolly

Entre los hitos en la clonación posteriores a Dolly, se encuentran la clonación de primates, la producción de ovejas a partir de células manipuladas genéticamente, la clonación de animales en peligro de extinción y la creación de células madre a partir de la transferencia nuclear de células somáticas. Los nuevos avances en la clonación han suscitado preocupaciones éticas, como la clonación de seres humanos.

FIGURA 8: Un cachorro clonado con el progenitor genético.

La clonación de mascotas es uno de estos avances. Hay empresas que producen copias genéticamente idénticas de las mascotas. Sin embargo, es común que esos animales tengan una apariencia y una conducta distintas de las de la mascota original.

Reunir evidencias ¿Por qué un clon no es una copia exacta del animal donante? Piensa en los efectos de la genética y las condiciones ambientales. Presenta evidencias para justificar tu respuesta.

Aspectos éticos de la clonación

FIGURA 9: Henrietta Lacks

Henrietta Lacks murió de cáncer cervicouterino en 1951. Antes de morir, un investigador tomó una muestra de su tumor. A partir de esta muestra, los científicos produjeron la primera línea de células "inmortales", denominada HeLa por las dos primeras letras del nombre y apellido de Henrietta. A diferencia de otras células, las células HeLa no morían cuando se las cultivaba en el laboratorio. Las células se dividían indefinidamente y brindaban una fuente inagotable de células para la investigación científica. Desde la vacuna contra la polio y la clonación hasta la investigación sobre el sida y los experimentos en el espacio, las células HeLa han sido la base de la ciencia durante más de medio siglo.

Image Credits: (c) ©Getty Images; (b) ©Science Source

Gran parte de esta investigación se realizó sin el conocimiento ni el consentimiento de Henrietta Lacks o su familia. Esto plantea el problema de la ética en la clonación: el conjunto de principios que establece los estándares de lo que está bien o mal para las personas. A medida que la genética avanza, la discusión sobre la ética y el tratamiento del material genético cobra mayor importancia.

Conexión con las artes del lenguaje Investiga más acerca de la historia de Henrietta Lacks. ¿Las personas deberían tener control sobre su material genético? ¿Qué sentirías si tomaran tu material genético sin tu permiso? Presenta evidencias para justificar tus afirmaciones.

Ingeniería genética

La ingeniería genética es el proceso de modificación del material genético de un organismo para cambiar sus rasgos o para introducir un rasgo nuevo y deseable. Una vez que se ha logrado insertar un rasgo deseable en un genoma, el genoma nuevo y el rasgo pueden transmitirse a las futuras generaciones mediante la clonación. Un organismo con uno o más genes de otro organismo incorporados en su genoma se llama organismo transgénico.

Los agricultores usan cada vez más los cultivos modificados genéticamente (MG). Los agricultores que plantan clones de cultivos MG pueden conocer los rasgos deseados que están presentes en la población completa. Sin embargo, esta práctica también disminuye la diversidad genética, una característica necesaria de las poblaciones resistentes y flexibles.

Analizar Compara los riesgos y los beneficios del uso de cultivos MG clonados en lugar de los cultivos MG propagados mediante la reproducción sexual.

Adopción de cultivos modificados genéticamente en los Estados Unidos, 1996-2016

FIGURA 10: Uso de cultivos modificados genéticamente en los Estados Unidos.

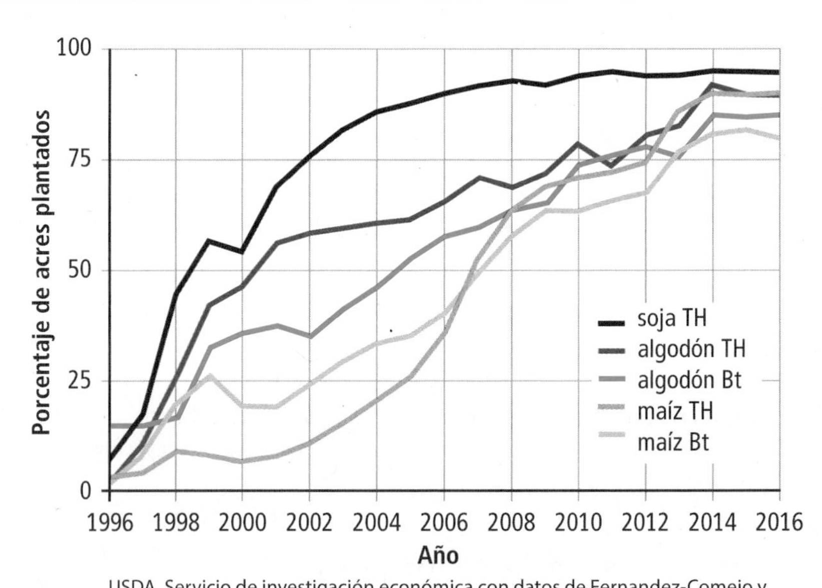

USDA, Servicio de investigación económica con datos de Fernandez-Comejo y McBride (2002) para los años 1996-99 y USDA, Servicio de estadísticas agrícolas nacionales, June Agricultural Survey para los años 2000-16.

A principios de la década de 1990, la FDA aprobó los cultivos MG para el consumo humano en los Estados Unidos. La resistencia a los insectos y los herbicidas está entre las modificaciones genéticas más comunes, como se muestra en la Figura 12. Gran parte del maíz MG se usa para alimentar al ganado, pero también se emplea en los alimentos para consumo humano, como el jarabe de maíz de alta fructosa y el almidón de maíz. Ningún estudio a largo plazo encontró efectos negativos por el consumo de estos cultivos.

La ingeniería genética en las bacterias

La tecnología de ADN recombinante, o combinación de genes de más de un organismo, es un elemento clave de la ingeniería genética. Los organismos pueden provenir de la misma especie o de diferentes especies. Un método para producir ADN recombinante es agregar ADN extraño a un plásmido. En las bacterias, un plásmido es un segmento pequeño de ADN de forma circular que se halla separado del cromosoma de la bacteria. Luego, las bacterias expresan el ADN extraño que se inserta en el plásmido.

Las bacterias recombinan naturalmente el ADN mediante la absorción de plásmidos del medio ambiente o mediante el intercambio de plásmidos entre dos bacterias. Dentro de una bacteria pueden existir múltiples plásmidos, cada uno capaz de replicarse independientemente del cromosoma de la bacteria. Con las bacterias modificadas genéticamente se pueden producir antibióticos, insulina, proteínas terapéuticas, etc.

Imagina que se inserta un ADN extraño que contiene un gen para la producción de insulina humana en un plásmido. Debido a que los plásmidos se autorreplican, puede haber muchas copias de un plásmido dentro de una bacteria. Los plásmidos se comparten con las células hijas durante la fisión binaria, y las bacterias se dividen a velocidades relativamente altas. Un puñado de bacterias con plásmidos codificados para la insulina humana pueden convertirse rápidamente en un centro de producción de una proteína.

FIGURA 11: Plásmido bacteriano

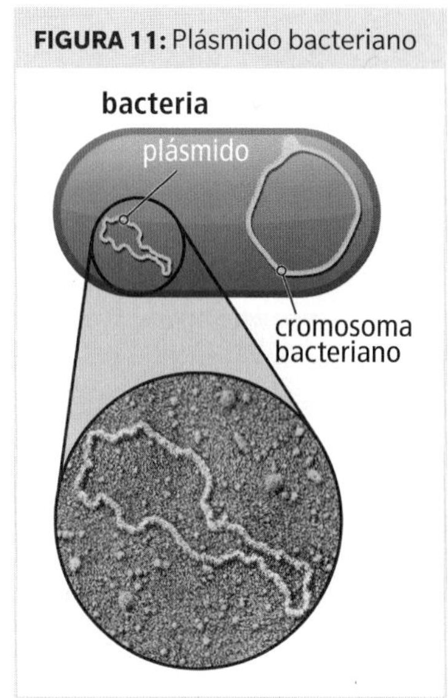

FIGURA 12: ADN recombinante

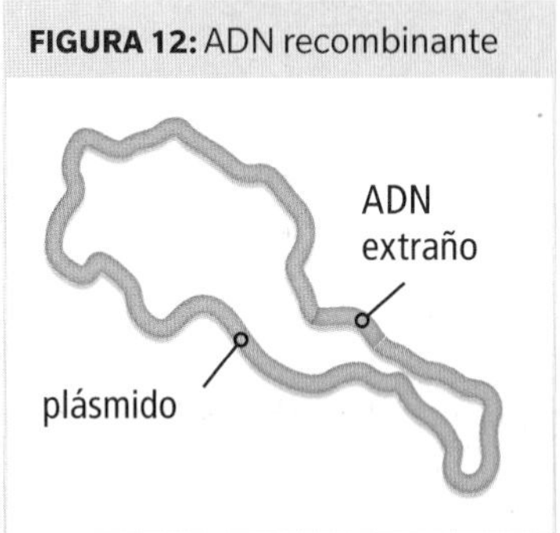

Colaborar La producción de medicamentos mediante bacterias modificadas genéticamente puede ser menos costosa que la producción de medicamentos en un laboratorio. Comenta el impacto que tienen los medicamentos menos costosos sobre la sociedad y la ciencia.

Ingeniería

Edición de genes mediante CRISPR

La modificación genética de los organismos requiere la capacidad de cortar las cadenas de ADN en regiones específicas. Debido a que es una tarea complicada, costosa y que lleva tiempo, los ingenieros genéticos deben hallar un método más fácil, rápido y económico para cortar el ADN con precisión.

Resulta que las bacterias usan un mecanismo de corte preciso de ADN llamado CRISPR, una sigla en inglés que hace referencia a las repeticiones palindrómicas cortas, agrupadas y regularmente interespaciadas del ADN bacteriano. Estas secuencias repetidas rodean segmentos de ADN viral al que han estado expuestas las bacterias. Las enzimas usan la información de esta biblioteca viral para dirigirse al ADN viral, cortarlo y, así, evitar la replicación viral.

El mecanismo CRISPR es fascinante para los ingenieros genéticos debido a que brinda un método muy preciso para cortar el ADN en un punto específico. Cortar el ADN con facilidad y exactitud simplifica el proceso de reemplazo de los genes defectuosos por genes en buen estado. Esta es una de las tareas más difíciles de la terapia genética, pero tiene el mayor potencial de generar beneficios para los seres humanos. Todavía se están descubriendo nuevas maneras de aplicar el sistema CRISPR a los problemas científicos. Al igual que ocurre con la mayoría de los avances genéticos, el entusiasmo por los posibles beneficios del sistema CRISPR se ve reducido por las preocupaciones éticas que surgen a partir de este instrumento de modificación genética tan eficaz.

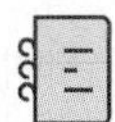

Reunir evidencias ¿De qué manera piensas que el sistema CRISPR puede potenciar el campo de la ingeniería genética? ¿Qué preocupaciones piensas que pueden surgir sobre el sistema CRISPR?

Image Credits: (inset) ©Professor Stanley N. Cohen/Science Source

La ingeniería genética en las plantas

Uno de los métodos más comunes de modificación genética de las plantas es el uso de los plásmidos bacterianos. Se inserta un gen del rasgo deseado en un plásmido y se agrega el plásmido a la célula vegetal. Cuando se infecta la célula vegetal, el ADN recombinante se inserta directamente en el genoma de la planta, lo que modifica la planta. La planta expresa tanto el ADN bacteriano como el propio.

Aprende en línea

Práctica de laboratorio

Hacer un modelo de la ingeniería genética
Simula las técnicas que usan los ingenieros genéticos para modificar los genes de los seres humanos mediante la tecnología de ADN recombinante.

La ingeniería genética en los animales

Los modelos animales para las enfermedades de los seres humanos son instrumentos valiosos en la investigación médica. Estos modelos permiten a los científicos estudiar el proceso de la enfermedad, desde las bases genéticas de la enfermedad hasta cómo responde ante las sustancias químicas. Mediante la ingeniería genética, los científicos han podido desarrollar más y mejores modelos para estudiar las enfermedades.

FIGURA 13: Una científica estudia mosquitos modificados genéticamente.

Hacer un modelo Haz un diagrama de flujo en el que demuestres cómo los mosquitos modificados genéticamente pueden reducir el riesgo de enfermedades en los seres humanos.

Piensa en el uso de mosquitos modificados genéticamente para evitar la propagación de las enfermedades. Los mosquitos son vectores de muchas enfermedades. Un vector transporta el ADN extraño a otra célula u organismo. Se sabe que una especie, el *Aedes aegypti*, transmite los virus de la fiebre amarilla, la chicunguña, el dengue y el Zika. El dengue es una de las principales causas de enfermedad y muerte en las regiones tropicales y subtropicales. No existe una vacuna para el dengue, por lo que la mejor manera de reducir al mínimo los casos de la enfermedad es reducir la cantidad de picaduras de mosquitos infectados.

Para resolver este problema, los científicos modificaron mosquitos para que necesitaran un fármaco producido por los seres humanos para sobrevivir. Cuando se liberan los mosquitos machos en la población silvestre, se aparean con las hembras y les transmiten el gen de dependencia al fármaco a su descendencia. Los machos afectados mueren poco después de aparearse y su descendencia muere antes de alcanzar la madurez por falta de acceso al fármaco. De esta manera, se controlan con eficacia las poblaciones de mosquitos.

Sin embargo, la posibilidad de producir efectos no deseados es una restricción importante para esta solución. Todavía no se comprenden completamente los efectos no deseados de la liberación de mosquitos modificados genéticamente en la naturaleza. Quizá los científicos y la sociedad deban sopesar los riesgos de los efectos no deseados y los beneficios de la disminución de las poblaciones de mosquitos.

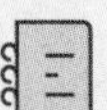

Explicar Por lo general, hay pros y contras cuando se elige la solución a un problema. Los cultivos modificados genéticamente pueden permitir que los agricultores tengan mayores rendimientos, pero una desventaja es la reducción de la variación genética de los cultivos, que los vuelve más vulnerables a las enfermedades. ¿Qué otros contras trae aparejados esta solución?

Image Credits: ©AFP PHOTO/NELSON ALMEIDA/Getty Images

Ingeniería

La modificación genética del salmón

La demanda de salmón del Atlántico se ha incrementado y las poblaciones salvajes de salmón han disminuido, principalmente debido a la pesca indiscriminada y otros impactos ambientales. Los problemas de las poblaciones salvajes indican que la pesca comercial no es sostenible a los niveles actuales. El salmón del Atlántico de granja es una alternativa a la captura de peces salvajes y reduce la presión sobre las poblaciones salvajes debido a que brinda una fuente confiable de salmón. El salmón se puede criar en granjas en jaulas marinas o en instalaciones en tierra firme. Algunos salmones de granja se cultivan para desarrollar rasgos favorables, como la resistencia a las enfermedades.

FIGURA 14: Un salmón del Atlántico normal comparado con un salmón del Atlántico MG de la misma edad.

Sin embargo, el cultivo en granjas tiene sus desventajas. Las granjas necesitan espacio y recursos para alimentar, albergar y mantener a los peces a medida que crecen. Por lo general, el salmón tarda entre 28 y 36 meses en alcanzar el peso de mercado; los costos de producción pueden hacer subir los precios.

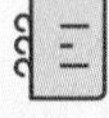

Analizar Define el problema de ingeniería relacionado con la producción de salmón. ¿Cuáles son los criterios importantes? ¿Qué restricciones pueden existir para una solución que reduzca la presión sobre el salmón salvaje y sobre los criadores que cultivan este pez?

Para resolver algunos de los problemas del cultivo de salmón, los científicos produjeron salmón del Atlántico modificado genéticamente: insertan una hormona de crecimiento del salmón real y un promotor del pez anguila en el genoma. El promotor permite que la hormona de crecimiento esté activa durante todo el año, en lugar de estarlo solo una parte del año, como sucede en el salmón normal.

El salmón del Atlántico transgénico crece el doble del tamaño de un salmón del Atlántico normal en el mismo lapso. Así, se reduce el tiempo necesario para alcanzar el peso de mercado a tan solo 18 meses, mientras que con el salmón normal, el lapso se puede extender hasta los 36 meses. Entonces, los criadores pueden cultivar y vender más salmón en un determinado lapso. También existen beneficios ambientales, como un menor uso y contaminación de los recursos hídricos. El salmón modificado genéticamente se cultiva en una instalación en tierra firme que tiene sistemas especiales para manejar la contaminación y para reciclar el agua. El salmón modificado genéticamente reduce el impacto sobre las poblaciones salvajes y los ecosistemas acuáticos.

Sin embargo, todavía existe resistencia del público a consumir organismos modificados genéticamente. Este es un problema social que desafía el éxito del cultivo de salmón modificado genéticamente. Una de las principales preocupaciones ambientales es la posibilidad de que los individuos MG puedan escapar y aparearse con individuos salvajes. Así se podría introducir el gen modificado en las poblaciones salvajes mediante los descendientes y podría haber efectos a largo plazo desconocidos sobre el salmón del Atlántico y otras especies.

Explicar Diseña una matriz de decisiones y úsala para analizar los criterios para el uso de la pesca comercial, el cultivo del salmón normal y el cultivo del salmón MG para satisfacer la demanda de salmón. Evalúa los criterios según una escala del 0 al 5. ¿Cuál es la mejor solución según tus criterios? ¿Esta solución tiene problemas que se pueden anticipar y evitar?

Image Credits: ©AquaBounty Technologies

Otras aplicaciones de la ingeniería genética

Colaborar Con un compañero, comenta los beneficios y los riesgos de los mosquitos transgénicos para los seres humanos y los ecosistemas.

Las nuevas tecnologías pueden tener impactos imprevistos en la sociedad y el medio ambiente. Los efectos positivos de controlar las poblaciones de mosquitos con mosquitos transgénicos son claros: reducir las enfermedades y muertes debido a las infecciones por virus transmitidos por mosquitos. Sin embargo, también hay efectos negativos que pueden ser difíciles de creer. Los mosquitos pueden ser una plaga para los seres humanos, pero son una fuente de alimento para otros animales.

Impactos sobre la conservación

En el futuro, los ecosistemas pueden sufrir cambios rápidos debido al cambio climático, la destrucción de los hábitats y la influencia del ser humano. Las poblaciones pueden verse obligadas a adaptarse o mudarse a nuevos hábitats para sobrevivir, lo que plantea un problema, porque la selección natural (el mecanismo mediante el cual las poblaciones se adaptan) no es un proceso rápido y se desarrolla a lo largo de muchas generaciones. Los científicos están buscando maneras de ayudar a las especies amenazadas.

FIGURA 15: El iiwi.

Hawái no tuvo mosquitos hasta principios del siglo XIX, cuando un buque ballenero que transportaba agua desde México llevó esos insectos a las islas. En la actualidad, el paludismo aviar, que transmiten estos mosquitos invasivos, diezmó la población nativa de aves. El iiwi, o mielero hawaiano, y otras aves nativas de Hawái se están extinguiendo. Muchos científicos sostienen que la única manera de salvarlas consiste en eliminar la población de mosquitos. Los científicos están considerando liberar mosquitos MG que mueren prematuramente para reducir la población de mosquitos y, con suerte, salvar las aves nativas de Hawái.

Para las especies amenazadas por el cambio climático o la falta de diversidad genética, los científicos están investigando un proceso conocido como adaptación facilitada: los seres humanos guían las adaptaciones en poblaciones amenazadas al cambiar el genoma de las especies. Se pueden agregar genes ventajosos al genoma mediante la hibridación, el cruce selectivo o la ingeniería genética mediante la tecnología de ADN recombinante. Por ejemplo, los científicos están considerando insertar genes de una especie que tolera temperaturas más altas en las especies que sufren el calentamiento global.

Un inconveniente de este proceso es la posibilidad de que surjan efectos no deseados al cambiar genomas que evolucionaron durante millones de años. Los científicos pueden identificar la función principal de un gen, pero no pueden determinar todas las formas en que interactúa con el resto del genoma. Puede ocurrir una pérdida de función o surgir una función nueva no deseada al cambiar el genoma del organismo. Este proceso también puede causar una pérdida no deseada de diversidad genética. Si los individuos MG son mucho más aptos que los normales, el gen nuevo puede generalizarse en la población.

Ingeniería Define un problema al que se enfrente la conservación. Explica qué función podría tener la ingeniería genética en la resolución de ese problema. Presenta evidencias para justificar tus afirmaciones.

Image Credits: ©Photo Resource Hawaii/Jack Jeffrey/Alamy

Terapia genética

En la terapia genética, se usa la ingeniería genética para tratar o prevenir las bases genéticas de las enfermedades. Una técnica común de terapia genética emplea un mecanismo de transmisión, o vector (como una bacteria o un virus), para transmitir un gen nuevo a las células destinatarias. Una vez que el gen entra en la célula, el ADN nuevo se transcribe y se expresa la proteína nueva.

Sin embargo, no todas las enfermedades pueden ser tratadas con la terapia genética. Por ejemplo, una enfermedad causada por la interacción de múltiples genes no puede ser tratada así, porque la modificación de genes necesaria sería demasiado compleja. Tampoco se puede si no se comprenden las bases genéticas de la enfermedad. Los científicos deben saber qué gen modificar para combatir la enfermedad. Si no se comprende el aspecto biológico del trastorno, la enfermedad tampoco se puede tratar mediante la terapia genética. Por último, tampoco es posible si no se puede incorporar información genética nueva a las células afectadas.

FIGURA 16: Una proteína CFTR mutada causa la fibrosis quística.

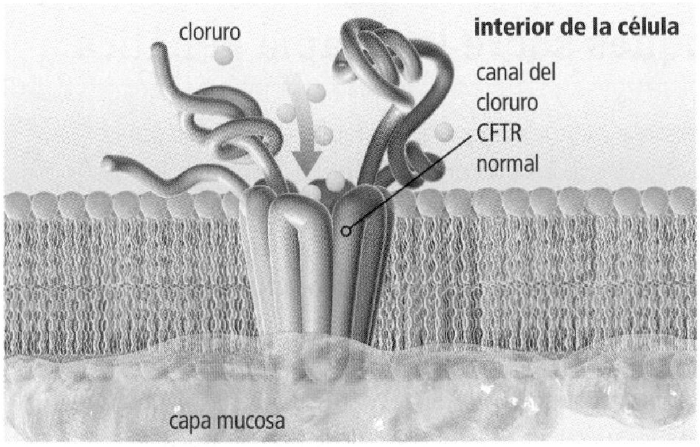

cloruro
interior de la célula
canal del cloruro CFTR normal
capa mucosa

a Proteína CFTR normal

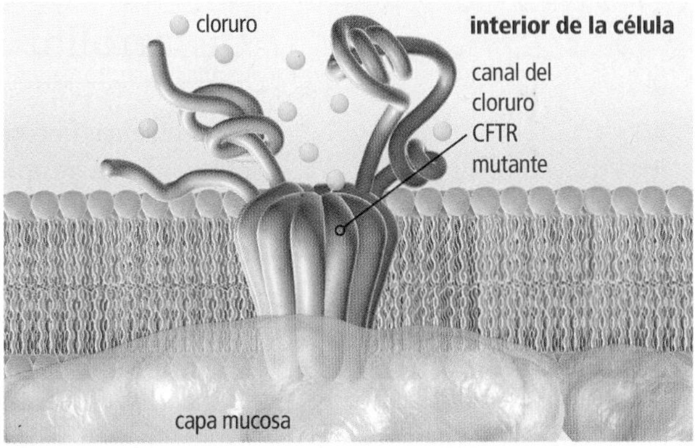

cloruro
interior de la célula
canal del cloruro CFTR mutante
capa mucosa

b Proteína CFTR mutada

La fibrosis quística (FQ) es una enfermedad heredada que afecta al aparato respiratorio y al aparato digestivo. Las vías respiratorias y algunos órganos tienen un recubrimiento natural: una capa protectora de mucosidad. La fibrosis quística causa secreciones anómalas y pegajosas de mucosidad en esas zonas. Entre los síntomas, se encuentran la tos y los problemas respiratorios, los problemas digestivos y el incremento de la probabilidad de padecer infecciones. La principal causa de muerte entre los pacientes que padecen FQ sin tratamiento son las infecciones pulmonares mortales.

El gen regulador de la conductancia transmembrana de la fibrosis quística (*CFTR* por sus siglas en inglés) codifica la proteína que regula la secreción de la mucosidad en los sistemas respiratorio, reproductivo y digestivo. Una versión normal del gen *CFTR* produce una proteína que actúa como conducto para transportar los iones cloruro a través de la membrana celular en las células que producen mucosidad. Así se regula el contenido de agua de los tejidos de alrededor y se produce una mucosidad normal y húmeda. Los genes mutados afectan los canales de cloruro y reducen el contenido de agua en las células cercanas. Ese es el origen de la mucosidad espesa y pegajosa característica de la fibrosis quística.

Las funciones celulares están muy relacionadas con la estructura del ADN. En el caso de la fibrosis quística, el cambio de la secuencia de ADN del gen *CFTR* mutado da como resultado una secuencia de aminoácidos diferente en la proteína del CFTR. Por lo general, falta el aminoácido fenilalanina. Cuando se expresa una proteína, la estructura anómala causa la pérdida de su función.

Como se muestra en la Figura 16a, si el CFTR funciona con normalidad, los iones cloruro se transportan a través de la membrana celular y se concentran en el exterior de la célula para producir un gradiente iónico. La solución hipertónica en el exterior de la célula atrae más agua y mantiene la consistencia normal de la mucosidad. Una capa de mucosidad sana y acuosa atrapa el material particulado y las bacterias antes de que puedan dañar la célula. Los cilios de la célula pueden moverse con libertad y erradican la materia externa.

Reunir evidencias ¿La fibrosis quística cumple los criterios para ser tratada mediante la terapia genética? Presenta evidencias para justificar tus afirmaciones.

En una persona que padece fibrosis quística, la proteína irregular producida por el gen *CFTR* mutado no puede transportar los iones cloruro a través de la membrana celular, como se muestra en la Figura 16b. La pérdida de la función de la proteína da como resultado una mayor concentración de iones cloruro e iones sodio dentro de la célula y una menor concentración de esos iones fuera de la célula. La solución hipotónica hace que el agua ingrese en la célula y se seque la capa de mucosidad. La mucosidad espesa y pegajosa evita que los cilios se muevan y eliminen los desechos. El incremento de la presencia de desechos y patógenos aumenta el número de infecciones que padecen los enfermos de fibrosis quística.

Ingeniería

Desarrollar enfoques sobre la terapia genética

Los problemas que intenta resolver la terapia genética son numerosos e incluyen muchas clases de enfermedades, desde los trastornos genéticos inmunitarios hasta el cáncer. Se requieren muchos enfoques diferentes para resolver estos problemas. Por ejemplo, para aliviar los síntomas respiratorios de la fibrosis quística (FQ), los científicos deben insertar una copia funcional del gen *CFTR* en las células pulmonares. Sin embargo, es difícil acceder y modificar cada célula pulmonar. Una solución a este problema consiste en aplicar la terapia genética mediante un aerosol que los pacientes inhalan. Las células que reciben una copia funcional del gen comenzarán a mostrar una expresión normal de los genes, lo que alivia los síntomas de la fibrosis quística.

Analizar Una mutación que provoca la pérdida de función da como resultado una proteína mutada que no funciona correctamente. ¿Cómo se trataría esta clase de desorden genético mediante la terapia genética?

La terapia genética no siempre es tan sencilla. Por ejemplo, algunas mutaciones producen una proteína dominante negativa. Esta clase de proteína mutada no desempeña su función correctamente y, además, bloquea el funcionamiento de las proteínas normales. La sola introducción de una copia funcional del gen en las células afectadas no funciona debido a que la proteína dominante negativa sigue bloqueando la función de las proteínas normales. Una solución a este problema es "silenciar", o desactivar, el gen mutado para que no produzca proteínas. En la enfermedad de Huntington, se produce una proteína dominante negativa, por lo que es una candidata prometedora para las terapias de silenciamiento genético.

La terapia genética se basa en distintas biotecnologías. Sin el análisis genético, sería más difícil determinar qué pacientes se verían beneficiados por la terapia genética. Los genes necesarios para la inserción en las células afectadas se producen mediante la RCP. Sin la rápida amplificación de ADN mediante la RCP, las terapias genéticas tardarían mucho más tiempo en producirse. El mecanismo CRISPR es un instrumento relativamente nuevo, pero ya contribuye con la terapia genética facilitando el corte y la edición de los segmentos de ADN de un gen mutado.

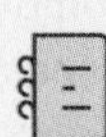

Explicar Vuelve a pensar en el pez cebra fluorescente del principio de esta lección. Con ese ejemplo, explica algunas de las consecuencias de poder editar los genes. ¿Adónde crees que llegará la ciencia desde este punto?

Conexión con las artes del lenguaje

Ratones knockout

Los ratones knockout tienen un gen particular silenciado, es decir, el gen está desactivado. En general, se usan en la ingeniería genética y permiten a los investigadores estudiar la estructura y la función en la expresión de los genes. Muchos ratones knockout llevan el nombre del gen que se desactivó. Por ejemplo, el ratón knockout p53 no tiene el gen p53, que produce una proteína que detiene el crecimiento de los tumores. Esta línea de ratones es vulnerable al cáncer. En otros ratones, se desactivan los genes que afectan la obesidad, la ansiedad y otros rasgos.

Los ratones knockout se usan en miles de experimentos que estudian muchas enfermedades. Recientemente, los científicos los usaron para confirmar la relación entre las infecciones con el virus del Zika en las embarazadas y las anomalías de nacimiento.

El virus del Zika se identificó en seres humanos en 1952. El primer brote importante de Zika ocurrió en 2007. El segundo, en 2016, y los científicos comenzaron a estudiar los efectos del Zika con mayor detalle. Surgió un interés particular por los informes que decían que el virus causa microcefalia, una anomalía de nacimiento caracterizada por un tamaño pequeño de la cabeza y un desarrollo anómalo del cerebro. Los científicos debían estudiar más la relación entre el Zika y las anomalías de nacimiento para aconsejar con exactitud a la población sobre los riesgos de estas infecciones.

Los ratones no son modelos ideales para evaluar los efectos del Zika, porque su sistema inmunológico impide una infección sostenida. Para resolver esto, un grupo de científicos desactivó un gen clave del sistema inmunológico. Cuando el gen no se expresaba, el virus podía replicarse dentro de ratonas preñadas.

FIGURA 17: El virus del Zika

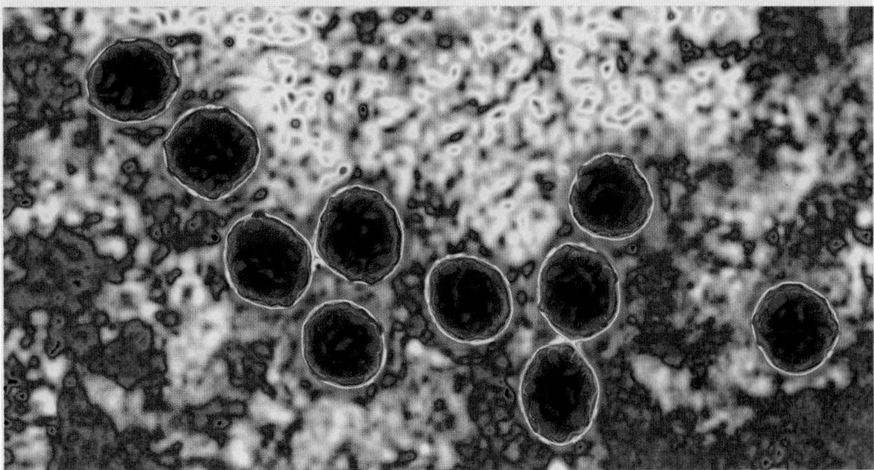

Ninguno de los fetos sobrevivió, pero los científicos pudieron hallar concentraciones del virus en la placenta que eran 1000 veces mayores que la concentración en la sangre de la madre. La placenta es responsable de suministrar sangre al feto. Este nivel alto en la placenta respalda la hipótesis de que el Zika afecta la placenta y, de esa manera, daña al feto.

También se halló este virus en la cabeza de los fetos, indicio de que afecta directamente el desarrollo cerebral. Los científicos continuaron investigando el Zika con ratones knockout y otras técnicas. En la actualidad, existe una relación confirmada entre el Zika y las anomalías de nacimiento en los seres humanos.

Los ratones knockout son un modelo valioso para el estudio de los efectos de la expresión de los genes, pero existen limitaciones. Algunos genes funcionan de modo diferente en los ratones y en los seres humanos. Es posible que un gen desactivado no produzca una respuesta en los ratones pero sí provoca una respuesta en los seres humanos. O el gen puede provocar una respuesta en los seres humanos distinta que en los ratones. Se deben considerar estas restricciones cuando se desarrolla o elige un modelo de ratón knockout para un experimento. Aunque estos ratones son modelos imperfectos en estos casos, igualmente pueden brindar información acerca de la función de los genes.

Conexión con las artes del lenguaje

Responde las siguientes preguntas en tu Cuaderno de evidencias. Usa evidencias del texto para justificar tus respuestas.

1. ¿Qué ocurre cuando se silencia un gen en un ratón?
2. ¿Qué relación existe entre la estructura y la función en el desarrollo de un ratón knockout?
3. ¿Qué limitación existe para el uso de ratones knockout en los modelos de enfermedades?

ROTULAR OMG |  **HACER UN MODELO DE LA INGENIERÍA GENÉTICA** | **REGRESO DE LA EXTINCIÓN** | **Conéctate y elige alguna de estas opciones.**

Image Credits: ©James Cavallini/Science Source

Autorrevisión de la lección

¿PUEDES EXPLICARLO?

FIGURA 18: Peces cebra modificados genéticamente.

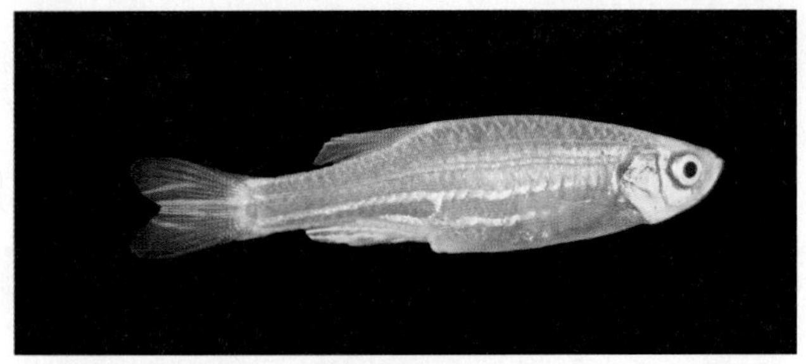

Los peces cebra fluorescentes están modificados genéticamente. Originalmente, se insertaron genes de color fluorescente de medusas y anémonas de mar en óvulos de pez cebra. Los genes que generan el color se incorporaron al ADN del pez cebra. Este pasó a ser un rasgo heredado que se transmite a los descendientes. Las actuales generaciones de peces cebra fluorescentes ya nacen como tales (es decir, no se los modifica), pero originalmente surgieron por la modificación genética.

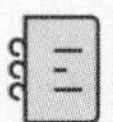

Explicar Consulta las anotaciones de tu Cuaderno de evidencias para responder las siguientes preguntas:

1. ¿Cómo se puede insertar un gen de un organismo en el genoma de un organismo no relacionado?
2. ¿La alteración genética de un organismo produce una nueva especie?
3. ¿Cuáles son las consecuencias de la ingeniería genética?

La proteína verde fluorescente(GFP) tiene más usos que crear mascotas que brillan en la oscuridad. Cuando se agrega una secuencia de GFP a un gen, la proteína trasladada incluye la proteína verde fluorescente, que brilla. Mediante este marcador brillante, los científicos pueden seguir la trayectoria de la proteína en el organismo. Saber dónde, cuándo y cómo se produce una proteína es importante para comprender cómo son las expresiones anómalas de las proteínas. La GFP se ha alterado para producir una gama de colores. Los científicos usan los colores para seguir el rastro de muchas proteínas al mismo tiempo.

Entre las investigaciones realizadas con marcadores de GFP, se encuentran el estudio de la conducta de las células durante el desarrollo embrionario, el control de la muerte celular durante la apoptosis y el estudio de las células productoras de insulina del páncreas. Los procesos difíciles de controlar directamente, como el crecimiento de una neurona o un tumor, se pueden seguir mediante el uso de proteínas marcadas con GFP.

Image Credits: (l) ©Ted Kinsman/Science Source; (r) ©Ted Kinsman/Science Source

EJERCICIOS DE REVISIÓN

Comprueba lo que aprendiste

1. ¿En qué se diferencian la ingeniería genética y la clonación?

a. La ingeniería genética está regulada por un comité internacional de ética. La clonación no tiene un control ético formal.

b. En la ingeniería genética se usan la RCP y el CRISPR. En la clonación no se usan ni la RCP ni el CRISPR.

c. La ingeniería genética se centra en cambiar el genoma de un organismo, mientras que la clonación se centra en hacer una copia exacta del material genético.

d. La ingeniería genética es la manipulación genética en los seres humanos. La clonación es la manipulación genética en todas las otras especies.

2. Ordena los elementos para hacer un modelo de cómo se pueden controlar las poblaciones de mosquitos mediante la ingeniería genética.

a. los machos afectados y los descendientes afectados mueren

b. inserción de un gen en el embrión de mosquito

c. liberación de los mosquitos machos afectados a la naturaleza

d. desarrollo de un gen de dependencia a un fármaco

e. cría de mosquitos modificados genéticamente

f. los machos afectados se aparean con las hembras salvajes

3. ¿Qué ocurriría si un termociclador funcionara mal durante un análisis de RCP y no calentara la solución?

a. La ADN polimerasa usada para separar las cadenas de ADN no se activaría.

b. La RCP tendría una velocidad menor.

c. Los cebadores no se unirían a las regiones de ADN objetivo y no se produciría la síntesis de ADN.

d. Las cadenas de ADN no se separarían nunca, por lo que no comenzaría la RCP.

4. ¿Cuál de las siguientes opciones no es un criterio para que una enfermedad sea adecuada para la terapia genética?

a. la información genética se puede distribuir a nuevas células

b. se comprende el aspecto biológico

c. están identificadas sus bases genéticas

d. está controlada por un gen o un puñado de genes

e. ninguna de las anteriores

5. ¿Cómo contribuye la proteína CFTR mutada a la fibrosis quística?

a. La mutación impide que la proteína canal transporte el cloruro a través de la membrana y genera una mucosidad espesa y pegajosa.

b. La mutación impide que la proteína canal transporte el sodio a través de la membrana y genera una mucosidad espesa y pegajosa.

c. La mutación hace que la proteína canal produzca la mucosidad espesa y pegajosa.

d. La mutación atrae más mucosidad a la proteína canal.

6. ¿Cómo se usa el mecanismo CRISPR en la ingeniería genética?

a. para clonar células

b. para cortar el ADN

c. para insertar ADN extraño en un cromosoma

d. para analizar las condiciones genéticas

HAZ TU PROPIA GUÍA DE ESTUDIO

En tu Cuaderno de evidencias, diseña una guía de estudio que justifique las ideas principales de esta lección:

La ingeniería genética se usa para resolver muchos problemas de la sociedad y del medio ambiente, pero tiene beneficios y riesgos asociados.

Las consideraciones éticas acerca de la clonación y la ingeniería genética son complejas. Los científicos deben sopesar el progreso científico con las preocupaciones de la población.

Recuerda incluir la siguiente información en tu guía de estudio:

- Usa ejemplos que sirvan como modelo de las ideas principales.
- Anota explicaciones para el fenómeno que investigaste.
- Presenta evidencias para justificar tus explicaciones. Tu justificación puede incluir dibujos, datos, gráficas, conclusiones de laboratorio y otras evidencias que hayas anotado a lo largo de la lección.

Piensa en cómo la genética, la ingeniería, la tecnología y la sociedad se afectan e influyen mutuamente.

LOS LIBROS QUE TENEMOS DENTRO

¿Por qué los hijos de las personas se parecen a ellos pero no son exactamente iguales?

Como sabes, el material genético de dos padres da como resultado una descendencia con rasgos que siguen un patrón de herencia. Mendel descubrió que dichos patrones se pueden predecir usando las probabilidades matemáticas. Aquí daremos un vistazo.

UN LIBRO QUE EXPLICA LOS CONCEPTOS MÁS COMPLEJOS CON LAS PALABRAS MÁS SENCILLAS

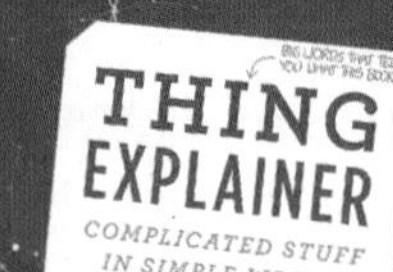

RANDALL MUNROE
XKCD.COM

LA HISTORIA DEL TEXTO ESCONDIDO Y LOS ÁRBOLES FAMILIARES

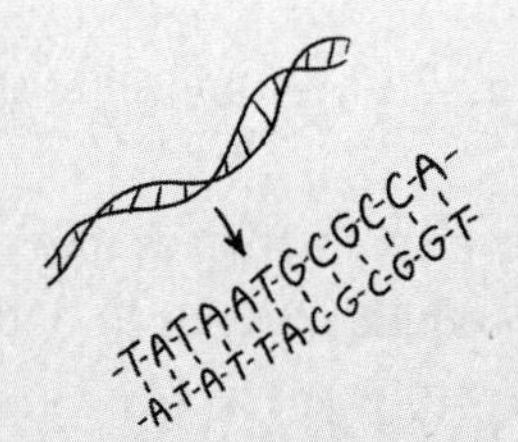

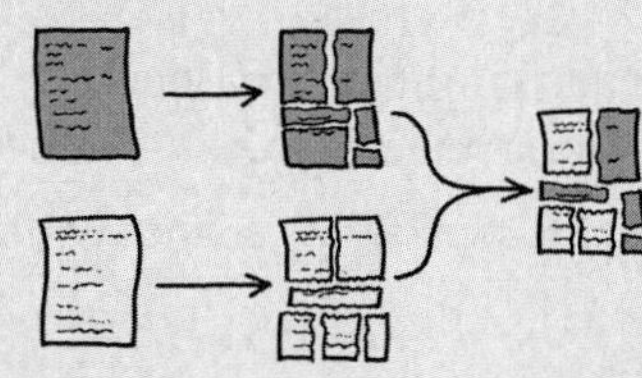

EL TEXTO DENTRO DEL CUERPO

Los seres vivos están repletos de un texto que les indica cómo crecer. No es un texto hecho de letras y palabras, sino que tiene cuatro partes pequeñitas, parecidas a las letras, que están agrupadas en líneas largas. Podemos imaginarlas como si fueran palabras en una colección de libros, pero recuerda que no son realmente las palabras a las que estamos acostumbrados. Las personas, al igual que muchos animales, tienen dos colecciones completas de libros en su cuerpo. Hay una colección por cada padre. Las dos colecciones coinciden entre sí; cada libro de una colección tiene un libro coincidente en la otra colección que es del mismo tamaño, como si tuvieran la misma cantidad de páginas, aunque no necesariamente cada página tiene las mismas palabras. No nos preocupamos por leer lo que dice el texto. Después de todo, en la vida real, ¡no sabemos para qué sirve la mayor parte de lo que está escrito!

LAS DOS COLECCIONES DE TEXTOS DENTRO DEL CUERPO QUE LE INDICAN CÓMO CRECER

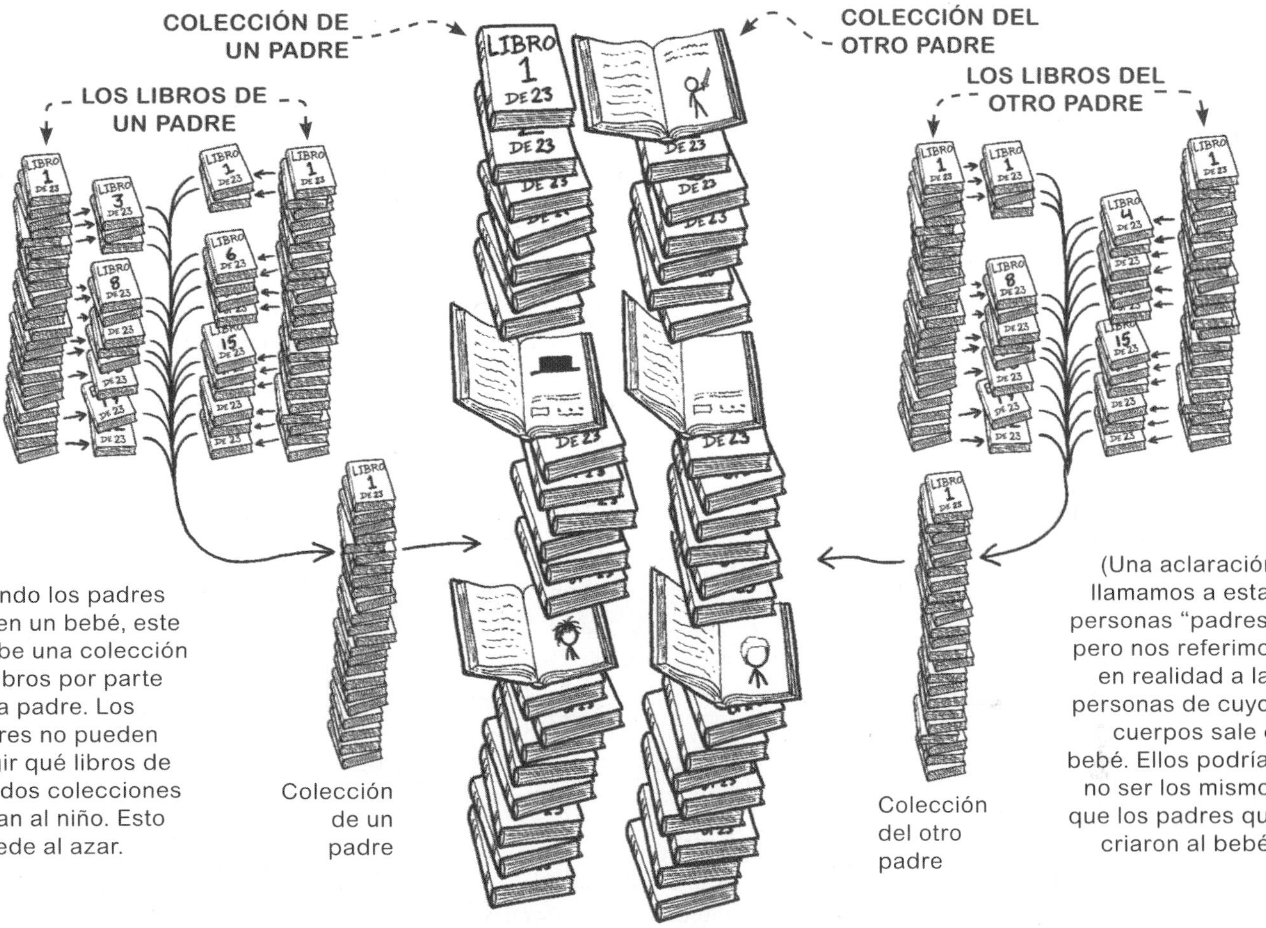

COLECCIÓN DE UN PADRE

COLECCIÓN DEL OTRO PADRE

LOS LIBROS DE UN PADRE

LOS LIBROS DEL OTRO PADRE

Cuando los padres hacen un bebé, este recibe una colección de libros por parte cada padre. Los padres no pueden elegir qué libros de sus dos colecciones le dan al niño. Esto sucede al azar.

Colección de un padre

Colección del otro padre

(Una aclaración: llamamos a estas personas "padres", pero nos referimos en realidad a las personas de cuyos cuerpos sale el bebé. Ellos podrían no ser los mismos que los padres que criaron al bebé).

IZQUIERDA Y DERECHA

Para aprender un poco más sobre cómo los libros de la izquierda y de la derecha se combinan, imaginemos que hay un texto en el libro de una persona en el que se decide si la persona va a tener o no un sombrero. (Supongamos que los sombreros son parte de nuestro cuerpo).

En la parte del libro que trata de los sombreros, imaginemos que algunos libros tienen un escrito que significa "SOMBRERO" y que otros libros no lo tienen.

Esta es la Ley del Sombrero: Si cualquiera de tus libros dice "SOMBRERO", entonces tendrás un sombrero.

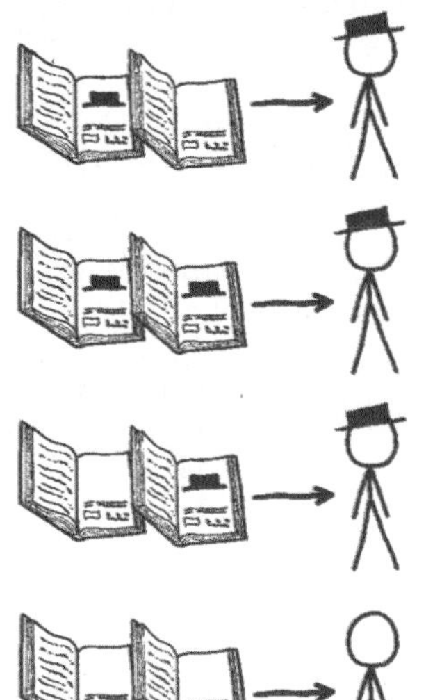

Esta persona tiene sombrero porque hay un sombrero en uno de sus libros.

Esta persona tiene sombrero porque hay un sombrero en sus dos libros.

Esta persona tiene sombrero porque hay un sombrero en uno de sus libros.

Esta persona no tiene sombrero porque no hay ningún sombrero en ninguno de los libros.

¿POR QUÉ LOS NIÑOS SON DIFERENTES?

DOS PADRES QUE SON IGUALES

Supongamos que dos padres con sombrero tienen un bebé. Ambos padres tienen lo mismo en sus libros con respecto a los sombreros: un sombrero en el libro de la izquierda y ningún sombrero en el libro de la derecha.

¿QUÉ PASA CON LOS NIÑOS?

Como ambos padres tienen sombrero, podrías pensar que los hijos también tendrán sombrero, pero no es tan simple.

CUADRADO DE PROBABILIDAD

Cada padre le da al hijo uno de sus dos libros. Como cada padre tiene un libro donde hay un sombrero y uno sin el sombrero, el niño podría recibir dos libros en donde esté el sombrero, dos libros en donde no esté el sombrero, ¡o uno de cada clase!

Puedes dibujar un cuadrado como este para determinar las probabilidades de que ocurra cada una de las situaciones.

PADRE N. 1 + **PADRE N. 2**

UNA ACLARACIÓN SOBRE LOS SOMBREROS

En la vida real, los sombreros no se heredan de esta manera en las familias, pero muchas de las cosas reales sí.

Los seres humanos tienen en los oídos una sustancia amarilla que puede ser húmeda o seca. El "tener la sustancia amarilla húmeda en los oídos" se hereda en las familias de la misma manera que sucede con estos sombreros.

En los gatos, el pelo corto se hereda de la misma manera. Tener pelo largo es como tener sombrero y sigue las mismas reglas que siguen los sombreros en estas imágenes.

PADRE N. 2

El Padre N. 2 tiene la misma probabilidad de dar cualquiera de los dos libros.

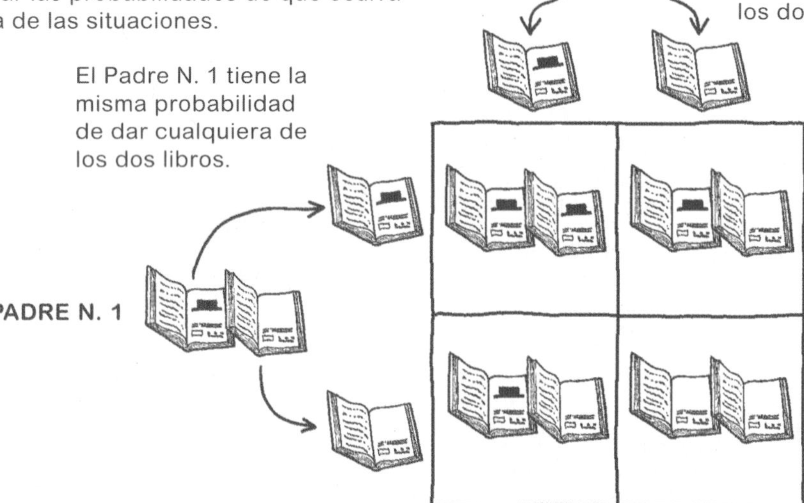

Estos cuatro cuadrados muestran las cuatro cosas que pueden suceder. Como cada cuadrado tiene la misma probabilidad de suceder, podemos usarlo para determinar la probabilidad que tiene el niño de obtener cada par de libros.

El niño tiene una posibilidad entre cuatro de recibir el libro sin el sombrero por parte de ambos padres. Si eso sucede, el niño no tendrá el sombrero, aunque ambos padres lo tengan.

El niño tiene dos posibilidades entre cuatro de recibir el libro sin el sombrero por parte de uno de los padres y el libro con el sombrero por parte del otro. Esto significa que el niño tendrá un libro con el sombrero y un libro sin el sombrero, al igual que lo que tienen ambos padres. Como sus padres, estos niños tendrán sombreros.

El niño tiene una posibilidad de cuatro de recibir de ambos padres el libro con el sombrero. Este niño tendrá sombrero, y es diferente a sus padres porque no tiene un libro sin el sombrero.

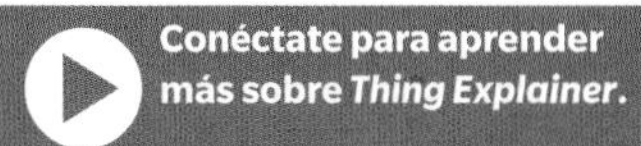

EL ÁRBOL DE LA FAMILIA CON SOMBRERO

Sigamos un árbol familiar imaginario para ver cómo las diferentes ramas desembocan en diferentes colecciones de libros con el sombrero y sin el sombrero.

El árbol familiar comienza con dos padres. Cada uno tiene un libro con el sombrero y un libro sin el sombrero.

Los padres tienen tres hijos. Dos de ellos tienen un libro con el sombrero, como sus padres (hay dos posibilidades de cuatro de que pase), y el tercero no tiene libros con el sombrero (hay una posibilidad de cuatro de que pase).

Esta persona, que tiene un libro con el sombrero como sus padres, conoce a otra sin sombrero y tiene hijos.

Esta persona, que tiene un libro con el sombrero, conoce a otra persona que tiene un libro con el sombrero y tiene hijos.

Esta persona, que no tiene sombrero, conoce a otra persona sin sombrero y tiene hijos.

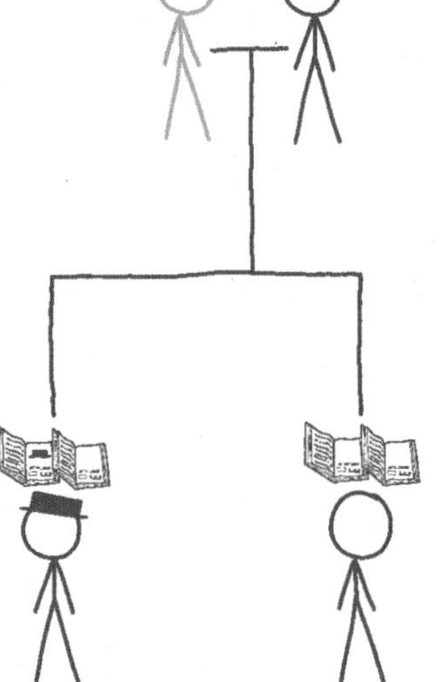

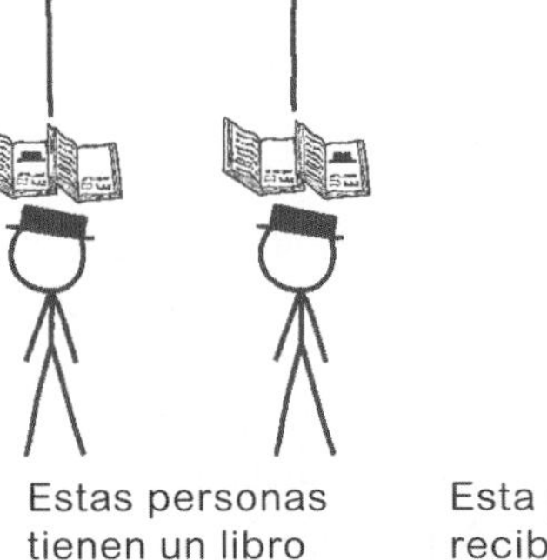

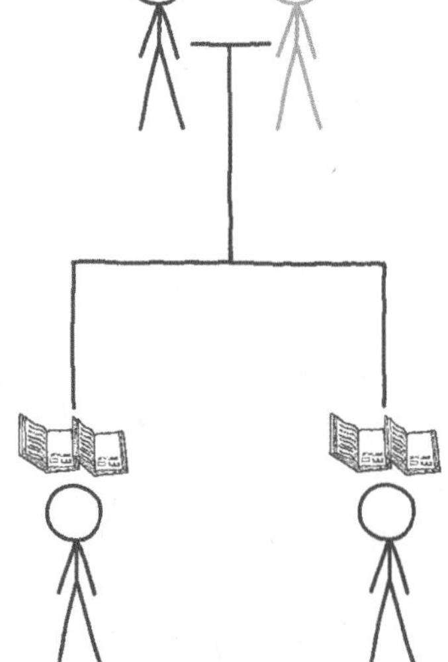

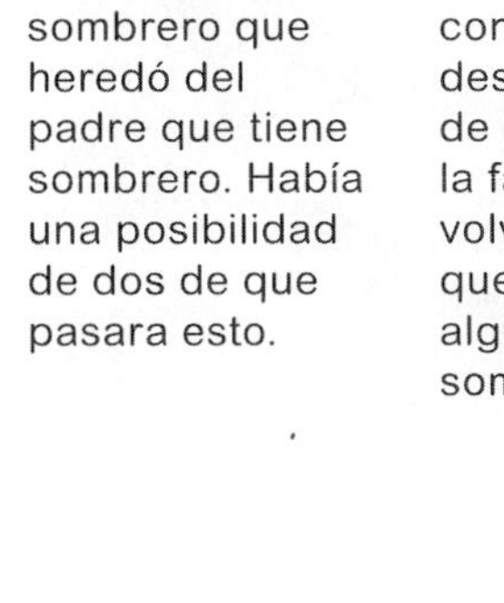

Esta persona tiene sombrero, ya que tiene el libro con el sombrero que heredó del padre que tiene sombrero. Había una posibilidad de dos de que pasara esto.

Esta persona no tiene sombrero, lo que significa que los libros con el sombrero desaparecieron de esta rama de la familia y no volverán hasta que aparezca alguien con sombrero.

Estas personas tienen un libro con el sombrero y un libro sin el sombrero, como sus padres y sus abuelos.

Esta persona recibió un libro con el sombrero por parte de ambos padres, lo que significa que todos sus hijos tendrán sombreros.

Ya que ninguno de los padres en esta rama tiene sombrero, ninguno de sus hijos tiene sombrero, pues nadie tiene un libro con el sombrero.

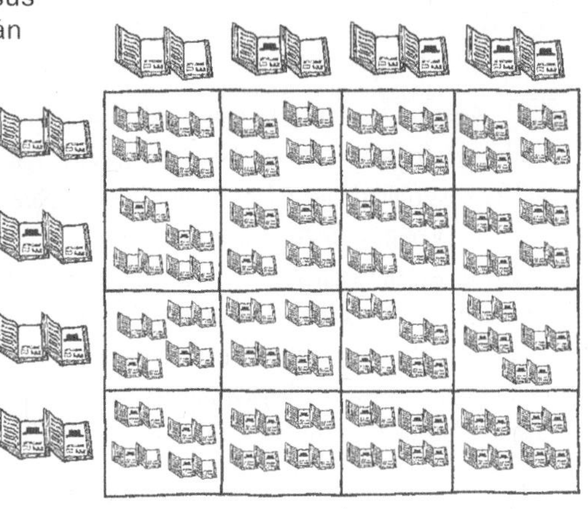

Conexión con la ingeniería

Curar la ceguera con la terapia genética Ciertas enfermedades de la retina y del resto del ojo, incluidas algunas que pueden causar ceguera, tienen orígenes genéticos. Con los avances recientes en la tecnología, ahora los ingenieros genéticos tienen instrumentos que les permiten revertir el daño genético y, quizás, devolverle la vista a los pacientes. Los ensayos clínicos han sido prometedores en esta área y cada día surgen nuevas investigaciones.

Busca recursos en la biblioteca y en Internet para investigar los factores que deben considerar los científicos al desarrollar una terapia genética para la ceguera. Escribe un informe en el que comentes las ventajas y desventajas de los avances médicos y usa la terapia genética como ejemplo. Usa información de distintas fuentes para desarrollar un argumento claro que explique los factores técnicos, de seguridad, sociales o de otro tipo relacionados con los avances médicos como la terapia genética.

FIGURA 1: Los científicos están desarrollando terapias para tratar las enfermedades genéticas de la vista.

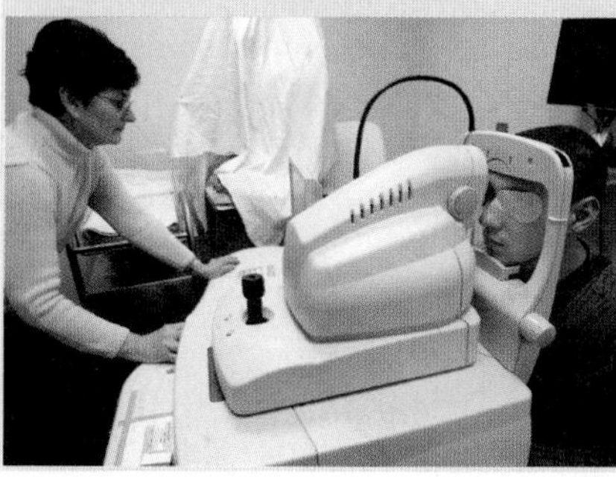

Conexión con la música

¿La práctica hace al maestro? Los estudios científicos han demostrado que cuando se trata del talento musical, la genética cumple una función importante. Con práctica o sin ella, es posible que algunos aspectos de la capacidad musical estén determinados por nuestros genes.

Busca recursos en la biblioteca y en Internet para investigar estudios que hayan examinado el papel que la genética puede desempeñar en el desarrollo del talento musical. Forma tu propia opinión acerca de si la práctica, la genética o ambas son la clave para convertirse en un músico experto. Escribe una entrada de blog para expresar tu opinión. Justifica tus afirmaciones con evidencias y ejemplos de fuentes confiables.

FIGURA 2: Los músicos practican muchas horas a la semana.

Conexión con las ciencias de la vida

Mutaciones beneficiosas Pequeños cambios, o mutaciones, en el ADN pueden producir fenotipos nuevos o modificados. Si esas mutaciones ocurren en las células germinales, se pueden transmitir a las generaciones futuras. Algunos científicos sostienen que los cambios de las condiciones ambientales, como el calentamiento global, pueden producir un incremento en la tasa de mutaciones. Los científicos han encontrado evidencias de que la genética de muchas especies, como los caracoles rayados y las ardillas rojas, está cambiando en respuesta al incremento en las temperaturas.

Busca recursos en la biblioteca y en Internet para investigar al menos tres organismos que, según afirman los científicos, tienen mutaciones que son más comunes debido al cambio en las condiciones del medio ambiente. Prepara una infografía para explicar qué son las mutaciones y cómo ocurren. Luego, describe por qué los científicos sostienen que determinadas mutaciones ayudan a algunas especies a sobrevivir en medios ambientes con temperaturas más altas. No todos los científicos pueden estar de acuerdo con las causas de los cambios observados. Si hallas evidencias que justifiquen una afirmación diferente, explica el contraargumento y por qué los científicos pueden llegar a diferentes conclusiones. Justifica tus afirmaciones con evidencias de fuentes confiables.

FIGURA 3: La temperatura determina el color y el patrón en bandas de la concha de un caracol rayado.

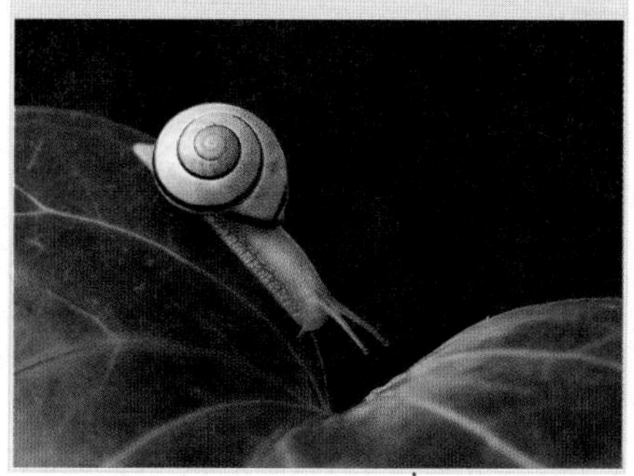

Image Credits: (t) ©Charles Fox/Philadelphia Inquirer/MCT/News Com; (c) ©Africa Studio/Shutterstock; (b) ©Radius Images/Alamy

SÍNTESIS DE LA UNIDAD

En tu Cuaderno de evidencias, haz un mapa conceptual, un organizador gráfico o un esquema con la información de las Guías de estudio que creaste para cada lección de esta unidad. Recuerda que debes fundamentar tus afirmaciones con evidencias.

Al sintetizar información, debes seguir los siguientes pasos generales:

- Busca la idea central de cada fuente de información.
- Establece relaciones entre las ideas centrales.
- Combina las ideas para mejorar tu comprensión.

PREGUNTAS GUÍA

Vuelve a leer las Preguntas guía que aparecen al principio de la unidad. En tu Cuaderno de evidencias, repasa y revisa las respuestas que habías dado a esas preguntas. A partir de las evidencias que reuniste y las observaciones que hiciste durante la unidad, justifica las respuestas.

PRÁCTICA Y REPASO

1. ¿Qué procesos que ocurren durante la meiosis contribuyen a la diversidad genética en la descendencia? Elige todas las respuestas correctas.

a. entrecruzamiento
b. citocinesis
c. gametogénesis
d. transmisión independiente

2. Si la meiosis produce cuatro células hijas, ¿por qué la gametogénesis en las hembras solo produce un único óvulo?

a. Los óvulos contienen cuatro veces la cantidad de ADN que las células de gameto espermatozoides.
b. Los óvulos de las hembras no se producen mediante la meiosis.
c. La gametogénesis implica más pasos además de la meiosis, en los que se retiene un único óvulo.
d. El proceso de meiosis no se completa totalmente cuando se produce un óvulo.

3. El genoma humano contiene aproximadamente 1,000 genes de receptores olfativos, que permiten detectar y distinguir distintos olores. Si bien solo aproximadamente un tercio de esos genes son funcionales, todos los genes pueden haber surgido como duplicaciones de un mismo gen ancestral. Ordena los pasos para ilustrar cómo puede haber ocurrido este proceso.

a. Las mutaciones se acumulan, con el tiempo, en la copia duplicada del gen.
b. Los cromosomas intercambian cantidades desiguales de ADN.
c. El gen duplicado codifica una proteína con una función ligeramente diferente.
d. Los cromosomas homólogos se alinean en el centro de la célula durante la meiosis.
e. Un cromosoma obtiene copias múltiples del mismo gen.

FIGURA 4: Se cruzaron una flor morada de raza pura y una flor blanca de raza pura. La generación F_1 se autopolinizó y produjo la generación F_2.

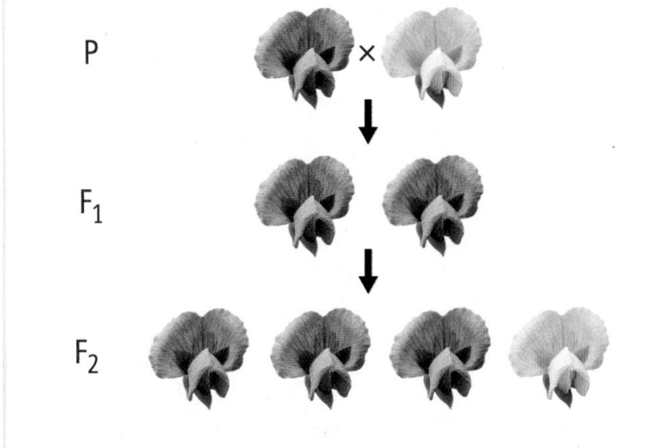

4. Observa la imagen que se muestra en la Figura 4, en la que se ven el cruzamiento de las plantas de raza pura y la autopolinización de la generación F_1. Usa los siguientes términos para completar el enunciado que explica por qué algunas plantas de la generación F_2 tienen flores blancas.

dominante, *recesivo*, *heterocigotas*, *homocigotas*

Las plantas F_1 son ____, con un alelo ____ que codifica las flores blancas. Las plantas de la generación F_2 con flores blancas son ____, con dos alelos para flores blancas. Las plantas de la generación F_2 con flores moradas pueden tener una o dos copias del alelo de la flor morada, porque es ____ y enmascara el rasgo blanco.

5. Imagina que una especie de ratón tiene un gen que controla el color del pelaje, con el alelo dominante asociado al pelaje negro y el alelo recesivo asociado al pelaje blanco. Un segundo gen epistático también influye en el color del pelaje de esos animales. ¿Qué puedes decir acerca del color de un ratón que es heterocigoto para el gen del primer color de pelaje?
   - **a.** El color del pelaje del ratón será negro.
   - **b.** El color del pelaje del ratón será blanco.
   - **c.** El color del pelaje del ratón será gris, mezcla de negro y blanco.
   - **d.** El color del pelaje del ratón no se puede determinar sin conocer el genotipo del gen epistático.

Usa la siguiente información para responder las preguntas 6 a 8.

En las aves, el rasgo del color rojo (*R*) es dominante sobre el rasgo del color blanco (*r*). Imagina que se cruzan dos aves heterocigotas.

6. Haz un cuadrado de Punnett para el cruzamiento entre dos aves heterocigotas.

7. ¿Cuál es la probabilidad de que los descendientes de esta cruza sean de color rojo?

8. ¿Qué porcentaje de descendientes posibles tendrán los genotipos *RR*, *Rr* o *rr*?

9. ¿De qué maneras pueden los descendientes machos heredar una enfermedad relacionada con un cromosoma X recesivo, como el daltonismo?
   - **a.** Por parte del padre, pero solo si el padre tiene el fenotipo del daltonismo.
   - **b.** Por parte del padre, aunque el padre no esté afectado.
   - **c.** Por parte de la madre, pero solo si la madre tiene el fenotipo del daltonismo.
   - **d.** Por parte de la madre, aunque la madre no esté afectada.

10. ¿Piensas que una mutación que elimina una base en una región codificadora de proteínas del ADN produce más o menos daño que una mutación que elimina tres bases en una región codificadora? Explica tu respuesta.

11. Imagina que una planta de guisantes desarrolla una mutación en una célula somática, o célula corporal, que permite a la planta crecer el doble de altura que otras plantas de guisantes. ¿Cuál de las siguientes opciones será verdadera acerca de los descendientes de la planta?
    - **a.** Todos los descendientes serán más altos que las otras plantas.
    - **b.** Algunos de los descendientes serán más altos que las otras plantas.
    - **c.** Algunos de los descendientes pueden ser más altos, pero solo si la planta se autopoliniza.
    - **d.** Es probable que ninguno de los descendientes sea más alto que las otras plantas.

12. La reacción en cadena de la polimerasa, o RCP, permite a los científicos ampliar las regiones objetivo de material genético para estudiarlas más.. ¿Cuáles son algunas aplicaciones posibles de la RCP? Elige todas las respuestas correctas.
    - **a.** Ampliar la secuencia de un gen de una muestra de sangre humana para determinar si hay una mutación presente.
    - **b.** Ampliar una secuencia de proteína de un óvulo de salamandra para inyectarlo en otro óvulo.
    - **c.** Ampliar una región de ADN de una planta resistente a los herbicidas para insertarla en el ADN de una planta de otra especie.
    - **d.** Ampliar una región de ADN humano para insertarlo en un plásmido bacteriano.

PROYECTO DE LA UNIDAD

Vuelve a tu proyecto de la unidad. Prepara una presentación con tu investigación y tus materiales para compartir con la clase. En tu presentación final, incluye una evaluación de tus predicciones, análisis y conclusiones.

Recuerda estas sugerencias a la hora de evaluar:

- Observa las evidencias empíricas: evidencias que se basan en las observaciones y los datos. ¿Las evidencias respaldan tu explicación de la causa o causas de la progeria?
- Piensa si la explicación es lógica. ¿Contradice algunas evidencias que hayas visto?
- ¿Existen suficientes evidencias de fuentes confiables para justificar tus conclusiones?

Analizar los rasgos en las plantas de tomate

En 2012, se completó la secuencia del genoma del tomate. Esta información permitió a los expertos en genética estudiar los rasgos del tomate y sus bases genéticas. Por ejemplo, muchos genes afectan el color del fruto. Se pueden encontrar tomates de muchos colores. La interacción entre la piel del tomate y la parte carnosa produce el color que se observa. La piel del tomate puede ser amarilla o transparente.

Imagina que eres un agricultor y quieres conocer los genotipos de tus plantas de tomate en lo que se refiere al color de la piel. Hiciste varios cruzamientos de prueba, que se muestran en la Figura 6, para determinar los genotipos de tus plantas (la generación P).

1. DEFINE EL PROBLEMA

En equipo, escribe un enunciado en el que expliques el problema que debes resolver. Anota las preguntas que tengas acerca del problema y la información que necesitas para resolverlo.

2. ANALIZA LOS DATOS

Haz un plan para organizar los datos y abordar el problema. ¿Cómo determinarás cuál es el alelo dominante y cuál es el alelo recesivo? ¿Qué suposiciones puedes hacer a partir de los datos?

3. DESARROLLA UN MODELO

En equipo, desarrolla un sistema para hacer un modelo de los alelos amarillos y transparentes. Cuando hayan acordado un sistema, indica los genotipos de cada fenotipo en los cruzamientos de la generación P. Luego, usa un cuadrado de Punnett para calcular la probabilidad de producir tomates con piel transparente o amarilla para cada tipo de cruzamiento posible entre las plantas heterocigotas, homocigotas recesivas y homocigotas dominantes. Determina la probabilidad de producir cada tipo de genotipo y fenotipo para cada tipo posible de cruzamiento.

4. REALIZA UNA INVESTIGACIÓN

Investiga de qué maneras los genetistas pueden alterar o mejorar este rasgo. ¿Por qué lo harían?

5. COMUNICA

Escribe un informe en el que describas lo que descubriste y el proceso que usaste para determinar cómo los distintos alelos influyen sobre este rasgo. En el informe debes explicar cuál es el alelo dominante y cuál es el alelo recesivo, describir el modelo que usaste e indicar los genotipos de las plantas de la generación P.

FIGURA 5: Se pueden encontrar tomates de muchos colores, como rojo, amarillo, verde e incluso blanco.

FIGURA 6: Número de plantas de tomate que resultan de los cruzamientos de las plantas progenitoras con piel amarilla o piel transparente.

Fenotipos de la generación P	Fenotipos de la generación F_1	
	amarillos	**transparentes**
amarillo × transparente	16	17
amarillo × amarillo	25	8
amarillo × amarillo	32	0
amarillo × transparente	23	21
amarillo × transparente	26	0
transparente × transparente	0	29
amarillo × amarillo	33	11

Una presentación completa debe incluir la siguiente información:

- una explicación basada en las evidencias que explique cómo los alelos se relacionan con este rasgo de las plantas de tomate
- un modelo válido de los alelos involucrados en este rasgo y cuadrados de Punnett correctos que muestren la probabilidad de cada genotipo y cada fenotipo a partir de los distintos tipos de cruzamiento
- una descripción de las técnicas que usan los genetistas para modificar genéticamente las plantas y de las razones para usar la tecnología de esta manera

Image Credits: ©kaliantye/Fotolia

UNIDAD 8

Las evidencias de la evolución

Muchas especies desarrollan características únicas para sobrevivir.

Image Credits: ©WaterFrame/Getty Images

FIGURA 1: Durante 20 generaciones, algunos anolis verdes desarrollaron patas más pegajosas que les permiten sobrevivir mejor en hábitats invadidos por los anolis color café.

El territorio de los anolis verdes, una especie nativa del sudeste de los Estados Unidos, está siendo invadido por los anolis color café, originarios de Cuba y Bahamas. Los anolis compiten entre sí por el alimento. Tanto los anolis verdes como los café se comen los huevos de la otra especie. En Florida, una población de anolis verdes desarrolló patas más pegajosas para trepar plantas más altas. El cambio físico junto con el cambio en la preferencia de hábitat permite que estos anolis verdes escapen de la depredación de huevos y de la competencia por el alimento asociada con la presencia de los anolis café.

Predecir ¿Cómo cambian las especies a través del tiempo para adaptarse a las diversas condiciones?

PREGUNTAS GUÍA

Mientras trabajas en la unidad, reúne evidencias para responder las siguientes preguntas. En tu Cuaderno de evidencias, anota lo que ya sabes sobre estos temas y cualquier pregunta que tengas sobre ellos.

1. ¿Cómo sabemos que los seres vivos cambiaron a través del tiempo?
2. ¿Cuáles son los mecanismos de la selección natural? ¿Cómo llevan a los cambios en las especies a través del tiempo?
3. ¿Cómo pueden impactar los cambios ambientales en los rasgos de una población?

PROYECTO DE LA UNIDAD

Investiga la evolución de los ojos

Los ojos son órganos complejos. Los ojos simples permiten a los organismos percibir la luz, mientras que los ojos complejos, como los de los seres humanos, permiten ver imágenes. Explora cómo los pequeños cambios a través del tiempo pueden resultar en el desarrollo de características únicas, como los ojos. ¿Cómo puedes explicar la evolución de los ojos?

Para planear el proyecto de esta unidad, conéctate y descarga la Planilla de proyectos.

© Houghton Mifflin Harcourt • Image Credits: ©Kenneth Jones/Alamy Images

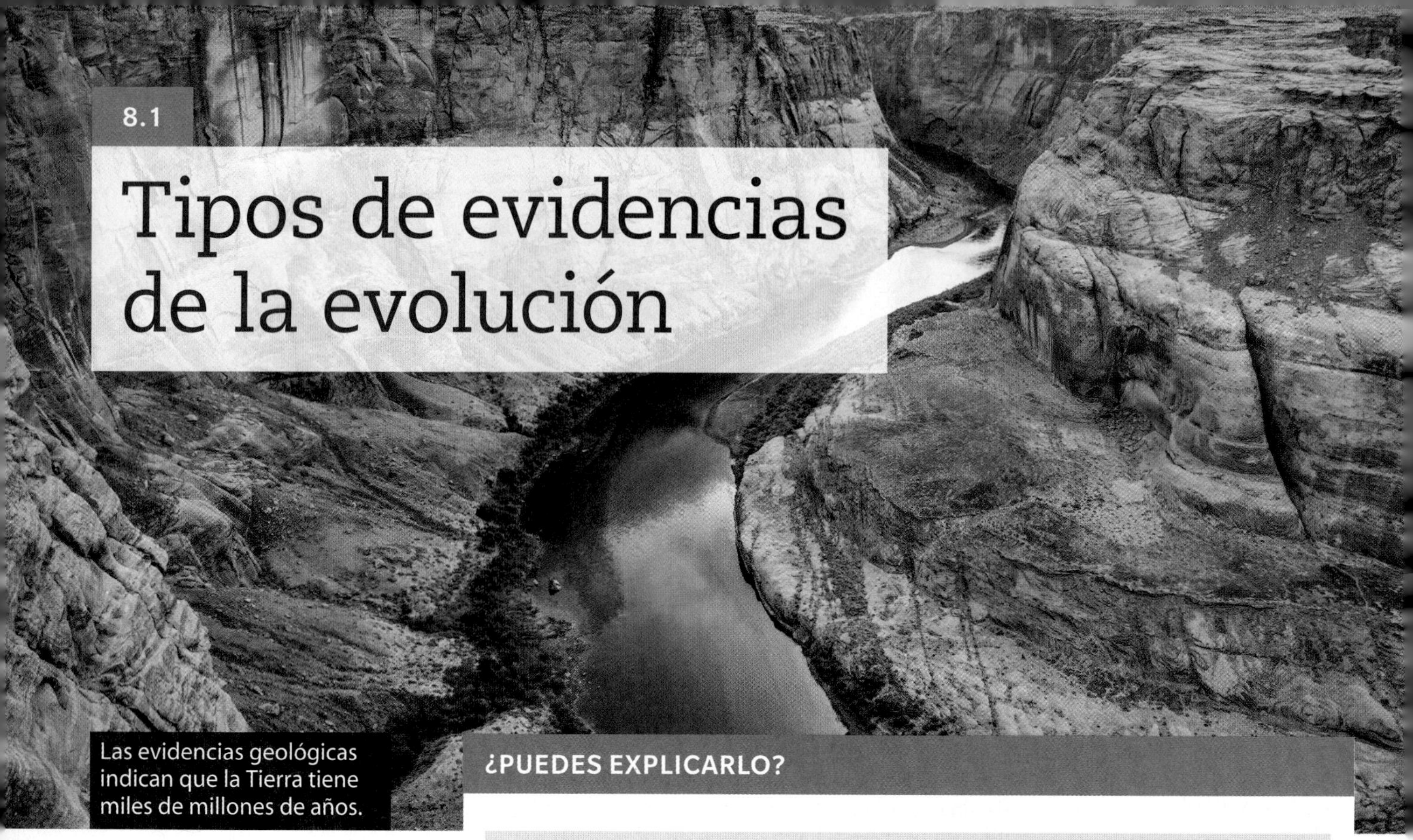

8.1

Tipos de evidencias de la evolución

Las evidencias geológicas indican que la Tierra tiene miles de millones de años.

¿PUEDES EXPLICARLO?

FIGURA 1: Las aves modernas y los dinosaurios extintos comparten algunas características.

a Gallina moderna

b Fósil de *Archaeopteryx*

Reunir evidencias Mientras trabajas con la lección, reúne evidencias sobre la ascendencia común y sobre cómo los seres vivos cambian a través del tiempo.

La Figura 1 muestra una gallina moderna y los restos fosilizados de un dinosaurio que vivió alrededor de 150 millones de años atrás. La especie del dinosaurio, llamada *Archaeopteryx*, fue descubierta en la década de 1860. Tenía aproximadamente el tamaño de una gallina y, como todas las gallinas modernas, tenía alas con plumas y una fúrcula. Pero también tenía muchas características de los reptiles, entre otras, garras, una cola larga y dientes.

En la década de 1990, los científicos descubrieron fósiles de terópodos con plumas. Los terópodos eran dinosaurios que caminaban en dos patas, como los *Tyrannosaurus rex*. Aparecieron por primera vez hace más de 200 millones de años durante el período Triásico. Este importante descubrimiento demostró que las plumas no se originaron como una adaptación para volar. Estos terópodos estaban cubiertos de plumas, pero no tenían alas. Eran animales corredores. Esto significa que las plumas originalmente tenían otra función en los terópodos.

Predecir ¿Crees que las gallinas y otras aves pueden ser descendientes de los dinosaurios? ¿Qué evidencias necesitarías para justificar esta afirmación?

Image Credits: (t) ©mariakraynova/Fotolia; (bl) ©schankz/Fotolia; (br) ©Naturfoto Honal/Corbis Documentary/Getty Images

Evidencias genéticas y moleculares

¿Cómo puede una gallina estar relacionada con antepasados dinosaurios? La **evolución** es el proceso de cambios biológicos a través del cual los descendientes se diferencian de sus ancestros. Varios tipos de evidencias respaldan el acaecimiento de la evolución. Estas evidencias surgen de los campos de la biología molecular, la biología del desarrollo y la paleontología, para nombrar solo algunos. Todas estas evidencias refuerzan nuestra comprensión de la evolución.

Actividad práctica

Unir evidencias

En esta actividad, recibirás "evidencias" sobre una imagen para realizar observaciones, inferencias y predicciones.

PROCEDIMIENTO

1. Con las tres tiras que te entregó tu maestro, escribe todas las observaciones y las inferencias que puedas hacer sobre la imagen.
2. Anota las observaciones, las inferencias y las predicciones para cada "evidencia" que recibas de tu maestro.

MATERIALES

- una imagen cortada en tiras

ANALIZA

1. ¿Qué tipos de evidencias pueden encontrar los biólogos evolutivos que les permitan ver el pasado evolutivo de las especies a grandes rasgos?

Similitudes moleculares

Todos los seres vivos en la Tierra comparten ADN en sus códigos genéticos. Todos tenemos los mismos cuatro nucleótidos básicos que conforman nuestro genoma. Gracias a la tecnología de secuenciación del ADN, los científicos pueden comparar los códigos genéticos de distintas especies. En general, cuanto más relacionadas están dos especies, más similitudes tendrán en su ADN. Las diferencias en las secuencias de nucleótidos en los genomas de varias especies son más pequeñas de lo que se cree. Por ejemplo, tu genoma es cerca de un 88 por ciento idéntico al de un ratón. Eso puede ser poco sorprendente considerando que los ratones también son mamíferos. Sin embargo, esto sí puede sorprenderte: ¿Sabías que tu ADN es aproximadamente 47 por ciento idéntico al de una mosca de la fruta?

Analizar ¿Cómo justifican los patrones del ADN la afirmación de que los seres vivos comparten un antepasado en común?

FIGURA 2: Compartimos muchos de nuestros genes con otros organismos.

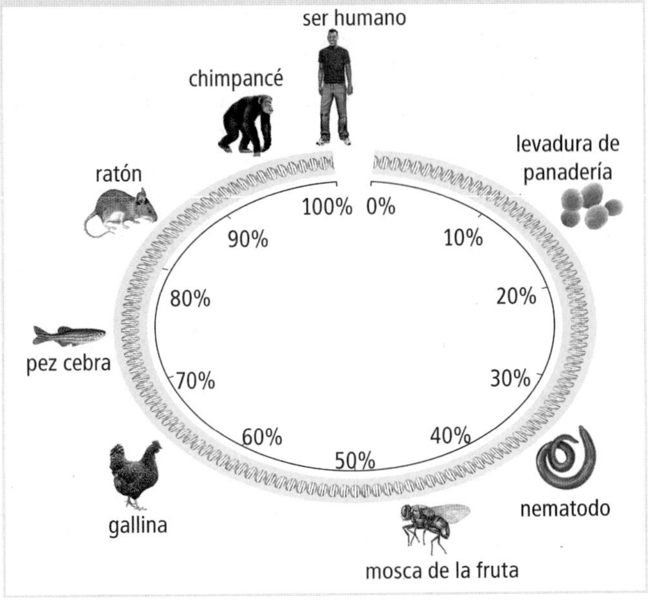

Aprende en línea

Actividad práctica

Predecir relaciones evolutivas Analiza las similitudes de una proteína en común entre las bacterias y las eucariotas. Luego, usa los resultados de tu análisis para sacar conclusiones sobre las similitudes entre las especies.

Las secuencias de los nucleótidos de ADN conocidas como pseudogenes también brindan evidencias de la evolución. Los pseudogenes son genes que ya no funcionan, pero igual se encuentran junto con el ADN funcional. También pueden cambiar a través de las generaciones, por lo que brindan otra forma de determinar las relaciones evolutivas.

Las similitudes entre los tipos de células de los organismos también pueden revelarse al comparar sus proteínas. Un conjunto único de proteínas se encuentra en tipos de células específicas, como en las células musculares o del hígado. Las computadoras se utilizan para buscar bases de datos de secuencias de proteínas y encontrar secuencias homólogas o similares en especies diferentes. Las células de especies diferentes que tienen las mismas proteínas probablemente tengan un antepasado en común. Por ejemplo, las proteínas de las células sensibles a la luz en la estructura semejante al cerebro de una antigua lombriz marina se asemejan a las de las células en el ojo de los vertebrados. Los vertebrados son animales con columna vertebral. Los invertebrados, como los artrópodos y las lombrices, no tienen columna vertebral. Esta semejanza en las proteínas demuestra un antepasado en común entre las lombrices y los vertebrados. También indica que las células del ojo de los vertebrados originalmente resultaron de las células del cerebro.

Ingeniería

FIGURA 3: Los científicos suelen estudiar organismos modelo como el pez cebra para aprender más sobre las enfermedades de los seres humanos.

Usar organismos modelo para estudiar enfermedades humanas

Al tener ascendencia común con otras especies, muchos genes de los seres humanos también existen en otros organismos como el pez cebra, la mosca de la fruta y los ratones. Este hecho, junto con sus cortos ciclos de vida, hace que estos organismos sean modelos ideales para el estudio de los genes compartidos. El pez cebra tiene el 70 por ciento de los mismos genes que los seres humanos y tienen cuerpos casi tan transparentes como los embriones. Esta característica permite tener una mejor visión de lo que ocurre dentro de sus cuerpos. También pueden regenerar su médula espinal luego de una lesión, lo que hace que sean un organismo modelo muy prometedor para los estudios sobre lesiones en la médula espinal.

Los peces cebra se utilizaron como organismo modelo en la investigación de muchas enfermedades humanas, como trastornos musculares, renales, cardíacos y del sistema nervioso. Los científicos provocan mutaciones en el pez a través de la manipulación genética. Al experimentar con formas de genes mutantes o variantes en este organismo modelo, pueden predecir cómo funcionarán los genes similares en los seres humanos. Por ejemplo, una cepa de pez cebra mutante llamada *breakdance* se usó para estudiar la arritmia, o ritmo cardíaco anormal, en los seres humanos.

Además de compartir material genético, el pez cebra también tiene ojos similares a los nuestros. Se identificaron peces cebra mutantes con defectos en sus ojos y discapacidad visual. Esto ayudó a los científicos a entender mejor los diferentes genes involucrados en los trastornos visuales. Por ejemplo, dos cepas mutantes, *grumpy* y *sleepy*, fueron vitales en el estudio de ciertos trastornos que afectan al nervio óptico.

Analizar Haz una lista de los criterios y las restricciones a considerar por un investigador al elegir un organismo modelo para el estudio de una enfermedad del ser humano. Incluye factores relacionados con el desarrollo y el ciclo de vida de los organismos, la base genética de la enfermedad estudiada y cualquier reflexión ética.

Image Credits: ©Toronto Star/Vince Talotta/Getty Images

Los genes homeobox y la expresión del plano corporal

A medida que un animal se desarrolla, sus genes guían la formación de los órganos y la disposición de sus partes corporales. Si tenemos mucho de nuestro ADN en común con otros organismos, como los ratones o las aves, ¿por qué el plano corporal de un ave luce tan distinto al nuestro? Desde una etapa muy temprana, ciertos tipos de genes homeobox, llamados genes *Hox*, guían el proceso que resulta en el desarrollo de las características del plano corporal de un organismo. El proceso comienza indicando a las células embrionarias dónde estarán ubicadas: en la cabeza, el abdomen o la parte inferior. Desde ahí, los genes definen la ubicación y el número de ojos y extremidades, la ubicación del intestino, el desarrollo de un ala en lugar de una pata, etcétera. Si se origina una mutación en estos genes, pueden ocurrir cambios drásticos en el plano corporal del animal. Los científicos creen que las mutaciones aleatorias en estos genes a través del tiempo son la razón de la increíble diversidad de tipos de cuerpos que vemos hoy en día.

FIGURA 4: Las diferencias entre los planos corporales de una mosca de la fruta y un ser humano surgen de las variabilidades en los genes *Hox*.

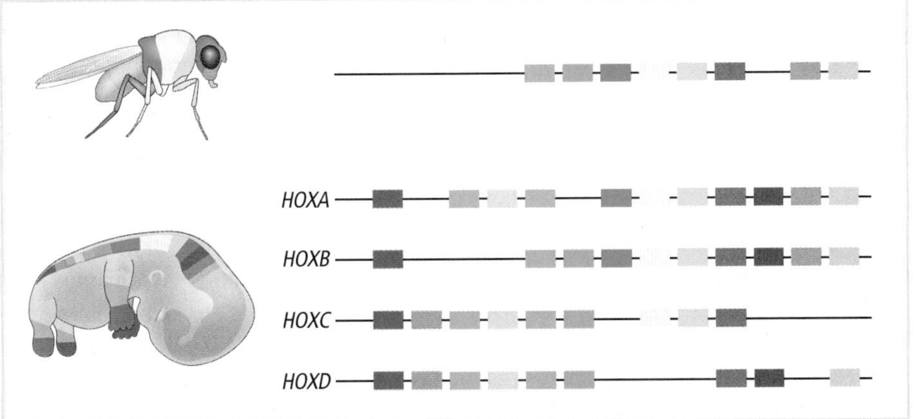

Analizar ¿Cuándo suelen ocurrir las mutaciones de duplicación? ¿En qué tipo de células deberían ocurrir estas mutaciones para que se transmitan de los progenitores a los descendientes?

Colaborar Analiza el modelo de genes *Hox* en las moscas de la fruta y en los seres humanos. Responde las siguientes preguntas y luego comenta tus respuestas con un compañero.

1. ¿Qué patrones puedes ver en las similitudes y diferencias entre los genes *Hox* de los seres humanos y las moscas de la fruta?
2. ¿De qué manera tus observaciones justifican la afirmación de que los seres humanos y las moscas de la fruta tienen ascendencia común?

Los vertebrados tienen varios grupos de los mismos genes *Hox* que tienen los insectos y otros artrópodos. Por ejemplo, los genes *Hox* que organizan el plano corporal de un vertebrado en realidad solo son diferentes versiones del gen *Hox* que organiza el plano corporal de las moscas de la fruta y otros insectos. La diferencia indica que a través del tiempo, las mutaciones causaron que el gen *Hox* original fuera copiado de manera repetida, formando una serie de genes similares junto con un cromosoma. Las mutaciones en estos genes suelen ser duplicaciones y, con cada una de ellas, el organismo en desarrollo puede tener rasgos ligeramente diferentes.

Explicar Algunos expertos consideran al *Archaeopteryx* como un enlace entre los reptiles y las aves. ¿Qué tipos de evidencias celulares o moleculares puede estudiar un científico para determinar la relación evolutiva entre la gallina y los reptiles modernos?

Evidencias anatómicas y de desarrollo

En una etapa muy temprana, antes de que los genes homeobox comiencen a provocar diferencias corporales, muchos animales aparentemente diferentes muestran similitudes sorprendentes. Como regla general, los organismos que se parecen entre sí en su desarrollo tienen un parentesco más cercano que otros con diferentes patrones de desarrollo. Incluso después de que un embrión comienza a tomar forma adulta, muchos organismos comparten características anatómicas entre sí. Los científicos usan las características anatómicas y de desarrollo para hacer inferencias sobre las relaciones evolutivas entre las especies.

Similitudes de desarrollo

Los invertebrados tienen una etapa inicial de larva en la que muchos organismos lucen muy similares, lo que sugiere una conexión evolutiva. En la etapa inicial, algunos de estos animales lucen iguales a simple vista. Por ejemplo, los percebes y los cangrejos muestran similitudes sorprendentes cuando son larvas, aunque como adultos tienen conductas muy diferentes. Los percebes se convierten en animales sedentarios, uniéndose a estructuras sólidas o animales más grandes. Deben esperar que el alimento llegue a ellos. Los cangrejos, por otro lado, usan sus patas para moverse y capturar alimento.

Todos los vertebrados tienen tres características corporales básicas cuando son embriones: una cola, esbozos de extremidades y un arco branquial. Observa estas características comunes en los cuatro embriones vertebrados de la Figura 5. Los embriones humanos tienen una cola y un arco branquial, al igual que los peces. Los genes homeobox dirigen el futuro desarrollo de estas estructuras. Las estructuras que alguna vez parecieron muy similares finalmente se diferencian en la estructura y la función. Por ejemplo, los arcos branquiales se transforman en branquias en los peces adultos. Sin embargo, en los mamíferos, los arcos branquiales se convierten en estructuras de oreja y garganta. Los biólogos usan patrones de desarrollo compartidos como evidencias de ascendencia común.

Conexión con las artes del lenguaje

La biología evolutiva del desarrollo es un campo de la ciencia que compara los procesos de desarrollo en los distintos organismos. Busca recursos en la biblioteca o en Internet para investigar algunos de los últimos avances en este campo. Elige un estudio en el que centrarte para hacer una guía informativa que explique cómo esta investigación contribuyó a tu conocimiento del desarrollo y la evolución. Comenta las evidencias que se usaron para justificar las afirmaciones de los investigadores y explica cómo justifican sus conclusiones.

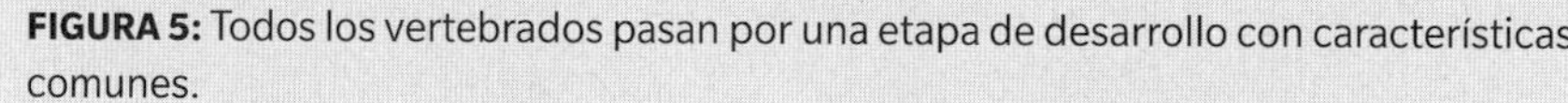

FIGURA 5: Todos los vertebrados pasan por una etapa de desarrollo con características comunes.

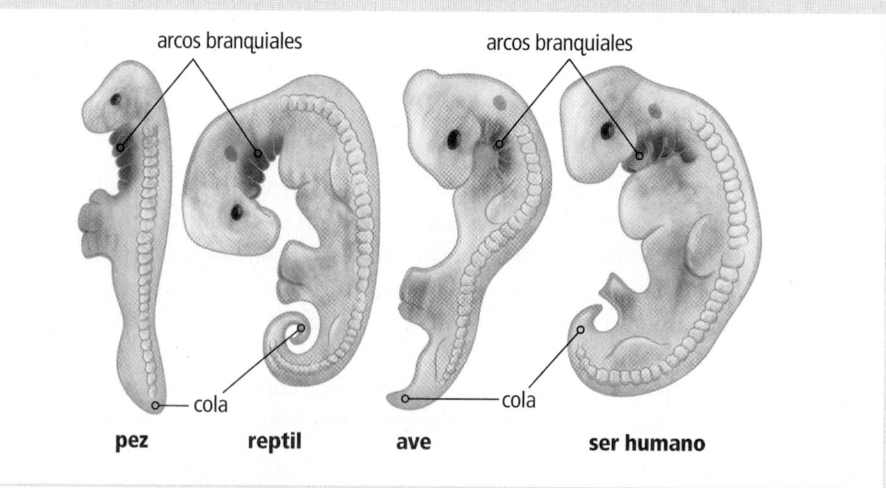

Analizar ¿Qué similitudes comparten los embriones vertebrados en la Figura 5? ¿Cómo justifica la ascendencia común este patrón de similitudes?

Evidencias anatómicas

Las estructuras homólogas son características que se encuentran en distintos organismos que comparten similitudes estructurales, pero pueden tener diferentes funciones. Su presencia en diferentes especies ofrece sólidas evidencias de descendencia común. Sería muy poco probable que tantas especies tengan anatomías tan similares, y que cada una hubiese evolucionado independientemente. Por ejemplo, todos los vertebrados de cuatro extremidades, o tetrápodos, comparten huesos homólogos en sus extremidades anteriores. La Figura 6 compara las extremidades anteriores entre los seres humanos, los murciélagos y los perros. En todos ellos, las extremidades anteriores tienen varios huesos muy similares entre sí en apariencia a pesar de sus distintas funciones.

FIGURA 6: Las estructuras homólogas tienen detalles diferentes pero son similares en estructura y en ubicación relativa.

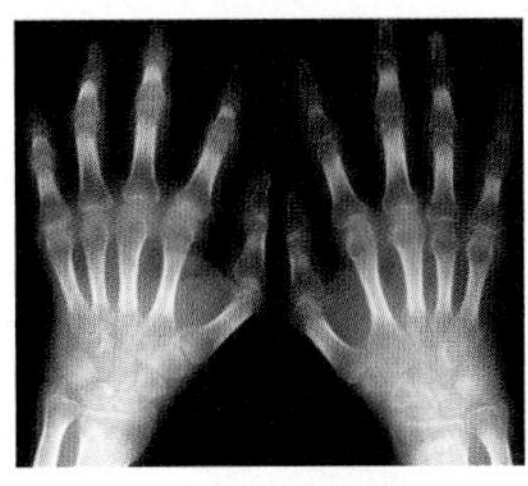

a Manos humanas

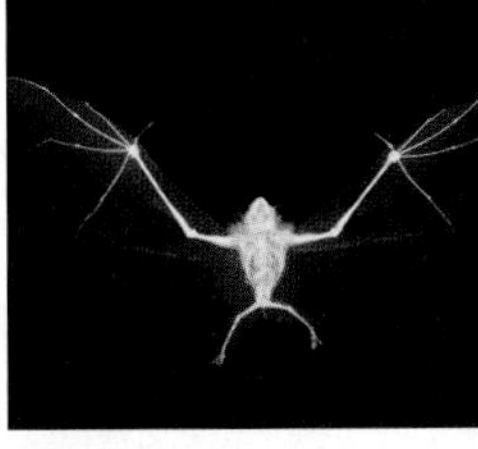

b Alas de murciélago

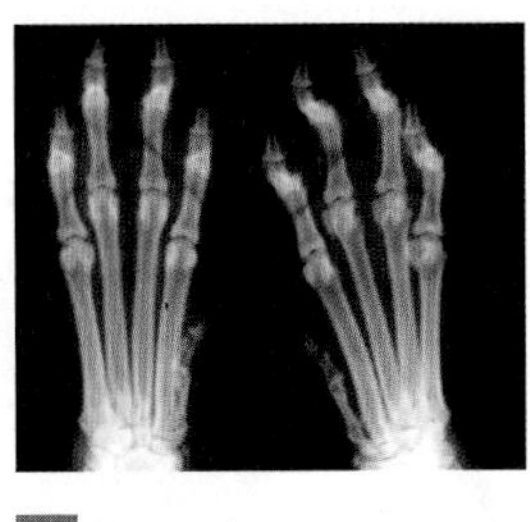

c Patas de perro

Reunir evidencias ¿Qué patrones notas en estas estructuras en términos de similitudes? ¿Cómo las similitudes justifican la ascendencia común?

Las estructuras análogas

Las estructuras homólogas como el ala del murciélago y la mano humana se basan en el mismo plano corporal subyacente, pero se transformaron en estructuras distintas con respecto a su uso. No usamos nuestros brazos y manos de la misma manera en que un murciélago usa sus alas. Por otro lado, las estructuras análogas realizan funciones similares, pero no tienen el mismo origen. Piensa en las alas de un loro y en las de una libélula. Tanto las alas del ave como las del insecto tienen estructuras similares porque ambas se usan para volar. Sin embargo, las alas se desarrollan diferente en las aves y los insectos y están formadas por tejidos distintos. Por ejemplo, las alas de las aves tienen huesos. En cambio, las alas de los insectos no tienen huesos, solo membranas. La función similar de las alas de las aves y de los insectos voladores se desarrolló de forma individual.

FIGURA 7: Las alas de las aves y de las libélulas son ejemplos de estructuras análogas.

a Alas de loro

b Alas de libélula

Explicar ¿Cuál es la diferencia entre las estructuras análogas y homólogas? ¿Qué tipo de estructura indica ascendencia común? Explica tu respuesta.

Image Credits: (tl) ©domin_domin/iStockPhoto.com; (tc) ©Nick Veasey/Getty Images; (tr) ©Irina Alyakina/Fotolia; (bl) ©Peter Schoen/Moment/Getty Images; (br) ©asfloro/Fotolia

Estructuras vestigiales

Las comparaciones anatómicas pueden clarificar las relaciones evolutivas entre las especies. Las estructuras corporales comunes pueden volverse más o menos similares con el tiempo. ¿Pero qué pasa con las estructuras que parecen no tener ninguna función? Los primeros científicos tenían dificultades al explicar por qué las aves no voladoras tienen alas o por qué los seres humanos tienen coxis. Lo que sabemos es que estas estructuras vestigiales son restos de estructuras que solían ser importantes y que de manera gradual fueron perdiendo su función por completo. Las estructuras vestigiales brindan indicios del pasado evolutivo de un organismo. Considera los rastros de los huesos pélvicos presentes en la ballena jorobada de la Figura 8. La pelvis normalmente se encuentra cerca de los huesos de las piernas, como el fémur en los seres humanos.

FIGURA 8: Muchas especies de ballenas tienen huesos vestigiales en la pelvis y en las aletas.

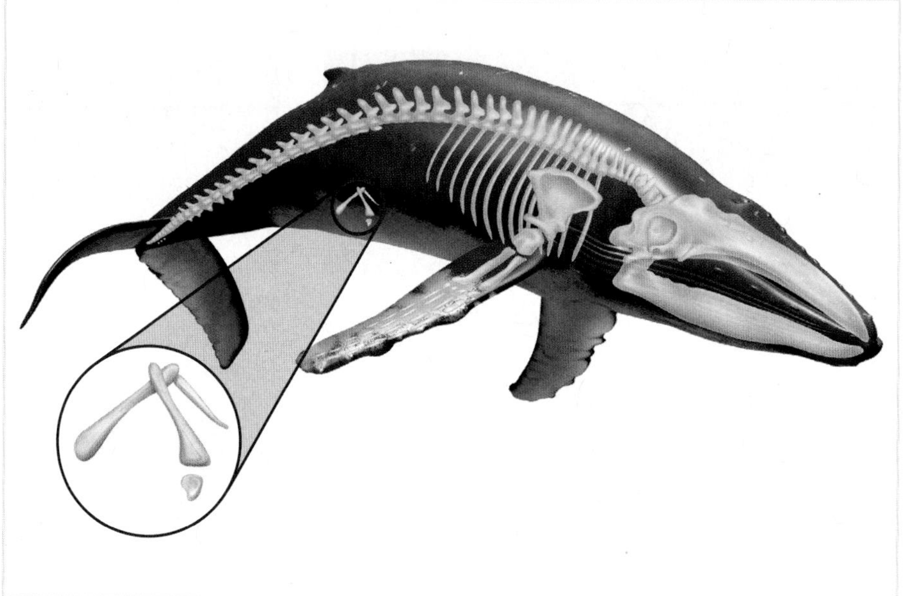

 **Analizar** ¿Cómo justifican las evidencias de la Figura 8 la idea de que las ballenas evolucionaron de los mamíferos terrestres?

Un ejemplo de estructura vestigial en los seres humanos es el músculo erector del pelo, que hace que el pelo se pare cuando tenemos frío o miedo. Este músculo causa la piel de gallina al contraerse y empujar el pelo hacia arriba. Este proceso suele crear una capa de aire a nuestro alrededor para aislar el cuerpo. También ayuda a que los animales ericen su pelo para ahuyentar posibles agresores. Los seres humanos todavía tenemos esta reacción, porque tenemos ascendencia común con otros mamíferos. Sin embargo, no tenemos suficiente pelo como para que la reacción cumpla su función original.

 **Explicar** ¿Qué similitudes en las estructuras anatómicas brindan evidencias de un vínculo entre la gallina y el *Archaeopteryx*? ¿Qué evidencias adicionales pueden justificar la afirmación de que estos organismos tienen ascendencia común?

Evidencias fósiles y geológicas

Los científicos estudian los indicios que quedaron en las rocas antiguas y descubren los rastros de organismos extintos hace mucho tiempo. Los fósiles son evidencias importantes que se utilizan para determinar la historia de la evolución de las especies.

Evidencias geológicas

La edad de la Tierra fue un tema clave en los primeros debates sobre la evolución al principio del siglo XIX. La concepción común era que la Tierra había sido creada 6,000 años atrás y que, desde ese momento, ni la Tierra ni sus especies habían cambiado.

Georges Cuvier, un zoólogo francés de fines del siglo XVIII, pensaba que las especies no podían cambiar. Sin embargo, sus observaciones sobre los restos fósiles lo convencieron de que las especies se podían extinguir. Descubrió que los fósiles en las capas más profundas de la roca eran muy diferentes a los de las capas superiores, que estaban formadas por depósitos de sedimento más recientes. Él apoyaba la teoría del catastrofismo que expresa que los desastres naturales como las inundaciones y las erupciones volcánicas ocurrieron con frecuencia durante la larga historia de la Tierra. Estos sucesos formaron accidentes geográficos y causaron la extinción de las especies en el proceso.

A fines del siglo XVIII, el geólogo escocés James Hutton propuso que los cambios en los accidentes geográficos resultaron de los lentos cambios en un largo período de tiempo, un principio que se conoció como gradualismo. Él sostenía que las capas del suelo o los cañones formados por los ríos que deterioran la roca no resultaron de sucesos masivos. En su lugar, pensaba que resultaron de los lentos procesos ocurridos en el pasado.

Uno de los principales defensores de la teoría de una Tierra antigua era el geólogo británico Charles Lyell. En *Los principios de la geología*, publicado en la década de 1830, Lyell amplió la teoría de Hutton del gradualismo hacia la teoría del uniformitarismo, según la cual los procesos geológicos que dan forma a la Tierra se producen de manera uniforme a lo largo del tiempo. Combina la idea de Hutton del cambio gradual con las observaciones de Lyell de que dichos cambios ocurrieron a un ritmo constante y están en proceso. El uniformitarismo pronto reemplazó al catastrofismo como la teoría favorecida del cambio geológico.

Explicar ¿Por qué son importantes los conceptos de que la Tierra sufre cambios y tiene miles de millones de años para la teoría evolutiva?

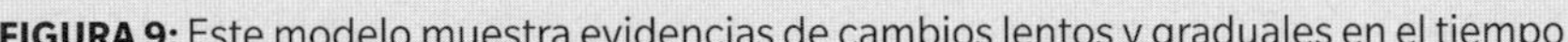

FIGURA 9: Este modelo muestra evidencias de cambios lentos y graduales en el tiempo.

Causa y efecto

Explicar ¿Cómo justifican las características geológicas de la Figura 9 la afirmación de que los cambios graduales se acumulan a través del tiempo para causar grandes cambios?

Evidencias fósiles

Los fósiles son restos preservados de organismos o los rastros de evidencias de un organismo que existió en el pasado. La mayoría de los fósiles se forman en roca sedimentaria, compuesta por muchas capas de sedimento o de pequeñas partículas de roca. Los mejores ambientes para cualquier tipo de fosilización incluyen los pantanos, las turberas y las zonas donde el sedimento es depositado de manera continua, como en las desembocaduras, los lechos y la llanura de inundación.

Las capas rocosas se forman de modo gradual a través del tiempo, normalmente las capas más recientes se establecen sobre las capas más antiguas. Los fósiles que tienen diferencias ligeras y que están incrustados en distintas capas rocosas brindan evidencias del cambio gradual en las especies a través del tiempo. Las condiciones necesarias para la fosilización del cuerpo de un organismo rara vez se cumplen. Los restos de un organismo pueden ser ingeridos por carroñeros, pueden descomponerse antes de fosilizarse o simplemente pueden ser desgastados por la erosión. Por estas razones, el registro fósil siempre estará incompleto.

Colaborar Trabaja con un compañero para crear una tabla que explique cómo los rasgos descritos en la Figura 10 hubiesen ayudado a los ancestros de los tetrápodos vivos a adaptarse a caminar en la tierra.

Los científicos han podido llenar algunos de estos vacíos con el descubrimiento de fósiles de especies transicionales. Estos "eslabones perdidos" demuestran la evolución de los rasgos dentro de los grupos y también la ascendencia común entre grupos. Por ejemplo, el *Tiktaalik roseae* es una especie transicional entre los peces y los tetrápodos. La Figura 10 muestra que el *Tiktaalik* llena el vacío en la historia evolutiva de los peces y los tetrápodos.

FIGURA 10: Este diagrama muestra las relaciones evolutivas entre los peces antiguos y los tetrápodos modernos.

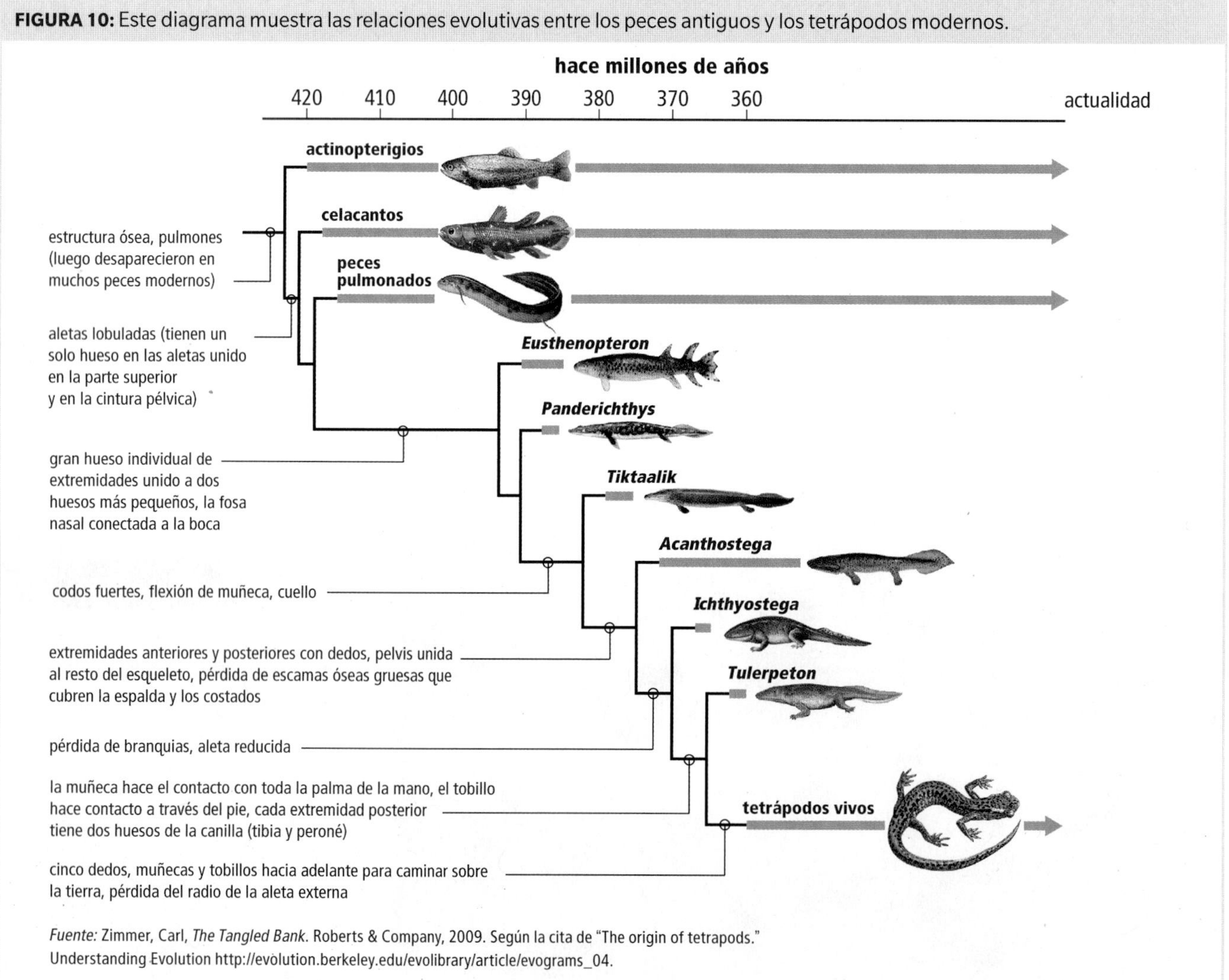

Fuente: Zimmer, Carl, *The Tangled Bank.* Roberts & Company, 2009. Según la cita de "The origin of tetrapods." Understanding Evolution http://evolution.berkeley.edu/evolibrary/article/evograms_04.

FIGURA 11: Los restos fósiles del *Tiktaalik,* una especie transicional que vivió hace aproximadamente 370 millones de años, tienen características del pez y del tetrápodo.

Analizar ¿De qué manera la presencia de branquias y pulmones, así como la estructura ósea homóloga a la de los tetrápodos, justifica la idea de que el *Tiktaalik* completa el espacio entre las especies acuáticas y terrestres?

Como puedes ver en la Figura 11, el *Tiktaalik* tiene cualidades del pez y del tetrápodo. Tiene aletas y escamas como un pez. También tiene esbozos de extremidades, que incluyen dedos, protomuñecas, codos y hombros, junto con un cuello funcional y costillas similares a las de un tetrápodo. Su descubrimiento en el 2004 completó el espacio vacío en el registro fósil entre los primeros peces y los primeros animales terrestres que evolucionaron alrededor de 25 millones de años después. Pero eso no es todo lo que hace. La estructura de un hueso pélvico del *Tiktaalik*, descubierto hace poco, indica que esta criatura usaba sus patas traseras de una manera más significativa de lo que se creía. El descubrimiento contradice la idea, que se sostenía antes, de que los animales terrestres primitivos solo usaban sus patas delanteras para arrastrarse por las playas antiguas.

Al estudiar los fósiles de las capas rocosas individuales, los científicos pueden determinar la edad aproximada de cada fósil. Luego, al comparar un fósil con otro o al examinar fósiles de distintas zonas geográficas, pueden determinar detalles sobre el ambiente en el cual vivía cada especie.

El estudio más detallado de los fósiles y las comparaciones con especies vivas pueden indicar similitudes anatómicas y fisiológicas. A través del análisis del registro fósil, podemos comenzar a tener una imagen más clara de la historia evolutiva de una especie.

FIGURA 12: Los cráneos del *Archaeopteryx* y de las aves modernas comparten características.

a Réplica del cráneo del *Archaeopteryx*

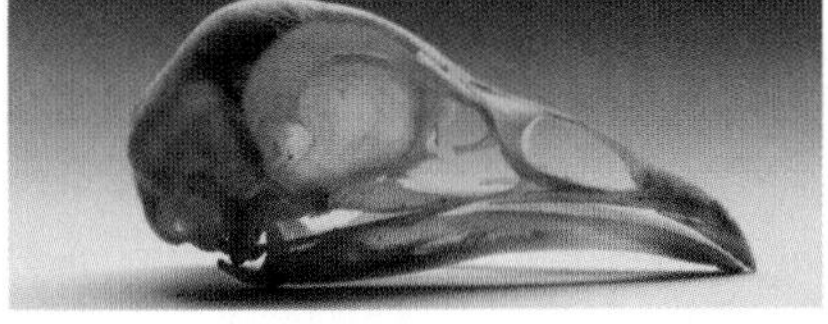

b Cráneo de gallina

Explicar Observa los cráneos del *Archaeopteryx* y de la gallina. ¿En qué se parecen? ¿En qué se diferencian? ¿Cómo justifican las evidencias fósiles la idea de que las aves tienen ascendencia común con los dinosaurios?

Image Credits: (t) ©Corbin17/Alamy; (bl) ©Natural Visions/Heather Angel/Alamy; (br) ©danilo ducak/Shutterstock

Análisis de datos

La datación radiométrica

Los científicos pueden determinar la edad de un fósil a través del proceso de datación radiométrica. Esta técnica usa cálculos basados en el ritmo constante de descomposición de un radioisótopo. Los isótopos son átomos del mismo elemento que tienen distinta cantidad de neutrones. Por ejemplo, todos los átomos de carbono tienen seis protones, pero el número de neutrones puede variar. El isótopo de carbono más común tiene seis neutrones en su núcleo. A este isótopo se lo conoce como carbono-12, o ^{12}C, debido a que la masa atómica de un átomo equivale a la suma de protones y neutrones en su núcleo. En el isótopo carbono-14, o ^{14}C, hay seis protones y ocho neutrones, que suman 14.

Muchos elementos tienen varios isótopos, cuya mayoría es estable. Sin embargo, algunos isótopos son inestables, o radioactivos. Esto significa que emiten radiación a medida que se descomponen a través del tiempo. El ritmo de descomposición varía ampliamente y se conoce el de cada isótopo. La Figura 13 contiene una lista de algunos isótopos radiactivos que se usan en la datación radiométrica.

FIGURA 13: Los isótopos usados en la datación radiométrica

Isótopo (precursor)	Producto (hijo)	Vida media (años)
rubidio-87	estroncio-87	48.8 mil millones
uranio-238	plomo-206	4.5 mil millones
potasio-40	argón-40	1.3 mil millones
carbono-14	nitrógeno-14	5730

Esta descomposición de cualquier radioisótopo ocurre a un ritmo constante conocido y se la llama vida media del isótopo. Una *vida media* es la cantidad de tiempo que le lleva a la mitad de la masa original del isótopo en transformarse en el producto, o isótopo hijo. Al medir la cantidad restante de isótopo precursor junto con la cantidad restante de isótopo hijo, se puede calcular una razón. Se lo conoce como proporción entre el decaimiento y el producto.

El isótopo ^{14}C se suele usar para medir restos recientes. Los organismos pueden absorber carbono a través de la alimentación y la respiración, por lo que el ^{14}C se reabastece de manera constante. Cuando un organismo muere, deja de absorber carbono, pero el decaimiento del ^{14}C continúa.

Datación radiométrica

FIGURA 14: Decaimiento del carbono-14

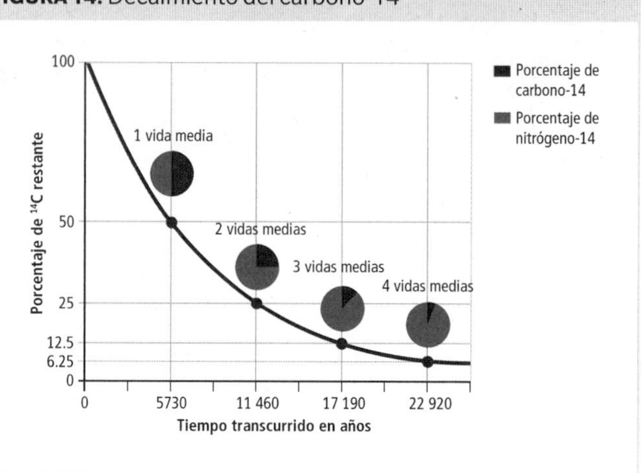

La vida media del ^{14}C es de unos 5700 años, lo que significa que después de 5700 años, la mitad del ^{14}C en un fósil se habrá transformado en ^{14}N, su producto hijo. La otra mitad se mantiene como ^{14}C. Después de 11,400 años, o dos vidas medias, el 75 por ciento del ^{14}C habrá decaído. Un cuarto se mantiene.

La previsibilidad de la datación radiométrica brinda a los científicos una herramienta para calcular la edad de casi cualquier fósil o muestra de roca. La edad conocida de las más antiguas se calculó con radioisótopos, pequeños cristales descubiertos en Australia que se calculó que tenían cerca de 4.4 mil millones de años. Los avances de la tecnología hicieron el proceso tan preciso que el margen de error es menor al uno por ciento.

Observa las fotos y responde las siguientes preguntas.

1. Si una roca contiene 75 por ciento de producto hijo, ¿cuántas vidas medias pasaron?
2. Si calcularas la edad de un fósil usando la datación del ^{14}C y determinaras que su edad es de alrededor de 17,000 años, ¿qué cantidad de la roca debería estar formada por ^{14}N?
3. Si estuvieras examinando capas rocosas que se cree que tienen cerca de 20 millones de años, ¿qué isótopo radiactivo usarías? Explica tu respuesta.

PROFESIÓN: BIÓLOGO EVOLUTIVO | EVOLUCIÓN DE LA BALLENA | Conéctate y elige alguna de estas opciones.

Autorrevisión de la lección

¿PUEDES EXPLICARLO?

FIGURA 15: Se cree que las aves modernas como las gallinas tienen un antepasado común con los dinosaurios plumados como el *Archaeopteryx*.

a Gallina moderna

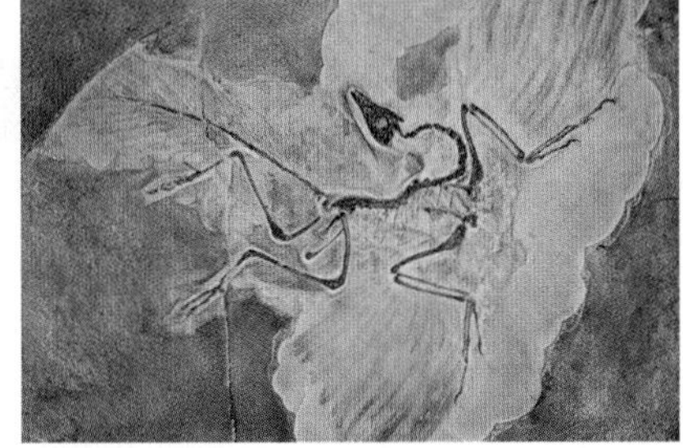

b Fósil de *Archaeopteryx*

El *Archaeopteryx* fue llamado la primera ave y el "dinosaurio plumado". De todas formas, comparte características tanto con las aves como con los dinosaurios. Se descubrió alrededor de 1860 y se lo estudió en profundidad por más de un siglo, aunque solo se habían encontrado 12 fósiles muy detallados y bien preservados en ese momento. Es posible que la historia evolutiva de las aves modernas nunca se entienda por completo, pero el *Archaeopteryx* completa los espacios de esta línea evolutiva.

Explicar ¿Qué evidencias evolutivas justifican la conclusión de que las gallinas y otras aves modernas son descendientes de los dinosaurios? Consulta las anotaciones de tu Cuaderno de evidencias para escribir una explicación corta. En ella, cita evidencias específicas de esta lección sobre los tipos de evidencias de la evolución que justifiquen tu afirmación. Asimismo, explica tu razonamiento.

El registro fósil brinda una historia completa de los cambios en la diversidad de la vida en nuestro planeta. Los detalles anatómicos como las estructuras homólogas y vestigiales vinculan a las especies. Al examinar las primeras etapas de desarrollo de los organismos, podemos ver características compartidas entre las distintas especies, como una similitud en la apariencia entre la larva de un percebe y un cangrejo y patrones de desarrollo similares en los embriones vertebrados.

Además, las evidencias moleculares y genéticas como el ADN y las secuencias de aminoácidos brindan evidencias que pueden determinar la relación evolutiva entre distintas especies. En conjunto, estas formas de evidencias, expuestas por diferentes ramas de la ciencia, respaldan con vehemencia el concepto de que los seres vivos cambian con el tiempo, y al mismo tiempo todos tienen ascendencia común.

Image Credits: (l) ©schankz/Fotolia (r) ©Naturfoto Honal/Corbis Documentary/Getty Images

EJERCICIOS DE REVISIÓN

Comprueba lo que aprendiste

1. Al examinar la aleta de un pez primitivo, los científicos encontraron similitudes entre su estructura ósea y la de los reptiles, las aves y los mamíferos modernos. ¿Qué tipos de evidencias describe este caso?
   - **a.** estructuras vestigiales
   - **b.** estructuras embrionarias
   - **c.** estructuras análogas
   - **d.** estructuras homólogas

2. *Astyanax mexicanus* es una especie de pez tetra que habita en cuerpos de agua en lo profundo de las cuevas. Aunque no pueden ver, estos peces tienen ojos pequeños que no funcionan. ¿Sus ojos son un ejemplo de qué tipo de estructura?
   - **a.** embrionaria
   - **b.** vestigial
   - **c.** homóloga
   - **d.** análoga

3. ¿La idea de que los procesos geológicos actuales son la clave del pasado es un principio de qué teoría geológica?
   - **a.** gradualismo
   - **b.** catastrofismo
   - **c.** uniformitarismo
   - **d.** metamorfismo

4. ¿Qué estructura tienen todos los embriones vertebrados? Elige todas las respuestas correctas.
   - **a.** arcos branquiales
   - **b.** esbozos de extremidades
   - **c.** cola
   - **d.** pulmones

5. Las similitudes en las estructuras homólogas entre las distintas especies son evidencias de que
   - **a.** tienen ascendencia común.
   - **b.** son miembros del mismo género.
   - **c.** usan las estructuras similares de la misma manera.
   - **d.** evolucionaron una de la otra.

FIGURA 16: Estructuras anatómicas

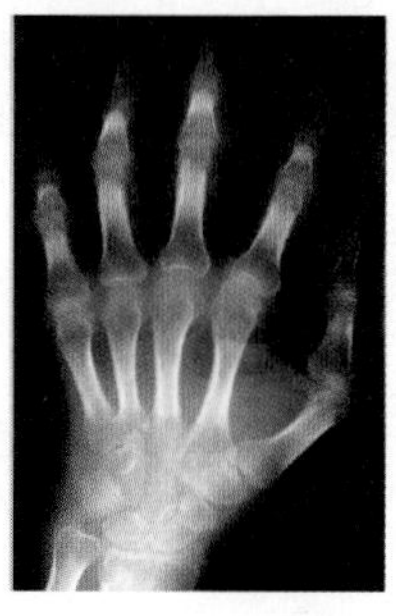
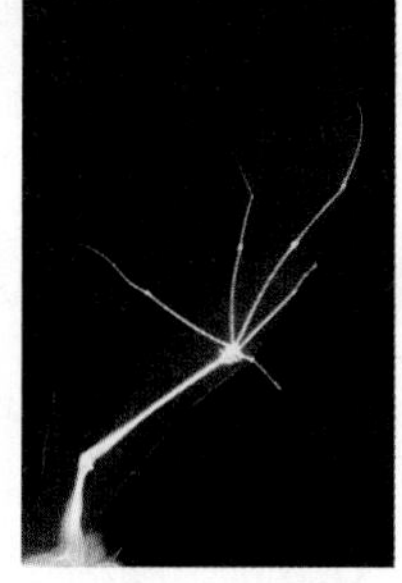
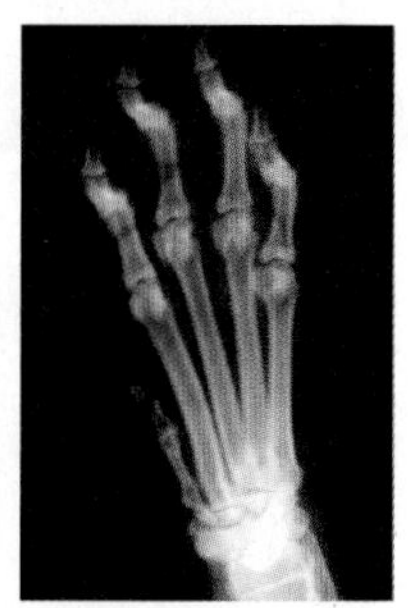

6. ¿Cuál de los siguientes enunciados describe correctamente las evidencias demostradas por las estructuras de la Figura 16?
   - **a.** El murciélago y el perro comparten estructuras óseas análogas en sus extremidades anteriores.
   - **b.** Solo el ser humano y el murciélago comparten estructuras óseas homólogas en sus extremidades anteriores.
   - **c.** El ser humano y el murciélago comparten estructuras óseas análogas en sus extremidades anteriores.
   - **d.** Las tres especies comparten estructuras homólogas en sus extremidades anteriores.

7. ¿Cómo son los genes y las proteínas similares a las estructuras homólogas al determinar las relaciones evolutivas entre las especies?

8. El colibrí tiene un parentesco más cercano a un lagarto que a una libélula. ¿Por qué dos especies que lucen similares no necesariamente tienen un parentesco cercano?

9. ¿Cómo puede la ubicación de un fósil revelar su edad? Explica tu respuesta.

10. La paleontología es el estudio de los fósiles o las especies extintas. Explica por qué este campo es importante para el estudio de la biología evolutiva.

11. Has descubierto los restos fósiles de tres organismos. Uno es mamífero, uno es reptil y el tercero tiene características del mamífero y del reptil. ¿Qué técnicas puedes aplicar para determinar la posible relación entre estos organismos?

Image Credits: (tl) ©domin_domin/iStockPhoto.com; (tc) ©Nick Veasey/Getty Images; (tr) ©Irina Alyakina/Fotolia

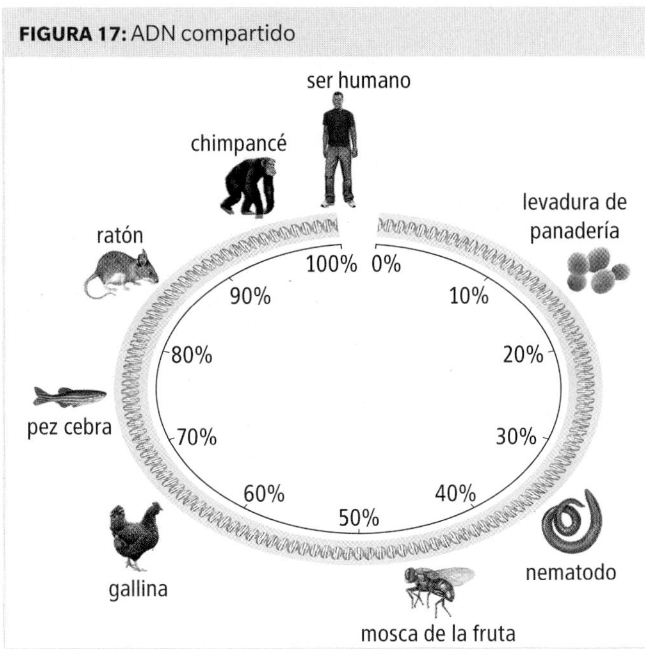

Usa la Figura 17 para responder las preguntas 12 y 13.

12. ¿Los seres humanos comparten mayor cantidad de ADN con cuál de las siguientes especies de animales?

a. pez cebra

b. mosca de la fruta

c. nematodo

d. chimpancé

13. ¿Qué organismo crees que sería la mejor opción para usar como un organismo modelo en los estudios de la salud humana? Explica tu respuesta.

HAZ TU PROPIA GUÍA DE ESTUDIO

En tu Cuaderno de evidencias, diseña una guía de estudio que justifique las ideas principales de esta lección:

Muchos tipos de evidencias justifican la ascendencia común y la evolución.

Recuerda incluir la siguiente información en tu guía de estudio:

- Usa ejemplos que sirvan como modelo de las ideas principales.
- Anota explicaciones para el fenómeno que investigaste.
- Presenta evidencias para justificar tus explicaciones. Tu justificación puede incluir dibujos, datos, gráficas, conclusiones de laboratorio y otras evidencias que hayas anotado a lo largo de la lección.

Considera cómo las evidencias de diversos campos de la ciencia pueden usarse para justificar la idea de la evolución y de la ascendencia común. Recuerda que los mismos procesos que formaron los restos fósiles hace millones de años todavía siguen en funcionamiento.

8.2

La teoría de la selección natural

Al camuflarse, un animal como este pez cocodrilo puede ser casi imposible de ver.

¿PUEDES EXPLICARLO?

FIGURA 1: La forma de la mantis orquídea (*Hymenopus coronatus*) es similar a una flor, pero algunos científicos creen que atrae a los insectos por otro motivo.

Con sus colores brillantes y sus patas en forma de pétalo, la mantis orquídea se asemeja a la flor que lleva su nombre. El hábitat de esta especie consiste de flores rosadas y blancas en arbustos y árboles. Se alimenta principalmente de insectos voladores. Debes creer que la mantis orquídea atrapa su presa al camuflarse como una flor. Sin embargo, los investigadores han descubierto que, al colocarla junto a la flor más común de su hábitat, la mantis orquídea atrajo más insectos que la flor.

Predecir ¿Cómo crees que la mantis orquídea desarrolló los rasgos que la hacen tan atractiva para los insectos?

Reunir evidencias Mientras trabajas con la lección, reúne evidencias sobre cómo la selección natural da lugar a especies que se adaptan a su medio ambiente.

Image Credits: (t) ©Scubaponnie/Getty Images; (b) ©Chris Parks/Image Quest Marine/Alamy

Actividad práctica

Modelo de la selección natural: Lechuzas y ratones de campo

Gracias a evidencias moleculares, anatómicas y fósiles sabes que las especies han cambiado con el tiempo. Este cambio se llama evolución. ¿Pero cómo sucede la evolución en la naturaleza? En este laboratorio harás un modelo de un mecanismo de la evolución llamado selección natural. Representarás al depredador, una lechuza en búsqueda de ratones de campo. Tu grupo "consumirá" todos los ratones de campo que pueda ver con facilidad hasta que quede solo el 25 por ciento de la población. Los ratones de campo sobrevivientes luego se reproducirán. Tal como las mantis orquídeas, los ratones pasarán un rasgo de supervivencia importante a sus descendientes. Continuarás el proceso durante varias generaciones de ratones, en donde algunos serán consumidos y otros sobrevivirán para pasar los rasgos que los ayudaron.

FIGURA 2: Las lechuzas son depredadores. Mayormente se alimentan de pequeños mamíferos, como ratones de ciudad, ratones de campo y musarañas.

PREDECIR

¿Cómo cambia una población como resultado de la selección natural?

PROCEDIMIENTO

1. Despliega sobre la mesa el hábitat de tela que recibiste.
2. Cuenta 20 pedazos de papel de cada uno de los cinco colores diferentes para obtener un total de 100 pedazos. Esta será tu población inicial de ratones de campo.
3. Una persona debería distribuir los pedazos al azar sobre todo el hábitat de tela, asegurándose de que ningún pedazo cubra a otro. El resto del grupo no debería observar este proceso.
4. Los demás miembros del grupo ahora son lechuzas. Deben elegir 75 pedazos (ratones de campo) a medida que los ven, uno por uno, hasta que quede un total de 25 ratones en el hábitat. Asegúrate de contar detenidamente.
5. Sacude el hábitat con cuidado para remover los ratones que sobrevivieron (un total de 25).
6. Agrupa los sobrevivientes por color y anota los números en tu tabla de datos. Observa la Figura 3 para ver un ejemplo de tabla de datos.
7. Luego, supón que cada sobreviviente tiene tres descendientes. Coloca tres pedazos adicionales del mismo color con cada sobreviviente. Anota la cantidad de cada color en la tabla. Observa que debería haber 100 pedazos en total otra vez.
8. Mezcla los pedazos nuevos y haz que otra persona los distribuya en el hábitat.
9. Repite todo el proceso (Pasos 3 a 8) dos veces más, de modo que un total de tres generaciones de ratones de campo sean cazadas.

MATERIALES

- cartulinas de cinco colores
- pedazo de tela

Analizar Explica cómo harías un modelo de depredación en esta actividad.

Image Credits: (t) ©selectimages/Fotolia; (b) ©CreativeNature_nl/iStock/Getty Images Plus

TABLA DE DATOS

FIGURA 3: Efecto de la depredación de poblaciones de ratones de campo a lo largo del tiempo

	Color 1	Color 2	Color 3	Color 4	Color 5
Cantidad inicial	20	20	20	20	20
Cantidad luego de la primera depredación					
Cantidad luego de la primera reproducción					
(Agregar filas para dos generaciones más). ⬇					

ANÁLISIS

1. Grafica tus datos. ¿Qué patrones puedes identificar en los datos?
2. ¿Qué rasgos parecen los más beneficiosos para la supervivencia en este medio ambiente? Explica tu respuesta.
3. Explica por qué la cantidad de algunas variedades de ratones aumentó con el tiempo, mientras que otras disminuyeron.
4. ¿Cómo crees que habrían cambiado los datos si el experimento se hubiera extendido hasta que un total de cinco generaciones de ratones fueran cazadas?

FIGURA 4: Los ratones pueden reproducirse con rapidez. La gran cantidad de descendientes debe competir entre sí por los recursos.

Los ratones pueden reproducirse con rapidez. De hecho, su población podría aumentar de manera exponencial con los recursos suficientes y pocos depredadores. Sin embargo, mientras más grande es la población, mayor será la competencia entre los individuos por recursos como el alimento, el agua y las parejas. Además, los ratones deben escapar de los depredadores para sobrevivir el tiempo suficiente para pasar sus rasgos. Todos los rasgos que los ayudan a sobrevivir y que se pasan por medio de sus genes son beneficiosos en este medio ambiente. La selección natural es un mecanismo mediante el cual los individuos que han heredado adaptaciones beneficiosas muestran un éxito de reproducción diferencial.

Si el medio ambiente cambiara, los rasgos beneficiosos también podrían cambiar. Si el césped de un campo cambiara de color debido a un cambio de clima, se "seleccionarían" distintos rasgos. Esto no significa que la naturaleza en realidad "elige" los rasgos. Simplemente significa que algunos rasgos se van pasando con mayor frecuencia que otros porque los organismos con esos rasgos son más aptos para sobrevivir y reproducirse que otros de su población.

Explicar Responde estas preguntas sobre los conceptos explorados en esta actividad.

1. Nombra un animal que se camufle para evitar a los depredadores. ¿En qué hábitat es más probable que sobreviva? ¿Qué otros rasgos podrían ayudar a un animal a sobrevivir a los depredadores?
2. ¿Por qué tipos de recursos competirían los ratones de campo? ¿Qué tipos de rasgos le darían a un ratón de campo una ventaja competitiva sobre otros miembros de su propia especie?

Image Credits: ©Steve Downer/ardea/Mary Evans Picture Library Ltd/age footstock

Los avances de la teoría de la selección natural

Charles Darwin fue una de las personas más famosas en preguntarse cómo evolucionan los seres vivos; sin embargo, el concepto de evolución ya se había comentado durante más de 100 años cuando Darwin propuso su teoría de la evolución.

Primeras ideas sobre la evolución

Los primeros científicos observaron las relaciones entre los organismos y lo bien adaptados que parecían estar a medios ambientes específicos. Darwin se basó en el trabajo de estos científicos para desarrollar una teoría sobre cómo sucede la evolución. Una teoría es una explicación basada en evidencias que se ha ido confirmando mediante experimentos y observaciones. Hoy en día, tenemos muchas evidencias que confirman la teoría de la evolución de Darwin.

FIGURA 5: Desarrollo de las ideas sobre la evolución a lo largo del tiempo.

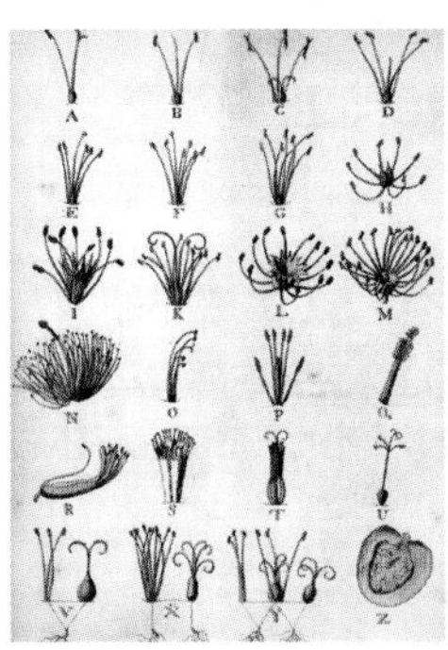

1735 *Systema Naturae* Carolus Linnaeus propuso un nuevo sistema de organización para las plantas, los animales y los minerales, basado en sus similitudes.

1749 *Histoire Naturelle* Georges-Louis Leclerc, Conde de Buffon, mencionó ideas importantes sobre las relaciones entre los organismos, las fuentes de variabilidad biológica y la posibilidad de la evolución.

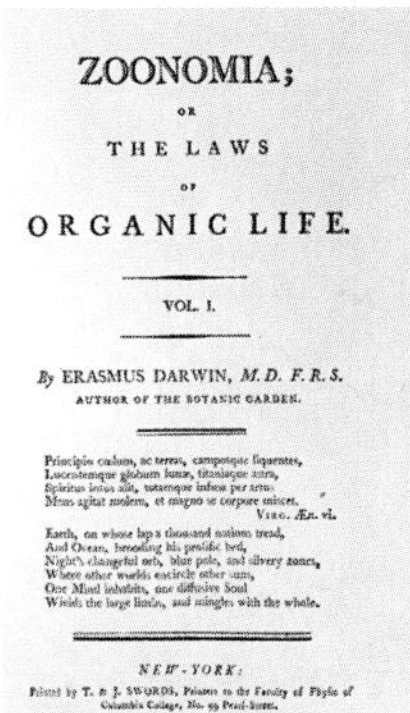

ZOONOMIA;
OR
THE LAWS
OF
ORGANIC LIFE.

VOL. I.

By ERASMUS DARWIN, *M.D. F.R.S.*
AUTHOR OF THE BOTANIC GARDEN.

Principio cœlum, ac terras, camposque liquentes,
Lucentemque globum lunæ, titaniaque astra,
Spiritus intus alit, totamque infusa per artus
Mens agitat molem, et magno se corpore miscet.
VIRG. Æn. vi.

Earth, on whose lap a thousand nations tread,
And Ocean, brooding his prolific bed,
Night's changeful orb, blue pole, and silvery zones,
Where other worlds encircle other suns,
One Mind inhabits, one diffusive Soul
Wields the large limbs, and mingles with the whole.

NEW-YORK:
Printed by T. & J. SWORDS, Printers to the Faculty of Physic of Columbia College, No. 99 Pearl-Street.
—1796.—

1794-1796 *Zoonomía* El abuelo de Darwin, Erasmus Darwin, consideró la forma en que los organismos podían evolucionar mediante mecanismos como la competencia.

1798 Un ensayo sobre el Principio de la población Thomas Malthus sostuvo que el aumento de la población humana desafiaría la capacidad del mundo para proveer suficiente alimento para todos.

1809 *Filosofía zoológica* Jean-Baptiste Lamarck dijo que la evolución ocurría debido a cambios en el medio ambiente a lo largo de extensos períodos de tiempo.

1830 *Principios de geología* Charles Lyell propuso la teoría del uniformitarismo. Esta teoría sostiene que tanto los cambios graduales como los catastróficos han ocurrido en índices constantes sobre la Tierra y aún están sucediendo.

Analizar ¿Cómo justifica la información en la Figura 5 la idea de que las teorías cambian y se desarrollan en el tiempo a medida que se descubren nuevas evidencias?

Image Credits: (tl) ©Pictorial Press Ltd/Alamy; (bl) ©Universal Images Group Editorial/Photo12/Getty Images; (tr) ©SPL/Science Source; (br) ©John Carnemolla/Shutterstock

El viaje de Darwin

FIGURA 6: En Cabo Verde, Charles Darwin vio un grupo de conchas de mar muy por encima del nivel del mar.

En 1831, el barco HMS *Beagle* zarpó de Inglaterra hacia un viaje de cinco años para trazar un mapa de la costa de Sudamérica y las Islas del Pacífico. El capitán del barco lo vio como una oportunidad para recolectar especímenes y estudiar historia natural. Se extendió una invitación a Charles Darwin, un recién graduado de la Universidad de Cambridge. Para prepararse para el viaje, Darwin reunió instrumentos científicos, como así también libros, uno de ellos era *Principios de geología* de Lyell, el cual leyó durante sus viajes.

La primera parada fue en las Islas de Cabo Verde, donde Darwin vio un grupo de conchas de mar en un acantilado sobre la línea de la costa. Darwin sintió curiosidad sobre cómo habían terminado allí las conchas de mar. Durante el año siguiente, el joven naturalista exploró el bosque lluvioso para recolectar especímenes de plantas, animales y piedras. Mientras trabajaba, Darwin llevaba un diario, donde anotaba cada observación nueva. Este acercamiento le permitía realizar estudios comparativos, como identificar las diferencias entre los fósiles encontrados en una parada posterior en las Islas Malvinas y aquellos encontrados en la costa de Sudamérica. Darwin también observó fenómenos geológicos que lo hicieron preguntarse cómo cambiaban los medios ambientes.

FIGURA 7: El viaje de Darwin en el HMS *Beagle*

Aprende en línea

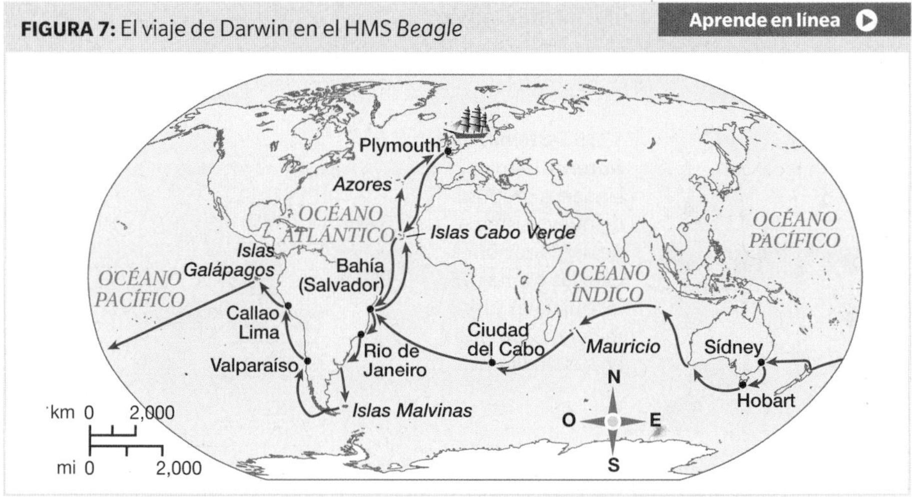

Hacia el final de su viaje, el *Beagle* llegó a las Islas Galápagos. En esta parada, Darwin realizaría algunas de sus observaciones más conocidas, que se siguen estudiando hoy en día. Darwin observó que las especies que encontró en una isla eran distintas a aquellas que encontró en islas cercanas y en el continente. Estaba asombrado por la variabilidad de rasgos entre especies similares. Algunos rasgos parecían encajar bien con los medios ambientes y la alimentación de los animales.

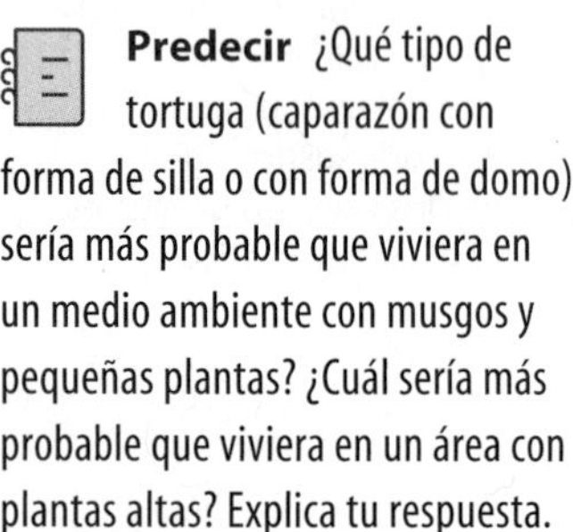

Predecir ¿Qué tipo de tortuga (caparazón con forma de silla o con forma de domo) sería más probable que viviera en un medio ambiente con musgos y pequeñas plantas? ¿Cuál sería más probable que viviera en un área con plantas altas? Explica tu respuesta.

FIGURA 8: Las tortugas de las Galápagos (*Geochelone elephantopus*) tenían variaciones en sus rasgos que parecían ajustarse a su medio ambiente.

a Las tortugas de caparazón con forma de silla de montar tienen una elevación que les permite estirar su largo cuello.

b Las tortugas de caparazón con forma de domo tienen cuello corto y patas cortas.

Image Credits: (t) ©Arterra Picture Library/van der Meer Marica/Alamy; (bl) ©Gail Tanski/Alamy; (br) ©John Warburton-Lee Photography/Alamy

De todas las observaciones de Darwin, las más conocidas son aquellas sobre los pinzones de las Galápagos. Estas aves pequeñas, conocidas como "pinzones de Darwin", están muy relacionadas, pero tienen diferencias significativas. Estas observaciones llevaron a Darwin a inferir que las especies, de alguna manera, deben poder adaptarse a sus alrededores. Una adaptación es una característica que le permite a un organismo sobrevivir y reproducirse en su medio ambiente. Este fue el análisis que luego ayudó a darle forma a la teoría de Darwin sobre cómo cambian los organismos con el tiempo.

FIGURA 9: Variabilidad en los pinzones de las Galápagos

ISLAS GALÁPAGOS
OCÉANO PACÍFICO
Isla Marchena (Bindoe)
Isla San Salvador (Santiago, James)
Isla Fernandina (Narborough)
Canal Isabela
Isla San Cristóbal (Chatham)
Isla Isabela (Albemarle)
Isla Santa Cruz (Indefatigable)
Isla Santa María (Floreana, Charles)
Isla Española (Hood)
N O E S
km 0 30 60
mi 0 30 60

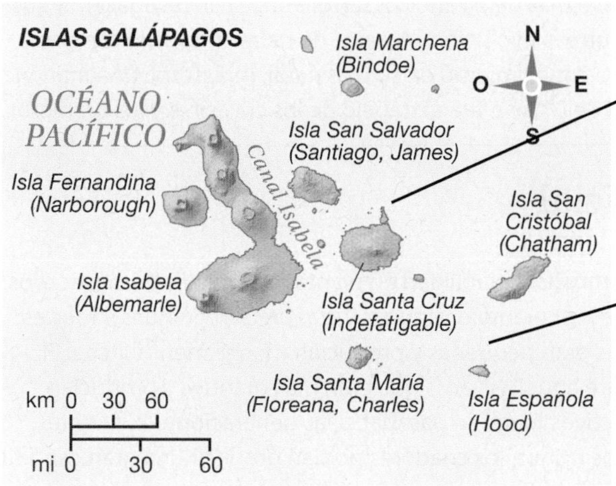

a Pinzón grande de cactus *(Geospiza conirostris)*

Las especies del género *Geospiza* tienen picos anchos y pueden alimentarse de semillas grandes y duras que deben romperse con fuerza.

b Pinzón pequeño de árbol *(Camarhynchus parvulus)*

Las especies del género *Camarynchus* tienen fuerza cortante en la punta de su pico, lo que resulta útil para desgarrar la vegetación.

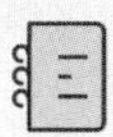

Analizar Usa la Figura 9 para responder estas preguntas: ¿De qué manera estas adaptaciones de los pinzones los ayudan a sobrevivir y reproducirse en su medio ambiente? ¿Qué tipo de pico esperarías ver en un pinzón que come insectos? Explica tu respuesta.

Muchos años antes de que Darwin desembarcara en las Galápagos, el *Beagle* ancló cerca de Bahía Blanca, en Argentina. Estando allí, los cazadores atraparon un armadillo. Así conoció Darwin a este extraño animal con armadura. Durante un viaje para conseguir fósiles en el área, encontró fósiles de animales enormes como el *Glyptodon*, un armadillo gigante, entre otros. El hecho de que estos fósiles se parecieran a las especies vivas sugería que los animales modernos podrían estar relacionados con formas fósiles. Estos fósiles sugerían que, para que tales cambios ocurrieran, la Tierra debe ser mucho más antigua de lo que se creía.

FIGURA 10: Darwin encontró fósiles de *Glyptodon*, que se asemeja al armadillo moderno.

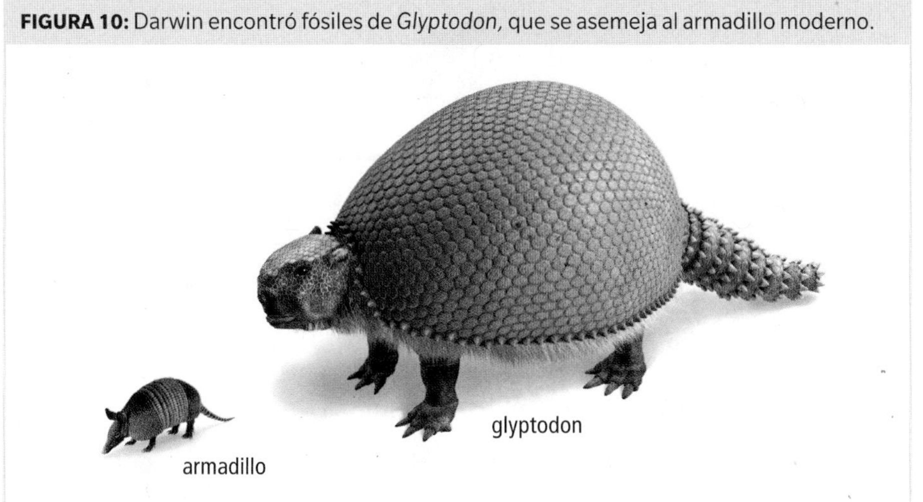

Explicar ¿De qué forma los fósiles de *Glyptodon* que Darwin encontró en Argentina muestran que las especies han cambiado con el tiempo?

Image Credits: (tr) ©Michelle Gilders/Alamy; (cr) ©Arco Images GmbH/Alamy

Predecir Menciona tres ejemplos de procesos geológicos que podrían ocasionar que se encontraran fósiles de organismos en áreas que no habitaban históricamente.

Durante su viaje, Darwin también encontró conchas fosilizadas de organismos marinos, arriba de las montañas de los Andes. Más tarde, Darwin experimentó un terremoto durante su viaje y observó los efectos en la tierra que lo rodeaba. La tierra que había estado bajo el agua se movió sobre el nivel del mar. Esta experiencia explicaba lo que vio en los Andes. Las observaciones del viaje de Darwin apoyaban la teoría de Lyell sobre los cambios que los procesos geológicos pueden ocasionar durante un largo período. Darwin luego presentó ideas sobre una Tierra antigua, y un cambio lento y gradual en la evolución de los organismos. Estas observaciones derivaron en el concepto de gradualismo evolutivo.

Después de su viaje, Darwin pasó más de 20 años desarrollando su investigación y sus conocimientos sobre cómo ocurre la evolución. A pesar de haber recorrido el mundo, Darwin también obtuvo mucho conocimiento en su país natal, Inglaterra. Una influencia importante en la investigación de Darwin fue el trabajo de los criadores y los granjeros.

La selección artificial

En Inglaterra, Darwin observó mucha variabilidad en plantas y animales domesticados. Los granjeros le explicaron que, por ejemplo, algunas vacas crecían grandes y fuertes y producían mucha leche. Otras eran pequeñas y producían mucha menos leche. El granjero reproducía únicamente aquellas vacas que eran más grandes y producían más leche. Estos rasgos productivos luego se pasaban a las generaciones siguientes. Mediante la selección de ciertos rasgos, los criadores podían producir una gran cantidad de diversidad.

Los granjeros y los criadores no hacían que una vaca fuera más productiva que otra, sino que estaban controlando qué vacas se usarían para engendrar descendientes. El proceso de cambiar las especies al reproducirlas en base a ciertos rasgos se llama selección artificial. En este proceso, los humanos usan la variación genética en plantas y animales y actúan como el agente selectivo. Los humanos determinan qué rasgos son favorables y luego reproducen individuos que muestran esos rasgos.

Los humanos han usado la selección artificial para seleccionar los rasgos deseables en plantas y animales por miles de años. Casi todas las frutas y todos los vegetales que comemos han sido muy alterados a partir de su forma salvaje mediante el proceso de selección artificial.

Colaborar Comenta esta pregunta con un compañero: ¿En qué se diferencia la selección artificial de la ingeniería genética?

FIGURA 11: Los perros domésticos evolucionaron mediante la selección artificial. El ancestro común de los perros domésticos fue el lobo gris.

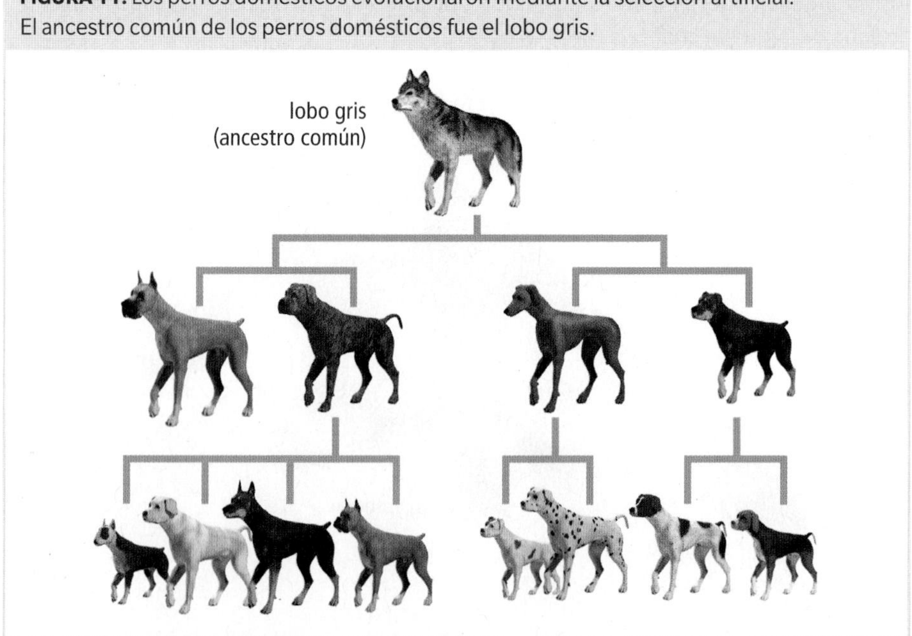

Aunque Darwin no tenía conocimientos de genética, observó que, con la intervención de los humanos, ciertos individuos podían ser seleccionados para producir descendientes con rasgos deseables. Al ser seleccionados para procrear, estos individuos pasarían sus rasgos a sus descendientes. Para que ocurra la selección artificial, el rasgo debe poder heredarse. La heredabilidad es la habilidad de un rasgo determinado de ser transmitido de una generación a la siguiente.

Darwin relacionó lo que aprendió sobre la reproducción con sus ideas de adaptación. En la selección artificial, los individuos con rasgos deseables se reproducen por generaciones, pero solo si los rasgos son ventajosos para los criadores. Sin embargo, los criadores también podrían seleccionar en base a características que no son deseables o "útiles". Durante la selección artificial, los humanos actúan como el agente selectivo. En la naturaleza, sin embargo, el medio ambiente genera la presión selectiva que determina si un rasgo se pasará o no.

Causa y efecto

Selección de la habilidad de ejercitarse

FIGURA 12: En la selección artificial, los humanos pueden usar la variación genética y actuar como el agente selectivo.

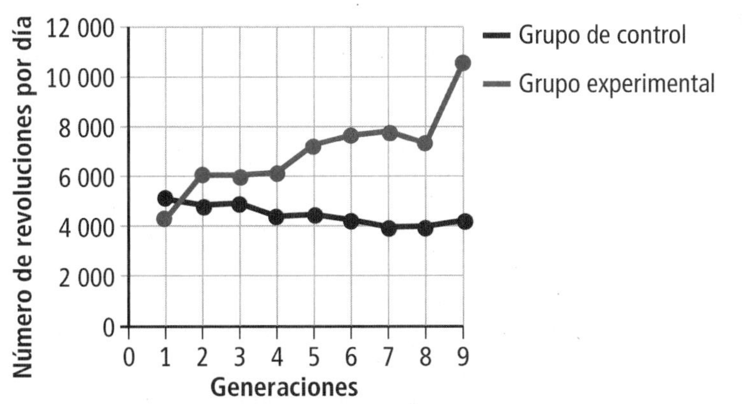

Fuente: Swallow et.al, *Behavior Genetics,* 28:3.

Los científicos usaron ratones para estudiar si la habilidad de ejercitarse puede mejorar en los animales a lo largo de varias generaciones. En este experimento, los ratones fueron seleccionados de manera artificial para aumentar la conducta de correr en la rueda. Los ratones que pudieron correr más en la rueda fueron seleccionados para engendrar a la siguiente generación. El grupo de control representa las generaciones de ratones que se reprodujeron al azar.

Analizar Responde estas preguntas sobre los datos de la gráfica:

1. ¿Cuál es la diferencia entre los resultados de los ratones del grupo de control y los ratones del grupo experimental?
2. Usa la tendencia en los datos para hacer una predicción sobre el número de revoluciones por día para los ratones de la Generación 10 del grupo experimental.

Darwin aplicó este razonamiento para desarrollar su teoría de la evolución mediante la selección natural. En la naturaleza, el medio ambiente es el agente selectivo. Como en la selección artificial, la selección natural selecciona las características únicamente si son ventajosas para los individuos en el medio ambiente tal y como es. Además, Darwin descubrió que los rasgos deseables solo emergerían de forma gradual en una población. Sabía que a veces se requerían muchas generaciones para que los criadores produjeran las variedades que había observado.

Explicar Haz un organizador gráfico para resumir los descubrimientos de Darwin e ilustrar cómo cada observación se relaciona con los procesos que llevaron a los cambios en las especies.

Los principios de la selección natural

Charles Darwin no fue la única persona que desarrolló una teoría para explicar cómo puede ocurrir la evolución. Un naturista inglés llamado Alfred Russel Wallace desarrolló de forma independiente una teoría muy similar a la de Darwin. Tanto Darwin como Wallace habían estudiado la gran diversidad de plantas y animales en los trópicos y ambos habían estudiado el registro fósil. Los dos fueron influenciados por el trabajo de Thomas Malthus y sus principios de la economía.

Malthus había publicado un libro en 1798 en el que comentaba cómo el aumento de las poblaciones humanas podría desafiar la habilidad del mundo de producir suficiente alimento para todos. Tanto Darwin como Wallace aplicaron las ideas de Malthus a las presiones experimentadas por las plantas y los animales mientras aumentaban las poblaciones. Observaron que el mundo no era dominado por ninguna especie, porque algún recurso limitaba su habilidad de reproducirse y sobrevivir. En un medio ambiente donde los recursos son limitados, los individuos deben competir por obtenerlos. Aquellos organismos que compiten con éxito se siguen reproduciendo y pasan sus rasgos.

Predecir ¿Por qué se presentaron las ideas de Darwin y Wallace a otros científicos antes de publicarlas?

En 1858, las ideas de Darwin y Wallace se presentaron a un grupo importante de científicos en Londres. El siguiente año, Darwin publicó sus ideas en el libro *El origen de las especies por medio de la selección natural*. La teoría de la selección natural explica cómo puede ocurrir la evolución. La selección natural es un mecanismo mediante el cual los individuos que han heredado adaptaciones beneficiosas muestran un éxito de reproducción diferencial. Esta teoría se construye sobre la premisa de que en cada generación se producen más individuos que pueden sobrevivir en cualquier medio ambiente donde los recursos no son infinitos.

Variación genética

FIGURA 14: Se puede observar variabilidad en el color del pelaje de los jaguares y sus descendientes.

La teoría de Darwin sobre la evolución por medio de la selección natural se basó en los patrones que observó en las plantas y animales que él y otros estudiaban. Lo que no comprendió era cómo ocurrían estos cambios. Unos seis años después de la publicación de *El origen de las especies*, un monje poco conocido llamado Gregor Mendel publicó su investigación sobre la genética y los principios básicos de la herencia.

El trabajo de Mendel mostraba que los rasgos se pasan de progenitores a descendientes y que se heredan independientemente de uno y otro. Sabemos que los rasgos son codificados por los genes y que los alelos son distintas variabilidades del mismo gen. La variabilidad de los alelos entre organismos individuales dentro de una población se llama variación genética. La variación genética es la base de la selección natural.

Por ejemplo, el jaguar cachorro en la Figura 14 heredó una combinación de alelos que provocaron que tuviera un color diferente al de su madre. Por lo tanto, hay una variabilidad en el color del pelaje de la población de jaguares, y algunas variabilidades pueden ser más beneficiosas que otras en un medio ambiente dado.

Colaborar En la simulación de la lechuza y el ratón de campo, ¿cómo hiciste un modelo de la variabilidad en los rasgos y de los progenitores que pasaban sus rasgos a los descendientes? Escribe tu respuesta y comenta con un compañero.

Image Credits: ©AP Images

La variación genética aumenta por la reproducción sexual y la meiosis. En la reproducción sexual, los descendientes reciben dos formas de cada gen, uno de cada progenitor. Los genes se segregan durante la formación de gametos. Si los genes no están unidos, se segregarán por separado, o experimentarán una transmisión independiente. Mientras los genes se alinean y se mezclan de distintas formas durante la meiosis, se generan diversas combinaciones de material genético. Como resultado, los organismos de reproducción sexual muestran variantes en sus rasgos. Por ejemplo, la Figura 15 muestra la variabilidad que se observa en los patrones de color de los escarabajos asiáticos. Es en este tipo de variabilidad en donde actúa la selección natural. El entrecruzamiento durante la meiosis también permite nuevas combinaciones de material genético. Esto genera una cantidad aún mayor de combinaciones posibles de genes.

FIGURA 15: La reproducción sexual aumenta la variación genética.

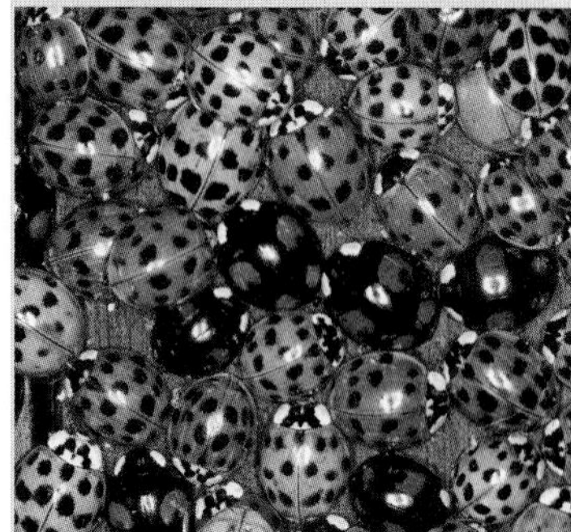

FIGURA 16: Los cromosomas se separan independientemente durante la meiosis. Como resultado, los gametos tienen muchas combinaciones diferentes de genes.

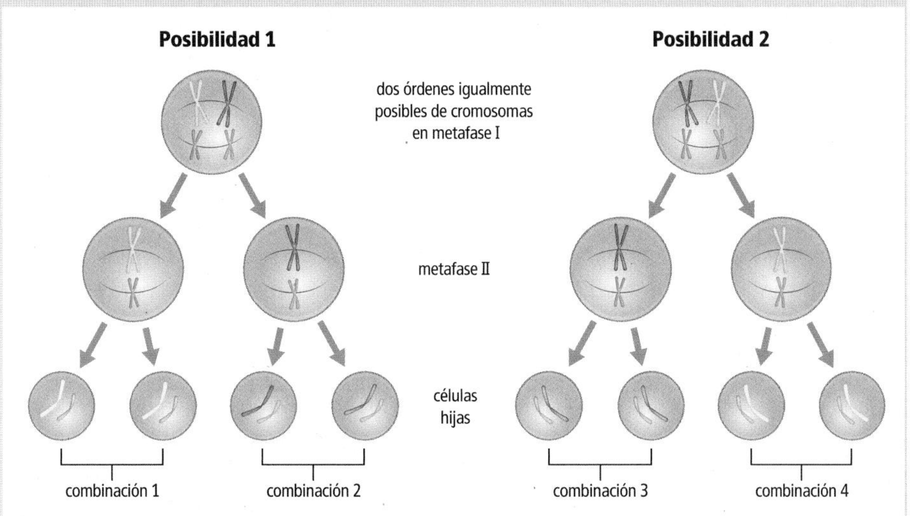

Las mutaciones heredables también aumentan la variación genética. Muchas veces se encuentran daños en el ADN durante revisiones en el ciclo celular. La célula no puede continuar el ciclo celular hasta que el daño se repare o se autodestruya la célula. Sin embargo, a veces la revisión falla, y las células con mutaciones siguen adelante con replicaciones. Si una mutación es heredable, o se pasa a los descendientes de un organismo, puede aumentar la diversidad genética dentro de una población.

Hacer un modelo Explica cómo podrías haber hecho un modelo de un rasgo nuevo a partir de una mutación en la simulación de la lechuza y el ratón.

Ten en cuenta que la selección natural actúa sobre los fenotipos, o rasgos físicos, más que sobre el material genético en sí. Los alelos nuevos no se crean mediante selección natural, sino mediante mutación genética. Además, estas mutaciones deben ser heredables, o pasarse a los descendientes. Solo las mutaciones en células sexuales se pasan a los descendientes.

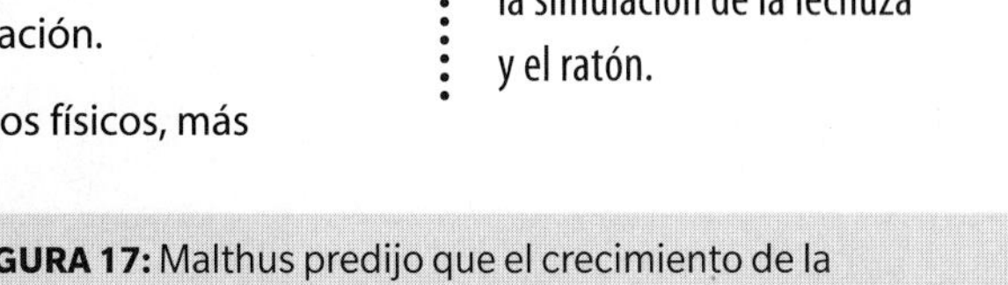

FIGURA 17: Malthus predijo que el crecimiento de la población superaría la producción de la comida, causando una "catástrofe malthusiana".

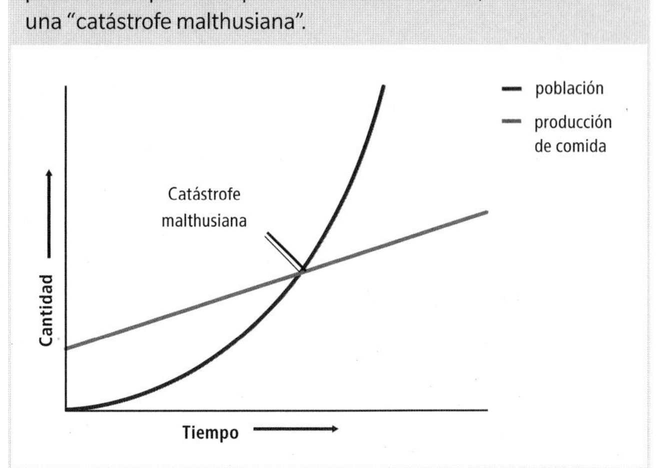

Superproducción

El trabajo de Thomas Malthus inspiró muchas de las ideas de Darwin sobre la modificación por selección natural. En su trabajo, Malthus señalaba el potencial de las poblaciones humanas de crecer de forma exponencial si existía una tasa de natalidad constante y condiciones ideales. Tales condiciones incluirían recursos ilimitados y ausencia de depredadores o enfermedades. Sin embargo, las poblaciones no crecen libremente. Como Malthus señaló, las poblaciones humanas se ven limitadas por muchos factores, como las enfermedades, la guerra y los recursos limitados.

Image Credits: (r) ©blickwinkel/Hecker/Alamy;

FIGURA 18: Los individuos compiten por recursos como la comida.

Predecir Las aves en la Figura 18 compiten por un pedazo de comida. ¿Qué rasgos podrían permitirle a un ave ganarle la comida a otras aves?

Competencia

Darwin notó que nacen más descendientes de los que pueden sobrevivir y que, sin límite alguno, cualquier especie podría invadir la Tierra. Sin embargo, los medios ambientes limitan el crecimiento de la población, donde algunos individuos tienen más éxito para sobrevivir que otros. Aquellos individuos que sobreviven mejor y producen más descendientes pasarán sus rasgos a las generaciones siguientes.

Al desarrollar las ideas de Malthus de que existían límites en el crecimiento de la población humana, Darwin descubrió que ocurría una lucha similar por los recursos en la naturaleza. El desafío para cada individuo es ser mejor para obtener recursos disponibles, tales como la comida, el agua y el refugio.

Adaptación

A veces, cierta variabilidad permite que un individuo sobreviva mejor que otros individuos contra los que compite en su medio ambiente. Los individuos que tienen mayor éxito para sobrevivir son "seleccionados naturalmente" para vivir más y producir más descendientes que compartan esas adaptaciones. Con el tiempo, la selección natural dará como resultado especies con adaptaciones adecuadas para la supervivencia y reproducción en un medio ambiente. Más individuos tendrán el rasgo en cada generación siguiente, siempre y cuando las condiciones del medio ambiente continúen siendo beneficiosas para ese rasgo.

Un ejemplo muy estudiado de selección natural en los jaguares se muestra en la Figura 19. Hace unos 11,000 años, muchas especies enfrentaron la extinción. Felinos grandes, como los jaguares, padecieron la falta de comida debido a los cambios en el clima de esa época. Había menos mamíferos disponibles para comer, entonces los jaguares tenían que comer otros animales, como reptiles. La población de jaguares mostró variabilidades en el tamaño de la mandíbula y los dientes que resultaron importantes para la supervivencia.

FIGURA 19: La selección natural ha provocado cambios en la especie de los jaguares a lo largo del tiempo.

a Como otras especies, los jaguares producen más descendientes de los que pueden sobrevivir en el medio ambiente. Algunos jaguares nacen con mandíbulas y dientes más grandes (cráneo 1) debido a una variabilidad natural en la población.

b Los jaguares con dientes y mandíbulas grandes pueden comer animales con caparazones, como reptiles con caparazón. Es más probable que estos jaguares sobrevivan y tengan más descendientes que los jaguares que pueden comer únicamente mamíferos.

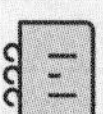

Explicar ¿Por qué los dientes y mandíbulas más grandes se volvieron más comunes en la especie de los jaguares con el tiempo? ¿Cómo explican estos cambios los cuatro principios de la selección natural?

Image Credits: (t) ©RooM/10kPhotography/ Getty Images

En biología, el término aptitud biológica es una medida de la habilidad de un organismo de sobrevivir y producir más descendientes en relación a otros miembros de la población en un medio ambiente específico. Un individuo con aptitud biológica alta se adapta bien a su medio ambiente. Luego del cambio de clima, los jaguares que tenían dientes y mandíbulas más grandes tenían una aptitud biológica más alta que otros jaguares en la población. Los jaguares que comían menos no necesariamente morían o dejaban de producir al mismo tiempo, sino que se reproducían menos.

Es importante resaltar que la aptitud biológica no indica que un individuo sea el más grande o más fuerte. Por ejemplo, para algunos tipos de arañas macho ser pequeña es beneficioso. Su poco peso corporal hace más fácil para estos machos lanzar un hilo de seda al aire para trasladarse con el viento hacia una nueva ubicación. Como resultado, estos machos tienen más oportunidades para encontrar pareja y pasar sus genes.

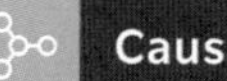

Causa y efecto

La selección natural hace que las poblaciones se adapten con el tiempo. Los principios fundamentales de la selección natural son:

La variación genética Hay variabilidad natural en la población.

La superproducción Se producen más descendientes de los que pueden sobrevivir.

La competencia Los individuos deben competir por recursos y algunos les ganarán a otros.

La adaptación Con el tiempo, los rasgos beneficiosos se vuelven más comunes en la población, ya que los individuos con esos rasgos sobreviven mejor y se reproducen más.

Entender la selección natural

Para poder entender a fondo la teoría de la selección natural es importante tener en cuenta cómo los cambios en el medio ambiente pueden influenciar la aptitud biológica. También es útil examinar algunos de los errores comunes sobre cómo ocurre la selección natural.

Cambios en el medio ambiente

A medida que cambia un medio ambiente, distintos rasgos se volverán beneficiosos. Los ecólogos Peter y Rosemary Grant observaron un ejemplo de selección natural actuar sobre rasgos existentes de una población de pinzones de Darwin medianos en una de las Islas Galápagos. Una sequía en 1977 redujo la cantidad de semillas blandas y pequeñas que los pinzones preferían. Sin embargo, aún había muchas semillas grandes y duras.

Las dos gráficas en la Figura 20 representan la cantidad de aves con cada tamaño de pico. En 1976, se midieron un total de 751 aves. La distribución del tamaño del pico se muestra en el histograma a la izquierda. Luego de la sequía, los Grant midieron nuevamente los tamaños del pico de los sobrevivientes de 1978. Se midieron 90 aves para construir el histograma de la derecha. Los Grant observaron que la distribución de los tamaños del pico cambió luego de que la sequía afectó al tipo de comida disponible.

Analizar ¿Cómo cambió la distribución de los tamaños de pico luego de la sequía de 1977? Explica cómo los cambios en el medio ambiente y el proceso de selección natural originaron estos cambios.

FIGURA 20: Los datos en estas gráficas muestran el tamaño del pico del pinzón antes y después de la sequía.

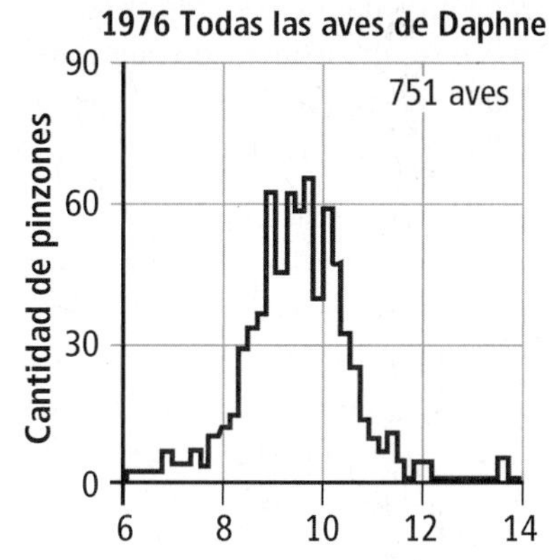

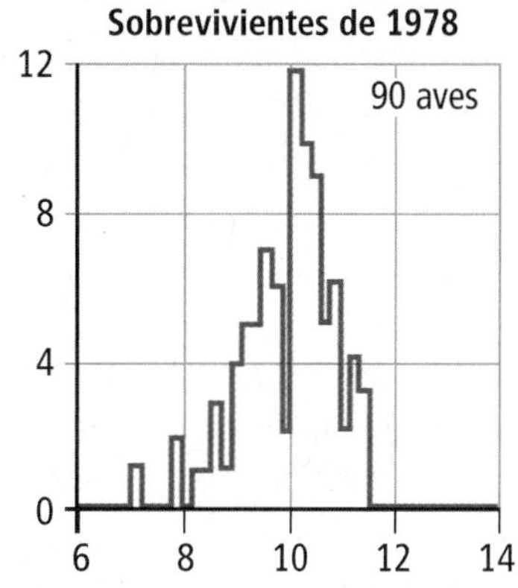

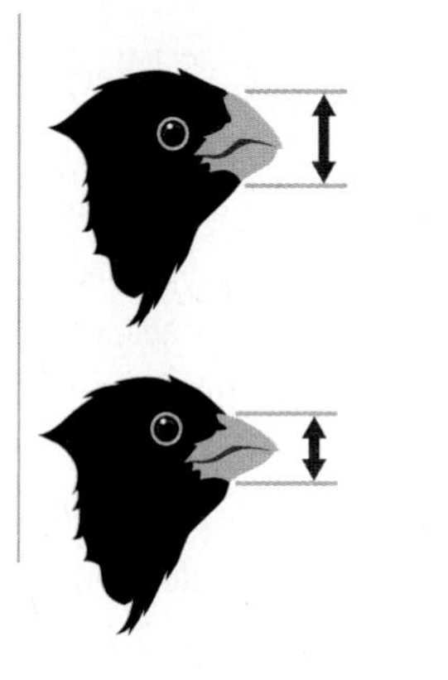

La cantidad de pinzones con picos grandes en esta isla continuó aumentando hasta 1984, cuando bajaron las provisiones de semillas grandes luego de un período muy húmedo. Estas condiciones favorecieron la producción de semillas pequeñas y blandas, y las aves de picos pequeños ahora se adaptaban mejor al medio ambiente. Con la evolución, un rasgo que es ventajoso hoy puede ser una desventaja en el futuro.

Conceptos erróneos sobre la selección natural

Es tentador asumir que cualquier característica en un organismo debe ser el rasgo ideal para el medio ambiente de ese organismo. Sin embargo, no todos los rasgos son adaptaciones. Por ejemplo, los humanos tienen un coxis, pero esta característica anatómica no es el resultado de la selección natural en humanos. Tal característica puede haber resultado de la selección natural para una función anterior, pero ahora no cumple ninguna función específica. Este rasgo es heredable, de manera que se pasa de una persona a otra, pero ya no cumple su propósito original.

Explicar El dibujo de la Figura 21 muestra un gato que ha desarrollado un abrelatas en lugar de una mano. ¿Cómo demuestra este dibujo un concepto erróneo de la teoría de selección natural?

FIGURA 21: Este dibujo representa un concepto erróneo sobre la selección natural.

También es importante tener en cuenta que la selección natural no produce individuos perfectamente adecuados para su medio ambiente. Esto es, en parte, porque otros organismos tienen combinaciones de rasgos que resultan de grupos complejos de intercambios. Por ejemplo, tener cuernos grandes puede ayudar a un organismo a ganar su pareja luchando, pero puede dificultarle el escape ante un depredador, lo que sería más fácil con cuernos más livianos. Por lo tanto, sería difícil que las presiones selectivas produjeran rasgos "ideales", porque un rasgo que es ideal para un propósito puede no serlo en otros contextos.

Otro motivo por el que la selección natural no produce rasgos ideales es que la selección natural actúa solo en rasgos que ya existen. La variación genética dentro de una población es lo que permite que el medio ambiente "seleccione" ciertos rasgos. Los alelos nuevos no se crean mediante la selección natural, ocurren mediante la mutación genética.

Muchas mutaciones tienen resultados dañinos y por lo tanto es probable que no produzcan un rasgo que sea beneficioso en un medio ambiente específico. Sin embargo, algunas mutaciones conducen a rasgos que pueden ser ventajosos para ciertos individuos. Una mutación podría cambiar el ADN de un organismo de forma tal que se produzca un nuevo tipo de proteína. Si esto da como resultado un rasgo que aumente la aptitud biológica de un organismo, este rasgo podría ser seleccionado. Por lo tanto, los rasgos nuevos son posibles, pero no se crean mediante la selección natural.

Analizar Debes haber escuchado a alguien decir la frase "Tendremos que adaptarnos" para describir la forma en que las personas se adaptan a su entorno. Explica por qué esta frase podría llevarnos a un concepto erróneo sobre la selección natural.

Otro concepto erróneo sobre la selección natural es que los individuos se adaptan a su medio ambiente. La selección natural lleva a cambios en las poblaciones, no en organismos individuales. La evolución es un cambio en la proporción de alelos en una población luego de muchas generaciones. Por ende, los individuos no se adaptan a su medio ambiente durante el curso de una vida. Las adaptaciones suceden sobre las poblaciones y aquellas adaptaciones evolucionan con el tiempo mediante el proceso de la selección natural. Este proceso puede llevar millones de años, o puede ocurrir muy rápido, como sucede en organismos de una sola célula, como las bacterias.

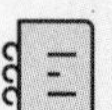

Hacer un modelo Recuerda la simulación de las lechuzas y los ratones de campo. ¿Se hizo un modelo adecuado de los cuatro principios fundamentales de la selección natural? ¿Cómo podrías mejorar este modelo para reflejar los principios de la selección natural de forma más efectiva?

Image Credits: ©2008 Dan Piraro Distributed by King Features Syndicate, Inc.

Investigación guiada

La selección natural en la actualidad

Comenzó la batalla contra las chinches: esas horribles criaturas pequeñas que invaden tu hogar y cuyas picaduras duelen y pican. Estas plagas casi fueron eliminadas de la Tierra en la década de 1940 por el uso del pesticida DDT, pero ahora han vuelto. Y aquellas que sobrevivieron al ataque de DDT han desarrollado una resistencia a los pesticidas.

El ADN de las chinches cuenta una historia interesante sobre el cambio y las adaptaciones para la supervivencia. En un momento dado, las chinches se alimentaban tanto de murciélagos como de seres humanos. Aunque los murciélagos y los seres humanos tienen estilos de vida completamente distintos, no siempre era así.

Las chinches comenzaron como moradores de cuevas, alimentándose de murciélagos. Los primeros seres humanos vivían en cuevas y se volvieron la nueva fuente de alimento de las chinches. Pero la tecnología lo cambió todo, y pronto los seres humanos comenzaban a construir casas. Además, las personas duermen durante la noche y los murciélagos durante el día. Entonces, las chinches que se alimentaban de murciélagos y las que se alimentaban de seres humanos se diversificaron.

Los murciélagos que siguieron a los seres humanos de cuevas a hogares tuvieron que cambiar su calendario para dormir. Incluso los murciélagos que comenzaron a mudarse a graneros y hogares de murciélagos llevaron consigo su propio tipo de chinches, y las evidencias sugieren que las poblaciones de chinches nunca se mezclaron.

Las evidencias también sugieren que los dos grupos continúan separándose. Por ejemplo, las chinches que mantenían su vínculo alimenticio con los seres humanos ahora llevan una variación genética que las hace resistentes a los pesticidas. Este no es el caso de las chinches que se alimentan de murciélagos.

Los investigadores ahora están estudiando a las chinches para aprender cómo desarrollan una resistencia a los pesticidas. Se han identificado muchos genes que pueden estar relacionados con este fenómeno. Muchos de estos genes originan proteínas en el exoesqueleto del insecto. Esto tiene sentido, porque las chinches se exponen a los pesticidas mediante el contacto con su exoesqueleto.

Por ahora, los seres humanos tendrán que depender de los perros detectores de chinches y de una variedad de pesticidas, muchos de los cuales pierden su efectividad mientras estas pestes continúan adaptándose al desarrollar resistencia contra ellos.

FIGURA 22: Las chinches muestran evidencia de una evolución reciente. Los nuevos rasgos incluyen un exoesqueleto grueso y ceroso que repele a los pesticidas y un proceso más eficiente para producir sus defensas químicas naturales.

Conexión con las artes del lenguaje

Investiga otra especie cuya evolución sea de interés para los científicos. Reúne evidencias para explicar cómo los rasgos de esta especie cambiaron, por qué son beneficiosos y cómo podría seguir cambiando esta especie en el futuro. Asegúrate de justificar tus afirmaciones con evidencias textuales específicas. Por último, presenta lo que descubriste en un ensayo, una presentación o un póster. Incluye una lista de recursos en el formato especificado por tu instructor.

Las evidencias son todo aquello que ayuda a armar una conclusión o una opinión. Al buscar evidencias en textos informativos, hazte las siguientes preguntas:

- ¿Los datos son verificables? ¿Puede probarse que son ciertos?
- ¿Son opiniones de un experto o expertos en el tema?
- ¿Las evidencias son relevantes para el tema?
- ¿Hay suficientes evidencias para responder todas las preguntas razonables?

DIVERSIDAD GENÉTICA EN PANTERAS DE FLORIDA

HACER UN MODELO DE LA SELECCIÓN NATURAL

BIOMECÁNICA DE LAS MANDÍBULAS DE LOS LUCÁNIDOS

Conéctate y elige alguna de estas opciones.

Image Credits: ©Eye of Science/Science Source

Autorrevisión de la lección

¿PUEDES EXPLICARLO?

FIGURA 23: La forma de la mantis orquídea *(Hymenopus coronatus)* es similar a una flor. Pero atrae moscas por otro motivo. Su color parece más importante que su forma.

Recuerda a la mantis orquídea, el insecto que se parece a la flor que lleva su nombre. Es fácil pensar que el insecto tiene una aptitud biológica alta porque parece una flor. De hecho, los investigadores han descubierto que, al colocarla junto a la flor más común de su hábitat, la mantis orquídea atrae más insectos que la flor.

¿Por qué los insectos estarían más atraídos hacia la mantis que a la flor? Según parece, tiene más que ver con el color brillante de la mantis que con su forma de flor. Muchos insectos tienen cerebros que están más enfocados en el color que en las formas complejas. Si un insecto ve un color que cree que corresponde a una flor con néctar, vuela hacia allí para investigar. Es entonces cuando la mantis orquídea captura al insecto con gran velocidad.

Explicar Consulta las notas en el Cuaderno de evidencias y usa lo que aprendiste sobre la selección natural para hacer una afirmación sobre cómo este rasgo puede haber evolucionado con el tiempo. Incluye un comentario de cada principio de la selección natural y cómo derivaron en las adaptaciones de las mantis orquídeas que vemos hoy.

1. Haz una afirmación.
2. Justifica tu afirmación con evidencias.
3. Explica cómo las evidencias que citaste justifican tu afirmación.

Image Credits: ©Chris Parks/Image Quest Marine/Alamy

EJERCICIOS DE REVISIÓN

Comprueba lo que aprendiste

1. ¿Qué dos procesos que ocurren durante la formación de gametos contribuyen a aumentar la diversidad dentro del acervo genético de una población?
   a. transmisión independiente
   b. comunicación celular
   c. transformación
   d. entrecruzamiento
   e. segregación de alelos

2. Si cambiara el clima en un medio ambiente, es más probable que algunos individuos dentro de una población sobrevivan si ________
   a. los individuos se reproducen sexualmente.
   b. los individuos son genéticamente idénticos.
   c. hay variación genética dentro de la población.
   d. los individuos se reproducen asexualmente.

3. El trabajo de ________ fue el que más ayudó a Charles Darwin a comprender cómo los grupos de conchas de mar se podían encontrar en estratos de piedra sobre el nivel del mar.
   a. Malthus
   b. Lyell
   c. Mendel
   d. Leclerc

4. ¿Cuáles de los siguientes son elementos clave de la teoría de la evolución por medio de la selección natural de Darwin? Elige todas las respuestas correctas.
   a. variación genética
   b. ingeniería genética
   c. aptitud biológica
   d. adaptación
   e. superproducción

5. Explica cómo las mutaciones dan lugar a la variación genética.

6. Elabora una explicación sobre cómo la selección natural puede producir un efecto sobre el cambio en la longitud del cuello de la jirafa con el tiempo.

7. ¿Cómo influenciaron el trabajo de Charles Darwin los granjeros y los cultivadores de Inglaterra? Usa ejemplos para justificar tu explicación.

8. ¿Qué efecto tuvieron los viajes de Darwin a las Islas Galápagos en el desarrollo de su teoría de la selección natural?

9. Dibuja una línea de tiempo de los sucesos que influenciaron el trabajo de Darwin y de las personas en cuyos trabajos él se basó.

10. Desarrolla un modelo que pueda usarse para ilustrar la selección natural. Explica cómo tu modelo prueba los cuatro principios fundamentales de la selección natural.

HAZ TU PROPIA GUÍA DE ESTUDIO

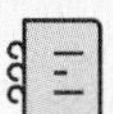

En tu Cuaderno de evidencias, diseña una guía de estudio que justifique las ideas principales de esta lección:

Muchos científicos hicieron observaciones y desarrollaron ideas sobre la evolución, pero fue Charles Darwin quien desarrolló la teoría de la evolución por medio de la selección natural.

La selección natural es un proceso en el que la superproducción, la variabilidad y la competencia llevan a la adaptación de las poblaciones con el tiempo.

Recuerda incluir la siguiente información en tu guía de estudio:

- Usa ejemplos que sirvan como modelo de las ideas principales.
- Anota explicaciones para el fenómeno que investigaste.
- Presenta evidencias para justificar tus explicaciones. Tu justificación puede incluir dibujos, datos, gráficas, conclusiones de laboratorio y otras evidencias que hayas anotado a lo largo de la lección.

Ten en cuenta cómo los modelos que observaste prueban los cuatro principios fundamentales de la selección natural.

Conexión con las ciencias de la Tierra

Biogeografía La biogeografía es el estudio de la distribución geográfica de organismos y ecosistemas a lo largo del tiempo y el espacio. Así como las evidencias fósiles se usaron para apoyar la idea de que la superficie de la Tierra ha cambiado con el tiempo debido a la deriva continental, la biogeografía puede usarse para justificar la idea de que las especies cambian con el tiempo debido a la evolución mediante la selección natural. Por ejemplo, ¿qué podría indicar el hecho de que los marsupiales solo existen en las Américas y Australia?

¿Cómo prueba la evolución la distribución geográfica de especies vinculadas entre sí, y la distribución de especies similares pero no relacionadas? Busca recursos en la biblioteca o en Internet para seleccionar un ejemplo biogeográfico que sirva como evidencia para la evolución. Luego, construye un modelo conceptual para representar tu ejemplo y explica tu modelo en una historia corta.

FIGURA 1: Los marsupiales hembra cuidan de sus pequeños sin desarrollar fuera de sus cuerpos, en bolsas especiales, hasta que se independizan.

Conexión con los estudios sociales

La importancia de los vínculos Así como evolucionaron los seres humanos, también lo hicieron sus sociedades. Los seres humanos comenzaron como pequeños grupos de cazadores-recolectores. Algunas sociedades han cambiado de cazadoras-recolectoras a agricultoras, luego a la industrialización y finalmente a sociedades urbanas, post-industriales. Las sociedades industriales y post-industriales pueden minimizar los vínculos que son comunes en otras sociedades. Por ejemplo, la socialización electrónica ha tomado el lugar de otras formas de comunicación, como las llamadas telefónicas, las cartas y las conversaciones en persona.

Busca recursos de la biblioteca o en Internet e investiga las estructuras sociales en las sociedades de cazadores-recolectores, agricultores, industrializadas y del período post-industrial y cómo cada estructura resalta o minimiza la necesidad de vínculos sociales. ¿Qué podría explicar un cambio en el comportamiento social de los seres humanos modernos? Escribe un informe que resuma tu posición sobre el impacto que la socialización electrónica tiene, o no, sobre los vínculos en los seres humanos modernos. Incluye información sobre la evolución o la naturaleza cambiante de los vínculos en las sociedades humanas. Asegúrate de presentar evidencias que justifiquen tu afirmación.

FIGURA 2: Las redes sociales pueden reducir las conexiones sociales entre los pares.

Conexión con las ciencias de la vida

Domesticar zorros Investigadores en Rusia han explorado la domesticación de zorros por más de 50 años. Desde la generación de progenitores en adelante, únicamente los zorros menos agresivos han podido tener crías. Este experimento en domesticación ha cambiado mucho el comportamiento así como la apariencia de los zorros en un período relativamente corto de tiempo.

Busca recursos en la biblioteca o en Internet e investiga el experimento de domesticación de zorros. Desarrolla un póster científico que resuma el objetivo, los métodos y los resultados del experimento de domesticación del zorro, y comenta los pasos a seguir y qué indican los resultados sobre el mecanismo para la domesticación en perros.

FIGURA 3: Zorro domesticado

Image Credits: (t) ©Moment Open/Angela East/Getty Images; (c) ©Houghton Mifflin Harcourt; (b) ©Sputnik/Alexandr Kryazhev/Science Source

SÍNTESIS DE LA UNIDAD

En tu Cuaderno de evidencias, haz un mapa conceptual, un organizador gráfico o un esquema con la información de las Guías de estudio que creaste para cada lección de esta unidad. Recuerda que debes fundamentar tus afirmaciones con evidencias.

Al sintetizar información, debes seguir los siguientes pasos generales:

- Busca la idea central de cada fuente de información.
- Establece relaciones entre las ideas centrales.
- Combina las ideas para mejorar tu comprensión.

PREGUNTAS GUÍA

Vuelve a leer las Preguntas guía que aparecen al principio de la unidad. En tu Cuaderno de evidencias, repasa y revisa las respuestas que habías dado a esas preguntas. A partir de las evidencias que reuniste y las observaciones que hiciste durante la unidad, justifica las respuestas.

PRÁCTICA Y REPASO

1. Se dice que los nucleótidos de ADN son universales porque son iguales para todos los organismos conocidos. ¿Esto es evidencia de qué? Elige todas las respuestas correctas.
   a. ascendencia común
   b. registro fósil
   c. evolución
   d. selección natural

2. ¿Qué evidencias usó Darwin para explicar la variedad de pinzones en las Islas Galápagos? Elige todas las respuestas correctas.
   a. evidencias de ADN
   b. evidencias fósiles
   c. evidencias geológicas
   d. evidencias anatómicas

3. ¿Cómo contribuyeron los fósiles a las ideas de Darwin sobre los cambios en las especies a lo largo del tiempo?
   a. Los fósiles justificaban las ideas de Darwin sobre la ascendencia común y la relación de las especies vivas con las especies fósiles.
   b. Los fósiles mostraban que todas las especies son el resultado de cambios graduales a lo largo del tiempo.
   c. Los fósiles explicaban cómo las especies desarrollan distintos rasgos.
   d. Los fósiles mostraban cómo los seres humanos habían impactado los rasgos de los organismos por miles de años.

4. ¿Sobre cuáles de los siguientes actúa la selección natural? Elige todas las respuestas correctas.
   a. individuos
   b. poblaciones
   c. genes
   d. rasgos

5. ¿Qué afirmación describe mejor la relación entre la selección natural y la variabilidad?
   a. Todas las variabilidades son afectadas por la selección natural.
   b. Las variabilidades evolucionan durante la selección natural para hacer que una especie se adapte mejor a su medio ambiente.
   c. La selección natural actúa sobre variabilidades que son seleccionadas o no en base al medio ambiente.
   d. La selección natural crea variabilidades que son seleccionadas o no en base al medio ambiente.

6. ¿Qué factor no se necesita para que la selección natural ocurra?
   a. adaptación
   b. competencia
   c. superproducción
   d. reproducción sexual
   e. variabilidad

Usa la información de la Figura 4 para responder las preguntas 7 a 9.

Los herbicidas químicos se usan en el mantenimiento agrícola y de jardines para matar la vegetación no deseada, como la mala hierba. Cuando el uso de un herbicida se vuelve más común y generalizado, las malas hierbas pueden desarrollar una resistencia a ciertos tipos de herbicidas.

El surgimiento de las superhierbas

FIGURA 4: La cantidad de especies de hierbas resistentes a los herbicidas ha aumentado desde 1970.

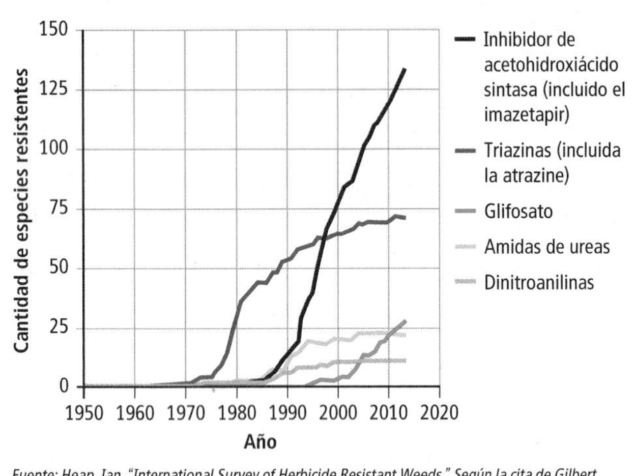

Fuente: Heap, Ian. "International Survey of Herbicide Resistant Weeds." Según la cita de Gilbert, Natasha, (2013) "Case Studies: A hard look at GM crops," Nature, 497(7447).

7. ¿A qué tipo de herbicida las hierbas desarrollaron una resistencia primero?

a. inhibidor de acetohidroxiácido sintasa
b. dinitroanilinas
c. glifosato
d. triazinas
e. amidas de ureas

8. ¿Qué indica el hecho de que no disminuye la cantidad de especies resistentes a un tipo de herbicida a lo largo del tiempo?

a. Las hierbas individuales desarrollan una resistencia a los herbicidas y pasan el rasgo a sus descendientes.
b. El rasgo de resistencia a los herbicidas se mantiene en poblaciones resistentes.
c. Las poblaciones de hierbas con frecuencia pierden y luego desarrollan una resistencia a los herbicidas nuevamente.
d. Cuando una especie de hierba pierde resistencia a los herbicidas, una o más especies ganan resistencia, lo que lleva a un aumento neto de las especies resistentes.

9. Haz un modelo de una secuencia probable sobre los sucesos que podrían ocasionar la resistencia a los herbicidas de las plantas.

10. Usa los siguientes términos para completar el enunciado: *(el) rasgo, (la) evolución, (el) ADN, (la) genética*

La mitocondria y el cloroplasto contienen su propio ______. La teoría de endosimbiosis propone que esta evidencia ______ puede justificar la idea de que la mitocondria y el cloroplasto alguna vez fueron procariotas libres que quedaron sumergidas en células huésped procariotas más grandes. Las procariotas internalizadas pueden haber suministrado los nutrientes y la energía a la célula huésped y, a cambio, recibieron protección y un medio ambiente estable para vivir. Esta relación endosimbiótica puede haber conducido a ______ de la mitocondria y el cloroplasto. Estos organelos serían un ______ ventajoso para seleccionar en poblaciones.

11. ¿Por qué el registro fósil es una línea imperfecta de evidencias de la evolución?

PROYECTO DE LA UNIDAD

Vuelve a tu proyecto de la unidad. Prepara una presentación con tu investigación y tus materiales para compartir con la clase. En tu presentación final, evalúa la firmeza de tus hipótesis, datos, análisis y conclusiones sobre la evolución de los ojos.

Recuerda estas sugerencias a la hora de evaluar:

- Observa las evidencias empíricas (evidencias basadas en observaciones y datos). ¿Tu línea de evidencias justifica la idea de que los ojos evolucionaron con el tiempo?
- Considera si la explicación es lógica. ¿Contradice alguna evidencia que hayas visto?
- ¿Hay suficientes evidencias para responder todas las preguntas razonables? ¿Cómo podrías desarrollar pruebas para cualquier pregunta adicional?

Investigación de la evolución en medios ambientes únicos

FIGURA 5: Estos organismos se encontraron en la Cueva de Movile.

La Cueva de Movile en Rumania está cerrada al público. De hecho, menos de 100 personas han ingresado a la cueva. Aquellos que entraron volvieron con informes e imágenes de organismos transparentes, muchos sin ojos, que tienen una antena extra larga y pueden respirar la atmósfera tóxica. ¿Qué crees que está sucediendo en esta cueva, y qué explica la aparición única de estos organismos?

1. HAZ UNA PREGUNTA

Con tu grupo, haz una lista de preguntas que tengas sobre los organismos y el medio ambiente de la Cueva de Movile. Identifica los factores que investigarás para responder estas preguntas.

2. REALIZA UNA INVESTIGACIÓN

Investiga la Cueva de Movile en Rumania. ¿Qué hace a esta cueva única, y qué contribuyó a la evolución de organismos únicos en la cueva?

3. DESARROLLA UN MODELO

Crea un modelo que explique una secuencia de eventos posible que llevó a los organismos a habitar la Cueva de Movile.

4. ELABORA UNA EXPLICACIÓN

Usa tu investigación y un modelo para elaborar una explicación sobre cómo los organismos en la Cueva de Movile cambiaron y evolucionaron con el tiempo. ¿Qué rasgos fueron seleccionados y cómo son ventajosos en el medio ambiente?

5. COMUNICA

Presenta tu investigación y tu modelo con una presentación multimedia que explique cómo la evolución y la selección natural dieron como resultado los organismos únicos de la Cueva de Movile.

Una presentación completa debe incluir la siguiente información:

- un conjunto de preguntas sobre qué causó la evolución de rasgos únicos en los organismos de la Cueva de Movile
- una explicación justificada con evidencias que detalle cómo los organismos cambiaron y evolucionaron con el tiempo y las presiones selectivas que ocasionaron los cambios
- un modelo para acompañar tu explicación que explique una secuencia de eventos probable que dio como resultado la aparición y el comportamiento de los organismos que habitan la Cueva de Movile.

Image Credits: (all) ©Patrick Landmann/Science Source

UNIDAD 9

Los patrones de la evolución

Los lemures son primates que solo viven en la isla de Madagascar.

Image Credits: ©Nazzu/Fotolia

FIGURA 1: Las mariposas obtienen sal del caimán.

Si bien la sal es un nutriente esencial para algunas especies de insectos como la mariposa del Amazonas, a menudo es difícil de encontrar. A pesar de que la dieta habitual de las mariposas, que se centra en el néctar, es rica en azúcares, no contiene la sal y los minerales necesarios para su supervivencia. Pese a que los insectos algunas veces obtienen estos valiosos nutrientes de estanques o charcos ricos en minerales, estas fuentes no siempre están disponibles. Los individuos de algunas especies han adaptado su conducta para obtener la sal de las "lágrimas" de reptiles como los caimanes.

Predecir ¿Cómo se desarrollan las nuevas conductas? ¿Los individuos de una especie obtienen una ventaja especial gracias a las nuevas conductas adaptadas?

PREGUNTAS GUÍA

Mientras trabajas con la unidad, reúne evidencias para responder las siguientes preguntas. En tu Cuaderno de evidencias, anota lo que ya sabes sobre estos temas y cualquier pregunta que tengas sobre ellos.

1. ¿De qué manera la evolución conduce a la generación de nuevas especies?
2. ¿Qué provoca la extinción de algunas especies?
3. ¿Cuáles son algunos de los patrones que vemos en la evolución?
4. ¿Se pueden heredar las conductas?

PROYECTO DE LA UNIDAD

Para planear el proyecto de esta unidad, conéctate y descarga la Planilla de proyectos.

Investiga sobre las adaptaciones del escarabajo de Namibia

La especie de escarabajo *Stenocara gracilipes*, también conocida como escarabajo de Namibia, habita el desierto de Namibia, en África, en uno de los climas más áridos del mundo. Para sobrevivir allí, el escarabajo de Namibia ha adaptado tanto sus características físicas como sus conductas para obtener agua del aire que lo rodea. Se posiciona en contra de las brisas húmedas del desierto, y depende de las estructuras hidrófilas e hidrófobas de las alas para atrapar y beber pequeñas gotitas de agua. Explora las adaptaciones únicas de este insecto del desierto e investiga de qué manera los científicos copian y usan su estrategia en nuevas tecnologías.

Image Credits: ©Mark Cowan

9.1

La evolución de las poblaciones

Estas mariquitas asiáticas multicolor difieren en el color de sus alas y en la cantidad y el color de las manchas en ellas.

¿PUEDES EXPLICARLO?

Los combatientes son aves que se encuentran principalmente en regiones de Europa y Asia. Suelen vivir en pantanos y marismas, donde se alimentan principalmente de insectos y semillas. Durante la época de reproducción, los machos se reúnen en grupos y participan en "peleas" montadas para atraer a las hembras. En este ritual de cortejo participan tres tipos de machos de la población: los independientes, los satélite y los faeder.

FIGURA 1: Los combatientes difieren en el tamaño del cuerpo y en el tamaño y color de las plumas de la cabeza y del cuello.

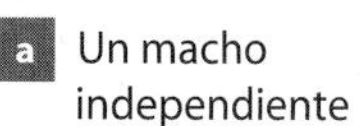

a Un macho independiente

b Un macho satélite

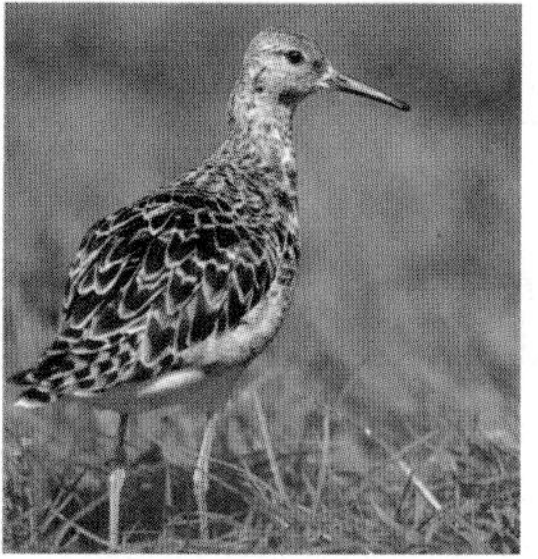

c Una hembra. Los machos faeder se parecen a las hembras.

Alrededor del 84 por ciento de los combatientes macho son "independientes". Pelean con intensidad e invierten mucha energía para obtener territorio y atraer hembras. Se los puede identificar fácilmente debido a que son los machos de mayor tamaño y en el cuello tienen plumas grandes de color negro y café. Los machos "satélite" son más pequeños y tienen plumas blancas en el cuello. Se mueven con libertad dentro de los territorios de los independientes y no pelean. A pesar de que los machos independientes prevalecen sobre ellos al momento de atraer a las hembras, a menudo los machos satélite pueden aparearse con las mismas hembras. Los machos más pequeños, llamados "faeder", son similares a las hembras y, por lo general, se aparean cuando los independientes y los satélite están distraídos o peleando.

Reunir evidencias Mientras trabajas con la lección, haz una lista de los factores bióticos y abióticos que pudieron haber contribuido a la evolución de esta población.

Predecir ¿Cómo pueden evolucionar tres tipos de machos en una población?

Image Credits: (t) ©blickwinkel/Hecker/Alamy; (bl) (br) ©Arco Images GmbH/C. Wermter/Alamy; (bc) ©Matthijs Kuijpers/Alamy

La variación genética

Las suricatas son mamíferos que habitan los desiertos de África. Viven juntas en grupos cooperativos.

FIGURA 2: Las suricatas se mantienen alerta en busca de depredadores.

Reunir evidencias Anota las similitudes y diferencias que encuentres entre las suricatas de la Figura 2. ¿Por qué varían los rasgos entre los individuos de una población?

Diferencias en el acervo genético

Mientras observabas los rasgos físicos, o los fenotipos, de las suricatas, es posible que hayas notado variaciones en algunos de sus rasgos. Por ejemplo, algunas son más pequeñas que otras. La parte inferior de una de ellas es de color claro, mientras que la parte inferior de la mayoría es de color oscuro. Las caras de algunas son más bien blancas, mientras que en las caras de otras predomina el color café.

Las diferencias fenotípicas que observaste entre las suricatas se deben a diferencias en los genes que participan en la codificación de esos rasgos. Determinadas diferencias pueden ofrecer una ventaja competitiva respecto del resto de la población. Un fenotipo en particular les puede permitir a los individuos sobrevivir más tiempo y reproducirse de manera más eficaz, lo que aumenta la cantidad total de descendientes. Por lo tanto, con el tiempo, el fenotipo se torna más predominante. Este privilegio gradual de rasgos beneficiosos dentro de una población se denomina selección natural, y afecta directamente al acervo genético de la población. Un acervo genético es la colección de alelos de todos los individuos de una población determinada.

Colaborar El pelaje de las suricatas presenta una variedad de colores, desde un color café claro con más plateado hasta un color café medio con menos plateado. Imagina que una especie de planta con colores similares a los de las suricatas de color café oscuro comienza a crecer en su hábitat. Con un compañero, comenta qué les ocurriría a las suricatas y por qué.

Los diferentes alelos de un acervo genético básicamente resultan de las mutaciones. Cuando se producen mutaciones durante la meiosis, los gametos resultantes transportan estas mutaciones. La variación genética también puede ser el resultado del entrecruzamiento y la recombinación, que ocurren durante la meiosis. Durante este proceso, los cromosomas se condensan y los cromosomas homólogos se alinean. Los cromosomas homólogos tienen los mismos genes, pero pueden tener diferentes alelos. Durante la alineación, se puede producir un intercambio de material genético. Este intercambio puede alterar la reorganización de los genes ligados en los cromosomas. Como consecuencia, los gametos no son genéticamente idénticos.

Explicar ¿Cómo se pueden extender las mutaciones de los gametos en el acervo genético?

Image Credits: ©EcoView/Fotolia

La variación en los alelos

Se pueden formar diferentes combinaciones de alelos en un acervo genético cuando los organismos se aparean y tienen descendencia. Los alelos son diferentes formas, o versiones, de los genes. Por ejemplo, los ratones con una o dos copias del alelo dominante *B* tienen pelaje color café, mientras que los ratones con dos alelos recesivos *b* tienen pelaje negro, como se muestra en la Figura 3.

Reunir evidencias Usa la imagen para determinar cuántos alelos totales, alelos dominantes (*B*) y alelos recesivos (*b*) hay en el acervo genético de esta población de ratones.

FIGURA 3: Las diferencias en el color del pelaje de los ratones se deben a las distintas combinaciones de alelos.

Conexión con las matemáticas 

Usa la Figura 3 y la ecuación de la frecuencia alélica para responder la siguiente pregunta:

1. ¿Cuál es la frecuencia alélica del alelo dominante *B*? Expresa la respuesta como un decimal redondeado al lugar de las milésimas y como un porcentaje.
2. ¿Cuál es la frecuencia alélica del alelo recesivo *b*? Expresa la respuesta como un decimal redondeado al lugar de las milésimas y como un porcentaje.

Puedes usar la cantidad total de alelos, la cantidad de alelos dominantes y la cantidad de alelos recesivos para calcular la frecuencia alélica de una población. La frecuencia alélica es la proporción de un alelo determinado, con respecto a los demás alelos del mismo rasgo, en el acervo genético. Para calcular la frecuencia de un alelo en particular, divide la cantidad de veces que aparece el alelo por la cantidad total de alelos de la población.

$$\text{Frecuencia alélica} = \frac{\text{Cantidad de un alelo en particular}}{\text{Cantidad total de alelos}}$$

La frecuencia alélica también puede expresarse como un porcentaje al multiplicar la frecuencia por 100. Las frecuencias de todos los diferentes alelos de una población deben ser iguales a 1.0, o el 100 por ciento.

La frecuencia alélica se usa para controlar la variación genética en las poblaciones y detectar cambios en los alelos. Imagina que una serie de incendios periódicos oscurecen el suelo del campo que habitan los ratones de la Figura 3. Los ratones negros pueden camuflarse mejor, lo que les daría mayor protección contra los depredadores. Si sobreviven y se reproducen con más eficacia que los ratones color café, la frecuencia del alelo *b* puede aumentar con el tiempo en relación con la frecuencia del alelo *B*.

Analizar la evolución de la población

Algunas aves pueden poner huevos con cascarones blancos o azules. Los azules son dominantes y están codificados por el alelo *O*. Los blancos son recesivos y están codificados por el alelo *o*. Podemos predecir el color resultante con un cuadrado de Punnet, en el que se puede representar cualquier alelo dominante o recesivo de una población. En este cuadrado de Punnett general, *p* representa cualquier alelo dominante y *q* representa cualquier alelo recesivo. En la Figura 4 se calculan los posibles genotipos de los descendientes de los progenitores heterocigotos para el color de los cascarones.

El cuadrado de Punnett muestra que la frecuencia genotípica de *OO* está representada por p^2, la de *Oo* está representada por $2pq$ y la de *oo* está representada por q^2. La frecuencia de todos los posibles genotipos de una población debe ser igual a 1. Si la frecuencia alélica puede calcularse usando la ecuación $p + q = 1$, entonces $p^2 + 2pq + q^2 = 1$. Los científicos usan estas ecuaciones para predecir las frecuencias genotípicas de una población. Luego, comparan las frecuencias que predijeron con las frecuencias reales de una población.

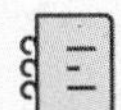

Predecir ¿Qué conclusión puede sacar un científico si las frecuencias genotípicas de una población son diferentes a los valores que predijo?

FIGURA 4: En este cuadrado de Punnett, *p* representa cualquier alelo dominante y *q* representa cualquier alelo recesivo.

	O (*p*)	*o* (*q*)
O (*p*)	*OO* (p^2)	*Oo* (*pq*)
o (*q*)	*Oo* (*pq*)	*oo* (q^2)

Análisis de datos

En una población de 1,000 pollos, 840 gallinas ponen huevos azules y 160 ponen huevos blancos. Usa la ecuación $p^2 + 2pq + q^2 = 1$ para determinar las frecuencias genotípicas predichas para esta población. Luego, compara esos valores con las frecuencias genotípicas reales de la población.

VARIABLES

p = frecuencia de *O* (alelo dominante, cascarón azul)

q = frecuencia de *o* (alelo recesivo, cascarón blanco)

p^2 = frecuencia de pollos con *OO* (genotipo dominante homocigoto)

$2pq$ = frecuencia de pollos con *Oo* (genotipo heterocigoto)

q^2 = frecuencia de pollos con *oo* (genotipo recesivo homocigoto)

PASO 1 Halla el valor de q^2 al dividir la cantidad de pollos *oo* por 1,000.

$$q^2 = \frac{160}{1000} = 0.16$$

PASO 2 Halla el valor de q al calcular la raíz cuadrada de cada lado de la ecuación.

$$q = \sqrt{0.16} = 0.4$$

PASO 3 Determina el valor de p al sustituir el valor de q en la ecuación $p + q = 1$:

$$p + 0.4 = 1$$

$$p = 1 - 0.4 = 0.6$$

Estas son las frecuencias alélicas predichas: $p = 0.6$ y $q = 0.4$.

PASO 4 Calcula las frecuencias genotípicas predichas a partir de las frecuencias alélicas predichas:

$$p^2 = (0.6)^2 = 0.36$$

$$2pq = 2\,(0.6)(0.4) = 0.48$$

$$q^2 = (0.4)^2 = 0.16$$

Analizar Responde las siguientes preguntas en tu Cuaderno de evidencias:

1. ¿Qué porcentaje de esta población se espera que sea *OO*, *Oo* y *oo*? ¿Qué significan estos valores?
2. Mediante el análisis genético, los científicos descubrieron que las frecuencias genotípicas reales para las poblaciones anteriores son *OO* = 0.60, *Oo* = 0.14 y *oo* = 0.26. ¿Qué puedes inferir al comparar estos datos con los valores predichos anteriormente?

La ecuación $p^2 + 2pq + q^2 = 1$ se conoce como la ecuación de Hardy-Weinberg. Una población Hardy-Weinberg está en equilibrio, lo que significa que está estable y no se encuentra en evolución. Se deben cumplir cinco condiciones para que una población esté en equilibrio: no hay mutaciones, las poblaciones son muy grandes, no hay selección natural, no se introduce nuevo material genético, y todos los individuos pueden aparearse con cualquier otro individuo de la población.

Causa y efecto

FIGURA 5: Mariposas de los abedules

La selección en las poblaciones de la mariposa de los abedules

La mariposa de los abedules *Biston betularia*, que habita los campos de Inglaterra, varía en su color; hay mariposas claras (*Biston betularia typica*) y oscuras (*Biston betularia carbonaria*). Antes de la Revolución Industrial, las mariposas claras prevalecían sobre las oscuras. Durante la Revolución Industrial, los árboles quedaron cubiertos con hollín negro proveniente de la quema de carbón en las fábricas. Con el tiempo, los científicos observaron que la cantidad de mariposas oscuras aumentaba. Más recientemente, las leyes de aire limpio lograron que los árboles recuperaran su color más claro, por lo que las mariposas oscuras disminuyeron en frecuencia (Figura 6).

Estudios recientes revelaron que la depredación de las aves era una de las posibles causas detrás del cambio sufrido en la población. Cuando los árboles quedaron cubiertos de hollín, las aves cazaban a las mariposas claras. Una vez que el hollín desapareció, las aves cazaban a las mariposas oscuras (Figura 7). Otros factores, como la migración, también pueden haber influido en la población.

Analizar Crea una gráfica del cambio observado en la población de mariposas. Coloca el rango de colores en el eje de las *x* y la frecuencia del rasgo en el eje de las *y*.

Frecuencia de mariposas oscuras alrededor de Leeds, Inglaterra, entre 1970 y 2000.

FIGURA 6: Frecuencia de mariposas oscuras

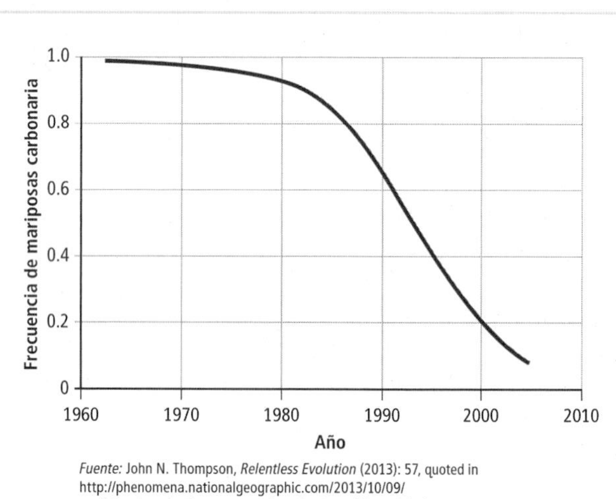

Fuente: John N. Thompson, *Relentless Evolution* (2013): 57, quoted in http://phenomena.nationalgeographic.com/2013/10/09/evolution-in-color-from-peppered-moths-to-walking-sticks/

Efecto de la depredación de las aves sobre la población de mariposas claras y oscuras

FIGURA 7: Efecto de la depredación de las aves

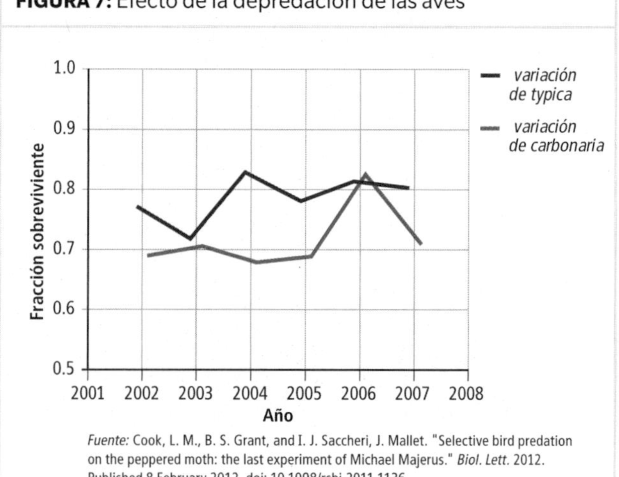

Fuente: Cook, L. M., B. S. Grant, and I. J. Saccheri, J. Mallet. "Selective bird predation on the peppered moth: the last experiment of Michael Majerus." *Biol. Lett.* 2012. Published 8 February 2012. doi: 10.1098/rsbi.2011.1136.

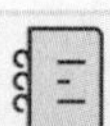

Explicar ¿De qué manera la ecuación de Hardy-Weinberg usa la variación genética y las frecuencias alélicas de una población para describir si una población está en evolución?

Image Credits: (t)©Perennou Nuridsany/Science Sourcew

La selección en las poblaciones

Si bien los pingüinos rey son parecidos, los miembros de la población difieren en algunos rasgos físicos. Algunos pueden ser más grandes y otros, más pequeños. Algunos individuos pueden tener picos largos y otros, picos cortos. La mayoría de los pingüinos presentan características que varían entre estos dos extremos.

Distribución normal

Si se grafica la longitud de los picos y su frecuencia, el resultado es una curva acampanada, como se muestra en la Figura 8. La forma de la curva demuestra que la longitud del pico de la mayoría de los individuos es cercana a la longitud media. Para determinar la longitud media (también llamada promedio) de los picos, se suman las longitudes de los picos de todos los individuos y, luego, se divide el total por la cantidad de individuos. La gráfica también muestra que no hay muchos individuos con rasgos extremos (picos muy cortos o muy largos).

Analizar ¿Por qué hay pocos individuos con fenotipos extremos, como picos muy largos o muy cortos, y más individuos con rasgos en un punto intermedio?

Una distribución normal muestra una disposición de datos en la que la mayoría de los valores se encuentran en el medio del conjunto de datos, representado por la media. La curva resultante es acampanada y simétrica. La frecuencia es más elevada cerca del valor medio y disminuye hacia los extremos del rango. Esto significa que, para una población que presenta una distribución normal, los alelos para el fenotipo medio son más beneficiosos que los alelos relacionados con los fenotipos extremos.

Distribución normal

FIGURA 8: La mayoría de los individuos de esta población tiene rasgos que se encuentran en un punto intermedio entre los dos fenotipos extremos.

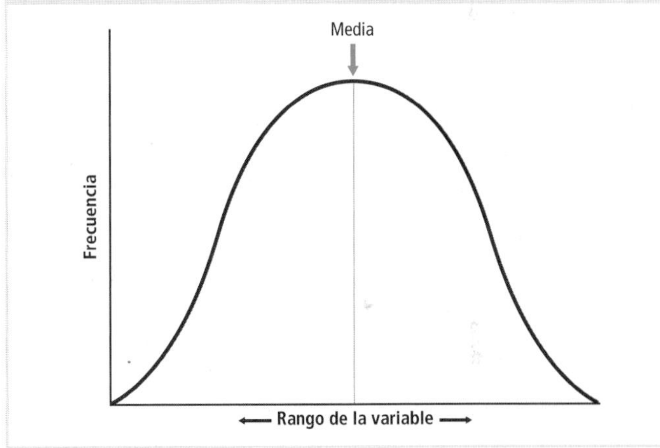

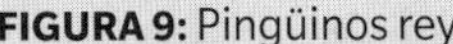

Cambios en las poblaciones

Los pingüinos rey viven y se reproducen en las islas alrededor de la Antártida. Al igual que otras especies de pingüinos que viven en áreas frías, los pingüinos rey tienen características que les permiten vivir en este tipo de medio ambiente. Tienen capas de plumas y gruesas capas de grasa que los ayudan a mantenerse calientes. Imagina que se produce un aumento de las temperaturas en estas áreas, y que se registra un aumento continuo. ¿De qué manera este cambio continuo en la temperatura impactaría sobre la población?

Colaborar Imagina que, como resultado del aumento de las temperaturas, se favoreciera el rasgo de las capas delgadas de grasa sobre las capas gruesas. Con un compañero, comenta cómo cambiaría la gráfica de distribución normal.

FIGURA 9: Pingüinos rey

Image Credits: (b) ©Digital Vision/Getty Images

En las poblaciones, la selección natural favorece a los fenotipos que les permiten a los individuos adaptarse a su medio ambiente, y desfavorece a los fenotipos que hacen que los individuos sean menos capaces de adaptarse a su medio ambiente. Este resultado "favorable" y "desfavorable" da lugar a cambios observables en las frecuencias alélicas de una población. La microevolución es el cambio observable en las frecuencias alélicas de una población en el transcurso del tiempo. La microevolución ocurre a pequeña escala: dentro de una misma población.

Selección estabilizadora

En los seres humanos, un peso muy bajo o muy alto al nacer puede causar complicaciones en la salud del bebé. Muchos de los niños que tienen pesos muy bajos o muy altos al nacer no llegan a la adultez. A lo largo de muchas generaciones, estos dos fenotipos se vieron desfavorecidos. Se vieron más favorecidos los pesos de nacimiento promedio, que tuvieron menos complicaciones relacionadas con el peso. Hoy en día, la frecuencia de individuos con un peso de nacimiento promedio es mayor que la de aquellos con pesos extremadamente bajos o altos.

Selección estabilizadora Aprende en línea

FIGURA 10: En la selección estabilizadora, se da preferencia a los fenotipos intermedios sobre los fenotipos de ambos extremos.

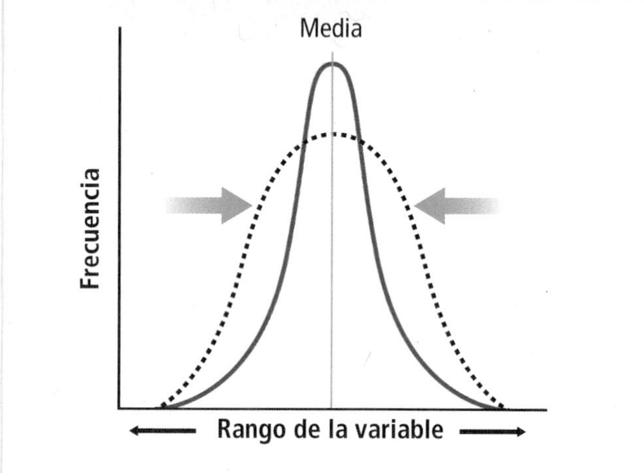

Este tipo de selección se llama selección estabilizadora. Este es el proceso de selección natural en el que se da preferencia a los fenotipos intermedios sobre los fenotipos de ambos extremos. En el ejemplo de los pesos de los seres humanos al nacer, los individuos con pesos promedio se vieron más favorecidos que aquellos con pesos muy bajos o muy altos.

En la selección estabilizadora, los fenotipos extremos se ven desfavorecidos. Con el tiempo, la tasa de supervivencia de los individuos con estos fenotipos disminuye, por lo que la frecuencia de estos rasgos en una población también disminuye. Los fenotipos cerca de la media prevalecen, por lo que los individuos que tienen estos rasgos sobreviven y se reproducen con más eficacia que aquellos que no los tienen. Esto resulta en un aumento de la frecuencia de estos fenotipos en la población.

Selección direccional

Otro tipo de selección es la que se puede observar en el caso de la mariposa de los abedules. Recuerda que, antes de la Revolución Industrial, se veían más mariposas claras (*typica*) que mariposas oscuras (*carbonaria*). Como las fábricas se construyeron durante la Revolución Industrial, se produjo un aumento de la contaminación. En esta época, los científicos observaron que la cantidad de mariposas *typica* disminuía, y *carbonaria* aumentaba.

Hacer un modelo En tu Cuaderno de evidencias, dibuja una gráfica de distribución normal sobre la coloración de las mariposas de los abedules antes de la Revolución Industrial. Luego, muestra cómo cambiaron las frecuencias de los fenotipos durante la Revolución Industrial.

Este tipo de selección se llama selección direccional. Este es el tipo de selección natural en la que se da preferencia a un fenotipo extremo sobre otro fenotipo extremo, lo que desplaza la media hacia uno de los extremos. En el caso de las mariposas, se dio preferencia al fenotipo oscuro durante la Revolución Industrial.

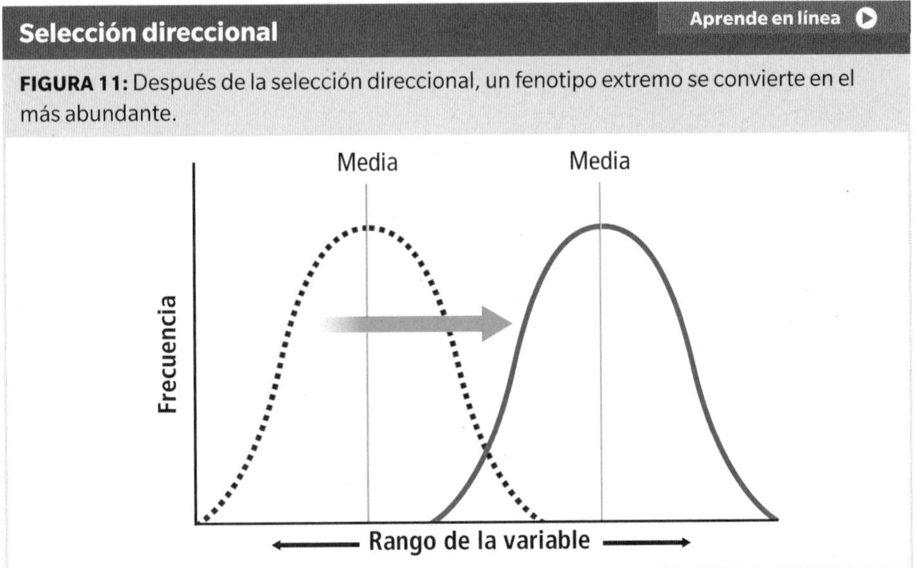

Selección direccional — Aprende en línea

FIGURA 11: Después de la selección direccional, un fenotipo extremo se convierte en el más abundante.

En la selección direccional, el fenotipo extremo se torna el más favorable. Con el tiempo, los individuos con este rasgo tienen más éxito que los individuos que no lo tienen. Esta selección cambia las frecuencias fenotípicas, lo que favorece a los individuos con genotipos que participan en la codificación del fenotipo extremo. El valor medio del rasgo cambia y se desplaza en dirección al fenotipo más favorable.

Selección disruptiva

Los colorines aliblancos son aves que se encuentran al oeste de los Estados Unidos. Los colores de las plumas de las aves macho van desde el café hasta el azul intenso. Las plumas de los machos adultos dominantes son de un azul más intenso. Tienen más éxito para conseguir parejas y poseen los mejores territorios. En el caso de los colorines jóvenes, los machos que tienen plumas de color azul más intenso y color café mate tienen más posibilidades de conseguir parejas que los machos con plumas de color café azulado.

Los machos adultos dominantes son agresivos con los más jóvenes que ven como una amenaza, entre los que se incluyen los machos con plumas de color azul intenso y café azulado. Las aves de color café mate pueden conseguir parejas porque los machos adultos no los perturban. Mientras tanto, las aves de color azul intenso atraen parejas simplemente con su color.

El tipo de selección que se observa en los colorines aliblancos macho se llama selección disruptiva. Este es el tipo de selección natural en la que se favorecen los dos fenotipos extremos (plumas de color café y azul intenso), mientras que los individuos con el fenotipo intermedio (entre el color café y el color azul) se ven desfavorecidos.

El centro de la gráfica de distribución se ve afectado: los individuos con genotipos que participan en la codificación de fenotipos intermedios tienen menos éxito que aquellos con genotipos que participan en la codificación de fenotipos extremos. Al favorecer a los dos fenotipos extremos, la selección disruptiva puede conducir a la formación de nuevas especies.

Analizar En tu Cuaderno de evidencias, compara y contrasta las selecciones estabilizadora, direccional y disruptiva.

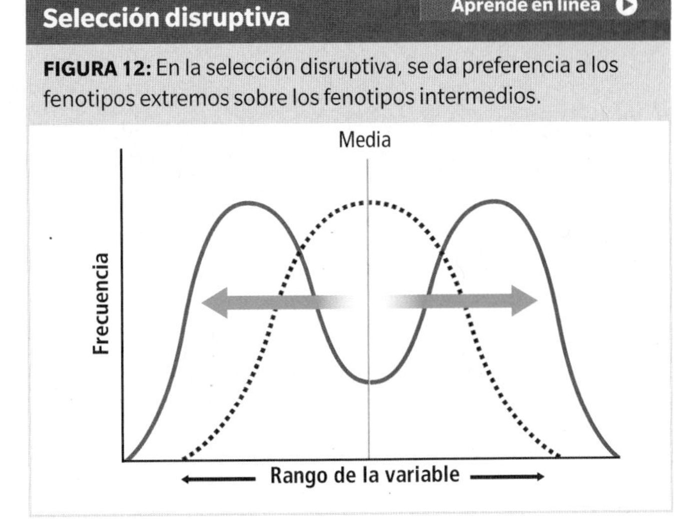

Selección disruptiva — Aprende en línea

FIGURA 12: En la selección disruptiva, se da preferencia a los fenotipos extremos sobre los fenotipos intermedios.

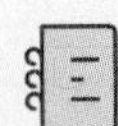

Explicar Usa evidencias de esta lección para explicar por qué evolucionan las poblaciones, y no los individuos.

Los efectos del flujo génico

Predecir Explica por qué la diferencia en el flujo génico entre poblaciones puede hacer que estas evolucionen de manera similar o diferente.

Las rosas pueden crecer de forma silvestre o mediante el cultivo. Una abeja puede transportar polen desde una granja en la que se cultivan rosas de distintos colores hasta un área cercana donde crecen rosas silvestres de color rojo. El polen puede fertilizar una rosa silvestre y, de esa manera, introducir nuevo material genético en la población silvestre. Este es un ejemplo de flujo génico, que es el desplazamiento de alelos de una población a otra. El flujo génico puede hacer que una población evolucione.

Deriva genética

Hay mayor probabilidad de que un acontecimiento casual afecte a las pequeñas poblaciones que a las grandes poblaciones. Observa cómo un acontecimiento puede afectar a los alelos que participan en la codificación de la forma de la cola de un lagarto.

Actividad práctica

Hacer un modelo de los cambios en una población

Usa un mazo de naipes para representar la población de lagartos. Los cuatro palos representan cuatro alelos diferentes de formas de cola. Las frecuencias alélicas de las formas de cola de la población original son 25% pica, 25% corazones, 25% trébol y 25% diamantes.

Predecir ¿De qué manera un acontecimiento casual puede afectar a las frecuencias alélicas de una población?

MATERIALES

- mazo de naipes

PROCEDIMIENTO

1. Mezcla los naipes. Con el mazo hacia abajo, da vuelta 40 naipes. Estos naipes representan los alelos de 20 descendientes consecuencia del apareamiento aleatorio entre individuos de la población inicial.
2. Separa los 40 naipes por palo y, luego, halla las frecuencias alélicas para los descendientes al calcular el porcentaje de cada palo. Anota los valores en tu Cuaderno de evidencias.
3. Imagina que una tormenta provoca que se desplacen algunos lagartos a otra isla, donde comienzan una nueva población. Vuelve a mezclar el mazo y extrae 10 naipes para representar los alelos de cinco descendientes producidos en esta población aislada de menor tamaño.
4. Repite el Paso 2 para calcular las frecuencias alélicas resultantes. Anota los resultados en tu Cuaderno de evidencias.

ANALIZA

Responde las siguientes preguntas en tu Cuaderno de evidencias:

1. Compara las frecuencias alélicas originales con las calculadas en los Pasos 2 y 4. ¿En qué cambiaron?
2. ¿En esta actividad se representa la evolución? ¿Por qué? ¿Se representa la selección natural? ¿Por qué?

Lo que observaste en esta actividad se denomina deriva genética, que es un cambio en las frecuencias de alelos que se produce como resultado de un acontecimiento casual. Por ejemplo, los desastres naturales o las aves que dejan caer semillas en una isla pueden cambiar las frecuencias alélicas de una población. Este fenómeno se observa principalmente en pequeñas poblaciones, pues existe mayor probabilidad de que estas se vean afectadas por un acontecimiento casual que las grandes poblaciones. El acontecimiento casual provoca la disminución de la frecuencia de algunos alelos, y puede conducir a que finalmente desaparezcan todos juntos de la población. Esto hace que otros alelos aumenten la frecuencia y, posiblemente, adquieran una presencia permanente en la población.

Los científicos han identificado dos procesos que pueden causar que los tamaños de las poblaciones disminuyan lo suficiente como para que ocurra una deriva genética. Estos procesos traen como consecuencia una población con frecuencias alélicas diferentes a aquellas que existían en la población original.

Efecto de cuello de botella

A fines del siglo XIX, los elefantes marinos del norte se cazaban en exceso en busca de su grasa, que se utilizaba para la elaboración de aceite para lámparas. Se calcula que, hacia 1890, quedaban menos de 100 individuos. Una vez finalizada la caza, la población se recuperó y ahora cuenta con más de 100,000 individuos.

Analizar Usa el modelo de la Figura 13 para explicar el cambio en la variación genética entre la población inicial de elefantes marinos y la población después de la recuperación.

FIGURA 13: La caza de los elefantes marinos del norte disminuyó en gran medida la cantidad de individuos de la especie y la diversidad genética.

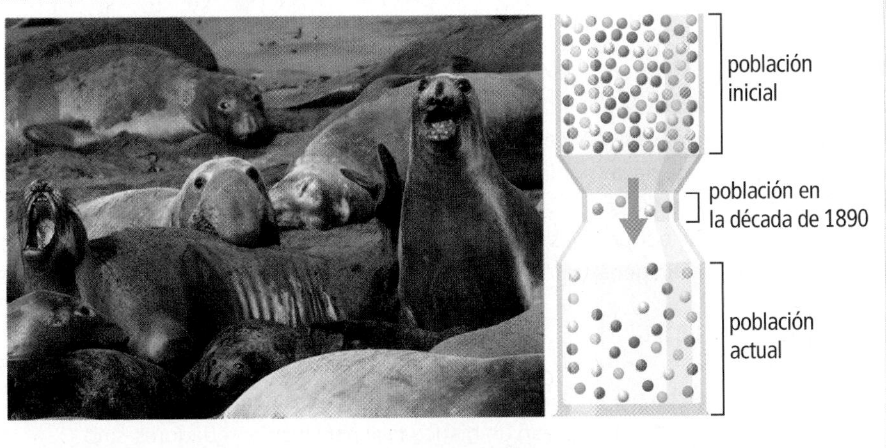

El elefante marino del norte sufrió un efecto de cuello de botella. Esta es la deriva genética resultante de un acontecimiento que reduce drásticamente el tamaño de una población. Mediante la deriva genética, algunos alelos pueden perderse por completo del acervo genético, mientras que otros pueden adquirir una presencia permanente en la población, lo que resulta en una menor diversidad genética.

Efecto fundador

Un grupo de emigrantes de Europa fundó las comunidades Amish de Orden Antiguo en América del Norte. Los acervos genéticos de estas pequeñas poblaciones son muy diferentes a aquellos de las grandes poblaciones. Por ejemplo, la comunidad Amish del condado de Lancaster, en Pensilvania, tiene una tasa elevada del síndrome de Ellis-van Creveld. Si bien esta forma de enanismo es extraña en otras poblaciones, es común en esta población a través de la deriva genética. Los genetistas han rastreado el origen de este síndrome hasta llegar a una de las parejas fundadoras de la comunidad.

Image Credits: (l) ©National Geographic Magazines/Marc Moritsch/Getty Images

Piensa qué ocurriría con una población de escarabajos que casi se extingue por un desastre natural, como la población de la Figura 14. La población original mostraba altos niveles de diversidad genética. Después del desastre, sobrevivieron dos poblaciones pequeñas de escarabajos, pero no existía flujo génico entre ellas. Los descendientes de la población fundadora A tenían un acervo genético diferente al de los de la población B. Por ejemplo, la población fundadora A tenía escarabajos con genes que participaban en la codificación de exoesqueletos negros. Sus descendientes también tenían exoesqueletos negros. La población fundadora B, no tenía individuos con genes para un exoesqueleto negro, por lo que este gen se perdió en la población B.

Reunir evidencias ¿Qué diferencias existen entre la variación genética de la nueva población y la de la vieja población? Presenta evidencias para justificar tu respuesta.

FIGURA 14: La variación genética disminuye cuando un pequeño número de individuos coloniza nuevas áreas.

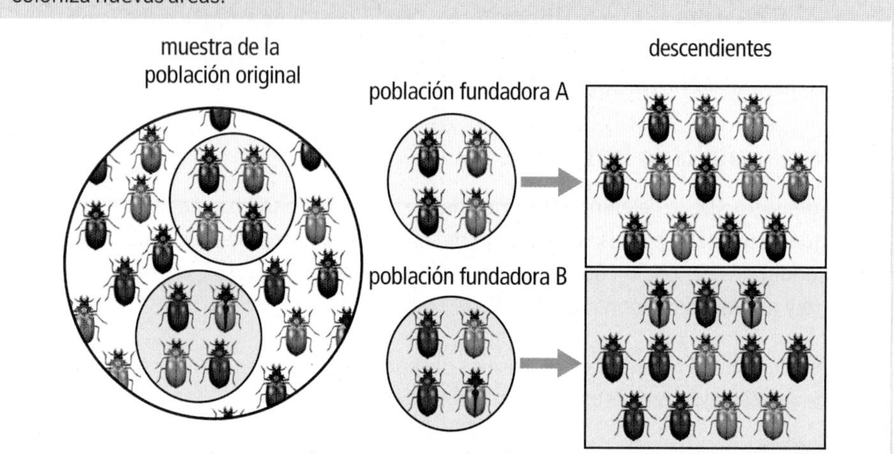

El efecto fundador es la deriva genética que se produce cuando un pequeño número de individuos se aísla de la población original y coloniza una nueva área. La Figura 14 representa una deriva genética debido al efecto fundador en una población de escarabajos. Cada una de las poblaciones fundadoras representa un acervo genético distinto al que se observa en la población original. Como resultado, las frecuencias alélicas dentro de las poblaciones fundadoras varían respecto de la población original, lo que reduce la variación genética.

Selección sexual

Los pavos reales macho tienen colas desarrolladas formadas por largas plumas coloridas. Estas plumas no solo hacen que sean un blanco fácil para los depredadores, sino que también hacen que escapar de ellos sea más difícil. Los pavos reales hembra, sin embargo, son de un color café mate y no tienen largas plumas en la cola. Las colas de los pavos reales macho tienen largas plumas coloridas. Estos colores llamativos y rasgos ornamentales parecen contrastar con las características que deberían haber desarrollado a partir de la selección natural. Entonces, ¿cómo evolucionaron?

FIGURA 15: El ganador de la pelea aumenta sus posibilidades de aparearse con una hembra.

En general, el apareamiento implica un menor esfuerzo para los machos que para las hembras. Los machos producen muchos espermatozoides, por lo que pueden aparearse sin demasiado esfuerzo. Por otra parte, las hembras producen un número limitado de descendientes. Tienden a elegir a los machos que les darán a sus descendientes la mayor probabilidad de supervivencia. Esta diferencia en los esfuerzos reproductivos hace que las hembras sean más exigentes al momento de elegir pareja. La selección sexual ocurre cuando determinados rasgos incrementan el éxito de la reproducción.

Antes de la época de apareamiento, los animales macho, como los venados, los ciervos y los alces, pelean con otros machos. El ganador de la competencia establece su dominio sobre otros machos y su derecho a aparearse con las hembras de la población. Esto se conoce como selección intrasexual.

Image Credits: (b) ©Corbis/W. Perry Conway/Getty Images

Lo que observaste en esta actividad se denomina deriva genética, que es un cambio en las frecuencias de alelos que se produce como resultado de un acontecimiento casual. Por ejemplo, los desastres naturales o las aves que dejan caer semillas en una isla pueden cambiar las frecuencias alélicas de una población. Este fenómeno se observa principalmente en pequeñas poblaciones, pues existe mayor probabilidad de que estas se vean afectadas por un acontecimiento casual que las grandes poblaciones. El acontecimiento casual provoca la disminución de la frecuencia de algunos alelos, y puede conducir a que finalmente desaparezcan todos juntos de la población. Esto hace que otros alelos aumenten la frecuencia y, posiblemente, adquieran una presencia permanente en la población.

Los científicos han identificado dos procesos que pueden causar que los tamaños de las poblaciones disminuyan lo suficiente como para que ocurra una deriva genética. Estos procesos traen como consecuencia una población con frecuencias alélicas diferentes a aquellas que existían en la población original.

Efecto de cuello de botella

A fines del siglo XIX, los elefantes marinos del norte se cazaban en exceso en busca de su grasa, que se utilizaba para la elaboración de aceite para lámparas. Se calcula que, hacia 1890, quedaban menos de 100 individuos. Una vez finalizada la caza, la población se recuperó y ahora cuenta con más de 100,000 individuos.

Analizar Usa el modelo de la Figura 13 para explicar el cambio en la variación genética entre la población inicial de elefantes marinos y la población después de la recuperación.

FIGURA 13: La caza de los elefantes marinos del norte disminuyó en gran medida la cantidad de individuos de la especie y la diversidad genética.

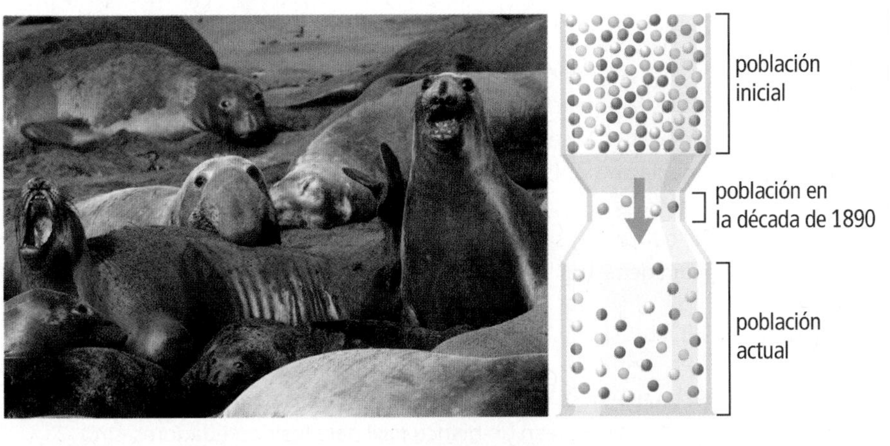

El elefante marino del norte sufrió un efecto de cuello de botella. Esta es la deriva genética resultante de un acontecimiento que reduce drásticamente el tamaño de una población. Mediante la deriva genética, algunos alelos pueden perderse por completo del acervo genético, mientras que otros pueden adquirir una presencia permanente en la población, lo que resulta en una menor diversidad genética.

Efecto fundador

Un grupo de emigrantes de Europa fundó las comunidades Amish de Orden Antiguo en América del Norte. Los acervos genéticos de estas pequeñas poblaciones son muy diferentes a aquellos de las grandes poblaciones. Por ejemplo, la comunidad Amish del condado de Lancaster, en Pensilvania, tiene una tasa elevada del síndrome de Ellis-van Creveld. Si bien esta forma de enanismo es extraña en otras poblaciones, es común en esta población a través de la deriva genética. Los genetistas han rastreado el origen de este síndrome hasta llegar a una de las parejas fundadoras de la comunidad.

Image Credits: (l) ©National Geographic Magazines/Marc Moritsch/Getty Images

Piensa qué ocurriría con una población de escarabajos que casi se extingue por un desastre natural, como la población de la Figura 14. La población original mostraba altos niveles de diversidad genética. Después del desastre, sobrevivieron dos poblaciones pequeñas de escarabajos, pero no existía flujo génico entre ellas. Los descendientes de la población fundadora A tenían un acervo genético diferente al de los de la población B. Por ejemplo, la población fundadora A tenía escarabajos con genes que participaban en la codificación de exoesqueletos negros. Sus descendientes también tenían exoesqueletos negros. La población fundadora B, no tenía individuos con genes para un exoesqueleto negro, por lo que este gen se perdió en la población B.

Reunir evidencias ¿Qué diferencias existen entre la variación genética de la nueva población y la de la vieja población? Presenta evidencias para justificar tu respuesta.

FIGURA 14: La variación genética disminuye cuando un pequeño número de individuos coloniza nuevas áreas.

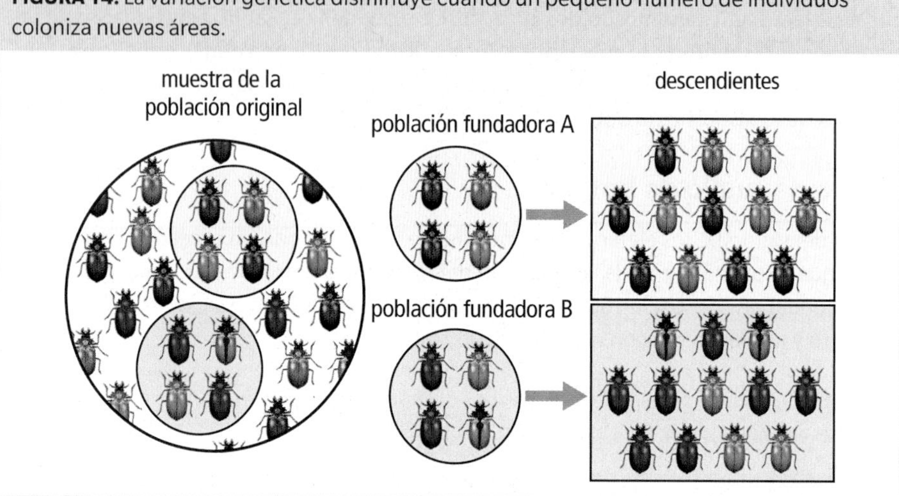

El efecto fundador es la deriva genética que se produce cuando un pequeño número de individuos se aísla de la población original y coloniza una nueva área. La Figura 14 representa una deriva genética debido al efecto fundador en una población de escarabajos. Cada una de las poblaciones fundadoras representa un acervo genético distinto al que se observa en la población original. Como resultado, las frecuencias alélicas dentro de las poblaciones fundadoras varían respecto de la población original, lo que reduce la variación genética.

Selección sexual

Los pavos reales macho tienen colas desarrolladas formadas por largas plumas coloridas. Estas plumas no solo hacen que sean un blanco fácil para los depredadores, sino que también hacen que escapar de ellos sea más difícil. Los pavos reales hembra, sin embargo, son de un color café mate y no tienen largas plumas en la cola. Las colas de los pavos reales macho tienen largas plumas coloridas. Estos colores llamativos y rasgos ornamentales parecen contrastar con las características que deberían haber desarrollado a partir de la selección natural. Entonces, ¿cómo evolucionaron?

FIGURA 15: El ganador de la pelea aumenta sus posibilidades de aparearse con una hembra.

En general, el apareamiento implica un menor esfuerzo para los machos que para las hembras. Los machos producen muchos espermatozoides, por lo que pueden aparearse sin demasiado esfuerzo. Por otra parte, las hembras producen un número limitado de descendientes. Tienden a elegir a los machos que les darán a sus descendientes la mayor probabilidad de supervivencia. Esta diferencia en los esfuerzos reproductivos hace que las hembras sean más exigentes al momento de elegir pareja. La selección sexual ocurre cuando determinados rasgos incrementan el éxito de la reproducción.

Antes de la época de apareamiento, los animales macho, como los venados, los ciervos y los alces, pelean con otros machos. El ganador de la competencia establece su dominio sobre otros machos y su derecho a aparearse con las hembras de la población. Esto se conoce como selección intrasexual.

Image Credits: (b) ©Corbis/W. Perry Conway/Getty Images

El ave del paraíso soberbia, al igual que otras especies de aves del paraíso, tiene una conducta de cortejo que aumenta el éxito de apareamiento al atraer a las hembras. Las aves soberbias macho tienen plumas en la coronilla que no se usan para volar. Durante el cortejo, las aves macho usan las plumas de la coronilla y el pecho para formar una estructura en forma de embudo alrededor de la cabeza. Con esta postura se destacan las plumas coloridas del pecho. También mueven rápidamente las plumas y bailan. Otras aves del paraíso tienen colores brillantes, penachos grandes y largas plumas en las colas, y bailan para llamar la atención de las hembras.

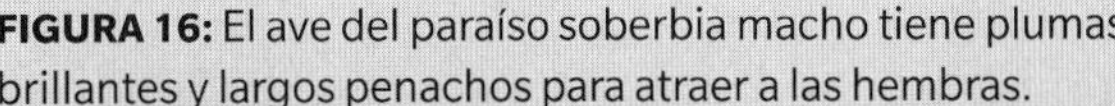

FIGURA 16: El ave del paraíso soberbia macho tiene plumas brillantes y largos penachos para atraer a las hembras.

La selección intersexual es una forma de selección sexual en la que los machos exhiben determinados rasgos para atraer a las hembras. Los machos que participan en la selección intersexual suelen tener colores más brillantes, rasgos más pronunciados u otras características para atraer a las hembras.

En el caso de las aves del paraíso, las largas plumas, los penachos coloridos y la conducta de cortejo se deben a la selección intersexual. El desarrollo de estos rasgos implica un mayor esfuerzo, por lo que los machos que los poseen suelen ser sanos y fuertes. Los datos científicos demuestran que, en algunas especies, los colores brillantes indican resistencia a los parásitos. Los machos enfermos tienen colores mate y posiblemente no tengan características atractivas para las hembras. Las hembras pueden elegir a los machos que tengan las mejores condiciones o los mejores genes para aparearse.

Colaborar Trabaja con un compañero para comentar lo que puede aprender una hembra acerca de un macho gracias a su color, tamaño y características ornamentales, como las plumas brillantes de la cola.

Estabilidad y cambio

Una población está estable y en equilibrio genético cuando su composición genética no cambia con el paso del tiempo. Debido a que las condiciones que conducen a esta estabilidad genética son extrañas en la naturaleza, ocurre la evolución.

Existen cinco mecanismos que pueden llevar a la evolución:

- La mutación puede conducir a la formación de nuevos alelos. Las mutaciones producen variación genética.
- La selección natural afecta a las poblaciones al actuar sobre rasgos que aumentan la capacidad de un individuo para sobrevivir y reproducirse.
- La selección sexual favorece rasgos que les dan una ventaja competitiva a los miembros de una población en lo que respecta al apareamiento y la reproducción.
- La deriva genética afecta a poblaciones pequeñas y se debe a acontecimientos casuales que afectan a la población.
- El flujo génico ocurre cuando los individuos ingresan a una población o la abandonan. Este movimiento introduce y elimina alelos del acervo genético.

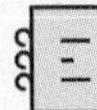

Explicar ¿Por qué existe mayor probabilidad de que la deriva genética ocurra en poblaciones pequeñas que en poblaciones grandes? Piensa en los combatientes macho del comienzo de la lección. ¿De qué manera la deriva genética o la selección sexual podrían explicar los diferentes tipos de machos presentes en la población? Usa las evidencias que reuniste en esta lección para justificar tus afirmaciones.

Image Credits: ©National Geographic Magazines/Tim Laman/Getty Images

Análisis de datos

Bacterias resistentes a los antibióticos

Los antibióticos son medicamentos que se usan para matar a las bacterias que causan enfermedades. Los estudios han demostrado que determinadas especies de bacterias que causan enfermedades evolucionaron y desarrollaron resistencia a los antibióticos. Los Centros para el Control y la Prevención de Enfermedades (CDC, por sus siglas en inglés) descubrieron que los médicos recetaban antibióticos cuando no era necesario. Además, los pacientes no tomaban la dosis completa. Las dos prácticas provocaron que la bacteria desarrollara resistencia a los antibióticos.

Imagina una población de bacterias. En la población, la mayoría de las bacterias tiene genes que las hacen susceptibles a los antibióticos, pero un pequeño porcentaje no posee esos genes. Estas bacterias tienen resistencia a los antibióticos. Cuando se las expone a ellos, la población de bacterias experimenta el efecto de cuello de botella. Las bacterias de la población susceptibles a los antibióticos mueren. Los individuos restantes y resistentes se reproducen y les transmiten los genes resistentes a las nuevas bacterias. Finalmente, la población tiene más bacterias resistentes a los antibióticos.

La bacteria *N. gonorrhoeae* causa la enfermedad de la gonorrea. Esta enfermedad afecta a los órganos del sistema reproductor y a partes del tracto urinario. Si no se la trata, la persona afectada puede perder la capacidad de producir descendientes. Las bacterias se transfieren de una persona a otra a través de la actividad sexual.

La *N. gonorrhoeae* ya ha desarrollado diversos niveles de resistencia a la mayoría de los antibióticos, incluso a la penicilina.

Resistencia a la *N. gonorrhoeae*, Estados Unidos, 1987-2011.

FIGURA 17: *La N. gonorrhoeae* muestra algunos niveles de resistencia a muchos tipos de antibióticos.

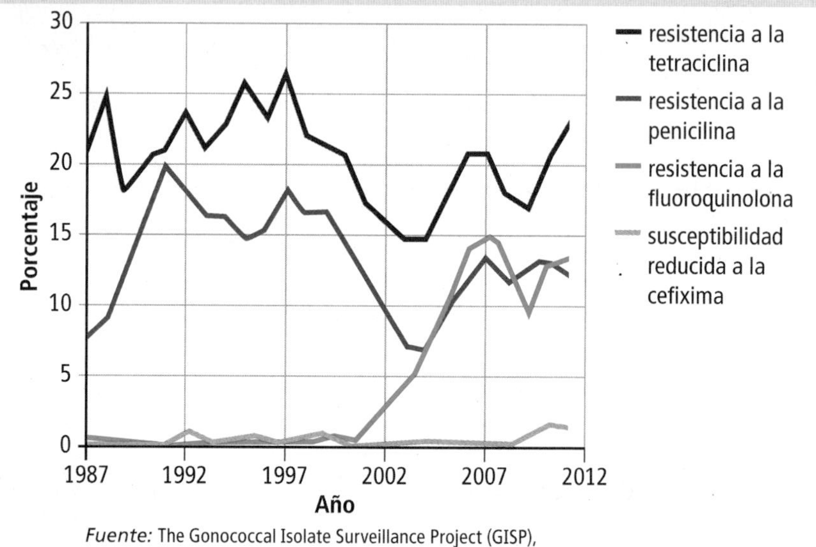

Fuente: The Gonococcal Isolate Surveillance Project (GISP), quoted in "Antibiotic Resistance Threats in the United States, 2013" (CDC)

La *N. gonorrhoeae* también está desarrollando resistencia a la droga cefixima. Se recomienda usar la cefixima con otros antibióticos, o no usarla, para que las bacterias no se vuelvan completamente resistentes a ella.

La Figura 17 muestra los patrones de resistencia de la *N. gonorrhoeae*. Esta gráfica muestra una mayor resistencia a la fluoroquinolona alrededor del año 2000. Esto se puede deber al aumento en el uso de este antibiótico durante esa época. También muestra que las bacterias han sido resistentes a la penicilina desde la década de 1980, y siguen siéndolo. Por esta razón, los científicos necesitan desarrollar nuevos antibióticos de manera constante para tratar la gonorrea. Sin embargo, los nuevos antibióticos pueden resultar en nuevas resistencias.

Análisis de datos

Responde las siguientes preguntas en tu Cuaderno de evidencias:

1. ¿Qué ocurrió con la resistencia a la penicilina entre 1987 y 1990?
2. ¿Qué tipo de selección natural se observa en las bacterias resistentes a los antibióticos?
3. Haz un modelo para mostrar los cambios en la población de bacterias con el paso del tiempo a medida que se las expuso a los antibióticos.

ANALIZAR LA SELECCIÓN

SELECCIÓN NATURAL EN LOS MACAONES AFRICANOS

SELECCIÓN FUGITIVA

Conéctate y elige alguna de estas opciones.

Autorrevisión de la lección

¿PUEDES EXPLICARLO?

FIGURA 18: Hay tres tipos de combatientes macho y todos pueden convivir dentro de una misma población.

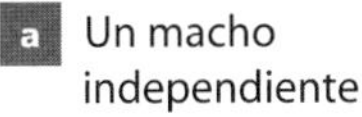

a Un macho independiente

b Un macho satélite

c Una hembra. Los machos faeder se parecen a las hembras.

Recuerda que hay tres tipos de machos en la población de combatientes. Los machos "independientes" dominantes son territoriales y pelean con otros machos independientes para atraer a las hembras. Los machos "satélite", que son más pequeños, no pelean. Los satélite se mueven con libertad dentro de los territorios de los independientes y pueden aparearse con algunas hembras. Los machos "faeder" se parecen a las hembras. Por lo general, se aparean con las hembras de manera furtiva mientras los otros machos están distraídos o peleando.

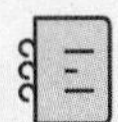

Explicar Consulta las anotaciones de tu Cuaderno de evidencias para explicar cómo evolucionaron los tres tipos diferentes de machos en una misma población.

Los científicos creen que los machos independientes invierten mucha energía y corren el riesgo de quedar heridos en las peleas por el establecimiento de un territorio para atraer a hembras. Los independientes (84 por ciento de la población) atraen a las hembras al mostrar su dominio.

También han evolucionado en esta población los tipos de combatientes que realizan un menor esfuerzo. Los satélite (14 por ciento de la población) se aparean con las hembras en los territorios de los machos independientes. Si bien los combatientes independientes se aparean con más hembras, corren el riesgo de quedar heridos en las peleas territoriales y están más expuestos ante los depredadores por su plumaje elaborado y sus mayores dimensiones. Los faeder (1 por ciento de la población) pueden reproducirse al ingresar furtivamente a los territorios de los machos independientes y aparearse rápidamente con las hembras.

De manera interesante, los científicos han descubierto que las conductas y los rasgos físicos que diferencian a los tres tipos se controlan desde una única ubicación genética: un "supergen". Los estudios revelan que los faeder son el resultado de la inversión de un cromosoma que ocurrió hace 3.8 millones de años. El tipo satélite fue el resultado de una reorganización de cromosomas entre la secuencia original y la secuencia invertida que ocurrió hace alrededor de 0.5 millones de años. Las diferencias de rasgos y conductas existentes entre estos tipos les permiten prosperar y continuar en la población.

Image Credits: (l) (r) ©Arco Images GmbH/C. Wermter/Alamy; (c) ©Matthijs Kuijpers/Alamy

EJERCICIOS DE REVISIÓN

Comprueba lo que aprendiste

Lee la información y responde las Preguntas 1 a 4.
En una población de 900 plantas de guisantes, 530 son homocigotos morados, 250 son heterocigotos morados y 120 son homocigotos blancos. El color morado (*P*) es dominante y el color blanco (*p*) es recesivo.

1. Determina la frecuencia genotípica de la población para los individuos *PP*, *Pp* y *pp*.

2. ¿Cuál es la cantidad total de alelos en este acervo genético?

3. ¿Cuál es la frecuencia alélica de *P*? Expresa la frecuencia como un decimal redondeado a la centésima más aproximada.

4. ¿Cuál es la frecuencia alélica de *p*? Expresa la frecuencia como un decimal redondeado a la centésima más aproximada.

Lee la información de la tabla y responde la Pregunta 5.

Variación en el color	Frecuencia en la población original (%)	Frecuencia en la nueva población (%)
Gris	15	45
Gris y blanco	60	20
Blanco	25	35

5. Las frecuencias del rasgo de color entre los conejos que viven en un área montañosa han cambiado con el tiempo. ¿Qué tipo de selección es posible que haya ocurrido?
   a. direccional
   b. disruptiva
   c. estabilizadora
   d. sexual

6. Los científicos observaron una población de monos en una isla. Se observó que los dedos tenían diferentes longitudes. Algunos monos tenían dedos largos, otros cortos, pero en la mayoría de los casos los dedos estaban más cerca de ser cortos. Explica cómo evolucionaría con el tiempo este rasgo en la población de monos si las ramas de los árboles de la isla crecieran más gruesas.
   ¿Este sería un ejemplo de selección estabilizadora, direccional o disruptiva?

7. Los obispos colilargos son miembros de una especie de aves que se encuentra en el sureste de África. Las hembras tienen plumas color café mate y los machos tienen plumas negras, con plumas largas en la cola que miden en promedio 41 cm de largo. Los estudios han demostrado que las hembras prefieren y eligen aparearse con los machos que tienen colas más largas. ¿Qué resultado puede esperarse de esta situación?
   a. Con el tiempo, habrá más machos con colas de 41 cm.
   b. Con el tiempo, habrá más machos con colas de más de 41 cm.
   c. Con el tiempo, habrá más machos con colas de menos de 41 cm.
   d. Con el tiempo, habrá más machos sin cola.

8. Haz un modelo para mostrar cómo el efecto de cuello de botella puede conducir a la evolución al ordenar los siguientes acontecimientos.
   a. Muchos de los individuos de la población mueren.
   b. La población crece con menos variación.
   c. Un acontecimiento casual actúa en una población.
   d. Los individuos que sobreviven se reproducen.

9. Determina si es probable que las situaciones resulten en un aumento o una disminución de la variación genética con el paso del tiempo. Copia la siguiente tabla en tu cuaderno y, luego, complétala escribiendo "aumento" o "disminución" en la segunda columna.

Situaciones	Variación genética dentro de una población de individuos
Los mosquitos se vuelven resistentes a los pesticidas.	
Los caballos de raza árabe se aparean con caballos salvajes.	
La población se vuelve intolerante a la lactosa a través de la mutación.	
Los cuerpos más pequeños se ven favorecidos en los guepardos.	

10. La pantera de la Florida es un tipo de león de montaña. Hace unos cien años, las panteras de la Florida se dispersaron y se aparearon con otras subespecies de leones de montaña en poblaciones cercanas.

  a. Explica cómo se vería afectado el flujo génico en esta población por la introducción de las panteras de la Florida.

  b. ¿Aumentaría o disminuiría la variación genética en la población del león de montaña?

11. Da un ejemplo de la forma en que la selección sexual puede provocar fenotipos extremos en una población.

Lee la información de la tabla y responde la Pregunta 12.

Rasgo	Frecuencia del rasgo (%)	
Variación en el color	Frecuencias predichas con la ecuación de Hardy-Weinberg	Frecuencias observadas después de tres generaciones
Flores grandes	75	44
Flores medianas	10	22
Flores pequeñas	15	34

12. Estudia la tabla para comparar las frecuencias predichas y reales del tamaño de la flor en una población de flores. ¿Qué conclusión se justifica mejor con los datos de la tabla?

  a. La población está en evolución.

  b. El acervo genético de la población permaneció igual.

  c. La población está en equilibrio.

  d. La población favoreció un rasgo intermedio.

13. ¿Por qué las frecuencias alélicas de un acervo genético siempre deben sumar 100 por ciento?

14. Explica cómo ocurre el proceso de deriva genética gracias a un acontecimiento completamente casual.

15. ¿En qué se parecen y en qué se diferencian la selección natural y la selección sexual?

HAZ TU PROPIA GUÍA DE ESTUDIO

En tu Cuaderno de evidencias, diseña una guía de estudio que justifique las ideas principales de esta lección:

Un cambio en las frecuencias alélicas puede ser un indicio de la evolución de una población.

Las presiones selectivas, como la competencia y los depredadores, pueden cambiar la distribución de los rasgos en una población.

Las poblaciones pequeñas son más susceptibles a las derivas genéticas porque las poblaciones grandes pueden disminuir el impacto de los acontecimientos casuales.

Recuerda incluir la siguiente información en tu guía de estudio:

- Usa ejemplos que sirvan como modelo de las ideas principales.
- Anota explicaciones para el fenómeno que investigaste.
- Presenta evidencias para justificar tus explicaciones. Tu justificación puede incluir dibujos, datos, gráficas, conclusiones de laboratorio y otras evidencias que hayas anotado a lo largo de la lección.

Considera cómo se relaciona la evolución de las poblaciones con la suposición de que las leyes naturales funcionan hoy en día como lo hacían en el pasado, y que seguirán funcionando de la misma manera en el futuro.

9.2 Los cambios en las especies

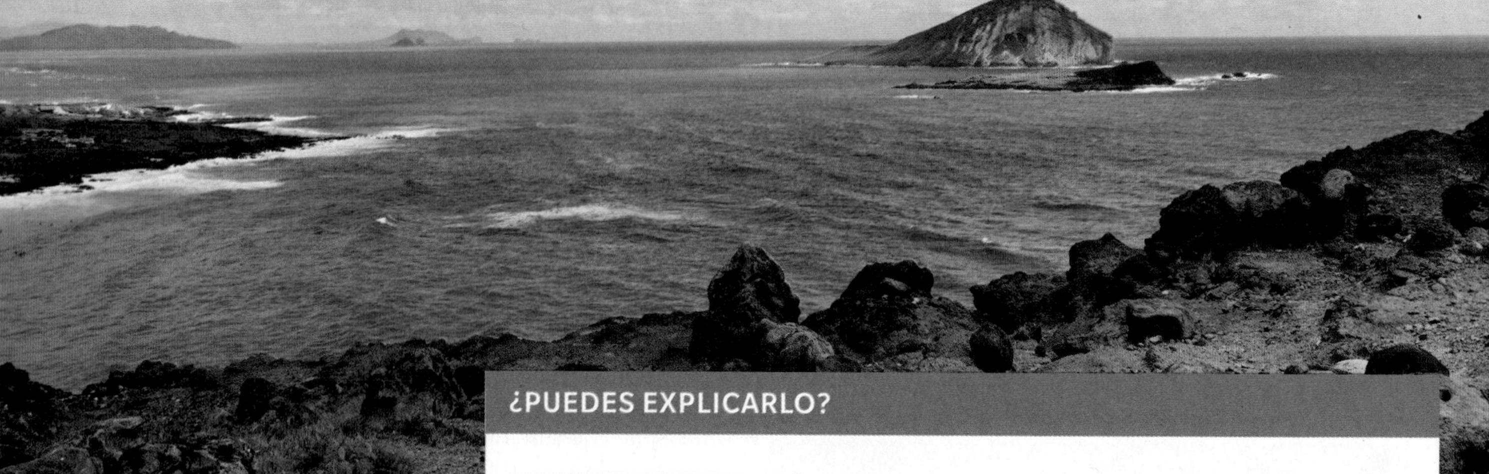

Las islas suelen tener poblaciones de especies únicas.

¿PUEDES EXPLICARLO?

FIGURA 1: Las plantas que conforman la alianza de las "espadas plateadas" están emparentadas, pero de todas formas muestran una diversidad notable.

Reunir evidencias Mientras trabajas con la lección, reúne evidencias para justificar la afirmación acerca de que los cambios en las condiciones ambientales generan, con el paso del tiempo, el surgimiento de especies nuevas y la extinción de otras.

Si tuvieras que comparar las plantas de la Figura 1 notarías que cada una de ellas luce muy diferente de las demás. Todas pertenecen a la alianza de las "espadas plateadas", un grupo de más de 30 especies relacionadas entre sí que son nativas de las islas de Hawái. A pesar de esto, muestran una gran variedad en cuanto a la apariencia, al igual que otros grupos de especies emparentadas. De hecho, se cree que todas las plantas de este grupo descienden de una sola especie de tarweed que se encuentra en los matorrales secos de California y México.

Predecir Estas plantas tienen un ancestro común. ¿Cómo pudieron desarrollar características diferentes?

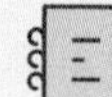

Image Credits: (t) ©W. Scott/Fotolia; (c) ©MODIS Land Rapid Response Team/Jacques Descloitres/NASA Goddard Space Flight Center; (tcl) ©Mark W. Skinner at USDA-NRCS PLANTS Database; (tcr) ©National Park Service, Hawaii Haleakala National Park; (bl) Photo by

Los mecanismos de especiación

En general, una especie es un grupo de organismos semejantes que pueden reproducirse y tener descendencia fértil. Las millones de especies que habitan la Tierra actualmente surgieron a lo largo de los años. Cada especie nueva surgía a partir de otra ya existente. Esta diversificación de una especie a partir de otra se justifica por medio de las similitudes genéticas, anatómicas y de desarrollo que se observan entre las especies. Además, la evidencia geológica y fósil demuestra cómo cambiaron con el tiempo.

Colaborar Las ardillas de Kaibab y de Abert habitan en lados opuestos del Gran Cañón. Aunque están emparentadas, no comparten las mismas características. ¿Cómo aparecieron estas diferencias? Con un compañero, haz una lista para explicar tu razonamiento.

FIGURA 2: Estas ardillas están emparentadas, pero tienen características diferentes.

a ardilla de Kaibab

b ardilla de Abert

Especiación

¿De dónde provienen las nuevas especies? La especiación es el surgimiento de dos o más especies a partir de una ya existente. Para hacer un modelo de este proceso, se pueden realizar experimentos. En uno de ellos, se dividió en dos grupos a una población existente de moscas de la fruta, *Drosophila melanogaster*. A uno de ellos se le suministraron alimentos ricos en maltosa y al otro, alimentos ricos en almidón. El objetivo era determinar qué cambios se podrían generar a partir del aislamiento de las especies y la presencia de diferentes fuentes alimenticias.

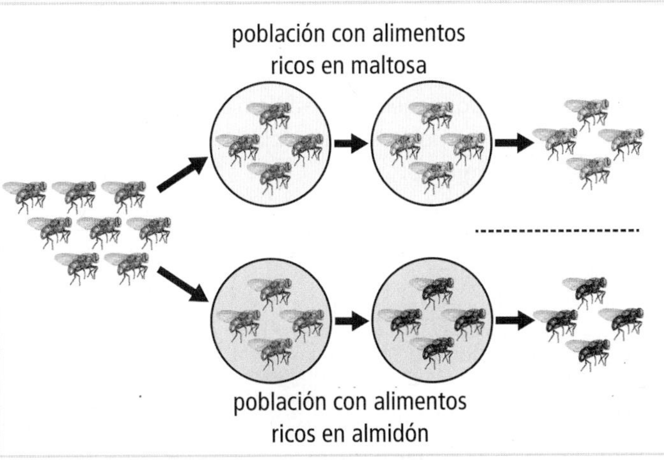

FIGURA 3: Los cambios en las moscas de la fruta pueden deberse a las diferentes fuentes de alimento.

Luego de muchas generaciones, se analizó la preferencia de apareamiento de estas moscas. Los científicos descubrieron que las que fueron alimentadas con alimentos ricos en maltosa, llamadas moscas de maltosa, preferían aparearse con otras de su mismo grupo. Las que se alimentaron con alimentos ricos en almidón, moscas de almidón, también preferían aparearse dentro de su grupo. Sin embargo, aún podía haber cruzamiento entre ambos. Este experimento muestra una preferencia de apareamiento distintiva y el comienzo del aislamiento reproductivo en una especie. Si los dos grupos de moscas de la fruta finalmente fueran incapaces de reproducirse con éxito, se produciría la especiación.

Analizar ¿Que ocurrió durante las generaciones en las que se mantuvieron separadas a estas moscas? ¿Cómo pudo haber contribuido este período de aislamiento con las preferencias de apareamiento que se observaron?

Image Credits: (t) ©Emmanuel Rondeau/Alamy; (b) ©iStock/David Parsons/Getty Images Plus

Aislamiento reproductivo

Predecir ¿Cómo puede generar un aislamiento geográfico el proceso de especiación?

Si se interrumpe el flujo génico entre dos poblaciones de la misma especie, se dice que quedan aisladas. A estas poblaciones aisladas se les impide aparearse e intercambiar genes. Esto significa que la selección natural actúa sobre un acervo genético diferente para cada población. Se acumularán diferentes mutaciones, se favorecerán o desfavorecerán diferentes variaciones y, finalmente, se producirán adaptaciones que impiden el apareamiento entre ambas. Las poblaciones aisladas que están en ambientes distintos y, por lo tanto, expuestas a diferentes presiones selectivas, van a separarse de las demás a un ritmo más rápido. Resulta cada vez más probable que el aislamiento reproductivo se produzca a medida que aumentan las diferencias entre las dos poblaciones. Incluso si habitan ambientes similares, las poblaciones aisladas pueden experimentar la especiación si la deriva genética lleva a los dos acervos genéticos en direcciones opuestas.

El aislamiento reproductivo ocurre cuando los miembros de poblaciones diferentes no pueden aparearse con éxito. En algunos casos, los miembros de las dos poblaciones no tienen la capacidad física para aparearse entre sí. Y en otros, no pueden producir descendencia que sobreviva y se reproduzca. Este tipo de aislamiento es el último paso para convertirse en especies diferentes.

Separación física

Un istmo es una franja de tierra que se abre paso entre dos mares y une dos áreas terrestres más grandes. El istmo de Panamá surgió a partir de la combinación entre una formación de islas volcánicas y el levantamiento del suelo oceánico. Estos dos factores geológicos solidificaron la tierra donde alguna vez existió un paso abierto entre los océanos Atlántico y Pacífico.

Colaborar Con un compañero, haz una lista de otras barreras físicas que puedan generar un aislamiento geográfico como el que experimentaron los camarones pistola.

Hace aproximadamente 3 millones de años, el istmo se cerró y separó de forma permanente a las poblaciones de camarones pistola. Luego de ese evento, cada población se adaptó a un medio ambiente distinto y desarrolló características genéticas diferentes. Con el tiempo, las diferencias entre los grupos generaron un aislamiento reproductivo y se produjo la especiación. La separación física de dos o más poblaciones puede generar la especiación por medio del aislamiento geográfico.

FIGURA 4: La especiación en los camarones pistola ocurrió debido al aislamiento geográfico.

Fuente: Carl Hansen and Nancy Knowlton, 2001, The Smithsonian Institution, as quoted by PBS, Evolution Library; Arthur Anker, 2016, Smithsonian Newsdesk

Conductas y coincidencias

El aislamiento conductual se produce por las diferentes conductas de cortejo y apareamiento. Si dos poblaciones no comparten las mismas conductas, es probable que no haya apareamiento y, por lo tanto, flujo génico entre esos dos grupos. Cuando se interrumpe ese flujo, la selección natural actúa sobre los diferentes acervos genéticos. Finalmente, podrían producirse el aislamiento reproductivo y la especiación.

Los pájaros cantores macho cantan para defender sus territorios y atraer a sus parejas. En la Figura 5 se observa un turpial oriental y un pradero occidental. Como se puede ver, lucen muy similares. La principal diferencia entre ambos es que cantan de forma distinta. Usan cantos completamente diferentes para atraer a sus parejas. Esto significa que los turpiales orientales macho no pueden atraer con éxito a las hembras de los praderos occidentales, y estas hembras no pueden enviarles a los turpiales macho las señales correctas para poder cruzarse. Las dos especies se aislaron de manera conductual.

FIGURA 5: El turpial oriental y el pradero occidental lucen casi idénticos, pero usan cantos diferentes para atraer parejas.

a Turpial oriental

b Pradero occidental

Las ranas de patas rojas y las de patas amarillas están emparentadas. Las temporadas de apareamiento sucedieron en distintos momentos y se dio el aislamiento temporal, que impide la reproducción entre distintas poblaciones. Las ranas de patas rojas se cruzan de enero a marzo, y las de patas amarillas desde fines de marzo hasta mayo. La especiación a partir de un ancestro común ocurrió cuando se redujo la superposición de las temporadas de apareamiento. También se redujo el flujo génico entre ambos grupos y, como consecuencia, se separaron.

FIGURA 6: Las ranas de patas rojas y las de patas amarillas tienen diferentes temporadas de apareamiento.

a Rana de patas rojas

b Rana de patas amarillas

Análisis de datos Con una gráfica explica por qué las diferentes temporadas de apareamiento podrían haber provocado la especiación de las ranas de patas rojas y las de patas amarillas.

Image Credits: (tl) ©Sarah Jessup/Shutterstock; (tr) ©William Leaman/Alamy; (bl) ©Chris Mattison/Alamy; (br) ©Vibe Images/Fotolia

Radiación adaptativa

La especiación por medio de la diversificación de una especie ancestral que produce mucha descendencia se denomina radiación adaptativa. Suele ocurrir rápidamente ya que las especies se benefician al haber menos competencia, nichos nuevos o especializaciones que les brindan una ventaja selectiva.

FIGURA 7: Las diversas especies de pinzones de las islas Galápagos provienen de un ancestro común.

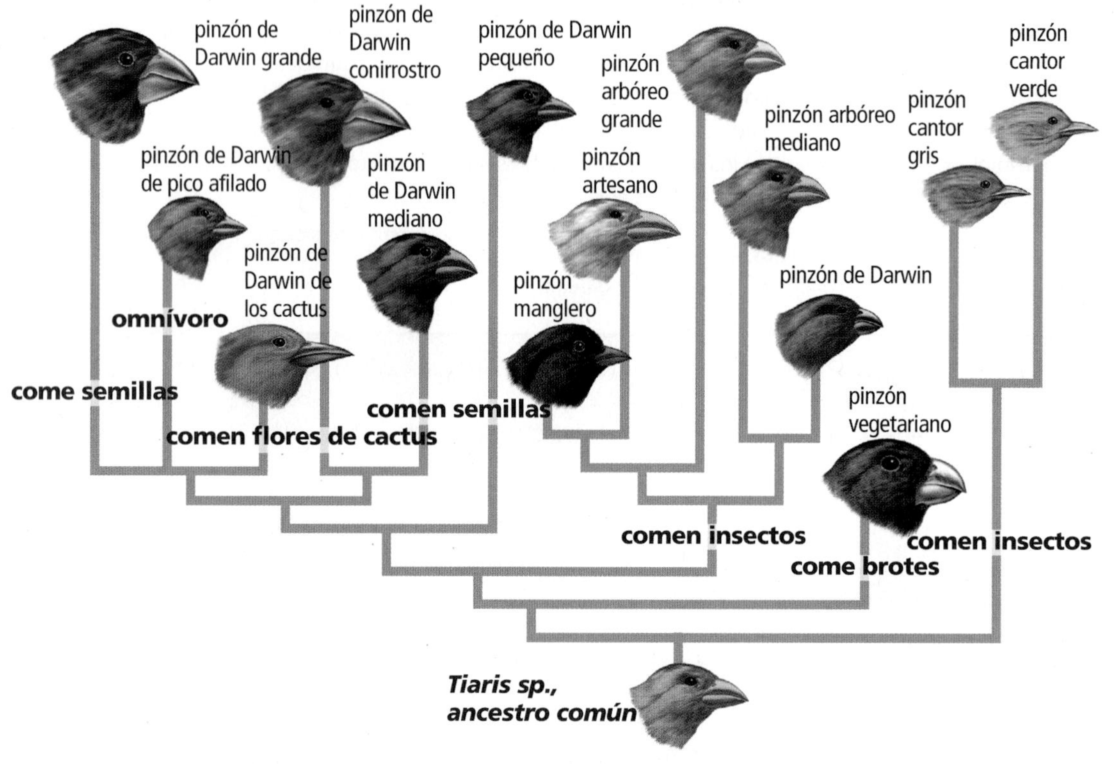

Los pinzones de Darwin son un ejemplo de la radiación adaptativa que ocurrió en un sistema insular. Las 14 especies de estas aves que se encuentran en las islas Galápagos provienen de un ancestro común. Los descendientes se diversificaron y especializaron para sacar provecho de los diferentes nichos. Los pinzones minimizan la competencia al recurrir a distintos alimentos. Los que tienen picos más grandes parten semillas grandes y duras, y los de picos pequeños y puntiagudos atrapan insectos. Los cambios en las condiciones ambientales generan la adaptación y la expansión de las especies.

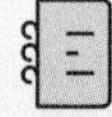

Analizar ¿Qué factores podrían justificar la idea de que los pinzones de las islas Galápagos experimentaron la radiación adaptativa?

La radiación adaptativa requiere que las especies se adapten y generen la especiación. Al extinguirse los dinosaurios, hubo más recursos y menos depredadores de mamíferos. Los nichos abiertos podrían haber causado la radiación adaptativa de los mamíferos, que se adaptaron a los nuevos nichos y produjeron especies nuevas. Este es un ejemplo de un cambio catastrófico en el ambiente que generó la expansión de toda una familia de especies.

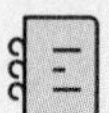

Explicar ¿Qué tipo de aislamiento reproductivo podría haber generado la especiación de las plantas en la alianza de las "espadas plateadas"? Presenta evidencias para justificar tus afirmaciones.

La expansión de las especies

Los cambios ambientales naturales, como las sequías, pueden generar la expansión del hábitat de las especies. Por ejemplo, una sequía de larga duración puede cambiar un ecosistema y lograr que sea más adecuado para las plantas adaptadas a condiciones de suelo seco. Estas especies podrían expandirse hacia ese ecosistema y superar a aquellas que no se hayan adaptado tan bien a esas mismas condiciones. Los seres humanos también provocan cambios ambientales que conducen a la expansión de las especies.

Aumento de las poblaciones

Históricamente, el cárabo norteamericano habitó el este de los Estados Unidos. Las Grandes Llanuras eran una barrera para la expansión de muchas especies, como el cárabo, debido a la quema de materiales de los indígenas y la alteración del suelo por parte de los búfalos. Pero en los últimos 100 años estos ecosistemas sufrieron muchos cambios. Ya no hay incendios forestales ni búfalos y aumentaron las temperaturas. Estos cambios ambientales podrían ser las causas de la expansión del hábitat del cárabo norteamericano a lo largo de la Columbia Británica, en Canadá, hacia Washington, Oregón y el norte de California en la región del noroeste del Pacífico de los Estados Unidos. Puede que el clima cálido haya adecuado los bosques del norte de Canadá para la especie y que el cárabo haya usado este hábitat como puente hacia el noroeste del Pacífico, o que haya llegado a las llanuras durante la plantación de árboles de los colonos. Quizás estas aves usaron estos hábitats intermedios para viajar desde los bosques del este hacia los del oeste.

Reunir evidencias ¿Por qué la expansión del hábitat resultaría más sencilla para las plantas que para los animales?

FIGURA 8: Los cárabos norteamericanos se beneficiaron de los cambios ambientales que aumentaron los hábitats adecuados para su supervivencia.

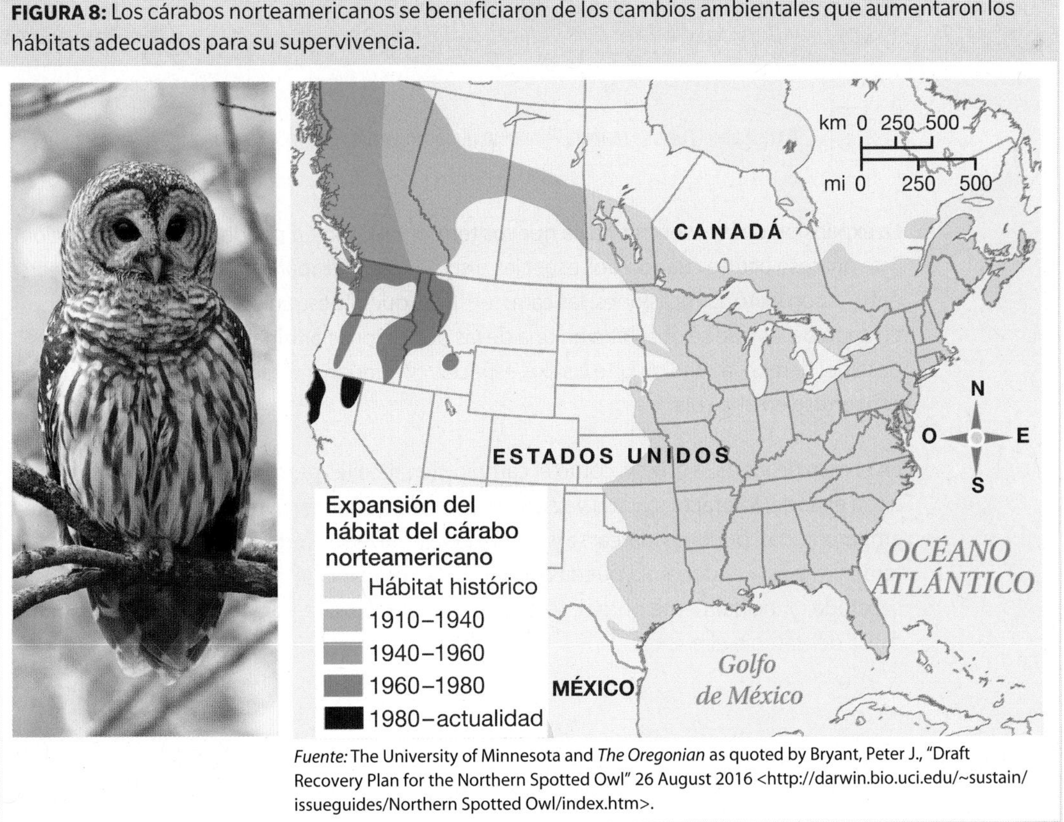

Fuente: The University of Minnesota and *The Oregonian* as quoted by Bryant, Peter J., "Draft Recovery Plan for the Northern Spotted Owl" 26 August 2016 <http://darwin.bio.uci.edu/~sustain/issueguides/Northern Spotted Owl/index.htm>.

Image Credits: (l) ©donyanedomam/Fotolia

Cambio climático y expansión de las especies

El cambio climático impacta sobre diferentes áreas de diversas maneras, desde el aumento de los niveles del mar hasta el incremento de la temperatura global promedio. Con el aumento de las temperaturas, las áreas podrían tornarse más adecuadas para los organismos que antes no podían habitarlas debido a la existencia de condiciones ambientales desfavorables. Por ejemplo, en el pasado, el hábitat del oso polar en el norte de Canadá era demasiado frío e inaccesible para los osos grizzly. Pero ahora, al ser más cálido, ese hábitat se torna más adecuado para esa especie. Debido a estos cambios ambientales, los osos grizzly expandieron su hábitat hacia el del oso polar. A largo plazo, este movimiento podría generar una expansión más grande de las poblaciones de osos grizzly.

Conexión con las artes del lenguaje

Usa recursos de la biblioteca o de Internet para investigar sobre los efectos potenciales a largo plazo de la expansión de los osos grizzly hacia el hábitat del oso polar. ¿Puede ser un problema? Escribe un artículo corto, con el estilo de los que ves en las revistas, que explique en detalle lo que descubriste y tu posición al respecto. Usa imágenes, gráficas y datos para justificar tus afirmaciones.

FIGURA 9: Los osos grizzly expandieron su hábitat hacia el de los osos polares.

Analizar ¿De qué manera el cambio climático puede conducir a la expansión de una especie?

La expansión de las especies hacia nuevos territorios también puede generar hibridación. Este proceso ocurre cuando dos especies distintas, pero emparentadas, pueden aparearse entre sí con éxito. En ocasiones, las características que muestran estos híbridos caen en el rango de las que se observan en una de las poblaciones originales, o en ambas. Con el paso del tiempo, a medida que las dos especies continúan interactuando entre sí, pueden convertirse en una sola.

En el caso de los osos grizzly, como el cambio climático les permite expandir sus territorios hacia el norte, interactúan cada vez más con los osos polares. Como ambas especies están emparentadas, pueden aparearse y producir descendencia fértil. Algunos científicos temen que esta endogamia pueda conducir a la desaparición del oso polar como especie separada, principalmente porque ya está siendo amenazada por la pérdida de su hábitat a causa del cambio climático.

Explicar ¿Por qué sería probable que haya una expansión de población en la alianza de las "espadas plateadas" si suponemos que estas plantas experimentaron una radiación adaptativa?

Image Credits: ©Photo by Hoberman Collection/UIG via Getty Images

La extinción de las especies

Así como el nacimiento y la muerte son eventos naturales en la vida de un individuo, el surgimiento y la desaparición de las especies son procesos naturales de la evolución. La desaparición de una especie de la faz de la Tierra se denomina **extinción**. Suele ocurrir cuando una especie en su totalidad no puede adaptarse a los cambios en el ambiente.

FIGURA 10: El cárabo californiano es nativo de la región noroeste del Pacífico de los Estados Unidos.

Causas de la extinción

Volvamos al ejemplo de la expansión de territorio del cárabo norteamericano, que resultó beneficiosa para esta especie. Desafortunadamente, la llegada de esta ave a los bosques del noroeste del Pacífico tuvo un impacto negativo sobre el cárabo californiano. Esta ave se encuentra como especie amenazada en la Ley de Especies en Peligro de Extinción. En el pasado, las amenazas del cárabo californiano eran la tala, el desarrollo urbanístico y los desastres naturales. Hoy en día, la pequeña porción restante del hábitat de estas aves se ve amenazada por la invasión del cárabo norteamericano.

Ambas especies usan el mismo hábitat de forma similar. Usan los bosques antiguos para alimentarse y anidar. El cárabo norteamericano está superando al californiano (que podría extinguirse) ya que es más grande, más agresivo, más hábil para cazar distintas presas y de descendencia exitosa.

Comparar las poblaciones de cárabos

FIGURA 11: El cárabo norteamericano, que es más grande, está desplazando al californiano.

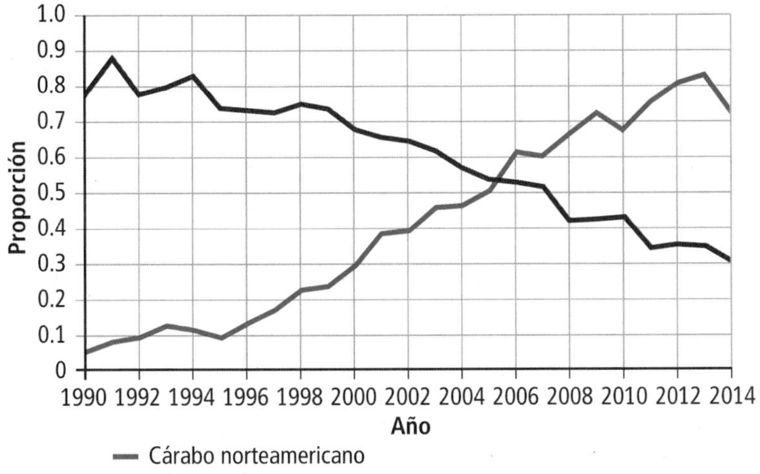

Proporción (0 – 1.0); Año (1990 – 2014)

Cárabo norteamericano
Cárabo californiano

Fuente: Forsman, Eric D. et al. Demographic characteristics of spotted owls in the Oregon Coast Ranges, 1990-2014.

Territorios de los cárabos en la actualidad
Cárabo californiano
Cárabo norteamericano
CANADÁ
ESTADOS UNIDOS
MÉXICO
OCÉANO ATLÁNTICO
Golfo de México
km 0 500
mi 0 500

Fuente: Smithsonian Magazine, 2009

Colaborar Comenta con un compañero de qué forma la expansión de una especie hacia un nuevo hábitat podría afectar a las especies nativas que lo habitan.

Image Credits: (t) ©Stone Nature Photography/Alamy Images

La extirpación, o extinción local, ocurre cuando una especie deja de existir en una porción específica de su territorio, pero aún podemos encontrarla en otro. Por ejemplo, los lobos fueron extirpados de gran parte de su territorio histórico a causa de la caza excesiva y la pérdida de hábitat. Las extinciones ocurrieron a lo largo de la historia, tal como lo demuestran los registros fósiles. Los eventos naturales, como las sequías, las erupciones volcánicas y las inundaciones, pueden causar extinciones si las especies no logran adaptarse al nuevo ambiente.

Extinciones de fondo y masivas

Las extinciones de fondo son aquellas que ocurren de forma continua, pero a una tasa muy lenta. Suelen ocurrir casi a la misma tasa que la de la especiación. En general, este tipo de extinción afecta a una sola especie, o a pocas, en áreas relativamente pequeñas. La extinción de fondo es común y se debe a factores como enfermedades, pérdida de hábitat o pérdida de una ventaja competitiva. Las extinciones en masa son menos frecuentes, pero tienen un impacto mayor sobre la biodiversidad de la Tierra. Órdenes o familias enteras pueden desaparecer a causa de eventos de extinción masivos. Se cree que ocurren repentinamente en la escala de tiempo geológico, generalmente debido a un acontecimiento catastrófico, como una edad de hielo o el impacto de un asteroide. Un ejemplo de extinción masiva es el evento del límite K/T, que tuvo lugar al final del período Cretácico hace 65 millones de años. Un gran meteoro que colisionó contra la Tierra desencadenó esa extinción. Entre las consecuencias del impacto se incluye la desaparición del 70 por ciento de las especies terrestres. El registro fósil confirma que hubo al menos cinco extinciones masivas en los últimos 600 millones de años.

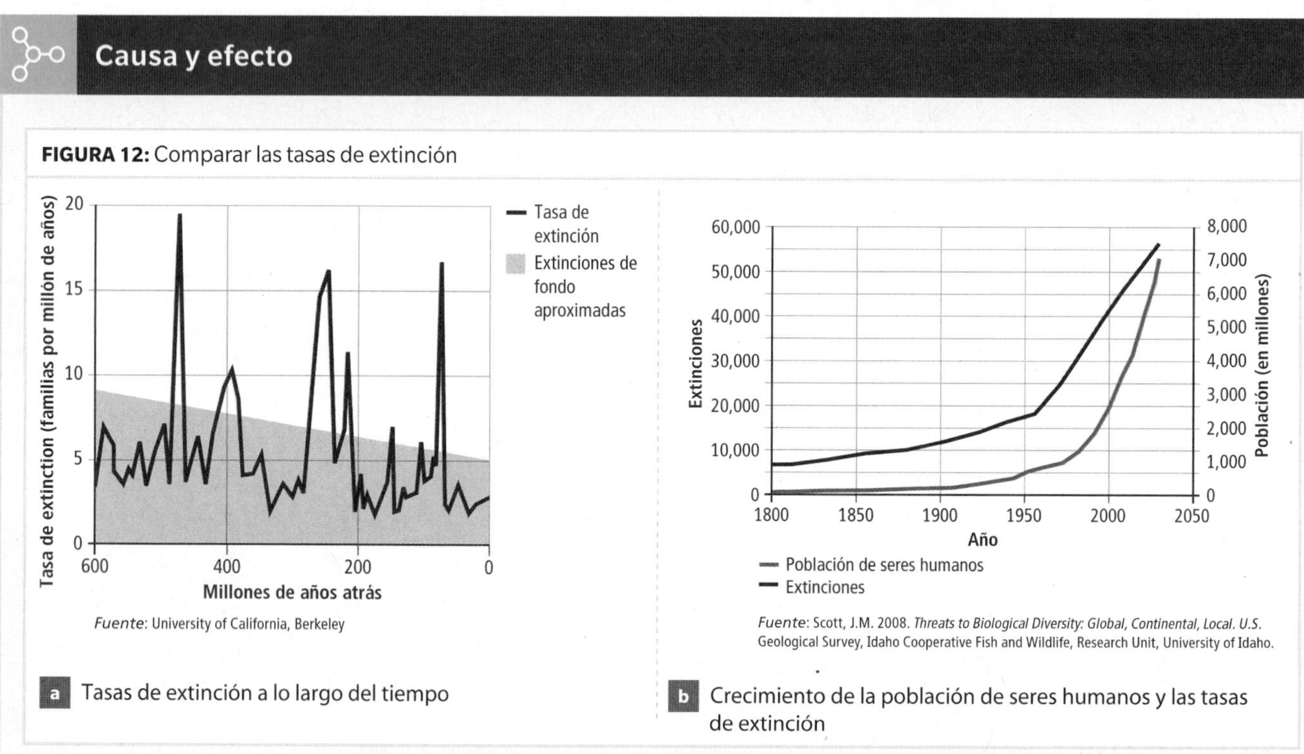

FIGURA 12: Comparar las tasas de extinción

a Tasas de extinción a lo largo del tiempo

b Crecimiento de la población de seres humanos y las tasas de extinción

Analizar Usa las gráficas de la Figura 12 para responder las siguientes preguntas:

1. ¿Qué patrones o tendencias se muestran en la primera gráfica (a)? ¿Cuál es la causa de estos patrones?
2. ¿Qué patrones o tendencias se muestran en la segunda gráfica (b)? ¿Cuál es la causa de estos patrones?
3. ¿Existe una relación entre ambas gráficas? Explica tu respuesta.

Cambio climático y extinción

Muchos científicos creen que la Tierra está experimentando una sexta extinción masiva, que se caracteriza por tasas que superan entre 1000 y 10,000 veces las tasas de la extinción de fondo. Actualmente, este evento se debe casi por completo a los comportamientos de los seres humanos, como la quema de combustibles fósiles, la destrucción de hábitats y la introducción de especies invasoras.

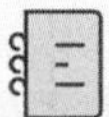

Analizar ¿Cuál es la relación de causa y efecto entre los seres humanos y la sexta extinción masiva? Describe esa relación en términos del crecimiento de la población de seres humanos y las causas y los efectos del cambio climático.

El cambio climático se produce al liberar grandes cantidades de gases invernaderos —como dióxido de carbono— a la atmósfera, producidos principalmente por la quema de combustibles fósiles. Este fenómeno está produciendo cambios rápidos en el medio ambiente, desde el incremento de las temperaturas hasta el aumento de los niveles del mar. Algunas especies pueden encontrar hábitats más adecuados gracias al cambio climático. Otras pueden extinguirse si las poblaciones no se adaptan rápidamente a estas condiciones ambientales cambiantes. Los corales son un ejemplo de un grupo de especies que experimentan efectos negativos debido al cambio climático.

Incremento de la temperatura del mar

FIGURA 13: Blanqueo de coral

El blanqueo de coral es una respuesta al estrés que sufre esta especie. Frente a malas condiciones los corales pierden sus algas simbióticas. Las algas fotosintéticas son el alimento principal de los corales. Sin ellas, se debilitan y toman un color blanquecino. El aumento de la temperatura del mar desencadena el proceso de blanqueo en los arrecifes de coral. Otras causas son la contaminación, el aumento en la intensidad de la luz solar y las mareas extremadamente bajas.

Acidificación del océano

La acidificación del océano ocurre cuando el agua marina absorbe dióxido de carbono. La reacción entre el dióxido de carbono y el agua marina también usa iones de carbonato disueltos, de modo que se reduce la concentración de iones de carbonato en el agua. Muchos corales necesitan carbonato de calcio para desarrollar sus esqueletos. Sin carbonato suficiente para la formación de los esqueletos, el crecimiento de los arrecifes de coral disminuye. Si el crecimiento es más lento que la erosión, el arrecife podría finalmente dejar de funcionar.

Eventos meteorológicos extremos

Muchos arrecifes de coral se encuentran en áreas que sufren eventos meteorológicos extremos, como huracanes. Si bien la estructura y las especies de los arrecifes se adaptaron para poder recuperarse de las tormentas, ese período de recuperación puede durar mucho tiempo. Se predice que el cambio climático va a incrementar la frecuencia y la intensidad de las tormentas severas en algunas áreas. Los corales afectados por las tormentas cada vez más frecuentes quizás no puedan conservar las estructuras de los arrecifes. El aumento de los efectos del blanqueo de corales, la acidificación de los océanos y los eventos meteorológicos extremos presentan un panorama sombrío para los arrecifes de coral en el futuro.

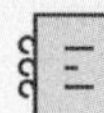

Explicar ¿Qué podría ocurrir si una especie que se adaptó bien a condiciones con pH bajo y temperaturas altas se introdujera en los arrecifes de coral de las isla de Hawái?

Image Credits: ©Ethan Daniels/Shutterstock

Conexión con las artes del lenguaje

Patrones en la evolución y la especiación

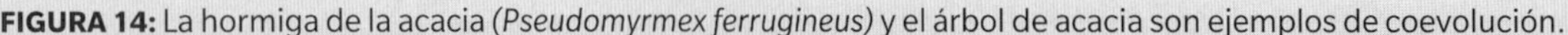

FIGURA 14: La hormiga de la acacia *(Pseudomyrmex ferrugineus)* y el árbol de acacia son ejemplos de coevolución.

Las especies interactúan entre sí de muchas formas distintas. Por ejemplo, pueden competir por la misma fuente de alimentos o participar en una relación de depredador-presa. La mayoría de estas interacciones no involucran cambios evolutivos. Sin embargo, a veces se conectan los caminos evolutivos de dos especies.

Coevolución

El proceso de coevolución ocurre cuando dos o más especies evolucionan a causa de cambios producidos en cada una de ellas. Estas relaciones podrían beneficiar a ambos grupos o ser buenas solo para una especie, pero malas para la otra, tal como ocurre en las relaciones depredador-presa o parásito-huésped.

Existen muchos tipos de flores y polinizadores que coevolucionaron para maximizar el éxito de la polinización para las plantas y la captura de néctar para los polinizadores. Por lo general, la dinámica de planta-polinizador beneficia a ambas partes. Las plantas obtienen la polinización necesaria para la reproducción, y los polinizadores obtienen alimento. Por ejemplo, la esfinge colibrí tiene una lengua particularmente larga que le permite beber desde la estructura estrecha, de casi un pie de largo, de una orquídea estrella que contiene el néctar de la flor.

La acacia cornigera es una especie vegetal que se encuentra en toda América Central cuyas ramas están cubiertas con espinas huecas. Aunque esas espinas evitan que la planta sea el alimento de los animales grandes, los herbívoros pequeños, como las orugas, caben entre ellas. Una especie de hormigas de la acacia (*Pseudomyrmex ferrugineus*) cumple un rol crucial para defender a esta planta de estos pequeños depredadores. Como se observa en la Figura 14, estas hormigas similares a las avispas habitan dentro de las espinas de la planta y se alimentan del néctar. Para proteger a la planta, pican a los animales que intentan alimentarse de las hojas. A cambio, la acacia les da refugio y recursos alimenticios necesarios para sobrevivir.

La relación entre la acacia y las hormigas va mucho más allá de una simple cooperación entre dos especies, pues comparten una historia evolutiva. Tanto las espinas huecas y las hojas que producen néctar de la acacia como la picadura de las hormigas evolucionaron debido a la relación beneficiosa entre ambas especies. Los familiares de estas especies que no participan en este tipo de relación no tienen las mismas características.

Image Credits: (t) ©Carol Farneti-Foster/Oxford Scientific/Getty Images

Carrera evolutiva de armas

La coevolución no solo ocurre en las especies que comparten una relación mutuamente beneficiosa. También se produce en dos especies que tienen una relación de competencia entre sí. Estas interacciones competitivas pueden conducir a "carreras evolutivas de armas", en las que cada especie responde a la presión que ejerce la otra por medio de una serie de adaptaciones en el transcurso de varias generaciones.

Por ejemplo, muchas plantas producen defensas químicas que disuaden a las especies que se alimentan de ellas y evitan que las mordisqueen. La selección natural favorece a los herbívoros que pueden superar los efectos de esos químicos. Luego de varias generaciones, algunas especies de herbívoros podrían desarrollar niveles de resistencia a las defensas químicas y ser capaces de alimentarse de la planta de manera segura, sin enfermarse. Y, a su vez, la selección natural favorece a las plantas que desarrollaron químicos más potentes para atacar a los depredadores herbívoros.

Un investigador usa una planta de mostaza y una mosca de la fruta relacionada con la especie vegetal para hacer un modelo de la coevolución en insectos y plantas. La investigación demuestra que la mosca usa a la planta en todas las etapas de su ciclo de vida. La planta desarrolló proteínas que provocan el mal funcionamiento del tracto digestivo del insecto. Por ello, la población de las moscas tiene que desarrollar una resistencia ante este mecanismo de defensa reciente.

Las carreras de armas también se observan en los animales, como se muestra en la Figura 15. Los cangrejos son depredadores que se alimentan de caracoles. Por ello, los caracoles experimentan una presión selectiva para desarrollar espinas y un caparazón más duro a fin de defenderse de sus depredadores. Entonces, los cangrejos desarrollan pinzas más grandes y mandíbulas más potentes para romper los caparazones duros. Este patrón en la especiación continúa a medida que la evolución de un grupo se ve influenciada por la evolución de otras especies.

FIGURA 15: Carrera evolutiva de armas

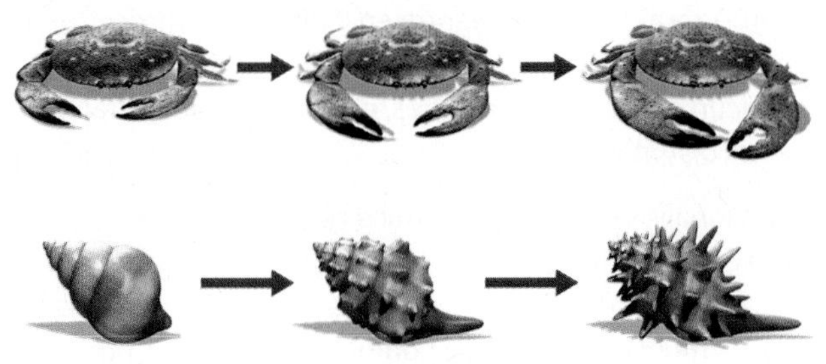

Los patrones de la especiación

A menudo, la especiación ocurre en patrones, entre los que se incluyen el gradualismo y el equilibrio puntual. El gradualismo es el cambio continuo y progresivo de las especies a medida que las mutaciones generan variaciones y adaptaciones lentamente. Este patrón es el más cercano al tipo de evolución que predijo Charles Darwin, que justifica sus ideas de la descendencia con modificación. Es decir, cada generación es un poco diferente a la última, se favorece la reproducción de los individuos con mayores aptitudes y, lentamente, se desarrollan alelos beneficiosos en una población. Estos pequeños cambios se van acumulando hasta convertirse en la gran variedad de características que actualmente se observan entre las especies terrestres.

El equilibrio puntual se caracteriza por largos períodos sin modificaciones, intercalados con breves períodos de grandes cambios. A menudo, el equilibrio puntual está ligado a los eventos de especiación, como un desastre natural, en los que las especies se ven obligadas a adaptarse o, de lo contrario, mueren. Por ejemplo, el aislamiento de una población pequeña en un ambiente nuevo con presiones selectivas únicas puede desencadenar períodos de evolución cortos a medida que se favorecen o desfavorecen características beneficiosas o perjudiciales.

Una nueva especie puede surgir por medio del gradualismo o el equilibrio puntual. Existen líneas evolutivas que muestran patrones de gradualismo, mientras que otras muestran patrones de equilibrio puntual. El gradualismo se produce a una tasa de fondo constante, al igual que la de la extinción de fondo. El equilibrio puntual ocurre de manera irregular y es más intenso, similar a las extinciones masivas.

Conexión con las artes del lenguaje ¿La evidencia justifica la afirmación acerca de que las especies pueden evolucionar por medio del gradualismo o el equilibrio puntual?

Para justificar la información que proporciona este texto, investiga y halla evidencias de gradualismo y equilibrio puntual en la historia de la Tierra.

Prepara una entrada de blog de una página en la que analices cómo evolucionaron dos especies diferentes (una por medio del gradualismo y otra a través del equilibrio puntual), e incluye una imagen que represente el patrón de especiación que experimenta cada especie.

PROFESIÓN: BIOINFORMÁTICA | MIMETISMO | HIBRIDACIÓN | Conéctate y elige alguna de estas opciones.

Autorrevisión de la lección

¿PUEDES EXPLICARLO?

FIGURA 16: Las plantas que conforman la alianza de las "espadas plateadas" descienden de un ancestro común.

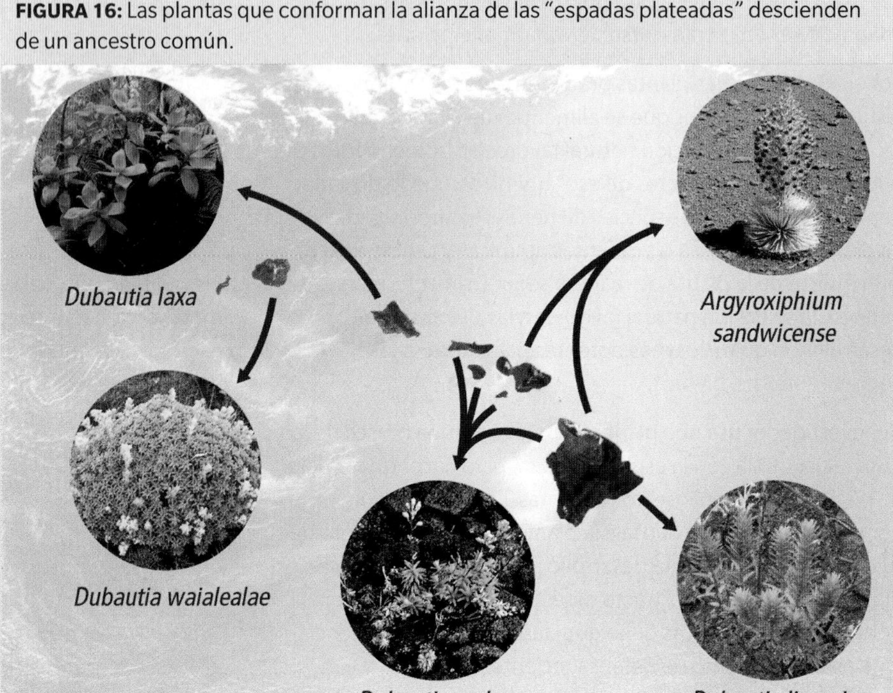

La alianza de las "espadas plateadas", que se encuentra en las islas de Hawái, resultó de la radiación adaptativa de un ancestro de especies tarweed. Cada especie se adapta a un nicho. Por la radiación, cada planta tiene características diferentes.

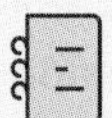

Explicar Las plantas de la alianza de las "espadas plateadas" tienen un ancestro común. Consulta tu Cuaderno de evidencias para explicar cómo desarrollaron características distintas. Para responder, ten en cuenta cómo los cambios o las diferencias en el medio ambiente influyen en el surgimiento y la extinción de las especies.

Los científicos creen que esta familia vegetal proviene de una especie similar a la del tarweed de Muir. Esta especie arbórea alpina se encuentra en California y México. Tiene frutos con cáscaras llenas de púas, y los científicos creen que un ave pudo haberla llevado a Hawái. Durante el transcurso de millones de años, esta especie ancestral evolucionó en más de 30 especies distintas.

Tres líneas de evidencia genética (análisis de ADN ribosómico nuclear, ADN de cloroplasto y una comparación de dos secuencias de genes del desarrollo) sostienen que el ancestro de estas plantas era continental. Pocas especies colonizaron las islas de Hawái cuando se formaron y había muchos hábitats disponibles. Las especies tarweed se adaptaron y se diversificaron sus características, van desde arbustos pequeños hasta árboles y enredaderas.

Image Credits: (t) ©W. Scott/Fotolia; (c) ©MODIS Land Rapid Response Team/Jacques Descloitres/NASA Goddard Space Flight Center; (tcl) ©Mark W. Skinner at USDA-NRCS PLANTS Database; (tcr) ©National Park Service, Hawaii Haleakala National Park; (bl) Photo by

EJERCICIOS DE REVISIÓN

Comprueba lo que aprendiste

1. Hay dos especies de árboles que crecen en la península de Monterey, en California, que están emparentadas. Sin embargo, tienen períodos de polinización diferentes. ¿Qué tipo de mecanismo de aislamiento reproductivo presentan estas dos especies?

a. radiación adaptativa
b. aislamiento geográfico
c. aislamiento temporal
d. aislamiento físico

2. ¿Qué cambios ambientales a causa del cambio climático podrían conducir a la extinción de los corales? Elige todas las respuestas correctas.

a. las condiciones de tiempo extremas
b. la contaminación atmosférica
c. la acidificación del océano
d. el aumento de la temperatura del mar

3. ¿Qué tipo de adaptaciones podrían conducir a la especiación en una población aislada? Elige todas las respuestas correctas.

a. una señal de alarma con sonido agudo
b. una alimentación diurna en lugar de una nocturna
c. una enzima femenina dirigida a huevos fertilizados por individuos que están fuera de las poblaciones aisladas
d. el desarrollo de una anatomía sexual diferente
e. un rango mayor de tolerancia a la temperatura

4. ¿Por qué los sistemas insulares favorecen la radiación adaptativa?

5. ¿Cómo puede haber extinciones y expansiones en el mismo hábitat? Explica tu respuesta.

6. Da ejemplos de cómo el cambio climático podría conducir al surgimiento, la expansión y la extinción de las especies.

7. Dibuja un mapa que muestre una población de progenitores, una con aislamiento geográfico, una con aislamiento conductual y una aislada temporalmente, todas de la misma especie.

8. ¿Cuáles son algunas de las causas de las extinciones de fondo y las extinciones masivas?

9. ¿Qué proceso evita que la cantidad total de especies terrestres aumente de forma exponencial por medio de la especiación?

10. Usa las siguientes palabras para completar este enunciado: *se adaptaron, un ancestro común, los nichos*
Una especie de lagartos llegó a una isla después de una gran tormenta. La población se expandió hacia todos ________ vacíos en la isla. La especiación se produjo a medida que las poblaciones ________ a los diferentes ambientes. Más de 20 especies remontan su linaje a ________.

Observa la gráfica de la Figura 17 y responde la Pregunta 11.

FIGURA 17: Aislamiento reproductivo

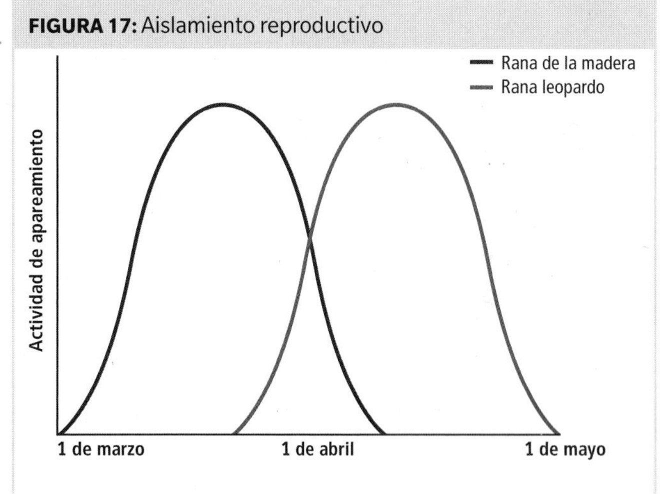

11. Las ranas de la madera y las ranas leopardo habitan los mismos ecosistemas, pero no se cruzan. Observa la evidencia de la gráfica y explica qué tipo de aislamiento reproductivo muestran estas ranas.

HAZ TU PROPIA GUÍA DE ESTUDIO

En tu Cuaderno de evidencias, diseña una guía de estudio que justifique la idea principal de esta lección:

Los cambios en el medio ambiente pueden conducir al surgimiento de nuevas especies, y a la expansión y extinción de otras.

Recuerda incluir la siguiente información en tu guía de estudio:

- Usa ejemplos que sirvan como modelo de las ideas principales.
- Anota explicaciones para el fenómeno que investigaste.
- Presenta evidencias para justificar tus explicaciones. Tu justificación puede incluir dibujos, datos, gráficas, conclusiones de laboratorio y otras evidencias que hayas anotado a lo largo de la lección.

Piensa cómo las secuencias de eventos que conducen a la especiación, expansión y extinción demuestran el patrón de causa y efecto.

9.3

La función adaptativa de la conducta

Los babuinos hamadryas pueden vivir en grupos de cientos de individuos.

¿PUEDES EXPLICARLO?

Las ratas topo lampiñas son nativas de algunas partes de África. A diferencia de las especies emparentadas, entre las que se incluyen los cobayos y los puercoespines, las ratas topo lampiñas tienen largos rabos, similares a los de las ratas, y piel arrugada de color rosado casi sin pelo. Pasan casi toda su vida en la oscuridad, viviendo en comunidades en madrigueras subterráneas. Con un promedio de vida de 30 años, las ratas topo lampiñas viven más tiempo que cualquier otro roedor.

FIGURA 1: Una colonia de ratas topo lampiñas tiene una reina y muchas ratas obreras.

Reunir evidencias Mientras trabajas con la lección, haz una lista de las preguntas que tengas sobre el sistema social de las ratas topo lampiñas. Vuelve a consultar tu lista a lo largo de la lección.

Las comunidades de ratas topo lampiñas están organizadas según un sistema de castas. Este sistema agrupa a las personas u organismos según sus tareas o roles dentro de la sociedad. Los dos grupos primarios en una colonia de ratas topo lampiñas son los reproductores y los no reproductores. Normalmente, una colonia tiene una hembra reproductora, la reina, y unos pocos machos reproductores.

Los no reproductores, machos y hembras, nunca se aparean. Son los obreros de la colonia. Transportan alimento, construyen nidos, limpian, cavan túneles, y cuidan a la reina y su descendencia. La reina, más grande, camina sobre los obreros al moverse por la madriguera, usando olores químicos para establecer su dominio.

Predecir ¿Cómo podría una población, como la de las ratas topo lampiñas, evolucionar al punto en el que no todos los individuos se reproduzcan?

Image Credits: (t) ©Wouter Tolenaars/Fotolia; (b) ©Raymond Mendez/Animals Animals/Earth Scenes

La evolución de la conducta

FIGURA 2: Normalmente estática, esta anémona de mar se alejará nadando cuando detecte una estrella de mar.

Aprende en línea 

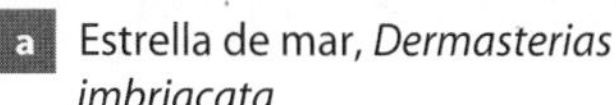

a Estrella de mar, *Dermasterias imbriacata*

b Anémona de mar, *Stomphia coccinea*

La anémona de mar, *Stomphia coccinea*, no tiene cerebro ni médula espinal y, por lo general, permanece inmóvil. Aun así, cuando entra en contacto con la estrella de mar, *Dermasterias imbriacata*, su depredador, la anémona abandona el estado de inmovilidad y se aleja nadando para protegerse. Otras veces, al entrar en contacto con otros organismos, la anémona no se aleja.

Predecir ¿Cómo sabe la anémona de mar que entra en contacto con una estrella de mar y no con otro objeto?

Conducta receptiva

El medio ambiente de todo organismo cambia constantemente. Para sobrevivir, los organismos, como la anémona de mar, deben responder a estos cambios. Cualquier situación que desencadene una respuesta se llama estímulo. Un estímulo interno desencadena una respuesta a un cambio en el ambiente interno de un organismo, como una infección. Un estímulo externo es cualquier cambio en el ambiente exterior, como el contacto con una estrella de mar depredadora, que provoca una respuesta.

Los órganos sensoriales tienen células especializadas con receptores que detectan cambios en el ambiente y comunican la información al cerebro a través de los nervios. Luego, el cerebro envía un mensaje al sistema apropiado diciéndole cómo responder. Esto funciona bien en los organismos con sistemas nerviosos complejos. Sin embargo, el mecanismo de retroalimentación también funciona en organismos como la anémona, que solo tiene una red de neuronas sin cerebro centralizado. Las células receptoras de la superficie exterior de la anémona detectan un estímulo externo que desencadena una respuesta de escape.

Hacer un modelo Dibuja un modelo de los procesos que ocurren cuando interactúas con un estímulo interno o externo, como tocar algo muy caliente.

La anémona de mar de la Figura 2 nunca aprendió a alejarse nadando de la estrella de mar, pero aun así sabe alejarse del peligro. Este es un ejemplo de conducta innata, a veces llamada *conducta instintiva*. Las conductas innatas se transmiten de generación a generación sin aprendizaje. Una conducta innata se realiza correctamente la primera vez que el animal la intenta, incluso si el animal nunca ha estado expuesto al estímulo que desencadena la conducta.

Normalmente, las conductas innatas surgen donde los errores pueden tener severas consecuencias. Una anémona de mar que no se aleja nadando de la estrella de mar, *Dermasterias imbriacata*, puede sufrir un ataque. Mediante el establecimiento de reacciones a estímulos determinados, los animales pueden responder automática y correctamente frente a una situación de vida o muerte.

Image Credits: (l) ©David Hall/Science Source; (r) ©National Geographic/Taylor S. Kennedy/Getty Images

Función de la conducta

Colaborar Con un compañero, comenta cómo las conductas innatas ayudan a los organismos a mantener la homeostasis.

Es probable que una lagartija que se posa en una roca al sol no solo esté relajándose. Si la sombra se apodera de la roca, la lagartija se trasladará a una parte más cálida. En realidad, estas conductas la ayudan a regular la temperatura interna de su cuerpo. ¿Demasiado caliente? No hay problema. La lagartija se mueve a un lugar con sombra. Esta conducta explica cómo los ectotermos interactúan con su ambiente exterior para controlar la temperatura interior del cuerpo.

Mantener un estado interior equilibrado, u homeostasis, es fundamental para la salud y el funcionamiento de un organismo. Cuando tu temperatura interior es menor que la normal de 37 °C (98.6 °F), tu cuerpo responde con escalofríos para generar calor. Esta es un respuesta biológica a un estímulo interior. Las respuestas conductuales al ambiente también ayudan a los organismos a mantener la homeostasis. Estas respuestas son movimientos o reacciones que logran a un estado equilibrado, aumentando las posibilidades de sobrevivir.

Causa y efecto

FIGURA 3: Los cangrejos rojos migran durante la temporada de apareamiento.

Migración

Para sobrevivir y reproducirse, los animales necesitan agua, alimento y refugio. En el caso de muchas especies, esto requiere que los individuos se trasladen de una ubicación a otra, o que migren. Cada especie tiene uno o más desencadenantes que conducen a la migración. A menudo, ciertas especies de aves migran de un área a otra siguiendo un patrón estacional. Cada estación trae cambios relacionados con la temperatura, la disponibilidad de alimento y la duración del día.

Algunos de los desencadenantes de la migración son biológicos. En algunas especies, el agotamiento de las reservas de energía puede indicar la necesidad de desplazarse hacia fuentes de alimento disponibles. En otras, los cambios en los niveles hormonales o ciclos de vida reproductivos desencadenan desplazamientos en masa. El ritual de reproducción del cangrejo rojo en la isla de Navidad empieza al principio de la temporada de lluvias. Los cangrejos deben migrar porque tienen que poner sus huevos en el océano antes de la salida del Sol durante el último cuarto de la Luna.

Predecir Según lo que sabes sobre la selección natural y la evolución, ¿cómo evoluciona una conducta, como la migración masiva de una especie, donde todos los individuos responden de la misma forma al mismo tiempo?

FIGURA 4: Un enjambre de langostas

Sopesar los costos de una conducta

Toda conducta tiene costos y beneficios. Un enjambre es un grupo grande y denso de animales, como insectos o aves. Ofrece muchas ventajas en lo que respecta a viajes y traslados. Los enjambres confunden a los depredadores, protegiendo a sus miembros. Es más útil para hallar alimento, en comparación con lo que halla un individuo.

Sin embargo, también tiene sus desventajas. En realidad, el tamaño de un enjambre puede atraer a los depredadores, exponiendo a los individuos de los bordes exteriores a un mayor peligro. Un grupo con más individuos requiere de mayores recursos para compartir.

Reunir evidencias ¿Cuándo sería beneficiosa y cuándo no la formación de un enjambre? ¿Cómo podría evolucionar una conducta, como la formación de un enjambre, entre las especies?

Image Credits: (t) ©Universal Images Group/Auscape/Getty Images; (b) ©John Carnemolla/Corbis Documentary/Getty Images

Costos de una conducta

Los costos conductuales se pueden medir en términos de energía, riesgo y oportunidad.

Los costos relacionados con la energía describen la diferencia entre la energía empleada para realizar una actividad y la empleada si el individuo no realiza ninguna acción. Por ejemplo, una lagartija consume energía para ir de un lugar sombreado a uno soleado. Sin embargo, ese costo vale la pena porque mantiene la temperatura del cuerpo.

Los costos relacionados con el riesgo implican más posibilidades de resultar herido o morir durante la adopción de cierta conducta, frente a la posibilidad de no realizar ninguna acción. Piensa en los lobos de la Figura 5. Los lobos pueden resultar heridos o morir cuando luchan contra otros lobos. Sin embargo, un triunfo les garantizaría el acceso a parejas o a un mejor territorio. Los beneficios pesan más que los riesgos.

FIGURA 5: La lucha puede producir heridas graves e incluso llevar a la muerte.

Los costos de oportunidad se evalúan cuando un animal invierte tiempo en la adopción de una conducta y pierde la oportunidad de adoptar una conducta diferente. Por ejemplo, cuando un pájaro cantor protege su territorio de sus rivales, está usando tiempo que podría haber invertido en la búsqueda de alimento o de una pareja para aparearse.

Beneficios de una conducta

Si un depredador se acerca a un animal, el estímulo desencadena una conducta involuntaria, o innata, como correr en busca de protección. Uno de los beneficios de una conducta innata es que aumenta la supervivencia, o el número de individuos que sobreviven de un año al siguiente. Esto mejorará la aptitud biológica de un animal por medio de la selección natural. Una conducta será expresada si los beneficios superan a los costos. Los beneficios de mantener la homeostasis posando en el sol pesan más que el riesgo que corre una lagartija al exponerse a sus depredadores. Las conductas que mejoran la aptitud biológica de un individuo se transmitirán a futuras generaciones.

Analizar Algunas arañas tejen telarañas formadas por líneas visibles en zigzag. Sin embargo, las telarañas más visibles atrapan menos insectos que las menos visibles. ¿Qué beneficios piensas que obtiene la araña construyendo una red visible?

Todos los organismos necesitan alimento para sobrevivir. A veces es más beneficioso reunir alimento de manera individual. Un cazador solitario solo necesita suficiente alimento para él y sus crías. En el caso de otras especies, como los leones, la caza en grupo es más beneficiosa. La división de tareas reduce el costo relacionado con la energía y los riesgos por individuo. La caza en grupo aumenta el potencial de atrapar más presas, o presas más grandes, y el grupo tiene más protección. Sin embargo, un grupo debe encontrar más alimento y hay más competencia por ese alimento.

FIGURA 6: Los leones cazan en grupo.

En algunas cazas grupales, la manada trabaja en conjunto para perseguir y atrapar a la presa. En otros grupos, como los delfines mulares, los individuos tienen roles específicos. Los delfines mulares buscan alimento en grupos de entre tres y seis individuos, en los que un individuo actúa como guía para conducir a los peces hacia barreras formadas por otros delfines. De esta manera, evitan que los peces se escapen. El guía da un coletazo para que los peces salten en el aire. Esto hace que los delfines puedan atraparlos con mayor facilidad. El costo de energía por individuo y el riesgo impuesto por los depredadores es menor para el grupo, que reúne mucho más alimento que un cazador solitario.

Murmuraciones

Las murmuraciones son una forma de conducta grupal en la que miles de estorninos forman una bandada con forma de nubes. Las aves vuelan juntas como si fueran una, creando patrones increíbles a medida que giran y dan vueltas en el cielo. A menudo, las murmuraciones se forman como resultado de la presencia de un depredador, que se ve hábilmente superado por los cambios rápidos de patrón.

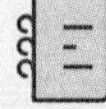

Explicar Las murmuraciones requieren un gran gasto de energía. Explica la función de esta conducta y la relación costo-beneficio. ¿El beneficio que se obtiene de esta conducta pesa más que el costo?

Image Credits: (t) ©johny87/Fotolia; (b) ©Digital Vision/Getty Images

Las interacciones sociales

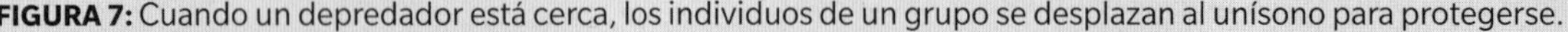

Aprende en línea

FIGURA 7: Cuando un depredador está cerca, los individuos de un grupo se desplazan al unísono para protegerse.

De manera similar a las bandadas que forman las aves, la formación de bancos de peces es una actividad grupal que beneficia a cada uno de los miembros. Los peces forman bancos por varias razones, entre las que se incluyen la búsqueda de alimento, la protección de los depredadores y la reproducción. Nadar en grupo también puede mejorar la hidrodinámica, o dinámica de los fluidos, y reducir el costo de energía relacionado con el traslado a través del agua. Ante la ausencia de depredadores los bancos suelen desarmarse, y los peces buscan refugio si se sienten en peligro.

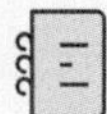

Analizar ¿Cómo crees que evolucionó la conducta relacionada con la formación de bancos? ¿Cómo aumenta la aptitud biológica de los individuos del banco?

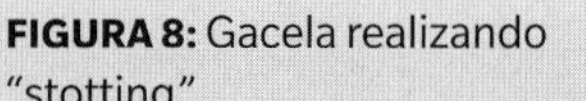

FIGURA 8: Gacela realizando "stotting"

Vivir en un grupo

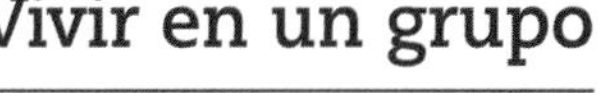

A veces, al detectar a un depredador, las gacelas saltarinas saltan sobre sus cuatro patas en lugar de alejarse corriendo. Esta conducta, llamada *"stotting"*, advierte al resto de la manada, pero hace visible al individuo ante los depredadores. Este salto particular le da a la manada tiempo suficiente para escapar y le indica al depredador que la manada ya lo detectó. Las conductas sociales incluyen todas y cada una de las interacciones entre los individuos de la misma especie. Los grupos sociales interactúan de muchas formas, entre las que se incluyen la comunicación, la selección de parejas y la defensa.

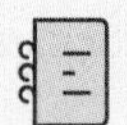

Explicar El "stotting" representa un alto costo en términos de energía y riesgos. ¿Por qué un individuo se arriesgaría para alertar y proteger al grupo? ¿Cuáles son los beneficios?

Aprende en línea

FIGURA 9: Chimpancé haciendo la vocalización llamada "pant-hoot"

Comunicación

La comunicación consiste en el intercambio de información y es fundamental para la supervivencia de los individuos y los grupos, así como para la especie propiamente dicha. Las vocalizaciones, el plumaje, las canciones, el acicalado mutuo y los rastros de feromonas son formas de comunicación animal.

Los chimpancés viven en las densas selvas lluviosas tropicales donde es fácil perder de vista a los otros individuos de la especie. Usan diversas vocalizaciones para mantenerse en contacto y dar su ubicación. Otras vocalizaciones se usan para mostrar entusiasmo, saludar y advertir sobre depredadores. Los chimpacés también usan expresiones faciales y posturas corporales.

Image Credits: (tl) (tc) (tr) ©Mark Doherty/Fotolia; (cl) ©Gallo Images/Gerald Hinde/Alamy; (bl) ©The Image Bank/Getty Images

Selección de pareja

Las exhibiciones de cortejo son conductas que suelen utilizar los miembros macho de una especie para atraer a las hembras. Los científicos presumen que las hembras usan las exhibiciones de cortejo para juzgar la condición de su potencial pareja o la calidad de sus genes. Por ejemplo, como se muestra en la Figura 10, los piqueros patiazules levantan las patas y se pavonean para hacer alarde de sus patas azules ante potenciales parejas. El pigmento que les da a las patas ese color azul brillante proviene de su alimentación. Por lo tanto, el individuo con más éxito en la búsqueda de alimento tendrá las patas más brillantes. La "danza" de cortejo ayuda a las hembras a encontrar la pareja con mejor aptitud biológica.

Aprende en línea

FIGURA 10: Piqueros patiazules

Defensa

Las conductas defensivas son respuestas a estímulos amenazantes del ambiente. El objetivo de estas conductas es reducir el daño a los individuos. A menudo, los animales también se exponen al peligro para proteger a sus crías. Por ejemplo, los pingüinos adultos de la Figura 11 se ubican entre sus crías y un petrel, que amenaza con atacar a los pingüinos jóvenes. Los grupos de animales también alertan sobre el peligro con diferentes vocalizaciones. Los monos cercopitecos verdes, por ejemplo, usan un llamado que indica que el depredador es una serpiente, y otro que indica que se trata de un gran felino o un ave. Esto les indica a los miembros del grupo dónde mirar y por dónde huir.

Aprende en línea

FIGURA 11: Pingüinos protegiendo a sus crías de un petrel

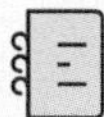

Hacer un modelo Haz un modelo que explique cómo los diferentes tipos de conducta benefician al individuo y, por lo tanto, al grupo. Para cada tipo de conducta, incluye elementos que expliquen cómo evolucionó este rasgo con el tiempo.

Cooperación

Los leones cazan en grupos, llamados *manadas*, para aumentar sus posibilidades de éxito. La mayoría de las presas pueden huir de un solo león, pero no de un grupo completo de caza. El grupo trabaja en conjunto para acechar a la presa y formar una barrera que evite su escape. Luego, se abalanzan todos juntos sobre la presa para derribarla. Esta conducta es un ejemplo de *cooperación*, que incluye conductas que mejoran la aptitud biológica de los individuos involucrados.

Reciprocidad

Los murciélagos vampiro conviven en comunidades estrechamente unidas, dándose protección y calor entre sí. Para donar el alimento acumulado durante la caza a aquellos murciélagos que no puede cazar por sus propios medios, los murciélagos vampiro hembra regurgitan voluntariamente y comparten parte de su alimento. Esto tiene un costo para el murciélago donante, pues usó energía para obtener el alimento y está perdiendo parte de ella al compartirlo.

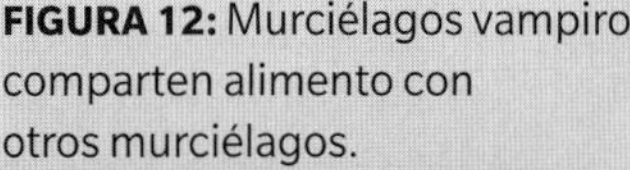

FIGURA 12: Murciélagos vampiro comparten alimento con otros murciélagos.

Los murciélagos vampiro llevan un registro de los individuos que comparten el alimento para, así, compartir su alimento con estos. Este es un ejemplo de reciprocidad, otra forma de conducta cooperativa entre los animales. La idea es que una acción, como compartir el alimento, resulte en una respuesta beneficiosa futura, como ser el receptor de alimento compartido. Las investigaciones revelaron que los murciélagos en necesidad de alimento recibían más donaciones si antes habían compartido alimento con otros murciélagos.

Reunir evidencias ¿Qué individuos dentro de una comunidad más grande de murciélagos sería mejor alimentar luego de quedarse una o dos veces sin comer?

Image Credits: (t) ©Picture Press/J & C Sohns/Getty Images; (c) ©Fred Olivier/naturepl.com; (b) ©Jonner Images/Getty Images

Aprende en línea 

FIGURA 13: Las suricatas muestran conductas altruistas.

Altruismo

Las suricatas, como las de la Figura 13, se mantienen de pie y están alerta para detectar la presencia de depredadores. Cuando un individuo ve un depredador, emite una alarma al grupo. Estas señales provocan que la atención se centre sobre sí mismo y aumentan su propio riesgo de ser atacado, pero puede salvar a otros individuos. Este tipo de conducta se conoce como *altruismo*. El altruismo es un tipo de conducta en el cual un individuo sacrifica su integridad para beneficiar a otros miembros de su grupo social. En otras palabras, el animal se sacrifica por el bien del grupo.

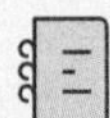

Hacer un modelo Explica cómo podrías hacer un modelo de la relación costo-beneficio presente en las conductas altruistas.

¿Cómo podemos explicar la evolución del altruismo si se supone que la conducta mejora la integridad? William Hamilton, un biólogo evolutivo británico, se dio cuenta de que los alelos se pueden transmitir y, por lo tanto, propagar en una población de dos maneras: directamente de un individuo a su descendencia, o indirectamente ayudando a sobrevivir a los familiares más próximos.

Cuando un animal se reproduce, su descendencia recibe la mitad de sus alelos. Sin embargo, los familiares comparten algunos alelos de la siguiente forma:

- Progenitores y hermanos comparten el 50 por ciento de los alelos del animal.
- Los sobrinos y las sobrinas comparten el 25 por ciento de sus alelos.
- Los primos hermanos comparten un 12.5 por ciento de sus alelos.

El número total de genes que aportan un animal y sus familiares a la siguiente generación se llama aptitud inclusiva. Incluye la aptitud biológica directa de la reproducción y la aptitud indirecta de ayudar a los familiares a sobrevivir. La selección familiar ocurre cuando la selección natural actúa sobre los alelos que favorecen la supervivencia de los familiares más próximos.

FIGURA 14: Las hormigas tejedoras trabajan en conjunto en colonias eusociales.

Analizar ¿Cómo es posible que una conducta evolucione cuando hay una sola hembra reproductora y el resto de la colonia nunca se reproduce?

Conducta eusocial

Entre las colonias de insectos, como las avispas, las abejas y las hormigas, solo existe un número pequeño de hembras reproductoras. En las colonias de abejas, la reina produce pocos descendientes macho junto con miles de trabajadoras hembra estériles. Estas abejas trabajadoras no pueden reproducirse y pasan sus cortas vidas manteniendo y protegiendo la colmena, reuniendo alimento, produciendo cera y miel, y alimentando a la descendencia. Las trabajadoras viven unas seis semanas en verano, mientras que la reina puede vivir varios años. Los descendientes hembra que serán reinas se crían aparte y reciben alimento especial.

Si observaras muchas colonias eusociales, notarías que comparten una característica común: la haplodiploidía. Esto significa que su sexo está determinado por el número de grupos de cromosomas en un individuo. Los machos son haploides y las hembras, diploides. Los insectos sociales hembra producen hijas a través de huevos fertilizados por espermatozoides. Los huevos no fertilizados producen hijos. En estos animales, las hijas comparten la mitad de los alelos de sus madres, pero todos los alelos del padre. Las hermanas comparten hasta el 75 por ciento de sus alelos totales entre sí, frente al 50 por ciento de los seres humanos y del resto de los animales. La relación cercana entre hermanas en una colonia puede influir en la evolución de la eusocialidad.

Explicar Compara y contrasta las conductas individuales y las conductas grupales. ¿Cuáles son los requerimientos para que estas conductas evolucionen?

Image Credits: (t) ©Alta Oosthuizen/Fotolia; (b) ©Nongbarat4569/Shutterstock

Las conductas aprendidas

Los chimpancés jóvenes aprenden a realizar muchas tareas, algunas de las cuales requieren el uso de herramientas. Los chimpancés pueden aprender a usar hojas para beber agua o usar rocas para abrir nueces y frutos de cáscara dura. El chimpancé de la Figura 15 está usando una ramita para pescar termitas en un montículo. Todos estos son ejemplos de conductas que deben aprenderse. Los chimpancés nacen sin saber cómo usar herramientas. Aprenden al observar e intentar imitar la conducta de sus madres u otros individuos de su grupo social.

Aprende en línea

FIGURA 15: Un chimpancé pesca termitas.

Reunir evidencias ¿Por qué algunos animales necesitan aprender conductas? ¿Cuáles son de las ventajas de las conductas aprendidas por sobre las que forman parte de la genética?

Aprendizaje

Algunos aspectos de la conducta están influenciados por los genes, pero muchos se pueden modificar con la experiencia. Las conductas aprendidas son acciones que cambian con la experiencia. El aprendizaje adopta muchas formas, desde cambios en las conductas que son en su gran mayoría innatas hasta la resolución de problemas en nuevas situaciones. En cada caso, el aprendizaje involucra el fortalecimiento de los procesos nerviosos. La mayoría de las conductas no son simples reacciones a estímulos mediante el uso de procesos predeterminados en el cerebro del animal. En cambio, representan una combinación de tendencias innatas influenciadas por el aprendizaje y la experiencia. El aprendizaje permite a los animales adaptarse rápidamente a los cambios de su ambiente, aumentando su capacidad de supervivencia y reproducción.

Analizar ¿El aprendizaje está genéticamente controlado? Piensa en el ejemplo del chimpancé que aprende a usar herramientas. ¿Puede transmitir lo que aprendió? ¿Puede transmitir la capacidad de aprendizaje? Presenta evidencias para justificar tus afirmaciones.

Conducta cultural

La conducta cultural es la que se propaga a través de una población principalmente a través del aprendizaje, y no por medio de la selección. La clave de la conducta cultural es que se transmite de una generación a otra, lo que se conoce como *transmisión cultural*.

Por ejemplo, la orca que se muestra en la Figura 16 se ubica intencionalmente en la playa para cazar focas en las aguas poco profundas. Solo las orcas de ciertas partes del mundo, y solo ciertos grupos, exhiben esta conducta. Las orcas la aprenden de sus madres y otros miembros del grupo, y se la enseñarán a sus descendientes si resulta ventajosa.

El desarrollo de la conducta cultural no exige vivir en sociedades complejas. La transmisión del canto del pájaro en algunos grupos taxonómicos de aves es un ejemplo de conducta cultural. Sin embargo, la convivencia estrecha en grupos sociales puede ayudar a mejorar la transmisión y la expresión de las conductas culturales.

Aprende en línea

FIGURA 16: Orcas aprenden a cazar a través de la transmisión cultural.

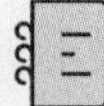

Explicar Elabora una explicación sobre la manera en que las conductas aprendidas y culturales pueden mejorar la aptitud biológica de un individuo.

Image Credits: (t) ©DLILLC/Corbis/VCG/Getty Images; (b) ©Pablo Cersosimo/Animals Animals/Earth Scenes

Conexión con las artes del lenguaje

La evolución de la conducta lúdica

Puede parecer que los cachorros de oso polar de la Figura 17 están luchando, pero en realidad están jugando. Jugar a la lucha conlleva el riesgo de lastimarse y consume energía. ¿Por qué arriesgar tanto por jugar?

Determinar qué es la conducta lúdica puede ser difícil, pues a veces existe una línea delgada que impide distinguir entre un juego y una lucha real. Según los investigadores, jugar supone conductas que son una adaptación de conductas normales, como luchar, huir o alimentarse. También incluye comunicaciones, como posturas o expresiones faciales, para que otros individuos sepan que es un juego.

Si bien jugar es divertido, se planteó la hipótesis de que esta actividad también desarrolla destrezas entre los jóvenes que los beneficiará cuando alcancen la adultez. El juego es visto de muchas formas; sin embargo, los investigadores lo clasifican en tres categorías: el juego como entrenamiento físico, como entrenamiento social y como desarrollo cognitivo. La cognición es el proceso mental de saber a través de la percepción o el razonamiento.

Muchos mamíferos jóvenes se involucran en juegos físicos cuando luchan y se mordisquean con sus dientes de corta edad. Este juego físico fortalece sus músculos en desarrollo y se cree que desarrolla destrezas que podría necesitar durante la adultez para cazar, protegerse o proteger a su descendencia.

El entrenamiento social involucra aprender de otros. Piensa en conductas que sean frecuentes en animales, como las interacciones entre lobos.

FIGURA 17: A menudo, el juego surge como desprendimiento de una conducta adulta, como la caza o la lucha.

Las diferentes posturas transmiten diferentes mensajes. Una señal se puede describir como una "reverencia de juego", que envía el mensaje de que los lobos desean jugar. Durante la juventud, el juego les da la oportunidad de aprender señales sociales que se pueden usar para otros propósitos, como captar la atención, cortejar o mostrar agresividad. El desarrollo cognitivo ocurre cuando los individuos juguetones aprenden unos de otros.

Los científicos aún están investigando por qué juegan los animales y cómo evolucionó la conducta. Saben que los beneficios del juego, al igual que los de otras conductas animales, pesan más que los riesgos asociados.

Conexión con las artes del lenguaje

Escribe una entrada de blog que justifique la afirmación de que la conducta lúdica evolucionó porque beneficia al individuo al practicar para sucesos posteriores. ¿Qué evidencia existe de que el juego evolucionó por eso? Al escribir tu argumento, considera estos pasos:

- Presenta tu afirmación, o lo que tu argumento quiere destacar.
- Desarrolla tu afirmación con evidencia y razones sólidas y lógicas.
- Relaciona las ideas para mostrar cómo se relacionan las razones con la afirmación.
- Termina con una conclusión que redondee tu argumento.

EJEMPLOS DE CONDUCTA ANIMAL |  USAR UN ETOGRAMA | PROFESIÓN: EXPERTO EN CONDUCTA ANIMAL | Conéctate y elige alguna de estas opciones.

Image Credits: ©nikkusha/Fotolia

Autorrevisión de la lección

¿PUEDES EXPLICARLO?

FIGURA 18: Las ratas topo lampiñas viven en una colonia eusocial.

Las ratas topo lampiñas viven bajo tierra, como los topos. Cada colonia subterránea solitaria suele tener una sola hembra reproductora, la reina, y unos pocos machos reproductores. El resto de la colonia consiste en individuos no reproductores que pasan toda su vida como obreros, manteniendo y protegiendo la colonia, reuniendo alimento y cuidando a la descendencia de la reina.

Explicar Consulta las anotaciones de tu Cuaderno de evidencias para explicar por qué los animales, como las ratas topo lampiñas obreras, evolucionaron para no reproducirse.

Muchos de los insectos eusociales investigados en esta lección son haplodiploides. Sin embargo, las ratas topo lampiñas son animales diploides. No obstante, sus colonias aún están formadas por animales estrechamente emparentados. A menudo, estos animales viven en áreas donde es difícil para los individuos sobrevivir por su cuenta. Por ejemplo, las ratas topo lampiñas viven en colonias de entre 70 y 80 individuos. Gran parte de la colonia está conformada por los hermanos o los descendientes de la reina. Los adultos no reproductores son soldados u obreros. Los soldados defienden la colonia, mientras que los obreros trabajan en conjunto para cavar el suelo y hallar tubérculos comestibles.

Es posible que esta conducta eusocial haya surgido debido a la cantidad de trabajo necesario para hallar alimento. Si abandonar la colonia conduce a la hambruna, el nepotismo, en cambio, puede favorecer la permanencia en la madriguera para trabajar en conjunto como grupo.

Image Credits: ©Raymond Mendez/Animals Animals/Earth Scenes

EJERCICIOS DE REVISIÓN

Comprueba lo que aprendiste

1. ¿De qué manera una conducta que en realidad aumenta el riesgo de un individuo, como el "stotting" en las gacelas saltarinas, garantiza que los genes se transmitan a los descendientes? Elige todas las respuestas correctas.

a. La conducta coloca el foco de atención sobre la manada.
b. La conducta alerta a la manada.
c. La conducta confunde a los depredadores.
d. La conducta consume energía.
e. La conducta disminuye los costos de la oportunidad.

2. Clasifica cada conducta como innata o aprendida.

a. Los chimpancés usan herramientas para pescar termitas.
b. Las tortugas de mar recién salidas del cascarón se arrastran hacia el océano.
c. Por la noche, los murciélagos vuelan hacia el exterior de las cuevas para alimentarse de mosquitos.
d. Los osos pescan salmón en un arroyo.
e. Las aves evitan alimentarse de mariposas monarca porque tienen mal sabor.
f. Los pingüinos bailan con euforia para atraer una pareja.
g. Las abejas asocian ciertos colores y fragancias con el néctar.
h. Las cucarachas corren en busca de espacios oscuros cuando se encienden las luces.

3. ¿Cuál de las siguientes opciones explica mejor cómo las conductas, como la formación de enjambres y bandadas, ayudan a proteger a los organismos?

a. Los individuos que conforman los enjambres o las bandadas actúan como señuelos para distraer a los depredadores.
b. El trabajo conjunto en enjambres o bandadas requiere menos energía.
c. El movimiento y el tamaño del enjambre o la bandada confunde a los depredadores.
d. Los enjambres y las bandadas pueden superar a los depredadores más grandes.

4. ¿Cuál de las siguientes características es el mejor criterio para clasificar una colonia como eusocial?

a. Las obreras hembra se dedican a buscar alimento.
b. El apareamiento oportunista ocurre al azar.
c. En la colonia hay pocas hembras reproductoras.
d. Las hembras defienden a la colonia.

5. Una ardilla terrestre hembra puede emitir un llamado para advertir a sus descendientes sobre la cercanía de un depredador. A menudo, la madre sacrifica su propia vida. Si bien esta conducta culmina con su muerte, resulta beneficiosa para ella porque:

a. la mitad de sus alelos se preservan en cada descendiente.
b. todos sus alelos se preservan en cada descendiente.
c. existen menos probabilidades de que el depredador vuelva a atacar a la población.
d. los alelos que causaron su conducta no seguirán formando parte del acervo genético.

6. ¿Cómo contribuye la conducta cooperativa a la supervivencia de los animales?

a. La conducta cooperativa pone un individuo en riesgo para la supervivencia de todo el grupo.
b. La conducta cooperativa beneficia a un individuo que será correspondido en el futuro.
c. La conducta cooperativa permite a los individuos trabajar en conjunto para lograr un objetivo común que beneficiará al grupo.
d. La conducta cooperativa compromete a todos los miembros de un grupo a trabajar en conjunto para el beneficio de unos pocos.

7. Usa los siguientes términos para clasificar cada tipo de conducta: *comunicación, reciprocidad, altruismo, autoprotección, migración*. Puedes usar cada respuesta más de una vez.

a. Un murciélago comparte su alimento con otro.
b. Un mono provoca que la atención se pose sobre sí mismo al emitir una alarma a su grupo.
c. El bisonte responde a un estímulo amenazante.
d. Las hormigas dejan feromona en los alimentos.
e. Los osos negros abandonan un territorio establecido para hallar nuevas fuentes de alimento.
f. Las obreras hembra no reproductoras cuidan la descendencia de la reina.
g. Un pavo real macho abre sus plumas y se pavonea.

8. Identifica los costos más probables de cada conducta usando los siguientes términos: *costos de oportunidad, costos del riesgo, costos de energía.*
   a. Un grupo de murciélagos se ocupa de sus descendientes en lugar de volar en busca de alimento.
   b. Dos termitas obreras custodian la entrada al montículo.
   c. Un leopardo persigue a una gacela en un intento de comerla.

9. Un antílope está pastando en la sabana y siente sed. Bebe en un bebedero cercano. Mientras el antílope bebe, otro antílope de la manada emite una señal de peligro. El antílope y los miembros de la manada corren a toda velocidad. Luego, el antílope siente calor y se echa a la sombra.

   Identifica cada una de las siguientes opciones como un estímulo o una respuesta. Si la identificas como un estímulo, decide si es un estímulo interno o externo.
   a. siente sed
   b. bebe agua
   c. sale corriendo
   d. se echa a la sombra
   e. siente calor

10. Dos grupos de chimpancés que viven en diferentes regiones usan herramientas para recolectar miel. Un grupo usa palos largos, mientras que el otro usa hojas masticadas. ¿Cuál de las siguientes opciones explicaría mejor estas dos conductas adoptadas para el mismo propósito?
    a. transmisión cultural
    b. cooperación
    c. conducta transitiva
    d. conducta migratoria

11. ¿Cuál de las siguientes opciones explica mejor cómo determinada conducta tiene más probabilidades de ser favorecida y evolucionar como una conducta innata?
    a. La conducta se aprende con facilidad.
    b. La conducta tiene costos muy bajos de oportunidad y riesgos.
    c. Los beneficios de la conducta para la supervivencia pesan más que los costos.
    d. La conducta es la respuesta a un estímulo.

HAZ TU PROPIA GUÍA DE ESTUDIO

En tu Cuaderno de evidencias, diseña una guía de estudio que justifique las ideas principales de esta lección:

Una conducta es algo que un organismo hace en respuesta a un estímulo y ayuda al organismo a mantener la homeostasis en un ambiente cambiante.

Una conducta se ve favorecida si el beneficio de la conducta pesa más que el costo o el riesgo.

Las conductas se pueden clasificar como innatas o aprendidas. Las conductas innatas son aquellas que son instintivas y heredables. Las conductas aprendidas se adquieren a través de la observación, la práctica y la experiencia, y pueden ser específicas de cada cultura.

Recuerda incluir la siguiente información en tu guía de estudio:

- Usa ejemplos que sirvan como modelo de las ideas principales.
- Anota explicaciones para el fenómeno que investigaste.
- Presenta evidencias para justificar tus explicaciones. Tu justificación puede incluir dibujos, datos, gráficas, conclusiones de laboratorio y otras evidencias que hayas anotado a lo largo de la lección.

Considera cómo es posible que cualquier conducta que aumente la supervivencia de un individuo o su éxito reproductivo se transmita de una generación a la siguiente.

THING EXPLAINER DE RANDALL MUNROE

UN LIBRO QUE EXPLICA LOS CONCEPTOS MÁS COMPLEJOS CON LAS PALABRAS MÁS SENCILLAS

RANDALL MUNROE
XKCD.COM

EL ÁRBOL DE LA VIDA

Todos los seres vivos como parte de la misma familia

Has aprendido que los organismos se pueden clasificar según sus características físicas y genéticas, lo que revela sus relaciones evolutivas. Los diagramas de árbol se usan para describir las relaciones entre los organismos, tanto los vivos como los extintos. Aquí verás uno que usa un lenguaje fácil de entender.

LA HISTORIA DE LOS SERES VIVOS DESDE EL COMIENZO

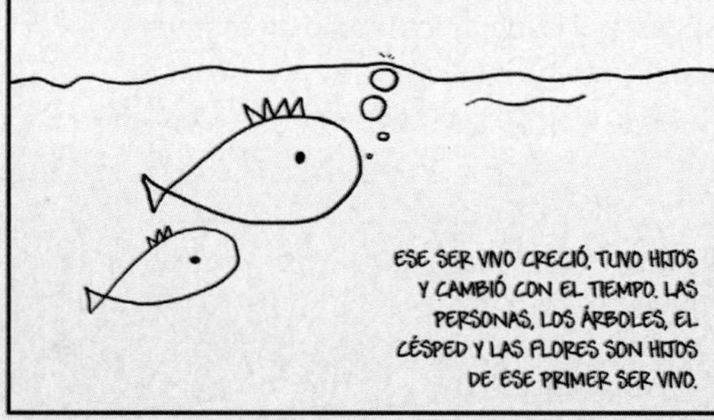

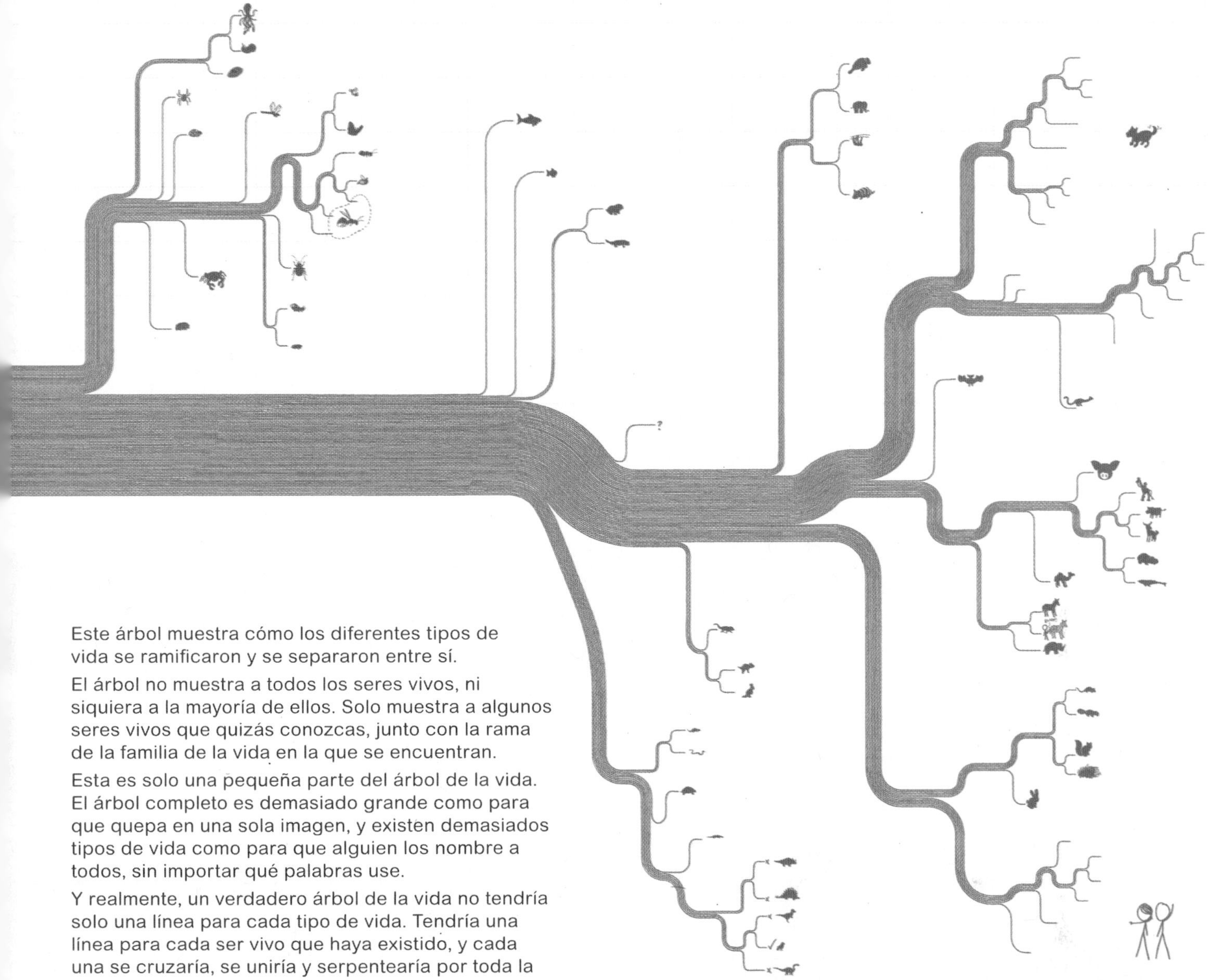

Este árbol muestra cómo los diferentes tipos de vida se ramificaron y se separaron entre sí.

El árbol no muestra a todos los seres vivos, ni siquiera a la mayoría de ellos. Solo muestra a algunos seres vivos que quizás conozcas, junto con la rama de la familia de la vida en la que se encuentran.

Esta es solo una pequeña parte del árbol de la vida. El árbol completo es demasiado grande como para que quepa en una sola imagen, y existen demasiados tipos de vida como para que alguien los nombre a todos, sin importar qué palabras use.

Y realmente, un verdadero árbol de la vida no tendría solo una línea para cada tipo de vida. Tendría una línea para cada ser vivo que haya existido, y cada una se cruzaría, se uniría y serpentearía por toda la página, mientras cambia lentamente de un tipo de vida a otro, en un camino que se remonta, sin ningún corte, a esa primera vida.

Nadie sabe realmente cuántos seres vivos hay en el mundo, pero podemos hacer algunas estimaciones, y son inmensas. No solo no podemos encontrar las palabras suficientes para describir a todas esas vidas, sino que se nos hace difícil hablar de la cantidad en sí.

La siguiente sería una manera de pensar en cuántos seres vivos han vivido en la Tierra: El mundo está cubierto por mares que están rodeados por playas de arena. Un día, mientras caminas por la playa, toma un poco de arena y mírala. Imagina que cada pequeño grano de arena bajo tus pies es todo un mundo en sí mismo, cada uno con sus propios mares y playas, como la Tierra.

El árbol de la vida completo tiene tantos seres vivos como granos de arena hay en todas esas playas de todos esos pequeños mundos de arena juntos.

Al lado del mundo del que hablamos, todas nuestras palabras son pequeñas.

ANIMAL QUE VIVE EN EL FONDO DEL MAR Y ESTÁ EN LA TIERRA DESDE HACE MUCHÍSIMO TIEMPO

Image Credit: ©Vudhikrai/Shutterstock

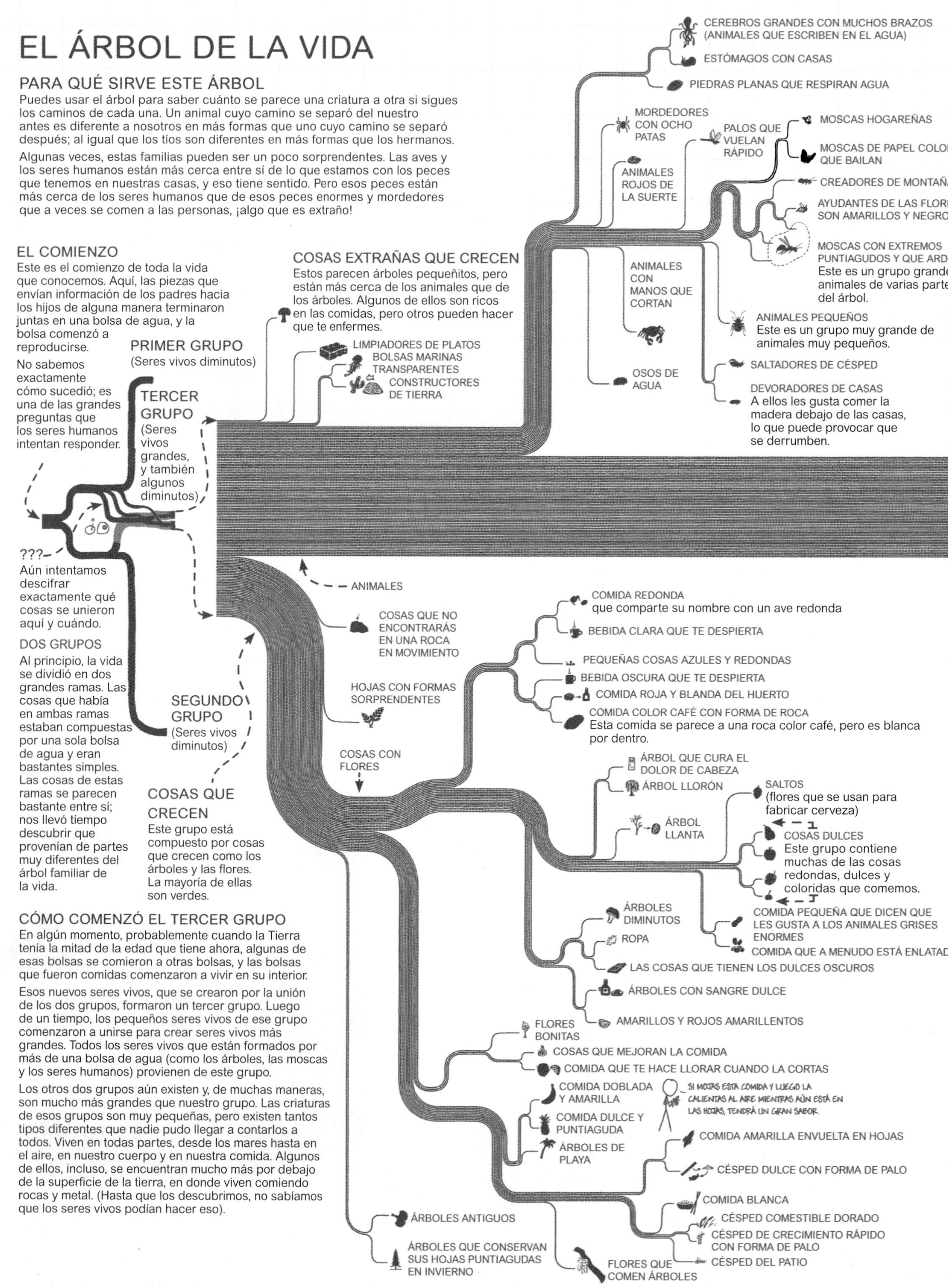

EL ÁRBOL DE LA VIDA

PARA QUÉ SIRVE ESTE ÁRBOL

Puedes usar el árbol para saber cuánto se parece una criatura a otra si sigues los caminos de cada una. Un animal cuyo camino se separó del nuestro antes es diferente a nosotros en más formas que uno cuyo camino se separó después; al igual que los tíos son diferentes en más formas que los hermanos.

Algunas veces, estas familias pueden ser un poco sorprendentes. Las aves y los seres humanos están más cerca entre sí de lo que estamos con los peces que tenemos en nuestras casas, y eso tiene sentido. Pero esos peces están más cerca de los seres humanos que de esos peces enormes y mordedores que a veces se comen a las personas, ¡algo que es extraño!

EL COMIENZO

Este es el comienzo de toda la vida que conocemos. Aquí, las piezas que envían información de los padres hacia los hijos de alguna manera terminaron juntas en una bolsa de agua, y la bolsa comenzó a reproducirse.

No sabemos exactamente cómo sucedió; es una de las grandes preguntas que los seres humanos intentan responder.

??? Aún intentamos descifrar exactamente qué cosas se unieron aquí y cuándo.

DOS GRUPOS

Al principio, la vida se dividió en dos grandes ramas. Las cosas que había en ambas ramas estaban compuestas por una sola bolsa de agua y eran bastantes simples. Las cosas de estas ramas se parecen bastante entre sí; nos llevó tiempo descubrir que provenían de partes muy diferentes del árbol familiar de la vida.

PRIMER GRUPO (Seres vivos diminutos)

TERCER GRUPO (Seres vivos grandes, y también algunos diminutos)

SEGUNDO GRUPO (Seres vivos diminutos)

COSAS QUE CRECEN

Este grupo está compuesto por cosas que crecen como los árboles y las flores. La mayoría de ellas son verdes.

COSAS EXTRAÑAS QUE CRECEN

Estos parecen árboles pequeñitos, pero están más cerca de los animales que de los árboles. Algunos de ellos son ricos en las comidas, pero otros pueden hacer que te enfermes.

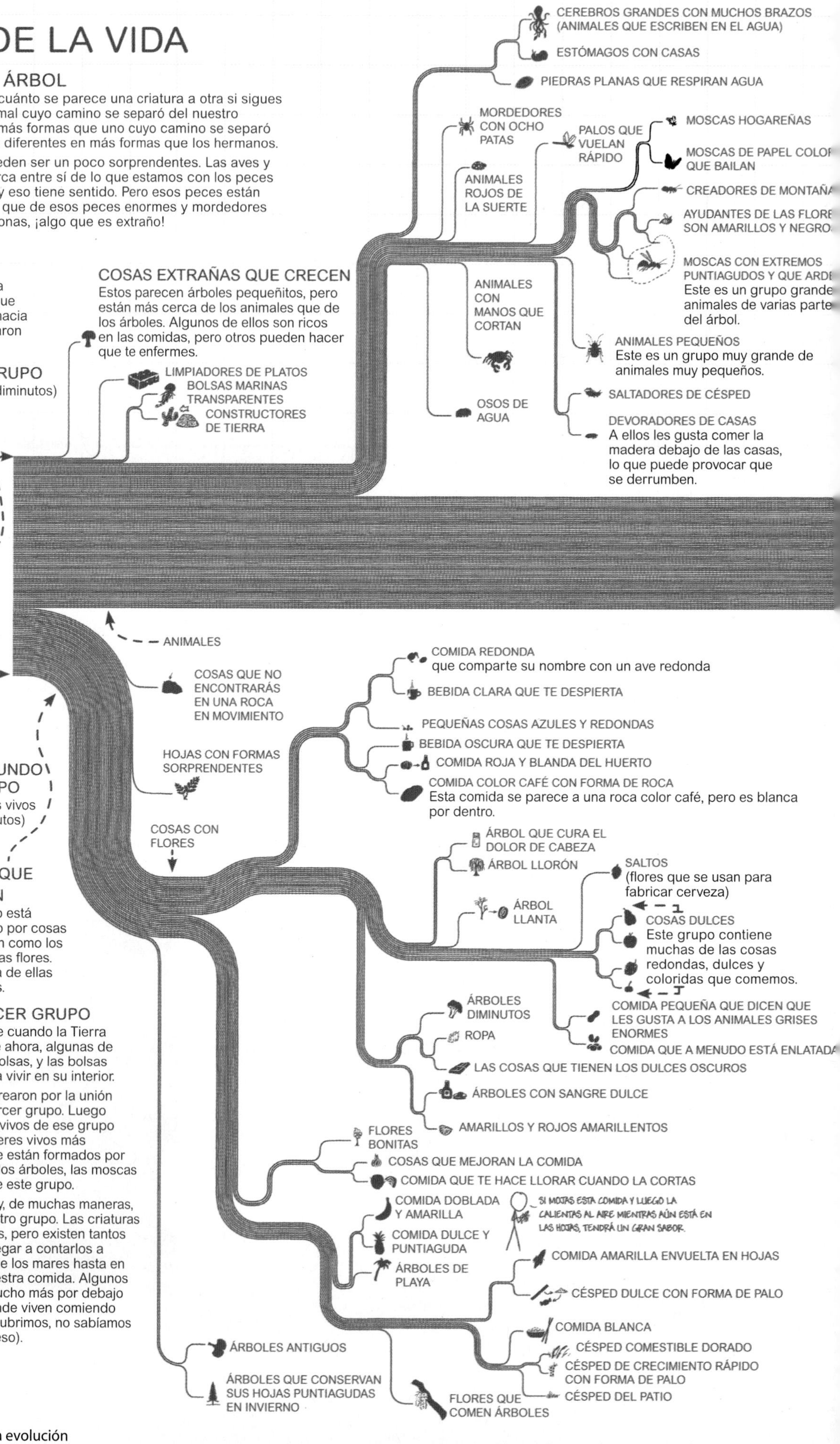

CEREBROS GRANDES CON MUCHOS BRAZOS (ANIMALES QUE ESCRIBEN EN EL AGUA)
ESTÓMAGOS CON CASAS
PIEDRAS PLANAS QUE RESPIRAN AGUA
MORDEDORES CON OCHO PATAS
PALOS QUE VUELAN RÁPIDO
MOSCAS HOGAREÑAS
MOSCAS DE PAPEL COLO QUE BAILAN
ANIMALES ROJOS DE LA SUERTE
CREADORES DE MONTAÑA
AYUDANTES DE LAS FLORE SON AMARILLOS Y NEGRO
MOSCAS CON EXTREMOS PUNTIAGUDOS Y QUE ARDE
Este es un grupo grande animales de varias parte del árbol.
ANIMALES CON MANOS QUE CORTAN
ANIMALES PEQUEÑOS
Este es un grupo muy grande de animales muy pequeños.
SALTADORES DE CÉSPED
OSOS DE AGUA
DEVORADORES DE CASAS
A ellos les gusta comer la madera debajo de las casas, lo que puede provocar que se derrumben.
LIMPIADORES DE PLATOS
BOLSAS MARINAS TRANSPARENTES
CONSTRUCTORES DE TIERRA
ANIMALES
COMIDA REDONDA
que comparte su nombre con un ave redonda
COSAS QUE NO ENCONTRARÁS EN UNA ROCA EN MOVIMIENTO
BEBIDA CLARA QUE TE DESPIERTA
PEQUEÑAS COSAS AZULES Y REDONDAS
BEBIDA OSCURA QUE TE DESPIERTA
HOJAS CON FORMAS SORPRENDENTES
COMIDA ROJA Y BLANDA DEL HUERTO
COMIDA COLOR CAFÉ CON FORMA DE ROCA
Esta comida se parece a una roca color café, pero es blanca por dentro.
COSAS CON FLORES
ÁRBOL QUE CURA EL DOLOR DE CABEZA
ÁRBOL LLORÓN
SALTOS
(flores que se usan para fabricar cerveza)
ÁRBOL LLANTA
COSAS DULCES
Este grupo contiene muchas de las cosas redondas, dulces y coloridas que comemos.
ÁRBOLES DIMINUTOS
COMIDA PEQUEÑA QUE DICEN QUE LES GUSTA A LOS ANIMALES GRISES ENORMES
ROPA
COMIDA QUE A MENUDO ESTÁ ENLATADA
LAS COSAS QUE TIENEN LOS DULCES OSCUROS
ÁRBOLES CON SANGRE DULCE
AMARILLOS Y ROJOS AMARILLENTOS
FLORES BONITAS
COSAS QUE MEJORAN LA COMIDA
COMIDA QUE TE HACE LLORAR CUANDO LA CORTAS
COMIDA DOBLADA Y AMARILLA
SI MOJAS ESTA COMIDA Y LUEGO LA CALIENTAS AL AIRE MIENTRAS AÚN ESTÁ EN LAS HOJAS, TENDRÁ UN GRAN SABOR.
COMIDA DULCE Y PUNTIAGUDA
ÁRBOLES DE PLAYA
COMIDA AMARILLA ENVUELTA EN HOJAS
CÉSPED DULCE CON FORMA DE PALO
COMIDA BLANCA
CÉSPED COMESTIBLE DORADO
CÉSPED DE CRECIMIENTO RÁPIDO CON FORMA DE PALO
CÉSPED DEL PATIO
ÁRBOLES ANTIGUOS
ÁRBOLES QUE CONSERVAN SUS HOJAS PUNTIAGUDAS EN INVIERNO
FLORES QUE COMEN ÁRBOLES

CÓMO COMENZÓ EL TERCER GRUPO

En algún momento, probablemente cuando la Tierra tenía la mitad de la edad que tiene ahora, algunas de esas bolsas se comieron a otras bolsas, y las bolsas que fueron comidas comenzaron a vivir en su interior.

Esos nuevos seres vivos, que se crearon por la unión de los dos grupos, formaron un tercer grupo. Luego de un tiempo, los pequeños seres vivos de ese grupo comenzaron a unirse para crear seres vivos más grandes. Todos los seres vivos que están formados por más de una bolsa de agua (como los árboles, las moscas y los seres humanos) provienen de este grupo.

Los otros dos grupos aún existen y, de muchas maneras, son mucho más grandes que nuestro grupo. Las criaturas de esos grupos son muy pequeñas, pero existen tantos tipos diferentes que nadie pudo llegar a contarlos a todos. Viven en todas partes, desde los mares hasta en el aire, en nuestro cuerpo y en nuestra comida. Algunos de ellos, incluso, se encuentran mucho más por debajo de la superficie de la tierra, en donde viven comiendo rocas y metal. (Hasta que los descubrimos, no sabíamos que los seres vivos podían hacer eso).

Conéctate para aprender más sobre *Thing Explainer*.

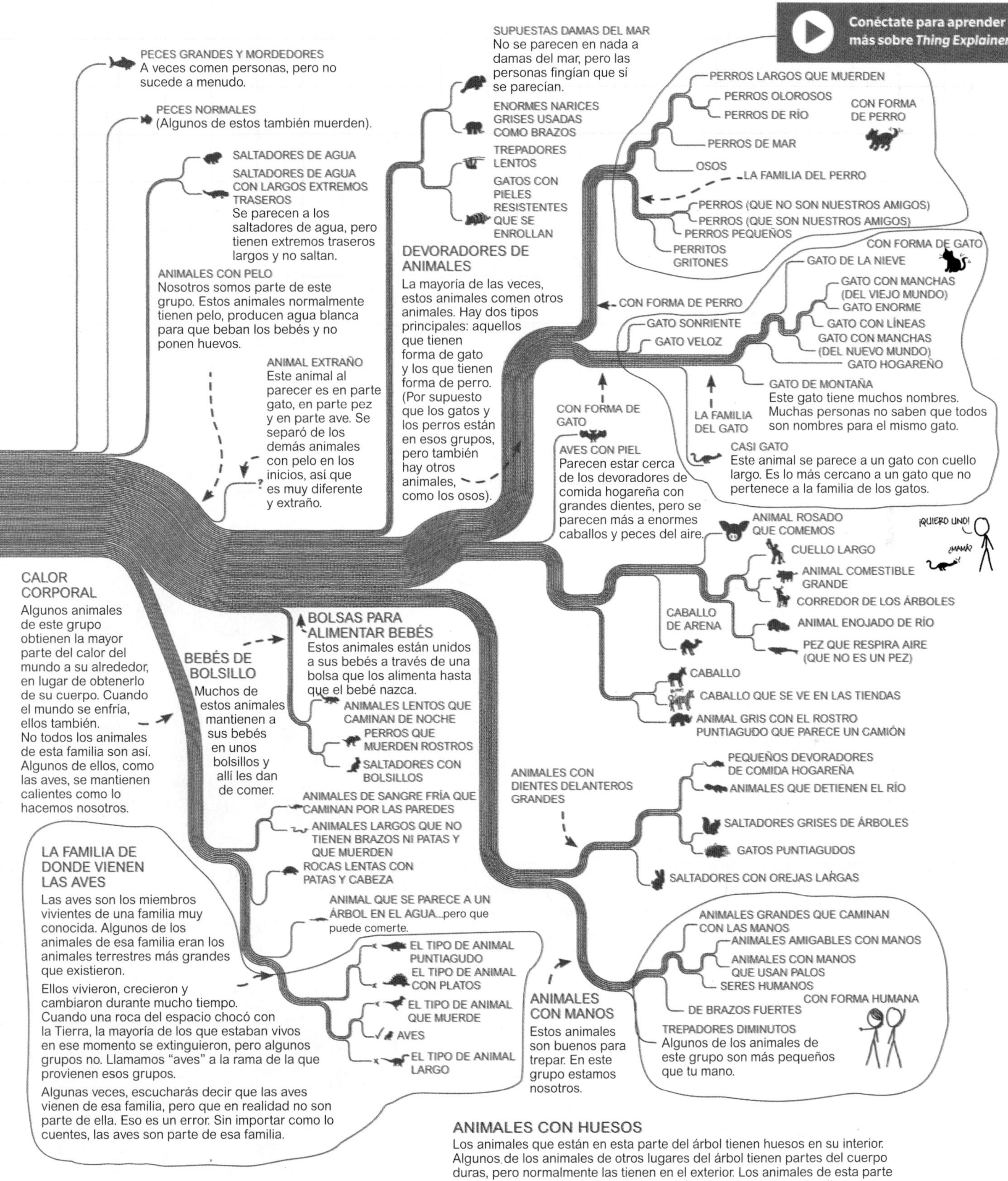

ANIMALES CON HUESOS

Los animales que están en esta parte del árbol tienen huesos en su interior. Algunos de los animales de otros lugares del árbol tienen partes del cuerpo duras, pero normalmente las tienen en el exterior. Los animales de esta parte tienen huesos en el interior, con partes blandas que cuelgan de ellos.

Conexión con las ciencias de la Tierra

El daltonismo en Pingelap Los sucesos climáticos catastróficos pueden tener impactos significativos sobre las poblaciones, a veces con efectos sobre las generaciones venideras. En 1775, el tifón Lengkieki azotó el atolón Pingelap, en Micronesia. En la actualidad, aproximadamente 1 de cada 10 residentes de Pingelap son completamente daltónicos, en comparación con una tasa de 1 en 40,000 individuos en todo el mundo.

Busca recursos en la biblioteca y en Internet para investigar sobre la relación existente entre el daltonismo en los residentes de Pingelap y el tifón Lengkieki. Prepara un informe para comentar lo que descubriste, incluyendo factores como un efecto fundador o una deriva genética que pudieran haber conducido al desarrollo del fenómeno.

FIGURA 1: Los individuos daltónicos pueden tener dificultades para distinguir los colores.

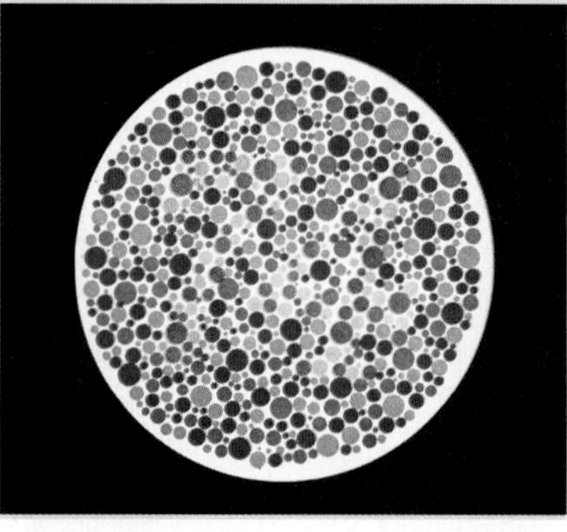

Conexión con las humanidades

Evolución de la moda Los cambios y las adaptaciones en la cultura ocurren en las poblaciones humanas, aunque mayormente como resultado de presiones diferentes a las que impulsan la evolución biológica. La moda, por ejemplo, ha "evolucionado" en casi todas las sociedades humanas como normas sociales, tendencias artísticas, condiciones climáticas y otros factores que se desarrollan y cambian. Muchos aspectos de una sociedad se ven reflejados en las preferencias de moda de sus integrantes, y algunas tendencias representan exclusivamente un determinado momento y lugar.

Busca recursos en la biblioteca y en Internet para investigar sobre la manera en que las tendencias de moda en una sociedad en particular evolucionaron con el paso del tiempo. Escribe una entrada de blog sobre un cambio específico en la moda y describe algunos de los cambios sociales que pudieron haber conducido a esta evolución de la moda. Asegúrate de incluir imágenes representativas que ilustren lo que descubriste.

FIGURA 2: Las tendencias de la moda cambian con el tiempo en casi todas las sociedades.

Conexión con la ingeniería

La influencia animal en el diseño de robots La investigación que se enfoca en las formas en que los animales se comportan, reaccionan y trasladan ha conducido a mejoras potenciales en el diseño de robots. A menudo, cuando desarrollan robots, los ingenieros usan estrategias que surgen de las especies animales. Por ejemplo, los ingenieros han desarrollado robots que trepan usando tecnología inspirada en la forma en que las patas de un geco se adhieren a las superficies. Los ingenieros en robótica también encontraron una forma de añadir estabilidad a los robots a partir de estudios en los que se analizó la manera en que el pez usa las aletas para nadar.

Busca recursos en la biblioteca y en Internet para investigar sobre el diseño y la función de un robot que ha sido influenciado por la conducta o el movimiento animal. ¿Qué características o estrategias específicas se "tomaron prestadas" del animal al momento de diseñar el robot? ¿Qué otras características del animal que inspiró el diseño podrían ser útiles para la función del robot? Escribe un informe en el que detalles lo que descubriste y tus sugerencias, y compártelo con la clase.

FIGURA 3: Las adaptaciones de los animales inspiran e influyen en muchos de los diseños de robots.

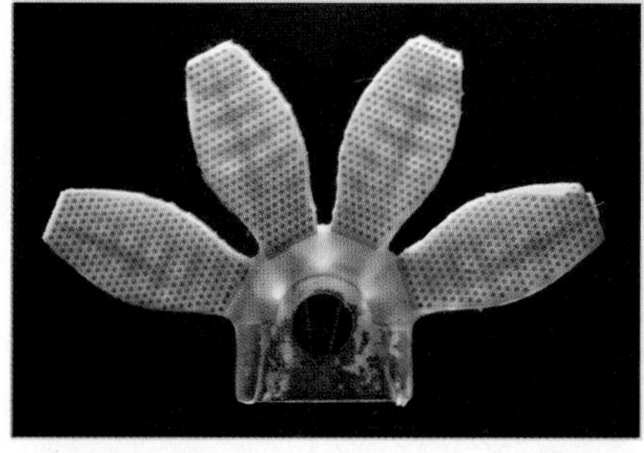

Image Credits: (t) ©Steve Allen/Brand X/Corbis; (c) ©Chronicle/Alamy; (b) ©Volker Steger/Science Source

SÍNTESIS DE LA UNIDAD

En tu Cuaderno de evidencias, haz un mapa conceptual, un organizador gráfico o un esquema con la información de las Guías de estudio que creaste para cada lección de esta unidad. Recuerda que debes fundamentar tus afirmaciones con evidencias.

Al sintetizar información, debes seguir los siguientes pasos generales:

- Busca la idea central de cada fuente de información.
- Establece relaciones entre las ideas centrales.
- Combina las ideas para mejorar tu comprensión.

PREGUNTAS GUÍA

Vuelve a leer las Preguntas guía que aparecen al principio de la unidad. En tu Cuaderno de evidencias, repasa y revisa las respuestas que habías dado a esas preguntas. A partir de las evidencias que reuniste y las observaciones que hiciste durante la unidad, justifica las respuestas.

PRÁCTICA Y REPASO

1. En una especie determinada de serpiente marina, un solo gen controla la forma de la lengua. El alelo de la lengua bífida (*T*) es dominante, y el alelo de la lengua no bífida (*t*) es recesivo. En esta población, 16 son homocigotos recesivos, 36 son homocigotos dominantes y 48 son heterocigotos. Con esta información, responde las preguntas:

a. ¿Cuántos alelos totales hay en esta población para la forma de la lengua?

b. ¿Cuántos alelos *T* hay en la población?

c. ¿Cuántos alelos *t* hay en la población?

d. ¿Cuál es la frecuencia del alelo *T*? Expresa tu respuesta como un porcentaje.

e. ¿Cuál es la frecuencia del alelo *t*? Expresa tu respuesta como un porcentaje.

2. Las ranas de árbol verde brillante son más comunes en las selvas lluviosas tropicales que en las áreas de clima templado, donde los colores de las hojas cambian según la estación. ¿Por qué podría ser cierto?

a. La cantidad de ranas es similar en ambos ambientes, pero son más fáciles de detectar en las selvas lluviosas tropicales de color verde.

b. La coloración de las ranas ofrece mejor camuflaje en las selvas de clima templado, donde las hojas se tornan de color café o de otros colores, que en las selvas lluviosas tropicales de color verde.

c. La coloración hace que las ranas resalten más en las selvas lluviosas tropicales de color verde, que en las selvas de clima templado, donde las hojas se tornan de color café o de otros colores.

d. La coloración de las ranas ofrece mejor camuflaje en las selvas lluviosas tropicales de color verde que en las selvas de clima templado, donde las hojas son de color café o de otros colores.

3. Algunos individuos de una especie de mariposas despliegan una coloración que imita a la de una especie de mariposa venenosa que vive en el mismo hábitat. Ordena los elementos para representar lo que podría suceder con la primera especie de mariposas si la especie venenosa desapareciera del hábitat.

a. Los depredadores se alimentarían de las mariposas con coloración mimetizada con más frecuencia que antes.

b. La proporción de individuos de la población con coloración mimetizada disminuiría.

c. La presión sobre los depredadores para evitar alimentarse de mariposas venenosas disminuiría.

d. La ventaja de supervivencia para las mariposas mimetizadas disminuiría.

4. En el caso de las almejas, un caparazón grueso puede disuadir a potenciales depredadores como las nutrias de mar, que rompen los caparazones para comerlas. En un hábitat en el que las nutrias de mar tienden a crecer y a tornarse fuertes, ¿qué evolución podría observarse en las almejas respecto al grosor del caparazón?

a. una evolución disruptiva, con los caparazones más gruesos y más delgados tornándose más prevalentes

b. una evolución estabilizadora, con caparazones de un espesor promedio tornándose más prevalentes

c. una evolución direccional, con el promedio tendiendo hacia caparazones más gruesos a lo largo de la población de almejas

d. una evolución direccional, con el promedio tendiendo hacia caparazones más delgados a lo largo de la población de almejas

FIGURA 4: Efecto fundador en poblaciones de escarabajos

muestra de la población original

población fundadora A

población fundadora B

descendientes

descendientes

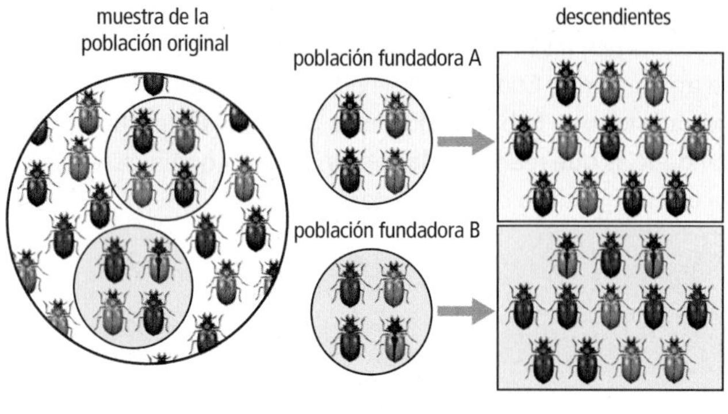

5. Analiza la imagen de las poblaciones de escarabajos fundadoras de la Figura 4. ¿Qué se ve en las poblaciones de descendientes que surgen de un número pequeño de individuos fundadores? Elige todas las respuestas correctas.

a. Todos los individuos de las poblaciones descendientes son heterocigotos en cuanto a los rasgos.

b. Las frecuencias alélicas de una población descendiente pueden diferir mucho respecto de las frecuencias de otra población descendiente.

c. Algunos alelos pueden perderse por completo en una o más poblaciones descendientes.

d. La variación genética de la población descendiente es generalmente menor que en la población original.

6. Se unen los individuos de dos especies diferentes de luciérnagas, especie A y especie B. Se determina que las hembras de la especie A no reconocen las señales de apareo emitidas por los machos de la especie B, y que las hembras de la especie B no reconocen las señales de los machos de la especie A. Según este descubrimiento, ¿qué fenómeno del pasado pudo haber conducido a la especiación en estas luciérnagas?

a. aislamiento sexual

b. aislamiento temporal

c. aislamiento conductual

d. aislamiento geográfico

7. Los cíclidos son un grupo de más de 2,000 especies de peces que habitan los lagos de África. Se cree que evolucionaron a partir de la radiación adaptativa. Explica de qué manera pudieron haberse desarrollado tantas especies a partir de un ancestro común.

8. Explica un fenómeno relacionado con el cambio climático y el impacto negativo que puede tener sobre las especies, conduciéndolas incluso hacia la extinción. Usa un ejemplo específico para justificar tus afirmaciones.

9. Los arenques son pequeños peces oceánicos que suelen nadar de manera grupal en grandes bancos. Si bien esta conducta consume una cantidad de energía considerable y puede aumentar la competencia por los recursos, ¿qué ventajas podría ofrecerles a los arenques la evolución de la conducta de desplazamiento en bancos? Elige todas las respuestas correctas.

a. la capacidad de muchos individuos para detectar depredadores

b. la posibilidad de alcanzar mayores profundidades como banco

c. mayor eficacia al momento de buscar alimentos de manera grupal

d. la posibilidad de confundir a los potenciales depredadores mostrándose como un animal grande

10. Los perros silvestres africanos practican la caza cooperativa al formar manadas para cazar animales como antílopes, jabalíes y ñus. Explica algunas de las ventajas y desventajas de la caza en grupo.

PROYECTO DE LA UNIDAD

Vuelve a tu proyecto de la unidad. Prepara una presentación con tu investigación y tus materiales para compartir con la clase. En tu presentación final, evalúa la firmeza de tus análisis y conclusiones.

Recuerda estas sugerencias a la hora de evaluar:

- Observa la evidencia empírica, es decir, la evidencia que se basa en observaciones y datos. ¿La evidencia justifica la explicación?
- Considera si la explicación es lógica. ¿La explicación contradice alguna de las evidencias que has visto?
- Piensa en las pruebas que podrías hacer para justificar o contradecir las ideas.

Diversidad genética en guepardos

En la actualidad, hay menos de 20,000 guepardos africanos (*Acinonyx jubatus*). Antes de la última era de hielo podían encontrarse diferentes especies de guepardos en América del Norte, Europa, Asia y África. Hace aproximadamente 10,000 a 12,000 años se desató un suceso de extinción en masa que provocó la desaparición de casi el 75 por ciento de los grandes mamíferos del mundo. Sobrevivió una sola especie de guepardo, con un nuevo hábitat limitado a regiones del este, centro y sur de África. ¿Qué influencia tuvo este suceso de extinción masiva en la diversidad de los guepardos?

1. DEFINE EL PROBLEMA

Con tu equipo, escribe un enunciado que defina el problema que te han pedido que resuelvas. Anota todas las preguntas que tengas sobre el problema y la información que necesitas para resolverlo.

2. ANALIZA LOS DATOS

Con tu equipo, analiza la gráfica de variación genética y el tamaño de la población que se muestra en la Figura 5. ¿Qué efecto tiene la disminución repentina del tamaño de la población sobre la variación genética? ¿Se recupera la variación genética dentro de una especie cuando se recupera la población de la especie?

3. REALIZA UNA INVESTIGACIÓN

Por tu cuenta, busca recursos en la biblioteca y en Internet para investigar cómo el suceso de extinción en masa influyó en la variación genética de los guepardos. ¿De qué manera un cambio en la variación genética influye en las poblaciones actuales de guepardos?

4. ELABORA UNA EXPLICACIÓN

Escribe una explicación del mecanismo evolutivo que afectó la diversidad genética en las poblaciones de guepardos. ¿Las poblaciones de guepardos pueden recuperar la diversidad genética perdida?

5. COMUNICA

Escribe un informe en el que detalles tu análisis y tus predicciones sobre lo que ocurrirá con la variación genética en las poblaciones futuras de guepardos.

Cambios en el tamaño de la población y en la variación genética

FIGURA 5: Variación genética y tamaño de la población

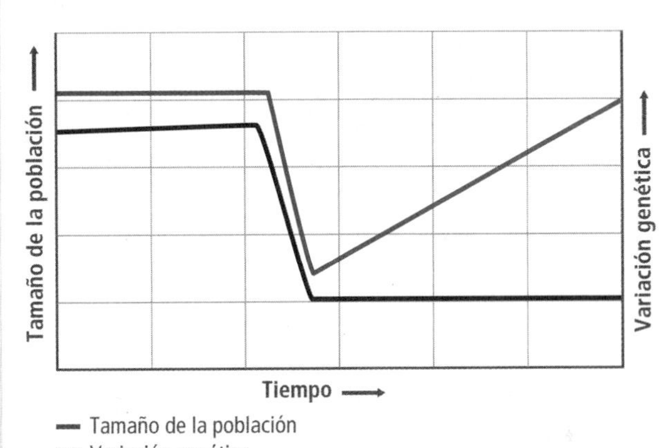

Fuente: "Low genetic variation." Understanding Evolution. University of California Museum of Paleontology. 8 December, 2016 <http://evolution.berkeley.edu/evolibrary/article/conservation_04>.

Un informe completo debe incluir la siguiente información:

- un problema claramente definido, con preguntas de respaldo que sean respondidas al final de la presentación
- un análisis del suceso de extinción en masa que afectó la variación genética en los guepardos, y una explicación de la manera en que ese suceso continúa afectando las poblaciones actuales de guepardos
- una explicación del mecanismo evolutivo que condujo a un cambio en la variación genética de los guepardos
- predicciones sobre cambios futuros en la variación genética de las poblaciones de guepardos

UNIDAD 10

El impacto de los seres humanos sobre el medio ambiente

Existen redes de transporte que abarcan toda la Tierra y representan el alcance del desarrollo humano.

Image Credits: ©leeyiutung/Fotolia

FIGURA 1: Este aparato recolecta la basura que flota en el océano.

Todos los años ingresan a los océanos y a otras masas de agua millones de toneladas de basura. Muchos animales confunden los objetos plásticos con alimento y mueren por ingestión. Otros animales pueden quedar atrapados en pedazos de plástico y en otros residuos. Como los plásticos se acumulan en el agua, la salud de los seres humanos y de los animales se ve afectada. Actualmente, existen muchos grupos que se esfuerzan por proteger los océanos de los plásticos y otros desperdicios. Limpiar las playas, aumentar la educación pública sobre el problema y crear más oportunidades para reciclar materiales plásticos son algunas formas que están implementando las personas para evitar que ingresen más residuos a los océanos. Los ingenieros están desarrollando tecnologías para capturar y eliminar el plástico y los residuos de los océanos.

Predecir ¿De qué manera los seres humanos pueden causar y resolver los mismos problemas ambientales?

PREGUNTAS GUÍA

Mientras trabajas en la unidad, reúne evidencias para responder las siguientes preguntas. En tu Cuaderno de evidencias, anota lo que ya sabes sobre estos temas y cualquier pregunta que tengas sobre ellos.

1. ¿De qué manera el crecimiento de la población afecta el medio ambiente?
2. ¿De qué manera los seres humanos pueden mitigar los efectos del desarrollo humano sobre la biodiversidad?
3. ¿Por qué las soluciones a los impactos ambientales necesitan considerar un rango de criterios, entre los que se incluyen las necesidades sociales?

PROYECTO DE LA UNIDAD

Construir o no construir un dique

Para planear el proyecto de esta unidad, conéctate y descarga la Planilla de proyectos.

Los diques son estructuras importantes que proporcionan energía y agua a muchas poblaciones. Los diques también tienen un impacto negativo en el medio ambiente. ¿Cómo se podría evaluar el impacto de los diques? ¿De qué manera los seres humanos pueden reducir los impactos negativos y restablecer la función del ecosistema en los sitios afectados por los diques? Investiga las ventajas y las desventajas de los diques para entender cómo esas estructuras pueden ayudar al mundo moderno y también dañarlo.

Image Credits: ©REX Shutterstock/Ne Bournemouth/AP Images

10.1

El medio ambiente y el aumento de la población

El impacto de los seres humanos sobre la Tierra puede verse desde el espacio.

¿PUEDES EXPLICARLO?

FIGURA 1: Este lago contiene una sustancia de un color anaranjado rojizo.

Reunir evidencias Mientras trabajas con la lección, reúne evidencias para explicar por qué las actividades humanas afectan la geósfera, la atmósfera, la hidrósfera y la biósfera.

La Tierra existe desde hace aproximadamente 4,500 millones de años. Nuestra especie, el *Homo sapiens*, evolucionó hace unos 200,000 años. Nuestra dependencia de los recursos de la Tierra aumentó al igual que la población. Las actividades humanas tienen un impacto sobre los recursos naturales y sobre los ciclos de la Tierra. Algunas actividades son beneficiosas; sin embargo, muchas son perjudiciales porque producen cambios en la tierra, en el aire y en las aguas de la Tierra.

Predecir ¿Qué crees que fue lo que provocó que el agua cambie de color en la Figura 1?

Image Credits: (t) NASA Earth Observatory image by Robert Simmon, using Suomi NPP VIIRS data provided courtesy of Chris Elvidge (NOAA National

Los recursos naturales y el crecimiento de la población

La población humana ha cambiado a lo largo del tiempo como consecuencia de muchos factores. El aumento del uso de los recursos naturales, junto con las mejoras en áreas como el transporte, la agricultura, la salud y el saneamiento, han contribuido al crecimiento de la población.

Predecir Haz una lista de los recursos más importantes que usas todos los días. ¿Cuáles de estos provienen de recursos naturales?

La población humana

La gráfica de la Figura 2 muestra cómo ha cambiado la población con el paso del tiempo. A pesar de que los seres humanos existieron por cientos de miles de años antes del año 0 de la gráfica, para este análisis nos enfocaremos en datos más recientes.

Análisis de datos

Crecimiento de la población humana

FIGURA 2: Esta gráfica muestra cómo ha cambiado la población con el paso del tiempo.

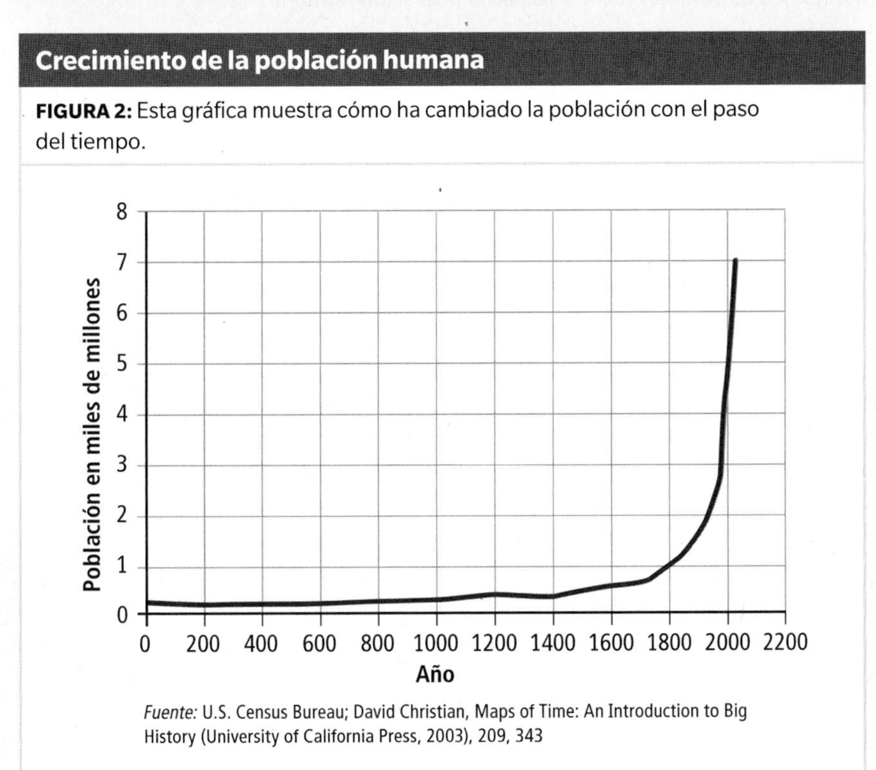

Fuente: U.S. Census Bureau; David Christian, Maps of Time: An Introduction to Big History (University of California Press, 2003), 209, 343

Observa la gráfica del crecimiento de la población humana y responde las siguientes preguntas:

1. ¿Qué tipo de crecimiento está experimentando la población? Explica tu respuesta.
2. ¿En qué siglo la población comenzó a aumentar abruptamente? ¿Qué factores crees que pueden haber causado este cambio?
3. ¿Cuáles son algunos de los otros factores que pueden haber contribuido a que la población continuara aumentando en las décadas más recientes?
4. ¿En qué se diferencia el estudio de la población del estudio de la ecología de la vida silvestre?

Conexión con las artes del lenguaje
Las poblaciones se pueden analizar en función de la proporción de personas en los diferentes grupos etarios. Los datos se pueden usar para crear diagramas denominados pirámides de población, que muestran la distribución de hombres y mujeres de diversos grupos etarios en una población dada. Usa recursos de Internet para buscar pirámides de población de por lo menos cuatro países diferentes e investiga sobre algunos de los factores sociales y ambientales que explican los patrones de cada pirámide. Haz un cartel o una presentación digital para mostrar lo que descubriste y presenta la información a tus compañeros.

La predicción de Malthus

FIGURA 3: Malthus predijo que el crecimiento de la población superaría la producción de alimentos.

población
producción de alimentos
Catástrofe malthusiana
Cantidad
Tiempo

La capacidad de carga de población

¿Continuará creciendo la población humana? ¿Habrá algún momento en el que la Tierra no pueda sustentar la vida humana? El objetivo de la humanidad de vivir gracias al uso de los recursos de la Tierra ha modificado el medio ambiente del planeta de muchas maneras. Algunos de esos cambios han llevado a la Tierra a soportar el crecimiento de la población humana. En otras palabras, las actividades humanas en general han incrementado la capacidad de carga de población de la Tierra para los seres humanos.

¿Cuál es la capacidad de carga de población de la Tierra, o el número máximo, para los seres humanos? Este valor solo se puede predecir porque el crecimiento de la población se ve afectado por muchos factores. A fines del siglo XVIII, Thomas Malthus, economista, escribió en un ensayo controversial que la población humana estaba creciendo más rápido de lo que los recursos de la Tierra podían sustentar. Además, dijo que si no se controla el crecimiento de la población humana, se generaría hambre y pobreza. Según su postura, son formas naturales de controlar el crecimiento de la población humana.

Predecir Haz una lista de algunos de los factores que Malthus puede no haber tenido en cuenta cuando escribió su ensayo sobre el crecimiento de la población humana. ¿Qué cambios han ocurrido desde el siglo XVIII que impidieron que la población sufriera una "catástrofe malthusiana"?

Factores que afectan el crecimiento de la población

Malthus no consideró que la capacidad de carga de población de un medio ambiente puede cambiar a medida que cambia el medio ambiente. En este caso, el medio ambiente ha cambiado debido a los avances tecnológicos. Los equipos agrícolas industriales han revolucionado la manera en la que cultivamos los alimentos, las mejoras en el saneamiento han reducido las tasas de enfermedades y los avances en la medicina han aumentado significativamente la esperanza de vida. Estas tecnologías han ayudado a que los seres humanos vivan más y han contribuido a que la población crezca exponencialmente. La población mundial se calculó en más de 7 mil millones de personas en 2015. Con la actual tasa de crecimiento, los científicos predicen que en 2050 la población será de aproximadamente 9,500 millones de personas.

Colaborar Responde la siguiente pregunta y luego comenta tu respuesta con un compañero: ¿De qué manera podrían influir los factores sociales, científicos y económicos que cambian con el paso del tiempo sobre la futura tasa de crecimiento de población?

FIGURA 4: En 1850, un físico llamado Ignaz Semmelweis explicó que los médicos podían reducir la propagación de enfermedades infecciosas si se lavaban las manos antes de operar. Esto fue muchos años antes de que la idea se acepte completamente, pero, con el tiempo, revolucionó la salud y la medicina.

Image Credits: (bl) ©Center For Disease Control/Mary Hilpertshauser; (bc) (br) National Archives at College Park Still Pictures Division

Los recursos naturales

Los recursos naturales son cualquier material natural que usan los seres humanos, como el agua, el petróleo, los minerales, los bosques y los animales. Estos recursos se pueden clasificar en renovables y no renovables.

Los recursos renovables

Un recurso renovable es un recurso natural que puede reemplazarse a la misma tasa a la que se consume. La energía del viento es un recurso renovable. La energía cinética del viento, o energía del movimiento, hace girar las aspas de una turbina que, a su vez, hace girar un generador que produce electricidad para los hogares y las infraestructuras comerciales. Otras formas de energía renovable son la biomasa, la energía geotérmica, la energía hidroeléctrica y la energía solar. La energía solar proveniente del sol es captada por células solares que se usan para generar electricidad en calculadoras, hogares y satélites. Otros recursos, como el agua dulce, son "potencialmente renovables", es decir, solo son renovables si no se usan más rápido de lo que se reponen.

Explicar ¿Por qué se considera que la madera de los árboles es un recurso potencialmente renovable?

FIGURA 5: Algunos recursos naturales renovables son la biomasa, la hidroelectricidad y la energía geotérmica.

a **Biomasa** La biomasa es la materia de plantas y animales que se usa como fuente de energía. El etanol, un alcohol que deriva de fuentes orgánicas como el maíz, es un componente del combustible.

b **Energía hidroeléctrica** La energía cinética del agua que cae en los diques se usa para producir electricidad.

c **Energía geotérmica** Las centrales geotérmicas usan el calor del interior de la Tierra para producir electricidad.

Aunque los recursos renovables pueden reemplazarse a la misma tasa a la que se consumen, el uso de esos recursos puede tener un impacto sobre el medio ambiente y sobre la salud de los seres humanos. Por ejemplo, la quema de biomasa libera dióxido de carbono y eso puede ser peligroso para las personas que queman leña en un lugar cerrado para generar calor y para cocinar. La construcción de diques para aprovechar la energía del agua que cae puede cambiar la temperatura y la composición de los ríos. Esos cambios afectan los organismos que viven en los ríos o en sus alrededores y pueden alterar la estabilidad del ecosistema en el que se construyó el dique.

Ingeniería

La biomasa y la salud

Se estima que casi un tercio de la población mundial quema leña u otra biomasa para generar calor y para cocinar. Esto produce dióxido de carbono que contamina el aire de los lugares cerrados, lo que puede causar enfermedades respiratorias. Sin embargo, en muchos países del mundo, no se puede acceder a otras fuentes de energía con facilidad. Se necesitan estufas más limpias y más eficientes para reducir estos impactos sobre el medio ambiente y sobre la salud.

Analizar Investiga algunas de las soluciones actuales que se proponen para resolver este problema. Haz una lista de las soluciones propuestas y evalúa cada una de ellas teniendo en cuenta en qué medida busca resolver el problema.

Image Credits: (l) ©Jan-Otto/E+/Getty Images; (c) ©Samo Trebizan/Fotolia; (r) ©jarcosa/Fotolia

Los recursos no renovables

Los recursos no renovables son recursos naturales que se consumen con más rapidez de la que se pueden reponer, es decir que se extraen de la Tierra más rápido de lo que se reemplazan. Los ejemplos más comunes son los minerales, los materiales nucleares y los combustibles fósiles, como el carbón, el petróleo y el gas natural. Los minerales son sustancias sólidas que se usan en los materiales de construcción, en la electrónica, en las tecnologías médicas y hasta en los fuegos artificiales. Los materiales nucleares, como el uranio y el plutonio, producen una gran cantidad de energía, que se puede usar para generar electricidad.

Conexión con las artes del lenguaje

La mayoría de los plásticos que usamos provienen de los combustibles fósiles. Investiga algunas de las maneras en las que los plásticos han tenido un impacto sobre la sociedad y sobre el medio ambiente y haz una infografía para exponer lo que descubriste.

Los combustibles fósiles se extraen de diversas maneras, como la minería, la fracturación hidráulica y la perforación. La minería es la extracción de carbón de túneles artificiales o de la superficie de la Tierra. La fracturación hidráulica, o fractura hidráulica, es inyectar una mezcla de agua, compuestos químicos y arena en una piedra impermeable para crear grietas, lo que libera gases que se usan como energía. La perforación implica agujerear la Tierra para encontrar petróleo y gas y liberarlos de la corteza terrestre.

FIGURA 6: Entre los recursos naturales no renovables están los combustibles fósiles, el material nuclear y los minerales.

a **Combustibles fósiles** El petróleo y el gas natural, se pueden obtener a través de la perforación.

b **Energía nuclear** Las reacciones nucleares liberan calor, que puede convertirse en energía eléctrica.

c **Minerales** La piedra caliza, el granito y el mármol pueden usarse como materiales de construcción.

Algunos de estos métodos pueden dañar los ecosistemas y perjudicar la salud de los seres humanos. Los derrames de petróleo por la perforación o accidentes de transporte dañan los ecosistemas acuáticos y contaminan el agua potable. Los mineros que trabajan bajo tierra e inhalan el polvo del carbón pueden desarrollar neumoconiosis que, a su vez, puede provocar insuficiencia respiratoria. La mezcla que se inyecta para penetrar el lecho rocoso durante la fractura hidráulica también representa un problema para la salud, ya que contiene compuestos químicos que pueden contaminar las aguas superficiales o el agua subterránea y que pueden ser tóxicos para los seres humanos.

Consumo de energía per cápita

FIGURA 7: Consumo de energía per cápita en países seleccionados

Uso de energía (en kg equivalente de petróleo per cápita): 0, 1000, 2000, 3000, 4000, 5000, 6000, 7000, 8000, 9000

Año: 1971, 1976, 1981, 1986, 1991, 1996, 2001, 2006, 2011, 2016

Australia, China, India, Arabia Saudita, Estados Unidos, Mundo

Fuente: Based on IEA data from Energy Use Data © OECD/IEA, www.iea.org/statistics, License: www.iea.org/t&c; as modified by HMH.

Analizar el consumo per cápita

Junto con el aumento de la población humana a lo largo del tiempo está el aumento del consumo per cápita de los recursos. El consumo per cápita de los recursos se refiere a la cantidad promedio de recursos que usa o consume un individuo dentro de una población. La gráfica de la Figura 7 muestra el consumo de energía per cápita en el mundo y en algunos países.

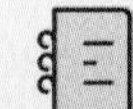

Analizar ¿Cuál es la tendencia general en el uso de la energía per cápita en el mundo? ¿Todos los países muestran la misma tendencia? ¿Qué factores económicos y sociales podrían explicar estas diferencias?

Image Credits: (tl) ©Bloomberg/Andrey Rudakov/Getty Images; (tc) ©Steve Allen/Getty Images; (tr) ©walter_bilotta/Fotolia

El impacto de los seres humanos sobre el aire y el clima

Lo que cubre la ciudad en la Figura 8 es contaminación del aire, un ejemplo del impacto negativo del uso de recursos naturales. Esta contaminación puede afectar la salud de los seres humanos y el funcionamiento del ecosistema.

FIGURA 8: Esta ciudad está cubierta por un material brumoso llamado esmog.

La contaminación del aire

La **contaminación** es cualquier sustancia en el medio ambiente con efectos negativos para los organismos y su entorno. Los contaminantes, las sustancias que producen la contaminación, pueden ser compuestos químicos, partículas en suspensión o microorganismos. Los más comunes en el aire son los gases que emiten los combustibles fósiles de los vehículos. Los desechos de las centrales eléctricas, las refinerías, las plantas industriales y las fábricas también contaminan el aire porque usan combustibles fósiles.

FIGURA 9: Entre las fuentes de la contaminación del aire se encuentran los vehículos, la agricultura, las centrales eléctricas y las ciudades.

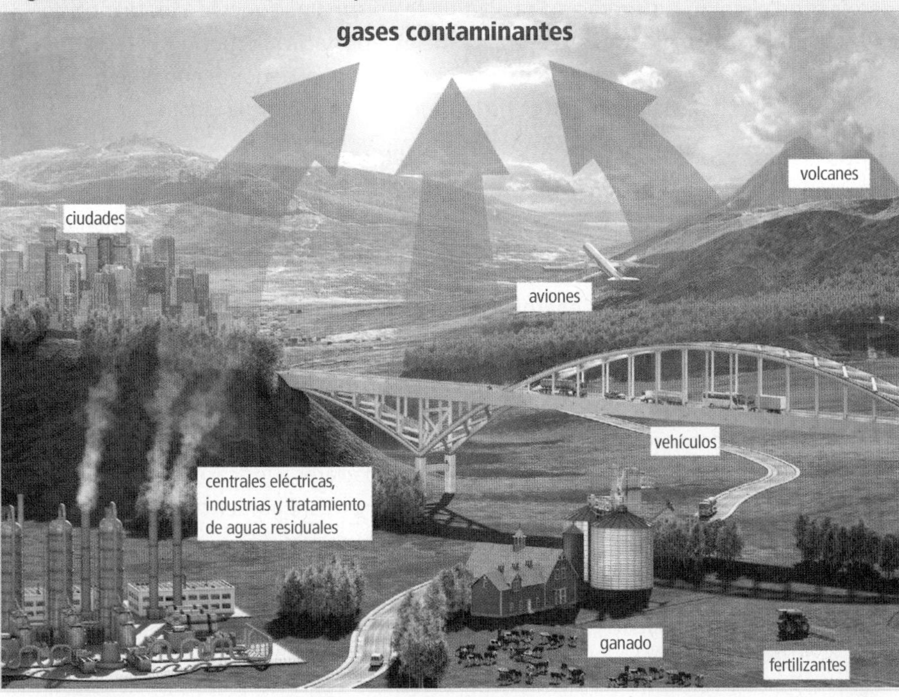

Reunir evidencias ¿Has visto evidencias de los impactos de los seres humanos sobre el aire en tu ciudad? ¿Qué tipos de evidencias indicarían que hay contaminación en el aire?

La bruma de la Figura 8 se llama esmog. El **esmog** es un tipo de contaminación del aire causado por la interacción entre la luz solar y los contaminantes producidos por los gases de los combustibles fósiles. El esmog está compuesto por partículas en suspensión y ozono troposférico. Las partículas en suspensión son trozos microscópicos de polvo, metal y combustible no quemado que pueden permanecer en la atmósfera durante semanas hasta depositarse en el suelo. Si se inhalan, pueden provocar problemas de salud, como enfermedades respiratorias.

Algunos compuestos químicos reaccionan con la luz solar y producen ozono troposférico (O_3). Cuando los combustibles fósiles se queman, producen óxidos de nitrógeno, que reaccionan con el oxígeno del aire cuando hay luz solar y producen O_3. Se llama ozono troposférico porque está cerca del suelo. Es nocivo para la salud y los ecosistemas. Sin embargo, protege la biósfera de los rayos ultravioletas del sol.

Explicar Algunas ciudades tienen "días de acción del ozono" en los que se anima a las personas a compartir sus vehículos o a usar el transporte público. Esos días suelen programarse cuando está caluroso y soleado. ¿Por qué el ozono troposférico es peor en días calurosos y soleados?

Image Credits: (t) ©beijingstory/E+/Getty Images

Aprende en línea 

Práctica de laboratorio 

Los efectos de la lluvia ácida
Diseña y realiza un experimento para determinar los efectos que tiene la lluvia ácida sobre el crecimiento de las plantas.

La lluvia ácida

Cuando llueve, las moléculas de agua reaccionan con el dióxido de carbono y forman ácido carbónico. Ese ácido débil se rompe y libera iones hidrógeno. Esto hace que la lluvia tenga un pH de aproximadamente 5.6. Cuando los contaminantes del aire, como los óxidos de nitrógeno y los óxidos de azufre reaccionan con el agua, se producen ácidos sulfúricos y nítricos, lo que baja el pH a menos de 5.6. Así, la lluvia se vuelve más ácida y se llama lluvia ácida.

La lluvia ácida puede tener efectos negativos sobre el suelo. A medida que disminuye el pH, se producen reacciones que liberan iones metálicos en el suelo. Esos iones impiden que las plantas absorban calcio, un nutriente que mejora el crecimiento de las plantas. El aluminio también se puede filtrar en las masas de agua y causar la muerte de peces y sus huevos. Los seres humanos no se ven afectados directamente por la lluvia ácida aunque esta lluvia sí puede dañar o destruir estructuras como edificios, puentes y estatuas.

El cambio climático

La Tierra es como un invernadero. La atmósfera actúa como el vidrio de un invernadero. La radiación solar ingresa en la atmósfera como longitudes de onda de luz de alta energía que calientan la superficie. Esa energía se absorbe y se vuelve a irradiar como radiación infrarroja. Una parte de esa energía se escapa hacia el espacio y el resto es absorbido por los gases y calienta el aire. Este fenómeno, denominado efecto invernadero, mantiene la temperatura de la Tierra y hace posible la vida.

Cuando los gases como el dióxido de carbono y el metano se incorporan a la atmósfera, aumentan la cantidad de energía infrarroja en el aire. La Figura 10 muestra las propiedades de los principales gases invernadero, entre ellas su índice PCG (potencial de calentamiento global), una medida comparativa de cuánto calor puede absorber un gas.

A medida que se almacena más energía en la atmósfera y en los océanos, se alteran los ciclos de la materia y la energía en los ecosistemas. Algunos estudios indican que los huracanes, por ejemplo, son, en promedio, cada vez más intensos. Los científicos creen que esto se debe a que hay más energía almacenada en forma de calor en los océanos y que esa energía proporciona el combustible para las tormentas. Cuando aumentan las temperaturas globales, se ha observado que los glaciares y los casquetes polares se achican y el agua que contienen se añade a los océanos. Esto aumenta el nivel promedio del mar, que afecta los ecosistemas y las sociedades humanas.

Conexión con las matemáticas 

Observa la tabla de la Figura 10 y responde estas preguntas:

1. ¿Cuánto mayor es el índice PCG para el óxido nitroso que para el metano?
2. ¿Cuánto más larga es la duración en la atmósfera para el óxido nitroso que para el metano?
3. ¿Cuál de estos dos gases es más probable que tenga el mayor efecto de calentamiento sobre el clima de la Tierra? ¿Qué otros factores habría que considerar para llegar a una conclusión válida?

FIGURA 10: Esta tabla muestra el índice PCG (potencial de calentamiento global) de los principales gases invernadero. Se muestra la concentración en partes por millón.

Gases invernadero	Concentración en 2016	Índice PCG durante 100 años	Duración en la atmósfera
Vapor de agua	variable	< 1	horas a días
Dióxido de carbono	399.5 ppm	1	~100 a 300 años
Metano	1.8 ppm	28	12 años
Óxido nitroso	0.3 ppm	265	121 años
Clorofluorocarbonos	0.9 ppm	4,670 a 10,200	45 a 100 años

Fuente: Carbon Dioxide Information Analysis Center. Recent Greenhouse Gas Concentrations. http://cdiac.ornl.gov/pns/ current_ghg.html. DOI: 10.3334/CDIAC/atg.032.

Analizar datos del clima

Un método para detectar y medir el cambio climático consiste en comparar la cantidad de CO_2 atmosférico que había en el pasado con la cantidad que hay ahora en la atmósfera. Para inferir los niveles de CO_2 en el pasado, los científicos usaban testigos de hielo. Los testigos de hielo son tubos largos de hielo que se ha extraído de glaciares o capas de hielo mediante un proceso de perforación. Cuando cae nieve en la Tierra, la nieve transporta los compuestos químicos que están en el aire en ese momento. Esas sustancias que contiene la nieve se entierran junto con la nieve, una capa encima de la otra, con el transcurso del tiempo. Las burbujas de aire que hay entre los copos de nieve y los granos quedan atrapadas cuando la nieve se compacta. Esas burbujas de aire pueden proporcionar información sobre la composición de la atmósfera. Los científicos también analizan los testigos de hielo para inferir la temperatura global a través del tiempo.

Aprende en línea

FIGURA 11: Los testigos de hielo proporcionan información sobre la temperatura y los niveles de CO_2 en el pasado.

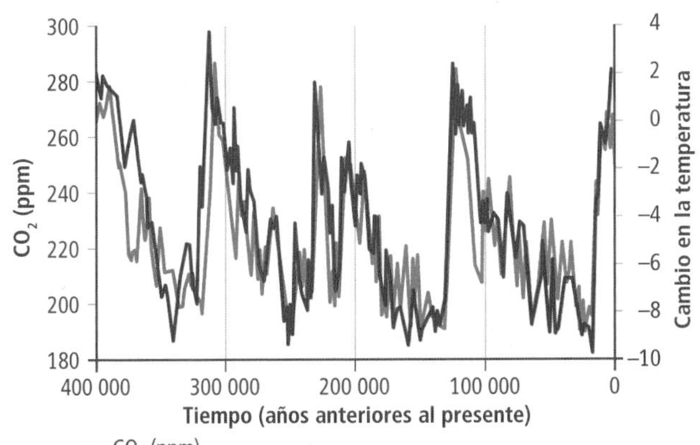

— CO_2 (ppm)
— Cambio en la temperatura (°C) comparado con la temperatura actual

Fuente: Petit, J. R., y cols. "Climate and atmospheric history of the past 420,000 years from the Vostok ice core, Antarctica." *Nature* Vol 399 (1999) as quoted in NOAA, National Climatic Data Center, http://www.ncdc.noaa.gov/paleo/globalwarming/temperature-change.html

a Los datos que brindan los testigos de hielo muestran fluctuaciones en la concentración de CO_2 y variaciones en la temperatura que datan de hace 400,000 años.

b Se extrae un testigo de hielo en la Antártida.

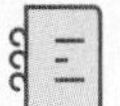

Analizar Responde estas preguntas sobre la gráfica de la Figura 11.

1. Describe los patrones que observes en los datos de CO_2 y de la temperatura.
2. La concentración de CO_2 en la atmósfera de la Tierra actualmente ha alcanzado las 400 partes por millón. ¿Cómo crees que esto afectará las temperaturas promedio de la Tierra? Explica tu respuesta.
3. ¿Qué evidencias adicionales necesitarías para justificar la afirmación de que los cambios en los niveles de CO_2 provocan cambios en el promedio de las temperaturas globales?

El cambio climático supone muchos desafíos para los seres humanos y los ecosistemas. Si las especies no pueden adaptarse tan rápido a los cambios en sus hábitats, podrían caer en peligro de extinción. Los seres humanos también están experimentando los efectos del cambio climático. Por eso, muchos científicos, ingenieros y gobiernos han comenzado a buscar soluciones para este problema global.

Hacer un modelo Haz un modelo que represente de qué manera las actividades humanas cambian la atmósfera de la Tierra y cómo esos cambios afectan la hidrósfera y la biósfera. Muestra cómo cambia el flujo de energía y de materia e incluye la retroalimentación que sea necesaria.

Image Credits: (r) ©British Antarctic Survey/Photo Researchers, Inc.

El impacto de los seres humanos sobre el agua y la tierra

Las actividades de los seres humanos afectan el agua y la tierra. Los seres humanos transforman las áreas rurales en vecindarios residenciales y las áreas naturales en tierras de cultivo, y modifican así la disposición y el uso de la tierra. Para sustentar esas comunidades diferentes, se redirige el flujo del agua con el fin de satisfacer sus necesidades. El impacto de estas actividades se puede reducir si se administran correctamente los recursos hídricos y terrestres.

Los impactos sobre el agua

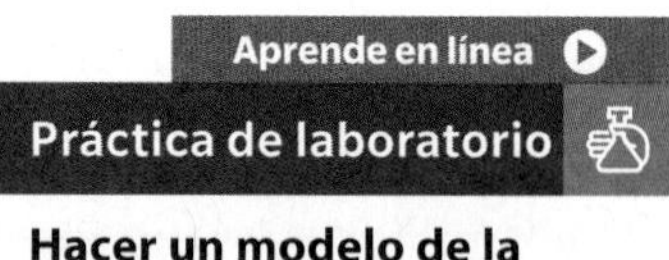

Hacer un modelo de la contaminación del agua subterránea Usa un modelo para determinar cuánta tierra puede contaminarse debido a una pérdida en un tanque de almacenamiento subterráneo.

La disponibilidad de agua dulce, los tamaños de las poblaciones y las condiciones económicas influyen en el uso del agua. En el mundo, la agricultura representa casi el 67 por ciento del uso del agua, la industria representa más del 19 por ciento y las actividades como beber y lavar representan casi el 10 por ciento del uso del agua.

La contaminación del agua

Casi todas las formas en las que los seres humanos usan el agua contribuyen a su contaminación, aunque las causas principales generalmente son la industria y el crecimiento de la población. Los seres humanos dependen del agua para fabricar diferentes productos y el crecimiento de la población está intensificando el problema.

La contaminación del agua proviene de dos tipos de fuentes. La contaminación puntual es la contaminación emitida por una sola fuente. Un ejemplo de contaminación puntual podría ser una chimenea que elimina residuos de una fábrica que produce productos plásticos. La contaminación no puntual proviene de muchas fuentes diferentes que generalmente son difíciles de identificar. Un ejemplo de esta forma de contaminación sería el exceso de fertilizantes que proviene de las tierras de cultivo y de los hogares.

FIGURA 12: La contaminación que proviene de una única fuente identificada es una forma de contaminación puntual, mientras que la contaminación que proviene de muchas fuentes es una fuente no puntual de contaminación.

a La lluvia puede dirigir el aceite, los pesticidas y los fertilizantes hacia los desagües pluviales.

b Las unidades de engorde pueden producir grandes volúmenes de desechos de animales, que pueden fluir hacia las masas de agua.

c Las industrias pueden emitir desechos con metales pesados, farmacéuticos, hormonas y otros compuestos químicos.

Colaborar Escribe un argumento que responda las siguientes preguntas. Luego, explica tus respuestas a un compañero y toma nota de cualquier diferencia entre los argumentos.

1. ¿Qué imágenes de la Figura 12 corresponden a fuentes puntuales y cuáles a fuentes no puntuales de contaminación? ¿Existe alguna dificultad para clasificarlas en una categoría o en otra? Explica tus respuestas.
2. ¿Cuáles serían las más fáciles de impedir: las fuentes puntuales o las fuentes no puntuales? Explica tu respuesta.

Image Credits: (l) ©KN/Shutterstock; (c) ©Aerial Archives/Alamy; (r) ©E+/Narvikk/Getty Images

Administrar el agua

Uno de los avances más grandes en la salud ha sido el desarrollo del saneamiento y de las tecnologías de gestión de las aguas de desecho. El agua de desecho contiene desechos provenientes de los hogares o las industrias. Un proceso de tratamiento de las aguas de desecho puede filtrar y tratar el agua para que vuelva a estar limpia y pueda regresar a un río, lago u océano, donde vuelve a formar parte del ciclo del agua.

Con el tratamiento de estas aguas se puede eliminar el material orgánico, como los desechos del cuerpo humano, y también la capa de suciedad, como el aceite y la grasa. Las bacterias, que pueden ser perjudiciales para los seres humanos y para otros organismos, mueren durante el proceso. Sin embargo, algunos países no cuentan con sistemas de gestión de las aguas de desecho, lo que hace que las personas estén más expuestas a agentes causantes de enfermedades. Obtener agua potable es un problema en muchas partes del mundo. Las soluciones para tratar estos problemas incluyen la construcción de las infraestructuras necesarias, como la instalación de cañerías, la educación del público en general sobre las prácticas sanitarias y el aumento del acceso al agua potable.

FIGURA 13: Las plantas de tratamientos de aguas de desecho juntan y procesan el agua de desecho para que pueda ser liberada al medio ambiente.

Otra forma de administrar el agua es construir estructuras que cambien la corriente natural del agua, como los diques. Los diques se construyen, por ejemplo, para generar electricidad. Durante las estaciones secas, se puede liberar el agua de los diques para irrigar las tierras agrícolas para la producción de cultivos. Algunos diques se usan para controlar las inundaciones ya que contienen el agua durante los períodos de precipitaciones fuertes y, de ese modo, los ríos no se desbordan ni causan inundaciones. El agua de los diques también se puede redirigir a los hogares para usar como agua potable o a las áreas industriales para fines industriales.

Los diques benefician a los seres humanos, pero pueden afectar a los ecosistemas de manera negativa. Por ejemplo, la liberación del exceso de agua de los diques puede provocar inundaciones río abajo y las tormentas intensas pueden hacer que el agua se desborde. Además, el agua de los diques contiene cieno que, de lo contrario, se depositaría en las playas o riberas de los ríos, por lo que los diques pueden cambiar los paisajes naturales. La deposición de cieno puede aumentar la fertilidad del suelo y la falta de cieno puede privar a las plantas de nutrientes. La calidad del agua que contienen las represas también puede cambiar. Por ejemplo, los cambios en la cantidad de oxígeno y en la temperatura del agua pueden afectar las poblaciones de organismos que viven en un ecosistema local.

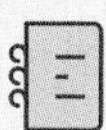

Analizar Estudia la Figura 14. ¿De qué manera la construcción del dique afectó al río y a la tierra que lo rodea? ¿Cómo podría afectar a los ecosistemas del área?

La tecnología y la sociedad

Los tratamientos avanzados de las aguas de desecho pueden convertir el agua de desecho en agua potable. A pesar de que esta tecnología está disponible, todavía no se usa ampliamente en los Estados Unidos. ¿Qué factores sociales podrían estar dificultando el uso de esta tecnología y cómo se podrían abordar?

FIGURA 14: En la imagen superior se ve una región antes de que se construya un dique. En la imagen de abajo se ve la misma región después de que se construyó el dique.

Image Credits: (t) ©Photothek/Michael Gottschalk/Getty Images; (bc) (br) NASA Earth Observatory image created by Robert Simmon, using Landsat data provided by the United States Geological Survey.

Los impactos sobre la tierra

A medida que crece la población, se necesitan más tierras para los hogares, la agricultura y la extracción de materiales naturales. Por ejemplo, el aluminio es un metal que se usa en productos como los utensilios de cocina, las latas y las partes de los aviones. Este recurso natural debe ser extraído de la Tierra. La construcción, la agricultura y la minería suelen afectar los organismos ya que perturban el desarrollo de los ecosistemas locales y causan contaminación.

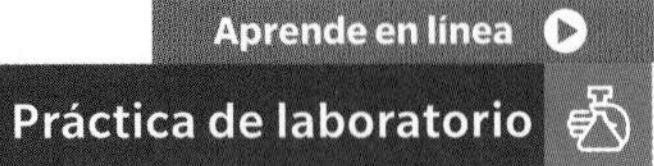

Hacer un modelo de la erosión Desarrolla un modelo para medir la efectividad de los diferentes tipos de cubiertas del suelo en el control de la erosión.

La erosión

Las actividades de los seres humanos, como la tala total de bosques, la construcción de estructuras, la ganadería y la agricultura pueden dañar la tierra. Estas actividades generalmente implican la extracción de plantas de su hábitat natural y, así, el suelo queda expuesto. Además, la pérdida de cobertura vegetal puede traer como consecuencia una menor absorción del agua de lluvia. Con la pérdida suficiente de plantas, el movimiento del agua, el viento y otros agentes pueden transportar el suelo. Ese proceso se llama erosión. El agua puede arrastrar el suelo, a veces hasta las masas de agua cercanas. La erosión puede reducir la fertilidad de la tierra y, así, disminuir la producción de cultivos. También puede dañar la infraestructura y modificar la calidad del agua de ríos y arroyos. El suelo puede transportar consigo organismos causantes de enfermedades llamados patógenos. Esos patógenos pueden ser transportados a las masas de agua y perjudicar la salud de los seres humanos y otras especies.

Ingeniería

Ingeniería del suelo y el agua

FIGURA 15: El cultivo en terrazas evita la erosión y la pérdida de agua ya que aprovecha las crestas para atrapar el agua de lluvia que, de otro modo, caería por la pendiente.

El campo de la ingeniería del suelo y el agua aplica las ciencias y la tecnología para diseñar soluciones que permitan conservar los recursos del agua y del suelo. Los ingenieros pueden ayudar a los agricultores y a las explotaciones agrícolas a conservar el mantillo y, más precisamente, a aplicar agua a los cultivos. El cultivo en terrazas que muestra la figura 15 se ha usado durante siglos para reducir la erosión producida por la lluvia.

Los agricultores también pueden evitar la erosión al dejar los residuos del campo en el suelo después de cosechar el cultivo. Los residuos del campo son los tallos, las hojas y otras partes de la planta que no se cosechan. Estos materiales en la superficie reducen la pérdida de suelo y de agua, y el suelo retiene nutrientes importantes.

Explicar Imagina que eres ingeniero del suelo y que te han llamado para ayudar a un agricultor a evitar la erosión causada por el viento. Escribe una lista de preguntas que harías para definir y delimitar el problema.

Otra forma de eliminar los nutrientes del suelo es sembrar continuamente los mismos cultivos en la misma tierra. El uso de fertilizantes para reemplazar esos nutrientes puede producir otros resultados negativos. La eutroficación artificial, o la acumulación de nutrientes, puede darse en las masas de agua que reciben escurrimiento de suelo con demasiados fertilizantes. Las maquinarias agrícolas pesadas o los trabajos de construcción también pueden compactar, o presionar, el suelo. Cuando el suelo se compacta, no absorbe el agua tan fácilmente y las raíces de las plantas no pueden crecer normalmente. Si el suelo se daña demasiado, se puede originar un proceso denominado desertificación. Esto hace que, con el tiempo, la tierra de zonas secas se vuelva más árida. Muchos factores, como la sequía, la deforestación y las malas técnicas agrícolas entre otros, aumentan la posibilidad de desertificación.

Image Credits: ©FFaure/Shutterstock

FIGURA 16: Este mapa muestra la vulnerabilidad de diferentes áreas a la desertificación.

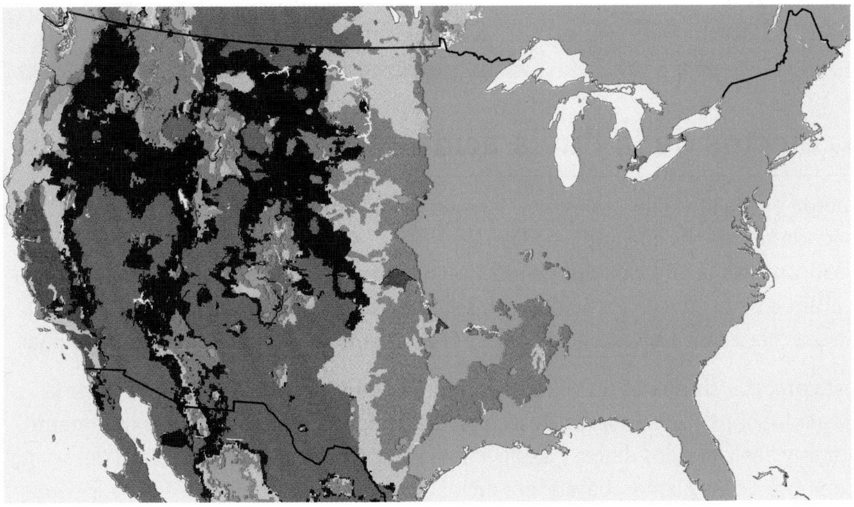

Vulnerabilidad a la desertificación
- Muy alta
- Alta
- Moderada
- Baja

Otras regiones
- Secas
- Frías o húmedas (no vulnerables)

La minería

Cuando se extraen combustibles fósiles y minerales, se eliminan partes del ecosistema, como las rocas, el suelo, las plantas y los animales. Existen dos tipos principales de extracción. La minería subterránea es la extracción de materiales de abajo de la superficie terrestre, como la perforación de petróleo y gas. La minería a cielo abierto implica la eliminación de las rocas y el suelo de la superficie terrestre para exponer y extraer los minerales. La minería puede dañar la tierra, el aire y el agua. Por ejemplo, cuando el agua fluye a través de las minas, se vuelve ácida, lo que libera metales de las rocas de los alrededores. Esta mezcla de agua ácida y metales se llama drenaje ácido de minas y es muy nociva para los seres vivos. También puede contaminar el agua potable y corroer las estructuras de metal, como los puentes. La minería también puede liberar compuestos químicos nocivos para la atmósfera. Además, altera el suelo y, como consecuencia, puede provocar erosión y daños a la tierra.

Analizar ¿Dónde están ubicadas las áreas que tienen el mayor riesgo? ¿Qué factores podrían volver a estas áreas más vulnerables a la desertificación?

FIGURA 17: Hay 2 tipos de minería: la minería subterránea y la minería a cielo abierto.

a La minería subterránea implica la extracción de minerales y combustibles fósiles de abajo de la superficie terrestre.

b Las explotaciones de minería a cielo abierto eliminan las rocas y el suelo de la superficie y exponen, así, los minerales para su extracción.

Conexión con las artes del lenguaje Desarrolla un argumento a partir de evidencias sobre cuál de los dos tipos de minería (a cielo abierto o subterránea) tiene menos impacto sobre el medio ambiente.

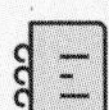

Explicar Haz una afirmación a partir de evidencias sobre cómo el impacto de los seres humanos sobre la tierra y el agua podría cambiar la capacidad de carga de población de la Tierra. ¿Cómo cambiaría y por qué?

Image Credits: (bl) ©Universal Images Group Editorial/AGF/A&G Reporter/Getty Images; (br) ©Lee Prince/Shutterstock

Práctica de laboratorio

Los efectos de la lluvia ácida

MATERIALES

- vaso de precipitados, 250 mL
- marcador
- lápiz
- regla en centímetros
- plántulas de rábano en maceta (4)
- agua, pH 3, 100 mL
- agua, pH 4, 100 mL
- agua, pH 5, 100 mL
- agua, pH 6, 100 mL

Recuerda que la lluvia normalmente tiene un pH de aproximadamente 5.6. Las actividades humanas que implican la quema de combustibles fósiles liberan óxido, específicamente azufre y óxidos de nitrógeno, al aire. Cuando estos óxidos reaccionan con el agua, se producen los ácidos. Estas sustancias disminuyen el pH y hacen que la lluvia sea más ácida. La lluvia ácida puede afectar tanto a la vida vegetal como animal.

En esta práctica, diseñarás un experimento para determinar los efectos que tiene la lluvia ácida sobre el crecimiento de las plantas. Luego, llevarás a cabo el experimento, anotarás y analizarás los datos, y explicarás la relación que existe entre el pH del agua y el crecimiento de las plantas, basándote en los patrones que observaste en el experimento.

FIGURA 18: Normalmente, la lluvia tiene un pH de aproximadamente 5.6. La lluvia ácida tiene un pH más bajo que 5.6.

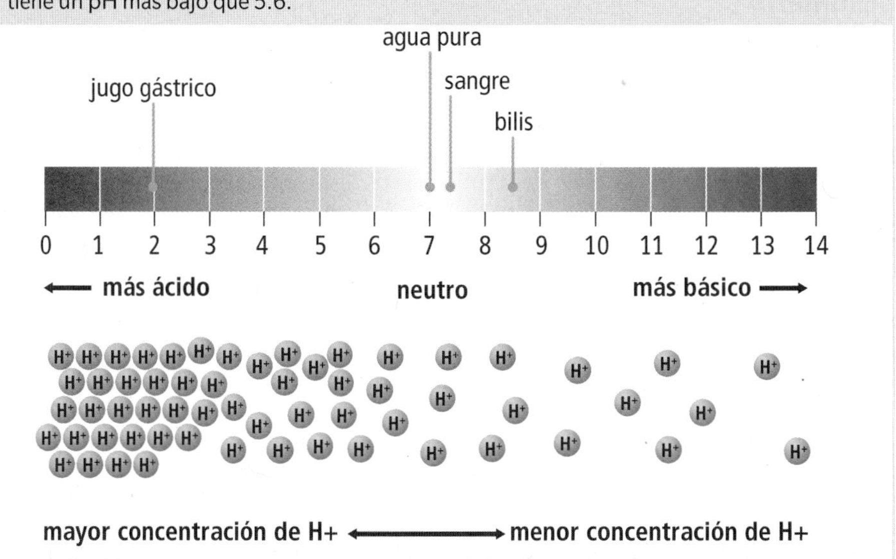

Predecir ¿Cómo afecta la lluvia ácida el crecimiento de las plantas? Haz una predicción sobre la relación que existe entre el pH del agua y el crecimiento de las plantas.

PROCEDIMIENTO

Sigue estos pasos para completar esta parte de la actividad.

1. Escribe un procedimiento que explique de qué manera prepararás y llevarás a cabo un experimento para probar cómo la lluvia ácida afecta el crecimiento de las plantas. Identifica las variables independientes y dependientes y las constantes que mantendrás. Usa las siguientes preguntas como ayuda para escribir tu procedimiento.
   - ¿Qué cantidad de agua usarás para regar las plantas?
   - ¿Con qué frecuencia regarás las plantas?
   - ¿Cómo medirás los efectos de la lluvia ácida en el crecimiento de las plantas en términos cuantitativos y cualitativos?
   - ¿Con qué frecuencia reunirás los datos?

2. Tu maestro debe aprobar el procedimiento antes de que lo lleves a cabo.
3. Diseña una tabla de datos para organizar los resultados.
4. Reúne los materiales.
5. Prepara y lleva a cabo el experimento.

ANALIZA

Sigue estos pasos para completar esta parte de la actividad.

1. Grafica los datos. Decide cuál es la gráfica adecuada, si una gráfica lineal o una gráfica de barras, y créala.
2. Describe los patrones que observes en los datos. ¿De qué manera los distintos pH afectan el crecimiento de las plantas?

EXPLICA

Escribe una explicación que incluya las siguientes secciones.

Afirmación ¿Cuál es la relación que existe entre el pH del agua y el crecimiento de las plantas? ¿Tu predicción fue correcta?

Evidencias Da ejemplos específicos de los datos para justificar tu afirmación.

Razonamiento Explica de qué forma las evidencias que diste justifican tu afirmación. ¿De qué manera justifica lo que estás diciendo?

MEJORA

Aborda el error Identifica las posibles fuentes de errores experimentales en tu diseño. Haz una lista de las posibles razones de los resultados inconsistentes que puedas haber observado.

Propón modificaciones ¿Qué cambios harías en este procedimiento si tuvieras que hacerlo de nuevo? ¿Por qué harías esos cambios?

AMPLÍA TU INVESTIGACIÓN

Mide el pH de la lluvia de tu zona. A partir de los resultados del experimento, ¿qué puedes concluir acerca de cómo el pH de la lluvia puede afectar el crecimiento de las plantas? ¿Qué otros tipos de evidencias necesitarías para llegar a una conclusión válida?

CALCULAR TU HUELLA DE CARBONO | CONTAMINACIÓN Y SALUD |  LIMPIAR DERRAMES DE PETRÓLEO | Conéctate y elige alguna de estas opciones.

Autorrevisión de la lección

¿PUEDES EXPLICARLO?

FIGURA 19: Este lago se ha vuelto rojo por el drenaje ácido de minas.

Cuando se extraen combustibles fósiles y minerales, las rocas quedan expuestas. Esas rocas contienen sustancias que pueden reaccionar con el aire y con el agua. El material anaranjado rojizo que hay en el río de la Figura 19 es el resultado del drenaje ácido de minas. El agua que atraviesa las minas abandonadas reacciona con el sulfuro de hierro de las minas. Esa reacción produce ácido sulfúrico y hierro, que se disuelve en el agua. Cuando el hierro se precipita del agua, se forma un sólido del color anaranjado rojizo que se observó.

El drenaje ácido de minas puede contaminar el agua potable y enfermar a las personas. Puede contaminar los hábitats acuáticos y afectar los organismos que viven allí. El ácido en el agua también puede deteriorar las estructuras de metal.

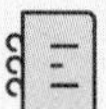

Explicar Consulta las anotaciones de tu Cuaderno de evidencias para explicar por qué las actividades humanas pueden provocar cambios en este lago.

1. Explica de qué manera las necesidades y los estilos de vida de los seres humanos contribuyen a las actividades que producen el drenaje ácido de minas.
2. Haz un modelo para ilustrar de qué manera las actividades humanas llevaron a los cambios que se observan en el lago y cómo esos cambios afectarán, a su vez, la geósfera, la hidrósfera, la biósfera y la atmósfera de la Tierra.
3. Usa el modelo para pensar una posible solución a este problema. Explica de qué manera esa solución disminuiría los impactos negativos sobre los recursos naturales de la Tierra.

Image Credits: ©Kerry Whitworth/Alamy

EJERCICIOS DE REVISIÓN

Comprueba lo que aprendiste

1. ¿Cuál de las siguientes opciones ha contribuido al aumento del crecimiento de la población? Elige todas las respuestas correctas.
   - **a.** el descubrimiento de la penicilina
   - **b.** el aumento de bacterias resistentes a los antibióticos
   - **c.** el transporte que permite la distribución de los alimentos
   - **d.** la administración de vacunas
   - **e.** la disponibilidad de todas las clases de comida rápida

2. El agropiro es la hierba joven de la planta de trigo y se usa para alimentar al ganado. ¿Qué tipo de recurso es el agropiro?
   - **a.** renovable y biomasa
   - **b.** no renovable y biomasa
   - **c.** renovable y combustible fósil
   - **c.** no renovable y combustible fósil

3. ¿Cuál de las siguientes actividades sería la mejor manera de reducir el uso de combustibles fósiles?
   - **a.** ir en bicicleta a la escuela
   - **b.** comer alimentos procesados
   - **c.** mirar televisión
   - **d.** comprar libros

4. Una sequía provoca la pérdida de casi toda la vegetación local. ¿Cuál sería la mejor medida para evitar la erosión?
   - **a.** plantar más arbustos y árboles
   - **b.** regar las plantas restantes diariamente
   - **c.** cubrir el suelo con piedras o rocas
   - **d.** agregar más tierra al suelo

5. ¿De qué manera la deforestación afecta el cambio climático?

6. Si la población humana excediera la capacidad de carga de población de la Tierra, ¿cómo cambiaría el crecimiento de la población?

7. Piensa en este grupo de palabras: *agua subterránea, árboles, energía solar* y *acero.* ¿Qué palabra no pertenece al grupo y por qué?

8. Imagina que eres ingeniero ambiental, un científico que ayuda a desarrollar soluciones para los problemas ambientales. Una fábrica te contrató para que ayudes a conservar los recursos naturales y a ahorrar dinero. ¿Qué recomendaciones harías para lograr esas metas?

9. ¿Cuál de las siguientes opciones *no* es un ejemplo de fuente de contaminación puntual?
   - **a.** petróleo que se fuga de un petrolero dañado
   - **b.** metales pesados que se extraen de una mina subterránea
   - **c.** escurrimiento de agua de céspedes de casas residenciales
   - **d.** aguas residuales no tratadas que se liberan accidentalmente de una planta de tratamiento de agua de desecho

10. Durante un largo tiempo, ¿cómo podrían los seres vivos adaptarse a los mayores niveles de dióxido de carbono y al cambio climático? ¿Crees que la mayoría de las especies se adaptarán o que es probable que muchas especies se extingan?

HAZ TU PROPIA GUÍA DE ESTUDIO

En tu Cuaderno de evidencias, diseña una guía de estudio que justifique las ideas principales de esta lección:

La población ha aumentado con el paso del tiempo debido a los avances que sustentan y prolongan la vida humana.

Las actividades humanas pueden impactar sobre la calidad del aire, la tierra y el agua. Sin embargo, se pueden tomar medidas para reducir los impactos negativos sobre el medio ambiente.

Recuerda incluir la siguiente información en tu guía de estudio:
- Usa ejemplos que sirvan como modelo de las ideas principales.
- Anota explicaciones para el fenómeno que investigaste.
- Presenta evidencias para justificar tus explicaciones. Tu justificación puede incluir dibujos, datos, gráficas, conclusiones de laboratorio y otras evidencias que hayas anotado a lo largo de la lección.

Piensa en cómo las actividades humanas pueden afectar el medio ambiente, la vida en la Tierra y su clima.

10.2

El impacto de los seres humanos sobre la biodiversidad

Las praderas saludables contienen diversos ecosistemas.

¿PUEDES EXPLICARLO?

FIGURA 1: La quema prescrita es una técnica de manejo de la tierra que se usa para imitar los beneficios de un incendio natural.

Reunir evidencias Mientras trabajas con la lección, reúne evidencias para explicar por qué quemar un área podría aumentar la biodiversidad. Incluye una lista de preguntas que harías para aprender más acerca del papel del fuego en la estructura y la función de un ecosistema.

Una pradera es un pastizal natural en el que vive un amplio rango de plantas y animales. Las praderas de América del Norte se formaron en la sombra pluvial de las montañas Rocosas. Estas praderas relativamente planas son demasiado húmedas para convertirse en ecosistemas desérticos, pero demasiado secas para que crezcan bosques. Los ecosistemas de praderas de América del Norte alguna vez cubrieron más de 68.8 millones de hectáreas (170 millones de acres) de tierras. Esa antigua extensión incluía praderas de hierba corta y alta y una mezcla de las dos, desde lo que hoy es Canadá hasta la frontera con México atravesando los Estados Unidos. Solo queda menos del 2 por ciento de las praderas nativas de América del Norte. Una gran parte de la tierra de las praderas ha sido reemplazada por la agricultura.

Los ecosistemas de pradera están adaptados al fuego y requieren incendios con relativa frecuencia para funcionar bien. Algunos cálculos ubican el intervalo histórico de regreso del fuego en uno a cinco años para las praderas de América del Norte. Hoy en día, el intervalo natural de regreso del fuego es mucho mayor. Los administradores de tierras pueden usar la quema prescrita para regresar la estructura y la función históricas a los ecosistemas de pradera.

Predecir ¿De qué manera quemar una pradera podría aumentar la biodiversidad?

Image Credits: (t) ©Tetra Images/Alamy; (b) ©Mitch Kezar/NewsCom

La desaparición de hábitats

En la actualidad, la Tierra está sufriendo una pérdida significativa de biodiversidad a la que se reconoce cada vez más como la sexta extinción en masa. La desaparición de hábitats es la causa más común de la disminución y la extinción de las especies. Las actividades y el desarrollo de los seres humanos que interfieren con los hábitats naturales, como la agricultura, la deforestación y la urbanización, llevan a la desaparición y la fragmentación de los hábitats.

Colaborar Comenta con un compañero de qué manera la desaparición de hábitats podría afectar la biodiversidad.

FIGURA 2: La desaparición de hábitats amenaza la supervivencia del orangután.

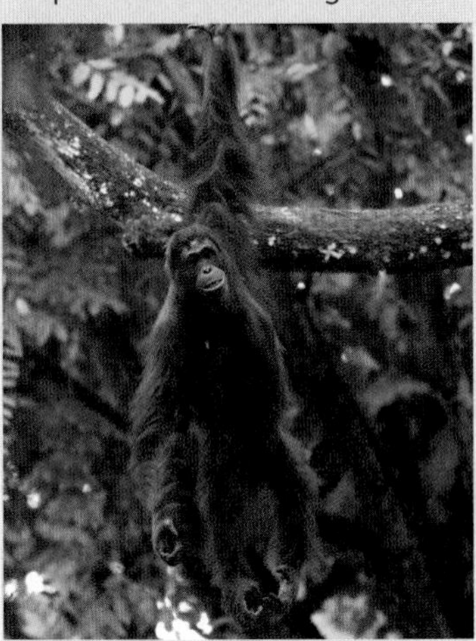

Deforestar la tierra

La isla de Borneo supo estar cubierta de tierras bajas y bosques lluviosos de montaña. Hoy en día, el hábitat del bosque lluvioso de la isla está desapareciendo a una tasa insostenible debido a la tala, los incendios y la deforestación de la tierra para la siembra de cultivos comerciales. Uno de esos cultivos es el aceite de palma, que se hace con los frutos de la palma aceitera y es el aceite vegetal más usado del planeta. Se encuentra en productos como cosméticos y alimentos envasados. El mercado del aceite de palma está creciendo rápidamente incluso cuando los efectos negativos de las plantaciones de palma alcanzan un nivel crítico.

FIGURA 3: La deforestación en Borneo ha llevado a una desaparición significativa de hábitats.

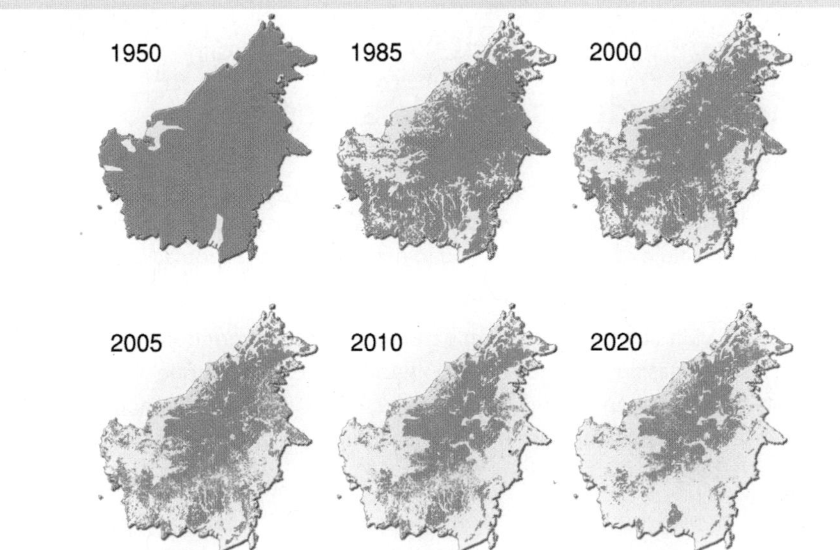

Analizar ¿De qué manera las prácticas de la agricultura pueden llevar a la disminución de la biodiversidad? En tu respuesta, incluye una lista de los impactos en la función y la productividad del ecosistema.

La mayor amenaza para la biodiversidad en Borneo es la desaparición de hábitats. Algunas especies como el orangután de Borneo necesitan el hábitat del bosque lluvioso para sobrevivir y, por lo tanto, son más sensibles a su desaparición. El número de orangutanes de Borneo disminuyó más del 60 por ciento desde 1950. La caza ilegal también amenaza su supervivencia. El orangután de Borneo está en peligro crítico de extinción y podría extinguirse si no se preserva su hábitat. Esta especie ha alcanzado el punto que se conoce como umbral de extinción. Si la desaparición de hábitats continúa, la población de orangutanes de Borneo no podrá recuperarse y se extinguirá.

Image Credits: (t) ©Kjersti/Fotolia; (b) ©GRID-Arendal http://www.grida.no/graphicslib/detail/extent-of-deforestation-in-borneo-1950-2005-and-projection-towards-2020_119c

FIGURA 4: Los caminos provocan fragmentación del hábitat.

La fragmentación del hábitat

El hábitat del orangután de Borneo se fragmenta a medida que se deforestan las tierras. La fragmentación del hábitat ocurre cuando una barrera como un camino o una porción de tierra deforestada divide un hábitat más grande en secciones más pequeñas, lo que impide que los individuos tengan acceso a todo su espacio vital. Los caminos forman una barrera física de dispersión para muchas especies. La agricultura y la expansión urbana también son barreras de dispersión, porque no son hábitats amigables para muchas especies.

Predecir ¿De qué manera los efectos de la fragmentación del hábitat pueden llevar a una disminución de la biodiversidad?

La fragmentación del hábitat es un proceso que disminuye el hábitat adecuado. A su vez, esa disminución hace que disminuya la capacidad de carga de población de muchas especies. Algunas especies se pueden extinguir en la zona, o ser extirpadas, si un parche de hábitat no es tan grande como para sostener a una población reproductora. También aísla a los parches de hábitat más pequeños, lo que puede impedir la inmigración y el flujo génico dependiendo del grado de aislamiento y de las especies involucradas. Por ejemplo, a un roedor pequeño le resultaría más difícil trasladarse a un parche de hábitat aislado que a un ave.

La fragmentación del hábitat aumenta sus bordes, que tienen características bióticas y abióticas diferentes a las del interior. Los ejemplos de los efectos de borde incluyen el aumento de la depredación, el desarrollo de microclimas inadecuados y una mayor exposición a los contaminantes. La fragmentación puede llevar a la alteración de los patrones de apareamiento y reproducción o a la incapacidad para encontrar los recursos necesarios para sobrevivir.

Aprende en línea

Actividad práctica

Hacer un modelo de la fragmentación del hábitat Explora cómo la construcción de un centro comercial afecta las especies animales dentro de su hábitat.

Causa y efecto

Construir corredores de vida silvestre

FIGURA 5: Las mariposas monarca dependen de los corredores de néctar durante la migración.

Los corredores de vida silvestre conectan parches de hábitat aislados. Su meta es ayudar a los individuos a moverse libremente a través de todo su territorio, lo que ayuda a mantener el flujo génico y la diversidad genética entre las poblaciones de una especie.

Los corredores de vida silvestre pueden ser naturales, como los corredores ribereños a lo largo de los sistemas fluviales que unen poblaciones de especies que viven en pantanos aislados. Y también pueden ser artificiales, como los pasos superiores o inferiores en las carreteras que permiten que la fauna cruce los caminos que fragmentan su hábitat sin correr peligro.

Cada año, las mariposas monarca migran entre Canadá y México. Estas mariposas dependen del néctar de las flores silvestres para vivir durante todo el trayecto. El algodoncillo es una fuente importante de alimento para las larvas de estas mariposas, que dependen de los corredores de néctar, una especie de parches de hábitat que contienen las plantas que florecen en el momento justo en las migraciones de primavera y otoño. Es muy importante que esos parches estén protegidos dentro de zonas urbanas y agrícolas vulnerables al desarrollo.

Analizar ¿Qué factores se deben tener en cuenta cuando se desarrolla un corredor de vida silvestre? A la hora de elegir el camino para desarrollar uno, ¿por qué es importante la cooperación entre los organismos públicos y los dueños de las tierras privadas?

Image Credits: (t) ©Mario Beauregard/Fotolia; (b) ©The Image Bank/Richard Ellis/Getty Images

El manejo del hábitat

Los recursos se suelen sobreexplotar por razones económicas. Por el contrario, el desarrollo sostenible usa los recursos naturales para satisfacer las necesidades actuales sin provocar daños permanentes. La adopción extendida del desarrollo sostenible depende de convencer a las personas de que la naturaleza tiene un valor cultural y estético además de económico.

FIGURA 6: El presidente Theodore Roosevelt y el naturalista John Muir defendían la conservación de los espacios silvestres.

Proteger el hábitat

Una de las maneras en que los gobiernos pueden proteger los ecosistemas es apartar áreas de tierras públicas para preservarlas en su estado natural. La cesión de Yosemite en 1864 fue la primera legislación federal en los Estados Unidos cuyo objetivo era proteger la naturaleza de la urbanización. El proyecto de ley designaba al valle de Yosemite y a los árboles de secuoya de Mariposa Grove como áreas silvestres protegidas. El Parque Nacional de Yellowstone se estableció como el primer parque nacional del país en 1872. Los escritos del naturalista John Muir influyeron para convencer a los estadounidenses de que valía la pena proteger la naturaleza, en parte por su valor inspirador. El siguiente paso en la conservación de tierras públicas de los Estados Unidos fue la ley de Antigüedades de 1906, firmada por el presidente Theodore Roosevelt. Esa ley permite que los presidentes designen lugares destacados, estructuras y otros objetos históricos de interés como monumentos nacionales. En 1916, se estableció el Servicio de Parques Nacionales (NPS, por sus siglas en inglés) con el mandato de preservar y proteger los entornos naturales para el goce de las generaciones futuras. Cien años después, el organismo supervisa 59 parques nacionales y muchas otras áreas de importancia natural e histórica.

Hoy en día, la conservación y la administración federal de tierras públicas incluye pastizales a cargo de la Oficina de Administración de Tierras, bosques a cargo del Servicio Forestal de los Estados Unidos y refugios de vida silvestre a cargo del Servicio Federal de Pesca y Vida Silvestre. Los gobiernos estatales, regionales y municipales también protegen las tierras en estado natural a través de parques y reservas naturales. Muchas áreas protegidas se administran con el doble propósito de recreación para las personas y conservación de un hábitat natural.

Proteger las especies en peligro de extinción

Tanto el Servicio Federal de Pesca y Vida Silvestre como la Oficina Nacional de Administración Oceánica y Atmosférica se encargan de las especies mencionadas en la ley de Especies en peligro de extinción (ESA, por sus siglas en inglés) de 1973. Esa ley se promulgó para proteger especies individuales que están en peligro de extinción mediante la protección de las especies y su hábitat. La protección que brinda la ley se da de muchas formas que incluyen la conservación del hábitat y los programas de reproducción en cautiverio. La ley reconoce el valor ecológico, histórico, educativo, estético y científico de las especies amenazadas.

Analizar Si se conserva el hábitat para un tipo de especie específico en un hábitat amenazado, otras especies recibirían una mejor protección. ¿Cuál es ese tipo de especie específico: una especie con un área de distribución mayor en muchos hábitats o una especie con un área de distribución menor solo en el hábitat amenazado?

Cuando una sola especie de un ecosistema entra en la lista de especies en peligro de extinción, otras especies de ese mismo ecosistema pueden beneficiarse también. Por ejemplo, cuando el búho moteado del norte entró en la lista como especie amenazada en 1990, se cambiaron las prácticas de tala en el hábitat de los búhos para dejar más bosques vírgenes. Los búhos moteados del norte se beneficiaron con la conservación del hábitat, igual que las plantas, los animales, los hongos y los organismos microbianos que viven allí.

Image Credits: ©Library of Congress Prints & Photographs Division

Explicar ¿Qué impacto tuvo la desaparición de hábitats en las praderas de América del Norte? ¿Cómo pueden ayudar las técnicas de gestión de hábitats a restaurar las praderas?

Las especies introducidas

Una especie nativa es aquella que vive en su área de distribución histórica. Las especies no nativas, también llamadas especies introducidas, son aquellas que se introdujeron en regiones nuevas que no han sido parte de su área de distribución histórica nativa. Las especies introducidas suelen llegar a un ecosistema como resultado de actividades humanas.

Especies introducidas y especies invasoras

En el curso de la historia, los seres humanos hemos reubicado muchas especies en todo el mundo. Algunas introducciones fueron accidentales, como la liberación de roedores, que viajaban en los barcos, en muchos ecosistemas de islas. Y otras introducciones fueron deliberadas. Por ejemplo, hacia fines del siglo XIX, un grupo decidido a traer a los Estados Unidos todas las especies que mencionaba el escritor inglés William Shakespeare logró liberar estorninos en Nueva York. Ahora se pueden encontrar estorninos en todo el país y en todo el mundo.

FIGURA 7: Los mejillones cebra se adhieren a los moluscos y pueden matarlos.

Cuando una especie introducida causa daños económicos o ambientales o representa una amenaza para la salud humana, se llama especie invasora. Estas especies suelen comportarse como depredadores, causan enfermedades o superan a las especies nativas. El mejillón cebra y el mejillón quagga son dos ejemplos de especies invasoras. El mejillón cebra es nativo de Rusia y el mejillón quagga es nativo de Ucrania. Se sospecha que estos mejillones invasores se introdujeron en los Grandes Lagos a través del agua de desecho de los buques de carga transatlánticos en la década de 1980. Poco después, los mejillones invasores se esparcieron por los drenajes fluviales cercanos. En la actualidad, más de 30 estados tienen infestaciones de mejillones invasores. Los mejillones invasores compiten con los moluscos nativos por el alimento y disminuyen las poblaciones de fitoplancton y zooplancton en los hábitats que invaden. También se pueden adherir a los moluscos nativos en cantidades suficientes que terminan matándolos.

Aprende en línea 

FIGURA 8: Desde su introducción en la década de 1980, los mejillones invasores se han esparcido por más de 30 estados de los Estados Unidos.

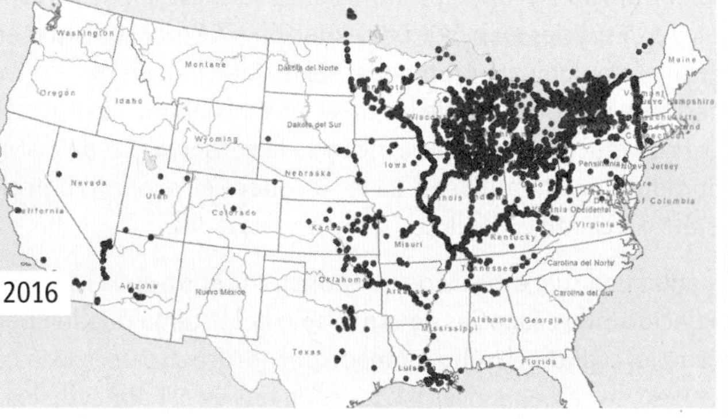

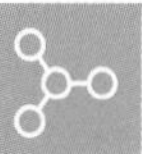

Patrones

1. ¿Qué observas acerca del patrón de expansión del hábitat de los mejillones cebra y los mejillones quagga a lo largo del tiempo?
2. ¿Qué crees que explica este patrón?

Image Credits: (t) ©U.S. Fish and Wildlife Service; (bl) (br) US Geological Survey, Nonindigenous Aquatic Species Program

Ingeniería

FIGURA 9: La inspección de los botes sirve para prevenir la propagación de mejillones invasores.

Prevenir la propagación de mejillones invasores

Se sabe que los mejillones invasores se adhieren a las tuberías de entrada de agua, a las boyas, a los equipos de pesca y a los cascos de los barcos y forman colonias. Se esparcen naturalmente por las vías fluviales, pero también pueden ser transportados por embarcaciones pequeñas entre dos drenajes no conectados. Algunas soluciones como la pintura contra las incrustaciones evitan que los mejillones se adhieran a los botes. Las pinturas contra las incrustaciones, que han tenido éxito en el pasado, ahora se están dejando de producir por las preocupaciones acerca de la liberación de metales en las vías fluviales. Ahora se están desarrollando tratamientos más seguros que se pueden usar en la superficie de los botes y también de los motores. Sin embargo, suelen ser más costosos de adaptar y mantener. Educar a los navegantes y realizar inspecciones obligatorias en los botes en áreas sensibles también ayuda, pero los mejillones invasores continúan esparciéndose porque ninguna solución ha sido 100 por ciento efectiva.

Colaborar Comenta con un compañero las posibles soluciones para prevenir la propagación de las especies invasoras de mejillones. ¿Qué criterios y restricciones necesitas tener en cuenta cuando desarrollas tus soluciones?

Manejo de las especies invasoras

Entre los métodos que se pueden usar para controlar las plantas invasoras se encuentran la extracción física, los herbicidas químicos, las quemas y el pastoreo. Con los animales, es efectiva la extracción física a través de la caza, la pesca o las trampas. Muchos programas exitosos para el manejo de las especies invasoras combinan varios métodos diferentes.

Los controles biológicos son una opción particularmente útil para las plantas invasoras. Un agente de control biológico es una peste o un depredador del espacio vital del que proviene la especie invasora. Los posibles controles biológicos deben ser estudiados en profundidad antes de introducirlos para evitar impactos no intencionados sobre el medio ambiente. Por ejemplo, el sapo de caña fue introducido en Australia para controlar las pestes de la caña de azúcar, pero ahora se considera una especie invasora.

Las especies invasoras tienen un gran impacto económico sobre los seres humanos y también sobre los ecosistemas. Se calcula que, solo en los Estados Unidos, el daño económico de las especies invasoras cuesta más de $100,000 millones al año. Este cálculo aproximado incluye el dinero que se gasta en prevención, detección temprana, control, investigación y actividades de divulgación.

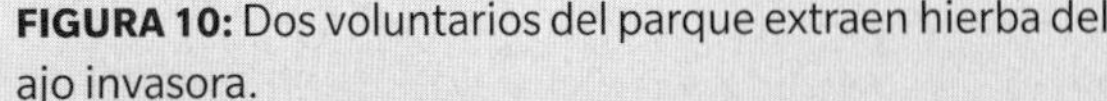

FIGURA 10: Dos voluntarios del parque extraen hierba del ajo invasora.

Analizar Las especies introducidas contribuyen a la disminución de las praderas nativas. Por ejemplo, las especies no nativas pueden superar a las hierbas nativas y, en algunos casos, degradar la calidad de las pasturas para el ganado. ¿De qué manera el control de las especies introducidas podría ayudar a restaurar las praderas?

Image Credits: (t) ©Stephen Barnes/Shipping/Alamy; (b) ©Jim West/Alamy

Sobreexplotación de especies

FIGURA 11: El bisonte americano se cazó hasta el borde de la extinción a mediados del siglo XIX.

Los seres humanos usan muchas especies vegetales y animales como alimento, vestimenta, medicina y otros usos. En este contexto, las plantas y los animales se consideran recursos naturales. La sobreexplotación ocurre cuando se sustraen organismos individuales de un ecosistema más rápido de lo que una población puede reemplazarlos. El bisonte americano es uno de esos ejemplos. La Figura 11 muestra una pila enorme de cráneos de bisontes americanos. Mientras que las poblaciones indígenas usaban el bisonte como fuente de alimento y vestimenta, la llegada del ferrocarril transcontinental en la década de 1860 popularizó la caza del bisonte como deporte para los viajeros de la costa este. Se cazaron tantos bisontes que casi llegaron a extinguirse. La creación del Parque Nacional de Yellowstone en 1872, que en ese momento era el hogar de la última manada de bisontes, salvó la especie.

La pesca indiscriminada

Pescar se define como la cosecha de especies acuáticas. Las pesquerías se pueden sobreexplotar si se eliminan más individuos de los que la población puede producir. En otras palabras, las tasas de reproducción de una pesquería deben ser iguales o más altas que las tasas de explotación; de lo contrario, se producirá una sobreexplotación. La sobreexplotación puede causar el colapso de una pesquería si es extendida y si las poblaciones se cosechan hasta el punto de tener números extremadamente bajos, en especial las hembras. Si las pesquerías se continúan explotando después de un colapso, las especies cosechadas podrían extinguirse. Las especies acuáticas que han sufrido la sobreexplotación incluyen el pez espada, el bacalao del Atlántico y el atún. Las pesquerías oceánicas son especialmente vulnerables a la sobreexplotación porque ninguna nación es dueña de los océanos abiertos. Para mantener pesquerías sostenibles, los países deben cooperar para garantizar que no se sobreexploten las poblaciones.

Análisis de datos

FIGURA 12: El colapso de la pesquería de bacalao en el Atlántico Norte

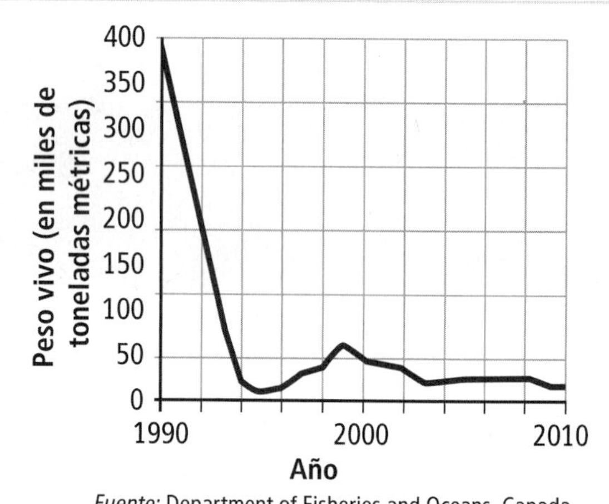

El colapso de la pesquería de bacalao en el Atlántico Norte

La pesquería de bacalao del Gran Banco, cerca de la costa de Terranova, se controló a partir de 1950 para intentar preservar y recuperar las poblaciones de bacalao. En vez de recuperarse, las poblaciones de bacalao continuaron disminuyendo durante 1970. Las nuevas tecnologías de 1980 y la falta de regulaciones de la pesca llevaron al colapso de la pesquería a principios de 1990. En 1992, se prohibió la pesca de bacalao en el Gran Banco. Quedaban muy pocos bacalaos capaces de reproducirse y la pesquería aún no ha logrado recuperarse.

1. ¿Cuál ha sido la captura anual más grande desde que colapsó la pesquería a principios de la década de 1990?
2. ¿Qué factores dificultan la recuperación de la pesquería?
3. ¿Por qué son importantes las zonas de pesca prohibida para la recuperación de una pesquería?

Image Credits: (t) ©Hi-Story/Alamy

La caza indiscriminada

Para controlar una población de animales, se pueden usar la caza, las trampas y la recolección. Sin embargo, si se eliminan en forma constante más individuos de los que se pueden reemplazar por el crecimiento normal de la población, se producirá una disminución y, con el tiempo, la extinción de la población. La caza indiscriminada impacta sobre la biodiversidad de dos maneras. Si se produce la extinción o la extirpación, la riqueza de especies, es decir, el número de especies presentes en un área determinada, disminuirá. Reducir la población de cualquier especie a números muy bajos reduce la diversidad genética de dicha especie y puede originar un cuello de botella genético. La riqueza de especies y la diversidad genética son medidas de la biodiversidad. La disminución de estos dos valores generará una disminución de la biodiversidad.

FIGURA 13: El rinoceronte negro occidental fue declarado extinto en 2011.

El rinoceronte negro occidental, que aparece en la Figura 13, fue una de las cuatro subespecies de rinocerontes negros que habitaba el centro y el oeste de África. La desaparición de esta subespecie se debió a tres factores. Primero, la caza deportiva diezmó muchas poblaciones a principios del siglo XX. Segundo, la deforestación de las tierras para la agricultura destruyó el hábitat de los rinocerontes. Y tercero, el ápice de popularidad de la medicina tradicional china en la década de 1950, en la que el cuerno de rinoceronte molido juega un papel importante, llevó a un aumento desmedido de la caza ilegal. A principios de la década de 1990, ya quedaba menos del 2 por ciento de la población original de rinocerontes negros en la naturaleza. Los últimos rinocerontes negros occidentales (solo cinco) se observaron en 2001. Una década después, sin que volviera a verse alguno, la Unión Internacional para la Conservación de la Naturaleza declaró formalmente extinto al rinoceronte negro occidental.

Las prácticas sostenibles de caza y pesca

Los seres humanos han encontrado soluciones para la sobreexplotación, como las prácticas de pesca sostenibles. Muchas pesquerías ahora tienen reglamentaciones sobre el tamaño de la captura, la duración de la temporada y el tipo de equipo que se puede usar para pescar. Estas reglamentaciones apuntan a mantener las poblaciones de peces en niveles sostenibles y, al mismo tiempo, brindan la fuente de alimento de la que dependen los seres humanos. También ayudan a reducir la captura incidental, que se refiere a cualquier especie capturada durante la pesca comercial que no es la especie objetivo. La captura incidental es una amenaza para muchas especies vulnerables como las tortugas de mar y los delfines. Por ejemplo, las redes de malla fina que se usan para atrapar camarones ahora deben estar equipadas con aparatos de exclusión de tortugas. Los aparatos evitan que las tortugas y otras especies grandes queden atrapadas en las redes.

Explicar ¿De qué manera regular el tamaño de la captura, el equipo que se usa y la duración de la temporada puede proteger la biodiversidad acuática?

La caza sostenible conserva las poblaciones y evita la sobreexplotación. Al igual que con la pesca, quienes controlan la vida silvestre regulan las temporadas de caza, la edad y el sexo de los animales que se pueden cazar y el equipo que se puede usar.

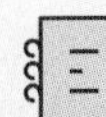

Analizar ¿Qué recursos se podrían haber sobreexplotado como parte de la destrucción de las praderas en América del Norte?

Image Credits: ©U.S. Fish and Wildlife Service

Conexión con las artes del lenguaje

Considerar el valor de las especies no nativas

Hay un prejuicio marcado contra las especies no nativas tanto en la comunidad científica como en la general. De alguna forma, esto significa que los científicos educaron al público acerca de los peligros de las especies invasoras con eficacia.

Esta falta de confianza en las especies no nativas parece estar bien fundada. Quienes controlan la tierra y el agua y tratan con infestaciones de kudzu o mejillones cebra pueden contar por experiencia propia lo destructivas que pueden ser las especies invasoras. Muchos científicos piensan que es justo y necesario criticar a las especies no nativas dada la cantidad de daños que pueden causar. Las especies invasoras no nativas se apropian de los paisajes y suelen superar a otras especies que compiten por recursos preciosos.

El daño que provocan las especies invasoras no siempre es inmediato. Una actitud expectante no siempre funcionará, ya que algunas especies que solían ser inofensivas se pueden convertir rápidamente en una pesadilla. Por ejemplo, el pimentero del Brasil fue introducido en los Estados Unidos como una planta ornamental y, al principio, no parecía una especie invasora. Hoy en día, amenaza las comunidades de manglares en Florida.

Sin embargo, algunos científicos han empezado a desafiar los ideales de "nativo o nada" que dominan las ciencias actuales. Enseguida señalan que algunas especies no nativas brindan importantes servicios de ecosistema, como la polinización de flores nativas y la estabilización del suelo. Por ejemplo, las abejas melíferas no son nativas de América del Norte.

FIGURA 14: Aunque no son nativas de América del Norte, las abejas melíferas son polinizadores integrales.

Fueron introducidas por los primeros pobladores europeos en 1622 y, hoy son polinizadores invaluables de cultivos y productoras de miel.

Las plantas no nativas suelen brindar un hábitat para las especies nativas. El tamarisco, introducido para controlar la erosión, es muy invasivo en el suroeste de los Estados Unidos, pero se ha convertido en un hábitat de anidación crítico para el mosquero saucero del suroeste que está en peligro de extinción. El esfuerzo por eliminar las poblaciones de tamariscos vino acompañado de una disminución en la población de mosqueros.

Es importante definir el término *nativo* y qué debería ocurrir con las especies no nativas que ahora están amenazadas en sus propios espacios vitales. El término *nativo* define el espacio vital de una especie durante cierto período. Muchas especies fueron no nativas en algún momento, es decir, que llegaron a su espacio vital actual desde otro lugar.

Lo que confunde aún más la diferencia entre especies nativas y no nativas es que el cambio climático hace que las especies migren hacia nuevas áreas de distribución por su cuenta. Las especies adaptadas al frío migran hacia elevaciones más altas o hacia los polos en busca de rangos de temperatura más adecuados. Las especies adaptadas al calor amplían sus áreas de distribución cuando se mueven hacia hábitats que antes no eran adecuados. El cambio climático, la desaparición de hábitats y otros impactos de los seres humanos pueden amenazar una especie no nativa en su espacio vital. ¿Se debería eliminar a estas especies de sus nuevas áreas de distribución aun si es posible que no sobrevivan en sus espacios vitales?

Ambos lados del debate quieren mantener la biodiversidad y la función del ecosistema. La diferencia es cómo se ajustan las especies no nativas a la situación: como una potencial contribución beneficiosa o como una potencial fuerza destructiva.

Conexión con las artes del lenguaje Escribe un ensayo breve sobre tu postura respecto de si todas las especies no nativas deberían eliminarse de los nuevos ambientes. Justifica tu postura y tus afirmaciones con evidencias de este pasaje. Tú y tus compañeros comentarán la postura de cada uno en un debate en el salón de clases.

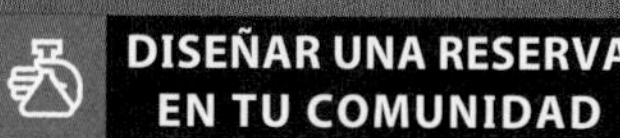

DISEÑAR UNA RESERVA EN TU COMUNIDAD | **PROTEGER LA BIODIVERSIDAD** |  **CAZADORES Y SALVAJES** | **Conéctate y elige alguna de estas opciones.**

Image Credits: (l) ©Arterra Picture Library/Clement Philippe/Alamy; (r) ©Horst Sollinger/Getty Images

Autorrevisión de la lección

¿PUEDES EXPLICARLO?

FIGURA 15: Los administradores de tierras usan las quemas prescritas para mantener los ecosistemas de pradera.

El fuego cumple una función importante en los ecosistemas de pradera saludables. Las praderas, en especial las de especies de hierbas altas, acumulan biomasa muerta cada año cuando las hierbas están inactivas en invierno y emerge nueva vegetación en primavera. Históricamente, el fuego era un régimen de alteración frecuente que eliminaba esa capa de material vegetal muerto. Quemar la biomasa hace que los nutrientes minerales que contiene queden disponibles para el nuevo crecimiento en forma de ceniza. Ya sin biomasa muerta, la nueva vegetación no solo tiene más nutrientes, sino que también recibe más luz solar. Esto mejora el crecimiento en las estaciones que siguen a los incendios. El fuego aumenta la biodiversidad ya que abre hábitats nuevos y aumenta el éxito en el establecimiento de especies pioneras.

Explicar Consulta las anotaciones de tu Cuaderno de evidencias para responder las siguientes preguntas:

1. ¿De qué manera quemar una pradera puede aumentar la biodiversidad?
2. ¿Por qué es importante cuidar la biodiversidad?

La biodiversidad está disminuyendo a medida que los seres humanos cambian los hábitats, introducen especies invasoras y sobreexplotan las especies nativas. Los seres humanos seguirán teniendo un impacto significativo sobre el medio ambiente en el futuro cercano. La implementación de prácticas de desarrollo sostenible será clave para administrar los recursos para las generaciones actuales y futuras. Se necesitan más avances en esta área para que puedan preservarse y protegerse los espacios naturales y la biodiversidad y, al mismo tiempo, brindar la cantidad suficiente de recursos para la creciente población humana de la Tierra.

Image Credits: ©Mitch Kezar/NewsCom

EJERCICIOS DE REVISIÓN

Comprueba lo que aprendiste

1. Haz un diagrama que represente por qué el hacinamiento en un hábitat fragmentado actúa como una retroalimentación negativa en el sistema. ¿Cuál es el efecto sobre el tamaño y la capacidad de carga de población?

2. En muchos sistemas de islas se introdujeron especies de roedores de modo accidental a medida que los barcos recorrían el mundo. Estos roedores son los probables culpables de por lo menos 13 extinciones de especies nativas. Muchos de los roedores se alimentan de huevos de aves y tortugas, de pequeñas aves, reptiles y muchas otras especies nativas. ¿Qué podría ocurrir con el sistema de una isla si se introdujera una especie de roedor que no tuviera competencia por el nicho preferido, ni depredadores, ni enfermedades o parásitos?

3. ¿Por qué la supervisión es una parte importante del control de las especies invasoras?
   - **a.** Puede evitar la propagación de especies invasoras.
   - **b.** Se pueden identificar nuevas poblaciones de especies invasoras mientras aún son pequeñas.
   - **c.** Puede mantener el estado histórico de un paisaje.
   - **d.** Permite evaluar el impacto que podría tener una especie introducida sobre un ambiente nuevo.

4. ¿Por qué las especies que tienen tasas de reproducción bajas son más sensibles a la extinción por sobreexplotación que las que tienen tasas de reproducción más altas?

5. Completa el párrafo con los siguientes términos: *disminuye, una relación directa, aumenta, una relación inversa*

   En general, el nivel de biodiversidad de un ecosistema tiene _____ con la cantidad de hábitats desaparecidos. Cuando la cantidad de hábitats desaparecidos aumenta, el grado de biodiversidad _____. La conectividad del hábitat tiene _____ con la diversidad genética de una población. Cuando la conectividad del hábitat aumenta en paisajes fragmentados, la diversidad genética _____.

6. Elige una especie en peligro de extinción por desaparición del hábitat o por sobreexplotación y haz un modelo que muestre cómo la tecnología ha aumentado o facilitado la explotación o la desaparición del hábitat que afecta a la especie.

Observa la Figura 16 y responde las Preguntas 7 a 10.

FIGURA 16: Fragmentación del hábitat

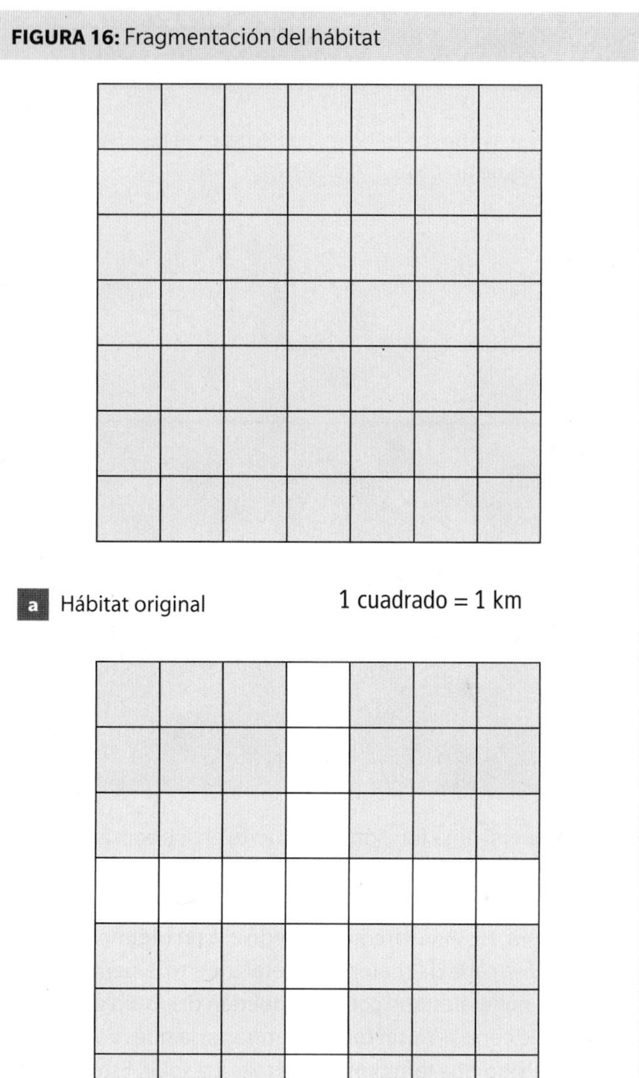

7. La especie A fue separada en poblaciones iguales cuando se produjo la fragmentación. Sin embargo, esta especie no vive dentro de 1 km de los bordes de un bosque (1 cuadrado = 1 km). ¿Cuánto hábitat adecuado tenía la especie A en el hábitat original y cuánto hábitat adecuado tiene en el hábitat fragmentado?
   - **a.** 25 km^2, 4 km^2
   - **b.** 25 km, 16 km
   - **c.** 9 km^2, 1 km^2
   - **d.** 3.5 km, 1.5 km

8. Analiza los modelos de hábitat y calcula los siguientes valores para cada uno:
   a. área total (km^2)
   b. longitud total del borde (km)
9. ¿Qué tendría que ocurrir con el hábitat fragmentado para que la especie A se extinguiese en esta zona si todas las otras características del sistema no sufren ningún cambio?
10. ¿Cuánto ha aumentado el hábitat de borde en el hábitat fragmentado? ¿Cuánto ha disminuido el hábitat interior adecuado en el hábitat fragmentado?
11. ¿Cuál de las siguientes opciones es un ejemplo de una barrera en un hábitat fragmentado? Elige todas las respuestas correctas.
   a. un camino o una tubería
   b. una estructura permanente que impide que las porciones de hábitat vuelvan a unirse
   c. una sección de tierra que conecta porciones de hábitat
   d. algo que impide que una especie acceda a todo su espacio vital
12. El fitoplancton es un productor primario en la base de muchas redes alimentarias. ¿Por qué los científicos deberían preocuparse por especies como el fitoplancton durante un suceso de extinción a gran escala como el que está sufriendo la Tierra?
13. ¿Por qué es preferible proteger un ecosistema completo que proteger a una sola especie? Explica tu respuesta.
14. Usa lo que sabes sobre la estabilidad de un ecosistema para explicar por qué es importante cuidar la biodiversidad.
15. ¿Qué formas de impacto puede tener una especie introducida en un ecosistema que ha colonizado? Usa un ejemplo específico para explicar tu respuesta.

HAZ TU PROPIA GUÍA DE ESTUDIO

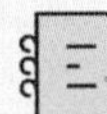

En tu Cuaderno de evidencias, diseña una guía de estudio que justifique las ideas principales de esta lección:

Las actividades humanas pueden tener un impacto negativo sobre la biodiversidad.

Como sociedad global, los seres humanos necesitamos encontrar una manera de equilibrar los beneficios económicos del desarrollo con los beneficios culturales y ambientales de la biodiversidad.

Recuerda incluir la siguiente información en tu guía de estudio:

- Usa ejemplos que sirvan como modelo de las ideas principales.
- Anota explicaciones para el fenómeno que investigaste.
- Presenta evidencias para justificar tus explicaciones. Tu justificación puede incluir dibujos, datos, gráficas, conclusiones de laboratorio y otras evidencias que hayas anotado a lo largo de la lección.

Considera cómo el impacto de los seres humanos está cambiando la estabilidad de los ecosistemas. Piensa en las causas y los efectos específicos relacionados con la disminución de la biodiversidad que podrían estar vinculados con las actividades humanas.

10.3

Soluciones de ingeniería para el impacto ambiental

Las soluciones de ingeniería sirven para resolver problemas, como la necesidad de producir más energías renovables.

¿PUEDES EXPLICARLO?

Las autopistas son la solución principal para el transporte terrestre de bienes y personas. La construcción y el mantenimiento de autopistas disminuyen el tránsito y dan más opciones para viajar. Las autopistas, además, son barreras que fragmentan o separan hábitats, lo que dificulta que los animales accedan a todo su espacio vital.

FIGURA 1: Los pasos de vida silvestre satisfacen necesidades variadas.

a Paso superior de una autopista

b Paso inferior de una autopista

c Paso superior de un canal

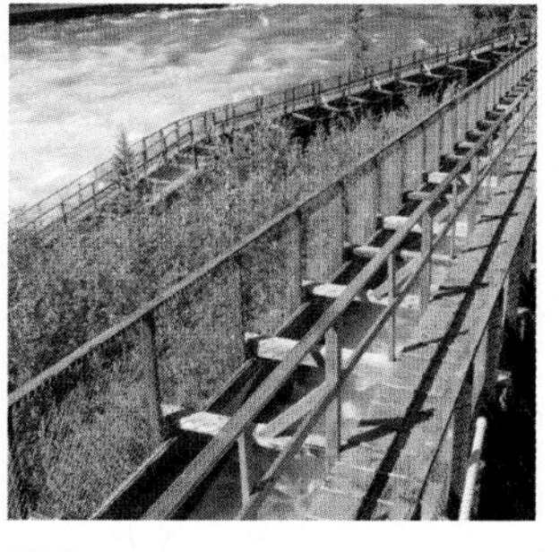

d Escalera para peces

Reunir evidencias Mientras trabajas con la lección, identifica por qué los pasos de vida silvestre son útiles tanto para la sociedad como para el medio ambiente.

Los pasos de vida silvestre se pueden diseñar para permitir que los animales atraviesen barreras, como se ve en la Figura 1. Por ejemplo, los pasos superiores son estructuras que se elevan por encima de una barrera, como una carretera. Se usan cercas o características naturales del paisaje para formar un embudo que dirija a los animales hacia los pasos superiores. Los pasos inferiores cumplen la misma función, pero dirigen a los animales para que pasen por debajo de la barrera en vez de por encima. Los pasos superiores de un canal permiten que los animales acuáticos atraviesen una barrera elevada. Las escaleras para peces permiten que los peces atraviesen las barreras de las vías navegables, como diques o cascadas. Existen muchos otros tipos de pasos de vida silvestre y pueden diseñarse muchos más. Hay que evaluar cada situación para determinar cuál será el mejor para el problema que se presenta.

Predecir ¿Cómo podrías usar el proceso de diseño de ingeniería para diseñar el mejor paso de vida silvestre para unos venados que deben atravesar una autopista?

Image Credits: (t) ©Mny-Jhee/Fotolia; (bl) ©vario Images RM/euroluftbild.de/age fotostock; (bcl) ©Colorado Department of Transportation,

Convertir en energía

Las fuentes primarias de energía de los Estados Unidos se muestran en la Figura 2. Los productos del petróleo se suelen usar como combustible para el transporte. El gas natural se usa para producir energía eléctrica y calentar edificios. El carbón se quema para producir energía eléctrica. Estos tres tipos de combustible emiten gases invernadero cuando se queman. Las centrales nucleares usan fisión nuclear para producir electricidad. Su impacto ambiental es la producción de desechos nucleares, que deben almacenarse debidamente durante miles de años. La búsqueda y extracción de combustibles fósiles y materiales nucleares puede destruir, fragmentar y contaminar el hábitat. La energía renovable se usa para generar energía eléctrica y para el transporte y no emite gases de invernadero.

Analizar ¿Cuáles son los posibles impactos ambientales de las fuentes de energía de la Figura 2? ¿Cómo se podrían disminuir con soluciones de ingeniería?

Consumo de energía por fuente en los Estados Unidos

FIGURA 2: Fuentes de energía primarias en los Estados Unidos en 2014.

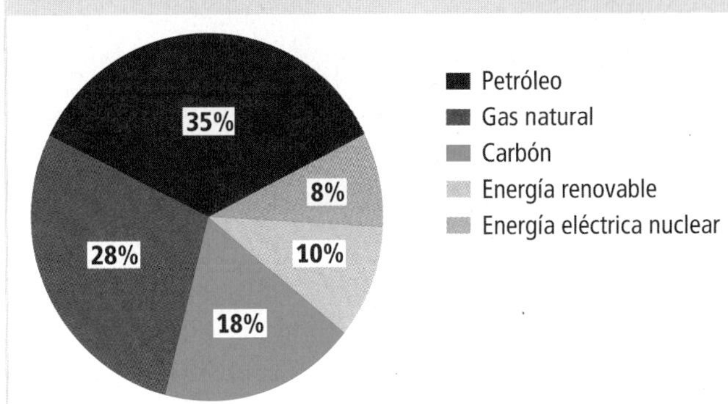

Fuente: U.S. Energy Information Administration, *Monthly Energy Review*, Table 1.3 and 10.1 (March 2015), preliminary data

Convertir los desechos en energía

Los seres humanos producen muchos desechos. Cómo se manejan y dónde se almacenan los desechos puede afectar el medio ambiente y la salud de los seres humanos. Los rellenos sanitarios son una solución común para almacenar desechos. Uno de los problemas asociados con ellos es la liberación de metano a medida que se descomponen los desechos orgánicos. El metano es un gas invernadero que atrapa mejor el calor que el dióxido de carbono. Se estima que tiene un impacto 25 veces mayor sobre el clima que una cantidad similar de dióxido de carbono. Para solucionar el problema, se debe hallar una forma de manejar los desechos y reducir los gases contaminantes como el metano.

FIGURA 3: Los incineradores especiales convierten los desechos en electricidad.

La quema de desechos

Los desechos generados en hogares y comercios suelen estar disponibles y no se consideran valiosos. De hecho, las personas y las empresas pagan para que alguien retire sus desechos. Para reducir la cantidad de basura que ingresa en los rellenos sanitarios y capturar parte de la energía almacenada en ellos, los ingenieros diseñaron incineradores que transforman los desechos en energía. Estos incineradores queman desechos a altas temperaturas y producen vapor. El vapor hace girar una turbina, que genera electricidad. Los ingredientes naturales necesarios para incinerar y transformar los desechos en energía son confiables, ya que las personas siempre generan más basura. Los incineradores disminuyen la cantidad de biomasa en los rellenos sanitarios y la cantidad de gases contaminantes como el metano que provienen de ellos.

La reducción de gases contaminantes como el metano es beneficiosa para el medio ambiente, dado que el metano atrapa gran cantidad de calor en la atmósfera. Pero, los incineradores también emiten gases invernadero y otros contaminantes. Algunos críticos se preguntan si las plantas de incineración harán que las personas estén menos dispuestas a reducir, reutilizar y reciclar. Esto podría aumentar la cantidad de basura en los rellenos sanitarios.

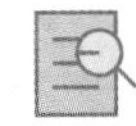

Conexión con las artes del lenguaje Investiga los costos y los beneficios de los incineradores que transforman los desechos en energía. Haz una infografía para sintetizar la información obtenida de las diversas fuentes.

Image Credits: (b) ©Sean Gallup/Getty Images

FIGURA 4: Algunos desechos pueden convertirse en biocombustible.

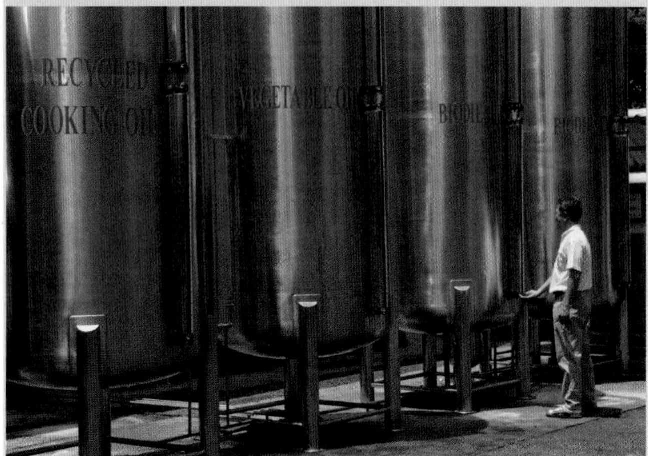

Hacer biocombustible a partir de los desechos

Algunos desechos pueden convertirse en biocombustible. Esto evita que la basura termine en los rellenos sanitarios y brinda una fuente de combustible alternativa. Un ejemplo común de biocombustible es el aceite vegetal reutilizado para los vehículos de motor. La fuente principal de aceite vegetal desechado es el aceite de cocina de los restaurantes. El aceite vegetal desechado también se convierte en biodiésel para cualquier motor diésel. Usar aceite vegetal desechado o biodiésel como combustible emite menos gases invernadero que el diésel.

El etanol es otro biocombustible y se suele hacer con maíz u otros cultivos comerciales. Pero el cultivo para obtener biocombustibles puede tener impactos ambientales, como la escasez de alimentos o más consumo de agua. El biocombustible también puede fabricarse a partir de desechos de celulosa, como subproductos agrícolas y papel desechado. Fabricar biocombustibles a partir de desechos reduce la presión sobre los cultivos y permite que las tierras se destinen a producir más alimentos para el consumo humano.

Colaborar Con un compañero, comenta el rol que tiene el ciclo del carbono, del nitrógeno o del fósforo en la digestión anaeróbica de la biomasa.

La digestión anaeróbica de la biomasa

Durante la digestión anaeróbica, los microorganismos descomponen la materia orgánica, o biomasa, sin oxígeno. La digestión anaeróbica se puede usar para descomponer materiales que suelen descartarse o convertirse en abono orgánico, como los desechos de comida o el estiércol. Los microorganismos producen una mezcla de gases compuesta, en su mayoría, por dióxido de carbono y metano, llamada *biogás*. Los establecimientos pueden usar el biogás para producir energía en lugar de liberarlo a la atmósfera. Eso significa que se liberan menos gases invernadero que desde los rellenos sanitarios o las pilas de abono orgánico. El residuo que queda se llama *digestato*. El digestato puede usarse como fertilizante y así devuelve nutrientes importantes al suelo, que los hace circular por todo el ecosistema.

Ingeniería

Analizar las soluciones de transformación de los desechos en electricidad

Analizar Haz una matriz de decisiones para este problema que analiza las posibles soluciones para el desarrollo de la energía a partir de los desechos. Evalúa los criterios del pueblo y determina qué solución es la mejor para este pueblo.

Las matrices de decisiones se usan para evaluar las características deseables o los criterios que se asocian con cada solución, como cuál es el mejor método de transformación de desechos en energía para una situación dada. Imagina que un pueblo quiere convertir en energía los desechos que terminan en el relleno sanitario para atenuar los crecientes costos de la electricidad. La meta primaria es implementar un método de captura de energía que brinde una fuente confiable de electricidad durante todo el año. El pueblo produce la misma cantidad de desechos urbanos durante todo el año, y las granjas de las zonas rurales aledañas aportan estiércol al relleno sanitario durante la primavera y el verano. La meta secundaria es reducir los gases contaminantes netos de efecto invernadero.

Recuerda que, en una matriz de decisiones, se le asigna un número o peso a cada criterio según su importancia. Cuanto más importante sea el criterio, mayor será el peso que se le asignará. Después, cada diseño recibe una calificación según cuánto se ajuste a los criterios. Las calificaciones de cada diseño se multiplican por el peso y se suman para que los ingenieros puedan determinar en qué medida el diseño se ajusta a los criterios.

Image Credits: (t) ©Corbis via Getty Images/John Van Hasselt/Getty Images

Mejorar la eficacia de la energía solar

La energía solar es una alternativa renovable a las formas más tradicionales de energía, como la electricidad producida a partir del carbón. En la actualidad, los paneles solares pueden ser costosos de fabricar e instalar y son menos eficientes que otras fuentes para convertir energía. Sin embargo, los costos cada vez más altos para generar electricidad a partir de los combustibles fósiles y las preocupaciones ambientales mantienen a la energía solar como la primera opción entre las energías renovables.

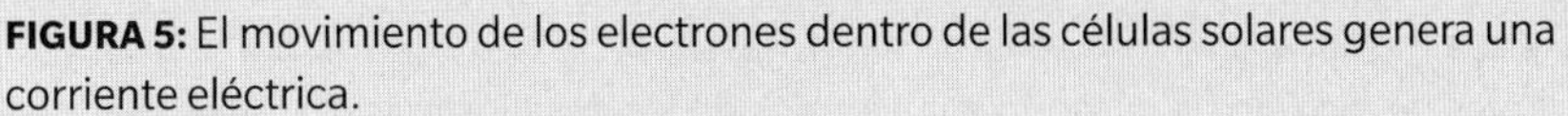

FIGURA 5: El movimiento de los electrones dentro de las células solares genera una corriente eléctrica.

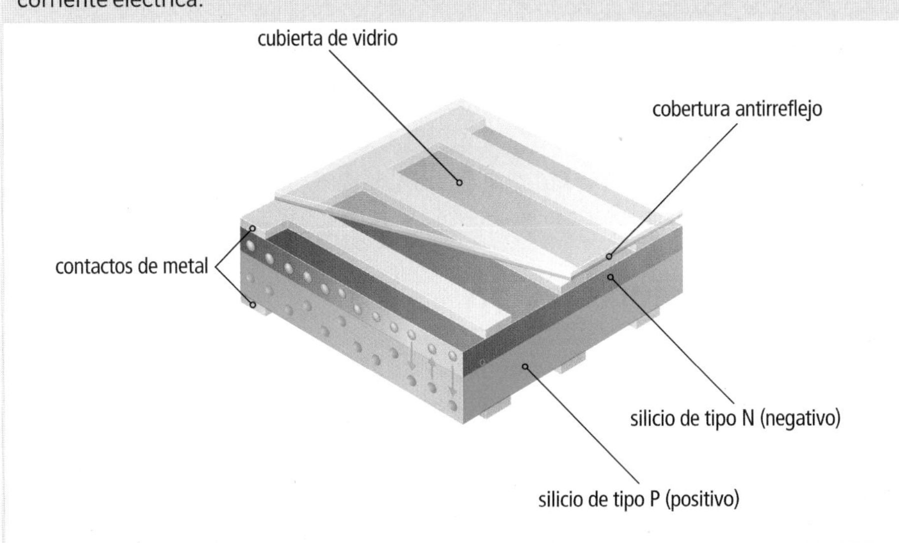

Las células solares absorben la energía luminosa y la transfieren a un semiconductor. La Figura 5 muestra cómo los electrones del semiconductor absorben la energía y se liberan para fluir en una corriente. Uno de los semiconductores más comunes de las células solares es el silicio. En una célula solar, una capa de silicio de tipo N (o negativo) se ubica junto a una capa de silicio de tipo P (o positivo). El silicio de tipo N tiene electrones libres que interactúan con el silicio de tipo P. Cuando la energía del sol "libera" un electrón, este se desplaza a través de las capas de silicio. Las capas permiten que los electrones fluyan en una dirección única, lo que genera una corriente eléctrica.

Uno de los principales gastos de las células solares es el costo de producción de los semiconductores de silicio. Para resolver este problema, los ingenieros han diseñado semiconductores orgánicos para reemplazar el silicio. Los semiconductores orgánicos están hechos de hidrocarburos, la misma materia prima que se usa para hacer plástico. Los hidrocarburos son más económicos que el silicio, lo que reduce el costo de las células solares. Además, los semiconductores orgánicos pueden producirse en forma de láminas grandes que requieren menos energía y cuestan menos que las láminas de silicio. Un inconveniente de los semiconductores orgánicos es que, por lo general, son muy malos conductores. Los ingenieros moleculares están trabajando para desarrollar soluciones que harán que los semiconductores sean más baratos de producir y mejores conductores.

Los ingenieros están trabajando en muchas soluciones para aumentar la eficacia de las células solares. Por ejemplo, se diseñó una cobertura de gel que aumenta el rango de las longitudes de onda que pueden absorber las células solares. Otra cobertura se diseñó para clasificar y concentrar la luz solar utilizable cuando llega a los paneles solares.

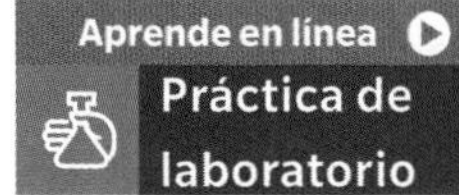

Construir células solares con tinte fotosensible Realiza una investigación para determinar si se puede usar un tinte orgánico para desarrollar una célula solar que funcione.

Reunir evidencias ¿Por qué las células solares satisfacen las necesidades de la sociedad y del medio ambiente?

Los nuevos diseños de células solares se optimizan durante el proceso de diseño. ¿Qué evidencia existe de que las células solares orgánicas son el resultado de una optimización del diseño durante el proceso de ingeniería?

Explicar ¿Por qué el proceso de diseño de ingeniería contribuye a satisfacer las necesidades energéticas de los seres humanos y, al mismo tiempo, reduce el impacto de los humanos sobre el medio ambiente?

La ingeniería y la conservación

FIGURA 6: Las poblaciones de seres humanos se están volviendo más urbanas.

La fragmentación del hábitat, la propagación de especies invasoras y la sobreexplotación hasta el punto de la extinción son algunos ejemplos de cómo los seres humanos pueden ejercer un impacto negativo sobre el medio ambiente y la biodiversidad. El aumento de la población de seres humanos hará que el impacto de la humanidad sobre el medio ambiente sea más común y más severo. La deforestación, la destrucción del hábitat y las emisiones de dióxido de carbono son algunos de los desafíos más grandes que debe enfrentar la comunidad global. Los campos de la ingeniería y la conservación están investigando maneras de satisfacer las necesidades de la sociedad y, al mismo tiempo, proteger los hábitats naturales.

Colaborar Con un compañero, comenta cómo tu pueblo o tu ciudad, o la más cercana a ti, puede ejercer un impacto sobre el medio ambiente.

Prevenir la deforestación

La deforestación es la eliminación de árboles y otra vegetación de un área. En el mapa de la Figura 7 se muestra la deforestación alrededor del mundo.

FIGURA 7: Extensión, pérdida y ganancia de la cubierta forestal desde 2000 hasta 2012.

Analizar ¿Qué evidencias brinda el mapa de que la tasa de deforestación entre 2000 y 2012 es insostenible?

La deforestación impacta sobre las comunidades vegetales, animales y humanas que viven en contacto directo con el bosque. También impacta sobre el resto del planeta, porque los bosques son grandes sumideros de carbono, ya que almacenan carbono y biomasa. Cuando se eliminan árboles, el carbono almacenado se libera al medio ambiente, lo que contribuye al cambio climático. Esto también causa la desaparición de hábitats para las plantas y los animales y la pérdida de plantas que podrían haberse usado en la producción de medicamentos. La deforestación reduce la biodiversidad, interrumpe el ciclo del agua, reduce la calidad del agua y reduce la producción de oxígeno. Todos estos cambios impactan sobre las comunidades globales.

Image Credits: (t) ©maksymowicz/Fotolia; (b) Hansen, M. C., P. V. Potapov, R. Moore, M. Hancher, S. A. Turubanova, A. Tyukavina, D. Thau, S. V. Stehman, S. J. Goetz, T. R. Loveland, A. Kommareddy, A. Egorov, L. Chini, C. O. Justice, and J. R. G. Townshend. 2013.

La tasa actual de deforestación es insostenible (es mayor que la de crecimiento de árboles nuevos), lo que convierte a los bosques en un recurso no renovable. La demanda de madera es una de las causas de la deforestación. Los ingenieros están desarrollando alternativas para reemplazar a los materiales de madera tradicionales.

FIGURA 8: Se pueden usar alternativas de la madera en lugar de productos de madera recién talada.

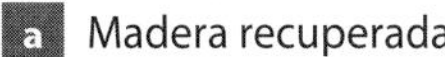

a Madera recuperada

b Productos derivados de la madera

c Plantas alternativas

d Papel reciclado

Algunas de las alternativas son la madera recuperada, las virutas de madera o sus productos derivados, las plantas y los árboles alternativos y los productos de papel reciclado. En la Figura 8 se muestran algunos ejemplos de estas alternativas. Algunas fuentes de madera recuperada son los palés, los edificios antiguos y los graneros viejos. Suele usarse para trabajos detallados y objetos domésticos. En la Figura 8a se muestra una mesa hecha con una puerta de madera recuperada. Los productos derivados de la madera, como las virutas, pueden transformarse en productos de papel o aglomerados. En la Figura 8b se muestra cómo se pueden usar las virutas como material de embalaje. Este uso evita que se talen más árboles para fabricar productos que solo requieren fragmentos de madera.

Reunir evidencias ¿Qué productos usas, o podrías usar, que provienen de alternativas a la madera? Comprueba los rótulos de los objetos de tu salón de clases o de tu hogar. ¿Alguno de ellos está fabricado con alternativas a la madera?

Las fibras de las plantas que no son árboles pueden usarse para fabricar la pulpa para productos de papel y también telas. El bambú, el cáñamo y el lino son ejemplos de fibras de plantas alternativas. Usar especies de árboles que se talan con menor frecuencia para satisfacer la demanda de madera también puede minimizar la presión sobre las especies sobreexplotadas y aminorar los efectos de la deforestación, porque algunas especies alternativas de árboles son más sostenibles y crecen más rápido que las tradicionales.

El papel reciclado puede procesarse para producir productos de papel nuevos. Esto evita que una gran cantidad de desechos termine en rellenos sanitarios y reduce la presión sobre los bosques. Las alternativas han logrado reemplazar a la madera recién talada en muchos productos. Si la demanda de madera en los sectores de la construcción y la manufactura decrece, disminuirán algunas de las presiones económicas que causan la deforestación.

Ingeniería

Encontrar alternativas a la madera

La madera suele considerarse un material de construcción, pero también se usa en cientos de productos, algunos de ellos sorprendentes. Por ejemplo, se usan productos de madera para fabricar pelotas de ping pong, goma de mascar y marcos de lentes. El hecho de que la madera se use en una variedad de productos tan amplia es una de las razones por las que la deforestación es tan problemática. Es también por esta razón que es tan importante encontrar alternativas a la madera.

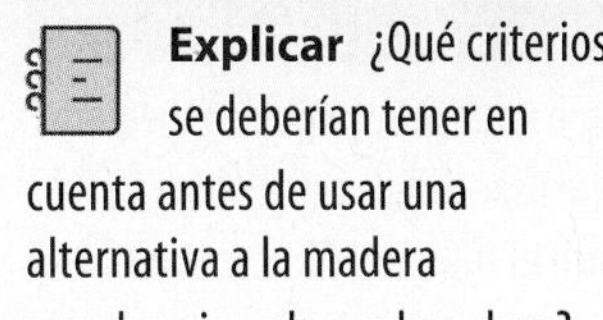

Image Credits: (l) ©Quasarphoto/Fotolia; (cl) ©Kirill Z/Shutterstock; (cr) ©Lost Mountain Studio/Shutterstock; (r) ©Saranya Loisamutr/Shutterstock

Crear hábitats nuevos

FIGURA 9: Techo verde

Las poblaciones de seres humanos se han vuelto cada vez más urbanas en el transcurso de los últimos dos siglos. En el siglo XIX, cerca de un tres por ciento de la población de seres humanos vivía en ciudades. En 2014, el 54 por ciento de las personas ya vivían en zonas urbanas. Las zonas urbanas fragmentan los hábitats de muchos animales. El reemplazo del suelo por concreto impermeable altera el ciclo del agua, ya que reduce la cantidad de agua que absorbe el suelo. Esto puede causar más escurrimientos e inundaciones. Las zonas urbanas son, además, islas de calor, ya que la alta concentración de materiales de construcción de colores oscuros y asfalto absorbe el calor y lo irradia hacia el medio ambiente.

Los techos verdes son un ejemplo de una solución que puede atenuar algunos de los problemas de la urbanización. Los techos verdes reducen la temperatura del aire en las grandes ciudades porque irradian menos calor que los techos tradicionales. Además, los techos verdes proporcionan un hábitat para las aves y los insectos. Aunque no todas las especies pueden usar estos hábitats, los techos brindan espacios verdes y recursos. Esta técnica no solo genera nuevos hábitats, sino que también aumenta la conectividad entre los parches de hábitat y proporciona corredores para la migración o la dispersión de algunos organismos entre distintas ciudades.

Aprende en línea

Práctica de laboratorio

Diseñar un techo verde
Diseña y construye un prototipo de techo verde para disminuir la temperatura de la superficie e incrementar la retención de agua.

FIGURA 10: Los techos verdes pueden brindar más aislamiento, absorber y almacenar más agua y reducir la emisión de calor en comparación con los techos tradicionales.

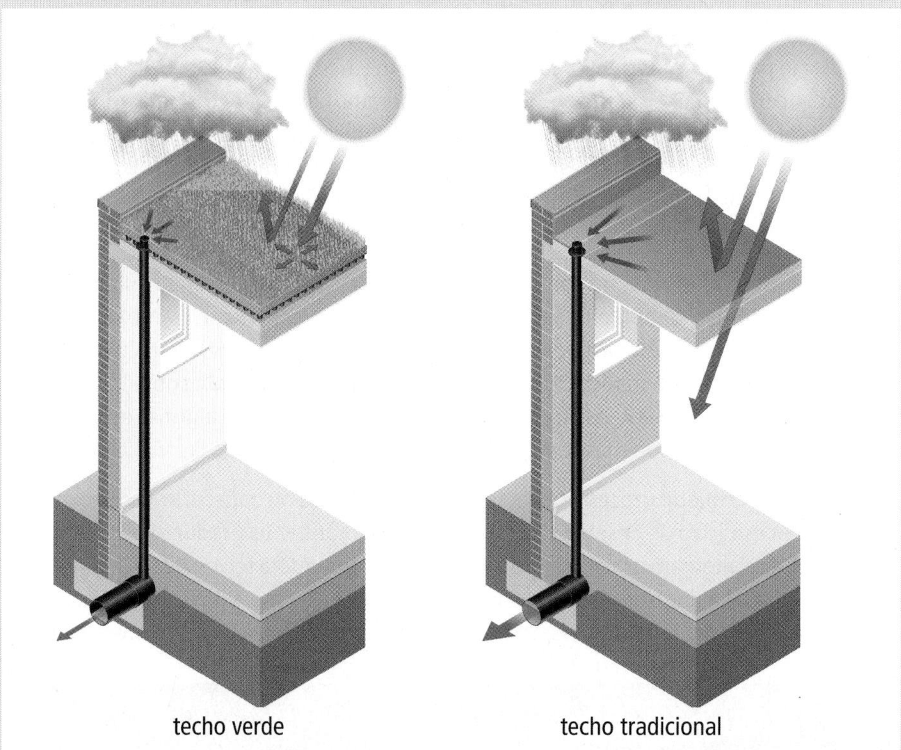

Sistemas y modelos de sistemas

Imagina que un equipo de ingenieros quiere usar techos verdes para reducir el calor y la fragmentación del hábitat en una ciudad grande. ¿Cómo podrían convertir estos grandes problemas en otros más pequeños?

Como se muestra en la Figura 10, los techos verdes contienen plantas que absorben dióxido de carbono y producen oxígeno. Además, los techos verdes absorben agua y reducen el escurrimiento, lo que a su vez disminuye las inundaciones repentinas y la contaminación de los cursos de agua. Por último, los techos verdes sirven de aislante para los edificios. En la Figura 10 se muestra que en los edificios con techos verdes ingresa menos calor que en los que tienen techos tradicionales. Esto sirve para que los edificios se mantengan frescos durante el verano y cálidos durante el invierno, así se reduce la necesidad de gastar energía para calentar o enfriar una habitación, que es el uso que se le da a una gran parte de la electricidad en el hogar.

Image Credits: ©vuk8691/E+/Getty Images

Reducir las emisiones de dióxido de carbono

En muchos países, la regulación de las emisiones de gases invernadero es cada vez más común, pero a muchos científicos les preocupa que las concentraciones atmosféricas de dióxido de carbono ya hayan alcanzado un punto crítico. Algunos científicos piensan que es posible desacelerar o detener el avance del calentamiento global si se reduce la cantidad de CO_2 de la atmósfera. Están trabajando con ingenieros para diseñar soluciones eficaces.

El proceso de eliminación de CO_2 u otros contaminantes de la atmósfera se conoce como *emisiones negativas*. Para ello, se instalan aparatos llamados *depuradores* en los conductos de humo de las fábricas para atrapar los gases. Eliminar el CO_2 de los conductos de humo es más fácil que eliminarlo del aire. El CO_2 está hasta 300 veces más concentrado en las emisiones de las fábricas que en el ambiente.

Analizar ¿Por qué la eliminación de CO_2 de la atmósfera podría desacelerar el calentamiento global?

FIGURA 11: Reducir las emisiones de dióxido de carbono podría desacelerar el calentamiento global.

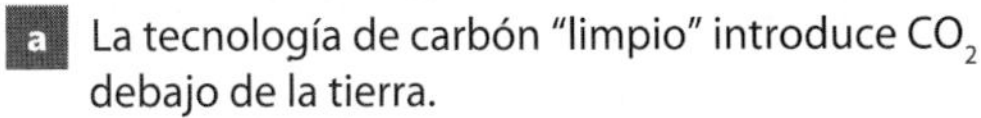

a La tecnología de carbón "limpio" introduce CO_2 debajo de la tierra.

b El CO_2 puede almacenarse en roca de basalto.

El carbón, uno de los combustibles fósiles más sucios, es responsable de hasta el 44 por ciento de las emisiones de CO_2. Los ingenieros han desarrollado maneras de reducir este número y convertir al carbón en una opción energética más "limpia", como se muestra en la Figura 11a. Una vez quemado el carbón, los ingenieros han diseñado una tecnología que elimina el CO_2 del gas producido, lo comprime y lo introduce debajo de la tierra.

Esta fuente de energía, aunque se conoce como carbón "limpio" por este tratamiento, no es una forma limpia de energía como la solar. La extracción de carbón y su quema aún contaminan el medio ambiente. A los científicos también les preocupa que almacenar CO_2 debajo de la tierra no sea una solución a largo plazo. Las zonas que se usan para almacenar gas corren un mayor riesgo de sufrir terremotos debido al aumento de presión. Si se produjera un terremoto, el gas almacenado podría filtrarse e ingresar en la atmósfera.

Para evitar esa complicación, los ingenieros están considerando almacenar CO_2 en roca volcánica de basalto, como se muestra en la Figura 11b. El CO_2 puede reaccionar con el calcio en este tipo de roca y formar una roca carbonatada. Cuando el carbono se fusiona con la roca y empieza a formar parte de ella, desaparece el riesgo de filtraciones. Estas tecnologías son costosas. En muchos países, entre ellos los Estados Unidos, los gobiernos no aplican impuestos sobre las emisiones de carbono ni requieren que las fábricas limiten sus emisiones. Por eso, a muchas empresas no les conviene aplicar una solución tan costosa.

Ingeniería

Un tema que aparece cuando se desarrollan soluciones nuevas a problemas ambientales es la necesidad de soluciones viables desde lo económico. Con un compañero o en un grupo pequeño, investiga sobre las soluciones de emisiones negativas y debate qué propuesta crees que tiene el futuro más prometedor. Presenta evidencias para justificar tus afirmaciones.

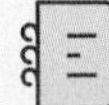

Explicar ¿Por qué es útil el proceso de diseño de ingeniería para los esfuerzos de conservación?

Image Credits: (l) ©AFP PHOTO/SAUL LOEB/Getty Images; (r) ©Jackie Johnston/AP Images

Reducir la contaminación del agua

La contaminación y la escasez de agua amenazan el acceso de los seres humanos y otros organismos al agua dulce limpia. El escurrimiento químico causado por pesticidas, herbicidas y fertilizantes es una de las causas de la contaminación. La escasez de agua se produce por el aumento del tamaño de la población, las altas tasas de gasto para uso personal y agrícola y los largos períodos de sequía. Los ingenieros están desarrollando maneras de resolver los problemas de acceso, uso y contaminación del agua para garantizar la disponibilidad de agua en el futuro.

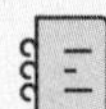

Predecir Una parte del proceso de ingeniería consiste en tomar un problema grande y dividirlo en problemas más pequeños. ¿Cómo podrías dividir el problema de la obtención de agua limpia en problemas más pequeños que puedan resolverse con mayor facilidad?

Sistemas de recolección de agua de lluvia

FIGURA 12: Muchos sistemas de recolección de agua de lluvia transfieren el agua desde un techo hasta un recipiente de almacenamiento.

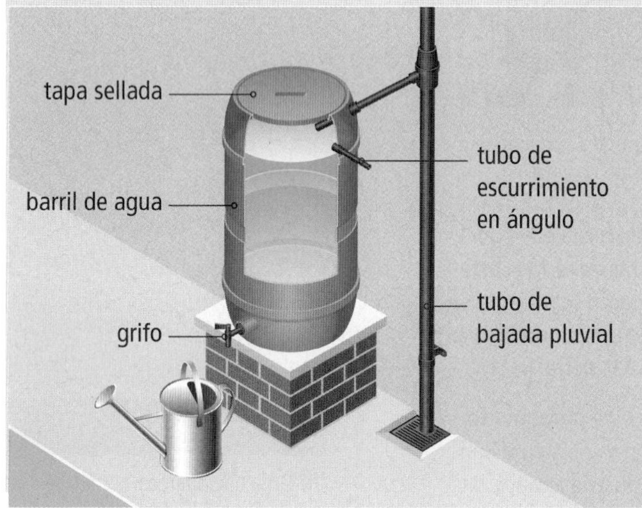

Los sistemas de recolección de agua de lluvia permiten juntar agua de lluvia para uso hogareño y comercial en lugar de depender de otras fuentes en peligro de agotarse. Un sistema simple de recolección de agua de lluvia, como el de la Figura 12, consiste en un barril para almacenar agua, un sistema de traspaso para dirigirla al barril, una rejilla o tapa para alejar insectos y desechos, un tubo de escurrimiento para el escape del exceso y un grifo para acceder al agua. Los sistemas de recolección más avanzados almacenan el agua en represas grandes en lugar de barriles, usan bombas para trasladarla por un edificio e incluso sistemas de filtración para que el agua pueda ser consumida. El acceso al agua limpia aún es un problema crítico en gran parte del mundo.

Los sistemas de recolección de agua pequeños suelen usarse para satisfacer las necesidades personales de un hogar o regar un jardín. En ocasiones, los agricultores o los pueblos pequeños usan lagunas enteras para almacenar agua de lluvia.

Explicar ¿Por qué un sistema de recolección de agua de lluvia podría bajar la presión sobre un suministro de agua aunque el agua recolectada no sea apta para consumo?

Para maximizar su eficacia, los sistemas de recolección de agua de lluvia deben diseñarse para satisfacer las necesidades específicas de las personas que los usan. Los sistemas pequeños pueden mejorarse para almacenar mayores cantidades de agua para satisfacer necesidades agrícolas o las necesidades de una comunidad más grande. Los ingenieros comprenden que los cambios en la escala pueden afectar la estructura y el rendimiento de un sistema. Es posible que un sistema de recolección de agua de lluvia que no está cubierto y que no tuvo problemas con la evaporación a pequeña escala sufra grandes niveles de evaporación a mayor escala. Una posible solución podría ser almacenar el agua en tanques subterráneos, para disminuir su evaporación.

Image Credits: (t) ©Reuters/Roger Bacon/Alamy

Práctica de laboratorio

Diseñar un sistema de recolección de agua de lluvia

¿Qué debe tener un buen sistema de recolección de agua de lluvia? La respuesta depende, en parte, de cómo se usará el agua recolectada. Es posible que algunos usuarios deseen maximizar la captura de agua. Otros prefieren sacrificar la cantidad en pos de mejorar la calidad. En esta actividad, diseñarás y pondrás a prueba un sistema de recolección de agua de lluvia.

FIGURA 13: Los sistemas de recolección de agua de lluvia pueden construirse con materiales simples.

DISEÑA

Haz una lluvia de ideas sobre las características que debe tener un buen sistema de recolección de agua de lluvia y realiza un diseño de un sistema que puedas construir. Tu maestro debe aprobar el diseño antes de que comiences a escribir el procedimiento.

PROCEDIMIENTO

Escribe tu propio procedimiento para construir y evaluar un prototipo de tu diseño. Piensa en las preguntas que te gustaría responder sobre tu prototipo. Por ejemplo, ¿quieres saber cuánta agua recoge? ¿O tal vez quieres saber durante cuánto tiempo almacenará el agua antes de que se evapore? Tu evaluación debe incluir una recopilación de información cuantitativa que pueda expresarse mediante una gráfica y que sirva para analizar el éxito de tu diseño. Las medidas se relacionarán con las preguntas que decidas investigar. Por ejemplo, si preguntas cuánta agua se recoge o cuánta agua se evapora, tendrás que medir la cantidad de agua de tu aparato en diferentes momentos. Tu maestro debe aprobar el procedimiento antes de que comiences a construir tu prototipo.

MATERIALES POSIBLES

- recipiente de plástico
- canaleta u otro sistema de traspaso
- tapa sólida o rejilla
- tubo u otro aparato de desagüe
- grifo u otro mecanismo para acceder al agua

ANALIZA

1. Haz una gráfica con la información que recopilaste. ¿Qué tendencias o patrones observas?
2. ¿Cómo mediste los resultados de tu diseño? ¿Cuáles fueron los resultados?
3. ¿Cómo podrías optimizar tu diseño para que tenga mejores resultados a esta escala o a una escala mayor?

Tratamiento del agua

Las plantas de tratamiento de agua están diseñadas para eliminar los contaminantes del agua y mejorar su calidad. Algunos establecimientos pueden hacer que el agua de desecho (como el agua que fluye cuando se produce una descarga en el retrete) sea lo suficientemente limpia para beberla. En primer lugar, este proceso de reciclaje de varios pasos elimina los desechos sólidos y la materia orgánica. Después, se usan procedimientos como la microfiltración, la ósmosis inversa y la exposición a la luz ultravioleta y al peróxido de hidrógeno para tratar el agua. La microfiltración envía el agua a través de tubos que tienen agujeros lo bastante grandes para que pase el agua, pero a la vez lo bastante pequeños para que no pasen las bacterias y los protozoarios. La ósmosis inversa filtra aún más las sustancias farmacológicas y los virus del agua. Por último, exponer el agua a la luz ultravioleta y al peróxido de hidrógeno destruye cualquier material orgánico que haya quedado. El agua tratada cumple con los requisitos de calidad del agua potable o los excede.

Image Credits: ©iStock/wyndy25/Getty Images

FIGURA 14: Las plantas de tratamiento de agua convierten el agua de desecho en agua potable.

Las plantas de tratamiento de agua, como la que se muestra en la Figura 14, son una solución a la contaminación del agua. Las plantas de tratamiento de agua eliminan los contaminantes que son peligrosos para los seres humanos y el medio ambiente y producen agua potable, es decir, agua segura para el consumo. También reducen la presión sobre las fuentes de agua dulce. Reciclar el agua de desecho reduce la cantidad de agua que debe tomarse de los recursos hídricos para satisfacer las necesidades humanas. Los nuevos avances de la ingeniería han logrado que el agua de desecho reciclada y convertida en agua potable sea más accesible para muchas comunidades.

Colaborar La idea de beber agua de desecho no es muy atractiva, incluso después de que haya sido tratada. Como ingeniero, ¿qué harías para superar esa barrera cultural? Escribe tus soluciones y compártelas con un compañero.

Proporcionar agua potable limpia

El agua potable limpia es esencial para la salud de los seres humanos. El agua contaminada transmite enfermedades que pueden ser mortales. Algunos ingenieros han comenzado a enfocarse en el tratamiento del agua a nivel local y personal, de manera similar a la recolección local de agua de lluvia. Los ingenieros han desarrollado aparatos de filtración de agua personales que son relativamente económicos y fáciles de transportar. Pueden usarse en el hogar y fuera de él para filtrar las bacterias y los contaminantes dañinos del agua potable. Esto se logra mediante varios métodos, como la microfiltración, la cloración, los filtros cerámicos y los filtros solares, entre otros.

Ingeniería

FIGURA 15: Aparato de filtración de agua personal

Reducir el tamaño de los sistemas de filtración de agua

Los aparatos de filtración de agua personales son, en esencia, plantas de tratamiento de agua en miniatura; es decir, son un ejemplo de cómo los ingenieros redujeron el tamaño de una solución de gran escala. Aumentar y reducir el tamaño de las soluciones permite que una misma tecnología se aplique a múltiples problemas. La tecnología debe rediseñarse y optimizarse para la nueva escala, pero el desarrollo posterior sacará provecho de las etapas de prueba previas.

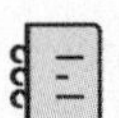

Hacer un modelo Haz un modelo para mostrar cómo los métodos de filtración de agua personales y las plantas de tratamiento de agua realizan procesos similares a escalas diferentes.

Los sistemas de filtración personales son opciones mucho mejores que hervir el agua, un método común para sanear el agua potable. Los sistemas de filtración son más rápidos y dejan una huella de carbono menor que hervir el agua, que requiere combustible y libera gases invernadero. El combustible puede ser costoso de obtener y puede llevar mucho tiempo conseguirlo, por lo que hervir el agua es una opción más difícil.

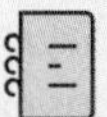

Explicar ¿Por qué el proceso de diseño de ingeniería contribuye a limpiar el agua y a reducir la presión sobre las fuentes de agua dulce?

Image Credits: (t) ©Wichita Falls Times Record News/Torin Halsey/AP Images; (b) ©AFP PHOTO/TONY KARUMBA/Getty Images

Profesiones de las ciencias

Ingeniero ambiental

La ingeniería ambiental se basa en la relación entre los seres humanos y el medio ambiente y su objetivo es mejorar la higiene y controlar la contaminación. Los ingenieros ambientales emplean conceptos de la biología, la química, la física, las matemáticas y las ciencias del suelo. Resuelven problemas relacionados con el manejo de los desechos sólidos y el agua de desecho, con el suministro de agua y su calidad, con la calidad del aire y con otros tipos de contaminación.

La desalinización es la remoción de sal del agua marina o del agua subterránea salobre. El agua producida puede tratarse para que cumpla con los estándares de calidad del agua adecuada para el consumo humano. Las plantas de desalinización necesitan una fuente de agua para tratar y un lugar para depositar las sales y otros contaminantes que se eliminan durante ese proceso. Estas plantas aumentan el suministro de agua de una zona.

Para diseñar una planta de desalinización, la primera tarea consiste en definir el problema e identificar los criterios sociales, técnicos y ambientales y las restricciones que podrían limitar las posibles soluciones. El ingeniero investigaría y buscaría información sobre el sitio donde estará la planta, indagaría sobre los problemas pasados y actuales relacionados con el suministro de agua, sobre los permisos del gobierno que se requieren para este tipo de proyecto, sobre la posible participación de la comunidad y mucho más. Durante este proceso y los que le siguen, el ingeniero podría trabajar en una oficina o en el campo.

FIGURA 16: Un ingeniero ambiental que trabaja en una planta de desalinización.

Una vez que se define el problema, un ingeniero ambiental podría tener que diseñar posibles soluciones. Las soluciones de ingeniería ambiental suelen aprovechar la tecnología existente. Un ingeniero ambiental podría estudiar las plantas de desalinización existentes y realizar ajustes basados en los parámetros exclusivos del proyecto, además de evaluar y refinar soluciones a lo largo del proceso de diseño para optimizar la solución final para el problema dado.

A continuación, podría hacerse un modelo para determinar si el sistema funcionará como se espera y para definir qué impactos ambientales o sociales podría tener la solución. Un ingeniero podría hacer un modelo matemático del proceso de desalinización para determinar la eficacia del diseño.

Por último, un ingeniero ambiental comunicaría la solución mediante presentaciones e informes. Para un proyecto de desalinización, podría incluir una explicación de por qué la solución propuesta sería eficaz y adecuada para resolver el problema del suministro de agua.

Los ingenieros ambientales pueden concentrarse en un solo aspecto del proceso de diseño o pueden completar el proceso de diseño de principio a fin.

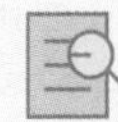

Conexión con las artes del lenguaje

Eres consultor en un proyecto de ingeniería ambiental. El cliente necesita una fuente confiable de agua en una ubicación remota y desértica que no tiene aguas superficiales. La salinidad del agua subterránea es el triple de la del agua marina. En el lugar no hay electricidad. Al cliente le gustaría saber si la desalinización es una opción posible o si es recomendable usar otro método para acceder al agua. Presenta tu solución mediante un correo electrónico dirigido al cliente. Incluye los pasos que seguirás para resolver el problema, identificar los criterios o las variables clave que impactarán en la solución y cómo podría evaluarse la solución.

 **DISEÑAR SOLUCIONES PARA EL CAMBIO CLIMÁTICO**

 **DISEÑAR UN TECHO VERDE**

 **CONSTRUIR CÉLULAS SOLARES CON TINTE FOTOSENSIBLE**

Conéctate y elige alguna de estas opciones.

Image Credits: ©Peter Macdiarmid/Getty Images

Autorrevisión de la lección

¿PUEDES EXPLICARLO?

FIGURA 17: Los pasos de vida silvestre satisfacen necesidades variadas de los animales y los seres humanos.

a Paso superior de una autopista

b Paso inferior de una autopista

c Paso superior de un canal

d Escalera para peces

Los pasos de vida silvestre sirven para que los animales atraviesen barreras, pero no benefician solo a la vida silvestre: también a la sociedad. Las colisiones de vehículos con animales en las autopistas pueden ser mortales para ambos. Los pasos de vida silvestre permiten que los animales crucen una barrera y disminuyen las posibilidades de que se produzcan colisiones con vehículos. Además, sirven de corredores para los animales y para conectar hábitats fragmentados por carreteras o infraestructuras. La vegetación de los pasos superiores hace que el corredor entre los parches de hábitats sea más natural.

Las especies acuáticas deben enfrentar barreras distintas. Muchas veces deben llegar al otro lado de un dique o una cascada. Las escaleras para peces se construyen para los peces migrantes que necesitan desplazarse por el curso de agua en ambas direcciones y en diferentes etapas de sus vidas.

Explicar Consulta las anotaciones de tu Cuaderno de evidencias para explicar cómo podrías usar el proceso de diseño de ingeniería para diseñar el mejor paso de vida silvestre para unos venados que deben atravesar un tramo específico de una autopista.

Para crear pasos de vida silvestre, es necesario comprender la ingeniería y la conservación. Los ingenieros deben considerar las necesidades de las personas, la logística para construir el paso, el hábitat, el comportamiento de los animales que lo usarán, etc. Cada paso es único. El problema que cada paso trata de resolver debería abordarse desde diferentes perspectivas y dividirse en problemas más pequeños si es posible.

Se pueden usar matrices de decisiones para evaluar las soluciones contra los criterios y las restricciones. La realización de pruebas y prototipos permite optimizar un paso de vida silvestre o mejorar un diseño previo. Los diseños de ingeniería usan cada vez más materiales y métodos de construcción que no dañan el medio ambiente para disminuir el impacto de la urbanización. Los ingenieros que se encargan de resolver un problema, como la instalación de un paso de vida silvestre nuevo, pueden usar estructuras y tecnologías existentes como inspiración para un proyecto nuevo.

Image Credits: (l) ©vario Images RM/euroluftbild.de/age fotostock; (cl) ©Colorado Department of Transportation, Colorado Parks and Wildlife & ECO-resolutions; (cr) ©Corbis Documentary/Frans Lemmens/Getty Images; (r) ©YAY Media AS/Alamy

EJERCICIOS DE REVISIÓN

Comprueba lo que aprendiste

1. ¿Qué sistema de recolección de agua de lluvia sería más adecuado para un pueblo con pocas precipitaciones?
   a. una laguna pequeña descubierta
   b. un tanque de almacenamiento grande bajo tierra
   c. una represa grande descubierta
   d. barriles para recolección de lluvia

2. ¿Cuáles son algunas de las ventajas de la recolección de agua de lluvia para uso humano y para otros usos? Elige todas las respuestas correctas.
   a. Reduce la presión sobre las fuentes de agua dulce.
   b. Mejora el acceso al agua.
   c. Reduce el tiempo que se necesita para recoger agua.
   d. Reduce la posibilidad de que se produzca una lluvia ácida.
   e. Reduce el escurrimiento y las inundaciones.

3. Los críticos sostienen que un programa de incineración para transformar los desechos en energía fomentaría que las comunidades tomaran medidas. ¿Cuáles son esas medidas? Elige todas las respuestas correctas.
   a. producir más desechos
   b. reciclar menos
   c. usar menos electricidad
   d. consumir más y generar más desechos

4. ¿Por qué la construcción de un prototipo de una máquina de emisiones negativas podría servir para que los ingenieros consigan fondos para realizar el diseño a una escala mayor?
   a. El prototipo demuestra la prueba de concepto y prueba que la tecnología es funcional.
   b. El prototipo funciona igual que el producto final.
   c. La construcción de un prototipo permite que los ingenieros y los inversores evalúen el diseño contra los criterios y las restricciones.
   d. El prototipo les muestra a los posibles inversores que el diseño ha sido optimizado.

5. ¿Qué proyecto sería más adecuado para cada alternativa: el papel reciclado, las fibras de plantas alternativas, las especies de árboles alternativas o la madera recuperada? Une cada alternativa con el proyecto para el que sería más adecuada.
   a. productos comerciales de papel
   b. tela
   c. edificio nuevo
   d. artesanías de madera

6. ¿Cómo se relacionan las emisiones negativas con la estabilidad y el cambio en el clima?

7. ¿Cuáles son los criterios generales para la construcción de techos verdes? Elige todas las respuestas correctas.
   a. que sean impermeables
   b. que un edificio sostenga su peso
   c. que tenga una comunidad de plantas nativas
   d. que tenga una comunidad de plantas establecida

8. Imagina que tu empresa está diseñando una célula solar de silicio flexible que puede enrollarse. ¿Cuál de estos componentes de las células solares tendría que optimizarse?
   a. la cobertura antirreflejos
   b. el silicio de tipo N
   c. el silicio de tipo P
   d. la cubierta de vidrio

9. ¿Cuáles son las ventajas de un semiconductor orgánico en comparación con un semiconductor de silicio?

10. ¿Qué características de los semiconductores orgánicos deben optimizarse para convertirlos en una mejor solución para las células solares que los semiconductores de silicio?

HAZ TU PROPIA GUÍA DE ESTUDIO

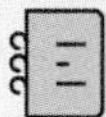

En tu Cuaderno de evidencias, diseña una guía de estudio que justifique la idea principal de esta lección:

Las soluciones de ingeniería se usan para reducir el impacto de los seres humanos sobre el medio ambiente. Por ejemplo, las soluciones que consisten en alternativas energéticas, alternativas a la madera y tratamiento del agua pueden reducir la contaminación y el impacto sobre el medio ambiente.

Recuerda incluir la siguiente información en tu guía de estudio:

- Usa ejemplos que sirvan como modelo de las ideas principales.
- Anota explicaciones para el fenómeno que investigaste.
- Presenta evidencias para justificar tus explicaciones. Tu justificación puede incluir dibujos, datos, gráficas, conclusiones de laboratorio y otras evidencias que hayas anotado a lo largo de la lección.

Considera cómo las soluciones de ingeniería pueden influenciar la manera en que los seres humanos interactúan con el medio ambiente.

Conexión con las ciencias de la Tierra

Landsat 8 El satélite Landsat 8 de la NASA es el último de una serie de satélites Landsat que han estado brindando información crucial sobre los recursos de la Tierra durante más de 40 años. La información que recopila el satélite Landsat 8 ayuda a mejorar nuestra comprensión del clima, el ciclo del carbono y los ecosistemas. Las tendencias visibles relacionadas con el crecimiento de la población humana, como los cambios en la cubierta forestal a lo largo del tiempo, se muestran en las imágenes del Landsat y sirven para tomar decisiones informadas sobre la administración de los recursos.

FIGURA 1: Landsat 8 brinda información valiosa sobre la superficie de la Tierra.

Busca recursos en la biblioteca y en Internet para investigar sobre el satélite Landsat 8 y prepara una presentación multimedia para explicar esta misión de las ciencias de la Tierra. Investiga qué tecnología se usa y cómo se usa la información recopilada para explorar un problema en particular, como la deforestación o el cambio en la temperatura del océano. Tu presentación también debe incluir información sobre los diferentes tipos de mapas que proporciona el satélite Landsat 8.

Conexión con los estudios sociales

Perros de trabajo En algunas partes del mundo, la caza ilegal es una amenaza importante para la vida silvestre. Como los cazadores ilegales siguen matando animales protegidos, como rinocerontes y elefantes, se están aplicando técnicas nuevas para combatir la caza ilegal. Una idea innovadora que se ha implementado hace poco tiempo es el uso de equipos K9 altamente entrenados de rapel y paracaidismo. Los equipos de perros y entrenadores de respuesta rápida llegan al lugar en helicópteros y aviones y buscan armas y evidencias de contrabando asociadas con la caza ilegal. Los perros también pueden rastrear a los cazadores ilegales entre malezas muy tupidas.

FIGURA 2: Los perros entrenados pueden rastrear cazadores ilegales en varias condiciones.

Con un grupo, elige un medio ambiente específico y haz una lluvia de ideas sobre las formas en las que los perros pueden disminuir el impacto de los seres humanos sobre ese medio ambiente. Después, escribe y realiza un anuncio público para explicar una de tus soluciones, el impacto sobre el medio ambiente, por qué es un problema y cómo los perros pueden disminuir el impacto.

Conexión con el arte

Conciencia ambiental a través del arte El arte se puede usar como medio para crear conciencia sobre los problemas ecológicos. Por ejemplo, algunos artistas pintan murales en espacios públicos que destacan los problemas ambientales y sociales y la interconectividad entre los seres humanos y la naturaleza. Otro ejemplo son los artistas que usan elementos reciclados o descartados para hacer arte visualmente interesante que al mismo tiempo se pronuncie sobre el consumo humano y los desechos.

FIGURA 3: Este elefante está hecho con botellas de plástico recicladas.

Inventa tu propia obra de arte para crear conciencia ambiental. Después, presenta tu obra de arte y describe cómo se relaciona con la conciencia ambiental, por qué elegiste los materiales que seleccionaste para completar tu obra y el mensaje que te gustaría transmitir con ella.

Image Credits: (t) ©NASA Goddard Space Flight Center; (c) ©Ami Vitale/Alamy; (b) ©PhotoSerg/Shuttersto ck

SÍNTESIS DE LA UNIDAD

En tu Cuaderno de evidencias, haz un mapa conceptual, un organizador gráfico o un esquema con la información de las Guías de estudio que creaste para cada lección de esta unidad. Recuerda que debes fundamentar tus afirmaciones con evidencias.

Al sintetizar información, debes seguir los siguientes pasos generales:

- Busca la idea central de cada fuente de información.
- Establece relaciones entre las ideas centrales.
- Combina las ideas para mejorar tu comprensión.

PREGUNTAS GUÍA

Vuelve a leer las Preguntas guía que aparecen al principio de la unidad. En tu Cuaderno de evidencias, repasa y revisa las respuestas que habías dado a esas preguntas. A partir de las evidencias que reuniste y las observaciones que hiciste durante la unidad, justifica las respuestas.

PRÁCTICA Y REPASO

1. ¿Qué tipo de cambio en la biodiversidad genera normalmente el aumento de la densidad humana en una antigua zona natural?

a. un aumento

b. una disminución

c. ningún cambio

2. ¿Por qué es importante la ingeniería para la conservación? Elige todas las respuestas correctas.

a. La ingeniería puede brindar soluciones para que las poblaciones humanas crezcan sin afectar al medio ambiente y la biodiversidad.

b. Las soluciones de ingeniería tienen que ver con grandes establecimientos que cumplen un propósito, como el tratamiento de agua de desecho o la generación de energía, y esos establecimientos pueden diseñarse para que no causen un impacto sobre el medio ambiente.

c. La conservación no es posible sin la ingeniería.

d. Muchos problemas de conservación pueden reducirse con soluciones de ingeniería, como controlar actividades ilegales de tala a través de imágenes satelitales.

3. ¿Qué factor no beneficia los niveles altos de biodiversidad de la Tierra?

a. el valor inspirador de los paisajes

b. la estabilidad de los ecosistemas

c. los servicios de ecosistema y sus funciones

d. los ecosistemas homogéneos

4. ¿Qué rol cumple la adaptación respecto de la manera en que las especies responden a las alteraciones humanas? Elige todas las respuestas correctas.

a. Las especies que no se adaptan rápido pueden reducirse o incluso extinguirse en la zona en un medio ambiente cambiado.

b. Las especies que se adaptan rápido pueden sobrevivir, e incluso crecer, en un medio ambiente cambiado.

c. La adaptación no cumple ningún rol respecto de la manera en que las especies se ven afectadas por las alteraciones humanas.

d. El nivel de adaptación de las especies es igual al nivel de alteración de un ecosistema.

5. Clasifica cada factor como criterio o restricción para un proyecto de turbinas eólicas.

a. La velocidad mínima del viento promedia las 13 millas por hora por cada mes del año.

b. Está cerca de un centro de distribución de energía.

c. La ubicación minimiza los posibles conflictos humanos.

d. No pueden colocarse en zonas restringidas de la Administración Federal de Aviación.

e. La ubicación minimiza el impacto sobre las migraciones de murciélagos y aves.

f. el grado de aceptación de la comunidad

Observa la Figura 4 y responde las Preguntas 6 y 7.

FIGURA 4: Muchos tipos de gases diferentes contribuyen al efecto invernadero.

Gases invernadero	Concentración en 2011	Potencial de calentamiento global (durante 100 años)	Duración en la atmósfera
Vapor de agua	Varía según la temperatura	< 1	Horas a días
Dióxido de carbono	391 ppm	1	~100 a 300 años
Metano	1.8 ppm	28	12 años
Óxido nitroso	0.3 ppm	265	121 años
Clorofluoro-carbonos	0.9 ppm	4,670 a 10,200	45 a 100 años

Fuente: Carbon Dioxide Information Analysis Center. Recent Greenhouse Gas Concentrations. http://cdiac.ornl.gov/pns/ current_ghg.html. DOI: 10.3334/CDIAC/atg.032.

6. ¿Por qué es posible que los reguladores intenten reducir las emisiones de clorofluorocarbonos antes que los demás gases invernadero? Elige todas las respuestas correctas.

a. Los clorofluorocarbonos tienen un potencial exponencialmente mayor de causar calentamiento que la mayoría de los demás gases invernadero.

b. Hay más clorofluorocarbonos en el aire que cualquier otro gas invernadero.

c. Los clorofluorocarbonos son más tóxicos para los seres humanos que los demás gases invernadero.

7. Aproximadamente, ¿cuántas veces más permanece el metano en la atmósfera que el vapor de agua?

a. 0.2

b. 1.3

c. 130

d. 487

8. ¿Qué tendría que ocurrir para que un recurso "potencialmente renovable" se renovara?

a. El recurso tendría que usarse a una tasa más lenta que la tasa de reposición.

b. El recurso tendría que usarse a una tasa más rápida que la tasa de reposición.

c. Las personas tendrían que usar el recurso para generar electricidad.

d. Las personas tendrían que decidir renovar el recurso.

CO_2 atmosférico y la temperatura de la superficie global

FIGURA 5: Los científicos han descubierto que los cambios de la temperatura de la Tierra se corresponden con las fluctuaciones en los niveles globales de CO_2.

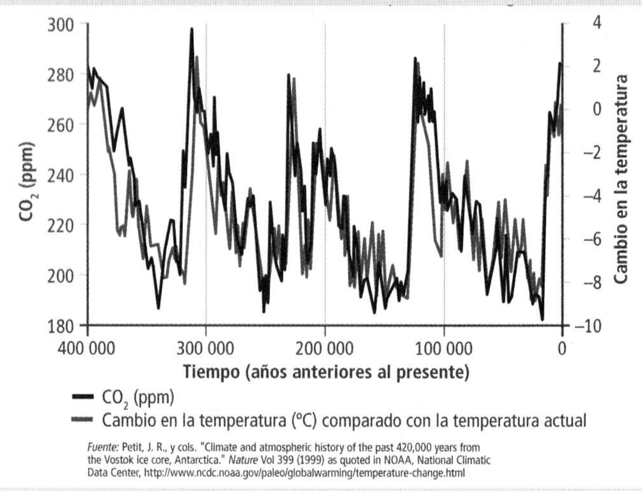

Fuente: Petit, J. R., y cols. "Climate and atmospheric history of the past 420,000 years from the Vostok ice core, Antarctica." *Nature* Vol 399 (1999) as quoted in NOAA, National Climatic Data Center, http://www.ncdc.noaa.gov/paleo/globalwarming/temperature-change.html

9. Según la tendencia que se muestra en la Figura 5, ¿por qué el aumento de gases invernadero en la atmósfera generaría un aumento en las temperaturas globales promedio?

10. ¿Qué necesidades satisface un sistema de filtración personal?

PROYECTO DE LA UNIDAD

Vuelve a tu proyecto de la unidad. Prepara una presentación final con tus materiales. Incluye una evaluación de tu investigación sobre los usos y los impactos de los diques.

Recuerda estas sugerencias a la hora de evaluar:

- ¿Tu investigación se basó en una exploración en profundidad de fuentes confiables?
- ¿Tus afirmaciones y tu razonamiento se basan en evidencias?
- ¿Tus conclusiones se presentan con claridad en formatos escritos y orales?

Construir un hábitat para los mochuelos de madriguera

Los mochuelos de madriguera anidan bajo tierra, por lo general en madrigueras excavadas por mamíferos como perritos de la pradera. Al igual que muchas otras especies, las poblaciones de mochuelos de madriguera están disminuyendo porque el desarrollo humano está destruyendo los hábitats adecuados. En el caso de los mochuelos de madriguera, esto incluye la pérdida de los mamíferos que construyen las madrigueras en las que ellos viven. Una solución a este problema es construir madrigueras artificiales en zonas adecuadas para estos mochuelos, pero que no tienen madrigueras que los atraigan. Por ejemplo, pueden construirse madrigueras artificiales en rellenos sanitarios restaurados. Examina el diagrama de una madriguera artificial simple y considera las necesidades y los hábitos de los mochuelos de madriguera y de los seres humanos. ¿En qué se diferenciarían los criterios de un proyecto para construir madrigueras artificiales en una zona urbana y en un relleno sanitario rural?

FIGURA 6: Una madriguera artificial simple que consiste en una caja para anidar y dos puntos de acceso construida con una caja de irrigación y dos tubos perforados.

1. REALIZA UNA INVESTIGACIÓN

Investiga qué rol cumplen los mochuelos de madriguera en el ecosistema, qué hábitats necesitan estos mochuelos y qué zonas urbanas podrían usarse como hábitats para ellos. ¿Qué criterios se asocian con los posibles espacios para establecer los hábitats?

2. DISEÑA UNA SOLUCIÓN

Elige una zona urbana posible (por ejemplo, los accesos a las autopistas) para los mochuelos de madriguera a partir de los criterios identificados sobre el espacio para su hábitat. Demuestra por qué los criterios del proyecto para las instalaciones de madrigueras en este sitio aseguran que se satisfagan las necesidades tanto de los mochuelos como de los seres humanos.

3. DESARROLLA UN MODELO

Desarrolla un modelo a escala de tu solución, con la madriguera para los mochuelos y una zona urbana posible para instalarla.

4. ELABORA UNA EXPLICACIÓN

A partir de tu investigación y tu modelo, explica por qué los criterios del proyecto para las madrigueras urbanas se diferencian del proyecto para las madrigueras en zonas más rurales. También explica por qué es importante preservar las poblaciones de mochuelos de madriguera.

5. COMUNICA

Presenta lo que descubriste y crea una matriz de decisiones que se pueda usar para evaluar las posibles soluciones de madrigueras en un medio ambiente urbano. Explica por qué se eligieron los criterios específicos. ¿Te faltó algún tipo de información para que tu matriz de decisiones sea más efectiva?

Una presentación completa debe incluir la siguiente información:

- un modelo que explique la relación entre las necesidades de los mochuelos, las necesidades de los seres humanos, el hábitat urbano posible para los mochuelos y los criterios para los proyectos de madrigueras urbanas
- una explicación de las diferencias entre los proyectos de madrigueras urbanas y los proyectos de madrigueras rurales
- una matriz de decisiones que se pueda usar para evaluar las posibles soluciones de madrigueras en un medio ambiente urbano

Glosario

A

acervo genético colección de alelos de todos los individuos de una población determinada.
gene pool collection of alleles found in all of the individuals of a population.

adaptación facilitada un proceso en el que los humanos guían las adaptaciones en poblaciones amenazadas cambiando el genoma de la especie.
facilitated adaptation a process in which humans guide adaptations in threatened populations by changing the genome of the species.

adaptación rasgo heredado durante un período de tiempo mediante selección natural, que facilita la supervivencia de los organismos en su medio ambiente.
adaptation inherited trait that is selected for over time because it allows organisms to better survive in their environment.

ADN polimerasa enzima que establece enlaces entre los nucleótidos y que permite la formación de cadenas idénticas de ADN durante el proceso de replicación.
DNA polymerase enzyme that makes bonds between nucleotides, forming an identical strand of DNA during replication.

ADN recombinante ADN manipulado genéticamente que contiene genes de más de un organismo o especie.
recombinant DNA genetically engineered DNA that contains genes from more than one organism or species.

ADN; ácido desoxirribonucleico molécula que almacena la información genética de todos los organismos.
DNA; deoxyribonucleic acid molecule that stores genetic information in all organisms.

aeróbico proceso que requiere oxígeno para ocurrir.
aerobic process that requires oxygen to occur.

agua de desecho agua que contiene desechos de los hogares o la industria.
wastewater water that contains wastes from homes or industry.

alelo cualquier variante de un gen que ocupa la misma posición en un cromosoma.
allele any of the alternative forms of a gene that occurs at a specific place on a chromosome.

altruismo patrón de conducta animal, en el cual un individuo sacrifica su integridad para beneficiar a otros miembros de su grupo social.
altruism behavior in which an animal reduces its own fitness to help the other members of its social group.

aminoácido molécula que forma las proteínas; está compuesta de carbono, hidrógeno, oxígeno, nitrógeno y, a veces, de azufre.
amino acid molecule that makes up proteins; composed of carbon, hydrogen, oxygen, nitrogen, and sometimes sulfur.

anaeróbico proceso que no requiere oxígeno para ocurrir.
anaerobic proceso que no requiere oxígeno para ocurrir.

análisis genético proceso de análisis de ADN para determinar las probabilidades que tiene una persona de contraer o transmitir una enfermedad genética.
genetic testing process of testing DNA to determine the chance a person has, or might pass on, a genetic disorder.

apoptosis muerte celular programada.
apoptosis programmed cell death.

aptitud biológica capacidad de un organismo determinado para sobrevivir y producir descendencia en relación con los demás miembros de una población.
fitness measure of an organism's ability to survive and produce offspring relative to other members of a population.

aptitud inclusiva número total de genes que un animal transmite a la siguiente generación.
inclusive fitness total number of genes an animal contributes to the next generation.

átomo unidad básica más pequeña de la materia.
atom smallest basic unit of matter.

ATP; adenosín trifosfato molécula de alta energía en cuyos enlaces se almacena energía para las células.
ATP; adenosine trisphophate high-energy molecule that contains, within its bonds, energy that cells can use.

autosoma cromosoma cuyos genes no rigen los rasgos relacionados directamente con el sexo del organismo.
autosoma chromosome that contains genes for characteristics not directly related to the sex of the organism.

B

biodiversidad variedad de las formas de vida en una zona determinada.
biodiversity variety of life within an area.

bioinformática utilización de bases de datos de computación para organizar y analizar datos biológicos.
bioinformatics use of computer databases to organize and analyze biological data.

bioingeniería la aplicación de conceptos de ingeniería a los seres vivos.
bioengineering the application of engineering concepts to living things.

bioma comunidad regional o global de organismos caracterizada por las condiciones climáticas y el tipo de vegetación del área.
biome regional or global community of organisms characterized by the climate conditions and plant communities that thrive there.

biomagnificación condición en la cual la concentración de sustancias tóxicas en los tejidos de los organismos que pertenecen a eslabones más altos de la cadena alimentaria es mayor que la concentración en los organismos de los eslabones más bajos.
biomagnification condition of toxic substances being more concentrated in tissues of organisms higher on the food chain than ones lower in the food chain.

biomasa masa deshidratada total de todos los organismos de un área determinada.
biomass total dry mass of all organisms in a given area.

biotecnología aprovechamiento y aplicación de los seres vivos y de sus procesos biológicos.
biotechnology use and application of living things and biological processes.

C

cadena alimentaria modelo que relaciona los organismos según sus interacciones alimentarias.
food chain model that links organisms by their feeding relationships.

capacidad de carga de población número de individuos que los recursos de un ambiente pueden sustentar normalmente de manera continua.
carrying capacity number of individuals that the resources of an environment can normally and persistently support.

carbohidrato molécula compuesta de carbono, hidrógeno y oxígeno; incluye los azúcares y los almidones.
carbohydrate molecule composed of carbon, hydrogen, and oxygen; includes sugars and starches.

catalizador sustancia que disminuye la energía de activación y aumenta la tasa de reacción de una reacción química determinada.
catalyst substance that decreases activation energy and increases reaction rate in a chemical reaction.

célula unidad básica de la vida.
cell basic unit of life.

célula germinal en un organismo pluricelular, cualquier célula reproductiva (en contraposición a una célula somática).
germ cell in a multicellular organism, any reproductive cell (as opposed to a somatic cell).

célula madre célula capaz de dividirse durante largos períodos de tiempo sin diferenciarse.
stem cell cell that can divide for long periods of time while remaining undifferentiated.

célula somática célula que conforma todos los tejidos y órganos del organismo, excepto los gametos.
somatic cell cell that makes up all of the body tissues and organs, except gametes.

ciclo biogeoquímico movimiento de una sustancia química a través de los componentes biológicos y geológicos, o vivos e inertes, de un ecosistema.
biogeochemical cycle movement of a chemical through the biological and geological, or living and nonliving, parts of an ecosystem.

ciclo celular proceso de crecimiento, replicación de ADN y división celular que ocurre en las células eucarióticas.
cell cycle pattern of growth, DNA replication, and cell division that occurs in a eukaryotic cell.

citocinesis proceso mediante el cual el citoplasma celular se divide.
cytokinesis process by which the cell cytoplasm divides.

clon copia genéticamente exacta de un gen o de un organismo completo.
clone genetically identical copy of a single gene or an entire organism.

cloroplasto organelo compuesto de numerosas membranas cuya función es transformar la energía solar en energía química; contiene clorofila.
chloroplast organelle composed of numerous membranes that are used to convert solar energy into chemical energy; contains chlorophyll.

codominancia genotipo heterocigoto que expresa equitativamente los rasgos de ambos alelos.
codominance heterozygous genotype that equally expresses the traits from both alleles.

codón secuencia de tres nucleótidos que codifica un aminoácido.
codon sequence of three nucleotides that codes for one amino acid.

coevolución proceso mediante el cual dos o más especies evolucionan a causa de cambios producidos en cada una de ellas.
coevolution process in which two or more species evolve in response to changes in each other.

combustible fósil un recurso energético no renovable formado a partir de los restos de organismos que vivieron hace mucho tiempo; algunos ejemplos incluyen el petróleo, el carbón y el gas natural.
fossil fuel a nonrenewable energy resource formed from the remains of organisms that lived long ago; examples include oil, coal, and natural gas.

competencia relación ecológica en la que dos organismos tratan de obtener el mismo recurso.
competition ecological relationship in which two organisms attempt to obtain the same resource.

comportamiento cultural conducta que se transmite entre los miembros de una misma población, no por selección natural, sino mediante un proceso de aprendizaje.
cultural behavior behavior that is passed between members of the same population by learning and not natural selection.

compuesto sustancia formada por átomos de diversos elementos combinados en una proporción determinada.
compound substance made of atoms of different elements that are bonded together in a particular ratio.

comunidad conjunto de todas las poblaciones que viven en un área determinada.
community collection of all of the different populations that live in one area.

consumidor organismo que obtiene su energía y nutrientes mediante la ingestión de otros organismos.
consumer organism that obtains its energy and nutrients by eating other organisms.

contaminación cualquier sustancia que se libera en el medio ambiente con efectos negativos para los organismos que lo habitan y su entorno.
pollution anything that is added to the environment and has a negative affect on the environment or its organisms.

contaminación no puntual contaminación que proviene de muchas fuentes, en lugar de provenir de un solo sitio específico; un ejemplo es la contaminación que llega a una masa de agua a partir de las calles y los sumideros.
nonpoint source pollution pollution that comes from many sources rather than from a single specific site; an example is pollution that reaches a body of water from streets and storm sewers.

contaminación puntual contaminación que proviene de un lugar específico.
point source pollution pollution that comes from a specific site.

crecimiento exponencial intenso incremento de población en un breve espacio de tiempo.
exponential growth dramatic increase in population over a short period of time.

crecimiento logístico crecimiento de población que se caracteriza por un período de crecimiento lento, seguido por un período de crecimiento exponencial al que le sigue un período de crecimiento insignificante.
logistic growth population growth that is characterized by a period of slow growth, followed by a period of exponential growth, followed by another period of almost no growth.

cromátida mitad de un cromosoma duplicado.
chromatid one half of a duplicated chromosome.

cromosoma filamento largo y continuo de ADN formado por numerosos genes y que almacena información genética.
chromosome long, continuous thread of DNA that consists of numerous genes and regulatory information.

cromosoma sexual cromosoma que controla directamente el desarrollo de las características sexuales.
sex chromosome chromosome that directly controls the development of sexual characteristics.

cromosomas homólogos cromosomas de la misma longitud, aspecto y secuencia de genes, aunque los alelos de uno y otro cromosoma pueden ser distintos.
homologous chromosomes chromosomes that have the same length, appearance, and copies of genes, although the alleles may differ.

cruzamiento apareamiento de dos organismos.
genetic cross mating of two organisms.

cruzamiento de prueba cruzamiento entre un organismo de genotipo desconocido y un organismo de fenotipo recesivo.
testcross cross between an organism with an unknown genotype and an organism with a recessive phenotype.

cruzamiento dihíbrido el proceso por medio del cual las actividades humanas o los cambios climáticos hacen que un área árida o semiárida se vuelva más parecida a un desierto.
dihybrid cross the process by which human activities or climatic changes make arid or semiarid areas more desertlike.

cruzamiento monohíbrido cruzamiento o apareamiento entre dos organismos que solo involucra un par de rasgos diferentes.
monohybrid cross cross, or mating, between organisms that involves only one pair of contrasting traits.

cuadrado de Punnet modelo de predicción de todos los genotipos posibles que se pueden obtener a partir de un determinado cruzamiento o apareamiento.
Punnett square model for predicting all possible genotypes resulting from a cross, or mating.

curva de supervivencia gráfica que representa los sobrevivientes de una población por grupos de edad durante un período determinado.
survivorship curve graph showing the surviving members of each age group of a population over time.

D

deforestación el proceso de talar bosques.
deforestation the process of clearing forests.

depredación proceso mediante el cual un organismo acecha, mata y se come a otro organismo.
predation process by which one organism hunts and kills another organism for food.

deriva genética cambio en las frecuencias de alelos que se produce, sobre todo, en poblaciones pequeñas.
genetic drift change in allele frequencies due to chance alone, occurring most commonly in small populations.

desarrollo sostenible práctica que consiste en no utilizar los recursos naturales más rápidamente de lo que pueden ser generados.
sustainable development practice of not using natural resources more quickly than they can be replenished.

desertificación resistencia ambiental que afecta a una población sin importar su densidad demográfica.
desertification environmental resistance that affects a population regardless of population density.

diferenciación celular proceso mediante el cual, al madurar, las células no especializadas adquieren una forma y una función determinada.
cell differentiation processes by which unspecialized cells develop into their mature form and function.

distribución normal distribución de la población en la que la frecuencia alélica es mayor en la zona de valor medio y disminuye progresivamente hacia ambos extremos.
normal distribution distribution in a population in which allele frequency is highest near the mean range value and decreases progressively toward each extreme end.

dogma central teoría que formula que la información en las células siempre fluye del ADN al ARN y luego a las proteínas.
central dogma theory that states that, in cells, information only flows from DNA to RNA to proteins.

dominancia incompleta fenotipo heterocigoto que resulta de la mezcla de dos fenotipos homocigotos.
heterozygous phenotype that is a blend of the two homozygous phenotypes. Incomplete dominance.

dominante el alelo que se expresa cuando dos alelos diferentes integran el genotipo de un organismo.
dominant allele that is expressed when two different alleles are present in an organism's genotype.

E

ecosistema conjunto de organismos y factores físicos, como el clima, el suelo, el agua y las rocas, que caracterizan una zona determinada.
ecosystem collection of organisms and nonliving things, such as climate, soil, water, and rocks, in an area.

efecto de cuello de botella deriva genética resultante de un acontecimiento que reduce drásticamente el tamaño de una población.
bottleneck effect genetic drift that results from an event that drastically reduces the size of a population.

efecto fundador deriva genética que se produce cuando un pequeño número de individuos coloniza una nueva región.
founder effect genetic drift that occurs after a small number of individuals colonize a new area.

efecto invernadero calentamiento producido cuando ciertos gases, como el dióxido de carbono y el metano, atrapan el calor en la atmósfera terrestre.
greenhouse effect normal warming effect produced when gases, such as carbon dioxide and methane, trap heat in Earth's atmosphere.

elemento sustancia formada por un solo tipo de átomo que no se puede descomponer por medios químicos.
element substance made of only one type of atom that cannot be broken down by chemical means.

entrecruzamiento intercambio de segmentos de cromosomas entre cromosomas homólogos durante la meiosis I.
crossing over exchange of chromosome segments between homologous chromosomes during meiosis I.

enzima proteína que cataliza reacciones químicas para los organismos.
enzyme protein that catalyzes chemical reactions for organisms.

epigenética el estudio de los cambios en los organismos causados por la modificación de la expresión genética en lugar de la alteración del propio código genético.
epigenetics the study of changes in organisms caused by modification of gene expression rather than alteration of the genetic code itself.

epistasia la interacción de genes que no son alelos, en particular la supresión del efecto de uno de los genes por otro.
epistasis the interaction of genes that are not alleles, in particular the suppression of the effect of one such gene by another.

erosión un proceso por medio del cual los materiales de la superficie de la Tierra se aflojan, disuelven o desgastan y son transportados de un lugar a otro por un agente natural, como el viento, el agua, el hielo o la gravedad.
soil erosion a process in which the materials of Earth's surface are loosened, dissolved, or worn away and transported from one place to another by a natural agent, such as wind, water, ice, or gravity.

esmog contaminación atmosférica en la que los gases liberados por la combustión de combustibles fósiles reaccionan con la luz creando una niebla.
smog air pollution in which gases released from burning fossil fuels form a fog when they react with sunlight.

especiación evolución de dos o más especies a partir de una sola especie ancestral.
speciation evolution of two or more species from one ancestral species.

especie grupo de organismos tan semejantes entre sí que pueden reproducirse y tener descendencia fértil.
species group of organisms so similar to one another that they can breed and produce fertile offspring.

especie introducida especie no autóctona que llega a otras regiones como resultado de actividades humanas.
introduced species species that is not native and was brought to an area as a result of human activities.

especies invasoras especies que no son nativas de un ecosistema y cuya introducción es probable que cause daño económico o ambiental o daños a la salud humana.
invasive species species that is not native to an ecosystem and whose introduction is likely to cause economic or environmental harm or harm to human health.

estímulo cualquier cosa capaz de provocar una respuesta fisiológica.
stimulus something that causes a physiological response.

estructura análoga parte del cuerpo que cumple una función similar a la parte del cuerpo de un organismo diferente, pero que tiene una estructura diferente.
analogous structure body part that is similar in function as a body part of another organism but is structurally different.

estructura homóloga estructura anatómica similar de organismos diferentes pero que cumplen funciones diferentes.
homologous structure body part that is similar in structure on different organisms but performs different functions.

estructura vestigial restos de algún órgano o estructura en una especie determinada que cumplieron alguna función en un ancestro de esta.
vestigial structure remnants of an organ or structure that functioned in an earlier ancestor.

eusocial población de organismos en la que todos tienen una función especializada y en la que algunos de ellos no se reproducen.
eusocial organism population in which the role of each organism is specialized and not all of the organisms will reproduce.

evolución proceso de cambio de las especies a través del tiempo; proceso de cambios biológicos a través del cual los descendientes se diferencian de sus ancestros.
evolution change in a species over time; process of biological change by which descendants come to differ from their ancestors.

exón secuencia de ADN que codifica la información para la síntesis de las proteínas.
exon sequence of DNA that codes information for protein synthesis.

expresión de los genes la manifestación del material genético de un organismo en forma de rasgos específicos.
gene expression the manifestation of the genetic material of an organism in the form of specific traits.

extinción desaparición de una especie o grupo de especies de la Tierra.
extinction elimination of a species from Earth.

F

factor abiótico factor inerte de un ecosistema, como la humedad, la temperatura, el viento, la luz solar, el suelo y los minerales.
abiotic factor nonliving factor in an ecosystem, such as moisture, temperature, wind, sunlight, soil, and minerals.

factor biótico referente a los seres vivos, tales como las plantas, los animales, los hongos y las bacterias.
biotic factor living things, such as plants, animals, fungi, and bacteria.

factor de transcripción una enzima que se necesita para comenzar y/o continuar la transcripción genética.
transcription factor an enzyme that is needed to begin and/or continue genetic transcription.

factor limitativo dependiente resistencia ambiental que afecta a una población sometida a una densidad demográfica excesiva.
density-dependent factor environmental resistance that affects a population that has become overly crowded.

factor limitativo independiente de la densidad resistencia ambiental que afecta a una población sin importar su densidad demográfica.
density-independent factor environmental resistance that affects a population regarless of poulation density.

fenotipo conjunto de todas las características físicas de un organismo determinado.
phenotype collection of all of an organism's physical characteristics.

fisión binaria reproducción asexual en la que una célula se divide en dos partes iguales.
binary fission asexual reproduction in which a cell divides into two equal parts.

flujo génico desplazamiento físico de alelos de una población a otra.
gene flow physical movement of alleles from one population to another.

fosfolípido molécula que forma una membrana de capa doble; consta de glicerol, un grupo fosfato y dos ácidos grasos.
phospholipid molecule that forms a double-layered cell membrane; consists of a glycerol, a phosphate group, and two fatty acids.

fósil huella de un organismo del pasado.
fossil trace of an organism from the past.

fotosíntesis proceso mediante el cual la energía del sol se convierte en energía química; produce azúcar y oxígeno a partir de dióxido de carbono y agua.
photosynthesis process by which light energy is converted to chemical energy; produces sugar and oxygen from carbon dioxide and water.

fragmentación del hábitat proceso mediante el cual una parte del hábitat de un organismo se hace inaccesible.
habitat fragmentation process by which part of an organism's preferred habitat range becomes inaccessible.

frecuencia alélica proporción de un alelo determinado con respecto a los demás alelos del mismo rasgo en una misma población.
allele frequency proportion of one allele, compared with all the alleles for that trait in the gene pool.

G

gameto célula sexual; óvulo o espermatozoide.
gamete sex cell; an egg or a sperm cell.

gas invernadero gas compuesto de moléculas que absorben radiación infrarroja del Sol y la vuelven a irradiar.
greenhouse gas a gas composed of molecules that absorb and radiate infrared radiation from the sun.

gen ligado al sexo gen ubicado en un cromosoma sexual.
sex-linked gene gene that is located on a sex chromosome.

gen parte específica del ADN con información codificada para sintetizar una proteína.
gene specific region of DNA that codes for a particular protein.

genética estudio de los patrones hereditarios y de la variación de los organismos.
genetics study of the heredity patterns and variation of organisms.

genotipo conjunto de todos los rasgos codificados en la información genética de un organismo.
genotype collection of all of an organism's genetic information that codes for traits.

H

hábitat conjunto de factores bióticos y abióticos de la zona donde vive un organismo determinado.
habitat combined biotic and abiotic factors found in the area where an organism lives.

helicasa una enzima que separa las hebras de la doble hélice del ADN durante la replicación del ADN.
helicase an enzyme that unwinds the DNA double helix during DNA replication.

heredabilidad propiedad de un rasgo determinado de ser transmitido de una generación a la siguiente.
heritability ability of a trait to be passed from one generation to the next.

heteorocigoto característica que consiste en tener dos alelos diferentes en el mismo locus de cromátidas hermanas.
heterozygous characteristic of having two different alleles that appear at the same locus of sister chromatids.

hidrocarburo compuesto orgánico formado únicamente por carbono e hidrógeno.
hydrocarbon an organic compound composed only of carbon and hydrogen.

homeostasis regulación y mantenimiento de condiciones internas constantes en un organismo determinado.
homeostasis regulation and maintenance of constant internal conditions in an organism.

homocigoto característica que consiste en tener los mismos alelos en el mismo locus de cromátidas hermanas.
homozygous characteristic of having two of the same alleles at the same locus of sister chromatids.

hormona señal química producida en una parte del organismo que afecta a la actividad celular en otra parte del cuerpo.
hormone chemical signal that is produced in one part of an organism and affects cell activity in another part.

I

ingeniería genética proceso de modificación del ADN de un organismo con el fin de dotarlo de nuevos rasgos.
genetic engineering process of changing an organism's DNA to give the organism new traits.

innata conducta que no se aprende a través de la experiencia.
innate behavior that is not learned through experience.

intrón región de un gen que no participa en la codificación de aminoácidos.
intron segment of a gene that does not code for an amino acid.

ion átomo que ha ganado o perdido uno o más electrones.
ion atom that has gained or lost one or more electrons.

L

lluvia ácida precipitación que se produce cuando los contaminantes de la atmósfera hacen que el pH de la lluvia disminuya.
acid rain precipitation produced when pollutants in the atmosphere cause the pH of rain to decrease.

M

meiosis forma de división nuclear en la que una célula diploide se divide en células haploides; importante en la formación de gametos para la reproducción sexual.
meiosis form of nuclear division that divides a diploid cell into haploid cells; important in forming gametes for sexual reproduction.

membrana celular capa doble de fosfolípidos que forma una barrera entre la célula y el medio que la rodea, y que controla el flujo de materiales hacia dentro y hacia fuera de la célula.
cell membrane double-layer of phospholipids that forms a boundary between a cell and the surrounding environment and controls the passage of materials into and out of a cell.

microevolución cambio observable en las frecuencias alélicas de una población en el transcurso de unas pocas generaciones.
microevolution observable change in the allele frequencies of a population over a few generations.

mitocondria orgánulo en forma de frijol que suministra energía a la célula y que tiene sus propios ribosomas y ADN.
mitochondrion bean-shaped organelle that supplies energy to the cell and has its own ribosomes and DNA.

mitosis proceso en el cual tanto el núcleo como los demás elementos de la célula se duplican.
mitosis process by which a cell divides its nucleus and contents.

modelo patrón, plan, representación o descripción diseñada para mostrar la estructura o el funcionamiento de un objeto, sistema o concepto.
model a pattern, plan, representation, or description designed to show the structure or workings of an object, system, or concept.

molécula grupo de átomos neutros que se unen mediante enlaces covalentes; no siempre se trata de un compuesto.
molecule a neutral group of atoms that are held together by covalent bonds; not necessarily a compound.

mutación genética cambio en la secuencia de ADN de un solo gen.
gene mutation change in the DNA sequence of a single gene.

mutación cambio en la secuencia de ADN.
mutation change in the DNA sequence.

mutación cromosómica una especie de mutación en la que un segmento cromosómico se transfiere a una nueva posición en el mismo o en otro cromosoma.
chromosomal mutation a kind of mutation in which a chromosomal segment is transferred to a new position on the same or another chromosome.

mutágeno agente que puede inducir mutaciones en un organismo o incrementar la frecuencia de estas.
mutagen agent that can induce or increase the frequency of mutation in organisms.

N

NADPH molécula que sirve como un portador de energía durante la fotosíntesis.
NADPH a molecule that serves as an energy carrier during photosynthesis.

nepotismo selección natural de los alelos que favorece la supervivencia de los familiares más próximos.
kin selection when natural selection acts on alleles that favor the survival of close relatives.

nicho ecológico conjunto de factores físicos, químicos y biológicos que una especie requiere para sobrevivir de manera saludable y reproducirse en un ecosistema determinado.
ecological niche all of the physical, chemical, and biological factors that a species needs to survive, stay healthy, and reproduce in an ecosystem.

núcleo orgánulo compuesto de una doble membrana que almacena la mayor parte del ADN de la célula.
nucleus organelle composed of a double membrane that acts as the storehouse for most of a cell's DNA.

nucleótido monómero que forma el ADN y que tiene un grupo fosfato, un azúcar y una base nitrogenada.
nucleotide monomer that forms DNA and has a phosphate group, a sugar, and a nitrogen-containing base.

O

operador una secuencia corta de ADN viral o bacteriano a la que se une un represor para impedir la transcripción (síntesis de ARNm) del gen adyacente en un operón.
operator a short sequence of viral or bacterial DNA to which a repressor binds to prevent transcription (mRNA synthesis) of the adjacent gene in an operon.

operón sección de ADN que contiene todos los códigos necesarios para iniciar y regular el proceso de transcripción y para sintetizar una proteína: consta de un promotor, de un gen regulador y de un gen estructural.
operon section of DNA that contains all of the code to begin transcription, regulate transcription, and build a protein; includes a promotor, regulatory gene, and structural gene.

organismo cualquier ser vivo.
organism any individual living thing.

órgano grupo de diversos tipos de tejidos que funcionan de manera coordinada para desarrollar una función específica o funciones relacionadas.
organ group of different types of tissues that work together to perform a specific function or related functions.

P

pirámide de biomasa diagrama que compara la biomasa de diferentes niveles tróficos en un ecosistema.
biomass pyramid a diagram that compares the biomass of different trophic levels within an ecosystem.

pirámide de energía diagrama mediante el cual se compara la energía usada por los productores, los consumidores primarios y otros niveles tróficos.
energy pyramid diagram that compares energy used by producers, primary consumers, and other trophic levels.

pirámide de números diagrama que muestra el número de organismos individuales en cada uno de los niveles tróficos de un ecosistema.
pyramid of numbers a diagram that shows the number of individual organisms at each trophic level in an ecosystem.

plásmido cadena de material genético en forma circular que se encuentra en las bacterias y que se replica independientemente del ADN cromosómico.
plasmid circular piece of genetic material found in bacteria that can replicate separately from the DNA of the main chromosome.

población conjunto de individuos de la misma especie que viven en la misma zona.
population all of the individuals of a species that live in the same area.

polímero gran molécula de carbono formada por monómeros.
polymer large, carbon-based molecule formed by monomers.

probabilidad posibilidad de que ocurra un suceso en particular.
probability likelihood that a particular event will happen.

proceso de diseño de ingeniería serie de pasos que los ingenieros siguen para solucionar un problema.
engineering design process a series of steps that engineers follow to come up with a solution to a problem.

productor organismo que obtiene su alimento de fuentes abióticas, como la luz solar o compuestos inorgánicos.
producer organism that obtains its energy from abiotic sources, such as sunlight or inorganic chemicals.

promotor sección de ADN a la que se enlaza el ARN polimerasa al inicio del proceso de transcripción de ARNm.
promoter section of DNA to which RNA polymerase binds, starting the transcription of mRNA.

propiedad emergente propiedad que tiene un sistema, pero que los componentes individuales de este no tienen.
emergent property a property that a system has, but that the individual components of the system do not have.

proteína polímero compuesto de aminoácidos unidos por enlaces peptídicos; se pliega y forma una estructura determinada según los enlaces que haya entre los aminoácidos.
protein polymer composed of amino acids linked by peptide bonds; folds into a particular structure depending on bonds between amino acids.

R

rasgo característica heredada.
trait characteristic that is inherited.

rasgo poligénico rasgo producido por dos o más genes.
polygenic trait trait that is produced by two or more genes.

RCP; reacción en cadena de la polimerasa método para obtener un gran número de copias de ADN separándolo en dos hebras y añadiendo cebadores y enzimas.
PCR; polymerase chain reaction method for increasing the quantity of DNA by separating it into two strands and adding primers and enzymes.

reacción química proceso mediante el cual una sustancia se transforma en otra sustancia diferente al romperse sus enlaces químicos y formarse otros nuevos.
chemical reaction process by which substances change into different substances through the breaking and forming of chemical bonds.

recesivo alelo que no se expresa, a menos que en el genotipo del organismo en cuestión estén presentes dos copias de dicho gen.
recessive allele that is not expressed unless two copies are present in an organism's genotype.

recurso no renovable recurso natural que se consume con más rapidez de la que se puede reponer.
nonrenewable resource natural resource that is used more quickly than it can be formed.

recurso renovable recurso natural que se restablece a un ritmo superior del ritmo al que se consume.
renewable resource resource that replenishes itself quickly enough so that it will not be used faster than it can be produced.

red alimentaria modelo que representa una red compleja de relaciones alimentarias en un ecosistema determinado.
food web model that shows the complex network of feeding relationships within an ecosystem.

replicación proceso mediante el cual se copian las moléculas de ADN.
replication process by which DNA is copied.

resiliencia la capacidad de un ecosistema para recuperarse después de haber sufrido una perturbación.
resilience the ability of an ecosystem to recover after it has undergone a disturbance.

resistencia en biología, la capacidad de un organismo de tolerar a un agente químico o causante de enfermedades.
resistance in biology, the ability of an organism to tolerate a chemical or disease-causing agent.

respiración celular proceso de producción de ATP mediante la descomposición de moléculas de carbono en presencia de oxígeno.
cellular respiration process of producing ATP by breaking down carbon-based molecules when oxygen is present.

retroalimentación información que se compara con un grupo de valores ideales y que contribuye al mantenimiento de la homeóstasis.
feedback loop information that is compared with a set of ideal values and aids in maintaining homeostasis.

retroalimentación negativa sistema de control de la homeostasis que regula las condiciones del cuerpo cuando estas no son óptimas.
negative feedback loop control system for homeostasis that adjusts the body's conditions when the conditions vary from the ideal.

retroalimentación positiva sistema de control mediante el cual la información sensorial estimula el cuerpo a incrementar la tasa de cambio, alejándola de valores homeostáticos.
positive feedback loop control system in which sensory information causes the body to increase the rate of change away from homeostasis.

ribosoma orgánulo que enlaza las moléculas de aminoácidos para formar proteínas.
ribosome organelle that links amino acids together to form proteins.

S

selección artificial proceso mediante el cual los seres humanos modifican una especie al criarla para obtener ciertos rasgos.
artificial selection process by which humans modify a species by breeding it for certain traits.

selección direccional cruzamiento o apareamiento entre organismos que tienen dos pares de rasgos opuestos.
directional selection cross, or mating, between organisms involving two pairs of contrasting traits.

selección direccional proceso de selección natural en el que se favorece un fenotipo menos común sobre un fenotipo más común.
directional selection pathway of natural selection in which one uncommon phenotype is selected over a more common phenotype.

selección disruptiva proceso de selección natural en el que se favorece a dos fenotipos opuestos, pero igualmente poco comunes, sobre el fenotipo común.
disruptive selection pathway of natural selection in which two opposite, but equally uncommon, phenotypes are selected over the most common phenotype.

selección estabilizadora proceso de selección natural en el que se da preferencia a los fenotipos intermedios sobre los fenotipos de ambos extremos.
stabilizing selection pathway of natural selection in which intermediate phenotypes are selected over phenotypes at both extremes.

selección natural mecanismo mediante el cual los organismos que han heredado adaptaciones beneficiosas producen un promedio más alto de descendientes que los demás individuos.
natural selection mechanism by which individuals that have inherited beneficial adaptations produce more offspring on average than do other individuals.

selección sexual selección en la que determinados rasgos incrementan el éxito del apareamiento; en consecuencia, tales rasgos se transmiten a la descendencia.
sexual selection selection in which certain traits enhance mating success; traits are, therefore, passed on to offspring.

simbiosis relación ecológica en la que los miembros de al menos dos especies diferentes viven en contacto directo.
symbiosis ecological relationship between members of at least two different species that live in direct contact with one another.

síntesis de proteínas la formación de proteínas mediante el uso de información contenida en el ADN y transmitida por el ARNm.
protein synthesis the formation of proteins by using information contained in DNA and carried by mRNA.

sistema conjunto organizado y dinámico de partes que interactúan entre sí para formar un todo.
system changing, organized group of related parts that interact to form a whole.

sistema de órganos dos o más órganos que funcionan de manera coordinada para realizar funciones similares.
organ system two or more organs that work in a coordinated way to carry out similar functions.

sobreexplotación capturar o sustraer de una población más organismos de los que la población puede reemplazar.
overharvesting catching or removing from a population more organisms than the population can replace.

sucesión ecológica secuencia de cambios bióticos que regeneran una comunidad dañada o que crean una nueva comunidad en una zona hasta entonces deshabitada.
ecological succession sequence of biotic changes that regenerate a damaged community or start a community in a previously uninhabited area.

supervivencia probabilidad de sobrevivir hasta una edad determinada.
survivorship probability of surviving to a particular age.

T

tecnología la aplicación de la ciencia con fines prácticos; el uso de herramientas, máquinas, materiales y procesos para satisfacer las necesidades de los seres humanos.
technology the application of science for practical purposes; the use of tools, machines, materials, and processes to meet human needs.

tejido grupo de células que trabajan juntas para desempeñar la misma función.
tissue group of cells that work together to perform a similar function.

teoría celular teoría que establece que todos los organismos están formados por células, que todas las células proceden de otras células vivas y que la célula es la unidad básica de la vida.
cell theory theory that states that all organisms are made of cells, all cells are produced by other living cells, and the cell is the most basic unit of life.

terapia génica procedimiento para el tratamiento de una enfermedad en el que un gen defectuoso o ausente se reemplaza por uno sano que se inserta en el genoma del paciente.
gene therapy procedure to treat a disease in which a defective or missing gene is replaced or a new gene is inserted into a patient's genome.

traducción proceso mediante el cual se decodifica el ARNm y se produce una proteína.
translation process by which mRNA is decoded and a protein is produced.

transcripción proceso donde se copia una secuencia de ADN para formar una cadena complementaria de ARNm.
transcription process of copying a nucleotide sequence of DNA to form a complementary strand of mRNA.

transgénico organismo cuyo genoma ha sido alterado mediante la incorporación de uno o más genes de otro organismo o especie.
transgenic organism whose genome has been altered to contain one or more genes from another organism or species.

transmisión independiente segunda ley de Mendel, según la cual los pares de alelos se separan de manera independiente durante la formación de los gametos.
independent assortment Mendel's second law, stating that allele pairs separate independently of one another during gamete formation.

U

uniformitarismo teoría según la cual los procesos geológicos que dan forma a la Tierra se producen de manera uniforme a lo largo del tiempo.
uniformitarianism theory that states that the geologic processes that shape Earth are uniform through time.

V

variación diferencia en rasgos físicos que presenta un individuo con respecto al grupo al que pertenece.
genetic variation differences in physical traits of an individual from the group to which it belongs.

Índice

Los números de página en *cursiva* representan ilustraciones, mapas y gráficas. Los números de página en **negrita** representan los números de página de las definiciones.

A

B

C

D

E

F

G

H

I

J

K

L

M

N

O

P

Q

R

S

T

U

V

W

Z

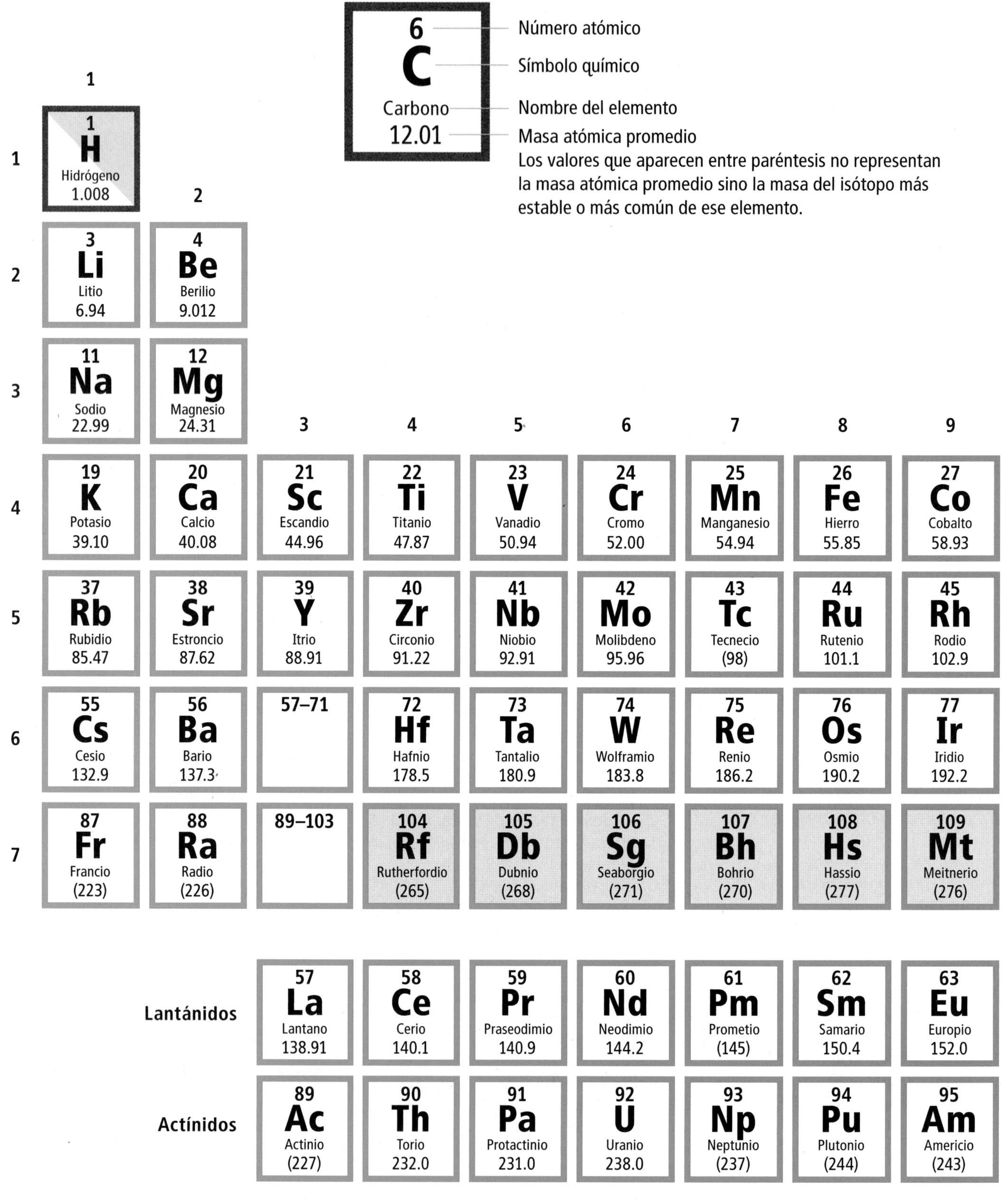

6 C Carbono 12.01	
6	Número atómico
C	Símbolo químico
Carbono	Nombre del elemento
12.01	Masa atómica promedio Los valores que aparecen entre paréntesis no representan la masa atómica promedio sino la masa del isótopo más estable o más común de ese elemento.

	1	2	3	4	5	6	7	8	9
1	1 **H** Hidrógeno 1.008								
2	3 **Li** Litio 6.94	4 **Be** Berilio 9.012							
3	11 **Na** Sodio 22.99	12 **Mg** Magnesio 24.31							
4	19 **K** Potasio 39.10	20 **Ca** Calcio 40.08	21 **Sc** Escandio 44.96	22 **Ti** Titanio 47.87	23 **V** Vanadio 50.94	24 **Cr** Cromo 52.00	25 **Mn** Manganesio 54.94	26 **Fe** Hierro 55.85	27 **Co** Cobalto 58.93
5	37 **Rb** Rubidio 85.47	38 **Sr** Estroncio 87.62	39 **Y** Itrio 88.91	40 **Zr** Circonio 91.22	41 **Nb** Niobio 92.91	42 **Mo** Molibdeno 95.96	43 **Tc** Tecnecio (98)	44 **Ru** Rutenio 101.1	45 **Rh** Rodio 102.9
6	55 **Cs** Cesio 132.9	56 **Ba** Bario 137.3	57–71	72 **Hf** Hafnio 178.5	73 **Ta** Tantalio 180.9	74 **W** Wolframio 183.8	75 **Re** Renio 186.2	76 **Os** Osmio 190.2	77 **Ir** Iridio 192.2
7	87 **Fr** Francio (223)	88 **Ra** Radio (226)	89–103	104 **Rf** Rutherfordio (265)	105 **Db** Dubnio (268)	106 **Sg** Seaborgio (271)	107 **Bh** Bohrio (270)	108 **Hs** Hassio (277)	109 **Mt** Meitnerio (276)

Lantánidos	57 **La** Lantano 138.91	58 **Ce** Cerio 140.1	59 **Pr** Praseodimio 140.9	60 **Nd** Neodimio 144.2	61 **Pm** Prometio (145)	62 **Sm** Samario 150.4	63 **Eu** Europio 152.0
Actínidos	89 **Ac** Actinio (227)	90 **Th** Torio 232.0	91 **Pa** Protactinio 231.0	92 **U** Uranio 238.0	93 **Np** Neptunio (237)	94 **Pu** Plutonio (244)	95 **Am** Americio (243)

Metales | Metaloides | No metales

Estado del elemento a TPE

Sólido | Líquido | Gaseoso | Desconocido

10	11	12	13	14	15	16	17	18
								2 **He** Helio 4.003
			5 **B** Boro 10.81	6 **C** Carbono 12.01	7 **N** Nitrógeno 14.007	8 **O** Oxígeno 15.999	9 **F** Flúor 19.00	10 **Ne** Neón 20.18
			13 **Al** Aluminio 26.98	14 **Si** Silicio 28.085	15 **P** Fósforo 30.97	16 **S** Azufre 32.06	17 **Cl** Cloro 35.45	18 **Ar** Argón 39.95
28 **Ni** Níquel 58.69	29 **Cu** Cobre 63.55	30 **Zn** Cinc 65.38	31 **Ga** Galio 69.72	32 **Ge** Germanio 72.63	33 **As** Arsénico 74.92	34 **Se** Selenio 78.96	35 **Br** Bromo 79.90	36 **Kr** Kriptón 83.80
46 **Pd** Paladio 106.4	47 **Ag** Plata 107.9	48 **Cd** Cadmio 112.4	49 **In** Indio 114.8	50 **Sn** Estaño 118.7	51 **Sb** Antimonio 121.8	52 **Te** Telurio 127.6	53 **I** Yodo 126.9	54 **Xe** Xenón 131.3
78 **Pt** Platino 195.1	79 **Au** Oro 197.0	80 **Hg** Mercurio 200.6	81 **Tl** Talio 204.38	82 **Pb** Plomo 207.2	83 **Bi** Bismuto 209.0	84 **Po** Polonio (209)	85 **At** Astato (210)	86 **Rn** Radón (222)
110 **Ds** Darmstadio (281)	111 **Rg** Roentgenio (280)	112 **Cn** Copernicio (285)	113 **Nh** Nihonio (284)	114 **Fl** Flerovio (289)	115 **Mc** Moscovio (288)	116 **Lv** Livermorio (293)	117 **Ts** Téneso (294)	118 **Og** Oganesón (294)

64 **Gd** Gadolinio 157.3	65 **Tb** Terbio 158.9	66 **Dy** Disprosio 162.5	67 **Ho** Holmio 164.9	68 **Er** Erbio 167.3	69 **Tm** Tulio 168.9	70 **Yb** Iterbio 173.1	71 **Lu** Lutecio 175.0
96 **Cm** Curio (247)	97 **Bk** Berkelio (247)	98 **Cf** Californio (251)	99 **Es** Einstenio (252)	100 **Fm** Fermio (257)	101 **Md** Mendelevio (258)	102 **No** Nobelio (259)	103 **Lr** Lawrencio (262)

Los elementos de número atómico 95 o superior no han sido detectados en la naturaleza, ni siquiera en pequeñas cantidades. Solo han sido sintetizados en condiciones de laboratorio. Las propiedades físicas y químicas de los elementos de número atómico 100 o superior no se pueden predecir con certeza.